조선후기 심설논쟁

한주학파

표점·해제·선역

이 책은 2017년 대한민국 교육부와 한국학중앙연구원(한국학진흥사업단)의
한국학분야 토대연구지원사업의 지원을 받아 연구되고 출판되었다.(AKS-2017-KFR-1250003)

心說論爭 아카이브 구축 자료집 총서 04

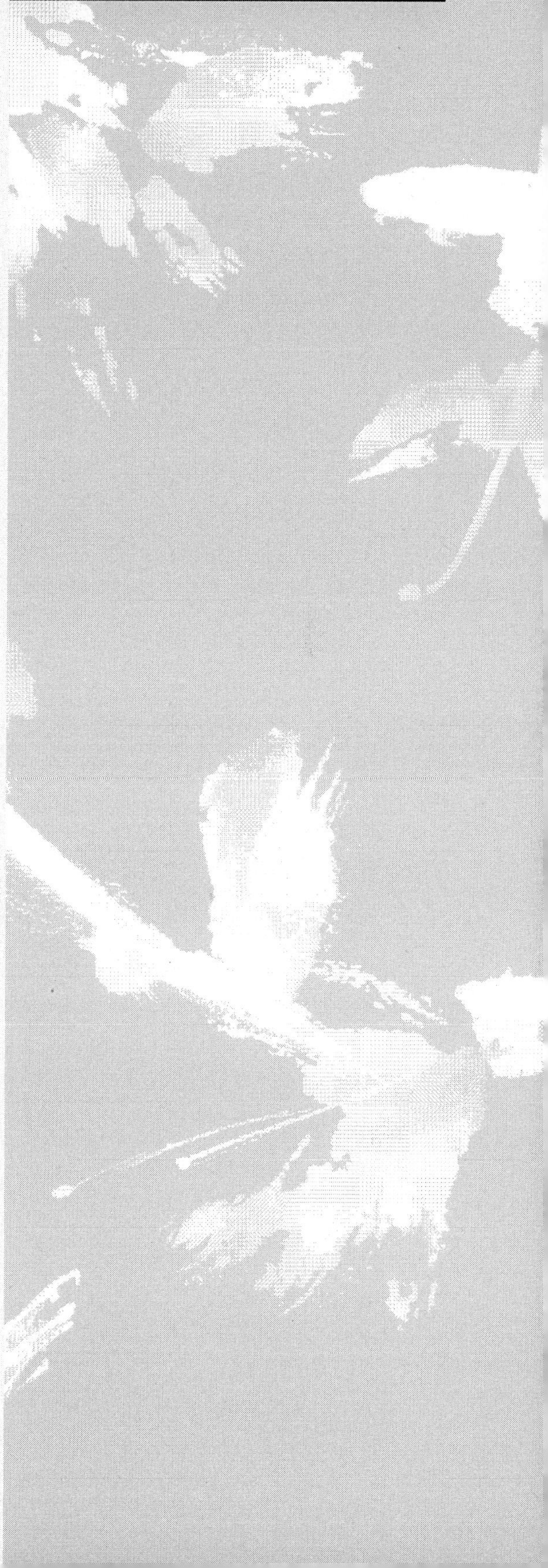

조선후기 심설논쟁

한주학파

표점·해제·선역

한국전통문화대학교
한국철학연구소

學古房

조선 말기 성리학계의 최대 논쟁거리는 심·성·정(心性情) 문제를 종합하는 '심설논쟁(心說論爭)'과 '척사위정(斥邪衛正)'의 문제였다. 후자는 서세동점(西勢東漸)에 맞서기 위한 당면 현안이었다. 위 두 문제를 놓고 화서학파·노사학파·한주학파·간재학파, 이른바 사대학파(四大學派)가 열띤 논쟁을 벌였다. 이들 네 학파 가운데 간재학파는 성리학의 심설문제와 척사위정의 문제를 직접적으로 연계하지 않았고, 나머지 세 학파는 성리학의 주리론(主理論)을 현실 문제를 해결할 수 있는 이념적 대안으로 제시하였다. 심설논쟁의 논점은 심(心)을 어떻게 볼 것이냐에 있었다. 간재학파는 '성즉리(性卽理), 심즉기(心卽氣)'의 대명제를 고수하면서 '존성명기(尊性明氣)'를 주장하였고, 다른 세 학파는 심을 '기'로만 볼 수 없다고 하면서 심의 위상을 높이는 데 주안을 두었다. 한주학파에서는 심즉리(心卽理)를 주장하여 주리론의 가장 극단에 섰다.

조선 성리학사에서 한주 이진상은 '심즉리'라는 대명제를 던져 '심'의 주재성(主宰性) 문제를 가지고 가장 강력하게 주의를 환기(喚起)시켰던 학자다. 그는 심즉리를 척사위정이 요구되었던 시기에 당면한 현실 문제를 해결할 수 있는 중요한 철학적 기반으로 여겼다. 한주 성리학은 이사불이(理事不二)의 정신에 입각한 것이었다. 이진상이 성리학의 이론적 탐구에 철저하였던 것은 궁극적으로 현실 문제를 올바로 인식하고 대응하기 위함이었다. 한주 성리학에 담긴 정치·사회적 함의와 역사적 의의를 읽어내는 일이 중요하다고 하겠다.

이진상의 학문과 사상은 '척사위정'의 관점에서 학문 체계 전반에 일관되어 있다. 강력하고도 철저한 주리론은 말할 것도 없고, 『춘추』의 존주대의(尊周大義)에 대한 뜨거운 관심, 이직양기(以直養氣)의 직사상(直思想) 등은 그가 명실 공히 척사위정 운동의 이념적 지도자였음을 증명한다고 하겠다. 이것이 '심즉리'로 대표되는 그의 성리학과 함께 조선 말기, 일제시기의 한주학파, 나아가 영남의 사림들에게 지대한 영향을 끼쳤던 것이다.

이진상은 자신의 철학적 이론을 철저히 주리적 측면에서 재구성하여, 리의 위상을 가장 높은 단계로 끌어올렸다. 그 주안은, 첫째가 이단을 통렬히 배척하고 주기설까지도 이단시하여 공격을 가하는 것이요, 둘째가 주리설을 역설하여 학자들에게 주리설이 만고에 바꿀 수 없는 진리임을 깨닫도록 하는 것이었다. 한주 성리학의 골자를 살펴보면, 리기론은 리주기자(理主氣資), 리수기역(理帥氣役)을 주장하고, 심성론에서는 심합리기(心合理氣)의 논리를 심즉리설로 발전시켰다. 기호학파가 심의 작용적 측면을 중시하여 '심즉기'를 주장하였다면, 그는 심의 주재적 성격을 중시하여 '심즉리'를 주장하였던 것이다.

이진상의 주리적(主理的) 노선은 당시의 시대적 요구에 부응하는 측면이 강하다. 즉, 이단을 비판하고 척사위정의 기치를 높이 세우는 것을 시대적 당위로 받아들인 성격이 짙다는 것이다. 많은 학자들이 이진상의 성리학과 학문 체계 전반을 척사위정의 관점에서 보려 한 것도 이러한 이유에서이다. 그가 힘주어 말했던 '수시취중(隨時取中)'은 한주 성리학이 강한 현실성을 띠고, 시대정신을 반영하여 역동적인 것이 될 수 있게 하는 근저(根底)가 되었다. 이진상이 서세동점의 혼란기에 태어나지 않았다면 '심즉리'라는 문제적 주장을 하지 않았을지도 모른다. 성리학의 기본 논리를 넘어선 '심즉리'라는 명제에는 그만큼 시대성이 강하게 담겼다는 말이다.

조선 말기, 기호・영남・호남에서 마치 약속이나 한 듯 주리론이 나오게 된 것은 우연이 아니다. 그것은 시대정신의 반영이었다. 이항로・기정진・이진상 등의 강력한 주리론은 주로 가치론적 관점에서 나온 것이다. 이들 세 학파 학인들은 학통과 지연 등을 달리하면서도 주리론을 공통 기반으로 긴밀하게 소통하였다. 작은 견해 차이는 극복하였다. 시대를 이끌어갈 대안으로 철학적 명제가 제시되었다는 점에서 큰 의미를 부여할 수 있겠다.

2017년 9월 1일, 한국전통문화대학교 한국철학연구소에 '심설논쟁 아카이브센터'가 발족하였다. 이는 한국학중앙연구원에서 지원하는 '한국학토대연구 중장기사업'에서 심설논쟁 아카이브 구축 사업이 선정된 데 따른 것이다. 사업 기간 5년이 지나고 이제는 차근차근 마무리를 하는 과정에 있다. '사대학파'는 우리 심설논쟁 연구팀에서 공식적으로 붙인 이름이다. 앞으로 학계에서 시민권을 행사하게 될 것으로 믿는다. 이 심설논쟁 아카이브 구축사업을 통해 심설논쟁이 한국유학사, 아니 한국철학사에서 매우 의미 있는 논쟁으로 기록되기를 바라마지 않는다.

2023년 12월 5일

한국전통문화대학교 한국철학연구소

소장 최영성

범례

1. 이 책은 "心說論爭 아카이브 구축 - 자료의 수집·발굴, 교감·표점, 해제, 해석 - "사업의 결과물로서, 총 4권의 자료집 중 제 4권에 해당한다.
2. 이 책은 한주학파의 이진상, 허유, 김진호, 곽종석, 이승희, 장석영, 이두훈, 하겸진, 김황의 심설논변자료와 한주학을 비판한 영남의 학자 장복추, 허훈, 이종기, 송준필, 조긍섭의 심설논변자료이다.
3. 각 편마다 해제와 표점원문을 싣고, 중요문편을 선역하였다.
4. 표점원칙과 용례를 수록하여 독자가 참고할 수 있도록 하였다.
5. 책의 뒤편에는 이 책 본문에 나오는 인물들 전체를 표로 만들어 제시하였다. 또한 이들 인물을 소개하는 간략한 인명사전을 수록하였다.

표점원칙

1. 『심설논쟁 아카이브 구축』의 표점안 9개 부호 사용 : 표점부호(15개) · 교감부호(4개)

	부호	부호명	구분	기능 및 사용 위치
1	。	고리점	종지	평서문, 어조가 약한 명령문·청유문의 끝에 사용함.
2	?	물음표	종지	일반의문문 및 반어문 끝에 사용함.
3	!	느낌표	종지	감탄문 및 어조가 강한 명령문의 끝에 사용함.
4	,	반점	휴지	한 문장 안의 句나 節의 구분이 필요한 곳에 사용함.
5	、	모점	휴지	병렬된 명사 또는 밀접한 관계의 명사구 사이에 사용함.
6	;	쌍반점	휴지	두 구 이상으로 구성된 각 절이 병렬을 이룰 때 그 사이에 사용함.(네 구 이상은 쌍반점을 쓰지 않고 온점을 찍는 것을 원칙으로 함. 단, 글자 수가 많지 않거나, 단순구조는 예외로 함.)
7	:	쌍점	휴지	직접인용문을 제기하는 말 뒤, 또는 주장을 제기하는 말 뒤에 사용함.(愚按類)
8	" "	큰따옴표	1차 인용 및 강조	대화문·인용문·강조 어구에 사용함.
9	' '	작은따옴표	2차 인용	1차 인용부호 안에 사용함.
10	『 』	겹낫표	서명	서명을 묶을 때 사용함.
11	「 」	홑낫표	편명	편명을 묶을 때 사용함.(십익·괘명 포함)
12	〈〉	꺾쇠표	작은 편명	편명 안의 소제목을 묶을 때 사용함.[1] 또는 원문에서 밝히지 않은 原註를 묶을 때 사용함.[2]
13	·	가운뎃점	편명구분	편명부호 안에서 층위 있는 편명이 나열될 경우, 가운뎃점을 두어 구분함.
14	＿	밑줄	고유명사	고유명사(國名·地名·人名·字·號·시호·연호·건물명)[3]의 해당글자 밑에 사용함.
15	【 】	어미괄호	저본의 소주	小字로 된 原註를 본문과 구별하는 데 사용함.[4]
16	교감 ▨	판독불가부호	저본의 상태	저본의 판독불가 글자에 사용함.[5]
17	{ }	중괄호	저본의 누락글자	누락글자의 보충에 사용함.[6]
18	( )	소괄호	저본의 誤字, 혹은 衍文	誤字로 추정되는 글자에 사용함.[7] 衍文으로 추정되는 글자에 사용함.[9]
19	[ ]	대괄호	수정 글자	誤字를 대체할 글자에 사용함.[8]

1) 1-2-44 「闢邪錄辨」(『華西集』卷25)

〈上帝與天主相反辨〉

2) 원문에서 밝히지 않은 原註를 묶을 때 〈 〉를 사용함

보기 堯、舜不止於心之, 而必性之; 孔、顏不止於心, 而必曰矩與仁也; 曾傳既曰"明明德", 而又必曰"止於至善"; 『中庸』首言性道, 而不及心靈。〈「序文」亦不以靈覺爲本, 又必曰原於性命。〉_『중재집』「田艮齋書瑣辨」

3) 인명 등 고유명사의 밑줄 예시

華門 / 孔門 / 帝堯 / 大舜 / 伊川先生 /

柳正言丈 / 王氏期齡 / 金參判

洲上 / 圯上老人 / 塞翁 / 金氏 / 朴公

河朔 / 川蜀 (관습상 연용되는 경우)

彪丈 / 彪某 / 姦檜 / 許賊 /

二程 / 漢武帝 / 周公旦 / 湖伯 / 宋帝

嶺南 / 湖南 / 關東 /下三道 / 兩界 / 有明 / 皇淸

* 서양인의 인명은 원문에 밑줄표시하고, 각주를 달아줌. (DB구축시 말풍선과 메모창 활용)

보기 利瑪竇(마테오리치 Matteo Ricci, 1552~1610) : 이탈리아 출신의 예수회 선교사이다. 저서에 『천주실의』가 있다.

4) 소주의 내용도 표점하되, 명사형(서명, 인명)은 고리점을 찍지 않는다. 어미괄호 (【 】)는 앞 구절의 표점에 이어 붙여 쓰며, 닫는 어미괄호 뒤에는 한 칸을 띄워 준다. (원문은 14p, 소주는 11p. 단, 원주의 대상이 직전 단어에 대한단순설명이거나 고유명사인 경우는 표점부호를 닫는 어미괄호 뒤에 붙여 쓴다.)

보기 章末無"此謂平天下在治其國"之結尾, 何也?【金漢驥】

보기 蓋理有知【智】而氣無知, 故理能主宰而氣不能主宰; 氣有爲而理無爲,【莫之爲而爲, 便是無爲。】 故氣能作用而理不能作用。

보기 且其他以神明【本心】、虛靈【明德】, 直做理言者, 不一而足, 今於此却如此說, 未知何故也。

5) 각주를 달아준다

보기 正在別處期▨각주번호知其不在

각주 → ▨: 저본의 상태가 불분명하여 판독이 불가한 글자이다.

6) 저본에 누락된 글자가 있다고 판단될 경우, 중괄호 안에 해당글자를 보충하고 각주를 달아준다.

보기 王氏認心爲理, 故嘗言仁人心也。心體本弘毅, 不弘{不}각주번호毅者, 私欲蔽之耳。

각주 → {不}: 『간재집』에 의거하여 '不'을 보충하였다.

보기 蓋天地之心, 卽下文所謂似帝字{者}。각주번호

각주 → {者}: 『간재집』에 의거하여 '者'를 보충하였다.

7) 8) 저본에 誤字가 있다고 판단될 경우, 저본의 글자를 바로 수정하지 않고, 해당글자에 '( )', 수정글자에 '[ ]'를 하고, 각주를 달아준다.

보기 A. 言固可述, 意亦可記乎? 旣曰門人記之, 則曾子門人莫賢於子思, 何不因舊說爲子思記之?【崔(民琡)[琡民]】각주번호

각주 → (民琡)[琡民]: 저본에 '民琡'으로 되어 있으나, 『蘆沙集』「答崔元則【琡民】大學問目」에 의거하여 '琡民'으로 수정하였다.

보기 B. 如田氏之說, 則性上而心下, 性尊而心卑, 是統之者反爲下爲卑, 而所統者反爲上爲尊, 揆諸事理, 亦豈安乎? 然而性尊心卑, 正是田氏之一生佩符, 不可奪也, 則亦(且)[自]각주번호任而已。_『중재집』

각주 → (且)[自]: 저본에 '且'로 되어 있으나, 문맥을 살펴 '自'로 수정하였다.

9) 연문으로 판단되는 글자에 '( )'를 하고 각주를 달아준다.

보기 蓋恐人專認此心以爲主, (故)각주번호不復以性爲主, 故爲此極本窮源之論, 以詔後世聖賢憂患道學之心, 可謂至深切矣。_『性理類選』

각주 → (故): 『艮齋集』前編 권2 「答柳穉程」에 의거하여 '故'를 연문으로 수정하였다.

※ [교감각주 유의] 저본과 원출처본의 글자가 다르나, 내용상 차이가 없을 때는 수정하지 않고, 각주만 달아줌.

보기 所 : 『간재집』에는 '少'로 되어 있음을 밝힌다.

2. 체제

모든 문장의 줄바꾸기는 원전에 의거하되, 원전에서 줄이 바뀐 경우는 1줄을 띄어준다. 원전에서 줄이 바뀌지 않은 경우라도 문단의 내용을 고려하여 줄바꾸기를 할 수 있다. 但, 후자는 1줄을 띄우지 않는다.

1) 기존 저술이나 주장을 인용한 다음, 이에 대한 '저자의 견해'등 답변이 이어지는 문장은 '저자의 견해'등 답변에 해당하는 부분을 전체 '왼쪽들여쓰기 20(Alt T)'을 한다. 이때, 인용문과 답변을 하나의 문단으로 보고, 답변과 새로 이어지는 인용문 사이에 1줄을 띄운다.

보기 (『남당집』에서 인용, 이에 대한 화서의 견해)

我國風俗有兩班常漢, 多結者大抵皆在兩班, 而無田者得以佃作, 獲其半利。田主獲其半, 而於其中又出公稅; 佃作者獲其半, 而無公稅之出, 所食反優於田主矣。

> 愚按: 小民食力, 大民食德, 天地之常經也。…… (본문생략) …… 何故以佃作所食反優田主啓達耶? 耕作之家, 十失其五; 兼併之室, 十斂其五, 已非古制。況彼耕有限, 而此兼無節, 則其所食之多寡豐約, 尤非當較之地矣。此實難得之會, 而未得對揚, 可勝歎哉? 亦命矣夫!

2) 문답문에서의 물음과 답변은 줄을 바꿔 구분하고, 인용문의 쌍점 뒤에 큰 따옴표를 하지 않는다.

보기 ① 화서「心與氣質同異說」

或問: 心與氣質同乎異乎?

余曰: 按朱子之訓, 則心有以理言處, 有以氣言處。以理言者, 如『孟子』"盡心"、"仁義之心"、"本心"之類是也; 以氣言者, 如"心猶陰陽, 性猶太極"、"心者, 氣之精爽"之類是也。蓋心者, 人之神明, 主於一身而管乎萬事者也。其原則出於天, 而非人之所得私也; 其用則應於物, 而非人之所得已也。……(본문생략) …… 蓋如性字本然、氣質之異同。但性本屬理而不離乎氣, 故亦言氣質; 心本屬氣而乘載其理, 故亦言本體。此又不可不辨也。

② 「明氣問答」

客有問於臼山老生曰: 子以明德爲非理, 烏據諸?

曰: 據朱子。

何謂據?

朱子曰: "虛靈是氣之明處, 具衆理應萬事是虛靈之能處。" 吾故曰"據朱子"也。

3. 인용문 및 기타

1) 여러 인용문이 이어서 제시될 경우, 인용문 사이에 반점(,)을 사용하지 않는다.

蔡九峯曰: “智則吾心虛靈知覺之妙。” 雲峯胡氏曰: “智則人之神明, 所以妙衆理而宰萬物者也。”

2) Ⓐ,Ⓑ 둘 다 가능하지만, Ⓑ를 취한다.

Ⓐ 『易』曰“所樂而玩者, 爻之辭也”, 何謂也?

Ⓑ 『易』曰: “所樂而玩者, 爻之辭也。” 何謂也?

3) 병렬관계의 여러 인용문이 오는 경우, 인용문과 설명문이 비교적 짧고 단순하다면, 각각의 인용문을 위 Ⓐ형으로 처리한다.

朱子曰“發而中節”, 卽此在中之理發見於外; 陳北溪曰“喜怒之中節處”, 是性中道理流出來; 李子「中圖」說曰“子思、孟子”, 只指理言; 大山先生曰“『中庸』喜怒哀樂之中節”, 爲天性之發。吾黨相傳宗旨, 本自如此。_「答尹士善」別紙(『寒洲集』卷8)

cf. 아래의 경우와 구분해야 함.

孟子曰: “『詩』云: ‘旣飽以德。’ 言飽乎仁義也。” 韓子曰: “道德, 合仁與義言之也。” 朱子曰: “仁義禮智便是明德。” 此皆以形而上者說德也。

4) 未知의 처리 : 평서문·의문문 둘 다 가능

李氏時常暗指栗谷以下諸賢爲主氣之學, 未知諸賢“心是氣”氣字, 果是李氏所認麤雜之物?

5) 云云의 처리 : 말줄임표의 의미로 쓰인 “云云”, “云”은 간격없이 인용부호 밖에 두고, 인용문의 끝에는 종지부호(。 ? !)를 일체 쓰지 않는다. 직접 인용문의 경우도 동일하다.

〈중국 표점 용례〉

鍾羽正稱“(子咸)信道忘仕則漆雕子, 循經蹈古則高子羔”云。『明史·列傳』

孝宗曰: “是謂良齋者耶? 朕見其《性學淵源》五卷而得之”云。『宋史·列傳·謝諤』

보기 問: “禮行遜出?” 朱子曰: “行是安排恁地行, 出是從此發出”云云。此等安排字, 何嘗是不好底? _『해상산필』

4. 牛山章 등의 편명여부와 화법

1) 『孟子』牛山章『附註』, 蘭溪范氏曰: “蓋學者, 覺也。覺由乎心, 心且不存, 何覺之有? 心雖未嘗不動也, 而有所謂至靜。彼紛紜乎中者, 浮念耳, 邪思耳, 物交而引之耳。雖百慮煩擾, 而所謂至靜者, 固自若也。君子論心, 必曰存亡云者, 心非誠亡也, 以操舍言之耳。”

恒老按: 心者, 人之神明, 主一身而宰萬事者也。動與靜不可頃刻不存, 而其存之之方, 亦不可他求。苟能操之, 則斯存矣; 纔不操而捨之, 則昔之存者, 忽焉亡矣。操舍之頃, 只爭毫髮; 存亡之判, 不翅天壤。是以君子之心, 一動一靜, 無非着操存之地, 而亦不敢少忽舍亡之戒於瞬息之間也。今范氏之言曰: “心未嘗不動, 而有所謂至靜” 未知所謂動者指何心, 而所謂至靜者又指何心耶? 是一耶二耶? 一則動靜不可同時, 二則方寸不容兩主, 奈何? 其言又曰: “彼紛紜于中者, 浮念耳, 邪思耳, 物交而引之耳。雖百慮煩擾, 而所謂至靜者, 固自若也。” 果如是言, 則浮念邪思自浮念邪思, 至靜者自至靜。彼各爲二心, 不相干涉, 不相株累, 固不害爲無時不存矣。尙何存與亡之可言, 又何待於操而後不亡也耶? 譬之於車, 則循塗轍而行, 卽此車也; 不循塗轍而行, 亦此車也。若曰不循塗轍之時, 別有循塗轍者自在云爾, 則奚可哉? 其言又曰“君子論心, 必曰存亡云者, 心非誠亡也, 以操捨言之耳”, 篁墩從而釋之曰“存心在至靜”。以此參互, 則所謂操捨之工已不干於存亡之實, 而操之之云只當施之於靜, 而不可施之於動矣。所謂存者不過存得靜者, 而不能存得動者矣, 烏乎其可哉? 朱子初年未發說, 微有此意, 而晩年改本, 不翅明白。辨胡文定起滅體用之說曰: “非百起百滅之中, 別有一物不起不滅也。” 朱子之訓炳如指南, 而後學之尙困冥埴, 亦云何哉? _「心經附註記疑」【甲寅】(『華西集』卷23)

2) 第一條: “心固是一箇知覺”【止】“道氣者不危也”

旣曰“心固是一箇知覺”, 又曰“若論其全體之本然, 則直以太極當之, 固是知覺”, 正文註以“不只是知覺”, 乍予乍奪, 此爲何意? 若如今說, 太極全體原於仁而爲惻隱, 原於義而爲羞惡也。太極之原於性命, 豈非頭上有頭之說乎? 於性於道, 曰德曰仁, 是形容性道之辭, 故性無失德之性, 道無違仁之道。而至若道心, 心之從道, 是爲道心。故心不從道時, 道自道, 心自心, 不可以道心目之也。以舜之道心, 比例於孔子“人能弘道”, 則道爲無爲之道體, 心爲有覺之人心。而俛宇以道爲理之當行, 以心爲理之知覺, 此非“六經我註”之某子法門也耶? _「觀俛宇集柳省齋【重敎】心說辨」

5. 표점 부호

1) 표점 부호 코드 수정안

구분		표점명	구기호 (유니코드)	신기호 (유니코드)	구분	확정
전각 → 반각	1	모점	、 (3001)	ˎ (02CE)	휴지부호	신기호 (단, 모점 뒤 1칸 띄움)※
	2	홑낫표	「 」 (300C/D)	｢ ｣ (FF62/3)	편명부호	신기호
	3	겹낫표	『 』 (300E/F)	『 』 (0F0854/5)	서명부호	신기호
개선안	4	고리점	. (온점)	｡ (FF61)	종지부호	

2) 한글 문서 디폴트값 : (글꼴) ‘굴림’ → ‘함초롱바탕’으로 변경(以此參互검토)

3) 서명이나 편명의 순번양식은 『』, 「」에 포함하지 않는다.

보기 2-1-07 「答人問」第一

2-1-08 「答人問」第二

2-1-15 「性命」一之二

2-1-16 「心性情」一之三

『艮齋集』前篇

4) ‘易’은 『周易』이 확실한 경우에만 서명 표시함.

보기 ※ 서명표 하는 경우

『易』之“各正性命”

老子言無爲, 聖人作『易』

猶『易』所謂“一陰一陽之謂道”歟!

※ 서명표 안하는 경우

易有太極

易與太極分言, 則易如心字, 太極如理字.

生生之謂易

5) 이미 모점을 사용한 문장에서 다시 모점이 필요한 경우는 4/1각(Alt+space bar)을 사용함.

보기 於是有堯 桀之殊、人物之分，而華夷之判、儒釋之異，亦皆從此而見矣。

6) 제시어 按

제시어 按은 쌍점처리하되, 큰 따옴표는 사용하지 않는다. 但, 단순서술어는 해당하지 않음.

보기 ① 之東之西，惟馬首是瞻。

按: 人心自能識東西，又有箝制之術。故東西惟吾意之所欲也。理亦有此識認指揮之能歟？此似是認理爲有爲者然，可疑也。

② 按: 主與器相對，主是“命物者”之謂也，器是“命於物者”之謂也。

[단순서술어]

更按『論語』，無“子路爲仁”語，路當作貢。

7) 所謂~~者

所謂와 者 사이의 3字 이상에 강조 표시함.

보기 栗谷所謂“參差不齊者，亦是理當如此，非理不如此而氣獨如此”者，正謂此也。

8) 『 』: 서명의 약칭이나 이칭에도 사용한다.

『三百篇』『馬史』『麟經』

9) 『 』: 관습적으로 사용하는 몇 책의 합칭에도 허용한다.

『四書』『三經』『春秋三傳』

10) 편지인용문의 제목이 원전의 제목과 일치하지 않을 경우라도 편명표시를 하고, 원전의 제목을 각주로 달아준다.

각주) 「答朴弘菴」: 『華西集』에는 「答朴善卿」으로 되어 있다. 弘菴 朴慶壽(?~?)의 자가 善卿이다.

차례

1. 寒洲 李震相(1818~1886) 心說論爭 資料

2. 后山 許愈(1833~1904) 心說論爭 資料

3. 勿川 金鎭祜(1845~1908) 心說論爭 資料

4. 田俛宇 郭鍾錫(1846~1919) 心說論爭 資料

5. 大溪 李承熙(1847~1916) 心說論爭 資料

6. 晦堂 張錫英(1851~1926) 心說論爭 資料

7. 弘窩 李斗勳(1856~1918) 心說論爭 資料

8. 晦峯 河謙鎭(1870~1946) 心說論爭 資料

9. 重齋 金榥(1896~1978) 心說論爭 資料

한주학 비판 영남의 학자 心說論爭 資料

1. 四未軒 張福樞(1815~1900) 心說論爭 資料

2. 舫山 許薰(1836~1907) 心說論爭 資料

3. 晩求 李種杞(1837~1902) 心說論爭 資料

4. 恭山 宋浚弼(1869~1943) 心說論爭 資料

5. 心齋 曺兢燮(1873~1933) 心說論爭 資料

1.

寒洲 李震相(1818~1886) 心說論爭 資料

4-1-1

「심즉리설心卽理說」(『寒洲集』 卷32)

해제

1) 서지사항

이진상이 1861년에 지은 논설문. 『한주집(寒洲集)』 권32에 실려 있다. (『한국문집총간』 318)

2) 저자

이진상(李震相, 1818~1886)으로 자는 여뢰(汝雷), 호는 한주(寒洲)이다.

3) 내용

「심즉리설」은 이진상이 44세 때 지은 글이다. 「심즉리설」은 당시의 성리학계에 커다란 논쟁을 일으켜, 영남의 퇴계학파와 기호의 전우(田愚: 1841~1922)로부터 거센 비판을 받았다. 특히 안동의 도산서원에서는 이황의 학설과 어긋난다고 하여 이진상의 문집을 돌려보냈고, 상주의 도남서원에서는 그의 문집을 불태우기도 하였다. 이진상의 문인들 가운데 주문팔현(洲門八賢)으로 불리는 곽종석(郭鍾錫: 1846~1919) 등은 변론을 통해 학설의 정당성을 해명하기도 하고, 김황(金榥: 1896~1978)을 비롯한 재전 문인들은 전우의 비판에 대해 재비판을 가하였다. 이러한 논쟁을 통해 근현대 '리(理)' 철학의 이론적 근간을 형성하였다는 데 의의가 있다. 이진상은 성리학의 요지를 모아 『리학종요』를 엮었는데, 이 「심즉리설」은 수록되지 않았다. 「심즉리설」의 초간본으로 보이는 내용은 하겸진(河謙鎭: 1870~1946)의 『동유학안(東儒學案)』에 수록되었다.

4-1-1 「心卽理說」(『寒洲集』 卷32)

論心莫善於心卽理, 莫不善於心卽氣。夫心卽氣之說, 實出於近世儒賢, 而世之從事此學者, 多從之。若所謂心卽理, 乃陽明輩猖狂自恣者之說, 爲吾學者, 莫不斥之爲亂道, 今乃一切反之, 何也? 夫玉天下之至寶, 而世有認石而爲玉者。荊山之玉蘊於石中, 惟卞和知其爲玉, 抱而獻於王, 王召玉工示之, 曰: "石也。" 此見其外之石, 而不知其中之玉者也。在朝之人, 稍知玉石之別者, 亦皆以爲石。而獨向之認石而爲玉者, 曰"此, 玉也", 此豈眞知玉者哉? 其謂之玉者, 卽與謂之石者無以異。由是觀之, 儒賢之以心爲氣, 玉工之謂之石也, 而世學之靡然從之者, 卽在朝之人皆以爲石者也。禪家之以心爲理, 卽認石爲玉者之謂之玉者也。其實則以心爲理, 與以心爲氣, 其爲見氣而不見理, 則一也。舜之戒禹曰: "人心惟危, 道心惟微, 惟精惟一, 允執厥中。" 夫心一而已矣, 而謂之人心者, 心之從氣者也; 謂之道心者, 心之從理者也。人心易見, 道心難明, 精以察之, 一以守之, 則本心之正在理而不在氣也明矣。孔子之"從心所欲不踰矩", 心卽理也。【體卽道, 用卽義。】 苟其氣也, 安能從之而不踰矩乎? 『孟子』七篇許多心字, 並未有一言指作氣。而憂氣之不能存心, 患氣之反動其心。程叔子以心性同一理釋之, 而又曰: "心則性也, 性則理也。" 是聖賢者, 非不知心之不離於氣性之微別於心, 而猶且云然, 蓋亦主心體而爲言耳。夫心者, 性情之總名, 其體則性, 性外無心, 心外無性。若心之以盛性言者, 心之舍也, 醫家之所謂心, 而非吾之所謂心也。心之所異於性者, 以其兼情, 而情乃已發之性也。性情只是一理, 則心之爲理者, 固自若也。但理未有無氣之理, 單言理則有所不備。故性則理也, 而又言氣質之性, 心卽理也。而又謂發於思慮, 則有不善。苟其雜氣而言之, 惡亦不可不謂之性, 而放辟奢侈亦此心也。然心之眞體, 終不囿於氣也。故心爲太極之語, 揭之於『啓蒙』之首, 而以一動一靜、未發已發之理當之。又曰: "心固是主宰底, 而所謂主宰者, 卽此理也。" 又曰: "元亨利貞, 天地生物之心, 人得之爲心。未發而四德具, 已發而四端著。" 又於養心說, 以認之爲氣有存亡, 而欲其致養於氣爲非。心卽理三字, 實是千聖相傳之的訣也。但卞和以玉之在石者, 單謂之玉, 而見刖於楚, 向使卞和告之, 曰此乃玉石也, 則豈至於刖也。退陶李先生論心, 曰"統性情, 合理氣", 而「中圖」單指理, 「下圖」兼指氣。夫所謂合理氣, 卽此乃玉石之說。而單指理者, 明其所用之在玉; 兼指氣者, 示其所包之實石也。然而卞和之獻以玉而不以石, 論心者, 主理而不主氣。先生嘗曰, 心之未發, 氣未用事, 唯理而已, 安有惡乎? 此乃的指心體之論, 吾所謂莫善於心卽理者此也。若夫禪家之說, 則認氣爲理而謂心卽理, 彼所謂理者, 卽吾之所謂氣也。象山以陰陽爲道, 以精神爲心, 朱子譏之曰: "象山之學, 只在不知有氣稟之雜, 把許多麤惡底氣, 都做心之妙理, 率意妄行, 便謂無非至理。" 又曰: "釋氏棄了道心, 却取人心之危者, 而作用之。" 然則象山之所謂心者氣而已, 而所謂理者, 非眞理也。陽明之學原於象山, 而其言曰: "吾心之良知卽所謂天理, 致吾心良知於事事物物, 則皆得其理矣。" 又曰: "良知一也, 以其妙用而謂之神, 以其流行而謂之氣, 以其疑聚而謂之精, 安可以形象方所求哉? 眞陰之精, 卽眞陽之氣之母; 眞陽之氣, 卽眞陰之精之父, 陰根陽, 陽根陰, 非有二也。" 又曰: "心者理也, 天下豈有心外之事, 心外之理乎?" 夫吾心之天理, 卽太極之全體, 而今以眞陰眞陽流行凝聚者當之, 則遺了太極, 而反以陰陽爲本體矣。天下事物莫不有自然之理。而一切掃除, 只欲於吾心上認取, 則所謂理者, 亦甚猥雜, 而非其潔淨之全體矣。故李先生辨之曰, 陽明不知民彝、物則、眞至之理, 卽吾心本具之理, 顧乃欲事事物物攬入本心衮說, 旣不知民彝、物則、眞至之理, 是不以四德五常之理謂之心也。所謂理者, 果何理也? 卽向所謂陰陽精氣流行凝聚之物而已, 此豈非心卽氣之謂乎? 然則其不以陰陽精氣流行凝聚之物謂之心謂之理, 而眞能以仁義禮智、忠孝敬慈之實謂之心謂之理, 則退陶亦當首肯之矣。是以『傳習錄』止善條, "忠孝的理, 只在此心, 心無私欲, 卽是天理"之說。則先生只辨其工夫功效之衮說而止, 則心卽理三字, 果可以出於彼, 而判舍之也哉? 夫謂心卽氣者之所以爲不善, 何也? 心爲一身之主宰, 而以主宰屬之氣, 則天理聽命於形氣, 而許多麤惡盤據於靈臺矣。心無體以性爲體, 而今謂之氣, 則認性爲氣, 告子之見也, 而人無以自異於禽獸矣。心是性情之統名, 而以心爲氣, 則大本達道皆歸於氣, 而理爲死物, 淪於空寂矣。從古聖賢莫不主義理以言心, 而以心爲氣之說行, 則聖賢心法一一落空, 學無頭腦, 世敎日就於昏亂矣。近世之以十六言傳心, 爲梅賾僞撰者, 此其兆也。吾所以寧見刖於楚, 不得不以玉爲玉也, 豈容懲於認石爲玉者之一以爲玉, 而泛言其兼玉石而已乎? 尤何忍懼其刖而誣玉爲石也耶? 雖然, 心爲氣稟所拘, 而不若聖人之光明純粹, 則不可恃本心之同, 而不求所以明之也。固當於吾心合理氣處, 擴其理而制其氣, 然後眞心之純乎天理者, 可得以見矣。苟不到聖人之心渾然天理【聖人之心, 乃天地之心, 而人之本心也。】處, 則心卽理三字, 未可以遽言之也。石中之蘊, 固眞玉也; 氣中之理, 固眞心也。苟徒恃其中, 而不恤其外, 並其氣稟之拘者而謂之理, 頑礦之蔽者而謂之玉, 人孰信之哉? 吾故曰: "論心莫善於心卽理, 而亦莫難明於心卽理。"

4-1-2

「명덕설明德說」(『寒洲集』 卷32)

해제

1) 서지사항

이진상이 1878년에 지은 논설문. 『한주집(寒洲集)』 권32에 실려 있다. (『한국문집총간』 318)

2) 저자

이진상(李震相, 1818~1886)으로 자는 여뢰(汝雷), 호는 한주(寒洲)이다.

3) 내용

이진상이 명덕(明德)을 리(理)의 관점에서 논설한 것이다. 1861년 「심즉리설(心卽理說)」을 지어 영남 퇴계학파의 전통과 차별성을 보인 이진상은 17년이 지난 후 「명덕설」을 지어 명덕주리의 견해를 표명하였다. 주자학에 의하면, 사람과 만물이 생겨날 적에 리를 부여받아 건순오상(健順五常)의 덕으로 삼는다. 이진상은 명덕(明德)의 덕(德)을 건순오상으로 지칭하고, '명(明)'은 그 덕의 체단을 형용한 것으로 여겼다. 이진상은 이러한 견해를 바탕으로 명기(明氣)를 명덕(明德)으로 여기는 것을 비판하였다.

4-1-2「明德說」(『寒洲集』 卷32)

朱子釋天命之性曰: “人物之生, 因各得其所賦之理, 以爲健順五常之德。” 健順五常之外, 無佗德也。此德固具於陰陽五行之中, 而陰陽五行, 只喚做氣, 德卽是理。此理對惡而言則謂之善, 對濁而言則謂之淸, 對昏而言則謂之明。明者, 狀其德之體段。「乾」至健而其德高明, 「坤」至順而其德光大。燁然是仁之敷, 煥然是禮之文, 燦然是義之別, 炯然是智之藏。始知有象之明, 明之小者也, 無形之明, 明之大者也。或者論“明德乃以本然之心, 看作氣之淸明, 明氣之爲明德”, 更何用明之哉! 或又謂“心者, 理氣之合也。精爽之氣, 具卻純粹之理, 凝聚於中, 是謂明德, 而外面査滓之氣, 恁地昏濁, 從以拘蔽”, 此又未然。心之爲質, 通竅而居上; 心之爲氣, 屬火而炎上。苟其淸明之氣凝聚於中, 則事物之至, 便當直遂, 以善理乘淸氣, 無往而不善矣。所謂“昏濁之氣”, 若只是臟腑之內氣, 則其氣鈍滯, 必不及於心氣之闖出矣。若是耳目之外氣, 則耳目之淸明者, 必皆順理, 而師曠、離婁不得爲聖賢, 商紂、智瑤反號爲聰明, 何也? 若謂淸明昏濁, 都在心裏, 則氣之轇轕, 難保其不雜, 安有界分可喚做明德乎? 蓋嘗推之, 人稟五行之秀氣以生, 而秀氣之精華, 都萃於心, 精華裏面, 萬理咸具, 究其貌象, 或說似矣。然而所貴乎心者, 以其所具之理, 參三才出萬化, 爲一身之主宰也。今以心之理言之, 存之爲仁禮義智之德, 而其體光明不昧; 發之爲孝敬忠貞之德, 而其用鑑照不差, 此乃明德之實也。若其秀氣, 本不無美惡之別。比如芝蘭之秀, 不同於荊棘之秀, 稊稗之秀, 不及於秬稻之秀。所萃之精華, 亦自有淸濁之異。如今萬竈爨火, 美柴之煙, 靑瑩而直上; 濕薪之煙, 黑暗而鬱勃; 乾秸之煙, 白翳而紛飛。若其所爨之火, 恁地光明, 其光外爍, 亦甚焜燿, 此乃明德之本色也。所謂氣稟, 亦只是五行之精華, 氣稟本濁, 則精華亦自晻靄。霎時未發, 粗有湛一之氣象, 而湛一裏面, 包藏惡濁, 纔打一動, 査滓騰上。故未發之體, 不能如聖人之鏡水; 而已發之用, 都被外物之雲霧。拘蔽之極, 明德亦甚昏塞, 如今闇燈罩地, 都不見火光。然明德之體, 亦未嘗因拘蔽而滅息, 良心發處, 道理呈露, 如闇燈之撥開, 而瞥見光明者也。況又加之以明之之功, 而能致其明之之實, 則淸氣根於理而日生, 濁氣制於理而日消, 纖翳盡祛, 遂復其本體之淸明, 豈不美哉?

4-1-3

「심역동정도설心易動靜圖說」【並敍 ○庚午】(『寒洲集』 卷32)

해제

1) 서지사항

이진상이 1870년에 지은 논설문. 『한주집(寒洲集)』 권34에 수록되었다. (『한국문집총간』 318)

2) 저자

이진상(李震相, 1818~1886)으로 자는 여뢰(汝雷), 호는 한주(寒洲)이다.

3) 내용

이상정(李象靖: 1711~1781)은 31세 때 「심동정도(心動靜圖)」를 지어 심의 동정(動靜)·체용(體用)과 경(敬)을 중심으로 도식화하고 해설을 붙였다. 이진상은 『주역』의 건괘(乾卦)·곤괘(坤卦)·간괘(艮卦)와 주희(朱熹)의 성리설 글과 연결시켜 살펴보며 의심하다가, 뒤에 제자 곽종석(郭鍾錫)과 이에 대해 논쟁하였다. 곽종석과 의견 차이로, 53세 때 "한 몸을 주장하고 모든 조화(造化)를 재제한다"는 내용을 그림 윗부분에서 전제하고 심의 동정 · 성정(性情) · 주정(主靜)과 『주역』의 건괘·곤괘·간괘를 도식화하고 해설을 붙였다. 이진상은 그림 윗부분에 "한 몸을 주장하고 모든 조화를 재제한다"고 전제하고, 심을 태극이 사람에게 있는 것이라 하였다. 그리고 심에는 정(靜) · 체(體) · 성(性) · 대본(大本)과 동(動)·용(用)·정(情)·달도(達道)가 함께 존재한다고 설명했다. 때문에 심의 동과 정의 측면에서 보면 성과 정은 심에서 벗어나는 것이 아니라 하나이다. 또한 '주장'과 '재제'는 바로 심의 '주재'를 의미하는데, 심이 늘 경(敬)의 태도를 견지해야만 성과 정을 제대로 주재할 수 있다는 것이다. 이진상은 이를 건괘·곤괘와 연관시켜 설명하면서, '고요함을 위주로 하는 공부'에 대해서는 특히 '각각 제자리에 그침'을 의미하는 간괘를 본받아야 한다고 강조였다. 이 그림은 궁극적으로 마음의 오묘함을 설명하고, 수양의 방법을 설명하는 데 그 주안점이 있다.

4-1-3 「心易動靜圖說」【並敍 ○ 庚午】(『寒洲集』 卷32)

余嘗讀大山李先生心動靜圖, 見其體用周遍, 工夫該貫, 深有所開發, 先生所以嘉惠後學者至矣。而獨疑夫靜中之動, 旣以「坤」之純陰不爲無陽者言之, 則動中之靜, 當以「乾」之純陽不爲無陰者對之。「艮」之所以“艮其背不獲其身”者, 止而止者也; “行其庭, 不見其人”者, 行而止者也。只見其有合於君子主靜之學, “動亦靜、靜亦靜”之意, 而未見的襯於動中之靜也。此蓋因朱子答南軒書, 參之以『中庸』定論故如此。然朱先生旣未嘗合倂勘破, 則恐未可據之爲的對也。「太極圖說解」引程子論乾坤動靜, 而曰: “不專一則不能直遂, 不翕聚則無以發散。” 「答胡廣仲」書, 亦伸此意, 則以「乾」對「坤」, 亦朱子意也。余以寡陋, 特疑之而已, 未敢言也。日嶧山 郭鳴遠寄書論此圖, 別定一本, 於「坤」、「艮」則未有變也。但易動靜之左右, 爲表裏地頭, 亦儘有意, 而殊未知動靜之妙, 只在一處, 不可分左右, 則獨可分內外耶? 李先生蓋亦法「太極圖」陽動、陰靜之象而分書之耳。況以本體對動靜, 則動靜反俱爲用者耶? 復書之際, 余亦別爲一圖, 以發宿昔之疑, 鳴遠當復以爲如何? 但心與性情, 只是同實而異名者, 分之以兩小圈, 以明其時分之各異, 合之以一大圈, 以明其體實之非二, 別爲說附于圖左。覽者詳之。

心者, 太極之在人者也, 靜而體立, 其體則性; 動而用行, 其用則情。性者, 天下之大本; 情者, 天下之達道。心之動靜, 不離於方寸, 而性情只是一物, 靜者是性而非心外有性也, 動者是情而非性外有情也。心之寂感, 性情之交際也。其所以主一身而宰萬化者, 在乎敬。心能居敬, 則靜有以存養此性, 動有以省察此情, 使夫大本常立, 達道常行, 而此心之眞體妙用, 可得以貫于一矣。苟不能敬, 則靜而沈冥昏昧, 如人之常寐而無覺; 動而飛揚放逸, 如人之常行而不住, 大本不立而達道不行矣。蓋此心之妙, 體用相涵, 故靜中有動, 動中有靜。思慮未萌而知覺不昧者, 靜中之動也; 事物紛糾而品節不差者, 動中之靜也。然而靜者體也, 動者用也, 必其體立而後用行。故君子主靜以養動, 動無違, 則“動亦靜”也; 靜無違, 則“靜亦靜”也。粤自太極肇判, 三才始備, 天覆于上, 地載于下, 人立乎中。大『易』所謂“三極之道”是也。天之性情謂之乾, 乾者動而健者也; 地之性情謂之坤, 坤者靜而順者也; 人之性情屬乎艮, 艮者動靜之各止其所者也。聖人則之, 迭用爲三易之首,【先天首「乾」, 『歸藏』首「坤」, 『連山』首「艮」】 其理微矣。「乾」雖純陽, 而二、四、六之位則陰也; 「坤」雖純陰, 而一、三、五之位則陽也; 「艮」之二陽居外, 四陰居內, 又有主靜之象焉。人於事物之至, 當法「乾」道, 剛健果決做將去, 而主宰之常靜者, 亦必專一而不雜, 然後不與事物俱往而應之有序矣。及其事物旣往, 思慮暫息, 則當法「坤」道, 靜重持守, 收斂凝定, 而又須提撕警省, 常令主人翁惺惺, 然後寂然之體, 不幾於木石而可得爲發揮萬變之本也。然此心之機, 易動而難靜; 衆人之心, 多動而少靜。故君子主靜之工, 當法乎「艮」。蓋「艮」爲山, 山體常靜, 雖其生物之功, 有涉於動, 而各止其所, 至善之則也。故愚輒以三易之首, 闡一心之妙, 爲此圖以自省。

4-1-4

「서서애유선생주재설후書西厓柳先生主宰說後」(『寒洲集』 卷30)

해제

1) 서지사항

이진상이 지은 논설문. 『한주집(寒洲集)』 권30에 실려 있다. (『한국문집총간』 318)

2) 저자

이진상(李震相, 1818~1886)으로 자는 여뢰(汝雷), 호는 한주(寒洲)이다.

3) 내용

이진상이 유성룡(柳成龍: 1542~1607)의 「주재설(主宰說)」을 논설한 것이다. 유성룡은 주재(主宰) 두 글자로 치신양성(治身養性)의 법으로 삼았는데 『중용』과 『대학』의 내용을 원용하여 '주(主)'와 '재(宰)'를 구분하여 설명하였다. 유성룡은 이 설을 평생 진결묘전(眞訣妙詮)으로 지키면서 주경(主敬)의 종지를 얻어 영남의 종주가 되었다. 이진상은 주재를 천정(天定)과 인입(人立)의 측면에서 언급하면서, 분합(分合)으로 주재의 의미를 설명하고 그 논거를 제시한 다음, "학문의 극공(極工)과 성인의 능사(能事)는 '심유주재(心有主宰)' 네 글자에서 벗어나지 않고 하나의 경(敬) 글자일 따름이다."라고 하였다.

4-1-4「書西厓柳先生主宰說後」(『寒洲集』 卷30)

於乎! 此先生一生受用之眞訣妙詮也。蓋先生首登溪門, 親受主敬之旨而久覗明道全體大用, 卓然爲吾嶺儒宗。處黨伐角勝之世而不激不隨, 値患難顚敗之秋而不撓不沮, 卒之道德光於百世, 勳業著於社稷。其道靡佗, 心有主宰而已。夫主宰有二義, 一是天定底心爲一身之主宰是已, 一是人立底敬爲一心之主宰是已。此雖有天人之別, 而天以是畀乎人, 人以是全其天, 其實則一而已。先生晩年, 作此說以示學者, 首以爲治心養性之妙法者, 以敬言也。靜而有主, 百體從令; 動而有主, 萬事順應。心無物欲之累而本性自全, 敬之功也。『易』之"直方", 內直而外自方; 『書』之"精一", 守一而擇愈精; 『詩』之"思無邪", 禮之"無不敬"; 『魯論』之"如見賓如承祭"、"主忠信"、"約禮"; 『曾傳』之"誠意正心"; 『鄒書』之"存心養性", 皆是也。此先生所以斷然以爲自古論學, 不過此一語者也。蓋字以下, 又推本而言之, 以明心爲主宰之妙, 心之所以爲一身之主宰者, 以其性爲之體而情爲之用故也。此非以精神氣魄之昭昭靈靈者, 謂之主宰也。中者性之德, 心之所以主萬理也; 和者情之德, 心之所以宰萬物也。專言主宰, 則主便是宰, 宰便是主。而分言主宰, 則體立於靜者, 謂之主, 如人主之垂拱無爲是也; 用行乎動者謂之宰, 如宰相之裁斷庶務是也。故先生始也合言之, 終焉分言之。於此有主焉者, 合主宰而謂之主也, 靜爲主動爲宰者, 分主宰而作使用也。且致中之致, 亦自有敬底意思。致夫中者, 敬之所以主乎靜也; 致夫和者, 敬之所以宰乎動也。敬是此心之敬, 則工夫做處元在於道理地頭, 不待佗求矣。先生之相因爲說, 不加分別者, 非若章句拘儒考較離析之論, 而南嶽所辨, 或不免求過於無過, 執一而廢二也。以心之知覺酬酢萬變, 爲主宰字命名之義, 則敬之爲一心之主宰者, 將何以區處也? 主宰固是心, 而存心須用敬。苟不用敬, 則心亦失其主宰而不足倚恃。以吾心本有之則, 爲吾心存養之法, 斯乃聖學之眞詮。旣以主宰作做工夫說, 又以心做主宰說, 果何妨乎? 中和固不是說做工夫處, 而致中和則不得不謂之做工夫處, 戒懼謹獨, 果非治心養性之節度乎? 愚故曰學問之極工, 聖人之能事, 亦不外於心有主宰四字, 又只是一敬字而已。

4-1-5

「서도암집후書陶庵集後」(『寒洲集』 卷30)

해제

1) 서지사항

이진상이 지은 논설문. 『한주집(寒洲集)』 권30에 실려 있다. (『한국문집총간』 318)

2) 저자

이진상(李震相, 1818~1886)으로 자는 여뢰(汝雷), 호는 한주(寒洲)이다.

3) 내용

이 글은 이진상이 이재(李縡: 1680~1746)의 문집에서 심설(心說)과 성설(性說)에 대한 내용을 읽고 기술한 것이다. 주요 글은 혹인(或人), 채응상(蔡膺祥), 유숙기(兪肅基), 윤봉구(尹鳳九), 이사병(李師炳), 심조(沈潮) 등에게 보낸 서한이다. 이 가운데 채응상에 보낸 서한을 잘못하여 「답유자공(答兪子恭)」으로 기록하였다. 주요 내용은 이진상이 오행의 편정(偏正)과 다과(多寡)에 의한 사람과 동물의 본성의 다름의 논리, 명덕(明德)과 인심도심(人心道心)에 의한 성인과 보통사람의 차이성, 귀신(鬼神)에 대한 논의, 심체미발선악유무(心體未發善惡有無)에 대한 이간과 한원진의 이론의 불급성을 지적하고 자신의 리 중시적 차원에서 논지를 전개하였다.

4-1-5「書陶庵集後」(『寒洲集』 卷30)

李陶庵集中心說最多, 而煞多精深敏妙之旨; 性說最簡, 而亦得其要。「答或人書」曰: "五氣不備, 不能成造化。人物雖有偏正多寡之不同, 而豈有人得五行而物不得五行之理?" 又曰: "人物同得健順五常之理, 而由其氣之偏塞, 故物不得全耳。" 又「答兪子恭」曰: "物亦具五行, 而只得五行之偏", 蓋有五行之氣則必有五行之理, 而五行之理, 卽五性也。五行而無一, 不能成造化, 則五性而無一, 乃謂有無理之氣也。但物之氣只得五行之偏, 故物之性亦只得五常之偏, 氣之偏, 固非性也; 而性之偏, 便喚做性矣。有性之同而爲性則異, 陶庵蓋已言之矣。但所贈崔祏詩 以偏全作本然譏南塘, 無乃以天之命物, 無此豐彼嗇之別故耶? 抑以南塘所謂偏全者, 乃指有仁無義有義無仁, 壞了太極之全體故耶? 物性雖皆有而未粹, 故謂之偏; 人性旣皆有而且粹, 故謂之全。其偏其全, 自其本而已然, 非有無理之氣也。又答性道同異之問曰: "其爲千差萬別, 固不離於氣, 就率性上言, 則當專言理而不可雜乎氣。" 然則理一分殊之妙, 陶翁已深言之矣。其佗所論種種多見到處。其曰: "聖人之心, 亦何嘗離乎氣質, 而顧無偏駁之可言? 故氣質之性, 專爲衆人說。" 又曰: "今之論明德者, 欲舍理而主氣, 豈不大悖於聖人之旨?" 又曰: "道心原於性命, 是聖凡所同之心; 人心生於形氣。是聖凡不同之心。" 又曰: "復初之初卽明德, 德卽本心。本心有優劣分數, 則雖極其澄治之功, 衆人柰何得聖人?" 又曰: "初學雖未有光明燦爛之氣象, 清朝未接物之間, 此心或有灑落時節, 此聖人心也。應事之際, 雖未得如聖人之合理, 而或有一事之中節, 則是亦聖人事也。若涵養此心, 習熟此事。則是亦聖人也。" 又曰: "鬼神是理氣之妙合, 而終是理之用也。" 又曰: "鬼神固氣也, 而此章重在良能上。饒說以鬼神與道分而二之, 恐有病。" 此等說話, 並皆深臻道妙。而最其「答沈信甫」書曰: "爲純善之說者, 殊無心性之辨, 易墮於釋氏之見, 而謂之有惡者, 則乃曰未發前亦有惡。未發則性也, 未發而有惡, 不近於善惡混歟?" 此又巍、塘之所不及, 而獨睹乎昭曠者也。余特表而出之, 以附於主理之旨。

4-1-6

「우서도암답윤병계심설후又書陶庵答尹屛溪心說後」
(『寒洲集』 卷30)

해제

1) 서지사항

이진상이 지은 논설문. 『한주집』 권30에 실려 있다. (『한국문집총간』 318)

2) 저자

이진상(李震相, 1818~1886)으로 자는 여뢰(汝雷), 호는 한주(寒洲)이다.

3) 내용

이진상이 도암(陶菴) 이재(李縡: 1680~1746)가 병계(屛溪) 윤봉구(尹鳳九: 1683~1767)에 보낸 서한 내용의 대강을 고찰한 것이다. 이진상은 먼저 이이(李珥: 1536~1584)와 김창협(金昌協: 1651~1708)의 심에 대한 정의와 사단칠정론을 지적하였다. 기호지방의 호론은 사칠기발설(四七氣發說)을 주장하는 반면, 이재는 김창협이 지향한 성리설의 종지를 수용하였다. 이진상에 의하면, 이재가 윤봉구에게 보낸 서한 내용은 모두 '리위기주(理爲氣主)'에서 벗어나지 않은 반면에 윤봉구의 언설은 '전주기(專主氣)'를 중심으로 성리설을 펼쳤다고 한다. 이진상은 정자의 "심은 본래 선하다"와 주희의 "심의 본체는 선하지 않음이 없다"는 논지를 들어 윤봉구의 설을 비판하고, 또 이재가 사단과 칠정에 주리와 주기의 구별을 말하지 않았으나 초년에는 기의 발현에 얽매이지 않았음을 지적하였다.

4-1-6「又書陶庵答尹屛溪心說後」(『寒洲集』 卷30)

栗谷『聖學輯要』言心曰“合性與氣”, 而獨其「答成牛溪」書有“心是氣”一句, 蓋欲以四七之發, 皆歸於氣, 不得不以心爲氣也。其後金農巖祖『輯要』而立言曰: “人之一心, 理與氣合。” 又曰: “四端, 主理言而氣在其中; 七情, 主氣言而理在其中。” 此於心之發處, 已有主理主氣之論, 則心之爲兼理氣者固也。湖中前輩多爲四七氣發說所制縛, 一例祖述佗偏言處, 指作定本。而獨李陶庵親受農翁之旨, 發揮之推衍之, 其「答尹屛溪」書, 力言古聖賢千言萬語, 不外乎“理爲氣主”四字, 以尹說之“專主氣”, 類之於“滓穢太淸”, 謂孟子“道性善”之功, 至是而幾昧云, 則陶庵心說之有所本而不可易明矣。屛說有謂孟子無一言及於心善, 然孟子言良心、本心、惻隱心、羞惡心處, 皆以其善者言之。故程子曰“心本善”, 朱子曰“心之本體無不善”, 則屛溪“心不善”之論, 果何處得之也? 況心之本體卽性也, 單言性善而心善在其中矣。聖人先得人心之同, 衆人每失本心之正, 則衆人之心異於聖人者, 氣拘其心故也, 豈容反咎其心而謂之本有惡乎? 陶庵雖不明說四七有主理主氣之別, 而其答屛溪“發者, 氣也, 未發已發, 專是氣之爲”之說曰未發二字, 實從天命之性出來, 未發則性也。又謂“未發時, 不可著氣質二字”, 則已發時, 雖或著氣不可謂氣之所發, 陶庵之初, 不泥於氣發之論, 又可見矣。

4-1-7

「우서외암실설후又書巍庵心說後」(『寒洲集』 卷30)

해제

1) 서지사항

이진상이 지은 논설문. 『한주집(寒洲集)』 권30에 실려 있다. (『한국문집총간』 318)

2) 저자

이진상(李震相, 1818~1886)으로 자는 여뢰(汝雷), 호는 한주(寒洲)이다.

3) 내용

이 글은 이진상이 외암(隈庵) 이간(李柬: 1677~1727)과 남당(南唐) 한원진(韓元震: 1682~1751)의 미발심체(未發心體) 선악(善惡)에 대한 논변을 고찰한 것이다. 이간은 미발의 심체에는 선악이 없다고 하여 미발심체본선론을 주장하고 한원진은 미발의 심체에는 선악이 공재할 가능성이 있다고 하여 서로 논변하였다. 이진상은 두 학인이 전제한 기에 나아가 심을 언급한 바, 먼저 이간은 기의 정밀한 것만을 들어 심이라고 하고, 한원진은 그 거친 것까지 아울러 심이라고 하고서 맹자·정자·주희의 설을 논거로 하여 두 학인의 편향성을 비판하였다. 특히 기의 미발시 순선을 주장하는 것은 종국에 주기의 틀로 빠질 수 있음을 지적하였다.

4-1-7「又書巍庵心說後」(『寒洲集』 卷30)

巍、塘心說之爭, 權輿於未發有善惡之辨, 其所以爲心者, 已非聖人之所謂心。故其言未發, 亦非聖人之本旨。蓋心之本體, 性也, 性立乎陰; 大用, 情也, 情行乎陽。性情一理也, 陰陽一氣也, 理則純善而氣有美惡。美者, 陰陽之淑氣也; 惡者, 陰陽之慝氣也。氣之始生, 固未嘗不善, 而陽極爲陰, 陰盛則生滓; 陰化爲陽, 陽亢則成沴。萬物未生之前, 已不能無惡, 則旣生之後, 亦安能皆美耶? 是以在萬物而人之氣最秀, 在百體而心之氣最精, 然最秀者, 猶不免多濁而少淸, 則最精者, 亦豈容盡美而無惡也。但其本體之眞, 不以濁惡而減, 不以淸美而加, 此乃人之明德而太極之在躬者也。未發則謂之中, 中者, 性之德; 已發則謂之和, 和者, 情之德。其體湛然虛明, 而非氣之虛也; 其用燁然宣著, 而非氣之著也。特其所乘之氣, 有以助其發揮耳。今此兩公並不及心體之主乎理, 而以氣當之, 則性在心外, 對爲二本, 而非朱子心無體, 以性爲體之旨也。於氣之中, 巍庵獨拈其精者而謂之心, 南塘兼指其粗者而謂之心。氣之精者, 固亦心之機, 而不察乎眞體之卽理, 則氣爲天君, 氣爲大本, 而明德亦氣, 良貴亦氣, 不免於認理爲氣矣; 氣之粗者, 固亦心之舍, 而濁駁氣上, 理亦濁駁; 善惡氣中, 性有善惡, 則居心不淨, 滓穢太淸, 又難免認氣爲理矣。始余只見塘說, 專攻其說之偏於主氣, 而於巍說則頗爲分疏之, 及見巍集則又惘然失圖。蓋其主張氣善, 而孟子性善之功僨, 全副本心, 而程子本天之旨爽, 湛然淸明、虛明不昧、神明不測、光明照澈, 是皆晦翁所謂是理非氣, 而一切反之, 奪此與彼, 則其於心法之傳, 不啻朔南之相懸矣。東莞陳氏曰: "聖人以義理言心, 佛氏以精神言心。" 今此巍庵言心, 卒不離於精神一路, 則南塘所譏佛氏之故智者, 誠無怪也。況乎未發之體, 又是就心中單指理者? 故朱子以爲堯、舜之於塗人一也者, 初無異於程子之言性, 則此時之善, 惟理是當, 非氣之所能與也。彼謂未發之時, 氣質有善惡者, 雖說得淺, 猶知大本之不可奪; 而今之謂氣質純善者, 內焉而超凌性體而徐方御極, 外焉而剝落血氣而水母無蝦。 苦苦自異, 以爲立命之地, 而終不能淸脫於鏡鐵之粗雲霧之翳, 爛漫同歸於主氣之科, 可勝惜哉!

4-1-8

「심자고증후설心字攷證後說」【癸丑】(『寒洲集』 卷33)

해제

1) 서지사항

이진상이 1853년에 지은 논설문. 『한주집(寒洲集)』 권33에 실려 있다. (『한국문집총간』 318)

2) 저자

이진상(李震相, 1818~1886)으로 자는 여뢰(汝雷), 호는 한주(寒洲)이다.

3) 내용

이진상이 심의 글자를 성리학적으로 철저하게 고증한 것이다. 이진상은 글 첫머리에서 심의 영역을 본체(本體)·형체(形體)·묘용(妙用)·객용(客用)으로 분류하였다. 이에 따른 개념을 설명하고 주희(朱熹)가 전개한 심의 체용론이 가장 절실한 것으로 간주하였다. 그리고 왕수인(王守仁)과 나흠순(羅欽順)이 표명한 심을 비판하였다. 여러 경전(經傳)에서 언급한 천지지심(天地之心), 본체지심(本體之心), 묘용지심(妙用之心), 형질지심(形質之心), 정기지언(精氣之言) 등을 언급하며 그 의미를 설명한 뒤, 심과 성의 분합을 논하여 주재의 오묘함을 드러내고 심과 기의 본말을 구분하여 장수와 병사의 직분을 바르게 함을 기술하였다. 이 글은 이진상이 성리학의 요지를 모아 엮은 『리학종요』 권8에 수록되었다.

4-1-8 「心字攷證後說」【癸丑】(『寒洲集』 卷33)

人之一心, 所該甚廣, 有本體焉, 有形體焉, 有妙用焉, 有客用焉。仁義禮智純粹而至善者, 心之本體也; 圓外竅中虛明而正通者, 心之形體也; 四端七情感物而迭應者, 心之妙用也; 閑思雜慮循人欲而熾蕩者, 心之客用也。無這本體, 則心是那一塊而不足貴也; 無這形體, 則心同於風影而靡所泊也。惟其有妙用, 故事功興而人道修焉。不能無客用, 故聖狂分而人獸判焉。妙用原於本體, 而性情之名立; 客用起於形體, 而氣質之弊生。古之君子, 所以主敬明義, 矯揉其氣質之偏, 而反之於情性之正者也。是其體用之間, 自有正邪之別, 故形體之心, 君子不謂之心, 而其客用, 則必遏絶而後止。夫其本體, 性也, 性爲天理之總腦; 妙用, 情也, 情爲天理之直遂。理之靜而乘氣之陰, 理之動而乘氣之陽, 則氣者, 心之機也; 心者, 氣之宰也。有帥卒之分焉, 有本末之別焉, 則心不可主氣言明矣。自夫釋氏之學興, 而首以息心爲要, 滅情絶思而妙用不行, 和氣作理而大本不立。言心體則曰靈明寂照, 言心學則曰修鍊精神, 都把許多麁惡底氣, 目爲本心, 目爲眞性, 然其實則不識心體。率意助長而空使六用壅閼, 其弊鮮不至於喪心失性。故子朱子蓋嘗憂之, 所以推明乎心之體用者, 可謂深切矣。只緣言有初晩之別, 見有詳略之異, 讀之者眩於取舍, 故詖邪之徒, 亦得以強作證援, 曲爲彌縫, 而心學復晦, 異說益肆。陽明以精神言心, 而心卽理之說行焉; 整庵以道心爲性, 而心卽氣之說昉焉。指理指氣, 雖若相反, 而其混理氣爲一物, 而認形氣爲大本者, 色相無變, 意脈潛輸, 後之君子徒見外面之角立, 謂有儒禪之別, 抑彼伸此。祖用其說而主理言心, 遂爲一世之大諱。嗟乎! 將心對性, 性曰理, 心曰氣, 則對甚精矣, 說甚快矣, 其柰本體之不相對何哉? 或曰心之本體固性也, 不可以氣言, 而若其當體則乃是有形質之名, 指心言氣, 不亦可乎? 此說固似矣, 然菖蒲茯苓可補之心, 惟醫家說之, 而從古聖賢, 只說那義理之良心。故朱子論五臟之心而直謂之此非心。乃心之神明升降之舍, 則講求心學者, 顧不以良心爲心, 而硬把非心之心, 認作大本, 可乎? 爲此說者, 其初爲學, 只從氣上入見。師心自信, 認氣作主, 而終覺於本原上不合, 故強拈心字以當之, 然後其爲主一身而該萬化者, 始得一出於氣, 而理爲死物, 性爲眞空矣。震相學不通方, 行不逮言, 其於心性之蘊, 誠難驟語, 而顧於反己體認之餘。竊嘗致疑於此, 硏究多年, 若有所得, 玆敢歷選經傳, 裒爲一通, 而略注己意於後, 以爲攷据之資。首言天地之心者, 明其大原之有自而天人之一理也。次言本體之心者, 明其太極之各具而心性之一理也。次言妙用之心者, 明其太極之流行而性情之一理也。次以兼體用繼之者, 欲其明體適用, 免於兩截之病也。次言形質之心, 以明此理之有宅舍; 次言精氣之心, 以明此理之有輿衛。形氣旣具, 始言心之眞妄者, 欲其精察謹守, 毋失義理之正也。次論心性之分合, 以著主宰之妙, 終辨心氣之本末, 以正帥卒之分, 而存養省察, 推廣克治之意, 隱然寓於其中。編類序次, 雖出於後人手分, 而其言則聖賢之宗旨也。此出於不敢自信而信其師之義也。

4-1-9

「인심도심고증후설人心道心考證後說」【戊寅】(『寒洲集』 卷33)

해제

1) 서지사항

이진상이 지은 논설문. 『한주집(寒洲集)』 권30에 실려 있다. (『한국문집총간』 318)

2) 저자

이진상(李震相, 1818~1886)으로 자는 여뢰(汝雷), 호는 한주(寒洲)이다.

3) 내용

이 글은 이진상이 심성론에서 인심과 도심에 대한 주희의 논거가 초년과 만년의 차이를 고증하고 그 내용을 기술한 것이다. 인심과 도심은 『서경(書經)』의 「대우모(大禹謨)」 편에서 언급되었는데, 이진상은 심이 미발일 때에는 지각이 어둡지 않다가 사물이 이르러 지각이 먼저 움직일 때 형기에 의하면 인심이고 의리에 의하면 도심이라고 하였다. 이진상은 1194년(주희 65세) 이후 「중용서문」을 개정한 이후를 만년정론으로 보면서 인심을 인욕으로 여기지 않은 점을 거론하였다. 더욱이 이진상은 인심과 도심을 분설(分說)과 합설(合說)의 측면에서 살펴보고 초년과 만년의 다름에 대한 기록은 잘못으로 판단하였다. 이 글은 이진상이 성리학의 요지를 모아 엮은 『리학종요』 권22에 편명(篇名)이 없이 '안(按)'으로 수록되어 있다.

4-1-9 「人心道心考證後說」【戊寅】(『寒洲集』 卷33)

心之未發, 知覺不昧, 此乃智之德專一心處, 而事物之至, 知覺先動。其所感者形氣邊事, 則這知覺從形氣邊去, 此之謂人心也; 所感者義理上事, 則知覺從義理上去, 此之謂道心也。形氣者, 耳目口鼻四肢之有視聽言語動作, 而聲色臭味各有所私, 飢寒痛痒擧切吾身; 義理者, 君臣父子兄弟夫婦朋友與夫使衆愛物之間, 各有當行之達道, 而仁義禮智本具吾心。二者之爲知覺雖不同, 而其實則同原於性, 一本而分, 爲心則一也。心因形氣發, 故謂之發於形氣, 而形氣非能自發而爲心也; 心因義理發, 故謂之發於義理, 而義理亦非獨發而爲心也。朱子論此人心, 以爲"理之屬乎血氣"者, 統論心體曰: "人心妙不測, 出入乘氣機。" 人心道心, 何莫非理乘氣而發者乎? 然其所發之由, 一從形氣, 一從義理, 則今於對說處, 不得不以發於氣發於理分之, 以爲精察謹守一約一擴之地耳。朱子初年, 以心爲已發, 而未發者恒乘在其上。故以無思無爲者爲道心, 營爲謀慮者爲人心; 次以舍而亡者爲人心, 操而存者爲道心, 以合乎程子人心私欲、道心天理之論, 人心爲無理而道心爲人心之理; 次以人欲爲兼善惡, 而謂"人心不是十分不好底人欲。" 甲寅以後, 改定「中庸序」文, 而始有定論, 明說人心不可謂人欲。然承聽者狃於舊說, 而多所錯記。且精一工夫, 必須以道心爲主而使人心聽命。故多於人心發處, 說出道心節制之意。蓋二者之發, 層生疊出, 有人心之出於其當而無待乎道心者, 朱子所謂"畢竟是生於形氣", 有道心之通於至著而不雜以人心者, 又有人心先發而旋以道理揆之者, 有道心先發而旋以形氣間之者。余爲此編, 詳加考證。首以分說, 以明苗脈之自異; 繼以合說, 以明道理之通貫。初晩之異, 記錄之誤, 一一辨析, 竊庶幾心學之有所輿衛也。

4-1-10

「주재도설主宰圖說」【甲辰】(『寒洲集』 卷34)

해제

1) 서지사항

이진상이 1856년에 지은 논설문. 『한주집(寒洲集)』 권34에 실려 있다. (『한국문집총간』 318)

2) 저자

이진상(李震相, 1818~1886)으로 자는 여뢰(汝雷), 호는 한주(寒洲)이다.

3) 내용

이 글은 주재의 내용을 치밀하게 도식화하고 해설을 붙인 것이다. 『한주집』에는 이 글의 저술시기를 갑진(甲辰)으로 하였으나, 「연보」에는 이진상이 39세 때 「주재도설」을 짓고 「주재설고증」을 지었다고 하였다. 「연보」가 더 정확한 것으로 보인다. 「연보」에서 언급한 「주재설고증」은 문집에 보이지 않는다. 「주재도설」을 살펴보면, 첫 번째 도설은 리가 상제가 됨을 도출하여 주재의 본체를 드러내었고, 두 번째 도설은 신(神) 글자를 도출하여 주재의 묘용을 드러냈으며, 세 번째 도설은 천군(天君)을 도출하여 리의 진체와 묘용이 인물에 내재하여 심이 한 몸을 주재하는 것을 드러내고 그 내용을 기술하였다. 총체적으로 정리한 주재지묘(主宰之妙)는 리일분수(理一分殊)의 관점에서 기술한 바, 리일은 소이연(所以然)의 주재성이고, 분수는 소능연(所能然)의 주재성이며, 리일에서 분수를 보는 소당연(所當然)의 주재성이고, 분수에서 리일을 보는 자연필연(自然必然)의 주재성이라고 하였다. 이진상은 이 글의 내용을 재정리하여 『리학종요』 권6에서 「주재설」이란 제목을 붙여 부록으로 수록되었다.

4-1-10「主宰圖說」【甲辰】(『寒洲集』 卷34)

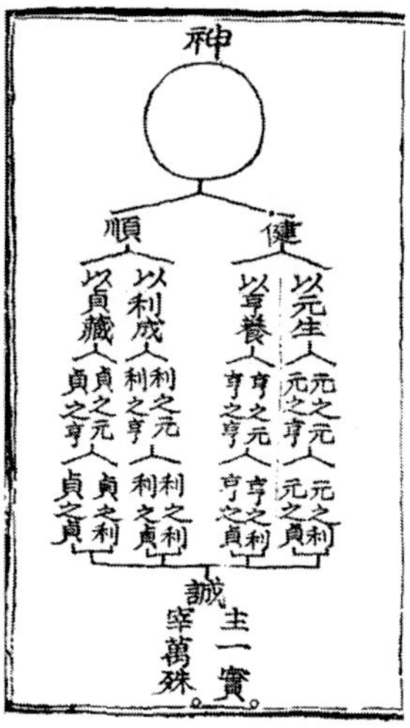

帝者, 天之主宰, 而天理之尊號也。○者, 理之一也; 元亨利貞, 分之殊也。對置元貞, 萬殊之約以二實也; 獨擧元者, 二實之合于一實也。誠其分殊而理一者也。

神者, 天命之流行而理之妙用也。健、順, 神之在陰在陽也; 以元、以亨、以利、以貞, 神之在木、火、金、水也。氣之有生克順逆, 神無不在焉。神功旣著, 又卻收斂。誠者, 神之本體也。

天君者, 人之主宰而人理之尊號也; 其名曰仁義禮智心之體, 目之以性者也。四德最大元貞, 而五性又以仁智爲體統; 元是生成萬物之主, 而仁又酬酢萬變之主也。

主宰之妙, 有就理一上說, 太極涵動靜之妙, 而爲萬化之主宰者是也, 性命之理, 都由此出,「湯誥」“降衷”之“帝”是已。【所以然】 有就分殊上說, 太極會動會靜, 主乎理而宰其氣, 眞體自然而妙用粲然,「大傳」“妙物”之“神”是已。【所能然】 有就理一上見得分殊者, 太極本具四德, 元主生而宰木, 亨主長而宰火, 利主成而宰金, 貞主固而宰水。元亨統爲健而主宰乎陽, 利貞統爲順而主宰乎陰, 此神之爲也。【所當然】 有就分殊上見得理一者, 主一理以宰萬化, 寂若無爲, 而實則有爲, 卽朱子所謂“有心時”, 帝之爲也。【自然必然】 其在人者, 則心體之貫動靜, 而爲一身之主宰者是也, 卽天之太極而人之天君也。言其理之一【分殊者在其中】 則心爲性情之主宰, 而以仁愛以禮恭以義宜以智別者也。【所以然】 言其分之殊,【理一者在其中】 則心之體是性而性爲之主焉, 心之用是情而情爲之宰焉。【所能然】 於分殊處見分殊, 則四德迭主而四端各宰, 以衆理而處萬事。【所當然】 於分殊處見理一, 則智之德主一心, 未發而知覺不昧, 纔感而知覺辨之, 已發而知覺妙之, 旣應而知覺便收, 以一理而妙衆理者也。【自然必然】

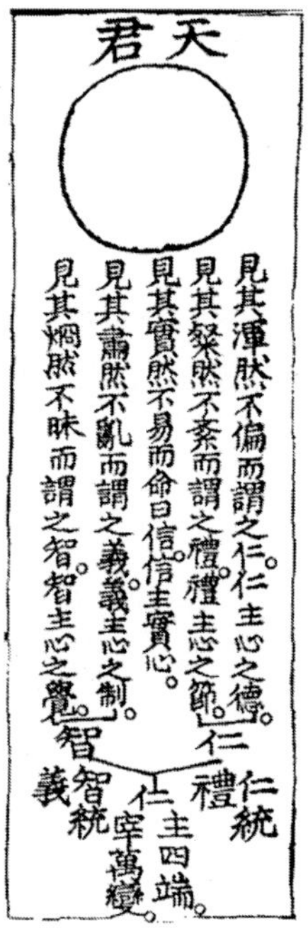

4-1-11

「인물성동이설人物性同異說」(『寒洲集』 卷30)

해제

1) 서지사항

이진상이 지은 논설문. 『한주집(寒洲集)』 권30에 실려 있다. (『한국문집총간』 318)

2) 저자

이진상(李震相, 1818~1886)으로 자는 여뢰(汝雷), 호는 한주(寒洲)이다.

3) 내용

이진상이 성리학에서의 인간과 동물의 성이 같은가 다른가에 대한 이론을 기술한 것이다. 이진상은 동론과 이론에 대한 근거한 바가 있지만 그 실질은 치우쳤다고 하였다. 그에 의하면 성은 본연지성(本然之性)과 기질지성(氣質之性)으로 구분되는데, 본연지성은 모든 존재가 지니고 있는 태극으로서 같은 것이고, 기질지성은 본연지성이 기질의 청탁(淸濁)과 편전(偏全) 작용으로 기품(氣稟)에 따라서 달리 나타난 것이다. 성은 미발의 리인데, 심의 미발에서는 하나의 리가 혼연하여 편(偏)도 하나의 태극이고 전(全)도 하나의 태극이다. 이발에서는 편전이 있으나 그 편전도 성이라고 한다. 그리하여 인간과 동물의 성이 같더라도 그 다름이 있는 것에 방해되지 않고 다르더라도 그 같음이 되는 것에 방해되지 않는다는 것이다. 이항로는 이를 리일(理一)과 분수(分殊)로 설명하여 인물성동이론을 회통하고자 하였으며, 특히 이발에서의 기질지성은 본성으로 여기지 않았다. 기질지성에 대한 것은 별도로 「기질지성고증후설(氣質之性攷證後說)」을 지었다. 이 글과 「인물성동이론」은 이진상이 성리학의 요지를 모아 엮은 『리학종요』 권5에 수록되었다.

4-1-11「人物性同異說」(『寒洲集』 卷30)

世之論性者, 或曰“人物性同, 性則理也, 理無不同。其有偏全之異者, 氣質之性也。” 或曰“人物性異, 在天爲理, 在物爲性, 性只是氣質上標名, 其言本原之同者, 太極之理也。” 兩說皆有可據, 而其實則皆偏。蓋所謂氣質之性者, 實指那善惡不齊之機, 而初無與於本體純粹之實, 則謂偏全卽善惡, 殆似認人心爲人欲也。所謂太極之理, 雖云高出於萬物之表, 而亦自分俵於萬物之中, 則謂五常非太極者, 殆是謂仁義爲非性【告子】也。且夫理者, 以其有條理, 非直渾淪而已, 冲漠而已, 又未嘗離氣而獨立。自人物未生之時, 在陽則偏於健, 在陰則偏於順, 在水則偏於潤下, 在火則偏於炎上, 合之曰太極則固全矣, 而分之曰四德, 則各居其一之偏, 况以萬物之成形, 大小不齊, 萬物之受氣, 多寡自倍? 氣充其形, 初無形外之剩氣, 則理充其氣, 寧有氣外之剩理? 人性本全, 物性本偏, 這理多則那理寡, 異雖因氣, 不可謂之氣也。大抵性者, 未發之理也。心之未發, 一理渾然, 偏亦一太極也, 全亦一太極也。雖使本稟之中, 或仁多於義, 或義多於仁, 非有間架之可揣摩, 則何從而驗其偏全哉? 惟其旣發之後, 惻隱多而羞惡被其所掩, 則知其仁多於義; 羞惡多而惻隱爲其所蔽, 則知其義多於仁。虎狼之徒知父子而知其偏於仁, 蜂蟻之獨知君臣而知其偏於義, 溯流知源, 可見本性之各有偏全。有偏全之外, 更無無偏全之可同, 則謂偏全非此性可乎? 性理字分言, 固有天人之別, 而此特地頭異耳, 其實則一也。五常之渾然者便是太極, 太極之粲然者便是五常, 烏可賺氣質爲性而只管其異乎? 以愚觀之, 自其五常悉具純善無惡者言, 則人物皆同。自其理之人全物偏而謂之人與人同、物與物同可也; 自其理之仁多義多而謂之人人不同、物物不同【此與湖說異者, 彼則兼指氣, 而此則單言理。】可也。然已發之際, 用之直遂者, 無有不善; 未發之際, 體之渾然者, 無有所缺, 則同而不害其有異, 異而不害其爲同也。小大各定, 而太極非有分裂; 萬一各定, 而太極實爲統體。理一之中, 分未嘗不殊; 分殊之處, 理未嘗不一, 則主同而斥異者, 昧乎其分之殊也; 主異而斥同者, 昧乎其理之一也。論性不論氣不備, 愚故曰因氣質而本異者, 不害爲本然之性; 不因乎氣者, 求之於太極生陽之前可也。若乃氣質之性, 則君子之所弗性, 求之於此,

4-1-12

「맹자출척설孟子怵惕說」【己未】(『寒洲集』 卷30)

해제

1) 서지사항

이진상이 1859년에 지은 논설문. 『한주집』 권32에 실려 있다. (『한국문집총간』 318)

2) 저자

이진상(李震相, 1818~1886)으로 자는 여뢰(汝雷), 호는 한주(寒洲)이다.

3) 내용

이는 이진상이 맹자가 "측은지심(惻隱之心)" 앞에 "출척(怵惕)" 두 글자를 놓은 것에 대해 지은 것이다. 주희(朱熹)는 "출척"을 "놀래서 움직이는 모양이다"라고 주석한 것을 설명하고, "출척"이 "측은"보다 앞에 있는 것을 자세히 언급하면서 이에 대한 사양좌(謝良佐)의 설도 이끌어 "출척"은 진심이고 천리의 자연으로 간주하였다. 이진상에 의하면, 후인들은 "출척"은 기가 리를 움직인 것으로 여기고 "측은"은 리가 기를 생성하는 것으로 여겼다고 하였다. 그리하여 그는 주희의 설을 수용하면서 맹자가 '출척측은'을 심으로 간주하고 주희가 정으로 간주한 것을 기초하여, 심이 움직여도 실질적으로는 성의 발현이므로 성은 심의 본체이고 정은 심의 작용이니 성을 벗어나 심이 없고 정을 벗어나 심이 없기에 기의 발현으로 여겨서는 안 된다고 하였다.

4-1-12「孟子怵惕說」【己未】(『寒洲集』 卷30)

孟子言"惻隱之心", 而先下"怵惕"二字, 怵惕亦心也。而朱子釋之以爲"驚動貌", 何也? 曰: "此所以形容眞心驀出之機。" 夫心之有大驚動, 固亦愕然變乎貌, 而此之貌非遽指外面形著處, 是乃心之狀也。怵惕先於惻隱, 果有別歟? 曰: 怵惕, 仁端之將萌者也; 惻隱, 仁端之已著者也。今夫人乍見孺子匍匐將入於井, 則不知不覺之際, 眞心驀忽出來, 蓋其感觸深故激發急, 單說惻隱, 猶未明其幾之驀直也。故更加怵惕字, 然苟非此等急切之地, 則不必每如是也。故下文歷擧四端處, 不更擧怵惕字耳。謝氏曰: "其心怵惕, 乃眞心也。天理之自然也。" 朱子采其說以爲一章之大指, 其指皦矣。後人反以怵惕爲氣動理、惻隱爲理生氣, 氣本無知, 何能觸物而便覺? 氣果先動, 何能其情之每善乎? 氣非靜無理, 非動無則, 烏在其仁獨理而惻隱便是氣乎? 又以怵惕爲心之動, 惻隱爲性之發, 心是動處, 性是動底處, 其地頭底其物事, 心、性豈有二用, 此先而彼後哉? 孟子以怵惕惻隱統作心, 朱子以怵惕惻隱統作情, 雖云心之動, 而實是性之發, 性是心之體, 情是心之用。性外無心, 心之主宰卽此性; 情外無心, 心之發用卽此情。若夫意念之緣情而旁生, 初非四端纔發之際所容有, 又非出於性情之外也。仁義之心, 單指理之體之心也; 四端之心, 單指理之用之心也。氣發之說, 何所本乎?

4-1-13

「심心」【理之主宰】第四 上(『理學綜要』 卷6)

해제

1) 서지사항

이진상이 경전(經典)과 성리학 관련 글 중에서 요지를 모아 1878년 때 엮은 책. 원래 22권의 필사본으로 되어 있는 것을 아들 이승희(李承熙: 1847~1916)와 문인 허유(許愈: 1833~1904) 등이 1888년, 1895년, 1986년 3차에 걸쳐 교감정리하고 22권(10책)으로 편집하여 1897년 고령(高靈)의 회보계(會輔契)에서 목판본으로 출간하였다. 규장각과 국립중앙도서관 등에 있다. 1990년 아세아문화사(경인문화사)에서 영인한 『한주전서』 2책에 실려 있다.

2) 저자

이진상(李震相, 1818~1886)으로 자는 여뢰(汝雷), 호는 한주(寒洲)이다.

3) 내용

이진상이 유교경전과 중국과 조선 성리학자의 글 중에서 성리학의 요지를 모아 엮은 책이다. 이 책은 이진상이 주희(朱熹)의 초년과 만년의 학설을 치밀하게 고찰한 후, 경전과 선유들의 저서에서 긴요한 내용을 가려 뽑아 체계적으로 분류하여 61세 되던 윤 3월에 편찬하고 이듬해 3월에는 서문을 지었으며, 67세 때 중감(重勘)을 거쳐 완성하였다. 하지만 이진상이 작고하던 해인 1886년 문인 이두훈(李斗勳: 1856~1918)에게 보내는 서간에서 본서가 마치지 못한 저서라는 것을 말하고 있어 마지막까지 손질하던 저서라 할 수 있다. 권1·2은 천도(天道), 권3은 천명(天命), 권4·5는 성(性), 권6~8은 심(心), 권9·10은 정(情), 권11은 총요(總要), 권12~15는 학(學), 권16은 행(行), 권17~19는 사(事), 권20~22는 통론으로 되어 있다. 내용은 권1에서 권10까지는 천도의 근원을 밝히는데 일반적으로 태극음양에 따른 리기론(理氣論), 성·심·정의 범주와 관계에 따른 심성론(心性論)을 기술하고, 권11에서는 총론으로 리의 분합(分合)을 다루었다. 그 이후로 학(學)은 리의 궁구·성찰·확충의 측면, 행(行)은 명륜(明倫)과 수기(修己)의 순리(循理), 사(事)는 의식·거처·수업 등의 절차에 관한 합리(合理)의 측면을 밝혔다. 통론에서는 리의 근본되는 뜻을 밝혔고, 유가에서

기(氣)가 리를 해한다고 인식하는 문제와 이단(異端)에서는 기를 주로 하고 리를 멸하는 문제, 그리고 성현이 리를 주로 하는 연원을 밝혔다. 심성론에 해당한 심설 부분은 심을 리의 주재로 여겨 권6에서는 심의 대원(大原)·본체(本體)·묘용(妙用), 권7에서는 심의 체용과 심성분합, 권8에서는 형질지심(形質之心)·즉기언심(卽氣言心), 그리고 심의 진망(眞妄)과 심과 기를 분변하여 성현주리(聖賢主理)의 근원으로 귀착시켰다. 논리전개는 경전과 선유들의 설로 성리학의 여러 범주를 설명한 뒤 '안(按)'이라 하여 자신의 의견을 밝히고, 그리고 부록으로 내용에 합당한 '설(說)'을 사이사이에 붙였다. '설'은 주로 『한주집』에 수록된 잡저(雜著)의 글들이다. 부록의 글로 「명덕설(明德說)」, 「주재설(主宰說)」, 「고증후설(攷證後說)」(心字攷證後說) 등이 수록되었으나, 「심즉리설」은 실려 있지 않았다. 『한주집』 잡저에 수록되지 않은 「주재설」은 39세 때 「주재도설(主宰圖說)」과 「주재설고증(主宰說攷證)」을 지은 뒤, 이 책을 편찬할 당시에 지은 듯하다. 이 부록의 글은 이진상의 심설을 파악하는데 아주 긴요하다 하겠다. 아들 이승희는 1914년 요동으로 가서 한인공교회(韓人孔敎會)를 창립하고 중국 유교성적지(儒敎聖跡地)를 순례하면서 곡부(曲阜)에 이르러 공자의 성묘(聖廟)를 배알하고 직접 『리학종요』와 함께 『춘추집전(春秋集傳)』 및 『사례집요(四禮輯要)』를 기증하기까지 하였다.

4-1-13 「心」【理之主宰】第四 上(『理學綜要』 卷6)

「湯誥」曰: "惟簡在上帝之心。"

程子曰: "天專言之則道也。以主宰謂之帝, 以妙用謂之神, 以性情謂之乾。" ◑朱子曰: "天下莫尊於理, 故以帝名之。『詩』、『書』所說, 便似有箇人在上恁地, 如'帝乃震怒'之類。然這箇亦只是理如此。惟皇上帝降衷于下民。降, 便有主宰意。" ◑"帝是理爲主。" ◑"天之所以爲天者, 理而已。天非有此道理, 不能爲天, 蒼蒼者卽此道理之天, 其主宰謂之帝。如父子有親, 君臣有義, 雖是理如此, 亦須是上面有箇道理敎如此始得。但非如道家說, 眞有箇三淸大帝。" ◑問: "'上帝降衷于下民。' '天將降大任於人。' '天佑民, 作之君。' '天生物, 因才而篤。' '作善, 降百祥; 作不善, 降百殃。' '天將降非常之禍於此世, 必預出非常之人。' 凡此類, 是蒼蒼在上者眞有主宰如是耶? 抑天無心, 只是推原其理如此?" 曰: "此三段只一意。也是理如此。" ◑"蒼蒼之謂天。運轉周流不已, 便是那箇。而今便說天有箇人在那裏批判罪惡, 固不可; 說道全無主之者, 又不可。" ◑問: "簡在帝心, 何謂?" 曰: "如天檢點數過一般。善與罪, 天皆知之。有善, 也在帝心; 有罪, 也在帝心。"

「咸有一德」曰: "克享天心。"

『集傳』: "湯之君臣皆有一德, 故上當天心。" ◑張子曰: "有外之心, 不足以合天心。"

按: 世儒多以心爲氣, 而觀於上帝心天心之語, 尤可見。心爲主宰之理。

『易』曰: "復其見天地之心。"

『傳』: "消長相因, 天之理也。一陽復於下, 乃天地生物之心。先儒皆以靜爲見天地之心。蓋不知動之端, 乃天地之心也。" ◑程子曰: "天地以生物爲心。" ◑"「復」卦非天地之心, 復則見天地之心。聖人無復, 未嘗見其心。" ○ 朱子曰: "積陰之下, 一陽復生。天地生物之心, 幾於滅息, 而至此乃復可見。在人則爲靜極而動, 惡極而善, 本心幾息而復見之端。" ◑"天地以生生爲德, 元亨利貞乃生物之心也。但其靜而復, 乃未發之體; 動而通焉, 則已發之用。一陽來復, 其始生甚微, 固若靜矣。然其實動之機, 其勢日長, 而萬物莫不資始焉。此天命流行之初, 造化發育之始, 天地生生不已之心, 於是而可見矣。若其靜而未發, 則此心之體雖無所不在, 却有未發處。此程子所以以動之端爲天地之心, 亦擧用而該體爾。” ◑問: “天地無心, 仁便是天地之心。若使其有心, 必有思慮營爲。天地曷嘗有思慮來? 然其所以四時行, 百物生者, 蓋以其合當如此便如此, 不待思惟, 此所以爲天地之道。” 曰: “如此則『易』所謂‘復其見天地之心’, 又如何? 若果無心, 則須牛生出馬, 桃樹上發李花, 他又却自定。心便是他主宰處, 所以謂天地以生物爲心, 此乃無心之心也。” ◑“萬物生長, 是天地無心時;【理之自然】; 枯槁欲生, 是天地有心時。” ◑“六十四卦莫非天地之心, 但於「復」卦忽見一陽之復, 故卽此而贊之耳。” ◑“邵子詩曰: ‘冬至子之半, 天心無改移, 一陽初動處, 萬物未生時。’ 蓋萬物生時, 此心非不見也。但天地之心悉已布散叢雜, 無非此理呈露, 多了難見。若會看者, 能於此觀之, 則所見無非天地之心矣。惟是復時萬物皆未生, 只有一箇天地之心昭然在這裏, 所以易見也。” ◑雲峯胡氏曰: “天地生物之心, 卽人之本心也。皆於幾熄而復見之時見之。” ◑李子曰: “太極動而生陽, 是言理動而氣生也。復其見天地之心, 是言氣動而理顯, 故可見也。二者皆屬造化, 故延平以復見天地之心, 爲動而生陽之理, 其言約而盡矣。”【按: 此論延平說, 似異而實合。蓋主太極言, 則天地之心便是太極, 而一陽動處, 便是太極之生陽也。主卦氣言, 則一陽初動, 而天地之心, 因此可見, 此豈非氣動而理顯者乎? 立言之序, 雖有理動, 氣動之異, 而其實則只是一理爲主, 非有二致, 故末段復伸延平說。】

按: 一陽之復, 動之氣也; 生物之心, 仁之理也。心之本體, 動後方見此。蓋因氣而見理, 非謂就氣而見氣, 且朱夫子旣以元亨利貞爲天地之心, 則仁義禮智乃人之本心也。未發而性爲心之體者, 豈不明乎?

「禮運」曰: “人者, 天地之心。”

『集說』: “天地之心, 以理言。” ◑程子曰: “一人之心, 卽天地之心。” ◑朱子曰: “謂如天道福善禍淫, 乃人所欲也。善者, 人皆欲福之; 淫者, 人皆欲禍之。敎化皆是人做, 此所謂人者天地之心。” ◑“天地以此心普及萬物, 人得之遂爲人之心, 物得之遂爲物之心, 草木禽獸接著遂爲草木禽獸之心, 只是一箇天地之心爾。” ◑“人身是形耳, 所具道理皆是形而上者, 蓋人者, 天地之心也。康節所謂一動一靜者, 天地之妙也; 一動一靜之間者, 天地人之至妙者也。蓋天只是動, 地只是靜。到得人, 便兼動靜, 是妙於天地處, 故曰‘人者, 天地之心’。論人之形, 只是器, 其運用處, 都是道理。” ◑問: “天地之心, 亦靈否? 還只是漠然無爲?” 曰: “天地之心, 不可道是不靈, 但不如人恁地思慮。伊川曰: '天地無心而成化, 聖人有心而無爲。'"

右明心之大原只是理。

『大學』曰: "明明德。"

『章句』: "明德者, 人之所得乎天而虛靈不昧, 以具衆理而應萬事者也。但爲氣稟所拘, 物欲所蔽, 則有時而昏。然其本體之明, 則有未嘗息者。故學者當因其所發而遂明之, 以復其初也。" ◑『或問』: "人物之生, 必得是理, 以爲健順; 仁義禮智之性, 必得是氣, 以爲魂魄五臟百骸之身。然以理言, 則萬物一原, 固無人物貴賤之殊; 以氣言, 則得其正且通者爲人, 得其偏且塞者爲物。是以或貴或賤而不能齊也。彼賤而爲物者, 旣牿於形氣之偏塞, 而無以充其本體之全矣。惟人之生, 乃得其氣之正且通者, 而其性爲最貴。【按: 以上兼言氣, 以見明德之通塞, 而本體之全性爲最貴, 方是明德。】故其方寸之間, 虛靈洞徹, 萬理咸備。蓋其所以異於禽獸者正在於此, 而其所以可爲堯、舜而能參天地以贊化育者, 亦不外焉是, 則所謂明德者也。然【此以下, 又兼說氣, 以明拘蔽之由。】其通也, 或不能無淸濁之異; 其正也, 或不能無美惡之殊。故其所賦之質, 淸者智, 而濁者愚; 美者賢, 而惡者不肖。又有不能同者, 必其上智大賢之資, 乃能全其本體而無所不明。其有不及乎此, 則其所謂明德者, 已不能無蔽而失其全矣。況又以氣質有蔽之心, 接乎事物無窮之變, 則其目之欲色、耳之欲聲、口之欲味、鼻之欲臭、四肢之欲安佚, 所以害乎其德者, 又豈可勝言哉? 二者相因, 反覆沈固, 是以此德之明日益昏昧, 而此心之靈其所知者, 不過情欲利害之私而已。是則雖曰有人之形, 而實何以遠於禽獸? 雖曰可以爲堯、舜而參天地, 而亦不能有以自充矣。然而本明之體得之於天, 終有不可得而昧者, 是以雖其昏蔽之極, 而介然之頃一有覺焉, 則卽此空隙之中, 而其本體已洞然矣。是以聖人施敎, 旣以養之於『小學』之中, 而復開之以『大學』之道。其必先之以格物致知之說者, 所以使之卽其所養之中, 而因其所發以啓其明之之端。繼之以誠意、正心、修身之目者, 則又所以使之因其已明之端, 而反之於身以致其明之之實也。夫旣有以啓其明之之端, 而又有以致其明之之實, 則吾之所得於天而未嘗不明者, 豈不超然無有氣質物欲之累, 而復得其本體之全哉? 是則所謂明明德者, 非有所作爲於性分之外也。然其所謂明德者, 又人人之所同得, 而非有我之得私也。" ◑"人受天地之中以生, 故人之明德非他也, 卽天之所以命我而至善之所在也。是其全體大用, 蓋無時而不發見於日用之間。"【玉溪盧氏曰: "天地之中, 太極是已天之命我此也, 我之明德此也, 謂之至善亦此也。"】◑朱子曰: "天之賦於人物者, 謂之命; 人與物受之者, 謂之性; 主於一身者, 謂之心; 有得於天而光明正大者, 謂之明德。"【按: 連四段通說理。△敬仲錄。辛亥。】◑"自天之所命, 謂之明命, 我這裏得之於己, 謂之明德, 只是一箇道理。"【賀孫錄, 辛亥。】◑問: "明德, 便是仁義禮智之性。" 曰: "便是。"【按: 以本體言。】◑問: "仁義禮智是性, 明德是主於心而言?" 曰: "這箇道理在心裏光明照徹, 無一毫不明。"【按: 兼體用。】◑"明德是自家心中具許多道理在這裏。本是箇明底物事, 初無暗昧, 人得之則爲德。如惻隱、羞惡、辭遜、是非, 皆從自家心裏出來, 觸著那物, 便有那箇物出來, 何嘗不明。緣爲物欲所蔽, 故其明易昏。"【卓錄】◑問: "德是心中之理否?" 曰: "便是心中許多道理, 光明鑒照, 毫髮不差。"【寓錄, 庚戌後。】◑"我之所得以生者, 有許多道理在裏, 其光明處, 乃是明德也。"【銖錄, 丙辰後。】◑"這道理光明不昧。方其靜坐未接物, 此理固湛然清明; 及其遇事而應接, 此理亦隨處發見。"【僩錄, 戊午。】◑"明德未嘗息, 時時發見於日用之間。如見非義而羞惡, 見孺子入井而惻隱, 見尊賢而恭敬, 見善事而嘆慕, 皆明德之發見也。"【上仝, 皆以理發者言。】◑"人本來皆具此明德, 德內便有此仁、義、禮、智四者。只被外物汨沒了不明, 便都壞了。所以大學之道, 必先明此明德。推而事父孝、事君忠, 推而齊家、治國、平天下, 皆只此理。"【元壽錄, 戊申。】◑"明德, 是我得之於天, 而方寸中光明底物事。本不待自家明之。但從來爲氣稟所拘, 物欲所蔽, 一向昏昧, 更不光明, 而今却在挑剔揩磨出來。"【泳錄, 乙卯。】◑"天理在人, 終有明處。人合下便有此明德。雖爲物欲掩蔽, 這些明底道理未嘗泯絶。"【謨錄, 己亥後。】◑"人性如一團火, 煨在灰裏, 撥開便明。"【螢錄, 戊申。】◑"明德如明珠, 常自光明。若爲物欲所蔽, 卽是珠爲泥涴, 然光明之性依舊自在。"【大雅錄, 戊戌後。】◑問: "人當無事時, 其中虛明不昧, 此是氣自然動處, 便是性。" 曰: "虛明不昧, 便是心; 此理具足於中, 無少欠闕, 便是性; 感物而動, 便是情。"【夔孫錄, 丁巳後。】◑"心之全體湛然虛明, 萬理具足, 無一毫私欲之間其流行該徧, 而妙用無不在焉。故以其未發而全體者言之, 則性也; 以其已發而妙用者言之, 則情也。"【端蒙錄, 己亥後。】◑"明德謂得之於己, 至明而不昧者也。如父子則有親, 君臣則有義, 夫婦則有別, 朋友則有信, 初未嘗差也。苟或差焉, 則其所得者昏, 而非固有之明也。"【按: 明德與達道合。○履孫錄, 甲寅。】◑北溪陳氏曰: "明德者, 是人生所得於天, 本來光明之理具在吾心者, 謂之明德。如孩提之童, 無不知愛親敬兄, 此便是得於天之本明處。" ◑雲峯胡氏曰: “『章句』釋明德以心言, 而包性情在其中。虛靈不昧是心。具衆理是性, 應萬事是情, 有時而昏, 又是說心; 本體之明, 又說性; 所發, 又說情。”

按: 心統性情, 而仁義禮智, 性之德也; 忠孝敬慈, 情之德也。德者, 得也。得於天而具於心, 性之德也; 得於心而達於事, 情之德也。性情只是一理, 非這理, 則無自而光明。謂之明德, 則就心中單指理者也。德之本明, 苟無所昏之者, 何待乎更明之哉? 物欲之生, 由於氣稟, 而氣質之稟, 承載此理, 則昏此理者是氣也。因其情之發, 而復其性之初, 又心之事也。天理而主宰之, 則氣質退聽矣。◑『章句』得乎天者, 明其爲明命之所賦, 推本而言之也。這明德, 淸氣上未嘗增一分, 濁氣上未嘗減一分, 聖凡之所同得, 故通言人之得也。虛靈不昧, 主心而言, 理與氣合, 固所以虛靈。然言於心, 則拕帶氣; 言於明德, 則不帶氣。蓋太虛者, 道也, 非氣之所能虛也; 最靈者, 性也, 非氣之所自靈也。智之德專一心, 未發之際, 知覺不昧, 朱子所謂從心言, 則智最大者也。不言知覺而言不昧, 所以狀其明也。虛者, 明之體; 靈者, 明之實。此理之虛明不昧, 固資乎氣之秀, 比如火因薪而有光, 然光明火之性, 薪何嘗自有光明哉? 心無體以性爲體, 故明德之體具衆理, 性發爲情亦自是心之用。故明德之用應萬事, 所謂氣稟卽「序文」所謂氣質之稟或不能齊者也, 非於氣稟之外, 又有精爽之氣, 而以彼拘此也。本體之明, 以性言; 而所發之明, 以情言。如孟子之四端人皆有之, 『中庸』之達道人所共由者, 是也。苟能擴充而推極之, 則拘蔽者日祛, 而光明者日透, 漸復乎本體之淸明矣。近世之學, 乃謂明德是本然之氣, 氣之精英者當之; 氣稟是氣質之氣, 氣之查滓者當之。認氣爲德, 壞了天命之本體, 而氣有兩副, 以氣而拘氣, 可勝嘆哉? ◑『或問』健順、仁義禮智之性, 明德之本體也; 魂魄、五臟百骸之身, 明德之所掛搭也。心之宅舍, 固該於二五之精, 而若其明德之本體, 則單指無極之眞得其氣之正通者, 亦以此身而言。蓋比草木倒生、禽獸橫生之形, 而人得其正也; 比草木全塞、禽獸微通之竅, 而人得其通也。心之爲質, 固亦如此, 而此乃醫家之所謂心, 而昔賢所謂此非心者也。其性爲最貴, 人之獨得其粹然之全者, 明德之體也。方寸之間, 明德之宅舍, 虛明洞徹, 明德之體段, 非於虛明洞徹之外, 更有萬理咸備之實也。人之所以異於禽獸者, 以禮義言, 可以爲堯、舜者; 以性善言, 參天地贊化育; 以至誠言而並言之。以當明德，則非氣之所能與明矣。其通之不能無淸濁，如水之流通，而地有泥沙之異也；其正之不能無美惡，如木之挺正，而材有杞樗之別也。焉有本氣淸而客氣獨濁，內氣美而外氣獨惡者乎？智愚、賢不肖之分，則明德雖同而氣稟自異也。全其本體而無所不明者，氣質淸美不揜其眞性也。不能無蔽而失其全者，理蔽於氣之昏，而用有不通也。耳目之欲，乃其形氣之私，而初非性命之正者也。本明之體，終有不可得以昧者，明德之不囿於氣，而終遂其本然之正也。本體洞然，乃其妙用之露眞面者，氣烏可以本體言乎？此明言非有作爲於性分之外，而今之指明德爲兼氣者，不免作用於性外，豈朱子之意哉？

【附】(「明德說」) 朱子釋天命之性曰：“人物之生，因各得其所賦之理，以爲健順五常之德。” 健順五常之外，無他德也。此德固具於陰陽五行之中，而陰陽五行，只喚做氣，德卽是理此理。對惡而言，則謂之善；對濁而言，則謂之淸；【朱子「答許景陽」書。】對昏而言，則謂之明。明者，狀其德之體段也。乾至健而其德高明，坤至順而其德光大。燁然是仁之敷，煥然是禮之文，燦然是義之別，炯然是智之藏，始知有象之明，明之小者也，無形之明，明之大者也。或者論明德乃以本然之心，看作氣之淸明，明氣之爲明德，更何用明之哉？或又謂心者，理氣之合也，精爽之氣，具却純粹之理，凝聚於中，是爲明德，而外面查滓之氣，恁地昏濁，從以拘蔽，此又未然。心之爲質，通竅而居上，心之爲氣，屬火而炎上。苟其淸明之氣，凝聚於中，則事物之至，便當直遂，以善理乘淸氣，無往而不善矣。所謂昏濁之氣，若只是臟腑之內氣，則其氣鈍滯，必不及於心氣之闖出矣。若是耳目之外氣，則耳目之淸明者，必皆順理，而師曠、離婁不得爲聖賢，商紂、智瑤反號爲聰明，何也？若謂淸明昏濁，都在心裏，則氣之轇轕，難保其不雜，安有界分可喚做明德乎？蓋嘗推之，人稟五行之秀氣以生，而秀氣之精華，都萃於心，精華裏面，萬理咸具，究其貌象，或說似矣。然而所貴乎心者，以其所具之理參三才出萬化，爲一身之主宰也。今以心之理言之，存之爲仁義禮智之德，而其體光明不昧；發之爲孝敬忠貞之德，而其用鑑照不差，此乃明德之實也。若其秀氣本不無美惡之別，比如芝蘭之秀，不同於荊棘之秀，稊稗之秀，不同於秬稻之秀。所萃之精華亦自有淸濁之異，如今萬竈爨火，美柴之烟，靑瑩而直上；濕薪之烟，黑暗而鬱勃；乾秸之烟，白翳而紛飛。若其所爨之火，恁地光明，其光外爍，亦甚焜燿，此乃明德之本色也。所謂氣稟, 亦只是五行之精華, 氣稟本濁, 則精華亦自晻靄。翌時未發, 粗有湛一之氣象, 而湛一裏面, 包藏惡濁, 纔打一動, 查滓騰上。故未發之體, 不能如聖人之鏡水; 而已發之用, 都被外物之雲霧, 拘蔽之極, 明德亦甚昏塞。如今闇燈罩地, 都不見火光, 然明德之體, 亦未嘗因拘蔽而滅息。良心發處, 道理呈露, 如闇燈之撥開, 而暫見明光者也。況又加之以明之之功, 而能致其明之之實, 則淸氣根於理而日生, 濁氣制於理而日消, 纖翳盡祛, 遂復其本體之淸明, 豈不美哉?

孟子曰: "仁, 人心也。" 又曰: "存乎人者, 豈無仁義之心哉?" 又曰: "仁義禮智根於心。"【見上篇。】

問: "仁與心, 何異?" 程子曰: "於所主曰心, 名其德曰仁。" 曰: "謂仁者心之用乎?" 曰: "不可。" 曰: "然則猶五穀之種, 待陽氣而生乎?" 曰: "陽氣所發, 猶之情也。心猶種焉。其生之德, 是謂仁也。"【按: 『近思錄』曰: "心譬如穀種, 生之性便是仁。陽氣發處, 乃情也。" 此心字是指包褁底陽氣。從穀種說, 故曰猶之, 又曰發處, 則非以情爲氣發也。】 ◑朱子曰: "仁者, 心之德。程子所謂心如穀種, 仁則其生之性是也。然但謂之仁, 則人不知其爲切於己, 故反而名之曰人心, 則可見其爲酬酢萬變之主, 而不可須臾失矣。" ◑"仁者, 天地生物之心, 而人物之所得以爲心, 人未得之, 此理亦未嘗不在天地間。只是人有此心, 便自具是理而生。又不可道有心了, 卻討一物來安頓放裏面。" ◑"仁者理卽是心, 心卽是理。有一事來, 便有理以應之。" ◑"仁者之心, 便是一箇道理。看有甚麽事來, 不問大小, 自家此心各各是一箇道理應副去。" ◑"仁無形迹, 孟子恐人理會不得, 便說道只人心便是。卻不是把仁來形容人心, 乃是把人心來指示人以仁。心是通貫始終之物, 仁是心體本來之妙。汩於物欲, 則雖有是心, 而失其本然之妙。" ◑"論天地之心者, 曰乾元、坤元, 則四德之體用不待悉數而足。論人心之妙者, 曰仁, 人心也, 則四德之體用, 亦不待遍擧而該。" ◑西山眞氏曰: "仁者, 心之德也, 而孟子直以爲人心者。蓋有此心, 卽有此仁心, 而不仁卽非人矣。" ◑"孔門言仁多矣, 皆指其功用處而言。此則徑擧全體, 使人知心卽仁、仁卽心, 而不可以二視之也。" ◑朱子曰: "仁義之心, 人所固有, 天之所以與我者。" ◑"但論心性字, 似分別太重, 有直以爲二物而各在一處之病。要知仁義之心四字便具心性之理, 只此心之仁義, 卽性之所爲也。"【「答蘇晉叟」書。】 ◑趙氏曰: "仁義性也, 而以心言者, 統乎性也。良心卽仁義之心, 卽所謂性也。" ◑朱子曰: "仁義禮智根於心, 此是性上見得心。" ◑"人只有此仁義禮智四種心。千頭萬緖, 只是此四種心發出來。"

按: 心是衆理之總會, 而人之太極也。太極爲萬化之根柢, 故人心爲四德之所根著, 其理一也。性是發出不同底, 故其本在心, 無是心, 則無是性。世學以心爲氣, 而看作性著根於心地。如是, 則氣爲大本, 而爲理之所本, 豈孟子之旨哉?

孟子曰: "心之所同然者, 理也, 義也。聖人先得我心之所同然耳。"【本文: 故理義之悅我心, 猶芻豢之悅我口。】

『集註』程子曰: "在物爲理, 處物爲義, 體用之謂也。孟子言人心無不悅理義者, 但聖人則先知先覺乎此耳, 非有以異乎人也。" ◑藍田呂氏曰: "我心所同然, 卽天理、天德。孟子言同然者, 恐人有私意蔽之, 苟無私意, 我心卽天心。" ◑朱子曰: "人皆知君父之當事, 我能盡忠盡孝, 天下莫不以爲當然, 此心之所同也。如今處一件事苟當於理, 則此心必安, 人亦以爲當然。如此則其心悅乎, 不悅乎? 悅於心, 必矣。" ◑問: "若論未發時, 衆人心亦可與聖人同否?" 曰: "如何不同? 若如此說, 却是天理別在一處去了。" ◑南軒張氏曰: "人與聖人同類, 以心之同也。" ◑新安陳氏曰: "衆人與聖人, 同此至善之性, 所以同此理義之心。本同而末莫之同者, 陷溺其心, 也能以理義養其心而不至陷溺。其心則始與聖人同者, 其終何患與聖人不同哉?"

按: 心者, 天理在人之全體而形氣之主宰也。原其理, 則公而無不同; 發於氣, 則私而各不同。此言所同之心, 而孟子以理義當之, 朱子以忠孝明之。此實天下所共由之達道, 豈形氣之所得與也? 且聖凡之心, 性同氣異, 而古人之以心爲本同者, 無別於性同之論。心性之非有二本, 明矣。

程子曰: "心卽性也。"【本文: 問: "心有限量否?" 曰: "自是人有限量。" 孟子曰: "盡其心者, 知其性。" [元文在此] 在天爲命, 在人爲性, 所主爲心, 其實只是一箇道。苟能通之以道, 又豈有限量? 天下無性外之物, 若云有限量, 除是性外有物始得。】

程子曰: "心也、性也、天也, 一理也。自理而言, 謂之天; 自稟受而言, 謂之性; 自存諸人而言, 謂之心。" ◑朱子曰: "心、性、理, 拈着一箇, 則都貫穿, 惟觀其所指處輕重, 如何? 如養心莫善於寡欲, 雖有不存焉者寡矣。存雖指理, 心自在其中。【按: 理之存是心之存也。】操則存, 雖指心言, 理自在其中。"【按: 心存則理自存。】 ◑"聖賢相傳, 只是理會一箇心, 心只是一箇性。性只是有箇仁義禮智, 都無許多般㨾。" ◑

"性便是心之所有之理, 心便是理之所會之地。"【按: 『大全』「答馮作肅書」曰: "理便是性之所有之理, 性便是理之所會之地。" 蓋心之具天德, 性之涵具萬理, 可得以互換說。】 ◑程子曰: "耳目能視聽而不能遠者, 氣有限也, 心無遠近。" ◑"體會必以心, 謂體會非心, 於是有心小性大之說。聖人之心, 與天爲一。或者滯心於智識之間, 故自見其小耳。" ◑朱子曰: "橫渠有心小性大之說。心性則一, 豈有小大?"

按: 專言心, 則兼體用、貫動靜, 與性有間; 而言心之本體, 則性外無心, 初非心與性對爲二本也。兼指那方寸之舍, 則有形有氣, 不專是理, 而言心之主宰, 則心卽是理。故程子釋盡心知性之義, 而斷然以心性一理者明之。今之判心性爲二, 而指心爲氣者, 得無二本之嫌乎?

程子曰: "心生道也,【本文: 有是心, 斯具是形以生。惻隱之心, 人之生道也, 雖桀、跖不能無是以生, 但戕賊之以滅天耳。始則不知愛物, 俄而至於忍, 安之以至於殺, 充之以至於好殺, 豈理也哉?"】

朱子曰: "天地生物之心是仁。人之稟賦, 接得此天地之心, 方能有生。故惻隱之心在人, 亦爲生道也。" ◑問: "心生道, 莫是指天地生物之心? 人之生道, 莫是指人所得天地之心以爲心? 蓋在天只有此理, 若無那形質, 則此理無安頓處。故曰有是心, 斯具是形以生。上面猶言繼善, 下面猶言成性。曰: "上面心, 生道也, 全然做天底, 也不得。蓋理只是一箇渾然底, 人與天地渾合無間。" ◑建安葉氏曰: "心者, 人之生理也。有是心, 斯具是形, 此言生人之道。人之生道, 言人得是心, 故酬酢運用, 生生而不窮。苟無是心, 則同於砂石, 而生理絶矣。"

按: 程子論心不分動靜, 皆以理言, 蓋宗孟子之旨。

邵子曰: "心爲太極。"【詳見上篇。】

趙致道謂心爲太極, 林正卿謂心具太極, 擧以爲問。朱子曰: "這般處極細, 看來心有動靜。其體, 則謂之易; 其理, 則謂之道; 其用, 則謂之神。" ◑北溪陳氏曰: "聖人之心, 渾然太極之全體, 而酬酢萬變, 無非太極流行之用。" ◑山陽度氏曰: "寂然不動, 喜怒哀樂之未發者, 太極本然之妙, 於是乎在感而遂通; 喜怒哀樂之旣發者, 太極本然之妙, 於是而流行也。" ◑李子曰: "心爲太極卽所謂人極者也。此理無物我、無內外、無分段、無方體, 方其靜也, 渾然全具, 固無在心、在物之別。及其動而應事接物, 事事物物之理, 卽吾心本具之理。但心爲主宰, 各隨其則而應之, 豈待自吾心推出而後爲事物之理哉? 在心在事只是一理, 則理之總腦不在於心, 更當何在?"

按: 邵子曰: "先天之學, 心法也。圖皆從中起, 萬化萬事生於心。" 朱子釋之曰"其中白處, 便是太極", 於「太極圖解」以人心之最靈當太極之妙, 則邵子之曰"心爲太極"者, 實是探本之論也。太極陰陽不容相雜, 則心之本體, 烏可以形氣當之哉?

朱子曰: "心也者, 天理之主宰也。【本文: 心也者, 妙性情之德, 所以立大本而行達道者也。" [元文在此]】

朱子曰: "妙性情之德者, 心也。所以致中和、立大本而行達道者也, 天理之主宰也。"【「太極說」】 ○ "心固是主宰底, 所謂主宰者, 卽此理也, 不是心外別有箇理, 理外別有箇心。人字似天字, 心字似帝字。"【夔孫錄, 丁巳後。】 ◑"心者, 人之所以主乎身者也, 一而不二者也, 爲主而不爲客者也, 命物而不命於物者也。" ◑"心主性情, 理亦曉然。但以吾心觀之, 未發而知覺不昧者, 豈非心之主乎性者乎? 已發而品節不差者, 豈非心之主乎情者乎?" ◑"主乎身而無動靜語默之間者, 心也, 仁則心之道, 而敬則心之貞也。" ◑"以天命之性觀之, 命是性, 天是心, 心有主宰之意。然不可無分別, 亦不可太開成兩箇, 當熟翫而默識其主宰之意。"【按: 以主宰言, 則心能妙性。】 ◑南軒張氏曰: "惟人全夫天地之性, 故有所主宰而爲人之心, 所以異於禽獸者, 在此。"

按: 理之在天爲萬化之主宰, 故謂之帝; 心之在人爲一身之主宰, 故謂之君。曰帝、曰君, 皆此理之尊號也。泛言心, 則兼理氣; 而言主宰, 則單指理。言本體, 則性卽心; 而言主宰, 則專言心。朱子論天地之心, 則以心爲帝; 論天命之性, 則以心爲天, 蓋以此也。

朱子曰: "元、亨、利、貞, 性也; 生、長、收、藏, 情也; 以元生、以亨長、以利收、以貞藏者, 心也。仁、義、禮、智, 性也; 惻隱、羞惡、辭讓、是非, 情也; 以仁愛、以義惡、以禮讓、以智知者, 心也。性者, 心之理也; 情者, 心之用也; 心者, 性情之主也。"【「元亨利貞說」】

【附】(「主宰說」) 心之主宰固是理, 心之理固是性, 而性不可以主宰言。蓋性者, 五行各一之理; 而主宰者, 太極本體之妙也。太極, 流行而妙性命之理; 人心, 寂感而妙性情之德。心者, 人之太極也。其體則性, 而性本無爲; 其用則情, 而情乃直遂。若其主宰之妙, 則以仁愛、以義惡、以禮讓、以智知。仁、義、禮、智, 性也; 愛、惡、讓、知, 情也; 之者, 心也。性者, 未發之理也; 情者, 已發之理也; 心者, 貫通動靜、管攝性情之理也。性發爲情, 固是一實而兩名, 則非可以性是一種理, 情是一種理疑之, 而乃若此心之妙性情, 則未免有兩樣。理之疑, 妙之者, 果何理? 所妙者, 果何理? 夫妙之者, 理之一者也; 所妙者, 分之殊者也。分殊非有外於理一, 而理之所在專一, 則自然有妙物之神, 不疾而速, 不行而至, 其分之殊只是妙有之一體、妙應之一端。理一則體用旁通, 而分殊則體只是體, 用只是用。故主宰之妙, 以一理而妙衆理。以理而妙理者, 卽其以心而使心也。以心則爲主宰之理, 以性則爲發出之理。理則一而已。此以渾然者言也, 彼以粲然者言也。然理不獨運, 而氣爲所乘。故氣以作用之才助成主宰之道。理爲君而主宰乎國, 則氣爲之臣焉; 理爲父而主宰乎家, 則氣爲之子焉; 理爲夫而主宰乎內, 則氣爲之配焉; 理爲將而主宰乎外, 則氣爲之卒焉。蓋理有知【智】而氣無知, 故理能主宰而氣不能主宰, 氣有爲而理無爲,【莫之爲而爲, 便是無爲。】故氣能作用而理不能作用。主宰者, 循他天則而會動會靜, 無所安排者也; 運用者, 出於人爲而動之靜之, 使它機栝者也。認作用而爲主宰, 則運水檄【搬】柴, 卽心卽理, 佛氏之說, 是也; 認主宰而爲作用, 則明德良知, 卽心卽氣, 世儒之學是也。大抵作用氣也, 主宰理也, 而理氣元不相離。故古之聖賢固嘗主理以言心, 而亦或兼氣以論心。理則純善而無惡, 氣則少善而多惡, 故理乘在善氣上, 則氣能順理, 而致其運用之功; 理乘在惡氣上, 則氣反掩理, 而奪其主宰之權。氣之爲主, 則臣而簒君, 如莽、操子而賊父, 如劭、廣婦而制夫, 如武曌卒而脅將, 如羊斟是誠古今天下非常之變也。然氣雖爲主於一時, 而終非主宰之眞體, 故理一失主, 心爲無主之一荒屋荊棘塞路而鬼賊跳踉矣。苟知無主之可恥, 而存主之爲懿, 則只於此心上, 自做主宰而已。主宰之實理, 本受於天, 而主宰之工夫, 專在於人, 則心固一身之主宰, 而敬爲一心之主宰也。主靜以養動, 主一以應萬, 主內以制外, 主理以檢氣, 皆敬之事也。肅然如畏, 炯然不亂, 勿忘勿助爲其節度, 弗貳弗參爲其準則, 然主敬之方, 亦不待着意安排一循其天則而已。苟於氣上用工而一任其作用, 則逆理凌節, 靜無所主而動無所宰矣。爲心學者, 可不以主氣爲戒哉?

朱子曰: "心者, 天理在人之全體。"【淳錄, 己未。○ 出『孟子精義』】

朱子曰: "誠者, 以心之全體言。誠, 實理也。" ○ "當初得於天者只是箇仁, 所以爲心之全體, 卻自仁中分四界子。" ○ 問: "先生說: '心者, 天理在人之全體。' 又曰: '性者, 天理之全體。'" 曰: "分說時, 且恁地。若將心與性合作一處說, 須有別。"

按: 程子言天理之存諸人者謂之心, 卽此義也。若作一處說, 則心是主宰常定底，性是發出不同底。

朱子曰："虛靈自是心之本體，【本文：非我所能虛也。耳目之視聽，所以視聽卽其心也，豈有形象？然有耳目以視聽之，則猶有形象也。若心之虛靈，何嘗有物？"】

勉齋黃氏曰："心之能爲性情之主宰者，以其虛靈知覺也。此心之理炯然不昧，亦以其虛靈知覺也。"

按：心之本體，卽太極之在人者也。道之太虛、性之最靈，方可當之，故朱子以所以視聽者言之。

【附】周子曰："惟人得其秀而最靈。"【「太極圖說」】○（『圖說解』）人物之生，莫不有太極之道，然陰陽五行氣質交運，而人之所稟，獨得其秀。故其心爲最靈，而有以不失其性之全，所謂天地之心而人之極也。○朱子曰："最靈所謂純粹至善之性也，是所謂太極。"○陳氏【經】曰："人者萬物之一也。物得氣之偏，人得氣之全。此人性所以最靈於物，然人雖有此靈，有不能保此靈者。聖人先得我心之所同然，而爲靈之靈者耳。"

【附】周子曰："厥彰厥微，匪靈不瑩。"【『通書』】○朱子曰："此言理也。陽明陰晦，非人心太極之至靈，孰能明之？"○"彰，言道之顯；微，言道之隱。彰與微，須靈乃能了然照見，無滯礙。此三句是言理。"

按：秀以氣言，靈以心言，而其氣獨秀，故其心最靈。蓋以清明之氣成那正通之質，而包載了純粹至善之性。理氣相涵，靈於是生焉，是所謂太極妙用之神，而非氣之所能靈也。朱子嘗言靈底，是心不是性，而此則以靈爲性者，分合之異也。分言，則性無爲而心有覺，心本虛而性卻實靈，所以屬心也；合言，則心之體便是性，而渾然是太極本然之妙靈，所以爲性也。

【附】程子曰："心兮本虛，應物無迹。"○張子曰："天地之道，無非以至虛爲實，人須於虛中求出實。聖人虛之至，故擇善自精。心之不能虛，由有物礙。凡有形物卽易壞，惟太虛處無動搖，故爲至實。『詩』云'上天之載，無聲無臭'，至矣。"○朱子曰："來示謂心無時不虛，某以爲心之本體固無時不虛，然人欲己私汨沒久矣，安得一朝遽見此境界乎？"【「答張敬夫」書】○"以理爲主，則此心虛明，一毫私意著不得。"

按：虛，以此理之無形者言。

程子曰："心與理一，人不能會之爲一。"

問："心具衆理，心雖昏蔽，而所具之理未嘗不在。但當其蔽隔之時，心自爲心，理自爲理, 不相贅屬。如一物未格, 便覺此一物之理與心不相入, 似爲心外之理, 而吾心邈然無之; 及旣格之, 便覺彼物之理爲吾心素有之物。夫理在吾心, 不以未知而無, 不以旣知而有。然則所以若內若外者, 豈其見之異耶?" 朱子曰: "極是。" ○ 問: "心與理, 如何得貫通爲一?" 曰: "不須去貫通, 本來貫通。" 問: "如何本來貫通?" 曰: "理無心, 則無著處。" ○ "儒釋之異, 正爲吾以心與理爲一, 而彼以心與理爲二。然近世一種之學, 雖說心與理一, 而不察乎氣稟物欲之私, 故其發亦不合理,【按: 認氣爲理, 而謂之心與理一。】 郤與釋氏同病。"【按: 以心爲氣則一也。○「答鄭子上」書】

按: 心與理一, 亦以其體之實性故也。性外有心, 則心安得與理而一乎?

右明心之本體只是理。

子曰: "七十從心所欲不踰矩。"

胡氏曰: "聖人之敎亦多術, 然其要使人不失其本心而已。欲得此心者, 惟志乎聖人所示之學, 循其序而進焉。至於一疵不存, 萬理明盡, 則其日用之間, 本心瑩然, 隨所意欲, 莫非至理。蓋心卽體, 欲卽用, 體卽道, 用卽義, 聲爲律而身爲度矣。" ○ 朱子曰: "聖人表裏精粗無不昭徹, 其體雖是人, 其實只是一團天理, 所謂從心所欲不踰矩。左來右去, 盡是天理, 如何不快活?" ○ 饒氏曰: "矩者, 此心之天, 則行欲其方, 故以矩言之, 義以方外是也。" ○ 新安陳氏曰: "聖人之心, 渾然天理, 無一毫私欲之累, 隨其心之所欲, 皆天理大用之流行。"

子曰: "回也, 其心三月不違仁。"

朱子曰: "仁者, 心之德。心不違仁者, 無私欲而有其德也。" ○ "仁與心本是一物。被私欲一隔, 心便違仁去, 郤爲二物。若私欲旣無, 則心與仁便不相違, 合成一物。" ○ 問: "顔子之賢, 猶不能無違於三月之後如何?" 曰: "不是三月以後一向差去。但於這道理久後, 略斷一斷, 便接續去。只是有些子間斷, 便接了。若無些子間斷, 便全是天理, 便是聖人。" ○ 先生問: "如何是心? 如何是仁? 甘節言: "心是知覺, 仁是理。" 曰: "耳無有不聰, 目無有不明, 心無有不仁。【指心體】 然耳有時不聰, 目有時不明, 心有時不仁。"【心之用】 問: "莫是心與理合而爲一?" 曰: "不是合【句】 心自是仁。然私欲一動, 便不仁了。所以曰仁, 人心也。" 問: "三月不違者, 莫是仁常在內, 常爲主。日月至焉者, 是仁常在外, 常爲賓?"【按: 先生舊說亦如此。】 曰: "此倒說了。心常在內, 常爲主; 心常在外, 常爲客。以屋喩之三月不違者, 心常在內, 雖間有出時, 終是在外不穩, 才出便入。心安於內, 所以爲主。日月至焉者, 心常在外, 雖間有入時, 終是在內不安, 才入便出。所以爲客。" 問: "心不違仁, 是心在仁內?" 曰: "略略是恁地意思。"

通按: 二章, 心有所欲, 則情幾之已著也; 心而不違, 則道心之爲主也。並就發處言心, 故言其不踰不違於天理之實, 後之指心爲氣者, 反藉此爲說。曰心果非氣, 則更何待不踰於矩而不違於仁耶? 說得似矣。然矩與仁, 是心之本體, 所欲不違, 心之發處也。發處之不踰不違, 其本體有以主宰之也。是以朱子以胡氏說心卽體、軆卽道、欲卽用、用卽義, 明不踰矩之義。又以心自是仁, 明不違仁之旨, 何嘗有氣發合理之意?

孟子曰: "人皆有不忍人之心。今人乍見孺子將入於井, 皆有怵惕惻隱之心。" 又曰: "惻隱之心, 仁也; 羞惡之心, 義也; 恭敬之心, 禮也; 是非之心, 智也。"

『集註』: "天地以生物爲心, 而所生之物因各得夫天地生物之心以爲心, 所以人皆有不忍人之心也。怵惕, 驚動貌; 惻, 傷之切也; 隱, 痛之深也。此所謂不忍人之心。乍見之時, 便有此心, 隨見而發。" 程子曰: "滿腔子是惻隱之心。"【朱子曰: "就人身上指出此理充塞處。"】 謝氏曰: "人須是識其眞心。方乍見孺子入井之時, 其心怵惕, 乃眞心也。非思而得, 非勉而中, 天理之自然也。" ○ 羞, 恥己之不善也; 惡, 憎人之不善也; 恭者, 敬之發於外者也; 敬者, 恭之主於中者也; 是, 知其善而以爲是也; 非, 知其惡而以爲非也。人之所以爲心, 不外乎是四者, 故因論惻隱而悉數之。四者之心, 人所固有, 但人不思而求之耳。○ 是四者爲仁義禮智之端, 而此不言端者, 彼欲其擴而充之, 此直因用而著其本體, 故言有不同耳。○ 朱子曰: "方乍見孺子時, 也着脚手不得。縱有許多私意, 也未暇思量到。" ○ 問: "心所發處不一, 便說惻隱, 如何?" 曰: "惻隱之心, 渾身皆是, 無處不發。見如見赤子有惻隱之心, 見一蟻亦豈無此心?" ○ 如孺子入井, 如何不推得其他底出來, 只推得惻隱之心出來? 蓋理各有路, 如做得穿窬底事, 如何令人不羞惡? 偶過一人衣冠而揖我, 我便亦揖他, 如何不恭敬? ○ 上蔡見明道先生, 擧史文成誦, 明道謂"其玩物喪志"。上蔡汗流浹背, 面發赤, 明道云"此便是惻隱之心"。且道上蔡聞得過失, 恁地慚惶, 自是羞惡之心, 如何却說惻隱之心? 惟是有惻隱之心, 方會動。若不從動處發出, 所謂羞惡者非羞惡, 所謂恭敬者非恭敬, 是非者非是非。天地生生之理, 這些動意未嘗止息, 看如何梏亡, 亦未嘗盡消滅, 自是有時而動, 學者只怕間斷了。○ 不忍之心, 卽惻隱之謂也。性之德, 爲仁義禮智, 而一以包四者, 仁也; 情之發爲四端, 而一以包四者, 惻隱也。○ 慶源輔氏曰: "仁義禮智, 性也。惻隱至是非, 性之動而爲情也。皆謂之心, 心統性情者也。"

孟子曰: "人之所不學而能者, 良能也; 所不慮而知者, 良知也。"【本文: 孩提之童, 無不知愛其親也; 及其長也, 無不知敬其兄也。親親, 仁也; 敬長, 義也。無他, 達之天下也。】

『集註』良者, 本然之善。程子曰: "良知、良能, 皆無所由, 乃出於天, 不係於人。" ◑"愛親、敬長, 所謂良知、良能也。親親敬長, 雖一人之私, 然達之天下無不同者, 所以爲仁義也。" ◑北溪陳氏曰: "孩提之童, 無不知愛親敬兄, 却是這實理發見出來。" ◑西山眞氏曰: "善出於性, 故有本然之能, 不待學而能, 本然之知, 不待學而知也。" ◑新安陳氏曰: "親吾親、敬吾長, 雖一人之私, 然推以達之天下, 則人人皆親親、敬長無不同者, 此人心天理之公也。仁義不待外求不過, 卽人之本心可通乎天下之人心, 而仁義不可勝用矣。正以愛親、敬兄出於良知良能者, 凡人之性無不同, 此本然之善也。"

按: 良知、良能者, 良心之所發也。良知者, 智之理之所覺也, 覺在情前。良能者, 孟子之所謂才理之能然者也, 才在情後而愛敬, 則仁義之發也。非良知, 則仁義無因而發; 非良能, 則仁義無自而施。蓋心是主宰底, 知能其用也。性是發出底, 愛敬其端也。王陽明曰: "吾心之良知卽所謂天理。致吾心良知之天理於事事物物, 則皆得其理也。"【此言若可通, 而但非『大學』之致知。】又曰: "良知一也, 以其妙用而謂之神, 以其流行而謂之氣, 以其凝聚而謂之精。安可以形象方所求哉? 眞陰之精, 卽眞陽之氣之母; 眞陽之氣, 乃眞陰之精之父。陰根陽、陽根陰, 非有二也。" 羅整菴攻之曰: "知能乃人心之妙用, 愛敬乃人心之天理。良知果天理, 則愛敬果何物乎?" 以愚觀之, 二說均有失焉。蓋一心之中, 萬理粲然, 自其未發者言之, 則心爲全體, 知覺不昧, 而具了那仁義之性; 以其已發者言之, 則心爲妙用, 知能俱行, 而施了那愛敬之情。所謂理一之中分未嘗不殊, 分殊之處理未嘗不一者也。有仁義而不嫌其禮智之爲理, 則有愛敬而何疑於知能之爲天理乎? 且孟子所言良知、良能, 實與良心、良貴之說, 互相發明。良心、良貴旣未嘗雜氣說, 則良知、良能, 豈獨故拈其從氣來者耶? 程子見於此, 故曰夜氣之所存者, 良知良能也。夫孟子旣謂夜氣之所存者, 仁義之心, 而程子又以良知良能言之, 誠以此心之外無他知能也。陽明之指作天理者，固有見於天理發見之處，而但其所謂天理者乃以精神氣魄、眞陰眞陽者當之，此乃認氣而爲理也。理氣雜而無別，則其爲心卽理之說者，亦出於認氣爲理之見也。後之學者，懲於陽明之陷禪，而心是氣之說行焉。主理言心遂爲大諱，終未有的見，其原委而痛辨之者，主氣爲學反淫於佛旨。愚竊病之，特於此別白焉。

孟子曰："耳目之官不思，而蔽於物，心之官則思，思則得之。"

『集註』："耳司聽，目司視，各有所職而不能思，是以蔽於外物。心則能思，而以思爲職。凡事物之來，心得其職，則得其理，而物不能蔽。" ○ 荀氏【況】曰："耳目口鼻能，各有接而不相能也，夫是之謂天官。心居中虛，以治五官，夫是之謂天君。聖人淸其天君，正其天官。" ○ "虛壹而靜，謂之淸明。心者，形之君也，而神明之主也，出令而無所受命。" ○ 程子曰："不深思，則不能造於道，不深思而得者，其得易失。" ○ 朱子曰："心之虛靈無有限量，如六合之外思之，卽至前乎千百世之已往，後乎千萬歲之方來，皆在目前人爲利欲所昏不見此理。" ○ 問："知與思，於人身最緊要。" 曰："然。二者也，只是一事。知如手相似，思是敎這手去做事也，思所以用夫知也。"

【附】【蘭溪范氏「心箴」。】茫茫堪輿，俯仰無垠。人於其間，眇然有身。是身之微，太倉稊米，參爲三才，曰惟心爾。往古來今，孰無此心？心爲形役，乃獸乃禽。惟口耳目，手足動靜，投間抵隙，爲厥心病。一心之微，衆欲攻之，其與存者，嗚呼幾希！君子存誠，克念克敬，天君泰然，百體從令。

朱子曰："志者，心之所之。" 又曰："意者，心之所發。"

朱子曰："志是心之一直去底。意又是志之經營往來底，是那志底脚。凡營爲、謀度、往來，皆意也。" ○ 問："意志。" 曰："橫渠云：'志公而意私，志剛而意柔，志陽而意陰。" ○ "志是公然主張要做事底，意是私地潛行間發底。志如伐，意如侵。" ○ 問："意是心之運用處，是發處?" 曰："運用是發了。" 問："情亦是發處，何以別?" 曰："情是發出恁地，意是主張要恁地。" ○ "性卽天理也，萬物稟而受之，無一理之不具。心者，一身之主宰；意者，心之所發；情者，心之所動；志者，心之所之，比於情、意尤重；氣者，卽吾之血氣而充乎體者，比於他，則有形器而粗者也。"【按：審此則非徒心之非，氣、情、志、意、思，皆不可以氣言。】 ○ 北溪陳氏曰："之猶向也，謂心之正面全向那裏去。如志於道，是心專向於道；志於學，是心專向於學。一直去求討要, 必得那箇物事, 便是志。若中間有作輟退轉底意, 便不得謂志。" ○ "一件事物來接着, 在內主宰者是心, 動出來或喜或怒是情, 運用商量要喜那人要怒那人是意, 心向那所喜所怒之人是志。" ○ "人常言意思、思慮、念慮之類, 皆意之屬也。"

按: 心之妙用, 莫要於志。志乃氣之帥, 而主乎理者也。爲心學者, 可不以立志爲先乎?

朱子曰: "知覺, 便是心之德。" 又曰: "知覺, 乃智之事。"

朱子曰: "智便是收藏底, 其智愈大, 其藏愈深。智更是截然, 更是收斂。如知得是, 知得非, 知得便了, 更無作用, 不似仁義禮三者有作用。智只是知得了, 便交付惻隱、羞惡、辭遜三者。他那箇更收斂得快。"【僩錄, 戊午。】 ○ "仁固有知覺, 喚知覺做仁不得。覺自是智之用。"【閎祖、道夫錄, 己酉後。】 ○ "知寒暖覺飢飽, 推而至於酬酢佑神, 亦只是此知覺, 無別物也, 但所用有大小耳。然此亦只是智之發用處。"【「答張敬夫」書」】 ○ "智主含藏分別, 有知覺而無運用, 冬之象也。"【「答廖子晦」書」 ○ 按: 此前一書以有知覺者爲氣之所爲, 而此說在後, 蓋定論也。】 ○ "孟子之言知覺, 謂知此事, 覺此理。上蔡之言知覺, 謂識痛痒、能酬酢, 乃心之用而智之端也。然其大體皆智之事也。"【「答胡廣仲」書」】 ○ "覺是覺於理。今說知痛痒, 能知覺, 是第二節事。若不究見本原, 却是見得氣, 不見得理。" ○ 北溪陳氏曰: "智只是心中一箇知覺處, 知得是是非非恁地確定是智。孟子謂知斯二者不去是也。"

按: 心之知、性之智, 非有二致也。智之德專一心, 則謂之知; 知之理貞四德, 則謂之智。或謂知是氣之靈, 智乃別之理, 此以心性爲有二體也。氣只有淸濁粹駁而已元未嘗有靈也, 元未嘗有知也。以其所具者理, 而理有辨別之智, 故乘氣流行之際, 以妙用而謂之神, 以至神而謂之靈。且理之在氣, 心爲宅舍, 陽魂陰魄, 精爽咸聚, 其成質又虛明正通。【此言五臟之心。】 故方其靜也, 天一之氣湛然, 而智之理爲主; 方其動也, 陽魂之精粲然, 而智之理先應。蓋智爲四德之終始, 故智亦能專一心之體用, 而未發則爲知覺之體, 已發則爲知覺之用, 初非理之知、氣之知, 各一其端, 而或由心或由性也。朱子之於知覺有推本言處, 仁說中此段是也; 有偏言處, 告子『集註』中所言是也。有統言處, 卽理與氣合, 便能知覺者是也。然而求其標本, 則智乃知之體也, 知乃智之用也。今之以知覺言心而專諉之氣者, 不亦擧其偏而遺其全乎?

【附】 朱子曰: 性只是理, 情是流行運用底, 心之知覺, 所以具此理而行此情者也。

以智言之, 所以知是非之理則智也, 性也; 所以知是非而是非之者, 情也; 具此理而覺其爲是非者, 心也。此處分別只在毫釐之間。"【「答潘謙之」書】 ○ "所知覺者是理, 理不離知覺, 知覺不離理。"【節錄, 癸丑後。】 ○ "橫渠心統性情語極好。曰: '合性與知覺有心之名, 則恐不能無病, 恰似性外別有知覺。"【僩錄, 戊午。】 ○ "橫渠說大率有未瑩處。有心則自有知覺, 又何合性與知覺之有?"【蓋卿錄, 甲寅。】 ○ 問: "心之發處是氣否?" 曰: "也只是知覺。"【淳錄, 己未。】 ○ 問: "知覺是氣之陽明否?" 曰: "合性與知覺有心之名。此又是天命之性, 這下管此一句。"

按: 心是渾然全體也。故未發而智之德專一心, 知覺不昧, 含具萬理; 已發而智之用首衆情, 知覺不差, 辨別萬事。此之謂具此理, 而行此情也。具此理者, 謂具此所以知是非之理也; 覺其爲是非者, 謂覺其所以是非之情也。心之知覺, 所以爲主宰之妙, 而分殊之處, 理本自一者也。○ 知覺不昧, 含具萬理, 而這知覺亦自是智之理, 故理不離知覺, 知覺不離理。苟謂理不離氣, 則朱子反以性外未有知覺, 屢屢言之, 何歟? 性與知覺, 皆作天命之性, 而謂不是氣之陽明, 則專言知覺, 亦自主理之實, 可知。

【附】 朱子曰: "至靜之時, 但有能知覺者, 未有所知覺。"【『中庸或問』】 ○ "所謂靜中有物者, 只是知覺。伊川却云: '纔說知覺, 便是動'。【蘇季明言: "靜時謂之無物(朱子曰: "當作有物。") 則不可, 然自有知覺處。" 程子曰: "旣有知覺, 却是動也, 怎生言靜?"】 此恐說得太過。若云知箇甚底, 覺箇甚底, 便是知覺一箇物事。今未曾知覺甚事, 但有知覺在, 何妨爲靜? 不成靜坐便只是瞌睡!" ○ 問: "靜中有物, 莫是知覺不昧之意否?" 曰: "此是言靜時那道理自在, 却不是塊然如死底物。" ○ 問: "靜中須有物, 此物云何?" 曰: "只太極也。" ○ "至靜之時, 但有能知能覺者, 而無所知所覺之事, 此於『易』卦爲純坤, 不爲無陽之象。若論復卦, 則須以有所知覺者當之, 不得合爲一說矣。"【「答呂子約」書」】 ○ "更以心思、耳聞、目見三事校之, 以見其地位時節之不同。蓋心之有知與耳之有聞、目之有見爲一等時節, 雖未發而未嘗無。心之有思乃與耳之有聽、目之有視爲一等時節, 一有此則不得爲未發。" ○ 李方子問靜中有知覺。曰: "此是坤中不爲無陽, 到動處却是復。"

○ 朱子曰: "方其存也, 思慮未萌而知覺不昧, 是則靜中之動, 復之所以見天地之心也。"【「答張敬夫」書」】 ○ "思慮未萌者, 固坤也。而曰知覺不昧, 則復矣。"【「記論性答藁後」】 ○ 陳安卿問: "未發之前, 當戒愼恐懼, 提撕警覺, 則亦是知覺。而伊川謂

'旣有知覺, 却是動', 何也?" 曰: "未發之前, 須常恁地醒, 不是瞑然不省。若瞑然不省, 則道理何在? 成甚麽大本?" 曰: "常醒, 便是知覺否?" 曰: "固是知覺。" 曰: "知覺便是動否?" 曰: "固是動。" 曰: "何以謂之未發?" 曰: "未發之前, 不是瞑然不省, 怎生說做靜得? 然知覺雖是動, 不害爲未動。若喜怒哀樂, 則又別。" 曰: "恐此處知覺雖是動, 而喜怒哀樂却未發否?" 先生首肯曰: "是。下面說'復見天地之心', 復一陽, 豈不是動?" 曰: "一陽雖動, 未發生萬物, 便是喜怒哀樂未發否?" 曰: "是。"

按: 季明之言, 自有知覺處, 已有知箇甚覺箇甚之意。故程子便以旣有知覺, 却是動答之, 非謂靜時之都無知覺也。旣有知覺之動, 則復之下面一畫, 足以當之。 程子之意宜若可通, 而只緣記出未, 眞不說及未發前知覺不昧之實。故先生於『或問』中分疏之, 而先生所論亦有初晩之異, 以復之一陽爲天地之心, 是以心爲已發之氣, 而未發之性, 乘在其上也。次以復爲靜中之動, 而屬之未發, 如右張敬夫「答書」及陳安卿問答是也。次以未發時, 思慮未萌, 知覺不昧, 分屬「坤」、「復」二卦, 如「吳晦叔答」書是也。 最晩定論, 則乃『或問』及呂子約答書是也。

朱子曰: "知則人之神明, 妙衆理而宰萬物者也。"【『大學或問』】

問: "知是心之神明, 似與四端所謂智不同?" 朱子曰: "此知字又大。然孔子多說仁、智。四端, 仁、智最大。智之所以爲大者, 以其有知也。" ○ 問: "神旣是管攝此身, 則心又安在?" 曰: "神卽是心之至妙處。" ○ 問: "何謂妙衆理?" 曰: "大凡道理皆是我自有之物, 非從外得。所謂智者, 便只是理, 才知得。便只是知得我底, 非是以我之知去知彼道理也。道理本固有, 用知, 方發得出來。若無知, 道理何從而見? 才知得底, 便是自家先有底道理。所以謂之妙衆理, 猶言能運用衆理也。運用字有病, 故只下得妙字。"【按: 妙是主宰之意, 運用是氣, 故做病。○ 僩錄, 戊午。】 ○ "神是恁地精彩, 明是恁地光明。心無事時, 都不見; 到得應事接物, 便在這裏; 應事了, 又不見恁地神出鬼沒。" 又曰: "理是定在這裏, 心便是運用這理底, 須是知得到。知若不到, 欲爲善, 也未肯便與儞爲善; 欲不爲惡, 也未肯便不與儞爲惡。知得到了, 直是如飢渴之於飮食。"【按: 運用字做病。○ 賀孫錄, 辛亥後。】 ○ 問: "知如何宰物?" 曰: "無所知覺, 則不足以宰制萬物。要宰制他, 也須是知覺。"【道夫錄, 庚戌後。】 ○ "五峯云: "心妙性情之德。妙是主宰之意, 不是曾去硏窮深體, 如何直見得恁地?"

○ 雲峯胡氏曰: “『孟子』「盡心」『集註』‘心者, 人之神明, 所以【按: 兼體用故曰所以。】具衆理而應萬事者也。’『大學章句』‘虛靈不昧, 以具衆理而應萬事者。’『或問』又曰: ‘知者, 人之神明, 妙衆理而宰萬物。’【按: 知是智之用, 故不下所以字。】其釋字與明德相應。蓋心本具衆理而妙之則在知, 心能應萬事而宰之亦在知。具者, 體之立有以妙之, 則其用行; 應者, 用之行有以宰之, 則其體立。明德中自有全體大用, 致知云者, 欲其知之至, 而全體大用, 無不明也。”

按: 妙衆理、宰萬物, 固心也, 而心之所以妙、所以宰者, 以其有本然之知也。或言心之知, 果與性之智無別, 則以知妙理爲以理妙理。心果主理, 則主理而妙理, 是有兩理也。然程子有以心使心之訓, 而朱子謂心之發處, 以心之本體權度之。所妙之理, 心之發處也; 妙之之理, 心之本體也。雖以發處言之, 人心之發, 道心節制之人心, 豈無理乘之理, 而道心豈無義理之正乎? 夫知者, 智之事, 智之德, 專一心, 故未發而知覺不昧, 已發而辨別不差。知之妙理, 只是辨別之意, 則雖從理說, 乃是已發之理。一理也而在情, 則爲直遂之理; 在意, 則爲計度之理。意因有情, 而後用初非兩邊對出, 則知覺之發於思慮者, 豈不可以妙衆理耶? 且心虛性實, 所妙之理, 是那所主之理, 而非有別理也。性之有仁義禮智, 雖發出不齊, 而不論某情其藹然直出之際, 義以裁制之, 智以辨別之, 一理相須互爲體用, 此等處亦當以理妙理疑之耶?

程子曰: “以心使心。”

朱子曰: “以心使心, 只要此心有所主宰。” ○ 陳安卿問: “以心使心是道心, 爲一身之主, 而人心聽命也。” 曰: “亦是如此。然程先生之意, 只是說自作主宰耳。” ○ 問: “旣發之情是心之用, 審察於此, 未免以心觀心之病, 如何?” 曰: “已發之處以心之本體權度, 審其心之所發, 恐有輕重長短之差耳。所謂物皆然, 心爲甚, 是也。若欲以所發之心別求心之本體, 則無此理矣。” ○ 或問: “佛者有觀心之說, 然乎?” 曰: “心者, 人之所以主乎身者也, 命物而不命於物者也。故以心觀物, 則物之理得。今復有物而反觀乎心, 則是此心之外復有一心而能管乎此心者也。” 或曰: “若子之言, 則聖賢所謂精一, 操存, 皆何爲哉?” 曰: “此正苗莠紫朱之間, 而學者之所當辨者也。夫謂人心道心, 心則一也, 惟精惟一, 則居其正而審其差者也, 絀其異而反其同者也。非以道爲一心, 人爲一心, 而又有一心以精一之也。夫謂操而存者, 非以彼操此而存之也。舍而亡者, 非以彼舍此而亡之也。心而自操, 則亡者存; 舍而不操, 則存者亡耳。然其操之也, 不使朝晝之所爲得以牿亡其仁義之良心云爾, 非塊然兀坐以守其炯然不用之知覺而謂之操存也。大抵聖人之學本心以窮理, 而順理以應物, 如身使臂, 如臂使指, 其道夷而通, 其居廣而安, 其理實而其行自然。釋氏之學, 以心求心, 以心使心, 其機危而迫, 其道險而塞, 其理虛而其勢逆。蓋其言雖若有相似者, 而其實之不同蓋如此。"

按: 程子之言, 以心使心, 以主宰言, 知覺之妙衆理具也。釋氏之言, 以心使心, 以作用言, 卽朱子所謂以所發之心, 別求心之本體者也。

4-1-14

「심心」【理之主宰】第四　中(『理學綜要』 卷7)

해제

1) 서지사항

이진상이 경전(經典)과 성리학 관련 글 중에서 요지를 모아 1878년 때 엮은 책. 원래 22권의 필사본으로 되어 있는 것을 아들 이승희(李承熙: 1847~1916)와 문인 허유(許愈: 1833~1904) 등이 1888년, 1895년, 1986년 3차에 걸쳐 교감정리하고 22권(10책)으로 편집하여 1897년 고령(高靈)의 회보계(會輔契)에서 목판본으로 출간하였다. 규장각과 국립중앙도서관 등에 있다. 1990년 아세아문화사(경인문화사)에서 영인한『한주전서』2책에 실려 있다.

2) 저자

이진상(李震相, 1818~1886)으로 자는 여뢰(汝雷), 호는 한주(寒洲)이다.

3) 내용

이진상이 유교경전과 중국과 조선 성리학자의 글 중에서 성리학의 요지를 모아 엮은 책이다. 이 책은 이진상이 주희(朱熹)의 초년과 만년의 학설을 치밀하게 고찰한 후, 경전과 선유들의 저서에서 긴요한 내용을 가려 뽑아 체계적으로 분류하여 61세 되던 윤 3월에 편찬하고 이듬해 3월에는 서문을 지었으며, 67세 때 중감(重勘)을 거쳐 완성하였다. 하지만 이진상이 작고하던 해인 1886년 문인 이두훈(李斗勳: 1856~1918)에게 보내는 서간에서 본서가 마치지 못한 저서라는 것을 말하고 있어 마지막까지 손질하던 저서라 할 수 있다. 권1·2은 천도(天道), 권3은 천명(天命), 권4·5는 성(性), 권6~8은 심(心), 권9·10은 정(情), 권11은 총요(總要), 권12~15는 학(學), 권16은 행(行), 권17~19는 사(事), 권20~22는 통론으로 되어 있다. 내용은 권1에서 권10까지는 천도의 근원을 밝히는데 일반적으로 태극음양에 따른 리기론(理氣論), 성·심·정의 범주와 관계에 따른 심성론(心性論)을 기술하고, 권11에서는 총론으로 리의 분합(分合)을 다루었다. 그 이후로 학(學)은 리의 궁구·성찰·확충의 측면, 행(行)은 명륜(明倫)과 수기(修己)의 순리(循理), 사(事)는 의식·거처·수업 등의 절차에 관한 합리(合理)의 측면을 밝혔다. 통론에서는 리의 근본되는 뜻을 밝혔고, 유가에서

기(氣)가 리를 해한다고 인식하는 문제와 이단(異端)에서는 기를 주로 하고 리를 멸하는 문제, 그리고 성현이 리를 주로 하는 연원을 밝혔다. 심성론에 해당한 심설 부분은 심을 리의 주재로 여겨 권6에서는 심의 대원(大原)·본체(本體)·묘용(妙用), 권7에서는 심의 체용과 심성분합, 권8에서는 형질지심(形質之心)·즉기언심(卽氣言心), 그리고 심의 진망(眞妄)과 심과 기를 분변하여 성현주리(聖賢主理)의 근원으로 귀착시켰다. 논리전개는 경전과 선유들의 설로 성리학의 여러 범주를 설명한 뒤 '안(按)'이라 하여 자신의 의견을 밝히고, 그리고 부록으로 내용에 합당한 '설(說)'을 사이사이에 붙였다. '설'은 주로 『한주집』에 수록된 잡저(雜著)의 글들이다. 부록의 글로 「명덕설(明德說)」, 「주재설(主宰說)」, 「고증후설(攷證後說)」(心字攷證後說) 등이 수록되었으나, 「심즉리설」은 실려 있지 않았다. 『한주집』 잡저에 수록되지 않은 「주재설」은 39세 때 「주재도설(主宰圖說)」과 「주재설고증(主宰說攷證)」을 지은 뒤, 이 책을 편찬할 당시에 지은 듯하다. 이 부록의 글은 이진상의 심설을 파악하는데 아주 긴요하다 하겠다. 아들 이승희는 1914년 요동으로 가서 한인공교회(韓人孔敎會)를 창립하고 중국 유교성적지(儒敎聖跡地)를 순례하면서 곡부(曲阜)에 이르러 공자의 성묘(聖廟)를 배알하고 직접 『리학종요』와 함께 『춘추집전(春秋集傳)』 및 『사례집요(四禮輯要)』를 기증하기까지 하였다.

4-1-14 「心」【理之主宰】第四 中(『理學綜要』 卷7)

程子曰: “心一也, 有指體而言者, 寂然不動, 是也; 有指用而言者, 感而遂通天下之故, 是也。”【按: 『易』「大傳」曰: “『易』, 无思也, 无爲也, 寂然不動, 感而遂通天下之故。” 程子說蓋本此。】

朱子曰: “寂然者, 感之體; 感通者, 寂之用。人心之妙, 其動靜如此。” ◑寂是體, 感是用。當其寂然時, 理固在此, 必感而後發。如仁感爲惻隱, 未感時只是仁; 義感爲羞惡, 未感時只是義。” ◑寂然不動, 忠也, 敬也, 立大本也; 感而遂通天下之故, 恕也, 義也, 行達道也。◑在天爲命, 稟於人爲性, 旣發爲情。此其脉理甚實, 仍更分明易曉。惟心乃虛明洞徹, 統前後而爲言。據性上說寂然不動處是心。亦得; 據情上說感而遂通處是心, 亦得。◑胡文定公所謂“不起不滅”,【按: 只是言不動。】心之體, 方起方滅心之用。能常操而存, 則雖一日之間百起百滅, 而心固自若【按: 百起而心不增百滅, 而心不消, 心無時而不正也。】者, 自是好語。但讀者當知所謂不起不滅者, 非是塊然不動, 無所知覺,【按: 至靜之中, 自有能動之理, 知覺恁地不昧。】亦非百起百滅之中別有一物不起不滅也。 但此心瑩然, 全無私意, 是則寂然不動之本體; 其順理而起, 順理而滅,【按: 起滅以動而爲情者言, 故曰順理。】斯乃所以感而遂通天下之故者耳。”【按: 文定本語與范蘭溪說百慮紛擾, 心固自若之說, 未見大異, 而朱子解說來無病。】 ◑北溪陳氏曰: “心有體有用。具衆理者其體, 應萬事者其用。寂然不動者其體, 感而遂通者其用。體卽所謂性, 以其靜者言也; 用卽所謂情, 以其動者言也。” ◑李子曰: “蓮老言心固有體有用, 而探其本則無體用也。” 程子曰: “心一也, 有指體而言者, 有指用而言者。” 今旣指有體用者爲心, 則說心已無餘矣, 又安有別有無體用之心爲之本, 而在心之前耶?

【附】 周子曰: “寂然不動者, 誠也; 感而遂通者, 神也; 動而未形有無之間者, 幾也。誠精故明, 神應故妙, 幾微故幽。誠、神、幾曰聖人。”【『通書』】 ◑『通書解』: “本然而未發者, 實理之體; 善應而不測者, 實理之用。動靜體用之間, 介然有頃之際, 則實理發見之端, 而衆事吉凶之兆也。淸明在躬, 志氣如神, 精而明也。【按: 理在氣中, 氣淸而理自明, 非以誠爲氣。】不疾而速, 不行而至, 應而妙也。理雖已萌, 事則未著, 微而幽也。性焉安焉, 則精明應妙, 而有以洞其幽微矣。” ◑問: “心, 該誠神、備體用,故能寂而感, 感而寂。其寂然不動者, 誠也, 體也; 感而遂通者, 神也, 用也。體用一源, 顯微無間, 惟心之謂歟。" 朱子曰: "此說甚是。" ◑發微不可見, 充周不可窮之謂神。【『通書』】 言其發也微妙而不可見, 其充也周徧而不可窮, 都是理如此。一念方萌, 而至理已具, 所以微而不見也。隨其所寓, 而理無不到, 所以周而不可窮也。◑因指造化而言曰: "忽然在這裏, 又忽然在那裏, 便是神。" 在人言之, 則知覺便是神。觸其手則手知痛, 觸其足則足知痛, 便是"神應故妙"。◑神是理之乘氣而出入者。【李子曰: "神明之神, 須作如此看, 方得其妙, 全靠氣字, 便能了些子。"】

◑問: "神是氣之至妙處, 所以管攝動靜。十年前, 曾聞神亦只是形而下者。" 朱子曰: "神又心之至妙處, 滚在氣裏說, 又只是氣, 然神又是氣之精妙處, 到得氣, 又是粗麁了。精又麁, 形又麁。至於說魂、說魄, 皆是說到麁處。"【賀孫錄, 辛亥。】

◑直卿云: "看來神字本不專說氣也, 可就理上說。先生只就形而下者說。" 曰: "所以某就形而下者說, 畢竟就氣處多發出光彩, 便是神。" 問: "神如此說, 心又在那裏?" 曰: "神便在心裏, 凝在裏面爲精, 發出光彩爲神。說到魂魄鬼神, 又是說到大段麁處。"【寓錄, 庚戌後, 與上錄同時。】

按: 先生初時, 以心爲氣爲已發, 以性爲理爲未發, 而謂性乘心, 故以神爲形而下者, 以心爲氣之精爽。【癸丑錄】 謂氣中自有靈底物事, 而其作『通書解』以神爲實理善應之妙, 而仍以心爲太極之至靈, 葉、徐所聞, 則以爲氣之妙處, 而『大全』手筆, 又直作理之發用, 則苟非早晩之異見, 必是記錄者之誤聞。

【附】 程子曰: "中者, 言寂然不動者也; 和者, 言感而遂通者也。" ◑朱子曰: "靜而無不該者, 性之所以爲中也, 寂然不動者也。動而無不中者, 情之發而得其正也, 感而遂通者也。靜而常覺, 動而常止, 心之妙, 寂而感, 感而寂者也。" ◑問: "中和者, 性情之德也; 寂感者, 此心之體用也。此心存, 則寂然時皆未發之中, 感通時皆中節之和。心有不存, 則寂然木石而已, 感通馳騖而已, 這道有所不行也。故動靜一主於敬, 戒謹恐懼而謹之於獨, 則此心存而寂感無非性情之德也。" 曰: "是。" ◑問: "惻隱、羞惡、喜怒、哀樂, 固是心之發, 曉然易見處。如未惻隱、羞惡、喜怒、哀樂之前, 便是寂然而靜時, 然豈得塊然如槁木? 其耳目亦自有自然之擧動, 不審此時喚作如何?" 曰: "喜怒哀樂未發, 只是這心未發。其手足運動, 自是形體如此。"

◑朱子曰: "無思慮也, 無作爲也, 其寂然者無時而不感也, 其感通者無時而不寂也。是乃天命之全體, 人心之至正, 所謂體用之一源, 流行而不息者。疑若不可以時處分也。然於其未發也，見其感通之體；於其已發也，見其寂然之用，亦各有當而實未嘗分焉。”故程子曰：“中者，言寂然不動者也；和者，言感而遂通者。”此然中和以性情言者也，寂感以心言者也，中和蓋所以爲寂感也。”【「寂感說」】◑“有中有和，所以能寂感；唯寂唯感，所以爲中和。”【「答張敬夫」】

按：此是中和舊說之誤。其曰無時不感，無時不寂，不可以時處分，則是乃寂感同時也。若謂至寂之中，自有能感之理，則可而方其寂時未有所感也。若謂感通之中，自有能寂之機，則可而方其感時未有其寂也。又謂中和所以爲寂感如是，則性情反爲心主矣。蓋中是寂時之所存，而中非所以爲寂也；和是感時之所通，而和非所以爲感也。

通按：中和寂感，雖有從性言，從心言之別，而中者寂之妙，和者感之正，初無二致也。冲漠無眹之謂寂，神妙善應之謂通，故周子又以誠神之旨明之，則誠乃實理之體也，神乃實理之用也。心之寂感，旣以該誠神而貫中和，則心是那性情之總會，而主理乘氣無間於動靜者。今之將心對性謂有理氣之別者，果何從而得之也？

張子曰：“心統性情。”

朱子曰：“性是心之體，情是心之用。性是根，情是那芽子。”◑性是未動，情是已動，心包得未動已動。蓋心之未動則爲性，已動則爲情，所謂心統性情也。心如水，性猶水之靜，情則水之流。【銖錄，丙辰後。】◑孟子曰：“仁，人心也。”又曰：“惻隱之心。”性情上都下箇心字。“仁人心”，是說體；“惻隱之心”，是說用。必有體而後有用，可見心統性情之義。”【僩錄，戊午後。】◑橫渠此話大有功。孟子曰“惻隱之心”，此是情上見得心。又曰“仁義禮智根於心”，此是性上見得心。蓋心包得那性情，性是體，情是用。心字只一箇字母，故性、情字皆從心。人多說性方說心，看來當先說心。教人識得箇情性底總腦，教人知得道理存着處。若先說性，卻似性中別有一箇心。【上仝】◑心統性情只就渾淪一物之中，指其已發未發而爲言爾，非是性是一箇地頭，心是一箇地頭，情又是一箇地頭，如此懸隔。”【端蒙錄，己亥後。】◑心統性情，故心之體用，却跨過兩頭未發、已發處說。【上仝】◑季通云：“心統性情，不若云，心者，性情之統名。”【上仝】◑統猶兼也。【升卿錄，辛亥。】◑性情皆出於心，故心能統之。統如統兵之統，言有以主之也。【卓錄】◑“統是主宰，如統百萬軍。心是渾然底物，性是有此理，情是動處。”又曰：“人受天地之中，只有箇心，性是理，情是用，性情皆主於心，故恁地通說。"【賀孫錄，辛亥後。】◑"心主宰之謂也。動靜皆主宰，非是靜時無所用，及至動時方有主宰也。言主宰，則混然軆統自在其中。心統攝性情，非儱侗與性情爲一物而不分別也。"【端蒙錄，己亥後。】◑性以理言，情乃發用處，心卽管攝性情者也。◑心主乎身，其所以爲體者，性也；所以爲用者，情也。是以貫動靜而無不在焉。

按：統有兼包義，有管攝意，而其實則相通非有初晩之別。蓋以體用言，則心之本體，卽性也；心之妙用，卽情也。性情之外更別無心，此所以訓統爲兼也。以主宰言，則心之所以爲主宰者，以其有知也。知能妙性情之德，以仁愛、以禮讓、以義宜、以智別。心之所以有主宰者，敬也。敬貫動靜，又能存性而檢情，此所以訓統爲主也。然知是智之德，專一心之名；敬是禮之德，專一心之目。智禮是性，知敬是情，或以本體而權度，其所發或以妙用而宰制其所行。蓋心是主宰，常定底理之一者也；性是發出，不同底分之殊者也。以其有兼包之實，故所以有主宰之妙，理一而已，豈有兩樣理之疑乎？◑千古心學之妙，無出於張子一言可謂約而盡矣。子朱子又推演之極其精明，後之學者當遵守之，信用之固不敢外性而言心。而今爲性理心氣之說，則將氣統性，便是將陰陽而統太極也，以卒徒而統將帥也。逆理淩節，莫此之甚矣。

【附】朱子曰："惟心無對。"【方子錄，戊申後。】◑舊看五峯說，只將心對性，一箇情字無下落。◑仁說言性而不言情，又不言心貫性情之意，似只以性對心。卽下文所引孟子仁人心也，與上文許多說話似若相戾，更乞詳之。【「答張敬夫」書 ◑按：此言心貫性情，性外無心，不可以對性。】◑心具此理而能動靜，故有性情之名。性情非與心相對，而爲二物也。◑性對情言，心對性情言。

按：心之主宰，在天則謂之帝，在人則謂之天君。雖以性道之美名不得與焉，以其不可對也。若以尋常言語對說，則有對性言者，如曰靈底是心，實底是性，是也；有對氣言者，如曰吾之心正，吾之氣順，是也；有對情言者，如曰感爲心，動爲情，是也。然心本統性情合理氣，以性對則遺乎情，以情對則遺乎性。而性乃心之體，性外無心，不可以對性言也；情乃心之用，情外無心，不可以對情言也。心乃天理在人之全體，則心與理一，不可以對理言也；心乃氣之精爽，則心爲氣，本不可以對氣言也。況乎朱子所言實以主宰一身，其尊無比者言之，則今之將心對性謂心是氣，果合於無對之旨乎？◑更按: 將心對性情以一對二, 方見貫動靜皆主宰之妙。

朱子曰: "其體謂之易, 在人則心也; 其理謂之道, 在人則性也; 其用謂之神, 在人則情也。"【按: 程子曰: "上天之載, 無聲無臭, 其體則謂之易, 其理則謂之道, 其用則謂之神。" 朱子說蓋本此。】

朱子曰: "易之爲義, 乃指流行變易之體而言。此體生生, 元無間斷, 但其間一動一靜相爲始終耳。其體在人, 則心是已。其理則所謂性, 其用則所謂情, 其動靜則所謂未發已發之時也。此其爲天人之分雖殊, 然靜而此理已具, 動而此用實, 行則其爲易一也。若其所具之理、所行之用合而言之, 則是易之有太極者。南軒謂太極所以明動靜之蘊者, 蓋得之矣。"【按: 此以太極當心, 而靜者爲性, 動者爲情。】◑其體謂之易, 與實字相似, 乃是該體用而言。人傑云: "向見先生云, 體是形體, 却是着形氣說, 不如說該體用者爲備耳。" 曰: "若作形氣說, 只說得一邊。惟說作該體用, 乃爲全備, 方統得下面其理謂之道, 其用謂之神"兩句。【人傑錄】

◑問: "旣就人身言之, 却以就人身者就天地言之, 可乎?" 曰: "天命流行, 所以主宰管攝是理者, 卽其心也; 而有是理者, 卽其性也。如所以爲春夏秋冬之理, 是也。至發育萬物者, 卽其情也。"【上仝 ◑按: 上錄言前說之非, 似是最晩定論。此段亦未見有誤。】

◑正淳問: "其體謂之易, 只屈伸往來之義否?" 朱子曰: "只陰陽屈伸, 便是形體。" 又問: "以人之心性情就天上言之, 如何?" 曰: "春夏秋冬便是天地之心, 天命流行有所主宰。其所以爲春夏秋冬, 便是性; 造化發用, 便是情。如以鏡子爲心, 其光之照見物處便是情, 所以能光者是性。"【螢錄, 戊申。】◑"所謂易者, 變化錯綜, 如陰陽晝夜, 雷風水火, 反復流轉, 縱橫經緯而不已也。人心則語默動靜, 變化不測者, 是也。體則形體也。言體, 則亦是形而下者; 其理則形而上者也。故程子曰: '『易』中只是言反復往來上下', 亦是意也。"【端蒙錄, 己亥後。】

按: 程子言『易』, 每以生生不窮之理謂之易, 而此又以無聲無臭起頭, 則這體字便不是形體之體。而朱子手筆之見於『大全』者, 又以靜而此理具, 動而此用行者通謂之『易』, 『語類』所錄甚多, 而惟人傑一錄之見於訓門人條, 與『大全』合仍以說作形氣爲未備, 則似是定論。夫元亨利貞乃天地之心, 『大全』明有定論, 則春夏秋冬不可直謂之心也。心是主宰底, 主宰者卽此理, 又是晩年定論, 而以主宰爲性, 决是誤錄也。推此觀之, 諸錄之涉於形體者, 皆踵初說, 而失其微旨者也。蓋朱子初年認心爲已發、以性爲未發, 而謂未發恒乘在已發上, 以動靜陰陽爲心, 而以太極爲體, 動靜爲用, 以陰陽之器,便當了心字，曰心猶陰陽，性猶太極。以「復」卦之下面一畫爲天地之心，雖未嘗明言心卽氣而認氣過重差，却心之本體及乎晩年，固未嘗不兼氣言心，而性體情用心爲太極之說，累發而明示之。然則此體字之以形體看者，不過以心爲盛性之器也。今說作該體用，則心是性體而情用者也。易是道體而神用者也。心統性情，易該道神，故引以明之。今之認心爲氣者，果非朱門之芻狗乎？

朱子曰："中所以狀性之德而形道之體，和所以語情之正而顯道之用，於此識得心。"

朱子曰："人之一身，知覺運用莫非心之所爲，則心者固所以主乎身，而無動靜語默之間者也。然方其靜也，事物未至，思慮未萌，而一性渾然，道義全具，其所謂中，是乃心之所以爲體而寂然不動者也。及其動也，事物交至，思慮萌焉，則七情迭用，而各有攸主，其所謂和，是乃心之所以爲用，而感而遂通者也。然性之靜也而不能不動，情之動也而必有節焉，是則心之所以寂然感通、周流貫徹而體用未始相離也。"【「答張敬夫論中和」第六書】◑若謂已發之後，中又只在裏面，則又似向來所說以未發之中自爲一物，與已發者不相涉入，而已發之際，常挾此而自隨也。◑未發已發之義，前此認得此心流行之軆，又因程子說："凡言心，皆指已發而言。"遂目心爲已發，性爲未發。然觀程子之言，多所不合，乃知前日之說非惟心性命名之不當，而日用工夫全無本領，所失者不但文義之間而已。按：文集『遺書』諸說，似皆以思慮未萌、事物未至之時爲喜怒哀樂之未發。當此之時，卽是此心寂然不動之軆，而天命之本體具焉，以其不偏不倚，故謂之中；及其感而遂通天下之故，則喜怒哀樂之情發焉，而心之用可見，以其無不中節，故謂之和。此則人心之正而性情之德然也。"【「與湖南諸公」書】◑李子曰："來喩以心之未接物前，爲寂然不動，思索窮格與事物酬應時，爲已發可觀，而於二者之間，又把靜而微動，思而未著者，爲未發時看，此意雖似精密，而大段有病。蓋靜則未動，斯爲未發，安有微動之靜，可喚做未發者乎？思則已著，斯爲已發，安有未著之思，可喚做未發者乎？向見尹彥久有'心有三關'之論，今此所論，正與相似。大槩以爲心有在外關者、中關者、內關者，其說尤有病。"【「答黃仲擧」書】

◑朱子曰："日用之間，凡感之而通，觸之而覺，蓋以渾然全體應物而不窮者。是乃天命流行，生生不已之機，雖一日之間萬起萬滅，而其寂然之本體則未嘗不寂然也。所謂未發，如是而已矣，豈別有一物，限於一時，拘於一處，可以謂之中哉？"

【「答張欽夫」書】

按: 此乃論「中和」第一書自註曰“此書非是”, 而『性理大全』、『通書』註載此說, 以啓學者之惑。

◑<u>朱子</u>曰: “向見所著「中論」云‘未發之前, 心妙乎性; 旣發, 則性行乎心之用矣’。於此竊亦有疑。蓋性無時不行乎心之用, 但不妨常有未行乎用之性耳。今下一前字, 亦微有前後隔截氣象, 熟玩『中庸』, 只消著一未字, 便是活處。此豈有一息停住時耶? 只是來得無窮, 便常有箇未發底耳。”

按: 此其第二書先生自注, 此書所論尤乖戾, 蓋以心爲氣、以性乘心, 而常有箇留頭出尾之理。

◑<u>朱子</u>曰: “通天下只是一箇天機活物, 流行發用, 無間容息。據其已發而指其已發者, 則已發者人心, 而凡未發者皆其性也, 亦無一物而不備矣。夫豈別有一物, 拘於一時, 限於一處而名之哉? 卽夫日用之間, 渾然全體, 如川流之不息, 天運之不窮耳。此所以體用、精粗、動靜、本末洞然無一毫之間, 而鳶飛魚躍, 觸處朗然也。存者存此而已, 養者養此而已, 必有事焉而勿正, 心勿忘勿助長也。從前是做多少安排, 沒頓着處。今覺如水到船浮, 解維正柁沿洄上下, 惟意所適矣。”

按: 此當爲第三書。

◑<u>朱子</u>曰: “日前所見, 只是儱侗地見得大本達道底影象, 殊無立脚下工夫處。蓋只見得箇直截根源傾湫倒海底氣象, 日間但覺爲大化所驅, 如在洪濤巨浪之中, 不容少頃停泊, 以故應事接物處粗厲勇果增倍於前, 而寬裕雍容之氣畧無毫髮。雖竊病之, 而不知其所自來。而今以後, 乃知浩浩大化之中, 自有一箇安宅, 正是自家安身立命、主宰知覺處, 所以立大本、行達道之樞要。所謂體用一源, 顯微無間者, 乃在於此。”

按: 此其「第四書」, 稍及於動上持守, 而不及於靜時存養。大化之中, 欲尋安宅, 亦非定論。

◑<u>朱子</u>曰: “感於物者心也, 其動者情也, 情根乎性而宰乎心, 心爲之宰, 則其動也無不中節矣, 何人欲之有? 惟心不宰而情自動, 是以流於人欲而不得其正。然則天理人欲之判, 中節、不中節之分, 特在乎心之宰、不宰, 而非情能病之, 亦已明矣。蓋雖曰中節, 然是亦情也, 但其所以中節者乃心爾。今夫乍見孺子入井, 此心之感也。必有怵惕惻隱之心, 此情之動也。內交、要譽、惡其聲者, 心不宰而情之失其正也。怵愓惻隱乃仁之端，又可以其情之動而遽謂人欲乎？大抵未感物時，心雖爲已發，然苗裔發見，蓋未嘗不在動處也。却恐無下工處也。”

按：退陶以此爲第五書而刪之於『節要』。蓋先言感於物者心，而又言未感物時心雖爲已發。此以未感者爲性，而已感者爲心也；已發者爲心，而未發者爲性也。中節之情，自有心包畜不住者，初非待心之宰，而方得中節也。情自動者，每流於人欲，則情乃可以爲不善，而不可以爲善者也。內交要譽，乃私意之萌於心，烏可以罪情乎？『中庸章句』未嘗一言及於心之宰否？蓋情乃心之用，而直遂者也。愛敬之良能，不待乎學，豈皆宰之而後動耶？且感爲心，動爲情，出於程子，而朱子後亦非之以爲感與動，如何分得？

◑朱子曰：“據程子諸說，皆以思慮未萌、事物未至之時爲喜怒哀樂之未發。當此之時，卽是心體流行，寂然不動之處，而天命之性體段具焉。以其無過不及，不偏不倚，故謂之中。然已是就心體流行處見，故直謂之性則不可。呂博士論中卽是性，赤子之心卽是未發，則大失之，故程子正之。蓋赤子之心動靜無常，非寂然不動之謂，故不可謂之中。然無營爲知巧之私，故未遠乎中爾。程子所謂凡言心者，皆指已發而言，此却指心體流行而言，非謂事物思慮之交也。聖賢論性，無不因心而發。若欲專言之，則是所謂無極而不容言者，亦無體段之可名矣。”【「未發已發說」】

按：朱子此說在中和說改正之初，猶以寂然不動爲流行中物事。心動性靜，若死人之馱活馬，又以無過不及言未發之中者，亦以心體流行，雖靜實動故也。中是性之德，固所以狀性而謂中卽性初非大失也。赤子之心亦有未發時，而但不可直以爲未發。若程子所謂凡言心者，皆指已發，大未安者也，此皆與晩年定論不合。

◑朱子曰：“未發是思慮事物未接時，便可見性之體段，故可謂之中而不可謂之性；發而中節卽思慮事物已交之際，皆得其理，故可謂之和而不可謂之心。”【「答林擇之」書】

按：判心性爲已發未發，亦非定論。

右明心之體用亦主乎理。

孟子曰：“盡其心者，知其性也。知其性，則知天矣。存其心，養其性，所以事天也。”

『集註』：心者，人之神明，所以具衆理而應萬事者也。性則心之所具之理，而天又理之所從而出者也。人有是心，莫非全體，然不窮理，則有所蔽而無以盡乎此心之量。故能極其心之全體而無不盡者，必其能窮夫理而無不知者也。旣知其理，則其所從出, 亦不外是矣。以『大學』之序言之, 知性則物格之謂, 盡心則知至之謂也。存, 謂操而不舍; 養, 謂順而無害。盡心知性而知天, 所以造其理也; 存心養性以事天, 所以履其事也。不知其理, 固不能履其事; 然徒造其理而不履其事, 則亦無以有諸己矣。◑朱子曰: "天者, 理之自然, 而人之所由以生者也; 性者, 理之全體, 而人之所得以生者也; 心則人之所以主於身而具是理者也。天大無外, 而性稟其全, 故人之本心, 其體廓然, 亦無限量。惟其牿於形氣之私, 滯於聞見之小, 是以有蔽而不盡。人能卽事卽物, 窮究其理, 至於一日會通貫徹而無所遺焉, 則有以全其本然之體, 而吾之所以爲性天之所以爲天, 皆不外此, 而一以貫之矣。" 伊川云: "盡心然後知性, 此不然。盡字大, 知字零星。性者, 吾心之實理。若不知得, 却盡箇甚?" ◑人往往說先盡其心而後知性, 非也。心性本不可分, 況其語脉是盡其心者, 知其性。心只是包著這道理, 盡知得其性之道理, 便是盡其心。若只要理會盡心, 不知如何地盡。◑性情與心固是一理, 然命之以心, 却似包著這性情在裏面。◑心與性只一般, 知與盡不同。所謂知, 便是心了。◑盡心, 謂事物之理皆知之而無不盡; 知性, 謂知君臣、父子、兄弟、夫婦、朋友各循其理; 知天, 則知此理之自然。◑不可盡者心之事, 可盡者心之理。◑性, 以賦於我之分而言; 天, 以公共道理而言。天便是一箇大底人, 人便是一箇小底天。吾之仁義禮智, 卽天之元亨利貞。凡吾之所有者, 皆自彼而來也。故知吾性, 則自然知天矣。◑問: "盡心盡性。" 曰: "盡心云者, 知之至也; 盡性云者, 行之極也。存心、養性, 是致其盡性之功也。" ◑存之養之, 便是事; 心性, 便是天。故曰所以事天也。天教你父子有親, 你便用父子有親; 天教你君臣有義, 你便用君臣有義。不然, 便是違天。◑先存心而後養性。存得父子之心盡, 方養得仁之性; 存得君臣之心盡, 方養得義之性。心具性, 敬而存之, 則性得其養而無所害矣。◑存心者, 氣不逐物而常守其至正也; 養性者, 事必循理而不害其本然也。【按: 氣不逐物正對事必循理, 皆非所以論心性。惟至正字、本然字是貼心性。】 ◑問: "上一節, 知性在先, 盡心在後, 下一節, 存心在先, 養性在後, 何也?" 潛室陳氏曰: "知性卽窮理格物之學, 是工夫最先者。盡心卽『大學』知至境界。存心卽誠意、正心之謂, 養性在其中, 非存心外別有養性工夫, 故養性在存心下。" ◑雲峯胡氏曰: "欲造其理者, 用工全在知性上, 知性有工夫, 盡心無工夫; 欲履其事者, 用工全在存心上, 存心有工夫, 養性無大工夫。"

按: 朱子「盡心說」凡三變, 而還尋初說, 以『語類』攷之。砥錄曰: "某前以孟子盡心謂如『大學』知至。 今思之, 恐當作意誠說。” 此庚戌所聞也。淳、賀孫、道夫錄皆同時, 甇錄在戊申, 而以盡知得其性之道理爲盡心, 則初說也。廣錄在甲寅以後, 而以知性爲物格, 盡心爲知至, 是又最晩之還尋初說者也。與時擧、泳、震錄皆合於『集註』, 乃定論也。◑人之所以知得此性者, 乃此心之妙也。蓋以妙用之心推認本體之心, 體用一原故也, 卽知性, 則心之體是性, 而心無不盡矣。 其所以存心者, 孟子已嘗言以仁存心, 以禮存心, 而程門又以居敬爲存心之要。夫敬者, 禮之用, 而爲一心之主宰, 仁乃一心之全德也。敬則仁在其中, 仁禮皆性也, 故心存則性得其養。六經中互言心性莫詳於此, 而程子首以心性一理之妙言之, 朱子又以本心全體之旨釋之, 則後世之將心對性判爲兩體者, 其亦不達於此矣。

張子曰: “心能盡性, 性不知檢其心。”【本文: 心能盡性, 人能弘道也; 性不知檢其心, 非道弘人也。】

朱子曰: “人外無道, 道外無人。然人心有覺, 而道體無爲, 故人能大其道, 而道不能大其人也。” ◑性是理, 心是包含該載, 敷施發用底。◑心有體用。未發之前是心之體, 已發之際乃心之用, 如何指定說得? 蓋主宰運用底便是心, 性便是會恁地做底理。 情只是幾箇路子, 隨這路子恁地做去底, 却又是心。 ◑四如黃氏曰: “弘有二義: 人之得是道於心也, 方其寂然而無一理之不備, 亦無一物之不該, 這是容受之弘; 及感而通, 無一事非是理之用, 亦無一物非是理之推, 這是廓大之弘。人心攬之, 若不盈掬, 而萬物皆備於我, 此弘之體; 四端雖微, 火燃泉達充之足以保四海, 此弘之用。性分之所固有者, 一一盡收入來, 職分之所當爲者, 一一便推出去, 方是弘。”

按: 心性之妙, 當自稟氣成形之初言之。人物之生, 心最先凝,【血肉之心】 其氣則天一之水, 而其質則地二之火。水內明而潤下, 火外明而炎上。水之神, 智也, 智主斂藏; 火之神, 禮也, 禮主宣著。水火交濟, 出那木、金、土, 以備五行之性, 而性主仁義以立人道, 禮乃仁之著, 而智乃義之藏也。性旣成全, 心以性爲體, 而自占其妙用之神。 其氣本水, 故因性之智而宰之以知; 其質本火, 故因性之禮而主之以敬。知者, 所以行水也: 敬者, 所以束火也。非這知則性無以自覺, 非這敬則性無以常定。大抵性之仁, 固愛之理, 而知其可愛, 然後方能愛; 性之義, 固惡之理, 而知其可惡, 然後方能惡; 性之禮, 固敬之體, 而非智則不能敬; 性之智, 固知之體, 而非知則亦斂藏而已。惟敬亦然，仁義智之用，皆待是而有守耳。心之能盡性檢性，知敬之妙也，而性之不能盡心檢心，道體無爲故也。雖然心性一理，性豈心外之物乎？

邵子曰："心者，性之郛郭。"

朱子曰："仁義禮智，性也，理也，而具此性者，心也，故曰心者性之郛郭。" ◑性便是道之形體。然若無箇心，却將性在甚處？須是有箇心，便收拾得這性，發用出來。◑邵子謂心者性之郛郭，其語意未免太麁，須知心是身之主宰而性是心之道理，乃無病耳。亦須知所謂識心，非徒欲識此心精靈知覺，乃欲識此心義理精微耳。◑道則散在事物而無緒之可尋。若求之於心，則其理之在是者皆有定體而不可易。理之在心，卽所謂性。◑心無體，以性爲體。心是虛底物，性是裏面穰肚餡草。性之理包在心內，到發時，卻是性底出來。性不是有一箇物事在裏面喚做性，只是理有所當然者便是性。◑北溪陳氏曰："心似箇器一般，裏面貯這物便是性。康節所謂心者性之郛郭，說雖粗而意極切。蓋郛郭者，心也。郛郭中許多人烟，便是心中所具之理相似，所具之理便是性。卽這所具底便是心之本體。"

按：邵子此言性之郛郭，猶上言道之形體，非便指血肉之心。

朱子曰："動處是心，動底是性。"

問："竊推此二句只在處、底兩字。如穀種然，生處便是穀，生底却是那裏面些子。"朱子曰："若以穀比之，穀，便是心；那爲粟、爲菽、爲禾、爲稻底，便是性。康節所謂心者性之郛郭，是也。包裹底是心，發出不同底是性。" ◑心統性情。有言靜處是性，動處是心，如此，則是將一物分作兩處了。心與性，不可以動靜分。

按：處者地頭之名，底者物事之名。動地頭固是心，而動者便是性也，初非心性相對互動而各自出來也，亦非氣自動而理不動也。觀此，則後世心先動性先動之辨，是以心性爲二本而兩歧也。氣有動理無動之說，是以理爲死物而氣爲達道也。此於大本上，豈不大故扤揑乎？

朱子曰："靈處只是心不是性，性只是理。"

朱子曰："心與性自有分別。靈底是心，實底是性。靈便是那知覺底。如向父母則有那孝出來，向君則有那忠出來，便是性。如知道事親要孝，事君要忠，這便是心。" ◑道無方體，性有神靈，此語略似有意，但神靈二字非所以言性耳。◑性中所有便是實理。吾儒以性爲實，釋氏以性爲空。若將性來做心說，則不可。今人往往以心來說性，須是先識得，方可。【按：先識性爲心之體，心爲性之主，然後方可將心說性。】若指有知覺者爲性，只說得心字。【按: 心之妙用而原於性之智者，知覺也。】◑心、性固只一理，然自有合而言處，又有析而言處。須知其所以析，又知其所以合，乃可。然謂性便是心，則不可; 謂心便是性，亦不可。

朱子曰: "今之爲此道者，反謂此心之外別有大本。此說流行，反爲異學所攻，重爲吾道累矣。"【本文: 釋氏，雖自謂惟明一心，然實不識心體，雖云心生萬法，而實心外有法，故無以立天下之大本，而內外之道爲不備。然爲其說者猶知左右迷藏，曲爲隱諱，終不言一心之外別有大本也。若聖門所謂心，則天叙、天秩、天命、天討、惻隱、羞惡、辭讓、是非莫不該備，而無心外之法。故孟子曰: "盡其心者，知其性也，知其性，則知天矣。存其心，養其性，所以事天也。" 是則天人性命豈有二哉?[元文在此]】

朱子曰: "古人之學所貴乎存心者，蓋將卽此而窮天下之理。今之所謂存心者，乃欲恃此而外天下之理。故近日之弊，無不流於狂妄恣肆而不自知其非也。"

按: 心爲一身之大本者，以其性爲之體故也。若謂此心之外，別有大本，則性在心外，而別爲一物矣。釋氏之本心，亦豈不以心把作大本? 而所謂心者，乃指血氣之私，而不循天理之實，則大本有所不立矣。然舍此心而別討大本，則亦莽莽蕩蕩無所適從所貴乎大本者，豈不是義理之良心實爲一身之主宰者耶? 近世學者，以湛然之氣爲心之本體，以粹然之理爲性之本然，而嫌其爲二本也，則却道大本是性不是心。如是，則此心之外，別有大本也。有以本然之氣目之爲本然之心，而作對乎本然之性，氣純於本然，而後性方純於本然。如是，則心爲大本，而性在心外，豈不是釋氏心法乎?

右，明心性分合而總會於理。

4-1-15

「심心」【理之主宰】第四 下(『理學綜要』 卷8)

해제

1) 서지사항

이진상이 경전(經典)과 성리학 관련 글 중에서 요지를 모아 1878년 때 엮은 책. 원래 22권의 필사본으로 되어 있는 것을 아들 이승희(李承熙: 1847~1916)와 문인 허유(許愈: 1833~1904) 등이 1888년, 1895년, 1986년 3차에 걸쳐 교감정리하고 22권(10책)으로 편집하여 1897년 고령(高靈)의 회보계(會輔契)에서 목판본으로 출간하였다. 규장각과 국립중앙도서관 등에 있다. 1990년 아세아문화사(경인문화사)에서 영인한 『한주전서』 2책에 실려 있다.

2) 저자

이진상(李震相, 1818~1886)으로 자는 여뢰(汝雷), 호는 한주(寒洲)이다.

3) 내용

이진상이 유교경전과 중국과 조선 성리학자의 글 중에서 성리학의 요지를 모아 엮은 책이다. 이 책은 이진상이 주희(朱熹)의 초년과 만년의 학설을 치밀하게 고찰한 후, 경전과 선유들의 저서에서 긴요한 내용을 가려 뽑아 체계적으로 분류하여 61세 되던 윤 3월에 편찬하고 이듬해 3월에는 서문을 지었으며, 67세 때 중감(重勘)을 거쳐 완성하였다. 하지만 이진상이 작고하던 해인 1886년 문인 이두훈(李斗勳: 1856~1918)에게 보내는 서간에서 본서가 마치지 못한 저서라는 것을 말하고 있어 마지막까지 손질하던 저서라 할 수 있다. 권1·2은 천도(天道), 권3은 천명(天命), 권4·5는 성(性), 권6~8은 심(心), 권9·10은 정(情), 권11은 총요(總要), 권12~15는 학(學), 권16은 행(行), 권17~19는 사(事), 권20~22는 통론으로 되어 있다. 내용은 권1에서 권10까지는 천도의 근원을 밝히는데 일반적으로 태극음양에 따른 리기론(理氣論), 성·심·정의 범주와 관계에 따른 심성론(心性論)을 기술하고, 권11에서는 총론으로 리의 분합(分合)을 다루었다. 그 이후로 학(學)은 리의 궁구·성찰·확충의 측면, 행(行)은 명륜(明倫)과 수기(修己)의 순리(循理), 사(事)는 의식·거처·수업 등의 절차에 관한 합리(合理)의 측면을 밝혔다. 통론에서는 리의 근본되는 뜻을 밝혔고, 유가에서

기(氣)가 리를 해한다고 인식하는 문제와 이단(異端)에서는 기를 주로 하고 리를 멸하는 문제, 그리고 성현이 리를 주로 하는 연원을 밝혔다. 심성론에 해당한 심설 부분은 심을 리의 주재로 여겨 권6에서는 심의 대원(大原)·본체(本體)·묘용(妙用), 권7에서는 심의 체용과 심성분합, 권8에서는 형질지심(形質之心)·즉기언심(卽氣言心), 그리고 심의 진망(眞妄)과 심과 기를 분변하여 성현주리(聖賢主理)의 근원으로 귀착시켰다. 논리전개는 경전과 선유들의 설로 성리학의 여러 범주를 설명한 뒤 '안(按)'이라 하여 자신의 의견을 밝히고, 그리고 부록으로 내용에 합당한 '설(說)'을 사이사이에 붙였다. '설'은 주로 『한주집』에 수록된 잡저(雜著)의 글들이다. 부록의 글로 「명덕설(明德說)」, 「주재설(主宰說)」, 「고증후설(攷證後說)」(心字攷證後說) 등이 수록되었으나, 「심즉리설」은 실려 있지 않았다. 『한주집』 잡저에 수록되지 않은 「주재설」은 39세 때 「주재도설(主宰圖說)」과 「주재설고증(主宰說攷證)」을 지은 뒤, 이 책을 편찬할 당시에 지은 듯하다. 이 부록의 글은 이진상의 심설을 파악하는데 아주 긴요하다 하겠다. 아들 이승희는 1914년 요동으로 가서 한인공교회(韓人孔敎會)를 창립하고 중국 유교성적지(儒敎聖跡地)를 순례하면서 곡부(曲阜)에 이르러 공자의 성묘(聖廟)를 배알하고 직접 『리학종요』와 함께 『춘추집전(春秋集傳)』 및 『사례집요(四禮輯要)』를 기증하기까지 하였다.

4-1-15「心」【理之主宰】第四 下(『理學綜要』 卷8)

朱子曰: “心是神明之舍。”【本文: 性便是許多道理, 得之於天而具之於心者。凡物有心其中必虛, 如鷄心猪心之屬, 切開可見。人心亦然。只這些虛處, 便包藏許多道理, 彌綸天地, 該括古今。推廣得來, 蓋天蓋地, 莫不由此, 此所以爲人心之妙歟。理在人心, 是之謂性。性如心之田地, 充此中虛, 莫非是理而已。】

問: “五行在人爲五臟。然心却具得五行之理, 以心虛靈之故否?” 曰: “心屬火, 緣是箇光明發動底物, 所以具得許多道理。” ○ 勉齋黃氏曰: “人惟有一心虛靈知覺者, 是也。心不可無歸藏, 故有血肉之心。血肉之心, 不可無歸藏, 故有此身體。身體不可無所蔽, 故須裘葛, 不可無所寄, 故須棟宇, 其主只在心而已。今人於屋宇衣服身體, 反切切求過人, 而心上却全不理會。” ○ 北溪陳氏曰: “心雖不過方寸大, 然萬化皆從此出, 正是源頭處。” ○ 西山眞氏曰: “圓外竅中者, 是心之體, 此乃血肉之心。”

按: 五臟之心, 固非儒家之所謂心, 而亦自是心之當體, 其爲質虛中通竅五行之秀氣總會於此, 而五性之眞掛搭於中, 此乃一身之樞要, 萬化之堂奧也。血肉之心, 古人所罕道, 而無這血肉之心, 則義理之心亦無所注泊。然此特形質, 君子所謂此非心者也。◑子華子曰: “圓不徑寸, 神明舍焉。” 心以舍言, 則亦只是血肉之心, 而心爲君火之說, 昉於『素問』。蓋其上通而中明者, 屬乎火也, 初非火一氣獨具此五理也。夫形質之心, 若無足論而無此, 則性無所掛搭, 故先輩亦頗指示其當體, 使人卽此尋究以見其本體之眞耳。非欲其藉此宅舍, 而參三才出萬化, 以合乎天地之心也。

朱子曰: “五臟之心, 却是實有一物。”【謨錄。○ 本文。問: “人心形而上下如何? 曰: “如肺肝。[元文在此] 若今學者所論操舍存亡之心, 則自是神明不測。故五臟之心受病, 則可用藥補之。這箇心, 則非菖蒲, 茯苓所可補也。” 問: “如此, 則心之理, 乃是形而上否?” 曰: “心比性, 則微有迹; 比氣, 則自然又靈。”】

問: “先生嘗言, 心不是這一塊。某竊謂, 滿體皆心也。此特其樞紐耳。” 朱子曰: “不然, 此非心也, 乃心之神明升降之舍。人有病心者, 乃其舍不寧也。凡五臟皆然。心豈無運用, 須常在軀殼之內。”【義剛錄, 癸丑後。】

按: 五臟之心有形象, 心之質也, 非一塊之心, 無形象, 心之理也。但以神明言之, 則理之乘氣出入善應而不測者也。若指有形象者而謂心, 則與肝肺何異哉? 世有補氣之劑, 而未有補理之劑, 心果氣也, 則菖蒲、茯苓, 亦足以補之。惟其本體之心, 搭於氣而不囿於氣, 妙用之心, 乘其氣而不屬乎氣。故主敬存誠治邪去蔽而已, 非區區之藥所可補瀉也。 蓋以本體言, 則心卽性也, 其爲形而上者, 固不待言。而比性, 則微有迹者以其能敷施發用而統乎情也; 比氣, 則自然又靈者以其能凝定收斂而統乎性也。乘氣流行, 非若性體之至靜; 理爲主宰, 非若氣卒之聽命也。

右明形質之心。

程子曰: "欲知得與不得, 於心氣上驗之。"【本文: 思慮有得, 中心悅豫。沛然有裕者, 實得也。思慮有得, 心氣勞耗者, 實未得也, 強揣度耳。嘗有人言比因學道, 思慮心虛。人之血氣, 固有虛實, 疾病之來, 聖賢所不免, 然未聞自古聖賢因學而致心疾者。】

程子曰: "有謂因苦學而至失心者。學本是治心, 豈有反爲心害? 某氣不盛, 然而能不病, 無倦怠者, 只是一箇愼生不恣意, 其於外事, 思慮儘悠悠。" ◑人心作主不定, 正如一箇翻車, 流轉動搖, 無須臾停, 所感萬端。張天祺常言: "自約數年, 自上著牀, 便不得思量事。" 不思量事後, 須強把這心來制縛, 亦須寄寓在一箇形象, 皆非自然。" ◑司馬君實嘗患思慮紛亂, 有時中夜而作, 達朝不寐。人都來多少血氣? 若此, 則幾何不摧殘而盡也。其後告人曰"近得一術, 常以中爲念", 則又是爲中所亂。中又何形? 如何念得也? 若愚夫不思慮, 冥然無知, 此又過與不及之分也。有人胸中常若有二人焉, 欲爲善, 如有惡以爲之間; 欲爲不善, 又若有羞惡之心者。本無二人, 此正交戰之驗也。持其志, 使氣不能亂, 此大可驗。要之, 聖賢必不害心疾。

按: 心兮本虛, 理之虛也; 心虛致疾, 氣之虛也。理虛則明; 氣虛則耗。心果氣乎? 特理搭於氣, 氣寓於質, 元不相離, 而質乃血肉之心也, 氣乃魂魄之心也, 理乃眞體之心也。承上言心之形質, 而仍及乎心之血氣, 所以別白其本體也。

朱子曰: "心者氣之精爽。"【節錄, 癸丑後。】

問: "心之所思, 耳之所聽, 目之所視, 手之持, 足之履, 似非氣之所能到。氣之所運, 必有以主之者。" 朱子曰: "氣中自有箇靈底物事。"【節錄】 ◑"氣中自有箇精靈底物, 卽所謂魂耳。但便謂魂爲知, 則便不可。"【「答楊子順」書】 ◑問: "心之精爽, 是謂魂魄。" 曰: "只是此意。"【淳錄】 ◑"魂便是氣之神, 魄便是精之神。會思量計度底是魂, 會記當去底是魄。" ○ 人生初間是先有氣。旣成形, 是魄在先。形旣生矣, 神發知矣。旣有形後, 方有精神知覺。【僩錄。戊午】 ◑勉齋黃氏曰: "此身只是形氣神理。理精於神, 神精於氣, 氣精於形, 形則一定氣能呼吸冷煖。神則有知覺運用, 理則知覺運用上許多道理。然有形則斯有氣, 有氣斯有神, 有神斯有理, 只是一物分出許多名字。心性情之類, 皆可見矣。" ◑『易』云"精氣爲物", 精是精血, 氣是煖氣, 有這兩件, 方是成得箇好物出來。骨肉肌體, 是精血一路做出, 會呼吸活動, 是煖氣一路做出, 然精血煖氣, 則自有箇虛靈知覺在裏面。精血之虛靈知覺便是魄, 煖氣之虛靈知覺便是魂, 這虛靈知覺又不是浮虛底物, 裏面却又具許多道理, 故木神曰仁, 是虛靈知覺。人受木之氣, 其虛靈知覺則具仁之理。木便是氣血, 神便是魂魄, 仁便是箇道理, 如此看方是。◑西山眞氏曰: "虛靈知覺是心之靈。靈謂神妙不測精爽也。" ◑李子曰: "朱先生就兼包中, 而指出知覺運用之妙言, 故獨以爲氣之精爽耳。"

按: 程子性卽理也一語, 朱子嘗謂千萬世說性之根基。兩先生拈出心性累累合說, 而未嘗一語及於心卽氣, 則心之不偏於氣固已明矣。而『語類』中獨有此一段又極簡當, 似非記錄之誤。蓋其立言命意, 專在精爽二字上, 朱子嘗曰不可以氣之精者爲性, 性之粗者爲氣, 則精固非所以言理, 實指那形體之心, 備有五行之秀氣也。意其師友講確之際, 言及於五臟之心, 而先生因言其陽魂陰魄精爽, 都聚居一身之中爲萬理之宮耳。然而此有一言可明者, 朱子嘗以氣之精英者爲神, 而又謂神是乘氣而出入者, 神雖實理之妙用, 而不害爲氣之精英, 心雖天德之全體, 而不害爲氣之精爽。蓋氣也者有迹, 可見而易明者也。 性亦只是氣上標名, 則心獨不於氣上認取乎? 今因此一段謂朱子亦將心故氣看, 則凡諸許多般指示本原皆爲贅談矣。夫以初晩言, 則此錄在癸丑間, 而心之主宰卽此理, 不是理外別有箇心在。 戊午錄去易簀兩年, 又以手筆爲正, 則心者天理在人之全體, 見於精義, 烏可以此疑彼乎? ◑精神魂魄, 固是氣中之靈處, 而其所以靈者, 以其太極本然之妙也。苟非其理, 則氣安能自靈哉? 勉齋四種說亦只以神當心, 但說理之妙用, 而其眞體則有在矣。

朱子曰: "心之理是太極, 心之動靜是陰陽。"【振錄】

朱子曰: "易, 變易也, 兼指一動一靜, 已發未發而言之也。太極者, 性情之妙也, 乃一動一靜, 未發已發之理也。故曰'易有太極', 言卽其動靜闔闢而皆有是理。若以易字專指已發爲言, 是又以心爲已發之論也。此固未當。"【「答吳晦叔」書】 ◑陳北溪問: "人心是箇靈底物, 如日間未應接之前, 固是寂然未發, 於未發中, 固常恁地惺, 不恁瞑然不省。若夜間有夢之時, 亦是此心之已動, 猶晝之有思。如其不夢未覺, 正當大寐之時, 沉沉冥冥, 萬事不知不省, 與木石蓋無異, 不可謂寂然未發。不知此時心體何所安存? 所謂靈底何所寄寓?" 曰: "寤寐者, 心之動靜也。有思無思者, 又動中之動靜也。有夢無夢者, 又靜中之動靜也。但寤陽而寐陰, 寤淸而寐濁, 寤有主而寐無主, 故寂然感通之妙必於寤而言之。" 又問: "人生具有陰陽之氣, 神發於陽, 魄根於陰。心也者, 麗陰陽而乘其氣, 無間於動靜, 卽神之所會而爲魄之主也。晝則陰伏藏而陽用事, 陽主動, 故神運魄隨而爲寤。夜則陽伏藏而陰用事, 陰主靜, 故魄定神蟄而爲寐。神之運, 故虛靈知覺之體燁然而呈露, 有苗裔之可尋。如一陽復後, 萬物之有春意焉, 此心之寂感所以爲有主。神之蟄, 故虛靈知覺之體沉然潛隱, 悄無踪跡。如純坤之月, 萬物之生性不可窺其眹焉, 此心之寂感不若寤之妙, 而於寐也爲無主。然其中實未嘗泯, 而有不可測者存。呼之則應, 驚之則覺, 是亦未嘗無主而未嘗不妙也。故自其大分言之, 寤陽寐陰, 而心之所以爲動靜者也。細而言之, 寤之有思者, 又動中之動而爲陽之陽也; 無思者, 又動中之靜而爲陽之陰也。寐之有夢者, 又靜中之動而爲陰之陽也; 無夢者, 又靜中之靜而爲陰之陰也。又錯而言之, 則思之有善與惡者, 又動中之動, 陽明陰濁也。無思而善應與妄應者, 又動中之靜, 陽明陰濁也。夢中有正與邪者, 又靜中之動, 陽明陰濁也。無夢而易覺與難覺者, 又靜中之靜, 陽明陰濁也。一動一靜, 循環交錯, 聖人與衆人則同, 而所以爲陽明陰濁則異。聖人於動靜無不一於淸明純粹之主, 而衆人則雜焉而不齊。然則人之學力所係於此亦可驗矣。" 曰: "得之。"

按: 心之理卽統體一太極, 所以動靜之妙也。心之動卽此理之動, 而動便生陽情以行焉; 心之靜卽此理之靜, 而靜便生陰性以立焉。太極所以一動一靜而爲流行之用者也。或者反以心之理歸之性, 而心之動靜指作心體, 專欲管歸氣邊, 此豈朱子之本指乎? ◑更按: 朱子「答吳晦叔」書已以太極當性情之妙而兼屬乎已發, 然猶以動靜闔闢歸之心者, 蓋以程子說其體謂之易, 爲形體之體故也。其後改訓作體實之體，以從易無體之旨，而心爲太極之旨益明。然統言心之眞妄邪正，則心固兼理氣矣。從氣言而謂之氣之精爽，心之動靜是陰陽無不可也。特專言其主宰底，則不可雜氣言耳。

◑朱子曰："性猶太極也，心猶陰陽也。太極只在陰陽之中，非能離陰陽也。然至論太極，自是太極；陰陽，自是陰陽。惟性與心亦然。所謂一而二、二而一者也。"

按：性之蘊固該動靜，而其分則屬乎靜。心之動靜固亦陰陽，而其實則主乎理。若以性爲太極，則太極淪於至靜，朱子所謂尖斜底太極也。若以心爲陰陽，則陰陽反爲主宰，象山所謂形而上底陰陽也。此乃庚戌砥錄也。先生初年認心爲氣，謂性乘心。中和說既改之後，猶謂心性命名之不差，則此或其時之說歟？最晩定論曰："以未發爲太極，便不是未發者太極之靜，已發者太極之動，又以太極之未發者爲性，已發者爲情，而心爲統體太極，則烏可以心性分理氣耶？"

朱子曰："所覺者，心之理；能覺者，氣之靈。"

問："知覺是心之靈固如此，抑氣之爲耶？"朱子曰："不專是氣，是先有知覺之理。理未知覺，氣聚成形，理與氣合，便能知覺。譬如這燭火，是因得這脂膏，便有許多光焰。"【淳錄」，庚戌。】◑問："知覺之心，義理之心。"曰："才知覺，義理便在此；才昏，便不見了。"◑問："人死時知覺亦散否？"曰："不是散，【按：非氣故無散。】是盡了，【按：因氣故有盡。】氣盡則知覺亦盡。"◑北溪陳氏曰："人得天地之理爲性，得天地之氣爲體，理與氣合方成箇心，有箇虛靈知覺，便是身之所以爲主宰處。【按：合理氣而言。主宰稍欠分曉。】然這虛靈知覺，有從理而發者。有從氣而發者，又各不同也。"【按：從理從氣，恐不必帶說虛靈。】◑李子曰："火得脂膏，有許多光焰，故能燭破幽闇；鑑得水銀，有如許精明，故能照見姸媸；理氣合而爲心，有如許虛靈不測，故事物纔來，便能知覺。"◑"靈固氣也，然氣安能自靈？緣與理合，所以能靈。"

按：所覺者，智之理，非理無所覺；能覺者，氣之靈，非氣不能覺。覺者理，而覺之者氣也。今只執偏言之知覺，而謂知覺便是氣，則性之智，心之知終歸於二本爲心學而却於大本上不一，可乎？◑先有知覺之理，以智言也。理未知覺，以人生而靜以上，未有所知覺而言也。氣未成形，則事物無所接，而知覺無所施，才有形氣，則感觸事物，便能知之覺之也。此以知覺之事言之也。燭火是有光明之體，而未有光明之資，脂膏適爲光明之資，而非有光明之體。燭火比理，脂膏比氣，取喩甚精。◑此心之虛妙，雖莫非知覺之所爲，而心之所以主一身該萬化者，以其具仁義禮智之性，而爲其體，行愛恭宜別之情，而爲其用故也。纔偏主知覺便易向氣上去，禪學之所以亂眞者，以其都遺却義理上知覺，而專主形氣邊知覺，率意妄行便謂無非至理故也。

【附】朱子曰："所謂天地之性卽我之性，豈有死而遽亡之理，爲此說者，以天地爲主耶？以我爲主耶？若以天地爲主，則此性卽自是天地間公共道理，更無人物彼此之間，死生古今之別。雖曰死而不亡，非有我之得私矣。若以我爲主，則只是於自己身上認得一箇精神，有知有覺之物，卽便目爲己性，把持作弄，到死不肯放舍。謂之死而不亡，是乃私意之尤者，尙何與論於死生之說，性命之理哉？釋氏之學本自如此，今其徒之黠者往往自知其陋而稍諱之，却去上頭別說一般玄妙底道理，雖若滉漾不可致詰，然其歸宿實不外此。若果如此，則是一箇天地性中別有若干人物之性，各有界限，不相夾雜，改名換姓，自生至死，更不由天地陰陽造化，而爲天地陰陽造化者亦無所施其造化矣，是豈有此理乎？"【「答連嵩卿」書】◑贒者之見，正坐以我爲主，以覺爲性耳。乾坤變化，萬物受命，雖所稟之在我，然其理則非有我之得私也。所謂反身而誠，蓋謂盡其所得乎已之理，則知天下萬物之理初不外此，非謂盡得我此知覺，則衆人之知覺皆是此物也。性只是理，不可以聚散言。其聚而生，散而死者，氣而已。所謂精神魂魄，有知有覺者，皆氣之爲也。故聚則有，散則無。若理則初不以聚散而有無也。但有是理，則有是氣。苟氣聚乎此，則其理亦命乎此耳，不得以水漚比也。豈曰一受其成形，則此性遂爲吾有，雖死而猶未滅，截然自爲一物，藏乎寂然一體之中，以俟夫子孫之求而時出以饗之耶？且乾坤造化，如大洪爐，人物生生，無所休息，是乃所謂實然之理，不憂其斷滅也。今乃以一片大虛寂目之，而反認人物已死之知覺謂之實然之理者，豈不誤哉？【「答廖子晦」書】

按：人之生也，理搭在形氣中，其理之未發者爲性，已發者爲情，而心統性情。未發而知覺不昧，智之理專一心者也，已發而知覺先動，智之端首衆情者也。及其死也，氣絶而散，是乃生理之已盡也。生理已盡，則無性矣，無性，則是無知覺之體，可知。生氣旣散，則亦無知覺之發用者矣，是以『中庸』誠者物之終始，『章句』曰："所得之理旣盡，則是物亦盡，而無有矣。"『語類』亦曰："其所以終者，實理之盡，而向於無也。"或問："人死時，知覺亦散否?” 曰: “不是散, 是盡了。” 蓋理未有無氣之理故也。特人死而氣夫盡散, 則祭祀有來格之理, 神道有知能覺其子孫之誠否? 然氣久必散, 理亦盡矣, 更何有知覺乎? 今按: 連、廖諸公認知覺爲性, 而謂性常存, 故朱子但說氣之聚散, 而不明言其氣之理。 但說公共之理常在, 而不明言人死之理之無在。學者疑焉, 此當以兩處盡字爲斷然, 又須知理盡於此者, 初無還歸本原之理。苟有還元之理, 則氣必根之而生, 亦當有輪迴之氣矣。

◑林德久問: “生之謂性, 『集註』以知覺運動者言。釋氏止以知覺運動爲性, 知覺自何而發端? 人死之後, 知覺運動者, 隨當與形氣具亡, 性之理則與天地古今同流而無間耶?” 朱子曰: “知覺正是氣之虛靈處, 與形氣查滓正作對。魂遊魄降, 則亦隨而亡矣。”

按: 此言知覺因告佛而偏指氣。氣虛靈處, 知覺正自不昧, 而氣虛靈處卽魂魄所在, 故魂魄旣散, 知覺隨亡。不曰底而曰處, 又下隨字可見知覺之非魂魄也。 獨林氏之問知覺自何處發端, 則當以知之理答之, 而彼所謂知覺運動, 乃智之理之因形氣而發者也。末段又問性之理, 與天地同流, 而又未之答, 抑以知覺旣亡, 則性理之亦盡可見故歟! 理固是不生不滅之物, 而决無還歸本原懸空獨立之理。 李伯諫眞性常在之論, 所以見斥也。 近世有引此以證「中庸序」虛靈知覺, 謂與形氣查滓作對, 則人心爲不原於知覺, 而道心之根於性命者, 亦在氣之虛靈之外矣。蓋不知專言理偏言氣之別, 而欲主乎氣故也。

右明卽氣言心。

孔子曰: “操則存, 舍則亡。出入無時, 莫知其鄕。” 惟心之謂歟?

朱子曰: “孔子言心, 操之則在此, 舍之則失去, 其出入無定時, 亦無定處如此, 孟子引之, 以明心之神明不測, 得失之易, 而保守之難, 不可頃刻失其養。學者當無時而不用其力, 使神淸氣定, 常如平朝之時, 則此心常存, 無適而非義矣。” 程子曰: “心豈有出入, 亦以操舍而言耳。操之之道, 敬以直內而已。” ◑是直指心之體用而言其周流變化, 神明不測之妙也。若謂以其舍亡, 致得如此走作, 則孔子言心體者只說得心之病矣。出入兩字有善有惡, 不可皆謂舍亡所致也。又謂心之本體不可以存亡言, 此亦未安。若所操而存者初非本體, 則不知所存果爲何物, 而又何必以其存爲哉?【「答石子重」書 ○ 按: 此書不說及眞妄邪正, 故先生自謂此書未盡。】 ◑心體固本靜, 然亦不能不動。其用固本善, 亦能流而入於不善。夫其動而流於不善者, 固非心體之本然。然亦不可不謂之心也, 但其誘於物而然耳。故先聖只說操則存, 存則靜, 而其動也無不善矣。舍則亡, 於是乎有動而流於不善者。"出入無時, 莫知其鄕", 出者亡也, 入者存也。只此四句, 說得心之體用始終, 眞妄邪正無所不備。又見得此心不操卽舍, 不出卽入, 别無閒處可安頓。"【「答游誠之」書】 ◑入而存者卽是眞心, 出而亡者亦此眞心爲物誘而然耳。 今以存亡出入皆爲物誘所致, 則是所存之外别有眞心耶? 子約又欲並其出而亡者不分眞妄, 皆爲神明不測之妙, 二者蓋胥失之矣。心之體用始終, 雖有眞妄邪正之分, 其實莫非神明不測之妙。雖皆神明不測之妙, 而其眞妄邪正又不可不分。【「答何叔京」書】 ◑聖人之心如明鏡止水, 天理純全者, 卽此存處。但聖人不操而常存耳, 衆人則操而存之。方其存時, 亦是如此, 但不操則不存耳。◑方其亡也, 亦不可謂别是一箇有存亡出入之心, 却待反本還原, 别求一箇無存亡出入之心來換却。只是此心不存便亡, 不亡便存, 中間無空隙處。◑人能持此心則在, 若舍之便如去失了。如「復」卦出入無疾, 出只是指外言, 入只是指內言,【內卦外卦】 皆不出乎一卦。孟子謂出入無時, 心豈有出入, 只要人操而存之耳。◑淳夫女知心而不知孟子。【范淳夫之女謂心豈有出入? 伊川曰: "此女雖不識孟子, 却識心。"】 此女當是完實, 無勞攘, 故云無出入, 而不知人有出入者多, 猶無病者不知人之疾痛也。◑子昂謂心大無外, 固無出入。道夫因思心之所以存亡者, 以放下與操之之故, 非眞有出入也。曰: "言有出入, 也是一箇意思; 言無出入, 也是一箇意思。但今以夫子之言求之, 佗分明道出入無時。" ◑心不是死物, 須把做活物看, 不爾, 則是釋氏入定坐禪。操存者, 只是於應事接物之時, 事事中理, 便是存。若處事不是當, 便是心不在。若只管兀然守在這裏, 驀忽有事至於吾前, 操底便散了, 却是舍則亡也。未應接時, 戒謹恐懼, 不是硬捉在這裏。只要提敎他醒, 便是操, 不是塊然自守。◑南軒張氏曰: "孟子特因操舍而言出入。操之則存, 此謂之入, 舍則亡矣, 謂之出可也, 而心體則實無出入。" ◑北溪陳氏曰: "心存便是入, 亡便是出。然非是裏面本體走出外去, 只是邪念感物逐他去, 而本然之正體遂不見了。入非是自外面已放底牽入來, 只一念提撕警覺便在此。" ◑李子曰: "謝上蔡曰'心豈有出入、遠近、精粗之間?', 今有物有形體者, 則立其形體, 自有內外。心則一人之心, 天地之心, 充滿周遍天地之間, 安有出入之處?"【「答趙起伯」書】

按: 心在腔裏如明鏡照物, 心非去也, 物非來也。動於方寸而交於耳目, 非若人之出入, 離宅而適遠, 自遠而歸宅也。心存, 則雖應接事物而只是入; 心不存, 則雖閉目兀坐而只是出。此出入以操舍言, 亦非以動靜言也。◑操心之操, 如『書』之執中, 『詩』之秉彝, 非以心爲有形有迹之一物, 而用力把持也, 『孟子』此章旣以仁義之心立言, 而朱子論此亦以眞心本體當之。或者反謂有出有入可操可舍者, 分明是氣之體段, 甚矣, 主氣之惑也! 朱子嘗言心是活物, 而又謂活是天理, 理雖沖漠而豈無流行之用乎? 況『孟子』此章首尾本只爲良心設, 而良心以理言, 則不應中間揷入氣說。朱子又以或者之謂氣有存亡, 而欲致養於氣者爲非, 則大煞分明矣。但舍亡之端由乎氣, 而操存之道主乎理, 亦只是以理制氣而已。

『大學』曰: "心有所忿懥, 則不得其正; 有所恐懼, 則不得其正; 有所好樂, 則不得其正; 有所憂患, 則不得其正。心不在焉, 視而不見, 聽而不聞, 食而不知其味。"

『章句』: "四者, 皆心之用, 人所不能無者。然一有之而不能察, 則欲動情勝, 而其用之所行, 或不能不失其正矣。心有不存, 則無以檢其身, 是以君子必察乎此而敬以直之, 然後此心常存而身無不修也。" ◑『或問』: "人之一心。湛然虛明, 如鑑之空, 如衡之平, 以爲一身之主者, 固其眞體之本然。而喜怒憂懼隨感而應,【玉溪盧氏曰: "眞體之本然, 吾心之太極, 隨感而應, 則本體之眞在在呈露, 而太極亦無不在矣。"】妍媸俯仰因物賦形者, 亦其用之所不能無者也。故其未感之時, 至虛至靜, 所謂鑑空衡平之體, 雖鬼神有不得窺其際, 固無得失之可論。及其感物之際所應者, 又皆中節, 則其鑑空衡平之用, 流行不滯, 正大光明, 是乃天下之達道, 亦何不得其正之有哉? 唯其事物之來, 有所不察應之, 旣或不能無失。且又不能不與俱往, 則其喜怒憂懼必有動乎中者, 而此心之用始有不得其正者耳。傳者之意, 固非以心之應物便爲不得其正, 而必如槁木死灰, 然後乃爲得其正也。惟是此心之靈旣曰一身之主, 苟得其正而無不在。是則耳目鼻口四肢百骸, 莫不有所聽命以供其事, 而其動靜語默、出入起居, 惟吾所使而無不合於理。如其不然, 則身在於此而心馳於彼。血肉之軀, 無所管攝, 其不爲仰面貪看鳥, 回頭錯應人者, 幾希矣。" ◑朱子曰: "心纔係於物, 便爲所動。所以係於物者有三, 事未來, 先有期待之心;【按: 此乃客念。】或事已應過, 又留在心下不能忘;【按: 此乃滯思。】或正應事, 意有偏重,【按: 此乃私意, 皆心之客用。】, 都是爲物所係縛。便是有這箇物事, 到別事來到面前, 應之便差了, 這如何得正? 聖人之心, 瑩然虛明, 無纖毫形迹。一看事物之來, 若小若大, 四方八面, 莫不隨物隨應, 元不曾有這箇物事。" ◑喜怒憂懼乃心之用, 非惟不能無, 亦不可無。 但平居無事之時, 不要先有此四者在胸中, 如平居先有四者卽是私意。人若有私意塞在胸中, 便是不得其正, 須是涵養此心, 未應物時, 湛然虛靜, 到得應物時, 方不差錯。當喜而喜, 當怒而怒, 當憂而憂, 當懼而懼, 恰好則止更無過當, 如此方得本心之正。◑心若不存一身, 便無主宰。◑直卿問: "視之不見、聽之不聞處, 此是收拾知覺底心, 收拾義理底心?" 曰: "知覺在, 義理便在, 只是有深淺。" ◑正心, 却不是將此心去正那心, 但存得此心在這裏。◑玉溪盧氏曰: "心者身之主, 而明德之所存也。未應物之前, 寂然不動, 無所忿懥恐懼, 則心之本體無不正, 而明德之本體無不明。方應物之際, 感而遂通, 當忿懥而忿懥, 當恐懼而恐懼, 則心之妙用, 無不正, 而明德之妙用, 無不明。旣應物之後, 依舊寂然不動, 未嘗有所忿懥恐懼, 則心之本體, 終始無不正, 而明德之本體, 終始無不明也。人患不識其本心爾。"【按: 心之本體、妙用, 便是明德, 非有二也。】 ◑徽菴程氏曰: "未發之前, 氣不用事, 心之本體, 不待正之而後正。發而中節, 則心之用, 無不正。惟發而不中節, 始有不正, 而待於正。『或問』中本然本體, 亦指此心之義理而言。"

按: 正心之正, 本兼體用。已發之正, 察而反之, 未發之正, 敬以直之, 初非用力矯揉, 着意安排也。蓋心體之本正者理也, 理爲形氣所蔽, 則明理以祛其蔽。心之動, 而乘乎偏氣, 則偏氣用事, 正理反晦, 心之不得其正, 氣爲之也, 固當主理以制之。動靜之際, 體用相須, 有所與不在, 元非兩項事, 用有偏係, 體有不立也。正心之工, 乃所以察其用之偏, 而復其體之正也。有所而去之, 則客用祛而本體立; 不在而存之, 則本體立而妙用行。前輩之分經傳說體用, 固已誤矣。今以理之無待於正, 而欲作正氣看, 則不主乎理, 氣何自而能正乎? 且心之有所, 不可以作氣有所, 心之不在不可以作氣不在。不正其本, 而徒正其末, 可乎?

「樂記」曰: "致樂以治, 心則易、直、子、諒之心油然生矣。致禮以治躬, 則莊敬, 莊敬則嚴威。中心斯須不和不樂, 而鄙詐之心入之矣。外貌斯須不莊不敬, 而易慢之心入之矣。"

朱子曰: "心要平易無艱深險阻, 所以說不和不樂, 則鄙詐之心入之; 不莊不敬, 則易慢之心入之。入之一字, 正見得外誘, 使然, 非本心實有此惡。雖非本有, 然旣爲所奪, 而得以爲主於內, 則非心而何?" ◑西山眞氏曰: "古之君子以禮樂爲治身心之本, 故斯須不可去之。致者, 極其至之謂也。身心無主, 則邪慝易乘。中心斯須而不和樂, 則鄙詐入之; 外貌斯須而不莊敬, 則易慢入之。善惡之相爲消長如水火, 然此盛則彼衰也。鄙詐易慢, 皆非本有, 而謂之心者, 和樂不存, 則鄙詐入而爲之主, 莊敬不立, 則易慢入而爲之主。猶汚泥非水也, 撓而濁之, 是亦水矣。" ◑李氏曰: "生者, 生乎內者也; 入者, 入自外者也。" ◑方氏曰: "心內也而言入, 何哉? 蓋心雖在內, 有物探之而出, 及其久也, 則與物俱入矣。"

按: 慈良之心, 仁之端也; 莊敬之心, 禮之端也。物欲熾而邪氣汨之, 則反乎仁而化慈良爲鄙詐, 反乎禮而化莊敬爲易慢。禮樂之道, 中和而已。致中和, 則鄙詐去而仁之用行, 易慢去而禮之用行。主理制氣, 所以爲正心之要也。

孟子曰: "學問之道無他, 求其放心而已矣。"

『集註』: 學問之事, 固非一端, 然其道則在於求其放心而已。蓋能如是則志氣淸明, 義理昭著, 而可以上達; 不然則昏昧放逸, 雖曰從事於學, 而終不能有所發明矣。故程子曰: "聖賢千言萬語, 只是欲人將已放之心, 約之使反, 復入身來, 自能尋向上去, 下學而上達也。" ◑程子曰: "心要在腔子裏。【朱子曰: "敬便在腔子裏。"】人之身有形體, 未必能爲主。若有人係虜將去, 隨其所處, 已有不得與也。惟心則三軍之衆不可奪也。若幷心做主不得, 則更有甚?" ◑朱子曰: "存得此心便是仁。若此心放了, 又更理會甚仁? 今人之心靜時昏, 昧動時撓亂, 便皆是放了。" ◑人有鷄犬放, 則知求之; 有放心而不知求。某以爲鷄犬放則有未必可求者, 惟是心纔求則便在, 未有求而不可得者。放心, 不獨是走作。只有些昏惰, 便是放。◑問: "心愈求愈亂, 如何?" 曰: "卽求者便是心。知求, 則心在矣。今以已在之心復求心, 卽是有兩心矣。" ◑問: "孟子說求放心, 從仁人心也, 說將來。莫是收此心便是仁否?" 曰: "也只是存得此心, 可以存此仁, 若只收此心, 更無動用生意, 又濟得甚麽?" ◑問: "放心還當將放底心重新收來否?" 曰: "只存此心, 便是不放, 不是將已縱出底, 依舊收轉將來。只是常存得這箇實理在這裏。" ◑身如一屋子, 心如一家主。有此家主, 然後能灑掃門戶, 整頓事務。若是無主, 則此屋不過一荒屋爾。◑不是學問之道只有求放心一事, 乃是學問之道皆所以求其放心。如聖賢千言萬語, 都是道理。◑灑掃、應對、博學、審問、謹思、明辨, 皆所以求放心。◑慶源輔氏曰: "能求其心, 則心存。心存, 則無適而非天理之流行。" ◑雙峯饒氏曰: "上文說仁人心也, 是把心做義理之心, 不應下文心字又別是一意。若把求放心做收攝精神不令昏放，則只說從知覺上去，恐與仁人心也不相接。嘗以此質之勉齋，勉齋曰求放心不過求吾所失之仁而已。三箇心字，脈絡聯貫，皆是指仁而言。今讀者不以仁言心，非矣。" ◑新安陳氏曰："仁者，人之本心也。不仁之人，失其本心。本心存則爲仁，放則非仁。求放心，所以求仁也。求仁者，學問之本；學問者，求仁之方。"

○ 朱子曰："收放心，只是收物欲之心。如義理之心，切不須收。須就這上看教熟，見得天理人欲分明。"【從周錄】

按：義理之心，固當擴充，不宜收回；物欲之心，便可克制，又不特收回。但此本心天理放在物欲上爲其所汨者，正要汲汲收拾來，然知其不善而不爲，則便是收也。心本在此何待覔回？此錄正須活看。

通按：世之言心是氣者，每以求放心一章爲言。然天理有流行之妙，故人心有出入之機。其發也，固乘乎氣，而元非氣機之自爾也。特心之放者，汨於氣而然耳。誠能敬以存之，仁以守之，則心本在是，萬善自足矣。若果指氣，則孟子何以先言"仁人心"也，而勉齋亦何以不以仁言心者爲非，朱子亦何以曰存得此心便是仁耶？

程子曰："心本善。發於思慮，則有善有不善。"

程子曰："心本善，而流於不善，是放也。" ◑問："心之爲物，衆理具足。所發之善，固出於心。至所發不善，皆氣稟物欲之私，亦出於心否？" 朱子曰："固非心之本體，然亦是出於心也。" 又問："此所謂人心否？" 曰："是。" 問："人心兼善惡否？" 曰："亦兼說。"【木之錄，丁巳。】 ◑問："心有善惡否？" 曰："心是動底物事，自然有善惡。且如惻隱是善也，見孺子入井而無惻隱之心，便是惡矣。離著善，便是惡。然心之本體未嘗不善，又却不可說惡全不是心。若不是心，是甚麽做出來？古人學問便要窮理、知至，直是下工夫消磨惡去，善自然漸次可復。"【謙錄，甲寅。】 ◑"心無間於未發已發。徹頭徹尾都是，如放辟邪侈，此心亦在，不可謂非心。" ◑"此心無不善，止緣放了。苟自知其已放，則放底便斷，心便在此。心之善，如惻隱、羞惡、恭敬、是非之端，自然全得也。只存得善端。漸能充廣，非如釋氏徒守空寂，有體無用。且如一向縱他去。與事物相磨相刃，則所謂善端，何緣存得？"【賀孫錄，辛亥後。】 "若不知心本善，只管去把定這心教在裏，只可靜坐，應事接物不得。流入不善，是失其本心。"【上仝】 ◑"性無不善。心所發爲情，或有不善。說不善非是心，亦不得。却是心之本體無不善, 其流爲不善者, 情之遷於物而然也。" ◑問: "先生昨說性無不善, 心固有不善。然本心則元無不善。" 曰: "固是本心元無不善, 誰教儞而今不善? 今人外面做許多不善, 却只說我本心之善自在, 如何得?" ◑問: "思慮從心生。心若善, 思慮因何有不善?" 潛室陳氏曰: "思慮以交物而蔽, 故有不善。"

按: 心之本體, 性也, 性無不善; 心之妙用, 情也, 眞情之發, 亦無不善, 而私意橫生, 惡念旋萌。蓋未發之前, 氣不用事, 故惡底苗脈, 雖在於氣, 而不可謂本有惡。纔發之際, 心必乘氣, 故情固可以爲善, 而不可謂所發純善。氣之昏明, 粹駁, 皆其本實非於氣發之後將惡來換却美, 則善理之在惡氣上者, 管攝他不得, 亦隨惡氣而偏, 反爲惡無這理亦做出惡不成, 故惡亦不可不謂之性。况乎心者, 無間於動靜者也。情之善者旣在於此心所統之中, 則情之惡者亦豈得不謂之心哉? 若執其善惡之不齊, 而便謂心是氣也, 則是不察乎心之發處亦謂之心, 而性情之妙, 皆爲心外之物矣。

○ 朱子曰: "心本善此段疑微有未穩處。蓋凡事莫非心之所爲, 雖放辟邪侈, 亦是心之爲也。善惡但如反覆手, 飜一轉便是惡, 止安頓不着, 也便是不善。如當惻隱而羞惡, 當羞惡而惻隱, 便是不善。" 問: "心之用雖有不善, 亦不可謂之非心否?" 曰: "然。"【伯羽錄, 庚戌。○ 李子曰: "程子說朱子以爲微有未穩。然本於初而言, 則心之未發, 氣不用事, 本體虛明之時, 固無不善。故他日論此, 又謂指心之本體, 以發明程子之意, 則非終以爲未穩, 可知。"】

按: 伯羽此錄終有未安。心該貫動靜, 始終, 兼有眞妄, 邪正, 則謂放辟邪侈, 非心固不得, 而其實則氣之爲也。心失其主而已, 心之用之不善, 何關於心之本體而謂之未穩耶?

張子曰: "心大則百物皆通, 心小則百物皆病。"

張子曰: "心要洪放。" ◑大其心, 則能體天下之物。心淸時常少, 亂時常多。其淸時卽視明聽聰, 四體不待羈束而自然恭謹, 其亂時反是。蓋用心未熟, 客慮多而常心少也, 習俗之心未祛而實心未全也。有時如失者, 只爲心生, 若熟後自不然。心不可勞, 當存其大者, 存之熟後, 小者可略。◑程子曰: "人心不得有所繫。" ◑朱子曰: "心大則自然不急迫。如有禍患, 亦不須驚恐; 或有所獲, 亦未要便歡喜。" 荀子言: "君子大心則天而道, 小心則畏義而節。蓋君子心大則是天心, 心小則文王之小心翼翼, 皆爲好也; 小人心大則放肆, 心小則褊隘私吝, 皆不好也。" ◑通只是透得那道理去，病則是窒礙了。此言狹隘則事有窒礙不行。如仁則流於姑息，義則流於殘暴，皆見此不見彼。◑問："心如何能通以道，使無限量。" 曰："心不是橫門硬迸敎大得。須是去物欲之蔽，則淸明而無不知；窮事物之理，則脫然有貫通處。若只守聞見，便自然狹窄了。" ◑大其心，則能遍體天下之物，猶仁體事而無不在也。心理流行，脈絡貫通，無有不到。苟一物有未體，則便有不到處。包括不盡，是心爲有外。蓋私意間隔，而物我對立，則雖至親，且未必無外矣。故有外之心，不足以合天心。

朱子曰："人有不仁，心無不仁。心有不仁，心之本體無不仁。" [本文] 問："胡五峯曰'人有不仁，心無不仁'，先生以爲下句有病。如顏子其心三月不違仁，是心之仁也。至三月之外，未免少有私欲，心便不仁，豈可直以爲心無不仁？莫是五峯不曾分別得體與發處言之否？" 曰："只爲他說不備。若云[元文在此]則意方是耳。"

朱子曰："心失其主，却有時不善。如我欲仁，斯仁至；我不欲仁，斯失其仁矣。三月不違仁，是心有時乎違仁也。出入無時，莫知其鄕。存養主一，使不失去，乃善。"

李子曰："心之未發，氣不用事，惟理而已，安有惡乎？惟於發處，理蔽於氣，方趨於惡。"【「答洪應吉」書○ 本文："心有善惡之說大錯。性卽理，固有善無惡。心合理氣，似未免有惡，然極其初而言之，心亦有善無惡，何者？[元文在此] 此所謂幾分善惡，而先儒力辨其非有兩物相對而生也。"】

按：心者，天理在人之全體，及心者氣之精爽，俱出於朱子，而理氣合而爲心，始出於北溪。退陶因以心爲統性情兼理氣。蓋該體用始終而言之，非謂本體之兼氣也，亦非謂未發之有不善也。

右明心之眞妄不純乎理。【按：眞是本體之天理，妄是客用之生於氣者也。】

孟子曰："不得於心，勿求於氣，可；不得於言，勿求於心，則不可。夫志，氣之帥也；氣，體之充也。夫志至焉，氣次焉。故曰'持其志，無暴其氣'，志壹則動氣，氣壹則動志。今夫蹶者趨者，是氣也，而反動其心。"

(『集註』) 告子謂於言有所不達，則當舍置其言，而不必反求其理於心。於心有所不安，則當力制其心，而不必更求其助於氣。孟子誦其言而斷之曰，彼謂不得於心而勿求諸氣者，急於本而緩其末，猶之可也；謂不得於言而不求諸心，則旣失於外，而遂遺其內，其不可也必矣。可者，僅可而有所未盡之辭耳。若論其極，則志固心之所之，而爲氣之將帥。然氣亦人之所以充滿於身，而爲志之卒徒者也。故志固爲至極, 而氣卽次之。人固當敬守其志, 然亦不可不致養其氣。蓋其內外本末, 交相培養。此則孟子之心所以未嘗必其不動, 而自然不動之大略也。又言志之所向專一, 則氣固從之; 然氣之所在專一, 則志反爲之動。如人顚躓趨走, 則氣專在是而反動其心。所以旣持其志, 而又必無暴其氣也。程子曰: "志動氣者什九, 氣動志者什一。" ◑朱子曰: "氣亦能反動其心, 則勿求於氣之說亦未盡善。但心動氣之時多, 氣動心之時少, 故孟子取其彼善於此而已。" ◑持其志, 便是養心, 不是持志外別有箇養心, 蹶趨是氣也。他心本不曾動, 忽然喫一跌, 氣打一纂, 則其心便動了。◑持志所以直其內, 無暴所以防於外。兩者交致其功, 而無所偏廢, 則志正而氣自完, 氣完而志益正。◑慶源輔氏曰: "氣固有時而能動其心。然心之不正, 則未必皆氣使之, 大抵心是本, 氣是末。" ◑心有知而氣無知。雖云氣壹, 則能動志, 然大抵是氣隨心動, 故以志爲氣之將帥。氣從志所使, 猶卒徒之聽命於將帥也。不言心而言志者, 志者, 心之動而有所之, 就其動處言尤切耳。下文又言是氣也, 而反動其心, 亦可見矣。心無形而氣有質, 人之所以充滿其身, 不至餒之者, 實賴氣爲志之卒徒也。

按: 五臟之心, 固是血氣做成, 而若其眞體之本然, 則元未嘗雜乎氣。故從古聖賢每以義理言心。 以理言心, 則心與氣的然相對, 故『孟子』七言氣最詳。而言養氣, 則以持志對而言氣之反動其心; 言夜氣, 則以良心對而憂氣之不足以存心。 分別出心與氣至矣。 而後人反欲將心做氣, 此豈非不見天理, 而別求大本者耶?

【附】程子曰: "志御氣則治, 氣役志則亂。" 又曰: "志專一則動氣, 氣專一則動志, 然志動氣爲多。" ◑心之躁者, 不熱而煩, 不寒而慄, 無所惡而怒, 無所悅而喜, 無所取而起。君子莫大於正其氣, 欲正其氣, 莫若正其志。其志旣正, 則雖熱不煩, 雖寒不慄, 無所怒, 無所喜, 無所取, 去取猶是, 死生猶是, 夫是之謂不動心。◑志可克氣, 氣勝志則憒亂矣。今之人以恐懼而勝氣者多矣, 而以義理勝氣者鮮矣。◑問: "人有少而勇, 老而怯, 少而廉, 老而貪。何爲其然也?" 曰: "志不立, 爲氣所使耳。志勝氣, 則一定而不可變也。" ◑張子曰: "人有潛心於道, 忽忽爲他慮引去者, 氣也。" ○ 南軒張氏曰: "何以爲大且貴? 人心是已。小且賤, 則血氣是已。血氣亦稟於天, 非可賤也, 而心則爲之宰者也。不得其宰, 則倍天遁情流爲一物, 斯爲可賤。" ◑魯齋許氏曰: "雲從龍, 風從虎, 氣從志。龍虎所在, 而風雲從之: 志之所在, 而氣從之。"

按: 近世有謂志與氣同一氣, 如將卒之同一人。志與氣若俱是一氣。則自爲將自爲卒, 一身兩役左執鉞右執殳耶? 抑理爲尸位而以氣將統氣卒, 專制於外耶?

孟子曰: "存乎人者, 豈無仁義之心哉? 其所以放其良心者, 亦猶斧斤之於木也, 朝朝而伐之, 可以爲美乎? 其日夜之所息, 平朝之氣, 其好惡與人相近也者幾希, 則其朝晝之所爲, 有牿亡之矣。牿之反覆, 則夜氣不足以存; 夜氣不足以存, 則其達禽獸不遠矣。"

『集註』: "良心者, 本然之善心, 卽所謂仁義之心也。平朝之氣, 謂未與物接之時, 淸明之氣也。好惡與人相近, 言得人心之所同然也。人之良心雖已放失, 然其日夜之間, 猶必有所生長。故平朝未與物接, 其氣淸明之際, 良心猶必有發見者。但其發見至微, 而朝晝所爲之不善, 又已隨而牿亡之。晝之所爲, 旣有以害其夜之所息; 夜之所息, 又不勝其晝之所爲, 是以展轉相害。至於夜氣之生, 日以寖薄, 而不足以存其仁義之良心, 則平朝之氣亦不能淸, 而所好惡遂與人遠矣。" ◑程子曰: "夜氣之所存者, 良知良能也。" ◑朱子曰: "此段首尾, 只爲良心設。人多將夜氣便做良心說了, 非也。夜氣不足以存, 蓋言夜氣至淸, 足以存此良心。牿亡之人謂牿亡其夜氣, 亦非也。謂牿亡其良心也。" ◑夜氣不足以存, 皆是朝晝所爲壞了。只要去這好惡上理會。日用間於這上見得分曉, 有得力處, 夜氣上却未有工夫。日間添得一分道理, 夜氣便添得一分。◑日夜之所息底是良心, 平朝之氣自是氣, 是兩件物事。◑孟子不曾敎人存夜氣只是敎人操存其心。若存得此心, 則氣常淸。◑不是靠氣爲主, 蓋要此氣去養那仁義之心。◑心如寶珠, 氣如水。水淸, 則寶珠在那裏也瑩澈光明。若水濁, 則和那寶珠昏了。夜氣不足以存, 是此氣不足以存其仁義之心。◑氣與理本相依。朝晝之所爲不害其理, 則夜氣之所養益厚; 夜之所息旣有助於理, 則朝晝之所爲益無不當矣。◑此章以仁義之良心爲主。其存其亡, 皆以心言之。下文引孔子之言, 以明心之不可不操, 則意益明矣。但日夜所息以下, 只以好惡相近爲良心之萌櫱, 不復更着心字, 故說者謂氣有存亡, 而欲致養於氣, 誤矣。◑"呂與叔言養氣可以爲養心之助, 程先生大不以爲然。某初亦疑之, 近來方信。心死在養氣上, 氣雖得其養, 却不是養心了。養心只是養心, 又何必助? 才養氣, 則其心便在氣上, 此所以爲不可也。

按: 孟子因性善而言良心。其言夜氣, 正欲以護衛良心也。朱子之分別心與氣又甚明, 謂氣上未有工夫, 又以致養於氣爲非, 則主理言心之實著矣。

程子曰: “人必有仁義之心, 然後仁義之氣粹然達於外。”

按: 『禮記』曰天地嚴凝之氣, 始於西南而盛於西北, 此天地之義氣也; 天地溫厚之氣, 始於東北而盛於東南, 此天地之仁氣也。夫仁者, 天地生物之心, 而有生物之心, 則必有生物之氣; 義者, 天地成物之心, 而有成物之心, 則必有成物之氣。蓋氣者根於理而生生者也。仁本屬陽, 故仁心之發爲仁氣; 義本屬陰, 故義心之發爲義氣。然仁義之心卽性也, 理也; 仁義之氣, 氣也, 非心也。今若指心爲氣, 纔說仁義之心便是仁義之氣, 更何有別樣仁義之氣在於其後哉?

朱子曰: “天地萬物本吾一體。吾之心正, 則天地之心亦正矣; 吾之氣順, 則天地之氣亦順矣。”

按: 此言心正以致中, 言無所偏倚, 故謂之正也; 氣順以致和, 言無所乘戾, 故謂之順也。未發之中, 氣不用事, 故專以心言中; 已發之和, 理發而氣順之, 故兼以氣言和。蓋『中庸』言性而不言心, 詳於理而畧於氣, 故『章句』中補入此意。然天地之心, 旣不是天地之氣, 則人之此心獨可爲人之氣乎? 先生嘗作感興詩曰人心妙不測, 出入乘氣機, 又煞分明。

朱子曰: “聖人氣淸而心正, 故性全而情不亂。”

問: “心存時, 神氣淸爽, 視必明, 聽必聰, 言則有倫, 動則有序, 思慮則必專一。” 朱子曰: “理固如此。” ◑問: “人常有淸明昏濁之殊, 此固是氣稟。然心不能不隨氣稟而少異。夫口、耳、目、心, 皆官也。未知天賦之氣質不昏明淸濁其口、耳、目, 而獨昏明淸濁其心, 何也? 若曰心理本不異, 惟爲氣質所拘而不能自明, 然夷、惠、伊尹非拘於氣質者, 處物之義乃不若夫子之時。孟子論三子, 蓋謂其智不若孔子。夫是非之心智也, 豈三子能充其惻隱、羞惡、辭讓之心, 而獨於是非之心不能充之乎?” 曰: “口、耳、目皆有昏明淸濁之異, 如易牙、師曠、離婁之徒, 是其最淸者也。心亦猶是而已。夷、惠之徒便是未免於氣質之拘者, 所以孟子以爲不同道而不欲學也。”【按: 易牙、師曠之屬, 外氣淸明而內氣昏濁, 故不能爲聖賢; 伯夷之氣淸而不盡粹, 伊尹之氣粹而不盡淸; 柳下惠稟木氣多; 伯夷稟金氣多, 所以有偏。若其義理之心, 則無不同耳。】

右明心氣之辨。【按: 此篇首尾無非所以辨別心氣, 而於此復拈古人對說心氣之語以總結

之。以明爲吾學者, 不可主氣之實。】

【附】「攷證後說」人之一心, 所該甚廣, 有本體焉, 有形體焉, 有妙用焉, 有客用焉。仁義禮智純粹而至善者, 心之本體也; 圓外竅中虛明而正通者, 心之形體也; 四端七情感物而迭應者, 心之妙用也; 閑思雜慮循人欲而熾蕩者, 心之客用也, 無這本體, 則心是那一塊而不足貴也; 無這形體, 則心同於風影而靡所泊也。惟其有妙用, 故事功興而人道修焉。不能無客用, 故聖狂分而人獸判焉。妙用原於本體而性情之名立; 客用起於形體而氣質之弊生。古之君子, 所以主敬明義, 矯揉其氣質之偏, 而反之於情性之正者也。是其體用之間, 自有正邪之別, 故形體之心, 君子不謂之心, 而其客用, 則必遏絶而後止。夫其本體性也, 性爲天理之總腦; 妙用情也。情爲天理之直遂。理之靜而乘氣之陰, 理之動而乘氣之陽, 則氣者心之機也。心者氣之宰也。有帥卒之分焉, 有本末之別焉, 則心不可主氣言明矣。自夫釋氏之學興, 而首以息心爲要, 滅情絶思而妙用不行, 和氣作理而大本不立。言心體, 則曰靈明寂照; 言心學, 則曰修鍊精神, 都把許多麁惡底氣, 目爲本心, 目爲眞性, 然其實則不識心體。率意助長而空使六用壅閼, 其弊鮮不至於喪心失性。故子朱子蓋嘗憂之, 所以推明乎心之體用者, 可謂深切矣。只緣言有初晩之別, 見有詳畧之異, 讀之者眩於取舍, 故詖邪之徒, 亦得以強作證援, 曲爲彌縫, 而心學復晦, 異說益肆。陽明以精神言心而心卽理之說行焉。整庵以道心爲性而心卽氣之說昉焉。指理指氣, 雖若相反, 而其混理氣爲一物而認形氣爲大本者, 色相無變, 意脈潛輸, 後之君子徒見外面之角立, 謂有儒禪之別, 抑彼伸此。祖用其說而主理言心, 遂爲一世之大諱。嗟乎! 將心對性, 性曰理, 心曰氣, 則對甚精矣, 說甚快矣, 其柰本體之不相對何哉或曰心之本體固性也, 不可以氣言, 而若其當體, 則乃是有形質之名, 指心言氣不亦可乎? 此說固似矣, 然菖蒲茯苓可補之心, 惟醫家說之, 而從古聖賢, 只說那義理之良心。故朱子論五臟之心而直謂之此非心。乃心之神明升降之舍, 則講求心學者, 顧不以良心爲心, 而硬把非心之心, 認作大本, 可乎? 爲此說者, 其初爲學, 只從氣上入見。師心自信, 認氣作主, 而終覺於本原上不合, 故強拈心字以當之, 然後其爲主一身而該萬化者, 始得一出於氣, 而理爲死物, 性爲眞空矣。震相學不通方, 行不逮言, 其於心性之蘊, 誠難驟語, 而顧於反己體認之餘。竊嘗致疑於此, 硏究多年, 若有所得, 玆敢歷選經傳, 裒爲一通, 而畧注己意於後, 以爲攷据之資。首言天地之心者, 明其大原之有自而天人之一理也; 次言本體之心者, 明其太極之各具而心性之一理也; 次言妙用之心者, 明其太極之流行而性情之一理也。次以兼體用繼之者, 欲其明體適用, 免於兩截之病也; 次言形質之心, 以明此理之有宅舍; 次言精氣之心, 以明此理之有輿衛。形氣旣具, 始言心之眞妄者, 欲其精察謹守, 毋失義理之正也。次論心性之分合, 以著主宰之妙, 終辨心氣之本末, 以正帥卒之分, 而存養省察, 推廣克治之意, 隱然寓於其中。編類序次, 雖出於後人手分, 而其言則聖賢之宗旨也。此出於不敢自信而信其師之義也。

承熙謹按: 此說編摩次序, 俱有本末, 而獨心性分合一條爲可疑。蓋此心體用之全, 主宰之妙, 無待乎形氣, 恐不當拖在雜氣以後。且主宰之說, 已具於本體條中, 不應破裂。今因諸君子之意謹移條于體用條, 次而其中論主宰處, 因移附于本體條中。

4-1-16

「상유정재선생별지上柳定齋先生別紙」【癸丑】(『寒洲集』 卷5)

해제

1) 서지사항

한주(寒洲) 이진상이 1853년 정재(定齋) 유치명(柳致明, 1777~1861)에게 보낸 서한. 『한주집(寒洲集)』 권5에 실려 있다. (『한국문집총간』 317)

2) 저자

이진상(李震相, 1818~1886)으로 자는 여뢰(汝雷), 호는 한주(寒洲)이다.

3) 내용

이 글은 이진상이 유치명에게 보낸 서한과 별지이다. 유치명을 만난 이후 『중용』과 『대학』 두 책에 대한 『차의』를 지으면서 여러 조목은 가르침을 수용하였음을 밝힌다. 세상에서 논한 명덕(明德)의 의미를 리(理)와 심(心)의 관점에서 자세히 논하는데 주희와 소옹의 논지를 이끌어 기술하였다. 『대학』에서 "정(定)"·"정(靜)"·"안(安)"·"려(慮)"는 "치지(致知)"와 "성의(誠意)"의 중간의 일임을 제시하면서 그 관계와 의미를 서술하고, 정심장(正心章)에서 "심유소(心有所)"의 "심"은 심의 용(用)을 말하고 "심부재(心不在)"의 "심"은 심의 체(體)를 가리킨다고 하면서 그 차이를 고찰하였다. 사람과 동물의 본성이 같은가 다른가에 대해 논하고, 칠정을 자사(子思)와 주희(朱熹)의 관점, 그리고 『예기(禮記)』 「예운(禮運)」에서 고찰하였으며, 마지막으로 비은장(費隱章)에 대한 체용론(體用論)을 간략히 전개하였다.

4-1-16「上柳定齋先生別紙」[癸丑](『寒洲集』 卷5)

往冬端明之拜, 適出於半世山仰之餘。一餉承誨, 雖未充飮河之量, 而所得乎觀感之間者深矣。春寒尙峭, 伏惟台體神相, 函筵悱啓, 信從者日衆。震相自門下歸, 抱經寒齋, 料理舊業, 而外撓多端, 內守易撓。僻居寡聞, 抱疑滿腹, 冥行自恣, 習懶成性, 恐無以自拔於迷塗。『庸』、『學』二書, 曾有『箚疑』, 各拈數條, 以爲受敎之資。特垂嘉惠, 痛加鐫誨。千萬控俟。

〈別紙〉

世之論明德者, 或以理言, 或以心言, 而其言心者, 曰"心卽氣"也。夫明德, 卽天之明命之在人者也。天命謂性, 四德全具則以性言若無不可。然明德本兼體用, 故『章句』旣曰"具衆理", 又曰"應萬事"; 旣曰"本體", 又曰"所發", 其不單指性明矣。而若又以明德爲氣, 則其爲氣質所拘, 乃以氣拘氣耶? 且一箇德字, 已不可屬之於氣, 無乃心卽氣三字, 本自做病而然耶? 其指心爲氣者有二證。一曰"性猶太極, 心猶陰陽", 朱子說也。然朱子亦有曰: "心之理, 是太極; 心之動靜, 是陰陽。" "猶"者, 借也; "是"者, 的指也。邵子"心爲太極"之說, 朱子所嘗遵用, 則不可以借諭之一言而直斷之也。一曰"心者氣之精爽", 朱子說也。然朱子亦有曰: "氣之精英者爲神, 水火金木土非神, 所以爲水火金木土者是神。在人則爲理, 仁義禮智是也。" 又曰: "神是理之乘氣而出入者。" "精爽"、"精英", 語意相合, 則"氣之精爽", 不害爲仁義禮智之心, 而乘氣出入之說。又符於「感興詩」"人心妙不測, 出入乘氣機"之句, 其不可藉此而硬定也亦審矣。然則明德二字, 固指統性情之心, 而就心中單指理者也。泛言心者, 雖當平說兼氣, 而此處則恐不可雜氣說。

"定"、"靜"、"安"、"慮", 固是"致知"、"誠意"中間事, 而在三綱領之次, 與八條順推之序相對。且五"后"字、七"后"字, 灼然照應, 而俱屬於功效邊, 則六事、八條, 亦當暎綴。故朱子以知止爲格致之事, 而訓"定", 曰"志有定向", 此非意誠之機乎? 訓"靜", 曰"心不妄動", 此非心正之機乎? 訓"安", 曰"所處而安", 此非身修之機乎? 訓"慮", 曰"處事精詳", 此非家齊之機乎? 至如"能得"者, 六事之極功; "治"、"平"者, 八條之極功, 亦足相配。然只有其機而未有其體, 故老先生以屬之"誠"、"正"、"修"者爲非是, 無乃其人所言, 只見義類之相似, 遽欲砌湊作一般物事而言歟?

正心傳首節, 以心之"有所"爲病, 次節以心之"不在"爲戒, 雖若相反, 而實則相因。"心有所"之"心", 言心之用; "心不在"之"心", 言心之體。心體之"不在", 乃是用不得其正之由。蓋心非有留頭出尾之理, 動則爲用, 靜則爲體。方動之中, 元無至靜自若之心; 未發之際, 亦無私動不返之心。今以四"有"之一端明之。人之忿懥而不能釋者, 其視慌慌, 其聽藐藐, 飮食之際, 胡啖亂歠, 不省何饌, 其心之外有私繫, 而中無定主明矣。譬如一家之主, 不於室裏坐了, 而出在於聲色博奕之場, 樂而忘返。與人爭鬩而不反, 畏責而不反, 患失而不反。觀之於聲色博奕之場, 有是人矣; 尋之於本家屋裏, 無是人矣。此豈別人而然哉? 或者乃以爲兩項病痛, 不能無疑。

人物之性, 或以爲同, 或以爲異, 各有所本。朱子於『孟子集註』曰: "仁義禮智之粹然者。豈物之所得以全哉?" 此言其異也。『中庸章句』曰: "性道雖同, 氣稟或異。" 此言其同也。蓋性之本體, 元不雜氣, 則性之因氣而異者, 不可謂性之本然, 而其理之同, 固自若也。然性之當體, 亦不離氣, 則氣偏而性亦偏, 氣全而性亦全。物之塞者, 仁作義不得, 而人則能推五性順遂, 此所謂"氣猶相近, 而理絶不同"者也。要之, 同處知其異, 異處知其同。故竊以爲人與物, 有性則同, 爲性則異。在人則當思所以自異於物而已, 此言如何? 至若湖中三層之說, 則竊恐不然。其所謂太極一原, 萬物皆同者, 乃指在天之理, 初非在人之性。其所謂"健順五常, 人物不同"者, 雖指偏全之當體, 而其於太極各具之妙, 有所未該也。其所謂"善惡分殊, 人人不同, 物物不同"者, 乃是雜氣以言性者, 氣質之用, 初非性體之本然, 有乖於性善之宗旨矣。言雖詳備, 而病在破碎, 其只執其同者, 意雖高簡, 而病在鶻侖, 將何以折衷?

今之論七情者, 通看作氣之發, 而此所言喜怒哀樂之中節者, 則子思所以從性道而言理一邊也。蓋未發之中, 理之體也; 已發之和, 理之用也。若於大本上兼氣說, 則氣有偏全淸濁、昏昧雜擾而非中矣; 若於達道上兼氣說, 則氣有聚散消息、推盪拗轉而非和矣。据此則七情之發而中節者, 理之爲主者, 固自若也。而淸明之氣, 特順之而助其發揮耳。朱子之言七情氣發, 乃從「禮運」本文上見其所因而發者, 在於“飮食男女死, 亡貧苦”等形氣之私, 而對四端橫看之時, 此理彼氣, 各有苗脈也。若此書之達道, 則竊恐非氣之所可當, 如何?

朱子曰: “鳶飛魚躍, 費也。” 又以爲“莫非此理之用”, 而或者乃謂: “飛躍, 氣也; 所以飛、所以躍者, 理也。” 此是理隱氣費之論, 竊恐不然。蓋泛言飛躍之迹, 自不妨屬之氣, 而『中庸』以鳶魚而明費隱, 則費者, 理之用, 所當然者也; 隱者, 理之體, 所以然者也。所以飛、所以躍者, 卽所謂隱, 則其飛其躍, 果非所謂費乎?

4-1-17

「상최해암上崔海庵」【癸丑】1(『寒洲集』 卷5)

해제

1) 서지사항

이진상이 1853년 최영록(崔永祿, 1793~1871)에게 보낸 서한. 『한주집(寒洲集)』 권5에 실려 있다. (『한국문집총간』 317)

2) 저자

이진상(李震相, 1818~1886)으로 자는 여뢰(汝雷), 호는 한주(寒洲)이다.

3) 내용

이 글은 이진상이 최영록에게 보낸 열 가지 조목의 별지이다. 내용은 리와 기가 서로 분리되지 않음과 섞이지 않음에 대한 간법을 제시하였고, 인심과 인욕의 동일 여부에 대한 주희의 추이 과정을 고증하고 있으며, 심(心)과 경(敬)의 관계 그리고 사단(四端)과 칠정(七情)을 리기론적으로 해석하였다. 양심(養心)·양성(養性)·양기(養氣)의 다름을 하나하나 기술하였으며, 주돈이(周敦頤)의 『통서(通書)』「성학장(聖學章)」에서 언급되고 있는 명(明)·통(通)·공(公)·부(溥)와 사시(四時)·오행(五行)의 배속 문제에 대해 주희와 문인의 토론을 고찰하였다. 마지막으로 주희가 도문학재(道問學齋)에서 「존덕성재(尊德性齋)」로 이름을 바꾼 과정을 심과 성의 개념과 수양의 측면에서 기술하였다.

4-1-17 「上崔海庵」【癸丑】1(『寒洲集』 卷5)

〈別紙〉

橫看、竪看之說, 似未瑩, 非淺見所可剖析。發者理, 發之者氣, 似欠倒說。

理與氣, 不相離, 不相雜。故就不相離處, 兼看則謂之橫; 就不相雜處, 專看則謂之竪。夫直自太極源頭竪看, 則動是太極之動, 靜是太極之靜; 自其流行處橫看, 則動便屬陽, 太極乘陽而用行, 靜便屬陰, 太極乘陰而體立。故人之受生, 各具此太極而謂之性。從本性而竪看, 則未發者, 性之靜也; 已發者, 性之動也。性只有仁義禮智, 而仁義禮智, 理也。仁之發、義之發、禮之發、智之發, 不謂之理發而何? 此退陶「心統性情」〈中圖〉之意也。兼氣質而橫看, 則人心七情, 生於形氣; 道心四端, 原於性命。推其苗脈之不同, 而立此互發之論, 此退陶〈下圖〉之意也。今以古訓證之, 『中庸』所謂"大本"、"達道", 竪說也, 故言七情而不雜乎氣; 『通書』所謂"剛柔善惡", 橫說也, 故分二氣而各指其端。朱子論太極曰: "未發便是理, 已發便是情。" 太極不可謂陰陽, 則烏可謂性情是氣乎? 又曰: "仁便是動, 義便是靜, 此又何關於氣?" 仁義既是動靜, 則烏可謂理無動靜? 李子曰: "冲漠無眹, 理之體; 隨遇發見, 理之用。" 動靜無非此理, 則烏可謂發者是氣乎?

人心、人欲。

單言欲, 則固有不容無者, 而纔說人欲, 便與天理相反。蓋人心之危, 正如狹路行而有坑塹之懼者也; 人欲, 則已落於坑塹者也。今以人心爲人欲, 則遏絶之, 使無而後可。已無此人心, 則豈不是土木人乎? 朱子初年, 從伊川說直謂之人欲, 如來喩所引固是者是也; 中年, 則以微有把捉底爲人心, 如「答張敬夫書」是也; 晩年, 覺其失而定著『中庸』「序」說。其後陽明、整庵之徒, 都把許多人欲, 目爲眞心, 恣意妄行, 而矯誣朱子, 移易定論。故退陶嘗力辨之, 而獨於『節要書』兼載初說, 自註曰要以見先生入道次第。文穆公亦於『發揮』中兼收並采, 實遵退陶之意也。近世儒賢之說, 又多鶻突向別處。若使岡翁『發揮』於今日, 則必當一一删去, 以爲衛道之資。後學之欲揀別取舍於其間者, 豈容已也?

程子不之東不之西，不之彼不之此之說。

"之東之西"，各有攸中。若以不東不西爲中，則是執一也。"之彼之此"，各有其主。若以不彼不此爲主，則是絶物也。蓋當西時不之東，當東時不之西，當此則不彼，當彼則不此，方得主一之活法。

不容一物，靜中有物之別。

"不容一物"，如曰中有主則虛，靜中有物。如曰中有主則實，禪家之不泊一事，乃是無主之虛，終歸於自私自利，邪欲來實。

心必主敬可矣，而敬必主靜，未安。

中和第六書曰"敬字通貫動靜"，而必以靜爲本。天人一理，豈容在天則爲本，而在人則不得爲本耶？自顧心下膠擾，多動少靜，故深有契於主靜之旨。敬不主靜，則亦何以應乎動？且動是靜者之所動，元非同時並立之物，何緣有主客相對之形也？

只言四端而四端已包乎七情。

程子此說，七情乃是從理直發之情，故四端亦包在言下。非若「禮運」七情之只從飮食男女死亡貧苦上說也。四端包七情之說，未之前聞。"其中動"三字，乃是理發之的證，而今曰"中者理也，動者氣也"，則理化爲氣，而理氣爲一物矣。方其爲氣，理卻不存；方其爲理，氣亦不存。氣之不存，中爲死物；理之不存，動皆人欲矣。竊意，未發之前，氣之屬乎陰靜，而此理渾然之體，立於其中；已發之際，氣之屬乎陽動，而此理粲然之用，行乎其動。太極之動靜，非氣之動靜也。吾心之動靜，非氣之動靜也。但動靜之機括，在乎氣耳。

孔氏"反情"之說

發揮舍孔取陳者，以此若欲反去人情，則焉得以和志乎？李翺滅情復性之論，見斥於朱門者，此也。且情之所欲，旣是性中所發，則旣發之情，焉得在於性善之中也？

操存章、「感興」詩"出入"之異，及「答石子重」書。

「答石子重」書, 闕卻舍亡一邊, 故朱子自以爲未盡。 蓋與操存章本旨有些不合, 「感興」詩元不以操舍言, 此處出入字輕, 疋似動靜字。

養心、養性、養氣之別。

“養心”, 則貫動靜而言, 性氣在其中矣; “養性”, 則對存心而言, 心存則性得其養矣; “養氣”, 則主在集義, 非於氣上別有用工處。三養相因, 只是一事。

明、通、公、溥, 分屬四時五行。

朱子固已分屬, 僩錄則明配木、通配火、公配金、溥配水, 砥錄則明配水、通配木、公配火、薄配金, 而僩錄便說砥錄之誤。又曰: “只是春夏秋冬模樣。” 不容於太極, 兩儀既分之後, 更無四象、五行。大抵道理, 愈分愈好。只管渾淪則體用不備。

朱子易名「尊德性齋」, 而西山以此銘揭終, 俱出於救弊之意。

眞尊德性者, 未必不道問學, 而尊者, 道之之本也; 道者, 尊之之資也。有輕重、本末之別焉, 而允夫舍本而求末, 故朱子易名其齋耳。若『心經』則尤有深意。蓋心之本體, 性也。性之全德, 實爲萬善之根柢, 故以此終篇。斂而約之於本原之地, 要使人有宿道向方, 不疑於心性之有二本也。若專爲救弊而發, 則陸學方熾, 而德性之句妄爲藉重; 黨禁未開, 而道學之說爲世大諱。末學之弊, 猶屬一兩人之私, 而其於天下後世無窮之患, 何哉? 特指示本體之際, 隱然有捄弊之意, 寓於其間耳。

4-1-18

「상최해암上崔海庵」2(『寒洲集』 卷5)

해제

1) 서지사항

한주(寒洲) 이진상이 최영록(崔永祿, 1793~1871)에게 보낸 서한. 『한주집(寒洲集)』 권5에 실려 있다. (『한국문집총간』 317)

2) 저자

이진상(李震相, 1818~1886)으로 자는 여뢰(汝雷), 호는 한주(寒洲)이다.

3) 내용

이글은 이진상이 최영록에게 보낸 서한이다. 그 별지는 열여섯 가지 조목으로 나누어 성리학에 관한 질의 내용을 다루고 있다. 첫째는 주희(朱熹)가 육구연(陸九淵)에게 보낸 무극과 태극의 변론을 고찰하였고, 둘째부터 여섯째까지는 주돈이(周敦頤)가 지은 「태극도(太極圖)」의 권(圈)과 주희가 지은 「태극도설해(太極圖說解)」의 내용을 태극의 동정에 의한 음양을 위주로 체용과 성정의 측면에서 치밀하게 분석한 내용이다. 여기에는 주희가 동정을 "소승지기(所乘之機)"로 간주한 것을 주돈이의 『통서(通書)』에서 언급한 '기(機)'와 연관시켜 설명한 부분도 있다. 일곱 번째 이하는 심이 성과 정을 포괄한 내용, 그리고 리일분수(理一分殊)에 대한 인륜적인 설명, 인(仁)과 애(愛)의 관계성, 『예기』 「악기(樂記)」편에서 언급한 "인생이정(人生而靜)"을 『중용』과 연관시켜 기술하였고, 마지막으로 「심통성정중도(心統性情中圖)」의 내용을 '발(發)', 주재(主宰)와 작용(作用), '소이연(所以然)'과 '소당연(所當然)' 등의 측면에서 자신의 입론을 기술하였다.

4-1-18 「上崔海庵」2(『寒洲集』 卷5)

嚮呈鄙說, 政犯了古人騰理之誡, 誠發之太早矣。第念『小學』首言“天道之常”,『近思』特揭性命之原。要使晩生新進, 得有所嚮望, 以爲立大本、行達道之基, 此正儒、佛之所由分, 聖、狂之所由判也。震相立志不篤, 制行甚疎。自分見棄於務實之君子, 而省覺以來, 粗有文字伎倆; 刻意硏究, 有契於源頭橫竪動靜之說, 實非一時揀難之問也。自承盛批, 開發弘多。且伏見立言命辭, 平實簡當, 信乎有德者之旨也。第以迷性難通, 濯舊不易, 玆又抽心瀝肝; 以聽進退之命, 非敢於屛幪之地, 遽欲驟伸己見。要以爲更受頂針, 快祛宿惑耳。

〈別紙〉

朱子「答陸象山」書曰: “老子‘復歸於無極’, ‘無極’乃無窮之義。 如莊生入‘無窮’之門, 以遊無窮之野云爾。非如周子所言之意也。今乃引之, 而謂周子之言, 實出於彼, 此又理有未明, 而不能盡乎人言之實者也。”[1] 竊按: 老子之“無極”, 以無窮言; 周子之“無極”, 以無形言。故朱子辨之如此。蓋以無極爲無窮, 則所謂太極者, 反涉於有窮也。來誨中“無聲無臭之無, 萬化樞紐之極”一段, 已極明備, 不待更說無窮極之極而意已足矣。太根極太樞極, 便是太極之的訓。今於太極訓下, 更添無窮極者, 亦恐未妥。

朱子「圖圈解」曰: “, 此○之動而陽靜而陰也; 中○者, 其本體也。者, 陽之動也, ○之用所以行也; 者, 陰之靜也, ○之體所以立也。” 竊按: 周子於第二圈傍, 只書陽動陰靜, 而朱子解「圖」, 先言極之動靜, 方言陽之動、陰之靜者, 本「圖說」而分、合看故也。分看, 則動便屬陽, 靜便屬陰; 合看, 則動是太極之動, 靜是太極之靜。朱子曰: “機, 是關棙子。踏著動底機, 便挑撥得那靜底; 踏著靜底機, 便挑撥得那動底。” 竊按: 朱子之解「圖說」, 一言一字, 皆從『通書』來, 而『通書』十一章, 有吉凶之機之機字, 釋

---

1) 實者也: 『晦庵集』에는 “實”을 “意”로 썼다.

之曰: "機, 幾字無異義。" 夫機以緊要言, 則曰機緘, 以運斡言則曰機牙, 以作用言則曰機括, 而幾只是端之微者也。此所證"關棙"二字, 已帶得幾字意。幾者, 動而未形有無之間者也。動靜者, 太極之流行, 而固所以生陰生陽者也。夫"關棙"之動靜, 有似乎太極之動靜。踏著挑撥, 極言此理主宰之妙, 無間於動靜也。今以"所乘之機"言之, 動靜是那太極之動靜; 以"理之體用"言, 所乘是那太極之所乘; 以氣之陰陽言, 蓋云太極之有動靜, 卽二氣生出之機。動者, 陽之機; 靜者, 陰之機耳。太極本自涵動靜之妙用, 故曰"本然之妙"; 動靜實是生陰陽之機會, 故曰"所乘之機"。如是看破, 方合於周子"動而生、靜而生"之本旨。今詳來誨曰: "動靜者, 陰陽所以流行。" 然則生陽之前, 已有流行之陽; 生陰之前, 已有流行之陰, 而陰陽爲體, 動靜爲用矣。太極元不動靜, 而陰陽反爲天命矣。愚見不敢無疑。

朱子曰: "動而生陽, 靜而生陰。動卽太極之動, 靜卽太極之靜。動而後生陽, 靜而後生陰, 謂之動而生、靜而生則有漸次也。" 問: "動靜是太極動靜, 是陰陽動靜?" 曰: "是理動靜。" 曰: "如此, 則太極有模樣?" 曰: "無。" 又曰: "無極而太極, 是說無這物事, 只有此理能如此動靜。" 又曰: "靜卽太極之體, 動卽太極之用。" 又問: "太極之體至靜如何?" 曰: "不是。" 問: "所謂至靜者, 貫乎已發未發而言如何?" 曰: "如此卻成一不正當尖斜底太極。" 又曰: "未發者, 太極之靜; 已發者, 太極之動。" 又曰: "太極含動靜, 以本體言; 太極有動靜, 以流行言。" 又引「勉齋說」曰: "理之動靜, 則動中有靜、靜中有動, 其體也; 靜而能動、動而能靜, 其用也。" 竊按: 朱子言動靜, 必言太極之體用; 言體用, 必言太極之動靜者。若是詳切, 末學無新見。只守得朱子定論。今詳來誨曰: "陰陽是用, 太極是體。" 又以動靜爲不可謂太極之體用, 則末學之所滋惑者也。

程子曰: "動靜者, 陰陽之本。" 問: "太極, 理也。理如何動靜? 太極無形, 恐不可以動靜言。" 朱子曰: "理有動靜, 故氣有動靜。理無動靜, 氣何自而能動靜乎?" 又問: "分陰分陽?" 曰: "從動靜便分。" 竊按: 動靜只是使用底字, 元非有形之一物。故程子以爲"陰陽之本",【非本體之本, 乃生出之本。】而朱子亦以爲"所乘之機", 則此只是理生氣處。今以動靜必置陰陽之後, 而其下遂專言陰陽, 則雖於佗處或通, 恐不合於圖說之旨。

朱子曰: "太極者, 性情之妙, 乃一動一靜未發已發之理也。" 又曰: "未發之前, 太極之靜而陰也; 已發之後, 太極之動而陽也。” 又問太極。曰: “未發便是性, 已發便是情。” 又曰: “仁便是動, 義便是靜, 此又何關於氣乎。” 竊按: 渾然在中者, 固是太極之體; 而粲然流行者, 又是太極之用。方其靜也, 體立於陰; 及其動也, 用行於陽。元非先有此至靜之太極而後, 有此陽動陰靜之用也。今以不偏不倚渾然在中爲太極, 則微涉於訓極爲中之病, 而其下寂感之妙, 都屬之陰陽, 則內外阻截, 本末相離, 亦涉於理爲死物之病。

周子曰: “動而無靜, 靜而無動, 物也; 動而無動, 靜而無靜, 神也。” 朱子曰: “物, 則形而下之器也, 動時無靜, 靜時無動; 神, 則形而上之理也, 動中有靜, 靜中有動。” 竊按: 太極之動, 陽生之始, 非待靜極之陰而方生也; 太極之靜, 陰生之始, 亦非動極之陽所生也。此「圖」之先動後靜, 乃是極本窮源之論, 而其言靜極, 乃在生陰之後; 其言動極, 乃在生陽之後。從理看, 則萬古如一, 而動靜無端; 從氣看, 則陽生爲始, 而動靜有漸。故周子言氣, 則曰“動而無靜, 靜而無動”。朱子言理, 則曰“動中有靜, 靜中有動。” 此言“一動一靜, 互爲其根”者, 以其動中有靜之根, 靜中有動之根也。夫動靜之非太極, 猶愛恭之非仁禮, 而一動了又一靜者, 太極也。陰陽之非道, 猶剛柔之非仁義, 而一陰了又一陽者道也。今詳來誨, 以靜極之陽、動極之陰爲機, 則周子之先言“動而生”者, 爲倒說矣。又以動根之大、靜根之就爲器, 動根靜也, 靜根動也。靜何以成煖? 動何以成寒? 且煖者火也, 寒者水也, 而上言穉陽穉陰者, 又本於朱子陰穉陽穉之論, 則此以木金爲機, 而水火爲器也。方說二氣之生出, 侵過五行之界分, 而又易其所生之序、機器之辨, 恐不如此。

朱子曰: “陽變陰合, 初生水火, 次生木金。” 又曰: “水陰根陽, 火陽根陰。錯綜而生其端, 是天一生水、地二生火、天三生木、地四生金。” 竊按: 水根天一, 一者陽也; 火根地二, 二者陰也。陽一之水, 變於陰六之成者, 故變爲陰盛; 陰二之火, 合於陽七之成者, 故合爲陽盛。陽以變言, 動則變也; 陰以合言, 靜値合也。木本陽盛, 變乃爲穉, 而從火於左; 金本陰盛, 合乃爲穉, 而從水於右。水火則體虛, 故變合殆盡; 而金木則確然, 故未盡變合也。來誨曰: “陽施陰收, 有交感之義, 則五行各兼變合也。” 未知如何?

朱子曰: “性卽太極之全體, 但論氣質之性, 則此全體墮在氣質之中, 非別爲一性也。”

又曰: “性只是理。然無那天氣地質, 則此理沒安頓處。” 又曰: “五行之生, 各是一氣所稟, 而性則一也。同者, 理也; 不同者, 氣也。”『中庸章句』曰: “天以陰陽五行, 化生萬物, 氣以成形, 而理亦賦焉。於是人物之生, 因各得其所賦之理, 以爲健順五常之德, 所謂性也。” 竊按: 在天爲理, 卽統體太極也; 在人爲性, 卽各具太極也。纔說性時, 已墮在氣質中, 氣全則性亦全, 氣偏則性亦偏。偏全之不同, 雖由於氣, 而性旣有偏全。仁作義不得, 義作仁不得。人與物之有性則皆同, 而其爲性則各異。其同其異, 元非兩性。夫所謂本然之性, 乃是卽氣質而剔言者, 初非有先後之異時、東西之異位也。「圖說」中首發之一性字, 若專屬於氣質之性, 則本然之性, 將何處見得? 朱子於“各是”處言氣質之不同, 於“則一”處言太極之本體, 誠以各具之性, 不害爲本然之性故也。『中庸』天命之性章句, 先說“氣以成形”、“人物各得”, 而方說出“健順五常之性”、“性道”之同。自若於“各得”之際, 則天命之性, 其可不謂之本然之性乎? 朱子又曰“各一其性”, 則渾然太極之全體, 無不各具於一物之中, 則太極全體, 其可雜氣質而言乎? 細觀『通書』“純粹至善之性”, 言之於本體; “剛柔善惡之性”, 言之於發處。今此五行之性, 亦言於善惡未分之前, 則此爲本然之性明矣。竊謂本然之性, 亦自離氣質不得; 偏全不同之性, 便是人物本然之性, 而氣質之性, 乃是將本性兼氣看, 故便爲善惡不齊之性。未知如何?

『記』曰: “人者五行之秀氣。” 朱子曰: “得五行之秀者爲人。”『通書』“匪靈不瑩”,『解』曰: “非人心, 太極之至靈, 孰能明之?” 註曰: “所謂靈者, 乃太極。” 問: “心是身上精靈底物事。” 曰: “理固如此。” 竊按: 上文旣言五行之生, 各一其性, 故從五行而言秀, 從一性而曰靈。夫靈固有兼氣言處, 而朱子曰“靈乃太極”者, 以其周子之本指在乎理也。今詳來喩, 以性之善當秀, 氣之粹當靈。竊恐未安。以“秀”言性處, 未之前見。而其以“靈”爲氣, 則似或賺看於兼氣言處而然也。然周子所言之“靈”, 元不雜氣, 實指太極, 故解之曰“其心爲最靈”, 而又以天地之心人之極釋之。此心字, 亦不可賺看於形氣之心, 邵子之言“心爲太極”是也。

朱子曰: "心包性情, 性是體, 情是用。心是一箇字母, 故性情皆從心。" 又曰: "靜而無不該者, 性之所以爲中也, 寂然不動者也; 動而無不中者, 情之發而得其正也, 感而遂通者也。" 又曰: "性之分, 雖屬乎靜, 而其蘊則該動靜而不偏。若專以靜字形容, 則反偏却性字矣。" 竊按: 主心言, 則心包性情, 而未動爲性, 已動爲情; 主性言, 則性該動靜, 而其體則靜, 其用則動。故程子曰: "心也、性也, 一理也。" 朱子言心曰: "性是體, 情是用。" 又曰: "非是心別是一箇地頭, 性別是一箇地頭, 則心性元非各有體用、各有動靜也。心之寂感, 便是性之中和。故程子曰: '中者, 言寂然不動者也, 和者, 言感而遂通者也。" 然則西山之以寂感言性, 不須疑也。蓋此定性之工, 實主乎心。故朱門亦有以定心看, 而本章之指, 合心性而互言之, 故西山之言亦如此。今以爲心之體用, 固無不可。若謂心獨有體用, 而性乃有體無用, 則反偏却性字矣。

或問"理一分殊。" 朱子曰: "此是一直看下, 更須橫截看。天地父母, 固是一理。然吾之父母與天地, 自是有个親疎。同胞裏面, 便有理一分殊。吾與裏面, 亦有理一分殊。"『近思』註, 或問旣曰"理一", 又曰: "分殊, 是理與分二也。" 曰: "以理推之, 則並生於天地之間者, 同體同性, 不容以異觀也。然是理也, 則有品節之殊、輕重之等, 所謂分也者, 特是理之等差耳, 非二端也。" 又曰: "分者, 天理當然之則。" 竊按: 理者, 分之一者也; 分者, 理之殊者也。以天地言, 則天地爲父母; 以父母言, 則父母爲天地, 理之一也。天地, 則遠而疎; 父母, 則邇而親, 分之殊也。以性分言, 則渾然太極, 理之一也, 而粲然五常, 理一中之分殊也; 發爲萬善, 分之殊也, 而同出一路, 分殊中之理一也。以職分言, 則事天以仁, 事父以孝, 分之殊也; 而孝者仁之用, 仁者孝之體, 則又其理之一者也。朱子曰: "「西銘」是將孝來形容這仁。" 以此觀之, 則理一之中, 分未嘗不殊; 分殊之處, 理未嘗不一也。今詳來誨, 以性分言理一, 以職分言分殊, 微有分作二端之嫌, 而攙入氣字, 恐非本旨。蓋全體太極, 理之一也; 各具太極, 分之殊也。理一則氣亦一, 氣殊則分亦殊。然此言理一, 不雜乎貯之之氣; 此言分殊, 不雜乎發之之氣也。

朱子曰: "仁是未發之愛, 愛是已發之仁。" 又曰: "仁義, 天理之目; 慈愛羞惡, 天理之施。" 謝氏曰: "見孺子入井, 其心怵惕, 天理之自然也。" 竊按: 仁之發爲愛, 禮之發爲恭, 則旣已發見於事物之間, 而朱子所謂"理之用"者也。更安有愛之發、恭之發乎。

若然則已發有二層。仁之發爲愛, 愛之發爲氣, 而性情界爲三破矣。竊詳敎意, 其稍涉於發動處皆屬之氣。然"發動"二字, 乃是使用之虛字, 元非一物之有形, 則理雖無形, 而不害其有所發動。故朱子曰: "四端理之發, 七情氣之發。" 又曰: "人心發於形氣, 道心發於義理。未發之前, 氣實貯理則已有氣矣; 已發之際, 理自乘氣則亦有理矣。理氣之元不相離者, 何嘗靜爲獨理而動爲獨氣哉? 南塘之以愛恭宜別爲氣者, 乃所以專管歸氣發一路, 打破了朱、李兩夫子理發之論, 恐不必爲之分疏。

「樂記」曰: "人生而靜, 天之性也。感於物而動, 性之欲也。物至知知, 然後好惡形焉。" 朱子曰: "言未有感時, 便是渾然天理; 及其有感, 便是此理之發也。" 又曰: "所謂靜者, 亦指未感時言。心之所存, 渾是天理, 故曰'天之性'; 及其感物而動, 則是非眞妄, 自此而分矣, 故曰'性之欲'。'動'字, 與『中庸』'發'字無異。" 竊按: 性之所動, 必乘其氣, 而感物之欲, 亦或生於形氣, 則若不可直謂理發, 而朱子謂便是此理之發。「答胡廣仲」書, 亦引此斥其以靜言性之偏。蓋其感物之際, 純是此理之發, 而氣便夾之而出故也。

周子曰: "寂然不動者, 誠也; 感而遂通者, 神也; 動而未形有無之間者, 幾也。" 朱子曰: "本然而未發者, 實理之體; 善應而不測者, 實理之用。動靜體用之間, 介然有頃之際, 則實理發見之端也。" 又曰: "理則神而莫測, 靜而能動, 動而能靜。" 又曰: "神者, 卽此理也。" 竊按: 世之言神者, 皆以氣當之, 而朱子直謂之理; 世之言動靜者, 皆以氣當之, 而朱子直以爲理之所能; 世之言情幾者, 多以氣當之, 而朱子直謂之理之發見。夫理苟能動則動非氣也, 理實發見則發非氣也。

朱子曰: "發而中節, 卽此在中之理, 發見於外。" 又曰: "以形而上者言, 則冲漠者, 固爲體; 而發見於事物之間者, 爲之用。" 又曰: "視聽言語動作, 莫非天理。其順發出來, 無非當然之理。" 竊按: 朱子之論理發者, 有不可枚擧, 此其大略也。其言人道、四七處, 亦雙行理發氣發之訓, 而初未有一言半句涉於"發者氣", 如近世湖中之學者也。請姑將氣發之論, 權行倚閣, 更取朱子說, 一一照至, 以求其主理宗旨如何?

李子「心統性情」〈中圖〉說曰: "指出本然之性, 不雜乎氣稟而爲言, 故其發而爲情, 亦指其善者而言。 如子思中節之情, 孟子四端之情, 朱子所謂從性中流出之情是也。"

又太極改說曰: "無情意無造作者, 此理本然之體, 其隨遇發見而無不到者, 理之用。" 竊按: 朱子是孔子後一人, 退陶是朱子後一人, 而其言之不異。若合符節。後世氣發之論, 固不欲索言, 而主退說者, 又全以雙關爲言, 有若理與氣東西相對, 分歧各出者。故愚竊病之, 敢爲立說曰: "發者理, 發之者氣。" 蓋本言情者, 莫非仁之發、禮之發、義之發、智之發, 故曰"發者理"。若氣則理之所資以發者也。或順理而助其發揮, 或挾理而肆其馳騖, 造作運用許多機括, 都在於氣, 故曰"發之者氣"。今詳來誨曰"動之者理, 能動者氣", 此乃以作用者爲理, 而主宰者爲氣也。又曰"性發之發, 已是氣也", 此乃以理之發者爲氣, 而理氣爲一物之迭變者, 竊所未曉也。淺說之曰"發者理, 發之者氣"者, 正所以發明主役之分。蓋理比則君也, 氣比則臣也。君道無爲, 而禮樂征伐自天子出; 臣道無成, 而奔走服役, 宣布上令。其或跋扈強梁, 矯反君命, 此乃臣之罪也, 非君之不善而然也。今何必倒書其序, 而謂之氣反爲主, 理反爲役也。且來誨曰"理有所當然所以然", 此實爛漫之端也。夫所以然者, 理之體也; 所當然者, 理之用也。朱門又有能然必然之言, 而皆該於"發者理"三字之中, 苟或加察乎"所以然"、"所當然"之妙, 則終必無疑於理發之旨, 此正震相之所十分歡幸者也。理動氣挾, 是勉齋之說, 而退陶之所取, 則末學何敢不遵乎?

4-1-19

「답족숙심서答族叔心墅」【源準 ○庚申】(『寒洲集』 卷7)

해제

1) 서지사항

한주(寒洲) 이진상이 1860년 집안 족숙(族叔) 이원준(李源準)에게 보낸 서한. 『한주집(寒洲集)』 권7에 실려 있다. (『한국문집총간』 317)

2) 저자

이진상(李震相, 1818~1886)으로 자는 여뢰(汝雷), 호는 한주(寒洲)이다.

3) 내용

이 글은 이진상이 이원준에게 보낸 서한이다. 그 별지는 열아홉 가지 성리학 질의 내용을 다루고 있다. 첫째는 심본선(心本善)과 심선악(心善惡)의 문제를 치밀하고 고찰하고, 둘째는 역천(櫟泉) 송명흠(宋明欽)의 미발선악(未發善惡)과 명덕분수(明德分數)에 대한 논지 고찰, 셋째는 녹문(鹿門) 임성주(任聖周)의 기질선악(氣質善惡) 문제를 살펴보고 있다. 셋째부터 여섯째까지는 인물성동이(人物性同異)에 대한 관점과 논지를 서술하고, 그 이하는 성리학의 여러 개념을 기술하면서, 낙론계 성리설을 주장하는 외암(巍巖) 이간(李柬), 임성주, 송명흠의 설에 대한 자신의 입론을 전개하고 있다.

4-1-19「答族叔心墅」【源準 ○庚申】(『寒洲集』 卷7)

伏覩盛錄, 平易簡當。且其大體則鮮有不合於謏見者, 哀苦無聊中, 得此名理之論, 爲賜大矣。妄以己意, 推衍爲說。敢此呈稟, 如有未當, 痛下駁正萬望。

〈別紙〉

心本善, 心善惡。

此當從未發二字究竟。『中庸』曰"未發之謂中", 中者性之德而心之體也。故朱子曰: "未發之時, 堯舜之於路人一也。此言大本皆同, 無善惡之差殊也。" 又曰: "心有不仁, 心之本體無不仁。" 蓋單言心則合性與氣而言, 心之本體則性而已矣。故朱子曰: "心無體, 以性爲體。" 性旣善, 則心之本善固矣。且心有不仁, 据氣已用事處說; 心之本體無不仁, 据氣不用事處說。而巍庵旣以氣不用事時爲言, 則單指其理明矣。氣有善惡而理無不善, 則謂之心本善者, 不亦可乎? 但以氣質言則雖不用事而湛一之中, 濁駁自在, 爲發後淑慝之種子, 此乃南塘之所主, 不爲無見, 而只據一處, 不容佗說, 恐涉氣勝之病。大抵賢愚固同有大本, 而賢則全之, 愚則失之。衆人無靜, 大本不立, 則便不成未發, 此延平所謂謂之未發則不可者也。以未發之極致言則惟聖人可以當之, 雖謂之氣質純善, 何不可也? 巍庵之論, 甚高而不可忽。然但南塘所引巍說, 有謂氣質純善而後, 性方純善, 是以大本歸之氣也。聖人主理之宗旨, 果安在哉?

櫟泉曰: "未發旣有善惡, 則明德自有分數, 而爲此說者, 乃出半而諱半"云云。

明德, 卽大本達道之總名。潭翁所謂"理之體用"是也。理則純善, 初無分數。而未發之中, 便是明德之體, 亦安得有惡耶? 旣謂未發有善惡, 而又謂明德有分數, 則此豈非出半而諱半乎? 但南塘言未發時氣質有善惡, 而不直曰未發有善惡。

鹿門曰: "氣質善惡之性, 同占大原之處。同在未發之時, 則所謂氣質善惡者, 便盤據靈臺, 號令百體。而本然之性, 反聽命於是。"

纔說性, 便不離氣質; 纔說氣質, 不能無美惡。但大本是理, 非氣之所能占。未發之時, 氣不用事, 靜而涵性, 一直湛然而已。旣曰未發, 則有何號令與聽命之可言乎? 人心之聽命於道心, 亦在已發界頭。

「答程允夫」書云云。

此書曰"言相近"者, 是指氣質之性, 孟子所謂犬牛人之性, 亦指此而言也。今以『集註』攷之, 相近者美惡不同之性, 犬牛人是指偏全不同之性, 恐難相證。南塘『同異攷』中力辨此說, 以爲初年未定之論。蓋其下文大剛直道心舍亡兩條, 皆非定論故也。且氣質之性所以得名, 在於善惡之不齊, 而此章則只論偏全, 不論善惡, 孟子之意, 非有變於性善之旨也。程、朱子皆以孟子爲論性不論氣, 南塘之言此章非指氣質之性者, 似無不可。但犬牛人之所以不同者, 實由於氣稟之異。朱子所謂是氣多則是理多, 是氣寡則是理寡者也。且『集註』曰: "以理言之, 則仁義禮智之稟, 豈物之所得以全哉?" 又曰: "性者, 人之所得乎天之理也。" 朱子於此, 但論理之不同, 未嘗兼氣以言性, 則洛論之直作氣質之性過矣。似當曰孟子雖不言氣質之性, 而纔說其異, 可見因氣質而有異也。

今曰人與物不同其性。

仁義禮智, 固是人性之綱, 而物具仁義禮智則其性同矣。然而同中有異, 有仁而不如人之仁之粹, 有義而不如人之義之全。三淵所謂"具而不全", 巍庵所謂"未粹底五常"。非其不同者乎? 萬理不害爲一理, 則一性何害有萬性乎?

謂牛馬之不同道, 則是何道之多也?

對性言道, 則有一本萬殊之妙。自其同者而言之, 則人與牛馬之性, 同一健順五常也; 自其異者而言之, 則牛之性順而率之爲耕之道、馬之性健而率之爲馳之道, 道則一也, 而爲道者各異。雖有所異, 而不害其本同, 則偏於同、偏於異, 爲病一也。

其曰不同者, 恐非本然之性。又曰一箇理也, 安有同不同之可言乎?

本然之性, 以其本善而得名, 則人物之性, 固同其善矣。但善之分數, 有偏全之異。同中有異, 異中有同, 理之常也, 何必只執其同不論其異乎? 今之主張洛說者, 當曰同而異, 不害爲同。【「同人卦」義】 只言人物性同而異在其中矣。如此而後, 方得朱子之旨。若湖說, 則病在三層。蓋其所謂人物皆同者, 乃指在天底理, 而非性之當體矣。所謂人人不同、物物不同者, 乃是氣質之變, 而非性之本然也。惟中間人與人同、物與物同者, 爲指五常之性, 而卽此五常之性。人物同得, 則又是見其異, 未見其同者也。如是剖判, 似甚直截, 而盛論曰理之隨其氣而發用者不同。發用之不同, 雖緣氣質之蔽塞, 而未發之前, 果無不同之實, 則發用之處, 亦當不囿於氣矣。

仁義禮智之粹然云云。

『語類』曰: "仁義禮智之粹然者。物則無也。然則物物雖具五常, 而但未能粹然耳。" 巍庵之曰: "不粹底五常, 物未嘗無"者, 卽此意也。恐未爲語病。朱子曰: "仁義禮智, 物豈不有? 但偏而不全耳。" 只此一言, 可爲人物性之斷案。南塘之以偏全論性, 固未爲失, 而至謂物不能具五常則謬矣。巍庵曰"人得人理, 物得物理。各得之中, 有正偏通塞之不同, 旣以爲不粹。" 又以爲有偏, 則今之曰偏全非性者亦過矣。愚嘗立說曰: "人與物, 有性則同, 爲性則異。性何以同? 卽理而同也。性何以異? 因氣而異也。異雖因氣, 異底實理。" 今見其因氣而謂之非性, 則世豈有無氣之性哉?【不因乎氣, 不名爲性。】『中庸』第一章章句曰"因各得其所賦之理, 以爲健順五常之德", 物之有健順五常明矣, 此非有性之同乎? 二十一章章句曰"人物之性, 亦我之性, 但以所賦形氣不同而有異耳", 不同者氣也, 有異者理也, 此非爲性之異乎? 首章將言同, 故先以"各得"立言; 此章將言異, 故先以"亦我"立言, 其旨一也。巍庵所謂煞有分數, 果非爲性之異者乎? 三淵之言具而不全, 若是全之之意, 則恐涉辭跲。蓋物性之具而不全, 自其稟受之際, 已自如此, 何待發用而然耶? 物物皆有五常故曰"具", 有分數故曰"不全"。人物受性, 與器之受水同。大椀之水、小椀之水, 水則一也, 而多寡不齊。蓋理寓於氣, 初無氣外之剩理也。盛論下條甚當。

浩然之氣。

衆人受氣之初, 大體則固浩然, 而浩然之中, 淸濁不齊。非於失養之後, 將濁來換卻淸也。巍庵見到於此，而但不及於本自浩然之妙。

太極全體

南塘之分別太極五常，是其差處。一性之中，自其渾然者言，則謂之太極；自其粲然者言，則謂之五常。理一分殊之妙，於此可見。

虛靈無分數

虛靈，從理言，則無分數；從氣言，則有分數。而心之本體，不囿於氣，故不可以分數言。【朱子曰："虛靈者，心之本體，非有形象。"】南塘「答屛溪書」，首言虛靈無分數，而其下又言淸氣聚而虛靈，濁氣聚而虛靈，乃是分虛靈爲二，太涉破碎。

巍庵曰："氣未純於本然，而理未有純於本然者。" 鹿門曰："性之善，乃氣之善。"

如巍說則孟子當論氣善，不當言性善。如鹿說則程子當曰性卽氣也，不當曰性卽理也。盛辨極當。

鹿門曰："湛一者，氣之本色。" 又曰："人性之善，乃其氣質善耳。"【止】"朱子曰："氣之始，固無不善。" 云云。

"湛一"，氣之本，固以對"攻取之欲"，而只是靜時之影象。"湛一"裏面，濁駁固在。衆人分上，氣何嘗恁地淸明耶？性之善，只是氣質之善，則太極陰陽，混爲一物矣。今鹿門諸公推尊純善之氣，以當性善，適所以陷氣於猥釀凌僭之科，況其認氣爲理，賊天理而亂本原者乎？朱子之言氣無不善，言之於天地公共之氣；鹿門之言氣質純善，言之於人心未感之際。又自不倫，此等害理處，恐不容將順。

"鏡鐵精粗"【止】"泉門陰晴之諭。"

不論鏡鐵與陰晴，當先論明德體段。朱子論明德曰："這道理光明不昧，方其未接物，此理固湛然淸明；及其遇事應接，此理亦隨處發見。" 又曰："這道理在心裏，光明照徹，無一毫不明。" 又問虛明不昧是氣。曰："不是氣。" 然則明德之單指理明矣。主理而言，則比之寶鏡亦得，比之明月亦得，比之太陽亦得。巍、塘諸公俱以明德爲氣之本體，已非朱子之旨矣。南塘以鏡之光明，比虛靈不昧；鏡鐵精粗，比氣稟美惡。又謂虛靈與氣稟非二氣，其本意雖不以明德爲有精粗，而認理爲氣甚矣。鹿門之所以攻此者, 謂其麁鐵之照, 終不若精鐵之明, 則深中其窾, 而反以湛一之氣, 爲明德之質幹, 則又不免認氣爲理, 而同於齊、楚之得失矣。陰晴之說, 於聖人分上推不去。盛示甚當, 而愚意則太陽當空, 是爲明德之的喩, 而陰晴之適來適去, 與明月之有時陰翳, 同一光景。但先知明德之是理非氣, 然後可耳。

鹿門曰: "使氣本有差別, 則雖天下善養善變之人, 安能使本有差別之氣, 化而與聖人一乎?"

氣雖有差別, 而理則本同。主乎理而變其氣, 則氣之根於理而日生者, 固浩浩然也。濁駁日消, 淸明日長, 畢竟與聖人一般矣。

又曰: "無論善惡, 發用者氣質也, 能發用者心也, 所以能發用者性也。"

心是發用之主, 而性爲之體, 命氣而不命於氣者也。發之者氣,【形氣以感發之, 心氣以發出之。】而發用底是心, 發出底是性。鹿門之說, 恐不甚精。

櫟泉曰: "情本善, 發不中節, 乃爲不善。西山此說甚好。"

朱子曰: "性之與情, 雖有未發已發之不同。然其善者血脈貫通, 初未嘗不同。" 又曰: "情者性之動也。人之情本, 但可以爲善, 而不可以爲惡。" 西山之語, 蓋本乎此, 櫟泉謂之最好者, 恐爲得之。

心亦有本然氣質。

旣言本然之性、氣質之性, 又言本然之氣【湛一】、氣稟之氣【淸濁粹駁】, 而又謂心亦有本然、氣質, 則心之本然, 是理耶氣耶? 謂之理, 則便是本然之性也; 謂之氣, 則便是湛一之氣也。性善之外, 別有本善之心, 則心性有兩箇善矣。潭翁於萬殊之情, 猶謂情無二善, 則一原上安得有兩善耶? 愚則曰心之本善, 卽純粹之性之具乎湛一之氣者也。【爲惡之根, 雖伏於湛一之中, 而氣不用事, 只以盛性。初不以湛一爲善, 而有助於心之本善也。】心之善惡, 卽感通之情之行乎攻取之氣者也。【情之纔發, 亦未嘗不善, 而氣始用事, 濁駁者夾之, 則理偏而不中節。乃流於惡。】心非於性情之外別有一箇地頭。櫟泉以數車無車, 證性情之外更別無心者, 儘是卓見, 似有所受者矣。發揮運用之妙固是心, 而此政程子所謂"以心使心"處, 以氣而發理, 以理而制氣, 其大分也。

此心不同, 則性雖善, 其誰能運用發揮, 以盡此性之分量耶? 此蓋不囿於氣。

孟子曰: “人心之所同然者, 理也, 義也。” 義理之根於心, 非性而何哉? 是知心之同者, 卽其本體之性也; 其有不同者, 卽其氣也。大抵天下物事, 非氣卽理, 非理卽氣。心果不囿於氣, 則心非氣也。性同之外, 別有心之同, 則心非理也。非理、非氣, 心果何物耶? 愚則曰吾心之理, 與聖人同, 故學之不已。可至於聖人。吾心之氣。與聖人不同。故苟不十分變化。不可至於聖人。渼湖此論, 無或以知覺之靈處言, 而不出於氣質純善之論耶?

4-1-20

「답심치문答沈稚文」【庚申】(『寒洲集』 卷7)

해제

1) 서지사항

한주(寒洲) 이진상이 1860년 심규택(沈奎澤, 1812~1871)에게 보낸 서한. 『한주집(寒洲集)』 권7에 실려 있다. (『한국문집총간』 317)

2) 저자

이진상(李震相, 1818~1886)으로 자는 여뢰(汝雷), 호는 한주(寒洲)이다.

3) 내용

이 글은 이진상이 심규택에게 보낸 서한이다. 그 별지는 다섯 가지 성리학 내용을 담고 있다. 전체적 내용은 발현[發]의 관점에서 리기 관계를 밝히고 있는바, 그의 중심 입론은 '발자(發者)'가 리(理)이고 '발지자(發之者)'가 기(氣)라는 것이다. 이에 대한 것은 율곡(李珥) 이이(李珥)의 "발자기야 소이발자리야(發者氣也 所以發者理也)"에 대한 성리학적 반추로서의 입론이다. 이진상의 논지 전개는 먼저 리와 기가 서로 분리되지 않음과 섞이지 않음에 기초한 이간(離看)과 합간(合看)을 통해 리기심성론을 고찰한 후, 이를 확대하여 수간(竪看)·횡간(橫看)·도간(倒看)의 관점에서 리와 기의 발현 문제를 분석하고 이를 기초로 선현의 학설을 평가하고 있다. 즉 퇴계(退溪) 이황(李滉)은 주수간겸횡간(主竪看兼橫看), 율곡(栗谷) 이이(李珥)는 주도간겸수간(主倒看兼竪看), 농암(農巖) 김창협(金昌協)은 주횡간겸도간(主橫看兼倒看), 대산(大山) 이상정(李象靖)은 주횡간겸수간(主橫看兼竪看)의 관점에서 리기심성론을 전개했다고 하였다. 이렇듯 다양한 관점의 제시와 평가는 어느 한쪽만의 주장에서 벗어나 여러 관점에서 성리설을 고찰하였다는 점에서 매우 독특하다.

4-1-20 「答沈稚文」【庚申】(『寒洲集』 卷7)

僕於文兄執事, 相識蓋久, 而奉際每欠從容。頃因權友最秀甫略錄所疑, 使之就質於座下矣。乃蒙尊兄不鄙而鐫誨之。辭旨簡整, 理致涵蓄, 有以認吾兄造詣之崇厚。而但鄙人設疑之辭, 未必開露本意。故逞逞有不相悉, 而疑出於黨伐之私。然平生意見, 未免於薰蕕冰炭之不可以相合, 則尊所聞行所知而已, 豈敢設爲疑辨, 徒取紛紜哉? 竊伏念, 潭翁學通今古, 識博天人, 其於性情感發之妙, 宜無誤看而誤說者, 而乃有不合於朱、李之旨, 誠不可不詳究其主意, 以爲取舍之地。故鄙人嘗虛心細讀於遺書, 合並參較。若有得其要領者, 自謂如是解釋, 可無疑矣。其後得其淵流所及諸公之說, 則又與鄙人之自信者, 不啻矛盾。蓄疑未決, 所以替質於座下者, 今復不恤張皇。悉陳如左, 以聽進退之命。或垂鑑諒, 辱賜駁正否?

〈別紙〉

竊意, 謂之"發者", 則發之主也; "發之者", 則發之資也。今以"發者"爲氣, 則氣爲大本; "發之者"爲理, 則理有作用矣。且"所以發者理", 恐非以發氣者謂之理, 則亦只是"發者理"之意; "發之者氣", 亦只是發此理者氣也之意, 而一"之"字添刪之間, 賓主頓殊, 幸加察焉。

竊意, "所以發者", 元非造作安排、機括激發之義, 則其與"發之者", 不啻相懸。非惟此也, 栗老之於人心道心, 依舊作主理、主氣之論而南塘反之; 栗老以善情爲氣不用事而南塘反之; 栗老言"萬般之情, 皆發於理"而南塘反之。辨駁之際, 顯有凌厲之氣, 座下豈不知之而曲爲彌縫, 抑農巖所謂不可向明村說者耶?

竊意, 理之主宰, 無間於動靜, 而動上尤可見非激氣使發私自占便之謂也。氣之運用, 每在造作安排, 非以流行發出之粲然直遂者, 謂之運用也。於此驗之, 則理氣之情狀苗脈, 不難見矣。"非氣不能發", 猶言非臣不能乂, 非卒不能戰, 此乃"發之者氣"之的訓也。其於"發者氣"之說, 大故相反。惻隱是氣, 北溪說全篇大意重在理, 可以活看,而單行此句則仁發爲惻隱, 旣不可諱, 而仁是理也。以理之發爲氣, 不亦醜差乎? 且所以下闕卻能是二字, 則殆非北溪之意。又以心之感動專屬之氣, 則感於君而忠心動, 感於父而孝心動者, 亦可謂血氣之私耶? 又以隨氣而發見者謂之理乘, 則理之乘氣, 無異於借乘後車, 隨物空寄, 烏在其主宰之妙乎? 以情爲氣而作對乎性之理, 則此非理之發爲氣乎? 以心爲氣而猶爲一身之主宰萬事之根本, 則此非氣之自發乎? 大抵以下, 盛說正矣。但有未察於鄙意者, 僕乃一虛舟耳。性無偏繫, 意在講明而已, 何敢抉摘於儒賢之論而洗垢索瘢耶? 愚之所以分解於栗老說, 正齊人之莫如我敬王者也, 幸諒之。

"發之者氣", 及"夫孰非發於理"二段, 則鄙人徹底裏尊信。誠不在執事之下, 而但鄙人則以作用之涉於安排者。釋"發之"之意, 執事以發出之順其自然者, 認"發之"之意。用鄙說則"之"字有力, 用兄說則"之"字無力。尊信則同, 而其一則必有郢書燕說者矣。鄙人則以情皆理發之實, 釋"發於理"之意, 而執事則只以源本之義泛看。如執事說則發非眞發, 而殆似河出於天潢。若氣發理乘一句, 鄙人未敢深信, 而活看以通之, 以爲氣以發之而理實乘焉。執事則似看作氣實自發而理來乘之, 無乃僕過懲於佗說, 而誤疑於執事耶? 來書曰對"所以發者", 言無論"發者"與"發之"者, 皆屬於氣。竊恐旣有"發者", 又有"發之者", 則斯已足矣, 更何有"所以發"之贅寄耶? 抑理爲漢獻, 坐在尸位, 而"發之"之氣爲阿瞞, "發者"之氣爲遼晃耶? 愚意, 則"所以發者"便是"發者", 而"非理無所發"者也; "發之者", 特"發者"之資具, 而"非氣不能發"者也。纔說"發者氣", 所發者, 非仁義禮智, 而專屬於精神魂魄, 豈不是氣爲大本乎?

竊按: 栗谷論人心, 或以爲不能順遂, 間以私意。或以爲人心也有天理, 也有人慾。或以爲變其本然, 或以爲爲氣所揜。誠若有異於朱子定論, 而執事活看之說, 儘得尊畏之意。

性是理, 心是氣, 若可對言, 則程、朱之發揮心性。殆無餘蘊, 而終不能對說一遭, 反爲此抱橋柱澡洗何也? 蓋嘗推之, 古人多就發處言心。如道心、人心、惻隱心、羞惡心, 皆以情言者也。若非心私心偏心, 皆以意言者也。惟『孟子』中"仁人心"、"仁義之心"兩語, 頗指說出心之本體, 而亦只以性言, 程子所謂"心卽性"也, 心性同一理者此也。

朱子以前, 元未有從氣言心, 而惟以心對氣則孟子有數段。如"夜氣不足以存"及"氣也, 而反動其心"是也。至朱子以後, 心字之義益明, 曰"心者天理在人之全體"及"心爲太極"者, 以理言心也; 曰"心猶陰陽"者, 以氣喩心也。若心之本體是太極, 心之動靜是陰陽, 則是兼理氣而言心者也。栗谷曰: "心者, 合性與氣, 而爲主宰於一身者也。" 同春曰: "心者, 合理氣而名。" 拙修齋曰: "心者, 理氣之合。" 農巖曰: "人之一心, 理與氣合。" 陶庵曰: "心合理氣說無疑也。" 執事所云氣之靈處爲心, 亦嘗見於『渼湖集』中, 而氣之靈處、純粹至善之性, 人之太極存焉。其與單言氣者, 不啻多矣。而獨南塘之說, 則以"心卽氣"三字爲平生命脈。一以斥巍、陶本善之說, 一以駁朱、李理發之旨。夫偏主一說, 求以勝人者, 理有未當。終無以服"人心之所同然", 則公心體道者, 恐不必舍宗旨而循偏說也。心之體, 性也; 心之用, 情也。心是字母, 初非別有地頭, 則以氣言心。恐或不免差卻大本, 而以靈覺爲主宰者, 頗近於釋氏本心之說。心果是氣, 則人心之作主不定者, 只服一兩貼補氣之劑, 亦足以神通廣大矣。何必主敬存誠, 期之久久耶?

竊按: 潭翁之曰: "理無爲而氣有爲者。" 所以明"發之者氣"之意也。曰: "理通而氣局"者, 所以明"所以發者理"之意也。故愚則曰雖曰局矣, 而氣實有爲, 故曰"發之者氣", 雖曰無爲, 而理實通矣, 故曰"所以發者理"。局何以有爲? 通何以無爲? 請以水流地中喩之, 水泉流通。一直就下而已, 有順而無逆, 有去而無回。只是自然之勢, 而不涉於安排, 則此非無爲者耶? 地形偏局, 反有以界其水。或順而或逆, 或去而或回, 湍之、瀑之、潭之、瀨之, 莫非其所爲, 則此非有爲者耶? 來喩曰"雖曰通矣", 而理本無爲, 則豈能自發乎? "雖曰局矣", 而氣實有爲, 則豈不能發乎? 通而不發, 局而能發者, 理勢之所未有, 無乃看得無爲字差異故耶?

竊念, 理氣之妙, 不相離、不相雜, 要在人離合看。故有就本原上竪看者, 有就流行處橫看者, 有就形迹上倒看者。窮理之始, 倒看而有所據; 析理之精, 橫看而無所遺。明理之極, 竪看而得其眞。故朱子曰"天地之間, 只有動靜兩端, 循環不已, 此之謂易", 而其動其靜, 必有所以動靜之理, 此倒看說也。【朱子論情處, 未嘗有氣發之證, 故但從動靜看。】曰: "太極者, 性情之妙, 乃一動一靜未發已發之理。" 又曰: "冲漠無眹理之體, 隨遇發見理之用。" 又曰: "未有感時, 便是渾然天理, 及其有感, 便是此理之發。" 又曰: "發而中節, 卽此在中之理發見於外。" 又曰: "仁卻是惻隱之理, 發出來, 方有惻隱; 義卻是羞惡之理, 發出來, 方有羞惡。" 此豎看說也。曰: "四端理之發, 七情氣之發。" 又曰: "發於形氣者, 謂之人心; 發於義理者, 謂之道心。" 此橫看說也。吾東理氣之說, 不幸有參差之端, 而其實各有攸主, 不可偏廢。退陶主豎而兼橫, 故「心統性情」〈中圖〉拈出其本然之性, 不雜乎氣稟而爲言; 其發而爲情, 亦指其善者言之, 合四七而仍指作本性所發, 此其主豎之實, 而〈下圖〉曰: "四端理發而氣隨之, 七情氣發而理乘之。" 此則兼說其橫也。栗谷主倒而兼豎, 故曰: "見孺子入井而惻隱者氣也, 惻隱之本則仁也。" 又曰: "發之者氣, 所以發者理也。" 又曰: "氣機動而爲情。" 此其主倒之實; 而又曰: "情雖萬般, 夫孰非發於理乎?" 又曰: "理通而氣局。" 此則兼說其豎也。農巖主橫而兼倒。故曰: "四端主理言而氣在其中, 七情主氣言而理在其中。" 又曰: "謂善情皆發於淸氣則不可, 謂濁氣所發其情皆惡則不可。" 又曰: "其實則七情亦不能兼四端。" 此其主橫之實。而又曰: "氣機發動而理則乘焉。" 此則兼說其倒也。大山主橫而兼豎。故曰: "四端非無氣, 而理爲主故謂之理之發; 七情非無理, 而氣爲主故謂之氣之發。" 此其主橫之實。而又曰: "七情亦發於性, 而有理之發曰達道, 固不可謂是氣之發。" 此則兼說其豎也。若退陶之論, 則固本乎朱子之旨。橫、豎普說, 分、合俱勘, 而栗谷之於退陶, 平生尊仰不在人後, 誄辭筵奏, 亦自可見, 而獨於四七說不合, 深疑而屢辨之, 此亦據其所見, 信心說理而已, 何嘗故爲歧貳, 直欲凌駕也哉? 退陶之世, 學者信其豎而疑其橫。故平生問答, 橫說較詳, 重以遺文晩布, 以栗谷之尊尙, 猶未能盡覩其全。【退陶曰: "四端感物而動, 固不異於七情。" 而栗谷疑其以四端爲不由外感, 此等處可見有未勘於本集者。】故只執其橫說處, 而致疑於正見之一累, 其後黨論分而偏私勝。宗退者刻於攻栗, 而其說偏於橫; 宗栗者工於攻退, 而其說偏於倒。偏於橫, 則理氣分歧, 而大本不一; 偏於倒, 則理氣易主, 而大本都爽。故農巖以栗谷之嫡傳, 而頗主分開之論, 以矯其倒說之偏; 大山以退老之譜承, 而特拈渾淪之旨, 以捄它歧說之差。是兩賢者, 亦何嘗故爲立異於相傳宗旨, 而隨時取中之道, 不得不如是也。蓋嘗論之, 理者, 所主以動靜之妙也; 氣者, 所資以動靜之具也。則動是太極之動, 靜是太極之靜, 而是理動靜, 不可謂陰陽動靜也明矣。朱子旣以太極爲性情之妙。則性是太極之靜, 而立於陰者也; 情是太極之動, 而行於陽者也。【豎。】然而太極無形而陰陽有迹。故從其可見處言則靜便是陰動便是陽。而太極特乘載其上耳。【倒。】此理之妙, 非不流行昭著, 而冲漠無眹之實, 無間於動靜。若氣則氤氳開闔。或順而助理, 或逆而揜理, 不能無許多勞攘許多安排。故先輩之論以爲理無爲而氣有爲。無爲者, 非謂無所發也, 言其無作爲也; 有爲者, 非謂自能發也, 言其有作爲也。古昔聖君, 治道無爲, 亦何嘗齊居尸處而已哉? 外焉而巡狩征伐, 內焉而發號施令。一循乎理之自然, 而無所安排造作計較之私, 故謂之無爲也。爲臣下者, 奔走宣勞, 隨處彌縫, 經營四方, 措畫庶政, 莫非其所爲, 而實則君命也王事也。其或有驩兜、工、鯀之類, 方命作惡, 揜蔽君德, 亦不過憑公逞私而已。何敢自執國命, 脅君以從之哉? 其或君弱臣強, 如漢之梁冀、唐之林甫者, 脅君行威, 跋扈強梁, 爲君上者爲其所役, 而畢竟天理還佗天理, 私不勝正, 妖不勝德耳。今之論理者, 誤看無爲之說, 而凡繫動與發, 皆屬之氣; 誤看主宰之說, 而反以動之與發之者, 屬之理。殊不知動者發者, 洵是自然, 而不害其無爲也。動之發之, 全涉安排, 而乃所以有爲也。循是以往, 則理淪於空寂, 而無以見燦然之用; 理陷於睢盱, 而無以見自然之妙。愚竊病之, 敢爲立說, 曰太一將分, 理生氣; 衆萬交運, 理乘氣。凡情之發, 發者理也, 發之者氣也。發者何? 以其爲所發之主也。發之者何? 以其爲所發之資也。曰"不自性發, 不名爲情", 性卽理也。性之發, 果非理之發乎?【豎。】曰"凡情之發, 理常爲主, 氣常爲資", 而所主者專, 則氣不得以揜之。如孟子所謂"皆有之心", 子思所謂"中節之情"是已; 所資者重, 則理亦管攝佗不得。「禮運」所謂"七情", 『大學』所謂"四有"是已。所主雖專, 而微爲濁氣所蔽, 則雖善而不中節, 四端之倚於五辟是已; 所資雖重, 而或爲正理所制, 則雖私而不失正, 人心之聽於道心是也。【豎中有橫。】又曰"四端主於理", 故謂之理之發, 而理必乘氣而發, 故曰理發氣隨; "七情主於氣", 故謂之氣之發, 而氣必隨理而發, 故曰氣發理乘。四端之主乎理, 何也? 事之屬乎義理者來感, 而心之理便從義理上發去, 感於理而從理者, 理仍爲主也。七情之主乎氣, 何也? 事之屬乎形氣【飮食男女, 死亡貧苦。】者來感, 而心之理便從形氣上發去, 感於氣而從氣者, 氣便爲主也。其實則皆理發, 而其機, 則一主理而發, 一主氣而發。主理而發者, 可不謂理之發乎? 主氣而發者, 可不謂氣之發乎?【橫中有豎。】又曰退陶所謂互發者, 如云陰陽互藏、動靜互根之意, 就那不相離處, 分別出主理、主氣之機, 而互發者, 實未嘗各發。只見其發處而立論, 若其所發之實, 則"性發爲情"一路而已。【將橫做豎。】又曰栗谷所謂"氣發理乘", 蓋言凡情之萌, 氣以發之而理實乘焉。非謂氣自發, 而理借乘也。所謂"發之者氣, 所以發者理"者。蓋言發此理者固是氣。而所發之主。自是理也。非謂氣爲所發之主, 而理反有以發之也。所謂"情雖萬般, 夫孰非發於理"及"理通氣局"者, 正意也。其曰"心是氣, 性是理", 氣之合者, 遞低一級, 特出於一時之偏言, 而非其宗旨也。其曰“發者氣”, 初間偶一言之, 後不再見, 恐實是已棄之論, 不可執此疑彼也。其曰“非氣不能發, 非理無所發”者, 雖不免從氣倒說, 而非理無所發, 則發者理也; 非氣不能發, 則發之者氣也。立言雖異, 而與退陶之說豎者合, 未可以驟攻之也。【扶倒爲豎。】 又曰“理無形而氣有迹”, 故今之論者, 逩逩致疑於理發, 而發處皆作氣。然古聖賢之言理動理發者, 指不勝僂。且理與氣, 發則俱發, 而理貴氣賤, 不宜從賤者立說。比如人乘馬, 馬固馱人作行, 而其實則人之出入也。人未嘗因馬意而出, 馬未嘗先人意而動, 則直指纔發之端, 其爲理發無疑。但從底倒看, 氣爲易見, 故氣發之論生焉。正猶曆家推筭, 以日月爲右旋, 筭之固易, 而終非其實也。潭翁雖多從氣說, 使人易曉, 而未嘗言情發於氣, 則其曰氣發者, 亦豈氣之自發乎? 後人執言而迷旨, 不免有主氣之失, 可勝慨哉! 又曰“天地之化”, 若果皆動之以理靜之以理, 則決無乖沴灾孽之作矣; “人心之感”, 若果皆發之以理, 則決無悖逆凶慝之萌矣。何其千五百年, 治日少而亂日多, 善人寡而惡人衆乎? 太極之妙, 以其能自會動靜。而靜而陰者, 太極之體所以立; 動而陽者, 太極之用所以行。動之靜之, 果非陰陽之運用者乎? 理之得名, 正以其發出有條理, 而順之、逆之、助之、揜之, 皆在於氣之作用, 爲機括發之者, 果非氣乎? 動靜字元與作用異。動靜出於自然, 而作用只是安排造作運用, 果非有爲之迹耶?【右, 明偏於倒者之誤。】 又曰“前輩有言‘四端發於本然之性, 七情發於氣質之性’”, 非無所據, 而誠恐此等分開之論, 反害互發之旨。蓋本然氣質, 元非各有地頭各有端緖, 特就一性, 而或單指理, 或兼指氣, 以爲體認之地, 非眞有兩性相對爲二本, 則亦豈兩情各發爲二歧乎? 退陶只以本然氣質之分言性, 證四端七情之分言情, 何嘗有兩性各發之意哉? 又曰“前輩有言‘人心生於形氣, 不可謂原於理。然生於形氣, 言其緣形氣而此心生也, 非謂形氣之直發, 則雖是人心, 而豈不是源於理?” 又曰“前輩於七情, 只看作氣發。故至以達道爲氣, 氣之順理, 尙不可認之爲道心, 則尤豈可目之爲達道乎?” 又曰“以七情爲不發於理, 則天下有理外之物而性只是氣矣。” 又曰: “今之主退說者, 不察乎其豎之全, 而每每雙關對說, 有若理與氣各有端緖者然。非徒有兩歧之病, 實深爲二本之差。此弊不可不矯也。”【右, 明偏於橫者之誤。】 僕學無師承, 粗有硏究之癖。蓋嘗求耑於天人理氣之原, 旣無肚裏之文定。只得折衷於朱子, 合於朱子則信之; 不合於朱子則辨之。雖生於分黨之後, 旣非此恩而彼讎, 則豈容入主而出奴哉? 但於退陶之說, 未見有不合於朱子, 而於栗谷之說, 則處下窺高, 疑信半之。扶倒起豎, 粗若可通, 而第恐石潭家奴出來, 不欲承受, 而反自陷於私意牽附之科。若農巖之論, 則反覆玩味, 每見其精詳縝密, 說出片片赤心。許多年林下讀書之力, 有不可誣者, 非爲其主見之合於退而然也。若大山之論, 則說橫而無兩歧之病, 說合而無一物之差。固有以羽翼乎斯文者, 僕平生定見。較重於豎說, 厚招自中之疑, 每切孤立之歎。近日姜友耘父『攷證四七』, 略有成緖, 商確取舍, 合處多而歧處少, 有才無命, 竆苦而死。所編書亦有勘校未盡者。頗爲同志之恨耳。僕於塘、屛諸公之書, 亦嘗一再繙閱, 而巍、陶遂論, 只得於傳聞之餘。每謂塘、屛之所抉摘者, 或非平心之所發, 而未能合並勘破, 兩集必在華案。若因鄙鄰便次第借送, 則僕當精讀而速完之矣。義理無竆, 眼目各異, 安知執事之不爲我, 我之不爲執事, 而遽先界畫, 不相訂正耶?

4-1-21

「답윤사선별지答尹士善別紙」1(『寒洲集』 卷8)

해제

1) 서지사항

한주(寒洲) 이진상이 윤최식(尹最植, 1815~1874)에게 보낸 서한. 『한주집(寒洲集)』 권8에 실려 있다. (『한국문집총간』 317)

2) 저자

이진상(李震相, 1818~1886)으로 자는 여뢰(汝雷), 호는 한주(寒洲)이다.

3) 내용

이 글은 이진상이 윤최식에게 보낸 별지로, 열여섯 가지 내용이다. 내용은 리기혼융(理氣渾融)을 다루고, 고봉(高峯) 기대승(奇大升)과 성호(星湖) 이익(李瀷)의 성리설에 대한 자신의 입론을 기술하였다. 이 외에도 성(性)과 지각(知覺)이 합하여 심이라고 하는 견해, 리발기발(理發氣發) 문제, 『중용』과 「심통성정중도(心統性情中圖)」에 대한 관점, 그리고 기대승이 리기 분개처(分開處)에서의 사단(四端)과 칠정(七情), 심의 앎[知]과 지(智)의 연관성, 중절(中節)과 기발(氣發)의 연관성 등을 다루었다. 끝부분에는 역학(易學)에 대한 간략한 내용이 있다.

4-1-21 「答尹士善別紙」1(『寒洲集』 卷8)

理氣渾融, 隨感而動, 卽所謂性之發。

先言“理氣渾融”, 而繼言“性之發”, 則有似以理氣之渾融者爲性, 恐涉未安。退陶曰: “心之未發, 氣不用事, 惟理而已。” 此方是大本卓然處。

若形氣之私, 雖中節, 亦自是氣發。高峯並此而謂非氣發則未安。

奇高峯「後說」、「總論」, 以七情之發於公而不干形氣者, 謂非氣發, 乃指『中庸』達道而言。『中庸』之曰性、曰道、曰中和, 初不說近於形氣之私, 攙入本無之旨。自是世學之病, 不可以反疑高峯。

四端或有蔽於私者, 是則昏於義理而不得發。

當惻隱處, 反或惡怒; 當羞惡處, 反或喜愛。只當以惡底情論, 不得發之四端, 何必提起耶? 恐須以不當惻隱處惻隱、不當羞惡處羞惡者明之。然此亦非孟子之本旨也。盛說中“昏於義理”四字未穩, 似宜改正。

星湖見理之爲主, 而謂理發氣發, 同是理發, 是語理而遺乎氣。

僕於星湖說, 頗見有主氣處。如“發者氣”一款是已。然人心、七情之爲理因形氣發, 則深得一本之妙。後賢復起, 恐不可易也。

“合性與知覺, 有心之名”, 則性未有知覺, 感者乃心之事。

朱子嘗辨橫渠此說, 以爲“不能無病, 恰似性外別有知覺了”。又曰: “有心則自有知覺, 又何合性與知覺之有?” 蓋心之知覺, 亦自是知之德專一心處。心外無性, 性外無心。今之以性理、心氣分言者, 非知道之旨也。

主氣而言其發, 則曰“發者氣也, 所以發者理也。”

理本主也, 可以主理而言; 而氣本資也, 烏可主氣而言乎? 纔主氣, 便亂道。

性有理性氣性之殊。

此雖問者之辭, 而旣無所辨, 不能無疑。蓋氣質之性, 固兼指氣, 而氣非性也, 性非氣也, 氣安得自占一性乎? 氣質之性, 正對天地之性。天地之性, 性之實體。若乃氣質之性, 言之於善惡不齊之處, 非性之本也。

理發、氣發, 自其本根而已然。

一心上無兩箇根本, 故「心經贊」曰"根於性命"而已。形氣則但言生人心, 七情只是傍榮側秀底物事。"根本已然"一句, 朱子自以爲未瑩, 退陶又删之於『節要』。後賢之遵用, 莫無未安否?

雖當乎理, 本屬乎氣, 則可謂達道, 不可謂理發。

不可謂之理發, 則亦不可謂之達道。蓋達道則純乎理而不屬於氣, 此已有朱、李正論。後人不察, 可歎!

氣而可遺則何必言氣發? 大舜只可言道心, 不須復言人心。

以四、七同爲理發, 乃推本之論, 理發亦自是乘氣而發則非遺氣也。但發而從氣則權在於氣, 故揀其從氣者而目之爲氣之發, 豈有相妨? 人心是理之屬乎血氣者, 朱子已言之言, 人心亦何害於主理之旨乎? 理發者, 其實也; 氣發者, 其機也。

"以事之理、心之理, 說作兩箇理, 彼此判然有分段"【止】"初非以吾心之理, 去從事物之理, 亦非事物之理, 來感於吾心之理。"

理不是籠統渾沌底物事, 有條緖有分段, 此謂之理。心之理、事之理, 雖云本來貫通, 而亦自有內外賓主之别。今以孺子入井言之, 彼有當救之理, 此有可救之理。一理相感, 所以有往救之心, 則孺子之於我, 分有彼此之殊, 而其理未嘗不一。在彼則當救而得救, 在此則可救而便救, 各得其分, 而卽乎天理。理之一者, 固理也, 而分之殊者, 獨非理乎? 若知分殊之爲理, 則謂之來而實非來, 謂之去而實非去。古人之於物我交際處, 說"來"、"去"字, 何限? 朱子曰: "事物之理, 來到面前, 便成分段。” 又曰: “知覺從義理上去, 便是道心。”

情之發, 理氣渾融無間, 豈可專言理之發乎? 性固理也, 而不離於氣, 故言其發, 則理與氣都在其中。

以性之不離於氣而謂性發, 實兼氣發則謂之理發, 而理何嘗離氣而獨發乎? 理固乘氣而發爲情者, 理也, 非氣也; 人固乘馬而往幹事者, 人也, 非馬也。愚以性發爲情之, 故於合說處同謂之理發; 而兄反以性發之, 故謂有氣發之, 實認氣爲性, 竊恐差卻大本。

“『中庸』四情中節則謂之達道, 而不必分理發氣發, 以其渾淪說故也。”【止】“「心統性情」〈中圖〉, 旣以本然純善者言性, 則其言情亦當以善一邊言之, 此與理發氣發之論不同。”

朱子曰發而中節, 卽此在中之理發見於外; 陳北溪曰喜怒之中節處, 是性中道理流出來; 李子〈中圖〉說曰子思、孟子, 只指理言; 大山先生曰『中庸』喜怒哀樂之中節, 爲天性之發。吾黨相傳宗旨, 本自如此。

高峯方論理氣分開處, 而曰七情之中節, 乃發於理, 而與四端不異也。蓋無論義理發、形氣發, 凡中節者, 並謂之理發。

高峯此說, 退陶深以爲通透精當, 而因以論定於〈中圖〉說。蓋形氣之私, 終不可爲天下之達道, 則中節之情, 乃七情之發於義理者, 不干形氣, 與四端無異。高峯何嘗以形氣之發亦作理發也?

心之有知, 雖原於智之理, 亦理氣合而能有知。理有知而氣無知, 豈不爲語病乎?

理與氣合, 固能知覺, 而知之本, 在理而不在氣。蓋理如燭火, 氣如脂膏。火固因脂膏而明, 其實則火有明而脂無明。由此推之, 理有知而氣無知, 恐不做病。理之知, 智也, 而氣之知, 果是何物? 理非氣不能發, 而知乃智之發, 故理與氣合, 方能知覺, 初非知覺之原於氣也。

“中節”二字, 本爲氣發之情而發。

氣發處, 未見有以中節言者。不中節, 乃理發而揜於氣, 善端微偏, 不能無過不及者也。若夫氣發而當乎理者, 乃朱子所謂“形氣之偶然”, 未可遽認以爲道心。“本爲氣發”四字, 無或近於遷就否?【以上, 四七辨。】

竊按: 盛論醞藉和平, 深有涵泳之味, 兼有指說僕病處, 有似倉偏妙術。洞見垣外人臟腑, 良庸感歎, 敢不受而自砭。但恐不究覈而遽涵泳, 殆似無星之秤。直以私意低昂, 自謂已占平實, 而反陷於苟且彌縫之地耳。兄旣厚惠, 我何敢一例唯阿? 意見之所未契, 輒又悉陳如右, 倘十反以求一否?

愚於易學, 尤所蒙昧, 今承垂問, 良覺赧然。但屢次究玩, 終有所領會不得者。蓋八卦之用先天方位, 似因胡雙湖說, 而文王所序之卦, 終非伏羲之舊, 則位置之際, 自不相値。「先天圖」每宮內以一天、二澤、三火、四雷爲序者, 皆取其上體, 而此則或取上體, 或取下體, 規例不純。「序卦專」以反對不易之卦, 錯綜成文。三十六宮, 粲然於其中, 而四隅之卦, 離剔其對偶。如「小畜」之於「履」, 「謙」之於「豫」, 反恐畸孤。「否」、「泰」之居中, 似取天地交不交之義。而以七居五, 不叶於「河」、「洛」之位。第二圖「大過」、「頤」不易之卦, 旣已橫書於南北, 則「蠱」、「隨」反對之卦, 又何離立於東西也。第五圖之獨有四箇虛圈, 而卦位止七, 終似有砌湊零補之迹。凡此皆出於良工獨苦之心, 必有妙道精義於其間, 而矇未有見。見未到處, 疑之者固妄, 而有疑不質, 亦欠誠信。未知高明俯賜金篦, 俾得以快去瞖障否?【以上, 序卦圖說。】

4-1-22

「답윤사선별지答尹士善別紙」2(『寒洲集』 卷8)

해제

1) 서지사항

한주(寒洲) 이진상이 윤최식(尹最植, 1815~1874)에게 보낸 서한. 『한주집(寒洲集)』 권8에 실려 있다. (『한국문집총간』 317)

2) 저자

이진상(李震相, 1818~1886)으로 자는 여뢰(汝雷), 호는 한주(寒洲)이다.

3) 내용

이 글은 이진상이 윤최식에게 보낸 별지로, 열두 가지 내용이다. 내용은 혼륜설(渾淪說)에서의 정(情)과 리발기발(理發氣發)의 연관성, 성(性)과 지각의 문제, 사단부중절(四端不中節)의 논리, 성색취미(聲色臭味)와 사사로움에 속한 것인지에 대한 논지를 전개하였고, 고봉 기대승의 「후설(後說)」과 「총론(總論)」에 대해 퇴계(退溪) 이황(李滉)이 허여한 점, 달도(達道)와 정(情)의 관계 등을 다루었다. 또한 「심통성정중도(心統性情中圖)」와과 리발기발에 대해 이황과 대산(大山) 이상정(李象靖)의 논지를 원용하여 리와 기의 관계를 설명하였다. 마지막으로 혼륜설과 리발기발의 연관성을 재차 분석하였다.

4-1-22「答尹士善別紙」2(『寒洲集』 卷8)

渾淪說則情而已, 無分於理發氣發。

性卽理也, 情其發底。【朱子曰: "性以理言, 情乃發用處。"】 這情字直是已發之理。「樂記」: "感物而動, 性之欲。" 朱子釋之曰: "未有感時, 便是渾然天理; 及其有感, 便是此理之發。" 此乃渾淪說, 而直謂之理發, 何歟?

單擧性字, 而不兼擧知覺, 則說心字不盡。

朱子嘗論橫渠此說曰使明道狀出, 決不如此。愚謂明道若論此則當曰: "合性與情, 有心之名。" 今謂性外有知覺, 乃心性二本也。朱子嘗曰: "四德最大仁智。智之所以爲大者, 以其有知也。"

四端不中節之論。

所論明備, 不任歎服。但茄與蟾, 雖有動植之別, 而踏茄亦所不忍。納履固與摘瓜不同, 而瓜田納履, 自可羞惡, 未可直以爲虛發。

聖人之喜怒, 雖渾然是理, 此是氣淸理徹云云。

雖聖人之喜怒, 本緣形氣之私, 則亦只是氣之發。若夫本原於性命者, 則烏不爲理之發乎? 且道大舜之怒, 文王之喜, 孔子之哀與樂, 果是聲色臭味乎? 果是飢寒痛痒乎? 不揣其本而齊其末, 可乎? 氣之淸者, 但能不隔于理而助其發揮而已, 求其貌象, 則惻隱亦似涉氣, 况喜怒乎?

今論四端理發之義, 則當以吾心之理自一本處流出者言之。

單言四端理發時, 不必言事之屬理, 而直指吾心之理可也, 對說七情氣發時, 不可以吾心之氣, 去貳佗大本。且事物無所感而心之理自流出者, 未之有也。先言事物之屬理屬氣, 更說吾心之從理從氣, 果何妨乎?

"所引朱子說"【止】"看同有知物事, 則不得爲明理之論也。"

事物之理, 來到面前, 而吾心果漠然不應乎? 苟其應之, 則是乃先有以感之也。知覺從義理上去時, 便指作理之發, 則道知覺獨無其理乎? 知覺者智之事。智有斂藏之體, 故未發而智之德主一心; 智有辨別之用, 故纔發而智之妙宰萬化。朱子曰: "智有兩頭。" 又曰: "智是截然收斂。知得是, 知得非, 知得便了, 更無作用。便交付惻隱、羞惡、辭遜三者。" 蓋凡情之萌, 知之德, 常爲之頭。故纔觸物便覺知, 初非心之知、性之智各有頭面, 如近世諸公之說也。夫纔觸物便覺知者, 吾心上智之理也。纔覺知便藹然流出者, 仁也; 流出而燦然宣著者, 禮也; 宣著而截然斷制者, 義也; 應旣畢而炯然含藏者, 又是智也。無論百千萬情, 只此一路。特其發出之端, 或主於仁, 或主於義耳。只此一路, 理之一也; 發出不同, 分之殊也。蓋吾心之理, 已自有分劑, 則物我之間, 安能無一理之相孚乎? 理而無知, 則心便是氣矣; 心而是氣, 則氣爲一身之主宰矣; 主宰是氣, 則滅天理而窮人欲矣, 豈不凜然寒心乎?

聲色臭味之動於中者, 便屬於私。

義理則物我無間, 故曰公; 形氣則人己有別, 故曰私。吾之耳目口鼻, 非人之耳目口鼻也; 吾之視聽言嗅, 非人之視聽言嗅也, 烏可曰是公非私也? 若乃聲色臭味則外物也。形氣之所私, 而不可直謂之形氣動於中云云, 尤所未曉。耳目口鼻, 公然平立, 而聲色臭味, 動於中, 則佗人食飽, 亦可無飢, 而胷中之草木多矣。范浚「心箴」曰: "心爲形役, 乃獸乃禽。惟口耳目, 手足動靜, 投間抵隙, 爲厥心病。" 味此則可知形氣之說。

高峯剔擧七情之不善者, 謂之氣發。

高峯「後說」、「總論」, 退陶深許之。正宜活看以通之。若加抉摘, 則得無未安乎? 首段曰"有善惡"云者, 似但出於氣; 第二段, 卽尊兄氣須節約之意; 末段又但曰"易流於惡", 則何嘗以形氣之發盡爲不善也? 孟子之喜、舜之怒、孔子之哀與樂, 是皆不干形氣而善者。故謂非氣順理之發, 則氣順理而發者, 果非發於形氣而善者耶? 至於『中庸』達道之直以爲發於理而無不善, 則是誠建天地俟百世之論, 更味退陶〈中圖〉說如何?

"旣言達道, 則不當闕卻一情。"【止】"七情之氣發, 理乘之而爲主, 然後可以中節。"

達是通達無碍之名, 則所發於形氣者, 果可以達之天下乎? 氣發之情之善, 固多由於理爲主之致。【亦或有不待理之節制, 而偶然合理之時。】然若如尊喩, 則不中節, 理不乘之耶?【盛說然後字做病, 異於溪訓。】大山以〈中圖〉爲剔撥說, 而中節之情, 實屬於理一邊。蓋自其合四七而謂之渾淪, 自其只指理而謂之剔撥故也。尊兄何不於渾淪處看取剔撥之意乎?

〈中圖〉四情, 無分於理發氣發。

退陶曰: "子思渾淪言之, 安有主理主氣之分。" 大山曰: "此時何嘗分此是理彼是氣?" 又曰: "是所謂渾淪言之者, 又安有屬理屬氣之分," 尊喩蓋本於此, 而恐失其本意。夫此言渾淪, 以其合四七故也。對說四七時, 有主理主氣之分, 有屬理屬氣之別; 而合說四七, 並指作本性所發, 則皆主乎理皆屬乎理, 不得以分之也。兩先生本意, 只是如此。故旣曰無主理主氣之分, 而〈中圖〉說則直以中節之情、四端之情, 爲不雜氣而只指理; 旣曰無屬理屬氣之分, 而上文便謂中節者, 固天命之性、本然之體, 則天命之性、本然之體, 果不可謂之理耶?「答李天牖」曰: "天下之達道, 何曾有生於形氣氣發底意思?" 辨高峯說曰: "固不可謂是氣之發, 又安得謂屬於氣?" 其意豈不明乎?

後來諸先生, 就氣發而言中節者多矣。

氣發處借說中節, 果無大悖, 而『中庸』本指, 則不雜氣而只指理, 已有退陶定論。

乃以理發氣發分開時句語, 逐處渾施, 隨語粘著。

渾淪理氣, 則固不當單說理發, 而〈中圖〉剔撥說處, 果不可謂專是理發耶? 剔撥看時, 便見大本, 而大本卽理。非氣之所可竊據, 則推本說時, 果不可謂俱是理發乎?『章句』之曰"天下之理, 皆由此出", 卽俱是理發之說也;『大全』之曰"中節之情, 卽此在中之理發形於外者", 卽專是理發之說也。渾施粘著之誚, 果何所歸? 雖前輩成說, 苟見其不合於朱子, 則決然舍卻可也。

渾淪說處, 只當曰無分於理發氣發而已。

纔說情, 已涉分殊, 不専是渾淪意。且『中庸』以性命字發端, 直繼以率性之道, 是循性之謂, 則達道實原於性命之正矣。朱子曰"天命率性, 道心之謂", 而不謂之人心, 則初不干形氣之私者明矣。本文中字下, 便有發字, 中卽理也。本文明說理發, 而今欲以氣發者貳之, 其可得乎? 朱子釋大本曰"天下之理, 皆由此出", 而大本之所發, 便是達道。訓道曰"日用事物當行之理", 則其不可認氣而爲道也亦明矣? 況子思論天下之達道, 便以五倫當之, 則其爲天性之所發, 斷然無疑, 而只緣喜怒哀樂四字似涉於形象。故後賢於此, 每戀著氣字。然程子嘗曰: "有仁義之心者, 必有仁義之氣。" 朱子亦曰: "已發之際, 太極之動而陽也。" 然則這四字雖涉於氣, 而亦只是理發之氣, 何可強援所未說之形氣, 去貳佗本原耶? 鄙性白直, 决然不爲依阿遷就之論, 不直曰理發, 而但曰性發。猶言望日而諱言十五也。果何益乎? 僕爲此說自知寡諧, 每欲改圖, 而朱、李定論, 鑿鑿可據, 誠不忍捨卻正見而苟免譏誚。且體驗於吾心之實理, 而亦自甚安。持之三十年, 食與俱啖, 寢與俱夢, 直當於百世之後, 依歸於紫陽、陶山之門, 以爲究竟地耳。尙何言哉?

4-1-23

「답이근휴答李謹休」【乙丑】(『寒洲集』 卷9)

해제

1) 서지사항

한주(寒洲) 이진상이 1865년 이만각(李晩慤, 1815~1874)에게 보낸 서한. 『한주집(寒洲集)』 권9에 실려 있다. (『한국문집총간』 317)

2) 저자

이진상(李震相, 1818~1886)으로 자는 여뢰(汝雷), 호는 한주(寒洲)이다.

3) 내용

이 글은 이진상이 1865년 이만각에게 보낸 서한으로, 별지 내용 열네 가지가 첨부되었다. 서한 서두에서 학문 이력을 언급한 뒤, 자신의 성리학 논지를 별지에서 피력하였다. 별지 첫 번째 내용은 사단칠정(四端七情) 전개에 있어서의 분간(分看)과 합간(合看)의 방법 및 전언(專言)과 편언(偏言)의 차이를 거론하면서 발현의 문제를 논리적으로 검토하였다. 두 번째 내용은 퇴계(退溪) 이황(李滉)의 「심통성정도(心統性情圖)」〈하도(下圖)〉의 관점을 설명하면서 대산(大山) 이상정(李象靖)의 논지를 원용하였고, "감물이동(感物而動)"에 대한 리지발(理之發)의 논리구조를 언급하면서 칠정의 분개설(分開說)과 혼륜설(渾淪說)도 전개하였다. 네 번째 별지 내용은 십의(十義)와 칠정(七情)을 인심도심에 견주어 말하고, 아홉 번째 별지 내용은 "심지기(心之氣)"에 대해 세밀하게 변론하였다. 이황의 "성정일리유동유정(性情一理有動有靜)"에 대한 논지와 「심통성정도」〈중도〉및 〈하도〉의 논리상 차이성도 다루었다.

4-1-23 「答李謹休」【乙丑】(『寒洲集』 卷9)

頃因遠村便修疏, 想入覽矣。旱魃成災, 節宣妨攝, 伏惟經體起居崇衛, 觀玩日造昭曠。震相二十以前, 妄恃聰明, 搜奇剔僻, 病在泛博。三十以前, 躐求性道, 談空說妙, 病在高遠。伊後十許年, 刻意論著, 箚疑四子。以及周、程、朱、李之書, 又嘗辨駁整菴以下異趨之論。迄于近世湖、洛之爭, 枉費精神, 言非德出, 病在煩密。自遭外憂, 留心禮學, 又入於聚訟林中。近又窺管於象數之原, 逞逞說得太橫肆, 僭妄則有之。然義理文字, 羅列心目, 日用之間, 若有參倚於前後者, 喪中講辨, 不爲無據。故輒敢別錄條覆, 而種種有觸冒處, 最可悚仄。然義理之爭, 不害爲同志相與之道。佗山之石, 亦足以攻玉。幸勿深誅, 耐煩參詳, 兩說俱傳, 後必有執公案而斷斯訟者矣。

〈別紙〉

頃因高山, 得見再來別錄, 旣不相契, 便可默矣。而鄙性白直, 只信義理之爲公物, 請更究言之。夫四端之爲理之發, 七情之爲氣之發, 朱、李相傳之心訣。凡爲吾黨者, 孰敢有異論? 而但道理初不局定, 有分看、合看之法, 有專言、偏言之異, 必先合看而專言理, 明其大本之自一, 然後互發之說, 方有著落, 此〈中圖〉之意也。四端本是剔撥說, 故只可以理發言之; 而七情兼理氣, 故或從理言, 或從氣言。從理言者, 與四端不異, 故包四端在中; 從氣言者, 與四端絶異, 故對四端立名。兩說俱有所本, 不可偏廢。蓋由孟子以前, 四端之說不立, 只以七情之目, 混同說去。七情如無理發, 則古人爲全不識天理之流行, 而夫子所謂順性命之理者, 殆虛語也。且道『中庸』旣說“喜怒哀樂未發之中”, 而“中”字下, 便著“發”字, 中則理也。本文已說作理發, 故朱子釋中曰“天下之理”, 皆由此出。釋達道曰循性之謂, 而又以率性當道心。道心之發於理, 不可諱也。『大全』亦曰: “發而中節。” 卽此在中之理發形於外, 而氣之一字, 不少概見。若「樂記」則先言“天之性”, 繼言“性之欲”。故朱子釋之曰: “未有感時, 渾然天理; 及其有感, 便是此理之發。” 蓋好惡之所形, 專出於仁義之端, 而其下所言“滅天理, 窮人欲”者, 乃其外誘之所奪, 內邪之所汩, 末梢之疵病, 雖由於氣, 而感動之眞心, 實發於理也。惟「好學論」, 始言得五行之秀, 終言熾蕩之害性, 則氣之本末著矣。而中間要括處, 直以五性爲大本, 七情爲大用, 包四端爲言, 則"其中動"三字。尙可見理發之意。蓋是三書, 渾淪說也。而渾淪處理一者爲主, 故理發之意較著。而若夫「禹謨」之"人心",『大學』之"四有",『鄒書』"口之於味"一章, 皆對待說也。故偏屬形氣之私, 可做氣發看, 況乎七情二字, 始出於「禮運」而專就"飮食男女"、"死亡貧苦"上說, 必欲其辟於十義。如人心之聽命於道心, 則此爲氣之發之本旨, 亦甚明矣。是知七情本兼理氣, 故也有理發也有氣發, 不明其理發之妙, 則無以見本來面目之眞; 不言其氣發之機。則無以施精察克治之功, 不可執一而廢二者也。今人纔說七情, 便鐵定作氣發, 此於做工夫處, 亦甚緊要。【常人七情理發者無幾, 而氣發者恒多, 必須節制之防範之也。】但於名義之間, 欠了一半, 依此用工, 亦必有當擴而不擴, 不當克而克者矣。今以七情之目, 散見於經文者言之, 象喜亦喜、文王乃喜之喜, 罪四凶討密人之怒, 孔子哭之慟, 子夏喪致哀之哀, 四子列侍之樂, 簞瓢陋巷之樂, 子思愈失眞之懼, 孟子吾爲此懼之懼,『戴記』愛親爲大之愛,「禹謨」可愛非君之愛, 予欲左右俾予從欲之欲, 皆粹然天理之發, 可擴而不可約。其與夫聲色臭味飢寒痛痒之所發, 不啻涇、渭之易辨, 而說者每以氣順理而發者當之。然所感者義理之正, 則雖云七情而實自理發也; 所感者形氣邊事, 而所循者形氣之私, 則雖本五性而重在氣發也。理發而氣順之者, 達道之所以行也; 氣發而順乎理者, 人心之得其正也。是以老先生「答高峯書」以七情不可專指氣及七情亦發於仁義禮智者, 爲就異而見同,「心統性情」〈中圖〉七情以中節之情、四端之情合之, 爲不雜氣而只指理,〈下圖〉七情以氣發理乘者, 對四端言之, 而末又以並氣而言, 無以見性之本善, 歸重於〈中圖〉。大山先生「答李天牖」書曰: "『中庸』喜怒哀樂之中節, 爲天性之發, 天下之達道, 何嘗有生於形氣, 氣順理而發底意思。"「答李希道」書曰: "不與四端對擧則七情之善一邊, 不害求之於不雜氣質之中。" 又曰: "〈中圖〉並書七情於一圈, 亦取理一邊而言。" 立齋鄭先生晩登湖門, 親聞七情亦有理發之旨, 而發揮出來, 開示後人,「答金葛川」書明白精暢, 百世以俟而不惑, 吾黨之相傳宗旨, 本自如此。不幸如鄙人者, 妄以不逮之言, 蹴說大原之妙, 熕張馳騖, 爲人所厭薄, 馴致同志迭來攻駁, 至以異端亂道之科目之。嗟乎! 子朱子以身入黨籍, 爲暮年光華。鄙人之得爲異端, 安知非濫占光華耶? 但所深慟者, 千聖相傳之心法, 一經鄙人之口, 便不光鮮, 都被汚染, 佗日乘化。固當請罪於紫陽、陶山之門, 而自鳴之際, 如老兄者亦被頭面之攫, 反害平生之懽耳。頃啓衍書言吾四七說, 値人脣舌, 雖十分是當, 不合時宜, 改之爲可。愚意, 則士之論義理, 特患其不是當耳。苟其當理, 雖或取謗於一時, 亦可有辭於萬世。且吾所言, 如不合於溪、湖定論, 則不敢自信, 改之可也。不合於時宜而合於大賢。皇天后土, 質之在上, 臨之在傍, 寧可枉道而循人乎? 但一番痛陳, 終不見諒, 則私記深藏, 以待後世之具眼, 尙何言哉!

退陶先生〈下圖〉說曰: "七者之情, 亦無有不善。" 七情固發於氣, 而氣未揜理, 未可遽爲不善。若夫〈中圖〉取義, 則先生明說作不雜氣而只指理。就〈下圖〉說時, 七情固是氣發; 而就〈中圖〉說時, 七情亦只是理發。蓋對四言七則四理七氣, 不可易也; 而單言七情則其爲兼理氣, 不可諱也。苟其兼理氣, 則『中庸』擧其理一邊, 「禮運」擧其氣一邊, 所就而言者不同, 豈有所矛盾乎? 且〈中圖〉直書喜怒哀懼愛惡欲, 而大山謂其剔撥言理一邊, 高明只知七情之屬乎氣, 而不知『中庸』之本指不可謂氣之發, 不可謂屬乎氣, 故有此賺說耳。鳶飛魚躍固氣也, 而『中庸章句』曰: "莫非此理之用。" 老先生亦曰: "子思引此詩之意, 本不在氣上, 何可問氣之與不與乎?" 鬼屈神伸固氣也, 而『或問』以鬼神之德, 爲自然之理。北溪錄直曰: "鬼神亦只是實理。" 勉齋曰: "『中庸』之言鬼神, 是形而上者。" 高明亦皆錯看而失其宗旨, 故於此喜怒哀樂上, 惹子思未有之意, 背朱、李見成之說, 竊恐去道之遠也。且泛說喜怒哀樂, 謂氣亦得, 而亦自是理發之氣, 太極之動而生陽, 理生氣也, 而未聞陽動而爲太極者也。兄之以喜怒哀樂爲氣, 而達道爲理者, 反似氣發而爲理, 果何據也?

五"而辟焉", 則道心已揜於氣, 固不當直謂之情, 而曰愛、曰畏、曰惡、曰哀之件數, 則非情而何? 五者在人, 本有當然之則, 其爲道心明矣。雖是道心, 苟不中節, 則豈不亟矯而反之乎?

朱子以感物而動者, 爲此理之發; 未嘗以滅理窮欲者, 爲理之發。今乃譏之以認賊爲子, 何其甚也? 好惡之情, 直發於天性則理之發也。而氣來揜之, 不能直遂其性命之正則意之爲也已。不可謂之情, 況至於滅理而窮欲, 則乃是四"有"、五"辟"以後事? 氣汩之極, 寧有理發之眞面乎? 此時之惡, 固生於血氣; 而這時之善, 自發於義理, 恐不當混說也。「樂記」此段, 卽所謂渾淪說; 七情氣發, 分開說也。渾淪說處, 安得有分開之意乎? 高明於聖賢所刪棄者, 奬之以明如日星。八字打開處, 絀之以偶然片辭, 恐不止語言之病而已。

十義是情之德, 而全屬道心; 七情是情之目, 而全屬人心。人心當聽道心之節制, 故七情亦辟於十義。若謂七情之外, 更無十義, 則父慈子孝, 君仁臣忠, 果何關於飮食男女之欲, 死亡貧苦之惡乎? 不究其實而強齊其末, 豈知道之言? 慈孝仁忠。莫非良心之所發, 而謂之非情, 則禮之心恭, 亦不得爲情矣。

老先生曰: "心之未發, 氣不用事, 惟理而已。" 以此意推之, 則對外之中, 便是大本之中, 而不可以和氣作中明矣。且道已發之中, 大本之中, 容有異乎?「好學論」此條, 亦是渾淪說, 不可以分開時句語混之。

兄旣曰節取其尤切於學者, 指示門路, 則寧有外此而別有知不盡行不窮之妙者乎? 兄偶見『大山集』中引此說而鄙人致疑, 故反疑鄙人輒生閒氣, 信口大說之如此, 而被震說。節要删去, 輒又游辭罵去, 不恤其反害誠慤, 僕亦尊大山者也。大山活看於此而無所損, 鄙人致疑於此而不爲僭, 當各據道理, 直截說出耳。『鄒書』之言人皆有,『庸』「序」之言不能無, 固是本心之主宰有未嘗亡者, 而若此書之言宰不宰。以工夫而言, 彼下愚之人, 何嘗有存養省察擴充克治之工乎? 鄙說中君子分上云云。已說出心有主宰, 不流人欲之實, 幸更詳之。

此條尊喩, 尤涉氣說。朱子自謂未瑩而棄之, 退陶從而删之則論已定矣。而今反謂明白過於序文。噫! 萬世心學之淵源, 始闡於『庸』「序」。說同說異, 更無餘蘊, 而今乃抑退之, 反以兩賢之所删棄者, 據之爲宗旨可乎? 人心之於人欲, 毫釐之差而千里之謬, 不容不精察而防檢之。苟其認人欲爲人心, 則狂言妄行, 擧以爲吾心之妙用矣, 豈不大錯乎? 朱子初年, 認心爲已發, 而認人心爲人欲, 則此心之外, 更無大本, 而人欲之根株, 與天理而並立矣。人之知見路竅各異, 苟非生知, 開通有漸, 況其造語之失, 初非正見之累乎? 僕之爲七情亦有理發之論, 如果剏新之說而有害於分開之旨, 則老兄之斥之固矣。而單說七情處, 祖〈中圖〉而謂之理發; 對說四端處, 祖〈下圖〉而謂之氣發, 有何相妨, 而必欲偏主也?

心之氣, 且不得爲人心之本, 況耳目之氣乎? 夫理在氣中, 如人之有屋宇。屋宇中車馬僕從, 固已備具, 而主人端坐養靜, 則彼皆不用, 恰似無了一般。【朱子說。】主人纔有所感則車馬僕從, 一時偕作而已。今必欲以不用之車馬僕從, 作對乎主人, 強使之勢均體敵可乎? 道心直出乎正理, 人心則理因形氣發。根本雖同, 而緣由自異。由義理而發者, 謂之理之發, 緣形氣而發者謂之氣之發。彼本無而此本有, 彼旁生而此直出, 更安有二本之可言乎? 大本固不能無氣而立, 而氣非大本。人心之本於理者, 本然之妙也; 生於形者, 所緣之境也。若乃心中之氣, 特其所乘之機。理爲本而氣爲末, 理爲主而氣爲資。上不可以當本體之心, 下不可以當妙用之情。只喚做氣, 初非別物也。私正、善惡, 皆就發處推說, 而不當求之於未發之中。未發之中, 堯、舜之於路人一也, 更安有不善之根株乎? 旣非大本, 而猶得相對爲兩本, 則抑此心中, 元有三層。上層爲性命太極之一本, 中層爲性命形氣之二本, 下層爲天理人欲之兩歧。如人家中, 有祖、子、孫三世五位者耶? 愚意則心爲家主, 只是一人而已。而其爲聲色臭味而發者謂之人心, 其爲序秩命討而發者謂之道心。聲色臭味, 卽形氣之私, 初非心體之所存; 序秩命討, 卽義理之正, 實是心體之本具。故道心爲宗而人心爲孼, 道心爲主而人心爲卒。天理動於形氣而後有人心, 人心化於物累而後有人欲。人欲者, 天理之反也。是以朱子曰: "謂因天理而有人欲則可, 謂人欲亦是天理則不可。" 此蓋定論也。若胡氏之說則以「誠幾圖說」推之, 其曰"東西相對、彼此各立"者, 纔發之際, 理欲便已對立也; 其曰"未發之前, 已具兩端"者, 卽愚所謂理欲並立而爲體也。趙氏此論, 反爲鄙說之援, 而「答蔡書」之當刪, 亦可推矣。道器信無上下之定位, 則何以有私正之二本也? 朱子曰: "太極者, 性情之妙, 乃一動一靜未發已發之理。" 今以太極之動, 明性發之情者, 果何蔓延而非所當也?

果齋說是專言之七情, 勉齋說是偏言之七情。旣可偏言之, 獨不得專言之乎? 況勉齋之說, 元非『中庸』本指。今若謂一次分說, 更不可合說, 則退陶何以爲中下二圖, 大山何以爲混開二說乎? 由義理而發者常爲主宰, 緣形氣而生者必使聽命, 則精一之工, 亦在所施, 豈必祖此而斥彼乎?

『中庸』本意, 只將四箇情說那天性之發, 故朱子斷之爲理發。若氣之一字, 元文之所未有, 朱子之所未說。有何干涉也? 四端之有不中節, 果非孟子本意。而未中節之前, 氣爲主, 果是子思本意耶? 四端之發, 未必皆中節, 故退陶亦曰理發未遂而爲氣所揜, 流於不善。七情之發, 未必單主氣, 故退陶亦以七情之兼理氣者爲言。

來諭曰: “墮在氣中, 氣便爲主。” 若爾則主宰只是氣也, 天理陷沒而血氣簒立。盤據靈臺, 號令百體。如穆天子出而徐方御極者耶? 雖桀、跖之性, 未必如此, 況於聖賢之姿乎? 氣而爲主, 則有惡而難善, 荀卿性惡之論也。設使其氣之所稟, 偶然淸明, 私自主張, 都無準則, 善惡惟其所適矣, 楊氏善惡混之說也。只此一句, 荀、楊納供, 而反以主理言性者爲荀、楊, 不亦惑乎?

退陶先生曰: “性情一理, 有動有靜。” 又於〈中圖〉之單指善邊則著情字, 〈下圖〉之兼善惡則不書情字。蓋善者, 情也; 惡者, 非情也。非徒四端之情無不善, 七情亦無有不善, 而四端之揜於氣, 乃是私意之緣情而起者也。七情之氣發不中, 乃是情之濫而爲慾者也, 皆非初發之幾, 不可謂之情, 苟有惡情則是有惡性也。若夫衆人以下, 心中膠擾, 常動而無靜, 大本不立而妙用不行。纔遇事物, 驀出惡念。譬如攪汨泥土, 壅遏泉脈, 而隨佗搏激, 濁浪橫迸, 此豈情也哉? 私意邪欲, 代翕代張, 非忿懥恐懼之留滯則憂患好樂之將迎也。非納交要譽之萌則殘忍忮害之積也。然其至善之體, 未嘗泯絶, 故偶有感觸, 不無善情之發。但邪氣塡塞, 旋復差失, 所以善少而惡多。然則人之爲不善, 非其情也。高明認惡爲情, 認情爲氣, 認氣爲主, 故深斥乎七情亦有理發之旨。恐於老先生〈中〉、〈下圖〉說, 專不照察, 做出許多葛藤。幸更深思。

老兄氣宇淸明, 識見疏通。竊謂年紀老成, 漸就平實, 卓然爲後進領袖。如鄙人者, 亦躡後塵分餘光, 粗塞受中之責。今見來錄, 不覺愕然失圖。夫朋友往復, 雖有所不槪, 宛轉開譬, 務歸至當上也。互相論駁, 直截說去, 亦無不可。若說出所未有之意。把持操切, 嘖薄叫撞, 則非徒見者不服, 自己心法, 已有嶢崎之患。尊喩中朱子喪心、孔子謬迷等語, 試自思之, 氣象如何?

4-1-24

「여김남휘별지與金南輝別紙」(『寒洲集』 卷11)

해제

1) 서지사항

한주(寒洲) 이진상이 김기응(金箕應)에게 보낸 서한. 『한주집(寒洲集)』 권11에 실려 있다. (『한국문집총간』 317)

2) 저자

이진상(李震相, 1818~1886)으로 자는 여뢰(汝雷), 호는 한주(寒洲)이다.

3) 내용

이 글은 이진상이 1865년 김기응에 보낸 별지로, 심의 활물성(活物性)을 설명하였다. 심은 동정(動靜)을 꿰뚫고 체용(體用)을 구비한 명칭이며, 심에 포함된 지(志)·의(意)·사(思)·려(慮)는 심의 용(用)이면서 동(動)에서 행한다는 것이다. 그리고 주희가 말한 "심자주호일신(心者主乎一身)"과 "심수주호일신(心雖主乎一身)"의 의미를 밝히고 심의 '동정'과 '체용'을 통한 논지를 전개하였다.

4-1-24「與金南輝別紙」(『寒洲集』 卷11)

〈別紙〉

心本是貫動靜、該體用之名, 則志意、思慮, 乃是心之用而行乎動者也。心果無出入, 則思慮, 亦不可以出入言。思慮, 若果有出入, 則是乃心有出入。夫心者活物也。志之所向, 透金石而越山海; 思之所通, 入風雲而貫古今。又其客慮、浮念, 天飛而淵淪, 風馳而電邁。然謂之出而實非出, 謂之入而實不入。故大山誦二段說而辨之。一曰"心者主乎一身", 在自家軀殼之內, 其遇事物, 在此而應之。非逐物而有出入也。一曰"心雖主乎一身", 而體與天地同其大, 用與天地相流通, 四海六合皆心之境界, 故斂在方寸而非其入, 應接事物而不可謂之出也。昔有問於張南軒曰: "今人對境則心馳焉, 是出矣; 及定而返其舍, 是入矣。孟子明言其出入, 而伊川謂心無出入, 不知逐日之間有出入者是何物?" 南軒但曰"心本無出入", 謂心有出入者, 不知心者也。陳北溪曰: "心, 存便是入, 亡便是出。然出非是裏面本體走出外去, 入非是自外面已放底牽入來。" 此上段說也。李子「答趙起伯」書曰: "謝上蔡曰: '心豈有出入?' 遠近精粗之間, 今有物有形體者則立其形體。自有內外, 心則一人之心, 天地之心, 充滿天地之間, 安有出入之處?" 此則下一段說也。今以二段之說推之, 體物無遺而不離方寸者, 心之則也; 與物同流而元無內外者, 心之量也。心之應接事物者, 惟是思慮也、志意也, 則先儒之於應接事物處, 亦謂之無出入者已盡之。今看作心無而思慮有, 則心爲有體而無用, 有靜而無動矣。蓋吾心之理, 卽天地萬物之理。前萬古後萬古, 亦同此一理, 則一理相感, 豈有彼此遠近之間乎? 明鏡懸空而萬象畢照, 北辰居所而萬化迭運, 人心不出於腔子, 而萬變是監, 是其出入之無時。只指操舍而爲言耳, 何嘗以思慮之用, 爲離心遠出而覓心還入也? 此是築底處, 惟虛心細思而回覆之。

4-1-25

「여김남휘與金南輝」【庚午】(『寒洲集』 卷11)

해제

1) 서지사항

한주(寒洲) 이진상이 1870년 김기응(金箕應)에게 보낸 서한. 『한주집(寒洲集)』 권11에 실려 있다. (『한국문집총간』 317)

2) 저자

이진상(李震相, 1818~1886)으로 자는 여뢰(汝雷), 호는 한주(寒洲)이다.

3) 내용

이 글은 이진상이 김기응에게 보낸 서한이다. 15~16세 부터 여러 서책을 깊이 탐구하다가 시간과 공간의 크고 작은 사물은 모두 리와 기에서 벗어나지 않음을 깨닫고는 리를 위주로 한 여러 서책의 뜻과 절충하였다. 리는 임금·아버지·남편·장군에 비유하고 기는 신하·자식·부인·졸병 등에 비유하여 그 관계를 설명하였다. 이를 통해 감정의 발현문제를 세 가지로 고찰하는 바, 그 내용은 자사(子思)·장재(張載)·정자(程子)의 언설이다. 또한 이황(李滉)·기대승(奇大升)·이혜주(李惠冑) 등의 언설 등을 살펴보고, 심의 체는 성이고 심의 용은 정이니 심과 성에 두 이치가 없다면 '리발을 성에 소속하거나 기발을 심에 소속할 수 없다고 하였다. 특히 칠정(七情)은 곧바로 이루는 것이고 의(意)는 계교하면서 경영하는 것이라면 인심과 도심은 의로 간주할 수 없음을 피력하며 리발과 기발을 혼륜(渾淪)과 분개(分開), 편지(偏指)와 직지(直指) 등으로 살피고 있다.

4-1-25「與金南輝」【庚午】(『寒洲集』 卷11)

北風乍動, 侍履何居? 程工之篤, 聞之耳熟, 而義理之奧, 更有心得否? 不以衆口之嗤, 沮其向上之心, 此固不易底道理, 而韜晦退遜, 亦是處淆世之一事。強隱其迹, 苦避其名, 雖爲不可, 名若不副乎實, 言有不顧乎行, 則彼之嗤之, 終得以售, 而在我者, 亦自欺自棄而已。惟在篤志力行, 以爲造道之要; 平心虛氣, 以爲觀善之益, 如何? 僕自十五六時, 泛觀羣書, 左挐右剔, 非曰無一二曉解, 而博而不要, 雜而不精。義理絲棼, 事物毛氄; 莽莽蕩蕩, 無所適從。故欲尋其要領處, 立得定見。以此推去討究, 退而深惟。蓋古今天下大小大物事, 無出於理氣之外, 而理又氣之本。故遂以一理爲主, 而折衷乎羣經之旨, 不合者蓋尠矣。頃承高論, 可驗地步之煞高, 而辭旨之間, 多有不合者。其言人心七情, 則或懲其流而疑其源, 或屬於外而絶之中。夫形氣之私, 固以耳目口鼻四肢之所欲而言, 這所欲, 雖緣境而發, 然其根柢管攝, 專在於心。心若不在, 則外物觸於形, 而漠然無所應矣。不可謂只由於外而不干於中也。心體本無不善。始發之際, 亦無惡之可名。特其流而爲人欲, 或不能無惡, 然不可謂有惡於源而爲惡於流也。七情、人心, 亦可謂之理發者, 指其理乘氣也。理猶君也、父也、夫也、將也, 氣猶臣也、子也、婦也、卒也。君、父、夫、將之所行, 爲臣、子、婦、卒者, 但當隨後聽命; 臣、子、婦、卒之所行, 爲君、父、夫、將者, 固宜在上指揮。氣不能自專, 而理無所不預者明矣。假使氣之熾蕩, 不順其理。猶且挾天子以令諸侯, 未嘗不假仁借義而爲之也。且攷之古訓, 明有證據。子思子曰: “喜怒哀樂之未發, 謂之中, 和發於中。” 中言其理, 則此爲理發一也。張子曰: “性發爲情。” 性卽理, 情卽四七、人道, 則此爲理發二也。程子曰: “其未發也, 五性具焉; 其中動而七情出焉。” 中是理、動是發, 則此爲理發三也。奇高峯曰: “七情亦發於仁義禮智。” 而李夫子以爲本同之論, 則李夫子亦非謂七情專是氣發, 而不可謂之理發也。至於李杞園惠胄則直曰: “在天則太極有動, 在人則性發爲情。” 從源頭處看, 則皆可謂理發。右數言者, 獨非的然之案, 而爲僕之所杜撰出耶? 僕若單行人道、四七俱是理發之說, 則雖其善觀無害, 而人之看者, 疑與溪訓相左也無或怪矣。其下又係之曰“氣用事者爲人心七情”, 故曰“氣發而理乘之”, 則可見恪遵溪訓矣。且理乘之乘, 如人乘馬之樣, 則人之乘馬而行者, 獨不可謂人之發行乎? 若氣能發爲情, 而理不宰乎氣, 則心有二岐矣, 情有七惡矣。於何見得一本? 於何見得本善哉? 座下之說則曰: “心發爲意, 而心兼理氣, 故人心、七情, 不可謂之理發。” 夫心之體卽性也, 心之用卽情也。心性無二致, 則不可以理發者屬之性, 而氣發者屬之心也。且夫七情是直遂底, 意是計較經營底, 則人心、七情, 不可以喚做意也。又以先言理發而又言氣發, 爲不成文理, 此則所就而言者各異也。非謂理發然後氣方發, 誠渾淪而不害爲分開, 偏指而不害爲直指也。然此非可以多言相曉, 亦在夫察幾乎自己性情之間, 而虛心乎觀人言論之際, 則久久自當通透灑落, 事理呈露, 物我無間矣。僕亦何敢自必其所言之無病, 而不出於矯枉過直之偏也? 惟當竭盡底蘊, 以爲忠告之道; 講求精微, 相爲啓發之地耳。

4-1-26

「여김남휘별지與金南輝別紙」【『心經』疑問】(『寒洲集』 卷11)

해제

1) 서지사항

한주(寒洲) 이진상이 김기응(金箕應)에게 보낸 서한. 『한주집(寒洲集)』 권11에 실려 있다. (『한국문집총간』 317)

2) 저자

이진상(李震相, 1818~1886)으로 자는 여뢰(汝雷), 호는 한주(寒洲)이다.

3) 내용

이 글은 이진상이 김기응에게 보낸 서한으로, 『심경(心經)』에서 의심나는 여덟 조목을 질의한 것이다. 한사장(閑邪章)에 대한 오씨설(吳氏說)은 선어(禪語)를 근본하기 때문에 선어로 지었다고 하였고, 경(敬)에 공부 차례가 있는 듯함을 논하였다. 성의(誠意)와 정심(正心)을 이천(伊川) 정이(程頤)와 화정(和靖) 윤돈(尹焞)의 설을 이끌어 그 의미를 기술하고, 야기(夜氣)와 호기(浩氣)의 차이도 설명하였다. 「경재명(敬齋銘)」에서 "연비어약(鳶飛魚躍)"을 경(敬)과 관계된 뜻으로 설명하였고, 서산(西山) 진덕수(真德秀)가 리(理)와 사(事)의 관계를 언급한 내용 등을 언급하였다. 또 오성(五性)이 서로 주체가 되는 의미가 무엇인지에 대하여 오행과 연관시켜 기술하였다.

4-1-26 「與金南輝別紙」【『心經』疑問】(『寒洲集』 卷11)

閑邪章吳氏說, 似近於斷制外想之見。

吳本禪學, 故作禪語。芝山諸公爲之分疏, 然主意本誤, 不容活看。

三先生言敬, 似有工夫次第。

遵三方各入之旨則互爲體用, 迭相先後。若就其切要處先入, 則整齊嚴肅, 最有依據。然主乎內, 所以應乎外; 制乎外, 所以養其中。正宜交致其工。

誠意則當用敬之甚樣工, 正心則當用敬之甚樣工。

伊川以一思慮不欺不慢, 爲動時敬; 和靖以其心收斂, 不容一物, 言靜時敬, 則一思慮便是誠意, 不容一物便是正心, 合而言之, 則主一無適而已。

夜氣、浩氣, 體用何居?

氣則一也, 而浩氣則天地所賦之正氣, 夜氣則朝晝所梏之餘氣, 安有體用之別? 且下愚無浩氣, 上智無夜氣, 非若此性之無間也。

「敬齋銘」鳶飛魚躍, 仁何爲而在也? 取之於敬之用工者, 亦何意?

仁者, 生理之自然, 而鳶之飛、魚之躍, 同一天機。故使人於活潑發地, 認取仁體。且鳶魚之理, 上下昭著, 而敬是那徹上徹下者也。胡雲峯曰: “鳶飛魚躍, 道之自然, 本無一毫私意勿忘勿助。” 蓋勿忘勿助, 程門持敬之節度, 而言之於鳶魚, 則鳶之飛而必天, 魚之躍而必淵, 非主一無適之意乎?

西山曰: “理自內出而周於事, 事自外來而應以理。” 此言難曉。

此理字以心言, 心本在內, 事本在外。心之理、事之理, 固是一理相應, 而心與事元非一物, 則自內自外, 其分之殊也; 卽事卽理, 其理之一也。今謂事之理本具於吾心則可, 而事則形而下之器也, 不可謂事具於吾心。故義之制事而必曰方外,義則內也; 敬於應事而亦曰制外, 敬則內也。以形則有內外, 以理則無內外, 眞說恐無病。

「求放心齋銘」"非誠曷有? 非敬曷存?" 何別?

誠者自成, 故曰有; 敬而勿失, 故曰存。有之與存, 若無與毋、不與弗之別。

有曰五性互相爲主, 何也?

一行各具五行, 故一性亦備五性。此爲主時, 彼亦層出; 彼爲主時, 此亦間見。蓋其用則粲然, 而其體則渾然故也。水者, 五行之終始, 故智能專一心之體用, 未發而知覺不昧, 已發而知覺不差。木者, 五行生發之首, 故仁爲萬善之長, 未發而包四德, 已發而貫四端。土者, 五行包育之母, 故信於四德, 無乎不在, 而誠爲一心之實理。火爲養物之主, 故禮之在性, 粲然有文, 而敬爲一心之主宰。金爲成物之宗, 故義之在性, 肅然不亂, 而發出裁制, 自爲萬事權衡。今人離智而言知覺, 故陋儒得以主氣; 離禮而言敬, 故禪家譏其爲綴。竊謂天一生水而受氣於天, 故心主知; 地二生火而成質於地, 故心主敬。知者, 所以行水也, 敬者, 所以束火也。以德言則禮智尤切, 故卦德多說中正; 以道言則仁義爲先, 故人道必稱仁義。

4-1-27

「답송강수答宋康叟」【丙辰】(『寒洲集』 卷14)

해제

1) 서지사항

한주(寒洲) 이진상이 1856년 송인호(宋寅濩, 1830~1889)에게 보낸 서한. 『한주집(寒洲集)』 권14에 실려 있다. (『한국문집총간』 317)

2) 저자

이진상(李震相, 1818~1886)으로 자는 여뢰(汝雷), 호는 한주(寒洲)이다.

3) 내용

이 글은 이진상이 1856년 송인호에게 보낸 서한인데, 별지에서 글의 의미 및 학문관과 수양론을 다루었다. 수양론 가운데 "함양지수(涵養持守)"는 글자 하나하나 그 의미를 밝히고, 경(敬)과 수양 영역을 다루었으며, 선존양후성찰(先存養後省察)은 공부를 '심의 동정'의 측면에서 언급하여 존양하면서 성찰하고 성찰하면서 존양해야 함을 피력하였다. '중(中)'이 중요한 것과 '인(仁)'이 근본이 되는 것을 음양과 동정의 측면에서 전개하였다.

4-1-27 「答宋康叟」【丙辰】(『寒洲集』 卷14)

頃來箚錄, 儘有疑得好說得緊者。如此積習用工, 將何理之不透? 更望益加展拓, 不使有鼓罷樹拔之勢。僭以謏見, 略此條答。如有未盡, 十回駁正, 繼此不住用工, 隨錄俯示也。

〈別紙〉

若有所不通則意味自不能浹洽, 如之何浹洽然後易一書乎?

意味浹洽, 在乎所讀之通熟, 其間節目之難解, 固當漸次條析。其終有所不通者, 亦姑放下, 更就易知易通處溫習之。令意思長長地新, 則自有浹洽之味, 始可以易讀佗書。然心平氣和之際, 更爲究硏乎向所未通者, 如是用工而已。

欲爲時文則有鈍敏, 而爲學則無鈍敏。

爲時文爲學, 亦無二致, 到得人力勝造化處, 一也。

"看『講解』不可專徇佗說"【止】"『遺書』中語, 豈無過當失實處?"

『講解』卽『諸經講解』, 『遺書』卽『程氏遺書』。蓋『講解』, 固出於前賢, 而不能無是非; 『遺書』, 門人所記, 亦不能無差失。若一例尊信, 則豈不自誤誤人? 講求其是, 而決去其非; 辨正其誤, 而服膺其善, 乃所以尊賢也。設使己見不明, 疑之妄辨之僭, 初無加損於前賢, 而專事曲徇, 則非徒己無實得, 前賢亦受其揜蔽矣。恰似小人逢迎, 外似尊君而實則慢君, 此方是放恣無忌。

後學未曾識目前大略, 便要說聖賢。

<u>東萊</u>嘗與<u>朱文公</u>共編『近思錄』, 首之以「太極圖說」, 仍言學者之於性道本原, 當知其名義, 有所嚮望。蓋性命之梗槪, 固當先知, 而其理精深, 難於說得透, 故於此又戒之。夫初學雖於大原上, 略綽見得, 而旣於下學處, 猶未習熟, 則要說性命, 便非循序, 當默修而實踐之, 以造乎高明耳。但鄙人元無慤實之工, 而驟究性命

之蘊, 諟諟說得頗橫肆, 深愧躐等而無益也。

"解經須還佗成句, 次還文義"【止】"添重字不得。"

"還", 返之也。註經者不要破碎拕長, 須於造語之際, 先還佗見成本句, 更還佗元文正意, 不可別添重字。重字是實字, 無緊要字, 是虛字。虛字無義, 故不害正義; 實字有義, 故卻害正義。

程先生解理, 皆在解語內, 某『集註』理, 皆在經文內。

凡解經文, 當解其正意。使元文之理自明, 理在解語內, 是自說道理也。理在經文內, 則經文之理, 由己解而益明也。程先生之說道理固甚好, 而於經文上, 終不若朱子之襯切。

合只書甲子, 而分註年號於下。

以蜀爲主者, 正論也。附註、年號者, 初間未定之論也。吳、魏年號。雖不可不分註, 而章武幾年則只合大書甲子之下, 故綱目用此例, 可見其得正。

程子曰: "學之而不養, 養之而不存。"

孟子曰: "存其心、養其性。" 此存養說之所本也。合看則一事, 貫動靜而主乎敬者也; 分看則二義, 養以充養言, 存以保存言。學而不養, 則學爲無實, 而終於口耳矣; 養而不存, 則養爲非眞, 而流於漭蕩矣。

一動一靜, 無時不養, 莫是指聖人地位否?

學者於身心動靜之間, 無時不養。養之熟, 則不患不到聖人地位, 養之豈非學者事? 有時而不能養, 則敬爲間斷矣。初學雖難遽無間斷, 而其立志做工, 則當以無時不養爲己分事, 豈可諉之於聖人地位乎?

涵養持守。

涵如水之浸涵, 而養又如木之培養; 持如器之護持, 而守又如城之保守。何必養與守爲無依據, 而涵與持獨可翫味耶? 涵養所以居敬, 涵泳所以漚理, 所就而言者微不同, 而其機相因。涵養其所已存, 涵泳其所已知, 故間著如此二字。

敬貫動靜, 徹上徹下, 則不只爲涵養之一事。

"涵養"二字, 亦固貫動靜、徹上下, 未可以對省察而單言靜處賺看也。養耳、養目, 表之養; 養心、養性, 裏之養。表裏交養, 其要在敬, 何可謂敬不在這時養耶?

"先存養後省察"【止】"人須是學顏子。"

以用工而言, 則存養居先而省察較後; 以心之動靜而言, 則未應不是先、已應不是後。存養而省察, 省察而存養。終則復始, 循環無間。而君子之學, 主靜而養動。故先存後察, 其序固然, 而既察後存, 雖謂之反本復初可也。孟子才高, 如說操存、求放心、養性等處, 却不曾說到下手處, 不若顏子之"克己復禮"、"博文約禮", 眞切下工, 爲學者之準則也。須看佗"不遷怒, 不貳過", "無伐善, 無施勞", 得一善則服膺勿失, 知不善則未嘗復行, 是甚麽用力處也。且如道性善, 雖發前人所未發, 而未說佗矯揉氣質, 復其本善之節度, 此亦是無可依據。

以正對中則中爲重, 以義配仁則仁爲本。

周子本旨, 中、仁屬動, 而正、義屬靜。以主靜意看, 則正、義爲重爲本。朱子「圖說解」用此意, 而其謂中爲重仁爲本者, 乃一時未定之論。然四者之外, 非別有主靜一段事者則不可易只也。中、仁是陽動屬木火, 正、義是陰靜屬金水。靜爲動之根, 而主乎靜所以養其動, 何謂四者之無關於主靜乎?

"敬字工夫貫動靜。而以靜爲本"【止】"不靜則無以用敬, 故靜爲本否?"

天地之化, 不專一則不能直遂, 不翕聚則不能闢施, 此便是靜爲本處。是故君子之學, 固無間於動靜, 而亦必以靜爲本。敬者一心之主宰也。動靜固皆主宰, 而體立於靜, 用行於動, 體非本乎? 靜存此性, 動察此情, 性非本乎? 若謂不靜無以用敬, 則卻無動時敬矣。朱子曰: "主靜所以養動。" 又曰: "靜者養動之根。"

4-1-28

「답송강수答宋康叟」2(『寒洲集』 卷14)

해제

1) 서지사항

한주(寒洲) 이진상이 송인호(宋寅濩, 1830~1889)에게 보낸 서한. 『한주집(寒洲集)』 권14에 실려 있다. (『한국문집총간』 317)

2) 저자

이진상(李震相, 1818~1886)으로 자는 여뢰(汝雷), 호는 한주(寒洲)이다.

3) 내용

이 글은 이진상이 송인호에게 보낸 서한과 별지이다. 서한은 『퇴도문류선(退陶文類選)』과 『운도정전(雲陶正傳)』을 간략히 설명하고 체제는 『근사록』을 취하였음을 언급하였다. 별지는 주로 칠정(七情)을 리기론으로 설명하였다. 그 소주에서 『대학』을 비롯한 주희(朱熹)의 글을 원용하여 정(情)의 발현을 리발과 기발을 피력하면서 인심과 도심을 연계시키고, 그 기의 감응을 외감출(外感)로, 기의 발현을 내출(內出)로, 기의 거역을 말변(末變)으로, 리의 재제를 내출위주(內出爲主) 라는 논리를 전개하였다. 또한 사단과 칠정을 수설(竪說)과 횡설(橫說)로 언급한 다음, 끝으로는 전체에 대한 자신의 관점을 구체적으로 밝혔다.

4-1-28 「答宋康叟」2(『寒洲集』 卷14)

二先生書類節事, 震所廿載經營者, 而坐於楮觚, 竟莫之遂, 所以奉勖於兄。兄如有志則何患不成? 但望無欲速無憚煩, 先錄退陶文, 分類各條, 以多爲主, 而名之曰『退陶文類選』。卻以見寄, 則當入正傳者圈之, 宂而可刪者抹之, 不入於彼而可存於此者仍之, 因以送呈矣。兄更以續近思合其圈處, 編爲幾卷, 命之曰『雲陶正傳』。蔡錄中取舍未瑩處, 僕當任其刪補。如是則一擧而兄能辦兩件事業矣。道理公物, 兄果爲之則何異於吾爲之也。謄寫一事爲少勞, 而見解與力量, 不須言耳。至於成書, 則震亦效力於其間。如寒泉會編之例, 勿疑而亟圖之如何? 在『類選』, 則「天命圖」、「心統性情中下圖」, 當在上頭; 在『正傳』, 則當以朱子說爲首。『類選』當依『朱書節要』法, 一編文字, 不宜分裂, 其指意之相出入者, 不妨就其重處爲主。惟問目更端處, 不在此例。其中如談山水評花卉之類, 雖似閒漫, 亦依節要蟬聲益淸例入錄, 以見大賢風範。若文字出處訂釋之類, 不必入錄。如欲攷据則別以一冊抄之亦可。惟經說中關緊重者, 不可遺也。『言行錄』則別爲抄謄, 以備采入於『正傳』, 而不當入於『類選』耳。蓋『朱子大全』, 書有『節要』, 文有『酌海』, 合之爲『節酌通編』, 類之爲『浦渚要類』。今退陶書只有『節要』, 猶未行世。今若爲『類選』, 則是節酌要類統會之編也, 豈不嫰哉? 此與『正傳』之編, 面目自異, 故篇目不專用『近思』例。曰理氣,【太極、陰陽、五行、鬼神。】曰心性,【四七、人道、論仁等說。】曰存省,【擴充、克治、主靜、居敬。】曰知行,【如論格致、誠正等。】曰修身,【起居、語默、飮食、言語、容貌、威儀。】曰齊家,【奉親、訓子。】曰禮學,【冠、昏、喪、祭。】曰交際,【處鄕、接人、辭受、取予。】曰翫賞,【山、水、琴、壺、花、卉、圖、史。】曰出處,【辭、官等說。】曰政事,【居官、莅政。】曰君德,【勉聖學。】曰治道,【禮樂、刑政、道德、功利。】曰時事,【如用兵、交鄰、科擧等說。】曰人物,【古今人物。】曰訓門人, 曰闢異端, 曰崇正學。合十八條, 此外如有可立爲綱者, 隨見別錄。

〈別紙〉

單拈四端而擧其終始則中節者, 理發而氣不得揜之者也。不中節者, 理發而氣或揜之者也。若其本色則純善無惡, 孟子所謂“非納交、要譽”者是也。【全屬道心。】『語類』所謂

"不中節便是惡", 已不是情之本色矣。

單拈七情而統說之, 則兼理氣有善惡者是已。理之善者, 理發而氣順之者也。【「禹謨」之道心, 『中庸』之達道。】雖是理發, 而氣或逆之, 則便不中節; 雖不中節, 而不可謂之氣發也。【『大學』五"辟"是已。先儒以五者爲四端者有之。然只是七情之與四端相似者也。】氣之善者, 氣發而順乎理者也。【『禹謨』所謂"人心", 而朱子所謂"形氣之偶然, 不可便認之爲道心"者也。】苟或逆乎理則心失其正,【『大學』四"有"是已。】流爲人欲矣。雖是氣發, 而理能制之, 則便自中節。【朱子所謂"人心聽命"。】雖云中節, 而不可謂之理發。【朱子所謂"畢竟是生於形氣"。】若其實體則「好學論」盡之矣。外物觸其形而動其中者, 氣之感也;【外感。】其中動者, 理之發也。【內出。】情旣熾而益蕩者, 氣之逆也;【末變也, 卽人欲是也。】覺者約其情以合於中者, 理之制也。【內出爲主。故兼理氣說中。亦有只是理發之意。】

合四七而豎說, 則皆是理發, 退陶「中圖」之義也。原於性命之正者, 固不待言, 而生於形氣之私者, 亦只是理因形氣發。【朱子曰"人心", 理之屬乎血氣者。】

分四七而橫說, 則四端理之發, 包達道在其中, 單屬道心; 七情氣之發, 該四有在其中, 單屬人心, 此乃退陶「下圖」之義也。由民彝物則而發, 故曰理之發; 由聲色臭味而發, 故曰氣之發, 非謂內出者之有二本也。【此只就發處而立論, 指其所主之不同。故退陶「下圖」不曰情, 而曰"發爲"。】

通按: 四端專指理, 橫豎單並, 元無異處。而七情本兼理氣, 故或單指理, 或單指氣。單指理時, 雖以氣發, 而順乎理者不與焉; 單指氣時, 雖以理發, 而拚於氣者不與焉。若又兼指其實, 則有主理而發者, 有主氣而發者。氣發而順乎理, 理發而拚於氣, 皆得與焉耳。今欲爲七情氣發之論則當祖「禮運」, 欲爲七情理發之論則當祖『中庸』, 欲爲七情兼理氣之論則當祖「樂記」、「好學論」, 而兼理氣之中, 又可見其實之皆理發。朱子以性之欲爲理之發, 程子以中之動爲性之用故也。蓋七情氣發之說, 元從「禮運」來, 而諸先生偶未及此。只以『中庸』、「樂記」、「好學論」單指理兼指理處爲證。故多費辭說, 而卒不能歸一。若使「禮運」之旨早明, 則十義之爲道心, 七情之爲人心, 斷然無疑。高峯、栗谷之辨, 何自而生乎? 及至大山、星湖兩先生出, 然後稍采「禮運」之說,以示後人, 對四端底七情之爲氣之發者, 始有的證矣。【但大山采「禮運」說, 入於渾淪說。故南損齋以此爲兼理氣之證, 亦恐未安。「禮運」旣以“飮食男女”、“死亡貧苦”之大端, 對說於“君仁臣忠、父慈子孝”之大倫。以何謂人義、何謂人情發端, 則其與人心道心之說, 初無異也。】今乃舍「禮運」而攙『中庸』以爲氣發之證者, 不亦戛戛乎難合哉?【退陶以中節之情四端之情, 合說不雜氣之情, 而其後大山亦謂達道之情, 何嘗有生於形氣, 氣順理而發底意思耶?】或謂七情本果兼理氣, 則七非四也, 四非七也。雖對四端, 何得爲氣之發乎? 然一心之中, 元無兩理交窟。七情所兼之理, 只是四端之理。對四端言時, 七情之理一邊。已爲四端之所該, 而七情只是氣一邊也。焉得不謂之氣之發乎? 況道心之發於理, 人心之發於氣, 旣不可諱, 則對四端底七情, 果非人心耶! 又謂心之發於形氣之私者, 苟能中節, 則何不可謂之和? 然所謂和者, 指其可以爲天下之達道, 而一身私有之情, 終非天下之公理。只得爲人心之善, 而不可認之爲道心, 況達道乎?

4-1-29

「답송강수答宋康叟」3(『寒洲集』 卷14)

해제

1) 서지사항

한주(寒洲) 이진상이 송인호(宋寅濩, 1830~1889)에게 보낸 서한. 『한주집(寒洲集)』 권14에 실려 있다. (『한국문집총간』 317)

2) 저자

이진상(李震相, 1818~1886)으로 자는 여뢰(汝雷), 호는 한주(寒洲)이다.

3) 내용

이 글은 이진상이 송인호에게 보낸 서한과 별지이다. 서한은 리기론에서 리를 중시하는 관점을 밝히면서 리를 임금과 아버지, 기를 신하와 자식에 견주고 그 대본으로 리를 주로 한다는 논지를 피력하였다. 별지 내용 역시 리기론을 더 구체적으로 언급하는데, 주돈이(周敦頤)의 「태극도설(太極圖說)」에 대해 주희가 지은 「태극도설해(太極圖說解)」의 논지를 원용하여 동정과 음양을 연관시켜 자신의 관점을 밝혔다.

4-1-29 「答宋康叟」3(『寒洲集』 卷14)

前書可謂發盡無餘蘊, 自以爲至誠告曉。宜無難明之端, 而今來盛覆, 又未見灑然無累處。此道寡諧, 實關命數, 不可尤人, 祇可自歎而已。雖然, 較之前書, 已轉得十之六七矣。時於淸風朗月之夜, 一回思繹, 由本及末, 期使之互相貫畢, 則以兄見解, 豈有終不相契之理? 惟是之望。大抵理, 比則君也、父也; 氣, 比則臣也、子也。天下之大本, 惟在於理, 故古聖人千言萬語, 主理而已。氣說在所略也。是以言氣之詳, 莫如『正蒙』, 而程先生猶有別處走之譏。蓋主氣爲說, 雖使精到, 已落在第二義, 况不能無失乎? 鄙人積年勘究, 僅得窺諦。辛苦立命, 墨守頗堅。到今白首, 豈有撓改之理哉?

〈別紙〉

理本無形。若謂無這氣之前, 理獨能動靜, 則是有極而太極也, 奚可曰無極哉?

有形之動靜, "物則不通"者也; 無形之動靜, 方是眞動靜。理之能動能靜, 何嘗有模樣乎? 氣爲動靜之資, 當就分陰分陽以後說。於其生氣之際, 豈有氣爲之資乎? 苟有是氣, 則更安用生氣爲哉? "無極而太極", 勉齋訓作"無形而至形", 以動靜言之, 則雖無動靜之形, 而自有動靜之妙者也。

氣有休息時, 理何所依靠乎? 陰陽未生之前, 亦豈無天地公共之氣乎?

此天地生陰生陽之前, 固自有前天地已屈之氣, 而已屈之氣, 初不用事, 太極何嘗藉彼死物而生此新氣耶? 有形之物, 必待依靠, 而無形之理, 豈有方所? 朱子曰: "氣有不存, 理卻常在。"[2] 天地公共之氣, 本指人物未生之際, 非指陰陽未生之前。引用殊未安。

朱子「圖說解」三項, 皆言陰陽, 則太極非截然獨立於無氣之前可見。

動而無動、靜而無靜, 謂無動靜之形也。非不動不靜, 言其有動靜之實也。與理無

---

2) 理: 『晦庵集』과 『朱子語類』는 "性"으로 썼다.

動靜之說, 大煞不同。周子於陰陽圈中挑出太極, 以明先有此理之妙。故朱子解之先言"非有以離乎陰陽", 而終以"不雜乎陰陽"爲言, 則其意可見。且有理便有氣, 間不容髮, 則何嘗有截然底時分獨立底地頭乎? 若以先有此理, 謂有懸空獨立之嫌, 則是乃認理爲有形體有方所者也。

"太極含陰陽之動靜, 故太極有動靜"【止】"來錄中動靜爲妙用五字未安。"

天命流行處, 驗得太極動靜, 果是可通之機, 而至誠無息, 以理言者也。理果能流行, 則妙用在是, 更何待拈氣以貳之乎? "太極函動靜", 只有陰陽之理, 未有陰陽之氣, 氣在理中, 非其實也。"太極有動靜", 旣以流行言, 則流行者, 果非妙用乎? 以動靜, 分體用, 則靜體而動用; 以函動靜之本體, 對了有動靜之流行, 則流行卽是妙用, 此當隨處活看者也。朱子嘗曰: "靜亦動之息, 故一動一靜, 皆命之行。" 程子"以妙用謂之神", 神卽能動而又能靜者也。【含動靜則靜爲主, 故謂之本體; 有動靜則動爲主, 故謂之妙用。】

4-1-30

「답송강수별지答宋康叟別紙」4(『寒洲集』 卷14)

해제

1) 서지사항

한주(寒洲) 이진상(李震相, 1818~1886)이 송인호(宋寅濩, 1830~1889)에게 보낸 서한. 『한주집(寒洲集)』 권14에 실려 있다. (『한국문집총간』 317)

2) 저자

이진상(李震相, 1818~1886)으로 자는 여뢰(汝雷), 호는 한주(寒洲)이다.

3) 내용

이 글은 이진상이 송인호에게 보낸 별지이다. 별지 내용은 여섯 개로 구성되었는데, 구산(龜山) 양시(楊時)가 "미발의 즈음에 중을 체득할 수 있다"는 것에 대해 논한 다음, "치중화(致中和)"의 "치(致)" 글자를 "치사(致師)"로 언급하는 것은 『중용』의 "치중화"와 동일하지 않다고 피력하였다. 『참동계(參同契)』의 조식(調息)과 연기(鍊氣)의 법, 그리고 주희(朱熹)가 자직(子直) 양방(楊方)·자회(子晦) 요덕명(廖德明)·빈왕(賓王) 방의(方誼)에게 보낸 서한에서 난해한 부분을 기술하였다.

4-1-30「答宋康叟別紙」4(『寒洲集』 卷14)

龜山所謂"未發之際, 能體所謂中"。

龜山體中之說, 微有求中之意, 故言其近之而有病。延平之學, 蓋原於此, 而先生未能深信。故微婉其辭, 謂之不能盡記。更不深思, 其曰"人雖有無所喜怒哀樂之時, 謂之未發則不可", 與定論所謂廝役皆有未發者不同。其言愼獨然後可及中和, 則中和非性情之實德, 而得之於工夫到後也。且單言愼獨亦有病, 此皆先生之所未安者也。來諭所謂有主宰然後未發而中已發而和者, 亦有此病。心無主宰者, 大本固不立, 妙用固不行, 而中和之實, 得之於天而存之於人, 未嘗亡也。蓋中則性也, 和則情也。雖至惡至愚之人, 亦不能無, 孟子所論"性善"及"惻隱之心"處可見。

致字, 如致師之致。

"致師", 出『春秋傳』。然恐與"致中和"本意不同。蓋"致中和"者, 因其固有之德而推極之也。"致師"者。求致外至之兵也。抑李先生以中和爲工夫所成, 故其說如此歟!

一息之間, 便有晦朔。

此論『參同契』調息、鍊氣之法。氣吸而將消處, 是一息之晦也; 氣晦而將長處, 是一息之朔也。滋養眞水, 以滅邪火, 注心臍腹之法也。擧水而滅火, 則火不能克金, 而金能生水, 復其本性也。醫家以命門水、三焦火, 屬腎藏, 而肺金生腎水, 爲天元一氣。

所答楊子直心之全體。

心之全體, 以體段言。貫動靜該體用而言之, 非對用之體也。體立於內者, 固心也; 用行於外者, 亦心也。蓋身有內外, 而心無內外, 渾然全體, 初無間隔。

所答廖子晦不忘二字是活句。

溝壑喪元, 亦所不恤, 則將無入而不自得。達而在廊廟, 窮而在陋巷, 安而在衽席, 危而在灩澦, 皆當不忘此心, 故謂之活句。

所答方賓王書, 聞道方能理會得。

"聞道", 卽『論語』"朝聞道"之謂。蓋賓王謂旣聞道則更無餘事, 而先生謂始聞此道, 方能理會得人道從此實著工夫。以行此道, 便有多少事在, 安得遽謂都無事?

4-1-31

「답송강수答宋康叟」5(『寒洲集』 卷14)

해제

1) 서지사항

한주(寒洲) 이진상이 송인호(宋寅濩, 1830~1889)에게 보낸 서한. 『한주집(寒洲集)』 권14에 실려 있다. (『한국문집총간』 317)

2) 저자

이진상(李震相, 1818~1886)으로 자는 여뢰(汝雷), 호는 한주(寒洲)이다.

3) 내용

이 글은 이진상이 송인호에게 보낸 서한과 별지이다. 간단한 서한에 별지는 "천일생수(天一生水)"의 논지, 「심학도(心學圖)」에서 "심재(心在)"의 의미를 기술하였다. 그리고 "경(敬)은 예(礜)의 용(用)으로 말할 수 없으나 인의예지를 포함할 수 있어 심을 주재하게 된다"는 것에 대하여 이진상은 "경이 예에 근본하지 않으면 심의 주재가 되지 못한다'는 논지를 세운 다음 사덕(四德)과의 관계를 전언(專言)과 편언(偏言)이라는 두 측면으로 설명하였다.

4-1-31「答宋康叟」5(『寒洲集』卷14)

雪打風囱，歲色凄然。伏惟省事萬衛，甥君輩讀書聲益可聽否？頃者垂問，略控謏見，而『退溪集』適在山亭，未能記其語脈。倘有相左，容俟後日對勘。

〈別紙〉

天一生水。

天者，衆陽之宗，故陽謂之天；地者，衆陰之宗，故陰謂之地。天一者，天之一也，一陽始生，便有滋潤意，是水氣也。到得地六成之，然後水始有形質。以質言則水固爲陰盛，【六是陰盛。】而以氣言則水乃陽穉，【一爲陽始。】此之言"天一生水"，氣生之序也。「太極圖說」"陽變陰合，而生水、火、木、金、土"，質生之序也。"太極動而生陽"，第一生底便是水；"靜而生陰" 第二生底便是火，此則理生氣之原頭也。陽變於陰，以生陰盛之水；陰合於陽，以生陽盛之火，此則氣生質之坯樸也。若謂"天一生水"之"水"，便是"水陰根陽"之"水"，則土未生之前，何從有滔滔之水？況金木之確然者乎？退陶書水爲天地之所由生，是推本而言其氣也。休庵之說，蓋謂天地成象之初。水最先成。是推本而言其實也。二說相須乃備，而天一生水之本意，則當以退訓爲正。

「心學圖」心在。

"心在"之說，本於正心章。視則心在視，聽則心在聽，食則心在食，此乃心之應物，隨處省察者也。苟不省察，則必有不見不聞不知其味之患矣。然察其不在而使之存在，則是能敬以直之而涵養之實著矣。"敬以直內"，固屬乎涵養，而初動處必須省察，豈可以偏屬之乎？栗谷以正心、心在，偏屬涵養，故答之如此。蓋主乎中以察其外，制乎外以養其中，二者之工交須，而心正可言矣。

敬不可以禮之用言，包得仁義禮智，而爲主宰於心者也。

言敬而不本於禮則敬爲虛位，不足爲一心之主宰。若又偏屬於禮之用，則不能該未發之敬。蓋敬之於禮，猶知之於智、誠之於信，五常之中，仁與義爲定名，故無異稱，而其餘則皆有別名。蓋禮只是敬之體，而敬兼得禮之體用；智只是知之體，而知兼得智之體用，誠亦然耳。且道仁自是木之理，而專言則爲一心之全德，偏言則爲愛之理而已。然則敬自是火之德，而專言則爲一心之主宰，偏言則爲禮之用而已。蓋四德各專一心，故貫動靜該體用看，則敬亦兼仁義禮智如尊說，其標本則是屬火之禮如鳴遠說。但火之發動，乃用也，非所以言敬之體也。

4-1-32

「답송강수별지答宋康叟別紙」6(『寒洲集』 卷14)

해제

1) 서지사항

한주(寒洲) 이진상이 송인호(宋寅濩, 1830~1889)에게 보낸 서한. 『한주집(寒洲集)』 권14에 실려 있다. (『한국문집총간』 317)

2) 저자

이진상(李震相, 1818~1886)으로 자는 여뢰(汝雷), 호는 한주(寒洲)이다.

3) 내용

이 글은 이진상이 송인호에게 보낸 별지이다. 이진상은 심의 전체는 태극이라고 하면서 태극은 형상과 방소가 없으나 그 묘용의 신묘함은 기를 타고 유행하는데 그 변화를 헤아릴 수 없다고 하였다. 이러한 논지를 가지고 공자가 말한 "조즉존 사즉망 출입무시 막지기향(操則存, 舍則亡, 出入無時, 莫知其鄕)"에 대해 조목조목 분석하고, 『회암집(晦庵集)』의 「답하숙경(答何叔京)」이 주희 심론의 가장 최후의 정론임을 밝히며 하늘과 사람이 합하는 곳은 두 개가 아니라는 논지를 주장하였다.

4-1-32「答宋康叟別紙」(『寒洲集』 卷14)

朱書論惟心之謂四句, 發明非心之病, 而猶以眞妄邪正言之何也。

心之全體, 太極也。太極無形狀無方所, 而其妙用之神, 乘氣流行, 變化不測。故孔子贊之曰: "操則存, 舍則亡, 出入無時, 莫知其鄕。" 朱子釋之曰: "神明不測, 得失之易, 而保守之難。" 蓋道體無爲, 妙用無方, 求則得之, 放則失之。出入存亡, 在人之操舍如何耳。謂之存而未嘗增一分, 謂之亡而未嘗減一分, 謂之出而非走出外去, 謂之入而非拽入裏來, 則存而入者固善, 而非心之功也; 出而亡者固不善, 而非心之病也。今以祭祀之鬼神喩之, "操則存, 舍則亡", 猶言有其誠則有其神, 無其誠則無其神。誠之有無, 人之責, 而神之有無, 非神之病也。"出入無時", 猶言"神之格思, 不可度思! 矧可射思!" "神之格", 由人之感召, 而不格, 非神之罪也。"莫知其鄕", 猶言"不知神之所在, 於彼乎? 於此乎?" 神之在此在彼, 俱是不測之妙, 烏可以做病看耶? 人能致愛而使之存, 致愨而使之著, 則神感它和氣而降福致祥。人若褻黷而侮慢之, 則神感它乖氣而興妖作孼。心之有眞妄邪正, 亦猶是也。人自病心, 心非病人。【人指形氣, 心指理義。】 故朱子斷之以非心之病耳。「答何叔京」書是最後定論, 而其中有曰: "心之體用始終, 雖有眞妄邪正之分, 其實莫非神明不測之妙; 雖皆神明不測之妙, 而其眞妄邪正, 又不可不分。" 蓋"神明不測", 心之得於天分者也; "眞妄邪正", 心之判於人爲者也。天人合處, 烏可以貳之乎?

4-1-33

「답송강수별지答宋康叟別紙」7【論『通書箚義』】(『寒洲集』 卷14)

해제

1) 서지사항

한주(寒洲) 이진상이 강수(康叟) 송인호(宋寅濩, 1830~1889)에게 보낸 서한. 『한주집(寒洲集)』 권14에 실려 있다. (『한국문집총간』 317)

2) 저자

이진상(李震相, 1818~1886)으로 자는 여뢰(汝雷), 호는 한주(寒洲)이다.

3) 내용

이 글은 이진상이 송인호에게 보낸 별지 내용이다. 리동정(理動靜)을 주돈이(周敦頤)의 『통서(通書)』「동정제십육장(動靜第十六章)」의 내용을 원용하여 리가 동정할 수 있다는 논지를 주장하였고, 인욕변시인심(人欲便是人心)에 대한 내용을 『주자대전』과 『주자어류』에서 언급된 것을 초년과 만년으로 고증하면서 시간적 변화양상을 밝혔다.

4-1-33「答宋康叟別紙」【論『通書箚義』】(『寒洲集』 卷14)

理動靜。

讀『通書』而見得理能動靜, 可謂善讀書矣。但旣曰"動而無動, 靜而無靜", 而刪卻下段"非不動不靜", 何歟?【此註朱子說最詳。詳味勿忘, 則更不爲異說所撓。】

人欲便是人心

曾以『大全』、『語類』, 參攷年條, 則先生己酉以前, 以人心爲全不好底。人欲, 如"徇人欲, 自是危險"及"舍而亡"者爲人心等語是也。癸丑以前, 又以人欲爲不全是不好。如"旣無義理, 如何不危"、"若只是人心也危", 兩錄是也。甲寅以後, 始斷以人心不專是不好, 而人欲爲惡一邊。如來示所引, 不應只下箇危字一段, 直說人心人欲, 此語有病, 乃甲寅所聞之定論也。一箇天理, 一箇人欲, 卽癸丑錄, 而猶謂人心便是飢思食寒思衣底心, 則是以人欲爲非全不好也。「答張敬夫」書以營爲把捉底爲人心, 而又引動以人爲有妄, 以證人心私欲之說, 而南軒卒於庚子, 則明是初年說也。『中庸』「序」固是定論, 而「答鄭子上」書言『中庸』「序」, 後亦改正, 則此序雖成於己酉, 而其時論猶未定也。抑所改正, 在於甲寅以後耶? 若曰"人心之危者, 人欲之萌", 看一萌字, 便自可通, 卽『中庸』「序」"危者愈危, 卒無以勝夫人欲之私"者也。朱先生廓然大公, 心無私吝, 故立言有差, 屢改而從是。此類雖多, 何疑於非定論乎? 朱子之辛苦, 反爲後人之容易。但勤考而精擇, 則中才以上, 必無誤知之理。旣不可以易知而自多, 亦不可以難知而自沮。

4-1-33 「答宋康叟別紙」【論『通書箚義』】(『寒洲集』 卷14)

理動靜。

讀『通書』而見得理能動靜, 可謂善讀書矣。但旣曰“動而無動, 靜而無靜”, 而刪卻下段“非不動不靜”, 何歟?【此註朱子說最詳。詳味勿忘, 則更不爲異說所撓。】

人欲便是人心

曾以『大全』、『語類』, 參攷年條, 則先生己酉以前, 以人心爲全不好底。人欲, 如“徇人欲, 自是危險”及“舍而亡”者爲人心等語是也。癸丑以前, 又以人欲爲不全是不好。如“旣無義理, 如何不危”、“若只是人心也危”, 兩錄是也。甲寅以後, 始斷以人心不專是不好, 而人欲爲惡一邊。如來示所引, 不應只下箇危字一段, 直說人心人欲, 此語有病, 乃甲寅所聞之定論也。一箇天理, 一箇人欲, 卽癸丑錄, 而猶謂人心便是飢思食寒思衣底心, 則是以人欲爲非全不好也。「答張敬夫」書以營爲把捉底爲人心, 而又引動以人爲有妄, 以證人心私欲之說, 而南軒卒於庚子, 則明是初年說也。『中庸』「序」固是定論, 而「答鄭子上」書言『中庸』「序」, 後亦改正, 則此序雖成於己酉, 而其時論猶未定也。抑所改正, 在於甲寅以後耶? 若曰“人心之危者, 人欲之萌”, 看一萌字, 便自可通, 卽『中庸』「序」“危者愈危, 卒無以勝夫人欲之私”者也。朱先生廓然大公, 心無私吝, 故立言有差, 屢改而從是。此類雖多, 何疑於非定論乎? 朱子之辛苦, 反爲後人之容易。但勤考而精擇, 則中才以上, 必無誤知之理。旣不可以易知而自多, 亦不可以難知而自沮。

4-1-34

「답송강수별지答宋康叟【丁丑】別紙」8(『寒洲集』 卷14)

해제

1) 서지사항

한주(寒洲) 이진상이 1877년 송인호(宋寅濩, 1830~1889)에게 보낸 서한. 『한주집(寒洲集)』 권14에 실려 있다. (『한국문집총간』 317)

2) 저자

이진상(李震相, 1818~1886)으로 자는 여뢰(汝雷), 호는 한주(寒洲)이다.

3) 내용

이 글은 이진상이 송인호에게 보낸 서한과 별지 내용이다. 서한은 사서(史書) 가운데 『송사(宋史)』와 『명사(明史)』에 대한 역사 서술을 간략히 기술한 것이다. 첫 번째 별지 내용에서는 호론이 말하는 심순선(心純善)은 담일지기(湛一之氣)를 미발의 심체로 여긴 것을 말하는 것이다. 이진상은, 이와 같은 것은 퇴계(退溪) 이황(李滉)의 논지와 다름을 지적하고, 심의 본체인 경우에는 가능하나 심을 기로 여기면서 곧바로 심순선을 주장하는 것은 잘못이라고 하였다. 두 번째 내용에서는 『주례』의 저자 문제를 다루었는데, 주희의 논지를 수용하여 간략히 언급하였다.

4-1-34 「答宋康叟【丁丑】別紙」(『寒洲集』 卷14)

鄙人出入以沴欶而廢, 事務以傳付而忘。惟有幾卷殘書, 可資以消長日, 非不知史書之閙熱, 而必欲討究者, 蓋以羣經略有成緖, 而此爲未了案, 期欲於目力未竭時, 得以究硏。故姑置『語類』溫繹之工, 而歷箚綱目, 已至於金文貞所續『宋史』。但『明史』則深有不忍於評斷, 蓋萬曆以上, 皆吾不忘之前王; 崇禎以來, 常若見在之吾君, 風泉百世之感, 激薄胷裏, 欲言則心瘇, 不得不闕之耳。然古人評史, 多博引故實, 鋪張理致, 而鄙箚則直陳其事, 達意而已。後觀者無所開眼, 其於才不逮古, 何哉? 精力銷歇, 誠如盛慮, 而過此以往, 又不如今日, 安得不汲汲爲之耶? 人之意思, 規模各不同, 未可以一法拘也。鄙冊俟便可完, 傳後與否? 便屬閒商量, 心力之所寓, 老年之所佔, 俱可護惜。且道『周禮』所載三皇五帝之書, 盡沒於驪山之亂; 『魯論』所有「問王」、「知道」二編, 亦佚於硎谷之禍, 况於幺麽鄙文, 寧有鬼神護持耶? 堯水湯旱, 隔並於兩年, 貴庄旱田, 誠有乘除之理, 鄙家所種, 非沙覆則水渰, 弱兒憂悶, 而其父反以高軒六對滄江, 老屋七入漏天爲興致。還可好笑。

〈別紙〉

心純善之說。

湖中之論, 以心爲氣, 仍以湛一之氣, 當未發之心體, 而謂之純善, 與退陶說"未發, 安有惡"者, 正如冰炭。退陶嘗曰: "氣何能純善, 惟是氣未用事時, 理爲主, 故純善耳。" 可破此失。今若據理而言, 但曰心之本體無不善則宜矣。直曰"心純善", 豈不是釋氏說? 况認心爲氣, 失其主宰之尊者乎?

『周禮』是周公自作否?

『周禮』規模縝密, 意思公平, 非周公决不能立定此法。然文字則恐非周公手筆。朱先生已言之。

4-1-35

「답허퇴이答許退而」(『寒洲集』 卷15)

해제

1) 서지사항

한주(寒洲) 이진상이 허유(許愈, 1833~1904)에게 보낸 서한. 『한주집(寒洲集)』 권15에 실려 있다. (『한국문집총간』 317)

2) 저자

이진상(李震相, 1818~1886)으로 자는 여뢰(汝雷), 호는 한주(寒洲)이다.

3) 내용

이 글은 이진상이 허유에게 보낸 서한과 별지이다. 별지에 태극과 동정의 관계를 설명하였다. '동(動)'과 '정(靜)'의 함의를 기술하고, 나아가 태극승기(太極乘機)·태극지묘(太極之妙)·태극생음양지묘(太極生陰陽之妙) 등을 통해서 그 오묘한 관계를 체계적으로 기술하였다.

4-1-35「答許退而」(『寒洲集』 卷15)

南遊歸, 首得惠書鎭案, 荷感可勝。書後秋色益闌, 慈闈壽候萬康。胤哥醮禮, 其間倘有定處否? 好德者尠, 論財者衆。逢人輒誦, 適取迂闊之目柰何? 僕夏間積苦瘍瘇, 如因風火上煽, 涼秋借驢作椒井之行, 目睹異類恣橫, 適以敗興歸棲, 僅無大憊。今來動靜說, 前輩亦多此論, 鄙見寡諧, 安知非膠固之病耶? 到今精力衰耗, 竟未有濯舊來新之望, 只得隨本意答去, 而亦欠太費勘覈, 殊乖相與之本情, 倘可諒恕否? 佩弦之戒, 不須贊歎一場, 如僕則老而任性, 弦處尙弦。閱變漸熟, 韋處太韋, 但欲佩鈴以警惺耳。

〈別紙〉

非太極, 陰陽何自而動靜? 非陰陽, 太極何資而動靜? 太極乘乎陰陽而爲動靜之妙, 陰陽生乎太極而爲動靜之機。

> 陰陽已生, 固爲太極之所資; 而陰陽未生, 太極便自會動靜。蓋動靜者, 氣之未形者也; 陰陽者, 氣之已形者也。直從大原頭說, 則舊氣纔絶, 太極便生出新氣, 而生出之始, 動靜爲其機焉。太極之動靜, 正如人心之有仁義。仁固屬陽, 義固屬陰, 而仁義只是理; 動固屬陽, 靜固屬陰, 而動靜只是理。蓋陰陽未判, 人心未發, 一例是氣不用事時, 有仁義之心者, 固自有仁義之氣, 而只可曰仁之端、義之端, 不須言所乘之氣。旣形於喜怒, 方可以言氣, 況"太極動而"、"靜而"之際, 何嘗有已形之氣乎? 末一句尤似做病。動靜自是陰陽之機, 而今反以陰陽爲動靜之機。如是則周子何不曰太極生陽而動、生陰而靜? 朱子何不先言陰陽? 而每先言動靜也。

"動而生陽"之動, 是"靜中有動"之動也; "靜而生陰"之靜, 是動中有靜之靜也。"動靜者所乘之機", 此動靜, 卽"動中有靜"之動、"靜中有動"之靜也。

> 如是, 則陰靜之中, 理不能爲主乎靜而只爲動之理; 陽動之中, 理不能爲主乎動而

只爲靜之理, 理反爲動而無靜靜而無動之物矣。眞箇動靜專屬於氣, 而理爲有體無用矣, 朱子以"動中有靜"、"靜中有動"爲理之體, 以"動而能靜"、"靜而能動"爲理之用。愚意, 則"無極而太極", 是說"所以動"、"所以靜"之本體, "動中有靜"、"靜中有動", 可當此句。"太極動而生陽, 靜而生陰", 是說太極之動而陽、靜而陰, 則動而能靜、靜而能動, 可當此一句。所乘之機, 通釋第二節動靜。太極之能動能靜, 爲生陽生陰之機; 太極之一動一靜, 爲分陰分陽之機。

太極乘陰靜之機, 而靜中自有能動之妙; 太極乘陽動之機, 而動中自有能靜之妙。能動能靜之妙, 必資乎陰靜陽動之機。

太極乘機之乘, 若如乘此機會之乘則不做病, 而謂如乘馬之乘, 則動靜初, 豈可乘之物乎? 世未有自動而乘動, 自靜而乘靜者也。况乘此陽動陰靜之機, 則是乃先有陰陽而後有動靜也。恐無是理。朱子以太極之含動靜者爲本體, 以太極之有動靜者爲流行, 則所以動靜, 是爲本然之妙, 而能動能靜, 已涉於所乘之機。不先論太極動靜, 而便先說陰陽動靜, 則是乃太極無動無靜, 而但資陰陽之動靜, 方會動靜, 烏在其爲本然之妙乎? 烏在其爲妙用之理乎?

太極之妙, 主宰乎其中, 乘陰而生陽, 乘陽而生陰, 曷嘗於陰陽之外, 別有一箇太極自動而自靜耶?

朱子曰: "太極者, 性情之妙。" 旣有主宰之妙, 則亦須有發出之實。靜極則自會動, 非以乘陰而方得生陽也; 動極則自會靜, 非以乘陽而方得生陰也。太極固不離於陰陽, 而亦不雜於陰陽。故退溪曰: "太極之動靜, 太極之自動靜也。" 此與朱子只是理動靜之說合。

太極生陰陽之妙, 萬古常然, 而當先說起於此天地第一初。夫天地之有闔闢, 由於氣之有生死, 而闔而能闢, 實由於理能生氣, 造化無推舊爲新之理。初非已屈之死氣, 能爲生氣之資也。先天地之末, 陽氣消滅, 如人命之先絕, 而猶有微溫之氣, 此是將屈之陰而久便冷了。陰氣亦絕, 只有混沌大樸, 如死人之體, 而漸次朽腐, 終歸於無形。惟此太極之理, 則元無生滅。舊氣纔絕, 便生出新氣。通前後而看, 則固未有無陽無陰之時。然此天地始生之陽, 不生於前天地已死之陰, 而生於太極之動;【如此人旣死, 便生別人。】此天地始生之陰, 不生於前天地已死之陽, 而實生於太極之靜,【雖今天地已屈之氣, 不復爲方伸之氣。】則"太極動而"、"靜而"之際, 寧有可乘之陰陽乎? 始知動靜者, 理生氣之端緖; 陰陽者, 氣成形之定分也。以動靜爲理, 則已離於本體; 以動靜爲氣, 則未至於成形。本體則謂之太極, 成形則謂之陰陽。若乃動靜, 則非太極、非陰陽, 而乃是太極之流行, 陰陽之關棙也。鄙說所謂"將陰、將陽"之謂"機", "已陰、已陽"之謂"器"者, 蓋以此耳。周子「圖說」之旨, 了無可疑, 而惟圖圈傍陽動陰靜之書, 若相矛盾。然朱子已詳解之矣。圈解通釋全圈, 則曰: "此極之動而陽靜而陰者也。" 分釋兩體則曰: "陽之動, 極之用所以行也; 陰之靜, 極之體所以立也。" 然則合釋者, 將非生陰生陽之端乎? 分釋者, 將非分陰分陽之形乎? 蓋陰陽未生, 太極自動靜而生陰陽; 陰陽旣生, 太極乘陰陽而妙動靜。「圖說」之主太極, 的指始生之機; 圖圈之從陰陽, 的指已分之器, 亦可以無疑矣。「圖說解」先說: "太極之有動靜, 乃天命之流行也。動者, 誠之通; 靜者, 誠之復。" 此則合說也。更言"太極者, 本然之妙; 動靜者, 所乘之機。太極者, 形而上之道; 陰陽者, 形而下之器。" 此則對說也。豎看生處, 則太極爲主, 故言命言誠, 不說到氣邊。橫看分處, 則陰陽相對, 而太極無不在焉, 故兼氣立說。所謂本然之妙, 卽第一圈解所以動而陽靜而陰之本體也; 所謂所乘之機, 卽第二圈解此極之動而陽靜而陰者也; 所謂形而上之道, 卽第一圈解不雜乎陰陽而爲言者也; 所謂形而下之器,

4-1-36

「답이탁원答李琢源」【根洙】(『寒洲集』 卷15)

해제

1) 서지사항

한주(寒洲) 이진상이 이근수(李根洙, 1824~?)에게 보낸 서한. 『한주집(寒洲集)』 권15에 실려 있다. (『한국문집총간』 317)

2) 저자

이진상(李震相, 1818~1886)으로 자는 여뢰(汝雷), 호는 한주(寒洲)이다.

3) 내용

이 글은 이진상이 이근수에게 보낸 서한으로, 군자의 학문을 기술하고 있다. 군자의 학문은 명체적용(明體適用)이라는 것을 언급하면서 '체'와 '용'의 측면을 『중용』, 그리고 공자와 맹자의 행의를 가지고 서술하였다. 이단의 학문은, 먼저 불교를 말하고 불교가 한번 변한 선불교는 음양을 도로 여기고 양지(良知)를 기로 간주한다고 하였다. 또한 육구연(陸九淵)과 왕수인(王守仁)은 기를 리로 간주하는 경향으로 나아갔음을 지적하였다. 퇴계(退溪) 이황(李滉)과 율곡(栗谷) 이이(李珥)의 학문 경향, 그리고 호론과 낙론 모두 각각 치우침이 있음을 거론하였다.

4-1-36「答李琢源」【根洙】(『寒洲集』 卷15)

僕於足下, 久已得之於聲華, 卜之於眉睫, 見其鶱而望其歸, 恨於遠而幸於邇。及其旣邇而又不得源源, 則每懷杕杜之歎, 匪意貶翰委投。文章之浩汗, 意寄之隆重, 實有以過於面討者。惟是禮數之承當不得, 反似俗士之嘲戲, 直令人駭汗。君子之學, 固所以明體適用。用之不行, 自是體之未完, 安有無其體而有其用者乎? 體用之名, 本以性之根於心者爲體, 心之發於事者爲用。如『中庸』之“中和”、“費隱”是也。今就致用上說, 則孔子之轍環, 以其體無不立而用無不當也。孟子之遊齊、梁, 乃在學成道通之後, 體之在己, 固可致用, 而用之在人, 不干吾事。其不見用, 聖人猶然, 況學者乎? 震相早年妄懷致用之心, 而求之不得, 始悟得之有命, 從吾所好, 用意於此學。然發明道體, 而人不信從, 究觀事變, 而紕繆居多, 竟亦無用之學也。座下似以說性理爲有體無用, 抑或深懲於世學之騰理口舌, 不覺遣辭之過當耶? 夫子罕言性, 以其當時性無異論。穆姜婦人而先孔子言四德, 劉康公世卿出仕者而能以人受天地之中爲性, 則雖不言性而性學固已明矣。夫子沒而大義乖, 異端並起, 邪說亂眞。老、莊之徒, 搥提仁義, 專以虛無爲道。如是則心無準則而性爲落空矣。是故子思作『中庸』, 首言天命之性, 蓋亦吾夫子“乾道變化, 各正性命”之意也。至孟子時, 楊、墨之說益熾, 充塞仁義, 專以私意爲學, 而所謂性者, 可善可惡; 所謂心者, 有氣無理。故孟子開口便說性善, 言心則必言仁義之心, 而所敎乎章、丑者, 亦皆存心養性之旨, 求放心擴善性之外, 寧有佗學問之道哉? 程、朱之世, 佛學大熾, 其所以彌近理者, 以其有明心見性之說。而所謂心者, 非吾所謂仁義之心, 而乃其氣之影象也; 所謂性者, 非吾所謂眞實之性, 而乃其氣之作用也。佛一變爲禪, 而以陰陽爲道, 以良知爲氣。其言曰目能視耳能聽, 更要甚持敬存誠。於是乎陽明之徒有顔農山者, 演其說曰: “飮食男女之欲, 天也; 仁義禮智之敎, 聖人也, 吾從天而不從聖人。” 其說一熾, 而洋學始入中國, 其法以通貨色爲天情, 而以父子君臣爲假合。其所謂肉身靈魂之說, 蓋亦見氣而不見理者也。其在吾東, 退陶夫子首斥象山之學曰: “其實所主者, 氣; 所得者, 禪。” 又曰: “心之未發, 氣不用事, 惟理而已, 安有惡乎?” 其後學者, 忽有心卽氣, 氣亦性之論, 遞低一級, 差卻大本。退、栗橫豎之說, 訖未會通; 湖、洛異同之辨, 各有偏主。吾子所謂心性之說已定者, 豈其實乎? 愚以爲此世如有聖人復起, 當深明心性, 痛斥主氣之學, 以爲抑邪說距詖行之本。蓋心固是主宰底, 而所謂主宰者卽此理。今若以心爲氣, 則氣爲一身之主宰, 聲色臭味, 反爲眞心, 而父子君臣, 適爲剩物; 以性爲理氣之合, 則善惡同體, 大本有二, 豈不凜然寒心? 今人每云心性之說, 前人已備述, 不必架疊。此特東坡所譏衛朴以己之無目欲廢天下之目者也。前人雖嘗普說, 而我獨不識, 則當有以識之; 欲其識之, 當有以講之。外吾心吾性, 而寧有可講之學乎? 文辭之雕繪雖巧, 適所以害性; 名利之鑽刺雖工, 反至於喪心。吾儒事業, 固有大於此者。座下回頭轉腦, 有志於爲己之學, 其爲此言, 固將以嘗之也, 固將以稽其敝也。但恐異趣之人, 藉此爲口實, 故不得不極言之耳。

4-1-37

「답김봉내별지答金鳳乃別紙」1(『寒洲集』 卷15)

해제

1) 서지사항

「한주(寒洲) 이진상이 김희진(金希鎭)에게 보낸 서한. 『한주집(寒洲集)』 권15에 실려 있다. (『한국문집총간』 317)

2) 저자

이진상(李震相, 1818~1886)으로 자는 여뢰(汝雷), 호는 한주(寒洲)이다.

3) 내용

이 글은 이진상이 김희진에게 보낸 서한 별지이다. 주희(朱熹)가 중(中)을 구하고 중을 체득하는데 병통이 있다고 하였는데 이연평(李延平)이 "아직 발현하기 이전 기상을 체험하여 중을 구한다는 것은 과연 병통이 없는가"라고 하였다. 이에 대하여, 이진상은 미발의 의미를 밝힌 다음 주희의 여러 언설을 가지고 이를 논증하고 있다. 성으로 말하면 혼연한 하나의 리(理)라고 여기는 경향이 있자, 이진상은 주희가 기지(器之) 진식(陳埴)에 보낸 서한과 이황이 편집한 『주자서절요(朱子書節要)』를 원용하여 성의 찬연성과 혼연성을 서술하는데 혼연은 리가 하나가 되는 것이고, 찬연은 나뉘어져 다르다는 것으로 여겼다.

4-1-37「答金鳳乃別紙」1(『寒洲集』卷15)

〈別紙〉

朱子旣以求中體中, 皆謂有病, 則延平之驗未發前氣像, 而求所謂中者, 果無病耶?

未發, 元無見定時分, 念慮不萌便是。【句】纔有意於求中體中, 便不成未發而徒貽覓心之困橫也。但延平性本沈靜, 學極純粹。日用之間, 無閒雜之事, 身心常在於順境, 而靜得甚好。卻於靜中, 時時提省, 略略照顧, 認得未發前氣像爲何如。方其體認之際, 固是已發, 而纔認得過, 便卽放下, 依然在未發界中, 其初固如是用工。到熟時靜中有物, 炯然不昧, 又不待於著意體認也。此延平所以有得於大本, 而不流於異學者也。後來學者, 資性未必皆沈靜, 思慮未必皆精專, 學力未必皆純深。而只依佗言語, 認來認去, 不肯放下, 用工急迫, 用意躁率。故身心常在於飛揚超忽之域, 而靜得不好, 又重以尋覓助長安排等待之病, 則是終身求未發而不可得也。朱子親受旨訣, 不敢主師說而誤後人。故其論此則曰"一向如此又不得", 曰"未免更有商量", 曰"有箇覺處不似別人", 曰"靜觀則固爲已發", 非徒爲延平分疏, 實亦爲學者設戒。今當一遵朱子定論, 從事於靜存動察、居敬窮理之工, 而不可遽託於延平法門。近世羅整庵力言中有形象, 驟伸求中之論, 可謂無忌憚者矣。

以性言之, 渾然一理, 都混了仁義禮智, 而成一塊物事耶? 抑四者各有分別, 仁在一邊, 義在一邊。

此義詳在朱子答陳器之書, 讀『節要』當自見之。蓋性本渾然而已。然而條理粲然, 初不相紊。以渾然言, 則冲漠無眹而亦自有間架, 不是儱侗一物; 以粲然言, 則情狀自別, 而亦非有墻壁之互遮攔, 方體之可撮摩。渾然者, 理之所以一也; 粲然者, 分之所以殊也。

4-1-38

「답김봉내答金鳳乃」2(『寒洲集』 卷15)

해제

1) 서지사항

한주(寒洲) 이진상이 김희진(金希鎭)에게 보낸 서한. 『한주집(寒洲集)』 권15에 실려 있다. (『한국문집총간』 317)

2) 저자

이진상(李震相, 1818~1886)으로 자는 여뢰(汝雷), 호는 한주(寒洲)이다.

3) 내용

이 글은 이진상이 김희진에게 보낸 서한과 별지이다. 이진상은 김희진에게 "성(性)은 리이고 심(心)은 기이다"를 듣고서 "심통성정설(心統性情說)"에 견주면 통하지 않음을 알았다. 즉 심이 성을 통섭하면 졸병이 장군을 거느리고 신하를 임금을 통섭하고 자식이 아버지를 통섭하는 격이 되기 때문이다. 주희의 여러 글을 통해 심통성정설을 치밀하게 분석하였다. 별지에서는 주재(主宰)와 발출(發出)의 의미를 언급하면서 주희가 「원형이정(元亨利貞說)」에서 언급한 "인으로 사랑하고, 의로 미워하고, 예로 사양하고, 지로 아는 것이 심이다(以仁愛以義惡以禮讓以智知者心也)"는 논지를 들어 "이지(以之)"의 구조적 의미를 주재의 측면에서 밝혔다. 그리고 이진상은 "오묘함은 리가 하는 바가 아니다"라는 것이 잘못되었음을 논증하고 있다. 마지막 내용에서는 남당(南塘) 한원진(韓元震)으로부터 율곡(栗谷) 이이(李珥)를 탐구하고 이이로부터 주희를 탐구하는 학문 과정을 서술하고 있다.

4-1-38「答金鳳乃」2(『寒洲集』卷15)

愚廿許年前, 聞之長者曰"性卽理, 心卽氣", 反覆思之, 於心統性情之說不通。蓋心若是氣, 則心之統性, 爲以卒統將、以臣統君、以子統父、以婦統夫也。又聞之曰"兼理氣, 是退陶定論也", 始信之。然看『語類』曰"心統性情, 不如曰心者性情之統名", 又曰"性者心之體, 情者心之用", 乃敢立說曰: "心者主理而兼氣, 性體而情用者也。性外無心, 性之體立於陰而已; 情外無心, 情之用行乎陽而已。" 又見"心妙性情之德", 以仁愛以義惡一段又不通。思之屢年, 終不免有疑, 近年以來, 若有所了然者, 因作主宰說以會通之。其曰"兼理氣"者, 普說也; 其曰"天理在人之全體"者, 主理而豎說也。其曰"性體而情用"者, 經也; 其曰"妙性情之德"者, 緯也。經者, 理之不可易者也; 緯者, 理之不可測者也。其曰"主宰底是心, 發出底是性", 理一而分殊者也。

〈別紙〉

主宰是理之體, 而發出是理之用。

主宰之妙, 無間於動靜, 發出界頭, 亦須有主宰。若於此分體用則對爲兩截矣, 理果留頭而出尾耶?

發出者, 卽主宰也; 主宰者, 卽發出也云云。

以在情之理言, 則固自爲萬事萬物之宰, 此言誠得其要。而情纔發出, 意又緣起。在意之理, 眞能妙情、意, 果無這理而能計度耶? 情、意雖非兩歧, 發出之理直, 計度之理橫。朱子曰: "直是一般理, 橫是一般理。" 理則一般, 而發出與主宰者之情狀界分, 猶若可見。愚則曰: "情之藹然發出者, 仁爲之主, 雖其所發之由禮、由義, 主之者只是仁; 意之截然裁度者, 義爲之主, 雖其所發之由仁、由智, 主之者只是義也。" 然此亦就天理流行中, 各指其境界而言, 非此理彼理對峙而互援也。愚之以理一分殊言之者, 卽此意。只是仁、只是義, 理之一者也, 一定而不易; 由禮、由義、由仁、由智, 分之殊者也, 隨感而迭出, 此果非以理而妙理乎?

"以之"者, 雖謂之氣, 而亦未見有氣爲所以然之意。

心與性情, 不是別一箇地頭。自其未發而謂之性, 自其發出而謂之情, 自其主宰而謂之心。纔說"以"字, 便有主張宰制之意。蓋仁、義、禮、智之性, 已發爲愛、惡、讓、知之情, 而心於是經營計度, 將以去愛佗、惡佗、讓佗、知佗, 則此心之理, 見乘在緯氣上, 所以妙之也。愚見儘如此, 若以"以之"者, 專謂之氣, 則主宰之妙, 何處可見得耶? 主是主張之主, 宰是宰制之宰。不是寂如空如, 無所猷爲, 虛餉美號。如倭皇之爲, 則此正賢者所謂無爲而有爲者也。氣本無知, 只爲所發之資, 則當不得這以字, 況朱子言此而以心爲性情之主繼之, 則以便是主宰之妙明矣。

"以之"者, 如曰妙性情、曰心能檢性。

心妙性情, 以智之德專一心者言之, 心能檢性; 以禮之德主一心者言之, 賢者不免錯看於此。

仁義禮智是性, 而其上又有以而使之者。

心無體, 以性爲體, 非仁義禮智本體上有以之者。乃於仁義禮智所發之處, 自有主宰之妙用。請以一事明之, 今有尊賓在座, 酌獻方行, 此禮發爲恭之時也。整齊嚴肅, 只見其爲禮, 未見其有仁義智之端, 而卽此整齊嚴肅之心, 藹然發出於纔見之際者仁也。非這仁則恭敬之道, 亦不得發出, 此乃主性之仁而宰情之敬者也。纔有恭敬之情, 便起了敬之如父如兄等差不同之裁度底心, 是乃義也。非這義則恭敬之道, 亦不得成就, 此乃主性之義而宰情之敬者也。方其發出之始, 先知其可敬, 裁度之際, 又知其當敬者, 此乃主性之智而宰情之敬者也。卽一事而言則當事者雖若爲主, 而集衆事而觀之, 則惻隱時如此, 羞惡時如此, 是非時如此。常然之理, 自爲主宰, 而當事之理, 爲其所宰, 此乃心性之別也。程子之言"以心使心", 朱子以心爲主宰者明之。愚說果無所本乎?

妙非理之所爲。

妙字見於『易』「大傳」。『通書』、『程傳』者, 並以實理之用言之, 而「圖說解」曰: "太極者, 本然之妙。" 妙果氣乎? 『或問』註曰: "運用字有病, 故只下得妙字。" "運用字"之爲"病", 以其可以氣言故也。賢者反引此而證妙之爲氣乎? 氣能妙理, 則朱子何以曰"妙用言其理", 亦何以曰"人心妙不測, 出入乘氣機"耶?

大率鄙說, 每病於剖析太過而牙角未枿; 盛說每病於闊略頗多而根源未固。鄙之病, 賢者當知之, 不復言; 而賢者之病, 僕請略探本而言之。夫所以闊略之者, 其端有二。盛意以爲古人文字, 頭緖太多。說東說西, 皆有可證; 說晝說夜, 皆有所據。不若於自心上思究, 合於吾見者取之, 背於吾見者舍之, 此意非不簡要, 而不念古訓之難舍, 吾見之易偏, 則病生於固滯矣。且以爲南塘之說, 最爲精明。由南塘以求栗谷, 由栗谷以求朱子。門路甚正, 欛柄甚好。然而南塘之於栗谷, 規模力量, 煞有分劑, 言論風旨, 亦多矛盾, 況於朱夫子海闊天高之處, 尙安可窺其藩籬而得其津渡哉? 道家所謂尙隔兩塵者, 殆準備語也。病生於主張矣。僕則不然。雖南塘之言, 有合乎朱子則取之; 雖栗谷之言, 少違乎朱子則舍之。若在朱子則背乎吾見者求通之, 寧舍吾說而不敢輒舍; 合乎吾見者確守之, 寧受人疑而不敢自疑, 以其求通也。故剖析太過, 以其寧受人疑也。故牙角自露, 雖以淵源之所在, 皆不免有所從違, 未嘗曰句句是字字是。賢者則泥於近而忽於遠, 耽其徑而憚其繁。寧違朱子, 寧違栗谷, 而不能違南塘, 是無佗, 必謂朱子之書, 有初晩之別、記錄之誤, 不可以盡信。栗谷之言, 廣大高深, 未可涯涘; 而南塘之說, 後出者愈巧, 簡核而易明。故一例尊信, 句句要做是; 字字要做是, 終是先入爲主而熟處難忘耳。以朱子之訓而猶且闊略之, 況於僕輩無實之空言, 何能以動得之耶? 然鄙說旣出於強探力索, 故亦多有意跲而辭窒處, 賢者如欲不吝斤正, 則廣引程、朱之語, 以證吾說之非, 然後方能釋吾之疑動吾之執, 決非一時杜撰之說所能爭也。賢者於僕之攷證處, 並無所可否, 而於元說中理一分殊、以心使心等宗旨, 略不提起, 只就那設疑之辭、偏提之說, 擊撞將去, 僕固不嫌於受屈, 而最恨古人之旨, 渾被模糊也。僕於此世, 閱人甚多, 習尙日下, 醉夢相尋。其中稍有一二人以學問自命者, 然其有質行者, 專於自守, 僅能寡過而已。全欠見解, 倀然冥擿, 終不可與入於道, 其有才氣者, 亦浮躁淺露, 借知以文奸, 飾辭以欺世。標榜雖高, 而瘡疣百出, 其或有中行近道之士, 亦先尋安身立命之處, 自處以圓恰周遍, 而實不免包藏黯黮, 此僕之所以寧自處以衆人, 而不願得無實之名者也。賢座沈靜之質、精明之才, 逈出等夷。若勉勉循循, 日有所展拓, 則必不止爲一鄕自好之士。但今未博而徑欲造約, 有罥而不能超脫, 有窒而不能開通。苟不住用工, 濯舊來新, 平著心高著眼, 疾著手牢著脚, 何患乎不得其道也? 是以僕輒不揆空疎, 屢加攻砭。若不相假借者, 乃所以深致愛敬之實, 豈敢諛辭相悅, 務爲然諾哉? 今看盛說, 非不精審, 而猶恐有一重公案。幸細察而痛辨。

4-1-39

「답김봉내별지答金鳳乃別紙」3【丁巳】(『寒洲集』 卷15)

해제

1) 서지사항

한주(寒洲) 이진상이 1857년 김희진(金希鎭)에게 보낸 서한. 『한주집(寒洲集)』 권15에 실려 있다. (『한국문집총간』 317)

2) 저자

이진상(李震相, 1818~1886)으로 자는 여뢰(汝雷), 호는 한주(寒洲)이다.

3) 내용

이 글은 이진상이 김희진에게 보낸 별지이다. 『중용혹문』의 "능지각(能知覺)과 소지각(所知覺)", 『주자어류』의 "소각(所覺)과 능각(能覺)"의 의미와 그 관계를 밝혔고, 『논어집주』의 "효제(孝悌)로부터 인(仁)에 이를 수 있다"와 "인은 이른다고 말할 수 없다"에 대해 논변하였으며, 『논어』의 "교언영색(巧言令色)"과 "삼성(三省)"의 내용을 『예기』와 『시경』 등에서 유사한 내용을 이끌어 경학적 의미를 서술하였다.

4-1-39「答金鳳乃別紙」【丁巳】(『寒洲集』卷15)

『中庸或問』"能知覺、所知覺", 能爲主而所爲賓。『語類』之言"所覺、能覺", 所爲主而能爲輔。

所示深契鄙懷, 近見前輩論此者。一例以能爲主而以所爲賓, 槩謂知覺氣也。能具此理, 爲知覺之體; 能行此情, 爲知覺之用。愛親敬兄, 爲所覺之理; 知寒暖識飢飽, 爲所知覺之事。分得恐未然。故妄嘗著辨, 大意與尊說同, 而尊說益精切, 可認見解之超詣處, 鄙亦藉此而無恐矣。然不徒曰理而曰心之理, 不徒曰氣而曰氣之靈處, 尤當著眼看。

『論語集註』: "由孝悌可以至仁。" 朱子曰: "仁不可言至。"

孝悌是仁之一事, 仁是全體。初非孝悌在一處、仁別在一處, 可得由此而至彼也。蓋纔能入孝出悌, 便是行仁之實, 仁與我爲一, 不可道由仁而至仁。賢者反以"斯仁至"、"日月至"兩至字, 賺看於此。恐有未察。

"巧言令色", 夫子以爲鮮仁。而『禮』曰: "辭欲巧。" 『詩』曰: "令儀令色。"

巧其言、令其色, 便是致飾於外, 務以悅人, 卽此便做病。蓋『禮』之言"辭欲巧", 先言"情欲信", 則辭之巧, 出於情之實也。『詩』之言"令儀令色", 繼言"小心翼翼", 則色之令, 由於心之敬也。"巧言令色"上面, 更別無事, 則其務外可知, 其於仁不亦遠乎? 賢者以巧諸言令諸色之意, 看取於巧其言令其色之旨, 所以有此疑。

曾子三省章註: "陳氏曰: '如子夏傳田子方'云云。"

子夏固未嘗不用心於內, 而未必似曾子之專。蓋篤信聖人, 便不反躬而體驗, 則漸向外面去, 其弊易至於浮虛驕誕, 『論語』所記子夏之言, 細看可認。且陳氏此言, 非以弟子之不善學處, 追究其師, 正所以發明那愈遠而愈失處, 以著曾子淵源之美也。

4-1-40

「답이기여별지答李器汝別紙」1(『寒洲集』 卷16)

해제

1) 서지사항

한주(寒洲) 이진상이 기여(器汝) 이종기(李種杞, 1837~1902)에게 보낸 서한. 『한주집(寒洲集)』 권16에 실려 있다. (『한국문집총간』 317)

2) 저자

이진상(李震相, 1818~1886)으로 자는 여뢰(汝雷), 호는 한주(寒洲)이다.

3) 내용

이 글은 이진상이 이종기에게 세 가지 조목을 설명한 것이다. 첫째는 “기지정영(氣之精英)”을 신묘한 리로 여기면서 『주자어류』에 있는 “기지정상(氣之精爽)”의 의미를 리의 관점으로 보아야 함을 역설한 것이다. 둘째는 리를 보기 어렵다는 관점에서 “리약기강(理弱氣強)”의 의미를 설명한 것이다. 셋째는 리의 무위는 기와 같은 작위(作爲)가 없고 동정이 스스로 그렇게 되는 오묘한 무위임을 역설하면서 주희의 “인(仁)은 움직임이고 의(義)는 고요함이니 이것이 또 어떻게 기와 연관되겠는가”를 원용하여 그것을 입증하였다.

4-1-40「答李器汝別紙」1(『寒洲集』 卷16)

"氣之精英", 何可曰便是理乎?

朱子嘗論『中庸』鬼神曰: "鬼神亦只是實理。" 自實理而言, 則鬼神不害爲"氣之精英"。古人立言, 不可以一概相準, 有以功用言鬼神者, 有以妙用言神者。心亦猶是也, 夫理非別物, 氣中之主宰。神妙底便是理, 故漢儒有木神仁、金神義之說, 而朱子亟取之。"氣之精英"一段, 蓋亦本此, 初非以功用起頭, 而妙用轉換說也。古人言心, 皆主理言之, 而獨『語類』有一句說"氣之精爽", 是當有說以通之, 而論神處, 乃以仁義禮智信之理爲"氣之精英"。故鄙人因以立說, 蓋太極雖理, 只是卽陰陽而指其本體, 將本體而較形器, 則本體爲精, 而形氣爲粗, 初非以氣之精者爲理, 理之粗者爲氣。此當敏妙看, 未可以太重看。幸更思之。

四七辨末段, 理弱氣強, 強弱字如何?

見理之難, 每由於氣勝理, 故言之如此。然果似未瑩, 依尊諭請改以理微氣著何如?

理本無爲, 太極緣何而自動靜乎?

鄙人因周子本意, 每就源頭上說了。畢竟是先有此理處, 故如此。理之無爲, 言其無作爲也。動靜自然之妙, 乃其無爲之爲也。君道無爲, 而禮樂征伐, 自天子出, 臣下奉行而已, 何莫非君事乎? 朱子曰: "仁便是動, 義便是靜, 此又何關於氣乎?" 此說亦可以理與氣不相資而疑之乎? 理之生氣, 旣不可諱, 則理不自動, 陽何從生? 理不自靜, 陰何從生?

4-1-41

「답이기여별지答李器汝別紙」2(『寒洲集』 卷16)

해제

1) 서지사항

한주(寒洲) 이진상이 기여(器汝) 이종기(李種杞, 1837~1902)에게 보낸 서한. 『한주집(寒洲集)』 권16에 실려 있다. (『한국문집총간』 317)

2) 저자

이진상(李震相, 1818~1886)으로 자는 여뢰(汝雷), 호는 한주(寒洲)이다.

3) 내용

이 글은 이진상이 이종기에게 네 가지 조목을 설명한 것이다. 첫째, "기무단시(氣無端始)"는 기가 리에 의해서 생겨나 굴신하는 것으로 여겼다. 둘째, 동정에 의한 음양, 곧 "동정음양(動靜陰陽)"은 기와 무관함을 역설한 것이다. 셋째, "일음일양(一陰一陽)"은 리의 소이연(所以然)의 오묘함이 오로지 "일(一)"에 있음을 말한 것이다. 넷째, "리무위(理無爲)"는 정의(情意)나 조작(造作)이 없지만 묘용이 드러나 행할 수 있음을 가리키면서 「태극도설(太極圖說)」의 "태극동(太極動)"을 거론하여 그 뜻을 분명히 하였다.

3-1-04 「答李器汝別紙」(『寒洲集』 卷16)

氣無端始

"氣有不存, 理卻常在", 亦朱書中語。蓋氣生於理而有屈有伸, 纔屈則氣有不存, 旣屈則理便會生, 旣生則氣便得伸。屈伸之際, 可見理卻常在之妙, 其機則間不容髮, 而先天、後天之分在此, 所謂理先氣後, 亦卽此而言之耳。氣無存亡則天地何以有闔闢? 人物何以有死生?

動靜陰陽

仁動處, 木之氣固隨之; 義動處, 金之氣固隨之。而仁便會動, 義便會靜, 初非因氣而動靜者。故朱子謂之"何關於氣", 此所以明「圖說」動靜之爲理動靜者也。

一陰一陽

此理所以然之妙, 專在"一"字上。朱子曰: "若只言'陰陽之謂道', 則陰陽是道; 今曰'一陰一陽', 則是所以循環者, 乃道也。" 鄙說'一陰一陽'便是道, 蓋本乎此。若如尊諭單說"陰陽之謂道", 亦可見陰陽非道, 何待"一"字耶? 古人所訓一動一靜、一闔一闢, 皆於"一"字上帶說理。

理無爲

無爲而爲, 言其無情意無造作, 而妙用實能顯行也。理自如此, 更安有所由而爲之乎? 竊觀盛意, 蓋謂太極動時, 已先有非陰非陽之氣, 而以氣成形, 方有陰陽也。雖然, 太極是理非氣, 則周子不說到氣也。太極動, 如言理發則亦非和氣說。陰陽之外, 更無氣, 則氣未生之前, 寧有氣也? 細讀「圖說」自可知。

4-1-42

「답이기여별지答李器汝別紙」3(『寒洲集』 卷16)

해제

1) 서지사항

한주(寒洲) 이진상이 기여(器汝) 이종기(李種杞, 1837~1902)에게 보낸 서한. 『한주집(寒洲集)』 권16에 실려 있다. (『한국문집총간』 317)

2) 저자

이진상(李震相, 1818~1886)으로 자는 여뢰(汝雷), 호는 한주(寒洲)이다.

3) 내용

이 글은 이진상이 이종기에게 열아홉 가지 조목을 설명한 것이다. 주요 내용은 리와 기의 개념과 동정문제를 다루고, 기를 중시하는 주기(主氣)의 관점을 비판하였으며, 양능(良能)을 왕래와 굴신이 스스로 그러한 이치로 간주하였다. 열다섯 번째 조목, "성은 태극이고 정은 음양이다"는 것에 대해 주희의 "태극은 성과 정의 오묘함이고 바로 한번 움직이고 한번 고요한 것은 미발과 이발의 이치이다"는 것을 원용하여 반박하였으며, 열여섯 번째 조목, "성은 태극이고 심은 음양이다"는 것에 대해 주희가 언급한 "심은 천리가 사람에 있는 전체이다"와 "심은 태극이다"는 것을 원용하여 비판하였다. 열여덟 번째 조목, "리에 체와 용이 있고 기도 체와 용이 있다"는 것에 대하여 주희가 형이상과 형이하로 언급한 체용론을 리와 기의 체와 용은 주장하는 관점이 다름을 피력하였다. 마지막으로 장재(張載, 1020~1077)와 서경덕(徐敬德, 1489~1546)이 언급한 기체무생멸(氣體無生滅)에 대하여 주희(朱熹, 1230~1200)와 이황(李滉, 1501~1570)에게 비판받았던 것을 언급하면서 기는 사물을 체(體)로 여길 따름이고 그 소이연(所以然)의 본체는 리임을 강력히 주장하였다.

3-1-05「答李器汝別紙」(『寒洲集』 卷16)

亦不敢偏主理。

主理則順而正, 主氣則逆而舛。纔不敢主理, 便差了學問頭腦。

常存不滅者, 氣之體; 有生有滅者, 氣之用。

此正花潭之說, 而見斥於退陶者。氣之體若果常存不滅, 則天地何從而有消滅乎? 上文所謂水之波淪, 亦恐與橫渠之冰凝釋、釋氏之漚浮沒, 同一意見。

根於理而本具者, 體段固自如。

此謂氣在理中, 如程林隱「太極圖」中之氣歟? 抑謂這理中元有所以陰之本體歟? 此本體便是理, 只有爲氣之理, 非眞氣在理中也。

今乃自動而生陽, 自靜而生陰, 則非作用而何?

理之動靜, 似天然; 氣之作用, 似人爲。今以一身上言之, 手之執捉, 足之運奔, 目之視, 耳之聽, 口之辨味, 鼻之嗅香, 皆作用之氣。仁發爲惻隱, 義發爲羞惡, 禮之宣著, 智之收斂, 皆動靜之理也。認動靜爲作用, 則眞不免認主爲奴僕矣。

果謂本無是氣, 而因集而忽生耶?

孟子先說“無是, 餒也”, 而方說“集義所生”。蓋人梏喪之極, 都無此浩氣, 而纔能集義, 便生出浩氣。正如天地消滅之極, 都無此元氣, 而旣有此理, 便生出新氣, 體段之本自如是, 未梏喪以前之體段也。方梏喪時, 體段安能自如耶? 頹塌麤腐之氣, 終不可以配道。

第一初理氣。

氣之第一初固有之, 而理豈有第一初乎?

不論某事與某物, 必曰“未有此氣, 先有此理”。

今夫人有一事可怒, 因有忿怒之氣。未怒之前, 固無此怒氣, 而元有可怒之理, 故方有所怒之氣。此乃未有此氣, 先有此理之明驗也。然就一事一物上說, 則雖未有此氣, 固自有佗氣, 而若就開闢初大一初言, 則未有此天地之氣, 而先有此爲天地之理; 旣無天地底氣, 則寧有餘氣留作後天之用乎?

妙用顯行者, 亦就理氣窠中指其理爲主者言, 非謂理自顯自行也。

如是則顯行之用只是氣, 而特以乘在氣上之故。理竊得妙用顯行之名也, 得無近於死人之駄活馬乎?

天未開時, 更安有動靜?

如是則"分陰分陽兩儀立焉"者, 何乃在太極動極靜極之後乎?

獨不可謂資是氣而生是氣乎?

愚敢曰理無資於氣而自能生氣。

鬼神一章, 自是主氣。

鬼神之本色氣也。子思借氣而明理。若以汎言鬼神者謂之理, 則子思之罪人也。『中庸』之本指理也。朱子卽理而言氣。若以『中庸』鬼神爲氣, 則此又朱子之罪人也。是以黃勉齋曰"鬼神是形而下"者, 若『中庸』之言則乃形而上者。

亦之一字, 自有曲折。

朱子本語曰: "誠是實然之理, 鬼神亦只是實理。" 詳此曲折, 果如盛說乎?

朱子釋"爲德", 曰"性情功效"。

不見不聞, 隱也。此可認鬼神之性情, 體物如在費也。此可見鬼神之功效, 費隱果可謂氣乎?

饒氏釋"良能", 則曰"二氣之能屈能伸"。

能是理之所能然也。朱子曰: "鬼神者, 二氣之良能。" 是說往來屈伸自然之理, 非有安排布置, 故曰"良能"。

性，太極；情，陰陽也。

性是未發之理而立於陰，情是已發之理而行乎陽，故朱子曰："太極者，性情之妙，乃一動一靜，未發已發之理也。" 若如來說則已發無理而未發無氣乎？抑性常在情中，如理常在氣中乎？抑太極爲體而陰陽爲用乎？千不是萬不是。

性，太極也；心，陰陽也。

此說見在何書？心果是陰陽，則氣便是主宰。愚所滋惑者也。朱子曰："心者，天理在人之全體。" 又曰："心爲太極。"

氣之有體段，猶人之有眞元。

人之死也，眞元自如乎？眞元絶，然後人方死；元氣絶，然後天地渾沌。

理固有體用，而氣亦有體用。

朱子「答呂子約」書論理氣體用曰："以形而上者言之，則冲漠者爲體，而發見於事物之間者，爲之用；以形而下者言之，則事物爲體，而其理之發見者爲之用。" 賢座所論則異於是。纔屬發見，便歸之氣，而氣之體段，則超然於事物之前，信乎主見各異。

氣體一語，殆若千聖所未發。

氣體無生滅之說，橫渠言之，而見斥於程、朱，花潭言之而見斥於退陶，恐非賢者之所創說也。更細考之，氣以事物爲體而已，其所以然之本體，則又只是理。

4-1-43

「답이제여答李濟汝」1【相奭 ○ 壬午】(『寒洲集』 卷16)

해제

1) 서지사항

한주(寒洲) 이진상이 1882년 이상석(李相奭, 1835~1921)에게 보낸 서한. 『한주집(寒洲集)』 권26에 실려 있다. (『한국문집총간』 317)

2) 저자

이진상(李震相, 1818~1886)으로 자는 여뢰(汝雷), 호는 한주(寒洲)이다.

3) 내용

이 글은 이진상이 이상석에게 보낸 서한이다. 앞부분은 공부하는 내용이고 중간 이하는 리기체용론(理氣體用論) 및 심성론을 다루었다. 체용론은 상수(相須)로 체(體)가 되고 상대(相待)로 용(用)이 되는 논리로 퇴계학을 계승하고 있다. 성은 인의예지(仁義禮智)로 리의 심오함이고 정은 애공의별(愛恭宜別)로 리의 발현이라 하고 그 성과 정의 체용 관계를 『논어』·『맹자』·『중용』·『통서』·『주역』·증자의 언설로 증거하였다. 끝으로 주희가 자약(子約) 여조검(呂祖儉)에 보낸 서한을 원용하여 총결하였다.

4-1-43 「答李濟汝」【相爽 ○ 壬午】(『寒洲集』 卷16)

僕之嚮往於座右者, 非直世契姻誼而已。誠知其心地坦夷, 材資通明, 可以有受而有爲也。只緣相對之際, 謙挹太過, 殊無切磨之意, 故不敢以窾啓之識, 自爲不叩之鳴。苟蒙相與, 則欲相厚, 豈有量哉? 頃枉得之於積阻之餘, 始頗開端於實際。猶未能竭盡底蘊, 別後更覺悵然, 胤器委訪, 袖致惠書, 無異續接淸範, 况諗省餘學履增祉, 曷任慰仰? 來書痛陳切己之病, 深致求藥之意, 而僕之藥方, 乃其已試而不驗者, 聖賢書中。自有對證之良劑。何必佗求? 座右資稟醇和而或少激昂之氣, 文學贍博而或欠細密之工。良由立志不篤, 察理未精。日用應物, 率多厭煩而占便; 居閒讀書, 每患貪多而好新。到今精力向衰, 尤難鞭辟近裏。然知如此是病、不如此是藥。從今日稍改節度, 常行之事, 更勿如前放過。著意省察, 審求是處。看書之際, 只將已熟底書, 拈出頭段, 硏究精蘊。今日辨一義, 明日辨一義, 一年之內, 便可識三百五十四種道理。積累將去, 果何義之不透乎? 今日行一善事, 明日行一善事, 習熟久之, 將無一刻之不善, 不出十數年。萬善居然在我。鄙人知此而知之不眞, 習此而習之不察。不逮之言, 未必有槪於盛心, 而其法則如此。依此法爲之而終無實效, 則便可斫取老僧頭去矣。理體氣用之失, 朱、李之所嘗辨, 有何依據而擺脫不得耶? 蓋嘗論之, 理與氣, 相須爲體, 相待爲用。太極在陰靜而體立, 太極乘陽動而用行。今若曰理體氣用, 則理爲靜有而動無, 氣爲靜無而動有, 體用兩截, 何自而成造化乎? 且道心者。人之太極也。其體則性, 而性立於陰; 其用則情, 而情行乎陽。性則曰"仁、義、禮、智", 而皆此理之蘊也; 情則曰"愛、恭、宜、別", 而皆此理之發也。仁、義、禮、智, 本不外於健順, 而健順、五常, 實具於陰陽五行, 何嘗有無氣之理而爲之體, 無理之氣而爲之用哉? 雖然體用之說, 本主乎理, 故仁爲體, 而孝悌爲用; 本於『魯論』, 禮爲體, 而恭敬爲用, 著於『鄒傳』。大本爲體而達道爲用, 昉於『中庸』。正義爲體而中仁爲用, 揭於『通書』。『大易』以敬義分體用, 曾子以忠恕言體用, 是皆不雜氣而只指理。若氣則陰陽消息, 莫非健順之所爲, 春、夏、秋、冬之生長收藏, 只是元、亨、利、貞之流行; 木、火、金、水之明、通、公、溥, 亦皆仁義禮智之妙應。耳目之視聽而聰明爲其用, 手足之運奔而恭重爲其用。聰明恭重, 莫非是理之則也。鳶魚之飛躍, 鬼神之屈伸, 皆指費隱之理, 體之隱固是理, 而用之費獨非理乎? 是以朱子「答呂子約」書曰: "以形而上者言之, 冲漠者固爲體, 而發見於事物之間者爲之用; 以形而下者言之, 則事物爲體, 而其理之發見者爲之用。" 夫理之曰冲漠、曰發見, 體用皆眞; 而氣之以物爲體, 體非其體, 因理爲用, 用非其用。如是而謂之理爲無用, 氣獨作用可乎? 近世性理情氣、仁理愛氣之說, 反歸於局理通氣。座右寧或戀著於彼耶? 爲學無佗妙訣, 妙在專一。讀此書, 則只究此一書, 無以佗書雜之; 應此事, 則必了此一事, 無以佗事攙之。一者萬之基也, 以一應萬, 會萬而歸一。爲聖、爲賢, 亦只是這箇一。初非執一之謂也。座右旣知主理之爲的訣, 聊此奉告耳。

4-1-44

「답이제여答李濟汝」2(『寒洲集』 卷16)

해제

1) 서지사항

한주(寒洲) 이진상이 이상석(李相奭, 1835~1921)에게 보낸 서한. 『한주집(寒洲集)』 권26에 실려 있다. (『한국문집총간』 317)

2) 저자

이진상(李震相, 1818~1886)으로 자는 여뢰(汝雷), 호는 한주(寒洲)이다.

3) 내용

이 글은 이진상이 이상석에게 보낸 서한이다. 성과 심을 리일분수(理一分殊)로 설명한 것이다. 성이 발출한 것은 바로 심의 분수처이고 심이 주재하는 것은 바로 성의 리일처라고 하여 분수가 리일에서 벗어나지 않는다고 하였다. 부동심(不動心)을 심학의 요결로 여겨 심이 요동하지 않고 정해지면 리가 분명하게 된다는 것이다.

4-1-44「答李濟汝」(『寒洲集』卷16)

來書發明親切, 深有讀朱訓之餘味, 此世所罕見。望依此做本領, 曲暢旁通而勇往實踐, 則何患乎不遠到哉? 但須知性之發出底, 便是心之分殊處; 心之主宰底, 便是性之理一處, 分殊非有外於理一也。理雖難明, 第於心定時, 見得事之是者便是理, 程子所以發揮求是之旨者也。心不定, 則謂之是者便不是, 故存養省察, 爲心學之大要。存卽存此是, 察卽察此是耳。震相精力漸替, 血氣難強。舊知寢忘, 新得無幾。自夏秋來, 遠近畏友, 不相講討, 想因焚溺之患, 迫在目前。義理商確, 都屬閒漫。然興廢關數, 死生有命。政使焦心竭慮, 別無良策。但孤負朝聞夕可之聖訓。竊謂"不動心"三字, 爲此時要訣。心定則理明, 一條生路, 豈在理外耶? 惟冀實用力向上而已。

4-1-45

「답이제여答李濟汝」3(『寒洲集』 卷16)

해제

1) 서지사항

한주(寒洲) 이진상이 이상석(李相奭, 1835~1921)에게 보낸 서한. 『한주집(寒洲集)』 권26에 실려 있다. (『한국문집총간』 317)

2) 저자

이진상(李震相, 1818~1886)으로 자는 여뢰(汝雷), 호는 한주(寒洲)이다.

3) 내용

이 글은 이진상이 이상석에게 보낸 서한이다. 성(性)과 심(心)을 리일분수(理一分殊)로 설명하는데 분수가 리일에서 벗어나지 않는다는 것이다. 심을 태극으로 유추하면 심이 리일이 되고 성은 분수가 된다는 것이다. 심은 체(體)가 없고 성이 체가 되는 것으로 말하면 성이 바로 심이니 심과 성은 하나의 리라는 것이다. 그리고 심과 성의 발출과 주재의 측면에서 설명하는데 주재를 경과 연관시켜 전개하고 있지만, 그 논리구조를 리일과 분수의 두 측면으로 기술하고 있다.

4-1-45「答李濟汝」(『寒洲集』 卷16)

心性, 鄙說果甚迂晦。然理一分殊, 自是學問頭腦, 而分殊非外於理一。以心爲太極之意推之, 則心爲理一, 而性爲分殊。故朱子曰: “主宰常定底是心, 發出不同底是性。” 主宰常定, 是言太極全體之渾然在中; 發出不同, 是指仁義禮智之各有端緖也。然則性之發出底, 果非心之分殊處耶? 以心無體以性爲體之說推之, 則性便是心, 心性一理。故朱子曰: “心固是主宰底, 而所謂主宰者卽此理, 非心外別有箇理, 理外別有箇心。” 然則心之主宰, 果非性之理一底乎? 蓋性之仁專一心, 則仁爲酬酢萬變之主; 性之義專一心, 則義爲斷制萬事之主。仁與義爲定名。性之禮專一心者, 其名爲敬, 而敬爲一心之主宰; 性之智專一心者, 其名爲知, 而知能妙衆理而宰萬物, 則心之所以主宰者, 本只是性之理, 而性之眞體, 理之一者也。心之妙用, 分之殊者也。以來說言之, 則性者心之理, 故條理之所發, 皆心之分殊處也; 心者性之主, 故主宰之所存, 皆性之理一底也。以心之妙用究性之眞體, 則來諭所謂心能盡性, 而性不知檢其心者也。以心之全體包性之大用, 則來諭所謂性情上便有心而宰之也。然而心之體便是性, 心之用便是情, 初非性情之外, 別有心而主宰之也。心性之別, 只在心兼體用, 而性只是體上說也。指本體而言, 則心卽性也, 不害其同爲一物; 指妙用而言, 則心能盡性, 不害其相爲體用也。

4-1-46

「답정후윤별지答鄭厚允別紙」1(『寒洲集』 卷17)

해제

1) 서지사항

한주(寒洲) 이진상이 정재규(鄭載圭, 1843~1911)에게 보낸 서한. 『한주집(寒洲集)』 권16에 실려 있다. (『한국문집총간』 317)

2) 저자

이진상(李震相, 1818~1886)으로 자는 여뢰(汝雷), 호는 한주(寒洲)이다.

3) 내용

이글은 이진상이 정재규에게 보낸 열두 가지 조목에 대한 별지이다. 내용은 심(心)의 지각(知覺)을 미발(未發)과 이발(已發)의 측면에서 언급하면서도 성(性)과 정(情)의 관계 속에서 그 논지를 전개하고 있다. 첫 번째는 「중용장구서(中庸章句序)」에서 "허령하고 지각함은 하나일 따름이거늘 지각하는 것은 같지 않은 것이다"라고 언급한 것을 미발과 이발의 측면에서 지각을 말하나 근원과 길이 하나임을 역설하였다. 또한 장재(張載)와 주희(朱熹)의 지각론에 대한 논지를 편언(偏言)과 전언(專言)의 관점에서 언급하였고, 『맹자집주』에서 주희가 언급한 것을 본성에 상대시키는 것은 지각의 실상이 아니라고 단정하였다. 주희가 여러 문인에게 보낸 서한에서 언급한 지각론을 거론하였는데, 일곱 번째 조목은 리일분수론으로 지각의 묘응(妙應)과 발출(發出)을 설명하고 있다. 주희의 「인설(仁說)」에 대한 물음을 『주자어류(朱子語類)』의 내용을 원용하면서 세주(細註)로 자신의 입론을 전개하고 있다.

4-1-46「答鄭厚允別紙」(『寒洲集』卷17)

『中庸』「序」“虛靈知覺一而已。所以爲知覺者不同”。

未發而知覺之體專一心, 已發而知覺之用妙衆情。一源一路, 此所謂一而已。人心底知覺, 以形氣邊事而爲知覺; 道心底知覺, 以性命上事而爲知覺, 此所謂不同, 爲知覺者之不同, 何害於知覺之一乎?

張子曰: “合性與知覺, 有心之名。” 朱子言: “其名義甚密, 不易之論。” 又言此句未穩, 恰似性外有知覺。

對性而偏言知覺, 則精神魂魄爲主, 而發處亦偏從形氣上去; 合性而專言知覺則智之理爲主, 而精神魂魄爲資。朱子初因張子本文, 把知覺屬氣看。故以爲名義甚密, 而甲寅以後心說大定。始以智之德專一心者, 爲知覺之體; 智之用妙衆情者, 爲知覺之用。故蓋卿錄亦曰: “大率有未瑩, 有心則自有知覺, 又何合性與知覺之有?” 蓋定論也。

朱子曰: “心之知覺, 又是那氣之虛靈底。有這知覺, 方運用得這道理。” 又曰: “知覺, 正是氣之靈處。”

上段所以分解橫渠說, 對性而偏言之, 則智之知, 歸於性。氣之靈, 方屬知覺, 未免於知有兩本之疑。故佗日平說。又謂“運用”字有病, 只下得“妙”字。下段問者本從形氣上說, 故先生亦從氣言之。然“虛靈”亦自是理, 如所謂“良能”是也。且“靈底”之曰又是; “靈處”之曰正是。似當有異。

『孟子集註』曰: “生, 指人物所以知覺運動者而言。” 又曰: “以氣言之, 則知覺運動, 人與物若不異。”

朱子訓詁之法, 各從本文上消息, 而告子之所謂“生”者, 不過是知寒煖識飢飽, 人物所同底知覺, 初非義理上知覺。故偏言從形氣底知覺, 作對乎本性之仁義禮智, 非正論知覺之實者也。

「答廖子晦」書曰: “所謂精神魂魄有知有覺, 皆氣之所爲也。” 「答連嵩卿」書云云, 程允夫云云。

纔說有知有覺, 則氣已用事, 而心之發時也。固不可以已發而雜氣者, 目之爲性。然其不及於知覺之本實, 則恐與晚年說差殊。

「答徐子融」書曰: “心則知覺之在人而具此理者也。”

朱子論性論太極, 皆曰“含具萬理”, 乃以一包衆之辭, 心之具理, 亦何嘗理外別有箇心乎? 自其本體言, 則程子所謂“心則性”也; 自其主宰底言, 則朱子所謂“心爲太極”也。心旣如是, 則知覺之爲知之事, 何嫌於智之專一心乎?

「答潘謙之」書曰: “心之知覺, 具此理而行此情者也【止】具此理而覺其爲是非者心也。”

智常含終始兩頭, 而四德歸藏於智, 故未發而智之德專一心。一心之中, 萬理咸具, 此所謂“具此理”也。百行資始於智, 故已發而智之用首衆情, 事物之至, 心必覺之, 不有先覺, 無由得行, 此所謂“行此情”也。就是非一端言之, 則所以知是非之理, 卽其專一心之智也。所以知是非而是非之, 卽其首衆情之智也。非於專一心之外, 別有所謂具此理者也。亦非於首衆情之外, 別有所以行此情者也。此特主宰與發出者皆智, 故難看。請以惻隱一事明之。今夫見孺子入井, 便知不救必死者, 智之用先覺者也。旣覺之則惻隱之心便生, 此乃仁之端也。往救之際, 其有限節【不危身, 不危兒。】者, 禮也; 其有便宜者, 義也。旣救而活, 心便帖定, 此又智之藏也。以此推之, 不論所發之爲何情, 莫非此心知覺之所妙應, 妙應之常定者, 理之一也; 發出之不同者, 分之殊也。分殊之處, 理未嘗不一。【右, 就來錄中辨其同異。】

「仁說」“彼謂知覺者, 可以見仁之包乎智矣”。「答胡廣仲」書“上蔡言知覺謂識痛癢能酬酢, 乃心之用而知之端也。” 『語類』“智主含藏分別, 有知覺無運用。”

此皆標本之論, 正得其實, 而此外亦有可相發明者, 沈僩戊午錄曰: “智便是歸藏底。其智愈大, 其藏愈深。” “智更是截然, 更是收斂。如知得是, 知得非, 知得便了, 更無作用, 便交付惻隱羞惡辭遜三者。佗那箇更收斂得快。” 「答張敬夫書」曰: “知寒煖覺飢飽。推以至於酬酢佑神, 亦只是此知覺, 非別物也, 但所用有小大耳。然此亦只是智之發用處。” 來錄所引「胡廣仲書」, 起頭以“孟子之言知、覺, 是知此事覺此理"云, 終之曰"然其大體, 皆智之事也。" 所引道理本固有用條全文曰: "問: '何謂妙衆理?' 曰: '大凡道理, 皆是我自有之物, 非從外得。所謂知者,【便只是理。才知得。[3]】便是知得我底, 非是以我之知去知彼道理也。道理本固有, 用知, 方發得出來。若無知, 道理何從而見。【才知得底, 便是自家先有底道理。[4]】所以謂之妙衆理,【先有底道理。卽智而本然之妙也。道理本固有用。乃其所妙之衆理也。】猶言能運用衆理也。運用字有病, 只下得妙字。【運用字涉於氣故有病。而妙是主宰之義故下得。】' 又問: '知是心之神明, 似與四端所謂智不同?' 曰: '此知字又大。然孔子多說仁知。四端最大仁智。智之所以爲大者, 以其有知也。【知字又大。以其兼體用也。】' 問: '知覺是心之靈固如此, 抑氣之爲耶?' 曰: '不專是氣, 是先有知覺之理。理未知覺, 氣聚成形, 理與氣合, 便能知覺。譬如這燭火, 是因得脂膏, 便有許多光燄。【此以燭火比理, 脂膏比氣, 光燄譬知覺。如是則燭火爲光燄之主, 如理爲知覺之實; 脂膏爲光燄之資, 如氣爲知覺之助。今謂脂膏爲光燄, 而燭火爲無光燄可乎? ○ 右, 通來錄合八條, 專說智爲知覺之實。】'"

先輩有謂知覺屬火, 故光明而不昧; 智屬水, 故淵深而含藏。

五臟各有分屬, 而心竅正通, 實萃五氣之精華。水火升降, 心爲交濟之地, 蓋心之質火也, 受之於地二; 心之氣水也, 得之於天一。【觀於心出血, 可知此理。】其質火, 故禮居南上之位, 而敬爲一心之主宰; 其氣水, 故智居終始之際, 而知爲一心之總統。知與敬, 相須爲用, 故致知居敬, 爲心學之大要。知者, 所以行水也, 水爲內明; 敬者, 所以束火也, 火爲外明; 以其內外之都明也。故含藏之際, 神明內腴; 宣著之際, 光輝發越。靜焉而淵然炯然, 水止而火蘊故也; 動焉而沛然燁然, 水施而火發故也; 非知覺之屬火而然也。

又謂心之知覺, 果先有知覺之理, 則虛靈之氣, 又原於何理耶?

先有知覺之理, 朱子說也。夫虛靈所以狀心之德。如中之於性, 和之於情, 非有實體之可指, 而若知覺則指心之實處, 豈如鏡明水止之涉於影象者耶? 然虛靈亦不專是氣。道之太虛, 性之最靈, 非理而何?

---

3)『한주집』은 이 부분을 본문으로 처리하였으나, 『주자어류』 권17에 의거하여 소주로 처리하였다.

4)『한주집』은 이 부분을 본문으로 처리하였으나, 『주자어류』 권17에 의거하여 소주로 처리하였다.

又謂氣有爲而理無爲。故凡性之發, 卽心之知覺者爲之。性中雖有仁, 非知覺則不能發之爲惻隱。

不論某情, 智每先覺。交付四者, 又卻收斂, 更無作用, 此乃理無爲之實也。氣之有爲, 言其能造作運用, 而所以作用者乃理也。理雖無爲, 而無爲之爲妙萬物而宰萬事。有如君道無爲, 而禮樂征伐自天子出; 臣道有爲, 而亦不敢作福作威者也。若謂無爲而不能自發, 則理是死物矣, 烏在其爲主宰者乎?

鄙說性者, 未發之理也; 情者, 已發之理也; 心者通貫動靜、管攝性情之理也。來諭若曰性者, 理之未發者也; 情者, 理之已發者也; 心者理之貫動靜而該體用者也。

語意則同, 而尊諭更似渾然。理到之言, 忽在於氣學擾攘之世, 斯文之幸也。曷任歎仰?

4-1-47

「답정후윤答鄭厚允」2(『寒洲集』 卷17)

해제

1) 서지사항

「한주(寒洲) 이진상이 정재규(鄭載圭, 1843~1911)에게 보낸 서한. 『한주집(寒洲集)』 권16에 실려 있다. (『한국문집총간』 317)

2) 저자

이진상(李震相, 1818~1886)으로 자는 여뢰(汝雷), 호는 한주(寒洲)이다.

3) 내용

이 글은 이진상이 기정진(奇正鎭)의 문인 정재규(鄭載圭)와 의견일치를 보면서 리(理)와 영(靈)의 관계를 간략히 언급한 다음, 심(心)의 본체로 말하면 심은 바로 명덕(明德)일 뿐이라고 주장하였다. 또한 리(理)와 기(氣)의 연원을 밝히며 성론(性論), 즉 천지지성(天地之性)과 기질지성(氣質之性)에 대한 자신의 관점을 분명히 하였다. 별지는 열한 가지 내용이다. 처음에는 맹자의 인(仁)·의(義)·지(智)의 실상과 그 관계를 설명하고, 정자(程子)의 야기(夜氣)와 양지양능(良知良能)의 관계를 설명하였다. 『맹자집주』 양지장(良知章)에 대한 여러 학자의 내용을 거론하면서 양지와 성(性)의 관계를 밝혔다. 『중용혹문(中庸或問)』에서 "지극히 고요한 때에는 단지 지각할 수 있는 것만이 있고 지각될 수 있는 것이 있지 않다"는 것에 대하여 리(理)의 능연(能然)과 소연(所然)을 통해 그 지각론을 설명하고, 「답장경부(答張敬夫)」와 『주자어류』에서 언급한 지각론은 심의 체용론으로 전개하였다. 그 다음 '허(虛)'와 '령(靈)'의 의미를 정이와 주희, 그리고 주돈이(周敦頤)의 글을 원용하여 밝혔다. 특히 지각은 지(智)가 아니고 그 발현처(發見處)임을 역설하며 지극히 고요한[至靜] 때에는 지각의 도리만을 있을 뿐이라고 하였다. 주희가 언급한 묘중리(妙衆理)와 재만물(宰萬物)의 의미를 밝히고, 마지막으로 석씨(釋氏)의 지각론도 언급하고 있다.

4-1-47 「答鄭厚允」(『寒洲集』 卷17)

承示蘆門旨訣, 深契鄙懷。既曰有理故靈, 則氣之靈, 不可單以氣看, 而特以靈是妙用、理是本體。故不可謂靈便是理。然妙用者, 將非乘氣出入之理耶? 貯於心者, 指血肉之心否? 若以心之本體言, 則心便是明德耳。程子信字說, 先輩例以爲記錄之誤, 而愚以爲信者實理也。有實理, 必有實氣, 而理氣二字, 宋以前未嘗對待說去。理說始於『易』「大傳」, 氣說始於孟子。理無不在, 而氣亦無不在。程子以此而證成信之無不在, 要使人實氣上驗實理耳。朱子「答徐子融」書 竊恐有更商者。蓋性固是理, 而有氣有質, 然後方有性之名。故周子於五行生處, 方說出性字。蓋此五質所主之理便是性, 初非性在一處, 待它氣質之成而方來墮在也。「圖說」解之曰"隨其氣質而所稟不同", 此固木仁金義之自爲一性, 而一行各具五行, 一性各具五性。故其下直繼之曰"各一其性, 則渾然太極之全體, 無不各具於一物之中", 既曰"太極之全體", 則張子所謂天地之性也。人之最靈, 亦便是此性, 而形生神發, 五性感動。剛柔善惡之性, 於此始分, 張子所謂"形而後有氣質之性"者也。此書但言墮在氣質, 而不及善惡, 則非所以論氣質之性; 但言自爲一性, 而不究全體, 則非所以論五行之性, 殊異於定論者矣。知覺說, 朱訓亦自有初晚、偏專之異, 無怪乎仁智之異見也。僕於嶺北學者, 最尊農巖。蓋其爲學, 精詳縝密, 說出片片赤心故也。獨於論知覺, 有所未契。考究有年, 竟未解南塘所謂心性兩歧之惑。 然來諭中"捉眞贓"三字, 殊非鄙生尊畏之意, 刪改恐當。頃時倏覆, 槩悉愚見, 而重此錄示, 將使蚍蜉撼大樹耶? 惟向上賢聖之說, 似可因異而覈同, 故別紙有所控耳。惟善是師, 惟是是求, 果是賢者之正見, 而鄙生亦嘗用此法。舍短集長, 不拘彼此, 而乃於此立異, 必是愚見之不逮, 所論如不槩於盛意, 則十反而歸一之幸甚。

〈別紙〉

孟子曰: "仁之實, 事親是也; 義之實, 從兄是也; 智之實, 知斯二者不去是也。" 按: 此則孟子固以知愛知敬, 爲智之實。

程子曰: “夜氣之所存者, 良知良能也。” 按: 孟子既以夜氣之所存爲仁義之良心, 而程子又以良知當之。蓋知亦良心, 與仁義無異也。然則愛敬與智, 同一良心發見耳。

良知章『集註』: “良者, 本然之善。” 程子曰: “良知良能, 乃出於天而不繫於人。” 眞氏曰: “善出於性, 故有本然之知。” 陳氏曰: “人之性無不同, 此本然之善也。” 按: 程子言“良知, 以爲出乎天而不繫乎人”, 今以愛敬獨爲天理, 而良知只屬人心者, 果何如也? 朱子之言“本然之善”, 以其出於性之所同, 則良知之爲性發明矣。今於良知絶之於性, 猶恐其或混者, 果何如哉?

『中庸或問』曰: “至靜之時, 但有能知覺者, 而未有所知覺也。” 按: 能知覺者, 理之能然者也; 所知覺者, 理之所然者也。此言但有知覺之理, 而未有知覺之事也。今以能知覺者, 全屬之氣, 則至靜之時, 有氣而無理耶? 所知覺者, 不原於性, 則方動之處, 有心而無性耶? 大抵先能而後所, 則能爲體而所爲用; 先所而後能, 則所爲體而能爲用。所覺者, 心之理, 以其所本言, 心之理, 自爲所覺之主也; 能覺者, 氣之靈, 以其所發言, 氣之靈, 便是能覺之用也。

「答張敬夫」書曰: “今觀所示, 以‘知此覺此’爲知仁覺仁。仁本吾心之德, 又將誰使知之而覺之耶?” 『語類』曰: “知覺, 便是心之德。” 按: 今以所覺爲覺, 其心之理, 則卽謝氏知仁覺仁之說也。仁義禮智, 同是心之德之體; 知覺愛敬, 同是心之德之用, 則知愛知敬, 心之理之自知也; 能愛能敬, 心之理之自能也。心之理上, 寧有使之知能者乎?

程子曰: “道, 太虛也, 形而上也。” 又曰: “天地以虛爲德, 至善者虛也。虛者天地之祖。”5) 又曰: “心兮本虛, 應物無迹。” 張子曰: “天地之道, 無非以至虛爲寶。心之不能虛, 以有物礙。”6) 朱子曰: “形而上底, 虛渾是道理。太虛實理, 正指形而上者而言。” 又曰: “天下之理, 至虛之中, 至實者存。” 又曰: “性雖是虛, 都是實理。心之本體, 固無時不虛。” 李子曰: “自其無聲無臭而言, 則天下莫虛於理。” 按: 此理至虛而至實。

---

5) 이진상은 이 말을 정자의 말로 여겼으나, 장재가 언급한 말이다. 『張子全書』「語錄」 참조.

6) 以有物礙: 『張子全書』「語錄」에는 “由有物榛礙”로 쓰였다.

分而言之, 則虛底是心, 實底是性; 而錯而言之, 則有主則實, 心亦實心也。性無聲臭, 亦只是太虛之道也。以此言之, 虛亦可主理言。

周子曰: "惟人也, 得其秀而最靈。" 又曰: "厥彰厥微, 非靈不瑩。" 朱子解曰: "最靈, 所謂純粹至善之性, 是所謂太極。" 又曰: "人之所稟獨得其秀, 故其心爲最靈, 而不失其性之全, 所謂天地之心, 而人之極也。" 又曰: "陽明陰晦, 非人心太極之至靈, 其孰能明之? 按: 分而言之, 則靈底, 只是心不是性; 而合而言之, 則人心之至靈, 便是性也。以此言之, 靈亦可主理言。

朱子曰: "知覺乃智之事。" 又曰: "覺自是智之用。" 按: 以用言之, 則知覺非智, 乃智之發處。朱子之說, 如是明備, 而謂知覺不原於智可乎?

朱子曰: "靜中有物, 只是知覺。今未曾知覺甚事, 但有知覺在, 何妨其爲靜?" 又問: "此莫是先生所謂'知覺不昧'之意否?" 曰: "此只是靜時, 卽道理自在, 都不是塊然如死物。" 又問: "靜中須有物, 此物如何?" 曰: "只太極也。" 按: 以體言之, 則知覺便是智。蓋至靜時, 但有知覺底道理。未有知此事覺此理之知覺。知覺底道理, 果非智乎?

朱子曰: "知則人之神明, 妙衆理而宰萬物者也。" 按: "妙衆理、宰萬物", 是形容此心主宰之妙, 而知之理, 便是智, 智又是心之覺。所妙之衆理, 如孟子所謂"知愛知敬", 朱子所謂"知忠知孝"是也。朱子又釋智之端曰"知其善而以爲是, 知其惡而以爲非", 辨別是非之外, 寧有知覺之妙乎?

朱子曰: "知覺之理是性所以當如此者, 釋氏不知。它但知知覺, 沒這理。" 按: 釋氏認知覺爲性, 而所謂"知覺", 亦只是形氣底知覺, 非徒認用爲體, 亦且以氣爲理, 而朱子以知覺之理爲性, 是以知覺爲性之發處也。已發之理, 獨不可謂之理乎?

4-1-48

「답김치수문목答金致受問目」【戊寅】(『寒洲集』 卷17)

해제

1) 서지사항

한주(寒洲) 이진상이 1878년 치수(致受) 김진호(金鎭祜, 1845~1908)에게 보낸 서한. 『한주집(寒洲集)』 권17에 실려 있다. (『한국문집총간』 317)

2) 저자

이진상(李震相, 1818~1886)으로 자는 여뢰(汝雷), 호는 한주(寒洲)이다.

3) 내용

이 글은 이진상이 김진호에게 보낸 서한이다. 김진호가 묻는 조목에 답하고 있는데 조목은 열 개다. 첫째는 심에 포함된 지(知)와 경(敬)을 오행의 수(水)와 화(火)에 소속시킨 것에 대한 답이고, 둘째는 성과 정을 벗어나 심이 없다는 논지이다. 셋째는 『중용』의 “체물이불가유(體物而不可遺)”와 장재(張載)가 『정몽』「천도편제삼(天道篇第三)」에서 언급한 “천체물불유(天體物不遺)”와 비교한 것을 답한 것이다. 다음은 주희가 언급한 “발(發)”과 “생(生)”의 차이를 논변한 것이고, 정자가 언급한 “이심사심(以心使心)”을 선불교의 뜻과 어떻게 다른지를 논변한 것이며, 지각(知覺)과 사(思)의 차이를 오행과 연관시켜 설명하였다. 그리고 「태극도」 오행권과 「태극도설」에서 “중(中)”과 “인(仁)”, “정(正)”과 “의(義)”의 관계를 체용론으로 전개하고 있다. 끝으로 예학(禮學)에서 형제상계(兄弟相繼) 및 기타를 기술하였다.

4-1-48「答金致受問目」【戊寅】(『寒洲集』 卷17)

知、敬, 何以屬水、火?

知便是智之用, 而水之神爲智; 敬便是禮之用, 而火之神爲禮。水之德含藏而明在內, 故屬乎智; 火之德宣著而明在外, 故屬乎禮。不言禮智而言知敬, 以其爲心學之要也。心之爲物, 卽水、火交濟之地, 而其本體則性也。仁、義爲人道之主而有定名, 禮、智爲水火之神而行妙用, 故知爲一心之總統, 而觸物便覺, 知者所以行水也; 敬爲一心之主宰, 而無時不存, 敬者所以束火也。

性情之外, 更別無心, 而有統帥之名, 何義?

統有二義, 以心之主宰者言則統有管攝底意, 以心之體用言之則統有兼該意。性者心之體, 情者心之用。蔡西山所謂"心者性情之統名", 而來諭所引性情之外, 更別無心是也。然而二義只是一事, 初非性情之外, 別有心以統之也。

"體物而不可遺"與張子"天體物不遺"異同?

"天體物", 較自然; "神體物", 微有迹。"不可遺", 是言物之所不可遺也; "不遺" 言天之自不遺一物也。

朱子曰: "發時無次第, 生時有次第。"

愚嘗論此曰: "生、發之異, 當以心性分, 蓋發出不同底是性。故遇事錯出, 羞惡未必先於是非, 是非未必後於辭遜。然心是箇主宰常定底, 故未發時, 知之德炯然含藏, 智爲主而包卻仁禮義。纔有感觸, 便先辨別。不論某情。發時智之理乘水生木, 藹然流出, 這便是仁, 爲衆善之長者此也。木卻生火, 燁然宣著, 這便是禮; 火卻生土, 誠實去做, 便是信; 土便生金, 截然斷制, 便是義; 金卻生水, 又便含藏, 便是智。從心言則智最大, 常含終始兩頭; 從性言則仁最大, 實主酬酢萬變。然心之所以生出有次第者, 亦性之四德也; 性之發出無次第者, 亦心之一理也, 何嘗有兩樣念頭乎?"

程子之言"以心使心"與禪旨何別?

程子之言"以心使心", 是說自作主宰。未發而肅然存敬, 知覺不昧, 以養其本體; 已發而亦此敬, 知覺不差, 以察其妙用。擴其善念, 而絀其私意, 道心爲主, 人心聽命。朱子所謂"心之發處", 以心之本體權度之者此也。蓋未發之時, 不容尋覔而持敬, 則內自直; 已發之際, 無所安排而由義, 則外自方。若釋氏之言"以心使心", 不分眞妄, 率意助長, 以心覔心, 將心安心。未發而求心, 不成其爲未發; 已發而絶心, 思棄聖智, 不成其爲已發。其機危而其勢迫, 蓋吾儒以義理爲心, 佛氏則以精魂爲心, 有主、宰作用之別。故朱子曰: "釋氏遺了道心, 卻取人心之危者而作用之。" "作用之", 是禪家之使心也。

知覺與思字, 貌樣何異? 先後何分?

知覺是智之德, 專一心處, 貫動靜而兼體用; 思只是心之發處, 乃知覺中一事也。今人讀書, 覺其有疑則思之, 思之通則恍然有覺; 應事, 覺其當應, 而猶疑所以處之之方則思之, 思之而亦有覺。覺固常先, 而思後亦覺, 故曰知覺中一事。知覺固是心之全德, 而細分之則心之生處, 便有五行。心之氣本水, 而水將動則先有所感, 感者金生水之氣也; 心之質本火, 而火旣動則必有所思, 思者火生土之氣也。感則悚然而有所覺, 義而之智之理也; 思則燦然而有所通, 禮而之信之理也。有感則情必動, 情是水生木之機, 故仁爲之主而藹然流出, 緣思而意乃起; 意是土生金之機, 義爲之主而截然營度, 因情意而志有定向。志乃金生水之機, 故沛然行之。志旣遂則水止火收, 是爲未發底境界。

「太極圖」五行圈, 水火金木, 皆有繫絡於極圈, 而土無繫屬, 何意?

以性言則土是實理, 故有圈居中; 以氣言則土非專氣, 故無絡繫下。蓋其交繫, 卽"眞"、"精"、"妙合"之機也。"眞"是極圈而"精"其交繫也。土之無繫, 非誤闕耳。四繫皆屬於極圈, 則土、氣隨四行而自至耳。

「圖說」"中"、"仁"用也, "正"、"義", 體也。此非四性對言之地, 而析爲體用, 何歟?

體用二字, 不可但以動靜分。靜中亦有體用, 動處亦有體用。動靜二字, 亦不可但以體用分, 體上亦有動靜, 用處亦有動靜。以性言, 則"仁義禮智"皆體也, 而仁禮屬陽屬動, 義智屬陰屬靜; 以情言, 則“中正仁義”皆用也, 而中仁屬陽屬動, 正義屬陰屬靜。今此「圖解」曰: “行之也中, 處之也正, 發之也仁, 裁之也義。” 皆就發後說, 而又於其中“主靜”則“行之”、“發之”, 動中之動也。“處之”、“ 裁之”, 動中之靜也。所以曰“中、仁用也, 正、義, 體也”。明其於定之處有所主也。

帝王兄弟相繼。朱子「祧廟狀」, 以“各爲一世”爲說; 退陶「文昭殿議」, 以“同爲一世”爲義。

太廟之奉, 當與天下共之。固當以傳統爲重, 而主祭之君, 自是至尊, 亦豈容不伸其仁親之心? 竊意, 立廟室, 兄弟當同昭穆共一列, 而東西對排, 祫祭一廟, 則雖以兄弟叔姪祖孫之逆次, 不得不以傳統爲序。蓋嘗爲君臣, 便同父子, 不敢以親屬之輩行, 貳其大統也。宋之廟制, 以西爲上, 而十二室並列。兄弟雖異室, 而實用共爲一世之規。高、欽同一世, 哲、徽同一世, 太祖、太宗同一世, 以依九廟之制耳。其時禮官所議則欲祧僖祖, 而只爲十一室。若以兄弟共一世之說推之, 則只成八廟。故朱子譏以非古非今而謂當改。朱子所定則用天子七廟, 宗不在數中之說。以太祖、太宗、仁宗爲世室, 而僖祖及神、哲、徽、欽、高、孝爲七廟。其中哲、徽、欽、高, 皆是兄弟, 則又無拘於祭四親之義也。若使其聞如吳壽夢之四子繼立, 唐宣宗之繼三姪處, 有祧去高曾之疑, 而一例以兄弟各一世異昭穆爲案, 則壽夢之孫, 當祧其祖, 入大君繼立, 當祧其考, 此決非天理人情之所安。且昭常爲昭, 穆常爲穆。自三代以來常經通義。兄弟而苟異昭穆, 則子孫之昭穆悉皆反易, 恐無是理。苟其立廟而以東西對, 排設祭而同昭共穆。但於其間不紊其傳統之序, 僖雖兄而坐於閔下, 桓雖叔而間一位於質帝。相對之地, 亦何所妨? 且道魯時元無以西爲上, 列祭之規。若其異昭穆, 則何有躋僖、閔上之嫌? 觀於何、孔兩註可知。

本生親無嗣, 使一子奉無禰之祖, 已成謬例。本生祖死, 則所奉之孫, 當何服?

還承本生祖者權也, 奉祀而已。父之所喪之父, 方是直祖, 而本生祖, 則當加伯、叔二字以則之。依侍養祖齊衰三年, 然不可以承重論。

4-1-49

「답이성양答李聖養」1(『寒洲集』 卷18)

해제

1) 서지사항

한주(寒洲) 이진상이 이정모(李正模, 1846~1875)에게 보낸 서한. 『한주집(寒洲集)』 권18에 실려 있다. (『한국문집총간』 317)

2) 저자

이진상(李震相, 1818~1886)으로 자는 여뢰(汝雷), 호는 한주(寒洲)이다.

3) 내용

이 글은 이진상이 이정모에게 보낸 서한으로, 명덕과 달도(達道)에 관한 말을 하면서 심즉리를 논한 것이다. 심의 개념을 세 가지로 규정한 바, 질(質)로 말하면 혈육의 심장이고, 기(氣)로 말하면 정백(精魄)의 심이며, 리(理)로 말하면 주재의 심이라는 것이다. 이진상 자신이 근거한 것은 심의 진체(眞體)로서의 주재를 말하였다. 이황이 리와 기를 겸한 것으로 심을 말하지만, "심이 아직 발현하지 않고 기가 용사하지 않았을 적에는 오직 리일 따름이다"는 것을 원용하여 심의 대본은 리에 있음을 강력히 주장하였다.

4-1-49 「答李聖養」(『寒洲集』 卷18)

僕嘗因李器汝獲聞進修之篤, 而竊恨晤語之遲。客夏聯枉, 旣不得倒屣於山亭, 又未能執袪於弊舍。霞袂一擧, 雲山萬重, 匪意貶翰, 落自何邊? 仍審和煦, 省候承康, 經體珍毖, 仰慰區區。震相孤露之餘, 同氣澌鮮, 開正又哭仲姊。老懷摧霣, 小庵淸介之操, 久要中可仗晩修者, 而又不起疾, 天極柰何? 俯問心說, 別錄以呈, 如未相信。更就朱語中虛心細勘, 陪作定本。無遽以佗說攙之已見牽之, 則自當有打成一片之日矣。退而書又有明德、達道等鄙說, 皆被人疑之。示雙關之弊。至以道德字。爲拕泥帶水耶。竊冀座下勉究微言。毋使氣學更蔓於吾嶺。

心卽理三字, 單行則帶病, 驟聞可駭, 而其間稍有曲折。蓋心之爲物, 包該甚廣。以質言, 則圓外竅中, 血肉之心也; 以氣言, 則陽降陰升, 精魄之心也; 以理言, 則太極全體, 主宰之心也。然而血肉之心, 卽菖蒲茯苓可補之心, 醫家言之, 而吾儒則曰此非心, 乃心之舍也。精魄之心, 卽執捉運奔所能之心, 釋氏言之, 而吾儒所議, 遞低一級, 卒不離乎形而下者也。若吾儒之所謂心, 則便曰: "心固是主宰底, 而主宰底, 卽此理也, 不是理外別有箇心。" 又曰: "心者, 天理在人之全體。" 又曰: "心之本體是太極。" 此皆以心之眞體言之, 而愚說之所本也。且道心者, 性情之統名, 而性是未發之理, 情是已發之理, 性情之外, 果別有心乎? 苟其不明說眞體, 而泛謂心卽理, 則心之未發而昏昧雜擾, 已發而放辟邪侈, 豈理也哉? 退陶固嘗以兼理氣言心, 而旋謂"心之未發, 氣不用事, 惟理而已", 則心之大本, 顧不在於理耶? 所謂『謾錄』數卷, 果爲退而、鳴遠所迫。不免輕出, 乃翻謄四出。至於盛行如是, 則鄙人求砭之本意, 適足爲損人智益人過之端, 深可罪也。然旣已浼聽, 則便當求正。鳴遠所謂『贅疑錄』, 聞在南黎家, 倘賜覘至則本末得失, 何所逃於雅鑑耶?

4-1-50

「답이성양答李聖養」2(『寒洲集』 卷18)

해제

1) 서지사항

한주(寒洲) 이진상이 이정모(李正模, 1846~1875)에게 보낸 서한. 『한주집(寒洲集)』 권18에 실려 있다. (『한국문집총간』 317)

2) 저자

이진상(李震相, 1818~1886)으로 자는 여뢰(汝雷), 호는 한주(寒洲)이다.

3) 내용

이글은 이진상이 이정모에게 보낸 서한으로, 주희가 말한 "성이 태극이고 심이 음양이다"와 "심의 리가 태극이고, 심의 동정이 음양이다"는 측면을 변론한 것이다. 이진상은 이에 대한 논증을 초·중·만년설로 구분하는 바, 초년설은 심을 이발(已發)로 성을 미발(未發)로 규정한 것이고, 중년설은 심을 기의 영묘함으로 성을 심의 리로 규정한 것이며, 만년설은 심을 성과 정의 총명(總名)으로 하고 오로지 주재로서 말하였다는 것이다. 초년설은 호론(湖論)의 논지와 비슷하고 중년설은 낙론(洛論)의 논지와 비슷하다고 언급하였다. 이진상은 만년설로서의 주재를 주장하는 측면에서 "심위태극(心爲太極)"의 논지를 전개하고 있다.

4-1-50 「答李聖養」(『寒洲集』 卷18)

稠中之握, 但卜之眉睫。別後之思, 屢形於吟望。番風南來, 忽吹到珍緘。心畫端方, 意味淵永, 怳若奉顔範而討襟懷也。况審猶寒, 省事萬衛, 經籤靜暇, 仰慰仰慰。震相伊時爲趁凝翁祫事, 拔報來往, 不得春容於西室, 歸臥寒囪。故紙爲鄰, 開正後連有文字之擾, 殊妨恬靜之趣。近又以朱書集解校讎之役, 逐日費神。但不無溫知之益, 兒子替幹妨學, 殊可悶也。"性猶太極, 心猶陰陽", 是借諭說。以太極之不離於陰陽, 證性之不離於心。然太極本無間於動靜, 而性只是靜底太極, 心乃一身之主宰, 而陰陽之器, 當不得主宰之實。故朱先生旋謂心之理是太極, 動靜是陰陽。如是則的指其實明矣。寧可曰道理不是心, 而動靜獨爲心乎? 又曰: "太極者, 性情之妙; 乃一動一靜, 未發已發之理。" 性情之妙, 果非心, 而太極果可以偏屬性乎? 蓋朱子初年, 以心爲已發, 性爲未發。所謂未發者, 恒乘在已發上。已發之際, 常挾此而自隨, 此乃以心爲氣, 而謂性乘心也。近世湖學之說似之。中年, 則以心爲氣之靈, 以性爲心之理。以知覺謂心, 而謂知覺不離於性, 此乃卽氣而合理, 只看作氣之精爽。近世洛學之說似之。晩年, 則以心爲性情之總名, 而專以主宰者言之。故今見於『大全』、『語類』者, 驟觀則難通, 猶有未定于一者也。"心爲太極", 以理之統會者言, "太極涵動靜"之眞體也; "道爲太極", 以理之流行者言, 太極能動靜之妙用也。不言"心爲太極", 則無以明渾然之實; 不言"道爲太極", 則無以著粲然之妙。兩語同出邵子, 不可以差殊看也。陽降陰升, 乃其變合之機, 水火之交濟, 亦此意也。觀於四象之序, 可見陽而降則爲陰, 陰而升則爲陽, 一而二、二而一者也。餘冀存心玩經, 深造大業。

4-1-51

「답최숙중答崔肅仲」1【正基 ○ 乙亥】(『寒洲集』 卷25)

해제

1) 서지사항

한주(寒洲) 이진상이 1875년 숙중(肅中) 최정기(崔正基, 1846~1905)에게 보낸 서한. 『한주집(寒洲集)』 권25에 실려 있다. (『한국문집총간』 318)

2) 저자

이진상(李震相, 1818~1886)으로 자는 여뢰(汝雷), 호는 한주(寒洲)이다.

3) 내용

이글은 이진상이 최정기에게 보낸 서한이다. 우리 동방 성리학은 두 길로 나뉘어 그 폐해가 주기설(主氣說)보다 심하다고 평하면서 심즉리(心卽理)의 논지를 전개한다. 먼저 심즉리의 경향을 맹자와 정자에서 찾았고, 왕수인이 심즉리설을 주장한 것은 기를 리로 여기는 것으로 간주하였다. 이진상에 의하면, 심즉리설의 근본 논지가 "리는 기의 주재(主宰)이고 기는 리의 자구(資具)이다"는 것을 토대로 심성정의 관계를 구조적으로 설명하는데 주재의 측면을 강조하였다. 특히 이황(李滉)이 "심이 고요할 적에 태극의 체가 보존되고 심이 움직일 적에 태극의 용이 행해진다"고 하여 심을 동정으로 말한 논거에 대해 이진상은 심의 본체에서 말하면 주희의 "성정의 오묘함은 바로 미발과 이발이고 한 번 움직이고 한 번 고요한 리이다"는 논지를 제시하여 자신의 심즉리설이 리를 주로 한다는 것을 피력하였다.

4-1-51 「答崔肅仲」【正基 ○ 乙亥】(『寒洲集』 卷25)

不面而書, 古有行之者, 而例皆施之於望實俱茂之人。執事乃不吝, 加之於空疎老草之物。辭旨之間, 亦多有杏桃之於暗香疎影者, 令人汗發於寒天也。說心說性, 猶是昔年事。見今心思凋耗, 性靈迷茫, 騰理口舌, 果何益哉? 許、郭兩君, 偶相逐臭, 而鄙人輕爲示楪摸象之言, 至徹崇炤, 竊恐損賢者之知。今乃以發前人所未發推借之, 不亦過乎? 吾東性理之學, 分爲二塗, 誠如盛諭。而近日心性兩歧之說, 其害甚於主氣。蓋以氣爲主, 固不免差失妙用, 而猶知根本之在理。其本自一而專主雙關者, 並與根本而二之, 理欲同體, 善惡對生。流弊所極, 將至人獸無別, 況又獐邊是鹿之論, 莫露傀儡之面者耶? 心卽理云云, 實孟、程以來固有之旨, 政非鄙人刱出。只緣主氣一隊, 硬把王餘姚認氣爲理之差, 斥之爲邪說久矣。所以驟聞可駭, 然此乃直指心體之論, 請敢究言之。夫理者氣之主宰也, 氣者理之資具也。理爲眞體, 體是一原; 理爲玅用, 用亦一路。故從古聖賢, 皆以主理爲宗旨, 而若乃心者性情之統名也。性乃心之體, 而性是未發之理; 情乃心之用, 而情是已發之理, 此實太極之全體也。性具乎陰, 情行乎陽, 固未嘗離乎氣, 而心之未發, 氣不用事, 心之纔發, 理自直遂, 則安可以所資之氣, 看作相對各出之物乎? 尤何可認作大本乎? 程子固嘗曰: "性卽理也。" 而又必曰: "心也、性也、天也, 一理也。自理之受於天而謂之性, 自性之存乎人而謂之心。" 朱子固嘗曰: "心之動靜是陰陽。" 而亦必曰: "心固是主宰底, 所謂主宰者, 卽此理也, 初非心外別有箇理, 理外別有箇心。" 此豈鄙人之所杜撰出者乎? 心與性只是一而二。一者何? 心無體, 以性爲體也。二者何? 性只是體, 而心卻該用也。性之渾然, 便是心體; 心之粲然, 便是性發。而心者, 主宰常定底, 故占得渾然處多; 性者, 發出不同底, 故占得粲然者多矣。退陶從心之動靜上說, 故曰: "心靜而太極之體存焉, 心動而太極之用行焉"。僕從心之本體上說, 故將心做太極看, 卽所謂"太極者, 性情之妙, 乃未發已發, 一動一靜之理也", 言各有所當耳。塵韁俗臼, 湯劑薪憂, 政是有生之所不免。隨處用心, 卽此是學。主理御氣, 儘於日用間著力者, 豈止爲談空說妙者之欛柄哉? 僕學不循序, 老而無成, 志氣先衰, 精力異昔, 無以藉手於彊輔, 而落落相望。空吟道左之杕, 何幸高明辱與之相仗於晚境。鄰便甚好, 庶可源源欲相厚, 豈有量哉?

4-1-52

「답최숙중答崔肅仲」2【丙子】(『寒洲集』 卷25)

해제

1) 서지사항

한주(寒洲) 이진상이 1876년 최정기(崔正基, 1846~1905)에게 보낸 서한. 『한주집(寒洲集)』 권25에 실려 있다. (『한국문집총간』 318)

2) 저자

이진상(李震相, 1818~1886)으로 자는 여뢰(汝雷), 호는 한주(寒洲)이다.

3) 내용

이 글은 이진상이 최정기에게 보낸 서한이다. 심의 본체와 묘용의 관계, 그리고 리일분수 등을 말하면서, 관동정(貫動靜)·해체용(該體用)·능적감(能寂感)이 태극의 오묘한 것이니 태극은 음양과 분리된 적이 없다는 것이다. 때문에 기가 용사하지 않은 곳에서 심즉리(心卽理)를 언급하지만 성즉리(性卽理)의 의미도 기와 분리된 적이 없음을 말하였다. 이에 대해 남려(南黎) 허유(許愈)와 부합하지 않는 점도 지적하면서, 심이 명칭을 얻게 된 이유는 한 몸을 주재하고 모든 변화를 갖출 적에 리가 주재(主宰)하고 기가 자구(資具)가 되기 때문이니, 주재만 말하여도 자구는 저절로 따라간다는 것이다. 이를 구체적으로 사람[人]과 말[馬]에 견주어 말하였다.

4-1-52 「答崔肅仲」【丙子】(『寒洲集』 卷25)

春風料峭, 侍學淸和仰慰。心說旣知本體之爲理, 則妙用亦應如是。理一分殊, 定見可立矣。貫動靜、該體用、能寂感, 旣莫非太極之妙, 太極何嘗離於陰陽耶? 至於眞妄、邪正、計較、思量, 皆理發以後氣順、氣拚之異, 而致得如此, 亦當克治遏伏乎其氣之病, 而充養保存乎此理之眞。若於大本上夾雜佗不潔淨之物, 而妙運處容護佗許多麤惡, 則何學之可議哉? 就氣不用事處, 謂心卽理, 卽程子所謂"性則理也"者, 謂性則理, 而性豈無氣而獨立? 但味"心無體, 以性爲體"一句, 則可知"心固理氣之合, 而心之本體, 卽是理"云云。果似圓滿周至, 而所以不契於南黎者, 以其似乎獐邊是鹿之說也。蓋心之得名, 政在乎主一身該萬化, 而理爲之主, 氣爲之資。單說其主, 而資具自隨。心乘氣機, 如人乘馬。言人, 則自有馬, 烏可指人而曰兼人馬哉? 今不必空說心, 卽於吾心發處體驗, 則其果有二本兩歧乎? 然盛說亦自無病。循此而益究其源, 則當有妙契超脫之日, 請姑置此而徐觀之也。

4-1-53

「답최숙명별지答李肅明【浚久】別紙」(『寒洲集』 卷27)

해제

1) 서지사항

한주(寒洲) 이진상이 이준구(李浚久, 1862~1916)에게 보낸 서한. 『한주집(寒洲集)』 권27에 실려 있다. (『한국문집총간』 318)

2) 저자

이진상(李震相, 1818~1886)으로 자는 여뢰(汝雷), 호는 한주(寒洲)이다.

3) 내용

이 글은 이진상이 이준구에게 보낸 서한 별지이다. 주희가 정사년(68세) 이후와 기미년(70세)에 정의한 심을 논변하였고, 심을 성에 견주고 기에 견준 것을 기술하였다. 심의 영묘함이 지각하는 것에 따라 도심과 인심의 차이를 설명하고, 지각하는 바는 심의 리이고 지각할 수 있는 것은 기의 영묘함이라는 것에 대한 자신의 소견을 기술하고 있다. 또한 심을 "기의 정상(精爽)"과 "기의 정영(精英)"으로 규정한 차이, 주희(朱熹)의 "리와 기가 합하면 지각할 수 있다"는 것과 이황(李滉)의 "리와 기가 합하여 심이 된다"는 것 등에 대해서도 변증하고 있다.

4-1-53 「答李肅明【浚久】別紙」(『寒洲集』 卷27)

『語類』曰: "心固是主宰底, 所謂主宰者, 卽此理也, 不是心外別有箇理, 理外別有箇心。'人'字似'天'字, '心'字似'帝'字。"【丁巳後錄。】 又曰: "心者, 天理在人之全體。"【己未錄。】 按: 孟、程論心, 皆以義理言, 而朱子初年認心爲已發、性爲未發, 謂未發者恒乘在已發上。雖不明說心卽氣如近世湖學之論, 而以性乘心, 無異於理乘氣。故其時論心, 有曰: "性猶太極, 心猶陰陽。" 又曰: "太極卽是性, 動靜陰陽是心。" 癸丑年間, 又以氣之靈言心, 而靈上說合理如近世洛學之說。而丙辰以後始有定論。

來書所引"心比性則微有迹", 以其用是情而情爲有迹也。"比氣則自然又靈", 以其體是性而性爲最靈也。

來書朱子曰: "此心之靈, 覺於理者道心, 覺於欲者人心。" 按: 此條見刪於『節要』。蓋以理欲對說, 嫌同於舊時道心天理人心人欲之說也。今若活看, 則此心之靈, 卽其本體最靈之性也。覺乃智之事也, 覺於理者, 果非從理而直發乎? 覺於欲者, 果非從氣而橫發乎?

來書朱子曰: "所覺者心之理, 能覺者氣之靈。" 按: 此乃癸丑錄。朱子此時謂氣中自有靈底物事, 而以精神魂魄之屬當之。然氣之靈亦便是理之妙。退陶曰: "氣安能自靈? 緣與理合, 所以能靈。" 則靈非可以對理說明矣。以愚觀之, 所以覺者, 理之體; 所能覺者, 理之用。乘氣者也, 其言所覺, 非謂覺其心之理, 如謝氏知仁覺仁之謬也。

來書"道心理發, 而亦存乎氣之中; 人心氣發, 而要主乎理。儘有見到於理乘氣隨之妙, 而但未知理氣相對在心中, 各發而爲人心、爲道心耶?" 此當更思也。

來書朱子曰: "心者氣之精爽。" 按: 此乃節錄所謂"精爽", 固指靈處。而植錄曰: "氣之精英者爲神。水火金木土非神, 所以爲水火金木土者是神。在人則理, 仁義禮智信是也。” 兩錄同在癸丑, 而“氣之精英”, 猶謂之理, 則“氣之精爽”, 安知其不指理乎? 但與晚年定論恐異, 學者不容無取舍耳。

來書朱子「答杜仁仲」“神是理之發用”云云。按: 賀孫辛亥錄, 十年前曾聞“神亦只是形而下者”。【此時則認心爲氣。】曰: “神又心之至妙處, 滚在氣裏說, 又只是氣。然神又是氣之至妙處。” 庚戌錄直卿云: “看來神字本不專說氣。可就理上說。” 曰: “且就形而下者說, 畢竟就氣處多發出光彩。” 此時則認心爲氣之靈。『通書解』晚年始出示學者。杜仁仲書又在黨事后, 而斷之爲“理之發用”, 則定論固有在矣。

來書朱子曰: “理與氣合, 便能知覺。” 按: 此段首言先有知覺之理。以智之德專一心者言之, 未發之時知覺不昧者是也。理未知覺, 言其但有能知覺者而未有所知覺也。“理與氣合”者, 言已發之際, 理乘氣、氣隨理, 相合而應之也。理氣本無離合, 而特以未發之際, 氣不用事; 已發之際, 氣乃用事, 故至此而言合耳。便能知覺則知此事覺此理。知寒暖、覺飢飽, 皆是也。但『或問』之言“能知覺”, 以本體言, 此言“能知覺”, 以發處言。

來書退溪曰: “理氣合而爲心。” 此當以先生之說, 還證之。「答洪應吉」書曰: “心合理氣, 似未免有惡。然極其初而論之, 心亦有善無惡, 何者? 心之未發, 氣不用事, 惟理而已, 安有惡乎? 惟於發處, 理蔽於氣, 方趨於惡, 此所謂‘幾分善惡’, 而先儒力辨其非有兩物相對而生者也。” 按: 心本貫動靜、該體用, 故言其未發之本體, 則不雜氣而只指理; 言其已發之妙用, 則理發氣順, 亦未有不善。若乃理蔽於氣, 繫是氣用事以後。放辟邪侈, 不可謂非心。故通擧其始終眞妄而謂之合理氣, 非謂心之本體, 亦可合氣說也。朱子曰: “人有不仁, 心無不仁;【言心之眞體妙用。】心有不仁, 心之本體無不仁。【言性善。】” 今從“心有不仁”處說, 則當曰“理氣合”, 而從“心無不仁”處說, 則當曰“心卽理”。況其本體若已合氣, 則烏得以無不仁乎?

4-1-54

「답최순부答崔純夫」1(『寒洲集』 卷27)

해제

1) 서지사항

「한주(寒洲) 이진상이 최정우(崔正愚, 1862~1920)에게 보낸 서한. 『한주집(寒洲集)』 권27에 실려 있다. (『한국문집총간』 318)

2) 저자

이진상(李震相, 1818~1886)으로 자는 여뢰(汝雷), 호는 한주(寒洲)이다.

3) 내용

이 글은 이진상이 최정우에게 보낸 서한이다. 경(敬)이 나태함을 이기고 의(義)가 욕망을 이기는 것은 리를 주로 하여 기를 제재해야 한다는 수양론을 제시하였다. 리기(理氣)와 심성(心性)의 명칭과 뜻은 고금의 말에서 구할 필요가 없다고 하면서, 내 마음이 발현하는 곳에서 의리를 찰식(察識)하여 확충해야 하고, 마땅히 그러한 곳에서 그러한 원인을 볼 수 있어야 함을 피력하였다. 즉 감정인 애공의별(愛恭宜別)로부터 본성인 인의예지(仁義禮智)에 이르고, 인의예지로부터 천도인 원형이정(元亨利貞)에 이르고, 원형이정으로부터 양의(兩儀)의 덕인 건순으로 요약되고, 건순으로부터 태극으로 요약되는 논지를 제시하였다.

4-1-54「答崔純夫」(『寒洲集』 卷27)

願見餘得接英妙, 願聞際又承訊翰, 慰喜何可量也。向時北行, 歷造名碩, 觀感之餘, 又得宿道向方。區區奉賀, 不但在吉禮之順成也。震呵筆寒囪, 不住訂著, 年數不足, 良覺自苦。示諭縷縷, 可認求益之切, 而君之資質, 正非昏昧。發軔之初, 亦未可謂已放之心。但恐恃才而不能耐煩理會, 挾氣而不能虛心遜志耳。爲學蹊逕, 不在多言。惟在敬勝怠義勝欲, 主理以制氣而已。「好學論」疑處, 朱子已道之盡矣。蓋五氣之秀, 本乎無極之眞, 眞卽太極。靜亦太極之靜, 則其本乃「圖解」所謂"卽陰陽而指其本體"者, 來示氣之本是理已得之。程子於此, 疊說多頭項。靜便是未發, 眞便是五性。【朱訓。】但上說天道之靜, 下說人生而靜, 亦未爲無界分也。氣之本固理, 而理實寓於氣中, 理雖寓於氣, 而亦非氣之所能囿, 兩下看取可也。理氣心性名義, 不必先求於古今人言語。須於吾心所發之處, 察識那何者爲義理? 何者爲私欲? 義理則當擴充之, 私欲則當克治之。又於所當然處, 見得所以然。由愛恭宜別, 而達之於仁義禮智; 由仁義禮智, 而達之於元亨利貞; 由元亨利貞, 而約之以健順; 由健順, 而約之以太極。一一體認得精細, 然後拈此爲大本而順推下來, 以及於萬事萬物千枝百葉。以一理而貫衆理, 則眞箇見得聖人宗旨不外乎一理字矣。彼私欲之根, 在乎氣質之累。大則攻除之, 小則節約之。纔主乎氣, 便是亂道異端。拕氣說理。亦歸於籠罩曲學。定見旣立, 歷訂經傳, 將無所不通矣。相愛之極, 無隱而實纍, 倘不以無實得而空言之爲誅耶?

4-1-55

「답최순부答崔純夫」2(『寒洲集』 卷27)

해제

1) 서지사항

한주(寒洲) 이진상이 최정우(崔正愚, 1862~1920)에게 보낸 서한. 『한주집(寒洲集)』 권27에 실려 있다. (『한국문집총간』 318)

2) 저자

이진상(李震相, 1818~1886)으로 자는 여뢰(汝雷), 호는 한주(寒洲)이다.

3) 내용

이 글은 이진상이 최정우에게 보낸 서한과 별지이다. 심즉리설 별지 조목에 대한 답변 내용을 언급하지만, 독서는 원래의 글을 자세히 음미해야 하고 주해를 먼저 보지 말라고 하였다. 집주(集註)와 소주(小註), 문집 등을 예시하기도 하였다. 심의 주재는 바로 리라는 조목에 대해 주재는 하나임을 역설하였고, 심의 미발에 대한 한 조목에 대해서는 이황(李滉)과 이상정(李象靖)의 논지를 이끌어 설명하였다. 심과 기의 관계에서 이진상 자신의 심즉리설은 진심(眞心)을 가리키며, 현실적으로 기가 용사하여도 리가 주재가 되는 것은 바뀔 수 없다고 하였다.

4-1-55 「答崔純夫」(『寒洲集』 卷27)

心卽理說, 別紙條答。第念醫家血肉之心, 朱子以爲“此非心”; 佛家精魂之心, 朱子以爲“不識心體”。愚於心體上單指理, 果何疑乎? 從古才高而識敏者, 例患心麤而氣銳。凡諸文字之精深, 義理之微妙, 率皆麤看而麤說之。人言稍異, 不復致思而先入爲主。銳意難回, 鄙生亦曾有此病, 而頗得醫治之方矣。蓋讀書當詳味元文, 切勿先看註解。『集註』雖精, 猶是主人之奴僕, 則况其小註? 又是奴僕家之雇工也。講說當詳究本旨, 切勿先看『文集』。攙引外義, 『文集』比則主人家之客員, 固已有親疏緊歇之別, 况其外義? 便同不相識之外人, 何干於主人事乎? 今此所疑, 吾雖詳說, 未必見信, 何不熟考於經文中心字, 而會通於朱、李雅訓也? 雖以鄙說言之, 但拈一句, 而不深究全篇命意, 容有不盡人言之弊耳。惟冀篤志密察, 先立大本。

〈別紙〉

心果是理氣之主宰, 則心在理氣之外矣。天理上面, 果有主宰者乎? 若謂理氣之合爲主宰, 則國有二君、邑有二長可乎? 平看朱子此說, 果可以揷入氣字乎?【心之主宰, 卽是理條。】

心之未發一條, 乃退陶說, 旣以心爲兼理氣, 而又言其惟理而已。蓋心包得已發未發。心之未發, 固渾然一理, 而已發, 則氣有作用故也。主宰是理, 作用是氣。退陶〈中圖〉說, 旣自謂不雜氣而只指理。不分四七, 是爲渾淪, 非以合理氣者而謂之渾淪也。詳考大山「答李致道」書可見。

氣未嘗不在而爲此心所寓之器, 心之本體, 不可以賺氣說。且單指其理, 而謂未嘗離氣, 則謂心卽理, 而氣何嘗落空乎? 愚之言心卽理, 正指眞心而言。通言心之眞妄邪正, 則何嘗非兼理氣? 况其體用動靜之間, 寧無氣用事之處耶? 但氣雖用事, 而理之爲主宰, 則不可易也。

4-1-56

「답천곡서원유생문목答川谷書院儒生問目」【『心經』疑義 ○ 丁巳】(『寒洲集』 卷28)

해제

1) 서지사항

한주(寒洲) 이진상이 1857년 천곡서원(川谷書院) 유생들의 질문 조목에 답한 서한. 『한주집(寒洲集)』 권28에 실려 있다. (『한국문집총간』 318)

2) 저자

이진상(李震相, 1818~1886)으로 자는 여뢰(汝雷), 호는 한주(寒洲)이다.

3) 내용

이 글은 이진상이 천곡서원 유생들이 질문한 조목에 대해 답변한 서한이다. 천곡서원은 성주군 벽진면 해평리에 있는 서원으로 1558년(명종 13) 연봉서원(延鳳書院)으로 창건되었으나, 이후 정구(鄭逑) 등에 의해 천곡서원(川谷書院)으로 개명되었다. 이곳 유생들은 『심경(心經)』에서 의심나는 곳을 질의하였는데, 모두 45조목으로 되어있다. 심설에 관한 주요 내용을 소개하면 다음과 같다. 첫째 조목은 「서문」에서 "체가 확립되면 용이 광대하니 드러남과 은미함이 둘이 아니다"라고 하였다. 이에 『심경석의(心經釋疑)』는 대본과 달도, 상(象)과 리(理)로 말하고 『주서강록간보(朱書講錄刊補)』는 적감(寂感)과 성신(誠神)으로 말하였는데 두 설이 각각 가리키는 것이 있는가에 대한 답변이다. 이진상은 체용과 현미, 대본과 달도, 상과 리를 종합적으로 설명하고, 주희의 「답석자중(答石子重)」의 내용을 원용하여 '드러남'은 감응하여 신묘한 것으로 말한 것이고 '은미함'은 고요하여 정성스러운 것으로 말한 것이니 정성과 신묘함[성신]이 비교적 리와 상보다 분명하다고 하였으며, 정자의 "만상삼구(萬象森具)"의 뜻으로 유추하면 '상'은 리를 벗어난 것이 아니라고 하였다. 두 번째는 주희가 만년에 논한 인심과 인욕, 도심과 천리의 설의 차이를 언급하였다. 그리고 지각과 미발이발에 대한 것을 밝혔고, 인심과 도심의 관계, 천리와 인욕의 관계 등에 대한 견해를 기술하였다. 순자의 "천관(天官)"과 맹자의 "사지위심관(思之爲心官)"의 의미를 간략하게 설명하고, 정자가 '사잠(四箴)'에서 '사(思)'를 움직임에 소속시켰는데 진씨(眞氏)는 '물(勿)' 자를 '사(思)'에 해당시킨 것에 대한 질문에 자신의 견해를 개진하였다. 끝으로 "일자무욕(一者無欲)"을 태극으로 간주하기도 하고 일원(一元)의 기로 간주하기도 하는 것에 대해 『통서』와 「태극도」로 설명하였다.

4-1-56 「答川谷書院儒生問目」【『心經』疑義 ○丁巳】(『寒洲集』 卷28)

「序」“體立用宏, 顯微不二”。『釋疑』以大本、達道, 象顯理微言, 『刊補』以寂感、誠神言。二說各有所指歟?

心之體性也, 心之用情也。性之爲體本微, 而情之爲用甚顯, 性之德無所偏倚則體以立矣, 情之德無所乖戾則用以宏矣。性情只是一理, 故顯微元無二致。然氣質拘之, 人欲間之。心下膠膠, 千頭萬緖。苟能主一於敬, 則靜無不中, 動無不和。方見得體用一原、顯微無間之妙。言體用則寂感不如中和之實, 言顯微則理象不若誠神之襯。蓋寂而大本立, 然後方爲體立; 感而達道行, 然後方能用宏, 纔寂感豈便能體立而用宏乎? 理固微象固顯, 而元是二物, 謂之無間則可, 而不可謂不二。若誠則實理之體, 而大本之所以立也; 神則實理之用, 而達道之所以行也。體用雖異, 而只是一理。就寂感時分上言, 則寂而誠象蘊而理實, 感而神象著而理通。故朱子「答石子重」書, 論心之體用曰: “顯, 以感而神言; 微, 以寂而誠言, 則誠神之較襯於理象者明矣。” 但以程子“萬象森具”之義推之, 則“象”非理外之物, 講錄說亦可通。

朱子晩年改正人心人欲、道心天理之說, 而「戊申奏箚」及「鄭子上書」, 尙用舊說何歟?

「奏箚」在戊申, 『庸』「序」在己酉, 已自有先後。然今觀「戊申奏箚」, 未有以人欲言人心者。頃時南塘韓氏初登講筵, 陳戒之際, 遽以人欲言人心, 其後被人駁論。因爲之分疏曰: “朱子「戊申奏箚」亦如此。” 蓋謂人主以萬乘之富, 處崇高之位。形氣所發, 尤爲易流於人欲, 故其學當以克治爲主, 而人心亦自是人欲邊事。合而言之, 微意可見。然纔說人心之危, 已可見人欲之易萌, 克治之工, 自不容已, 何必以白之易汙而便指作黑耶? 况謬引「奏箚」, 證成已說者, 尤涉不韙。後人不察而致疑於奏箚者, 爲南塘所瞞矣。至若「答鄭子上」書, 雖在論定之後, 覺於理者, 覺於事物之理也; 覺於欲者, 覺於形氣之欲也。此欲字非指邪欲, 乃目欲色、耳欲聲、四體欲安佚之類, 未可以舊說之誤賺看者也, 活看而可通, 則何必深摘於大賢之說耶?

朱子曰: "固執卽惟一也。" 惟一旣帶得固執之義, 則更說允執何歟? 或謂精一二者, 皆所以求得其中, 而執之執字上, 果有工夫歟?

"允執"之"執", 甚非有用力把持之意。精以察之, 一以守之, 則達之於行, 自無過不及之差。故朱子曰: "非精一以求中。" 蓋精之一之, 自得其中, 初非精一之外, 別有執中之工也。或說之謂求得其中者, 反涉於求中之病, 全失朱子之旨。且"固執"之"執", 如執德、執禮之執, 執上有工夫。"允執"之"執", 只言其信得其中, 執上無工夫。況固執是箇守處, 執中是箇行處, 地頭自異者乎?

知覺或以爲氣之靈, 或以爲智之事。有以知其所以然、悟其所當然言者; 有以知寒煖、識飢飽言者, 有精粗可言歟?

知其所以然、悟其所當然者, 卽智之事。而精底知覺也; 知寒煖、識飢飽者, 卽氣之靈, 而粗底知覺也。通物而言, 則知寒煖、識飢飽者爲重, 故『孟子集註』, 偏言知覺而屬之氣。卽人而言, 則知其所以、悟其所當者爲重, 故『中庸』「序」, 統言知覺而專指理。飢欲食、寒欲衣是人心, 而知其所以食、所以衣之理, 悟其所當、食所當衣之事者, 實行乎其間, 未可以擧道心而遺人心疑之也。蓋理氣相涵, 精粗一致。單是理則理不能自覺, 單是氣則氣本無知。纔說氣之靈, 尤見非氣之獨靈, 況乎義理上知覺, 尤著其爲智者乎?

不貳過, 朱子謂非一二之二, 卽長貳之貳, 而或疑其貳雖見除, 長固自在, 終不得處於無過之地, 此說何如?

一二、長貳之辨, 今以喜之一事明之。今日見獵而喜, 佗日又見獵而喜, 則此是一件之過, 前之過爲長而後之過爲貳。若今日遇食而喜, 佗日見色而喜, 則此一過也, 彼一過也。兩件之過, 不相統屬。方喚做二過, 朱子之謂"過於前者, 不復於後", 果是一件過耶? 兩件過耶? 旣是一事之過, 則知過而改之, 是爲無過, 世豈有無貳之長乎?

天命之性, 或以爲"人物皆同"之性, 或以爲"相近不移"之性。『章句』中"健順五常", 或以爲物之均得, 或以爲人之獨得。何說爲長?

天命之性, 本從一原上說, 故『章句』中言同而不言異, 其以爲人物皆同之性者, 爲得其旨。然卽同而見其異則“氣以成形, 理亦賦焉”, 性之因氣而有偏全者, 已在於喚做性之初, 則同中有異, 不害其爲同也。若“相近不移”之性, 乃在於“善惡分焉”之後, 則雜氣質而言性者, 終非性善之宗旨矣。“健順五常”, 人得其全, 物得其偏。然全亦五常也, 偏亦五常也。『章句』明說“人物之生, 因各得其所賦之理”, 以爲“健順五常之德, 則各得其所賦”之理者, 言其各隨其形之通塞而性有偏全也。以爲健順五常之德者, 言其人物之俱有此性也。故朱子又曰: “仁義禮智, 物豈不有? 但偏而不全耳。” 謂性上不可言偏全者, 固失之過高, 而謂物上不可言五常則大故謬戾矣。

未發, 有就聖人分上說, 有就衆人分上說。或謂未發之前, 氣質純善。或謂雖曰“未發”, 而氣質有善惡。

未發、已發, 元自從理說。故子思以未發謂之中。朱子曰: “未發之時, 堯、舜之於塗人一也。” 此因本旨而立說也。又曰: “人固有無所喜怒之時, 謂之未發則不可。” 此謂中體不立, 便不成未發也。又曰: “廝役亦有未發。” 此謂本性旣具, 不能無未發也。以未發之極功言, 則只從聖人分上說, 當此之時, 氣質亦純善; 以未發之地頭言, 則統就衆人分上說, 當此之時, 氣質有善惡。然未感物之時, 氣質不用事, 善惡之幾未分, 雖在衆人分上, 苟是眞箇未發, 指其湛一之氣而謂氣亦純善, 何不可也? 但湛一裏面, 濁駁者自在, 爲發後淑慝之種子。非若聖人之心, 鏡明水止。

靜中有物之旨,『語類』釋之曰: “只是知覺。” 又曰: “只是敬。” 又曰: “只太極也。” 三釋不同何歟?

程子論“靜中有物”, 而因說旣有知覺, 怎生言靜, 則本旨之不在知覺明矣。此承“萬物皆備”, 而言“冲漠無眹而萬象森具”者也。『語類』所釋則各是一義, 朱子以爲“但有知覺在”, 何妨其爲靜? 故以至靜之中知覺不昧者當之。其曰: “敬則常惺惺在這裏。” 是謂敬則萬理具存也, 非以敬爲物也。其曰“只太極也”者, 直以心之存主處言, 較近本旨。然講錄謂“至虛之中至實者存”, 語意尤渾然矣。

自欺之釋, 朱子有以不柰佗何言者, 有以欠分數言者, 有以容著在言者。三言之中, 何者最切歟?

"不柰佗何", 是不由自家底, 而自欺是由自家底。"自欺"者, 雖或諉之於不柰佗何而非其實狀也。"容著在"者, 又是蓋庇此不善之事也。"自欺"之際, 固必有"容著在"者, 而自欺之實, 又不待"容著在"而已然矣。較之『章句』、『或問』心有未實, 便是欠了分數, 此乃自欺之實因也。朱先生論自欺, 又有以閒居爲不善爲自欺者, 此乃自欺之甚大。故無狀者不可至此而方謂之自欺也。蓋一念之萌, 纔有未實, 便不自慊; 纔不自慊, 便是自欺。自欺之際, 固有知其非者而私意未袪, 不免於蓋庇爲之, 而諉之於不柰佗何? 習之已久, 便至於爲不善, 無所不至。是知"欠分數"者, 自欺之眞贓也; "不柰佗何"者, 自欺之飾辭也; "容著在"者, 自欺之痼病也。"閒居爲不善"者, 自欺之末疾也。『章句』中"苟焉"、"苟且"兩"苟"字, 似有"容著在"之意。

正心之旨, 或以爲兼體用, 或以爲專言用, 或謂其體爲重, 當何從?

正心傳首節, 貼上誠意言, 而意是心之用, 故先於用上說病。次節貼下修身言, 而身爲心之表, 故先於表上論證。而去其有所之客用則心無私繫, 體以立矣; 存其不在之本體則心有定主, 用以行矣。用工地頭, 雖在動時之察, 而察後收效。全靠靜時之存, 則謂之專言用者, 據其表而言之也; 謂之體爲重者, 探其裏而言之也。謂之兼體用者, 雖若完備, 而實涉籠罩。蓋體用元非兩物, 體是用之立, 用是體之行。故經傳未嘗分體用說, 惟在人見之如何耳。經言正心在誠意修身之間, 對身意而言則心爲之體矣, 而單言正心則正字上有工夫說, 近於用矣。傳文始言四有, 終言三不, 皆以用之不正者言, 雖若專言用, 然去其有所而存其不在, 則客用不行而本體自立。故朱子以敬以直之四字, 補傳文之闕。直、內之旨, 便貼於正心故也。諸儒之說, 或就經傳上分體用, 或就傳文中分體用, 皆未賭當, 不可以苟從也。

舍去如斯, 達去如斯。或以爲舍生旣如此, 必是達於理而如此, 或以爲舍生而如斯耶? 達理而如斯耶? 或以爲舍是舍藏之舍, 達是達行之達, 舍亦如斯, 達亦如斯, 三釋何者爲長?

樵夫之問朱子, 疑其本無是事。然就本文作解者有之矣。鶴林以"死可爲舍, 聞道爲達, 舍是勇, 達是智"也。舍去、達去, 雙關對說, 終未見沿爲一事之意。或因此而轉作問辭如第二說, 則亦恐於樵夫本情上說不去。若作舍亦如斯達亦如斯, 而謂其窮達皆不足以動心, 則雖說近樵夫心事, 然乃是告之之辭, 非問之之意。蓋樵夫是荷蕢、沮、溺之類, 以遺世遁俗, 不嬰禍患爲高, 見伊川於死生之際, 了不動心。故因問舍去時能如斯, 達去時亦能如斯乎? 舍是舍命舍生之舍, 達是達可行於天下之達, 謂死生甚重, 而已能決然舍去, 果能於平常無事, 亨通開達之處, 亦能如斯乎? 深以救時明道, 自取世患爲戒也。更按: 一本作舍後如此, 達後如此, 著後字則似帶得贊歎之意。故舍生達理之說起焉, 而朱子謂舍達自是一事, 何可分言? 蓋舍生者能達於理, 達理者能舍其生故也。鶴林死可聞道智勇之辨, 乃所以分作兩事, 以實其言, 而畢竟分亦未明。一番贊歎, 終非樵夫之本情。伊川之欲答之者, 又無著落。如是, 則謂之元無是事者正也。設有是事, 則兩後字出於記錄之誤, 而愚說或近之。然對辭答辭, 又持兩端, 乃蓄疑而未決者也。後質之金丈泰叟, 良以對辭爲長, 恐亦然耳。

"欲"之一字, 大舜曰: "從欲。" 孟子曰: "寡欲。" 周子曰: "無欲。"「樂記」言: "性之欲。"『魯論』言: "心所欲。" 伊川言: "意欲。" 晦庵言: "情欲。" 所指有單言惡、兼言善之不同, 何歟?

"欲", 一也, 而有義理之欲, 有形氣之欲。理則本善, 氣則易惡。"從欲", 欲之純善者也; "寡欲", 欲之兼善惡者也; "無欲"之欲, 又是"寡欲"之極功; 性之欲, 專指此理之發; "心所欲", 獨循天理之則則單言善也; "意欲", 欲其窒塞, 單言惡者也; "情欲", 欲其檢制, 易流於惡者也。所就而言者, 各不同。然心性非二本, "欲", 豈有四三其源?

篁墩『心經』章末初、晚之分, 似有顚倒之迹。

篁墩之援朱附陸, 旣出於私意, 則初、晚之分, 亦豈無顚倒之迹也? 中年說十條中, "痛理會一番", 德明錄癸巳以後所聞; "萬事在窮理", 道夫錄己酉以後所聞; "致知涵養先後", 文蔚錄某不敢自昧, 方子錄皆戊申後所聞。「答汪太初」書, 首言來官廬阜, 是己亥在南康時書。「答劉公度」書, 其下有「荊舒祠記」之說, 象山之作「祠記」在戊申。「答范文叔」書首言子約之去, 是乙卯黨禍後書。「答劉季章」書, 首言近得益公書, 而周益公大拜在乙未, 封爵當在其後。下書又言戊午墓碑之請, 由癸巳至戊午, 僞是六十歲左右, 則摭此而屬之中歲, 尙或爲說。其晚年說十一條中一日謂諸生, 端蒙錄在己亥。「答項平父」書, 言陸國正, 子靜之爲國正在壬寅。「答林擇之」書, 其下又言陸子壽, 子壽之卒在庚子, 此必是庚子以前書。「答劉子澄」書, 有敬夫伯恭云亡之說, 南軒庚子卒, 東萊辛丑卒, 此必是辛丑間書。「答何叔京」書, 首有賑濟語, 朱子之貸粟賑民在戊子, 叔京之卒, 亦在乙未。「答程允夫」書, 有近見延平之語, 而延平卒於甲申, 此必是甲申以前書。由甲申以前, 爲三十餘歲, 而至於辛丑, 亦只是五十歲左右, 則較所謂中年, 已頗不及, 而直以爲晚年定論。吾朱子明體適用之學, 其於道理本原, 無容初、晚之辨, 而猶且顚倒之如此, 則曾謂一指可蔽泰山乎?

寄命于耳目, 講錄以爲寄性命之理于耳目, 此言不由心得也。『釋疑』謂以性命之正, 寄之耳目之欲, 此言心爲形役也。將何適從?

寄命耳目, 騰理口舌, 並指口耳之學, 則辭順而義碍; 分屬知行說, 則辭似硬而意亦淺。蓋學無心得, 則無躬行可知。

謹獨與存養相對, 而程子論天德王道, 獨以謹獨爲要何歟?

君子遏欲順理之工, 尤在於謹獨。蓋存養之時, 心不接物。天德王道, 未著而難見。惟一念初萌, 萬事始兆。善惡公私, 於是乎分, 故程子拈此爲要。若此序則又以直內涵養對說, 非闕卻靜時工夫也。

生於形氣, 根於性命。胡氏曰: "生是氣已用事時方生, 根是從大本上說。" 道心之發, 氣固已用事; 人心之發, 亦未有不根於性, 則以此分說恐未安。且曰方生、曰大本, 似以人心道心, 作先後看者。然人心、道心, 有何先後之可言歟?

作用固是氣, 而纔說用事字, 已自不好了, 便帶得理弱氣彊之意。故栗谷以道心爲氣不用事, 而南塘忒疑之, 恐其害於氣發之說也。蓋人心亦情也, 豈有不原於性? 而人心從氣橫出者, 故以氣用事言; 道心理之直遂者, 故以從大本言, 非謂其有先後而然也。

天理、人欲, 同行異情。便似善惡在性中, 相對爲兩物, 各自出來。朱子謂之說得最好者何歟?

謂之同體, 則有相對各出之嫌; 而謂之同行, 則只可就幾上察而識。蓋以一人心言, 則有理、欲交戰時, 有理、欲和匀時, 不得不謂之同行。朱子之許之以此, 豈必齊頭並轡而後謂之同行哉? 以兩人心言, 則同一飮食, 而彼以貪欲而食, 我以當食而食, 則尤豈非同行異情處耶?

人心人欲, 道心天理, 是朱門已棄之論, 而此贊乃以惟欲、惟理對說, 何歟?

惟欲之欲, 是未汩之欲; 惟理之理, 是已發之理。人心欲其克治, 故沿流而言欲; 道心欲其存養, 故討源而言理, 活看可也。

克治存養, 或以篇末求放心、尊德性兩章當之。

閑邪克己, 懲忿窒慾。絶四、勿四之類, 皆屬克治; 戒懼存誠, 四端、子諒之類, 皆屬存養。非指篇末兩章而言也。至於一敬相傳四字, 又是一篇之綱領, 故別言之, 非獨別擧「敬齋」一箴而結之也。一部大旨, 豈獨歸之於篇末?

心圈中於虛靈知覺之傍, 別添神明, 何歟?

此泛指古人言心, 有這般名目而已。非謂虛靈知覺之外, 別有神明也。

心爲一身之主宰。主宰是理, 則心之統性、檢性、妙性。有以理主理之失。雖以發處言之, 纔說約情、制情, 旣有發出之理, 又有主宰之理, 爲兩理相對之病矣。若謂之氣, 則以氣主理、以氣宰理, 不免有逆理凌節之嫌。臣脅君、卒脅將, 凡事一切倒置柰何?

朱子曰: "心固是主宰底, 所謂主宰者, 卽此理也。" 氣則作用而已, 安能主宰乎? 心統性情, 只是言心爲性情之總名, 而若檢性、妙性, 皆就那發處用功。檢性, 禮之用專一心敬也; 妙性, 智之用專一心知也。此正程子所謂"以心使心"處, 心之所發雖不一, 間見層出, 相須爲用而已。發出之理, 便是主宰之理。旋自發出, 旋自主宰, 則有何兩理相對, 以理宰理之嫌也?

虛靈爲心之體, 知覺爲心之用。虛靈果無用, 而知覺果無體否?

虛靈知覺, 皆兼體用。體立於靜, 而用行於動, 不可以攔截看。蓋虛靈固是心之本體, 而已發之際, 妙應無迹者, 虛靈之用也。知覺固亦心之妙用, 而未發之前, 炯然含藏者, 知覺之體也。『中庸』「序」, 先言一而已, 則體固一原, 用亦一路, 而但所以爲知覺者, 或從義理、或從形氣, 故有不同。

道心常爲主而人心每聽命。夫道心雖是善念, 不可留置心下, 則何以能常爲主乎? 人心發處, 道心未必偕發, 則其將聽命於何處耶?

事必求是, 義理常勝, 則道心爲主矣。生於形氣者, 必以義理揆度, 如其未安。便卽制伏, 則人心聽命矣。此特於情機層出之際, 主理以檢氣耳。非有兩心相對, 或爲將, 或爲卒也。

"二者雜於方寸之間", 又曰"道心雜出於人心之間", 兩雜字無別歟?

上雜字, 就二者對說; 下雜字, 主道心單說。然雜字不做病, 而雜之則爲病。雜者, 此心錯出之狀也; 雜之者不分善惡, 一直混糅之謂也。

義理精微條, 將說義理之難見, 而先言利害之易見, 將言衆人之不知, 而先言禽獸之無知, 何歟? 旣知其所不知之利害, 又知其難見底義理, 則何以曰異於禽獸者幾希?

此段終未瑩然。以利害之已有不知, 明義理之尤爲難見; 以義理之鮮能有知, 歎人獸之所爭幾希。蓋衆人知利害而不知義理, 禽獸知飮啄而不知利害, 其有不知則一也。所爭只些子耳。但以此而爲人、道心之辨, 則恐非其倫。

仁義禮智, 性也, 而今曰根於性, 何歟?

此謂仁義禮智已發之理, 原於仁義禮智未發之性。勉齋亦曰: "發於此身則仁義禮智是也。" 豈不知仁義禮智之爲性而然哉? 但此條西山說人心處微欠照管, 其曰"用力克治, 不使之流長"者, 只說得人欲故也。

"無貳爾心""貳"字, 與『魯論』之"不貳"、「敬箴」之"不貳", 同歟? 此只是詩人贊成伐紂之意, 而係之心法之次。

"貳"字有訓疑、訓益之別。然元有此件而又益以彼件, 初欲如此而又疑其如彼, 其不能致一則一也。且心上工夫, 主一爲要。故此以"無貳"係之"精一"之次, 可見前後聖之同一心法也。伐紂處便是行天下之大事, 心法所傳, 尤於此可見。

神, 夫子之所不語, 又所遠之。而今於暗室存敬之際, 常若有神臨其上, 的見人之所爲者, 何歟?

纔說"不可度", 已帶得夫子所不語之意。然夫子於『易』「繫」, 亦曰: "可與酬酢, 可與佑神。" 特未可輕以語人也。「抑」詩自戒, 又非語人之辭。於人所不見之處, 存此敬畏之心者, 豈不如神明之所臨乎?

不愧屋漏, 『詩集傳』及『中庸』, 皆以存養工夫言之, 而葉平巖以爲謹獨之效, 何歟? 若曰幽暗之中亦無愧, 如不欺暗室義, 則旣曰"在室", 而又曰"屋漏", 何也?

以時分言, 則屬之存養, 而平巖之以爲謹獨之效者, 無或以用功於動用而收效於靜體耶? 然而終非此章之正義, 不愧與不欺, 其義煞異。蓋古人所居之奥, 西南隅也; 所當之戶, 東南隅也。若屋漏則室之西北隅, 我在此而屋漏在彼, 此則不愧之義也。暗室泛言己之所在, 欺自是自欺而已。

義以方外之義, 與『大易』精義之義, 煞有不同, 而篁墩引居敬精義, 以明敬爲義本之旨, 何歟?

"精義", 知上說; 方外之義, 行上說。五峯此言"以主敬爲窮理之要", 而重在下段, 篁墩引之, 以明敬義之賓主者, 殊朱本旨。

閑邪以非禮勿視、聽、言、動爲據, 則邪是言行之邪, 而信謹之道, 便是閑邪矣。以朱子所言旣信旣謹。但用閑邪爲據, 則邪是意念之邪。信謹之中, 又須閑邪。當以何者爲主?

『程傳』亦曰: "旣處無過之地, 則惟在閑邪。" 觀此則信謹又須閑邪明矣。若"非禮勿視"云云, 非正釋此文。

程子曰"靜中須有物方得", 而和靖以"不容一物"言敬, 何歟? 無乃近於釋氏心不可泊一事之意否?

"須有物", 以實理言; "不容物", 以外累言。程子旣言"中有主則實", 而又謂"有主則虛", "須有物", 則實矣; "不容物", 則虛矣。此實則彼虛, 此須有則彼不容, 初非二致也。若釋氏之不泊一事, 乃是棄事絶物之意。正是無主之虛, 成就得枯木死灰矣。

悔者人情之大同, 而不與於七情, 何歟? 以程、朱之指觀之, 則既不可不悔。又不當爲悔, 如何而可?

悔之爲情, 多出於義理之公, 而不純乎形氣之私, 故七情不言之。情有萬般, 豈七者之所可盡乎? 無過而自無悔則可, 有過豈容不悔? 既悔斯改, 亦無可悔, 豈容有之爲悔也? 爲悔之爲, 與有所之有同病。

意、必、固、我, 以『集註』觀之, 意、我之病生於私, 固之病生於滯, 而必之爲期必, 未見其爲病。如學道而期於必成, 求仁而期於必得, 何以做病?

意、必、固、我, 本自相因, 非各指一事也。蓋始起意處, 既是私意, 而不問理之是非, 期於必成, 豈不做病?

「好學論」、講錄以明心知性爲窮理之事, 正心養性爲踐履之事。上段之約情合中, 末段之力行求至, 又何以分屬?

"約情合中"與"正心養性", 相因爲說, 而約合省察也, 正養存養也。"明心知性"與"力行求至", 相對爲言, 而明知屬知, 行至屬行。察養之得正, 專由知行之交須矣, 非以明心知性, 對正心養性也。

三"中"字, 何別?

其中之中, 指靜者言, 則爲大本之中; 合於中之中, 從動處言, 則爲中節之中。地頭雖異, 中則一也。非此大本之外, 別有中節之中也。

四有所章句釋之曰: "一有之而不能察。" 或謂"有之"字無病, 而"有所"字方做病, 或謂"有之"卽"有所"之病。

朱子連下"不能察"三字, 故所以有"有之"字無病之說。然傳文中未有"不能察"之意也。朱子之特下"察"字, 所以示執證之要訣。蓋雖或有之, 而能察則無之, "不能察"便是"有之"之實也。非於"有之"做病之外, 更添"不能察"之病, 然後方得爲"有所"之病。或說所謂"有之"卽"有所"之病云者, 不爲無見, 而立言之序, 亦不可不察。

至靜之中, 自有動之端。朱子以「復卦」當之。「復」之陽動, 何以爲至靜之中? "端"字與

"根"字、"機"字何別?

此條先輩多疑以爲中年未定之論, 而妄意「復」之五陰在上, 至靜之中也。一陽居下, 所動之端也。動有端緖之可見者, 非一陽初動之時乎? 此"端"字與"四端"字參看則不做病。動之根, 只說靜中涵動之妙; 動之機, 只說靜極將動之幾。

先輩以情之善者爲淸氣之發, 則濁氣上果無善情之發歟?

濁氣上所發, 未必皆惡情。今有下愚之人, 其氣全然濁駁, 而如見孺子入井, 雖一日十見, 未嘗有不惻隱時, 豈能每値其氣之淸哉? 蓋天理之根於性者, 隨感輒發, 雖所乘之氣, 濁而不淸, 亦不爲其所揜耳。

赤子心、大人心, 有有知覺無知覺之別, 而並以心言, 則其不以知覺言心明矣, 而由知覺有心之名, 何歟?

知覺有體有用, 赤子之謂無知覺者, 用之未著也。由知覺有心之名者, 體之本虛也。然朱子曰: "心又不可以知覺言。" 其主義理而不主知覺明矣。

朱子論五臟之心曰: "此非心, 乃心之神明升降之舍。" 勉齋則以應萬物之心爲神明之舍, 何歟?

神明卽心之眞體, 而其舍卽一塊血肉之心。醫家所言之心, 實非聖人所言之心。聖賢以神明者爲心, 醫家指舍而爲心。勉齋論心, 亦多欠商處。如解人心妙不測處, 云心固是血氣做成者, 亦此類也。

『附註』引荀子"天官"之說, 以證"思之爲心官"。心是天君, 而思是天官歟?

荀子以耳目口鼻形爲天官, 而思不與焉。孟子以思爲心官, 只言心之所主也。非以心爲君, 而以思爲官也。

無以飢渴之害爲心害, 或釋之曰無如飢渴之害正味, 而以貧賤害心也。或曰: "飢渴之害, 止於口腹; 利欲之害, 害其心, 利欲之害尤大也。" 兩釋不同。

患貧賤而狃富貴者, 專出於利欲之私, 而飢渴之害小, 利欲之害大。其事則煞別, 而其機則相因。

程子四箴, 以"思"字屬之動, 而眞氏以"勿"字當"思", 兼視、聽、言、動而言, 何歟? "勿", 禁止之辭; "思", 思量之謂, "思"與"勿"之義似異。

「動箴」之言"思", 非以四勿之不言思而求以足之也。視思明, 聽思聰, 言思忠, 何可偏屬於動也? 四勿之不言"思", 猶四端之不言"信"。視聽言動, 思無不周; 仁義禮智, 信無不在。眞氏之以勿當思, 意則通,【勿之在心。】 而辭則跆。【勿本非思。】

一者無欲, 或作太極看, 或兼作一元之氣看。以一爲氣, 果得爲無欲之本歟?

『通書』宗旨, 皆從「太極圖」中推演來。一卽太極而已, 靜虛動直處, 方見得陰陽氣機。或者之攙說一元, 殆是竿木之隨身也。

2.

后山 許愈(1833~1904) 心說論爭 資料

4-2-1

「후산문답后山問答」(『后山集』 卷11)

해제

1) 서지사항

허유(許愈)가 지은 글. 『후산집』 권11에 실려 있다. (『한국문집총간』 327)

2) 저자

허유(許愈: 1833~1904)로, 본관은 김해, 자는 퇴이(退而), 호는 후산(后山)·남려(南黎)이다.

3) 내용

이 글은 허유가 객(客)과 문답하는 형식으로 심즉리설(心卽理說)을 옹호하는 논설을 지은 것이다. 허유는 34세 때 한주(寒洲) 이진상(李震相: 1818~1886)을 만난 이후 제자가 되었다. 이 글은 가야산에서 온 객이 「과농재강설(課農齋講說)」을 허유에게 보이며 심즉리설(心卽理說)에 대해 질문하는 것으로 시작된다. 허유는 "중국 전국(戰國) 시대의 학자들이 '서로 가까운 성[相近之性]'을 몰랐던 것이 아니지만 '본연지성(本然之性)'을 몰랐기 때문에 성선설(性善說)이 등장한 것이고, 근세 학자들은 '기(氣)를 아우른 마음'을 모르는 것이 아니지만 '본체의 마음'을 모르기 때문에 '심즉리설'이 등장하였다"고 설명했다. 객이 "심즉리는 상산(象山) 육구연(陸九淵: 1139~1193)과 양명(陽明) 왕수인(王守仁: 1472~1527)의 학설인데, 그대가 편드는 것은 무엇 때문인가?"라고 묻자, 허유는 "육·왕(陸王)의 심즉리설은 '기를 심으로 오인한 것'으로서, 자신의 심즉리설과 다르다"고 설명했다. 객이 "심합리기설은 염·락(濂洛) 이래 우리나라 선배 학자들이 서로 전수한 내용인데, 지금 그것을 따르지 않고 별도로 심즉리설을 세운 것이 옳은가?"라고 묻자, 허유는 "시대 상황으로 인해 불가피한 일이었다"고 답변했다. 객이 "심이 진실로 리라면, 다시 무슨 '정밀하게 선택하고 하나를 지키는 공부'가 필요하겠는가?"라고 묻자, 허유는 "그대는 이 심의 본연지묘(本然之妙)를 말하지 않고, '리와 기가 합쳐진 마음'으로 선택하고 지키려 하니. 나는 그 선택이 정밀하지 못하고 지킴도 한결같지 못할까 두렵다."고 답변했다. 객이 "심즉리라면, 허령지각(虛靈知覺)도 리일 뿐인가?"라고 묻자, 허유는 "지각의 주체는 리요, 지각의 자구(資具)는 기이다"라고 답변했다. 객이 "그렇다면 심합리기설이 옳지 않은가?"라고 묻자, 허유는 "리와 기는 비유컨대 군주와 신하와 같다. 군주는 신하가 아니면 국가를 이룰 수 없지만, 국가의 주인은 군주이지 신하가 아니다."라고 하여, 주인인 리를 중심으로 심을 논해야 한다고 설명했다. 객이 "성(性)을 논하면서 기를 논하지 않으면 갖추어지지 못하고, 기를 논하면서 성을 논하지 않으면 밝지 못하다"고 전제한 다음, "지금 심을 논하면서 '심즉기'라 하는 것은 밝지 못한 것이며, '심즉리'라 하는 것은 밝고 허령하여 작용하는 것을 태극으로 오인하는 것"이라고 비판하자, 허유는 "리와 기는 결단코 두 개의 물건이다. 그대는 일원(一原)의 영역에 이물(二物)을 배치하여 각각 발하는 근본으로 삼으려고 하면서 스스로 옳다고 여긴다"고 비판하였다. 객이 "명덕은 리인가, 기인가?"를 묻자, 허유는 "명덕은 심이 성과 정을 통섭하는 가운데 나아가 리를 가리켜 말한 것"이라고 답변하였다. 객이 '심의 본체'에 대해 묻자, 허유는 "호론(湖論)에서는 '기질'로 말하고, 낙론(洛論)에서는 '본래 선한 기'라고 하며, 셋째 영남에서는 '리와 기를 합친 것'이라고 하였다. 마음을 범범하게 말하면 이 세 가지가 모두 불가함이 없지만, 만약 마음의 본체를 논하면 정자와 주자의 큰 가르침이 해와 별처럼 밝으니, 배우는 자들은 그것을 상고하지 않을 수 없다"고 답변하였다. 그러면서 허유는 "퇴계 선생은 '심이 아직 발하지 않았을 때엔 오직 리일 따름[心之未發, 惟理而已]'이라 말씀했는데, 이것이 마음의 본체를 가장 분명하게 설명한 것"이라고 설명하면서, 이 글을 끝맺었다.

4-2-1「后山問答」(『后山集』 卷11)

客自伽倻來, 袖示『課農齋講說』一通, 余大讀一遭, 因默然無言。

客曰: "公何無言也?" 余不應。

客強之曰: "心卽理之說, 果何如?"

曰: "難乎言也。戰國諸子, 非不知相近之性, 而不知本然之性, 故性善之說作; 近世學者, 非不知兼氣之心, 而不知本體之心, 故心理之說出。前說後說, 其義一也。"

客曰: "心卽理, 陸、王說也, 而公爲之左袒, 何也?"

曰: "陸氏以陰陽爲道, 王氏以視聽言動爲天理。然則陸、王所謂心卽理, 卽近世所謂心卽氣也, 非吾所謂心卽理也。"

客曰: "心合理氣, 濂、洛以來, 及我東先輩相傳之正法眼藏。今不遵舊規, 別立一說可乎?"

曰: "心合理氣, 非周、程、張、朱之言也。陳北溪倡之, 而退陶從之。夫道以心同, 言以時異, 故知言者, 尙其時也。孔子曰'性相近', 而孟子則曰'性善'; 明道曰'生之謂性', 而伊川則曰'性卽理'。子將以孟、伊之說, 謂不遵舊規, 別立一路乎? 北溪、退陶之說, 皆有所爲而發也, 時之使然也。"

客曰: "吾人用工, 皆在變化氣質。心苟理也, 則更何有擇精守一之工乎?"

曰: "擇精守一, 就人心道心界分處說。蓋人心, 心也; 道心, 心也。擇之守之, 又是何心? 孟子曰: '權, 然後知輕重; 度, 然後知長短。物皆然, 心爲甚。' 朱子釋之曰: '以本然之心權度之。' 今子不說了此心本然之妙, 而欲以合理氣之心, 擇而守之, 吾恐其擇不精而守不一矣。且子所謂變化氣質, 將以理乎? 將以氣乎? 將以理與氣乎? 以氣變氣, 吾未之聞也。以理與氣變氣, 古所謂一匏兩持, 吾恐其裂而不全也。"

客曰: "若公之言, 則心性無別。認心爲性, 則無近於禪家所謂空寂之弊耶?"

曰: "程子曰'心卽性', 又曰'心也、性也、天也, 一理也', 其爲認心爲性大矣。吾聞正叔不好佛, 未聞其流於禪寂也。"

客曰: "然則虛靈知覺, 理而已耶?"

曰: "虛靈知覺之所主, 理也; 所資, 氣也。當論其主資之如何, 何必如子之骨董爲也?"

客曰: “主必有資, 則合理氣云云, 不亦信乎?”

曰: “理與氣, 譬則君臣也, 夫婦也, 將卒也。君非臣, 無以爲國, 而國之主, 君也, 非臣也; 夫非婦, 無以爲家, 而家之主, 夫也, 非婦也; 將非卒, 無以爲軍, 而軍之主, 將也, 非卒也。今子必欲合君臣、夫婦、將卒而爲之主者, 不幾於混雜而無別乎? 其勢也必至於臣奪君位、婦奪夫位、卒奪將位而乃已。不亦可畏之甚乎?”

客曰: “朱子『易』解, 謂‘元亨利貞, 性也; 生長收藏, 情也; 以元生、以亨長、以利收、以貞藏, 心也’, 此說何謂?”

曰: “以天言, 則太極爲心, 而元亨利貞, 其性也; 生長收藏, 其情也。以人言, 則心爲太極, 而仁義禮智, 其性也; 愛惡讓知, 其情也。邵子所謂心爲太極, 張子所謂心統性情, 皆謂是也。”

客曰: “心爲太極, 非謂太極是心也, 猶言易有太極也。故晦齋先生曰: ‘心猶天地之陰陽, 而太極之眞, 於是乎在。’ 今便以心爲太極, 無乃左乎?”

曰: “邵、朱兩夫子, 皆以心爲太極, 而子必欲以陰陽當心, 吁亦異矣! 大抵心猶陰陽, 非但晦齋言之, 朱子亦嘗言之。古人立言, 有如此處, 有如彼處, 引彼而證此, 引此而證彼, 天下無全理矣。小兒迷藏之戱, 何所不至? 子不讀「太極圖說」乎? 卽陰陽指其本體之不雜乎陰陽者, 非太極乎? 何其只知不相離而不知有不相雜也?”

客曰: “朱子所謂心者, 通貫未發已發, 乃『大易』流行一動一靜之全體者, 非合理氣而統論心字乎?”

曰: “此是朱子「答林擇之」書, 而在中和說未定前。故中自是性之德, 而謂不可謂之性; 和自是心之用, 而謂不可謂之心。蓋朱子此時認心爲氣, 故直以『大易』流行, 爲心之全體, 恐未可引此以爲論心之斷案。況由此說, 則心是氣而已。子引之爲合理氣之證, 何也? 豈不以此心之發, 必乘氣而發, 上天之載, 必乘氣而流行耶? 以此而謂合理氣, 則吾亦當首肯矣; 認主宰爲合理氣, 則吾不信也。”

客曰: “朱子又言在人心, 則喜怒哀樂未發之中, 謂之太極者, 非單言理, 而指心之上一半而言歟?”

曰: “子謂心之上一半理也, 下一半氣也云耶? 朱子所謂心者, 通貫未發已發者, 自是主理而言。今子以未發爲理, 已發爲氣, 至有上下半之說。苟如是也, 子思其欺我哉? 『中庸』所謂‘喜怒哀樂之未發, 謂之中; 發而皆中節, 謂之和。中也者, 天下之大本也; 和也者, 天下之達道也’者, 是何謂也? 世或有認達道爲氣發者, 子之說, 其源於此乎?”

客曰: “未發已發, 皆理也, 則理善而氣皆不善也。”

曰: “吾聞理純善, 氣有善有不善, 理一而氣二也。斯理也, 子豈不知? 必曰氣皆不善云者, 此無他, 欲病人之說, 以伸己見也。嗚呼! 古之人, 好察邇言, 隱惡而揚善; 今之人, 務立己見, 諱善而播惡, 所謂此意卻先不好了者, 子不幸近之矣。”

客曰: “此則吾妄發矣。然虛靈知覺一而已者, 非合理氣而一者乎? 其或原、或生之不同, 譬如一人之身, 在車上則謂車上人, 在馬上則謂馬上人, 人卻是一人。”

曰: “理譬則人也, 氣譬則車馬也。今理與氣, 合而爲一, 則太半是車乘車、馬乘馬矣, 烏在其一之爲一也?”

客曰: “虛靈知覺純是理, 則此非佛者之本心乎?”

曰: “子又妄發矣。吾於此, 嘗以主資言之, 曷常曰純是理乎? 且子以佛者之本心, 謂純是理耶? 純是理也, 與聖人之本天何異? 特其所謂靈靈昭昭之心, 是氣也, 非理也。故程子斥之。今不察乎此, 而以以理言心者謂之佛, 則認心爲氣者, 是何等人? 半理、半氣者, 又是何等人? 抑別有安穩地耶? 願問子之所安。”

客曰: “天地間物事, 豈有氣自氣、理自理時節? 吾欲安於合理氣之地。”

曰: “子將勞矣。令出多門, 其誰適從? 旣而日暮燭進。”

客曰: “此燭非脂膏則不明, 此非合理氣之說乎?”

曰: “燭固資脂膏而明。明者, 火也, 非脂膏也。在人之明德, 亦然。”

客曰: “明德, 是心是性? 是理是氣?”

曰: “明德, 就心統性情中, 指理而言者也。子又欲雜氣而說明德乎?”

客曰: “王陽明「讀大學」, 便謂‘至善, 是心之本體’。又曰: ‘至善只求諸心。’ 所謂心卽理, 指心爲善者, 其不原於此乎?”

曰: “『大學』所謂至善, 統言民彝、物則, 皆有至善, 陽明一切求之於心體, 此非『大學』本意也。退陶所以闢之也。若泛言心之本體而曰至善, 有何不可? 子欲混善惡於心之本體, 子可謂後世之子雲矣。”

客曰: “論性不論氣, 不備; 論氣不論性, 不明。如孟子道性善而不論氣稟, 故終不足以解告子之惑矣。如荀、楊以性爲惡, 以性爲善惡混。世俗所謂性急性緩之類也。今論心而曰心卽氣, 不明也; 曰心卽理, 是不備也。所謂心卽理者, 認得箇昭昭靈靈作用底, 便是太極。將使學者, 談玄說妙, 無下工夫處矣。”

曰: “噫! 吾今而後, 知子之心矣。雖孟子復生, 不可以解惑矣。子之心, 非孟、非荀, 其將爲子莫之執中矣。理氣決是二物, 子欲安二物於一原之地, 爲各發之本, 而自以爲得, 天下事無可爲矣。夷狄之入主中華, 亦其宜也。”

客曰: “心合理氣, 退陶亦嘗言之。然則退陶非耶?”

曰: “惡, 是何言也? 退陶所謂合理氣, 理爲主而氣爲資; 今人所謂合理氣, 理與氣並立, 雙峙二本, 甚矣。今子反欲援退陶以爲說, 眞所謂執言而迷眞者也。吾嘗看「心統性情中下圖」, 「中圖」明四端七情, 皆理發之意; 「下圖」就氣質中說, 故卻言理發、氣發, 以明此心之不能無互發之機, 卽「中庸序」或生、或原, 是也。今「中圖」之旨, 不明於世, 宜乎子之說至此也。大義之乖, 不待七十子之歿, 在孔門猶然, 而況於今日乎? 嗚呼! 漢、賊不兩立, 理、欲不並全。見今氣說肆行, 理學浸晦。陶山一統, 危於一髮, 子不思所以鞠躬盡瘁、死而後已之道, 乃欲以區區一隅, 憑藉外冠, 爲偏安之計, 何其不思之甚也? 昔年吾過三叉江, 歎曰‘洛江一帶, 混混千里, 分而爲三叉, 嶺中所以多分割, 以此歟?’ 不意吾子之又以戈戟相尋於同室之間也。春秋大一統者, 天地之常經, 古今之通義也。子歸而求之, 道一而已。”

客退。一童子前曰: “平日語小子輩曰‘心合理氣’, 今與客反是, 何也?”

曰: “與汝言, 故曰心合理氣, 眞妄邪正, 無非心也; 與客言, 故曰心卽理, 心之本體, 卽天理在人之全體也。”

童子曰: “願聞心之本體。”

曰: “近世論心體者三。一則曰氣質【湖】, 一則曰本善之氣【洛】, 一則曰合理氣【嶺】。泛言心則此三說者, 皆無不可, 而若論心之本體, 則程、朱大訓, 昭如日星, 學者不可以不之考也。”

童子曰: “程、朱大訓, 可聞耶?”

曰: “程子曰: ‘心一也, 有指體而言者, 寂然不動, 是也; 有指用而言者, 感而遂通天下之故, 是也。’ 又曰: ‘中也者, 言寂然不動者也【心之本體】, 故曰天下之大本; 和也者, 言感而遂通者也【心之妙用】, 故曰天下之達道也。’ 朱子曰: ‘元亨利貞, 便是天地之心。’ 又曰: ‘心, 全德也。’ 又曰: ‘心卽仁也。’ 又曰: ‘心是太極。’ 又曰: ‘本心無不仁。’ 又曰: ‘心如水, 性如水之靜, 情如水之動。’ 此類不可盡述。今論者, 不論本體之如何, 而尋枝逐葉, 自以爲得, 殊可怪也。”

童子曰: “李子無本體之說耶?”

曰: “李子曰‘心之未發, 惟理而已’, 此所謂八字打開也。”

童子曰: "客累擧陽明爲說, 其意何如?"

曰: "李華西, 近世豪傑之士也。嘗以心卽理三字, 爲論心之赤幟。湖、洛人譁然攻之曰: '象山也, 陽明也。' 今客之言, 雖曰合理氣, 其實則湖、洛人口氣, 此何以異於象山之引老子以辨無極之非也?"

童子曰: "客以心卽理之說, 謂靈靈昭昭, 談玄說妙, 不亦可畏歟?"

曰: "朱子曰: '心者, 天理之主宰。' 又曰: '心之本體, 太極是也。' 客如聞此, 則亦將以禪家譏之歟? 客之說類不可曉。如論心卽氣, 而曰猶不失本天之宗旨。然則聖人本天, 是氣也, 非理也。吾儒法門, 未聞有此等說也。"

童子曰: "客之言曰'寧可見笑於今人, 不可得罪於後世', 其自任不亦重乎?"

曰: "此則客之過慮也。客之言, 正合時論, 何見笑之有? 後世未可知, 但非程、朱、李相傳宗旨, 吾爲客懼也。"

4-2-1 「후산문답后山問答」(『后山集』 卷11)

선역

객이 가야산(伽倻山)으로부터 와서, 소매에서 『과농재강설(課農齋講說)』 한 통을 꺼내 보였다. 나는 한 번 크게 읽고서, 묵묵히 아무 말도 하지 않았다.

객이 말하기를 "그대는 어찌 말이 없습니까?"라고 하여도, 나는 응답하지 않았다.

객이 억지로 말하기를 "심즉리설(心卽理說)은 과연 어떤 것입니까?"라고 하였다.

내가 말하기를, "말하기 어렵습니다. 전국시대 여러 학자들이 '서로 가깝다는 성(性)'을 알지 못한 것이 아니지만, '본연의 성'을 알지 못하였기 때문에, 성선설(性善說)이 등장한 것입니다. 근세 학자들은 '기를 아우른 마음'을 알지 못한 것이 아니지만, '본체의 마음'을 알지 못하였기 때문에, '마음이 곧 리'라는 설이 나왔습니다. 이전의 설과 이후의 설은 그 뜻이 동일합니다."라고 하였다.

객이 말하기를 "심즉리는 육구연(陸九淵: 1139~1193)과 왕수인(王守仁: 1472~1528)의 설인데, 그대가 편들어 주는 것은 무엇 때문입니까?"라고 하였다.

내가 말하기를, "육구연은 음양을 도(道)로 여기고, 왕수인은 시청언동(視聽言動)을 천리(天理)로 여겼습니다. 그렇다면 육구연과 왕수인이 말하는 '심즉리'는 곧 근세의 학자들이 말하는 '심즉기(心卽氣)'이니, 우리가 말하는 '심즉리'가 아닙니다."라고 하였다.

객이 말하기를 "마음은 리와 기를 합한다는 것은 염락(濂洛)[1] 이래 및 우리나라 선배들이 서로 전한 정법안장(正法眼藏)[2]입니다. 이제 예전 규범을 좇지 않고 별도 하나의 설을 세운 것이 옳은 것입니까?"라고 하였다.

내가 말하기를 "마음은 리와 기를 합하였다는 것은 주돈이(周敦頤: 1017~1073), 정호(程顥: 1032~1085)·정이(程頤: 1033~1107), 장재(張載: 1020~1077), 주희(朱熹: 1130~1200)의 말입니다. 북계(北溪, 陳淳: 1159~1223)가 창도하고 퇴계(退溪, 李滉: 1501~1570)가 따랐습니다. 무릇 도는 마음으로 함께하고, 말은 때에 따라 달리하기 때문에, 말을 아는 자는 그 때를 숭상하는 것입니다. 공자는 '성상근(性相近)'을 말하였는데 맹자는 '성선(性善)'이라고 하였고, 명도(明道, 程顥)는 '생지위성(生之謂性: 타고난 것을 성이라 한다)'이라고 하였으며, 이천(伊川, 程頤)는 '성즉리(性卽理)'라고 하였습니다. 그대는 장차 맹자와 이천의 설을 가지고 예전 규범을 좋지 않는다고 하였는데, 별도로 하나의 길을 세웁니까? 북계

---

1) 濂洛: 濂溪에 살았던 周敦頤와 洛陽에 살았던 程顥와 程頤 형제를 가리킨다.

2) 正法眼藏: 禪門에서 바른 세계를 보는 방법. 즉 깨달음의 진실을 의미하는 말로 쓰이는데, 석존이 깨달은 무상의 正法을 가리킨다. 이는 불가의 말을 원용한 것이다.

와 퇴도의 설은 모두 의도한 바가 있어 발언한 것이니, 때가 그렇게 시켰던 것입니다."라고 하였다.
객이 말하기를, "우리들의 공부는 모두 기질을 변화시키는 데 있습니다. 마음이 진실로 리라면 또 왜 택정수일(擇精守一)의 공부가 있겠습니까?"라고 하였다.
내가 말하기를, "택정수일은 인심과 도심의 경계처에 나아가 말하는 것입니다. 대개 인심도 마음이고 도심도 마음입니다. 선택하고 지키는 것은 또 무슨 마음이겠습니까? 맹자가 '저울에 달아 본 뒤에 경중을 알고, 자로 재 본 뒤에 장단을 안다. 사물마다 모두 그러하지만 마음은 더욱 그렇다'라고 하였는데, 주자(朱子, 朱熹)는 해석하여 말하기를 '본연의 마음으로 저울에 달아 보고 자로 잰다'고 하였습니다. 이제 그대가 이 마음의 본연의 오묘함을 말하지 않고 리와 기를 합한 마음으로 선택하고 지키고자 하니, 나는 그 선택이 정밀하지 않고 지킴이 한결같지 않을까 두렵습니다. 또 그대의 이른바 기질을 변화시킨다는 것은 장차 리로 할 것입니까? 기로 할 것입니까? 리와 기로 할 것입니까? 기를 가지고 기를 변화시키는 것은 내가 여태껏 들어보지 못했습니다. 리와 기를 가지고 기를 변화시키는 것은 옛날의 이른바 하나의 표주박을 양쪽에서 잡는다는 것이니, 나는 그것이 쪼개져서 온전하지 못할까 두렵습니다."라고 하였다.
객이 말하기를 "만약 그대의 말과 같다면, 마음과 본성의 구별이 없습니다. 마음을 본성으로 알면, 선가(禪家)에서 말하는 공적(空寂)의 폐단과 가깝지 않겠습니까?"라고 하였다.
내가 말하기를 "정자는 '마음은 곧 성이다'라고 하였고, 또 '마음, 본성, 하늘은 하나의 리이다'라고 하였으니, 이것은 분명 마음을 본성으로 아는 것에 해당할 것입니다. 그런데 나는 정숙(正叔, 程頤)이 불교를 좋아하지 않았다고 들었고, 선가의 공적에 빠졌다는 말은 듣지 못하였습니다."라고 하였다.
객이 말하기를 "그렇다면 허령지각(虛靈知覺)은 리일 따름입니까?"라고 하였다.
내가 말하기를, "허령지각의 주재자는 리이고, 허령지각의 자구(資具)는 기입니다. 마땅히 그 주재[主]와 자구[資]가 어떠한 것인가를 논해야 하지, 어떻게 반드시 그대처럼 쓸데없는 말을 하겠습니까?"라고 하였다.
객이 말하기를 "주재에 반드시 자구(資具)가 있다면, '마음은 리와 기를 합친 것'이라는 말이 또한 믿을 만하지 않겠습니까?"라고 하였다.
내가 말하기를 "리와 기는 비유하면 임금과 신하이고, 남편과 부인이며, 장수와 졸병입니다. 임금은 신하가 아니면 나라를 다스릴 수 없는데 나라의 주인은 임금이고 신하가 아니며, 남편은 부인이 아니면 집안을 다스릴 수 없는데 집안의 주인은 남편이고 부인이 아니며, 장수는 졸병이 아니면 군대를 다스릴 수 없는데 군대의 주인은 장수이고 졸병입니다. 이제 그대가 반드시 임금과 신하, 남편과 부인, 장수와 졸병을 합하여 그 주인으로 삼으려 하는 것은 뒤섞어서 구별이 없는 것에 가깝지 않겠습니까? 그 형세는 반드시 신하가 임금의 지위를 빼앗고 부인이 남편의 지위를 빼앗으며 졸병이 장수의 지위를 빼앗는 데까지 이르고 말 것입니다. 두려워할 만한 것이 심하지 않습니까?"라고 하였다.

객이 말하기를 “주자가 『주역』 해석에서 ‘원형이정(元亨利貞)은 본성이고, 생장수장(生長收藏)은 감정이며, 원(元)으로 소생시키고 형(亨)으로 자라게 하며 이(利)로 거두고 정(貞)으로 감추는 것은 마음이다.’라고 하였으니 이 말은 무엇을 말합니까?”라고 하였다.

내가 말하기를 “하늘로 말하면 태극이 마음이 되는데, 원형이정은 그 본성이며, 생장수장은 그 감정입니다. 사람으로 말하면 마음이 태극이 되는데, 인의예지(仁義禮智)는 그 본성이며, 애오양지(愛惡讓知)는 그 감정입니다. 소자(邵子, 邵雍: 1011~1077)의 ‘마음이 태극이 된다’는 말씀과 장자(張子, 張載)의 ‘마음이 본성과 감정을 통섭한다’는 말씀은 모두 이것을 말합니다.”라고 하였다.

객이 말하기를 “마음이 태극이 된다는 것은 태극이 마음이라는 말이 아니고, 오히려 ‘역에 태극이 있다’는 것과 같습니다. 그러므로 회재(晦齋, 李彦迪: 1491~1553) 선생께서 ‘마음은 천지의 음양과 같으니, 태극의 참다움[眞]은 여기에 있다’[3]고 하였습니다. 이제 곧 마음을 태극으로 여기는 것은 잘못된 것이 아니겠습니까?”라고 하였다.

내가 말하기를 “소자와 주자 두 선생이 모두 마음을 태극으로 여겼는데, 그대는 반드시 음양을 마음에 해당시키고자 하니, 아! 또한 이상합니다. 대저 마음은 음양과 같다는 것은 회재만 말한 것이 아니라 주자도 일찍이 말한 적이 있습니다. 옛사람들의 주장에는 이와 같은 곳이 있고 저와 같은 곳이 있는데, 저것을 이끌어 이것을 증거하고, 이것을 이끌어 저것을 증거하면, 천하에는 완전한 이치가 없을 것입니다. 어린 아이들의 숨바꼭질 장난이 어찌 여기에 이를 바이겠습니까? 그대는 「태극도설(太極圖說)」을 읽지 않으셨습니까? 음양에 나아가 그 본체가 음양과 섞이지 않은 것을 가리키니, 태극이 아니겠습니까? 어찌 그리 서로 분리되지 않은 것만 알고, 서로 섞이지 않음이 있는 것을 알지 못합니까?”라고 하였다.

객이 말하기를 “주자가 말한 마음은 미발(未發)과 이발(已發)을 관통한 것이니, 바로 역(易)이 유행하여 한 번은 움직이고 한 번은 고요한 전체는 리와 기를 합하여 마음을 통론(統論)한 것이 아니겠습니까?”라고 하였다.

내가 말하기를 “이것은 주자의 「답임택지(答林擇之)」에 보이는 내용으로서,[4] 중화설(中和說)이 정해지기 이전의 것입니다. 그러므로 중(中)은 본래 본성의 덕이어서 본성이라고 말할 수 없다고 하고, 화(和)는 마음의 작용이어서 마음이라고 말할 수 없다고 한 것입니다. 대개 주자가 이때에는 마음을

---

3) 『晦齋集』 卷5 「答忘機堂第一書(戊寅)」: 試以心言之, 人受天地之中以生, 則其心猶天地之有陰陽也, 而太極之眞, 於是乎在也. 참조.

4) 조긍섭은 「答林擇之」의 내용으로 언급하고 있으나, 이와 연관된 뚜렷한 내용은 보이지 않는다. 이와 유사한 자료는 「答吳晦叔」에 수록된 내용이 더 근사하다. 『晦庵集』 卷42 「答吳晦叔」: 夫易, 變易也, 兼指一動一静已發未發而言之也. 太極者, 性情之妙也, 乃一動一静未發已發之理也, 故曰‘易有太極’, 言即其動静闔闢, 而皆有是理也.

기로 알았기 때문에 곧바로 『역』의 유행을 마음의 전체로 간주했거니와, 아마도 이것을 인용하여 마음을 논한 단안(斷案)으로 여길 수 없을 듯합니다. 하물며 이 설에 연유하면 마음은 기일 따름이니, 그대가 이를 인용하여 마음은 리와 기를 합친 것이라는 증거로 삼으면 어찌합니까? 어떻게 이 마음이 발현할 적에 반드시 기를 타고 발현하고 상천(上天)의 일도 반드시 기를 타고 유행한다고 하지 않겠습니까? 이것으로 마음은 리와 기를 합친 것이라 한다면 나도 마땅히 수긍하겠지만, 주재를 리와 기가 합친 것이라고 인식한다면 나는 믿지 않습니다."라고 하였다.

객이 말하기를 "주자가 또 '사람의 마음에 있어서는 희노애락(喜怒哀樂)이 발현하지 않은 중(中)을 태극이라 한다'고 말씀한 것은 단지 리만 지칭한 것이 아니요, 마음의 위쪽 절반을 가리켜 말한 것입니까?"라고 하였다.

내가 말하기를 "그대는 마음의 위쪽 절반을 리, 아래 절반을 기라고 말하는 것입니까? 주자가 말한 마음은 미발과 이발을 관통한 것이니, 본래 리를 주로 하여 말하는 것입니다. 이제 그대는 미발을 리로 여기고 이발을 기로 여겨, 위쪽 절반과 아래쪽 절반이라는 말까지 하였습니다. 진실로 이와 같다면, 자사(子思)가 나를 속인 것입니까? 『중용』의 '희노애락이 아직 발현하지 않은 것을 중(中)이라고 하고, 발현하여 모두 절도에 맞는 것을 화(和)라고 한다. 중이란 것은 천하의 큰 근본[大本]이고, 화라는 것은 천하의 공통된 도[達道]이다'라는 말은 무엇을 말합니까? 세상에 간혹 '공통된 도'를 '기의 발현'으로 여기는 사람들이 있는데, 그대의 말은 그 여기에 근원한 것입니까?"라고 하였다.

객이 말하기를 "미발과 이발이 모두 리라면, 리는 선하고 기는 모두 불선한 것입니다."라고 하였다.

내가 말하기를 "나는 들으니, 리는 순선하나, 기에는 선도 있고 불선도 있어서, 리는 하나이고 기는 두 개입니다. 이러한 이치를 그대가 어찌 모르겠습니까? 반드시 '기는 모두 불선하다'고 말하는 것은, 다름이 아니라 남의 주장을 병폐로 규정하여 자기의 견해를 펴고자 하는 것입니다. 오호라! 옛 사람은 가까운 말을 살피기를 좋아하되 악을 숨겨주고 선을 드날렸는데, 지금 사람은 자기의 견해를 세우고자 힘쓰면서 선을 숨기고 악을 퍼뜨리니, 이른바 '이러한 의도(意圖)가 도리어 먼저 좋지 않다'는 말에 그대가 불행하게도 가깝게 된 것입니다."라고 하였다.

객이 말하기를 "이것은 내가 망발(妄發)한 것입니다. 그러나 '허령지각은 하나일 따름'이라는 말은 리와 기가 합쳐져서 하나인 것이 아닙니까? 그 혹원(或原)과 혹생(或生)의 같지 않음은 비유하자면 한 사람의 몸이 수레 위에 있으면 수레 위의 사람이라고 하고, 말 위에 있으면 말 위의 사람이라고 하지만, 사람은 오히려 한 사람인 것과 같습니다."라고 하였다.

내가 말하기를 "리는 비유컨대 사람이고, 기는 비유컨대 수레와 말입니다. 이제 리와 기가 합하여 하나가 된다면, 태반은 수레가 수레를 태우고 말이 말을 태울 것이니, 어떻게 그 하나가 하나로 되겠습니까?"라고 하였다.

객이 말하기를 "허령지각이 순전히 리라면, 이것은 불교의 본심이 아니겠습니까?"라고 하였다.

내가 말하기를 "그대가 망발하였습니다. 내가 이것에 대해 일찍이 주재[主]와 자구[資]로 말하였으니, 어떻게 늘 순전히 리라고 말합니까? 또 그대는 불교의 본심을 순전히 리라고 여깁니까? 순전한 리라고 하면, '성인은 하늘에 근본한다'는 것과 어찌 다르겠습니까? 다만 그 이른바 영영소소(靈靈昭昭)한 마음이 기이고, 리가 아닙니다. 그러므로 정자가 배척한 것입니다. 이제 이것을 살피지 못하고, 리를 마음으로 말한다는 것으로 불교라고 규정한다면, 마음을 기로 여기는 사람들은 어떤 사람입니까? 반절은 리이고 반절은 기라고 여기는 사람들은 또 어떤 사람입니까? 그렇지 않고 별도로 안온한 지점이 있는 것입니까? 원컨대 그대가 편안하게 여기는 것을 묻고자 합니다."라고 하였다.

객이 말하기를 "천지 사이에 있는 사물은 어떻게 기는 기대로, 리는 리대로 되는 때가 있겠습니까? 나는 리와 기가 합쳐진 지점에서 편안하게 여기고자 합니다."라고 하였다.

내가 말하기를 "그대는 장차 수고로울 것입니다. 명령이 내려질 적에 문로(門路)가 많으면, 그 누구를 따르겠습니까? 이윽고 해는 저물고 촛불만 나아갑니다."라고 하였다.

객이 말하기를 "이 촛불은 기름이 아니면 밝지 못하니, 이것은 리와 기를 합하는 설이 아니겠습니까?"라고 하였다.

내가 말하기를 "촛불은 진실로 기름을 자료로 삼아 밝습니다. 밝음이란 불이지 기름이 아닙니다. 사람의 명덕(明德)에 있어서도 그렇습니다."라고 하였다.

객이 말하기를 "명덕은 마음입니까, 본성입니까? 리입니까, 기입니까?"라고 하였다.

내가 말하기를 "명덕은 마음이 본성과 감정을 통섭하는 가운데 나아가 리를 가리켜 말한 것입니다. 그대는 또 기를 섞어서 명덕을 말하고자 합니까?"라고 하였다.

객이 말하기를 "왕양명의 「독대학(讀大學)」에서 곧 '지극한 선은 마음의 본체이다'라고 하고, 또 '지극한 선은 단지 마음에서 구한다'고 하였으니, 이른바 '심즉리'가 마음을 가리켜 선이라 여기는 것은 여기에서 근원하는 것이 아닙니까?"라고 하였다.

내가 말하기를 "『대학』에서 말한 '지극한 선'은 백성의 떳떳함[民彝]과 사물의 법칙[物則]을 통틀어 모두 지극한 선이 있다고 말한 것이요, 양명은 모든 것을 심체(心體)에서 구하였으니 이것은 『대학』의 근본 뜻이 아닙니다. 그리하여 퇴도께서 물리친 것입니다. 만일 마음의 본체를 범범하게 말하여 지극한 선이라고 한다면, 무엇이 잘못이겠습니까? 그대는 마음의 본체에서 선과 악을 뒤섞고자 하니, 그대는 후세의 자운(子雲, 揚雄: BC.53~AD.18)이라고 이를 만합니다."라고 하였다.

객이 말하기를 "본성을 논하면서 기를 논하지 않으면 갖춰지지 않고, 기를 논하면서 본성을 논하지 않으면 분명하지 않습니다. 마치 맹자가 성선을 말하고 기품을 논하지 않았기 때문에 마침내 고자(告子)의 의혹을 해소할 수 없었던 것과 같으며, 마치 순자(荀子)가 본성을 악으로 여기고 양웅(揚雄)이 본성을 선과 악이 뒤섞인 것으로 여기는 것과 같습니다. 세속에서 '성격이 급하다, 성격이 느긋하다'고 말하는 것도 이와 같은 부류입니다. 이제 마음을 논하면서 '심즉기'만 말하면 분명하지 않을 것이고,

'심즉리'만 말하면 갖춰지지 않을 것입니다. 이른바 '심즉리'는 소소영영(昭昭靈靈)이 작용하는 것을 바로 태극으로 간주하는 것이니, 장차 배우는 사람들로 하여금 현묘(玄妙)한 것을 담론하게 할 뿐 공부할 곳이 없습니다."라고 하였다.

내가 말하기를 "아! 나는 이제서야 그대의 마음을 알겠습니다. 비록 맹자가 다시 태어나더라도 의혹을 풀 수 없을 것입니다. 그대의 마음은 맹자도 아니고 순자도 아니니, 장차 자막(子莫)의 집중(執中)[5]이 될 것입니다. 리와 기는 결단코 두 가지 사물인데, 그대는 두 가지 사물을 하나의 근원이 되는 바탕에서 안배하여 각각 발현하는 근본으로 삼고, 스스로 터득했다고 하니, 천하의 일을 처리할 수 없습니다. 이적(夷狄)이 중화(中華)로 들어가 주인이 되는 것도 또한 마땅합니다."라고 하였다.

객이 말하기를 "'마음은 리와 기를 합친 것'이라는 주장은 퇴도께서도 일찍이 말씀한 적이 있습니다. 그렇다면 퇴도는 잘못입니까?"라고 하였다.

내가 말하기를 "아! 이 무슨 말입니까? 퇴도가 말씀한 '리와 기를 합친 것'은 리가 주재(主宰)가 되고 기가 자구(資具)인 것이요, 지금 사람들이 말하는 '리와 기를 합친 것'은 리와 기가 나란히 서서 두 근본이 마주 치솟은 것입니다. 심합니다. 이제 그대가 도리어 퇴도를 이끌어 말을 하고자 하니, 참으로 이른바 '말을 고집하면서 참다움을 미혹시키는 것'입니다. 내가 일찍이 「심통성정중도(心統性情中圖)」와 「심통성정하도(心統性情下圖)」를 본 적이 있는데, 「중도」는 사단과 칠정이 모두 리발(理發)이라는 뜻을 밝혔고, 「하도」는 기질 가운데 나아가 말하기 때문에 도리어 리발(理發)과 기발(氣發)을 말하여 이 마음이 서로 발동하는 기틀이 없을 수 없음을 밝혔으니, 곧 「중용장구서」에서의 혹생(或生)과 혹원(或原)이 이것입니다. 이제 「중도」의 뜻이 세상에 밝혀지지 않고 있으니, 그대의 설이 여기에 이르는 것이 마땅합니다. 큰 뜻이 어그러진 것은 칠십자(七十子: 공자의 걸출한 문하생과 같은 제자)의 죽음을 기다리지 않으니, 공문(孔門)에 있어서도 오히려 그러하거늘, 하물며 금일에 있어서랴? 오호라! 한나라와 도적은 양립하지 못하고, 천리(天理)와 인욕(人欲)은 나란히 온전하지 못합니다. 오늘날 기설(氣說)이 제멋대로 횡행하여 이학(理學)이 점점 어두워졌습니다. 도산(陶山, 李滉)의 한 계통이 위기일발에 처하였는데, 그대는 몸과 마음을 다 바쳐 죽은 뒤에야 그만두는 것을 생각하지 않고 있으니, 바로 구구하게 한쪽 구석에서 바깥 도적을 빙자하여 편안(偏安)한 계책을 하고 있으니, 어찌 그리 생각하지 않음이 심합니까? 옛날에 내가 삼차강(三叉江)[6]을 지나면서 '낙동강 일대가 세차게

5) 子莫의 執中: 융통성이 없어서 이름만 中道일 뿐 실제는 중도가 아닌 사이비 중도를 말한다. 자막은 魯나라의 賢者이다. 『맹자』 「盡心上」에, 楊朱와 墨翟의 폐단을 논한 뒤에, "자막이 그 중간을 잡았으니 중간을 잡은 그것이 도에 가까운 것처럼 보이지만, 중간을 잡았을 뿐 균형을 취한 것은 없으니 이 역시 한쪽만을 고집한 것과 같다. 한쪽만 고집하는 것을 미워하는 까닭은 그것이 중도를 해치기 때문이다.[子莫執中 執中爲近之 執中無權 猶執一也 所惡執一者 爲其賊道也]"라고 비판한 맹자의 말이 나온다.

6) 三叉江 : 낙동강 하구의 물 흐름이 세 갈래로 갈라진 것을 말한다.

천리까지 흐르는데, 나뉘어 세 갈래가 되니, 영남학파 가운데 분할(分割)이 많은 것은 이 때문인가?'라고 탄식한 바 있습니다. 뜻밖에도 그대는 또 같은 집안사람들에게 창끝을 겨누고 있습니다. 춘추대일통(春秋大一統)은 천지의 떳떳한 법도이고 고금에 통하는 의리입니다. 그대는 돌아가 탐구하시기 바랍니다. 도(道)는 하나일 따름입니다."라고 하였다.

객이 물러갔다. 앞에 있던 동자(童子) 하나가 말하기를 "평소에 저희들에게는 '마음은 리와 기를 합친 것'이라고 말씀하셨는데, 이제 객과 말씀할 때엔 이와 반대였으니, 무엇 때문입니까?"라고 하였다.

내가 말하기를, "너희들과 말하였기 때문에 '마음은 리와 기를 합친 것'이라고 말한 것이니, 진실하고 거짓되며 사특하고 올바른 것[眞妄邪正] 모두 마음 아닌 것이 없다. 객과 말하였기 때문에 '마음은 곧 리'라고 말한 것이니, 마음의 본체는 바로 천리가 사람에게 있는 전체인 것이다."라고 하였다.

동자가 말하기를 "원컨대 마음의 본체에 대해 듣고자 합니다."라고 하였다.

내가 말하기를 "근세에 마음의 본체를 논한 것은 세 가지이다. 하나는 기질【호론(湖論)】이라고 하고, 하나는 본래 선한 기【낙론(洛論)】라고 하며, 하나는 리와 기를 합친 것【영남】이라 하는 것이다. 마음을 범범하게 말하면 이 세 가지는 모두 불가함이 없는데, 만약 마음의 본체를 논하면 정자와 주자의 큰 가르침이 해와 별처럼 밝으니, 배우는 자들은 그것을 상고하지 않을 수 없다."라고 하였다.

동자가 말하기를 "정자와 주자의 큰 가르침을 들을 수 있습니까?"라고 하였다.

내가 말하기를 "정자가 '마음은 하나인데, 체(體)를 가리켜 말한 것이 있으니 고요하여 움직이지 않는 것이 이것이고, 용(用)을 가리켜 말한 것이 있으니 감동하여 마침내 천하의 연고에 통한다는 것이 이것이다'[7]라고 하였고, 또 '중(中)이란 것은 고요하여 움직이지 않음【마음의 본체(本滯)】을 말한 것이니 그러므로 천하의 대본(大本)이라 하고, 화(和)란 것은 감동하여 마침내 통함【마음의 묘용(妙用)】을 말한 것이니 그러므로 천하의 달도(達道)라 한다'[8]라고 하였다. 주자는 '원형이정은 곧 천지의 마음이다'[9]라고 하였고, 또 '마음은 온전한 덕이다'라고 하였으며, 또 '마음은 인(仁)이다'라고 하였고, 또 '마음은 태극이다'라고 하였으며, 또 '본심은 어질지 않음이 없다'라고 하였고, 또 '마음은 물과 같고, 본성은 물의 고요함과 같으며, 감정은 물의 움직임과 같다'[10]라고 하였다. 이러한 부류들은 매우 많아서 모두 기술할 수 없다. 지금 의논하는 자들은 본체가 어떠한가를 논하지 않고 나뭇가지를 찾고 잎사귀를 좇으며 스스로 터득했다고 하니, 매우 괴이한 노릇이다."라고 하였다.

---

7) 『二程粹言』 卷上 「論道篇」: 大臨曰: "然則夫子以赤子之心爲已發者, 而未發之時謂之無心可乎?" 子曰: "心一也, 有指體而言者, 寂然不動, 是也; 有指用而言者, 感而遂通天下之故, 是也."

8) 『二程遺書』 卷25 「暢潛道本」: 喜怒哀樂之未發謂之中. 中也者, 言寂然不動者也, 故曰天下之大本. 發而皆中節謂之和, 和也者, 言感而遂通者也, 故曰天下之達道. 참조.

9) 『晦庵集』 卷40 「答何叔京」: 須知元亨利貞, 便是天地之心, 而元爲之長, 故曰"大哉乾元".

10) 『朱子語類』 卷5 「性理二·性情心意等名義」 〈銖錄〉: 心如水, 性猶水之静, 情則水之流, 欲則水之波瀾. 참조.

동자가 말하기를 "이자(李子, 李滉)에게는 본체에 관한 학설이 없습니까?"라고 하였다.

내가 말하기를 "이자께서는 '마음의 미발은 오직 리일 따름'이라고 하셨으니, 이것이 이른바 '팔자타개(八字打開)'[11]이다."라고 하였다.

동자가 말하기를 "객은 여러 차례 왕양명(王陽明)을 거론했는데, 그 뜻은 어떠합니까?"라고 하였다.

내가 말하기를 "이화서(李華西, 李恒老: 1792~1868는 근세 호걸스러운 선비로서, 일찍이 '심즉리' 세 글자로 마음을 논하는 깃발로 삼았는데, 호론과 낙론 사람들이 떠들썩하게 공격하여 '상산이다, 양명이다'라고 하였다. 이제 객은 비록 '리와 기를 합친 것'이라고 말했으나, 그 실상은 호론과 낙론 사람들의 말씨이니, 이것이 어찌 상산이 노자를 이끌어 무극(無極)을 변론한 잘못과 다르겠는가?"라고 하였다.

동자가 말하기를 "객이 심즉리설에 대해 '영영소소(靈靈昭昭)하여 현묘한 것을 담론한다'고 하였으니, 또한 두려워할 만한 것이 아니겠습니까?"라고 하였다.

내가 말하기를 "주자는 '마음은 천리의 주재이다'라고 하였고, 또 '마음의 본체는 태극이 이것이다'[12] 라고 하였다. 객이 만일 이를 들었다면, 또한 장차 선가(禪家)의 말이라고 조롱했겠는가? 객이 말한 부류는 이해할 수가 없다. 예를 들어 심즉기를 논하면서 오히려 '하늘에 근본한다'는 종지(宗旨)를 잃어버리지 않았다고 하였으니, 그렇다면 '성인이 하늘에 근본한 것'은 기이고, 리가 아니다. 우리 유학의 법문(法門)에 이러한 말이 있다는 것을 듣지 못하였다."라고 하였다.

동자가 말하기를 "객의 말에 '차라리 지금 사람들에게 웃음거리가 될지언정 후세에 죄를 얻을 수 없다'라고 하였으니, 그 자임(自任)이 또한 무겁지 않겠습니까?"라고 하였다.

내가 말하기를 "이것은 객의 지나친 생각이다. 객의 말은 바로 시론(時論)에 부합하는 것이니, 어찌 웃음거리가 되겠는가? 후세는 알 수 없지만, 다만 정자(程子)·주자(朱子)·이자(李子)께서 서로 전한 종지(宗旨)가 아니니, 나는 객을 위해서 두려워하는 것이다."라고 하였다.

客自伽倻來, 袖示『課農齋講說』一通, 余大讀一遭, 因默然無言。

客曰: "公何無言也?" 余不應。

客強之曰: "心卽理之說, 果何如?"

曰: "難乎言也。戰國諸子, 非不知相近之性, 而不知本然之性, 故性善之說作; 近世學者, 非不知兼氣之心, 而不知本體之心, 故心理之說出。前說後說, 其義一也。"

---

11) 八字打開 : 八字 모양의 형태로 문을 활짝 열어젖혀서 가려져 있던 앞산을 보여 주었다는 뜻으로, 조금도 숨김없이 분명하게 설명해 주는 것을 비유한 말이다.

12) 주희는 "心之本體"를 『四書或問』과 『晦庵集』에서 여러 차례 언급하고 있으나, 太極과 직접 연결한 내용은 없다. 그 출처는 생략한다.

客曰: “心卽理, 陸、王說也, 而公爲之左袒, 何也?”

曰: “陸氏以陰陽爲道, 王氏以視聽言動爲天理。然則陸、王所謂心卽理, 卽近世所謂心卽氣也, 非吾所謂心卽理也。”

客曰: “心合理氣, 濂、洛以來, 及我東先輩相傳之正法眼藏。今不遵舊規, 別立一說可乎?”

曰: “心合理氣, 非周、程、張、朱之言也。陳北溪倡之, 而退陶從之。夫道以心同, 言以時異, 故知言者, 尙其時也。孔子曰‘性相近’, 而孟子則曰‘性善’; 明道曰‘生之謂性’, 而伊川則曰‘性卽理’。子將以孟、伊之說, 謂不遵舊規, 別立一路乎? 北溪、退陶之說, 皆有所爲而發也, 時之使然也。”

客曰: “吾人用工, 皆在變化氣質。心苟理也, 則更何有擇精守一之工乎?”

曰: “擇精守一, 就人心道心界分處說。蓋人心, 心也; 道心, 心也。擇之守之, 又是何心? 孟子曰: ‘權, 然後知輕重; 度, 然後知長短。物皆然, 心爲甚。’ 朱子釋之曰: ‘以本然之心權度之。’ 今子不說了此心本然之妙, 而欲以合理氣之心, 擇而守之, 吾恐其擇不精而守不一矣。且子所謂變化氣質, 將以理乎? 將以氣乎? 將以理與氣乎? 以氣變氣, 吾未之聞也。以理與氣變氣, 古所謂一匏兩持, 吾恐其裂而不全也。”

客曰: “若公之言, 則心性無別。認心爲性, 則無近於禪家所謂空寂之弊耶?”

曰: “程子曰‘心卽性’, 又曰‘心也、性也、天也, 一理也’, 其爲認心爲性大矣。吾聞正叔不好佛, 未聞其流於禪寂也。”

客曰: “然則虛靈知覺, 理而已耶?”

曰: “虛靈知覺之所主, 理也; 所資, 氣也。當論其主資之如何, 何必如子之骨董爲也?”

客曰: “主必有資, 則合理氣云云, 不亦信乎?”

曰: “理與氣, 譬則君臣也, 夫婦也, 將卒也。君非臣, 無以爲國, 而國之主, 君也, 非臣也; 夫非婦, 無以爲家, 而家之主, 夫也, 非婦也; 將非卒, 無以爲軍, 而軍之主, 將也, 非卒也。今子必欲合君臣、夫婦、將卒而爲之主者, 不幾於混雜而無別乎? 其勢也必至於臣奪君位、婦奪夫位、卒奪將位而乃已。不亦可畏之甚乎?”

客曰: “朱子『易』解, 謂‘元亨利貞, 性也; 生長收藏, 情也; 以元生、以亨長、以利收、以貞藏, 心也’, 此說何謂?”

曰: “以天言, 則太極爲心, 而元亨利貞, 其性也; 生長收藏, 其情也。以人言, 則心爲太極, 而仁義禮智, 其性也; 愛惡讓知, 其情也。邵子所謂心爲太極, 張子所謂心統性情, 皆謂是也。”

客曰: “心爲太極, 非謂太極是心也, 猶言易有太極也。故晦齋先生曰: ‘心猶天地之陰陽, 而太極之眞, 於是乎在。’ 今便以心爲太極, 無乃左乎?”

曰: “邵、朱兩夫子, 皆以心爲太極, 而子必欲以陰陽當心, 吁亦異矣! 大抵心猶陰陽, 非但晦齋言之, 朱子亦嘗言之。古人立言, 有如此處, 有如彼處, 引彼而證此, 引此而證彼, 天下無全理矣。小兒迷藏之戲, 何所不至? 子不讀「太極圖說」乎? 卽陰陽指其本體之不雜乎陰陽者, 非太極乎? 何其只知不相離而不知有不相雜也?"

客曰: "朱子所謂心者, 通貫未發已發, 乃『大易』流行一動一靜之全體者, 非合理氣而統論心字乎?"

曰: "此是朱子「答林擇之」書, 而在中和說未定前。故中自是性之德, 而謂不可謂之性; 和自是心之用, 而謂不可謂之心。蓋朱子此時認心爲氣, 故直以『大易』流行, 爲心之全體, 恐未可引此以爲論心之斷案。況由此說, 則心是氣而已。子引之爲合理氣之證, 何也? 豈不以此心之發, 必乘氣而發, 上天之載, 必乘氣而流行耶? 以此而謂合理氣, 則吾亦當首肯矣; 認主宰爲合理氣, 則吾不信也。"

客曰: "朱子又言在人心, 則喜怒哀樂未發之中, 謂之太極者, 非單言理, 而指心之上一半而言歟?"

曰: "子謂心之上一半理也, 下一半氣也云耶? 朱子所謂心者, 通貫未發已發者, 自是主理而言。今子以未發爲理, 已發爲氣, 至有上下半之說。苟如是也, 子思其欺我哉? 『中庸』所謂'喜怒哀樂之未發, 謂之中; 發而皆中節, 謂之和。中也者, 天下之大本也; 和也者, 天下之達道也'者, 是何謂也? 世或有認達道爲氣發者, 子之說, 其源於此乎?"

客曰: "未發已發, 皆理也, 則理善而氣皆不善也。"

曰: "吾聞理純善, 氣有善有不善, 理一而氣二也。斯理也, 子豈不知? 必曰氣皆不善云者, 此無他, 欲病人之說, 以伸己見也。嗚呼! 古之人, 好察邇言, 隱惡而揚善; 今之人, 務立己見, 諱善而播惡, 所謂此意卻先不好了者, 子不幸近之矣。"

客曰: "此則吾妄發矣。然虛靈知覺一而已者, 非合理氣而一者乎? 其或原、或生之不同, 譬如一人之身, 在車上則謂車上人, 在馬上則謂馬上人, 人卻是一人。"

曰: "理譬則人也, 氣譬則車馬也。今理與氣, 合而爲一, 則太半是車乘車、馬乘馬矣, 烏在其一之爲一也?"

客曰: "虛靈知覺純是理, 則此非佛者之本心乎?"

曰: "子又妄發矣。吾於此, 嘗以主資言之, 曷嘗曰純是理乎? 且子以佛者之本心, 謂純是理耶? 純是理也, 與聖人之本天何異? 特其所謂靈靈昭昭之心, 是氣也, 非理也。故程子斥之。今不察乎此, 而以以理言心者謂之佛, 則認心爲氣者, 是何等人? 半理、半氣者, 又是何等人? 抑別有安穩地耶? 願問子之所安。"

客曰: "天地間物事, 豈有氣自氣、理自理時節? 吾欲安於合理氣之地。"

曰: "子將勞矣。令出多門, 其誰適從? 旣而日暮燭進。"

客曰: "此燭非脂膏則不明, 此非合理氣之說乎?"

曰: "燭固資脂膏而明。明者, 火也, 非脂膏也。在人之明德, 亦然。"

客曰: "明德, 是心是性? 是理是氣?"

曰: "明德, 就心統性情中, 指理而言者也。子又欲雜氣而說明德乎?"

客曰: "王陽明「讀大學」, 便謂'至善, 是心之本體'。又曰: '至善只求諸心。' 所謂心卽理, 指心爲善者, 其不原於此乎?”

曰: “『大學』所謂至善, 統言民彝、物則, 皆有至善, 陽明一切求之於心體, 此非『大學』本意也。退陶所以闢之也。若泛言心之本體而曰至善, 有何不可? 子欲混善惡於心之本體, 子可謂後世之子雲矣。”

客曰: “論性不論氣, 不備; 論氣不論性, 不明。如孟子道性善而不論氣稟, 故終不足以解告子之惑矣。如荀、楊以性爲惡, 以性爲善惡混。世俗所謂性急性緩之類也。今論心而曰心卽氣, 不明也; 曰心卽理, 是不備也。所謂心卽理者, 認得箇昭昭靈靈作用底, 便是太極。將使學者, 談玄說妙, 無下工夫處矣。”

曰: “噫! 吾今而後, 知子之心矣。雖孟子復生, 不可以解惑矣。子之心, 非孟、非荀, 其將爲子莫之執中矣。理氣決是二物, 子欲安二物於一原之地, 爲各發之本, 而自以爲得, 天下事無可爲矣。夷狄之入主中華, 亦其宜也。”

客曰: “心合理氣, 退陶亦嘗言之。然則退陶非耶?”

曰: “惡, 是何言也? 退陶所謂合理氣, 理爲主而氣爲資; 今人所謂合理氣, 理與氣並立, 雙峙二本, 甚矣。今子反欲援退陶以爲說, 眞所謂執言而迷眞者也。吾嘗看「心統性情中下圖」, 「中圖」明四端七情, 皆理發之意; 「下圖」就氣質中說, 故卻言理發、氣發, 以明此心之不能無互發之機, 卽「中庸序」或生、或原, 是也。今「中圖」之旨, 不明於世, 宜乎子之說至此也。大義之乖, 不待七十子之歿, 在孔門猶然, 而況於今日乎? 嗚呼! 漢、賊不兩立, 理、欲不並全。見今氣說肆行, 理學浸晦。陶山一統, 危於一髮, 子不思所以鞠躬盡瘁、死而後已之道, 乃欲以區區一隅, 憑藉外冦, 爲偏安之計, 何其不思之甚也? 昔年吾過三叉江, 歎曰‘洛江一帶, 混混千里, 分而爲三叉, 嶺中所以多分割, 以此歟?’ 不意吾子之又以戈戟相尋於同室之間也。春秋大一統者, 天地之常經, 古今之通義也。子歸而求之, 道一而已。”

客退。一童子前曰: “平日語小子輩曰‘心合理氣’, 今與客反是, 何也?”

曰: “與汝言, 故曰心合理氣, 眞妄邪正, 無非心也; 與客言, 故曰心卽理, 心之本體, 卽天理在人之全體也。”

童子曰: “願聞心之本體。”

曰: “近世論心體者三。一則曰氣質【湖】, 一則曰本善之氣【洛】, 一則曰合理氣【嶺】。泛言心則此三說者, 皆無不可, 而若論心之本體, 則程、朱大訓, 昭如日星, 學者不可以不之考也。”

童子曰: “程、朱大訓, 可聞耶?”

曰: “程子曰: ‘心一也, 有指體而言者, 寂然不動, 是也; 有指用而言者, 感而遂通天下之故, 是也。’ 又曰: ‘中也者, 言寂然不動者也【心之本體】, 故曰天下之大本; 和也者, 言感而遂通者也【心之妙用】, 故曰天下之達道也。’ 朱子曰: ‘元亨利貞, 便是天地之心。’ 又曰: ‘心, 全德也。’ 又曰: ‘心卽仁也。’ 又曰: ‘心是太極。’ 又曰: ‘本心無不仁。’ 又曰: ‘心如水, 性如水之靜, 情如水之動。’ 此類不可盡述。今論者, 不論本體之如何, 而尋枝逐葉, 自以爲得, 殊可怪也。”

童子曰: “李子無本體之說耶?”

曰: "李子曰'心之未發, 惟理而已', 此所謂八字打開也。"

童子曰: "客累擧陽明爲說, 其意何如?"

曰: "李華西, 近世豪傑之士也。嘗以心卽理三字, 爲論心之赤幟。湖、洛人譁然攻之曰: '象山也, 陽明也。' 今客之言, 雖曰合理氣, 其實則湖、洛人口氣, 此何以異於象山之引老子以辨無極之非也?"

童子曰: "客以心卽理之說, 謂靈靈昭昭, 談玄說妙, 不亦可畏歟?"

曰: "朱子曰: '心者, 天理之主宰。' 又曰: '心之本體, 太極是也。' 客如聞此, 則亦將以禪家譏之歟? 客之說類不可曉。如論心卽氣, 而曰猶不失本天之宗旨。然則聖人本天, 是氣也, 非理也。吾儒法門, 未聞有此等說也。"

童子曰: "客之言曰'寧可見笑於今人, 不可得罪於後世', 其自任不亦重乎?"

曰: "此則客之過慮也。客之言, 正合時論, 何見笑之有? 後世未可知, 但非程、朱、李相傳宗旨, 吾爲客懼也。"

4-2-2

「성학십도부록통론聖學十圖附錄統論」(『后山集』 卷12)

해제

1) 서지사항

허유(許愈)가 지은 글. 『후산집』 권11에 실려 있다. (『한국문집총간』 327)

2) 저자

허유(許愈: 1833~1904)로, 본관은 김해, 자는 퇴이(退而), 호는 후산(后山)·남려(南黎)이다.

3) 내용

이 글은 허유가 퇴계(退溪) 이황(李滉: 1501~1570)의 「성학십도(聖學十圖)」에 대한 자신의 견해를 밝힌 저술 『성학십도부록(聖學十圖附錄)』(2권1책)의 핵심 내용을 다시 요약하여 소개하는 내용이다. 글 첫머리에서 자신이 『성학십도부록(聖學十圖附錄)』을 지었을 때 중론(衆論)이 떠들썩하였음을 토로하면서, 열 가지를 논점을 열거하였다. 첫째, 유형의 극(極)으로 무극과 태극의 극을 해석할 수 없다는 점이다. 둘째, "동정(動靜)은 타는 바의 기틀이다"에서 동정은 마땅히 기에 소속시켜야 한다는 점이다. 셋째, 리일분수(理一分殊)는 「서명(西銘)」의 큰 뜻인데, 리일은 리에 속하고 분수는 기에 속한다는 점이다. 넷째, 『대학혹문』에서 명덕(明德)을 논할 적에 반드시 리와 기를 대립시켜 설명했거니와, 명덕은 바로 심이니, 심도 마땅히 리와 기를 겸하여 말해야 한다는 점이다. 다섯째, 심이 리와 기의 합일이라고 한다면, 심에 속하는 허령지각(虛靈知覺)도 기를 겸하여 말해야 한다는 점이다. 여섯째, 정이 리와 기를 겸하여 선과 악이 있다면, 이른바 정의 선일변(善一邊)에는 기 또한 관여한다는 점이다. 일곱째, 「심통성정도」 하도(下圖)에서 기질지성(氣質之性)을 말했으니, 미발시(未發時)에도 기질지성이 있다는 점이다. 여덟째, 심통성정(心統性情)의 설은 바로 주재의 뜻이지만, 겸포(兼包)로 말하기도 하고 관섭(管攝)으로 말하기도 하니, 너무 쪼개서 나눈 듯하다는 점이다. 아홉째, 사단은 리가 발한 것이고 칠정은 기가 발한 것이라는 말은 아마도 주희가 한때의 우연한 말이니, 바꿀 수 없는 정론으로 간주해서는 안 된다는 점이다. 열째, 이황은 주희의 설을 바탕으로 호발설(互發說)을 주장했는데, 마침내 후학의 의심을 면치 못했다는 점이다. 허유는

"이 열 가지 주장은 근거한 바가 없지 아니하며, 모두 이치가 있다. 그러나 애석하게도 그 본문의 올바른 뜻에 비추어보면, 어떤 것은 그 하나를 얻고 둘을 놓쳤으며, 어떤 것은 그 말단에 근거하여 그 근본을 잃었다. 무릇 의리를 강론할 때에, 자잘한 논점에 대해서는 말을 해도 그만 안 해도 그만이지만, 도체(道體)의 근원과 심술(心術)의 연류(淵流)에 대해서는 털끝만큼도 어긋나서는 안 된다."고 비판하면서, 다시 위의 논점들에 대한 자신의 의견을 밝혔다. 그 가운데 하나만 소개하면, 셋째 논점인 '리일분수(理一分殊)'에 대해, 허유는 "리(理)와 분(分)을 리(理)와 기(氣)에 분속시키는 것은 들어보지 못했다. '리'는 분이 혼연(渾然)한 것이며, '분'은 리가 찬연(粲然)한 것이다. 그 조리(條理)가 있음으로부터 말하면 '리'라 하고, 그 등분(等分)이 있음으로부터 말하면 '분'이라 하니, 애초에 '리' 바깥에 '분'이 있어서 두 개의 사물로 갈라지는 것이 아니다."라고 설명하였다. 그리고는 "세상의 논자(論者)들은 모두 리일(理一)을 '분한이 없는 사물'로 여기고, 분수를 '기(氣)로 인해 생기는 것'으로 여겨서, 리일을 '형기를 떠난 곳'에 한정시키고, 분수를 '형기에 떨어진 이후'로 국한시킨다. 그리하여 리는 스스로 리가 되고, 분은 스스로 분이 되어, 체(體)와 용(用)이 서로 끊어지고 현(顯)과 미(微)가 서로 단절되어, 일(一)은 일이 되지 못하고, 분(分)은 분이 되지 못하니, 천하의 도리(道理)가 매우 심하게 분열되었다."고 비판했는데, 이는 노사(蘆沙) 기정진(奇正鎭: 1798~1879)의 주장을 그대로 수용한 것이다.

4-2-2 「聖學十圖附錄統論」(『后山集』 卷12)

論曰: 愚旣爲『十圖附錄』, 衆論紛然。或謂不當以有形之極, 訓無極太極之極; 或謂動靜者所乘之機, 此動靜當屬之於氣; 或謂理一分殊, 「西銘」之大義, 而理一固是理, 分殊是氣之所爲; 或謂『大學或問』中, 論明德, 必以理與氣對言之, 明德便是心, 當兼理氣說; 或謂心是理氣之合, 則心圈內之虛靈知覺, 亦當兼氣言; 或謂情兼理氣有善惡, 則所謂情之善一邊, 氣亦與焉; 或謂「下圖」圈內, 幷言氣質性, 則未發前亦有氣質性; 或謂心統性情之說, 便是主宰底意, 而或以兼包言, 或以管攝言, 恐近破碎; 或謂四端理之發、七情氣之發, 恐朱子一時偶然之言, 不當看作不易之定論; 或謂李子因朱子說, 有此互發云云, 而終未免後學之疑晦。凡此數說者, 非無所據, 亦皆有理。然惜其於本文正意, 或得其一而遺其二, 據其末而失其本。夫講論義理, 細瑣同異, 言之亦可, 不言亦可。然至若道體之源頭、心術之淵流, 有不可以毫釐差者。今徒知所謂渾淪者之爲一而樂言之, 不知夫所謂分殊者之爲異; 徒知所謂分開者之爲異而力言之, 不知夫所謂渾淪者之爲一。是以信同疑異, 喜合惡離。其論每陷於一偏, 泯泯棼棼, 莫可要領, 豈不誤哉? 夫極之訓釋多矣。象山訓極爲中, 而朱子以爲不是。朱子訓極爲至, 而勉齋以爲於無極之義說不去。於是因朱子屋極、北極之訓以釋之曰: "無極而太極, 猶曰無形而至形, 無方而大方。" 我李子亦曰: "歷(驗)[檢][13]諸先儒說, 其中勉齋說, 最爲詳盡。" 又曰: "上極是假借有形之極, 下極是指名無形之理。" 論者, 謂如是, 則太極反涉於形象方所。然太極雖無形象, 而凡物之有形象者, 莫不根柢於此; 太極雖無方所, 而凡物之有方所者, 莫不樞紐於此, 則至形者, 元無形也; 大方者, 元無方也; 太極者, 本無極也。又何妨乎? 動靜是使用底字, 就陰陽說, 則謂之氣動靜亦可。然動靜者, 所乘之機, 朱子連上句直說之, 此豈容徑說氣也? 孔子當初, 只說太極是生兩儀, 而周子特加動靜二字於其間, 於是人知太極之爲活底物事。先輩所謂再闢人文者, 爲是也。後世陽儒陰禪之徒, 以理爲障, 必欲歸理於空無一法。陸子靜改頭換面, 謂陰陽便是道, 謂太極不可分道器; 王陽明以眞陰眞陽, 爲天理; 羅整庵又以理氣爲

---

13) (驗)[檢]: 저본에 '驗'으로 되어 있으나, 『퇴계집』 원본에 의거하여 '檢'으로 수정하였다.

一物。禪家宗旨, 自來如此, 而吳幼淸陷禪之甚者, 至曰"太極無動靜, 動靜者氣機也", 於是造化之權, 全歸氣機。近世之論者, 雖不敢直言太極無動靜, 而每曰"非氣則太極不能動靜"。疑似亂眞, 莫此爲甚, 人文再晦, 甚可懼也。夫理之乘氣, 如人之乘馬, 故揚子雲曰"氣猶馬也"。朱子所乘之喩, 蓋原於此。然則動靜者, 太極之動靜, 而所乘之機, 卽將陰將陽之始也。程子所謂"動靜者, 陰陽之本", 朱子所謂"陰陽, 由動靜分", 皆此意也。且朱子嘗曰"太極自會動靜", 我李子亦曰"太極之動靜, 太極之自動靜; 天命之流行, 天命之自流行"。先賢定論, 自來如此, 此實道理之原頭處, 何敢賺氣於其間, 以亂太極之眞乎? 理分之分屬理氣, 尤所未聞。夫理者, 分之渾然者也; 分者, 理之粲然者也。自其有條理而謂之理, 自其有等分而謂之分, 初非理外有分, 判爲兩物也。統體太極, 理之一也, 而元亨利貞之分, 已具於其中; 吾心本體, 理之一也, 而仁義禮智之分, 悉備於這裏。以至天命流行, 而生長收藏, 各有分限, 然而一元之生理, 貫徹乎四時; 人心感動, 而喜怒哀樂, 各有分劑, 然而一仁之全德, 主宰乎萬變。要之理一之中, 分未嘗不殊; 分殊之處, 理未嘗不一者也。世之論者, 皆以理一爲無分之物, 分殊爲因氣而有者, 限理一於離形氣之地, 局分殊於墮形氣之後。於是理自理、分自分, 體用阻絶, 顯微相隔, 一不得爲一, 而分不得爲分, 天下道理分裂甚矣, 豈不可懼哉? 於此不敢攙錯爲說, 以亂仁義之宗旨也。明德是『大學』開卷第一義。學者最初頭開眼處, 於此看得不著, 則雖終身爲學, 而終未免黯暗以自欺也。可不懼哉? 夫明德是甚物事? 只是人之所得乎天, 義理之心也。是心也惟人得之, 物不得與也。故『中庸』天命之性章句, 幷言人物; 此明德章句, 言人而不及物, 其意微哉! 人惟不察乎此, 故認明德爲氣者有之, 認明德兼氣者有之, 奈之何舍了自己分上人與物所不同義理之心, 而却就形氣上, 苟苟爲說, 以汚了明德之眞哉? 天之明命, 不可帶氣說, 則人之明德, 不可兼氣說, 明矣。心合理氣, 蓋就人分上說, 而人之所以異於禽獸者, 以其有義理之心也。故周子曰: "惟人也, 得其秀而最靈。" 朱子釋之曰: "人物之生, 莫不有太極之道。然陰陽五行, 氣質交運, 而人之所稟, 獨得其秀, 故其心爲最靈, 而有以不失其性之全, 所謂天地之心而人之極也。" 北溪曰: "人得天地之理爲性, 得天地之氣爲體。理與氣合, 方成箇心也。" 或因此而謂心之主宰, 及心之本體, 合理氣, 非也。義理心分上, 豈容渾雜了形氣也? 虛靈知覺, 亦當先察人物界分。形氣心之虛靈知覺, 人與物之所同也; 義理心之虛靈知覺, 人與物之所不同也。李子答栗谷書, 言人與物知覺之異者, 爲此也。此圈內之虛靈知覺, 只說人義理心之虛靈知覺, 而却欲以形氣心之虛靈知覺, 渾雜於一原之地, 惡乎其可哉? 情固兼理氣, 有善惡。然若言性情之德, 則一理而已。李子「圖說」, 重言“不雜氣、只指理”, 則不雜氣處, 何可雜氣而言哉? 「下圖」圈中, 并言本然、氣質。蓋兼氣言性, 以見本然性之在氣質中, 非以未發已發言之。然性之未發也, 氣不用事, 一理渾然, 其性之正偏多寡, 無由得見。子雲善惡混之說, 所以見斥於吾儒, 而今之論者, 復踵其說, 必要氣質性於未發之前, 殊未可曉。統固是主宰底意。然或就心言, 或從敬言。以心言則心之本體, 性也; 心之妙用, 情也。性情之外, 更別無心, 此所以訓統爲兼也。以敬言則敬貫動靜, 又能存性而檢情, 此所以訓統爲管也。心之自做主宰底便是敬。非心外別有敬, 則兼包、管攝, 實有相通之意, 有甚破碎之意? 四端情也, 七情情也, 不自性發, 不名爲情。朱子七情氣發之說, 誠若可疑。然四端之說, 本於孟子, 而專以理言; 七情之說, 昉於「禮運」, 而專以氣言。蓋因其所發之機, 立言不同。非謂理與氣并立於一原之地, 一主理而發, 一主氣而發也。心一而已, 而以其或生於形氣, 或原於性命, 故有人道之名; 情一也, 而或從形氣上發, 或從義理上發, 故有四七之名。朱子此言, 自有來歷, 豈可曰一時偶語哉? 李子於此, 從而爲說曰: “四端理發而氣隨之, 七情氣發而理乘之。” 其意蓋曰理與氣必交互而發, 非獨自發用也, 是以謂互發。互發自是平平坦坦語, 而人見各異, 斥之以二本者有之。其爲互發分疎者, 只說了理發氣發, 而不察夫二者相須交互之意。嗚呼! 孰謂兩夫子終身明道之學, 昧於一原如是哉? 世之樂渾淪者, 合四七而歸之氣發, 則理爲死物, 大本差矣; 主分開者, 分理氣而各求根源, 則氣爲心體, 大本貳矣。此豈相傳之本意哉? 「十圖」中許多精義, 固難枚擧, 而只論其大體, 以示論者。學者誠能虛心一意, 反覆(況)[沈][14]潛於一原之地, 無以先入之說亂焉, 則庶幾有得乎主一之眞傳, 而不爲世俗之所奪矣。

14) (況)[沈]: 저본에 '況'으로 되어 있으나, 문맥을 살펴 '沈'으로 수정하였다.

4-2-2 성학십도부록통론聖學十圖附錄統論」(『后山集』 卷12)

선역

논하건대, 내가 이미 『성학십도부록(聖學十圖附錄)』를 지었는데, 중론이 떠들썩하였다. 어떤 사람은 마땅히 형체 있는 '극(極)'으로 무극(無極)과 태극(太極)의 '극'을 뜻풀이하지 않아야 한다고 하고,[15] 어떤 사람은 "동정(動靜)은 타는 바의 기틀이니" 이 동정은 마땅히 기(氣)에 소속시켜야 한다고 하며, 어떤 사람은 이일분수(理一分殊)는 「서명(西銘)」의 큰 뜻인데 이일(理一)은 진실로 리이고 분수(分殊)는 기가 작위하는 것이라고 하고, 어떤 사람은 『대학혹문(大學或問)』에서 명덕(明德)을 논할 적에는 반드시 리와 기를 상대하여 말하였으니 명덕은 곧 마음이므로 마땅히 리와 기를 아울러 말한다고 하며, 어떤 사람은 마음이 리와 기의 합일이라면 마음 영역 내의 허령지각(虛靈知覺)은 또한 마땅히 기를 아울러 말해야 한다고 하고, 어떤 사람은 감정이 리와 기를 겸하고 선과 악이 있는 것이라면 이른바 감정의 선한 쪽도 기가 또한 함께한다고 하며, 어떤 사람은 「심통성정하도(心統性情下圖)」 영역 내에서 기질지성(氣質之性)을 아울러 말하면 미발(未發) 이전에도 또한 기질지성이 있다는 말이 된다고 하고, 어떤 사람은 심통성정설(心統性情說)은 곧 주재의 뜻인데 혹 겸포(兼包)로 말하기도 하고 관섭(管攝)으로 말하기도 하니 아마도 너무 자세히 구분한 듯하다고 하며, 어떤 사람은 '사단은 리의 발현, 칠정은 기의 발현'이라는 말은 아마도 주자(朱子, 朱熹: 1130~1200)가 한 때 우연히 말한 것이니 바꿀 수 없는 정론(定論)으로 간주하지 않아야 한다고 하고, 어떤 사람은 이자(李子, 李滉: 1501~1570)가 주자의 설로 인하여 이 호발(互發)을 주장하여 마침내 후학의 의심과 어두움을 면하지 못하였다고 하였다. 무릇 이 여러 설은 의거한 바가 없지 않으며, 또한 모두 일리가 있다. 그러나 애석하게도 그 본문의 바른 뜻에는 혹 그 하나를 얻고 그 둘을 빠뜨리고, 그 말단에 의거하여 그 근본을 잃어버린 것이다.

무릇 의리를 강론할 때에, 자질구레한 같고 다른 점들은 말해도 되고 말하지 않아도 된다. 그러나 도체(道體)의 원두(源頭), 심학(心學)의 연류(淵流)와 같은 경우에는 조금이라도 어긋나서는 안 된다. 이제 한갓 이른바 혼륜(渾淪)이 하나가 되는 것만 알고 즐거이 말하면서 저 이른바 분수(分殊)가 다름이 되는 것을 알지 못하며, 이른바 분개(分開)가 다름이 되는 것만 알고 힘주어 말하면서 저 이른바 혼륜이 하나가 되는 것을 알지 못한다. 그래서 같은 것만 믿고 다른 것을 의심하며, 부합하는 것을

---

15) 이러한 담론은 『朱子語類』 卷75 「易十一·上繫下·右第十一章」 〈嗇錄〉에도 보이고, 『退溪文集』 卷39 「答李公浩(養中○ 庚午)」에도 보인다.

기뻐하고 떨어짐을 싫어한다. 그리하여 그 의논이 늘 한쪽으로 빠져 어둡고 어지러워 요령으로 삼을 만한 것이 없으니, 어찌 잘못되지 않겠는가?

무릇 '극(極)'에 대한 뜻풀이는 많다. 상산(象山, 陸九淵: 1130~1193)은 '극'을 중(中)으로 풀이하였는데, 주자는 옳지 않다고 하였다.[16] 주자는 '극'을 지(至)로 풀이하였는데, 면재(勉齋, 黃榦: 1152~1221)는 무극(無極)의 뜻으로 설명할 수 없다고 하였다. 이에 주자의 '옥극(屋極)'과 '북극(北極)'이라는 가르침을 바탕으로 해석하기를 "무극이면서 태극이라는 말은 형체가 없으면서 지극한 형체가 있고, 방소가 없으면서 큰 방소가 있다는 말과 같다."[17]라고 하였다. 우리의 이자(李子)도 "여러 선유들의 말을 차례로 점검하였는데, 그 가운데 면재설(勉齋說)이 가장 자세하고 극진하다."라고 하였다. 또 말하기를 "위쪽의 '극'은 형상이 있는 '극'을 빌린 것이고, 아래쪽의 '극'은 형상이 없는 리를 가리켜 이름 지은 것이다."라고 하였다. 논자(論者)는 "그렇다면 태극은 도리어 형상과 방소에 관계하는 것이 된다"고 말한다. 그러나 태극은 비록 형상이 없지만 형상이 있는 모든 사물은 이것에 근저(根柢)하지 않음이 없고, 태극은 비록 방소가 없지만 방소가 있는 모든 사물은 이것에 추뉴(樞紐)하지 않음이 없으니, 지극한 형체는 원래 형체가 없는 것이요, 큰 방소는 원래 방소가 없는 것이며, 태극은 본래 무극인 것이다. 이러한 설명이 무슨 오류가 있겠는가?

동정(動靜)은 사용(使用)하는 글자이니, 음양에 나아가 말하면 "기가 동정한다"고 하여도 옳다. 그러나 주자가 위쪽 구절(太極者, 本然之妙)에 연이어 곧바로 "동정은 타는 바의 기틀"이라고 말하였으니, 이것을 어떻게 급하게 기라고 말할 수 있겠는가? 공자는 애당초 태극이 양의를 생성하는 것으로 말했을 뿐인데, 주자(周子)는 특별히 동정 두 글자를 그 사이에 추가하였으니, 여기서 사람들이 태극이 살아있는 것으로 알았다. 선배들의 "다시 인문(人文)을 열었다"는 말이 이것이다. 후세 양유음선(陽儒陰禪)의 무리들은 리를 장애로 여겨서, 반드시 공허하여 하나의 법도 없다는 것으로 리를 귀결하고자 하였다. 육자정(陸子靜, 陸九淵)은 머리와 얼굴을 바꾸어 "음양이 곧 도(道)"이며 "태극은 도(道)와 기(器)로 구분할 수 없다"고 하였으며,[18] 왕양명(王陽明, 王守仁: 1472~1528)은 진음진양(眞陰眞陽)을

---

16) 『晦庵集』 卷36 「答陸子靜」(5): 聖人之意, 正以其究竟至極, 無名可名, 故特謂之太極, 猶曰擧天下之至極, 無以加此云爾. 初不以其中而命之也. 至如北極之極, 屋極之極, 皇極之極, 民極之極, 諸儒雖有解爲中者, 盖以此物之極, 常在此物之中, 非指極字而訓之以中也. 極者至極而已. 참조.

17) 허유가 언급한 이 말은 주희의 저작에는 보이지 않는다. 이 말은 程頤가 언급한 것으로 주돈이의 저작에 보인다. 『周元公集』 「無極而太極辯(程頤)」: 故爲之言曰"無極而太極". 蓋其指辭之法, 猶曰"無形而至形, 無方而大方", 欲人知夫非有是極而謂之太極, 亦特托於極以明理耳. 참조.【참고】주희에게서 굳이 찾는다면 다음의 일례를 거론할 수 있다. 『晦庵集』 卷36 「答陸子靜」(5): 周子所以謂之無極, 正以其無方所無形狀, 以爲在無物之前, 而未嘗不立於有物之後, 以爲在陰陽之外, 而未嘗不行乎陰陽之中, 以爲通貫全體無乎不在, 則又初無聲臭影響之可信也.

18) 이러한 일례는 다음과 같다. 『象山集』 卷12 「二(與朱元晦)」: 今顧以陰陽爲非道而直謂之形器, 其孰爲昧於道

천리(天理)로 여겼고,[19] 나정암(羅整庵, 羅欽順: 1465~1547)은 또 리와 기를 하나의 사물로 여겼다.[20] 선가의 종지가 본래부터 이와 같았는데, 오유청(吳幼淸, 吳澄: 1249~1333)은 선가에 깊이 빠진 자이므로 "태극은 동정이 없으니, 동정은 기의 기틀이다"[21]라고 말하기에 이르렀으니, 여기서 조화(造化)의 권한이 오로지 기의 기틀로 귀결되었다. 근세에 의논하는 자들은 비록 곧바로 "태극은 동정이 없다"고 말하지 못하지만, 늘 "기가 아니면 태극은 동정할 수 없다"라고 하였다. 그럴듯하면서도 진실을 어지럽힌 것이 이보다 심함이 없어 인문이 재차 어두워졌으니 매우 두려워할 하다. 무릇 리가 기를 타는 것은 마치 사람이 말을 타는 것과 같으니, 그러므로 양자운(揚子雲, 揚雄: BC.53~AD.18)은 "기는 말과 같다"라고 하였다. 주자의 '타는 바[所乘]'라는 비유는 대개 여기에서 근원한 것이다. 그렇다면 동정은 태극의 동정이고, 타는 바의 기틀은 곧 장차 음이 되고 양이 되려는 시초이다. 정자(程子)의 "동정은 음양의 근본이다"라는 말과 주자의 "음양은 동정으로 연유해서 구분된다"는 말은 모두 이러한 뜻이다. 또 주자는 일찍이 "태극은 스스로 동정할 수 있다"라고 하였는데, 우리의 이자(李子, 李滉)도 "태극의 동정은 태극이 스스로 동정하는 것이고, 천명의 유행은 천명이 스스로 유행하는 것이다"라고 하였다. 선유들의 정론은 본래부터 이와 같다. 이는 진실로 도리의 원두처이니, 어떻게 감히 기를 그 사이에 몰래 끼워 넣어 태극의 참다움을 어지럽힐 수 있겠는가?

리(理)와 분(分, 나뉨)을 리(理)와 기(氣)에 분속시키는 것은 더욱 듣지 못한 바이다. 무릇 리는 나뉨의 혼연(渾然)한 것이고, 나뉨은 리의 찬연(燦然)한 것이다. 그 조리가 있는 것으로부터 말하면 리라 하고, 그 등분이 있는 것으로부터 말하면 나뉨이라고 하니, 애초에 리를 벗어나 나뉨이 있어서 갈라져서 두 개의 사물이 되는 것이 아니다. 통체태극(統體太極)은 리의 통일됨이지만 원형이정(元亨利貞)의 나뉨이 이미 그 가운데 구비되어 있고, 오심본체(吾心本體)는 리의 통일됨이지만 인의예지(仁義禮智)의 나뉨이 모두 이것에 갖추어져 있다. 심지어 천명이 유행하여 생장수장(生長收藏)하는 데도 각각 분한(分限)이 있지만 일원(一元)의 생리(生理)가 네 계절에 관철하는 것이요, 인심이 감동하여 희노애

器之分哉?

19) 이에 합당한 언표는 왕수인 저작에 보이지 않는다. 다만 이는 왕수인이 내 마음의 良知가 天理로 간주하기 때문에 이와 같이 언표한 것이다. 『王陽明先生文集』 卷2 語錄二, 『傳習錄中·答陸原靜書』, 62쪽, 『王文成全書』 卷2 語録二, 『傳習錄中』: 吾心之良知, 即所謂天理也. 『王陽明先生文集』 卷2 語錄二, 『傳習錄中·答陸原靜書』: 夫良知一也, 以其妙用而言謂之神, 以其流行而言謂之氣, 以其凝聚而言謂之精, 安可以形象方所求哉? 眞陰之精, 卽眞陽之氣之母; 眞陽之氣, 卽眞陰之精之父; 陰根陽, 陽根陰, 亦非有二也. 참조.

20) 이는 다음의 일례를 가지고 언표한 것이다. 『困知記』 卷上 〈自夫子贊易〉: 千條萬緖, 紛紜膠轕而卒不可亂, 有莫知其所以然而然, 是即所謂理也. 初非別有一物依於氣而立, 附於氣以行也. 『困知記』 續錄 卷上: 理只是氣之理當於氣之轉折處觀之

21) 『吳文正集』 卷2 「答王參政儀伯問」 〈第二節〉: 蓋太極無動靜, 動靜者氣機也. 氣機一動, 則太極亦動; 氣機一靜, 則太極亦靜.

락(喜怒哀樂)이 되는 데도 각각 분제(分劑)가 있지만 일인(一仁)의 전덕(全德)이 만 가지 변화를 주재하는 것이다. 요컨대 리일(理一)의 가운데 나뉨은 일찍이 다르지 않은 적이 없고, 분수(分殊)의 곳에서 리는 일찍이 통일되지 않은 적이 없다. 세상에서 의논하는 자들은 모두 리일을 나뉨이 없는 물건으로 삼고 분수는 기로 인하여 있는 것으로 여기니, 리일을 형기(形氣)를 벗어난 지점에 제한하고, 분수를 형기에 떨어진 뒤에 국한시킨다. 이에 리는 리대로 있고 나뉨은 나뉨대로 있으며, 체(體)와 용(用)이 막히고 끊기며, 나타남[顯]과 은미함[隱]이 서로 떨어져서, 하나는 하나가 될 수 없고 나뉨은 나뉨이 될 수 없게 되었다. 천하의 도리가 심하게 분열되었으니, 어떻게 두려워하지 않을 수 있겠는가? 이에 감히 제멋대로 끼워 넣는 말을 하여 인의(仁義)의 종지(宗旨)를 어지럽힐 수 없는 것이다.

명덕(明德)은 『대학(大學)』을 펴면 첫 번째로 나오는 내용으로서, 배우는 사람이 가장 먼저 눈을 떠야 할 곳이다. 여기에서 깨달을 수 없다면, 비록 종신토록 학문을 하여도 마침내 어둡게 되어 자기를 속이는 것을 면하지 못할 것이다. 두려워하지 않을 수 있겠는가? 무릇 명덕은 어떤 것인가? 다만 사람이 하늘에서 얻은 것으로서, 의리의 마음이다. 이 마음은 오직 사람만이 얻고 사물은 관여할 수 없다. 그러므로 『중용』 천명지성(天命之性)의 장구에서는 사람과 사물을 아울러 말하였지만, 이 명덕의 장구에서는 사람만 말하고 사물을 언급하지 않았으니, 그 뜻이 은미한 것이다. 사람들은 오직 이것을 살피지 못하기 때문에, 명덕을 기로 여기는 자도 있고, 명덕을 기를 겸하는 것으로 여기는 자도 있는 것이다. 어떻게 자기의 분수에서 사람과 사물의 같지 않은 의리의 마음을 버리고 도리어 형기의 측면으로 나아가 구차하게 말을 하여 명덕의 참다움을 더럽게 하겠는가? '하늘의 밝은 명령'은 기를 띠고 말할 수 없다면, '사람의 밝은 덕'도 기를 아울러 말할 수 없는 것이 분명하다.

"마음은 리와 기를 합친 것"이라는 말은 대개 사람의 분수 측면에서 말한 것으로서, 사람이 금수와 다른 것은 의리의 마음이 있기 때문이다. 그러므로 주자(周子)는 "오직은 사람은 그 빼어난 것을 얻어 가장 신령스럽다"라고 하였는데, 주자(朱子)는 이를 해석하여 "사람과 사물이 태어남에 태극의 도가 있지 않음이 없다. 그러나 음양오행의 기질이 서로 운행하는데 사람이 품부받은 것이 홀로 그 빼어남을 얻었기 때문에, 그 마음이 가장 신령스럽고 그 본성의 온전함을 잃지 않을 수 있으니, 이른바 천지의 마음으로서 사람의 극(極)인 것이다."[22]라고 하고, 북계(北溪. 陳淳: 1159~1223)는 "사람은 천지의 리를 얻어 성(性)으로 삼고, 천지의 기를 얻어 몸을 삼는다. 리와 기가 합쳐져서 바야흐로 마음이 된다."[23]라고 하였다. 어떤 사람은 이것으로 인하여 마음의 주재와 마음의 본체는 리와 기가 합쳐진 것이라고 말하는데, 잘못이다. 의리심(義理心)이라는 본분에 어찌 형기를 뒤섞을 수 있겠는가?

---

22) 『太極圖說解』: 蓋人物之生, 莫不有太極之道焉. 然陰陽五行, 氣質交運, 而人之所稟, 獨得其秀, 故其心爲最靈, 而有以不失其性之全, 所謂天地之心而人之極也.

23) 『北溪字義』 卷上 「心」: 大抵人得天地之理爲性, 得天地之氣爲體. 理與氣合, 方成箇心, 有箇虛靈知覺, 便是身之所以爲主宰處. 참조.

허령지각(虛靈知覺)도 마땅히 먼저 사람과 사물의 경계 구분을 살펴야 한다. 형기심(形氣心)의 허령지각은 사람과 사물이 같은 것이고, 의리심(義理心)의 허령지각은 사람과 사물이 같지 않은 것이다. 이자(李子, 李滉)가 율곡(栗谷, 李珥: 1536~1584)에게 답한 편지에서 '사람과 사물의 지각의 다름'을 말한 것은 이 때문이다. 이 권(圈) 안의 허령지각은 단지 사람의 의리심의 허령지각을 말한 것일 뿐인바, 도리어 형기심의 허령지각을 일원(一原)이 자리에 뒤섞으려 한다면, 어떻게 그것이 옳겠는가?
감정은 진실로 리와 기를 겸하여 선과 악이 있다. 그러나 만약 본성과 감정의 덕을 말한다면 하나의 리일 따름이다. 이자(李子)의 「심통성정도(心統性情圖說)」에서 거듭 "기를 섞지 않고 단지 리를 가리킨다."라고 말하였으니, 기를 섞지 않은 곳에서 어찌 기를 뒤섞어 말할 수 있겠는가? 「심통성정하도」 권(圈)에서 본연과 기질을 아울러 말하였다. 대개 기를 겸하여 본성을 말함으로써 본연지성이 기질 속에 있음을 보여주는 것이니, 미발과 이발로 말하는 것이 아니다. 그러나 본성이 미발일 적에는 기가 작용하지 않아서 하나의 리가 혼연하니, 그 본성의 바름과 치우침, 많음과 적음을 말미암아 볼 수 없다. 그리하여 자운(子雲, 揚雄)의 선악혼설(善惡混說)을 우리 유학에서 배척한 것인데, 지금의 의논하는 자가 다시 그 설을 답습하여 반드시 기질성을 미발의 이전에 요구하니, 도무지 이해할 수 없다.
'통(統)'은 진실로 '주재'의 뜻이다. 그러나 혹 마음에서 말하기도 하고 혹 경(敬)으로 말하기도 한다. 마음으로 말하면, 마음의 본체는 본성이고 마음의 묘용은 감정으로서, 본성과 감정의 외에 다시 별도 마음이 없으니, 이것이 통(統)을 겸(兼)으로 풀이하는 까닭이다. 경(敬)으로 말하면, 경은 움직임과 고요함을 관통하고, 본성을 보존하고 감정을 검속할 수 있으니, 이것이 '통'을 '관(管)'으로 풀이하는 까닭이다. 마음이 스스로 주재를 하는 것이 바로 경이다. 마음을 벗어나 별도로 경이 있는 것이 아니니, 겸포(兼包)와 관섭(管攝)은 사실은 서로 뜻이 통하는 것이니, 어떻게 너무 분석하는 뜻이 있겠는가?
사단(四端)은 정이고 칠정도 정이니, 본성으로부터 발현하지 않으면 감정이라고 이름 짓지 못한다. 주자의 "칠정은 기가 발현한 것"이라는 말은 진실로 의심할 만한 것 같다. 그러나 사단설은 맹자에 근본하는데 오로지 리로 말하고, 칠정설은 「예운(禮運)」에서 비롯된 것인데 오로지 기로 말한다. 대개 그 발현한 기틀로 인하여 입언(立言)한 것이 같지 않다. 리와 기가 일원(一原)의 지점에서 나란히 존재한다는 말이 아니라, 하나는 리를 주장하여 발현하고, 하나는 기를 주장하여 발현한 것이라는 말이다. 마음은 하나일 따름인데, 혹 형기(形氣)에 생기기도 하고 혹 성명(性命)에 근원하기도 하기 때문에, 인심과 도심의 이름이 있다. 감정은 하나인데 혹 형기의 측면에서 발현하기도 하고 혹 의리의 측면에서 발현하기 때문에, 사단과 칠정의 이름이 있다. 주자의 이 말은 본래 내력이 있는 것이니, 어떻게 한 때의 우연한 말이라고 하겠는가? 이자(李子)는 이것에 대해 이어서 말하기를 "사단은 리가 발현함에 기가 따르고, 칠정은 기가 발현함에 리가 탄다"[24]라고 하였다. 그 뜻은 대개 리와 기가 반드시 서로 번갈아 발현한다는 말로서, 리와 기가 각각 홀로 발용(發用)한다는 말이 아니다. 그래서 '호발

(互發)'이라고 하는 것이다. '호발'은 본래 평탄한 말인데, 사람들의 견해가 각각 달라서, '두 가지 근본'이라고 배척하는 사람도 있게 되었다. 그 호발설을 지지하여 분석적으로 설명하는 사람도 단지 리발과 기발만 말할 뿐, 저 두 가지가 서로 기다리고 서로 번갈아 가는 의미를 살피지 못하였다. 오호라! 누가 두 분 선생이 종신토록 도를 밝힌 학문이 이처럼 일원(一原)에서 어둡게 되었다고 말하겠는가? 세상의 혼륜(渾淪)을 좋아하는 사람들이 사단과 칠정을 합하여 기발로 귀착시키면 리가 죽은 물건으로 되어 큰 근본이 어긋날 것이요, 분개(分開)를 주장하는 사람들이 리와 기를 나누어 각각의 근원을 구하면 기가 마음의 본체로 되어 큰 근본이 둘이 될 것이다. 이것이 어찌 서로 전한 본의이겠는가?

「성학십도」 가운데 수많은 정밀한 뜻은 진실로 일일이 거론하기 어렵지만, 그 대체만을 의논하여 논자에게 보여주는 것이다. 배우는 사람들이 진실로 마음을 비우고 한결같은 뜻으로 일원(一原)의 지점에서 반복하고 침잠하여 선입견에 따라 어지럽히지 않는다면, 거의 주일(主一)의 참된 전수(傳受)를 얻게 되어, 세속의 견해에 빼앗기지 않을 것이다.

論曰: 愚旣爲『十圖附錄』, 衆論紛然。或謂不當以有形之極, 訓無極太極之極; 或謂動靜者所乘之機, 此動靜當屬之於氣; 或謂理一分殊, 「西銘」之大義, 而理一固是理, 分殊是氣之所爲; 或謂『大學或問』中, 論明德, 必以理與氣對言之, 明德便是心, 當兼理氣說; 或謂心是理氣之合, 則心圈內之虛靈知覺, 亦當兼氣言; 或謂情兼理氣有善惡, 則所謂情之善一邊, 氣亦與焉; 或謂「下圖」圈內, 幷言氣質性, 則未發前亦有氣質性; 或謂心統性情之說, 便是主宰底意, 而或以兼包言, 或以管攝言, 恐近破碎; 或謂四端理之發、七情氣之發, 恐朱子一時偶然之言, 不當看作不易之定論; 或謂李子因朱子說, 有此互發云云, 而終未免後學之疑晦。凡此數說者, 非無所據, 亦皆有理。然惜其於本文正意, 或得其一而遺其二, 據其末而失其本。夫講論義理, 細瑣同異, 言之亦可, 不言亦可。然至若道體之源頭、心術之淵流, 有不可以毫釐差者。今徒知所謂渾淪者之爲一而樂言之, 不知夫所謂分殊者之爲異; 徒知所謂分開者之爲異而力言之, 不知夫所謂渾淪者之爲一。是以信同疑異, 喜合惡離。其論每陷於一偏, 泯泯棼棼, 莫可要領, 豈不誤哉? 夫極之訓釋多矣。象山訓極爲中, 而朱子以爲不是。朱子訓極爲至, 而勉齋以爲於無極之義說不去。於是因朱子屋極、北極之訓以釋之曰: "無極而太極, 猶曰無形而至形, 無方而大方。" 我李子亦曰: "歷(驗)[檢][25]諸先儒說, 其中勉齋說, 最爲詳盡。" 又曰: "上極是假借有形之極, 下極是指名無形之理。" 論者, 謂如是, 則太極反涉於形象方所。然太極雖無形象, 而凡物之有形象者, 莫不根柢於此; 太極雖無方所, 而凡物之有方所者, 莫不樞紐於此, 則至形者, 元無形也; 大方者, 元無方也; 太極

---

24) 『退溪文集』 卷18 「答奇明彦」(5) 〈改本〉: 但四則理發而氣隨之, 七則氣發而理乘之耳. 참조.

25) (驗)[檢]: 저본에 '驗'으로 되어 있으나, 『퇴계집』 원본에 의거하여 '檢'으로 수정하였다.

者, 本無極也。又何妨乎? 動靜是使用底字, 就陰陽說, 則謂之氣動靜亦可。然動靜者, 所乘之機, 朱子連上句直說之, 此豈容徑說氣也? 孔子當初, 只說太極是生兩儀, 而周子特加動靜二字於其間, 於是人知太極之爲活底物事。先輩所謂再闢人文者, 爲是也。後世陽儒陰禪之徒, 以理爲障, 必欲歸理於空無一法。陸子靜改頭換面, 謂陰陽便是道, 謂太極不可分道器; 王陽明以眞陰眞陽, 爲天理; 羅整庵又以理氣爲一物。禪家宗旨, 自來如此, 而吳幼淸陷禪之甚者, 至曰“太極無動靜, 動靜者氣機也”, 於是造化之權, 全歸氣機。近世之論者, 雖不敢直言太極無動靜, 而每曰“非氣則太極不能動靜”。疑似亂眞, 莫此爲甚, 人文再晦, 甚可懼也。夫理之乘氣, 如人之乘馬, 故揚子雲曰“氣猶馬也”。朱子所乘之喩, 蓋原於此。然則動靜者, 太極之動靜, 而所乘之機, 卽將陰將陽之始也。程子所謂“動靜者, 陰陽之本”, 朱子所謂“陰陽, 由動靜分”, 皆此意也。且朱子嘗曰“太極自會動靜”, 我李子亦曰“太極之動靜, 太極之自動靜; 天命之流行, 天命之自流行”。先賢定論, 自來如此, 此實道理之原頭處, 何敢賺氣於其間, 以亂太極之眞乎? 理分之分屬理氣, 尤所未聞。夫理者, 分之渾然者也; 分者, 理之粲然者也。自其有條理而謂之理, 自其有等分而謂之分, 初非理外有分, 判爲兩物也。統體太極, 理之一也, 而元亨利貞之分, 已具於其中; 吾心本體, 理之一也, 而仁義禮智之分, 悉備於這裏。以至天命流行, 而生長收藏, 各有分限, 然而一元之生理, 貫徹乎四時; 人心感動, 而喜怒哀樂, 各有分劑, 然而一仁之全德, 主宰乎萬變。要之理一之中, 分未嘗不殊; 分殊之處, 理未嘗不一者也。世之論者, 皆以理一爲無分之物, 分殊爲因氣而有者, 限理一於離形氣之地, 局分殊於墮形氣之後。於是理自理、分自分, 體用阻絶, 顯微相隔, 一不得爲一, 而分不得爲分, 天下道理分裂甚矣, 豈不可懼哉? 於此不敢攙錯爲說, 以亂仁義之宗旨也。明德是『大學』開卷第一義。學者最初頭開眼處, 於此看得不著, 則雖終身爲學, 而終未免黯暗以自欺也。可不懼哉? 夫明德是甚物事? 只是人之所得乎天, 義理之心也。是心也惟人得之, 物不得與也。故『中庸』天命之性章句, 幷言人物; 此明德章句, 言人而不及物, 其意微哉! 人惟不察乎此, 故認明德爲氣者有之, 認明德兼氣者有之, 奈之何舍了自己分上人與物所不同義理之心, 而却就形氣上, 苟苟爲說, 以汚了明德之眞哉? 天之明命, 不可帶氣說, 則人之明德, 不可兼氣說, 明矣。心合理氣, 蓋就人分上說, 而人之所以異於禽獸者, 以其有義理之心也。故周子曰: “惟人也, 得其秀而最靈。” 朱子釋之曰: “人物之生, 莫不有太極之道。然陰陽五行, 氣質交運, 而人之所稟, 獨得其秀, 故其心爲最靈, 而有以不失其性之全, 所謂天地之心而人之極也。” 北溪曰: “人得天地之理爲性, 得天地之氣爲體。理與氣合, 方成箇心也。” 或因此而謂心之主宰, 及心之本體, 合理氣, 非也。義理心分上, 豈容渾雜了形氣也? 虛靈知覺, 亦當先察人物界分。形氣心之虛靈知覺, 人與物之所同也; 義理心之虛靈知覺, 人與物之所不同也。李子答栗谷書, 言人與物知覺之異者, 爲此也。此圈內之虛靈知覺, 只說人義理心之虛靈知覺, 而却欲以形氣心之虛靈知覺, 渾雜於一原之地, 惡乎其可哉? 情固兼理氣, 有善惡。然若言性情之德, 則一理而已。李子「圖說」, 重言“不雜氣、只指理”, 則不雜氣處, 何可雜氣而言哉? 「下圖」圈中, 幷言本然、氣質。蓋兼氣言性, 以見本然性之在氣質中, 非以未發已發言之。然性之未發也, 氣不用事, 一理渾然, 其性之正偏多寡, 無由得見。子雲善惡混之說, 所以見斥於吾儒, 而今之論者, 復踵其說, 必要氣質性於未發之前, 殊未可曉。統固是主宰底意。然或就心言, 或從敬言。以心言則心之本體, 性也; 心之妙用, 情也。性情之外, 更別無心, 此所以訓統爲兼也。以敬言則敬貫動靜, 又能存性而檢情, 此所以訓統爲管也。心之自做主宰底便是敬。非心外別有敬, 則兼包、管攝, 實有相通之意, 有甚破碎之意? 四端情也, 七情情也, 不自性發, 不名爲情。朱子七情氣發之說, 誠若可疑。然四端之說, 本於孟子, 而專以理言; 七情之說, 昉於「禮運」, 而專以氣言。蓋因其所發之機, 立言不同。非謂理與氣并立於一原之地, 一主理而發, 一主氣而發也。心一而已, 而以其或生於形氣, 或原於性命, 故有人道之名; 情一也, 而或從形氣上發, 或從義理上發, 故有四七之名。朱子此言, 自有來歷, 豈可曰一時偶語哉? 李子於此, 從而爲說曰: "四端理發而氣隨之, 七情氣發而理乘之。" 其意蓋曰理與氣必交互而發, 非獨自發用也, 是以謂互發。互發自是平平坦坦語, 而人見各異, 斥之以二本者有之。其爲互發分疎者, 只說了理發氣發, 而不察夫二者相須交互之意。嗚呼! 孰謂兩夫子終身明道之學, 昧於一原如是哉? 世之樂渾淪者, 合四七而歸之氣發, 則理爲死物, 大本差矣; 主分開者, 分理氣而各求根源, 則氣爲心體, 大本貳矣。此豈相傳之本意哉? 「十圖」中許多精義, 固難枚擧, 而只論其大體, 以示論者。學者誠能虛心一意, 反覆(況)[沈][26]潛於一原之地, 無以先入之說亂焉, 則庶幾有得乎主一之眞傳, 而不爲世俗之所奪矣。

26) (況)[沈]: 저본에 '況'로 되어 있으나, 문맥을 살펴 '沈'으로 수정하였다.

4-2-3

「답이치천答李致千」【驥相】(『后山集』 卷3)

해제

1) 서지사항

허유가 이기상에게 답한 편지. 『후산집』 권3에 실려 있다. (『한국문집총간』 327)

2) 저자

허유(許愈: 1833~1904)로, 본관은 김해, 자는 퇴이(退而), 호는 후산(后山)·남려(南黎)이다.

3) 내용

이 글은 허유가 이기상(李驥相: 1826~1903, 자는 致千, 호는 敏窩)에게 편지로서, 심즉리설(心卽理說)을 주장하는 내용이다. 허유의 핵심 주장은 "심합리기설은 선유(先儒)의 정론(定論)으로서 재론을 용납하지 않지만, 심의 본체를 논하자면 심즉리라고 말할 수 있다"는 것이다. 허유는 정자(程子)의 "심과 리는 하나인데, 사람들이 하나로 합일시키지 못한다"는 말과 주희(朱熹: 1130~1200)의 "사람이 학문을 하는 것은 심과 리에 대한 것일 뿐이다"라는 말 등을 인용하여 자신의 심즉리설을 뒷받침했다. 그리고 양명(陽明) 왕수인(王守仁: 1472~1527)의 심즉리설에 대해서는 '기를 리로 오인한 것'이라고 비판하고, 우리 유학은 '심과 리를 합일시켜 하나로 만드는 것'이라고 하여, 둘을 구분하였다.

4-2-3「答李致千」【驥相】(『后山集』 卷3)

老去承接非易事, 而今年幸得累日從容。又此書若詩, 申勤惠好, 顧此賤劣, 何以獲此? 失便未及復, 令孫之行, 掉臂而失之, 悵恨曷喩? 伏惟際玆窮沍, 尊體康旺, 寶廡均慶。每念軒下癃年炳燭, 志氣不衰, 殆天相之也, 爲之欽仰。頃對時心理之疑, 此恐未然。蓋心合理氣, 先儒定論, 無容更議, 而若論心之本體, 則心卽理也。程子曰: "心與理一, 人不能會之爲一。" 朱子曰: "人之爲學, 心與理而已。心雖主乎一身, 而其體之虛靈, 足以管乎天下之理; 理雖散在萬物, 而其用之微妙, 實不外乎一人之心, 初不可以內外精粗論也。" 又曰: "釋氏以心與理爲二, 吾儒以心與理爲一。" 觀於此, 可推而知也。世或以陽明說爲話柄。然陽明認氣而爲理者也, 吾儒合心與理而一之者也, 何可比而同之? 世之嘵嘵者, 固不足語此, 而爲敏窩翁, 故及此耳。

4-2-4

「답장희백答張姬伯」【升澤】〈別紙〉(『后山集』 卷4)

해제

1) 서지사항

허유가 장승택에게 답한 편지. 『후산집』 권4에 실려 있다. (『한국문집총간』 327)

2) 저자

허유(許愈: 1833~1904)로, 본관은 김해, 자는 퇴이(退而), 호는 후산(后山)·남려(南黎)이다.

3) 내용

이 글은 허유가 장승택(張升澤: 1838~1916, 자는 姬伯, 호는 農山)에게 답한 편지로서, 성리학의 여러 논점들과 심즉리설에 대해 논하는 내용이다. 먼저 심에 대한 논의를 살펴보면, 장승택의 "심의 본체는 리와 기가 결합된 것"이라는 주장에 대해, 허유는 "일반적으로 심을 말하면 진실로 리와 기가 결합된 것이지만, 심의 본체를 말하면 리일 뿐"이라고 반론했다. 허유는 '허령(虛靈)'에 대해서도 "노장(老莊)과 불교에서 말하는 허령은 기로 말하는 것이니 '형기의 마음'이며, 우리 유학에서 말하는 허령은 리로 말하는 것이니 '의리의 마음'이다."라고 하여, 성리학에서 말하는 '허령' 역시 '리'라는 입장을 피력했다. '태극의 동정(動靜)'에 대해서는, 허유는 주자의 "태극이 스스로 동정할 수 있다"는 말과 이황(李滉)의 "태극의 동정은 태극이 스스로 동정하는 것이다"라는 말을 인용하면서 '스스로[自]'라는 글자는 '주재(主宰)'의 뜻을 담고 있다고 주장했다.

별지(別紙)에서는 네 가지 내용을 언급하고 있다. 첫째 조목은 '허령'에 관한 설명으로서, 허유는 "허령은 심의 체용(體用)을 표현한 것으로서, 기로 말할 수도 있고[形氣之心], 리로 말할 수도 있다[義理之心]"고 전제한 다음, 사람과 동물의 차이를 분명하게 인식하려면 '의리지심'을 주목해야 한다고 주장했다. 둘째 조목은 '심즉리설'에 대한 논변으로서, 장승택의 "심즉리라 한다면 이 마음에서 나오는 것이 모두 선한 것으로 간주되어, 마음을 믿고 제멋대로 행동하게 되며, '유정유일(惟精惟一)'이나 '택선고집(擇善固執)'도 모두 쓸데없는 말이 된다"는 주장에 대해, 허유는 "정자(程子)의 심본선설(心本善說)은 심의 본체로 말한 것이다. 따라서 '이 마음에서 나오는 것이 모두 선한 것이 된다'는 말은 어불성설이다."라고 답변하였다. 셋째 조목은 '리의 동정(動靜)'에 대한 논변으로서, 장승택의 "우리 유학은 비록 주리(主理)이지만, 리의 본체는 진실로 무위(無爲)이다"라는 주장에 대해, 허유는 "리는 스스로 동정할 수 없어서 한갓 기에 실려있는 것"이라 한다면, 이것은 리를 사물(死物)로 간주하는 것이라고 비판했다.

4-2-4「答張姬伯」【升澤】〈別紙〉(『后山集』 卷4)

山川隔絶, 聲聞不以時。伏惟邇來體宇康旺, 得英敎育, 爲樂如何? 愈憒憒益深, 柰何? 前書所懇, 蓋所以自發其病, 以求藥石, 而老兄不曰病無可爲, 特爲之診其脈而投之劑? 甚盛德也。佩服不已, 然病根猶未祛, 敢此仰暴。朱子曰: "心之本體, 太極是也。" 又曰: "心之本體是理。" 又曰: "心有不仁, 心之本體無不仁。" 又本體二字, 屢見於「太極圖」兩解, 無一分兼氣底意, 而來敎曰"心之本體, 合理氣"。夫泛言心, 則心固理氣之合, 而言心之本體則一而已。本體上, 必欲合二者而一之, 何也? 以虛靈言之, 是亦有兩般說。老、釋所謂虛靈, 以氣言, 形氣之心也; 吾儒所謂虛靈, 以理言, 義理之心也。爲說雖同, 所主燕、越也。今舍了朱子許多定論, 卻引理與氣合而虛靈之說, 零星湊合, 以爲心之本體之證。竊恐如此立見, 非但儒、釋無分, 必將假儒、釋之似, 以亂孔、孟之眞, 其於朱子本旨, 如何也? 心卽理云云, 如陽明說, 則亂道也, 邪說也。若以本體言, 則恐無不可。來敎所謂"自心統性情而言, 則性爲體, 指性而爲理, 則孰曰不可"者, 不其昭然乎? 朱子曰: "太極自會動靜。" 退溪曰: "太極之動靜, 太極之自動靜也。" 一自字, 可見主宰底意, 而來敎曰"太極自動自靜, 則太極作用", 又以創見而斥之, 何也? 太極不可曰自動靜, 則周先生何以曰太極動而靜而乎? 吳澄所謂無動靜, 何以爲異端乎? 七情兼理氣, 先儒說也。使七情無理發則已, 如有之, 『中庸』之四情, 以達道而言, 非理而何? 使七情無氣發則已, 如有之, 「禮運」之七情, 對十義而言, 非氣而何? 來敎曰"『中庸』、「禮運」, 聖賢之統論人情處, 必不闕卻一邊, 爲此不備之說, 明矣。" 然孔子曰"性相近", 孟子曰"性善", 論性而不備如此, 論情何嫌乎不備也。愈固陋無聞, 四百四病, 無所不備, 而病之所祟, 其源在是。願老兄哀而憐之, 使夕死之人, 爲聞道之鬼, 如何如何? 書末所敎, 尤見愛人以德之義。彼纔有所見, 便終身不易者, 其視兩大賢氣象規模相去何如也? 此吾輩之所當深戒, 以老兄所以戒乎愈者, 並以獻規, 俯察而惠敎也。

〈別紙〉

自虛靈而言, 則理不能自靈。緣與氣合, 所以虛靈。

理不能自靈, 則亦當曰理不能自虛耶? 虛靈, 所以狀心之體用, 以氣言亦得, 以理言亦得。然形氣之心局, 義理之心通, 不審老兄以形氣爲心乎? 以義理爲心乎? 合形氣、義理, 爲心之本體乎? 形氣之心, 人與物相近; 義理之心, 人與物絶不同。欲識虛靈之妙, 先看人物之同異, 而次看儒、釋之分別, 如何?

旣曰"性卽理", 又曰"心卽理", 則一心字, 已多矣。所謂性字, 無已贅乎? 非徒心性無別, 心學用工, 何處下手? 理者, 善之名。若曰此心所出皆是善, 則恃心自用而已。所謂精一擇執, 皆爲剩語。

程子曰: "心也、性也、天也, 一理也。" 又曰: "心卽性也。" 此等說, 亦可曰贅, 而謂心性無別乎? 謂心學用工, 無下手處乎? 且性卽理、心卽理, 非一人之言, 亦非一篇之文, 何剩多之可言也? 此心本體上, 若果有不善者, 已與善相對而出, 則已發之後, 雖施精一擇執之工, 恐未有補也。程子所謂心本善, 以心之本體言也。今曰此心所出皆善, 何謂也?

吾儒之學雖主理, 而理之本體固無爲。一日之內, 雖百動百靜, 理特乘載在氣上, 主其發揮, 而其本體之無爲自若。

理不能自動靜, 而徒乘載在氣上, 此果何樣物? 所謂氣者, 強載此死物, 不已勞乎? 吳澄倡太極無動靜之說, 先輩斥之甚嚴。近世卻曰"非氣不能動靜", 此與吳說相去幾何? 來誨亦近於此, 不勝滋惑。

男女, 人之大倫; 飮食, 禮之所本。朱子曰: "飮食男女, 人事之至近, 道行乎其間。" 又曰: "男女飮食人心, 而得其正爲道心。" 由此言之, 『中庸』皆中節以下, 剔發善一邊, 而氣順理者, 亦在其中。「序文」所云, 人心聽命, 危安微著, 無過不及者, 不在此中節乎? 況「禮運」七情, 約以義則合道者, 此情也; 不能約則違道者, 此情也。此公然平立之名, 而今分而二之, 則其曰理發者, 不待約而已爲道; 其曰氣發者, 約以義而不得爲道。才發而善惡已判, 聖人亦無如之何, 又何苦苦立義講修, 欲治道外之情乎?

達道必要兼氣, 則大本亦當曰兼氣耶? 『中庸』始終一理, 而必欲雜氣於達道之情, 何也? 來敎所謂『中庸』皆中節, 剔發善一邊者, 足矣。而又以氣順理而發一句, 攙錯說去, 恐非子思本旨。蓋老兄於理氣, 作平等看, 猶恐氣之落下於理, 論動靜則氣爲主, 論本體則雜乎氣, 論四七則分開於本原, 而曰"不然, 雖以周、孔大聖, 道之空闕處甚多"。嗟乎! 主理之旨, 不可復聞於斯世也。七情兼理氣有善惡, 則「禮運」之從氣說, 『中庸』之從理說, 似無可疑, 而老兄以人心得正, 爲道心之說, 爲七情氣發,[27] 亦爲達道之證。然達道者, 天下公共底道理, 形氣之私, 安得爲天下之達道? 假使形氣之發, 不悖於道理, 形氣自形氣, 道理自道理, 不可認氣而爲理, 亦不可認理而爲氣也, 明矣。理發則擴而充之, 氣發則約而節之, 此正是學者用工處。立義講修, 專在於此, 而老兄不察人言之意, 聞心之本體是理之說, 則曰"心之所出皆善則精一擇執, 皆爲剩語"; 聞人之七情理發氣發之說, 則曰"纔發而善惡已判, 聖人亦無如之何"。如上說, 則心之本體上, 亦有不善; 如下說, 則氣發便是惡發, 此皆愚之所未聞, 深自愧。恐原書所陳, 猶有未盡, 故爲此更懇膏肓者之議良醫得失, 良可哀也。大抵世之學者, 纔有先入, 便自主張。喙喙爭鳴, 聽者耳厭。非老兄之洪量博識, 愈不敢發此。幸老兄, 無作越人之望而走, 而更加惡石之惠, 千萬切仰。

---

27) 저본은 "爲七情氣發"로 되어 있으나, 문맥상 "爲"를 "以"로 수정하여 "以七情氣發"로 하는 것이 좋을 듯하다.

4-2-5

「답최원칙答崔元則」【琡民】(『后山集』 卷4)

해제

1) 서지사항

허유가 최숙민에게 답한 편지. 『후산집』 권4에 실려 있다. (『한국문집총간』 327)

2) 저자

허유(許愈: 1833~1904)로, 본관은 김해, 자는 퇴이(退而), 호는 후산(后山)·남려(南黎)이다.

3) 내용

이 글은 허유가 최숙민(崔琡民: 1837~1905, 자는 元則, 호는 溪南)에게 답한 편지이다. 편지의 앞부분에서는 '능(能, 能動)과 소(所, 受動)'의 구분 문제를 간단하게 언급하면서, 김진호(金鎭祜: 1845~1908, 자는 致受, 호는 勿川)가 형상(形上)과 형하(形下)로 구분한 것은 결국 기존의 견해를 답습한 것이요, 채인묵(蔡寅默, 자는 殷老)이 체(體)와 용(用)으로 구분한 것은 한쪽으로 치우친 것이라고 주장했다. 별지(別紙)의 첫째 조목은 '천리를 보존한다[存天理]'는 것은 '심(心)을 보존하는 것인가, 성(性)을 보존하는 것인가'에 대한 논의로서, 허유는 "성 바깥에 별로도 심이 있는 것은 아니다"라고 하면서 "본심이 곧 인의예지의 본성"이라고 주장했다. 둘째 조목은 "불교는 심을 근본으로 삼고[釋氏本心], 우리 유학은 하늘을 근본으로 삼는다[吾儒本天]"는 구절에 대한 논의로서, 허유는 "여기서의 '하늘[天]'은 '천리(天理)'를 말한다. 불교는 형기지심(形氣之心)을 주로 삼고, 우리 유학은 의리지심(義理之心)을 주로 삼는다."고 설명했다. 그리고는 "성문(聖門)에서 말하는 '심(心)'은 천서(天敍), 천질(天秩), 천명(天命), 천토(天討), 측은(惻隱), 수오(羞惡), 사양(辭讓), 시비(是非)를 모두 포함하는 것으로서, 심 바깥에 법(法)이 있는 것이 아니다"라고 하여, 이를 심즉리설과 연결시켰다.

4-2-5 「答崔元則」【琡民】(『后山集』 卷4)

人日得除日出書, 溫故知新之意, 充溢書面。晚年進德之盛, 尤爲欽仰。吾輩俱老且病矣。大抵時事, 言之無益。惟理會得一字半句, 與朋友共之, 是未死前一大事, 而但此狀昏憒益甚, 無望於寸進。賢座乃以古人事業, 將赤心斤斤說與? 不敢當不敢當, 然厚意, 何敢忘也? 能所云云, 鄙說非敢自謂得之, 而致受之分形上形下, 終是承襲之見; 殷老之分體用, 亦不能無偏。只把朱子心與理之說, 劈破看下, 自無可疑。直緣鄙說未詳明, 却致諸論紛紜。今讀來說, 直截痛快, 說得鄙意之所不及, 深以爲幸。然致受、殷老見之, 又將以爲如何?

〈別紙〉

程子曰: "人只有一箇天理, 卻不存得, 更做甚人?" 又曰: "人只要存一箇天理。" 一箇天理, 是指性指心? 古人言存心處多, 而未見存性之說。然則存天理, 莫是存本心之謂乎?

一箇天理是性, 存得底是心。心與性, 一理也, 而亦有能所之分, 詳察如何? 張子曰"心能盡性, 性不知檢其心", 此義也。孟子嘗言存心養性, 未嘗言存性。然存心, 乃所以存性也。故先儒言存心, 則養性在其中。又曰"存心有工夫, 養性無工夫", 『易』所謂"成性存存, 道義之門", 亦存心之事也, 非性外別有箇心。來喩所謂存天理, 是存本心之謂者得之。然須知本心卽仁義禮智之性, 乃可。

釋氏本心, 吾儒本天。此天字, 與上兩天字, 同乎異乎? 亦作本心看, 如何?

此天字, 卽天理之天也。蓋釋氏之所主, 形氣之心也; 吾儒之所主, 義理之心也。來喩所謂本心, 是也。朱子嘗曰: "釋氏雖自謂惟明一心, 然實不識心體, 雖云心生萬法, 而實心外有法。故無以立天下之大本, 而內外之道爲不備。然爲其說者, 猶知左右迷藏, 曲爲隱諱, 終不言一心之外, 別有大本也。若聖門所謂心, 則天敍、天秩、天命、天討、惻隱、羞惡、辭讓、是非, 莫不該備, 而無心外之法。故孟子曰:

'盡其心者, 知其性也, 知其性則知天矣。存其心, 養其性, 所以事天也。' 是則天人性命, 豈有二哉? 今之爲此道者, 反謂此心之外, 別有大本。此說流行, 反爲異端所攻, 重爲吾道累矣。" 近世議論, 判心性而二之, 或以湛然之氣, 爲心之本體; 以粹然之理, 爲性之本然, 而嫌其爲二本也, 則卻道大本是性, 不是心。如是, 則此心之外, 別有大本也。有以本然之氣, 目之爲本然之心, 而作對乎本然之性, 氣純於本然而後, 性方純於本然。如是, 則心爲大本, 而性在心外, 此豈孟、朱本意哉? 來說恐或未察於本心之卽是性, 而所以存之者, 又此心也。前日能、所之說, 更加商量, 如何?

靜後見萬物, 自然皆有春意; 靜後彼枯槁死物, 亦安得皆有春意?

枯槁死物, 已無生氣。雖主靜無欲, 如茂叔先生, 安得見他枯槁底春意? 程子所謂此萬物, 蓋指含生底物事而言。

發皆中節云云。

喜怒哀樂之未發, 卽天命之性也; 發而皆中節, 卽率性之道也。凡性之發也, 從氣發者, 未必中節, 而率性而發者, 無往而不中節, 此所謂皆中節也。何用別討箇不中節底情, 以亂經旨也? 饒氏"四者皆中節, 方謂之和"者, 未免剩說矣。

4-2-6

「답김치수答金致受」(『后山集』 卷5)

해제

1) 서지사항

허유가 김진호에게 답한 편지. 『후산집』 권5에 실려 있다. (『한국문집총간』 327)

2) 저자

허유(許愈: 1833~1904)로, 본관은 김해, 자는 퇴이(退而), 호는 후산(后山)·남려(南黎)이다.

3) 내용

이 글은 허유가 김진호(金鎭祜: 1845~1908, 자는 致受, 호는 勿川)에게 답한 편지이다. 김진호가 허령(虛靈)의 본체를 '리와 기의 결합'으로 설명한 것에 대해, 허유는 '리와 기는 두 개의 사물'이므로 '둘을 합쳐서 일체(一體)로 삼는다'는 것은 타당하지 않다고 비판했다. 그리고 '허령'에 대한 논의는 두 맥락이 있다고 전제한 다음, "노·불(老佛)이 말하는 허령은 기로 말하는 것으로서 형기지심(形氣之心)이며, 내가 말하는 허령은 리로 말하는 것으로서 의리지심(義理之心)이다. 지금 본원(本原)을 논하면서 반드시 형기지심과 의리지심을 합쳐서 하나로 삼으려 한다면, 이는 우리 유학과 불교의 구분이 사라지는 것이니, 장차 어찌할 것인가?"라고 비판했다. 허유는 더 나아가 "사람이 만물의 영장(靈長)인 까닭은 의리지심이 있기 때문"이라고 설명한 다음, 바로 이 '의리지심을 보존하고 기르는 것'이 '성현(聖賢)이 서로 전수한 심법(心法)'이라고 주장했다.

4-2-6「答金致受」(『后山集』 卷5)

養直行, 承惠疏。審哀體當寒無大損, 甚慰。示諭虛靈本體, 大要是本體合理氣之意也。理氣二物也, 而必合之爲一體, 則胡氏同體之說, 何以見非於朱子也? 本然體段之諭, 似近牽合。朱子曰: "心之本體, 太極是也。" 又曰: "心之本體, 無不仁。" 若以體段二字, 換卻那本體, 則恐不成說。本體、體段, 爲體則一也, 而立言命意, 安得無別? 曰虛曰靈, 老、釋言之, 吾儒亦言之。然彼所謂虛靈, 以氣言, 形氣之心也; 吾所謂虛靈, 以理言, 義理之心也。今於本原之地, 必欲合形氣之心、義理之心而爲一, 則是儒、釋無分, 此將柰何? 夫人之所以靈於萬物者, 以其有義理之心也。師之所以教, 弟子之所以學, 不過存此心、養此心而已, 此從古聖賢相傳之心法也。近日一種議論, 以爲理氣不可偏主。後生少年, 靡然從之, 其勢不可遏。愚嘗病之, 欲捄得他一半分而不可得, 不意盛論又如此, 不覺喟然歎息也。將死之言, 頗近煩冒, 可懼也。

4-2-7

「답최숙중答崔肅仲」【甲申】(『后山集』 卷5)

해제

1) 서지사항

허유가 최정기에게 답한 편지. 『후산집』 권5에 실려 있다. (『한국문집총간』 327)

2) 저자

허유(許愈: 1833~1904)로, 본관은 김해, 자는 퇴이(退而), 호는 후산(后山)·남려(南黎)이다.

3) 내용

이 글은 허유가 1884년 최정기(崔正基: 1846~1905, 자는 肅仲, 호는 可川)에게 답한 편지이다. 최정기는 서산(西山) 김흥락(金興洛: 1827~1899)의 문인으로서, 심합리기설(心合理氣說)을 견지한 인물이다. 이에 대해 허유는 '심합리기설'을 심에 대한 일반적 설명으로 수용하면서도, 심의 본체는 리라는 입장에서 '심즉리설'을 주장하면서, 그와 관련된 다양한 논점들에 대해 변론하였다. 허유는 한주(寒洲) 이진상(李震相: 1818~1886)이 심즉리설을 제창한 사유에 대해 "영남의 근세 학자들이 심합리기설을 주장하면서 심의 본체는 바로 리임을 밝히지 않았기 때문"이라고 설명했다. 그리고 "성즉리(性卽理)인데, 또 심즉리(心卽理)라 하면, 심과 성이 어떻게 구별되는가?"라는 질문에 대해서, 허유는 "성즉리의 리는 정(靜)의 상태만을 지칭하여 말하는 것이나, 심즉리의 리는 동·정(動靜)을 관통해서 말하는 것"이라고 설명했다. 또 "이미 '심합리기'라고 말하고 다시 '심즉리'라고 말하는 것은 무슨 까닭인가?"라는 질문에 대해서, 허유는 "심합리기는 곡식의 씨앗과 껍질을 함께 말하는 것이요, 심즉리는 곡식의 씨앗만 지칭하여 말하는 것"이라고 설명했다.

4-2-7 「答崔肅仲」【甲申】(『后山集』 卷5)

臘月書寄意肫篤, 居然春半。未審重省經候晏重, 玉胤向學多祉? 貧窮固命也, 而疾病又乘之, 每念座下所處, 自不禁歎仰之私。愈慈年益高, 恐懼而已。誦讀此是廿年, 前事今不可追, 而歲初幸得無事, 杜門送日。惟欲向本原上, 爲收拾桑楡之計。然實心每爲客心所牽, 善端卻爲惡幾所奪, 終有抵敵不堪當處, 何方脫此凡卑之習, 而得免走作之患耶? 幸望座下之有以敎之也。心說累蒙提喩, 而未及傾倒, 居常憧憧。蓋心兼理氣, 尊與我同也。心卽理云云, 吾所獨也。統同說而曰兼理氣, 單說心體而曰卽理。統說、單說, 各有攸當, 而今就單說處, 每以統同說擠之, 則何患無辭? 且卽理之說, 有所爲而發也。洛中君子, 則曰心卽氣, 而心之本體, 本善之氣, 是也。嶺中近論, 則曰心合理氣, 而不論心體之是理。李丈所以不顧傍人是非, 勇往直前, 爲此矯救之說也。尹兄嘗詰之云“性卽理, 而今曰心卽理, 則心性何別?” 余答之曰: “性卽理之理, 單指靜而言者也; 心卽理之理, 貫動靜而言者也。心性本非兩般, 動靜只是一理。” 又曰: “旣言心兼理氣, 而又言心卽理, 何也?” 曰: “程子曰‘心如穀種, 生之理便是仁’, 心兼理氣者, 統穀之仁與膚殼而言者也; 心卽理者, 單指穀之仁而言者也。” 未知此說於盛意何如? 玉石之諭, 只是譬喩。如是玉之精英, 爲石所掩, 則琢之磨之, 然後精英始著。心之眞體, 爲氣所蔽, 則檢之制之, 然後眞體乃見。爲此說者, 曷嘗敎人解爾支體, 剝爾血肉哉? 今以琢磨之說, 詆之謂沒氣底死人。古來經說中, 無此語法。朱先生嘗言仁猶左手, 義猶右手, 或非之曰仁包四德, 手亦可謂包四肢耶? 尊說無近於是耶? 所引朱、李兩說, 果是論心宗旨。未知朱、李所論心爲太極之心, 亦兼理氣言者耶? 此而兼理氣, 則李丈全不識心, 愚何敢爲之分疏哉? 第二書, 單指本體而可以理言, 單指主宰而可以理言。尊諭儘覰得到, 而旋以或指本體, 或指主宰爲疑, 何也? 朱子曰: “心之主宰底是理。” 又曰: “心之本體是太極。” 願座下, 更於此, 少着眼如何? 大抵此等說, 吾輩可謂發之太, 諸公口耳之戒, 誠好話頭。然徒守此戒, 含糊護短, 雷同阿循, 亦非愚意之所安也。敢此不憚頻數, 悉暴鄙悃。若因此爛漫, 則亦有生之一快也。俯諒覼敎之, 幸甚。

4-2-7 「답최숙중答崔肅仲」【甲申】(『后山集』 卷5)

선역

섣달 편지에서 기대하는 뜻을 붙인 것이 도타웠는데, 어느덧 봄이 반절이나 지났습니다. 알지 못하겠습니다마는 조부모와 부모님을 모시면서 공부하는 형편이 편안하고, 아드님의 향학(向學)으로 복을 많이 누리시는지요? 가난과 곤궁함은 진실로 운명이지만, 질병이 또 틈을 타서 늘 좌하(座下)의 처한 바를 생각하면, 사사로이 감탄하고 우러러보는 마음을 스스로 이기지 못하였습니다. 저는 어머니의 연세가 더욱 많아져서 두려울 따름입니다. 책을 읽고 외운 지가 20년이었는데, 이전의 일을 지금 쫓을 수 없게 되었고, 금년 초에 일이 없어 두문불출하며 날짜만 보내고 있습니다. 오직 본원상(本原上)의 공부를 하여 노년을 수습하려는 계획[收拾桑楡][28]을 삼고 있습니다. 그러나 실심(實心)은 늘 객심(客心)에 이끌리는 바가 되고, 선한 단서는 도리어 악한 기미에 빼앗기는 바가 되어, 마침내 적을 대항하여도 감당하지 못하는 곳이 있으니, 무슨 방법으로 이 보잘것없는 습관을 벗어던져 다른 곳으로 달려가는 근심을 면할 수 있겠습니까? 부디 좌하께서 가르침이 있기를 바랍니다. 심설(心說)은 자주 제기하여 일깨워주셨으나, 마음이 경도(傾倒)되기까지는 미치지 못하고 항상 조바심으로 왕래하였습니다. 대개 "심은 리와 기를 겸한다"는 것은 그대와 내가 견해를 같이하는 바이며, "심즉리(心卽理)"라고 운운하는 것은 나만 혼자 주장하는 것입니다. 통합하여 함께 말할 적에는 '리와 기를 겸한다'고 말하고, 마음의 본체만 홀로 말할 적에는 '곧 리'라고 말합니다. 통설(統說: 통합하여 말함)과 단설(單說: 홀로 말함)에는 각각 마땅한 바가 있는바, 이제 홀로 말하는 곳에 나아가 늘 통합하여 말하는 것으로 배척하면, 어찌 할 말이 없을까 걱정하겠습니까? 또 '곧 리'라는 설은 의도한 바 있어서 나온 것입니다. 낙중(洛中)의 군자는 "마음은 곧 기이며, 마음의 본체는 본래 선한 기"라고 주장하고, 영중(嶺中)의 근래 논의는 "마음은 리와 기가 합쳐진 것"이라 하면서 "마음의 본체는 리"라고 설명하지는 않았습니다. 그리하여 이장(李丈, 李震相: 1818~1886)은 주변 사람들의 시비를 돌아보지 않고 용감하게 곧장 앞으로 나아가, 이를 바로잡아 구제하는 학설을 주장한 것입니다. 이에 대해 윤형(尹兄, 尹胄夏: 1837~1908)이 일찍이 "본성이 곧 리이다. 이제 마음이 곧 리라고 하면, 마음과 본성을 어떻게 구별하겠는가?"라고 힐난하기에, 내가 "'본성은 곧 리이다'의 리는 단지 고요함을 가리켜 말한 것이고, '마음은

---

28) 이 말은 初年의 실패를 老年에 만회한다는 뜻이다. 後漢 때의 장수인 馮異가 赤眉의 亂을 토벌하기 위해 나섰다가 처음 싸움에서 대패하고, 얼마 뒤에 다시 군사를 정비하여 적미의 군대를 격파하였는데, 황제가 친히 글을 내려 위로하기를, "처음에는 會稽에서 깃을 접었으나 나중에는 澠池에서 떨쳐 비상하니, 참으로 '동우에 잃었다가 상유에 수습하였다[失之東偶 收之桑楡]'라고 할 만하다." 한 데서 나온 말이다. 『後漢書』 卷17 「馮異列傳」 참조.

곧 리이다'의 리는 움직임과 고요함을 관통하여 말한 것이다. 마음과 본성은 본래 두 갈래가 아니고, 움직임과 고요함도 단지 하나의 리일 뿐이다."라고 답변하였습니다.

〈윤형이〉 또 말하기를 "이미 마음이 리와 기를 겸한다고 말하고, 또 마음이 곧 리라고 말하였으니, 무엇 때문인가?"라고 하기에, 〈나는〉 말하기를 "정자(程子)는 '마음은 곡식의 씨앗과 같으니, 싹트는 이치가 씨앗[仁]이다'[29]라고 하였으니, 마음이 리와 기를 겸한다는 것은 곡식의 씨앗과 껍질을 통합하여 말한 것이고, 마음이 곧 리라는 것은 단지 곡식의 씨앗만을 가리켜 말한 것이다."라고 답변하였습니다. 알지 못하겠습니다만, 이러한 답변은 그대의 생각에는 어떠합니까?

일깨워주신 옥석(玉石)은 단지 비유일 뿐입니다. 만일 옥의 깨끗하고 빼어남[精英]이 돌에 가려진 바가 되었다면, 갈고 다듬은 뒤에 깨끗하고 빼어남이 비로소 드러납니다. 마음의 진체(眞體)가 기에 가려진 바가 되었다면, 검속하고 제재한 뒤에 진체가 곧 드러납니다. 이러한 말을 한 사람이 어찌 사람들에게 '너의 지체(支體)를 풀어헤치고, 너의 혈육(血肉)을 깎아내라'고 가르치는 것이겠습니까? 이제 갈고 다듬다는 말로써 '기운이 없는 죽은 사람'이라고 꾸짖고 있습니다. 예로부터 경전 말 가운데 이러한 어법은 없습니다. 주선생(朱先生, 朱熹: 1130~1200)은 일찍이 인(仁)을 왼손과 같고 의(義)를 오른손과 같다고 말한 적이 있는데,[30] 어떤 사람이 '인(仁)은 네 개의 덕을 포함하는데, 손도 사지(四肢)를 포괄한다고 말 수 있습니까'라고 비난하였습니다. 그대의 말은 이것과 근사하지 않습니까? 인용한 주자와 이퇴계의 두 설명은 과연 마음의 종지(宗旨)를 논한 것입니다. 알지 못하겠습니다만, 주자와 이퇴계의 이른바 '마음이 태극이 된다'는 마음도 리와 기를 겸하여 말한 것입니까? 이것이 리와 기를 겸한 것이라면, 이장(李丈, 李震相)은 전혀 마음을 알지 못한 것이니, 내가 어찌 감히 분석하여 설명하겠습니까?

두 번째 편지는 홀로 본체만 가리켜 리로 말할 수 있고, 홀로 주재만 가리켜 리로 말할 수 있다는 것입니다. 이처럼 그대의 견해가 높은 경지에 이르렀는데도, 도리어 '혹은 본체를 가리키고, 혹은 주재를 가리킨다'는 것을 의심하는 까닭은 무엇입니까? 주자는 "마음이 주재하는 것은 리이다"[31]라고 하고, 또 "마음의 본체는 태극이다"라고 하였습니다. 원컨대 좌하께서는 다시 이것에 대해 조금 착안하시는 것이 어떻겠습니까?

대저 이러한 말들은 우리들에게는 발언이 지나치다고 하겠지만, 제공(諸公)들의 구이(口耳)를 경계시킨 것은 진실로 좋은 화두입니다. 그러나 그저 이러한 경계를 지키고 모호하게 단점을 변호하여 부화

---

29) 『二程遺書』 卷18 「劉元承手編」: 心譬如穀種, 生之性, 便是仁也.

30) 이에 대한 언급은 잘못된 듯하다. 『朱子語類』 卷6 「性理三 · 仁義禮智等名義」 〈道夫錄〉: 此仁之所以包四者也. 問: "仁即性則性字可以言仁否?" 曰: "性是統言. 性如人身, 仁是左手, 禮是右手, 義是左脚, 智是右脚."

31) 『朱子語類』 卷1 「理氣上 · 太極天地上」 〈䕫孫○ 義剛同〉: 問: "天地之心, 天地之理. 理是道理, 心是主宰底意否?" 曰: "心固是主宰底意, 然所謂主宰者, 即是理也." 참조.

뇌동(附和雷同)하며 아부하고 따르는 것도 저의 뜻에는 편안한 바가 아닙니다. 감히 이를 자주 거듭하기를 꺼려하지 않고 비루한 나의 견해를 모두 드러냈습니다. 만약 이로 인하여 충분하게 토론할 수 있다면, 또한 이제까지의 삶에서 한 번 통쾌한 일이 될 것입니다. 굽어 살피시어 핵심을 가르쳐주시면 다행이겠습니다.

臘月書寄意肫篤, 居然春半。未審重省經候晏重, 玉胤向學多祉? 貧窮固命也, 而疾病又乘之, 每念座下所處, 自不禁歎仰之私。愈慈年益高, 恐懼而已。誦讀此是廿年, 前事今不可追, 而歲初幸得無事, 杜門送日。惟欲向本原上, 爲收拾桑楡之計。然實心每爲客心所牽, 善端卻爲惡幾所奪, 終有抵敵不堪當處, 何方脫此凡卑之習, 而得免走作之患耶? 幸望座下之有以敎之也。心說累蒙提喩, 而未及傾倒, 居常憧憧。蓋心兼理氣, 尊與我同也。心卽理云云, 吾所獨也。統同說而曰兼理氣, 單說心體而曰卽理。統說、單說, 各有攸當, 而今就單說處, 每以統同說擠之, 則何患無辭? 且卽理之說, 有所爲而發也。洛中君子, 則曰心卽氣, 而心之本體, 本善之氣, 是也。嶺中近論, 則曰心合理氣, 而不論心體之是理。李丈所以不顧傍人是非, 勇往直前, 爲此矯救之說也。尹兄嘗詰之云"性卽理, 而今曰心卽理, 則心性何別?" 余答之曰: "性卽理之理, 單指靜而言者也; 心卽理之理, 貫動靜而言者也。心性本非兩般, 動靜只是一理。" 又曰: "旣言心兼理氣, 而又言心卽理, 何也?" 曰: "程子曰'心如穀種, 生之理便是仁', 心兼理氣者, 統穀之仁與膚殼而言者也; 心卽理者, 單指穀之仁而言者也。" 未知此說於盛意何如? 玉石之諭, 只是譬喩。如是玉之精英, 爲石所掩, 則琢之磨之, 然後精英始著。心之眞體, 爲氣所蔽, 則檢之制之, 然後眞體乃見。爲此說者, 曷嘗敎人解爾支體, 剝爾血肉哉? 今以琢磨之說, 詆之謂沒氣底死人。古來經說中, 無此語法。朱先生嘗言仁猶左手, 義猶右手, 或非之曰仁包四德, 手亦可謂包四肢耶? 尊說無近於是耶? 所引朱、李兩說, 果是論心宗旨。未知朱、李所論心爲太極之心, 亦兼理氣言者耶? 此而兼理氣, 則李丈全不識心, 愚何敢爲之分疏哉? 第二書, 單指本體而可以理言, 單指主宰而可以理言。尊諭儘覷得到, 而旋以或指本體, 或指主宰爲疑, 何也? 朱子曰: "心之主宰底是理。" 又曰: "心之本體是太極。" 願座下, 更於此, 少着眼如何? 大抵此等說, 吾輩可謂發之太, 諸公口耳之戒, 誠好話頭。然徒守此戒, 含糊護短, 雷同阿循, 亦非愚意之所安也。敢此不憚頻數, 悉暴鄙悃。若因此爛漫, 則亦有生之一快也。俯諒覈敎之, 幸甚。

4-2-8

「답최숙중答崔肅仲」【丙申】(『后山集』 卷5)

해제

1) 서지사항

허유가 최정기에게 답한 편지. 『후산집』 권5에 실려 있다. (『한국문집총간』 327)

2) 저자

허유(許愈: 1833~1904)로, 본관은 김해, 자는 퇴이(退而), 호는 후산(后山)·남려(南黎)이다.

3) 내용

이 글은 허유가 1896년 최정기(崔正基: 1846~1905, 자는 肅仲, 호는 可川)에게 답한 편지이다. 최정기는 서산(西山) 김흥락(金興洛: 1827~1899)의 문인이다. 허유는 "심과 성과 명덕은 동일한 리(理)"라고 전재한 다음, "심을 말하면 리와 기를 겸한 것이나, 명덕을 말하면 다만 리일 뿐이다. 성을 말하면 다만 체(體)일 뿐이나, 명덕을 말하면 체와 용을 겸하는 것이다. 이처럼 고인(古人)의 입언이 경우에 따라 다르지만, 그러나 심과 성 바깥에 별도로 명덕이 있다는 말은 아니다."라고 설명했다. 그리고 사람과 동물, 성인과 범인의 차이에 대해, "성인과 범인이 같은 마음은 의리지심(義理之心)인데, 의리지심은 사람에게는 있으나 동물에게는 없다"고 설명했다. 그리고 당시 사람들이 '리와 기를 나란히 설명하는 것'에 대해 "무릇 학문을 하면서 리를 주로 삼지 않으면 그 폐단은 반드시 유학과 불교가 구분이 없게 되고, 사람과 동물이 구별이 없게 되는 것이니, 두렵지 않은가?"라고 우려하였다.

4-2-8 「答崔肅仲」【丙申】(『后山集』 卷5)

去歲至月書, 尙今未復, 非忘也。世變如此, 無暇及此耳。伏惟邇來經體若何? 子舍餘力則學否? 老去瞻想尤切, 愈遽此耄及麄陋, 不堪對人柰何? 前示縷縷, 敢又貢臆, 不罪則幸矣。心也、性也、明德也, 同一理也。而言心則兼理氣, 而言明德則只是理, 言性則只是體, 而言明德則該體用, 此古人所以立言隨異, 非謂心性外別有所謂明德者也。今人自生疑惑, 古人何嘗敎他不分明哉? "明德之氣淸理徹", 終是說不去底。纔說氣, 便有淸濁, 衆人如何便得氣淸? 如何便得理徹? 氣淸理徹, 則更何用明之之工乎? 聖人分上, 或可如此說; 衆人分上, 恐不當一例通說。一原、異體, 話頭固自別, 故曰理同, 曰理絶不同。如『中庸』天命之性, 就一原理同處言, 故『章句』幷言人物; 『大學』明德, 就異體理不同處言, 故『章句』言人而不及物。此理甚明。今來諭以一原之氣, 作對乎異體之理絶不同, 專從氣上說, 以爲理絶不同, 氣之所使, 非眞理不同也。苟非眞不同, 則何可曰絶不同也? 形氣之心, 人與物相近; 義理之心, 人與物絶不同。須以此意, 更加深思, 如何? 人與物, 性同、心不同云云亦然。而或曰心, 氣也, 故不同; 或曰心, 兼氣, 故不同。此與朱子之意, 大故相反。蓋朱子本意, 只就理上說, 而論者不察了理絶不同之意。每以不同二字, 專歸之氣, 愚誠不知其何說也。且道明德, 人得而物不得與, 則只就人分上, 論其聖凡所同之心, 可也。聖凡所同之心, 非義理之心乎? 義理之心, 人有而物不得有, 則此非人物之絶不同處乎? 朱子嘗言"雖在氣中, 理自理, 氣自氣", 此鄙說所本, 曷嘗拽氣來下一步, 如今人之將氣來齊頭說理者乎? 竊詳來說, 非但不察乎鄙言之意, 幷與朱子之意而失之, 必欲判心性而二之, 合理氣而一之, 此與聖賢宗旨, 果何如也? 凡爲學而不主乎理者, 其流必至於儒釋無分、人物無別, 可不懼乎?

4-2-9

「답이계도答李啓道」【丙申】(『后山集』 卷6)

해제

1) 서지사항

허유가 이승희에게 답한 편지. 『후산집』 권6에 실려 있다. (『한국문집총간』 327)

2) 저자

허유(許愈: 1833~1904)로, 본관은 김해, 자는 퇴이(退而), 호는 후산(后山)·남려(南黎)이다.

3) 내용

이 글은 허유가 1896년 이승희(李承熙: 1847~1916, 자는 啓道, 호는 大溪·韓溪)에게 답한 편지이다. 이승희는 한주(寒洲) 이진상(李震相: 1818~1886)의 아들이자 문인이다. 편지에서는 먼저 이승희가 상처(喪妻)한 일을 위로한 다음, 면우(俛宇) 곽종석(郭鍾錫: 1846~1918)의 "명덕은 심이 아니다"라는 주장에 대해 비판하였다. 허유에 의하면, 주희(朱熹)가 명덕을 심이라고 분명하게 말하지 않았으나, 『대학장구』에서 "허령불매(虛靈不昧)하여 여러 리를 갖추고 만 가지 일에 응한다"고 한 것으로 보면, 명덕은 곧 심이라는 것이다. 그리고 명덕은 사람의 마음속에서 '천명(天命)의 본체'를 지칭한 것으로서, "그 신명(神明)의 주재(主宰)와 통섭(統攝)으로 말하면 '심'이라 하고, 그 조리의 명목이 세세한 것으로 말하면 '리'라고 하니, 심만 말하고 리를 말하지 않으면 옳지 않고, 리만 말하고 심을 말하지 않으면 더욱 옳지 않다"는 것이다. 끝으로 허유는 심을 '형기지심(形氣之心)'과 '의리지심(義理之心)'으로 구분하고, 이러한 관점에서 사람과 동물의 같음과 다름을 논하였다.

4-2-9 「答李啓道」【丙申】(『后山集』 卷6)

愈老病喪配, 悲悼難堪。卽蒙仁恩, 俯賜慰問, 辭意懇至, 曷勝感涕? 居然春盡夏熱, 伏惟氣宇神相, 梱內大節均裕, 亭役至於何境? 『綜要』, 亦第次就緖否? 聞有掇還故里之意, 果然耶? 區區瞻溯之至, 愈憂患喪亂, 滾到今日。去月十九日, 始窆妻, 所謂經過且將茫然, 柰何? 明德非心, 近得俛宇書亦有云云。深爲滋惑, 朱子雖不明言明德是心, 然『章句』"虛靈不昧, 以具衆理應萬事", 非心而何? 蓋明德, 就人方寸中, 指言天命之本體。以其神明主宰統攝而言, 則謂之心; 以其條理名目零碎界破而言, 則謂之理。言心而不言理, 不可; 言理而不言心, 尤不可。俛宇之必欲遺心而言德, 何也? 嗟乎! 明德之義, 不明久矣。向非先師極口發明之, 明德幾乎爲非心非理之物, 而以俛宇之高見, 乃有此說, 殊未可曉。鄙人所謂"明德只是義理之心"者, 看得人之所得乎天一句重了。蓋形氣之心, 人與物相近; 義理之心, 人與物絶不同。『章句』之言人而不及物者, 爲此故也。鄙說非敢自以爲得, 而其分別人物之意, 學者分上, 庶或可取, 未審盛意以爲如何? 吾輩未嘗不低頭闔口, 而世且齦齦不已, 且未見自中有大着跟大着眼者, 甚可憂也。吾兄所以夙夜祗懼者, 當如何哉? 「綜要跋」, 憒憒尙無定本。向者所付, 更思之, 不可用。蓋畏怵人言, 不敢極口說。向見致受擧似, 正覷得如此。所以思欲更搆, 又俟兄一言大鋪敍以示之耳。俯諒如何。

4-2-10

「답채은노答蔡殷老」(『后山集』 卷6)

해제

1) 서지사항

허유가 채인묵에게 답한 편지. 『후산집』 권6에 실려 있다. (『한국문집총간』 327)

2) 저자

허유(許愈: 1833~1904)로, 본관은 김해, 자는 퇴이(退而), 호는 후산(后山)·남려(南黎)이다.

3) 내용

이 글은 허유가 채인묵(蔡寅黙, 자는 殷老)에게 답한 편지로, 심·성·정(心性情)을 리일분수(理一分殊)의 관점에서 논한 것이다. 허유는 채인묵의 "심(心)은 리일(理一)이 되고, 성·정(性情)은 분수(分殊)가 된다"는 주장과 "성·정의 바깥에 별도로 심이 있는 것은 아니다"라는 주장에 대해 기본적으로 동의하면서도, "다만 심과 성이 하나의 리라는 것만 알고, 심과 성의 명의(名義)는 각각 주장하는 바가 있음을 살피지 않으면 또한 미진(未盡)한 것"이라고 우려하였다. 허유에 의하면 "심은 혼연(渾然)하게 모두 모인 것이며, 성은 찬연(燦然)하게 조리가 있는 것"으로서, "심으로 말하면 혼연한 태극 가운데 사덕(四德)이 모두 갖추어져 있으니, 이른바 '리일 가운데 분수가 있는 것'이며, 성으로 말하면 찬연한 사덕 가운데 태극이 각각 갖추어져 있으니, 이른바 '분수 가운데 리일이 있는 것'이다." 따라서 "나누어 말하면 심은 태극이 되고 성은 사덕이 되나, 합쳐서 말하면 태극이 곧 사덕이고 사덕이 곧 태극"이라는 것이다. 이렇게 설명하면서도 허유는 "종합하기만 하고 분석하지 않으면 하나로 뒤섞여 '마디 없는 자'나 '눈금 없는 저울'과 같아지고, 분석하기만 하고 종합하지 않으면 자잘하게 흩어져 '장수 없는 병졸'이나 '키 없는 배'와 같아지니, 모두 실행될 수 없는 것이다. 그러므로 '심통성정(心統性情)'이라고 말하는 것이다."라고 하여, 심통성정설의 취지를 부각시켰다.

4-2-10「答蔡般老」(『后山集』 卷6)

承審靜體康重, 慰仰。示諭心爲理一, 性情爲分殊。洲上極本窮源之說, 而李華西亦曰: "以理言則心猶太極(而)[之][32]統四德, 性猶利貞, 情猶元亨。利貞, 萬物之歸藏也, 太極之體也; 元亨, 萬物之發施也, 太極之用也。" 此二說, 立言雖殊, 而大義畧同。鄙說所謂"仁、義、禮、智, 其體各殊, 而其爲心則一也; 惻隱、羞惡、辭讓、是非, 其用各殊, 而其爲心則一也"者, 亦一說也。來諭非性情之外, 別有心云者, 誠至言也。但徒知心性之爲一理, 而不察乎心性之名義, 各有攸主, 亦恐未盡。蓋心是渾然總會底, 性是燦然條理底。以心言則渾然太極之中, 四德咸備, 所謂理一之中, 分未嘗不殊者也; 以性言則燦然四德之中, 太極各具, 所謂分殊之處, 理未嘗不一者也。鄙意曷嘗謂性情之外, 別有一箇心自爲一物, 而各有地頭也? 特分言之, 則心爲太極, 性爲四德; 合言之, 則太極卽四德, 四德卽太極。合而不分, 則渾淪儱侗, 如無寸之尺, 無星之秤; 分而不合, 則零碎渙散, 如無將之卒, 無柁之船, 其不可行均矣, 故曰心統性情。性固心之本體, 而其體也寂然不動, 此太極之靜時節; 情固心之妙用, 而其用也感而遂通, 是太極之動時節。太極爲理一, 動靜爲分殊, 則心爲理一, 性情爲分殊, 有何可疑? 盛見所以致疑於此者, 以本體之不可謂分殊也。然以體對用, 則體自體、用自用, 惟心則該體用、貫動靜, 雖謂之理一分殊, 何害於本體之自爲體也? 主宰之妙, 尤爲難言。朱子嘗言"'惟皇上帝, 降衷于下民', 降便有主宰意。" 又曰: "以天命之性言之, 命是性, 天是心。天有主宰之意, 然不可無分別, 亦不可太開成兩箇, 當熟玩而默識其主宰之意。" 大抵鄙說似近於分開, 盛說似近於無分, 此豈非熟玩而默識處耶? 統緖二字, 只論理分之爲一理而已, 非以性爲心之緖也。此等處, 不以辭害意, 可也。未審以爲如何。

32) (而)[之]: 저본은 '而'로 되어 있으나, 『華西集』 卷15 『溪上隨錄』(2)에 의거하여 '之'로 수정하였다.

4-2-11
「답채은노答蔡殷老」(『后山集』 卷6)

해제

1) 서지사항

허유가 채인묵에게 답한 편지. 『후산집』 권6에 실려 있다. (『한국문집총간』 327)

2) 저자

허유(許愈: 1833~1904)로, 본관은 김해, 자는 퇴이(退而), 호는 후산(后山)·남려(南黎)이다.

3) 내용

이 글은 허유가 채인묵(蔡寅默, 자는 殷老)에게 답한 편지로, 체용(體用)과 리일분수(理一分殊論)에 대해 논한 것이다. 허유에 의하면, 태극은 체(體)와 용(用)을 모두 지니는데, 원·형·이·정(元亨利貞)은 그 '체'이고, 생·장·수·장(生長收藏)은 그 '용'이다. 심도 '체'와 '용'을 모두 지니는데, 인·의·예·지(仁義禮智)는 그 '체'이고, 애·오·양·지(愛惡讓知)는 그 '용'이다. 이러한 설명을 바탕으로 허유는 "심은 상대가 없어서 '체'와 '용'에 두루 통하기 때문에 리일(理一)이라 하고, 성·정(性情)은 상대가 있어서 '체'와 '용'이 각각 성립하기 때문에 분수(分殊)라고 한다"는 자신의 주장을 정당화하였다. 같은 맥락에서 허유는 "하나의 성(性)이 혼연한 것이 심이며. 네 개의 덕이 찬연한 것이 성이다"라고 설명하여 "심과 성은 결국 같은 것"이라고 주장하면서도, "심은 능히 주재할 수 있으나, 성은 주재할 수 없는 것"이라고 하여 심과 성을 구분했다.

4-2-11「答蔡般老」(『后山集』卷6)

示諭體用理分, 推說甚詳, 可喜。但愚意微有未契, 敢此貢愚。以太極言則太極該體用, 而元亨利貞, 其體也; 生長收藏, 其用也。以心言則心該體用, 而仁義禮智, 其體也; 愛惡讓知, 其用也。今曰太極爲體, 而元亨利貞爲用, 則有若太極別爲一物, 而未免有奇斜尖側之嫌; 心爲體而仁義禮智爲用, 則有若心別占一位, 而未免有閃爍自在之失。且體有大有小, 則亦將有貴有賤。以理氣分大小、貴賤, 固也。單說理體, 而曰大曰小, 不亦未安乎? 愚所謂"心無對而體用旁通, 故曰理一; 性情有對而體用各立, 故曰分殊"者, 其說平易, 庶幾無大過, 不審以爲如何。仁爲體而義禮智爲用, 智爲體而仁禮義爲用, 如此說亦得。然心爲體時, 四德爲用, 恰似四德之外, 別有心爲體。此等處, 正要商量。蓋一性之渾然底是心, 四德之燦然底是性。以此通看如何? 鄙說則合心性而一之, 而卻言心能主宰, 性不能主宰。盛意亦然, 而卻以四德爲心之用, 此似未契, 更商如何? 程、朱子嘗言釋氏豈不識道理, 但知得便休。今吾輩雖說此道理, 未必知得而便休, 甚可懼也! 近權公立有書論氣數, 誰使之也? 此亦大議論, 幸著一說以示之, 切企。鄙意依程子"善惡皆天理"之語, 謂"氣數之常變, 皆天理也"。未審如何。

4-2-12

「답채은노答蔡殷老」(『后山集』 卷6)

해제

1) 서지사항

허유가 채인묵에게 답한 편지. 『후산집』 권6에 실려 있다. (『한국문집총간』 327)

2) 저자

허유(許愈: 1833~1904)로, 본관은 김해, 자는 퇴이(退而), 호는 후산(后山)·남려(南黎)이다.

3) 내용

이 글은 허유가 채인묵(蔡寅默, 자는 殷老)에게 답한 편지로, 심과 성을 리일(理一)과 분수(分殊)로 설명하는 문제를 간단히 언급한 다음, 리와 선·악(善惡)의 문제를 논했다. 정자(程子)는 "선과 악이 모두 천리"라고 하였고, 주희(朱熹: 1130~1200)는 "비록 망령된 것도 천리 아닌 것이 없다"고 했으며, 면재(勉齋) 황간(黃榦: 1152~1221)는 "그 악이 되는 까닭을 탐구하면 또한 리로부터 나온 것이다. 만약 리와 상관 없이 별도로 악이 존재한다고 하면, 이는 성(性)에서 벗어난 사물이 있는 것이다."라고 했는데, 이에 대해 허유는 "이 여러 군자들이 악(惡)을 장려하여 성취시키려고 그렇게 말씀한 것이 아니다. 다만 이처럼 말하지 않으면 리에 결점이 있게 되고, 택선고집(擇善固執)이 정밀하지 못하게 되어, 도리어 선(善)을 밝힌다는 종지(宗旨)에 해롭게 되기 때문이다."라고 설명했다. 허유는 자신의 주장을 "리는 순선무악(純善無惡)하며, 악은 다만 선과 반대되는 것일 뿐이다. 악과 리가 서로 대립하여 각각 존재하는 것이라 한다면, 이는 '리를 벗어난 사물이 있다'는 말이 된다. 그러므로 '악 또한 성(性)이라고 말하지 않을 수 없다'고 하는 것"이라고 요약하고, 이러한 입장을 바탕으로 현실 세계에서의 선·악 문제를 설명했다.

4-2-12 「答蔡般老」(『后山集』 卷6)

來諭“心性理分, 本不帶情字”, 此未察乎洲上之說也。又以體用二字, 渾看於心性之說, 有有體無用, 及心自心、性自性, 各立爲二體二位之辨。然性爲體、情爲用, 而惟心該之, 何謂有體而無用? 心無體以性爲體, 何謂二體二用乎? 鄙說“仁爲體、義爲用”云云, 只就性上說, 與心爲體時性爲用之說自別, 更商之如何? 氣數常變, 來說大槩得之, 而鄙說亦有根據。程子曰: “善惡皆天理。” 朱子曰: “雖是妄, 亦無非天理。” 勉齋曰: “原其所以爲惡者, 亦自此理而發。若別有惡, 與理不相干, 則是有性外之物。” 此數君子, 非欲奬其惡而成就之。不如是則理有欠闕, 擇執不精, 反害於明善之宗旨也。蓋理純善無惡, 而惡只是善之反耳。惡與理, 相對而各立, 則是有理外之物, 此所謂“惡亦不可不謂之性”者也。氣數之常變亦然。今夫雨順風調, 理之常也, 而疾風暴雨, 謂之非理則不可; 明良相得, 理之常也, 而暴君亂臣, 謂之非理則不可, 何也? 非理則做出惡, 亦不得也。然此可向執事道, 在初學, 不當話說及此。故愚亦曰氣數之常, 理之使也; 氣數之變, 氣之使也。理之使氣, 雖順而實難; 氣之使理, 雖逆而實易。自古及今, 治日少而亂日多, 善人少而惡人衆, 皆以此也。此說於盛意, 更如何? 權君書大體固好, 而或未免生梗耳。善圭問自私自利之說, 而未能詳答。幸爲之詳細喩之如何?

4-2-13

「답정주윤答鄭周允」【冕圭】(『后山集』 卷6)

해제

1) 서지사항

허유가 정면규에게 답한 편지. 『후산집』 권6에 실려 있다. (『한국문집총간』 327)

2) 저자

허유(許愈: 1833~1904)로, 본관은 김해, 자는 퇴이(退而), 호는 후산(后山)·남려(南黎)이다.

3) 내용

이 글은 허유가 정면규(鄭冕圭: 1850~1916, 자는 周允, 호는 農山)에게 답한 편지이다. 정면규는 노사(蘆沙) 기정진(奇正鎭: 1798~1879)의 문인이다. 이 편지에서는 명덕(明德), 인심·도심(人心道心), 심즉리설(心卽理說) 등에 대해 논했다. 먼저 허유는 "명덕은 리이므로, 허령불매(虛靈不昧)도 리로 설명해야 한다"고 하면서, 당시의 명덕주기설(明德主氣說)을 비판했다. 또 허유는 정면규의 "허령이 허령이 되는 까닭은 바로 리이니, 이 리를 벗어나서 어찌 온갖 리가 별도로 갖추어지겠는가?"라는 주장에 대해서는 깊이 동의하면서도, 정면규가 '기의 정상[氣之精爽]'을 '리'로 규정한 것에 대해서는 '미안(未安)한 것 같다'고 비판했다. 또한 "도심은 리이니 비록 절도에 맞지 않아도 인심이라고 부를 수 없고, 인심은 기이니 비록 선하더라도 도심이라 할 수 없다"고 하여, 이른바 '인심도심상위종시설(人心道心相爲終始說)'을 비판하였다.

4-2-13 「答鄭周允」【冕圭】(『后山集』 卷6)

初吉疏, 哀感良深。審以視眚爲苦, 看書者例有此患。然心地淸涼, 自當勿藥, 以是爲祝。愈頑忍不死, 假息私室, 獲罪禮防, 又大矣。愛我者固當棄絶之, 而相愛如左右者, 不爲惡石之惠。卻以好話頭, 循例慰喩之, 此豈相與之誼哉? 噫! 吾亡其無日矣, 柰何? 俯詢兩條, 矇然無以爲對。然不敢泯默, 略此貢愚。明德是理, 則虛靈不昧, 固當從理說。然世方以明德爲氣, 此誠難言。示喩虛靈之爲虛靈, 便是理, 是理之外, 又豈別有衆理之來具? 此說深契鄙意。然使世之知言者聞之, 又未知如何云也。理乃氣之精爽一句, 誠若未安。然朱子嘗曰: "氣之精英底是神。水火木金土非神。在人則理, 仁義禮智信是也。"[33] 此丈此說, 蓋本乎此, 非便以精爽, 認之爲理也。大抵看人文字, 只看其大體之如何。大體旣正, 則其字句之出入, 活看無妨。示喩言其色相界分, 則非但麤底是氣, 精底亦是氣; 言其得名苗脈, 則非但精底是理, 麤底亦是理。此意亦善。然愚則妄謂"理也有精粗, 氣也有精粗。如道心理也, 雖不中節, 不可便喚做人心; 人心氣也, 雖善亦不可便喚做道心。其名狀苗脈, 自來如此"。未知此不至於大悖耶? 心卽理云云, 蓋指心之本體而言也。世方譁然攻斥, 而惟盛意不以爲非, 幸甚幸甚。

---

33) 이 인용문은 『朱子語類』와 약간 상이하기에 참고로 원문을 제시한다. 『朱子語類』 卷1 「理氣上 · 太極天地上」〈植錄〉: 氣之精英者爲神。金木水火土非神, 所以爲金木水火土者是神。在人則爲理, 所以爲仁義禮智信者是也。

4-2-14

「답송자삼문목答宋子三【鎬文】問目」(『后山集』 卷7)

해제

1) 서지사항

허유가 송호문의 문목(問目)에 답한 편지. 『후산집』 권7에 실려 있다. (『한국문집총간』 327)

2) 저자

허유(許愈: 1833~1904)로, 본관은 김해, 자는 퇴이(退而), 호는 후산(后山)·남려(南黎)이다.

3) 내용

이 글은 허유가 송호문(宋鎬文: 1862~1907, 자는 子三, 호는 受齋)의 문목에 답변한 편지이다. 문목은 모두 13개의 조목으로서, 리일분수(理一分殊), 심과 성의 차이, 지각설(知覺說), 심즉리설(心卽理說), 불교와 성리학의 차이 등에 대해 질문한 것이다. 첫째 조목은 리일분수에 대한 내용으로서, 연평(延平) 이통(李侗: 1093~1163)의 "만약 대략적으로 리일만 알고 분수에 대해 살피지 않는다면, 이것이 학자들이 '비슷하다고 의심하여 참된 것을 어지럽히게[疑似亂眞]' 되면서도 스스로 알지 못하게 되는 까닭"이라는 말에 대해, 허유는 "만약 대략적으로 태극이 리일이라는 것만 알고 원형이정이 분수라는 것은 살피지 않으며, 대략적으로 심체(心體)가 리일이라는 것만 알고 인의예지가 분수라는 것을 살피지 않는다면, 그 학문이 어찌 의사난진(疑似亂眞)의 구덩이에 빠지지 않겠는가?"라고 해설했다. 둘째 조목 역시 리일분수에 대한 논의이다. 노사(蘆沙) 기정진(奇正鎭: 1798~1879)이 '기로 인해 분수가 생기게 된다[因氣而有分]'는 주장을 비판하고 '본래 리일 가운데 분수가 있다'고 주장한 것에 대해, 송호문이 "사람과 동물의 본성이 이미 태극일원(太極一原)의 영역에 갖추어져 있다고 주장하는 것은 아무래도 지나친 것 같다"고 의문을 제기하자, 허유는 "분수를 '기'로 인식하는 것은 진실로 옳지 않지만, 분수를 '기를 겸한 것'으로 보는 것은 불가할 것이 없다"고 답변했다. 셋째 조목은 심과 성의 구분 문제를 논한 것이다. 주자는 "지금의 학문이 선학(禪學)에 빠지게 된 것은 사상채(謝上蔡, 謝良佐: 1050~1103)의 책임이 크다"고 말한 바 있는데, 송호문은 이에 대해 "지각(知覺)을 인(仁)으로 여겼기 때문"이라고 설명하고, "오늘날 심을 성으로 여기는 사람들도 사상채의 견해와 같은 것"이라고 비판했다. 이에 대해 허유는 "심과 성은 본래 하나의 리인데, 성은 사람과 동물이 같은 것이요, 심은 사람과 동물이 다른 것이다. 지금 이를 살피지 않고 '심을 성으로 인식한다'고 주장하는 것은 잘못이다. 또한 심과 성을 갈라서 두 개의 사물로 규정하는 것도 도(道)를 알지 못하는 것이다."라고 답변했다. 여섯째 조목은 지각(知覺)에 대한 논의로서, 송호문이 형질(形質)의 지각, 정기(精氣)의 지각, 의리(義理)의 지각 등을 구분한 것에 대해, 허유는 "심의 지각은 하나일 뿐인데, 그 쓰임새에는 대·소(大小)와 귀·천(貴賤)이 있다. 의리지심(義理之心)을 귀하는 여기는 까닭은 형기지심(形氣之心)을 주재하기 때문이다"라고 설명했다. 여덟째 조목은 심즉리설에 대한 논의로서, 송호문이 이진상의 심즉리설과 왕양명의 심즉리설의 관계를 문제 삼은 것에 대해, 허유는 "육상산(陸象山, 陸九淵: 1139~1193)과 왕양명(王陽明, 王守仁: 1472~1527)의 심즉리설은 '기를 리로 여기는 것'이고, 우리가 말하는 심즉리설은 '심의 본체'로 말한 것"이라고 해명했다. 열한 번째 조목은 학문의 방법론에 대한 논의로서, 송호문이 '하학(下學)과 상달(上達)' 또는 '천리(天理)와 인사(人事)'에 대한 올바른 공부 방법에 대해 묻자, 허유는 "우리 유학은 사물에 나아가 이치를 궁구하므로 그 학문이 진실하나, 불교는 사물을 끊고 이치를 밝히려고 하므로 그 학문이 허황되다. 배우는 자가 다만 사물에 나아가 하나하나 이해하고, 마음에 잊지도 않고 조장하지도 않는다면 위로 천리에 통달할 수 있고, 경(敬)으로 마음을 바르게 할 수 있으며, 덕성을 높일 수 있다."고 설명했다. 그러면서 허유는 "나는 '의리심(義理心)' 세 글자를 심을 설명하는 종지(宗旨)로 삼았는데, 이는 사람이 금수와 다른 점을 밝히기 위함이었다"고 자신의 심경을 피력하였다.

4-2-14「答宋子三【鎬文】問目」(『后山集』 卷7)

延平告朱子曰: “若槩以理一, 而不察乎其分之殊, 則此學者所以流於疑似亂眞之說, 而不自知也.” 說者以爲忒煞發明於此理之源頭, 而未察乎兼氣之分殊, 則其弊必至於此, 此說何如?

若槩知太極之爲理一, 而不察乎元亨利貞之爲分殊; 槩知心體之爲理一, 而不察乎仁義禮智之爲分殊, 則所謂爲學, 安得不流於疑似亂眞之科乎? 彼兼氣爲分殊者, 卽近世認分殊爲氣者也。

分殊之不可兼氣看, 固聞命矣。若言人物之所以分殊處, 則非氣無以異也。近世蘆沙翁以理一中分殊之妙, 一埽湖、洛同異之偏, 其功偉矣。然以爲人物之性, 已各具於太極一原之地, 則似或過當。洲上則曰“異雖因氣, 異底實理”, 竊恐此說甚當。

認分殊爲氣, 固不是; 分殊之兼氣看, 似無不可。蓋人物之所以分, 非氣則無以見其異也。學者只當就日用事物上, 件件理會, 得其當然, 然後方知理本一貫。不知萬殊各有一理, 而徒言理一, 不知理一在何處。愈平日只喜說了理一, 未嘗致察於功夫之全在分殊上。今因盛說, 略見得此意, 殊以爲幸。理一分殊之妙, 惟洲上說得最分明。

朱子嘗曰“今學問, 流而爲禪, 上蔡爲之首”, 蓋以以覺爲仁故云也。說者曰“知覺是心, 仁是性”, 今之認心爲性者, 正是上蔡之見, 此說如何?

上蔡以覺爲仁, 實啓禪家頓悟之旨, 故朱子說如此。然心也、性也, 一理也。性是人物之所同底, 心是人物之所不同底。今不察乎此, 而認心爲性者固不可, 而判心性爲兩物者, 亦非知道者也。

上蔡之流於禪, 正以知寒煖覺痛痒爲本心之仁, 故其弊至於作用是性, 而與釋氏無異。若有見於本心是非之知覺, 而勿其非禮, 則仁智固亦萬化之機軸, 而心性一理之妙, 此可見矣。下敎心性同不同之義, 雖是大義, 而卻恐於此說不着。

知覺是心, 仁是性。使上蔡有見於本心是非之知覺, 亦未免於認心爲性之病。鄙說心性同不同者, 爲是也。仁智固爲萬化之機軸, 而如所謂非禮勿視聽言動者, 心之爲也, 所以爲仁也。不可以勿, 便喚做仁也。心性一理也, 而界分不同, 更詳如何?

朱門人問心是理是氣? 答曰: "也只是知覺。" 然則論心者, 只判得知覺二字分明, 則可無疑矣。如何是知覺運動蠢然之知覺? 如何是精神魂魄之知覺? 如何是智之事心之德之知覺? 若心之知覺, 必兼此而後, 乃爲完備耶?

知覺運動, 形質之知覺也; 精神魂魄, 精氣之知覺也。智之事心之德, 義理之知覺也。人之所以靈於物者, 以其有義理之知覺也。今之論心者, 必欲雜形氣爲心之本體者, 抑何心哉?

因下敎, 欲足之曰形質之知覺, 以利害言; 精氣之知覺, 以屈伸言; 義理之知覺, 以是非言。故孟子曰: "是非之心, 智之端也," 朱子曰從心言則智最大, 此君子所以以義理之知覺, 當心之知覺, 而彼形質精氣之屬, 有所不心焉。然不卽物以窮理, 則是非之理不明, 而精氣隨而昏, 其所知不過利害之私而已, 故曰心是做工夫處。或者以爲使心之本體, 純是義理而已, 則復何工夫之有? 蓋不達乎此意也。未知如此立說如何?

心之知覺一而已, 而其所用有大小貴賤。所貴乎義理心者, 以其裁制佗形氣之心也, 此所謂心是做工夫處。彼謂心之本體, 純是義理而已, 則復何工夫之有者, 愚不知其何說也。

心卽理三字, 亦見於『語類』, 朱子論格致而曰: "心卽理, 理卽心。" 說者以爲此是明道 "道卽器, 器卽道"底話頭, 不可以此爲證, 此說何如?

心與理初無內外精粗之間, 故朱子說如此。彼以"道卽器, 器卽道"爲證者, 此認心爲氣者也。

洲上心理之說, 雖今人律之以陸、王之科, 而愚每以爲洲上以陽明嘗有此說, 故特因此爲題, 以爲聖賢以理言心, 實異於彼云爾。非必以心卽理爲偏主之一說, 而不容佗說也, 故集中固多合理氣言者。

陸、王所謂心卽理, 認氣爲理者也; 吾儒所謂心卽理, 以心體言者也。彼比而同之者, 如以周子無極之說, 目之爲老子餘套者也, 無足多辨。且『大學』開端, 致知在格物一句, 卽心卽理之宗旨也。故朱子論格致而曰“心卽理, 理卽心”, 又曰“人之爲學, 心與理而已”, 是也。何可以心卽理之說, 出於陸、王之口, 而判舍之哉? 然洲上此說, 亦初年所作, 未免多費辭說。

朱子論「中孚」之義而曰: “心虛則理實, 理實則心虛。” 洲上以此爲未定之說, 活看似無害, 而必以爲未定何歟? 前日理同心不同之說, 本出於考異, 似是一串意思。未知門下如何裁定?

心與理一, 故虛實相關。洲上之以爲未定說者, 疑於心虛之以氣言也。以心不同之說爲誤者, 亦此一串意, 蓋其偶失之言。

如此則欲因此立說曰: “所不同之心, 卽所同之理也; 所虛之心, 卽所實之理也。” 蓋其同而異、虛而實, 實非二物也。

甚善。

大凡學, 有從上做下來者, 有從下做上去者, 此固天理人事之分。而近日主氣倒說者, 把此爲案例, 以說理爲淪於空寂之蔽, 此果箚着痛處耶? 此說莫是合於釋氏之上達天理、敬以直內, 陸氏之能尊德性歟?

彼以說理爲淪於空寂之弊者, 判心與理爲二者也。然說得理便休者, 果與空寂無異。大要吾儒卽物而明理, 故其學實; 釋氏絶物而明理, 故其學虛。學者只就事物上, 件件理會, 勿忘勿助, 則可以上達天理, 可以敬以直內, 可以尊德性。今徒說理之爲主, 而無這箇工夫, 則安得不爲俗輩所笑哉? 愚不自量, 妄以義理心三字, 爲說心之宗旨, 蓋所以發明人之所以異於禽獸者也。然同志之間, 未見有聽信者, 可恐也。

劉靜修作「退齋記」曰“今之爲老氏之說者, 以一時之利害, 節量天下之事”, 蓋斥魯齋也。靜修以魯齋爲老氏之學者, 以苟合於一時, 而仕於元也。然則學者, 顧一時之利害, 而以道殉人者, 皆老氏之流歟?

「退齋記」, 未之讀。然因來說, 知靜修之學, 有見於大者。且道顧一時之利害, 而以道殉人者, 皆老氏之流云者, 甚善甚善。然向非魯齋, 周、程、張、朱之學, 幾乎埽地矣。其有功於斯文大矣。我東宋文正責魯齋甚備, 至於黜享。然愚見則恐當以退陶說爲中, 未知如何。

靜修自作「渡江賦」, 以快宋之亡, 而此記之言如此, 恐不免舍己耘人之科矣。乃若退陶則謙退純深, 未嘗言前輩之失。故於魯齋, 只擧斯文之功, 而至於仕元, 則以“不知”答之。然律之以名教之正法, 則魯齋, 恐不免蹉卻地步了。

來說甚正。今之學者, 尤當以此爲心。讀之, 令人發省。竊看近日惟貴中諸公論學, 頗有古人意想。苟得切切相規, 毋怠毋忽, 則斯文庶幾可賴也。鄙人前日所論, 妄欲與世俗, 爭較曲直, 甚覺可笑也。

4-2-15

「답정형노문목答鄭亨櫓問目」【戊戌】(『后山集』 卷7)

해제

1) 서지사항

허유가 정제용의 문목(問目)에 답변한 편지. 『후산집』 권7에 실려 있다. (『한국문집총간』 327)

2) 저자

허유(許愈: 1833~1904)로, 본관은 김해, 자는 퇴이(退而), 호는 후산(后山)·남려(南黎)이다.

3) 내용

이 글은 허유가 1898년 정제용(鄭濟鎔: 1865~1907, 자는 亨櫓, 호는 溪齋)의 문목에 답변한 편지이다. 문목은 모두 9개의 조목으로서, 심통성정(心統性情), 심즉리(心卽理), 리기체용(理氣體用), 인물성동이(人物性同異), 리발(理發), 태극동정(太極動靜) 등에 대해 질문한 것이다. 첫째 조목은 '심통성정(心統性情)'의 '통(統)'에 대한 논의로서, "통(統)을 통일(統一)의 뜻으로 볼 수 있느냐?"는 정제용의 질문에 대해, 허유는 "그렇게 볼 수 있다"고 답변했다. 둘째 조목은 '심즉리'에 대한 논의로서, 일반적으로 말하면 진망사정(眞妄邪正)이 모두 심에 포함되지만, 심의 본체를 말하면 '심즉리'라는 것이다. 또한 심합리기설은 '리가 기에 타고, 기가 리를 싣는 것'을 말한 것으로, '심의 본체'를 말한 것이 아니라는 것이다. 넷째 조목은 인성과 물성의 동·이(同異)에 대한 것으로, 허유는 "인성과 물성이 같은 까닭은 리이기 때문이요, 다른 까닭은 기로 인한 것"이라고 설명했다. 여섯째 조목은 능(能)과 소(所)를 형이상과 형이하로 구분하는 것에 대한 논의로서, 허유는 "'능'과 '소'는 모두 허자(虛字)로서, 기로 말하면 모두 기이고, 리로 말하면 모두 리이다. 어찌 하나는 형이상이고 하나는 형이하이며, 하나는 리이고 하나는 기라고 말할 수 있겠는가?"라고 주장하였다. 일곱째 조목은 리발(理發)에 대한 논의로서, 정제용의 "기발이 곧게 완수된 것은 또한 리발이라 할 수 있는가?"라는 질문에, 허유는 "기발을 리발로 인식하는 것은 잘못"이라고 답변했다. 여덟째 조목은 태극의 동정에 관한 내용으로, 허유는 "태극이 아니면 음양이 어디로부터 동정하겠는가? 다만 태극은 형체가 없고 음양은 형체가 있기 때문에, 잘 관찰하는 사람은 형체가 있는 곳에 나아가 형체가 없는 리를 파악하는 것이다."라고 답변했다.

4-2-15「答鄭亨櫓問目」【戊戌】(『后山集』 卷7)

"心統性情", 統字, 以統一之統看否?

以統一之統看之亦得。朱子於統字, 或以兼包義看, 或以管攝義言。蓋心之體是性、用是情, 是所謂兼包也; 仁、義、禮、智, 性也; 愛、惡、讓、知, 情也; 以仁愛、以義惡、以禮讓、以智知, 是所謂管攝也。然非深察乎知敬之妙, 難以語此。

本心卽理也, 而汎言心, 則通眞妄邪正。

泛言則眞妄邪正, 無非心也, 而言心之本體, 則心卽理也。『孟子』七篇中, 許多心字, 無非以理言。其謂心合理氣者, 以理乘乎氣, 氣載乎理而言, 非以本體言也。

理氣體用, 有理爲體、理爲用者,【沖漠無朕者體, 萬象已具者用。】有理爲體、氣爲用者,【至微之理體, 至著之象用。】有氣爲體、理爲用者,【事物是體, 行於事物之間者用。】如是看何如?

世或有理體氣用、氣體理用之說, 然此特害理之甚者。細看朱子說, 或卽體而見用, 如沖漠無朕等說, 是也; 或卽用而見體, 如鳶飛魚躍等說, 是也。事物爲體云云, 爲或者之所據, 然此體字, 以形體言, 非眞體也。學者當深察。

人物性同異, 所同者, 理也; 所異者, 氣也。然而所異者, 亦是理。

愚聞之, 人與物性, 何以同? 卽理故同; 何以異? 因氣而異也。異雖因氣, 異底實理。其同其異, 只是理。

本然性, 則人物皆同; 氣質性, 則人人不同, 物物相殊。

本然性, 以偏全言; 氣質性, 以善惡言。來說近之, 而恐未察乎此。

能, 形而下; 所, 形而上。花柳, 形而上; 看折, 形而下。

能、所是虛字。以氣言則皆氣, 以理言則皆理, 豈容一上一下、一理一氣哉? 看得此錯了, 雖終身言理, 便非理字眞面。

理發, 非理之蠢動發出。但其發而直遂, 則氣發亦理發耶?

大聖論心, 有人心、道心之分; 大賢論情, 有四端、七情之分, 其理一也, 而其機不同。世或以氣發, 認作理發者, 恐誤。

太極動靜, 自理而言, 則理動理靜; 自象而言, 則氣動氣靜。

非太極則陰陽何自而動靜? 然太極無形, 而陰陽有形, 故善看者, 就有形處, 看得無形底理。對待說理氣動靜者, 非知道者之言也。

易有三同、二異之說。水、木、土, 三同也; 火、金, 二異也。同之所以同, 異之所以異, 先儒無明辨, 願聞其義。

「河」、「洛」之金火互易, 蓋以金非火不成, 火非金無用, 此所以二異也。然其理則非淺見所可論也。

4-2-16

「답최여경答崔汝敬」【戊戌】(『后山集』 卷8)

해제

1) 서지사항

허유가 최동익에게 답한 편지. 『후산집』 권8에 실려 있다. (『한국문집총간』 327)

2) 저자

허유(許愈: 1833~1904)로, 본관은 김해, 자는 퇴이(退而), 호는 후산(后山)·남려(南黎)이다.

3) 내용

이 글은 허유가 1898년 최동익(崔東翼: 1868~1912, 자는 汝敬, 호는 晴齋)에게 답한 편지로, 당시에 한참 논쟁이 진행되고 있던 명덕(明德)의 주리·주기 문제에 관해 논하는 내용이다. 허유는 "명덕을 '기'로 인식하는 사람들은 기만 보고 리를 보지 못하는 것이니, 불교의 견해이다. 명덕을 '리와 기를 겸한 것'으로 인식하는 사람들은 리도 아니고 기도 아니라는 것으로서, 유학과 불교의 근사한 점을 빌려서 공자와 맹자의 참된 가르침을 어지럽히는 것이다."라고 비판한 다음, "건순오상(健順五常)의 덕이 바로 명덕"이라는 입장에서 명덕을 '리'로 규정하였다. 또한 많은 학자들이 『대학장구(大學章句)』의 '허령불매(虛靈不昧)'를 논거로 삼아 명덕주기론을 주장하는 것에 대해서, 허유는 "허령(虛靈)에는 두 차원이 있다. 하나는 형기지심(形氣之心)의 허령으로서, 이는 동물들에게도 있는 것이니, 불교의 '꿈틀거리며 영혼이 있는 것들은 모두 불성(佛性)을 지닌다'는 말이 그것이다. 다른 하나는 의리지심(義理之心)의 허령으로서, 이는 사람에게만 있는 것이니, 주희(朱熹: 1130~1200)의 '사람은 그 빼어난 기운을 얻었기 때문에 그 마음이 가장 신령하다'는 말이 그것이다."라고 설명하였다. 그리고는 "대개 명덕은 의리지심을 말하는 것이니, 허령 또한 의리지심의 허령을 말하는 것이 아니겠는가? 이 심은 그 본체는 지극히 텅 비고, 그 작용은 지극히 신령하다. 텅 비었기 때문에 온갖 리를 갖추고 있는 것이요, 신령하기 때문에 만사에 감응하는 것이니, 이것이 리의 능연(能然)이다. 그런데 논자(論者)들은 다만 기가 허령하다는 것만 알고, 사람 마음의 태극이 지극히 허령하다는 것은 모르니, 매우 이상한 노릇이다."라고 주장했다.

4-2-16 許愈, 「答崔汝敬」【戊戌】(『后山集』 卷8)

『大學』條答, 可謂詳且明矣。但明德二字, 終有未契, 敢此貢愚, 賢者察之。明德之曰氣、曰兼氣, 愚亦耳熟矣。揚子雲云“衆言紛淆, 折諸聖”, 愚請以朱子折衷之。『語類』問: “明德便是仁義禮智之性。” 曰“便是。” 問: “德是心中之理否?” 曰: “便是。心中許多道理, 光明鑑照, 毫髮不差。” 又曰: “這道理光明不昧。” 其爲說不啻千百, 而大要皆此意也。特於『或問』, 將理氣對待說下論者, 以此爲據。然其論明德究竟處, 必曰“人之所以異於禽獸”者在是。可以爲堯、舜, 參天地贊化育者, 亦不外是。又曰“明德人人之所同得”者, 於何見得氣意思, 必要曰氣曰兼氣乎? 認明德爲氣者, 見氣而不見理者也, 釋氏之見也; 認明德爲兼理氣者, 非理、非氣, 假儒、釋之似, 以亂孔、孟之眞者也。愚竊病之。夫德是天德, 朱子所謂健順五常之德, 是也。謂之明德何? 乾至健而其德高明, 坤至順而其德光大。仁禮之德, 藹然而燦然; 義智之德, 截然而炯然, 是所謂明德也。論者, 疑於明之有形也, 將氣說明德。然氣有形, 理無形。有形之明, 明之小者也; 無形之明, 明之大者也。以有形之明, 擬之於無形之明, 可乎? 又謂『章句』虛靈不昧, 舍氣說不得, 此說似矣。然虛靈有兩般說, 形氣心之虛靈, 物亦有之。釋氏所謂“蠢動含靈, 皆有佛性”, 是也; 義理心之虛靈, 惟人有之, 朱子所謂“人得其秀, 故其心爲最靈”, 是也。孟子曰: “人之異於禽獸者幾希; 君子存之, 庶民去之。” 朱子解之曰“存, 存天理也”, 又曰“存, 存其所以異於禽獸”者, 此『章句』特言人而不及於物者, 以義理之心, 人有而物不得與也。蓋明德是義理之心, 則虛靈非義理心之虛靈乎? 是心也, 其體至虛, 其用至神。以其虛, 故具衆理; 以其神, 故應萬事, 此皆理之能然。而論者, 只知氣之爲靈, 不知人心太極之至靈, 甚可異也。且念古人說心, 有兼氣說、從理說。兼氣說處, 猶當以理爲主, 而况從理說處, 豈容攙氣爲說乎? 愚嘗謂古之人, 合心性而一之; 今之人, 判心性而二之。古之人, 判理氣爲二物; 今之人, 合理氣爲一物。未知此說不至於亂道否? 大抵論明德者, 若曰明德, 理爲主、氣爲資。愚亦當首肯, 而今之論者不然。愚之爲此說, 非欲故異於今人。欲求觀古人之立言宗旨, 不審賢者以爲如何。語多觸冒, 深恐以此重得罪於今人。然賢者之切問, 若是深至, 愚何敢回護其間, 不盡情相告乎? 然愚實自發其病, 以求藥於賢者也。惟賢者幸敎之也。

4-2-17

「답조중근答曺仲謹」(『后山集』 卷9)

해제

1) 서지사항

허유가 조긍섭에게 보낸 편지글. 『후산집(后山集)』 권9에 실려 있다. (한국문집총간 327)

2) 저자

허유(許愈: 1833~1904)로, 자는 퇴이(退而)이고, 호는 후산(后山)·남려(南黎)이다.

3) 내용

이 글은 한주학파의 허유가 조긍섭(曺兢燮, 1873~1933)에게 보낸 편지글이다. 주요 내용은 형기(形氣)의 지각 운동은 사람과 사물이 같고 의리(義理)의 지각 운동은 사람과 사물이 절대로 같지 않다는 것, 주리(主理)라는 것은 형기의 심과 의리의 심을 구별하는 것인데 현재 세상에서 리기(理氣)를 논하는 자들은 지각 운동하는 사물을 리라고 본다는 것을 비판했다. 그리고 성현들이 리기에 대해 분명하게 밝혔는데, 현재 학자들은 형기를 중요하게 여기고 도리는 가볍게 보니, 주리의 견해가 세상에서 배척받게 되었다고 밝혔다.

4-2-17「答曺仲謹」(『后山集』卷9)

仲春惠書，夏初始入手，開函擎讀，令人感悚交至。居然時月已多，晨昏餘經軆連重。每念賢者才高學博，悔初賦之作，無恠爾也。然遜志二字，學問最初頭路脉。自古英才何限，而終欠這箇意思，所以克成就者，絶無而僅有，學者所當深念也。愚於賢者，期望甚重，故貢此不逮之言，非謂賢者之挾聰明而不求諸人也。千萬恕察。學禁云云，人或以比擬非倫爲疑，然時狀則固然。大抵近日議論，每曰"理氣不可偏主"。纔見人說，近於理者，輒斥之以一偏。苟如是也，心之本軆，亦可曰"兼氣"。而心之主宰，亦當曰"合氣乎"。形氣之知覺運動，人與物相近，義理之知覺運動，人與物絶不同。所謂主理者，所以分別他形氣之心義理之心而已。今謂以作用運動之物都作理，何其不相悉之甚也。理一分殊，延平所以啓發朱子者，而勉齋傳之北山，北山傳之魯齋，魯齋傳之仁山，仁山傳之白雲。吾儒所謂世嫡在是，而退陶所以發揮於心統性情中下圖者，亦此意也。如今學者，謹守成法，庶幾無大過，而或者不察，必欲使理氣二物，並立雙峙，自以爲得，不亦異乎。天下無無對之物，而亦無齊頭並對者，如善惡吉凶是非之類，皆對也。而其初則一，非一時並立，非一處同有者也。理與氣亦然，以賢者如源方駛之學，未免遷就於兩間，致疑於主理之旨，誠所未曉。今人應接事物，其心莫不要以道理爲主，而乃於此二字，撑眉努目，抑何意也。幸賢者，留心於聖賢宗旨，勿爲時俗謬悠之論所撓奪也。神明圖國君死社稷五字，今承仍舊之諭，不吝之勇，亦可欽也。從上聖賢於理氣二者，的知大小輕重之所在，故以守死善道，舍生取義，爲究竟法。冥翁此圖，所以發明此義，而今之學者，以死爲忌諱，於是乎形氣重而道義輕，宜乎主理之見斥於世也。願賢者之因此端緖，更加意於尊理而卑氣，主理而制氣之旨，幸甚幸甚。斯文不幸，金溪角山，次第云亡，疇依之慟，曷可勝喩。

4-2-18

「답김중연答金仲衍」【辛丑】(『后山集』 卷9)

해제

1) 서지사항

허유가 김재식에게 답한 편지. 『후산집』 권9에 실려 있다. (『한국문집총간』 327).

2) 저자

허유(許愈: 1833~1904)로, 본관은 김해, 자는 퇴이(退而), 호는 후산(后山)·남려(南黎)이다.

3) 내용

이 글은 허유가 1901년 김재식(金在植: 1873~1940, 자는 仲衍, 호는 修齋)에게 답한 편지로서, 심의 본체에 대하여 논하는 내용이다. 김재식이 "심의 본체는 리"라는 것을 의심하자, 허유는 "심의 본체는 기이다", "심의 본체는 리와 기를 합한 것이다"라고 한 당시 학자들의 말 때문에 "심의 본체는 리"라는 설이 만들어졌다고 설명하였다. 허유는 또 본체(本體)의 '체'와 체단(體段)의 '체'를 구별하여 "체단의 '체'는 형체가 있는 반면, 본체의 체는 형체가 없다"고 설명했다. 또한 김재식이 주희(朱熹)의 "허령은 심의 본체"라는 말에 입각하여 "허령을 오로지 '리'로 규정할 수 없다"는 입장을 취하는 것에 대해, 허유는 "사람이 동물과 다른 까닭은 의리지심(義理之心)이 있기 때문인데, 의리지심의 허령을 '리'로 규정하는 것이 무슨 잘못인가?"라고 반론하였다. 그리고는 '리와 기 어느 한쪽으로 치우치면 안 된다'는 입장에서 명덕(明德)과 달도(達道), 주재와 본체 등을 모두 '리와 기의 결합'으로 설명하는 것은 '성현의 주리종리(主理宗旨)를 어지럽히는 것'이라고 비판하였다.

4-2-18 「答金仲衍」【辛丑】(『后山集』 卷9)

示諭"本體理也"之疑, 誠然誠然。纔說本體, 便是理。更加理也字, 不亦衍乎? 然世之學者, 苦口說"心之本體, 氣也"。又曰"心之本體, 合理氣", 此本體理也之說, 所以作也。今不論彼說之得失, 而謂未可槩以一理字當之, 恐或未察。且本體、體段, 爲體一也。而體段之體, 似乎有形; 本體之體, 自是無形。立言命意, 不能無別也。心之體是理云者, 言非不是, 而言體而不言用, 則人將曰體是理, 則用是何物? 曷若本體二字之體用俱全乎? 竊想示意, 朱子曰"虛靈心之本體", 賢者之意, 必謂虛靈, 不可專以理言, 故有此疑難。然人之所以異於禽獸者, 以其有義理之心也。義理心之虛靈, 以理而言, 何疑也? 近世一種議論, 以爲理氣不可偏主。於是明德、達道、主宰、本體, 並爲兼氣底物事, 使聖賢主理宗旨, 混雜不一, 可勝歎哉! 惟賢者, 虛心觀理, 無爲時俗所撓奪, 如何? "動靜者, 所乘之機", 先輩亦有陰陽動靜之說, 然此等說, 適足以成就了吳澄之謬說, 不當承襲。「西銘」理一分殊, 來說事天事親之云, 恐得之, 別無他義。

4-2-19

「답정순일문목答鄭舜一【璿均】問目」(『后山集』 卷10)

해제

1) 서지사항

허유가 정선균의 문목(問目)에 답변한 편지. 『후산집』 권10에 실려 있다. (『한국문집총간』 327)

2) 저자

허유(許愈: 1833~1904)로, 본관은 김해, 자는 퇴이(退而), 호는 후산(后山)·남려(南黎)이다.

3) 내용

이 글은 허유가 정선균(鄭璿均: 자는 舜一)의 문목에 답변한 편지이다. 문목은 모두 7개의 조목으로서, 허령과 지각, 심과 성의 구분, 심합리기, 신명(神明) 등에 대해 질문한 것이다. 첫째 조목은 '허령지각(虛靈知覺)'에 대한 설명으로서, 허유는 "허령에는 스스로 허령의 체·용이 있고, 지각에도 스스로 지각의 체·용이 있다"고 설명했다. 셋째 조목은 심합리기설의 연원에 관한 내용으로, 북계(北溪) 진순(陳淳: 1159~1223)이 "사람은 천지의 리를 얻어 '성'으로 삼고, 천지의 기를 얻어 '몸'으로 삼았다. 리와 기가 합쳐져서 심이 됨에, 허령지각이 있게 되었으니, 이것이 심이 주재자가 되는 까닭이다."라고 말했는데, 퇴계 이황이 이를 바탕으로 심합리기설을 정립했다는 것이다. 다섯째 조목은 신명(神明)이 '리인가, 기인가', 그리고 '신명과 허령불매는 다른 것인가'에 대한 내용으로, 허유는 "허령과 신명은 모두 심의 덕을 표현한 것인데, 심의 본체로 말하면 '허령'이라 하고, 심의 주재로 말하면 '신명'이라 한다."고 설명했다. 여섯째 조목은 주재자인 '리'에 관한 내용으로, 정선균의 "심의 리는 성(性)이요, 심의 주재 또한 리이다. 그렇다면 이 성(性) 바깥에 또 주재의 리가 있는 것인가?"라는 질문에, 허유는 "주재의 리는 진실로 성(性)의 리이니, 성(性) 바깥에 별도로 주재의 리가 있는 것은 아니다."라고 답변했다.

4-2-19 「答鄭舜一【璿均】問目」(『后山集』 卷10)

論心之德, 不過"虛靈知覺"四字而已。以體用言, 則虛靈自有虛靈之體用, 知覺自有知覺之體用歟?

是。

玉溪盧氏曰: "心, 形而下也; 性, 形而上也。" 此以程子穀種之說觀之, 亦或爲一義否?

如此看亦得。

北溪陳氏曰: "得天地之氣爲之體, 得天地之理爲之性, 理氣合而爲心。" 退陶先生取此爲定論云云。

見得是。然北溪本說曰: "人得天地之理以爲性, 得天地之氣以爲體。理與氣合, 便成箇心, 有箇虛靈知覺, 此心之所以爲主宰處。" 此言惟人得此氣爲體, 故其心能主宰。退陶所謂合理氣, 亦就人分上說, 物不得與也。

心無限量, 天下之理, 豈有可外於心者乎? 俛丈嘗云"心不可以包明德, 恰似德大心小, 心不能管天下之理", 柰何?

俛宇說恐錯。

「盡心章」註曰: "心者, 人之神明, 具衆理而應萬事者也。" 神明二字, 理歟? 氣歟? 其曰神明, 與『大學』註虛靈不昧, 有些分別否?

虛靈、神明, 皆所以狀心之德。以心之本體言, 則曰虛靈; 以心之主宰言, 則曰神明, 非有別意。

心之理, 性也; 心之主宰, 亦理也。此性之外, 又有主宰之理耶? 所謂主宰者, 果何理也?

主宰之理, 固是性之理。然性不可以主宰言, 是性得氣之正通者, 方能主宰。非於性之外, 別有主宰之理。

胡子曰"心妙性情之德"妙字, 當以主宰之意看否?

是。

3.

勿川 金鎭祜(1845~1908) 心說論爭 資料

4-3-1

「답허후산퇴이答許后山退而」【辛丑】(『勿川集』 卷3)

해제

1) 서지사항

물천(勿川) 김진호가 허유(許愈, 1833~1904)에게 답한 서간문. 1901년에 지었으며, 『물천집(勿川集)』 권3에 실려 있다.

2) 저자

김진호(金鎭祜, 1845~1908)로, 자는 치수(致受), 호는 물천(勿川), 본관은 상산(商山)이다.

3) 내용

김진호가 1901년 허유에게 답한 서신이다. 김진호는 본 서신에서 체용(體用)의 분별을 언급하며 여러 설을 인용하고 허유에게 질정하였다. 김진호는 중(中)·정(正)·인(仁)·의(義)는 서로 체용이 된다고 하며, 주자가 "인(仁)이 심에 보존됨이 성(性)이 체(體)가 되는 이유이고, 의(義)가 일을 제어함이 성(性)이 용(用)이 되는 이유이다. 그러나 성(性)으로 말하면 모두 체이고 정(情)으로 말하면 모두 용이다. 음양으로 말하면 의가 체이고 인이 용이며, 존심(存心)과 제사(制事)로 말하면 인이 체이고 의가 용이다."라고 한 말을 인용하였다. 또 이황이 이를 합하여 하나로 설명하기를 "중(中)·인(仁)의 정처(靜處)가 체이고, 정(正)·의(義)의 동처(動處)가 용이며, 정(正)·의(義)의 정처가 체이고 중(中)·인(仁)의 동처가 용이다."라고 한 말을 들어, 이것은 음양에서의 체용을 다룬 것이지 존인제사(存仁制事)의 체용이 아니라고 하며 허유의 생각은 어디에 있는지 물었다.

4-3-1 「答許后山退而」【辛丑】(『勿川集』 卷3)

謹詢邇間, 調體動靜, 何如? 前書所云偏重, 卻似調諧, 不恭宜被厚譴, 而反蒙優恕, 且求良方, 愧惶不知所言。然自執已證, 公曾誨祜, 蓋己病莫如自知。昔顏子纔差失, 便能知之, 知之便更不萌作, 若或有瞽說之疑似者, 則直用顏子心法, 醫得偏重處。卽此是中正之劑, 何須庸醫爲哉? "物之不能通性命之正", 果如盛說, 則全亦不當言, 何獨不言體乎? 不能通三字, 已是物性偏之。註解性命上, 旣以此三字, 冒頭說來, 則性命下以全體字連珠說著, 有何難重而脫去體字乎? 『中庸或問』曰: "禽獸草木, 僅得形氣之偏, 不能有以通貫乎全體。" 此之言全體, 抑何歟? 愚意以爲『西銘解』, 卽從心說。蓋人得形氣之正, 心能主宰而備全體該妙用。故於人必曰其心最靈, 而繼言性命之全體。物則得形氣之偏, 心 亦蔽塞, 所得以爲性者, 大用虧缺體不可見, 故不言心而亦不著體字, 恐以此意也。『中庸或問』, 直是論性不同, 故言全體, 以見全體中物得其偏也。未審盛意以爲如何? 中、正、仁、義, 互爲體用。朱子訓有曰: "仁存諸心, 性之所以爲體也; 義制夫事, 性之所以爲用也。然以性言之, 皆體也; 以情言之, 皆用也。以陰陽言之, 則義體仁用也; 以存心制事言之, 則仁體義用也。" 以此推之, 「太極圖說」之正、義爲體, 中、仁爲用。蓋以靜而太極之體立, 動而太極之用行, 故分以動靜, 此則就天道陰陽而屬類說也。「答張呂」書之中、仁爲體, 正、義爲用。蓋以仁, 人心也; 義, 人路也, 故分以存制, 此則就人性本然而貼實說也。似有相殊處, 而退陶先生合而一之曰: "自中、仁之靜處爲體, 則正、義之動處爲用; 自正、義之靜處爲體, 則中、仁之動處爲用。" 此則只是陰陽上互體用, 非存制邊說體用也。未審盛見如何? 切望示反也。

4-3-2

「여허후산퇴이與許后山退而」(『勿川集』 卷3)

해제

1) 서지사항

물천(勿川) 김진호가 허유(許愈, 1833~1904)에게 보낸 서간문. 『물천집(勿川集)』 권3에 실려 있다.

2) 저자

김진호(金鎭祜, 1845~1908)로, 자는 치수(致受), 호는 물천(勿川), 본관은 상산(商山)이다.

3) 내용

이 글은 김진호가 허유에게 보낸 서신이다. 양인(兩人)은 한주 이진상의 문인이다. 이진상의 심즉리설(心卽理說)은 퇴계학파의 반격을 받기도 했으나, 요지는 이황의 주리론을 더욱 발전·심화시킨 것인데, 이들이 심즉리설을 수용하여 전개하는 과정에 차이가 있다. 허유는 이기를 가급적 모두 형이상자의 측면으로 보고자 하였다. 그러나 본 서신에 의하면, 김진호는 심이 갖춘 바는 리이니 리는 심의 전체(全體)라고 말할 수 있지만, 본연의 경상(景狀)이라고 하면 옳지 않으며, 심의 바탕이 되는 것은 기이니 기는 심의 당체(當體)라고 말하면 옳지만, 본연의 경상이라고 하면 사실에서 멀다고 하였다. 오로지 리의 진정(眞靜)함과 기의 정상(精爽)함이 혼연하게 묘합한 것에 나가서 그 모습을 상상하면 지극히 허령할 따름인 것이 마음이라고 하였다. 이에 따라 허유는 김진호가 허령을 논할 때 심의 본체를 '합리기(合理氣)'로 본다고 단정하고, 김진호의 주장은 '심의 본체는 리[心卽理]'라는 학단의 공통이해에 부합되지 않을 뿐만 아니라 배사(背師)의 혐의까지 있다고 추궁하였다. 김진호는 허유가 번번이 '의리심지허령(義理心之虛靈)'이라고 하는 말에 대해 주리의 뜻을 천명하기 위해 기로부터 리를 "어렵고 어렵게 분할하려다[苦苦欲割據]가 지나치게 본체를 분개하여 본래 원치 않았던 이본(二本)의 오류에 빠졌다"고 비판하였다. (참조: 김낙진, 「勿川 金鎭祜의 성리학과 한주학 계승」, 한국학논집, 2017.)

4-3-2「與許后山退而」(『勿川集』 卷3)

謹惟歲華且盡, 靜體調養, 何如? 詹誦不弛, 向見「答仲衍」書, 本體說恐未破的, 本體之體用俱全, 誠爲確論。 而其曰體段之體, 似乎有形;【若爾則狀性之體段, 亦疑其有形乎?】本體之體, 自是無形, 立言不能無別, 此正如昔人之疑孟堅之非班固也。心無形體, 而體是有形底字。然不借喩於有形, 難乎狀其眞妙。故說出本體, 本體卽本然體段之謂也。蓋心之所具者, 理也, 理可曰心之全體, 而謂之本然景狀則未也; 所資者, 氣也, 氣可曰心之當體, 而謂乎本然景狀則亦遠矣。惟就其理之眞靜、氣之精爽混然妙合底, 想狀之, 則至虛至靈而已。故朱子曰: "虛靈自是心之本體。" 其論心每每言虛言靈, 或言虛明, 或言神明, 皆指心之本體而言,【朱門人說。】則虛靈外, 無可以謂本體矣。其寂感無方, 出入無時, 莫非虛靈之所爲, 則曰"非操舍存亡外別有心之本體"。【朱訓。】虛靈而理自照徹, 爲之主宰, 則曰"心之本體, 未嘗不善"。【朱訓。】虛靈者, 氣雖蔽塞, 不恁冥然, 則曰"本體之明, 有未常息"。【朱訓。】據此而說, 則謂之本然體段, 有何疑焉? 大山翁亦曰: "虛靈二字, 只是狀心之體段。" 豈不明白乎? 其曰本體, 便是理與本體, 理也云者, 皆添足於朱子訓外, 而爲閒爭競也。且喩義理心之虛靈, 以理而言, 則形氣心之虛靈, 以氣言乎? 朱子論人心道心, 只說所以爲知覺者不同, 而未嘗言所以爲虛靈者不同, 則虛靈自是一而不可分者也。若其本體可分, 則何以能主一身宰萬化乎? 公則以義理心之虛靈, 每作話頭, 苦苦欲割據, 深所未曉。罪廢無知, 猥論及此, 可罪可罪! 駁敎之如何?

4-3-3

「답허후산퇴이答許后山退而」【壬寅】(『勿川集』 卷3)

해제

1) 서지사항

물천(勿川) 김진호가 허유(許愈, 1833~1904)에게 답한 서간문. 1902년에 지었으며, 『물천집(勿川集)』 권3에 실려 있다.

2) 저자

김진호(金鎭祜, 1845~1908)로, 자는 치수(致受), 호는 물천(勿川), 본관은 상산(商山)이다.

3) 내용

1902년에 김진호가 허유에게 답한 서신이다. 본 서신은 별지가 붙어있는데 이는 허유가 지적했던 부분을 조목별로 나누어 변론한 것이다. 조목은 모두 6개 조항이다. 우선 허유는, 김진호가 본체를 합리기(合理氣)의 의미로 주장한다고 하였는데, 이에 대하여 김진호는 자신은 이런 뜻이 전혀 없다고 하였다. 문자로 볼 때 허령은 비어있는 뜻이고 리는 실제의 뜻이니 심의 진묘함을 실제의 뜻으로 표현하기 어렵기 때문에 주자도 심의 체단을 형상할 때 '허'자를 빌려 표현한다고 하였다. 예컨대 허령(虛靈), 허명(虛明), 신명(神明) 따위가 이것이니 자신의 주장도 이와 같은 의미라고 하였다. 또 허유는, 김진호가 형기(形氣)의 심과 의리(義理)의 심을 합하여 본연(本然[心])의 체로 삼았다고 하였는데, 이에 대하여 김진호는 오히려 이게 누구의 말이냐며 크게 잘못되었다고 비판했다. 심은 하나이니 형기심(形氣心)이든 의리심(義理心)이든 모두 발현되는 곳에 따라 명명하는 것이니 이를 본체에서 발현한다고 하면 맞지만 합하여 본체가 된다고 하면 잘못이라고 하였다. 본 서신 이전에 오고갔던 김진호와 곽종석간의 서신을 보면 김진호는 처음에는 령(靈)의 주체를 기로 보다가 합리기(合理氣)로 수정하였는데, 허유와의 서신에서는 '합리기'에 대해서도 스스로 그 표현을 쓰지 않으려는 듯하다. 여기에서 한주학파내에서 심의 정의를 '합리기(合理氣)'로 보느냐 '즉리(卽理)'로 보느냐의 갈등의 양상을 살필 수 있다.

4-3-3「答許后山退而」【壬寅】(『勿川集』 卷3)

歲除日惠狀, 人日始承覽, 非近信也。謹詢起居, 履新康福, 不任慕用。示諭縷縷, 直似年來, 套說書尺, 講論差異, 對面詶酢, 須要審聽人言, 愼出己言, 有不合處, 則當逐條詳論, 令人了了易曉可也。今來書不究言意之如何, 不辨某條之得失, 但以己意逆探人意, 橫證胡說, 東西衝斥, 有勒制意象, 殊非平心明理務歸至當之本意也。當初所爭, 以虛靈自是心之本體一句, 論本體體段同異與否, 則盍循本而言之乎? 更考之本體字, 隨文活看, 固無不通。其對妙用說處, 爲體用之體, 而單說處 亦或有體用相似然,【如盛喩二條亦然, 而心之理是太極。朱訓自在心之本體, 太極是也, 未嘗見果見於何書, 請指示之也。心之本體無不仁, 乃是演五峯說, 而上有心有不仁一句, 則恐是體用之體也。】大槪不出乎本然體段也。朱子曰“虛靈自是心之本體”, 而大山解之則曰“虛靈只是狀心之體段”。蓋取程子中狀性之體段與朱子本然體段之訓而下說也。 公乃以體段疑其有形, 此誰得誰失? 請下辨誨。其橫證諸說難以枚陳, 秖摭若干條答, 錄于別幅, 其或觸冒者, 寬貸之千萬。

〈別紙〉

本體合理氣之意。

鄙無此意。盛說本體便是理也, 猶謂之未瑩, 况可曰本體合理氣乎? 蓋虛靈 虛底字, 理是實底字, 形容心之眞妙, 著以實底字難言。故朱子狀心之體段, 多用虛底字, 如曰虛靈, 曰虛明, 曰神明, 皆是也。黃勉齋曰: “說虛靈知覺便是理, 固不可; 說虛靈知覺與理是兩項, 亦不可。須當說虛靈知覺上見得許多道理。” 愚意正亦如此。

胡氏同體之說, 羅氏一物之說。

鄙書中, 何曾有此髣髴近似者乎? 此不過逆人意外, 而自起風浪, 自生烟火, 令傍看迷亂, 而自助其揑斥之勢也。何足多辨?

曰虛曰靈, 老、釋之所雅言, 吾儒亦嘗言之云云。

此亦節上生枝, 枝上著葉之說也。當初所爭, 豈有及儒、釋之辨乎? 據文論義, 正如就事論事, 恐不當攙入他說也。

合形氣之心、義理之心而爲本然之體。

此是誰說? 其病與! 義理心之虛靈云者, 不甚相遠。蓋心一也, 而形氣心、義理心, 皆發處上得名也。謂之發於本體則可, 謂之合爲本體則不成。

以主張義理之心者目之, 爲苦口割據。

截去上下語脈, 便欲以主張義理自夸, 宜乎不察人言也。義理心之虛靈, 從古聖賢論心雖多, 未有如此話頭也。公自刱說, 而又自解曰義理心之虛靈, 以理而言。觀此語勢, 終是非單下說, 的是有雙對說, 不有形氣心之虛靈。以氣言的對之病, 則必有義理心之虛靈, 亦有以氣言處之嫌, 此前所以詰問也。蓋虛靈是本源, 義理心, 本源之所發也。以其所發, 冒頭於本源, 則豈顚倒而成說乎? 洲上之論, 嘗以陳北溪"虛靈知覺, 有從理發者, 有從氣發者", 每致疑於異『庸』「序」之言虛靈也。今公看得兩般, 虛靈一半歸之禪一半, 自據之來, 諭天下三分之歎, 正自不免。畢竟自家有身不能無人心, 則將有認氣爲理之弊, 所謂"背其師說淫於老、佛"者, 不幸近之矣。

本體之地 必欲二者並居

此不成說, 與第四條通看可悉。◐朗陵古家云云: "不覺可笑, 夫子不云乎? '君子之於天下也, 無適也, 無莫也, 義之與比。'" 義理, 天下之公也。講論之間, 有心於苟同, 則必有自欺不明之患, 有心於立異, 則亦有擇言不精之病, 安能窮天下之義理乎? 惟以義之與比爲準的, 順理以行之, 窮理以明之, 則庶乎心無所蔽, 學免偏枯矣。祜常有志而未能, 願公亦垂念焉。

4-3-4

「답곽명원答郭鳴遠」【鍾錫○丙子】(『勿川集』 卷5)

해제

1) 서지사항

물천(勿川) 김진호가 곽종석(郭鍾錫, 1846~1919)에게 답한 서간문. 『물천집(勿川集)』 권5에 실려 있다.

2) 저자

김진호(金鎭祜, 1845~1908)로, 자는 치수(致受), 호는 물천(勿川), 본관은 상산(商山)이다.

3) 내용

1876년에 김진호가 곽종석에세 답한 서신이다. 양인(兩人)은 이진상(李震相, 1818~1886)의 문인이다. 김진호는 허령(虛靈)의 령(靈)에 대한 이기론적 해석에 관해 곽종석과 토론하였다. 지각이 작용이라면 허령은 본체이다. 곽종석은 이진상의 생각을 따라 "허령의 '령(靈)함'은 '리'이고 '령(靈)한 활동을 하는 것'은 '기'"라고 이해하고 있었다. 이에 비해 김진호는 리와 기 중 어느 하나만 가지고 설명하는 방식에 한계가 있다고 생각했다. 본 서신에서 김진호는 지난번에 령(靈)자가 기(氣)에 속한다고 본 자신의 견해도 진실로 온당치 못한 점이 있지만 리(理)에 속한다고 본 곽종석의 견해도 의심스럽다고 논제를 끌어내었다. 대개 령(靈)자는 기로만 말하면 형적(形迹)에 빠지고 리에 치우쳐 말하면 정상(精爽)이 있다는 점에서 문제가 되니, 어느 한 쪽으로 치우쳐 논해서는 안 된다는 것이다. 『주자어류』에서, 혹자가 "령(靈)한 곳은 심(心)입니까? 성(性)입니까?"하니, 주자가 "령(靈)한 곳은 심이지 성이 아니다. 성은 단지 리일 뿐이다." 하였고, 또 "기중에 절로 령(靈)한 것이 있다." 하였는데, 이 조목을 보면 령(靈)이 이미 성(性)이 아니라고 했으니 진실로 리(理)만을 가리킨 것이 아님이 분명하며, 리와 기가 합해져 있음을 부인할 수 없다고 주장하였다.

4-3-4 「答郭鳴遠」【鍾錫 ○丙子】(『勿川集』 卷5)

初春旣蒙貺臨, 又辱珍緘, 感結方寸, 不容描寫。但郵筒時絶, 拚謝不早, 愧恐愧恐。仰想侍體淸適存養之樂與時偕進否? 祜素來聾病, 近因失氣, 致甚酬酢之際, 悔尤交積, 竊恐由外而將聾于心也。自念汎愛如吾兄, 宜憐其迷, 而誘進其衷, 俾不爲心聾矣。承喩反有借聽之示, 大源違素懷, 然謙光之美, 求益之盛, 尢所歎仰。向論靈字說, 愚見之屬氣, 固有未穩; 高明之屬理, 亦不無疑。蓋靈專說氣, 則淪於有形迹; 偏着理, 則嫌其有精爽, 不可以一偏論也。或問: "靈處是心? 抑是性?" 朱子曰: "靈處是心, 不是性, 性只是理。" 又曰: "所覺者, 心之理也; 能覺者, 氣之靈也。" 又曰: "氣中自有箇靈底物事。" 竊觀此三條語, 雖各異, 而同一苗脈也。旣曰不是性, 則固不可以專指理也明矣。下二條, 則皆有氣分上煞重之意, 而但不丁寧分解, 以其理與氣合故也。北溪陳氏曰: "心之活處是因氣成便會活, 靈處是因理與氣合便會靈。" 退陶「與鄭子中」書曰: "理氣之分註虛靈, 果似未安。靈, 固氣也, 然氣安能自靈, 緣與理合, 所以能靈?"

此語儘覺明快, 推此觀晦翁語, 可以瞭然想得矣。愚故亦曰: 靈者是理與氣合, 而未有所立之名也。是以朱先生論心, 每擧似此處說來, 而心之原, 只是理而已, 所以擢出虛字而加諸上也。然方理與氣合, 初固無不善, 則虛靈合謂之心之本體者, 意實在此。正如太極, 繼之者善之類也。盛論所引, 周子秀而最靈, 『朱註』解以心字, 亦未見其單指理也。至曰"靈者, 理也; 靈之者, 氣也"二句, 以"氣安能自靈"意究之, 分截下語, 恐未免有欠倒之病, 不審盛意如何? 向對時, 鄙說頗籠罩, 有不滿人意。故敢復獻, 疑望垂察而回批如何? 惜乎! 聖養不在, 不能與之, 爛漫歸正耳。往者, 聞有祭聖養文, 而何靳一相示耶? 昔昌黎作「歐陽詹哀辭」自寫二通, 一以寄崔淸河, 一以寄劉彭城, 此古人於知舊, 非但悼亡相弔, 亦懼其泯滅不傳於世者, 至於如此。兄獨不能行之於今也, 望寄一本, 而「伽倻錄」亦幷惠焉。往歲札, 尙今未見, 不知丹山一羽毛零落何處江湖耶。吾儕寄懷照心, 惟憑翰墨, 而浮世多類, 此堪發一唏。

4-3-5

「답곽명원별지答郭鳴遠別紙」(『勿川集』 卷5)

해제

1) 서지사항

물천(勿川) 김진호가 곽종석(郭鍾錫, 1846~1919)에게 답한 서간문. 『물천집(勿川集)』 권5에 실려 있다.

2) 저자

김진호(金鎭祜, 1845~1908)로, 자는 치수(致受), 호는 물천(勿川), 본관은 상산(商山)이다.

3) 내용

이글은 1876년에 김진호가 곽종석에게 답한 서신에 딸린 별지로, 곽종석이 논했던 6개 항목에 대한 김진호의 답이다. 1항은 '단지 그 실상만 말하면 칠정(七情)도 리발(理發)이다.'에 대한 답이다. 김진호는 이는 이익의 '칠정은 사단을 횡간(橫貫)한다'는 설과 상통한다고 답하였다. 이진상은 칠정과 사단이 실상은 같은 정(情)이고, 이 정(情)이 발하는 자리에서의 묘맥(苗脈)이 다를 뿐이라고 하였는데, 김진호가 인용한 성호의 설은 심합리기(心合理氣)라는 심의 정의에 바탕을 두고 사단과 칠정을 종횡(縱·橫)으로 구분한 것이다. 즉 사단은 심중(心中)의 리(理)가 직수(直遂)한 것으로 순선(純善)하고, 칠정은 비록 기가 형기에 굴절하여 발한 것이지만 그 중에서 중절(中節)한 것은 사실상 사단과 내용이 같다는 것이다. 4항은 '칠정 역시 순수하게 천리가 발하여 형기와 상관없는 것이 있으니, 『중용』의 달도(達道)와 문왕이 왕계를 뵙고 기뻐한 것 같은 경우가 이것이다.'에 대한 답이다. 김진호는 달도를 순수한 리라 할 수는 있지만 그 소종래를 미루어 '理가 발한 것'이라 할 수는 없다고 주장하고, 이러한 뜻을 이황과 기대승간의 서신을 빌려 밝혔다. 즉 기대승이 "발하여 중절한 것은 리에서 발한 것입니까? 기에서 발한 것입니까? 사단의 선과 같습니까? 다릅니까?" 하고 물으니, 이황이 "비록 기에서 발하지만 리가 기를 타고 주재하므로 그 선은 같다." 하였다. 이를 보면 기가 리를 순종해 발한 곳을 가지고 리발이라고 하는 것이니, 이황이 말한 기를 리로 오인하는 병통이 있다고 하였다. 대개 칠정도 리발이라는 선유의 설은 중절여부를 막론하고 단지

심지(心地)의 본원에 나아가 혼륜(渾淪)하여 말한 것이라고 자신의 생각을 피력하였다. 사물로 발한 뒤에 나아가 말한다면 그 소종래의 묘맥이 사단과는 자별하니, 어찌 중절을 가지고 '리가 발한 것'이라 할 수 있겠느냐고 반문하고, 칠정이 중절한 것에 대해 이와 같이 말한다면 사단이 기에 구애되어 혼미해 중절하지 못한 것에 대해서도 기발이라 할 것이라고 우려하였다. 이는 김진호가 칠정의 실상을 사단과 다른 것으로 본 것이다.(참조: 이상하, 「勿川 金鎭祜의 학문성향과 性理說」, 南冥學硏究, 2006.)

4-3-5「答郭鳴遠別紙」(『勿川集』卷5)

來辨曰: “但道其實, 則七情亦理發。”

此說儘精看, 正與星湖先生七情橫貫四端之說, 相通。

先儒固有七情氣爲主之說, 而竊恐主字太嚴, 不若重字之爲穩。

主字活看, 則似無礙, 何必局於名位說膠固不圓通耶? 退陶先生「答奇明彦」書曰: “二者, 皆不外理氣, 而因其所從來, 各指其所主與所重言之, 則其爲理, 其爲氣, 何不可之有?”【止此。】後來, 覺所重字爲未安, 刪去之。且曰: “看得未安處, 旣去, 則義理昭徹”云。此乃先生改本定論, 而高明之取舍如此懸倒, 殊未可曉。

心之理乘氣而從義理上去, 此四端之爲理而發者也。

四端, 雖曰乘氣, 其粹然理發說着些子氣不得正。老先生所謂“孟子四端不在兼氣, 只在純理發處”是也。若要是乘氣而從義理上去云, 則此理未發時, 便先帶泥和水, 及其發也, 則徐徐從這上去也, 寧有是理耶? 愚謂四端不必言氣, 而氣在不言中, 且性之端緖, 卽理之直發, 則顧何有準擬安排? 於是而曰“爲理而發”云耶。爲字無限含病, 卻有性與理分貳之弊, 譚屑霏霏, 或失照管耶。更鍊之如何?

七情亦有粹然天理之發而不干形氣, 如『中庸』之達道, 文王之朝王季而喜。

達道謂粹然之理, 則可; 推其所從來謂理之發, 則不可。此意在退陶書中, 而顧不之察乎。高峯問: “發而中節者, 爲發於理耶? 發於氣耶? 與四端之善, 同歟異歟?” 答曰: “雖發於氣, 而理乘之爲主, 故其善同也。” 又曰: “孟子之喜, 舜之怒, 孔子之哀與樂, 氣之順理而發, 無一毫有碍, 故理之本體渾全。” 星湖亦曰: “七情雖中節而發於氣, 則不可易。” 又曰: “發自是發, 中節自是中節, 恐不可以中節論發也。” 先賢之所勘破如是, 而乃以氣順理發處, 喚作理發, 老先生所謂“認氣爲理之病”, 不幸而近之。 蓋先儒七情亦理發之說, 無論中節與否, 只就心地本原上渾論說也。若就事物上發後言, 則其從來苗脈, 與四端自別, 安有以中節爲理之發也? 若於七情之中節如此云爾, 則四端之或拘於氣, 昏而不中節者, 亦將謂氣發耶。此處宜分疏也。

反問云云。

鄙意本非以氣爲本, 原主宰而言也。特指發處主張者而言也, 但語意欠闕, 致有盛詰, 自知謬矣。改之以若曰“天下之物若無氣發爲主時節”云, 未知如何

“盛解朱子精英之說, 精英卽神。”【止】“精英之賦於人者, 卽是理也。”

竊觀本文語脈, 旣不曰精英卽神, 而曰精英者爲神, 則者爲二字, 殊有宛轉, 豈不以氣之精英中自有爲神底耶? 卽字似傷急迫, 在人則爲理一句, 本是承上是神之意, 若曰是神。在物, 則爲神而所以爲五行者; 在人, 則爲理而所以爲五性者, 如木之神爲仁, 火之神爲禮者是也。如此看, 則語順義徹, 自無礙滯。兄則反棄切近字, 強取虛用字, 牽鑿成語, 信乎看文字眼不同也。且精英比諸氣, 則固精了; 比諸理, 則便粗了。人所賦之天命是何等之理, 而忽以精英謂之賦於人之理也耶?

4-3-6

「답곽명원答郭鳴遠」【戊戌】(『勿川集』 卷5)

해제

1) 서지사항

물천(勿川) 김진호가 곽종석(郭鍾錫, 1846~1919)에게 답한 서간문. 1898년에 지었으며, 『물천집(勿川集)』 권5에 실려 있다.

2) 저자

김진호(金鎭祜, 1845~1908)로, 자는 치수(致受), 호는 물천(勿川), 본관은 상산(商山)이다.

3) 내용

이글은 1898년에 김진호가 곽종석에게 답한 서신이다. 이보다 앞서 1897년, 곽종석은 김진호의 심(心)자에 대한 범범한 해석을 비판했었다. 즉 김진호가 『대학(大學)』의 문맥 속에서 '심'자를 파악하지 않고, 일반적인 '심'을 가져다 말했다는 것이다. 곽종석의 논거는 『대학』 본문에서, '명덕(明德)'과 '정심(正心)'의 '심(心)'자가 구별되기 때문에 이 점에 대해 명확한 변별을 강조하고 있다. 곽종석은 근세에 심결(心訣)이 분명치 못해 명덕을 홀로 기라고 하는 자가 있고, 리기를 겸한 것이라고 하는 자도 있는데, 이는 명덕의 의미를 심으로만 보기 때문이라고 하며, 만약 '덕'자가 도리를 실득(實得)한 것이 되는 줄을 알면 심(心)·신(身)·성(性)·행(行)을 모두 명덕에 포함시켜야 하니, 심의 덕은 기가 간여 할 바가 아니라는 점을 알아야 한다고 주장하였다. 김진호는 이에 대해 반박하고, 『주자어류(朱子語類)』에 보이는 주자의 말처럼 명덕은 심(心)안에 허다한 도리가 갖춰있는 것으로 본래 밝은 것이며 허령불매한 것으로, 양심이 곧 명덕이니 명덕을 심 속의 리로 보아야 함을 주장하였다. 곽종석이 '명덕의 본체가 곧 심의 본체다'라고 한 설은 명덕과 심을 다른 것으로 본 방증이므로 이 점을 강하게 논박하여, '심의 본체가 명덕'이라는 점을 강조하였다.

4-3-6 「答郭鳴遠」【戊戌】(『勿川集』 卷5)

三書未承覆, 方自咎干瀆, 忽於臘尾, 獲至月望日書, 驚喜過望, 無以爲喩。繼以歲改, 履道康福, 寶納慶, 不任祈頌。承示宣人乖剌一何此甚? 誠不可以義理相論也。盛算已熟不較厚矣。柰辱斯文何? 良增歎息。明德之義, 盛辨可謂深切, 而鈍滯旣久, 終未有昭晳者。然筆路茅塞, 不敢與雄辭馳騁上下, 而姑擧二三條, 仰質高明, 試察之。蓋明德與心字, 面貌聲響, 雖云頓別朱子訓義, 終是一般。吾輩不信朱子則已, 苟尊信則曷敢多于前訓哉?『章句』訓釋, 旣如此; 或問發明, 又如此; 群弟答問, 又如彼。

有問: 明德是心中之理否?

曰: 便是。

問: 如何是明德?

曰: 明德是自家心中具許多道理, 本是箇明底物事。

問: 是仁義禮智之性否?

曰: 便是。

又曰: 虛靈不昧是心。

又曰: 虛靈不昧, 說明德義, 已足。

又曰: 良心便是明德。

多不枚陳, 而講辨之際, 段段無貳辭, 煥如日星。故祐之曰"專指統體之心", 曰認心之本體謂明德, 蓋以此也。良心便是明德一句, 諸訓中最爲單提, 而今曰 指心爲明德, 更無訓詁, 以注之斥之爲自我創始, 殊未可曉也。萬善實得之總稱, 話頭甚好, 然人之萬善百行, 總之於五性,【朱訓下同。】五性統會底, 獨不可曰心乎。今曰明德只看作道理之實得於己者, 體用始終無所不該, 不欲以一心字諦破也。愚意道理實得於己之己字, 換用心字, 則煞爲精切義足, 而高明以不欲諦破, 橫卻肚裏, 前後所說, 不離心字道理, 而故是似說不說, 有若禪家曺洞五位法。以黑百分正位偏位說時, 只形容黑白道理, 不肯犯黑白字者, 若使晦翁聞之, 安知不發一笑也? 萬理之運然全具, 瑩然燦然, 光明照徹, 固所謂明德而心之全體也。然則直當曰"明德卽心之本體也"云爾, 於義豈不儘精儘足乎? 今乃欲就此心之本體上, 更討求明德之本體, 此必惑於盧氏本體雙擧說, 然盧說非常差異, 抑未知心本體上, 更有一箇本體, 如禪家所謂無位眞人在上面者乎。求之不得, 則俄忽之間, 合并爲一, 曰明德之本體, 卽心之本體。如祜不愚, 只是有一箇本體而已者, 何知高明身上有此兩箇本體, 或時現上下層面, 或時雙頭合一體眞妙無窮乎? 願詳聞之, 虛靈不昧以下心訓已足, 而若添得心字曰人之本心所得乎天云云, 則繁剩迂曲, 全然不成而明者, 信以爲如是, 則眞簡當耶? 是乃生鑿說也。行道有得分開看, 則或如盛喩, 而所得底固一般, 得之之由, 恐有自然與用功之差別, 心之主管主宰作明德云云, 是不悉人言而白揑者也。辭或疎脫, 而本旨何嘗如此? 義理之心, 人獨而物無, 獨、無二字, 果欠商量。然祜與黎翁所言, 只以物性之不能主宰之, 故亦不能推而全之之義。奉告而明者, 不察一倂揮之 答黎翁則指出性字本面斥, 祜則專當情字一樣, 心性情互用不待, 良遂知之, 則恐不可一向羅織而不求言者之旨也。朱子曰: 父子之相親,【虎狼】 君臣之相統,【蜂蟻】 間亦有僅存而不昧者。然欲其克己復禮以爲仁, 善善惡惡以爲義, 則不能也。以爲仁以爲義, 亦豈非義理之心主宰推去底而禽獸不能然者乎? 以此觀之, 愚說未見其有差也。大抵義理无窮工夫有淺深, 才拙者, 安於熟處而厭新說; 才高者, 勇於新說, 而厭熟處, 以此相持, 則寧有契合之日乎? 要之勿拘新熟, 惟義是信, 論明德, 則直須實下明明德工夫; 論中和, 則亦須實下致中和工夫, 體察之間, 自然見得箇眞諦, 然後可與論這箇名義也。如祜旣失其工, 輥過無聞, 非無朝聞夕可之願, 而血氣已敗, 聰明日逝, 自强不得, 是用懍懍。高明積累旣大, 餘波有餘, 無以言下, 未契揮之, 千萬終敎之。

4-3-7

「답곽명원答郭鳴遠」(『勿川集』 卷5)

해제

1) 서지사항

물천(勿川) 김진호가 곽종석(郭鍾錫, 1846~1919)에게 답한 서간문. 『물천집(勿川集)』 권5에 실려 있다.

2) 저자

김진호(金鎭祜, 1845~1908)로, 자는 치수(致受), 호는 물천(勿川), 본관은 상산(商山)이다. 지금의 경상남도 산청군 법물 출신이다.

3) 내용

이 글은 김진호가 곽종석에게 답한 서신이다. 본 서신에서 김진호는 무극(無極)은 공자가 말한 것은 아니나 주돈이가 창시(創始)하고 정이(程頤)와 주희(朱熹)가 이를 깊이 신봉하여 이견을 내지 않았으니 어찌 다른 훈고를 들어 그 뜻을 추정할 필요가 있겠느냐고 반문하며, 곽종석이 '명덕의 본체는 곧 심(心)의 본체'라고 한 것은 그것의 어떤 점을 추측해 두 개의 본체로 보아 사람을 미혹하게 하는지 모르겠다는 의구심을 드러내었다. 또 이미 김진호 자신이 품고 있는 이런 의구심을 전했지만 곽종석이 보내온 답서에 명백하게 견해표명을 하지 않고 단지 "어찌 두 개의 본체가 되겠는가?" 라고만 한데 불만을 표하면서, 이는 곽종석이 본체를 규명하는데 애매하여 그 자취를 엄폐하는 듯한 느낌을 받는다고 조롱하였다. 어디까지나 김진호는 '심의 본체를 명덕이라고 한다'는 점을 강조한 것이다. 명덕에 관한 이견은 곽종석과 허유 간에도 논쟁이 있었는데, 김진호는 곽종석이 허유와 논쟁한 편지를 읽고 나서 「독곽명원여허후산논명덕서(讀郭鳴遠與許后山論明德書)」라는 글을 남기기도 하였다.

4-3-7 「答郭鳴遠」(『勿川集』 卷5)

南旆戛過, 追歎靡及, 黎翁歸自三峯, 盛道文會, 且致惠辱賢塵之未躡爲可恨, 而德音之慰重, 亦可幸也。明德之義, 雖屢指教, 而殊未渙釋, 復瀆崇聽, 是或不明不措之道耶。盛喩所引『語類』諸說, 正所謂已見之昭陵。若其爲非心之左徵, 猶未之見也, 方與高明論明德者, 只爭謂心與否而已, 則鄙書偏取他說心處, 以相證辨, 其勢自然如此, 何曾一倂掉棄餘說哉? 然祇論心性, 則餘說之千枝萬葉, 不論可也。人之萬善百行, 摠之五性, 五性統會底心也, 所喩情也、行也、道也, 所包甚廣者, 自可以該擧矣。『章句』"具衆理應萬事者", 正謂此也。且『語類』, 散出於門人所錄, 未若『章句』之盡用一生心力。假饒所錄的有非心之證, 『章句』旣在, 則未可遽引而爲信。況所錄各因一事而發, 互相逢原, 而明德便是良心, 尤爲逼切哉? 惟兄掉了本根, 採取枝葉, 以相計較, 必曰合衆說而做全體, 明德全體, 豈是待合衆說而可做之物耶? 德字之義, 施之萬善百行, 無有不可, 而孔子所訓, 則必貼於心字, 故惟『大學』與「晉象」一般, 有之"昭明德"是也。人心得於天者, 其體本明, 爲物所蔽, 不能無昏, 而本然之明, 未嘗息也。故觀明出地上, 而以之自昭其明德, 先儒之訓, 恐無彼此。若以創立此名爲疑, 則夫子緣何而說出明德也? 且如無極, 孔子所不言, 而周子創始, 程、朱子深信而無異辭, 此豈待訓詁而推測耶? 此恐不通之論也。盛喩明德之本體卽心之本體, 未審推測他何面目而喚作兩本體, 使人迷惑, 賜答又不明白, 開示只曰 "惡在爲二本", 有若掩閉其迹者然, 可訝可訝! 以愚觀之, 高明前後數千言宗旨歸宿, 無如此說, 本原受病, 又無如此說, 此處未曾洒落說去, 宜其許多人言 漠然不入也。請且倚閣他說話, 只將此一段, 反復熟商, 曠蕩開示, 則豈無爛漫同歸之日病? 伏思涸不敢上下, 而戀德深至, 復此供愚, 高明更以爲如何?

4-3-8

「답하숙형答河叔亨」【戊戌】(『勿川集』 卷8)

해제

1) 서지사항

물천(勿川) 김진호가 하겸진(河謙鎭, 1870~1946)에게 답한 서간문. 1898년에 지었으며, 『물천집(勿川集)』 권7에 실려 있다.

2) 저자

김진호(金鎭祜, 1845~1908)로, 자는 치수(致受), 호는 물천(勿川), 본관은 상산(商山)이다.

3) 내용

1898년에 김진호가 하겸진에게 답한 서신으로, 주된 내용은 명덕(明德)과 허령(虛靈)이다. 김진호는 먼저 하겸진이 서술한 '허령(虛靈)'에 대하여 논하기를, "그대가 보내온 '허령한 것은 리이고, 허령하게 하는 것은 기이며, 허령한 곳은 심이다'라는 말은 문제될 것이 없을 듯하다. 다만 그대는 '저(底)'를 소이연의 연고[所以然之故]로 해석하고, '지(之)'를 그것이 그렇게 할 수 있는 뜻으로 해석하여 모두 주재하는 것으로 보니 혹 모순이 없겠는가? 저(底)와 지(之)는 매우 설명하기 어려운 글자다. 리가 스스로 주재함에 기가 따라서 발함을 알 수 있으니 어찌 리와 기가 서로 대적하는 혐의가 있겠는가."라고 하였다. 이어 김진호는 심은 진실로 리기가 합한 것이나 리가 주가 되고, 기가 의뢰함은 바뀔 수 없다고 변론했다. 즉 심합리기(心合理氣)의 관점으로 리주기자(理主氣資)를 주장하는 자신의 이기론을 설명한 것이다. 그는 기가 치솟아 리주(理主)를 빼앗으면 천리가 멸절하니 이것이 곧 '심을 잃음[喪心]'이라고 했다. 군신에 비유하자면 리는 군(君)이고 기는 신(臣)이다. 예악형정이 천자에게서 나오지 못하고 신하에게서 나오면 천하가 어지럽지 않겠느냐고 하였다. 기가 심을 주재한다면 장차 후예(后羿)·조조(曹操)·왕망(王莽)·동탁(董卓)이 정통이 되어 천지간의 자리가 뒤바뀔 것이라고 우려했다. 한주학파의 대미를 장식한 학자로 알려진 하겸진은 곽종석을 통해 이진상의 심즉리설을 받아들였다. 그는 개인의 양심(良心)을 중시하는 심즉리설을 받아들였지만, 그것은 개인의 자주적인 심이 아니라 수신·제가·치국·평천하의 의무를 포괄하는 객관적인 리가 부여된 본심, 즉 유학자들이 생각하는 보편적 마음이었다. 국가와 인류를 단위로 사유하면서 전쟁과 식민 상황을 종식시킬 수 있는 책임의 철학을 강구하는 것이 옳다고 생각하고, 그 논리와 도덕성을 유학 그 중에서도 주자학에서 찾았던 것이다. (참조: 김낙진, 「회봉 하겸진의 국성론을 중심으로 본 일제 강점기 유학자의 인간성 이해와 국가의식」, 한국철학논집, 2006)

4-3-8「答河叔亨」【戊戌】(『勿川集』 卷8)

孟汝病中見訪, 感戢難言。又致盛函推枕起讀, 未嘗無霍然之色, 而神氣不接, 未卽伸謝, 愧歎何及? 歲弊寒獰, 晨昏萬福。來諭云, 覺得日前用力, 汗漫不切, 已尤見省心克治之功, 日就密切, 不勝歎尚, 每憑南來士友吃吃, 誦叔亨不已, 梁、楚之聲, 正不虛矣。益勉遠大, 以副人望, 鄙門非無志學敎業之人, 而無有振發展拓之助, 卻愧生平太拙於爲人也。所示"虛靈底是理, 虛靈之是氣, 虛靈處是心", 幼石說恐無病。但盛意解"底"以所以然之故, 解"之"以使佗能然之意, 皆作主宰看, 則無或乎矛盾矣。蓋底、之二字, 極難訓。然"底"猶言張本, "之"是承用字,【若以今諺釋之, 則虛靈ᄒᆞᆫ거시ᄉᆡ理쇼, 虛靈ᄒᆞ소ᄂᆞᆫᄉᆡ氣욤, 虛靈ᄒᆞᆫ담체ᄉᆡ心云爾。】則理自主宰, 而氣之承發可知, 何有理氣并敵之嫌乎? 或說四條不詳言者, 本意難以遙度。然立言如此, 其害不止, 誤注『本草』而殺人也。人乘馬說, 先儒多言之而取譬, 終是假設, 何能形容理氣妙合之自然? 正如吳陸, 雖善畫人物, 而其色笑意態, 終是摸不得也。明德兼理氣, 必是謂明德爲心, 而心是兼理氣底, 故爲是言。然明德是心中所具之理, 虛靈明徹底, 帶說氣不得。非但『章句』如此, 『語類』及『或問』許多明德訓, 無有氣字押來。蓋理之盛貯, 非無地盤, 而氣之爲地盤, 在所不說也。心固理氣之合, 而理爲主, 氣爲資, 變易不得。若氣騰倒而奪理主, 則天理滅絶, 便謂喪心。比諸君臣, 理君也, 氣臣也, 禮樂刑政, 不能自天子出而自臣下出, 則天下亂乎否乎? 抑謂之恠變乎將否乎? 謂氣爲心之主宰者, 必將以羿、操、莽、卓爲正統, 而使天壤易位矣。君子之出言, 言不可不愼, 其曰人物之性, 非因氣而異, 是爲氣劈畫分疏, 不知陷於亂大本。蓋自天命流行看之, 則理固有分殊。然只緣氣之紛綸交錯, 萬般不齊, 而所賦之性, 亦隨而異矣。自一源看來, 則只是渾淪一太極而已, 豈可預爲將來爲萬物太極, 而各各殊(封)[對][1], 以待其物之生而各授之耶? 若果如此, 則自天地生人生物後, 積疊在虛空者, 不知有幾萬太極, 而太極已不勝其勞矣。此果成說乎? 理蓋一本, 故人物之性, 因氣而萬殊, 不能一本, 何以總萬殊耶? 爲此說者, 雖自謂硏究精深, 而其非常醜差, 奚止千里耶? 愚於名理, 素無心得, 而聊感盛詢, 妄論至此, 不任慙皇, 一一批示如何?

---

1) (封)[對] : 저본에 '封'으로 되어 있으나, 문맥을 살펴 '對'로 수정하였다.

4-3-9

「답김중연答金仲衍」(『勿川集』 卷8)

해제

1) 서지사항

물천(勿川) 김진호가 김재식(金在植, 1873~1940)에게 답한 서간문. 『물천집(勿川集)』 권8에 실려 있다.

2) 저자

김진호(金鎭祜, 1845~1908)로, 자는 치수(致受), 호는 물천(勿川), 본관은 상산(商山)이다.

3) 내용

이글은 김진호가 김재식에게 답한 서신이다. 이글에서 김진호는 대개 심(心)은 리일(理一)이고 정(情)은 만수(萬殊)이나 감발(感發)하는 것은 단지 의리(義理)와 형기(形氣) 두 길 뿐이며, 정이 발하는 것은 두 길이나 정을 주재하는 것은 단지 리일(理一)일 뿐이라고 하였다. 따라서 혼륜해 말하면 인심과 도심, 사단과 칠정 모두 리발이라 할 수 있으며, 리는 장수(將帥) 그리고 기는 졸도(卒徒)라는 비유를 들었다. 인심과 칠정은 비록 형기에 감촉하여 발한 것이지만 그 감촉한 대상은 형기의 사(私)이고 감촉한 주체는 리(理)의 본연이라고 설명하였다. 가령 원래 본연의 리가 없다면 이 형기의 정이 무엇을 말미암아 발출할 수 있겠느냐고 반문하였다. 다만 천리에서 곧바로 발한 것을 리발이라 하고 형기 쪽에서 발한 것을 기발이라 하니, 선현이 단지 그 발한 곳의 면모가 비교적 중한 것을 가지고 말하였던 것이며, 그래서 분개(分開)라는 말이 있게 된 것이라고 하였다. 김진호는 인심과 도심, 사단과 칠정 모두 혼륜(渾淪)해서 말하면 리발이라 할 수 있다고 하여 사실상 칠정리발(七情理發)을 주장하였다. 이는 1876년(丙子年)에 곽종석(郭鍾錫,1846~1919)에게 답한 서신의 별지답변과 차이가 있다. 따라서 김진호의 주장에 변화가 있었음을 알 수 있다.

4-3-9 「答金仲衍」(『勿川集』 卷8)

示諭退陶心圖說, 甚善看, 但理一之義, 若果如來書所疑, 則貞叔所傳與祐意一燕一越, 致疑固當。蓋心理一也, 情分殊也。情之名萬殊, 而所感發者, 只是義理、形氣二路而已; 情之發二路, 而所主宰底, 只是理一而已。渾論說去, 則無論人道與四七, 皆謂之理發可也。蓋理爲帥而氣爲卒, 徒理能主宰, 而氣不能主宰。人心七情, 雖是感形氣而發, 然其所感者, 形氣之私也; 其所感底, 理之本然也。向使元無本然之理, 此形氣之情, 何緣而發出乎? 但其從天理上直發, 謂之理發; 從形氣邊發去, 謂之氣發。先賢特以其所發地頭取面貌較重者說來, 故於是乎有分開之論。學者雖當循迹而守之, 然其理爲主宰, 而爲一原之妙, 亦不可不知也。故向爲敬模叔氏與許貞叔, 略略擧似, 未知尊意以爲如何? 來書四七之原, 似有二本云者, 大故不是, 天下之物, 豈有二本者乎? 若使有二本, 而理不一, 則天地卽將閉墜而無生人生物矣, 焉有是理乎? 可懼可懼! 更加研究, 千萬千萬。病思若澁, 不能盡意輸寫, 惟照亮。

4-3-10

「답김중연答金仲衍」[己亥](『勿川集』 卷8)

해제

1) 서지사항

물천(勿川) 김진호가 김재식(金在植, 1873~1940)에게 답한 서간문. 1901년에 지었으며, 『물천집(勿川集)』 권8에 실려 있다.

2) 저자

김진호(金鎭祜, 1845~1908)로, 자는 치수(致受), 호는 물천(勿川), 본관은 상산(商山)이다.

3) 내용

1901년에 김진호가 김재식에게 답한 서신이다. 이글에서 김진호는 치중화(致中和)의 중(中)과 화(和)를 가지고 심(心)과 기(氣)를 살폈다. 중화(中和)는 다만 성정(性情)의 덕을 말할 뿐으로, 그 공부가 전적으로 '치(致)'자에 의존하고 있다고 하였다. 치중(致中)은 존심(存心)이 아니면 그 성(性)을 검속할 수 없으며, 치화(致和)는 양기(養氣)가 아니면 그 정(情)을 요약할 수 없다고 하였다. 이 때문에 대본(大本[中])의 확립은 반드시 심(心)의 바름을 보존함으로 말미암고, 달도(達道[和])가 행해짐은 리(理)를 따르는 기(氣)를 기름에 의뢰함을 밝혔다. 천지(天地)의 심(心)은 주재하는 묘미가 있고 천지의 기는 드러나 유행함이 있으니, 심과 기의 분속이 분명하다는 것이 김진호의 설명이다.

4-3-10 「答金仲衍」【己亥】(『勿川集』 卷8)

夜間動息調養, 有所補益耶? 昨晩所論, 致中和、言心、言氣, 對勘未快, 歸而思之, 良覺從前硏究有未盡也。蓋中和只是說性情之德而已。其工夫專靠在致字, 故朱子以約之精之, 發明周備。顧觀者未察, 而有紛紜之論。蓋致中, 非存心無以檢其性; 致和, 非養氣無以約其情。故此段論工夫處, 拈出心與氣字, 所以明大本之立, 必由存心之正、達道之行, 亦資養氣之順。天地之心, 有主宰底之妙; 天地之氣, 有流行底之著, 皆可以驗吾正順之效, 故分屬自不得不然, 非以四情非理發, 而言心言氣, 如或者說也。以此看之, 庶不失本旨也。詳察回示也, 來書末侍生字, 大是未穩, 豈可以懿親尊行用此等字乎? 繼此勿用千萬。

4-3-11

「답김중연答金仲衍」(『勿川集』 卷8)

해제

1) 서지사항

물천(勿川) 김진호가 김재식(金在植, 1873~1940)에게 답한 서간문. 『물천집(勿川集)』 권8에 실려 있다.

2) 저자

김진호(金鎭祜, 1845~1908)로, 자는 치수(致受), 호는 물천(勿川), 본관은 상산(商山)이다.

3) 내용

이 글은 김진호가 김재식에게 답한 서신이다. 김진호는 『주자대전』 「답석자중(答石子重)」에서 석자중이 제기한 "심의 본체를 '있다'나 '없다'로 말할 수 없다"를 두고 자신의 견해를 피력하였다. 심이란 본래 신명불측(神明不測)하기 때문에 짧은 시간이라도 바뀔 수 있는 것이므로 잡으면 보존되고 놓으면 없어지니 잡아서 보존된 것과 놓아서 없어진 것이 심의 본체가 아닌 것이 없다고 했다. 이는 마치 손바닥을 뒤집는 것과 같아서 뒤집은 것도 이 손이며 도로 뒤집은 것도 이 손이니 어찌 뒤집은 것은 손이라고 하면서 도로 뒤집은 것은 손이 아니라고 할 수 있겠느냐고 하였다. 석자중은 '있다'나 '없다'의 밖에서 별도로 심의 본체를 구하고자 했기 때문에 주자가 "보존된 것이 과연 무엇인가"라고 지적한 것이라고 하였다. 김진호는 주자가 '고요하여 움직이지 않는 본체가 이치에 따라서 생겨나고 이치에 따라서 소멸된다'고 한 말의 뜻을 살아있는 눈으로 잘 살피면 본체를 아는데 문제가 없을 것이라고 하였다.

4-3-11「答金仲衍」(『勿川集』 卷8)

頃論子重所謂“心之本體不可以存亡言”一句, 說得未瑩。蓋心之爲物, 本神明不測, 故能頃刻變化, 操則存, 舍則亡。其操而存者, 舍而亡者, 無非心之本體, 正如手之反覆, 反亦此手也, 覆亦此手也, 豈可以反者謂之手, 而覆者不謂之手乎? 子重意於存亡之外, 別求心之本體。故朱子以“所存者果何物”斥之。蓋存者, 操其亡者; 亡者, 舍其存者, 周流無端, 則雖不擧亡字, 其意自足, 非許其亡, 固不可言也。胡文定“心固自若”云者, 讀者不善看, 則起滅中或疑其有自若之一物, 如子重所言也。故朱子引以說破, 反覆發明, 如下文所言也。若范蘭溪所謂“至靜者自若”至靜字, 雖是對思慮煩擾而言, 與胡說微有不同差, 覺可疑。

然以朱子寂然不動之本體, 順理而起, 順理而滅等語意, 活取看去, 則恐亦無病。大抵吾人學問, 都在一箇心字, 而自家檢察存養, 煞未端的, 故其名義訓解, 往往說出不得, 此可警可懼者也。當以此相勗, 不但以訓解, 要精明取貼, 自家本原上要下實工, 如何如何?

4-3-12

「답김중연答金仲衍」【庚子】(『勿川集』 卷8)

해제

1) 서지사항

물천(勿川) 김진호가 김재식(金在植, 1873~1940)에게 답한 서간문. 1900년에 지었으며, 『물천집(勿川集)』 권8에 실려 있다.

2) 저자

김진호(金鎮祜, 1845~1908)로, 자는 치수(致受), 호는 물천(勿川), 본관은 상산(商山)이다.

3) 내용

1900년에 김진호가 김재식에세 답한 서신이다. 이글에서 김진호는 리일분수(理一分殊)의 이치로 심(心)이 리인 것을 주장하였다. 리일(理一)이란 조리(條理)가 합일(合一)한 말이고 분수(分殊)란 조리가 분개(分開)한 말이다. 그러므로 성현이 말하는 일리(一理)나 만리(萬理)가 각각 해당하는 것이 있어서 모순되지 않는데 근세의 의론은 리일(理一)은 리에 소속하고 분수는 기에 소속한다며 그 불합리한 주장을 비평하였다. 즉 근세학자들의 뜻대로라면 리에 분수가 없고 기로 인하여 분수가 있게 되며 리는 그저 한 덩어리로 뭉쳐진 물건으로 기에 부려지는 것이 되니 어찌 말이 되느냐고 하였다. 김진호의 주장은 어디까지나 심즉리설이 저변에 깔려있다. 그는, 혼연한 하나의 성(性)이 나뉘어 오상(五常)이 되는데, 오상은 온갖 행실의 만 가지 선으로 사물에 따라 응변하는 리이며 마음속에 있지 않음이 없기 때문에 온갖 이치가 갖추어졌다고 하고 만물이 나에게 갖추어졌다고 하는 것이라고 하였다. 이를 미루어보건대 천명(天命)의 분수(分殊)가 어찌 전적으로 기(氣)에서 기인한다고 할 수 있겠느냐고 반문하였다.

4-3-12「答金仲衍」【庚子】(『勿川集』 卷8)

祜昨以診病夕還, 兒子奉致惠書, 即呼燭讀之, 儘感講論之益。鄙答致善書, 盛辨博矣, 大意同矣, 而所未相孚者, 微言也, 方受弘資, 不得不煩。竊意高明於理一固分明, 而似欠商於分殊。延平謂“理不患其不一, 所難者分殊”, 或以此歟。蓋理字命名以有條理也, 理一者, 條理合一說; 分殊者, 條理分開說。故聖賢有曰一理、曰萬理, 各有攸當, 未嘗矛盾。近世之論, 便以理一屬理, 分殊屬氣, 其意謂理無分殊, 而因氣而有是, 理爲儱侗底箇物, 而爲氣所使者也, 此豈成說乎? 人物性, 譬諸水銀, 天命之流行, 化生萬物, 氣無大小, 各具一性者, 汞之一大塊, 散入各器, 箇箇一樣也。所受之性, 罔非五常之全, 而限以形氣, 則有偏全之相殊者。各器之汞, 形色意態, 罔非大塊全樣, 而稱於受器, 則有多寡之不同也。然則其不同者, 可曰“因器而其合一處合一, 分散處分散, 合而能分, 分而能合, 皆汞之爲”也。若使一而不能分, 則是銅丸也, 可受一器, 欲受萬器, 則必片片破碎可也。所謂太極者, 豈有如銅丸乎? 且以吾心驗之, 渾然一性分爲五常, 五常爲百行萬善, 惻隱則惻隱, 差惡則差惡, 視聽則視聽, 忠孝則忠孝, 隨物應變理, 無不在方寸中。若無這般事可應底條理, 則何得乃爾耶? 此一性之分殊也。故曰具衆理, 曰萬物備於吾。推此看之, 天命之分殊, 何可專謂之因氣也? 祜所謂偏全云云, 蓋性雖渾全, 界破四德, 則偏於一德, 太極渾淪, 而在陰陽, 有偏於健、偏於順之貌似, 故下語如此發明。其偏其全, 亦莫非理妙之意也。如曰物偏人全, 賦受之前, 先各有分別, 而殺下來偏全, 則太荒唐了, 烏可曰萬物一原則理同乎? 無論嫌此語本未圓, 今改以偏全, 雖形於賦氣之後, 實亦此理分殊之妙也云。未審盛意以爲如何? 氣外無剩理云云。正如五殊二實, 無餘欠之意。形氣之大, 而天地微, 而昆蟲所受之理, 皆滿全, 更無餘外之剩也。此之謂全亦太極、偏亦太極也。氣外若有剩理, 正來諭賦予一常之理, 而四常卻剩於氣外也, 全不成全不成! 朱、程諸訓, 皆祜已見之昭陵, 而分殊微旨, 乃公所未見之獻陵, 取引以及之, 細心研之。所答河、李書, 各有歸趣而無相礙, 謂之因氣而有偏全可也, 謂之理有分殊而然亦可也, 只在著眼於昭曠而已。乞照下而更敎之良幸。

4-3-13

「답김천보答金天輔」【泰吉○壬寅】(『勿川集』 卷8)

해제

1) 서지사항

물천(勿川) 김진호가 김태길(金泰吉, ?~?)에게 답한 서간문. 1902년에 지었으며, 『물천집(勿川集)』 권8에 실려 있다.

2) 저자

김진호(金鎭祜, 1845~1908)로, 자는 치수(致受), 호는 물천(勿川), 본관은 상산(商山)이다.

3) 내용

이글은 김진호가 1902년에 김태길에게 답한 서신이다. 4개 조항을 갖춘 별지가 있다. 1항은 "인심과 도심을 막론하고 단지 리발(理發) 한 길 뿐이다"에 대한 설명이다. 즉 심(心)은 본래 하나이지만 지각하는 바가 같지 않기 때문에 발하는 바에 인(人)·도(道)의 다른 명칭이 있는 것이라고 했다. 그러나 그 근본을 궁구해 보면 모두 성(性)이 감촉에 따라 나타난 것이니, 이로써 리발(理發) 한 길 뿐이라 하는 것이 불가할 게 없을듯하다고 하였다. 2항은 인심(人心)과 도심(道心)은 발하기 전에 분명히 각각 다른 묘맥이 있느냐에 대한 설명이다. 3항은 비은장(費隱章)은 리(理)에서 기(氣)를 본 것이고, 귀신장(鬼神章)은 기에서 리를 본 것이라는 데 대한 설명이다. 4항은 『중용(中庸)』의 가르침은 심(心)자에서 벗어나지 않으므로 『중용』 서문에서 심을 말하였고 『대학(大學)』의 가르침은 성(性)자에서 벗어나지 않으므로 『대학』 서문에서 성(性)을 말하였다는 데 대한 설명이다.

4-3-13「答金天輔」【泰吉○壬寅】(『勿川集』卷8)

前冬數月相資, 認得賢契姿賦醇美, 志尚朴實, 深嘆大賢之冑, 固異於人。區區相厚之意, 顧何限, 而空疎病廢之餘, 意思銷落, 無有一半分助發, 愧負曷喩? 匪意轉遞, 獲承惠狀, 因得審侍養愉迪, 良慰別後相思。『中庸』研讀不已, 深知所先, 耐久咀嚼, 必得親切受用, 專心研究, 益見雋永意味, 幸須加念熟複, 日復知新, 如何如何? 所詢眞是借聽於聾, 將何以應副耶? 然遠書相訊, 不敢自阻於講論, 略貢愚見, 冀獲正論, 因風回示也。錄在別幅, 餘幾侍學凝祉。

〈別紙〉

無論人心道心, 只是理發一路而已。

心本一也, 而所知覺有不同, 故所發有人、道之二名。然究其所本, 則皆性之隨感而現者。以此謂理發一路而已, 則恐无不可。

未發之前, 人心道心, 的有苗脈之各異否?

人心道心, 皆發地頭得名, 則其苗脈不同, 當看於所發初頭, 不可求之於未發之前也。

費隱章, 理上看氣; 鬼神章, 氣上看理。

理上看氣, 恐不成說。理無形, 氣有形, 无形上, 如何見得有形者? 鬼神章亦說理之費隱。朱子亦曰: "神是理之發用而乘氣出入者。" 恐不可專以氣作主看。

『中庸』不出心字, 故「序」言心; 『大學』不出性字, 故「序」言性。

雲峯此說, 似之而恐非本旨。蓋中爲聖賢傳心之法, 故『庸』「序」不得不論心 而明中字張本; 學爲學者, 復性之道, 故『學』「序」不得不論性而說學字裏面。立言本意蓋如此, 非爲塡補其所不出而然也。

4-3-13「答金天輔」【泰吉○壬寅】(『勿川集』卷8)

前冬數月相資, 認得賢契姿賦醇美, 志尚朴實, 深嘆大賢之胄, 固異於人。區區相厚之意, 顧何限, 而空疎病廢之餘, 意思銷落, 無有一半分助發, 愧負曷喩? 匪意轉遞, 獲承惠狀, 因得審侍養愉迪, 良慰別後相思。『中庸』研讀不已, 深知所先, 耐久咀嚼, 必得親切受用, 專心研究, 益見雋永意味, 幸須加念熟複, 日復知新, 如何如何? 所詢眞是借聽於聾, 將何以應副耶? 然遠書相訊, 不敢自阻於講論, 略貢愚見, 冀獲正論, 因風回示也。錄在別幅, 餘幾侍學凝祉。

〈別紙〉

無論人心道心, 只是理發一路而已。

心本一也, 而所知覺有不同, 故所發有人、道之二名。然究其所本, 則皆性之隨感而現者。以此謂理發一路而已, 則恐无不可。

未發之前, 人心道心, 的有苗脈之各異否?

人心道心, 皆發地頭得名, 則其苗脈不同, 當看於所發初頭, 不可求之於未發之前也。

費隱章, 理上看氣; 鬼神章, 氣上看理。

理上看氣, 恐不成說。理無形, 氣有形, 无形上, 如何見得有形者? 鬼神章亦說理之費隱。朱子亦曰: "神是理之發用而乘氣出入者。" 恐不可專以氣作主看。

『中庸』不出心字, 故「序」言心; 『大學』不出性字, 故「序」言性。

雲峯此說, 似之而恐非本旨。蓋中爲聖賢傳心之法, 故『庸』「序」不得不論心 而明中字張本; 學爲學者, 復性之道, 故『學』「序」不得不論性而說學字裏面。立言本意蓋如此, 非爲塡補其所不出而然也。

4-3-14

「답김서구答金瑞九」【求著】(『勿川集』 卷8)

해제

1) 서지사항

물천(勿川) 김진호가 김낙주(金洛疇, ?~?)에게 답한 서간문. 『물천집(勿川集)』 권8에 실려 있다.

2) 저자

김진호(金鎭祜, 1845~1908)로, 자는 치수(致受), 호는 물천(勿川), 본관은 상산(商山)이다.

3) 내용

이 글은 김진호가 김낙주에게 답한 서신으로 경서의 내용을 질정한 별지가 첨부되어있다. 별지는 7개항목이다. 형색(形色)과 형기(形氣)의 이동에 대한 답에서, 김진호는 형색과 형기는 명목이 비록 같으나 그것이 가리키는 바는 본래 구별된다고 하였다. 일심 안에서 발하는 것으로 논하면 인심(人心)은 사사로운 형기에서 생겨하는 것이니 욕심으로 흐르기 쉽기 때문에 반드시 도심(道心)에게 명을 들은 뒤에 바름을 얻을 수 있다고 하였다. 인·물(人物)이 품부 받은 것으로 말하면 사람은 천지의 바른 기운을 얻어 태어났기 때문에 반드시 사람 된 도리를 다한 뒤에야 바야흐로 형색을 채울 수 있다고 하였다. 이것이 맹자가 말한 '형색을 천성(天性)이라고 하니 성인이라야 실천할 수 있다'는 것이라고 했다. 따라서 형기에서 생긴 것인 줄 안다면 반드시 억제하여 자라나지 못하게 해야 하고, 성명에 근원한 것인 줄 안다면 반드시 확충하여 흠궐이 없게 해야 한다고 하였다. 오래 이와 같이 하면 저절로 인욕은 물러가 복종하고, 천리가 이에 드러나 동정에 이르게 될 것이라고 하였다.

4-3-14 「答金瑞九」【求著】(『勿川集』 卷8)

承惟山居討靜一味, 專學溫繹之功。正好此際, 見讀『中庸』, 已至過半, 所得幾何? 大抵此書, 規模宏闊, 義理微奧, 未易領會, 必須沈潛體認, 反覆硏究, 覺得別意。味在於尋數之外, 方是進步處千萬加意也。鎭勛從, 雖極鈍滯, 而其心地, 則朴實連槧講劘, 庶有相資之益矣。問目, 近甚昏憒, 未及條答, 容竢後日, 如何?

〈別紙〉

人心之異於道心, 以其發於形氣也。孟子曰: "形色, 天性也, 惟聖人然後可以踐形。" 形色與形氣似無異同, 則形氣是人心, 而形色何以謂天性?

形色與形氣, 名目雖同, 而所指而言者, 自別。蓋就一心中, 論其所發, 則人心, 生於形氣之私者也, 易流於欲, 故必聽命於道心, 而後及得其正。『庸』「序」所以形氣之爲人心, 而不可徇也。就人物上, 論所賦, 則人得天地之正氣, 而生與物不同, 故必盡其爲人之道, 然後方充其形。孟子所以形色之謂天性, 而必可踐也。如耳目手足, 父子君臣, 形色也, 聖凡之所同具也; 聰明恭重, 慈孝仁敬, 天性也, 聖凡之所當行也。具此形色, 故有此天性, 能盡其性, 則能踐其形, 安有聖凡之異乎? 但凡人不如此, 而踐之耳, 苟欲踐之, 必著精一之工, 察其心之所發, 或生於形氣乎? 或原於性命乎? 知其爲生於形氣, 則必抑而制之, 不使其滋長; 知其爲原於性命, 則必擴而充之, 不使其欠闕, 則如此之久, 自然人欲退, 聽天理, 著見以至動靜云。爲無不各盡其宜, 此踐形之功所由成也。可不勉歟?

人道之界分不同, 發出之苗脈各殊。發於形氣者, 雖或得中, 而不可謂道心; 發於義理者, 雖或不中, 亦不可謂人心也。朱子曰: "自人心收歛底, 便是道心; 自道心放出底, 便是人心。" 竊意發於形氣者, 實難收斂, 而其收斂者, 道心之爲之節制也。發於義理者, 必不放出, 而其放出者, 人心之爲之掩置也。朱子之意, 若曰自其發於人心, 使之收斂底, 是道心; 自其發於道心, 而使之放出底, 是人心也云爾。非謂人心收斂, 便爲道心，道心放出，便作人心也。如此看，恐無悖理否。伏乞明教。

如此說，未知其果合於朱子本意，而其於人道之界分、苗脈，似有段落。

人心每聽命云云。每之爲言，似是間或之意。常常聽命，猶懼易流，間或聽命，安保其不流乎？豈以人心有善有不善，其善者不須聽命，而其不善者方可聽命，故云每歟？

看得每字，差了字訓。每，常也、各也，常，以時言；各，以事言。蓋人心之於道心，無時無事而不聽其命，須臾之頃，不可有間斷，毫(鼇)[釐][2]之微，不可有遺闕，此所以危者安而微者著也。人心之發，雖其善者，若使一向自用，而不受道心之節制，則必至於流蕩，何必不善者，及可聽命乎？

"夷、齊之不事二君，臣道之當然而不可易者"，斯可曰平常之理，而朱子以爲都不是庸了。"與鄕人立，若將浼己，而望望然去之，諸侯雖有善其辭命而至者，不受也"，此皆偏處也、過處也。偏而過者，似不可謂中，而朱子又以爲中立不倚，何也？既不得謂庸，而可得以爲中，則抑未知中之外別有所謂庸者歟？敢聞其義。

不事二君，是臣道之當然，而至於諫伐而餓死，則隘也。隘豈可謂庸乎？退陶詩曰"餓死首陽無乃隘"者，正謂此也。然鄕人立若將浼己，而其舊惡則不念也；諸侯善辭命不受，而聞文王作興則便來就養，此可見中立不倚處也。二子之行，雖無不中，而類多高特難行之事，比之孔子時中之道，終未免有偏也。蓋中而不庸者，有之，而庸則未嘗不中也。

"索隱行恠"是知賢之過者也，"半道而廢"是知仁之不及者也。過與不及，俱失於『中庸』，則其爲病一也。皆不足爲君子，而於"半途而廢"，獨言君子，何也？蓋"索隱行恠"，不惟過於中，而尤非平常之道也，如戰國鄒衍之術、后漢讖緯之書，與夫荀子之苟難、於陵仲子之廉，皆是也。其所爲適足以欺世而盜名，則君子之所當痛絶之，故不言君子。而斥之半途而廢，雖是力有所不逮，而既曰遵道而行，則知足以擇乎『中庸』者也，如"冉求之悅夫子之道而力不足者"是也。比之佗自是平常之道，而君子之所當勉強也，故特言君子而引之歟。

---

2) (鼇)[釐]：저본에 '鼇'로 되어있으나, 문맥을 살펴 '釐'로 수정하였다.

看得是此所謂君子，蓋君子而未仁者也。

誠之不可掩，『章句』解誠字，曰陰陽合散無非實者。陰陽，氣也；實者，指理也，非卽以陰陽謂理也。其所合散者，是眞實无妄之理也，猶『易』所謂“一陰一陽之謂道”歟。

也是。

仁者人也，與『孟子』仁人心也似同，而『章句』指人身言，何也？

此與『孟子』仁人心也不同。『孟子』直就人心上，說性之德；『中庸』直就人身上，說愛之理。

4-3-15

「독곽명원여허후산논명덕서讀郭鳴遠與許后山論明德書」(『勿川集』 卷8)

해제

1) 서지사항

물천(勿川) 김진호의 논설문. 『물천집(勿川集)』 권11에 실려 있다.

2) 저자

김진호(金鎭祜, 1845~1908)로, 자는 치수(致受), 호는 물천(勿川), 본관은 상산(商山)이다.

3) 내용

김진호가 곽종석(郭鍾錫, 1846~1919)이 허유(許愈, 1833~1904)에게 보낸 '명덕을 논한 서신'을 읽고 나서 쓴 논설이다. 김진호는 곽종석이 덕(德)자를 광범위하게 해석한 것에 대해 긍정하면서도 『대학』에서 '덕'자 앞에 '명(明)'자를 붙여 명덕(明德)이라고 말한 것은 의미가 달라진다고 보았다. 주자가 명덕에 대해 『대학장구』에서 해석한 것을 보면, '소득호천(所得乎天)'은 '덕'자의 주각이고, '허령불매(虛靈不昧)'는 '명'자의 주각이며, '구중리응만사(具衆理應萬事)'는 명덕에 대한 주각의 주각이라고 하였으니, 전체와 묘용이 심의 뜻과 흡사하다고 하였다. 김진호는 비록 명덕을 곧장 심이라고 할 수는 없으나 전적으로 통체지심(統體之心)을 가리켜 말한다면 문제될 것이 없다고 하였다. 이는 『시』에서 "하늘이 뭇 백성을 낳으니 물이 있으면 법칙이 있네"라고 하였듯이 물의 법칙은 곧 내가 하늘에서 부여받은 것이니, 사람의 몸을 '물'과 '칙'으로 말한다하면 비록 억만 가지라 하더라도 통체인 천덕(天德)을 심이라고 이를 수 없겠느냐고 하였다. 이는 바로 명덕을 심의 영역에 속한 것으로 보고자 하는 논리이다. 명덕이 이미 통체라면 그것이 발명하는 곳에 조목을 배치하여도 방해될 것이 없으니, 인(仁)을 하나의 '인'자로 설명할 때 전적으로 전체의 덕을 말하기도 하고 단순히 조목을 삼기도 하는 것과 마찬가지라고 하였다. 그런데 곽종석은 『대학』 삼강령·팔조목의 논의구조에 나아가 명덕과 심을 엄격히 다른 것으로 변별함으로써 하늘에서 얻은 명덕이 심의 본체를 가리킬 뿐만 아니라, 행사(行事)를 통해 얻어지는 효·충·공·중(孝忠恭重)

등까지도 포함하는 것으로 해석하였다. 이 점이 스승 이진상의 설 및 동문들의 설과 변별되는 가장 특징적인 점으로, 동문들과 논쟁한 핵심 사안이었다. 대체로 19세기 주리론자들이 주재성을 강조하기 위해 본체와 본원을 강조하고 있는데 비해, 곽종석은 행사를 통해 얻어지는 실득(實得)을 모두 명덕에 포함시키고 있어 주재성과 아울러 실용성을 강조하고 있는 것이 다른 학자들과 변별되는 점이다. (참조: 최석기, 「면우 곽종석의 명덕설 논쟁」, 『남명학연구』, 2009)

4-3-15「讀郭鳴遠與許后山論明德書」(『勿川集』 卷8)

明德, 直謂之心, 是誰氏說也? 此句太似絞急。蓋聖人命字立言, 有字同而聲響頓異者, 有字異而訓義彷佛者, 固不可執一廢百也。心與德之字不同, 而聲響異者, 而加直謂之三字, 則安得遽爲無疑而守之甚篤也? 心之訓神明不測, 德之訓得字爲切, 恐不可混用。而德之名甚廣, 隨所得之理, 而皆可稱之, 如所謂心則爲虛靈之德, 性則爲仁義之德。情曰愛敬之德, 行曰忠孝之德, 手有恭之德, 足有重之德, 耳目有聰明之德, 皆是也。又如峻德、懿德、大德、達德, 何所稱而不宜也? 然明德則德固是一般, 而加一箇明字意思, 便自別『大學』, 首以是篤萬世心學之宗。其意實非徒然, 而與佗同例也。故朱子於此訓解, 特異諸經之訓德, 而曰"人之所得乎天, 而虛靈不昧, 以具衆理應萬事"云云, 用意極深切而稱停也。分節而論之, "所得乎天", 德字註脚也; "虛靈不昧", 明字註脚也; "具衆理應萬事", 乃上二字註脚之註脚, 而全體妙用, 恰是心底訓義也。就其中細膩看之, 這箇德實緣佗明字較重, 故朱子曰:"只虛靈不昧四字, 說明德意已足。" 又曰: "虛靈不昧便是心。" 明德雖不可直謂心之別名, 而其專指統體之心, 恐無疑也。蓋"天生烝民, 有物有則", 物之則, 乃我之所得乎天者也。人之一身, 以物、則言之, 雖曰萬之又萬, 其統體底天德, 獨可不謂之心乎? 且其虛靈洞徹、炯然不昧這般狀, 亦非一身散在之德所可當也明矣。故朱子斷然以此專當之, 見於『章句』『或問』, 非止一二。後賢發明, 更無異辭, 則前所謂虛靈之德、仁義之德, 乃所具底本體也; 愛敬之德、忠孝之德, 乃所應底妙用也。今乃溱合事事物物散在之德, 以當此大名目, 則德字之訓, 恐无相妨, 而獨於明字, 如何襯貼乎? 求其說不得, 則反掉了明字, 單擧德字, 以爲修身上凡可以德稱者, 便是明命【此明字, 不過作文点眼說。】之流行, 而无間者也云云。若是則明德卽是不宰之物, 莽蕩無所交涉, 紛綸各自爲主, 使此一身, 茫然不知四到時節, 殆與上無明主出命, 而萬國各爲公事者, 恰相似也。眞所謂聖人立言, 豈如是倜儻顢頇者乎? 其曰"與正心之心相掣礙"云云, 此直謂之心四字, 終是懷胎在中, 自相掣肘於外, 若是洗脫了活看了, 有何重疊乎? 明德旣以統體當之, 則其發明處, 排爲條目, 亦自不妨。如仁說一箇仁字, 有專言全德, 有單言爲目。古人立言, 容有如是, 而況明明德與正心, 聲響自不同者乎? 其餘所論得字, 若著眼於明字而推硏之, 其輕重自別之意, 可以十分懸解矣。竊意此兄在洲上門, 可謂篤信之子夏, 今乃如此立論, 無其單指理之說, 似傷於精巧, 欲圓融自解耶? 抑或十載山居, 潛究舊聞, 反如數倉柱而轉錯者耶? 是未可知也。祜與此兄不眄, 有年求益質疑, 莫有其緣, 今得此書于黎丈, 命祜一言, 故粗述愚見, 以爲就正之路, 鳴遠以爲如何?

4.

田俛宇 郭鍾錫(1846~1919) 心說論爭 資料

4-4-1

「답이기여答李器汝」【壬寅】(『俛宇集』 卷20)

해제

1) 서지사항

곽종석이 만구(晩求) 이종기(李種杞, 1837~1902)에게 답한 편지. 기여(器汝)는 이종기의 자(字)이다. (한국문집총간 340)

2) 저자

곽종석(郭鍾錫, 1846~1919)으로, 자는 명원(鳴遠), 호는 면우(俛宇), 본관은 현풍(玄風)이다.

3) 내용

이 글의 요지는 "마음은 리기의 합이다"라는 명제가 옳은 것임을 역설하는 것이다. 편지의 내용으로 보아, 이종기가 먼저 마음을 리기의 합이라 하면 이것이 마음의 본체에 대해서도 기(氣)를 섞어 말하는 폐단이 발생하는 것이 아닌지 우려하는 내용의 글을 곽종석에게 보내온 듯하다. 이에 대해 곽종석은 만약 마음의 본체를 리기의 합으로 말한다면 대본(大本)에 누가 되겠지만, 마음이 리기의 합이라는 명제는 전혀 하자가 없는 것이라 한다. '종심소욕(從心所欲)' 역시 기를 떠나서 발용한 것이 아니며, 그러한 바탕 위에 리를 위주로 말해서 '종심소욕'을 리(理)이고, 도(道)이고, 의(義)라고 말할 뿐이다. 마음의 본체란 다만 마음이 미발일 때 기(氣)가 용사(用事)하지 못하여 기(氣)가 끼어든 적이 없는 것을 가지고 본체에 해당시키는 것이라 설명한다. 그리고 "마음은 본래 선하다"는 정자의 언급, "마음의 본체는 어질지 않음이 없다" "심에는 체가 없으니 성(性)으로 체를 삼는다"는 주자의 언급으로 그 근거를 삼는다. 이러한 설명을 통해 이종기에게 "마음은 리기를 합한 것"이라는 전래의 학설을 믿고 따를 것은 권면한다.

4-4-1「答李器汝」【壬寅】(『俛宇集』 卷20)

頃承書, 審有陶山行, 想今已還次。脩程撼頓, 保無穨損。經几整暇, 玩樂冲 裕否, 區區嚮祝。鍾錫上月中哭同堂之喪, 衰暮終鮮, 痛悼曷任。聖人之心卽理, 此正見之不可誣者, 而今反悔其失言何也? 朱先生謂: "仁者, 心卽是理, 理卽是心。" 胡氏以從心所欲, 爲體卽道、欲卽用。夫仁者之心, 曷嘗非合理氣底。從心所欲, 亦豈是離氣而發用哉? 然而猶謂之卽理卽道卽義而不疑者, 蓋以其理爲主, 而氣不須言故也。恐明者之再數廊柱, 而並其不當悔者而悔之也。心之合理氣, 固非靜無而動有也。特以此心未發, 氣不用事, 故昔賢論心, 皆未嘗雜氣以當本體。程子曰: "心本善。" 朱子曰: "心之本體無不仁。" 又曰: "仁是心體本來之妙。" 又曰: "良心者, 本然之善心, 卽仁義之心也。" 又曰: "心者, 天理在人之全體。" 又曰: "心無體, 以性爲體。" 至如虛靈之泛言固合氣者, 而其指以爲心之本體處則, 必以豈有形象? 所以視聽者當之, 豈不以纔說本體便是太極本然之妙, 而不宜和氣以貳之也耶? 張子所謂"湛一氣之本", 是單就氣上道其本色之如是, 非以此論心體之本也。退陶之備書理氣於圈內, 槩謂未發之未嘗無氣, 何曾並目爲本體否。竊以爲心合理氣四字, 已自周全而無滲漏矣。更欲進此而謂心之本體合理氣, 則恐溷累於大本而無補於理致也。此鍾所以疑其或有古人成說, 而軒下之泛然擧似也。玆承諭謂出於臆度, 則請姑且倚閣, 只守着傳來四字而已, 如何如何? 大浦事, 盛意已有秉執, 鍾不敢瀆。然只願兩公之平心物我, 有相好而無相猶也。聞以望後將入晩歸亭, 可踰嶺視女, 且踐盧兄之約否? 鍾將赴苞山幹葬禮, 恐失邀候奈何? 惟希崇德自愛。

4-4-2

「답이기여별지答李器汝別紙」(『俛宇集』 卷20)

해제

1) 서지사항

곽종석이 만구(晩求) 이종기(李種杞, 1837~1902)에게 답한 편지의 별지. 기여(器汝)는 이종기의 자(字)이다. (한국문집총간 340)

2) 저자

곽종석(郭鍾錫, 1846~1919)으로, 자는 명원(鳴遠), 호는 면우(俛宇), 본관은 현풍(玄風)이다.

3) 내용

이 글은 이종기에게 답한 서신의 별지로 그 주제는 크게 3가지이다. 주자「태극도설해」에서의 동정(動靜)을 태극의 동정으로 볼 것인가, 음양의 동정으로 볼 것인가의 문제가 첫째이고, 명덕과 리기의 관계를 어떻게 볼 것인가가 둘째이며, '그 체(體)를 역(易)이라 한다' 및 '도와 더불어 체가 된다'라 할 때의 체(體)의 의미가 무엇인가에 대한 문제가 셋째이다. 첫 번째 문제에 대해 곽종석은 『주자전서』 및 『주자어류』를 상세히 살펴서, 주자가 초년에는 동정을 음양의 동정이라 하였으나, 만년의 기록을 보면 "리에 동정이 있으므로 기에 동정이 있다"는 견해로 전환하였음을 상고한다. 그리고 이황이 『주자서절요』를 편찬할 때 주자의 만년 관점을 취하였다고 본다. 둘째, 명덕과 리기의 관계에 있어서 곽종석은 덕을 온갖 선이 내실있게 얻어진 통칭으로 이해하며, 기를 폄훼할 필요는 없다고 본다. 즉 기(氣)가 덕이 되는 것은 아니지만, 명덕이 단지 리만을 가리키는 것은 아니라고 본다. 세 번 째 문제에 있어서, 곽종석은 이때의 체(體)는 '한 덩어리'라는 뜻으로 도기(道器)가 합일하는 의미에서 체(體)이고 역(易)이며, 마찬가지로 리기가 합하는 의미에서 도와 더불어 일체가 된다는 의미로 해석한다. 덧붙여 리기를 합한 곳에서 주리의 실상을 드러내는 것이 옳다는 견해를 피력한다.

4-4-2「答李器汝別紙」(『俛宇集』 卷20)

朱子曰: "太極者, 本然之妙也; 動靜者, 所乘之機也。" 機是理機否, 是氣機否?" 又曰: "若謂太極便是動靜, 則是形而上下者不可分。" 動靜, 是理動靜否, 是氣動靜否?"

竊謂動靜二字, 初非體段之定名, 卽隨文使用而可彼可此者也。自理而言, 則謂理動靜也得; 自氣而言, 則謂氣動靜也得。故圖圈之曰"陰靜陽動"者, 自氣言也; 「圖說」之曰"太極動而、靜而"者, 自理言也。從大原而豎看, 則太極動靜而陰陽生焉; 從迹上而倒看, 則陽動陰靜而太極無不在焉。卽目前而平看, 則太極乘陽而動乘陰而靜焉, 而太極者動靜之主也, 陰陽者動靜之資也。謂太極便是動靜固不可, 而謂陰陽便是動靜亦不可, 以其認體段爲使用, 殊失名言之當故也。朱先生初年, 却認動靜便作陰陽之名, 『圖解』所謂"動靜者, 所乘之機", 蓋此時語也。觀此「答楊子直」書, 所謂"動靜兩端, 循環不已, 此之謂易"者, 可見矣。『語類』端蒙錄在己亥而亦曰: "所乘之機, 機言氣機也。" 如是則此書所謂"形而上下不可分"者, 亦以動靜爲形而下故也。此書之末言"叔京來書", 叔京之沒在乙未, 則此書當在乙未以前矣。及夫晚年見太極之實有動靜, 而「圖說」之"動而"、"靜而", 主在太極。故曰: "靜卽太極之體, 動卽太極之用。" 鄭子上問: "動靜是太極動靜, 是陰陽動靜?" 曰: "是理動靜。" 問: "如此則太極有模樣?" 曰: "無。" 問: "南軒云'太極之體至靜', 如何?" 曰: "不是。" 此則辛亥錄也。又問: "太極理也。理如何動靜? 有形則有動靜, 太極無形, 恐不可以動靜言。" 曰: "理有動靜, 故氣有動靜。若理無動靜, 則氣何自而有動靜乎? 且以目前論之, 仁便是動, 義便是靜, 此又何關於氣乎?" 此以『大全』考之, 其前第三書言「中庸序」改定, 其後第二書言夏間精舍朋友散去。「庸序」之改定在甲寅, 精舍之成, 在甲寅十二月, 則此書當在甲寅乙卯之間矣。先生之於此時, 主太極言動靜審矣。是以退陶之編『節要』也, 不收「答楊」書, 而只載「答鄭」書, 加圈加點, 極其贊服, 此亦可以見退陶之意矣。夫然矣則"動靜者, 所乘之機"一句, 何不修改於『圖解』也? 此以前日意看則固若修改, 而轉以今日意看, 亦自無病, 則所不必改之者也。蓋太極之乘陽而動, 乘陰而靜, 自是必然之機也。是謂動者太極所乘陽之機也, 靜者太極所乘陰之機也。機只指見在發動之狀, 非謂將然之兆眹也, 亦非謂可乘之物事也。是以鄭子上問: "動靜者, 所乘之機?" 曰: "理搭氣而行。蓋理搭於陽, 則爲動底機; 搭於陰, 則爲靜底機也。" 此錄亦在辛亥, 而與端蒙氏己亥錄不啻懸殊矣。

"明德者, 人之所得乎天而虛靈不昧, 以具衆理而應萬事者也。" 明德是單指理否, 兼指氣否?

鍾近以明德之不宜單指, 作心有所云云, 方爲許丈人退而、金友致受所訶斥, 然其疑尙未釋也。蓋謂德者萬善實得之統稱, 而物、知、意、心、身, 爲明德之條目, 則凡物之德、知之德、意之德、心之德、身之德, 皆是明德也。內而心之知覺、性之仁義、情之愛敬, 外而子之孝、臣之忠、手之恭、足之重、視之明、聽之聰, 乃明德之全體也。這皆是道理之實得於己者, 則盡此道理者方是爲明明德人。此等處只當論道理, 恐不必攙却氣。蓋氣爲道義之配, 而不可賺氣爲道義耳, 則其於德也亦然。德只是道義之實得於己者也, 虛靈不昧, 太極全體之至虛而最靈者也, 衆理則理之散殊而爲萬事之則者也。氣之爲德, 恐從古經訓中, 未曾有此意在。

"其體則謂之易"及"與道爲體"之體, 皆當以體質看, 然則易字, 亦以此義看否?

詳程子之意, 恐是謂上天之載固無聲臭, 而一陰一陽之往來變易, 元無間斷者, 乃其體質也。這體字是理氣合一處, 如今俚諺所謂塊子團子。"與道爲體"者, 言水流物生, 與道爲一塊一團也。易是一陰一陽之體質塊團而道器之合一者也。朱子之謂"在人則心也"者, 亦似以合理氣者言之, 而其「答吳德夫」書曰: "天人之分雖殊, 然靜而此理已具, 動而此用實行, 則其爲易一也。" 答萬正淳問, 曰: "天命流行, 所以主宰管攝是理者, 卽其心也。" 此則又似主理以爲言。蓋易之一陰一陽而太極爲其妙理, 心之一動一靜而理爲之主宰。故更於合理氣處, 揭其主理之實耳。但與程子本意, 若有少異, 未知如何。

4-4-3

「답허후산答許后山」【辛未】(『俛宇集』 卷16)

해제

1) 서지사항

곽종석이 허유에게 보낸 서한. 『면우집』 권16에 실려 있다. (『한국문집총간』 340)

2) 저자

곽종석(郭鍾錫, 1846~1919)으로, 자는 명원(鳴遠), 호는 면우(俛宇)이다.

3) 내용

이 글은 곽종석이 후산(后山) 허유(許愈, 1833~1904)에게 성리학에 대한 자신의 생삭을 피력한 것이다. 우선 질문을 던지기 전에 요즘 학인들의 병통을 지적했다. 입만 열면 천명과 인륜도덕을 외치고 있지만, 몸 속 깊이 체득하고 실천하는 과정이 없다는 것이다. 마음이 내면에 있다면 궁리하고 연구하는 내용이 모두 내 것이 될 텐데, 마음이 외부에 있다 보니 공부하는 내용이 하늘로 올라가거나 땅속으로 들어간다고 설명했다. 태극과 천명, 인의예지와 충효경자를 외치기만 할 뿐, 내면화시키지 않으니 무슨 도움이 되겠냐고 한탄했다. 성리학 이론에 있어서는 "미발전무기질성(未發前無氣質性)"에 대해 허유와 다른 자신의 생각을 밝혔다. 허유는 한주 이진상의 이론을 계승하고 있는데, 곽종석은 이에 대해 주자와 퇴계의 언설을 인용해가며 자기의 주장을 폈다.

4-4-3「答許后山」【辛未】(『俛宇集』 卷16)

迂駕以顧左, 輝我蓬蓽; 垂墨以叩端, 錫我軿車。顧以庸惡, 烏得厚蒙仁寵如是之勤哉? 不惟牛馬者一身, 矧玆黨內諸益, 一自瞻仰德宇而來, 莫不竦然興感。有自志於檢押者, 有自力於文學者, 大君子及人之盛, 果如是如鼓捷桴哉? 甚頌甚頌! 伊後有日, 不審慈闈體節若何, 省下學候若何? 窮格, 非獨探玄搜妙, 凡我日用云爲、平易切實、明白至近底物事, 皆是理也。捨此而徑進, 則揮揮暈暈, 而沒立脚下手之地; 漭漭蕩蕩, 而滋出口入耳之弊。目今人開口, 便說太極、天命, 而於父子之親、君臣之義, 自不免疎略一邊; 開口, 便說『連山』、『歸藏』, 而於『小學』之方、『家禮』之節, 未曾有講習踐履之實。此所以辯舌之日蕃, 而德義之日汙, 斯道之日晦也。在今日, 吾輩之懼其非是耶? 程子所謂"心要在腔子裏"者, 最爲切緊。心在裡, 則所窮所格, 莫匪我有; 心不在裡, 則雖窮格, 得上過玄霄、下入黃泉。說太極, 而太極在外, 而不在己; 說天命, 而天命在外, 而不在己; 說仁義禮智、忠孝敬慈, 而仁義禮智、忠孝敬慈在外, 而不在己, 果何補哉? 如覺得此心纔放, 便收之入內; 如覺得此心涔涔以沒, 便喚醒起。要使此心不鶩於八荒, 不淪於黑地, 方寸之間, 一向炯然不昧, 則主宰之權常妙, 而性情之德全矣。如鍾錫者, 雖知其如是, 而宿病已深, 新劑未猛。猝難擺脫了延蔓, 而克底乎澄淸, 自分爲人也, 無望矣。然猶自矻矻而不敢自已者, 庶冀其粗免爲禽獸, 而徼幸於萬一也。惟願哀此愚懇, 沛施洪化, 使得自力焉。此平日所區區于中者也。

〈別紙〉

性理之說, 以軒下之高明, 猶之曰痴人說夢。况乎, 如鍾錫者, 尤是夢中說夢者乎! 至如氣質之性, 尤是極難言處, 固何敢有所開喙, 與人牴頡哉? 只恐自己之見猶有執迷, 他人之言猶有不信, 欲得一副當廓然昭曠之論, 以袪此無窮之疑耳。此所以仰質於浦上斷斷不已者, 而浦上之辨, 見得儘脫灑開朗, 說得儘活熟圓暢, 令人意思快豁。然至於"未發之前, 無氣質性"之說, 猶未敢頓然承受也。頃對軒下, 所以語及於此, 而軒下亦一例印可於浦上之論, 繼又辱書以辨之。夫以兩大賢之淵識卓覽, 所見竝無毫髮之爽, 所說一若符卩之合, 則僕何敢更費言辭, 自以爲是哉? 特以雲、陶兩先生旨訣之相傳, 似不如是。故輒敢歷陳而暴白之, 惟軒下察焉。夫才說此性, 便墮在氣質。性固無不善, 而有淸、有濁、有粹、有駁, 氣質之所不免也。就其中單指其不相雜者, 而謂之曰本然之性; 兼指其不相離者, 而謂之曰氣質之性。所兼之性, 卽本然之性, 而非別爲一性也。特以單指、兼指之間, 不能無名言之殊者耳。然而氣之不齊, 必其已發而後見。故前聖賢之見其然者, 自其已發之苗脈, 而推其未發之根柢, 名之曰氣質之性。其所以名之之由, 則在於已發之有善惡, 而其名則在於未發之中矣。譬如軍之先鋒將, 其所以得名之由, 則以其押前隊、行前營、先衝賊、首立功, 而雖其無事時, 坐在纛下, 亦謂之曰先鋒將, 未嘗爲無名氏也。且如巡察大使, 其得名則固由於巡察, 而雖不巡察日, 亦謂之曰巡察大使; 捕盜軍官, 其得名則固由於捕盜, 而雖不捕盜時, 亦謂之曰捕盜軍官。已發也, 固氣質之性; 而未發也, 亦何嘗無氣質之性哉? 今以水言之, 水本澄淸, 卽性之本善也。而旣有其水, 則必有所盛之器; 旣有其性, 則必有所搭之氣質。今水盛之以銀器, 則依舊澄淸; 盛之以瓦器, 則便光色不佳; 盛之以泥土之瓿、灰墨之椀, 則又一向黯濁。其在銀器者, 虛明洞徹, 一直是水之本然也。東巖所謂"聖人分上, 不可言氣質之性"者是也。其瓦器以下, 雖不待沃之以盥手、注之以濯物而後, 有所點汚也。方其在於器中, 已非復水之本然也, 於此則不得不以氣質之性目之也。然而水之濁也, 是器之罪也, 非水之性也。故君子之治水也, 靜而潛消其查穢, 動而拂拭其椀瓿。及夫滓脚淨盡而器質皎潔, 則水之本然, 於是乎自若矣。學者之於氣質, 亦要如是而已矣。今以雲、陶兩先生之論, 以證"未發之前亦有氣質之性"之說, 可乎? 黃勉齋問氣質之性, 朱子曰: "纔說性時, 便有氣質在裡"。其曰"纔說性", 非以單指而言乎? 其曰"便有氣質", 非以兼指而言乎? 其曰"在裡"者, 非以未發之前言之乎? 勉齋所問, 旣問氣質之性, 則必不以單說氣質答了矣。夔孫錄曰: "理無不善, 因墮在形氣中, 有不同, 所謂氣質之性者是如此?" "墮在形氣中", 果非未發之前乎? 砥錄曰: "孟子之言性, 指性之本然而言。然必有所依而立, 故氣質之稟不能無淺深厚薄之別。孔子所謂性相近, 兼指氣質而言。" 本然之性所依處, 其非未發之氣質乎? 孔子所謂性相近, 果非未發前兼指氣者乎? 人傑錄曰: "性只是理, 氣質之性亦只是這裏。" 所謂這裏者, 果非指未發之前乎? 又「答徐子融」書, 以"周子所謂各一其性", 當之。各一其性者, 謂木之性偏於仁也, 火之性偏於禮也, 金之性偏於義也, 水之性偏於智也, 土之性偏於信也。五行之氣, 果不在於未發之前乎? 况退陶「下圖」之旨, 尤是十分明白。「中圖」以單指者言之, 故單書性字。「下圖」將以對氣質而立名, 故以本然字、氣質字, 相揍着向性字來。若只泛說了此性之載於氣質而已矣, 則單書性字於氣質之上, 足矣。何必贅加本然與氣質兼擧乎? 卽其本然二字, 而可知其已自立名矣。况圖說中明明道, 着"孔子所謂相近之性, 程子所謂性卽氣、氣卽性之性, 張子所謂氣質之性, 朱子所謂雖在氣中, 氣自氣、性自性, 不相夾雜之性"而當之。其下繼之曰"其發而爲情"云云, 則上項諸性, 果非指未發而言耶? 兩先生之論, 旣如是不啻昭晣, 則"未發前無氣質性"之說, 僕安得不疑之哉? 軒下不此之察, 而遽立主見以爲斷案者, 愚未知其必得也。方欲以此更質於浦上, 而先及於軒下, 幸有以垂亮, 再惠以駁論也否?
『中庸章句』"幾則已動"之幾, 盛論曾以爲於此不可言善惡, 然看來似不恁地。夫才說已動, 便有苗脈, 非天理則人欲, 非人欲則天理。邪正之分、眞僞之判, 只爭得些子兒, 而亦自是最初界, 故此處最宜省察。 若已至於迹旣著而情旣熾, 則奚止言省察而已乎? 周子曰"幾善惡", 朱子曰: "'幾者動之微', 是欲動不動之時, 於此便有善惡。" 蓋以其才說動, 則便屬情, 而便自有頭面貌樣故也。安有白地鶻鶻突突, 無可指無可名底, 所發之幾耶? 盛論雖以"天理之"之"之"字, "人欲於"之"於"字, 爲一大證案, 然以愚觀之, 本然是言體段, 故着之字, 將萌是言地頭, 故着於字。此固不足疑也。陳氏曰"此正善惡之幾也", 潘氏曰"是非善惡, 無所逃於此心之靈", 『語類』曰"審其善惡之幾"。軒下之苟務立異, 誠未可知也。外此而抑別有說歟? 願聞之。
"鬼神之爲德", 盛見曾以鬼神之爲鬼神看。始聞之, 意似圓轉。然細思之, 似欲高而反迂晦, 欲細而反欠闕。『章句』所謂"性情功効", 已詳盡無餘。只當據此爲案, 以求見其實相而已; 不當更求新奇, 欲以務多於前人也。蓋"鬼神"是兼氣言, "德"是主理言, "爲"字則是中間接一接。優優不迫地弄得來, 無力而有力, 無味而有味者也。今若曰鬼神之爲鬼神, 則此"德"字亦歸於兼指氣之科, 而不足以爲下文誠字之張本; "爲"字便竪起着大段氣力, 而旋覺浮躁緊促語短而旨淺矣。『章句』不單釋德字而並擧"爲德"字以釋之, 其意自可見。"體物而不可遺", 性情也, "如在上, 如在左右", 功効也, 而這皆莫非此理之實然者也。故終之曰"誠之不可揜如是"。蓋首尾節"德"字、"誠"字, 相爲呼應, 而中間兩節, 是"德"字之鋪叙處也。審如是矣, 則於此豈可以更采別訓耶? 此與"中庸之爲德", 正一例語法也, 而或者以"中庸之德"爲主理之德, "鬼神之德"爲主氣之德, 未知何所據也?

4-4-4

「답허후산答許后山」(『俛宇集』 卷16)

해제

1) 서지사항

곽종석이 허유에게 보낸 서한. 『면우집』 권16에 실려 있다. (『한국문집총간』 340)

2) 저자

곽종석(郭鍾錫, 1846~1919)으로, 자는 명원(鳴遠), 호는 면우(俛宇)이다.

3) 내용

이 글은 곽종석이 후산(后山) 허유(許愈, 1833~1904)에게 성리학에 대한 자신의 생각을 피력한 것이다. "미발전기질성(未發前氣質性)"에 대한 호론(湖論)과 낙론(洛論)의 주장을 정리하며 자신의 생각을 밝혔다. 미발(未發) 시에 마음공부가 제대로 되어 있다면 여기에 선악이 끼어 들 여지가 없다는 것이 낙론의 주장이고, 희노애락이 발하기 전이라도 그것의 씨앗이 이미 형성되어 있다는 것이 호론의 주장이라고 정리하였다. 즉 낙론은 미발 시에 지극한 마음공부를 강조한 것이고, 호론은 희노애락이 아직 발하기 전의 마음가짐을 강조한 것이라는 것이다. 이에 대해 곽종석은 두 입장의 장단점을 들어가며 자기의 주장을 폈다.

4-4-4「答許后山」(『俛宇集』卷16)

天眷有東, 元子誕降, 四重之歌, 八域攸均。際承下問, 開示之靡有餘蘊, 容受之尤有不吝。一則見推己及人之盛德; 一則見舍己從人之洪量。仰甚仰甚! 仍伏惟萱闈侍湯, 致憂當如何? 伯公改窆, 孔懷更如何? 鍾錫省安是幸。惟此一寸志業, 日見其退, 未見其進。今承日夕下帷之教, 尤不覺赧然欲死。玆當陽復之月, 益不堪有感於心者。何以則竪起一番雷聲, 使萬戶千門得以次第開了也? "未發前氣質性"之說是湖、洛論大分界處。蓋衆人之心膠撓昏耗, 雖有少靜時節, 不是眞箇未發。若能眞箇未發, 則於此不可以言善惡不齊之性。此則洛說之旨, 而以未發之極功言之也。但指其喜怒哀樂不形時節, 則淸濁粹駁都在這裏, 而爲發後淑慝之種子。此則湖說之旨, 而以喜怒之不形處言之也。兩說各立則俱偏, 而相須則不備。鄙意則蓋欲兼兩說而觀之耳。非以氣質之性專歸於未發, 而更不干些子兒已發境界矣。來諭雖以太極爲證, 然太極亦不離乎陰陽, 靜而体立於陰, 動而用行於陽是也。"天之氣行, 方生於太極已動之後"云者, 愚以爲"方生"二字恐做病。然則氣爲徒行於"感而遂通"之用, 而無與於"寂然不動"之體歟? 理爲懸空於"寂然不動"之時, 而方始搭氣於"感而遂通"之境歟? 理氣之相須爲體者, 果安在哉? 夫氣質之性, 其所以得名之由, 則固在於已發之有善惡, 而這性字又非別爲一性也。此卽是本然性之性字, 則奚獨專歸於已發之後哉? 夫何以一箇性字, 單指則爲未發之性, 兼指則爲已發之性也? 來諭所謂"雲、陶所論旣是氣質之性, 則不得不兼氣說性"云者, 誠有不察人意之歎。何不將朱說中"在裡"字及退說中"發爲情"等字, 仔細玩索, 乃以兼氣之說, 詰得漭蕩也? 鄙意則朱子所謂"在裡"、"這裡"者, 分明是未發。退陶歷言氣質之性, 而繼曰"其言性如此, 故其發而爲情"云云者, 分明是氣質之性在於未發也。若以氣質之性, 專以爲已發, 則朱子所謂"在裡"、"這裡"者, 是已發之裏乎? 退陶所謂"發爲情"者, 是已發之氣質之性更發而爲情耶? 蔽一言曰: "氣質之性, 通未發、已發而言之也。" 至若東巖之說, 驟觀之則似甚可駭。然其意則以爲聖人氣極淸、質極粹, 而性搭在這裏, 則未發也光明洞徹, 所可指者天理而已, 已發也廓然大公, 所直遂者天理而已, 無有不齊者之可言也矣。自中人以下, 則未發而淸濁粹駁, 不一其稟, 已發而公私善惡, 有萬不同, 則於此而言其不齊之性者, 不亦較襯切乎? 鬼神之專主氣言者, 雖甚無謂, 軒下之專主理言, 亦未甚善。鄙所謂兼氣言者, 似不背於子思之旨, 更思之如何?

4-4-5

「답허후산答許后山」(『俛宇集』 卷16)

해제

1) 서지사항

곽종석이 허유에게 보낸 서한. 『면우집』 권16에 실려 있다. (『한국문집총간』 340)

2) 저자

곽종석(郭鍾錫, 1846~1919)으로, 자는 명원(鳴遠), 호는 면우(俛宇)이다.

3) 내용

이 글은 곽종석이 후산(后山) 허유(許愈, 1833~1904)에게 성리학에 대한 자신의 생각을 피력한 것이다. 특히 "미발전기질성(未發前氣質性)"에 대해 한주(寒洲) 이진상(李震相, 1818~1886)의 언설을 인용해 가며 자신의 주장을 전개했다. "본성에 비록 악함이 있더라도 겉으로 드러난 이후에야 알 수 있다. 본성이 기에 국한되어 악함이 있더라도 악함 또한 본성이다."라는 한주의 말을 인용하며 허유를 논박했다. 그러면서 리(理)만을 가리켜 본연지성(本然之性)이라고 하든, 기(氣)를 겸해 기질지성(氣質之性)이라고 하든, 그 이름은 다르나 본성은 하나라고 자신의 논지를 밝혔다. 또한 이에 대해 주자와 이황의 언설을 근거로 제시하고 있다.

4-4-5 「答許后山」(『俛宇集』 卷16)

歲㪚陰窮, 嚮慕方隆。匪意寵訊, 春到與到。和氣之及而凍後餘生, 自不覺其汗㗖痒而腴皺瘃矣。矧審侍體百福, 靜存動察, 堂奧之日邃而淵海之日溥者乎! 蹉跎之歎, 尤認自牧之盛, 而秉荷垂砭之眞。仍念古之人, 多於吾年, 已做得箇許大事業, 而自顧身分, 便沒頭面, 愧恨則極矣。而况奉老餞迓, 自不無喜懼之交倂者乎? 浦上之行, 由我不誠, 竟致緯繣; 山齋之會, 由我無福, 又至齟齬。浮世微生, 好機會不易得也。可悔又可歎! 日昨奉洲上書, 謂"於來春, 以凝窩遺藁丁乙之役, 擬入晩歸亭, 深望吾丈與諸賢相訪", 未知此計果可以得遂否? 前者性辨高論, 一符於洲說, 而亦自有不相契處。洲說曰: "水之有濁, 固可見於就下, 而濁底苗脈, 已具於盈科之際矣; 性之有惡, 固可認於已發, 而惡底苗脈, 已在於受氣之初矣。科坎之汎沙, 不以未流而自淨, 氣質之昏明, 不以未發而純善, 則性雖局於氣而有惡, 惡亦性也, 水雖汨於泥而有濁, 濁亦水也。程子之意, 止是如此。" 又曰: "至於朱子, 雖多有'未發前氣質性'之說, 然固非氣質之性所以得名之由也。" 觀此兩說, 其與吾丈之論, 同乎異乎? 蓋洲上之主"未發前無氣質性"之說者, 或恐其偏學之, 理上求氣, 和氣作理, 致有害於性善之宗旨故耳。若能專言理而指爲本然之性, 旣又兼言氣而指爲氣質之性, 則名雖殊而性則一, 何不可之有? 但本然之性, 是就氣質中剔撥者爾。未發之時, 若無氣質則已, 如或有之, 則卽可以單指, 亦可以兼指, 豈待已發然後方可以單指、兼指耶? 朱子所謂"纔說性時, 便有氣質在裡"之說, 固是如帶了氣質一般。然"纔說性", 果非未發界分耶? 且勉齋所問, 旣問氣質之性, 則朱先生何不曰"性之發而變於氣質"云云, 而乃以"纔說"字、"便有"字, 說得如是之太苟且太緊急大骨突也耶? 或問: "喜怒哀樂未發之時, 亦有不中, 何也?" 朱子曰: "便是氣質昏濁, 未發時塊然, 如頑石相似。" 又曰: "衆人雖有此心, 未發時已汨亂了。卽此而推之, 未發之前亦有聖凡之所不齊者, 不亦較然乎?" 退陶「下圖」之說, 分明道著氣質之性, 而亦屢言歷言不一言矣, 則圈內之已自立名, 斷然無疑。何必以氣發、理發, 攙說於今日之論乎? 况圈內旣已兼理氣言性, 故其情之發, 自不無理發、氣發之殊者乎? 圖與說細玩之, 則可見愚迷之量。不察自己之不足, 累作倔強之態於君子之下, 主臣之極, 已無可言。今却撇此一件置了閒地, 欲待瞽眼之少有脫瞖然後, 更著理會, 不審以爲如何? 鬼神之說, 以言其“陰陽屈伸”之迹, 則鬼神是氣; 以言其“德誠微顯”之實, 則鬼神是理。中庸之義, 旣主於“德誠微顯”之實, 則鬼神亦只是實理。然其爲本色, 則畢竟是形而下者。故朱子曰: “今且只就形而下處說來。”是以經文之“體物如在”, 皆卽氣而推理, 章句之“陰陽屈伸”, 并帶氣而說理, 而退陶之意亦如是。愚所謂“兼理氣”者, 職由是也。蓋非以鬼神專謂之形而下, 所謂“就氣上指其理”者, 約而盡矣。雖然, 若謂之曰“鬼神之爲鬼神”則不可。夫天固理也, 性固理也, 而今以“天命之謂性”, 若謂之曰“理命之謂理”, 或謂之曰“天命之謂天”, 其可乎否? 歲除隔眉, 伏願侍養萬祐, 年德竝進, 以幸吾道。

4-4-6

「답허후산答許后山」【癸酉】(『俛宇集』 卷16)

해제

1) 서지사항

곽종석이 허유에게 보낸 서한. 『면우집』 권16에 실려 있다. (『한국문집총간』 340)

2) 저자

곽종석(郭鍾錫, 1846~1919)으로, 자는 명원(鳴遠), 호는 면우(俛宇)이다.

3) 내용

이 글은 곽종석이 후산(后山) 허유(許愈, 1833~1904)에게 성리학에 대한 자신의 생각을 피력한 것이다. 특히 허유가 말한 "마음이 지각한 것은 리(理)가 아니면 욕(欲)이고, 욕이 아니면 리이다."에 대해 자신의 주장을 전개했다. 욕이라는 것은 네 가지로 나누어 볼 수 있다고 하며, 욕을 쉽게 정의해서는 안 된다고 밝혔다. 즉 욕을 무겁게 보면 인욕(人欲)·사욕(邪欲)의 욕이고, 가볍게 보면 성지욕(性之欲)·심소욕(心所欲)의 욕이며, 높게 보면 아욕인(我欲仁)·가욕선(可欲善)의 욕이고, 낮게 보면 기욕식(飢欲食)·한욕의(寒欲衣)의 욕이라는 것이다. 욕은 여러 가지 측면이 있으므로 단순히 이분법적으로 보면 안 된다는 것이 곽종석의 주장이다. 이어서 주자와 이황의 언설을 제시하며 자기의 주장을 펼쳤다.

4-4-6 「答許后山」【癸酉】(『俛宇集』 卷16)

自逃君子之鄕, 私心悵惘, 仰薰德而不自止也。日前自嶧山歸, 從人奉五月十四日下書, 深感尊慈繾綣無狀, 而有以終始不棄之也。心卽理之說, 有何難曉, 而聖養亦信不及耶? 聖養如此, 他尙何說哉? 爲之憧憧無已也。鍾錫近日來, 別無事業, 又不敢向人爲名理說。幾年山居樸習, 又從而欲漓敗矣。不知俾誰收拾, 俾誰策礪, 畢竟爲甚生人也? 示喩曾子氣力, 仰認躬蹈之實, 而亦欲從末由奈何? 竊恐窮病掣肘, 離索破志, 無由以遂其素願也。不審尊慈其肯垂憐乎否? 『心經答問』甚荷開誨之勤, 而又仰夫於今眞說理者, 惟洲上及吾文丈而已。鍾雖至惷愚者, 其於二先生之前, 未嘗不吐底蘊以求正也。是則或者天誘其衷, 而有以反覆乎道也。若蒙尊慈得卒其惠, 而使惷愚得卒其業, 則爲幸孰甚焉? "覺於理、覺於欲"之說, 已經退陶刪節, 今不必據而分疏。況程氏之說, 承上"人欲未汨"而言, 則所謂欲者, 分明是人欲乎? 下喩所謂"心之所覺, 非理則欲, 非欲則理"者, 分明是天理人欲, 雙關着乎? 下喩且謂之輕看欲字。然夫欲字, 重看則爲人欲、邪欲之欲; 輕看則爲性之欲、心所欲之欲; 高看則爲我欲仁、可欲善之欲; 低看則爲飢欲食、寒欲衣之欲。於此輕看, 已自不着。必也, 轉活睛用寬典, 而爲之低看然後, 僅得無病。然再數廊柱之嫌, 亦不可避也。朱先生於人道心義, 屢變其論, 而晩定於「庸序」。今何必追援初說, 而謂之曰不得不乎? 鄭氏所謂"神見人之爲"者, 果主"莫予云覯"而言。然若知"鬼神之妙, 無物不體", 則"莫予云覯", 有不足卞, 而"見人之爲", 反涉於恍惚語矣。此鍾之所以取朱說之精, 而以鄭說爲粗也。非欲工訶鄭氏而歸之於全不識之科也。今欲與詆鄭氏不識禮者, 勘之以一律, 則不亦太寃枉乎? 吳氏所謂"物接乎外, 閑之而不干乎內"者, 鄙意所病, 正在"物"字, 而下喩謂"'物接乎外閑之'云者非病也, 病在乎'不干乎內'四字"。退陶所謂"禪寂", 以此竊恐其義似不如是。其「答崔見叔」書曰: "孔子於邪著閑字, 則固可謂'不干乎內', 今'物接'而云云, 豈非禪寂耶?" 由此推之, 未知退陶其果以"不干乎內"爲病耶, 以"物接乎外閑之"云者爲病耶? 下喩又因朱子說以證物字之無病。然朱子曰"只要邪氣不得入", 何嘗曰"只要物不得入"乎? 又曰"怕他入來", 何嘗曰"怕物入來"乎? 苟其善而不干乎內, 誠病也; 邪思惡念不干乎內, 何所病也? 本體之權度, 心之妙用也。妙用而非惡念, 則心之廓然固自如也。彼外至之惡物, 卽自惡物耳, 何可謂干乎內也? 如以不干乎內爲病, 則吾恐許多麤惡, 都做心之妙理也。“敬以直內”, 固當兼動靜說。然單言則如是, 對義則屬靜。『大全』「堂室記」曰: “一動一靜, 交相爲用。” 『語類』曰: “‘敬以直內’, 對‘義以方外’, 則敬靜義動, 單言則貫動靜。” 此鍾說之所以云云也。若夫胡氏所謂“居敬所以精義”者, 是主敬說, 非對待說。各有攸當, 恐不可專執也。觀理所以忘怒, 主敬所以忘邪, 下喩甚正, 而但怒不遽忘, 則方勃然奮然之中, 何自以觀理乎? 邪不遽忘, 則方膠乎擾乎之中, 何自以主敬乎? 遽忘怒, 爲觀理之路, 而觀理所以永忘怒也; 遽忘邪, 爲主敬之路, 而主敬所以永忘邪也。今譬諸物也。荒江層海, 蠻烟蜃瘴, 毒氣彌空, 滿目增愁, 而使人不平者, 怒之方盛也。却忽回頭, 捨而不觀者, 遽忘其怒也。回頭見楚湖漾碧, 君山如畫, 媚婉綽約, 令人怡悅者, 觀理也。及其怡悅, 彼向之增愁者, 不待忘而自忘矣。然而見得他湖山之勝者, 却由其回頭爲之路也。又如爲敵所誘, 從敵而去者, 邪念之起也。却忽立脚, 止而不從者, 遽忘其邪也。才立脚, 便深溝高壘, 忠義發誓, 將軍在臺, 一軍肅然者, 主敬也。及其肅然, 彼向之誘我者, 不待忘而自忘矣。然而做得他深溝高壘之功者, 却由其立脚爲之路也。古人之病於習忘者, 正坐事事都忘, 而流入於佛旨上去, 如其邪念遽忘, 何至不可? 顔子之“克己復禮”, 是遇賊廝殺底; 仲弓之“主敬行恕”, 是堅壁淸野底。曾子之“日三省”, 在顔子移下一步, 在仲弓移上一步, 今不可比而同之於仲弓。且從其“有則改之”上說, 則其所謂“有”者, 不其纔差失乎? 「好學論」“天地儲精”, 正猶『中庸章句』“天以陰陽五行”云云之意也。皆是從理說, 而非必指穹然隤然者, 則何由而不當得太極字也? 仔細玩繹, 其義自可見矣。“大可驗”、“都不得”之旨, 鄙說果與退說有異。然“大可驗”之指功效言, 退說亦然。“理果勝欲”, 其非功效耶? 退陶分明以“持其志”以下爲工夫, 則下喩謂“退說之‘大可驗’, 只就工夫上說”, 何也? 始之“持其志, 使氣不能亂”, 工夫也; 畢竟“理勝欲”, 功效也。是則鄙說正遵退旨, 而但“此”字, 退陶則指交戰處, 鄙說則指效驗處, 是則有殊也。抹問者不由自家之失, 則單稱“不得”已足矣, 而今謂“都不得”, 則必其不得者非一。故鄙說如前所云。然旣有退說, 亦安敢異議也? 至若“舍去如斯, 達去如斯”云云, 斷以爲羅說, 不足據也。這樵夫分明是荷蓧之類, 則臨江贊善問以智勇者, 恐非其情也。如或不然而苟以好賢之誠來問, 則遜辭可也; 或慮夫風濤之妨人言語, 則大呼可也。何必厲其聲, 而致敖然不恭之態也? 況死於波濤, 不足謂之勇者, 誠有如朴丈所說乎? “心之貌”云者, 猶言心之狀也。非謂一塊血肉可指之形也, 怵惕其果非此心驚動之狀乎? "性相近", 固氣質之性, 而偏屬未發, 不爲不可。苟其已發, 則善惡之情, 相去已千里矣。安得謂之相近哉? 惟其未發也, 渾然全體, 皆具此五常, 而乃或仁三分而義一分, 禮三分而智一分, 或義全而仁偏, 或智全而禮偏, 故謂之曰"相近"。全體則同, 而厚薄則不齊也。以是推之, 則相近之說, 其義甚明, 而不必求之於迂晦。氣質之性, 亦不必專主發處說也。書不盡言, 惟冀默會。

4-4-7

「답허후산答許后山」(『俛宇集』 卷16)

해제

1) 서지사항

곽종석이 에게 보낸 서한. 『면우집』 권16에 실려 있다. (『한국문집총간』 340)

2) 저자

곽종석(郭鍾錫, 1846~1919)으로, 자는 명원(鳴遠), 호는 면우(俛宇)이다.

3) 내용

이 글은 곽종석이 후산(后山) 허유(許愈, 1833~1904)에게 성리학에 대한 자신의 생각을 피력한 것이다. 특히 허유가 보낸 중용지절도(中庸支節圖)와 그의 생각에 대해 곽종석이 자신의 주장을 전개했다. "리(理)가 있으면 신(神)이 있고, 신이 있으면 기(氣)가 있으며, 기가 있으면 형(形)이 있다."는 허유의 가르침에 대해 곽종석은 황간(黃榦)의 말을 인용하며 논박했다. 황간은 "이 몸은 다만 형(形)·기(氣)·신(神)·리(理)인데, 리는 신보다 정미(精微)하고, 신은 기보다 정미하며, 기는 형보다 정미하다. 형이 있어 기가 있고, 기가 있어 신이 있으며, 신이 있어 리가 있는 것이다. 하지만 이것들은 하나의 물건인데, 다른 이름으로 나뉜 것일 뿐이다. 심(心)·성(性)·정(情) 또한 이와 같다."라고 말했다. 이어서 곽종석은 혈육지심(血肉之心)은 형으로 말한 것이고, 활동지심(活動之心)은 기로 말한 것이며, 묘용지심(妙用之心)은 신으로 말한 것이고, 본체지심(本體之心)은 리로 말한 것인데, 이것은 하나의 물건을 정조(精粗)에 따라 다르게 부른 것이라고 자신의 생각을 밝혔다.

4-4-7「答許后山」(『俛宇集』 卷16)

前十八日往沙月, 寵牘之從牧溪來者, 在塵案已有日矣。深感盛德之愛我顧我, 迥出於尋常萬萬, 而問訊之厚, 開誨之勤, 如是之甚數數也。但賤生無誠, 不能仰答仁恩, 始緯繣而終淹慢, 可罪亦可詔也。來坐空山, 秋氣政殷, 蒹葭蒼蒼, 日三復而不自止也。伏惟玆者, 萱闈神力, 飲爽籟而堅衛; 棣牀德質, 暴秋陽而加皜。左圖右書, 俯讀仰思, 不離軒屛之間, 而優優然逍遙乎洙、洛、閩、陶之區矣。嚮風馳想, 惟只見梅山百仞, 突兀撑霄, 巑乎屹乎, 不可及也。允友且讀書, 私心慰悅, 殆不下於自己咿唔。但『思傳』贊道高妙, 驟難領會, 恐非允友今日所急。且使之遞低數步, 立命於「明倫」、「敬身」之編, 而用力乎格、致、誠、正之傳, 如何如何? 愚騃顓劣, 素昧乎允友之力量何如、造詣何如, 而妄獻不的之劑, 諺所謂"庸醫殺人", 殊可慮也。二允讀何書, 瑤環瑜珥森然在眼, 久而不能忘也。夫人有賢父兄固至樂, 有佳子弟亦一大喜也。今使兩允樂賢父兄, 席下喜佳子弟, 則人世盛事, 更何過此? 頌仰萬萬。鍾錫家運孔慘, 月前遭嫂喪。悲悵之私, 無容云喩, 而篤老疚懷, 何以奉慰, 遠地返柩, 何以營辦, 首窮之兄, 何以存恤, 經刦之家, 何以扶過也? 百慮交攢, 五內如潰, 晝宵轉輾, 殆成心恙, 寧有好說話可以仰瀆崇聽者乎? 數畝之耕, 且爲水旱所災, 而秋事在迫, 亦不可不幹檢。故携妻來此, 付以群務, 辛苦萬狀, 自不覺其闇然銷魂也。時復欲鑽研故紙, 用作消遣之方, 而如干書冊, 盡輸沙月。赤拳來坐, 入眼無一字, 尤是忍不得處也。名理之說, 雖在平常安適時, 難保其會得是當。矧玆憂愁窟中, 方寸窄狹, 那得優柔涵泳從容理會, 以副席下問寡之至意乎? 但『中庸』支節, 是鍾之平日致思而不得焉者。 今承圖示之敎, 誠有不敢下手者, 而抑或因此爛漫商確, 終歸於至當, 則是小人之幸也。玆敢不揆僭率, 圖在別紙, 伏望另加訂品, 改得亭當, 用啓此迷也。『洪梅山集』深願一見, 而今蒙節示, 甚感甚幸! "形氣神理"之說, 果出於勉齋, 而但梅山之以"神"字當心、"理"字當性者, 正恐得其一而未得其二也。下喩之曰: "有理斯有神, 有神斯有氣, 有氣斯有形", 亦恐認勉齋語意不着。勉齋曰: "此身只是形氣神理, 理精於神, 神精於氣, 氣精於形。形則一定, 氣能呼吸能冷暖, 神則有知覺能運用, 理則知覺運用上許多道理。然有形則斯有氣, 有氣斯有神, 有神斯有理, 只是一物分出名字。心性情之類, 皆可見矣。"【止此。】蓋從人身上易知可見處推去, 故自形而氣, 自氣而神而理, 此乃由粗達精之眞妙手法也。若如下喩之直說, 則只是大原頭, 理生氣、氣生形之竪看譜例, 而切非黃先生從人身上立言之本旨也。且夫理交於氣而神發焉, 安得曰"有理斯有神"乎? 氣命於理而形成焉, 安得曰"有氣斯有形"乎? 今以人身上推之, "心"之一字, 所該甚廣。血肉之心以形言也, 活動之心以氣言也, 妙用之心以神言也,【程子曰: "其用則謂之神", 朱先生擧此以當情字。】本體之心以理言也,【孟子曰: "仁人心也。"】而形氣神理非有四心也, 只是一物而揀精粗立名耳。黃先生本旨正自如是, 而梅山之獨以"神"字當心者, 已是偏了。以"理"字當性者, 雖近無病, 而猶不知理是性而性乃本體之心也, 神是情而情乃妙用之心也, 而性搭乎血肉之心, 情乘乎活動之心也。其於黃先生所謂"只是一物分出名字"之義, 果爲得乎否乎? 鄙見如是, 更惠以駁敎是望。俯索感興之作, 本無所搆, 而且以縲樞之手, 處苦海之裏, 安能有所感之興耶? 承敎發汗, 罔知攸對。如有鉅製, 勿吝垂示, 用作拙匠之規矩如何? 贅疑錄是吾入頭處, 而爲一生受用地也。近欲精寫一通, 以便省玩。若得席下一言, 弁之卷首, 則錦上之花, 尤可喜也。千萬下諒。蓋以深知洲上者, 莫如席下, 而實愛我者, 亦無如席下也。伏希默會。

〈別紙〉

「序文」所謂"脈絡貫通", 蓋指諸章之承上起下文義相續者, 而今以一誠字當之者, 就圖子上別立論耳。「序文」本意亦在其中。

謹按: 饒六節、王四支之說, 實原於「序文」中"支分節解"之云, 而俱得朱子之意者也。夫讀法之裁定旣備, 則六節之說不可棄也。『章句』之分段旣明, 則四支之說不可闕也。或者改支爲節, 而謂之四大節, 仍駁饒氏之說, 是不察乎"支分節解"之義, 而不究乎讀法之旨者也。可勝惜哉!

爲圖也, 上層則一支二節, 中層則二支三節, 下層則一支一節。蓋以大支, 則篇首十一章, 自當爲一, 而以細節, 則中和、中庸不妨分而爲二也。以大支, 則第二十章, 自當爲費隱之終, 而以細節, 則亦當爲誠之始也。以大支, 則自第二十一章至第三十二章, 自當爲一, 而以細節, 則"維天之命"以上亦當爲誠一節, 而"大哉! 聖人之道"以下不妨屬之於"大德"、"小德"也。至若末一章, 則爲一篇之歸宿萬化之總括, 而自當爲一支一節也。

第一章第三十三章, 俱一章一節, 而特立兩頭。有始一終一之妙, 故用圈以別之。其

中庸支節圖

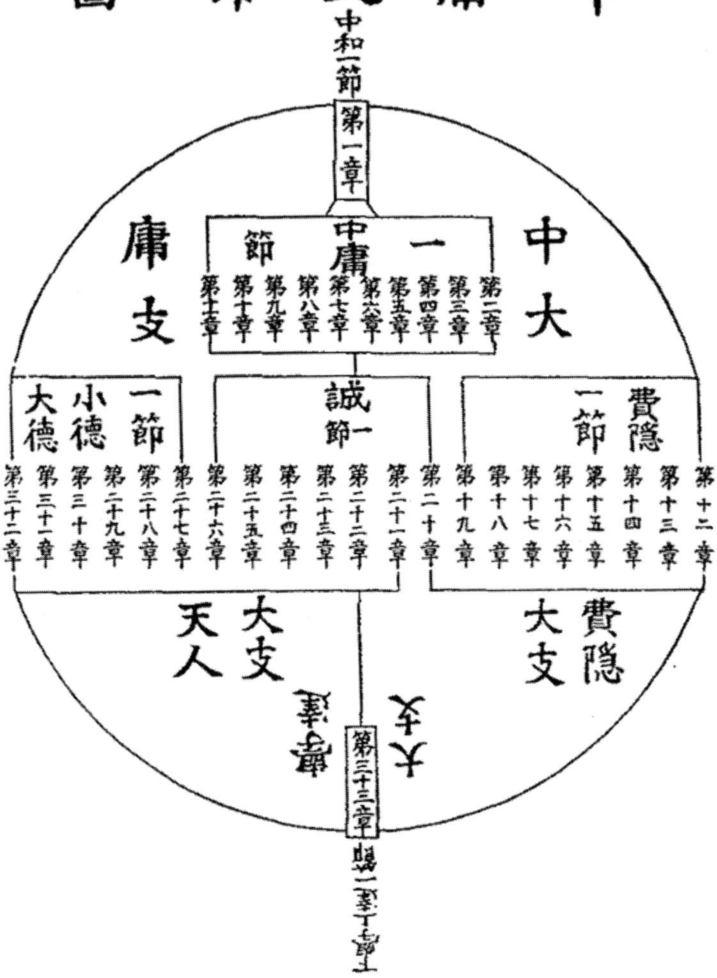

中間諸章, 則有中散爲萬事之象, 而皆用墨絡連綴, 以見"支分節解"之義。又自上層直拕墨絡, 抵于中層之誠字。又自下層仰拕墨絡, 抵于中層之誠節, 以見「序文」所謂"脈絡貫通", 實指一誠字也。"中和"則從上向下書, "學達"則從下向上書, "費隱"則從右向左書, "大德"、"小德"則從左向右書, 皆歸宿于一誠字也。

以四支言, 則誠字隱而不見, 猶土之寄旺於四時而無定位也。以六節看, 則誠字居中, 猶土之央於五行也。

自第一章之左右墨絡之兩下拕來而抵于中層者, 一之散萬之機也; 自中層之左右墨絡之兩下拕來而抵于下層者, 萬之合一之妙也。於是, 圖體至圓有天之象焉, 而首章末章南北相當, 猶天之有南北極。恰恰照應得「序文」中“繼天立極”字, 而始以“天命之性”, 終以“上天之載”者, 自在於不言之中。

從外看, 則太極之渾然一圈也; 從裏看, 則太極之森然萬象也。朱先生於首章章句“天以陰陽五行”云云處, 全用『太極圖』意, 而又於『太極圖說解』, 用“上天之載無聲無臭”之語, 其意嬍矣。

“中和”在極上頭, “致中和”也。外圓內方, “天地位焉”; 萬象森然, “萬物育焉”。

“中庸”二字是一篇命名之要。故處乎中層之上上層之下, 而節處則書於中間, 支處則書於左右, 以見其上下左右中, 無不該括乎此也。

4-4-8

「답허후산答許后山」(『俛宇集』 卷17)

해제

1) 서지사항

곽종석이 허유에게 보낸 서한. 『면우집』 권16에 실려 있다. (『한국문집총간』 340)

2) 저자

곽종석(郭鍾錫, 1846~1919)으로, 자는 명원(鳴遠), 호는 면우(俛宇)이다.

3) 내용

이 글은 곽종석이 후산(后山) 허유(許愈, 1833~1904)에게 성리학에 대한 자신의 생각을 피력한 것이다. 특히 마음에 대해 별지에서 『중용혹문』의 구절과 대산(大山) 이상정(李象靖, 1711~1781)의 설을 들어가며 자신의 생각을 밝혔다. 곽종석은 "마음은 볼 수 있는 물건이 아니다. 방촌(方寸) 사이에 근본이 서 있으면 물이 고요하고 거울이 텅 빈 것처럼 그 마음이 밝을 것이요, 근본이 서있지 않으면 해가 가리고 나무가 시든 것처럼 그 마음이 어두울 것이다."라고 설명하고 있다.

4-4-8「答許后山」(『俛宇集』卷17)

朴兄帶寵音而廻, 拜擎披玩, 怳若親承謦咳, 鍾於此受賜多矣。寧不感懇以泣? 况審慈幃鼎鑪膺河仙不老之休。棣韻湛翕, 踐履日熟, 隨事省察, 不容放過。又能驗之夢寐之間, 而推以並及於無狀。苟非血誠神力, 那至如是光明普現而度此衆生也? 但鍾瞌睡而已, 其夢入軒下者, 是莊周耶, 蝴蝶耶? 且能以禪旨二字仰譏長者者, 不可以夢而自恕也。然而因以遂之, 以實大君子無妄之夢, 亦或是一道否? 夫心非可看之物也。而苟其方寸之間, 大本卓立, 如水之止如鑑之空也, 則其光明者卽此心也; 如其大本不立, 而濁氣塡塞, 如日之蝕如木之槁也, 則其昏暗者卽亦此心也。今欲將一心看一心, 求其心之於彼乎於此乎, 則其所謂光明界昏暗地者, 別成心外之一家舍, 而其所謂心者, 疋似夫眞人之閃鑠矣。此果爲存省實理體認大本之眞詮乎? 抑亦近於反鑑索照把弄影象之法門乎? 鍾於此實有所不敢知者。鍾方在夢中, 待驚悟時節, 要當覓鹿於道洞蕉葉之下也。大支之說, 前後下誨, 不曾明言其所以然之故, 而只恁地硬直說去。今又以王氏之說爲證, 鍾之愚昧, 玆不能無滋甚之惑矣。其曲折之纖悉者, 何不瞭然示掌, 而廓此黮黮之腑也? 别以夾紙求敎, 惟批回是望。大山率性之說, 以愚觀則恐襯切, 亦論在夾紙。趁賜評駁, 如何如何?

〈别紙〉

『中庸或問』曰: "此篇首章, 先明中和之義, 次章乃及中庸之說。至其名篇, 乃不曰中和, 而曰中庸者, 何哉? 曰中和之中, 其義甚精, 而中庸之中, 實兼體用。且其所謂庸者, 又有平常之意焉, 則比之中和, 其所該者尤廣, 而於一篇大指, 精粗本末, 無所不盡。此其所以不曰中和, 而曰中庸也。" ○ 謹按: 一篇之大指, 猶以中庸而爲名, 則一支之大指, 尤豈得舍中庸而取中和乎? 大而名一篇, 小而名一節者, 反不足以爲一支之名乎! 『或問』雖說名篇之義, 然其當取中庸而不必取中和者, 亦可以旁照於大支之訟也。王氏所謂"第一支ㄴ 首章은 子思ㅣ 立言이오 下十一章은 引夫子之言ㅎ야 以終此章之義라"云者, 亦未見其以中和爲一支之名也。引此爲證, 不亦太糊鶻乎? 盛見倘曰"第一支난 首章이니"云否? 若然則首章獨當得一支, 而其下十一章, 反似不在於

此科也。其文理語脈, 果有順而無礙否? 設使王氏直以中和爲大支, 吾當取朱子所說名篇之義而守之矣。

又曰: "天命之性, 仁義禮智而已。循其仁之性, 則自父子之親以至於仁民愛物, 皆道也。循其義之性, 則自君臣之分以至於敬長尊賢, 亦道也。循其禮之性, 則恭敬辭讓之節文, 皆道也。循其智之性, 則是非邪正之分別, 亦道也。蓋所謂性者, 無一理之不具。故所謂道者, 不待外求而無所不備。所謂性者, 無一物之不得。故所謂道者, 不假人爲而無所不周。" ○ 謹按: 大山之說, 原於『或問』, 而其間却添入了"慈愛之理、斷制之理、恭敬之理、知覺之理"云云者, 實見得他表裏一串, 不待安排之妙也。『或問』之說順而明, 大山之說緊而詳, 其實則無彼此。但大山說中, "莫不以"之以字、"爲道"之爲字, 略有楊氏所謂"率之而已"之病。然此亦是懸空說, 非就人作爲上說。一篇大義, 固明白精粹, 何必致疑於其間也?

4-4-9

「답허후산答許后山」(『俛宇集』 卷17)

해제

1) 서지사항

곽종석이 허유에게 보낸 서한. 『면우집』 권16에 실려 있다. (『한국문집총간』 340)

2) 저자

곽종석(郭鍾錫, 1846~1919)으로, 자는 명원(鳴遠), 호는 면우(俛宇)이다.

3) 내용

이 글은 곽종석이 후산(后山) 허유(許愈, 1833~1904)에게 성리학에 대한 자신의 생각을 피력한 것이다. 특히 최정기(崔正基)와 이성양(李聖養)의 주장을 한주 이진상의 생각과 비교해 가며 자신의 생각을 밝혔다. 곽종석은 "마음이 기(氣)를 겸하면서 리(理)를 주로 한다는 것은 한주의 본래 주장이다. 따라서 최정기의 견해는 한주가 이미 주장한 것이고, 최정기의 말은 한주가 이미 말한 것이다."라고 설명했다. 그리고 이성양이 말한 "마음은 리와 기를 합한 것이다."라는 것은 마음이 포괄하고 있는 것이 매우 광범위하다는 것을 말한 것이지 이것으로 심즉리(心卽理)를 공박하려는 것은 아니라고 자신을 견해를 밝혀 놓았다. 별지에서는 곽종석이 틈틈이 『심경』을 읽으면서 가졌던 생각을 각 조목별로 정리해 설명하였다.

4-4-9 「答許后山」(『俛宇集』 卷17)

承下書有日, 不審侍候若何? 蒙示詩說, 非止爲肅中發。凡有志者合寫一通, 揭之座右, 用作不遠之柯也。本本元來只一原, 一原還是萬殊門之句, 非實有見, 那能說得如是? 且肅中詩序云云以下, 節節是警人處, 甚盛甚盛! 心之兼氣而主理, 洲上本說已分合俱勘, 絶無滲漏, 則肅中之見, 洲上已先見之矣。肅中之言, 洲上已先言之矣。肅中儻未覩本說耶? 若已覩, 則以肅中之高明通敏, 自當知其言之爲第二着, 而心卽理三字之爲千聖宗旨也。鍾亦以此說積被攻駁, 而其攻之者, 皆爲心卽氣之說者也。今肅中爲兼理氣之說, 然則肅中不亦當世之豪傑乎? 但以此攻彼則非矣。其詩所謂"理徹氣淸是妙原", 未免有語病。理爲本然之妙, 理爲萬化之原, 而今和氣爲妙原, 則所謂妙原者已不勝其汙雜, 而朱子所謂"把許多麤惡底氣, 都做心之妙理"者, 不幸近之矣。若其所謂心卽理也, 則草木禽獸亦且虛靈不昧、神明不測云者, 是肅中猶知虛靈神明之是理非氣也。旣知是理, 則何疑於心卽理乎? 其意則蓋謂"人之心, 其氣淸通, 故能虛靈神明, 而草木禽獸之心, 其氣濁塞, 故不能虛靈神明, 則心之兼氣, 不亦明乎?"云爾。然則肅中以虛靈神明, 反歸重於氣, 而亦不料其理絶不同處耳。夫性卽理也, 而犬之性異牛之性, 牛之性異人之性, 則肅中亦將以此而謂"性之兼氣"乎? 性之單指理者, 猶尙如此。況心之不能無氣, 而今且主本體以爲理者乎? 昔巍岩李公以爲"聖人則合下以理爲心, 故心卽理, 理卽心, 體則中, 用則和"云云, 而猶以氣之精者爲心。君子譏其不以聖人之心爲心, 而以釋氏之心爲心。今肅中亦欲不以在人之本心爲心, 而乃以草木禽獸之心爲心耶? 肅中之謂"心兼理氣"則得矣, 而謂"心卽理之非紫陽旨訣"則失之矣; 謂"因所主云卽理"則得矣, 而謂"偏從一邊"則失之矣。宜寫洲上本說, 寄與肅中觀玩, 如何如何? 肅中聞鄙說, 亦當有以誨我矣。四七說得爛漫云: "爲肅中甚賀。 肅中虛受之量如是, 亦何憂此說之偶未契勘也?" 聖養之謂"心合理氣", 必是泛言心之所包甚廣, 非以此而攻心卽理也。去年居陀客堂, 一燈相對。鄙說之縷縷分疏, 聖養已一一頷可, 至有盛論一何圓, 主理爲欛柄。我曾呑膠漆, 無怪語澁硬之句, 則聖養豈復有疑於洲上之說, 而忘息壤之在彼哉? 亦豈面諾而背訕者哉? 幸勿以合理氣之說, 疑聖養若何? "未發之時, 自有湛虛淸明之氣"云云, 聖養之意, 未知緣何而發？然卽此一段而觀之，則恐不至大段做病。衆人之心，居常膠擾，未發時分，固所難得。而苟或有之，則風恬浪靜，滓脚沉下而淸浮上面，本體呈露而氣像甚好。聖養所謂“湛虛淸明”，豈無體認而云然哉？但湛一裏面實不免包藏汙穢，則未可遽以一時之澄淨，而謂“無汙穢之着”也。且聖養說旣未得見其全段，而下喩歎之以湖、洛餘波，則無乃聖養之以此爲心體耶？今未可質言也。金正言丈未知緣何而以疢疾愛我也？所謂某人，未知指誰，而下喩目之以老宿，則正言丈之比擬不倫，尤非愛後生之道也。無乃鍾錫平日有矜己沽名之實，而致有此譽耶？深庸愧恐。未發前氣質性之說，近亦與洲上爛漫，而鍾錫之言曰：“氣質之性，見之於發處則固然，而若以爲未發之前都無氣質之性，則不可。” 洲上之敎曰：“鄙人何嘗謂‘未發之前都無氣質之性’哉？但謂之‘不須言’云。” 鍾錫於“不須言”三字，深悟尊性之訣，而更不敢開喙呶呶耳。蓋就其渾然一理太極全體，而謂之本然之性；自其仁多義多或偏或全，而可以言氣質之性。然矯其偏而使之全，矯其薄而使之厚者，專在於發後，則今於未發之前，區區說氣質之性，亦何所補哉？謂之“都無”，語欠直截，而其在尊性之道，自是“不須言”耳。盛意則以爲如何？『詩選』及『志錄』，意其入覽久矣。今承下喩，非止不見其書，人亦烏有？倘非今世之殷洪喬羞爲人致書督郵耶？不謹之責，在於鍾錫，固何與於軒下哉？但『志錄』最可惜，而『詩選』則或恐其轉入人眼，召它唇舌。然而旣失者，安敢望其必得也？幸廣採之，若有實跡，從而取回甚善。亦不可大詈小罵，使他彰惡耳。病餘神疲，無以自振。時於枕上玩『心經』一二句，而意思甚短，不足以究微旨。玆以略綽看過未快活者，條白在別紙。幸早賜的批，使蟄物聽雷音，幸甚。

〈別紙〉【『心經』箚疑】

「贊」，“有好、有樂”，“曰義、曰仁”。情有萬殊而不可悉擧，故只下有字；性有四德而自是定名，故必下曰字。此一說也。“好樂忿懥”，專就用上說，故緊着有字；“仁義中正”，兼體用說，故普着曰字。此一說也。兩說孰長？

「心學圖」。退陶答趙士敬書，始疑“心在之當與養心相對，求放心之當與心思相對”，而曰：“能求放心，則心得其官矣；心無不在，則心得其養矣。” 然而心思、養心，本所以說工夫，而今曰“得其官、得其養”，則是就功效上說。實非此圖本旨。且求放心、養心，本是的對，故終以爲不必移動。是然否？

"人心卽覺於欲者"。覺於理、覺於欲之說, 本出於朱夫子答鄭子上書, 而對說理欲, 終不能無疑。夫單言欲, 則性之欲、心所欲, 初不可偏屬人心, 而我欲仁、可欲善, 亦自是道心之粹然者。若其對理說, 則不免爲人欲之欲, 而不可以人心便謂之人欲。如或活看, 而以飢欲食、寒欲衣之欲當之, 則亦不免註上添註之病。故退陶編『節要』而刪去之。今程氏之說, 承上"人欲未汨", 而繼之曰"覺於欲", 則分明是以人欲爲人心。恐欠瑩。

首章, "帝曰"。不云書曰、舜曰, 而必稱"帝曰"者, 以此章爲萬世心學之淵源, 而又以爲『心經』之首。故最上頭着一帝字, 隱然有心爲主宰底意, 而便接得起下章上帝字。

第二章, "上帝臨女, 無貳爾心"。此八字是主宰者總會處。帝爲上天之主宰; 心爲人身之主宰。無貳者敬也, 而敬爲一心之主宰。帝字在上, 心字在下, 敬居中間, 爲徹上徹下之道, 而三箇主宰, 其實則一也。故無貳, 乃所以主一也。古人立言之確, 有如是矣。

第三章, "神之格思"。神不是別有一物, 如佛家所謂夜叉、毗蔗等, 只是二氣之靈, 體物而不可遺者也。鄭氏所謂"神見人之爲"者, 與神目如電之說, 相類而似甚快。然殊涉於神在人傍, 神自神, 人自人, 而不察乎體物不遺之妙。故朱夫子不泥鄭說, 而直曰"當知鬼神之妙, 無物不體"。其義儘精矣。

第四章附註, "臨川吳氏曰: 邪有兩樣"。吳說固然, 而以"思無邪"之邪, 專謂私欲、惡念之邪者, 是不察乎"思無邪"之亦有兩樣。思自無邪者, 聖人之誠者也; 思要無邪者, 學者之誠之者也。雖在學者分上, 其於私欲之邪, 非私欲之邪, 並要無之。況聖人之至誠, 只無私欲之邪, 而猶有非私欲之邪乎? 其紕繆不足據如是, 而芝山『考誤』爲之分疏, 未知何意? 且"閑邪"亦有兩樣。在聖人, 則是不大段用力, 在學者, 則凡遏人欲、防惡念之類, 莫非是也。而主乾二而言, 則雖是聖人之事, 然程子亦曰: "天下有一箇善、一箇惡。去善卽是惡, 去惡卽是善。" 又以防寇譬之, 則其所謂邪, 縱非大段惡念, 而纔不合正理, 便是惡也, 便是寇也。焉有半間不界之邪乎? 且其所謂"物接乎外, 閑之而不干乎內”者, 退陶答崔見叔書, 正中其窾, 而『考誤』及『刊補』, 爲吳氏分疏者, 亦未知何意? 若如其言, 則孔子何不曰閑物, 而必曰閑邪乎? 『考誤』以抵拒外物, 證之。然朱子旣謂之“凡言邪者, 皆自外至”, 則朱子之意, 正在於外至之邪物也。而其答之以固是者, 僅可而未深許之辭也。今曰“物接乎外”, 則凡君臣父子之事, 自外而來感者, 莫非是也。此亦可以一切抵拒乎? 『刊補』以外物不接、內欲不萌, 證之。然伊川此說所以釋“行其庭, 不見其人”, 而亦自是生硬不貼, 則恐不可篤信。又以四勿, 證之。然何嘗曰“勿視物、勿聽物云”耶? 『考誤』則略欠照管; 『刊補』則頗涉牽强。且吳氏以“思無邪”爲誠意, “閑邪”爲正心。然朱子曰: “‘思無邪’, 只是要正人心。” 西溪李氏亦以“閑邪存誠”, 兼正心誠意說, 則吳說恐未瑩。

第五章本註, “龜山楊氏曰: 以盡其誠心而無僞爲直”, 則已涉於已發界頭, 而非內直之實旨也。妄以己見下一轉語曰: “敬立而大本無所偏倚, 亭亭當當者, 此所謂直也; 義形而事物各得分願, 齊齊整整者, 此所謂方也。” 未知如何?

第六章附註, “遽忘其怒”。遽忘二字, 非止爲息怒單方。凡於一切邪思妄念、擾擾攘攘之時, 卽當遽忘了。忘便忘, 太不可回心看邪念之去否? 如是則邪念復隨而起, 越把捉越不定矣。今以遽忘二字, 爲主敬存心之要路, 如何?

第七章, “風雷益”。或有問: “‘遷善改過’, 不言於‘雷風恒’, 而必繫於‘風雷益’, 何也?” 妄答以爲過在我、善在人, 故雷在內、風在外, 取象至密, 不可互換看。

第八章附註, “曾子三省, 只是緊約束”。或以爲顏子之違仁, 是纔差失, 故“不遠而復”; 曾子之不忠、不信、不習, 是大故走作, 故“緊約束”。竊恐未然。妄意以爲曾子之三不, 亦只是纔差失, 而未必至大故走作。但顏子則幾於化, 故不違之前渾然無跡。纔有一違, 便能知之, 而知便不復行, 不曾大段費力。曾子則猶有守之之意, 故必常常照管有此乎有彼乎? 有則改之, 無則加勉。未能如顏子之幾於渾化, 其謂“緊約束”者, 恐是如此, 非以其大故走作而云然。觀於只是字, 義益明。

第九章小註, “勿軒熊氏曰”。熊說段落甚明, 其謂“誠意章事”者, 泛言此章之合屬誠意邊而統同說者也。蓋以其心之所發, 自然眞實無妄者, 聖人之至誠也; 心之所發, 未能眞實無妄, 而欲其眞實無妄者, 學者之誠之也。於是而又打開說, 則絶四章是聖人事, 四勿章是學者事, 而始必有四勿之工, 然後方有絶四之效。故最宜合兩章而潛玩也。"意是私意"云云, 更照應上面誠意之說, 而爲統同說也。聖人混化, 就絶四章說, 顏子未達, 就四勿章說, 而此又是打開說也。分合俱下, 絶無罅漏, 而『講錄』以熊說謂專就學者分上說, 恐其未然。

第十章附註, "天地儲精"。『講錄』以此爲獨言二五之精, 而不言無極之眞。然殊不察天地字便當太極。大抵「好學論」一半, 全用「太極圖」意。

"其中動而七情出"。世皆以「好學論」七情專主竪看說, 而私以爲當兼橫竪看, 何以言之? 旣曰"其中動", 則此是理發之實, 而從發者豎看說也; 繼曰"熾蕩鑿性", 則此是氣發之機, 而從發處橫看說也。若四端之粹然, 則雖或有不中節時, 焉有"熾蕩鑿性"底時節乎? 此可見七情之拕氣做重, 而不可以專主豎看說也。未知如何?

第十一章, "己所不欲, 勿施於人"。己所欲則施之, 己不欲則勿施者, 此正學者之事。在聖人, 則初不曾計量他欲與不欲, 而方爲施不施也。愚故曰: "聖人則自然是老者安之, 朋友信之, 少者懷之, 而其次則必己欲立而立人, 己欲達而達人。" 顏子則亦自是非禮勿視, 非禮勿動, 而其次則必己所不欲, 勿施於人。聖人之大公無我, 學者之推己及人, 自有等級之別。

第十二章本註, "跡雖未形, 而幾則已動"。跡未形故人不知, 幾已動故己獨知, 則此自是一事。而『講錄』以跡雖未形, 幾則已動, 謂從人知處說; 以人雖不知, 己獨知之, 謂從己知處說。分作兩項說, 恐非章句本旨。

第十三章, “內省不疚, 無惡於志”。或疑其不曰無惡於心, 何也? 妄以爲一念纔萌,【情】旋以心之本體權度而省察之,【意】 見其十分恰好而便自趨向得定,【志】 則所省者情也, 省之者意也, 省得了無惡者志也。情、意、志之次舍甚的, 而莫非此心主宰之妙, 則無惡處, 恐不可泛着心字。

二卷第一章附註, “此正交戰之驗”【止】“此大可驗”。兩此字、兩驗字之義, 『考誤』說似得正。蓋胷中若有兩人, 此是“交戰之驗”。若能“持其志, 使氣不能亂”, 則此尤有“大可驗”者也。譬如有病人, 或胸背淅淅, 或六脈洪大, 或渾身如火而旋復如氷, 或渾身如氷而旋復如火, 往來不常者, 此寒熱相薄之驗也。然其驗常不快, 難分其表裏虛實, 若用小柴胡湯一料, 鎭持其元氣, 而使客氣不能作, 則便覺臟腑豁然, 四體安舒, 實效彰著, 而大可驗此藥之有功也。如此看如何?
第二章附註, “都不得”。蓋問者以忿懥好樂謂在我, 而殊不知當忿當好之事, 亦自外而至也; 又以憂患恐懼謂在外, 而殊不知憂之懼之之情, 亦自我而發也。說忿好旣不得, 說憂懼又不得, 故曰“都不得”。

“舍去如斯, 達去如斯”。『鶴林玉露』以舍爲勇, 以達爲智。蓋謂舍生之勇能如是者, 以其有達理之智而如是也。雖然, 如此說, 則乃是贊歎之辭, 非問之之意也。“厲聲問”之問字, 不亦衍乎。竊意樵者是荷蕢、接輿之流, 見程子之出欲行道, 橫罹奇禍。今且出沒於瞿塘、灩澦之中, 死生在前而了不動心, 猶不知悔。渠欲譏詰之? 臨岸而厲聲問曰: “今於險流惡浪之中, 能不以死生動其心, 則其於舍藏之時, 能略無怨悔, 不以外至之禍厄動其心, 亦如是否? 其於達行之時, 亦將能隨事順道, 不以外至之榮貴動其心, 如是否? 若然則何如彼不能忘情於世, 棲遑被竄而猶不知悔也?” 是以伊川“欲答之”, 如孔子之欲與接輿言, 而“舟已行”不果矣。然則其義當曰: “舍去如斯耶? 達去如斯耶?” 如此看, 恐合問字意。

第三章附註, “人形貌, 不當嫚”。不嫚人形, 此固君子之至意。陶山夫子亦以晉州、開城士人之曳佛斬頭, 歎其士風日非。兩先生皆同一意思, 而韓昌黎請投其骨於水火, 明道子責以取其首來者, 又何也? 蓋一主於敬人, 一主於斥佛。敬人處, 惟恐其或嫚; 斥佛處, 惟恐其不嚴。竊意翟霖平日必有嫚人之病。故伊川因似人者而戒以勿嫚, 則於人尤可不敬乎? 晉州、開城之事, 出於洩憤之擧, 而非由於斥佛之眞心。故陶山所以歎之也。若使伊川當昌黎之時, 陶山居明道之職, 則未必無投骨取首之言。使明道見翟霖之椅, 晉州、開城之事, 則亦當敎之以勿嫚, 而歎之以士風日非也。然而但恐昌黎則未必能爲伊、陶之言, 不審如何?

第四章, "心術、心知"。術字有多方作用底意, 故言之於"淫樂慝禮"處; 知字有一心主宰底意, 故言之於"耳目口鼻"處。大凡心知正然後心術正。

第五章附註, "聖人經歷過"。非謂孔子生怠惰之心、致驕淫之心, 如是經歷過, 謂孔子親聞鄭、衛之音, 而見其淫靡悲哀之實耳。

第六章, "怵惕"。怵惕, 心動貌。世以此謂心動而見於形貌也。然此貌字是心之貌也, 非人之貌也。怵惕是惻隱之萌動底; 惻隱是怵惕之發見底。

第七章本註, "得之最先"。仁義禮智有便俱有, 而以"天一生水"之義觀之, 則智似最先。今謂仁最先, 何也? 蓋天固有此元亨利貞, 而生物之時, 元爲之始。故人爲先得。然其實亦非截然有先得後得之限。

附註, "其性本同, 而其習霄壤之異"。此與孔子所謂"性相近也, 習相遠也", 可以參看。此性字主仁義禮智渾然一理而言, 故曰"本同"; 彼性字主偏全厚薄分數不齊而言, 故曰"相近"。然而兩性字皆指一時一處, 而均爲未發則同。到習字, 方是已發。

4-4-10

「답허후산答許后山」(『俛宇集』 卷17)

해제

1) 서지사항

곽종석이 허유에게 보낸 서한. 『면우집』 권16에 실려 있다. (『한국문집총간』 340)

2) 저자

곽종석(郭鍾錫, 1846~1919)으로, 자는 명원(鳴遠), 호는 면우(俛宇)이다.

3) 내용

이 글은 곽종석이 후산(后山) 허유(許愈, 1833~1904)에게 성리학에 대한 자신의 생각을 피력한 것이다. 특히 선과 악의 근본에 대한 허유의 주장에 대해 곽종석은 정자와 주자의 말을 인용해 가며 논박했다. 즉 허유의 주장은 모두 리(理)에 근본하고 있다는 것으로, 이것은 겉으로 드러난 곳으로부터 거슬러 올라 근본 상에서 말한 것이라는 것이다. "선악은 모두 천리이다."라는 정자의 주장과 "비록 망령되더라도 또한 천리이다."라는 주자의 말은 겉으로 드러난 곳에서 말한 것일 뿐, 어찌 거슬러 올라가 그 경계를 어지럽히느냐는 것이다. 그러면서 "악의 근원을 더듬어 올라가면 또한 리에서 발한 것이다."라고 말한 황간의 주장에는 말의 병통이 있다고 설명했다. 곽종석은 선과 악에 대해 두 개의 근본이라고 말해도 안 되고, 하나의 근본이라고 말해도 안 된다고 주장했다. 왜냐하면 두 개의 근본이라고 하면 이원론의 혐의가 있게 되고, 하나의 근본이라고 하면 일원론의 오류에 빠지게 된다고 밝혔다.

4-4-10「答許后山」(『俛宇集』卷17)

甥阿廻, 又拜下書。端歲喜信, 如是重重固可感, 旋懼不能堪也。況伏審省定益泰, 道義加懋, 區區不任慰瀉之深。鍾錫慈節近又大添, 艱得些復, 以是煎迫度日。賤身且苦司視失常, 翳鬱不能平, 亦可悶也。承教同行之義, 引据甚備, 警動殊切。然愚滯終迷, 不敢以口頭相然, 奈何奈何? 夫欲說同行之義, 卽當就行處說, 奚必推其所從出之本乎? 盛論旣說皆本於理, 則便是從發處逆推而就一本上說, 烏在其行處之同也? 程子"善惡皆天理", 朱子"雖妄亦天理"之說, 皆就發處而卽言之耳。曷嘗從發處而逆推, 侵却了本字界分耶? 至若勉齋所謂"原其所以爲惡者, 亦自此理而發"云云, 則恐未免爲語病。卽此見在惡上, 指其所搀所汨之理, 而卽曰"惡亦不可不謂之理", 斯已足矣。奚必原其所自發之處而謂之惡乎? 若無此理, 則固做出惡不得, 然卽當就惡上說, 不必究惡之本。夫善與惡, 謂之二本也不得, 謂之一本亦不得。謂二則有相對之嫌, 謂一則爲同體之誤矣。才說本字, 便卽做病。是以程子謂"善惡之皆天理", 而便以"本非惡"三字救之, 可見下語之甚艱而用意之至精也。今軒下則不然, 顯說出"皆本"二字, 而猶欲諱其爲一本處, 是無異於偸鈴而塞耳者矣。"皆本"之意, 有何所不同於同體之旨也耶? 設使盛論單就發處說, 如程子"善惡皆天理"之云, 其爲同行之義則非也。更加審覆, 從長卒敎, 如何? 大抵吾輩平日說理, 軒下則如宋襄用兵, 多失之寬曠; 鍾錫則如周興羅織, 多失之苛刻。今日之爭, 非以此耶? 旋切畏恐耳。以一理而妙衆理, 來喩已明, 而但求其一理之實, 則此心之神明知覺, 智之德專一心者是已。無論某情, 仁以酬酢, 知之妙仁也。禮以品節, 知之妙禮也。義以裁制, 知之妙義也。智以收斂, 知之自妙也。心之能主宰者, 以其知覺之專一心, 而始萬物而終萬物故也。但妙之在知、存之在敬, 知敬合而主宰之道備矣。此所以知敬之爲最要, 而水火之能交濟者乎! 兩條下答, 討悉源委, 無有餘蘊。私不勝欽頌之至, 旣又不自爲是, 責以回駁, 何敢當何敢當? 但鍾於此致疑者夙矣。孟子曰: "取禮之輕者與食之重者而比之, 奚翅食重?" 朱子曰: "禮之大體, 固重於食色矣。" 然其間事之大小緩急不同, 則亦或有反輕於食色者。以此觀之, "嗟來"二字, 只是哀矜之意, 而非嘑蹴玩侮之爲也, 則禮之至輕者也。飢而死以滅其性, 食之至重處也。況黔敖之爲食於道也? 瑣瑣尾尾來來往往, 愁

慘滿目，一粥一飯，盡吾惻怛之心，斯已至矣。奚暇於尋常行路之餓者也？致其唱喏之節，而極其恭敬之儀也哉！彼爲餓者者，不量自己之是尋常行客，怒仁者之不加禮於我，悻悻若浼，寧滅其性而不悔，斯可謂知輕重大小緩急之別者乎？曾子所謂“微與”者，恐非謂黔敖之有微過也。所以譏餓者之所執者小也。“可去”、“可食”之可，俱是“近可”之謂，而非當然、必然之意也。言“其‘嗟來’之時，設或‘可去’，及‘其謝也’，則乃‘可食’”矣。【其吐辭恐當曰：“其嗟也애 可去ㅣ라도 其謝也앤 可食이니라。”】非謂“‘嗟來’，則便當去”矣。且餓在道路，寄命於素不識之人，亦是不得已之事。故並謂之曰“近可”耳。至若爰旌目者，誠是來喻所謂已甚者，而鄙意則以爲死固已甚，吐亦甚矣。若是當吐，則亦當至死而不止，豈吐之爲可，而吐不出則乃已耶？大命方近，得食爲重。彼以仁心下壺飧以哺之，則姑爲納其飧以全其性。後乃與之物以償其直，則便是沽飯於市耳。奚擇乎伯夷之所樹、盜跖之所樹乎？鍾於此常有所難曉。伏請更賜論斷，以拔鈍根，如何如何？眼眵神瞀，倩人草呼。止此謹白，伏惟鑑至。

4-4-11

「답허후산答許后山」(『俛宇集』 卷17)

해제

1) 서지사항

곽종석이 허유에게 보낸 서한. 『면우집』 권16에 실려 있다. (『한국문집총간』 340)

2) 저자

곽종석(郭鍾錫, 1846~1919)으로, 자는 명원(鳴遠), 호는 면우(俛宇)이다.

3) 내용

이 글은 곽종석이 후산(后山) 허유(許愈, 1833~1904)에게 성리학에 대한 자신의 생각을 피력한 것이다. 곽종석은 악의 근본에 대한 허유의 주장을 논박했다. 악이 리(理)에 근본하고 있다는 말은 선과 악의 뿌리를 같다고 보는 일원론에 빠질 위험이 있다는 것이다. 곽종석은 "악 또한 리라고 말하지 않을 수 없다."고 하는 것은 물이 탁한 곳으로 흐를 때 탁함 또한 물이라고 말하는 것과 같다고 주장했다. 즉 탁한 물에 대해 "이 물은 원천 샘물에 근본하고 있다."고 말하는 것은 가능하지만, "이 탁함이 원천에 근본하고 있다."고 말하는 것은 불가능 하다는 것이다. 이것은 천리와 인욕의 관계에 대해서도 동일하게 적용될 수 있다고 밝혔다.

4-4-11「答許后山」(『俛宇集』 卷17)

伻至承書。伏審方瞳綠髮, 燕養多福。寃日再周, 猿腸欲摧。仰慶俯慘, 誠有不任。鍾錫闈節近復, 而厨供已匱。懼深於喜, 未可自鎭。奈何奈何? 同行之義, 過蒙頷肯, 感激何喩? 惡之本於理, 非不云然, 而但不欲說一箇本字者, 正恐其有同體之嫌故耳。卽此見在惡上, 而謂"惡亦不可不謂之理"者, 正如就水之濁處, 而謂濁亦水也。卽此濁水, 而謂"此水之本於源泉"則可, 若謂"此濁之本於源", 則豈成說乎? 泥而無水, 固滾出濁不得; 氣而無理, 固做出惡不得。故因泉水而有渾濁, 因天理而有人欲則可, 若謂"濁本於源、惡本於理", 則恐不如不言之不爲少矣。主宰說來誨果然, 亦固曾有見於洲上主宰之論。然但生出之序, 只是發出宣著等之相承交付, 而未甚見有主宰之之妙。故前書所以就智之德專一心處而言之耳。並存之或無妨否? 爰旌目事, 承諭始大寤矣。曷任欽嘆? 其餽也以禮, 斯孔子受之矣; 其哺也以仁, 爰旌目豈可不受哉? 來喩云云, 係是旣受焉以後事耳。儥直之云, 硜硜乎小人哉! 謹當書紳而常目之矣。奇台所謂"心不能盡性"者, 無乃單指衆人言者耶? 未見其全文, 何敢質斷? 致受近亦有書於鍾, 深悼其前見之誤。且示以軒下所敎, 有曰: "道心旣發之後, 却被人心橫截, 有不中節。" 鍾復之曰: "道心旣發, 而爲人心之所橫截, 則道心便息, 而其所謂人心者, 卽人欲而已矣。" 豈可以此而目之爲道心之不中節乎? 或非妄發否? 更商而敎之, 如何? 左顧之示, 預切欣幸, 必遂之如何? 餘秖俟面討有日。

4-4-12

「답허후산答許后山」【丙申】(『俛宇集』 卷18)

해제

1) 서지사항

곽종석이 허유에게 보낸 서한. 『면우집』 권16에 실려 있다. (『한국문집총간』 340)

2) 저자

곽종석(郭鍾錫, 1846~1919)으로, 자는 명원(鳴遠), 호는 면우(俛宇)이다.

3) 내용

이 글은 곽종석이 후산(后山) 허유(許愈, 1833~1904)에게 성리학에 대한 자신의 생각을 피력한 것이다. 특히 동정(動靜)에 대해 주돈이와 주자, 화서 이항로의 말을 인용하며 자신의 생각을 전개했다. 곽종석은 "자취를 두고 말하면 동정은 기(氣)이고, 오묘함으로 말하면 동정은 리(理)이다."라고 하면 어떻겠느냐고 허유에게 제안하였다.

4-4-12 「答許后山」【丙申】(『俛宇集』 卷18)

塵世難逢開口笑, 菊花須揷滿頭歸。 頃日之遊, 古人已先獲之矣。 此世得閒追逐, 亦豈易易哉? 拚別以還, 旋切悵慕。 卽拜審神衛斯文體候, 幸無大損。 敬載言: “秋苞可支臘正, 除却外虞剝牀。” 玆足以怡養神性, 俾後生有賴, 區區何等頌祝? 鍾錫旅狀瑣瑣, 秪自取困耐不得。 允行、啓道諸公所逼, 畢竟搬取家人來, 姑停息于茶田, 行觀勢頭爲進退計。 然四至流言恟恟, 若剃禍之更迫于朝夕, 如其匪訛, 一縷之損, 將不知在何所? 奚暇謀妻孥之樂、琴書之趣也耶? 惟全此天形, 早歸見先祖先聖於地下, 斯爲至願。 其餘不敢知也。 動靜之機, 非故執迷。 但以朱先生答楊子直書觀之, 其大意專歸在陰陽上。 所謂“太極者”, 只占所以之妙。 想先生此時見周夫子於「圖」云“陽動陰靜”, 於說云“太極動而靜”, 而遂以動靜爲理氣之相須相待者。 故爲之解曰: “動靜者, 所乘之機也。” 蓋謂“太極之乘陽而爲動底機, 乘陰而爲靜底機”也。 “動靜者”三字, 乃答楊書所謂“其動其靜者”也; “本然之妙”四字, 乃答楊書所謂“所以動靜者”也。 雖與周夫子從大原直下看者, 微有差異, 平說動靜, 亦自如此。 此等議論, 亦非一再, 則恐只當作中年一說看, 不必捏合攙附, 以滋口舌。 鍾意蓋欲以周子說觀周子, 朱子說觀朱子, 而又就其中別初中晩, 而有所去就而已。 華西之謂“性乘靜, 情乘動”, 已失於名言之際, 而下喩謂與鄙意相近, 私切訝惑。 鍾近答崔純夫曰: “以跡言, 則動靜者氣也; 以妙言, 則動靜者理也。” 如是爲說, 庶或無大悖否? 因念朱先生這一句, 卽注解之文, 本自平易。 宜無艱晦之端, 而氣者見之謂之氣, 理者見之謂之理。 一譯再譯, 注上生注, 千言百言, 轉相葛藤, 把作大事。 至若用心制行, 略不究何者爲理、何者爲氣, 未知如此爲學, 將用之於何處? 竊不勝黯菀之至, 務探高妙, 終不干我事。 主敎君子恐合有商量變通於今時也。 未審尊慈當以爲如何? 來月間, 擬一候軒屛, 餘在敬載口白。 伏惟照在。

4-4-13

「답허후산答許后山」(『俛宇集』 卷18)

해제

1) 서지사항

곽종석이 허유에게 보낸 서한. 『면우집』 권16에 실려 있다. (『한국문집총간』 340)

2) 저자

곽종석(郭鍾錫, 1846~1919)으로, 자는 명원(鳴遠), 호는 면우(俛宇)이다.

3) 내용

이 글은 곽종석이 후산(后山) 허유(許愈, 1833~1904)에게 성리학에 대한 자신의 생각을 피력한 것이다. 특히 명덕(明德)과 심(心)의 관계에 대해 자신의 생각을 전했다. 곽종석은 지금까지 명덕을 심이라고 생각해 왔는데, 근래 곰곰이 생각해보니 다음과 같은 의문이 들더라는 것이다. “명덕이 과연 심이라면 『대학』에서 명심(明心)이라 하지 않고 왜 명명덕(明明德)이라고 했는가? 그리고 욕정기덕(欲正其德)이라 하지 않고 정기심(正其心)이라 했으며, 덕정이후신수(德正而後身修)라 하지 않고 심정(心正)이라 했는가?” 그러면서 여러 경전들에 나오는 덕(德) 자를 고찰해 보니, 덕은 “도리실득(道理實得)”의 의미이지 심의 별칭이 아니더라는 것이다. 명덕은 하늘로부터 얻은 도리로서 물(物)의 덕, 지(知)의 덕, 의(意)의 덕, 심(心)의 덕, 신(身)의 덕을 포괄한다. 따라서 격치성정수(格致誠正修) 다섯 가지 모두가 명명덕의 일이라고 자신의 생각을 밝혔다.

4-4-13 「答許后山」(『俛宇集』 卷18)

頃自靈川歸, 貶翰已在案, 有以審憂虞鴻絅, 私切慮仰。昨又因陽嵒褫回, 伏承已屬澄帖。德義康彊, 甚慰瞻顒。明德說曾已面禀, 未蒙察納, 鈍根甚滯。私竊吐疑于剛兄, 剛兄不謂甚非。遂以擧似于几下, 有此俯詰。鍾錫其敢不略攄愚悃, 以求爨栝。鍾於曩時亦嘗以明德直謂之心, 守之甚篤。年來反復尋繹, 忽疑夫明德果是心也, 則經文何不直曰"明心", 而必曰"明明德", 以混於諸所稱峻德、懿德、大德、達德之名也? 傳文何不曰"欲正其德", 而曰"正其心", 不曰"德正而後身修", 而必曰"心正"? 卽此而心德之別, 抑已思過半矣。因以究之, 則明德之言, 實本於「帝典」、「康誥」, 而"明峻德以親九族", 不可云"明心以視九族"; "明德愼罰", 不可云"明心愼罰"。因以攷諸經訓所言德字, 只是"道理實得"之通稱, 初非心字之別名。奚獨於『大學』之首, 創立此名, 以與"正心"之心, 相掣礙乎? 竊以爲明德者, 是道理之得於天者, 而在物爲物之德, 在知爲知之德, 在意爲意之德, 在心爲心之德, 在身爲身之德。故"格、致、誠、正、修"五者, 俱是爲"明明德"事, 而不獨"正心"一目, 可當了"明明德"也。若以其本體言, 則性之仁義禮智是已。今曰"明德之本體是心之本體"則可, 若謂"明德卽心也", 則修身不可爲"明明德"乎? 以德言, 德則曰心、曰性、曰情、曰行, 皆是德也, 而以心言, 德則性體情用, 猶在所該, 而事親孝、事君忠、手容恭、足容重之著於實行者, 已自不及該矣。如又以此而更難之曰"忠孝恭重, 豈心外事乎?"云爾, 則凡天下百度萬行, 皆將喚做心之別名, 懿德便是心, 達德便是心, 道理名目, 無一非心也。曾謂"聖人立言", 一直如是儱侗顢頇乎? 『章句』"入德之門", 是謂入心之門乎? "進德之基", 是謂進心之基乎? 「補亡傳」所謂"吾心之全體大用無不明", 便是明德之全體大用無不明矣。"明明德"工夫, 卽格致而足矣乎? 夫以心則爲虛靈之德, 以性則爲仁義之德, 以情則爲愛敬之德, 以行則爲忠孝之德, 於手則爲恭之德, 於足則爲重之德, 於耳目則爲聰明之德, 此便是明命之流行而無間者也。今以一心字句斷, 雖其若簡潔可喜, 而統之則籠罩, 析之則虧闕, 百爾思惟, 以心當德, 恐不若以德該心之爲周全而平穩也。至若人心、道心之訓, 亦竊謂舜於此只是判形氣、義理, 對待立說, 以明其情狀界分而已, 初非致意於妙用之宰制也。況形氣之欲, 尤不可謂之妙用者乎? 下喩謂"人心固不可謂妙用底知覺”, 從人心底知覺, 獨不可爲妙用乎? 此則似然矣, 而但此只言心發之有此二路爾。初非爲論知覺之妙也, 則恐不可因爲知覺之異, 而遽上於能知覺之本也。況『綜要』本編, 已別有知覺妙用之段, 則今不必以人道心, 又當知覺之名, 陪幫於已畵之蛇乎? 且人心已是知覺之從形氣者, 而今曰“從人心底知覺則恰似人心上面”, 更有一重知覺來從之也。說欲巧而反拙, 恐在更商。伏望細細參諒, 更以見敎。須趁『綜要』未梓之先, 早與剛兄爛漫, 無至有不知而妄作之失, 如何如何?

4-4-14

「답허후산答許后山」(『俛宇集』 卷18)

해제

1) 서지사항

곽종석이 허유에게 보낸 서한. 『면우집』 권16에 실려 있다. (『한국문집총간』 340)

2) 저자

곽종석(郭鍾錫, 1846~1919)으로, 자는 명원(鳴遠), 호는 면우(俛宇)이다.

3) 내용

이 글은 곽종석이 후산(后山) 허유(許愈, 1833~1904)에게 성리학에 대한 자신의 생각을 피력한 것이다. 특히 명덕(明德)과 심(心)의 관계에 대해 자신의 생각을 전했다. 곽종석은 주자와 맹자의 말을 인용해 가며 자신의 생각을 밝혔다. 자신은 "마음은 명덕이 아니라고 말한 적이 없다."고 하면서 다만 "마음의 근본을 얻는 것도 명덕이고, 행동의 실제를 얻는 것도 명덕"이라 생각한다고 주장했다. 따라서 격치정수(格致正修) 모두 명명덕(明明德)의 일이라는 것이다.

4-4-14 「答許后山」(『俛宇集』 卷18)

陽嵒便回, 伏承下覆。伏審體候無損, 哀胤支平, 不任慰仰。第下喩用牽犬字, 而聞陽嵒人語, 鋪房卷俎, 俱極侈盛, 此豈一犬可辨耶? 竊恐敬載外內不能絶謝世習, 致害淸德, 在止慈地, 何不呵禁之也? 明德屢蒙指誨, 敢不奉領, 只當依此定『綜要』梓本。然私心所疑, 則亦不敢不更質以畢教也。蓋盛誨必以『章句』爲證。然鍾之愚亦以爲『章句』之果單指此心, 則何不曰"明德者義理之心", 然後繼之以"人之所得"云云? 『語類』亦歷言心、性、命名義, 而更別云"有得於天而光明正大者曰明德"也。竊意夫"虛靈不昧", 心之德也; "具衆理", 性之德也; "應萬事", 情意志行之德也。其曰"本體"者, "虛靈"也, "具衆理"也。其曰"所發"者, 情意志之"應萬事"也。其曰"遂明以復初"者, 行而實得於己, 爲"應萬事"之究竟處也。鍾何嘗謂"心非明德"哉? 只謂"心之本得亦明德也, 行之實得亦明德也"。如此然後自"格、致"暨"正、修", 皆可爲"明明德"事。今盛誨以忠孝恭重爲零瑣底道理, 不肯許明德之號。單執他本體之得於天者, 得無反近於下喩所謂"稱之無星、尺之無寸"者耶? 捨忠孝恭重而爲明德, 則所謂明德者, 將用之於何處? 義理之心固明德也, 而義理之行, 獨非明德否? 孟子所謂"人心之所同然者", 亦指他在物之理、處物之義爾, 初非如陽明之絶棄事物, 而謂此心卽理也。此於然字上着眼, 當見明德之不遺於理義, 而不止於空執得無錢之索而已也。且狼仁蜂義, 不可曰"此非義理之心也", 則盛誨所謂"人所獨得而物則不與者", 無或太絶物否? 鍾則謂"義理之心, 人與物均得, 而特人全而物偏; 明德者, 人之所獨, 而非物可語者"也。蓋明德之實, 非獨指本得於天者, 而兼指其行道而實得於己者故也。從古經訓中, 如有將德字單作心者, 則鍾之惑庶可解矣。未審有證援否? 明德爲體, 正心爲用, 綱領言體, 條目言用之喩, 亦恐分裂太甚。苟其或然, 則德爲未發, 心爲已發, 德爲具衆理, 心爲應萬事, 又惡在其明德之便是心也? 强辨之責, 受言惶悚。若其未定于一, 則鍾於軒下, 豈終有是哉? 萬望勿靳十反, 鍾錫日用無可說, 啓道復作浦上人矣。蚩而遣蹷, 將顚沛立見奈何? 近間漸覺得談理氣, 不如講是非。惟隨事求是, 以克蹈之者, 乃達於理而循夫理也。不然, 徒啓虛譎競辯之習, 打向無形影沒把捉處去耳。其於此理, 奚補哉? 外詾不必懼。惟患吾之所以見理據理者, 未能精且實也。旣不可嘵嘵自鳴,亦不可曲意相徇, 只此而已。未審尊慈意如何? 夏間, 可一駕陽邑否? 僉緣攀德之忱, 萬一或得遂否也。

4-4-15

「답허후산答許后山」(『俛宇集』 卷18)

해제

1) 서지사항

곽종석이 허유에게 보낸 서한. 『면우집』 권16에 실려 있다. (『한국문집총간』 340)

2) 저자

곽종석(郭鍾錫, 1846~1919)으로, 자는 명원(鳴遠), 호는 면우(俛宇)이다.

3) 내용

이 글은 곽종석이 후산(后山) 허유(許愈, 1833~1904)에게 성리학에 대한 자신의 생각을 피력한 것이다. 특히 명덕(明德)과 심(心)의 관계에 대해 자신의 생각을 전했다. 곽종석은 "마음은 명덕이 아니라고 말한 적이 없다."고 하면서 다만 "명덕을 단독으로 마음이라 지목할 순 없다."고 밝혔다. "명덕의 본체로 말하면 마음의 허령(虛靈)함이 인의예지를 갖춘 것이고, 명덕의 대용(大用)으로 말하면 애경충효총명공중(愛敬忠孝聰明恭重)의 덕이 모두 해당된다."고 주장했다.

4-4-15 「答許后山」(『俛宇集』 卷18)

日前, 自陽嵒奉上月廿六日下書。今又拜是月十七日書, 重荷眷寵, 感戴曷喩。伏審體道無愆, 尤切攢頌。鍾錫頃往星山, 與忠汝、啓道、舜華、大衡諸君, 做幾日盤旋, 別無大講討。只見舜華述作甚富, 而理義精切, 文章典麗。吾輩可有恃也。歸來, 有六七少友相從。然酬應多窒, 從前略綽, 儘非實見, 愧歎奈爲? 明德義屢回垂敎, 今且有致受評訂, 固應瞽見甚差, 敢不拜手以承領。但數柱益頻, 視虱增久, 猝未能擺舊惑而開新知。當徐徐紬繹, 俟其透解爾。然前後盛敎, 亦恐有不能盡乎人言之意者。蓋鍾何嘗謂"心非明德"哉? 只謂"不可以明德單指作心"也。語明德之本體, 則心之虛靈, 具仁義禮智之性者是已; 語明德之大用, 則愛敬忠孝聰明恭重之德, 無所不該。天下許多事, 何嘗有不是心做底? 特所就立名, 各有地頭, 不可徒以此心之爲總腦主宰故, 而便謂"萬事皆心也, 百行皆心也"。"欽"爲「堯典」之綱要, 而不可曰"欽卽心也"; "誠"爲『思傳』之樞紐, 而不可曰"誠卽心也"。只當各究其名義, 而會一於心法然後, 斯可爲分合俱暢周全而絶滲漏矣。今於明德, 只欲守虛靈之本體, 而不要使忠孝恭重等涉於其間, 則所謂虛靈者, 果何所爲者也? 致受謂"德固一般, 而加一箇明字, 意思便別"。考諸經傳, 未嘗有曰明德, 而『大學』首創是名, 爲萬世心學之宗。然「帝典」、「康誥」之德, 果非明德, 則傳者何取而混引也? 又謂"事物散在之德, 獨於明字不襯貼"。然天下果有德焉而不明者乎? 耳不聰, 目不明, 手不恭, 足不重, 而果無闕於明德乎? 又以修身上凡可以德稱, 便是明命之流行無間者, 謂"莽蕩無交涉", 茫然"不知四到時節"。然朱子何故云"今人會說話行動凡百, 皆是天之明命"乎? 且致受之於此文, 以"明命"爲心之宰乎? 以"顧諟"爲宰乎? 如以"顧諟"爲宰, 則明命流行無間於頃刻者, 又何患乎無所宰也? 且旣云"便是心", 又云"不可直謂之心", 愚未知此說果何爲也? 如其心也, 當直謂之心, 如非心之可名也, 當不得謂"便是心"也。抑明德者, 在非心、非不心之間矣乎? 且以網言德、目言心, 喩例於專言、偏言之仁。然專言時亦曰仁, 偏言時亦曰仁, 何曾於專言而別立一名之仁, 偏言而方始下仁字? 俄頃之間, 變幻名字, 如明德、正心之爲哉。此皆不能無疑於迷滯之胸者也。望以此告致受, 更得一語見敎。至如下諭所謂義理之心, 人物不同, 夫孰曰不可? 但不可謂人獨得而物不與也。天命之性, 旣爲人物之同得, 則義理之心, 非天命之性而何? 但就其同得之中, 而求其偏全通塞之別, 則其所得之性, 人與物亦絶不同。故其義理之發於知覺者, 亦人通而物塞, 人普遍而物僅有耳。不可但不以同得之故, 而便謂人與物性同而無別, 又不可以其不同之故, 而遂謂義理之心, 人獨而物無也。苟如盛敎, 則狼仁蜂義、董生之鷄、江州之犬、雲長之馬、明皇之猴, 皆將以無得而偶發論耶? 抑謂此不足爲義理之心耶? 曰民彝、曰人倫者, 正以其仁義禮智之粹然全具, 親義別序之粲然俱達者, 惟人爲然, 非物之偏而微者可得以並列也。正猶明德之爲人所獨, 而物不得與焉者也。各有段落, 不可牽混。今以明德之爲義理故, 而遂謂物無得於義理, 則亦不諒夫天命之性, 便是義理之心也耶? 此則“絶不同”三字足爲斷案, 何苦而必歸之無得也哉? 所云“一部『大學』”, “心與理而已”者, 說得極灑落, 令人怡悅。惟其單就“明明德”言之, 則明德心也。“明之者亦此心也”者, 恐與上段云云, 閃忽變幻, 突無來歷, 未論與鄙意稍異。其於立言曉人之例, 其或太少曲折, 不貼於上段, 儻其不然否? 人心邊事, 辭讓之端爲主, 道心邊事, 恭敬之端爲主者, 盛論似正, 而致受之評駁, 果何謂也? 其不察於爲主二字之意耶? 『綜要』聞止刻八十板餘, 告訖將無期, 蓋以刻手之絶貴故也。跋語恐只叙纂修來歷, 略及大意可矣。亦不必張皇鋪排, 如何如何? 晩求久不相聞, 厚允今在家否? 經亂以來, 起居節度, 如何?

4-4-16

「답허후산答許后山」(『俛宇集』 卷18)

해제

1) 서지사항

곽종석이 허유에게 보낸 서한. 『면우집』 권16에 실려 있다. (『한국문집총간』 340)

2) 저자

곽종석(郭鍾錫, 1846~1919)으로, 자는 명원(鳴遠), 호는 면우(俛宇)이다.

3) 내용

이 글은 곽종석이 후산(后山) 허유(許愈, 1833~1904)에게 성리학에 대한 자신의 생각을 피력한 것이다. 특히 명덕(明德)과 심(心)의 관계에 대해 자신의 생각을 전했다. 허유가 의리지심(義理之心)만을 명덕으로 보는 데 대해, 곽종석은 하늘과 자기로부터 체득한 것을 통칭하여 명덕으로 보았다. 곽종석은 "명덕이라는 것은 실제 체득한 모든 선(善)을 총칭하는 것으로 인간 이외 동물이 참여할 수 있는 것이 아니다. 그러나 의리지심은 선한 감정의 실마리로 사람과 동물에 있어 치우치고 온전함의 차이가 있을 뿐이다."라고 정의했다. 여러 경전을 보면 덕을 명덕, 의덕(懿德), 준덕(峻德), 달덕(達德) 등 다양한 개념으로 표현하고 있지만 그 실체는 하나라는 것이다.

4-4-16「答許后山」(『俛宇集』 卷18)

八月書中, 見誨以明德義甚悉。且有致受再次書責, 然愚昧終未豁然。蓋鄙意則以得乎天、得乎己者, 通謂之明德, 而盛敎則單以義理之心當之。苟然矣, 則『章句』只可云“明德者義理之心也”而足矣。 夫何故終吝着一箇心字, 而不肯說出爲此呑吐諱秘之辭也? 盛敎且以人物義理之心之有無, 堅作明德之證。然鍾以爲明德與義理之心, 爲言些不同。明德者, 萬善實得之總稱也, 非物之所可與。義理之心, 則凡有一端善情, 皆可以通喚, 而人與物特有偏全之殊耳。 軒下却混而一之, 以鍾爲人與物明德同得者, 其亦有未察乎鄙意者矣。狼蜂鷄犬猴馬之事, 鍾前書只云“此皆義理之心也”, 曷嘗云“明德之同得者”耶? 性之固然而感於人事者, 非義理之心而何? 此則恐盛辨亦有所跆也。古經言德, 固許多樣, 而其實皆一般也。以其光明不昧而謂明德, 以其粹美至善而謂懿德, 以其全體高大而謂峻德, 以其公共通得而謂達德, 德豈有二哉? 特隨所言而贊譽之者, 異其稱也。今以心之虛靈、性之仁義、情之愛敬、行之忠孝、百體之聰明恭重, 統而一之, 以當明德之大全者, 固何欠於德, 而必欲剝去它忠孝以下道理, 謂之零碎不足取, 單剔了虛靈之本體, 樂其爲潔淨自在者, 不幾於守虛靈之神識而昧天理之眞者哉? 天之明命, 卽我之明德也, 而朱先生何得云“凡人會說話行動皆是明命”也? 是則以忠信恭重亦爲明德也, 審矣。盛敎且以“明、新、止”屬心, “明德、民、至善”屬理, 而譏鄙說爲認明德爲零碎底道理, 何也? 旣以上“明”字爲心, 而旋以“明德”單指作心者, 又何也? 遺心而言德, 鍾未曾有是也。前後盛敎種種有執言, 然竊恐訊囚而不原其情, 則囚者不其冤乎? 大槪亘悉於今答致受書中, 可參覈而更敎之焉。『洲集』心說, 如盛敎固善, 今旣不及矣。縱有爭端, 亦且任之而已。其何敢更容手分於印布之後哉? 歲前似一駕陽邑, 儻緣拚候則幸矣。

4-4-17

「답허후산答許后山」【戊戌】(『俛宇集』 卷18)

해제

1) 서지사항

곽종석이 허유에게 보낸 서한. 『면우집』 권16에 실려 있다. (『한국문집총간』 340)

2) 저자

곽종석(郭鍾錫, 1846~1919)으로, 자는 명원(鳴遠), 호는 면우(俛宇)이다.

3) 내용

이 글은 곽종석이 후산(后山) 허유(許愈, 1833~1904)에게 성리학에 대한 자신의 생각을 피력한 것이다. 특히 명덕(明德)과 심(心)의 관계에 대해 자신의 생각을 전했다. 허유가 의리지심(義理之心)만을 명덕으로 보는 데 대해 곽종석은 자신의 견해를 굽히지 않았다. "하늘이 사람 자식을 낳을 때 효의 도리를 부여했고, 하늘이 신하로 삼을 때 충의 도리를 부여했으며, 하늘이 두 손을 만들 때 공경의 도리를 부여했고, 하늘이 두 발을 만들 때 신중의 도리를 부여했다. 형제, 부부, 눈과 귀, 모든 신체에도 그러하다."는 것이 그의 생각이다. 충효공중(忠孝恭重)의 도리를 명덕의 실체로 삼기 부족하다고 보고 심(心) 자 앞에 굳이 의리(義理)를 붙이는 허유의 입장에 대해 곽종석은 충효공중 이외에 또 어떤 의리가 있느냐고 반문하였다.

4-4-17 「答許后山」【戊戌】(『俛宇集』 卷18)

臘暮書未覆方懼, 湛姪從門下來, 擎傳新年下書, 甚感眷愛之無已已也。伏審碁制已闋, 體候未全安, 時之混混, 而君子衰老, 憂之奈何? 星山之駕已啓否? 惟加飡善攝, 整理斯文, 以惠永來, 勿以一時而有所遲疑。千萬之祝, 鍾錫小口疹險, 餞迓無況, 今則稍平。朱、李書時一玩繹, 益見先師苦心, 有以闡發得不易到此, 雖今日百罹叢猬, 亦所不悔。惟我之踐履未及此爲可愁。明德云云, 去益難合, 鍾之說不透, 可知矣。只當權行倚閣, 姑從事於"格、誠、正、修"之方, 涵泳體驗, 俟其徐解而已。於是乎, 尤覺夫義理之微, 不可以口舌摶取也。但鍾之私意, 以爲天生爾爲人子, 便與箇孝底道理, 天生爾爲人臣, 便與箇忠底道理, 天生爾兩隻手, 便與箇恭底道理, 天生爾兩隻足, 便與箇重底道理, 以至兄弟夫婦耳目百體, 莫不皆然。這卽所謂天之明命者也, 物之則者也, 秉彝之懿德者也, 而心之虛靈, 亦在其中爾。今以忠孝恭重等爲零碎底道理, 而謂此不足以當明德之實, 只欲於"心"字上, 强加得"義理之"三字, 以爲不易之定訓, 則所謂義理者亦甚孤單, 而且未知忠孝恭重之外, 更有此何樣義理也? 是不幾於守虛靈之識而昧天理之眞乎? 溯本而言, 則曰得乎天, 就身而言, 則曰得乎己, 得天得己, 豈有二物耶? 爲忠爲孝, 固行道事, 而曰忠曰孝, 便是德之名也。此鍾之終不能無疑於下誨者然也。狼仁、蜂義之不可謂義理之心, 尤不勝訝惑。心者知覺也。狼之仁、蜂之義, 非發於知覺者耶? 發於知覺, 非心而何? 抑它只有此性, 而不曾發於知覺耶? 人何由得見其爲仁爲義也? 朱子曰: "虎豹只知父子, 蜂蟻只知君臣。" 旣曰"只知", 則知者非知覺耶? 知覺非心耶? 但只知者不若遍知者耳。「神明舍圖」"日月"字, 亦恐不必以銘辭爲證。如"淸野", "尸淵"等語, 可一一於圖中添寫否? 舊本旣未及見, 抑或有後人增刪, 果如擎維說者否? 最可疑者惟銘辭, 旣以"四字符"、"百勿旂"作對, 而圖中却有旂而無符, 是毋或爲後人鎖刻否? 聞以春仲將大會勘于雷龍亭, 恐文丈堅坐不得, 可觀勢善處。

4-4-18

「답허후산答許后山」(『俛宇集』 卷18)

해제

1) 서지사항

곽종석이 허유에게 보낸 서한. 『면우집』 권16에 실려 있다. (『한국문집총간』 340)

2) 저자

곽종석(郭鍾錫, 1846~1919)으로, 자는 명원(鳴遠), 호는 면우(俛宇)이다.

3) 내용

이 글은 곽종석이 후산(后山) 허유(許愈, 1833~1904)에게 성리학에 대한 자신의 생각을 피력한 것이다. 지난번 『종요(綜要)』 중 한 대목을 갖고 논쟁을 벌였는데, 돌아와 『어류(語類)』의 기록을 살펴본 결과와 자신의 생각을 전달하는 내용이다. 『어류』를 보니 반시거(潘時擧)가 기록한 내용과 섭하손(葉賀孫)이 기록한 내용이 서로 달랐다. 반시거의 기록에는 "사람과 만물이 모두 같은 것은 리(理)이고, 같지 않은 이유는 심(心)이다."라고 되어 있는데, 섭하손은 "사람과 만물이 같은 것은 리요, 같지 않은 것은 심이다."라고 되어 있다는 것이다. 반시거의 기록이 훨씬 조리에 들어맞는다고 주장하면서 주자와 맹자의 말을 인용하여 자신의 논지를 전개했다.

4-4-18「答許后山」(『俛宇集』 卷18)

行次每容參劇論, 坐隅還許侍餘杯, 頃者之遊甚樂也。但以伊時氣候不怡, 徒步返次, 添損是慮。日前遇敬載於陽邑, 始獲審視聽强健, 區區爲斯文慶。鍾錫伊時卽有微恙, 淹度數旬, 不能做花山行。今則又以家小痁證相繼, 隣比荒騷可怕, 心下不能恬快。有時對卷, 不無管斑之乍窺者, 而終是於身心上不相乳入。縱饒說出無差, 只是說他人事, 其於自己何補哉? 且念頃者一旬陪遊, 講得多少, 類皆與盛論方鑿而圓枘。此由年來離索孤陋, 坐成迷滯之致。俄又得二月二十日下書, 自大浦寄至, 而其中論明德事, 却句句相左, 尤甚於往日。要之在我無體察之眞, 而想像取辦於唇嚨之間, 將無往而不縱橫謬戾矣。姑當倚閣這一頭了。却從事於內而涵養體察, 外而持守踐履, 始於致知而迄于修身而已, 則此或爲拙法之終有合於盛見耶? 因竊念朱先生曾與蔡西山論中和屢不合, 忽疑以季通許多聰明, 豈有曉不得之理是必吾說誤也? 因以思繹, 改定其說。鍾之愚鈍縱有愧於季通萬萬, 平日於軒下之論, 亦初非全然不曉者。今乃如是硬窒, 在軒下無亦爲自疑而當繹者耶? 來敎不敢逐一論白, 蓋恐由此而轉益汎濫, 轉相葛藤, 無當於實德而徒滋說話也。伏惟下諒。頃時所爭『綜要』中一條, 歸考『語類』, 此乃潘時擧所錄, 而與葉賀孫同時所聞者。賀孫所錄却有條理不差。其錄曰: "人與萬物, 都一般者理也, 所以不同者心也。人心虛靈, 包得許多義理過, 無有不通。萬物之心, 便包許多道理不過。雖其間有禀得氣稍正者, 亦止有一兩路明。如禽獸中, 有父子相愛、雌雄有別之類, 只有一兩路明。其他道理, 便都不通, 便推不去。人之心便虛明, 便推得去。就大本論之, 其理則一。纔禀於氣, 便有不同。" 觀此則其謂"理都一般者", 乃謂一原之初, 同得天地之理者也。其謂"纔禀於氣, 便有不同者", 乃性之當體, 因氣而異者, 而心之所以不同也。如是立言, 絶無罅漏。時擧錄則不然, 便曰: "人物之所同者理也, 所不同者心也。" 撞頭觸胷, 語無分劑。其下更無"就大本論之"云云一節, 則其所謂"理同者", 便作性之當體, 而"心之不同", 反在理外。設欲作大原上看, 便有若朱先生所謂"萬物一原, 理同而氣異者"之說, 其勢將認心以爲氣矣。且『集註』明言"君子所存, 存天理也", 而今謂"所同者理也", 則是乃存其所同於禽獸者爾。朱先生又何故云"存是存所以異於禽獸者"也? 其錄之太無曲折, 與葉錄逈別, 其爲記出之誤無疑矣。先師已審覈於此, 而黜潘錄于下方, 今不必遽爾移動也。因此而僭有稟請者, 試究葉錄所云"人心虛靈"以下云云, 果與盛諭所謂"義理之知覺, 人有而物不與者", 同耶? 又有沈僩戊午錄曰: "物之有知者, 不過只通得一路, 如烏之知孝, 獺之知祭, 犬但能守禦, 牛但能耕而已。人則無不知, 無不能。人所以與物異者, 所爭者此耳。孟子曰'人之所以異於禽獸者幾希', 人物之所以異, 只是爭這些子。若更不能存得, 則與禽獸無以異矣。" 又有董銖丙辰錄曰: "問: '虎狼之父子, 蜂蟻之君臣, 豺獺之報本, 雎鳩之有別, 物雖得其一偏, 然徹頭徹尾得義理之正。人合下具此天命之全體, 乃爲物欲、氣稟所昏, 反不能如物之能通其一處而全盡, 何也?' 曰: '物只有這一處通, 便却專。人却事事理會得些, 便却泛泛, 所以易昏。'" 敢問所謂知祭知孝徹頭徹尾義理之正, 皆非義理之知覺耶? 抑古人於心性界分, 亦有所未瑩者而有此云云耶? 伏冀示破以解此惑。今因啓道有故, 旣不諧盤龍之約。或可以月間相遻于莘巷齋, 做一兩日陪話否? 冗憂未霽, 姑難預正, 俟到彼中, 當有通報。

4-4-19

「답허후산答許后山」【己亥】(『俛宇集』 卷18)

해제

1) 서지사항

곽종석이 허유에게 보낸 서한. 『면우집』 권16에 실려 있다. (『한국문집총간』 340)

2) 저자

곽종석(郭鍾錫, 1846~1919)으로, 자는 명원(鳴遠), 호는 면우(俛宇)이다.

3) 내용

이 글은 곽종석이 후산(后山) 허유(許愈, 1833~1904)에게 성리학에 대한 자신의 생각을 피력한 것이다. 정이(程頤)가 말한 "공이이인체지위인(公而以人體之爲仁)"에 대해 논변하고 있다. 이에 대한 주자와 진북계(陳北溪)의 말을 인용하며 논지를 전개했다. 진북계는 "오로지 공정함만 말하면 공허한 얘기일 뿐 자기에게 간절하지 않다. 따라서 몸으로 체화시킨 후에야 나와 리(理)가 하나가 되어 인(仁)이라 말할 수 있다."고 언급했다. 이에 대해 주자는 "이 설명이 설득력이 있다. 그렇지 않으면 부처가 전생에 자기 몸을 희생하여 굶주린 호랑이를 먹였다는 것과 같으니, 이것은 인한 행동이 아니다."라고 부연 설명했다. 곽종석은 이런 설명들을 종합해 볼 때 "체지(體之)"는 "합일(合一)"의 의미라고 결론지었다.

4-4-19「答許后山」【己亥】(『俛宇集』 卷18)

昨因文山便承下書。審體候㬈重, 尙未駕三峯。禮校差晩, 是切憂悶。日前啓道有書, 苦待御者時臨。並催鍾起身, 雖冗故多掣, 不可不勉作一行。伏惟俯諒, 外廷之笑, 於我何有? 彼所謂"陽無可盡", "天道好還", 吾輩亦當執契以俟之爾。『山海先生文集』畢竟只作後人私意爭來爭去, 無有了期耶? 衡七之以鍾爲前後異論, 誠何謂也? 鍾前以新本謂頭面之比舊稍整者, 以其數三書之疑於揑撰者, 已行刪棄, 編次義例, 且得亭當故也。及與舊本對勘, 則其剪截湊補, 往往太用手分。非直傷損神力, 亦且顯乖意趣。此鍾與膠公之所不敢瘖默者也。以此而謂前後異論, 何其寃也? 鍾之意, 則猶眷眷於衡七諸公之不至陷於大過也。忠而得罪, 命也, 恨之何及? 聖人無氣發之情, 殷老說恐太快了。蓋理發、氣發, 乃就分開處, 道其機爾, 非以氣發爲都不善也。聖人亦有人心, 則安得無氣發之情乎? 程子所謂"聖人之心本無怒"者, 只是"我不與焉"之謂。雖義理之怒亦如是, 非必謂氣發之怒也。如何如何? "公而以人體之爲仁", 似只是"人與公滾做一體"之謂。朱子論"公者所以體仁", 曰: "人與人二之者, 己私間之也, 公所以一之也。" 陳北溪謂: "專言公則只虛空說著理, 不見其切於己。故必以身體之, 然後我與理合而謂之仁, 猶孟子合而言之道也。" 朱子曰: "此說得之。不然則如釋氏之捨身飼虎, 雖公而不仁矣。" 卽此究之, 可見其所謂"體之"者, 只是"合一"之謂, 非"以彼爲體、以此爲體"之謂也。所謂"撑起這公作骨子"者, 亦只是"滾做質幹"之謂, 非謂"別有皮殼於骨子之外"也。因念經傳中凡言體字, 如"君子體仁"、"體物不遺"、"與道爲體", 及"其體則謂之易"等, 皆當以此意看, 未知如何? 致宗、禹明因鄙說而有對, 盛批皆揮斥之。故玆達一二, 以求評誨。

4-4-20

「답허후산答許后山」(『俛宇集』 卷18)

해제

1) 서지사항

곽종석이 허유에게 보낸 서한. 『면우집』 권16에 실려 있다. (『한국문집총간』 340)

2) 저자

곽종석(郭鍾錫, 1846~1919)으로, 자는 명원(鳴遠), 호는 면우(俛宇)이다.

3) 내용

이 글은 곽종석이 후산(后山) 허유(許愈, 1833~1904)에게 성리학에 대한 자신의 생각을 피력한 것이다. 6월 10일 허유가 보낸 편지에 대해 곽종석이 별지에서 단락 별로 논박했다. 모두 6개 단락으로 나눠 편지 내용을 인용한 후 자신의 견해를 밝혔다. "명덕(明德)·의리심(義理心)에 대해 정(情)·행(行)·물(物)·신(身) 등으로 나누어 명덕이라고 하는 것은 말이 안 된다."는 말에 대해 곽종석은 "이것은 대강을 뭉뚱그려 말하는 것으로 왜 그런지에 대한 친절한 설명이 없다. 자세히 분석하지 않고서 어떻게 어리석고 뿌리 깊은 미혹을 떨쳐버릴 수 있겠느냐?"고 비판했다.

4-4-20「答許后山」(『俛宇集』 卷18)

三峰會合, 甚樂也。並木相遇之約, 竟此差池, 想御者之盤旋於仁星之間, 尙未回轅也。爲日已久, 不審近已返次, 起居靜泰。凶年不擾於心界, 明德益崇於日用否? 六月旬日下書, 始自大衡所傳致, 其中儘有可反覆者。玆列別紙, 逐段論禀, 以聽去就, 伏惟鑑亮。來敎且謂於人物儒釋, 分別太甚。然其論性, 則專主一原之同, 而不肯說爲性之異; 其論明德, 則專主此心之虛靈, 而常緩於具衆理、應萬事處。竊恐一向如此, 正人物儒釋之反成無別也。蓋軒下之天姿渾實, 見解圓融。其於道理大綱處, 便自分作兩片, 便以爲如此。已了得天下道理, 却少得於兩片之上, 又更逐片分片, 以盡其精微之許多曲折, 此鍾所以謂喜圓融而惡分析者然也。幸於此試仔細檢看, 如何如何? 仰恃知遇之厚, 敢觸冒不諱, 有若施之於敵以下者然, 惶恐則深矣。其亦有以察其衷悃而寬貸之也耶? 近日軒下之以『冥翁文集』事, 惹人疑端, 亦是喜圓融而惡分析者爲之祟也。夫新本之比舊本, 固可曰新本善矣, 而亦宜更就新本上覈其得失, 不宜一例掩庇, 只道他新本之善而已。心之發於應接, 如形有影, 長短疾徐, 每每不差, 此豈非可戒而可審者也哉? 望一一覆敎而與之爛漫焉。

〈別紙〉

明德、義理心之說, 自謂愚者之一得。若以情也、行也、物也、身也等, 便謂之明德則不成說。觀於『章句』"虛靈不昧"四字, 可知矣。

此只是從前屢敎中云云"明德心也"四箇字而已。一向是大綱渾淪說, 更無甚親切發明於所以然之端。且不曾將前後鄙說一一剖析, 指出他大害事之故, 而漫道是不成說。如此而安能解愚昧膠滯之惑也耶? 此殆軒下平日長於大體之圓融, 持以優遊自怡, 而猶欠却昭詳細膩之實者也。夫物也、知也、意也、心也、身也五者, 果非明德之條目乎? 物之名、知之名、意之名、心之名、身之名, 固不可謂明德, 而物之德、知之德、意之德、心之德、身之德, 豈非明德之實乎? 正猶家、國、天下, 固不可直謂之民, 而家之民、國之民、天下之民, 果非民之實乎? 今不以家、國、天下之民, 作民之統實, 而迺就三者之中, 揀取其一, 以爲民卽國也, 果成說乎? 此是粗通句讀, 粗解文理, 粗事記述者。便知其說不去, 而豈料軒下高明灑落, 而尙此濡吝不化於是也耶? 義理之心, 豈不是明德哉? 但謂於經文正意, 有所不備爾。且天下之義理, 固莫不貫通于一。然亦自有地頭名目之不容相混者, 而各於其間, 有以此該彼處, 有以彼該此處。是以只此一箇道理, 而古人制字, 各有名目, 各占地頭, 正當於言心處作心字看, 言德處作德字看, 不可槪謂同一道理, 而便欲漫然而不擇也。此不曰心, 而旣曰明德, 則自當以德而該心, 不宜以心而該德也。且心、身、性、情, 蓋皆物事之名也。德則其美善之實稱也。心非德也, 而心之虛靈, 其德也; 身非德也, 而身之聰明恭重, 其德也; 性情非德也, 而性情之仁義忠信, 其德也。以德爲心, 其不幾於指健順爲天地, 認孝弟爲堯舜乎? 從古經訓中, 如有一處將德字做心字變名, 幸勿惜爲之示破也。『章句』之"虛靈不昧", 正含了"致知"之知、"正心"之正; "具衆理", 含"格物"之物; "應萬事", 含"誠意"之意、"修身"之身, 纖悉該括, 靡有罅漏。至若『語類』所載, 隨人應答, 或以性言, 或以情與行言, 尤可見此德之不專于一心字而已也。未審盛意其終以爲不然否? 縱其終以爲不然, 其以明德謂道理之實得者則無異也。第當就道理上, 直下明之之工, 看他畢竟之同也不同, 如何? 然而軒下則將專就一心上明之, 可謂簡潔要妙, 而省得許多力矣。鍾則將不免就物上明之, 就知意上明之, 就心身上明之, 零瑣煩擾, 其若之何? 是則可憂耳。

愚所謂"義理之心", 卽孟子所謂"心之所同然者, 理也義也"之心也。朱子於此, 亦嘗該體用言之, 而今却云只就發處爲說, 亦未察乎人言之意也。

此恐認孟子語脈不着矣。孟子所謂"理也", 指在物之理, 而非便指心之理也; 所謂"義也", 指處物之義, 而非指吾心未發之義也。言人之處物得宜而合乎在物之理者, 天下人之心莫不同, 以爲當然而喜悅之, 如口之同嗜於芻豢, 目之同美於姣色也。嗜之、美之然之者, 果非發處事乎? 在物之理, 豈吾心之體乎? 處物之義, 非吾心之用乎? 竊觀軒下每以此爲心體卽理之證, 竊恐有未察於然字之旨, 而認在物爲在心、處物爲處心也。『語類』㽦錄曰: "同然之然, 如然否之然, 不是虛字。蓋自口之同嗜、耳之同聽, 而謂人心, 豈無同以爲然者? 只是理義而已。" 子蒙錄曰: "如今處一件事, 苟當於理, 則此心必安。人亦以爲當然。" 節錄曰: "問: '理義是何物, 心是何物?' 曰: '此說理義之在事者。'" 鍾之所見於朱子說者如此, 未審朱子之以此爲心之體用者。見於何書，幸錄示之，俾有所攷也。夫義理之心之名，正對形氣之心而爲稱。這便是人心、道心之謂耳，則人心、道心，其非就發處言者乎？

推不推，人物之大界分也。人之氣正通，故其心推，物之氣偏塞，故其心不推，是所謂義理之心，惟人得之而物不得與焉者也。今見物性之有一點明處，便謂之義理之心，可乎？

此固倒看說，亦自如是。但一向如是而已，則氣爲此理所以然之故，而本末易位矣。愚以爲人之心得此理之全，故乘其通氣而能推。雖或禀得氣至濁者，理之全焉，而淸氣根之而日生，終可以推得出來。物之心得此理之偏，故拘於塞氣而不能推。雖或禀得氣稍明者，理之偏焉，而暗氣蔽錮而不開，終不可以推得去。人物之推不推乍看之，若專由於氣之通塞，而徐究其本，則實由於所得之理有全有偏，而全則勢大，偏則勢微故也。然則人物之大界分，早在性命各定之時，到推不推處，已是下梢一截。且所得之理雖偏而不能推，亦或隨其所得而間有發露於知覺介然之頃者，卽其乍發之善，而便可謂此亦義理之心。到得他旣發而不能推處，畢竟是爲形氣所牿，然豈可以此而追咎其所發之善之微，而謂此非義理也哉？如以此一點之明，謂性而不謂心，則性之寂然，人何由知虎狼之孝、蜂蟻之忠哉？豈狼蟻之性不假于知覺而自發歟？豈狼蟻之有性而無心歟？抑狼孝蟻忠是形氣之心也歟？蓋對論人物，須曰“人是有知覺底，物是沒知覺底”，此其大分之恒言也。却於其間細推而論之，則物之知寒煖、覺飢飽，固是蠢然之知覺，而其或知孝知忠之發於片隙者，亦可見此理之本得者，不以氣塞而都泯也。此聖人所以盡人之性，而又能盡物之性者也。若其物自無心而都不得與於義理之感，則聖人之化亦有窮矣。理所不及，氣安能相貫乎？

心與性固一理，而所就而言者不同。自一原而言，則人與物性同；自異體而言，則人與物心不同。其不可混說明矣。

一原異體，朱先生一例就性上，言其同異，而今却言性於一原、言心於異體者，抑有所據否？愚則謂自一原而言，則人與物，不惟性同而心亦同。【同得天地生物之心以爲心。】自異體而言，則人與物，不惟心異而性亦異。【偏全之性】恐不可以心性爲人物之別。

至靜之地，境界甚濶，不可以須臾言。且至靜之時，戒愼恐懼不容說，不睹不聞何足論？

此軒下之所自得而深喜者。然以愚觀之，恐不過如時文擧子之就平常題目上，爬出箇一時尖巧底小話，做箇劈頭，以賣奇於主司之眼也。夫言“道之不可須臾離”，則其境界甚濶。凡身心之一動一靜、一默一言、一瞬一息、一坐一臥，有爲無爲、有思無思，皆莫非所該矣，猶言一動不可離，一息不可離也。豈專以不睹不聞爲須臾而不可離哉？一生之內，自幼至老，一日之中，自子至亥，逐一一分段晷刻，誰非須臾乎？不睹不聞，只是未發時。誠以心之發動，每由於睹聞，初非謂耳目之自不睹聞，而心却思慮萬端也。若如盛意，以不睹不聞爲自動而靜，一霎須臾之頃，則敢問此時此心，其有思耶，無思耶？謂是有思，則乃愼獨省察之時，而非戒懼存養之地也。謂是無思，則便是未發而至靜者也。抑別有他非有思、非無思、非已發、非未發、非動、非靜、半間不界底地頭耶？朱子曰：“所不見、所不聞，不是合眼掩耳。只是喜怒哀樂未發時，萬事皆未萌芽。” 夫“喜怒哀樂未發，萬事皆未萌芽”，非至靜而何？戒愼恐懼之於至靜時分，固若壓得太重，而此只是心有主宰，不肆不放之意。是以朱子亦曰：“道着戒謹恐懼，已是剩語，然又不得不如此說。” 又曰：“也有甚麽矜持？只不要昏了他，便是戒懼。” 又曰：“莫看得戒謹恐懼太重了，只是略省一省。不恁驚惶震懼，略是个敬模樣。如此道着，敬字已是重了，只略收拾來，便在那裏。” 又曰：“不聞不見，全然無形迹，暗昧不可知。只於此時，便戒謹了。” 又曰：“戒謹不睹，恐懼不聞，是不動而敬，不言而信之時。” 凡如此類，指不勝僂，而今謂“至靜之時戒謹恐懼不容說”，“不睹不聞何足論”，不其有異於朱子之旨乎？鍾之愚，竊不任訝惑。

達道之情，殷老亦以爲人心之得正者與焉。然此章只是說性發爲情處。方言性發爲情，而遽及於道心主宰，不其參差乎？況此只說性情之正，未及乎工夫者乎？

鍾亦固知此章之只是說性發爲情處，初非有意於分別他人心道心之機。然今必曰“人心之七情，不與於達道”，則於斯而不得不辨之曰“人心之情，亦根於性，苟其中節，則亦不害爲天下古今所共由之道也”云爾。人心之情之中節，固緣道心之爲之主宰，而其喜其怒，畢竟是形氣之事也。主宰者、中節者，界分且殊，則豈可以中節之情，便喚作主宰之心乎？主之宰之，固屬乎工夫，而喜怒之正，便是性之發也，則人心之情之正，豈獨爲有所乖戾乎？非有乖戾則和矣。和則是中之發而天下之達道也。使殷老而謂人心便是達道，則誠萬不成說。若謂人心之情之得正亦是達道，則果何害於義乎？蓋心與情亦些有分別，如寒而知寒，飢而覺飢，此人心也，而尙未有所喜怒也。其知寒而惡寒，覺飢而惡飢，得煖而有安適之喜，得飽而有充足之樂者，人心之情之正也。心以知覺言，情以喜怒愛惡言，固自有別也。朱子嘗曰："鍾鼓苑囿游觀之樂，與夫好勇、好貨、好色之心，皆天理之所有而人情之所不能無者。" 豈天理所有人情所不能無者，而不得爲天下之達道耶？人心而無道則人欲也。鍾亦豈以人欲而認做達道耶？

4-4-21

「답허후산答許后山」(『俛宇集』 卷18)

해제

1) 서지사항

곽종석이 허유에게 보낸 서한. 『면우집』 권16에 실려 있다. (『한국문집총간』 340)

2) 저자

곽종석(郭鍾錫, 1846~1919)으로, 자는 명원(鳴遠), 호는 면우(俛宇)이다.

3) 내용

이 글은 곽종석이 후산(后山) 허유(許愈, 1833~1904)에게 성리학에 대한 자신의 생각을 피력한 것이다. 허유가 말한 "리동이심부동(理同而心不同)"에 대해 곽종석은 "성(性)을 논하는 것은 오로지 하나의 근원을 주장하는 것이고, 심(心)을 논하는 것은 오로지 각각 다르게 터득한 바를 주장하는 것이다. 전자는 서로 다른 본체를 싫어하고, 후자는 태극의 본연을 살피지 않는다."며 각각의 득실을 논했다. 허유가 주장하는 "명덕자의리지심(明德者義理之心)"에 대해서 곽종석은 이전에 이렇게 말한 사람이 있느냐고 논박했다. 의리지심은 물론 명덕이지만, 물(物)·지(知)·의(意)·심(心)·신(身)의 이치를 몸소 체득한 바를 명덕이라 통칭하는 것이 어떠냐고 자신의 견해를 밝혔다.

4-4-21「答許后山」(『俛宇集』 卷18)

應章奉崇函至, 而鍾適已北走, 未及登時承領。遊五旬而歸, 方纔坼讀。又沒便風, 鳴謝不早, 悚仄何極, 冬日比暖, 不審體候更如何? 庭廡一安, 令孫已擇對否? 秀才之來遊者, 且有誰某哉? 致受宿恙良已, 能節哀支保否? 鍾錫遠役多憊, 還寓又勞碌, 無可自怡。時或點檢, 益覺持守之不力而說話之不濟事, 憂在切己, 未暇於憂世而憂人也。伏惟下憐。理同而心不同, 前後盛敎分明做性心對待說, 今却諱庇者, 何也? 論性, 則專主一原之同而惡其異體; 論心, 則專主各得之異而不察夫太極之本然, 其不幾於迷藏者之互相逃閃以爲長也耶? 理同而性不同, 前人雖不作這般語, 而其曰"一原之同", 卽"理同"之謂也, "異體之不同", 卽"性不同"之謂也。蓋一原之性, 指言天地公共之理而爲性之源者。若其性之當體則正在於異體上, 所謂五行之生, 各一其性者也。然則理同而性不同者, 前人固未嘗不言也。軒下平日論理, 神與意會, 游刃於字句言語之外。此鍾之所心說而誠服者, 而此一段語, 却欲以前人未嘗道者而揮斥之, 不肯印納, 是將以驪黃牝牡求馬矣。況是馬之未嘗不牝而黃者乎? 且敢問軒下雅言"明德者義理之心", 前人果有立此說否? 竊恐於此般處, 當有以自反而恕人者矣。義理之心, 豈不是明德? 但曰物、曰知、曰意、曰心、曰身之理, 實得於我者, 總謂之明德, 不必以一心字專占了。蓋心固爲衆德之會, 而在『大學』, 則以德爲綱而以心爲目, 自當以德, 而該心與身與物與知與意矣。不可以一目而當大綱, 觀文字眼目各異, 是難以口舌强之同也。來敎謂抱恨九泉, 讀之怵惕。然亦不敢以信不及者, 而遽相唯阿。伏願門下之明此德也。毋徒曰"正其心而已", 亦惟格物以致其知、誠其意、修其身, 不可闕其一也。愚衷切切, 只此而已。鍾不勝惶恐愛慕之至。

4-4-22

「답허후산答許后山」(『俛宇集』 卷18)

해제

1) 서지사항

곽종석이 허유에게 보낸 서한. 『면우집』 권16에 실려 있다. (『한국문집총간』 340)

2) 저자

곽종석(郭鍾錫, 1846~1919)으로, 자는 명원(鳴遠), 호는 면우(俛宇)이다.

3) 내용

이 글은 곽종석이 후산(后山) 허유(許愈, 1833~1904)에게 성리학에 대한 자신의 생각을 피력한 것이다. 먼저 『집요(輯要)』"일묘지제(一廟之制)"에 대한 자신의 생각을 전개했다. 한주 이진상의 고향인 대포리에 새로운 사당을 건립하면서 "태조(太祖)는 남향하고 이소이목(二昭二穆)은 동서에 서로 마주보게 배치한다."는 원칙에 대해, 곽종석은 그 원래 취지를 설명하며 현재에 맞는 마음가짐을 강조했다. 그리고 "인물동부동(人物同不同)"에 대해서는 여러 차례 자신의 생각을 전달했는데, 여기서 다시 한 번 강조하였다. 곽종석은 "사람과 사물은 리(理)는 같고 성(性)은 같지 않다."라고 말해 왔는데, 이에 대해 허유는 옛 성현 중에 이렇게 말한 사람이 없었다고 비난했다. 근래 곽종석이 『어류』를 보다가 "누군가 주자에게 묻기를 '사람과 사물에 대해 리가 같다고 말하는 것은 가능하지만 성이 같다고 말하는 것은 불가합니다.'라고 하니 주자가 '진실로 그러하다.'라고 대답했다."는 구절을 제시하며 허유의 의견을 구하였다.

4-4-22「答許后山」(『俛宇集』卷18)

前書未達，而又此荐誨，感德曷喩？伏審有頭部宿證更作，隆年慮或痼結，望趁屬方藥，勿謂是尋常而已也。近日起處更如何？廡節一安否？承問永嘉聲信，別無可白。黨競果日甚一日，此殆氣數之困吾林也。『輯要』一廟之制，鍾實有會不得者。蓋以牖戶向背，周旋出入，略有行不去處。竊恐做時不似說時，必須變通之乃可。今浦上新祠，則用高祖當中南向，曾祖祖禰東西壁下相句。此蓋古者朝踐之禮，行事於堂上，而太祖南向，二昭二穆東西對坐之規也。然而鄙意則廟主之各在其室而各據主奧之位者，所以象平生之父子各有其室而各伸其私，非必長時侍立於尊者之側，有所壓畏而不能自伸也。堂上朝踐，乃臨事萃聚而象平生之侍側。事畢則還安於各室，依舊皆主奧而已。今以一時臨事之規，而施之常久永安之坐者，恐或於人情神理有所不便，非古聖人灼見幽明之狀而制爲節文，使其分合有時、尊卑相適之意也。苟以其名曰祠堂，而必用堂上之位，則亦須隔別龕架。有事則搴開而相通，無事則障閉而各安。差爲寡過，而亦不害爲昭穆之遺意也。頃於校訂時，已以此相難，而剛公堅執以爲子孫之晝夜侍立於父祖之側，豈有不便於慈孝之本情也？其言太直截，鍾不敢抗。然古人之於人倫之際，亦自有宛轉處，不專於直截而徑行已也。未審盛意當以爲如何？人物同不同，前書已盡，今不復贅。剛公果又堅執，不要刪改，亦將奈何？鍾前云“人與物亦可曰‘理同而性不同’”，軒下訶之以古人無此說。鍾政不任瞿然以赧，近觀『語類』，有問“人物謂之理同則可，謂之性同則不可”，答曰“固然”。於是乎，始覺古人之已有此說，而愚滯却臆爲之辭，以致尊慈揮斥耳。伏惟更下商量，還以見敎。鍾因此而益信“人與物之謂‘理同、性不同’”亦可，“謂‘理同、心不同’”亦可，如何？蒙示殷老摘辨鄙說者，深感此公之不我遺也。但恐其成竹在胷，所見膠於一邊，有不能虛心周察乎人言之意者矣。以鍾而觀，只覺其說之有許多罅綻，自相矛盾處，是不必一一供對。惟待此心之或有開朗，而人言之徐徐乳入而已。望以此致意于殷老也。餘不盡白。

〈別紙〉

別幅所諭, 讀之爽然。但解得北溪說, 恐推之大深。北溪旣言“理爲性、氣爲體”, 而繼之曰“理與氣合, 方成箇心”, 則謂“心乃性體之合”也。性則心之主也, 體則心之臟也。合性體而爲心, 則性之粹明而正通之體爲其資施。自然有虛靈知覺之妙, 爲一身之主宰, 而其曰“所以爲主宰者”, 從性上言也, 其曰“處者”, 從體上言也。蓋已合性體而言心, 故其言主宰之義, 亦須道其主宰者之所存泊處爾, 非謂以其處爲主宰耳。如是則主宰之實, 專在於理之所以者可見, 而其發用之情, 却有從理、從氣之差別。故着然字以轉其語。恐北溪之意如是而已。今之以心之本體爲理氣之合者, 果有如下諭所謂“胡氏同體之”云, 而抑不究於本體、形體之分耳? 栗、沙、尤三賢之並駁北溪, 蓋因“方成”之方字, 而疑其謂“理氣本自相離, 始於生人物之際, 方得相合而爲心”也。然北溪之意, 則謂“理爲性、氣爲體, 各有段落, 而心有理有氣, 不可專委一邊”。故着“方”字以見“其合幷而爲心”之義, 非謂“至此而離者方合”也。北溪只就人分上爲說, 初亦豈屑屑於人物同異之際者哉? 而盛解謂“物之氣偏塞, 故其心不能主宰, 不足謂之合; 人之氣正通, 故其心能主宰, 是之謂合”, 是則恐不免於就上添註, 更求之言外爾。且心之宰不宰, 專由於氣, 而非此理之良能也。況以主宰爲合, 尤見其界辨不明, 蓋合只是此心得名之面目也。曷嘗以其能主宰然後方爲合乎? 且物之心不能主宰, 此門下雅言眞詮。然自大分而言, 則無論人與物, 纔道是心。是便一身之主宰, 亦各隨其所禀之理, 有偏有全有多有寡, 而主宰之妙, 亦有自然而然。故有能於此而不能於彼者, 有能於彼而不能於此者, 豈惟物哉? 衆人亦然, 以此而爲心不能主宰, 則亦刻矣。以愚而揣之, 只可云“有是主宰而不能自做主宰”, 則庶其近之矣。物莫不合理氣爲心, 而其得已偏, 故其主宰處亦偏, 不比人之全得此理氣而主宰之無不全耳。鄙見如是, 想亦叱退之矣。明德章句“人之所得乎天”, 鍾亦嘗謂“明德者全體大用”之謂, 非物之所得與也。近看『語類』中, 有曰: “所謂明明德者, 是就濁水中揩拭此珠也。物亦有是理。如寶珠落在至汚濁處, 然亦間有些明處, 就上面便自不昧。如虎狼之父子, 蜂蟻之君臣, 豺獺之報本, 雎鳩之有別是也。” 於此而見古人之不以物之至賤而全棄之, 猶於其一點明處, 不靳於其稱許以明德也。然則『大學經』首揭着“大學之道”四字, 自是就人上說, 非要萬物之一於此學。故章句釋明德, 亦只就人上說, 而謂“人之所得”, 恐非謂“物之都無得於此德”也。狼仁蜂義, 雖其偏而不全, 旣曰“仁義”, 則不可謂“非德”, 亦不可不謂“得之於天”也。鍾方自疑於前見之太刻, 而意古人之公平周遍。不至如此,其無乃由於不知自貴於物, 而妄欲混淆於人獸界分耶? 惶恐愧忸, 不敢有隱。幸賜之明辨, 而祛其惑焉。

北溪蓋言爲人之統體, 而曰“得天地之理以爲性”, 則不但謂心之性, 而凡耳目手足形色之性無不該矣; 曰“得天地之氣以爲體”, 則不但凡耳目手足形色之體, 而心之體質亦擧之矣。是以仍謂“理與氣合而成心”耳。理則其主宰者, 而氣則其主宰處也。如是看, 如何?

近看『語類』, 有曰“仁者天地生物之心, 而人物所得以爲心”, 則是天地人物, 莫不同有是心, 而心德未嘗不通貫也。據此, 則古人亦不嫌於有時而說人物之心同也。其謂之同者, 豈必謂全體大用之一於同而無異, 以混人物之別哉? 故又有曰: “知覺, 人物皆異。其中却有同處, 仁義禮智則同。其中却有異處。” 須與子細看, 教有條理。鍾故曰: “人與物有心則同, 而爲心則異; 有性則同, 而爲性則異也。” 其心之同也, 則不惟知寒煖、覺飢飽者爲同, 而其或知孝【虎】、知忠【蜂】、知別【雎】、知序【鴈】之發於良知者, 亦有時有處而同矣。但不能得之全而推之廣, 此爲小同而大異耳。然而天之所生, 莫不同有是心, 而心德未嘗不通貫。故仁義之相感, 而雖以至冥頑之物, 猶且有鷄狗之相哺、猫犬之相乳、馬之悲鳴而不食、猴之怒拒而不舞者, 皆其心之惻隱羞惡。亦自有略本得於天者, 而遇義理逼切處, 藹然奮然而發, 非氣之硬濁所能攔住也。是以聖人之能致豚魚之孚、鳥鷩之若, 皆因心德之有相貫者也。卽此究之, 其專致嚴於人物之分, 而一切斷之以物無義理之心, 則恐彼之形氣蠢蠢, 終無以相感於吾心之德, 而吾心之德, 亦有所閡隔缺縮而不能推也。不審盛意, 更謂何?

4-4-23

「답허후산與許后山」(『俛宇集』 卷17)

해제

1) 서지사항

곽종석이 허유에게 보낸 서한. 『면우집』 권16에 실려 있다. (『한국문집총간』 340)

2) 저자

곽종석(郭鍾錫, 1846~1919)으로, 자는 명원(鳴遠), 호는 면우(俛宇)이다.

3) 내용

이 글은 곽종석이 후산(后山) 허유(許愈, 1833~1904)에게 성리학에 대한 자신의 생각을 피력한 것이다. 먼저 태조의 계비 신덕왕후 강씨의 능인 정릉의 일에 대해 물었다. "두 배위(配位)는 없다."는 원래 취지를 살리고자 한다면 지금이라도 법을 세워 지난날의 일을 논급하는 것이 어떠냐는 것이다. 이에 대해서는 "근래 선조의 계비인 인목대비의 사례가 있기 때문에 이를 참고해 볼 수 있다."고 하며, "부득이하게 두 배위를 모시고자 한다면 당나라 의곤묘(儀坤廟)의 사례를 모방할 수 있다."고 자신의 생각을 밝혔다. 그리고 초여름에 김성부(金聖符)가 찾아와 인간과 천지만물이 리(理)에 있어 차이가 있는지 없는지에 대해 논변했던 일을 소개하였다.

4-4-23「與許后山」(『俛宇集』 卷17)

前書未達, 而又此荐誨, 感德曷喩? 伏審有頭部宿證更作, 隆年慮或痼結, 望趁屬方藥, 勿謂是尋常而已也。近日起處更如何? 廡節一安否? 承問永嘉聲信, 別無可白。黨競果日甚一日, 此殆氣數之困吾林也。『輯要』一廟之制, 鍾實有會不得者。蓋以牖戶向背, 周旋出入, 略有行不去處。竊恐做時不似說時, 必須變通之乃可。今浦上新祠, 則用高祖當中南向, 曾祖祖禰東西壁下相句。此蓋古者朝踐之禮, 行事於堂上, 而太祖南向, 二昭二穆東西對坐之規也。然而鄙意則廟主之各在其室而各據主奥之位者, 所以象平生之父子各有其室而各伸其私, 非必長時侍立於尊者之側, 有所壓畏而不能自伸也。堂上朝踐, 乃臨事萃聚而象平生之侍側。事畢則還安於各室, 依舊皆主奥而已。今以一時臨事之規, 而施之常久永安之坐者, 恐或於人情神理有所不便, 非古聖人灼見幽明之狀而制爲節文, 使其分合有時、尊卑相適之意也。苟以其名曰祠堂, 而必用堂上之位, 則亦須隔別龕架。有事則搴開而相通, 無事則障閉而各安。差爲寡過, 而亦不害爲昭穆之遺意也。頃於校訂時, 已以此相難, 而剛公堅執以爲子孫之晝夜侍立於父祖之側, 豈有不便於慈孝之本情也? 其言太直截, 鍾不敢抗。然古人之於人倫之際, 亦自有宛轉處, 不專於直截而徑行已也。未審盛意當以爲如何? 人物同不同, 前書已盡, 今不復贅。剛公果又堅執, 不要刪改, 亦將奈何? 鍾前云"人與物亦可曰'理同而性不同'", 軒下訶之以古人無此說。鍾政不任瞿然以赧, 近觀『語類』, 有問"人物謂之理同則可, 謂之性同則不可", 答曰"固然"。於是乎, 始覺古人之已有此說, 而愚滯却臆爲之辭, 以致尊慈揮斥耳。伏惟更下商量, 還以見教。鍾因此而益信"人與物之謂'理同、性不同'"亦可, "謂'理同、心不同'"亦可, 如何? 蒙示殷老摘辨鄙說者, 深感此公之不我遺也。但恐其成竹在胷, 所見膠於一邊, 有不能虛心周察乎人言之意者矣。以鍾而觀, 只覺其說之有許多罅綻, 自相矛盾處, 是不必一一供對。惟待此心之或有開朗, 而人言之徐徐乳入而已。望以此致意于殷老也。餘不盡白。

〈別紙〉

別幅所諭, 讀之爽然。但解得北溪說, 恐推之大深。北溪旣言"理爲性、氣爲體", 而繼之曰"理與氣合, 方成箇心", 則謂"心乃性體之合"也。性則心之主也, 體則心之臟也。合性體而爲心, 則性之粹明而正通之體爲其資施。自然有虛靈知覺之妙, 爲一身之主宰, 而其曰"所以爲主宰者", 從性上言也, 其曰"處者", 從體上言也。蓋已合性體而言心, 故其言主宰之義, 亦須道其主宰者之所存泊處爾, 非謂以其處爲主宰耳。如是則主宰之實, 專在於理之所以者可見, 而其發用之情, 却有從理、從氣之差別。故着然字以轉其語。恐北溪之意如是而已。今之以心之本體爲理氣之合者, 果有如下諭所謂"胡氏同體之"云, 而抑不究於本體、形體之分耳? 栗、沙、尤三賢之並駁北溪, 蓋因"方成"之方字, 而疑其謂"理氣本自相離, 始於生人物之際, 方得相合而爲心"也。然北溪之意, 則謂"理爲性、氣爲體, 各有段落, 而心有理有氣, 不可專委一邊"。故着"方"字以見"其合并而爲心"之義, 非謂"至此而離者方合"也。北溪只就人分上爲說, 初亦豈屑屑於人物同異之際者哉? 而盛解謂"物之氣偏塞, 故其心不能主宰, 不足謂之合; 人之氣正通, 故其心能主宰, 是之謂合", 是則恐不免於就上添註, 更求之言外爾。且心之宰不宰, 專由於氣, 而非此理之良能也。況以主宰爲合, 尤見其界辨不明, 蓋合只是此心得名之面目也。曷嘗以其能主宰然後方爲合乎? 且物之心不能主宰, 此門下雅言眞詮。然自大分而言, 則無論人與物, 纔道是心。是便一身之主宰, 亦各隨其所稟之理, 有偏有全有多有寡, 而主宰之妙, 亦有自然而然。故有能於此而不能於彼者, 有能於彼而不能於此者, 豈惟物哉? 衆人亦然, 以此而爲心不能主宰, 則亦刻矣。以愚而揣之, 只可云"有是主宰而不能自做主宰", 則庶其近之矣。物莫不合理氣爲心, 而其得已偏, 故其主宰處亦偏, 不比人之全得此理氣而主宰之無不全耳。鄙見如是, 想亦叱退之矣。明德章句"人之所得乎天", 鍾亦嘗謂"明德者全體大用"之謂, 非物之所得與也。近看『語類』中, 有曰: "所謂明明德者, 是就濁水中揩拭此珠也。物亦有是理。如寶珠落在至汚濁處, 然亦間有些明處, 就上面便自不昧。如虎狼之父子, 蜂蟻之君臣, 豺獺之報本, 雎鳩之有別是也。" 於此而見古人之不以物之至賤而全棄之, 猶於其一點明處, 不靳於其稱許以明德也。然則『大學經』首揭着"大學之道"四字, 自是就人上說, 非要萬物之一於此學。故章句釋明德, 亦只就人上說, 而謂"人之所得", 恐非謂"物之都無得於此德"也。狼仁蜂義, 雖其偏而不全, 旣曰"仁義", 則不可謂"非德", 亦不可不謂"得之於天"也。鍾方自疑於前見之太刻, 而意古人之公平周遍。不至如此,其無乃由於不知自貴於物, 而妄欲混淆於人獸界分耶? 惶恐愧忸, 不敢有隱。幸賜之明辨, 而祛其惑焉。

北溪蓋言爲人之統體, 而曰"得天地之理以爲性", 則不但謂心之性, 而凡耳目手足形色之性無不該矣; 曰"得天地之氣以爲體", 則不但凡耳目手足形色之體, 而心之體質亦擧之矣。是以仍謂"理與氣合而成心"耳。理則其主宰者, 而氣則其主宰處也。如是看, 如何?

近看『語類』, 有曰"仁者天地生物之心, 而人物所得以爲心", 則是天地人物, 莫不同有是心, 而心德未嘗不通貫也。據此, 則古人亦不嫌於有時而說人物之心同也。其謂之同者, 豈必謂全體大用之一於同而無異, 以混人物之別哉? 故又有曰: "知覺, 人物皆異。其中却有同處, 仁義禮智則同。其中却有異處。" 須與子細看, 教有條理。鍾故曰: "人與物有心則同, 而爲心則異; 有性則同, 而爲性則異也。" 其心之同也, 則不惟知寒煖、覺飢飽者爲同, 而其或知孝【虎】、知忠【蜂】、知別【雎】、知序【鴈】之發於良知者, 亦有時有處而同矣。但不能得之全而推之廣, 此爲小同而大異耳。然而天之所生, 莫不同有是心, 而心德未嘗不通貫。故仁義之相感, 而雖以至冥頑之物, 猶且有鷄狗之相哺、猫犬之相乳、馬之悲鳴而不食、猴之怒拒而不舞者, 皆其心之惻隱羞惡。亦自有略本得於天者, 而遇義理逼切處, 藹然奮然而發, 非氣之硬濁所能攔住也。是以聖人之能致豚魚之孚、鳥鷩之若, 皆因心德之有相貫者也。卽此究之, 其專致嚴於人物之分, 而一切斷之以物無義理之心, 則恐彼之形氣蠢蠢, 終無以相感於吾心之德, 而吾心之德, 亦有所閡隔缺縮而不能推也。不審盛意, 更謂何?

4-4-24

「답허후산與許后山」(『俛宇集』 卷17)

해제

1) 서지사항

곽종석이 허유에게 보낸 서한. 『면우집』 권16에 실려 있다. (『한국문집총간』 340)

2) 저자

곽종석(郭鍾錫, 1846~1919)으로, 자는 명원(鳴遠), 호는 면우(俛宇)이다.

3) 내용

이 글은 곽종석이 후산(后山) 허유(許愈, 1833~1904)에게 성리학에 대한 자신의 생각을 피력한 것이다. 허유가 보낸 "음양치성지변(陰陽穉盛之辨)"에 대한 자신의 생각을 밝혔다. 허유의 생각에 대체로 동의하면서, 다만 "수목양(水木陽)·화금음(火金陰)"의 해석에 대해서는 다른 의견을 보였다. 곽종석은 "기(氣)와 질(質)은 두 물건이 아니어서 질은 기로부터 생겨나고 기는 질에 깃들어 운행한다. 기가 생겨나는 처음에 오행의 기가 이미 갖추어져 있어 기의 탄생이 질이 탄생할 기반이다. 해설에서 수목양·화금음을 질생지서(質生之序)에 배속시킨 것은 이러한 이유인데, 이것이 이상일보설(移上一步說)이다."라고 설명했다. 이어서 직취당체설(直就當體說)과 취기질합일처설(就氣質合一處說)을 설명하였다.

4-4-24 「與許后山」(『俛宇集』 卷17)

呻吟裏得啓五兄到, 悉那邊信息甚大。胸次殊快樂, 未始若沉痾之在身。且聞龜山陞座之日, 會者如林而酬答如響, 發得甚多。恨未曾摳衣促膝於前列, 以聽其緖餘之一二也。雖失之當日, 可因書而開示其詳, 以剪索居蓬塞否, 顒仰殊切切, 前示陰陽穉盛之辨, 盛說大槪已得矣。第以水木陽、火金陰者, 亦就變合處言則恐未然。蓋氣之與質, 初非兩樣物事, 質之生由於氣, 氣之行寓於質。氣生之始,【第二圈】五行之氣已具, 而氣之生, 實質生之基也。故說解之以水木陽、火金陰者, 屬之質生之序者, 此也。此則移上一步說也。變合之時,【第三圈】五質乃生, 而其所謂生者, 只是顯然成出之意。氣旣變合, 則陰者陽而陽者陰, 穉者盛而盛者穉, 固自然之勢也。故「圖」之火木左而水金右, 解之水陰盛而金陰穉, 火陽盛而木陽穉者, 便當質生之位者此也。此則直就當體說也。質旣成矣。氣之運不外乎是質, 故說解之以木火陽、金水陰, 屬之氣行之序者此也。此則就氣質合一處說也。段落丁寧, 而勉齋、退陶之說, 皆已包在其中, 恐不可一字移易也。今答醒丈書, 略陳首尾, 以聽其去就, 亦望取觀而賜批正焉。神氣眩瞀, 不能道萬一。惟祝色養增祉, 爲道加愛。

4-4-25

「답허후산與許后山」(『俛宇集』 卷17)

해제

1) 서지사항

곽종석이 허유에게 보낸 서한. 『면우집』 권16에 실려 있다. (『한국문집총간』 340)

2) 저자

곽종석(郭鍾錫, 1846~1919)으로, 자는 명원(鳴遠), 호는 면우(俛宇)이다.

3) 내용

이 글은 곽종석이 후산(后山) 허유(許愈, 1833~1904)에게 성리학에 대한 자신의 생각을 피력한 것이다. 허유가 보낸 "동정설(動靜說)"에 대한 자신의 생각을 밝혔다. 허유의 생각에 대체로 동의하면서, 다만 한 대목에 대해 의문을 표시했다. 즉 허유가 말한 "음(陰)을 타면 양(陽)을 낳고, 양을 타면 음을 낳는다."는 대목인데, 이에 대해 곽종석은 "정(靜) 속에 동(動)이 있고 동 속에 정이 있으며, 양은 음을 뿌리로 하고 음은 양을 뿌리로 한다는 것이 이기(理氣)의 미묘한 실상이다."라고 하면서 "만약 위와 같이 말한다면 말이 너무 급박해서 고요해서 양을 낳고 움직여서 음을 낳는다고 말하는 것과 같다."고 논평했다. 음을 타서 고요해지고 양을 타서 움직이는 것이 태극의 항상됨이라는 것이다.

4-4-25「與許后山」(『俛宇集』 卷17)

比甚阻, 下懷殊切, 不審省溫節萬祜。靜坐索玩, 更有何許許大融入商量者否? 鍾三冬日月, 費盡於營葬侍湯之間。憂愁恐惴, 魂其餘幾。且緣朿友衡七偶罹奇證, 往往有不祥之色, 撫念近來氣數。又不免過自瑕慮, 動靜說頃承投示, 大段與鄙見相契。故其所私錄者, 今亦抄上。幸須大家參覈勘正, 卒以敎之。第審盛說中, 若有一處可疑者, 曰"乘陰而生陽, 乘陽而生陰"是也。蓋靜中有動、動中有靜, 陽根於陰、陰根於陽, 此是理氣之微妙實相, 誰曰不然? 若云"乘陰而生陽, 乘陽而生陰", 則話頭太迫, 匹似云"靜而生陽, 動而生陰", 徒乖反耳。蓋乘陰而靜, 乘陽而動, 太極之常也。且以朱子解此段, 謂是陰陽動靜。然鄙意竊以爲不然。「說」之云"太極動而、靜而", 是主太極言;「圖」之云"陽動、陰靜", 是主陰陽言。若夫此段者, 則深得乎理氣合縫之妙。所主以動靜者, 依舊是在理, 而氣爲其所資而已。"所乘之機"四字, 正當敏妙看, 豈可以此而遽屬之於陰陽動靜也?『語類』所謂"踏著、挑撥", 盛釋恐長。然私以爲"踏著動底機, 便挑撥得靜底, 踏著靜底機, 便挑撥得動底"者, 猶曰"踏著動機則動, 踏著靜機則靜"耳。蓋靜底而挑撥則非動乎? 動底而挑撥則非靜乎? 此只是乘陽而動、乘陰而靜之意也。未便是互根交涵之謂也。惟惠諒如何? 醒丈稺盛說, 思欲一覆, 而憒憒因循, 迄此未果, 則亦未果焉而已乎。

蓋此段之有許多是非者, 職由於一機字之太深看故也。機只是關棙, 而關棙是發動所由也。動者乘陽之由, 靜者乘陰之由, 如是看儘已平順。何苦而又紛紛然機上加機, 風板也、鼓鑄也、人也、風也, 生出許多模象乎?

4-4-26

「여허후산與許后山」【庚子】(『俛宇集』 卷18)

해제

1) 서지사항

곽종석이 허유에게 보낸 서한. 『면우집』 권16에 실려 있다. (『한국문집총간』 340)

2) 저자

곽종석(郭鍾錫, 1846~1919)으로, 자는 명원(鳴遠), 호는 면우(俛宇)이다.

3) 내용

이 글은 곽종석이 후산(后山) 허유(許愈, 1833~1904)에게 성리학에 대한 자신의 생각을 피력한 것이다. 명덕(明德)에 대한 자신의 견해를 밝혔다. 곽종석은 "유시이혼(有時而昏), 본체미식(本體未息)"이라는 구절을 보고 그 의미를 명덕의 의미와 연결시켜 해석했다. "혼"은 대용(大用)이 행해지지 않는 것으로, "미식"은 본체가 하늘로부터 얻은 것으로 보았다. 즉 "본체는 용에 대해 말하는 것으로, 인의예지가 마음의 본체로 된 것이다. 따라서 명덕의 본체가 마음의 본체이지, 명덕을 마음의 본체라고 해서는 안 된다. 명덕은 체와 용을 겸비하고 있기 때문이다."라고 주장했다.

4-4-26 「與許后山」【庚子】(『俛宇集』 卷18)

鍾錫月前, 自南泗更取紺山路徑還。違迂軒屛, 私惟悚仄。第伏問伊時襄事如禮, 虞祔已畢。體候幸無悲損, 胤哀節亦免添毀否? 近日商量甚文字, 奬得幾箇後進, 此世惟默修靜養可矣。不須向人作論說, 徒惹爭端。蓋世學不必以求是爲心, 而徑以勝人爲喜, 不遽勝者, 便以戈戟從事, 氣像甚可怖。席下雖至誠愛人無已, 其於不入何哉? 正宜自反其知而已。明德義更究極否? 『章句』固以心性情釋之, 而應萬事處已該了百行之實, 不必以明德只作心之本體而已也。觀於所謂"有時而昏, 本體未息"之云, 則其"昏"者, 大用之不行也, "未息"者, 本體之得於天者也。這本體對用而言, 只指那仁義禮智之爲心之本體者而已, 初非兼大用做本體也。然則明德之本體, 卽心之本體也, 不可謂明德爲心之本體也。蓋明德該體用故也。今此編以心之本體, 對心之妙用, 兩下引證, 不用相混。將明德只做本體, 則妙用之知覺虛靈, 不可謂之明德耶? 况此編諸章皆有心字作眼目, 獨於此文不見心字, 而便謂"明德字卽是心字", 則非直名言之差異, 亦且義例之不純矣。下喩又謂"忠孝恭重是零碎底道理", 然除却這般道理, 更於何處別求渾全底道理以當明德之實也? 民彝物則, 這便是得於天而爲吾實德者。致知所以知此也, 誠意所以實此也, 正心所以存此也, 修身所以行此也, 豈必以正心獨看作明明德而足也? 愚滯終未豁然於是, 必須下喩更敎然後, 方可定梓本。若未蒙亮察, 只得依舊耳。忠汝、舜華亦嘗與盛意一印, 而近日頗疑此文之獨無心字, 有欠義例, 謂"不妨其移動"云。未審盛意竟如何? 心源亭賴啓道勤幹, 得以肯構於杖屨之地, 甚盛幸。鍾將以晦初, 約忠汝由雙溪、泉坪, 得一升於新亭是計。如或得馭者偕之, 尤極蠅附之榮。然何敢望其必爾也? 『綜要』跋文之恐有更商。想已悉於啓道書中, 玆不煩贅。餘祝强食加衛, 以旺斯文。

4-4-27

「여허후산與許后山」【庚子】(『俛宇集』 卷18)

해제

1) 서지사항

곽종석이 허유에게 보낸 서한. 『면우집』 권16에 실려 있다. (『한국문집총간』 340)

2) 저자

곽종석(郭鍾錫, 1846~1919)으로, 자는 명원(鳴遠), 호는 면우(俛宇)이다.

3) 내용

이 글은 곽종석이 후산(后山) 허유(許愈, 1833~1904)에게 성리학에 대한 자신의 생각을 피력한 것이다. "소동자리(所同者理), 소부동자심(所不同者心)"에 대한 자신의 견해를 밝히고 허유의 의견을 구했다. 곽종석은 "리는 모두가 공유하는 하나의 근원이고, 심은 만물이 각각 소유하고 있는 것이다. 인간과 만물이 천지의 이치를 동일하게 갖고 있으나, 마음은 각각 다르다. 이것을 일러 리동이심부동(理同而心不同)이라고 한다."고 주장하면서, 리와 성과 심의 관계에 대해서도 언급했다. "리동이성부동(理同而性不同)이라는 말은 가능하나 성동이심부동(性同而心不同)이라는 말은 불가하다. 왜냐하면 성이 일원(一原)이 되고 심이 분수(分殊)가 되면 성이 큰 것이고 심이 작은 것이 되어 도리어 성이 심을 통할하게 되기 때문이다."라고 언급했다.

4-4-27 「與許后山」【庚子】(『俛宇集』 卷18)

南風不能吹信鴈, 久未承氣候如何? 伏庯慕菀之至, 際玆正夏, 匙筋無損, 廡庇均宜。英儁之問業者, 且得多少人, 有可以託付心緖否? 金溪角山相繼淪喪, 嶺運日低, 倚靠無人。望益自愛久視, 以重吾黨。致受宿證幸痊, 可得間日徵隨。光遠遽作千古人, 樂善好學, 可復見此耶? 啓道全家染瘟, 阽危者屢, 近纔淸霽耳。鍾錫無可短長, 日前得晩求公來此, 相追入七夕, 頗有相觀之益, 恨不同軒下做此團圝也。“所同者理, 所不同者心”, 賴下誨頻複, 方覺謬見甚滯, 已以此書告啓道, 勸其更加釐正, 姑未知啓道云何? 然但前後盛論, 必以這理字作性字看, 則恐不免眇忽之差。蓋理是一原公共之稱, 心是萬物各具之名。人與物同得天地之理, 而旣得之爲心, 則心各不同。此所謂“理同而心不同”也。以性與理對言, 則亦可曰“理同而性不同”也。若曰“性同而心不同”, 則性爲一原, 心爲分殊, 性大心小, 性反統心, 終不若理字之公共自在爾。如何如何? 適有山中人欲從軒下過者, 忩忩修大槪。專等回音泰平, 餘乞澄在。

4-4-28

「답조중근答曺仲謹」【己亥】(『俛宇集』 卷85)

해제

1) 서지사항

곽종석이 조긍섭에게 답한 편지. 『면우집』 권85에 실려 있다. (『한국문집총간』 327)

2) 저자

곽종석(郭鍾錫: 1833~1904)으로, 본관은 현풍, 자는 명원(鳴遠), 호는 면우(俛宇)·유석(幼石)이다.

3) 내용

이 글은 곽종석이 1899년 조긍섭(曺兢燮: 1873~1933, 자는 仲謹, 호는 深齋)에게 답한 편지이다. 이 편지에서 곽종석은 스승 이진상(李震相: 1818~1886)의 심즉리설(心卽理說)은 영남학파의 통론 심합리기설(心合理氣說)을 바탕으로 성립한 것임을 해명하였다. "일반적으로 심을 말하면 리와 기가 결합된 것이지만, 곧바로 본심을 지칭하면 리일 뿐"이라는 것이다. 곽종석에 의하면, 심을 귀하게 여기는 것은 본심(本心), 진심(眞心), 주재(主宰)의 심 때문이다. 그리하여 그는 본심이 리이고, 진심이 리이며, 주재의 심이 리라고 주장하면서, "심은 태극이 된다", "심은 천리가 사람에 내재한 전체이다"라고 했다. 특히 퇴계(退溪) 이황(李滉: 1501~1570)의 "심이 아직 발현하지 않아서 기가 용사하지 않았을 때는 오직 리일 따름"이라는 말과 동강(東岡) 김우옹(金宇顒: 1540~1603)의 「천군전(天君傳)」에서 "천군은 애초 리라고 이름 지었으니, 이미 사람에게 봉해져도 다시 심이라고 이름 한다"라는 말을 인용하고, "이는 본체의 순수하고 지극히 선한 것을 오로지 심이라고 한 것이니, 기를 버리고 오직 리만을 지칭해도 혐의되지 않는다"고 하였다. 이러한 맥락에서 곽종석은 "성인(聖人)과 어진 사람은 본심, 진심, 주재의 심을 잃지 않은 사람"이라고 설명했다. 곽종석은 또 여러 전거를 들어 심성일물(心性一物)을 주장하면서, 성이 기와 섞여도 그 본선을 가리켜 성즉리(性卽理)라고 하듯이, 심이 기와 합해져도 그 본선을 가리켜 심즉리(心卽理)라 한다고 설명했다. 곽종석은 또한 "격물(格物)은 리를 궁구하는 것이요, 복례(復禮)는 리를 회복하는 것이니, 기를 섞어 궁구하고 기와 함께 회복하는 것이 아니다"라고 하여, 주리론의 입장을 분명히 했다.

4-4-28「答曺仲謹」【己亥】(『俛宇集』 卷85)

承惠狀審有亞庭之慟, 區區不任驚怛。仰惟至情沉痛, 何以堪居? 鍾錫無狀, 日甚爲世唾棄, 方屛氣潛縮, 不敢以聲息, 先自通於四方之君子, 以累其德。惟天彜之不泯於慕善者, 何嘗以此而少弛於久要期仰之地哉? 况於座右乎? 耿然一念, 未始不若水之於東爲也。玆蒙賜訊, 慰撫傾倒, 款若平昔。復爲之指陳名理, 開示義諦, 冀其痼結之一或融解, 而範驅之相與趨於至正, 不至於終黯黯踽踽老而死也。於是乎信吾仲謹之仁稟周贏, 不忍於一物之無所歸, 不啻乍見孺子之入井也。鍾雖冥頑, 亦不能不爲之感泣也。又安敢含胡諱陋, 以自阻於仁愛之下哉? 夫說心、說理, 鍾非敢有懲於世。盖自近年氣衰志懶以來, 畧有見乎吾學之所急, 若不在於是, 故反省之慙, 而酬問之訥, 不似往時隨口對辨, 以不知爲知者, 此人所以疑其黜前見而希世好也。然而所急, 不在是也。不知者不敢以爲知也, 濯舊而來新, 誠豈易易哉? 况心之謂卽理, 尤是蓼蟲之於辛味也, 安能一朝脫然而覺其辛之棘喉也哉? 况心合理氣, 不惟鍾信此而無疑, 鍾之先師, 亦嘗屢言而屢書之矣。今就遺集及『綜要』、『求志錄』等書攷之, 盖十指之不足以悉僂矣。夫然矣, 則其必爲卽理之說, 冒宿忌觸衆忤而不以爲慴者, 果何哉? 誠以所貴乎心者, 本心也、眞心也、主宰之心也。非本則末矣, 非眞則假矣, 非主宰則僕役矣。本心是理, 眞心是理, 主宰之心是理, 則心之正名, 顧不在於理乎? 其曰合理氣者, 統此心之本末、眞假、主宰僕役而道其全也。非欲其抗禮而爲敵, 並倨而與公也。苟其不揀主資, 不分尊卑, 漫然爲齊等之合, 則君子於此, 宜有所正其名而捄其流者矣。是以古之人, 已曰"心爲太極", 曰"心者天理在人之全體", 是皆不嫌於就統合之中而剔撥而單言之矣。至若我陶山夫子則曰: "心之未發, 氣不用事, 惟理而已。" 東岡先生之爲「天君傳」曰: "天君初名理, 旣封於人, 更名曰心。" 此皆以本體之粹然至善者, 專謂之心, 亦不嫌於其捨氣而獨指也。夫所謂聖人、仁人者無他, 只不失其本心、眞心、主宰之心者爾。氣質之性, 君子有不性焉, 則衆人雜氣之心, 君子亦當有不心者焉。是以朱子謂"未發時, 衆人心與聖人心同。" 南軒子曰"衆人與聖人同類, 以心之同也。" 胡氏謂"心卽體, 欲卽用; 體卽道, 用卽義。" 陳氏謂"聖人之心, 渾然天理。" 孟子曰"仁, 人心也", 而朱子謂"心之本體無不仁", 又謂"仁者之心, 便是一箇道理",

又謂“仁者, 理卽是心、心卽是理”。竊謂聖仁之心, 亦初非無資於氣者, 而諸先生之一以理稱, 而甚而謂“理卽心、心卽理”, 不虞其或遺乎氣者, 其意固在於本心、眞心、主宰之心, 而不必每每及於其末、其假、其僕役者之不足深恃者耳。若曰“聖仁之心, 是心之一偏, 而非心之本眞也”, 是聖仁爲棄本而喪眞者, 而衆人心之理氣迭勝、眞妄相雜者, 方得爲心之正面矣。其然乎? 不然乎? 心與性, 有分言時, 有合言時。盖泛言心則合氣, 而直指本心則理而已。故其分言於性者, 從合氣處看; 合言於性者, 從直指處看。今一例謂“聖人界之, 故百事序而精; 釋氏亂之, 故百事紊而雜”云爾, 則程子曰“心卽性也”, 曰“心也、性也、一理也”; 朱子曰“心與性只一般”, 曰“心只是一箇性”, 曰“心無體, 以性爲體”, 曰“心性一物”, 此等豈皆全昧於眞妄理氣之別, 而不覺其自陷於釋氏亂之之科耶? 來諭且引朱子所謂“氣質所賦, 雖有不同, 而不害性之本善; 性雖本善, 而不可無省察矯揉之功”, 而曰“此奚獨論性而可?說心尤有力焉。” 鍾以爲誠然誠然。夫性或雜氣, 而指其本善曰性卽理也; 心之合氣, 而亦指其本善曰心卽理也。不言卽理, 則人不知此心之本善, 而將以眞妄之相雜者爲本心矣; 不言合氣, 則人不肯下省察矯揉之功, 而將以此心之發, 爲無非至理, 率意而妄行矣。若是乎盛見之不啻左右契於鄙懷也。來諭且謂唐、虞君臣之相親如家人, 相規如朋友, 秦之尊君抑臣, 天下大亂, 以證主理之非。然則唐、虞君臣果無尊卑之定分, 而堯或北面於舜, 舜或肩隨於堯耶? 雖相親如家人, 而父父、子子、夫夫、婦婦之分, 截然而不可干矣。相規如朋友, 則人之爲君臣, 人則同也。箴戒論思, 可以相正。理氣之爲君臣, 理純善而氣或惡, 理至公而氣或私, 理有知而氣無知, 寧可以氣而規理, 以理而從氣, 所規若朋友之相敵者乎? 人之爲君, 有善有不善, 故堯、舜之君而吁咈於共鯀, 都兪於禹、皐陶則天下治, 呂政之君焉, 而縱其都兪於斯、高, 天下其不亂乎? 理之爲君也, 無時而不堯、舜也。苟其自作主宰, 命氣而不命于氣焉, 則天下其有治而無亂矣。惟其自失主宰, 認斯、高爲禹、皐陶, 假之以權柄乎, 則天下之治少亂多, 無足怪也。是以古之人, 必曰尊德性, 必曰莫尊於理, 必曰主宰者卽此理也。其眷眷致隆於此理者, 未嘗少衰。不聞其有忿懫於氣之受屈而擡升之推奉之, 得與理爲敵, 而夷毁其尊卑之分, 併操他主宰之權, 然後爲快喜者也。近世歐美諸邦, 聞有君民共主之俗, 何其與盛見絶相似也? 理也者, 至微而至顯, 至虛而至實, 原於所以然而立於當然, 本乎性命而著於日用之常, 張之爲三綱, 推之爲百行。千條萬緖, 粲然不紊, 爲天下古今所共由之路。苟能實用力於主理之工, 則將何施而不達, 何處而不裕如哉? 其將如種豆而得豆, 種稻而得稻, 悅之如芻豢, 安之如袵席也。今謂“試以用功, 莽曠如捕風, 枯燥如喫木, 不能一席安矣。” 異哉, 吾子之爲理學也! 意者吾子之所謂理者, 其不以民彝物則之當然者爲理, 而以窈窈冥冥, 恍惚驚怪, 幽遁無據, 不可捉摸者而認作理也乎? 其無位眞人乎? 其存想丹田乎? 其一片大虛寂乎? 抑其天祺之形象, 而君實之中字乎? 鍾之陋固, 不可得以測識矣。然而來諭之末, 欲以求是二字, 易主理之稱, 而謂實有下手處, 此則可謂忘言而會意者矣。元來理非別樣, 卽此一箇是字。程子曰: “天下之事, 一歸於是, 是乃理也。” 朱子曰: “是底便是天理。” 李子曰: “事之是者是理。” 敢請由今而往, 只信理之爲是, 而初非理與是之各自一樣, 如何如何? 不曰窮理而曰格物, 不曰反理而曰復禮者, 誠以立言下語, 隨處有當, 不必避諱於理字之懸空, 而故爲此遷就也。格物者, 格其理也; 復禮者, 復此理也, 孰謂雜氣以格之, 和氣以復之乎? 故國山川之喩, 甚切譬也。若其燕人之自幼而遷於越者, 略知自家之爲燕人也, 而旣不記山川、城郭、風物之眞面, 如何矣? 日聞其在傍者之相欺, 指會稽謂恒嶽, 諉錢塘爲易水也, 則吾固以爲信然而無疑矣。一有燕人來言曰“爾之鄕非此也。” 雖諄諄以恒、易之眞面, 彼將謂此人之欲誑我而誤我也。嗚乎! 一燕之乍忠, 安足以回百越之積欺乎? 鍾恐座右之是, 自幼而遷於越者也。立論之喜新, 固君子之所當戒者, 而亦不可一槩斷定, 以杜來者之智。孔子言性相近, 而孟子更不敢言性善, 程子更不敢言性卽理也; 孔子言“易有太極”, 而周子更不必言“無極而太極”, 邵子更不必言“心爲太極”, 則迄今而天下之理, 幾乎其黮昧而不章; 前聖之旨, 幾乎其艱錯而不解矣。語新而旨合, 則不害其爲千古之相傳; 語舊而旨別, 則適不免爲一時之亂道, 此又觀言者之所宜徐加商繹, 而不必以卒乍之聽瑩, 遂揮斥之而已者也。鍾之閉口於此事, 已有日矣。而今不敢不爲座右傾倒張皇者, 盖欲明者之灼此病證, 更惠炷砭。令之瀉洩其癥癖, 而快然以樂於良已也。非欲以敝箒而易座右之千金, 冀其同裸於深淵也。鍾之所仰於座右者, 至遠至大, 幸勿以鈍拙之姑不契可, 而遂置於無可奈何已也。渠寧迷而不寤? 决不是寤其非而吝於回頭者, 此心之赤, 仁者宜有以諒之也。嶺運日剝, 金溪碩德, 奄忽游岱, 滔滔者將無人鎭攝也, 豈直斯文之慟而已哉? 鍾杜門無聊, 秪覺日以老爾。無足相聞, 質疑問奇云云, 恐轉聽之輿訛也。世豈有庸闇愚滯猶在吾亞者, 而肯與之有質有問乎? 況其無朱、蔡之德學, 而有僞徒妖人之目, 人孰肯逐臭染跡於其近乎? 歲暮正乞孝悌增綏。奉際未涯, 臨紙冲悵。九月惠函, 昨始塵抵。此覆之達, 當復幾時辰耶?

5.

大溪 李承熙(1847~1916)
心說論爭 資料

4-5-1

「상장사미헌上張四未軒」【福樞】(『大溪集』1 卷5)

해제

1) 서지사항

이승희가 장복추에게 보낸 서한. 『대계집』 권5에 실려 있다.

2) 저자

이승희(李承熙, 1847~1916)로, 자는 계도(啓道), 호는 대계(大溪)이다.

3) 내용

이 글은 이승희가 앞서 '옛 성현 또한 기(氣)가 주재처(主宰處)에 해당한다고 본 경우가 있다'고 주장한 사미헌(四未軒) 장복추(張福樞, 1815~1900)의 서한에 답한 것이다. 이승희는 심(心)은 리(理)로 말할 수도 있고 기(氣)로 말할 수도 있으며 리기(理氣)를 겸해서 말할 수도 있는데, 이 가운데 리로 말할 수 있는 이유는 주재하는 것 때문이라고 하였다. 그는 기를 주재처로 본다면 심이 리가 되는 것을 말할 수 없을 뿐만 아니라, 기를 주재하는 리의 존재도 필요 없게 된다고 반박하였다.

4-5-1「上張四未軒」【福樞】(『大溪集』 卷5)

春初陪誨, 說及此心主宰處, 下諭以爲古聖賢亦或有以氣當主宰處。其時請益而未究禪庵之會, 復陳其說, 承後當考示之敎。由是之後, 或紬繹經子, 未嘗不私自繙索, 而終未之見。若蒙指示其出處, 以破蔀塞, 則幸何如之? 蓋此心可以理言, 可以氣言, 可以兼理氣言, 而其可以理者, 以主宰者之爲理也。今於主宰處亦可以氣當之, 則心之爲理, 不可得以言矣。非惟心也。以無形之理, 而爲此氣之帥者, 以其自能主宰也。若曰"氣亦可以主宰", 則此理將可無矣。區區抱疑而未釋, 庶藉大惠, 以開谷霧之翳, 敢煩崇聽, 不任主臣。伏願特命侍人, 草示一兩句, 以卒下惠。

4-5-2

「상장사미헌上張四未軒」(『大溪集』1 卷5)

해제

1) 서지사항

이승희가 장복추에게 보낸 서한. 『대계집』 속편 권1에 실려 있다.

2) 저자

이승희(李承熙, 1847~1916)로, 자는 계도(啓道), 호는 대계(大溪)이다.

3) 내용

이 글은 이승희가 사미헌(四未軒) 장복추(張福樞, 1815~1900)의 기주재설(氣主宰說)을 반박한 것이다. 장복추는 지난 서한에서 리기(理氣)가 상수(相須)하는 것이 체(體)가 되고 상대(相待)하는 것은 용(用)이 되므로 기(氣) 또한 주재하는 면이 있다'고 하였다. 이에 대해 이승희는 기(氣)의 체용은 형체, 작용에 관련되므로 주재(主宰)라는 명칭에 해당할 것이 없다고 반박하였다. 그는 고요할 때 주재하는 것은 리의 체이고 기는 형체로서 그것을 싣는 것이며, 움직일 때 주재하는 것은 리의 용이고 기는 작용으로서 그것을 지키는 것이라고 하였다. 또 설사 리가 기에 의해 움직여 스스로 주재성을 잃는다고 할지라도 갑자기 기가 그 지위를 담당할 수는 없다고 하면서 정자와 주자가 피력한 리의 주재성 자료를 제시하였다.

4-5-2「上張四未軒」(『大溪集』 卷5)

頃白氣主宰說, 旣無古據, 可以意斷, 然觝滯之見, 終有所障, 不敢蓄疑, 未達復, 此瀆白不任主臣。竊讀下諭, 以理氣之相須爲體, 相待爲用, 爲氣亦主宰之驗。竊恐理之爲體用, 眞體也、妙用也, 固有主宰之義; 若夫氣之爲體用, 形體也、作用也, 無當於主宰之名。夫靜而主宰者, 理之體也, 而氣以形體而承載之; 動而主宰者, 理之用也, 而氣以作用而輿衛之。此其不可易者, 設使蓦忽之地, 理爲氣撞, 自失主宰, 未可遽以氣當其位也。雖分然之頃, 苟有主而宰之, 則乃理也, 非氣之所能也。程子曰: "天專言之, 則道也。" "以主宰謂之帝。" 朱子曰: "蒼蒼者, 卽此道理之天, 其主宰謂之帝。" 又曰: "心固是主宰底, 所謂主宰者, 卽此理也。" "心字似帝字。" 又曰: "心也者, 妙性情之德, 所以致中和, 立大本而行達道者也, 天理之主宰也。" 此數說皆以理爲主宰, 而不犯氣上說。今若以氣復當主宰之名, 則無或有違於聖賢立言之本旨乎? 此是道理頭腦處, 不容差放, 伏願深惟而明詔之。

4-5-3

「답서도사答徐都事」(『大溪集』1 卷5)

해제

1) 서지사항

이승희가 서찬규에게 보낸 글. 『대계집』 권5에 실려 있다. (『한국문집총간 속』 147)

2) 저자

이승희(李承熙: 1847~1916)로, 본관은 성산, 자는 계도(啓道), 호는 대계(大溪)·한계(韓溪)·강재(剛齋)이다. 한주(寒洲) 이진상(李震相: 1818~1886)의 아들이다.

3) 내용

이 글은 이승희가 종오품 도사(都事)를 지낸 서찬규(徐贊奎: 1825~1905, 자는 景襄, 호는 臨齋)에게 보낸 편지이다. 편지의 앞부분에서는 일반적인 안부를 묻고, 별지(別紙)에서 네 조목으로 성리설을 논했다. 첫째 조목은 사단과 칠정을 리발과 기발로 구분하는 문제로서, 이승희는 면재(勉齋) 황간(黃榦: 1152~1221)의 "어떤 경우에는 기가 움직임에 리가 따르고, 어떤 경우에는 리가 움직임에 기가 따른다(或氣動而理隨之, 或理動而氣挾之)"는 주장에 입각하여 퇴계의 호발설을 옹호했다. 둘째 조목은 이항로(李恒老: 1792~1868)·이진상(李震相: 1818~1886)의 심즉리설과 상산(象山) 육구연(陸九淵: 1139~1193)과 양명(陽明) 왕수인(王守仁: 1472~1528)의 심즉리설을 구분하는 문제로서, 이승희는 "육상산과 왕양명의 병통은 심을 리로 여긴 데 있지 않고, 기를 리로 여긴 데 있다. 그러므로 그 폐단을 구제하려면 마땅히 '리는 기의 주재자이므로, 진실로 기와 별개의 존재'라고 말해야 한다."고 주장했다. 셋째 조목은 심의 본체에 대한 논의로서, 인의예지의 리가 심의 본체이며, 혈육과 형기의 마음은 결코 심의 본체가 아니라는 것이다. 넷째 조목은 이항로의 심즉리설에 대한 옹호로서, 리는 '군주·아버지·남편'에 해당하고, 기는 '신하·자식·아내'에 해당하므로, 주재자인 심은 리로 규정되어야 마땅하다는 것이다.

4-5-3「答徐都事」(『大溪集』 卷5)

上臘一紙, 俯賜問恤, 副以名理, 導誘深摯。自幸此生, 有以獲私於君子之門也。吾道益孤, 異言滔天。莫有能救之者, 下執事乃憂之。其恢張廓闢, 必思所以盡其方者, 庶幾奉藉餘靈, 以殿後塵。幸卒大惠, 時宣至教。聞重庵金公已下世, 未知華西門下, 復有幾人可擔夯此學也。別紙賜敎, 屢回莊讀, 益知前輩所造, 非淺腹可窺。山藪納汚, 乃許其自陳陋辭, 實不敢孤, 其未及承領者, 謹別條上。伏惟憐其迷而恕其狂, 以畢不倦之誨。

〈別紙〉

"四端是理之發、七情是氣之發"之爲主理、主氣, 大意較然, 恐不必 待一是字而隱約見也。夫謂理發、氣發之爲二岐者, 何故也? 將謂不着之字, 則理發者爲理獨發, 氣發者爲氣獨發乎? 勉齋曰"感物而動, 則或氣動而理隨之, 或理動而氣挾之。" 曰"理動、氣動"而無嫌焉, 則"理發、氣發", 獨有嫌乎? 將謂氣則可發, 而理則不可發乎? 朱子曰"仁之理發而爲惻隱, 義之理發而爲羞惡", 此非理之發乎? 且旣謂退溪說有病矣, 則其所發明者, 何義? 恐與各說一事之各有發明者不同。

心謂之理, 非無氣; 謂之氣, 非無理。敬聞命矣, 而對陸、王、醫師, 而曰氣曰理, 恐未然。栗谷曰"心卽氣", 果對陸、王說乎? 程子曰"心卽性", 又曰"聖人心卽理", 果對醫師說乎? 夫陸、王之病, 不在於以心爲理, 而在於認氣爲理, 欲救其弊, 恐當言"理者氣之主宰, 而實與氣爲二物"而已。若夫醫師, 則其所用, 只在於氣, 又何有乎言理而曉之乎? 至若下段所引諸條, 又皆牽從氣邊, 亦恐主意有偏也。朱子曰"性猶太極, 心猶陰陽", 此則猶出於門人所錄,【庚戌, 砥錄。】 其晩年手筆, 則【「答吳晦叔」論中和第六書】有"以太極之未發爲性, 已發爲情, 以一動一靜之妙爲心", 其作『啓蒙』, 又直書"心爲太極", 此非正義乎? "心者氣之精爽", 如所謂"人之神明", 已是就氣上指理說者, 況其手筆? 【『孟子精義』】 又有曰"心者天理在人之全體", 其歸重, 顧不在理乎? 性偏於靜, 而心却兼用, 所以“微有跡”也。氣有作爲, 理却自然; 氣不自靈, 待理而靈。所以“自然又靈”也。有曰“虛靈屬氣”, 而又曰“虛底是理,【『正蒙註』】 靈底是太極【『通書註』】”, 有曰“能覺者氣之靈”, 而又曰“所覺者心之理”, 蓋虛與靈, 可以理言, 可以氣言。合而言之, 非理則氣不能自虛靈, 非氣則無以見理之虛靈矣。性之靈, 當於心之主宰處見之, 故曰“靈處只是心不是性, 非以性爲不靈也。” 曰“心便合着氣”, 則正是自理立言者也, 此則尤較然矣。心之主宰曰性, 未知據於何書, 而只這心之所以爲主宰者, 以性爲體故也。恐非心上又別有一物爲主宰也。若以血肉魂魄之心爲理, 則固爲不分道器; 苟以主宰底心爲理, 則正欲分得道器也。至若心性情之名目, 各以地頭而有別, 道德性命、仁義禮智, 皆一理而各以類分, 有何侵奪界分之患哉? 理邊之存養擴充, 氣邊之警省約制, 正是主理之工。性之有本然氣質, 而所主者本然之理也; 情之有理發氣發, 而所主者直遂之理也; 心之有主宰形氣, 而所主者主宰之理也。如欲合而擧之, 則固當曰合理氣; 苟擧一而該之, 當擧其主宰之理而不當偏擧其資具之氣。今曰氣則不言其偏, 曰理則力攻其偏。竊恐輕重本末之倒置, 而無以立乎主理之旨矣。迷謬抵冒, 深庸主臣。伏惟恕其愚妄, 詳說而明誨之。

勉齋之所謂神, 恐只如妙用謂之神者。今以神爲氣之本, 而當在人之本心, 則本心亦氣乎? 孟子所謂本心, 卽指仁義禮智之心, 亦復曰氣, 則何處看得理也? 眞西山之言, 未必不完, 而所謂心之理者, 卽所以爲主宰之體者, 但未及其用也, 朱子蓋以圓外竅中者爲非心, 又謂心非菖茯可補, 則所謂血肉形氣底心, 恐非心之眞體也。未知如何。

華西先生潛心理學, 獨契妙悟, 恐非近代諸賢所可及; 其心卽理一段, 恐尤有功於聖門之學。蓋理者, 君也、父也、夫也; 氣者, 臣也、子也婦也。今以國言之, 漢曰劉氏之國, 唐曰李氏之國, 實合於一統之名。若曰蕭、曹、房、杜之國, 不亦上下倒置、名實紊亂乎? 此所以不得不以心爲理者也, 幸願深思而覆誨也。

4-5-4

「답허후산答許后山」【丁酉】(『大溪集』2 卷6)

해제

1) 서지사항

이승희가 허유에게 보낸 글. 『대계집』 권6에 실려 있다(『한국문집총간 속』 147)

2) 저자

이승희(李承熙: 1847~1916)로, 본관은 성산, 자는 계도(啓道), 호는 대계(大溪)·한계(韓溪)·강재(剛齋)이다. 한주(寒洲) 이진상(李震相: 1818~1886)의 아들이다.

3) 내용

이 글은 이승희가 1897년 허유(許愈: 1833~1904, 자는 退而, 호는 后山·南黎)에게 보낸 편지이다. 편지의 앞부분에서는 일반적인 안부를 묻고, 이어서 허유의 '인간과 동물이 리는 같으나 심은 다르다'는 주장에 대해 간단하게 비판적인 논설을 전개했다. '리는 같으나 심은 다르다'고 주장하면 이승희의 지론인 '심즉리설'이 무너질 수 있기 때문이다. 그리하여 이승희는 "그 같은 점을 말하면 성(性)은 진실로 같으나 심 또한 다를 수 없으며, 그 다른 점을 말하면 심은 진실로 다르나 성 또한 같을 수 없다"고 설명하였다. 그리고는 "심의 본체가 곧 성(性)이요, 성의 주재처(主宰處)가 곧 심이다"라고 하여 심즉리설을 재확인한 다음, "인간과 동물이 다른 점은 '의리의 마음(義理之心)'이니, 이 심의 다른 점이 곧 이 리의 다른 점이다"라고 주장하였다.

4-5-4「答許后山」【丁酉】(『大溪集』 卷6)

遡風登程, 惟有一念俱往。匪意蒙賢姪遠顧, 袖致手墨, 奉讀感泣。且喜御者利稅, 鼎爐視昔, 自餘可類會也。伏庸慰滿, 承熙罷會以後, 便作木石伍, 身勞增痞, 妻病如鬼, 而廟役差完, 堂垣尙鬠, 深恐似此做措, 遂成鹵莽而止也。理同心不同之說, 苟分說而善看之, 則誠如下諭。蓋人物之所同者, 純善無惡之性也; 所不同者, 義理全具之心也。但對說而分別心性, 則已做病。何者? 語其同處, 則性固同矣, 而心亦不能異; 語其異處, 則心固異矣, 而性亦不能同。夫心之本體, 卽是性; 性之主宰處, 卽是心。同處皆同, 異處皆異, 恐未可分判而別之也。況此條所記, 卽以理字對心字, 有若理只有同底, 而心只有不同底, 安得無可疑也? 願更平心密察, 務得眞諦。愚意則人物之不同底, 卽此義理之心也; 此心之異處, 卽此理之異也。非於此理之外, 更有所不同也。不審以爲如何?

4-5-5

「답허후산答許后山」(『大溪集』2 卷6)

해제

1) 서지사항

이승희가 허유에게 보낸 글. 『대계집』 권6에 실려 있다. (『한국문집총간 속』 147)

2) 저자

이승희(李承熙: 1847~1916)로, 본관은 성산, 자는 계도(啓道), 호는 대계(大溪)·한계(韓溪)·강재(剛齋)이다. 한주(寒洲) 이진상(李震相: 1818~1886)의 아들이다.

3) 내용

이 글은 이승희가 허유(許愈: 1833~1904, 자는 退而, 호는 后山·南黎)에게 보낸 편지로서, 대략 세 가지 주제에 관해 논하고 있다. 첫째는 허유의 '인간과 동물이 리는 같으나 심은 다르다'는 주장에 대해 다시 비판적인 논설을 전개한 것이다. 이승희의 지론은 "인간과 동물이 태어날 때, 함께 천지의 리를 얻어 심이 되었으니, 그 리가 같으므로 심 또한 같은 것이다. 다만 타고난 기에 편정(偏正)의 차이가 있으므로, 그 리에도 차이가 있게 된다. 성(性)으로 말하면 인간은 온전하나 동물은 치우쳤으며, 심으로 말하면 인간은 능히 주재하나 동물은 주재하지 못하니, 하나도 같은 점이 없다. 지금 인간과 인간 사이에 그 심이 모두 같은 것은 그 리가 같은 것이요, 인간과 동물 사이에 그 심이 서로 다른 것은 그 리가 다른 것이다. 천하의 생명체 중에 원래 리는 같은데 심은 다른 경우가 없다."는 것이었다. 둘째는 심의 주재에 관한 논의로서, 심과 성을 나누어 말할 경우 본체는 성에 속하고 주재는 심에 속하나, 심이 능히 주재할 수 있는 것 또한 본체에 속하는 것이므로, 주재와 본체를 통합하여 심이라고 말해도 된다는 것이다. 셋째는 허령지각(虛靈知覺)에 관한 논의로서, 이승희는 "이 심과 이 리는 본래 스스로 허령하여 지각이 있는 것이다. 그것이 의리를 위하여 발하면 도심이 되고, 형기를 말미암아 발하면 인심이 될 뿐이다. 어찌 의리의 마음은 허령지각이 발한 것이요, 형기의 마음은 허령지각이 발한 것이 아니라고 하겠는가? 비록 인간과 동물을 대립시켜 말한다고 하더라도, 이 리의 '형체가 없으나 지극히 신묘한 것(無形而至神者)'이 어디에서인들 허령하지 않겠는가?"라고 주장하였다. 이승희가 리를 '형체가 없으나 지극히 신묘한 것'으로 규정하고, 리가 곧 허령지각의 주체라고 설명한 것이 주목된다.

4-5-5「答許后山」(『大溪集』 卷6)

書已發, 奉讀四月六日下書。人回又拜書, 伏審間有落庵一次, 能整頓山海文字, 以一衆議而補前跨。不惟斯文幸甚, 體氣尙可恃也。承熙只印一狀, 子婦尙未起, 使人發鬱也。所不同者心一節, 屢蒙提誨。且得俛公書, 以爲吾丈之謂性同心異者, 非也而實有得於本原之理者, 要承改圖。 然愚魯終有未化者。 夫孟子之言“人之異於禽獸者”, 非指此理耶? 朱子諸說之發明其意者, 亦只言“氣異故理異”。今忽言“所同者理”, 非可疑耶? 如只曰“不同者心”, 則愚亦何疑哉? 諸公之說, 以爲所同者理, 乃指一原處。然此曰人物之所同者, 則豈指一原者耶? 俛公似將『集註』所謂“同得天地之理”之意看此說。然曰同得者, 謂此亦得、彼亦得也。曰所同者, 謂此一分、彼一分也, 豈可混之耶? 今來敎所云所不同之理, 實此所同之理者, 自說則得矣, 恐非此段解語也。且以性同則心同, 心異則性異者, 爲人物無別, 則將謂人與物性同而心異耶? 區區愚見, 每以爲人物之生, 同得天地之理以爲心, 其理同, 故其心亦未嘗不同也。然其得氣有偏正之不同, 故其理亦有異焉。以性, 則人全而物偏; 以心, 則人能主宰, 而物不能主宰, 無一於同也。今夫人與人其心皆同者, 其理同也; 人與物其心不同者, 其理不同也。天下之生, 元無理同而心不同者, 是豈可二之哉? 伏惟精思而覆敎之。心性分合條之移次, 誠多悚懍, 未知其必然也。然來諭云云, 亦或有失照管者。夫心性分合, 有統體條理、體用、動靜, 許多件數, 非專爲分別主宰之妙也。『綜要』本草所論主宰之說, 亦非專在於分合條中也, 其大體已悉著於本體條下矣。蓋主宰之妙, 雖尤著於形氣用事之後, 而主宰之體, 實只是此理而已。將心性分言, 則本體屬性, 主宰屬心, 將此心統說, 則心之能主宰者, 亦此本體之所爲也, 非別有一物也。今言心而合主宰於本體, 恐無不可。且均是論主宰者, 而釐而二之, 亦恐破裂所以定其如此, 不審盛意以爲何如。北溪理與氣合一條, 只指心之所以爲主宰處, 而不直曰主宰底, 蓋指方寸心也。非直如今人本體合理氣, 合理氣爲主宰之說。然於理與氣合之下, 一串說下, 更不別白主宰之眞體, 豈非未瑩耶? 其所謂虛靈知覺, 有從理發、有從氣發者, 只看「庸序」, 可知虛靈字之不必帶說。蓋已發之心, 非不虛靈, 而方說發處, 當曰知覺發, 不當說虛靈發也。且來喩, 以虛靈知覺爲義理心者, 亦恐倚於一偏。蓋此心、此理, 本自虛靈而有知覺, 其爲義理而發者爲道心, 由形氣而發者爲人心而已。何嘗曰義理心獨虛靈知覺, 而形氣心非虛靈知覺耶? 雖將人與物對說, 此理之無形而至神者, 何處不虛靈? 只是這物爲形氣所梏, 不能盡其虛靈之體, 而惟人最靈。所謂心者, 天理在人之全體; 性者, 天理之全體。本非一處說, 非有意於分別心性。今欲以在人二字之有無, 爲心性界判, 將謂以性則在人在物, 均是全體, 而以心則惟在人者, 爲全體耶? 竊恐性之在物者, 亦不全也。朱子曰"仁義禮智之粹然者, 豈物之所得以全哉?" 此性之不全也。苟使此性如人之全, 則其心又緣何不與人同耶? 此數說者, 多少參差, 不任主臣。然不敢不盡己意, 以謂明誨, 幸並詳思而覆諭之也。

4-5-6

「답허후산答許后山」【壬寅】(『大溪集』2 卷6)

해제

1) 서지사항

이승희가 허유에게 보낸 글. 『대계집』 권6에 실려 있다. (『한국문집총간 속』 147)

2) 저자

이승희(李承熙: 1847~1916)로, 본관은 성산, 자는 계도(啓道), 호는 대계(大溪)·한계(韓溪)·강재(剛齋)이다. 한주(寒洲) 이진상(李震相: 1818~1886)의 아들이다.

3) 내용

이 글은 이승희가 1902년 허유(許愈: 1833~1904, 자는 退而, 호는 后山·南黎)에게 보낸 편지로서, 앞의 두 편지와 마찬가지로, 허유의 '인간과 동물이 리는 같으나 심은 다르다'는 주장에 대해 비판적인 논설을 전개한 것이다. 이 편지에서 이승희는 "인간과 동물의 심은 같은 점도 있고, 다른 점도 있다"고 전제한 다음, "인간과 동물이 함께 천리를 얻었다는 관점에서 말하면 인간과 동물의 심이 모두 같으나, 하나는 허령(虛靈)하고 하나는 허령하지 못하며 하나는 지각할 수 있으나 하나는 지각할 수 없다는 관점에서 말하면 인간과 동물의 심이 각각 다르다. 그 '다른 점'은 비록 형기로 인한 것이나, 그 다른 것은 진실로 이 리가 다른 것이다."라고 설명하였다. 따라서 리와 심을 둘로 갈라놓을 수 없다는 것이다. 또한 곽종석이 "동물에게도 의리지심(義理之心)이 있다"고 주장한 것에 대해, 이승희는 '호랑(虎狼)의 인(仁)'이나 '봉의(蜂蟻)의 의(義)'처럼 동물에게도 한 조각의 의리지심이 없는 것은 아니지만, 큰 틀에서 말하면 "오직 인간만이 의리지심이 있어서 스스로 능히 주재할 수 있으나, 동물에게는 이러한 것이 없다."고 주장하였다.

4-5-6「答許后山」【壬寅】(『大溪集』 卷6)

靈川失陪, 悵慕殊切。際承下誨, 諄複開導, 恍若操几而從之也。矗府一行, 可視延平故事, 而山北經席, 復有馬公做主否? 撼頓餘祟, 恐傷瘧候, 邇來更康復否? 承熙近從商山還, 方俟鳴遠諸公畢勘禮書, 而宂務且紛然矣。又有一封書, 自坡回·朴子喬來, 詬斥吾家心學。蓋其源自茶山, 而勢頭從宜春發, 胤兄應亦覷其機矣。風力所驅, 萬形俱偃, 吾黨能自駐足, 不爲其所吹倒者, 果幾何也? 只自竦然屛息而已。原集梳洗之議, 不徒爲時人面目, 常念爾時, 草草不成冊樣, 所以於今春堂會, 有所經紀。然物力所係, 豈能以時日期哉? 第觀事機爲緩急耳。理同心不同之說, 屢蒙示喩, 常蹙夫孟子此章所言“人之所以異於禽獸者”, 分明指說此性之異。朱子亦曰“論萬物之異體, 則氣猶相近, 而理絶不同。” 今云理同, 已非此章之義。況心之爲物, 有同有異。自其同得天理而言, 則人物皆同; 自其靈與不靈、覺與不覺而言, 則人物各異。所謂異者, 雖因乎形氣, 而其異者, 實此理之異也。此章主意, 旣在乎人物之異, 則曰理亦異, 心亦異, 何必分而二之, 然後爲得哉? 今本所云人物心之不同, 卽此理之不同也, 而今謂“理同而心不同”, 可疑。朱子旣以“君子所存”, 爲存天理, 又曰“存其所以異, 則此云理同, 恐只是推本說, 或者以此爲心氣之證則誤矣。”【止此。】 恐無可疑, 幸入諒裁。鳴遠諸兄所言物亦有理義之心, 想亦非謂人物之心眞大同也。或指其一點明處而言, 如虎狼之仁、蜂蟻之義, 亦不可謂非理義也。如烏之反哺、雎鳩之摯而有別, 亦豈全無主宰者耶? 苟言人物之大分, 則惟人有理義之心, 而能自主宰, 物則不能有之矣。二公者, 豈不能曉此? 雖承, 亦何嘗言人物之心皆同哉? 願更察其主意所在也。

4-5-7

「답이감역答李監役」【晩寅】(『大溪集』2 卷6)

해제

1) 서지사항

이승희가 이만인에게 보낸 글. 『대계집』 권6에 실려 있다. (『한국문집총간 속』 147)

2) 저자

이승희(李承熙: 1847~1916)로, 본관은 성산, 자는 계도(啓道), 호는 대계(大溪)·한계(韓溪)·강재(剛齋)이다. 한주(寒洲) 이진상(李震相: 1818~1886)의 아들이다.

3) 내용

이 글은 이승희가 종구품 감역(監役)을 지낸 이만인(李晩寅: 1834~1897, 자는 君宅, 호는 龍山)에게 보낸 편지이다. 이만인은 퇴계(退溪) 이황(李滉: 1501~1570)의 후손으로서 이진상의 심즉리설을 지지했는데, 이 편지는 그에 대해 이승희가 감사의 마음를 표하며 부친 이진상의 심즉리설은 사실 이황의 성리설을 계승한 것이라고 주장하는 내용이다. 이황은 심합리기설(心合理氣說)을 주장한 반면, 이진상은 심즉리설을 주장하였으므로, 이진상의 성리설이 이황의 성리설을 부정한 것으로 볼 수도 있거니와, 그리하여 이황의 후학들 가운데 많은 사람들이 이진상의 심즉리설을 배척한 바 있었다. 이에 대해 이승희는 "퇴계의 심합리기설은 본연지성과 기질지성, 리발의 정과 기발의 정을 겸해서 말한 것"인데, 본연지성이 기질지성의 주가 되고 리발의 정이 기발의 정의 주가 되므로, 성·정의 주재자인 심은 리로 간주하는 것이 타당하다고 주장하였다. 요컨대 이황이 심을 리와 기의 결합으로 설명했어도, 그 가운데 주재자는 리이므로, 이진상이 이에 입각하여 심즉리설을 제창했다는 것이다. 이러한 맥락에서 이승희는 "리와 기의 관계에서 주재자(主宰者)와 자구(資具)의 관계가 도치(倒置)되면 그 주재자를 분명하게 밝혀서 그 병(病)의 근원을 타파하지 않을 수 없으니, 이것이 선친(先親, 李震相)께서 고심(苦心) 끝에 부득이 심즉리설을 제창한 까닭으로서, 사실 노선생(老先生, 李滉)의 뜻을 밝게 드러내려는 것이었습니다."라고 하였다.

4-5-7「答李監役」【晩寅】(『大溪集』 卷6)

陪數日淸, 誨於淸凉山色中, 粗償宿昔之願, 而臨歧紙上之約, 乃被年間喪戚俗冗所帶累, 居然數歲矣。伏惟春日暄姸, 靜觀之趣、風詠之樂, 有以益發其道妙, 而優入昭曠地頭否? 得下執事於吾夫子家, 令人愛慕攢祝, 自有別於餘人者。承熙孤露無憑, 替事亦復失所, 蒲柳易秋, 扶策益踈, 中夜以思, 只自拊心增愧也。聖遠言湮, 世學日舛, 滔滔洪流, 盡入於氣學叢裡。將至此理爲死物, 一邊浸漬之習, 固已難醫, 而吾南學士, 遵守退陶緖餘者, 亦往往誦語而失意, 不察乎主資之分, 認理氣爲雙頭對峙, 而四七乘隨之妙義不著。或者將性對情, 界限理氣, 而性發爲情之本領遂晦。要其歸宿, 其去一邊主氣之論, 蓋亦無多矣。昔先君子爲是之憂, 推原其意, 主理言心, 以明主宰之妙。或者驟見而疑之, 以爲與退陶所言兼理氣者不同。然其實則退陶兼理氣之說, 乃兼本然、氣質之性, 理發、氣發之情而言者也。本然、氣質, 固兼有矣, 原本體, 則本然者常爲主, 而性可曰卽理也; 理發、氣發, 固兼有矣, 旣分乘隨, 則乘者常爲主, 而情亦只是性之發也。性卽理也, 情乃性之發也, 而心者統性情而爲言者也, 則以心爲理, 不待乎他求矣。況「中圖」之旨, 剔撥說理一邊, 以開示其本體, 無有餘蘊者乎? 夫退陶之說, 說盡之矣。固不待加之而足矣, 其奈後來氣說鴟張? 主資倒置, 則不得不明言其主, 以破其病源, 此先君說亦出於苦心而不能已者, 而實所以發明老先生之意也。頃者叨陪, 略說及此。惟下執事深以一邊氣學爲憂, 而因復肯可於先君之說。蓋緣夫子家孫, 旣看得夫子意思甚熟, 所以不滯於言句之末, 而察意於群疑之表也。私心景慕, 尤非尋常戀德之悃而已。年間進學, 想日崇深。山川脩遠, 無由承覿, 爲可恨也。伏惟益卲明德, 益闡微言, 使此主理之旨, 得以復明於吾南, 而彼氣說有所懲而不敢肆也。頃謁陶山有小詩志感, 因自縮之, 更念院中故事, 或有錄存此等閒作者, 則不敢以蕪拙自隱, 漫寫以呈, 幸一照破否?

4-5-8

「답이감역答李監役」(『大溪集』2 卷6)

해제

1) 서지사항

이승희가 이만인에게 보낸 글. 『대계집』 권6에 실려 있다. (『한국문집총간 속』 147)

2) 저자

이승희(李承熙: 1847~1916)로, 본관은 성산, 자는 계도(啓道), 호는 대계(大溪)·한계(韓溪)·강재(剛齋)이다. 한주(寒洲) 이진상(李震相: 1818~1886)의 아들이다.

3) 내용

이 글은 이승희가 종구품 감역(監役)을 지낸 이만인(李晩寅: 1834~1897, 자는 君宅, 호는 龍山)에게 보낸 편지이다. 이 글에서는 먼저 일반적인 안부를 묻고, 선친 이진상의 문집을 도산서원(陶山書院)의 광명실(光明室)에 소장(所藏)하는 문제를 거론한 다음, 선친이 심즉리설을 제창하게 된 까닭을 장황하게 설명하였다. 이승희에 의하면 "옛날의 성현들이 시대상황에 따라 입언한 것은 지극한 이치를 밝혀서 전배(前輩)의 종지(宗旨)와 부합하게 하는 데 중점이 있었을 뿐, 자구(字句)의 같고 다름에는 별로 개의치 않았다." 예컨대 성탕(成湯)은 '약유항성(若有恒性)'을 말하고, 공자는 '성상근(性相近)'을 말하고, 맹자는 '성선(性善)'을 말하고, 정자는 '성즉리(性卽理)'를 말하고, 횡거(橫渠) 장재(張載: 1020~1077)는 '천지지성(天地之性)과 기질지성(氣質之性)'을 말한 것은 "혹은 명칭은 같으나 취지가 다르고, 혹은 말은 다르나 내용은 같은 것으로서, 서로 이어받아 입언한 것은 아니나 하나의 정합적인 체계를 이루고 있다." 또한 주자가 "사단은 리가 발한 것이요, 칠정은 기가 발한 것(四端是理之發 七情是氣之發)"이라 한 것에 대해 노선생(老先生, 李滉)께서 다시 '리승(理乘)'과 '기수(氣隨)'를 덧붙인 것과 심을 '합리기(合理氣)'로 설명한 것도 시대상황에 따른 결과였다. 이와 마찬가지로 선친 이진상도 시대상황으로 인해 부득이 심즉리설을 제창하게 되었다는 것이다. 당시에는 온 세상이 주기론(主氣論)으로 뒤덮여 하나의 '리(理)' 자를 안치(安置)할 곳도 없는 형편이어서, 리는 겨우 '소이연(所以然)'이라는 시위(尸位)에 기탁하고 있는 '죽은 물건'이 되어 있었거니와, "이러한 상황에서 곧바로 대본(大本)으로 거슬러 올라가 이 심의 주재를 밝히고 백체(百體)를 호령하고 기졸(氣卒)을 통솔하는 권한을 보여줌으로써 맑고 깨끗한 정치의 근본을 삼았으니, 이것이 우리 선군(先君, 李震相)께서 여러 사람들의 공격을 회피하지 않고 곧바로 '심즉리(心卽理)' 세 글자로 과감하게 입론하여, 위로는 여러 성현들의 은미한 뜻을 밝히고 아래로는 후학들의 장애물을 제거하게 된 까닭이었다."는 것이다.

4-5-8「答李監役」(『大溪集』 卷6)

經一番大轉時候, 代間光景, 皆作龍遊舊迹。惟一區仙庄, 獨似王官谷口。伏想梧几靜暇, 冠帶橫經, 不問窓外風雨, 日有慥慥之意。不審, 講究得幾般義理, 鋪排出幾篇文字, 成就材彥, 亦復有可恃者否? 引領東望, 不任願言。承熙妄擬鹿門之携, 客加祚山中, 已數載矣。紛綸萬用, 盡入禪定。惟有先君遺墨, 隨作性命一部二十五册, 僅以活印就緖。謹將一件, 要奉付陶山·光明室中。不惟爲永托名山之藏, 庶幾吾先子寤寐隴雲之意, 得因是而少伸也。爲帙無多, 路且悠遠, 不能別具爲華案之實, 是可恨也。敢冀先經一鑑, 知吾先子平生學訣有在也。頃年寵覆一書, 宜足爲卒承嘉誨之階, 而漠然至此, 亦世道使然也。心主理三字, 竊想立言主理, 旣有以深發吾老先生之精義, 而又不欲別立一話頭, 有若自多於前人者, 闡發謹守之意, 可謂兩得其當矣。然盖嘗求古聖賢因時立言, 要以發明至理, 務合於前輩宗旨, 不必切切於名言之同異。成湯曰"若有恒性", 孔子曰"性相近", 孟子曰"性善", 程子曰"性即理", 張子曰"天地之性"、曰"氣質之性", 是或名同而指異, 或語異而實同, 不相沿襲而不害爲脗然一揆。其言情, 則「禮運」言七情, 「樂記」言六情, 『大學』言四有五辟, 孟子言四端, 朱子曰"四是理之發, 七是氣之發", 而老先生復言理乘氣隨, 是又不係於名數之多寡, 言句之增損, 而要之爲互相發明者也。至於心, 大舜言人心道心, 孔子言出入存亡之心, 孟子言良心本心四者之心, 程子言本善之心, 張子言統性情之心, 而朱子則言天理全體之心、理之主宰之心, 又言精神魂魄之心、血肉之心, 至老先生言統性情合理氣之心, 亦猶性情之隨時立言也, 何嘗以前聖之未言, 而後人不敢說出也? 今就此數條, 撮其要而究其歸, 仁義禮智四者, 本然而純善, 以統此性情者, 即天理之全體, 而爲主宰之心者也。其有義理、形氣之公私者, 心之路脉也; 出入、存亡者, 心之情狀也; 精神、魂魄者, 心之資具也; 血肉, 心之宅舍也。夫自其主本而竪說之, 則性, 情之體也; 情, 性之用也, 心以主宰之理而統之, 是則皆理而已。兼指其路脉、資具而普說之, 則性也有本然、氣質, 情也有理發、氣發, 心以主宰之理, 而乘精英之氣, 管攝而運用之, 是則可謂合理氣也。老先生於「心統性情上圖」用林隱之舊而略加檃括, 只言一理, 以明其本原; 「中圖」則就理氣相合之中, 剔發理一邊, 其爲圖說, 又以不雜氣而只指理者明之, 是亦主言理而已; 其「下圖」者, 乃理氣分開處也, 其言性則合本然、氣質, 言情則合理發、氣發, 統而爲心, 亦合理氣矣。然其主理之妙, 則又自在於發爲乘隨之際矣。然則本諸「上圖」之目、「中圖」之旨, 而便可曰心即理也; 推諸「中圖」之目、「下圖」之說, 而便可曰合理氣矣, 言之而不爲著, 不言而不爲晦也。且心之主理, 旣曉然無可疑, 則天下之物, 擧其主而爲名者, 不爲不多。國以君而名, 則曰劉漢、李唐; 家以夫而名, 則曰李家、金家, 非無臣與妻之異姓者而然也。若云即字太�出無餘地, 則性之有本然、氣質, 而何遽曰性即理也? 心之有性、有情, 而何遽曰心則性也? 正以其只擧其主本者, 不害爲該其餘也。盖嘗思之, 老先生之前, 心體大明, 未有歧於本體主宰之地, 而學者下工, 多在於理氣交錯之際。老先生之普說一下, 指示下手之方, 固有不容已者。駸駸到今日, 擧天之下, 都成氣圈, 世界將無一寸地安頓此一理字。一片東土, 不絶如綫者, 乃復主張此氣, 力驅衆說, 直以主宰之位, 陪奉此氣。此理之名, 僅寄於所以然之尸位, 直爲死物。區區吾嶺, 若個有志保有老先生緖餘者, 又復泥於言而昧其本, 乃以爲此理此氣, 合爲主宰, 僅足比肩對頭而止, 都無一統之地。譬如弱魯殘國, 迫於秦、楚之狼視, 而君微臣彊, 常恐逆亂之內作, 何暇望克去彊敵, 以收廓淸之功哉? 於此之際, 正宜直原大本, 明此心之主宰, 見其有號令百體、駕御氣卒之柄, 以爲淸源出治之本。此吾先君所以不避衆鏑之攻, 直以此三字, 斷然立說, 庶幾上闡群聖之微旨, 下發後學之蔀障者也。尊執事以老先生之家, 四亭平立, 無有先入之惑。直以公心、公理, 自力奮發, 探究微言, 闡發大旨, 亦久且幾矣。旣能以主理二字, 立定本領, 久久融會, 想已有妙睹昭曠之域矣。幸更有以詳考也。世事到此, 鋒鏑交横, 如承輩竄首窮山, 呆然若無省。又復作此般閒話, 疋似圍城賦詩, 能不見恠否? 但旣偸度朝晡, 此又不講, 亦無以爲命, 未知此義復如何? 且道此時吾輩處世行己, 必有一條妥當底義理, 有時朦然不知所措。幸乞明賜鐫誨, 以指迷塗。

4-5-9

「답이장答李丈」【相奭】(『大溪集』2　卷6)

해제

1) 서지사항

이승희가 이상석에게 보낸 글. 『대계집』 권6에 실려 있다. (『한국문집총간 속』 147)

2) 저자

이승희(李承熙: 1847~1916)로, 본관은 성산, 자는 계도(啓道), 호는 대계(大溪)·한계(韓溪)·강재(剛齋)이다. 한주(寒洲) 이진상(李震相: 1818~1886)의 아들이다.

3) 내용

이 글은 이승희가 이상석(李相奭: 1835~1921, 자는 濟汝, 호는 聾巖)에게 보낸 편지이다. 이 글에서 이승희는 먼저 이상석이 당시 여러 사람들로부터 공격을 받고 있던 선친 이진상의 심즉리설을 옹호해 준 것에 대해 감사를 표하고, 그러나 이진상의 심즉리설에 대한 이상석의 이해가 미흡한 점이 있음을 지적한 다음, 이진상의 심즉리설에 대해 장황하게 설명하였다. 첫째는 양명(陽明) 왕수인(王守仁: 1472~1528)의 심즉리설과 이진상의 심즉리설을 구별하는 문제로서, 왕수인은 '음양이 유행하며 응취(凝聚)하는 기'를 가리켜 '리'라 한 것이므로, 이진상의 학설과는 오히려 상반된다는 것이다. 둘째는 심에 대해 세 차원으로 구분하여 설명한 것으로, 심은 형체를 지닌 화장(火臟, 心臟)을 지칭하기도 하고 정신혼백(精神魂魄)의 기를 지칭하기도 하며 일신을 주재하는 본연진체(本然眞體)를 지칭하기도 한다. 그리하여 맥락에 따라 심즉기설(心卽氣說)·심합리기설(心合理氣說)·심즉리설(心卽理說) 등 다양한 학설이 성립할 수 있거니와, 그러므로 이진상 역시 '심의 전체'를 논할 때엔 '심합리기'라 하였고, '주재의 본체'를 논할 때엔 '심즉리'라 하였다는 것이다. 셋째는 당시의 심즉기설과 심합리기설의 폐단을 비판하는 것으로, "당시의 학자들은 심즉기설에 훈습되어 마침내 기를 '주재의 진체(眞體)'로 간주하고, 심합리기설을 추종하는 사람들은 곧장 리와 기를 혼동하여 함께 '주재의 본체'로 간주하여, 결국엔 리와 기의 지위와 본분이 뒤집히고 명목이 뒤섞여 마침내 리가 주재의 권한을 제대로 행사할 수 없게 만들었다"는 것이다. 그리하여 "선군(先君,

李震相)께서 특별히 그 '주재의 진체'를 거론하여 위로는 선성현(先聖賢)의 주리(主理)의 가르침을 밝히고, 아래로는 왕수인의 사이비 학설을 물리쳐서, 세상 사람들이 '언어에 집착하여 실제에 어두운[泥言昧實] 폐단'을 구제하고자 했다"는 것이다.

4-5-9「答李丈」【相爽】(『大溪集』 卷6)

承熙愚陋荒率, 學不通方, 行不孚人, 屢憎於人, 以至上累家學。惟敵戶塞兌, 自分廢棄於斯世。執事過念先契, 歷述平素, 辱賜開導。且惘念吾家集之見世謗也, 欲方便庇護之, 尤盛德事也, 敢不拜領? 但區區愚滯, 或有一二未盡領會者, 亦不敢不反覆而求誨焉。夫先君文字甚富, 殆充箱而溢架, 其中有或信手寫下, 而不再勘過者, 安保其萬當而無可議哉? 縱昏劣不能省覺, 方且日求其故。至於主宰一說, 亦嘗反覆而費思焉。夫天下事物所觸、形氣所感, 紛綸萬變, 而是皆必有以主宰之者, 是則所謂理也。程子所謂"以主宰謂之帝", 朱子所謂"主宰者, 卽此理者也"。既曰主宰則一而已, 如國之君、如家之父、如軍之將, 得專其號令措置, 而不可貳者也。從上千古聖賢, 無外是而言主宰者, 雖以白沙、陽明之主氣, 亦不敢以"氣機"亂之。至于我東, 始或汨董理氣而當之, 誠求其端而不可尋者, 未知執事亦嘗有疑於是耶? 抑執事所言, 非此之謂, 乃在乎一世所共疑之心卽理一說, 而偶失於擧起之際耶? 夫心卽理三字, 固出於陽明, 而前輩多攻之。誠有時賢之說者, 但陽明之所謂理, 實指其眞陰眞陽流行凝聚之氣, 而所謂學者, 又欲不察眞妄, 信心直行, 則其原頭歸宿, 皆與吾儒門法, 不啻氷炭, 是則吾先君, 亦嘗痛闢之矣。獨於此三字, 不欲以出於彼而去之者, 蓋亦有由焉。竊以爲心之爲說, 固多端矣。論其形, 則七竅火臟, 呀然方寸者, 固心也; 論其氣, 則精神魂魄, 運用承載者, 固心也。至若本然眞體之主宰一身者, 則此理亦心也。從上聖賢以理言心者, 亦何限也? 『書』言"上帝之心", 『易』言"天地之心", 孟子言"仁義之心", 邵子曰"心爲太極", 張子曰"心統性情", 此皆直指其主宰之眞體者也。故程子曰"心也、性也、天也, 一理也", 朱子曰"心者天理在人之全體"、曰"天理之主宰", 西山眞氏曰"曰心曰性, 形而上"者, 由此言之, 心卽理之說, 實出於前聖賢, 而非陽明創之也。其以心爲氣者, 則雜見於黃、岐、道、釋之編者, 旣章章矣。朱夫子亦嘗曰"心者氣之精爽", 而整菴羅氏則直曰"心卽神, 神卽氣"。吾東諸先輩, 亦嘗言之, 亦各有所指也。至陳北溪, 乃合此二者, 而曰"合理氣", 退陶夫子又取之。蓋以此主宰之心, 合諸方寸之心而言之也, 是又完全而不偏矣。從古聖賢, 何嘗一套而止哉? 如論性也, 孟子言"皆善之性", 周子言"善惡之性", 程子曰"性則理", 北溪陳氏及退陶夫子, 亦嘗曰"性合理氣", 雖若相反, 實則同歸。何者? 此理眞體純善無惡者, 固性也; 其隨氣質而有善惡之不齊者, 亦其性然也。謂之"合理氣"者, 擧其全體也; 謂之"卽理"者, 拈其本體也。竝擧全體, 而本體自在; 單拈本體, 而全體無遺。今只拈性卽理之說, 而疑其相背於性合理氣之說, 則其可乎? 心與性, 一理也。先君論心之全體, 而曰合理氣者, 指不勝僂矣。至其拈出主宰之本體, 則以心卽理爲善者, 亦猶是也, 何嘗一語斥合理氣之非? 又何嘗一語稱述王氏之學也哉? 今之執此以攻先君之說者, 蓋或未之察也。其或相愛而爲之謀者, 又歎其不能依倣塗轍, 以作安身之法, 別立一個說話, 徒取世謗。然此則又或未深究吾先君之心者。先君一生專精講道, 苦口說理, 皆從白地上求出一個天理, 無一毫依阿前賢之意, 況可曲意循物, 以取諧於一時乎? 且從古儒者, 立言垂後, 只欲發明此理, 直說己意。苟其不中於理, 陸生『新語』, 雖或諧寵當朝, 祇足以寒識者之齒; 苟中於理, 濂翁「極圖」, 縱被別人疑嗔, 猶可以首論道之編, 何遽以一時之毁譽而爲之前却耶? 況先君此說, 非直偶然說理而已, 亦有所感而發也。昔大舜氏論人道心, 而必欲一之于道心; 孟、程子論人心, 必欲極之于本善之心; 退陶夫子說心之合理氣, 而特揭林隱圖於上面, 以明此理之統性情, 此其竝擧理氣而不害爲主理之實。今世君子, 習心卽氣之說, 則遂以此氣爲主宰之眞體; 誦合理氣之說, 則直欲混同理氣, 竝作主宰之本體。畢竟一部意見, 顚倒位分, 汨董名目, 遂使此理, 不能專主宰之權, 其勢將至於君不君、父不父、夫不夫, 而莫之救焉。此誠仁人智士, 所宜惕然却顧, 思所以拯救之。先君此說, 特擧其主宰之眞體, 上以發明先聖賢主理之旨, 下以斥王氏似是實非之僞見。思有以救拔世人泥言昧實之末弊, 亦有所不能自已者。爲後人者, 縱汲汲於爲親釋謗, 亦豈忍變易聖賢之宗訣、黮晦天理之眞體, 泯沒前人憂道救時之至意, 黯淡以媚于人? 曰實無是也哉! 天地臨之, 聖賢在前, 百世在後。只得公而傳之, 知我罪我, 一聽於理, 抑亦不負此心天理之眞體也耶? 感執事深愛, 悉暴愚衷。伏惟恕其妄而悲其志, 尙有以深察焉。苟所言不中於理, 則幸賜覆敎, 勿以語及吾先君文字爲嫌。勿以承熙之不能通曉爲可憎, 期使此理明盡, 則亦執事所以不枉此理也。

4-5-10

「답도하응答都河應」【清一 ○ 甲辰】(『大溪集』1 卷7)

해제

1) 서지사항

이승희가 도청일에게 보낸 글. 『대계집』 권7에 실려 있다. (『한국문집총간 속』 147)

2) 저자

이승희(李承熙: 1847~1916)로, 본관은 성산, 자는 계도(啓道), 호는 대계(大溪)·한계(韓溪)·강재(剛齋)이다. 한주(寒洲) 이진상(李震相: 1818~1886)의 아들이다.

3) 내용

이 글은 이승희가 1904년 도청일(都淸一: 1838~1916, 자는 河應, 호는 槐啞, 이명은 源默)에게 보낸 편지이다. 이승희는 이 편지에서 먼저 맹자의 성선설, 염계(濂溪) 주돈이(周敦頤: 1017~1073)의 강유선악설(剛柔善惡說), 정자(程子)의 심본선설(心本善說), 회암(晦庵) 주희(朱熹: 1130~1200)의 심태극설(心太極說) 등 선현들의 다양한 입언은 본래의 맥락에 따라 이해해야 한다고 주장하고, "세상의 무식한 학자들이 전언(前言)을 탐구하지 않아 입언의 취지를 알지도 못한 채 동쪽을 가리키며 서쪽을 헐뜯고 손님을 아끼며 주인을 미워하는 것은 통탄스러운 일"이라고 지적하였다. 이어서 이승희는 선친 이진상의 '심즉리설'은 결코 영남학파의 지론(持論)이었던 '심합리기설'을 부정하는 것이 아니라고 역설했다. 다만 영남의 학자들이 심합리기설에 집착하여 '주재자로서의 이 심의 본체'는 곧 '리'임을 망각하는 경우가 있으므로, 이진상이 그 본체를 발라내서 '심즉리'라고 입언하였다는 것이다.

4-5-10 「答都河應」【清一○甲辰】(『大溪集』 卷7)

示喩“道體至大, 渾然全具之中, 又有燦然各備之理。聖賢立言雖異, 不害其爲同歸”者, 誠至語也。今也主兼理氣之訓者, 乃曰“曰理不得、曰氣不得”; 主心是氣之說者, 亦曰“曰理不得”, 此何以異於主大舜人道心之說, 而欲廢孟子理義同然之心, 主程子性卽氣之說而欲去其性卽理之論也? 孟子只曰“性善”, 可知其單指本然之理; 周子只曰“剛柔善惡而已”, 可知其別指氣質之性; 程子曰“心本善”, 朱子曰“心太極”, 已可知其主宰之理, 何可曰“心不可單言善心, 不可直作太極”耶? 世無識理君子, 不究前言, 不通人意, 指東毁西, 愛客憎主, 是則可歎也已。執事所見誠公正, 然亦尙疑吾輩只將心做理, 不復說兼理氣, 是則有未察焉。吾輩所見, 只爲兼理氣底心, 乃吾嶺今日之所共遵守, 而獨不知此心本體主宰之爲卽理, 故剔發而說之, 只是孟子性善、程子心善之義而已, 何嘗言兼理氣之非耶? 但世人只株守兼理氣三字, 而不要說主宰之卽理, 甚至怒目而肆口耳。今有人言燈者, 油火固宜矣。又或單擧其明者之主, 而曰燈卽火也, 有何不可? 每念及此, 不覺發歎。感公心相與。漫說及此, 倘賜諒察。

4-5-11

「답이천길答李天吉」【晦根 ○ 壬寅】(『大溪集』2 卷8)

해제

1) 서지사항

이승희가 이회근에게 보낸 글. 『대계집』 권8에 실려 있다. (『한국문집총간 속』 147)

2) 저자

이승희(李承熙: 1847~1916)로, 본관은 성산, 자는 계도(啓道), 호는 대계(大溪)·한계(韓溪)·강재(剛齋)이다. 한주(寒洲) 이진상(李震相: 1818~1886)의 아들이다.

3) 내용

이 글은 이승희가 1902년 이회근(李晦根: 자는 天吉)에게 보낸 편지로서, 그 내용은 세 가지로 요약된다. 첫째는 '걸(桀)과 같은 악한(惡漢)에게는 명덕(明德)이 없다'는 주장을 비판하는 내용이다. 명덕이란 인간의 성·정(性情)을 지칭하는 것인 바, '걸에게는 명덕이 없다'고 하면 이는 '걸에게는 성·정이 없다'는 말이 되므로, 어불성설이라는 것이다. 둘째는 선친 이진상의 '심즉리설'은 영남학파의 지론(持論) '심합리기설'과 양립하는 것이라는 주장이다. 이승희는 "사람이 태어날 때 천지의 리를 얻어 인의예지의 본성이 되는데 이것이 '심의 본체'이며, 천지의 기를 얻어 정신혼백의 기질이 되는데 이것이 '심의 자구(資具)'이다. 이 둘을 합쳐서 '심합리기'라고 말하는 것은 진실로 보편타당한 이론이다. 그러나 그 가운데 나아가 심의 주재자를 탐구하면 바로 '리'인 것이다."라고 하였다. 셋째는 인심과 도심에 대한 설명으로서, 이승희는 "이 심이 아직 발하지 않았을 때엔 오직 리일 뿐이다. 이 리가 의리에 감응하여 곧게 발하면 도심이 되고, 형기에 감응하여 옆으로 발하면 인심이 된다. 인심과 도심에는 진실로 리와 기의 구분이 있으나, 이 심이 감발(感發)하는 것은 홀로 그 리가 아니겠는가? 허령지각은 진실로 리와 기가 합쳐진 것이나, 그 본체는 바로 '태허(太虛)의 도(道)'요 '최령(最靈)의 성(性)'이다."라고 하였다. 요컨대 이승희는 '리'를 '허령지각의 주체'라고 설명한 것이다.

4-5-11 「答李天吉」【晦根 ○ 壬寅】(『大溪集』 卷8)

承與尊兄, 相識頗久, 惟得之面貌而已。頃因先齋之會, 特蒙枉顧, 寵以契卿。玆又因賢胤行, 獲拜寵翰, 副以名理之談。晩暮得此, 寧不忻感? 所諭桀無明德之疑, 誠與鄙見默契。蓋此仁義禮智之性, 愛敬宜別之情, 得之於天, 本無聖凡之異。聖者性之而已, 無所加焉; 愚者爲氣質所昏, 而本體之明, 有未嘗息者。今曰桀無明德, 則是桀無性情也, 烏可哉? 是則固然。至若心卽理之說, 吾輩之見斥於世論者, 非不欲反觀回思, 以從時賢之說。然猶且迷不知悟者, 區區之見, 亦似有實。然而不可易者, 何者? 夫人生得天地之理, 以爲仁義禮智, 是則心之本體也; 得天地之氣, 以爲精神魂魄之質, 是則心之資具也。合此二者, 而謂心合理氣者, 固攧撲不破爲普平之論。然但就其中而求其所以爲心之主, 則乃此理也。故朱子曰"人得天地之心以爲心", 所謂天地之心, 以理言者也。在天地爲天地之極, 在人爲人之極, 同一太極也。故朱子又曰"心爲太極", 這箇太極在天地, 則爲天地之主宰; 在人則爲人之主宰。朱子曰"心是主宰底, 所謂主宰者, 卽此理也", 此非心卽理之謂乎? 愚嘗參之以己意, 而折衷於前賢之說, 朱子旣曰"心爲主宰, 而主宰卽理", 則心卽理矣。北溪、退陶又曰"合理氣爲心", 則心又合理氣矣。"合理氣"者, 通論主與資也, 如云夫婦合而爲家也; "卽理"者, 單指其本主也, 如云家無二主、國無二君也。未知如此說, 或無大悖否? 若人心道心, 從發處說也。此心未發, 惟理而已。此理感於義理而直發, 則爲道心; 感於形氣而橫發, 則爲人心。曰道、曰人, 固有理氣之分, 而此心之感而發者, 獨非其理乎? 虛靈知覺, 固合理氣, 然其本體, 則乃太虛之道, 最靈之性也。具衆理者, 性也, 似渾然一理, 而具得萬殊之理, 何獨心爲然哉? 故曰統言心, 則合理氣; 言主宰之本體, 則理也。未知以爲如何。

4-5-12

「답곽명원答郭明遠」【丙申】(『大溪集』2 卷9)

해제

1) 서지사항

이승희가 곽종석에게 보낸 글. 『대계집』 권9에 실려 있다. (『한국문집총간 속』 147)

2) 저자

이승희(李承熙: 1847~1916)로, 본관은 성산, 자는 계도(啓道), 호는 대계(大溪)·한계(韓溪)·강재(剛齋)이다. 한주(寒洲) 이진상(李震相: 1818~1886)의 아들이다.

3) 내용

이 글은 이승희가 1896년 곽종석(郭鍾錫: 1846~1916, 자는 鳴遠, 호는 俛宇)에게 보낸 편지로서, '명덕(明德)'을 '심(心)'으로 해석할 것인가 '심체(心體)'로 해석할 것인가에 대해 변론한 것이다. 편지의 내용에 의하면, 곽종석은 처음에는 명덕을 '심체'로 해석하였다가 나중에는 견해를 바꾸었는데, 이에 대해 이승희는 명덕은 '심체'로 해석하는 것이 주희(朱熹: 1130~1200)의 학설에 부합한다고 변론하였다. 주희가 『대학장구(大學章句)』에서 '허령불매하여 온갖 리를 갖추고 만사에 대응한다'고 한 것 자체가 이미 직접 '심체'를 지칭한 것이요, 그 아래에서 '본체의 밝음'이라 한 것은 '심의 체'에 해당하며, '그것이 발하는 것을 인하여 완전하게 밝힌다'고 한 것은 '심의 용'에 해당한다는 것이다. 이승희는 "명덕을 비록 '심'에 해당시켜도, 심에는 본래 '체(體)와 용(用)'이 있고, '지(知)와 행(行)'이 있다"고 하여, 명덕은 궁극적으로 '심의 체'에 해당시켜야 한다고 보았다. 요컨대 "대개 심이 주재하고 총괄하는 것이 되는 까닭은 또한 다만 인의예지(仁義禮智)가 체(體)가 되고 충효경자(忠孝敬慈)가 용(用)이 되기 때문이니, 이것을 제외하고 별도로 심의 리가 되는 것은 없다. 그렇다면 명덕은 비록 곧바로 '심'으로 간주하기는 어려워도, 이 '심의 체단(體段)'은 진실로 명덕에서 벗어나는 것이 아니다."라는 것이다.

4-5-12「答郭明遠」【丙申】(『大溪集』 卷9)

明德之直當心體, 承嘗致疑, 而爾時仁兄, 姑以爲無傷。今仁兄之疑又在此, 則莫無可議者耶? 然此之當心體, 自是朱子之意。『章句』言“虛靈不昧, 以具衆理而應萬事者”, 蓋已直拈心體, 而其下言“本體之明”者, 心之體也; 言“因其所發而遂明之”者, 心之用也。其見於『語類』者曰“明德, 便是心中許多道理, 光明鑑照, 毫髮不差”, 曰“虛靈不昧, 便是心”, 曰“心之全體, 湛然虛明, 萬理具足”者, 不勝其多。故雲峯胡氏以爲『章句』釋明德以心, 言虛靈不昧是心。蓋其意, 非以德字當心字也, 以爲德只是所得之理, 而此理之光明不昧處, 卽當此心體段也。來喩因經中許多德字, 以爲德字非心之證, 却似說得粗麤, 恐未足以破其疑也。且上明字之爲明, 不惟爲察知之意, 旣及乎因其所發而明之者, 則不特明其體, 又將明其用; 不特明諸知, 又有以明諸行。雖以明德當心字, 心自有體用、知行矣, 何必以明諸心等說之偏言者, 而局狹之以爲病哉? 若愚之所疑, 則這明德字, 本平鋪放着。如尊喩所擧仁義禮智、孝悌敬慈之類, 本是光明不昏濁底物。以性言, 則爲性之德; 以情言, 則爲情之德; 以行言, 則爲行之德, 無有偏係, 不似心體之爲總括主宰底名。故常妄疑『章句』所釋, 爲太費說, 却似入手分。且經文元無心字意思, 今於『綜要』論心體之首, 卽拈此三字, 或恐逕庭矣。旣已反以求諸朱子之說, 蓋心之所以爲主宰總括者, 亦只是仁義禮智之爲體, 忠孝敬慈之爲用者焉, 非外此而別有爲心之理也, 則明德雖難直作心字, 而此心體段, 實不外乎明德。朱子之意, 蓋在乎是歟? 『綜要』此節之終, 只書“右明心之本禮只是理”, 蓋亦以明德爲心之本體, 而非以明德名心也。如是推看, 可以無大謬矣。但孔門下明德二字, 終不似湊着在心體上, 苟於此自信而無疑, 則須別立一說。『綜要』之編, 亦可移動, 而恐朱訓以後, 世論大定, 有難輕下一口, 更乞細思而明喩也。復有一處在心如此類者, 乃妙用一節之首, 以人道心者也。夫大舜所以分別人道者, 正欲人察夫私正之際, 以爲下手之地, 非直明此心之妙用也。若此編, 則如從心所欲、心不違仁、四端之心、良知良能等類, 皆直言眞體之發爲妙用者, 未說到分別去就之地, 終恐不能相襯。未知此疑更如何? 亦望示破。

4-5-13

「답남성행答南聖行」【庚子】(『大溪集』2 卷10)

해제

1) 서지사항

이승희가 남건에게 보낸 글. 『대계집』 권10에 실려 있다. (『한국문집총간 속』 147)

2) 저자

이승희(李承熙: 1847~1916)로, 본관은 성산, 자는 계도(啓道), 호는 대계(大溪)·한계(韓溪)·강재(剛齋)이다. 한주(寒洲) 이진상(李震相: 1818~1886)의 아들이다.

3) 내용

이 글은 이승희가 남건(南健: 1850~1943, 자는 聖行, 호는 魯軒)에게 보낸 편지로서, 선친 이진상의 심즉리설을 옹호하는 내용이다. 이승희는 먼저 "고인(古人)의 입언은 각각 지칭하는 바가 있다"고 설파한 다음, 퇴계(退溪) 이황(李滉: 1501~1570)의 심합리기설(心合理氣說)과 선친 이진상의 심즉리설도 입언의 취지가 다른 것일 뿐 실제의 내용은 다르지 않은 것이라고 주장했다. 요컨대 "심의 본체(本體)와 자구(資具)를 함께 말할 때엔 '심합리기'라고 말하고, 본체만을 지칭할 때엔 '심즉리'라고 말한 것"으로서, 두 학설은 결코 대립되는 것이 아니라는 것이다. 다만 "리와 기를 함께 말하지 않으면 선과 악의 구분을 설명할 수 없으므로" 이황은 심을 '리와 기의 결합'으로 설명한 것이요, "본체를 홀로 거론하지 않으면 대원(大原)이 본래 선하다는 것을 볼 수 없으므로" 이진상은 심을 곧 '리'라고 설명했다는 것이다.

4-5-13 「答南聖行」【庚子】(『大溪集』 卷10)

心卽理三字, 爲世大謗。噫! 古之聖賢, 以心爲主宰, 所謂主宰, 卽理也。今曰心卽理者, 豈大謬耶? 或者以此謂有背於退陶所云兼理氣, 此又何說也? 古人立言, 各有所指。如曰性卽理, 性卽氣, 神是理, 神是氣者, 何限? 況以本體合資具, 而曰心合理氣; 單指本體, 而曰心卽理者, 其所指亦無所異者耶? 今有指燈曰合油火, 有曰燈卽火者, 果相病耶? 退陶亦嘗曰"心之未發, 惟理而已", 此亦指本體也。若竝指其所乘載者, 則何可曰惟理也? 退陶之論性也, 亦曰合理氣矣, 此與程子所云性卽理, 又相病耶? 世之君子, 蓋或未之思也。不兼說理氣, 則無以別善惡之分, 此退陶意也。不單擧本體, 則無以見大原之本善, 此先君意也。今之學者, 或認氣爲主宰, 或汨董理氣爲大本, 其弊將至於主僕倒置, 君臣同位。先君子憂之, 安得不特擧本體, 以明大原之所在乎? 如人不肯信, 只得默守吾玄, 以俟百世, 未知兄意更如何。中和主氣之說, 未知出於何人。將性與道, 而盡歸諸氣耶? 頃見人以達道爲兼氣, 說甚卽當。如此說又進一層矣。一世說話, 胡乃至此? 歎息歎息。

4-5-13 「답남성행答南聖行」【庚子】(『大溪集』2 卷10)

선역

'심즉리(心卽理)' 세 글자는 세상의 큰 비방 거리가 되었습니다. 아! 옛날의 성현은 마음을 주재자로 삼았으니, 이른바 주재자는 바로 리입니다. 이제 심즉리를 말하는 것이 어찌 크게 그릇된 것이겠습니까? 혹자는 이것이 퇴도(退陶, 李滉: 1501~1570)의 "리와 기를 겸한다"는 말씀과 어긋난다고 주장하는데, 이것은 또 무슨 말입니까? 고인의 입언(立言)에는 각각 가리키는 바가 있습니다. 예를 들어 성즉리(性卽理), 성즉기(性卽氣), 신시리(神是理), 신시기(神是氣) 등을 말하는 것이 어찌 한계가 있겠습니까? 하물며 본체(本體)를 자구(資具)에 합하여 "마음은 리와 기를 합친 것"이라 하고, 단지 본체를 가리켜 "마음은 곧 리"라고 한 것은 그 가리키는 바가 또한 차이가 없겠습니까? 이제 등불을 가리켜 "기름과 불을 합친 것"이라고도 하고, "등불이 곧 불"이라고도 하는 것이 과연 서로 병통이 되는 것입니까? 퇴도 또한 일찍이 "심의 미발은 오직 리일 따름"[1]이라고 했는데, 이는 또한 본체를 가리키는 것입니다. 만일 그 승재(乘載)하는 바를 아울러 가리키면 어찌 "오직 리일 뿐"이라고 말할 수 있겠습니까? 퇴도가 본성을 논할 적에도 또한 "리와 기를 합친 것"이라고 하였으니,[2] 이것은 정자(程子)가 말씀한 "성즉리"와 또 서로 병통이 됩니까?

세상의 군자들은 혹 그것을 생각하지 못한 듯합니다. 리와 기를 겸하여 말하지 않으면 선과 악의 구분을 분별할 수 없으니, 이것이 퇴도의 뜻입니다. 단지 본체를 거론하지 않으면 큰 근원이 되는 본래의 선(善)을 볼 수 없으니, 이것이 선군(先君, 李震相: 1818~1886)의 뜻입니다. 지금의 배우는 사람들은 혹 기를 주재자로 여기기도 하고, 혹 리와 기를 뒤섞어 대본(大本)을 삼기도 하니, 그 폐단이 장차 주인과 하인이 바뀌고 임금과 신하가 자리를 같이하기에 이르렀습니다. 선군자가 이를 근심하였으니, 어찌 오직 본체만을 거론하여 큰 근원의 소재를 밝히지 않을 수 있었겠습니까? 만일 사람들이 기꺼이 믿지 않는다면 단지 나의 현묘한 뜻을 묵묵히 지켜 백세를 기다릴 것이니, 형의 뜻은 다시 어떠할지 모르겠습니다. 중화주기(中和主氣)의 설은 어떤 사람에게서 나왔는지 모르겠습니다. 본성과 도(道)를 가지고 모두 기로 귀착시키는 것입니까? 지난번에 사람들이 달도(達道)를 기를 겸한다고 하는 것을 보았는데, 설명이 매우 타당합니다. 이와 같은 설명은 또 한 층 나아갔습니다. 한 세상의 말이 어찌 곧 여기에 이르렀겠습니까? 탄식하고 탄식합니다.

---

1) 『退溪文集』 卷13 「與洪應吉」(6): 然極其初而論之, 心亦有善無惡, 何者? 心之未發, 氣未用事, 唯理而已, 安有惡乎?

2) 이황의 문집에는 이러한 내용이 없다. 다만 이는 다음과 같은 내용을 원용한 듯하다. 『退溪文集』 卷13 「與洪應吉」(6): 言性, 固有指本然之性者, 有兼氣質而言者, 何疑之有?

心卽理三字, 爲世大謗。噫! 古之聖賢, 以心爲主宰, 所謂主宰, 卽理也。今曰心卽理者, 豈大謬耶? 或者以此謂有背於退陶所云兼理氣, 此又何說也? 古人立言, 各有所指。如曰性卽理, 性卽氣, 神是理, 神是氣者, 何限? 況以本體合資具, 而曰心合理氣; 單指本體, 而曰心卽理者, 其所指亦無所異者耶? 今有指燈曰合油火, 有曰燈卽火者, 果相病耶? 退陶亦嘗曰"心之未發, 惟理而已", 此亦指本體也。若竝指其所乘載者, 則何可曰惟理也? 退陶之論性也, 亦曰合理氣矣, 此與程子所云性卽理, 又相病耶? 世之君子, 蓋或未之思也。不兼說理氣, 則無以別善惡之分, 此退陶意也。不單擧本體, 則無以見大原之本善, 此先君意也。今之學者, 或認氣爲主宰, 或汩董理氣爲大本, 其弊將至於主僕倒置, 君臣同位。先君子憂之, 安得不特擧本體, 以明大原之所在乎? 如人不肯信, 只得默守吾玄, 以俟百世, 未知兄意更如何。中和主氣之說, 未知出於何人。將性與道, 而盡歸諸氣耶? 頃見人以達道爲兼氣, 說甚卽當。如此說又進一層矣。一世說話, 胡乃至此? 歎息歎息。

4-5-14

「답남성행答南聖行」(『大溪集』2 卷10)

해제

1) 서지사항

이승희가 남건에게 보낸 글. 『대계집』 권10에 실려 있다. (『한국문집총간 속』 147)

2) 저자

이승희(李承熙: 1847~1916)로, 본관은 성산, 자는 계도(啓道), 호는 대계(大溪)·한계(韓溪)·강재(剛齋)이다. 한주(寒洲) 이진상(李震相: 1818~1886)의 아들이다.

3) 내용

이 글은 이승희가 남건(南健: 1850~1943, 자는 聖行, 호는 魯軒)에게 보낸 편지로서, 선친 이진상의 심즉리설(心卽理說)을 옹호하는 내용이다. 이승희는 『주자어류』의 "심은 진실로 주재의 뜻이 있다. 그러나 이른바 주재자란 곧 리이다"라는 말을 심즉리설의 확고한 논거로 삼았다. 그리고 심을 '본래의 진체(眞體)'와 '형기의 객용(客用)'으로 구분한 다음, "진체와 객용을 종합하여 함께 말할 때에는 '심합리기(心合理氣)'라고 말할 수 있고, 결국엔 진체가 주(主)가 되고 객용이 종(從)이 되므로 '심즉리'라고 말해도 안 될 것이 없다. 리와 기를 함께 말하지 않으면 선과 악의 구분을 탐구하여 공부의 착수처로 삼을 수 없고, 심은 곧 리라는 뜻을 밝히지 않으면 본체의 참됨을 깨달아 선(善)을 추구하는 요결(要訣)로 삼을 수 없다. 따라서 심합리기설과 심즉리설은 서로 방해가 되지 않을 뿐만 아니라 또한 깊이 서로 발명해주는 오묘함이 있다."고 주장하였다. 이승희는 또한 퇴계(退溪) 이황(李滉: 1501~1570)과 이진상이 처한 시대상황의 차이도 거론하였다. 이황 이전의 시대에는 '주리(主理)의 뜻'이 크게 밝았으므로, 이황은 '심합리기설'을 주장하여 '확충하고 요약하는 방법'을 제시한 것이다. 그러나 '심즉기설(心卽氣說)'이 등장한 뒤로 대본(大本)이 어두워지고 주인과 종복의 관계가 뒤집히게 되었으며, 심지어는 '심합리기설'을 따르는 영남(嶺南)의 학자들마저도 '심의 주재는 리와 기를 겸한 것'이요 '심의 본체도 리와 기를 겸한 것'이라 주장하여 '주리의 바른 견해'를 잃게 되었으므로, 선친 이진상이 부득이하게 '심즉리설'을 제창하여 '본체의 참됨'을 밝히게 되었다는 것이다.

4-5-14「答南聖行」(『大溪集』2 卷10)

兄書所論正理之旨, 寔出於愛護之至意, 敢不留心反求, 務欲置吾先人於無瑕之地哉? 但區區愚見, 或有所未遽承領者。夫心卽理之說, 固出於先君中歲。且其題目, 亦非自立, 乃因陽明氏之說, 而論其名義之可否而已。苟有異於晚年定論, 亦何難乎改定? 但歷考集中諸說, 未見其顯然異指處。今且平論立題之意, 則固矣。若以爲"卽理"二字, 非先君定論, 則恐有未然者矣。且夫退陶所謂"合理氣"者, 亦只如兄所論, 或主理、或主氣, 而合說之矣。恐非眞以爲心之爲物, 合二者而一之, 成個汨董一物耳。以故古人所謂天地之心、心爲太極、道心、良心、仁義之心者, 亦已有單指理處, 旣可以單指理, 獨不可以偏指理乎? 今若以一卽字爲主張太過, 則古人所謂心卽性、心卽仁者, 又何義? 況朱夫子有言曰"固是主宰底, 所謂主宰者, 卽此理也", 亦已明白說心卽理三字矣, 何獨於今人而疑之哉? 且兄試思, 人心、私心、邪僻之心, 從氣發者, 果亦吾心本來之眞體耶? 抑爲旁緣形氣之客用耶? 愚竊謂合眞體與客用而兼言之, 則可以曰合理氣矣。畢竟眞體爲主, 而客用爲從, 則其謂心卽理, 亦無不可。不兼言理氣, 則無以窮善惡之分, 爲下工之地; 不明卽理之旨, 則無以見本體之眞, 爲主善之訣。是二說者, 不惟不相害, 亦深有相發之妙者也。孔子言相近之性, 朱子曰"此所謂性, 兼氣質而言之"; 孟子言性善之旨, 而程子曰"性卽理"也。孟、程之偏主, 何嘗爲異於孔、朱之訓哉? 言各有當也。且前輩立言, 各有其時, 退陶以前, 主理之旨大明。其在吾東, 暄、蠹二先生, 首發無乎有亦無不在之訓, 靜菴夫子贊心太極之旨, 蓋亦昭晰無蘊矣。退陶夫子述北溪翁之說, 說出合理氣之訓, 指示擴約之方。及夫心卽氣之說作, 而大本寢晦, 主僕易置。吾嶺學者, 主退陶之論者, 或寖遠寖久, 每拖到本原之地, 頗涉對立之形, 有曰主宰兼理氣, 本體兼理氣, 則竊恐非主理之正見, 而寖異乎夫子之旨矣。吾先君子特拈本體之眞, 以明一本之宗者, 亦豈可得已乎? 見今謗議朋興, 亦將以戈戟從事。世之談者, 以此三字爲禍階, 雖其平日親承吾先君謦咳者, 弱者依違而彌縫之, 强者噤口而縮手, 外此則或靡然而風矣。吾兄以孤立之勢, 當群鏑之中, 欲苦心爲吾先君地者, 無異乎抗寸葦乎鉅浪之中, 其深思積慮, 宜無所不出。或者再數之柱, 致有千慮之失歟? 區區迷謬, 已成一部習見。日去月來, 益信此心此理, 上原於天, 中主乎身, 外以酬酢萬變。非尋常與此氣, 比併雙對而止。縱不得見信於一時, 惟當默俟乎來百, 誠不忍黜晦其旨, 以求悅於人也。幸願吾兄, 更垂三思, 因風覆敎也。

4-5-15

「여이희증與李希曾」【晚輿○辛丑】(『大溪集』2 卷13)

해제

1) 서지사항

이승희가 이만여에게 보낸 글. 『대계집』 권13에 실려 있다. (『한국문집총간 속』 147)

2) 저자

이승희(李承熙: 1847~1916)로, 본관은 성산, 자는 계도(啓道), 호는 대계(大溪)·한계(韓溪)·강재(剛齋)이다. 한주(寒洲) 이진상(李震相: 1818~1886)의 아들이다.

3) 내용

이 글은 이승희가 1901년 이만여(李晚輿: 1861~1904, 자는 希曾, 호는 鳳岡)에게 보낸 편지이다. 앞부분에서는 선친 이진상의 문집을 간행하는 일에 대해 그동안의 경과를 알리고, 이어지는 별지(別紙)에서는 10개 조목으로 성리설을 논했는데, 그 주요 주제는 '심즉리설'과 '사단칠정설'에 관한 것이다. 첫째 조목에서는 '심즉리'라는 말이 양명(陽明) 왕수인(王守仁: 1472~1528)에게서 처음 나왔다는 이유로 이진상의 심즉리설을 배척한다면, 이는 염계(濂溪) 주돈이(周敦頤: 1017~1973)의 '무극(無極)'을 '노씨(老氏)의 학설'이라고 비판하고 정자(程子)의 '생지위성(生之謂性)'을 '고자(告子)의 학설'이라고 비판하는 것과 같다고 주장했다. 둘째 조목에서는 '심에 갖추어진 것이 리'인데, 심을 리라 하면 이는 '리가 리를 갖추고 있는 셈[以理具理]'이 된다는 비판에 대해, 심은 '통체의 리'이며 갖추어진 리는 '분수의 리'라고 설명했다. 셋째 조목에서는 심은 오로지 리로 말할 수도 있고, 오로지 기로 말할 수도 있으며, 리와 기를 겸해서 말할 수도 있다고 설명한 다음, "심즉리라고 말하는 것은 '심의 본체'를 지칭한 것이요, 심즉기(心卽氣)라고 말하는 것은 '심의 자구(資具)'를 지칭한 것이며, 심합리기(心合理氣)라고 말하는 것은 '심의 전체(全體)'를 지칭한 것이다"라고 설명했다. 넷째 조목에서는 심과 성이 모두 리이지만, "성은 미발을 말하나 심은 미발(未發)과 이발(已發)을 겸하는 것이요, 성은 다만 본체이나 심은 주재자이다"라고 구분했다. 다섯째 조목에서는 이진상의 심즉리설은 퇴계(退溪) 이황(李滉: 1501~1570)의 심합리기설과 대립하는 것이 아니요, 다만 입언의 초점이 다른 것이라고 설명했다. 이황 이후로 심즉기설이 크게 확산되어 주인(主人)과 자구(資具)가 뒤집히고, 심합리기설을 따르는 학자들도 심의 본체와 주재에 대해 제대로 이해하지 못하므로, 이진상이 두 측면에서 입언하여 "심의 전체를 논할 때엔 '심합리기'라 하고, 심의 본체와 주재를 논할 때엔 '심즉리'라 하였다"는 것이다. 여섯째 조목에서는 박옥(璞玉)으로 심을 비유한 취지에 대해 "속에 있는 것은 보이지 않으나, 겉에 있는 것은 잘 보이므로" 이에 비유한 것으로서, "객기(客氣)를 제거하고 진체(眞體)를 보완하자"는 취지일 뿐이라고 설명했다. 일곱째 조목부터 마지막 조목까지는 모두 사단·칠정에 관한 내용으로서, 그 핵심은 요컨대 "본연지성과 기질지성은 본래 하나의 성이므로, 사단과 칠정은 모두 하나의 성이 발한 것"이라는 주장이다. 만약 이황의 리기호발론을 "리가 발하면 사단이 되고, 기가 발하면 칠정이 된다"는 식으로 해석하면, 이는 '대본(大本)이 둘인 것'이 되므로 잘못이라는 것이다.

4-5-15 李承熙, 「與李希曾」【晩輿 ○ 辛丑】(『大溪集』 卷13)

未見也, 若或見之; 旣見之, 又不若未見之猶無缺悵也。寒事漸緊, 未惟端居味道, 日有新趣。承熙爾時更歷數處, 歸見虞憂滿室, 酬酢又汨然矣。案邊經紀, 多少撓奪, 亦足歎吒。先君集, 幸荷僉位勤導, 得爲改圖之地。但此邊物議, 多欲梳洗全部, 爲付木之計。如是則事大力綿, 將費許多時月, 期以春間, 校出一重本, 未知不肖能擔夯去否? 良深兢惕, 頃奉貴錄。爾時草草說過, 不罄兩意。謹以隙暇, 略控已見, 其不中理者固矣。望賜十反, 以終仁惠。大抵講說於同異處, 政好商量。今世君子, 少見異己處, 輒生憎怒, 每起攻擊之想, 恐非美意。吾輩尤須先知此意, 未知以爲如何。

〈別紙〉

心卽理三字, 象山倡之,【止】 烏可曰論心莫善於心卽理?

心卽理三字之爲象山說, 未考也。老先生言陽明倡爲心卽理之說, 則蓋出於陽明也。但老先生所斥, 乃在乎不分眞妄, 未嘗說以心爲理之非, 抑別有商度耶? 吾先君所以善之者, 非善陽明說也。只善此心本體之爲理也。老先生嘗曰"心之未發, 惟理而已"。夫未發者, 心之本體也。曰"惟理", 則是"卽理"也。其意脈, 恐無異也。至若陽明之不分眞妄, 則吾先者亦斥之矣。世人徒執其辭, 以爲吾先君主陽明說, 則是周子"無極"爲主老氏, 而程翁"生之謂性"爲主告子也。願加詳思。

朱子曰"心中所具者是理",【止】 安有以理具理?

以心爲具是理者, 乃指心之本體, 與以性爲具衆理者無異。性之具理, 非以理具理耶? 具之者, 統體之理也; 所具者, 分殊之理也。單 言性, 則性爲統體, 而仁義禮智爲分殊, 將心對性則心爲統體, 而性爲分殊, 所以皆言具理也。世之主心卽氣之說者, 多疑以理具理之非, 不謂高明亦疑此也。幸更詳思。

旣不可以專言氣, 又不可以專言理。

此或先儒說耶? 愚則竊有疑焉。夫以精神魂魄爲心者, 見於醫方道家, 指不勝屈。朱子亦言之, 且曰“心者氣之精爽”, 此非專言氣耶? 『書』言上帝之心, 『易』言天地之心, 朱子曰皆以理言, 老先生亦言之。其在人者, 孟子言良心、本心、仁義之心, 程子說本善之心, 朱子曰“心爲太極”, 曰“心者天理之全體”, 曰“心者天理之主宰”, 此皆非專以理言耶? 老先生曰“心爲太極, 卽所謂人極”, 其作「心統性情三圖」, 其「上圖」則不言兼理氣, 只言仁義禮智之心; 其「中圖」則雖曰兼理氣, 却云就氣稟中指言本性, 其說曰不雜氣, 曰只指理。今曰不可專言理, 又恐非老先生本意, 幸願回思。愚則曰心可以專言理, 亦可以專言氣, 合之則兼理氣。曰心卽理者, 指心之本體也; 曰心卽氣者, 指心之資具也; 曰兼理氣者, 指心之大全。未知如何。

若性與心, 無些毫殊, 則安有心性之別耶?

程子曰“心也、性也, 一理也”, 又曰“心卽性”, 朱子曰: “心性情只是一箇理。” 苟論心之本體, 則亦恐無差殊也。但性只是未發, 心則兼已發; 性只是本體, 心則是主宰耳。今以心性之皆理, 而謂無心性之別, 恐亦過矣。性情一理也, 而有動靜之別; 仁義一理也, 而有愛宜之別。曰德、曰仁、曰敬、曰誠, 言雖殊而理則一, 無非所以明此心之妙也。竝願入思。

先祖先生曰“凡言心者, 皆兼理氣”,【止】何別立一說?

凡言心而曰兼理氣, 固老先生至訓也。若夫指其本體, 而曰“惟理”, 剔發善一邊, 而曰“只指理”者, 亦老先生至訓也。且如上所言孟、程、朱諸子, 以理言心者, 皆章章然。至如朱子所言“心固是主宰底, 所謂主宰者, 卽此理也”者, 則已說出心卽理三字矣, 恐非別立說也。且夫古人立言, 各有其指, 未嘗以別立說爲嫌, 成湯言若有恒性, 而召公則曰節性, 孔子言性相近, 而孟子曰性善, 程子曰性則理, 而張子曰氣質之性。以說則非不別立, 而不害爲殊塗而同歸。雖以心言, 大舜之人心、道心, 孟子之良心、本心, 種種言心, 何嘗蹈襲前人? 且如北溪陳氏之前, 何嘗有合理氣三字耶? 蓋亦各因其時, 立其所當立之說耳。竊嘗推之, 吾東道學方開, 群賢迭作, 暄、蠹二先生論心體, 曰心無乎不在, 亦無有處, 此已以心爲理矣。靜庵先生實承其緖, 曰心乃四德, 曰心太極; 南冥先生曰心者理之主於身者, 東岡先生因之, 曰天君名曰理, 是則心之本體, 已昭晳無蘊矣。老先生特說兼理氣三字, 所以通本然、氣質之性, 理發、氣發之情, 以示人下工處, 卽大舜說人心道心之意也。自是以來, 心卽氣之說大作, 主其說者, 或至主資倒置, 其主兼理氣之說者, 或拖及本體, 或浸失主宰之眞, 則識者之憂, 復恐本原之有不明也。鄙先君兩下立說, 其論心之全體, 則曰兼理氣; 論心之本體主宰, 則曰卽理, 蓋程子言心本善之意也, 豈欲故立別說, 以自異於吾老先生哉? 世之君子, 或因仁智之異見, 驟看而疑之, 單擧卽理二字, 以爲有異於老先生之旨, 則隨聲而和之者, 旣多矣。復有一種有心之人, 乃以攻是說, 要立功於尊門矣。遂致高明如執事, 亦或有動於市虎之傳, 則盃中弓影, 安知不有眩於心目耶? 今試將本文諸說, 平心徐察, 則本末俱在, 可以斷斯訟矣。

璞玉喩心。

璞玉喩心。頃已略控矣。蓋理氣本無的喩。其或取喩者, 皆指其一 處而已。如油火取其相資而明, 珠水取其在中而見而已, 豈眞有兩物相形耶? 此玉石之喩, 只取在中者不可見, 而在外者却易見而已。其說琢磨之義, 則只取除去客氣, 保完眞體而已, 豈眞謂盡去其氣, 只存其理耶? 此等處, 政不可以辭害意。若艮齋器水之喩, 直以心爲氣, 與性情之理爲對, 故老先生以爲未然。蓋性乃心之體也, 未有性發而心不發者。

四七原委說, 夫婦男女之喩。

此亦喩也。夫婦只取相配爲一體, 如心之兼理氣也, 豈以爲有時各處如夫婦哉? 老先生以「樂記」、「中庸」、「好學論」, 爲包四端渾淪說者, 以其不分四端、七情而立說也。若以分開者言之, 則曰各有苗脈 , 旣各有苗脈, 則男之肖父, 而喩四端之爲理發; 女之肖母, 而喩七情之爲氣發, 何害於義? 旣發之後, 四七各有分別, 不可相混, 亦恐無異於男女之殊形而各立也。未知如何。

四端之理發, 喩男從父性[姓][3); 七情之氣發, 喩女從母姓。

此段似有不察人言者,「原說」中, 所謂“以胎養之恩, 而只曰母生”者, 所以辨栗谷四七皆氣發之說也; 所謂“言己姓而直擧母姓”者, 所以辨一邊學者認氣爲大本之謬也; 所謂“指其肖父, 隨父而言父之生; 肖母, 隨母而言母之生”者, 所以發明老先生理發氣發之訓, 只就其分開處說, 而非有各發之意也; 所謂“必曰父生, 必擧父姓”者, 所以發明四七之皆自一性而發也; 所謂“男曰父生, 女曰母生, 而不容其一本乎父”者, 所以辨吾嶺近日偏於分開不容人說四七之皆自性發也。何嘗以四端理發, 爲男從父姓, 七情氣發, 爲女從母姓, 而謂有二本之嫌耶? 蓋貴上諸公, 皆主七情無理發之論, 故有大疑於此說, 遂不細察人言, 橫生疑貳。然執事試察之, 天下安有不自性發之情耶? 老先生嘗曰“性情一理”, 又曰“七情亦發於仁義禮智”,「中圖」之合書四七皆指作本性之發, 雖以「下圖」言之, 本然、氣質, 只是一性, 則四端、七情, 皆是一性之所發矣。性之發, 非理發耶? 其後愚伏、大山、立齋諸先生, 皆發明七情理發之旨, 靡有餘蘊, 緣何近日諸公, 必主七情無理發之旨, 至以人之言此, 謂有異於老先生之旨也? 唯高明致思。

請因先訓而釋之,【止】 心學之要也。

大要此段, 因老先生說而伸之, 有以見高明之見有的也。其曰「中圖」提示大本之一, 而以明七情之善一邊, 同出於本然之性者, 尤卓然, 與近世君子諱言大本之一, 而偏主「下圖」之分開者, 逈別焉。不任艷歎。但謂「下圖」以氣質之性主七情而言之者, 似以七情爲發於氣質之性, 或下語之未暢歟? 老先生只曰情之有四端七情, 猶性之有本然氣質, 蓋以類狀之相近也, 非謂本然氣質對立於中, 一發爲四、一發爲七也。愚於是有一說焉。一邊之混四七爲氣發, 以老先生分開之說, 謂有二本者, 固是氣上之偏見也。如吾嶺近日諸公, 以爲此心未發之體, 元有理氣。二者相合而立, 理則發爲四端, 氣則發爲七情者, 果深得老先生本意耶? 其本旣有二物, 則何以不爲二本耶? 夫統言人心之全體, 則固兼理氣矣。其於未發也, 氣不用事, 雖有如無, 獨此理渾然自爲眞體, 所謂“惟理而已”, 此乃一本之體也。及其感物而動也, 所感者義理, 則此理由之而直遂, 雖有所隨之氣, 而理仍爲主, 故爲理之發。其所感者形氣, 則氣爲之動, 而此理乘焉, 乘之者雖理, 而氣反勢重,

3) 저본에는 “性”으로 되어 있다. 문집 서두의 정오표에 근거하여 “姓”으로 수정하였다.

故爲氣之發。原其本, 則皆是一理之發也; 言其所發之機, 則四是理發、七是氣發。此其所以一本而互發也。若夫「中圖」之旨, 則無論惻隱羞惡辭遜是非、喜怒哀懼愛惡欲, 從本性直發, 而爲善一邊者, 皆是理之發也。故「圖」旣合書情圈, 其說又言孟子四端之情, 子思中節之情, 是也。今此盛說以「中圖」之旨與「下圖」之一性, 爲明一本之妙者, 其意亦恐如此。今之君子偏主分開, 或謂「中圖」可無作也, 此可謂尊信老先生耶? 不惟是也。老先生曰"心之未發, 惟理而已", 今曰未發, 亦兼理氣; 老先生曰"中節之情, 只指理", 今曰中節之情, 兼理氣。是皆爲尊信吾老先生者, 而以本心爲"惟理", 以中節之情爲"只指理"者, 果異於老先生之旨耶? 唯高明思之。

若不知善惡,【止】 認人欲作天理。

其本之自理發, 是純善無惡之地也。中節之爲理發, 是善惡幾之言善一邊也, 何嘗不知善惡而謂之理發耶? 如果以形氣七情爲理發, 則是固近於認人欲爲天理; 又或謂七情無理發, 則將或至認天理爲人欲。願更反思。

4-5-16

「여이대형별지與李大衡別紙」(『大溪集』3 卷14)

해제

1) 서지사항

이승희가 이두훈에게 보낸 글. 『대계집』 권14에 실려 있다. (『한국문집총간 속』 147)

2) 저자

이승희(李承熙: 1847~1916)로, 본관은 성산, 자는 계도(啓道), 호는 대계(大溪)·한계(韓溪)·강재(剛齋)이다. 한주(寒洲) 이진상(李震相: 1818~1886)의 아들이다.

3) 내용

이 글은 이승희가 이두훈(李斗勳: 1856~1918, 자는 大衡, 호는 弘窩)에게 보낸 편지로서, 선친 이진상의 심설에 대해 그 취지를 해명하는 내용이다. 이승희에 의하면, 이진상이 '심즉리설(心卽理說)이 가장 훌륭하다'고 주장한 것은 왕양명의 학설을 훌륭하다고 긍정한 것이 아니며, 이진상이 '심즉기설(心卽理說)이 가장 나쁘다'고 주장한 것은 율곡(栗谷) 이이(李珥: 1536~1584)를 공격한 것이 아니라는 것이다. 또한 이이도 "주자재는 리이다"라고 주장한 바 있으며, 우암(寓庵) 송시열(宋時烈: 1607~1689)도 "심은 리로 말하는 경우가 있다"고 주장한 바 있거니와, 이진상의 심즉리설은 이와 궤를 같이한다는 것이다. 그런데 후세의 학자들이 주재(主宰)와 진체(眞體)를 모두 기에 귀속시켜서 주인과 종복의 관계를 도치시키므로, 선친 이진상이 '심즉기설보다 나쁜 것이 없다'고 주장하고, '주리(主理)의 뜻'을 밝히기 위해 심즉리설을 제창하게 되었다는 것이다.

4-5-16「與李大衡別紙」(『大溪集』 卷14)

先君論辨道理, 初無偏繫之私。其以心卽理爲善者, 旣非以陽明之說爲善, 則其以心卽氣爲不善者, 豈欲攻栗谷哉? 蓋言異端輩之曰心卽理者, 認氣爲理, 固畔道矣。以朱子主宰卽理之意求之, 則以心爲理, 非莫善者乎? 栗谷亦曰"主宰理也"[4], 尤庵亦曰"心有以理言者", 不獨吾先君之言也。儒賢之曰心是氣者, 以形體之盛性者言, 固其然矣。若只如後人之竝主宰眞體, 而歸之氣, 則非莫不善者耶? 先君子作「心字考證後說」, 亦曰"心有眞體焉, 有形體焉。仁義禮智者, 心之眞體也; 圓外竅中者, 心之形體也"[5], 亦非謂心不可以氣言也。且此立言有來歷, 孟子曰"治地, 莫善於助, 莫不善於貢", 蓋言助之易於正經, 貢之易有末弊也, 非爲斥禹而發也。且心卽氣之說, 豈獨栗谷爲然? 吾先師立齋, 亦主是說。先君之尊師門, 不爲不深, 而猶不以心卽氣爲主論者, 誠以道理公物, 不可只守師訓。朱子之於延平未發求中之論, 程子心屬已發之訓, 皆不敢從。不惟是也。栗谷之於退溪, 四七之說, 亦有同異。今先君之以心卽氣爲不善者, 固未知立見之當否, 而其爲心則公耳, 非有彼我於其間也。其「答沈穉文」書所論退、栗四七, 可認用意之不偏矣。今宣城諸公, 方以四七皆發於理之說, 攻吾先君, 以背退從栗, 而今乃以心卽氣之謂不善, 欲援栗谷, 以攻先君, 是何爻象? 惟吾先君, 則藿直一心, 不以彼此而有所從違於其間, 公聽者, 自當原其心耳。況栗谷之後, 以栗谷之心爲心, 則必不當以此說同異, 有分於心耳。

---

4) 이 말은 『栗谷全書』「答成浩原」(壬申)에서 "夫理者, 氣之主宰也"를 원용한 것이다.

5) 『寒洲文集』「心字攷證後說(癸丑)」에 수록된 이 부분 내용은 다음과 같다. "人之一心, 所該甚廣。有本體焉, 有形體焉, 有妙用焉, 有客用焉。仁義禮智純粹而至善者, 心之本體也; 圓外竅中虛明而正通者, 心之形體也; 四端七情感物而迭應者, 心之妙用也。閑思雜慮循人欲而熾蕩者, 心之客用也。"

4-5-17

「답최순부答崔純夫」【正愚 ○ 乙亥】(『大溪集』3 卷16)

해제

1) 서지사항

이승희가 최정우에게 보낸 글. 『대계집』 권16에 실려 있다. (『한국문집총간 속』 147)

2) 저자

이승희(李承熙: 1847~1916)로, 본관은 성산, 자는 계도(啓道), 호는 대계(大溪)·한계(韓溪)·강재(剛齋)이다. 한주(寒洲) 이진상(李震相: 1818~1886)의 아들이다.

3) 내용

이 글은 이승희가 1899년 최정우(崔正愚: 1862~1920, 자는 純夫, 호는 健齋)에게 보낸 편지이다. 최정우의 "성(性)은 리요, 형(形)은 기이며, 리와 기가 결합하여 심이 되니, 이는 남편과 아내가 결합하여 가정이 되고, 군주와 신하가 결합하여 국가가 되는 것과 같다. 그런데 결국엔 심이 총뇌(總腦)로서, 형(形)과 성(性)을 주재하는 것이다."라는 주장에 대해, 이승희는 "가정과 국가라는 허명(虛名)으로 그 부부(夫婦)와 군신(君臣)을 주재하려는 것으로서, 그 명목과 실제가 서로 어긋나고 앞과 뒤가 서로 모순되는 것"이라고 비판한 다음, "심은 본체는 성(性)이요 작용은 정(情)으로서, 기를 타고 형(形)을 집으로 삼는 것이다. 가정의 남편과 같고 국가의 군주와 같아서, 비록 아내를 떠나 홀로 성공할 수 없고 신하를 버리고 홀로 높아질 수 없으나, 사실은 독천(獨擅)하여 명예를 이루고 독전(獨專)하여 지위를 높이는 것"이라는 설명을 제시했다. 이승희는 또한 '리와 기의 관계'에 대해 '리와 기는 서로를 필요로 한다'는 맥락에서 횡설(橫說)할 수도 있고, '리는 존귀하고 기는 비천하며, 리는 주인이고 기는 손님이다'라는 맥락에서 수설(竪說)할 수도 있다고 설명하고, 이 두 측면을 항상 함께 고려해야 한다고 주장했다.

4-5-17 「答崔純夫」【正愚 ○乙亥】(『大溪集』 卷16)

承平日不敢言理氣, 頃對率爾發口, 被盛諭所迫, 勢將不能默矣。但恐盛意方銳, 立語堂堂, 非蕘說可入, 而徒增多口, 成一場閑爭競耳。竊詳示意, 以性爲理, 以形爲氣, 以合理氣爲心, 如夫婦合而爲家, 君臣合而爲國, 終乃以心爲總腦, 而謂能主宰形性。是欲以家國之虛名, 而主宰其夫婦、君臣也。其名實豈不相戾, 而先後豈不矛盾乎? 如不然, 則或將謂夫婦合爲家主, 君臣合爲國主, 是家有二主, 國有二君也。又或以心爲合同理氣, 別爲一物, 高在理氣之上, 而爲其主宰, 是與釋氏所謂無位眞人者, 無乃相近耶? 愚意則心者, 體性而用情, 乘氣而宅形。如家之夫, 如國之君, 雖不能離婦獨成, 舍臣獨尊, 實不害爲獨擅成名, 獨專尊位也。若悉數其得名之由, 則有以形者, 有以氣者, 何嘗曰心無氣耶? 油火之於知覺, 爲喩甚明。公但道明者是火耶? 油耶? 承亦何嘗曰火無油而明, 心無氣而覺耶? 但云明者是火, 而覺者是理耳。所引四條, 雖旨意有淺深, 皆言理氣相須之妙, 是橫說也。如退陶所云合理氣之心也。若夫孟子所論仁義之心, 邵子心爲太極, 程子心性一理, 朱子心卽性之說, 退陶「心統性情上圖」, 皆擡出理而不雜氣, 是竪說也, 乃家君心卽理之說之所本也。橫說則理氣不相少。竪說則理尊氣卑, 理主氣客, 必挑理在上面, 然後方截然有分。今欲執一而廢一, 果何意也? 且理氣合而爲者, 雖性亦然。故鄭子中問"張子所謂合虛與氣, 非指氣質之性。但言理氣合而爲性, 性非氣無所寄着, 故合而言之, 方爲備。" 退溪答曰"所論是。" 今於性則只曰理, 於心則只曰理氣合, 是性可無氣而心不主理也, 得無偏耶? 且問人之所謂本心, 以理耶? 以氣耶? 如執事累然在疚, 於豊衣美食, 有不忍安者, 純是理而本心也。若爲口體所動, 反安然爲之, 則是氣之逆理, 而非本心也。如鄙人方應科擧, 隨分待天, 則是理也, 本心也。若行賂圖囑, 則悖理而非本心也。如今講說, 各務歸至當, 則是本心也。如或吝己防人, 好勝惡屈, 則非本心也。心之本面是理, 而不可以心爲理乎? 夫以執事明悟, 苟退一步, 徐取一看, 似有相契之時。如其不然, 承之所聞, 或有差耶? 苟欲更詳, 因便一示, 餘冀益弘德業, 勿以已得爲足。

4-5-18

「답최순부答崔純夫」(『大溪集』3 卷16)

해제

1) 서지사항

이승희가 최정우에게 보낸 글. 『대계집』 권16에 실려 있다. (『한국문집총간 속』 147)

2) 저자

이승희(李承熙: 1847~1916)로, 본관은 성산, 자는 계도(啓道), 호는 대계(大溪)·한계(韓溪)·강재(剛齋)이다. 한주(寒洲) 이진상(李震相: 1818~1886)의 아들이다.

3) 내용

이 글은 이승희가 최정우(崔正愚: 1862~1920, 자는 純夫, 호는 健齋)에게 보낸 편지로서, 심즉리설(心卽理說)과 지각설(知覺說)에 대해 논한 것이다. 이승희는 최정우의 입장을 "리가 주재자라는 것을 모르지는 않지만, '심즉리'라고만 말하면 이 '기'가 없는 것처럼 여겨지므로, 고심 끝에 '횡설(橫說)'을 주장하여 결국엔 리와 기가 머리를 나란히 하는 처지에 빠지는 것"이라고 설명하고, 이러한 의혹을 해소시키기 위해 심즉리설의 취지를 곡진하게 설명하였다. 이승희에 의하면, 심에 대해서는 세 맥락에서 설명할 수 있는데, 형(形)으로 말하면 '둥글고 구멍이 뚫린 것'으로서 '화장(火臟, 心臟)'이라 하고, 기(氣)로 말하면 '몸에 가득 차서 리를 싣고 있는 것'으로서 '정신(精神)과 혼백(魂魄)'이라 하며, 리(理)로 말하면 '몸을 주재하고 온갖 변화에 대응하는 것'으로서 '성(性)과 정(情)을 통합한 이름'이라 하는데, 다만 "우리 유학에서 말하는 심법(心法)과 심학(心學)은 모두 리를 따라서 말하는 것"으로서, 결코 형과 기를 말하는 것이 아니라는 것이다. 이승희는 또 지각에 대해서도 주자의 "지극히 고요한 가운데 능히 지각하는 것이 있다"는 말에 대해 퇴계(退溪) 이황(李滉: 1501~1570)이 "능히 지각하는 리가 있다"고 풀이한 것을 근거로 지각의 체와 용은 모두 '리'라고 주장하였다.

4-5-18 「答崔純夫」(『大溪集』3 卷16)

二度心說, 想已勘過, 取舍何居? 近覺有一頭未盡處。蓋恐座下, 非不知理爲主宰, 而以單言心卽理, 則恰如無此氣, 故苦主橫說, 轉入理氣齊頭之地, 則鄙之所辨, 宜先於此矣。夫心之得名有三。以形則圓而竅之, 火臟是也; 以氣則充滿軀殼, 乘載此理, 卽所謂精神魂魄是也; 以理則主宰一身, 酬酢萬變, 卽性情之統名也。各有攸主, 散出諸書, 固不可闕一也。但吾儒所謂心法心學, 皆從理上說, 而不在形氣。故朱子曰"心不是這一塊", 是心非形也; 曰"這箇心, 非菖蒲伏令可補之心", 是心非氣也。彼方寸之地,【形也。】出入之機,【氣也。】朱子亦屢言之於此, 而獨以形氣謂非心者, 吾儒所言之心, 卽理故也。夫性也, 亦有以方圓、曲直言, 是形也; 有以剛柔、善惡言, 是氣也; 有以仁義禮智言, 是理也。但形氣非本而理爲本, 故曰性卽理; 無形無氣而不得者, 心性同然。曰性卽理, 而不嫌於無氣, 則曰心卽理, 而獨嫌於無氣耶? 程子曰心卽性也。朱子「答呂子約」書, 亦以心性爲一。心與性所別者, 地頭而已, 豈有二哉? 世人看統性情兼理氣之說, 卽認作性理、情氣, 遂以兼理氣, 作理氣雙頭。久而成習, 或被開悟, 略見情之不可謂氣, 而其於兼理氣, 依舊作此意看, 故有此葛藤耳。朱子「答呂子約」書曰"未發者, 太極之靜, 已發者, 太極之動", 又曰"以未發爲太極", 則以已發爲無太極耶? 於此反覆入量, 的見性情之妙, 然後心卽理三字當否, 乃可言矣。知覺說, 言之甚長, 而了此上項, 自可推到, 不必架疊。有一說姑寄去。朱子曰"至靜之中, 有能知能覺"者, 退溪釋之曰"有能知能覺之理", 幸時時入量。又有一鄙說, 知覺之體非智耶? 知覺之用, 非是非之端耶? 智與是非之端, 非理耶? 若有知覺舍智與是非而可者, 則四德、四端, 俱闕一而亦何妨耶? 試爲答寄。

4-5-19

「답성성여答成聖與」【載哲 ○丁酉】(『大溪集』3 卷18)

해제

1) 서지사항

이승희가 성재석에게 보낸 글.『대계집』 권18에 실려 있다. (『한국문집총간 속』 147)

2) 저자

이승희(李承熙: 1847~1916)로, 본관은 성산, 자는 계도(啓道), 호는 대계(大溪)·한계(韓溪)·강재(剛齋)이다. 한주(寒洲) 이진상(李震相: 1818~1886)의 아들이다.

3) 내용

이 글은 이승희가 1897년 성재석(成載晳: 1860~1906, 자는 聖與, 호는 止山)에게 보낸 편지로서, 선친 이진상의 심즉리설(心卽理說)에 대해 설명하는 내용이다. 이승희는 "전배(前輩)들이 심을 논한 것에는 각각 지칭하는 바가 있다"고 전제한 다음, "인의예지의 본체를 지칭한 것은 심즉리설이며, 정신과 혼백의 작용을 지칭한 것은 심즉기설이다. 북계(北溪) 진순(陳淳: 1159~1223)과 퇴계(退溪) 이황(李滉: 1501~1570)는 이 둘을 합쳐서 '심합리기(心合理氣)'라고 했는데, 심즉리설이나 심즉기설보다 훨씬 포괄적이고 타당한 학설이다."라고 설명했다. 그런데도 선친이 '심합리기설'을 제쳐두고 다시 '심즉리설'을 제창한 까닭에 대해, 이승희는 "세도(世道)가 쇠퇴하고 학술이 어두워져, 혹자는 말에 집착하여 본지(本旨)를 잃음으로써, 주재의 묘(妙)를 오로지 기에 귀속시키기도 하고, 본체의 참된 것을 기와 뒤섞기도 하기 때문"이라고 설명했다. 이승희는 심은 곧 '주재의 본체'라고 규정하고, 선친이 '심즉리'라고 말한 것은 주자가 '주재자는 곧 리'라고 말한 것과 같은 맥락이라고 설명했다. 요컨대 "본체와 자구(資具)를 함께 말할 때에는 '심합리기'라고 말하고, 그 가운데 나아가 주재자만 발라서 말할 때엔 '심즉리'라고 말한다"는 것이다. 이승희는 이처럼 선친의 심즉리설에 대해 곡진하게 설명한 다음, 예로부터 성현들이 다양한 학설을 제기한 것은 모두 "시대 상황에 따라 입언하여 당시의 폐단을 구제하려는 것"이었다고 하여, 선친의 심즉리설에 대해서도 그 취지를 십분 이해해달라고 요청하였다.

4-5-19「答成聖與」【載哲 ○丁酉】(『大溪集』 卷18)

承審新年舊里, 文候百福, 旣以爲慰。且講究名理, 有此詢蕘, 誠感 不遐之意。心理一語, 爲今日學士大訛, 區區墨守, 只欲塞兌息辨, 以避其鋒, 辱使反覆, 殆復不免妄發矣。夫前輩論心, 各有所指。有指仁義禮智之爲本體者, 此卽理之說也; 有指精神魂魄之爲作用者, 此卽氣之說也。合此二者, 則爲合理氣, 此北溪、退陶諸賢所指也。比上二說, 最爲周徧, 先君所以苦口說卽理者, 亦有由焉, 何者? 世道寖微, 學術不明, 或者泥言失指, 有以主宰之妙, 專歸之氣者; 有以本體之眞, 汨董乎氣者, 是則誠可懼也。夫心, 卽主宰之本體也。曰心卽理者, 如言主宰卽理也。合其資具而言之, 則爲兼理氣; 就其中剔發其主宰言之, 則理而已。從上聖賢, 隨時立言, 以救其弊, 亦何限哉? 如程子言"生之謂性", 朱子固解之以"理氣不相離", 張子亦曰"合虛與氣有性之名"。然孟子必曰性善, 程子釋此, 則曰性卽理, 是豈不知理氣之不相離者耶? 性之本體卽理, 故言純乎理者, 曰本然之性。然亦或有氣質性、惡性、頑性之性。心之主宰, 卽理也, 故言純乎理者, 曰本心、良心。然亦復有人心、私心、惡心之心。謂性卽理者, 非謂無氣質性之類, 則謂之心卽理者, 奚遽爲闕了氣也? 且以心爲理者, 言其主宰之本體也。曰道心、人心者, 指其發處之路脈也。道心者, 此理之循其道而發者也; 人心者, 此理之從形氣上發者也。其從道理發者, 自順其則, 固無事於修治; 其從形氣發者, 或爲氣所蕩而爲人欲, 或爲氣所牿而爲邪惡, 程子所謂善惡皆天理者也。旣有此等走作, 安得無修治之工耶? 察執事之言, 似以情爲氣。然情者, 性之發也。性爲體, 情爲用, 體用一原, 豈有異哉? 執事試觀從古聖賢, 何曾有情氣之論哉? 心者, 以性爲體, 以情爲用, 其云統性情者, 乃言此理之體用也。今人不究人言意, 纔見異己, 先將攻伐之心, 按劍而對之, 此正理之汨於血氣者也。執事旣虛心察理, 以求其至當, 則自然天理呈露, 此非所謂本心耶? 常使此心爲主, 以制其血氣之汨, 則工夫於是乎在矣。幸加精察, 感相之誼, 妄率張皇, 倘蒙垂恕而反覆之。

4-5-20

「답성성여答成聖與」(『大溪集』3 卷18)

해제

1) 서지사항

이승희가 성재석에게 보낸 글. 『대계집』 권18에 실려 있다. (『한국문집총간 속』 147)

2) 저자

이승희(李承熙: 1847~1916)로, 본관은 성산, 자는 계도(啓道), 호는 대계(大溪)·한계(韓溪)·강재(剛齋)이다. 한주(寒洲) 이진상(李震相: 1818~1886)의 아들이다.

3) 내용

이 글은 이승희가 성재석(成載晳: 1860~1906, 자는 聖與, 호는 止山)에게 보낸 편지로서, 이른바 '명덕주기론(明德主氣論)'을 비판하는 내용이다. 이승희는 '명덕'은 곧 '하늘의 밝은 명[在天之明命]'이라 전제한 다음, 『대학장구(大學章句)』의 '명덕'에 관한 풀이에서 '하늘로부터 얻었다[所得乎天]'고 한 것은 곧 '천명(天命)'을 말하며, '허령불매(虛靈不昧)'라고 한 것도 다만 '명(明)'을 풀이한 것이라고 주장했다. 그리고는 "명명(明命)의 명(明)이 기를 띤 것이 아니므로, 명덕(明德)의 명(明)도 기를 띤 것일 수 없다"고 하였다. 요컨대 이승희는 '명덕'을 '명명(明命)'과 같은 뜻으로 규정함으로써 명덕을 '리'로 해석할 수 있는 토대로 삼은 것이다. 또한 일반적으로 '허령불매'는 '기'에 해당한다고 이해하는 것에 대해서도, 주자가 '태극의 신령함[太極之靈]'을 말한 바 있다는 것을 논거로 하여, 리에 대해서도 '허령'을 말할 수 있다고 주장하였다.

4-5-20「答成聖與」(『大溪集』 卷18)

明德兼氣, 固亦今世通見。然揆諸經意, 未能妥安。今者所論, 亦只是將俗說解註義, 又將去證經旨, 不亦倒乎? 夫此明德, 卽在天之明命也。本註所云“所得乎天”者, 卽此天命也; 所云“虛靈不昧”者, 亦只是一明字註脚。明命之明, 旣不可帶氣者, 則明德之明, 獨可以帶氣說耶? 朱子解此明德曰: “此道理光明不昧。” 今之說者, 乃曰“必氣而後, 乃可光明不昧”, 何其相戾也? 朱子解人心之最靈, 則直作“太極之靈”。今人則曰“理不可謂靈”, 又何相戾也? 蓋此明字、虛靈字、不昧字, 皆是使用字。從理說, 則爲眞體之明; 從氣說, 則爲有形之明。其爲至明、至虛、至靈之物者, 實在此理, 而非此氣之所能與也。今人看得氣或重, 所以生許多藤葛。至以賢座之明, 亦且沈吟徊徨, 而不能決去耶? 明知理一字, 爲今世大諱。然猶不敢改圖以諧世者, 只爲此理本明, 赫然在天地間, 爲命爲德, 不敢誣罔以冥昏不靈也。惟賢座試細察焉。

4-5-21

「답이자명별지答李子明別紙」【丙申】(『大溪集』3 卷19)

해제

1) 서지사항

이승희가 이병헌에게 보낸 글. 『대계집』 권19에 실려 있다. (『한국문집총간 속』 147)

2) 저자

이승희(李承熙: 1847~1916)로, 본관은 성산, 자는 계도(啓道), 호는 대계(大溪)·한계(韓溪)·강재(剛齋)이다. 한주(寒洲) 이진상(李震相: 1818~1886)의 아들이다.

3) 내용

이 글은 이승희가 1896년 이병헌(李炳憲: 1870~1940, 자는 子明, 호는 眞菴·秋淵·白雲山人)에게 보낸 편지의 별지로서, 네 조목으로 성리설을 논하는 내용이다. 첫째 조목은 사단과 칠정을 리발과 기발로 설명하는 내용으로서, 이승희는 이에 대해 관점에 따라 다르게 설명할 수 있다고 주장했다. 요컨대 근원으로부터 수설(竪說)하면 "사단과 칠정이 모두 리발"이라 할 수 있으나, 정이 발하는 곳에서 그 노맥(路脈)을 구분하여 횡설(橫說)하면 "사단은 리발, 칠정은 기발"이라 할 수 있다는 것이다. 둘째 조목은 본연지성의 동·이(同異)와 선·악(善惡)에 관한 내용으로서, 이승희는 "본연지성은 진실로 인간과 동물이 같은 것으로서, 순선무악한 것"이라고 설명한 다음, 다시 "편·전(偏全)의 관점에서 말하면 인간이 가장 귀한 것이나, 순선(純善)의 관점에서 말하면 인간과 동물이 모두 같은 것"이라고 설명했다. 여기서 이승희가 말하는 본연지성은 편전을 포함하는 개념임을 알 수 있다. 셋째 조목은 명덕에 관한 내용으로서, 이승희는 "이른바 '명덕'은 곧 인간의 '가장 귀한 성(性)'으로서, 이 리가 그 광명정대(光明正大)함을 온전히 할 수 있는 것은 진실로 정통(正通)한 기에 힘입는 것이나, 그 광명한 것은 리이다. 이것은 보주(寶珠)가 맑은 물 속에 있을 때, 진실로 맑은 물로 인하여 그 빛이 드러나는 것이지만, 그 빛은 바로 보주의 빛인 것과 마찬가지"라고 하여, 명덕은 분명히 '리'를 지칭하는 것이라고 설명했다. 넷째 조목은 주리론의 취지에 관한 내용으로서, 이승희는 "선현의 주리론이 어찌 일부러 기를 억압하고 리를 드높이는 것이겠는가? 다만 본래 주재자와 자구(資具)의 구별이 있으므로, 자연스럽게 그 주재자가 되는 것을 위주로 하는 것"이라고 설명했다. 또한 기를 기르는 방법도 '의를 모으고[集義], 기를 사납게 하지 않는 것[無暴]'일 뿐이니, "그 공부는 오직 그 덕성을 길러서, 형기가 저절로 수면앙배(睟面盎背)에 이르도록 하는 것"이라고 설명했다.

4-5-21 「答李子明別紙」【丙申】(『大溪集』 卷19)

幸際良緣, 獲奉淸眄。匝月山齋, 匪不從頌, 而別來尙有餘蘊。長霖乍霽, 瓊函遠墜, 忽若喚惺昏睡。卽日奉歡增重。燖溫義理, 發疑求益, 此何等喜消息? 世衰氣漓, 吾輩人物眇然, 深恐一朝大氣沈淪, 無復殘緖之可尋。竊覸賢明姿地旣高, 又能奮然有志於此事, 果能審其路脈, 不住用力, 後日吾林之責, 庸可辭乎? 吾先考平生主理之學, 庶幾不悖於前聖之旨, 而爲來學立此心, 以俟夫百世者, 而奈此儒門分裂, 人見寡諧? 承妄不自量, 思欲與數三君子, 保守而發明之, 使前輩苦心, 不至埋沒。然才短力薄, 無望其有濟也。蒙賢明一語相契, 肯同切磨。或者, 天意有所屬耶? 然古聖賢所以主理而立宗旨者, 必欲使學者, 體之于心而履之于身, 順此理而行之也。苟於此理有得, 直須死生利害禍福而以之, 食與俱啖, 寢與同夢, 用畢生之力, 更無別般高妙奇特以爲巧捷之法者, 幸望涵肆奮發, 日窮其未究, 愼守而力行之也。別幅垂問, 枉施非人, 恐無以發明此理, 只竭鄙見, 以聽去就。幸賜十反。

〈別紙〉

朱子曰: "心者天理在人之全體。" 又曰: "氣之精爽。" 其精爽者, 魂魄之心, 則固聞命矣。天理本然之體, 則指義理之心歟? 抑本然者爲道心, 精爽者爲人心乎? 血肉之心, 載理而局於氣歟?

精爽之心, 固是精神魂魄之心, 而其曰"天理在人之全體"者, 乃指仁義禮智之心, 卽此是義理之心也。然此皆通言其體段也。至如人心、道心, 只從心之發處立言。其從父子、君臣、夫婦、兄弟、朋友之倫, 而爲孝、忠、敬、別、信之德者, 曰道心; 其從耳、目、口、鼻、四體之形, 而爲聲、色、臭、味、安佚之私者, 曰人心。凡言心之發者, 卽此仁義禮智之理, 乘此精神魂魄之氣而發者, 不惟道心爲然。雖人心亦然。其發出之路, 則或從道理, 或從形氣, 其心一也, 而心之路有二也。非天理獨發而爲道心, 精爽之氣又獨發而爲人心。自原初而爲兩岐, 如人乘馬而出, 之東之西, 皆此人此馬也。而爲人之觀禮訪友而出者, 曰人出; 爲馬之浴水放草而出者, 曰馬出也。若夫血肉之心, 只是五臟之一。只緣其臟屬火, 其氣爲神、爲光明運用之主, 故精魄之心, 必指此爲主, 而主宰之心, 亦因以命名, 如道之因路爲名。大抵天理主宰之心, 吾儒之所主以爲心學者也; 人身精魄之心, 即此心之資具, 而仙、釋之所主以爲修養者也。血肉之心, 是此心所貯之一宅舍, 而醫家之所主以補瀉者也。

夫理能動靜, 而氣爲動靜之具也。如是則此心未發之初, 氣雖具而所主者理也; 已發之時, 氣雖隨而所乘者理歟? 抑未發之初, 所存者理而已, 無氣之可言歟?

理能動靜而氣爲動靜之具, 未發卽其靜也, 已發卽其動也。其靜也, 理之靜也而乘氣之靜; 其動也, 理之動也而乘氣之動。只理爲其主而已, 豈可曰"未發只是理, 而已發乃有氣"耶? 若退陶所謂"心之未發, 惟理而已"者, 乃因善惡而立言。蓋此理本善, 雖靜已自善, 其有惡者, 乃於氣用事時, 始有之耳。未發則氣不用事, 却與無一般, 故曰"惟理而已", 安有惡乎? 大抵凡言未發、已發, 皆以理言, 而其理之乘氣, 則已發、未發之所同也。

向聞心氣之辨, 肆然有得, 以爲自此以後, 可從事於此矣。歸路出山中, 見滿山靑黃紅綠, 紛霏蒸鬱, 頃刻變幻, 非吾目之親到, 安能見其彷彿哉? 噫! 向日之聞於函丈, 非眞山也, 乃畵山也云云。

看山而悟看理之妙, 可謂善觀矣。然則其於心氣之辨, 當驗諸吾心吾氣而知之, 豈容人言? 假使言之, 畢竟是談山也。無已則粗述鄙人所略得於看山者, 以效其愚否。夫天地, 天地而已; 人物, 人物而已。其流行屈伸往來而無窮者, 皆氣也; 其所以流行屈伸往來而無窮焉者, 必有所主宰之者, 是則所謂理也。天地得之以爲天地之心, 凡所以栽培傾覆、福善禍淫者, 皆此理之主宰者也; 人物得之以爲人物之心, 凡所以好善惡惡、建極立紀者, 皆此理之主宰也, 而天地人物, 亦只是氣而已。心比則帥也, 氣比則卒徒也。是帥也, 無形無跡, 而實統領此氣而管攝之, 一動一靜, 無不主宰。今夫思慮不萠, 言動不形, 一切神氣, 都貼地定在, 而惟有本然之眞體, 炯然不昧, 非靜中主宰之妙耶? 及其觸事緣境, 運奔不息, 形旣動矣, 氣已用事矣, 而諦視其中, 又必有主宰之妙。如人氣湧如山, 直前不止, 苟任其氣, 直如是而已。忽然思惟, 有一箇不必怒之理, 便縮然收斂。又有懽天喜地, 洋洋躍躍, 苟任其氣, 亦如是而已。忽於心下, 有一箇不必喜之理, 便爽然自定。此其主宰之者, 乃此心也。豈惟是也? 凡時行而行, 時止而止, 欲衣而衣, 欲食而食者, 必先有其理, 而其氣從之。有其理者, 主宰之心也; 其氣從之者, 主宰之資具也。由是推之, 節節皆然。但此氣胐塞充周, 粹駁不齊, 或順或逆, 易致騰倒, 使此主宰之功, 或不能自在, 此衆人所以每患於昏昧流蕩也。吾人心學, 只要此心, 自作主宰, 管攝此氣, 無爲其所使而已。由此觀之, 心氣之別, 亦只是主宰資具二者而已。不審此意如何?

4-5-22

「답이현가答李見可【貞基】別紙」【庚子】(『大溪集』3 卷21)

해제

1) 서지사항

이승희가 이정기에게 보낸 글. 『대계집』 권21에 실려 있다. (『한국문집총간 속』 147)

2) 저자

이승희(李承熙: 1847~1916)로, 본관은 성산, 자는 계도(啓道), 호는 대계(大溪)·한계(韓溪)·강재(剛齋)이다. 한주(寒洲) 이진상(李震相: 1818~1886)의 아들이다.

3) 내용

이 글은 이승희가 1900년에 이정기(李貞基: 1872~1945, 자는 見可, 호는 濟西)에게 보낸 편지로서, 크게 두 가지 내용을 담고 있다. 첫째는 당시의 시대상황에 대한 논의로서, 이승희는 '춘하추동의 순환'이라는 관점에서 순환론적 역사관을 피력하였다. 즉 우(虞)와 하(夏)는 봄에 해당하고, 상(商)은 여름에 해당하며, 주(周)는 가을에 해당하고, 전국(戰國)은 겨울에 해당하며, 진시황(秦始皇)의 시대는 특히 대한(大寒)의 시기에 해당한다는 것이다. 다시 그 이후로 한(漢)은 봄의 시작에 해당하고, 당(唐)은 여름에 해당하며, 송(宋)은 가을에 해당하고, 명(明)은 겨울에 해당하며, 육조(六朝)·오계(五季)·호원(胡元) 및 청(淸)은 환절기(換節期)에 해당한다는 것이다. 이승희는 당시(1900년)의 상황은 다시 대한(大寒)이 다가오는 시기라고 보고, 자신은 "북쪽 대륙의 모진 바람에 문을 닫고 홀로 앉아 다음 해를 위해 하나의 씨앗을 뿌려볼까 생각하지만, 다만 늙은 농부의 고심(苦心)일 뿐, 감히 세상에 나아가 천하의 일을 담당하지 못하고 있다"고 심정을 토로했다. 그러면서도 "당시 구미(歐美)의 여러 나라들에서 '우리 성인(聖人)의 책'을 읽는 사람들이 생기고, 수레와 배가 왕래하며, 서로 신서(信誓)를 맺기도 하니, 다시 봄이 다가올 조짐이 보인다"고 하여, 미래에 대해 희망을 품기도 했다. 둘째는 선친 이진상의 심즉리설(心卽理說)에 대한 설명이다. 이승희는 먼저 "성은 심 가운데 갖추어진 리"라고 규정한 다음, "성(性)을 위주로 말하면 성은 통체(統體)가 되고 인의예지는 성이 갖춘 것이며, 심을 위주로 말하면 심이 통체가 되고 성은 심이 갖춘 것이니, '심은 기(氣)로서, 기가 성을 갖추고 있다'는 말이 아니다."라고 하여, '기(氣)로 이루어진 심(心)이 리(理)인 성(性)을 담고 있다'는 그동안의 통론(通論)을 부정했다. 이승희는 또 "무릇 심은, 주재로 말하면 천(天)이요, 본체로 말하면 성(性)이며, 묘용(妙用)으로 말하면 신(神)인데, 그 주재·본체·묘용을 통틀어서 '심즉리'라고 말하는 것이다."라고 하여, 심즉리설의 취지는 주리론에 있음을 분명히 하였다. 그런데 "당시 영남의 학자들은 퇴계의 심합리기설을 종주(宗主)로 삼으면서 그 말에 집착하여 의미를 제대로 파악하지 못하고, 마음의 본원(本源)에 리와 기를 함께 배치하여, 마침내 이 주재의 명칭이 '리와 기가 뒤섞인 곳'으로 돌아가게 하였으므로" 선친 이진상이 부득이 심즉리설을 제창하여 이를 바로잡으려 했다는 것이다.

4-5-22 「答李見可【貞基】別紙」【庚子】(『大溪集』 卷21)

承熙之於哀座, 相期相愛, 豈可量哉? 而晩復一慰, 只不免循例之科, 迺蒙不罪。又復惠垂一語, 辱與之上下議論, 有若借視於瞽者, 益知君子執禮之勤, 而求道之懇, 有如此者。所論天地間大春秋之運, 未知頃對時論及此否? 愚嘗因邵子之說, 妄爲推測如此, 亦未敢自信矣。來喩深有相發, 可喜也。但於其間, 有小參差處。愚意則虞、夏爲春, 商爲夏, 周爲秋, 戰國爲冬, 秦特大寒之候; 而漢祖春之始也, 唐爲夏, 宋爲秋, 明爲冬, 六朝、五季、胡元及淸, 換節之候也。見今天地, 又將大寒矣。北陸風獰, 閉戶孤坐, 思欲爲來歲下一種子, 只是老農苦心, 非敢出一肩擔得天下事者。但念今世無孟子, 故不能開一口。如其孟子也, 何嘗以齊、梁之不能用, 天下之不可爲, 而自沮也哉? 其與滕君言也, 蓋曰"如有王者作, 必來取法", 是其心貫萬古而下之矣, 奚止一時而止哉? 其行與不行, 有未暇論者。且時之不到, 則以孔、孟而有不得下一手者; 苟其時矣, 蘇、張小辯, 尙或有以動天下之勢。由此論之, 亦不必以人之非孟子而遂自沮也。夫天下之理, 一也。凡圓顱方趾於天地之間者, 皆同此理。理之所同, 豈有終不可通之理哉? 見今歐非[米][6]各洲, 已有讀我聖人之書者, 舟車交織, 信誓相加。來諭所謂基春之兆者, 已有見矣, 安知非天意耶? 竊欲妄作一文字, 以與同志商確, 才拙思涉, 尙無以瀉出, 蓋亦終歸於虛想也。所與田艮齋書, 歷落周遍, 可謂曲盡心性情之實, 而會通乎衆說矣。其言主宰是理處, 尤見盛見不混於世論, 而近日用工煞密也。愚魯無容更評, 但其論以氣言心二條立證, 恐或有違於本意。朱子固曰: "性猶太極, 心猶陰陽。" 然只是借諭此性之爲總會, 而此心之通動靜而已。非眞以性爲太極, 而心爲陰陽也。如性猶杞柳, 性猶湍水, 何嘗眞以爲杞柳湍水哉? 所謂性者, 心中所具之理者, 如云性中具有仁義禮智。蓋主性言則性爲統體, 而仁義禮智其所具也; 主心言則心爲統體, 而性其所具也, 非以心爲氣而謂以氣具性也。今引此二條, 爲以氣言心之證, 則恐非的證也。愚謂以氣言心, 只當於精神魂魄上求之耳, 道家所謂鍊內丹者是也。朱子中和舊說所謂性常乘在心上者, 果有這意, 而至其晩歲, 明言這箇心, 非曹蒲伏苓

6) 저본에는 "非"로 되어 있으나, 문맥상 "米"로 수정하였다.

可補者, 則論吾儒之心者, 宜知所取舍矣。至其下方所說, 單擧理而蔽全心之名義, 則似不免一偏之歸者。又恐哀座因世俗之說, 而有未察乎人言者。夫旣以心爲兼理氣者矣, 而復有曰心即理, 則宜若有異焉, 亦似乎刋落氣一邊矣, 人之疑之似矣。然抑有未必然者, 試以哀座之所已言者證之。夫心者, 合理氣, 而從上聖賢, 有據理上說者, 有據氣上說者。未知其據理上說時, 必以合理氣爲非, 而單以理蔽全心之名耶? 其言心爲太極時, 却不知心之乘氣耶? 是應不如是之偏矣, 而猶且云然者, 言各有指也。或者以爲下一即字於理字上, 乃是遺却氣也。是亦似矣, 而有未然者。哀座亦言性是理之搭氣而靜者, 則性亦非合理氣者耶? 不惟是也。北溪、退溪, 亦皆言性亦合理氣矣。然言性者, 乃曰性即理者, 何也? 此則指本體言也。不惟言性爲然。天也有理有氣, 而言主宰, 則曰天即理也; 神也有理有氣, 而言妙用, 則曰神即理也。是皆非刋去氣也。今夫心者, 言主宰, 則天也; 言本體, 則性也; 言妙用, 則神也。其言主宰、本體、妙用, 而曰心即理者, 有異於前所云三者乎? 且哀座旣以主宰爲理, 則心乃主宰之名也, 烏得不爲理? 朱子曰: "心固是主宰底, 所謂主宰者, 即此理也。" 是則已明白說心即理三字矣, 更何疑於今人之言心即理乎? 或者又曰"只云兼理氣已足矣, 何復偏言之曰即理也?" 是則盖有不得已者矣。夫孟子發性善之旨, 其言心也, 曰良心、本心、仁義之心者, 皆從理上說。自後程子心本善之說, 邵、朱心太極之說, 皆已發盡此心主宰之本體矣。彼禪學者, 乃把許多邪妄之心, 攬入本心, 認作天理之眞體。如陽明所云良知之學, 即其一也, 而其倡爲心即理之說者, 亦不過認氣爲理之謬見而已。退陶夫子因北溪之說, 發明此心之兼理氣。盖只言主宰而不及乎其資具, 則無以辨別原委、究極善惡之分, 以爲下工之地, 此所以斷然立言而不疑, 不以蹈襲前言爲貴者也。至今日則一世之言心者, 盡從氣上立見, 直欲認此氣爲一身之主宰。如哀座所論田艮齋之說, 亦其一也。嶺南學者, 宗主退陶之說者, 又多泥言昧意, 乃欲以理氣二字, 雙對於本源之地, 遂使此主宰之名, 歸宿於理氣合董之地。哀座試思之, 古今天下, 有氣爲主宰而可以不亂者乎? 於是乎直擧此心主宰之本體, 以明示我後人者, 豈得已乎? 今有李家郎娶金氏婦而居室者, 或詳說主配而曰: 李郎、金婦之宅, 或即擧其家主而單說李郎家, 恐皆無不可, 亦不可以單說李郎家, 而疑其不言其妻也。何者? 擧其主宰, 則其資具自在也。哀座旣知主宰之爲理矣, 則試思今世君子主宰即氣, 主宰兼理氣之說爲何如, 而其入見何如, 其歸宿將何如? 又思夫天下之物, 果不可單指主宰而立名乎? 必也兼指其僕從而名之, 然後爲可乎? 抑本非眞主而强主之乎? 愚魯無識,直以爲天下萬古主宰則一而已。國則君而已, 家則父而已, 身則心而已, 未知不大謬於前聖之訣耶? 並乞詳思而覆誨也。且有一說焉, 世之君子, 意承株守家學, 惡聞他說, 故其有疑於吾先君之說者, 多不欲與承說破。然若承之心, 則猶恐諸君子之不到底相告也。何者? 斯道者, 天下之公也。吾雖欲爲吾親私之, 豈可得乎? 且先君平生, 惟善是從。苟有未至, 則皆舍而從人。今縱無及, 有不肖在, 得聞所未及, 而得有所正, 則亦先靈之所樂也。昔朱子與胡季隨諸公, 論其家學差處, 不少假借, 此正大賢心法。人於其家學, 一例株守, 惡人議到, 故人亦不敢開一口, 此豈道理? 承之此書, 只爲愚魯所見如此, 非爲吾家之說而膠守之也。如有未當, 幸賜反覆, 無有相隱。

4-5-23

「답이현가答李見可」【壬寅】(『大溪集』3 卷21)

해제

1) 서지사항

이승희가 이정기에게 보낸 글. 『대계집』 권21에 실려 있다. (『한국문집총간 속』 147)

2) 저자

이승희(李承熙: 1847~1916)로, 본관은 성산, 자는 계도(啓道), 호는 대계(大溪)·한계(韓溪)·강재(剛齋)이다. 한주(寒洲) 이진상(李震相: 1818~1886)의 아들이다.

3) 내용

이 글은 이승희가 1902년 이정기(李貞基: 1872~1945, 자는 見可, 호는 濟西)에게 보낸 편지이다. 첫머리에서는 학술논변에 임하는 자신의 입장을 간략히 밝힌 다음, 별지에서 네 가지의 주제를 논변했다. 첫째는 주자의 "성은 태극과 같고, 심은 음양과 같다"는 말에 대한 논변으로서, 이승희는 "이 말은 경술년(庚戌年, 1190)의 기록"으로서 주희(朱熹: 1130~1200)의 미정설(未定說)이라고 보았다. 주자의 만년정론(晩年定論)은 "미발(未發)을 태극으로 여기는 것은 옳지 않다. 미발은 태극의 고요함이요, 이발(已發)은 태극의 움직임이다."라는 것으로서, 이는 '심을 곧바로 태극에 해당시킨 것'이다. 둘째는 심을 '리'로 말하는 경우와 '기'로 말하는 경우에 대한 논변으로서, 이승희는 심을 '리'로 말할 수도 있고, '기'로 말할 수도 있으며, '합리기'로 말할 수도 있다는 점을 모두 인정했다. 그런데 "우리 영남의 군자들은 〈퇴계(退溪) 이황(李滉: 1501~1570)의 심합리기설(心合理氣說)을 피상적으로 이해하여〉 주재(主宰)도 리와 기의 결합으로 이해하고 본체(本體)도 리와 기의 결합으로 이해하니, 리와 기가 '둘'이라 하면 주재자도 둘이고 본체도 둘이 되며, '하나'라 하면 리와 기가 일물(一物)인 것이 되며, 결국엔 천리의 진체(眞體)가 주재의 묘용을 오로지 발휘할 수 없게 되었으므로", 이에 선친 이진상이 "멀리는 정자와 주자의 성훈(成訓)에 근거하고 가까이는 퇴계의 미지(微旨)를 계승하여, 이 리를 발라내어 주재의 진체를 밝혀낸 것이니, 이는 또한 부득이한 일이었다."는 것이다. 셋째는 "리와 기는 서로 떠날 수 없다[理氣不相離]"는 것에 대한 논변으로서, 이에 대해 이승희는 "퇴계 선생은 비록 심을 합리기로 설명했지만, 체와 용의 완전함과 주재의 묘용을 모두 리에 귀속시켰으며, 또 리와 기를 구분하는 즈음에는 '타는 것[乘]'과 '따르는 것[隨]'의 구분을 분명하게 하였으니, 어찌 일찍이 '리와 기가 머리를 나란히 하여 평등할 뿐'이라고 가르치셨는가?"라고 하였다. 요컨대 리와 기는 '서로 떠날 수 없는 관계'이면서 동시에 '존·비(尊卑)의 관계'라는 것이다. 넷째는 학술논변과 당쟁(黨爭)이 뒤얽힌 것에 대한 비판으로서, 이승희는 "당동벌이(黨同伐異)를 일삼아 옳고 그름을 따지지 않고 다만 이기는 것만 일삼는" 당시의 풍조를 비판하고, "사단칠정논변(四端七情論辨)과 호락논변(湖洛論辨)이 결국엔 서로 원수가 되는 것으로 귀착된 것은 경계해야 마땅한 일"이라고 설파했다.

4-5-23 「答李見可」【壬寅】(『大溪集』 卷21)

頃復膚淺, 不足以發座右之意。迄庸悚息, 經年一書, 辱賜反覆, 竭其兩端, 俾有所擇, 良感盛度之不遺。其中有不能但已者, 謹此陳復, 望賜諒裁而敎之。承賦性狷狹, 旣不能枉所守以諧世, 亦不能藏其非而恕己。今於來誨, 有見其合而喜之者, 有悟其非而改之者, 有執其見而申之者, 覽之可以伸其情矣。獨懼夫其所謂是者, 乃眞是否乎? 苟座下到底勤誨, 明其所是之非眞是, 則承亦不敢不改也。

〈別紙〉

性猶太極, 心猶陰陽云云。

尋常論此段, 只以心之動靜, 是陰陽之意推之。今承盛喩, 推及全段意思。果如來喩, 始知前者一時見解之爲錯謬, 愧感兩至。但因此推求, 則以心謂陰陽, 固可謂指心之資具。然其以性爲太極者, 乃朱子所謂尖斜底也。考『語類』, 此乃庚戌砥錄也。朱子於爾時, 認心爲氣, 謂性乘心, 此段亦盖用此意也。其晚年定論曰"以未發爲太極, 便不是。未發者太極之靜, 已發者太極之動", 此乃直以心當太極也。神魂之氣, 固亦陰陽也。但論心之氣, 則曰精神、魂魄已足矣。故前說云"然非謂陰陽之外, 別有神魂也"。幸加詳察。

以理言, 則所引諸訓固然。從氣上說, 則亦不曰"心者氣之精爽"云云。

此條盛說, 大意與鄙說無異。但旣云"以理言心, 則所引諸訓固然矣", 又以今之獨擧一理字當心爲非者, 何也? 其意以爲在古人, 則可以理言心, 而今則退陶之論已定, 更不可以理言心耶? 此恐未然。大舜說"人心道心", 已兩下說去矣。孟子却云"心之所同然者, 理也", 孔子說"相近之性", 已兼言氣質矣。孟子却只道性善, 從古聖賢, 未嘗以前聖之有一言, 遂盡廢百世之說, 況前賢之所已言者, 以後賢有說而遂廢之耶? 且座下以爲程、朱以降, 王、羅之徒出, 而合理氣之說復晦者, 亦恐下語之未平妥也。程、朱說心, 其專以理言, 則有之矣, 未始有心合理氣之說。

惟有北溪一說, 因論知覺而發, 至如九峯蔡氏德、仁、誠、敬一理之旨, 西山眞氏曰性曰心形上之語, 又依舊是以理言心者。及夫王、羅氏出, 其以心爲理者, 不過指陰陽精氣流行凝聚之物; 其以心爲神者, 亦只是氣魄形下之類, 其究竟歸宿, 只做得理氣合一之證, 以晦塞此主理之旨。退陶先生論此有曰"不知民彛物, 則眞至之理", 有曰"理氣决是二物", 其爲意槩可考也。夫吾東理學之來, 亦尙矣。寒、蠹兩先生首論心訣, 乃曰心無乎不在, 亦無有處, 此其專以理言心者也。靜庵先生繼之則曰"心太極"、曰"心乃四德", 南冥先生曰"理之主於身者曰心", 是其主理之旨, 已大明矣。乃有花潭一帶主氣言心, 其說張王, 偏向一邊去矣。退陶先生乃述北溪之說, 兩下立說, 以究極眞妄、邪正之歸, 盖亦不可已也。然其於本末、主資之分, 亦未嘗不嚴也。故「上圖」只說仁義禮智之心, 以明本體、妙用之爲一身主宰; 「中圖」就理氣相須中, 拈出本性善情不雜氣, 而只指理; 至「下圖」始分開之, 幷說出本然、氣質之性, 理發、氣發之情, 其指示本體之眞者, 則曰"心之未發, 氣不用事, 惟理而已"。此所以四亭八當, 俟百世而不惑者也。自是厥後, 主氣言心者, 又在在然矣, 而主宰之權, 盡歸於氣, 至今日而無以易也。吾南君子以爲主宰合理氣、本體合理氣, 二之則二主而二本, 一之則理氣爲一物矣。畢竟使天理之眞體, 不得專主宰之妙。于時焉遠據程、朱之成訓, 近述陶山之微旨, 剔出此理, 發明主宰之眞者, 抑又有不得已焉。夫古人立言, 有備之者, 有明之者。其備之者, 幷擧其主資, 如指燈曰油火, 兼理氣之說似之; 明之者, 單擧其主宰, 如指椀水曰水, 即理之說似之。在老先生, 則憂世論之偏也, 故曰合理氣, 此備說也; 在今日則憂世論之汨正, 故曰卽理, 此明說也。老先生不云乎? 子思、孟子所以只指理者, 以其兼氣而言, 則無以見性情之本善。今之言心即理, 亦此理也。愚故曰語心之大全, 則曰兼理氣; 語心之本體, 則曰心即理, 非己之說也。乃朱、李之說也, 不審此有未然否?

曰言理, 氣自在云, 則彼以氣言心者, 獨不曰言氣, 理自在乎?

此段前後下語, 儘似平停。然竊恐於主、資之分不明, 何哉? 所謂主宰、資具者, 譬則君也、臣也。臣統於君, 正也。若曰君統於臣, 則豈不勢逆乎? 由是推之, 曰心即理者, 豈不誠『春秋』大一統之義耶? 『易』著乾、坤, 『書』贊典、謨, 備述君臣, 非不美矣。及夫夷狄亂華, 臣妾凌上, 特書一王字於正月之上者, 其亦有不能已乎?

今只欲分劑左右, 無所軒輊, 則竊恐周天子已下堂, 而見諸侯矣, 何暇慮其終耶? 老先生雖曰兼理氣矣, 體用之全、主宰之妙, 盡歸諸理, 而乘隨之分, 又截然於分開之際, 何嘗敎理氣齊頭平等而止也? 願更三思。

黨議以來, 同鉢分河, 士局見聞云云。

學者, 講明道理, 各執己見, 以極同異之歸, 常道也。其能頓放積習之見, 卒臻大中之見, 如朱子之於中和舊說, 退陶之於中節理發, 固爲極至。設使終不省改, 有害正見, 如司馬溫公辨破性善之旨, 亦未便爲心術之病。最是黨同伐異, 不究是非, 只事角勝, 似吾東四七、湖洛之辨, 終歸於仇敵, 可戒也已。逮至習俗日下, 又有一種俗尙, 憑藉先賢之說, 摘抉後人之論。要擠人於不測之科, 而自占得衛道尊賢之功, 以取媚於流俗, 則未論其所說得失, 恐不可幷論於君子之心法矣。今之辨心即理之說者, 有曰"性理也、心氣也, 名義甚正。心何以曰理也?" 有曰"合理氣, 然後爲心, 本體兼理氣也。其能主宰者, 亦兼理氣也, 烏可曰理乎?" 是其立見如是, 無恠其爲說。只得各傳其說, 以待公案, 其或用意不平, 以爲將立異於陶山之訓也。陰擠陽斥, 以要己功者, 亦無如彼何? 只得任之而已。然是則可懼也已。最可疑者, 如吾座下, 旣不信心即氣之說, 又斷然立說曰: "主宰, 理也; 本體, 理也", 又其處心公平, 只求諸義理之至當矣, 猶此有疑於心即理之說者, 何也? 抑謂爲即理之說者, 將欲廢去兼理氣之訓耶? 朱子曰"命則理也", 而又曰"命兼理氣", 程子曰"心本善也", 而旋謂心有善惡。以一人而言一物, 猶且云然。以言則雖若背面, 以旨則各有攸當。所謂心即理者, 亦只於兼理氣上, 拈指其本體而已。何嘗分揀而去就耶? 此義也, 已在退陶「心統性情中圖」矣。其曰"不雜氣"、曰"只指理"者, 有異於即理之意乎? 愚意則學者, 要講究此心之眞妄、邪正, 下擴約之功者, 當於兼理氣上求之; 要識此心之眞體、妙用, 立向善之的者, 當於心即理上求之。此大舜人、道之訓, 孟子本心之說, 所以幷行而不相悖也。退陶「心圖」, 亦必三而後明且備者也。不審不至大悖否?

4-5-24

「답곽성서별지答郭聖緖【徽承】別紙」【丁酉】(『大溪集』3 卷21)

해제

1) 서지사항

이승희가 곽휘승에게 보낸 글. 『대계집』 권21에 실려 있다. (『한국문집총간 속』 147)

2) 저자

이승희(李承熙: 1847~1916)로, 본관은 성산, 자는 계도(啓道), 호는 대계(大溪)·한계(韓溪)·강재(剛齋)이다. 한주(寒洲) 이진상(李震相: 1818~1886)의 아들이다.

3) 내용

이 글은 이승희가 1897년 곽휘승(郭徽承: 1872~1903, 자는 聖緖, 호는 簾窩)에게 보낸 편지로서, 성리설의 다양한 논점들을 설명하는 내용이다. 그 가운데 중요한 내용을 소개하면, 첫째 문단에서는 "심은 다만 성(性)과 정(情)으로서, 성과 정 바깥에 별도의 심은 없다."고 하여, 심·성·정은 본래 하나라고 설명했다. 다만 "그 본래 품부한 것을 '성'이라 하고, 자연스럽게 유행하는 것을 '정'이라 하며, 그 주재하는 것을 '심'이라 한다"는 것이다. 둘째 문단에서는 "인으로써 사랑하고[以仁愛], 의로써 미워한다[以義惡]"고 할 때, '으로써[以]'가 바로 '주재'에 해당하는 것이라고 설명했다. 셋째 문단에서는 선불교에서 말하는 '관심(觀心)'과 유교에서 말하는 '찰심(察心)'은 서로 유사한 점이 있다고 설명했다. 넷째 문단에서는 "도심과 인심은 심이 발하는 곳에 나아가 그 '노맥(路脉)'을 지칭한 것이요, '심에 근본한다'고 할 때의 심은 '심의 본체'를 지칭한 것"이라 한 다음, "발하는 곳에 나아가 인심과 도심을 구분하지 않으면 유정유일(惟精惟一)의 공부를 할 수 없으며, 근원의 본체로 미루어나가지 않으면 심의 참된 모습을 볼 수 없다. 요컨대 심에서 공부를 할 때엔 마땅히 리와 기가 합쳐진 곳에서 세밀히 구분해야 하고, 그 심체를 곧바로 보아야 할 때엔 마땅히 이 리를 주(主)로 삼아야 한다."고 하였다.

4-5-24「答郭聖緒【徽承】別紙」【丁酉】(『大溪集』卷21)

心只是性情, 性情之外, 更別無心。然其指以爲名者, 各有別指。其本然稟賦底曰性, 指其自然流行底曰情, 指其主宰底曰心。就靜時看, 則固只是一性冲漠而已, 然即此一性炯然不昧, 存主乎中者, 却喚做心。就動時看, 則固只是此性之動而爲情而已, 然此性之發, 有條不紊, 互相宰制者, 又却喚做心。合性情而無不主宰, 故曰統; 性由此主宰而立, 情由此主宰而行, 故曰妙。旣非別有心, 又却有性情字該不盡處, 恐當敏妙離合看。

看"以仁愛、以義惡"之以, 即知主宰之謂心。仁義愛惡, 心之體實也。以者, 其主宰之事。這仁義自能存主乎中, 而其發也, 惟仁能爲愛, 惟義能爲惡。又自能互相宰制, 卽所謂以也。非於仁義愛惡上面, 別有物以之也。統之則都是心, 分言則有仁義愛惡。從統體上說, 却似有以仁以義底意思也。所謂以禮制心, 亦只是如此。以者, 即主宰之云也。但禮者, 心之一體也; 制心之心, 却指全體。以一個禮, 宰制得此心, 衆體萬用, 使都不走作。貫通則禮與心, 只一理。分段則各有層節。如是說如何?

禪家之觀心, 果如儒家之察心。以不觀觀之, 觀道理之如何, 則亦何害也? 只爲眞個要想見其影象光氣, 則如以目視目, 終不可得耳。以心察心, 以心使心, 得其意, 則皆無礙耳。

道心、人心, 就心之發處, 指其路脉者也。本乎心之心, 直指心之本體者也。不就發處分人、道, 則無以致精一之工; 不推原本體, 則無以見心之眞面。要於此心上, 下工夫, 當從兼理氣處細分。若要直見其心體, 當以此理爲主也。人心、道心, 路頭已分, 豈可以人心之正爲道心乎? 此正朱子所謂畢竟是人心, 恐難混淆。

血肉精神, 謂能運載此理, 或可矣, 亦安能用此理該此理哉? 惟此理之無形狀者, 實能運用不滯, 該載不漏耳。必求其有形狀者, 則當求諸方寸之血肉, 至於精神已恍惚矣。

若以此理求之, 則仁義禮智之一定, 愛敬宜別而有常, 何嘗恍惚而難明哉? 手足, 形氣也; 恭重, 道理也。今何嘗以方寸之形謂卽理哉? 所謂心卽理者, 直指其主宰之本體, 如仁義禮智愛敬宜別之類, 在手足則恭重是也。恐與以手足謂卽理者大異。

嘗疑以草木金石, 爲無知覺者, 有不達於理者。夫草木金石, 地類也; 與水火土無異。其在上者, 天類也, 日月、星辰、風雲、雷露是也。數類之外, 更別無天地。今謂天地無知覺, 可乎? 竊意天地之知覺, 自然而已。惟爲物於兩間, 而均得天地之氣者, 有筋骨、血肉、臟胎、肝肺, 其氣旣備, 其理亦有。交濟之妙, 所以能自發用, 有許多知見意慮。人又得其氣之正且通, 故其理之靈尤著耳。其實同得此智之理者, 元無無知覺者。知覺之妙, 亦非以血肉而生也。所謂知覺者, 只是是與非之別, 惟理謂有是有非, 若形氣則無是與非。由此觀之, 先儒之謂氣無知者, 可知已。未知此等意見, 不大謬否?

4-5-25

「답석순구별지答石舜九【鳳基】別紙」【己亥】(『大溪集』4 卷24)

해제

1) 서지사항

이승희가 석봉기에게 보낸 글. 『대계집』 권24에 실려 있다. (『한국문집총간 속』 147).

2) 저자

이승희(李承熙: 1847~1916)로, 본관은 성산, 자는 계도(啓道), 호는 대계(大溪)·한계(韓溪)·강재(剛齋)이다. 한주(寒洲) 이진상(李震相: 1818~1886)의 아들이다.

3) 내용

이 글은 이승희가 1899년 석봉기(石鳳基: 1879~1951, 자는 舜九, 호는 省菴)에게 보낸 편지로서, '명덕'에 대해 논하는 내용이다. 이승희는 『대학장구』의 '명덕장(明德章)'에서 북계(北溪) 진순(陳淳: 1159~1223)가 "인간이 태어나면서 천지의 리를 얻고 또 천지의 기를 얻는데, 리와 기가 합쳐져서 허령한 것이다[人生得天地之理, 又得天地之氣, 理與氣合, 所以虛靈]"라고 말한 것은 '허령'을 설명한 것일 뿐, '명덕'을 설명한 것이 아니라고 주장했다. 진순은 명덕에 대해서는 오히려 "명덕이란 인간이 태어나면서 하늘에서 얻은 것으로서, 본래 광명(光明)한 리가 우리 마음에 갖추어진 것[明德者, 是人生所得於天, 本來光明之理, 具在吾心者]"이라고 설명했는데, 이것으로 보면 명덕은 분명히 '리'에 속한다는 것이다.

4-5-25 「答石舜九【鳳基】別紙」【己亥】(『大溪集』 卷24)

『大學』「明德章」小註陳氏說, 果作合理與氣。然陳氏此說, 本只是泛論虛靈二字, 非說明德也。明儒誤引在此。世人遂執此, 以爲明德合理氣, 蓋有未考也。若北溪論明德者, 則曰明德者, 是人生所得於天, 本來光明之理, 具在吾心者。觀此, 則以明德爲理也, 明矣。盖單釋虛靈, 而曰合理氣則可, 而若明德之虛靈, 則朱子所謂"何嘗有物"者, 只是此理之至虛至靈者耳, 不必合氣說。其云只是氣者, 恐尤無義也。但此是今世大論, 鄙人固不敢遽斷, 賢亦不必汲汲辨明。只當游心熟複, 以待所見之到, 未知如何。

4-5-26

「답족질맹구答族侄孟久」(『大溪集』4 卷25)

해제

1) 서지사항

이승희가 이기항에게 보낸 글. 『대계집』 권25에 실려 있다. (『한국문집총간 속』 147)

2) 저자

이승희(李承熙: 1847~1916)로, 본관은 성산, 자는 계도(啓道), 호는 대계(大溪)·한계(韓溪)·강재(剛齋)이다. 한주(寒洲) 이진상(李震相: 1818~1886)의 아들이다.

3) 내용

이 글은 이승희가 족질 이기항(李基恒: 1878~1969, 자는 孟久, 호는 岩棲軒)에게 보낸 편지로서, 크게 세 가지의 주제에 대해 논하는 내용이다. 첫째는 역학(易學)의 선천(先天)과 후천(後天) 및 『정전(程傳)』과 『본의(本義)』의 차이에 대한 설명이다. 이승희는 선천과 후천은 복서(卜筮)와 방위(方位)로 구분하는 것이 아니며, 『정전』은 의리로 해설하는 곳이 많고 『본의』는 복서로 해설하는 곳이 많다고 설명했다. 둘째는 성(性)과 정(情)을 리와 기로 구분하는 것에 대한 비판이다. 이승희는 '성과 정'은 '리와 기'로 구분되는 것이 아니라 '미발(未發)과 이발(已發)'로 구분되는 것이라고 설명했다. 요컨대 성은 리요, 정은 성이 발한 것이므로, 정 역시 리라고 보아야 한다는 것이다. 셋째는 '칠정은 기발(氣發)'이라는 말에 대한 해석 문제로서, 이승희는 이 말은 "기가 스스로 발하여 칠정이 된다"는 뜻이 아니라고 설명했다. 예컨대 "퇴계의 '기발이리승(氣發而理乘)'이란 '이 기가 감동할 때 이 리가 그것을 타고 발한다'는 말로서, '타고서 발하는 것'이 바로 '정(情)'이요, '형기가 감촉하는 것'은 '정'이라 할 수 없다."는 것이다. 여기서 '타고서 발하는 것'은 분명 '리'이므로, 칠정 역시 리에 속한다는 것이다. 이러한 맥락에서 이승희는 "한 마디로 말해, 정(情)은 이발(已發)의 리(理)일 뿐"이라고 단언했다.

4-5-26「答族侄孟久」(『大溪集』 卷25)

覆之晩而續者又至, 可知求通之篤也。省溫即學, 尤非易得於今日少輩者, 此所以愛之無已, 而期之深也, 非欲爲溢譽也。君能終始是心, 則老夫亦何可不竭吾有耶? 先、後天說, 恐有未察者。先天、後天, 豈以卜筮與方位別之哉? 考卜筮之法, 具載『易』中, 皆從太陽起策。其經又首乾, 盖用先天方位, 而後世京房、焦氏占法, 皆用後天方位, 是則先後天, 以方位言, 而卜筮, 則皆以其人之所推而用之也。『程傳』說義理處多, 『本義』說卜筮處多。故先儒有請於經筵進講, 用『程傳』者, 是亦有意焉。但『易』之本旨, 則爲卜筮而起, 所以『本義』較貼也。近看『華西集』合抄『傳』、『本義』異處而折衷之, 極有稱停, 其主『本義』者十八九, 亦此意也, 早晏可一看也。至若心性情之說, 近世說話, 頗多頭緖, 未易畫一, 求通之始, 宜且博集同異, 遊心究觀, 徐看正義, 未晩也。今姑就來說而言之, 旣以理體氣用爲非, 則將以體用同一理者, 爲是矣。體用卽性情也, 何復以性理情氣, 爲不得不然也? 情非別物, 即此性之發用者。性之發未發, 如人之出入, 入固是人, 出亦是人, 豈可以入者爲人而出者爲非人耶? 朱子曰"性者, 情之未發者也; 情者, 性之已發者也", 皆理之自然者也。大山先生曰"性者, 未發之理也; 情者, 已發之理也", 皆此意也。從古聖賢, 更無一語以情爲氣者, 至於今日, 忽有此般說話, 豈非大恠耶? 至若七情之爲氣之發者, 非謂氣自發, 而爲七情也。乃指此性之發有二樣, 其直發而自做主者爲四端, 而其傍緣形氣而發者爲七情。所緣者, 雖是形氣, 而其發者即此性也。如退陶說氣發而理乘者, 乃言此氣感動而此理乘之而發, 其乘而發者, 乃情也。形氣之感觸者, 則不可謂情也。故退陶嘗曰"七情亦發於仁義禮智", 乃星湖所謂"理發氣發, 同是理發"者也。若夫心者, 以性爲體, 以情爲用, 性情之外, 更無所謂心者, 其本體大用, 皆理而已。但此是就理上說者。古人言心, 亦有以氣言者, 就氣上言, 則如人之精神魂魄, 皆可曰心。向所謂本體之心, 即乘此氣, 而動靜焉。合而言, 則心者合理氣者也, 而苟指主宰之本體, 則即理也。所以兩行而不悖, 如言"性即理", 又曰"性即氣", 又曰"性者合理氣者也", 苟觸類而通之, 則皆不相病也。下段所謂兼理氣看者, 正似古人獐鹿之喩, 獐只是獐, 鹿只是鹿, 不可和獐爲鹿。今人於判不下處, 例用此等口法, 以自方便。賢者頃疑太極之非單理單氣者, 亦此病也。蔽一言曰"情者, 已發之理也", 此情之發, 氣乃載之以行。如論善惡, 則理固純善, 氣固有善惡。然極其初, 則氣亦無不善; 極其變而言, 則善惡皆天理, 不可以善惡局定說也。自餘不可以書旣也。或可俟後一討耶? 姑以此意入諒, 察其當否如何。

4-5-27

「위군韋君【廉臣英人】상제비태극논변上帝非太極論辨【附創造萬物非太極乃上帝論辨】」(『大溪集』4 卷29)

해제

1) 서지사항

이승희가 영국인 위염신(韋廉臣, 윌리엄슨)에게 보낸 글. 『대계집』 권29에 실려 있다. (『한국문집총간 속』 147)

2) 저자

이승희(李承熙: 1847~1916)로, 본관은 성산, 자는 계도(啓道), 호는 대계(大溪)·한계(韓溪)·강재(剛齋)이다. 한주(寒洲) 이진상(李震相: 1818~1886)의 아들이다.

3) 내용

이 글은 이승희가 영국인 위염신(韋廉臣, Alexander Williamson, 1829~1890)이 '상제(上帝)는 유학의 태극과 다르다'고 주장한 것에 대해 변론한 것인데, 그 말미에 '만물을 창조한 것은 태극이 아니라 상제이다'라는 주장에 대한 논변을 부록으로 덧붙였다. 먼저 '상제(上帝)는 유학의 태극과 다르다'는 주장에 대한 변론을 살펴보면, 위염신의 '기독교적 창조론'에 대해 이승희가 '유교적 자연론'으로 비판하는 내용이다. 이승희는 위염신의 주장을 "리(理)는 지각(知覺)과 동정(動靜)이 없어서 만물을 주재할 수 없는 존재이나, 상제(上帝)는 신령한 지혜와 기력(氣力)이 있어서 의지와 지혜를 활용하여 모든 것을 조작(造作)하는 신(神)이다."라고 요약하고, 이는 "태극이 무엇인지도 모르고, 상제에 대해서도 오인한 것"이라고 비판했다. 이승희에 의하면, 천지만물은 모두 '리'에 따라 자연스럽게 생겨나는 것으로서, 이 리가 천지만물의 '위대한 근본'이 되고 '위대한 표준'이 되므로, 유학에서는 이를 태극(太極)이라고 부른다는 것이다. 또한 우리 유학에서 말하는 상제(上帝)는 '만물의 종주(宗主)'라는 의미를 지닐 뿐 '온갖 형체를 조각해내고 온갖 일을 지어내는 존재'라는 의미가 아닌데, 위염신이 말하는 상제는 '흰 옷을 입고 구름을 타고 다니며, 흙을 이겨서 사람을 빚고 생명을 불어넣는 존재'이므로, 유학에서 말하는 상제와 우연히 명칭만 같을 뿐 실제는 다른 존재라는 것이요, 따라서 이러한 상제가 태극이 아니라고 주장하는 것은 잘못도 아니라는 것이다. 그러면서도 이승희는 위염신이 말하는 상제에 대해 "흰 옷을 입고 벽옥(碧玉)으로 둘러싸인 궁궐에서 산다는 것을 누가 보았으며, 한 몸으로 천지 사이의 수많은 인간과 사물을 만들어낸다는 것이 어찌 가능하겠는가?"라는 식의 의문을 제기하였다. 또한 이승희는 "서양의 기독교는 불교에서 근원한 것"으로서, 그 주의(主意)는 "부모의 은혜를 끊고 군주의 권위를 부정하여 천하의 대륜(大倫)을 멸절(滅絶)시키려는 것"에 불과하며, 또한 "기도와 미사 등으로 어리석은 풍속을 속이고 유혹하여 자신들의 사사로운 욕망을 충족시키려는 것"이라고 비판했다.

다음, '만물을 창조한 것은 태극이 아니라 상제이다'라는 주장에 대한 변론을 살펴보면, 이승희는 자연(自然)과 유위(有爲, 作爲)를 구분하여, 만물은 '자연적(自然的)으로 생겨나는 것'일 뿐 '작위적(作爲的)으로 창조되는 것'이 아니라고 설명했다. 예컨대 물에는 저절로 물고기를 낳는 이치가 있어서 자연스럽게 그 기가 모여 물고기를 낳는 것이요, 물이 교지(巧智)를 활용하여 물고기를 만들어내는 것이 아니며, 땅에는 저절로 짐승을 낳는 이치가 있어서 자연스럽게 그 기가 모여 짐승을 낳는 것이요, 땅이 수족(手足)을 활용하여 짐승을 만들어내는 것이 아니라는 것이다. 이승희는 특히 위염신이 "상제는 자연스러운 존재로서 생사(生死)와 종시(終始)가 없다"고 주장한 것을 두고 "상제가 이미 자연스럽게 존재하는 것이라면, 만물은 어찌 홀로 자연스럽게 존재할 수 없는 것인가?"라고 반문하였다.

4-5-27 「韋君【廉臣英人】上帝非太極論辨【附創造萬物非太極乃上帝論辨】」(『大溪集』 卷29)

韋氏[7]以西陸之士, 而讀漢文, 文章已鉅麗矣。又究觀吾儒論道之大原, 考査其得失, 其意尤美矣。然其平生心眼, 已有骨髓之見, 而遽欲尋覓於氷炭不相入之文字, 宜其觸頭齟齬也。欲論中西之學者, 當先從入見大界處說。今此論, 節拍雖多, 其大意則概以此理爲無知覺、無動靜, 不能主宰之物; 以上帝爲有靈慧、有氣力, 能用意智、造作之神。所以於吾儒所謂太極, 不知爲何物, 而又疑其錯認上帝也。今且以吾儒之意而言之。天地萬物, 固是他天地萬物。然是皆何由而然也? 其必有不得不然之故。所謂不得不然之故者, 卽此理也, 是豈有形氣可指耶? 旣無形氣, 則其無耳目以覺察, 身體以動靜, 手足以造作, 則固也。然凡天地萬物, 如此者理如此, 如彼者理如彼, 其爲知覺者, 必以此理而知覺焉, 此非知覺之本體乎? 動也, 必先有動底理; 靜也, 必先有靜底理。其爲動靜者, 必由此理而動靜焉, 此非動靜之眞體乎? 凡物之生, 凡事之作, 必有不得不然之理。凡天地之生一物, 人物之作一事, 必由此而生造焉, 此非生造之妙用乎? 然則雖無所知覺, 而實有自然之知覺; 雖無所動靜, 而實有自然之動靜; 雖無所造作, 而實有自然之造作矣。吾儒聖賢, 以此理爲天地萬物之大根本、大標準, 故名之曰太極。又恐人之以此理, 爲眞有形狀, 如屋子之有極, 故復釋之曰"無極而太極", 此其立言之旨也。若夫吾儒所謂上帝, 則只取宗主之義焉。蓋天地萬物, 必有其氣以生, 而天又萬物之所宗主也。遂指其神氣之靈明者, 尊之爲上帝, 五經所言郊祀上帝, 皆指此也。然非謂眞有肢體耳目, 以臨乎上也, 亦非謂能彫刻萬形、興作萬事也。其混元沖眞, 流行不息, 一循其自然之故, 而萬物萬事, 無不由之而生成焉。是則此一理之自然者, 有能主宰乎萬物萬事者也。 故又以此理之能主宰萬物萬事者, 而謂之上帝。然則嚮所謂神氣之靈者, 乃此主宰者之形迹, 而惟此主宰之理, 實眞正上帝也。由此觀之, 此主宰之上帝, 非天地萬物之太極耶? 是故吾儒之釋太極也, 言其爲造化之主, 則曰未始有物而實爲萬物之根, 曰無聲無臭而實造化之樞紐; 言其爲知覺之主,

---

7) 韋氏: 李承熙가 제목에서 언급한 영국인 韋廉臣으로, 영국명은 알렉산더 윌리엄슨(Alexander Williamson: 1829~1890)이다. 윌리엄슨은 1866년 4월 요동 지방에서 선교하며 한국인들과 접촉하였다.

則曰太極之靈; 言其爲動靜之眞, 則曰太極能動靜; 言此氣之由此理而生, 則曰太極生兩儀; 從而分配之, 曰動而生陽, 靜而生陰; 言萬物之皆得此理, 則曰萬物各一太極; 言其爲人物之主宰, 則曰心爲太極; 言其爲萬事之標準, 則曰道爲太極, 皆指此理也。若韋君所習聞而爲說者, 乃西人之書也。其言曰上帝雪衣綿髮, 乘雲往來; 又曰上帝在冷太邑碧玉垣十二門內, 享邦國之尊榮; 又曰耶華上帝, 摶土爲人, 噓氣入鼻, 而成血氣之人。果如是, 則其有耳目臟胃以知覺, 有手足以造作, 固也。其與吾儒所謂上帝者, 只是偶然同名而已。何異於市上之人, 見殺人之曾參, 而枉走了機中之曾母也? 此上帝之非太極, 乃市人之非子輿也, 亦非爲謬說也。今且以吾儒之見, 而論韋君之上帝, 則彼雪衣而在碧玉垣者, 誰去見之? 耶和華之稱, 誰名呼之? 摶土爲人, 日得幾何? 以此一身, 能造作天地間許多人物, 能覺察天地間許多物事耶? 其手幾何? 其目幾何? 抑分命官吏, 役使人工而應之耶? 然則其官吏人工, 將羅絡於人物之間矣。何故無一人見其形狀? 且此官吏人工, 又誰去造出? 且此上帝生時, 又誰造出? 竊恐其推上推下, 皆有不得其說者矣。大抵西人之敎, 皆源於佛氏。如天堂、地獄、天使、天軍之類, 靈魂降生、魔鬼變性之說, 皆其倣誕之圈套, 上帝造作一款, 最其宗主之祖訓也。原其主意, 不過欲割斷父母之恩, 閃逃君上之權, 以滅絕天下之大倫。又有以自托於祈禳之事, 以誑誘愚俗, 以濟其衣食之私, 自便於事務之外而已。適値西俗鴻濛, 蔓延流入, 西乃山十誡, 遂作全歐之敎宗。尙幸西人, 精於事物, 目見其實用之都闕, 思欲變而通之, 以至救世敎之作, 而稍活轉其偏枯之機, 以達其功利之權。然至於道理本原, 有非耳目之所及, 又無聖智之開發, 一向被其籠罩 而不自覺悟也。今韋君許多指證, 皆是如來餘瀝, 不須別尋語脈。至其所以自立證案者, 乃將吾人許多手分造作, 以明上帝之造物。夫是亭樓几帳衣服飮食之類, 固皆非不造自生之物。然彼花果禽魚之動植於兩間者, 亦皆經人手造成者耶? 噫! 天人固一理也, 而其造作之妙, 有自然與有爲之分。今夫水自有生魚之理, 自然其氣聚而生魚, 非水用其巧智而造魚也; 陸自有生獸之理, 自然其氣聚而生獸焉, 非陸用手足而造獸也。如人腸中有蟲, 非人能造之也, 亦非人所勸止也。凡物於天地之間者, 莫不皆然。至其合天地之和, 會四方之中, 則其理其氣, 不得不生爲人焉。人者得天地中正之理以爲心, 合天地中正之氣以爲形。自然能酬酢萬變, 主宰萬物, 乃上帝自然之命也, 非有私於人也。人旣有此自然之能, 其所作爲, 亦莫不因其自然之理而推行之, 如父母生我, 我自當孝; 君上主我, 我自當忠; 兄弟與我同胞, 我自當友; 朋友與我同類, 我自當交; 鳥獸魚鱉與我幷生, 而爲我所制, 我當養之伏之; 五穀百材爲我所供, 我當飮食衣服居處之。於是乎有修治造作之方焉, 大焉而三綱五倫, 小焉而六藝百工, 莫不因其天理之自然。然其推行有迹, 製作有形, 不得不與上帝自然之造有別焉。今以人作證天造, 欲打破自然二字, 非大誤耶? 今考其緊切差處, 在乎"理生於上帝"一段。夫既以上帝爲有形氣者, 而謂理生於是, 則是氣生理也。蓋凡天下耳目所可及者, 只是氣而已。從許多氣上, 推到其大宗處, 至上帝而極矣。又見此氣之必有理, 則又推到此氣之大宗處, 以爲上帝之所生也。然殊不知此無形之理, 實爲此有形之氣之本也。噫! 此理蓋難知矣。今且以天人交際, 顯然可見者而證之。今有人勃然大怒, 血赤髮竪者, 非氣耶? 試思此氣, 是本來常如此耶? 有人當時造作出耶? 只是有一箇可怒之理出來, 自然其氣動而作此狀耳。有人歡然大笑, 忽若春風者, 非氣耶? 試思此氣, 是本來常如此耶? 有人當時造作出耶? 只是有一箇可喜之理出來, 自然其氣動而作此狀耳。此非無形之理, 能生此有形之氣者耶? 推此以至萬般之情, 莫不皆然。凡天地間一陽一陰、一死一生, 亦皆此情也。陰極將變, 自有生陽之理, 則自然陽氣動來; 陽極將化, 自有生陰之理, 則自然陰氣翕去。特其純乎天者, 尤自然, 尤難以形迹尋也。上帝不能自言, 而吾聖人能言之, 斷之曰太極生陰陽, 實亦上帝之訓也。且夫天下之物, 有理斯有氣, 氣者流行者也; 有氣斯有質, 質者凝定者也; 有質則斯有形矣, 陰陽者言游行之氣也, 非指明暗之光也。天下之氣, 一一而分之, 則氣亦萬焉。西人之言十六氣者, 已不能該矣。其大分則陰陽而已。凡天下一升一降、一動一靜、一熱一寒、一剛一柔者, 皆陰陽也。如西人所謂電氣之類, 屬乎陽者也; 濕氣之類, 屬乎陰者也。天之氣, 春東而秋西; 日之行, 朝左而暮右, 此非陽左而陰右乎? 陽不能陡生, 根之于陰, 陰不能陡生; 根之于陽, 陽中有陰, 陰中有陽, 非三圈, 何以象之也? 水火木金土者, 言凝聚之質也。如西人所謂養炭之類, 非指一定之形也。天下之質, 一一而分之, 則亦萬焉。西人所謂六十四質者, 已不能該之矣。其大分, 則五者足以定之。夫天下之物, 二則判矣; 四則周矣。既周矣, 又有中者而寄旺焉。天有四時, 而復有四時之中氣; 地有四方, 而復有四方之中位。中與四立, 而五位成, 亦天理之自然也。天下之聲有萬, 而舌齒牙唇喉, 足以定之; 天下之味有萬, 而鹹苦酸辛甘, 足以定之; 天下之色有萬, 而玄朱靑白黃, 足以定之; 天下之臭有萬, 而朽焦腥羶香, 足以定之。其必五之者, 非天下之大分耶? 今夫水濕而下者也, 火燥而上者也, 木植而達者也, 金蘊而結者也, 土沖而實者也。由此推之, 天下之質雖萬, 而皆可類也。如西人所言金銀銅鐵養淡輕炭之類, 皆該在其中矣。如就其凝合而成物者言, 則天下之物, 未有不具五行而生者, 如西人所謂六十四元質, 亦未嘗不該於一物之中矣。今夫一水之成形, 而五行皆具焉, 奚獨濕氣養氣之合? 一木之成形, 而五行皆備焉, 奚獨濕氣炭氣之合也? 且以種類而別之, 金何獨止於二十五種? 土何獨止於九種也? 與其欲盡其別, 而反有所窒, 曷若擧其大類而該其細也? 以質言, 則水火先生, 而水生於陽, 火生於陰, 木金次生, 而木生於陽, 金生於陰, 四質具而土成於中, 挨此而序之, 亦自然之理也。以其氣之相生言, 則木生火、火生土、土生金、金生水、水生木, 四時迭禪而土居中, 四方循環而土位中, 有不可誣者, 則斯亦自然之序也。西士精於用物, 而昧於天道之自然。如所謂四序八事, 只出於揣摩之私見。如欲大加料理, 當先從天地上推來, 此又當別下一說也。二氣五行, 相感而合凝, 生萬物之男女; 男女相感而媾精, 又生萬物而無窮焉。此皆天理之自然, 太極五圈, 所以形容出天下萬古造化之妙者也。以韋君而不能深究其理, 率爾句斷, 西士果未可語耶? 嗚乎! 天地萬物, 只是理與氣而已。氣有形, 故因物而局, 惟此理, 則無物不通; 氣有限, 故隨時而盡, 惟此理, 則無時不存。彼西士所見者, 只是氣耳。其所謂理, 不過從此氣中, 指其造作安排之方而已。所以其見局於物, 極本窮源, 推到此氣之宗主處而止焉。顧於天下萬物生生不息之理, 茫然不識其所自來, 遂不免手分粧撰, 做謊說怪, 而不自知糊却幾萬方人生心眼, 枉却幾千年英豪步趣, 可勝歎哉? 苟欲開之, 蓋亦主理而觀之而已。一主乎理, 則卽見天下萬物, 有自然生生不可窮之妙, 而吾上帝無爲之爲, 實有大於形氣有爲之爲者矣。聞韋君嘗著上帝自然, 而有無生死無終始之論, 此其知可以幾矣, 而猶有此疑者, 有所蔽也。今請因其言而釋其疑。夫此自然者, 非有此氣, 而乃自然也。卽是此氣所以不得不然者也, 是卽此理也。旣曰自然而有, 則是乃理生氣也, 是乃太極生兩儀也。且其極本窮源, 無可更推處, 不得不曰自然而有, 則凡物之本源, 皆如此矣。上帝旣自然而有, 則萬物何獨不可自然而有乎? 且天下有形之物, 莫不有生有死、有終有始; 上帝旣無死生終始, 則其非有形之物, 可知矣。韋君於此, 苟深究而永觀之, 則庶乎知西人之見, 尙滯於耳目之所及, 不免低却一層, 而吾聖賢主理之旨, 方爲萬古不易之正也。

4-5-28

「심대心對」(『大溪集』4 卷29)

해제

1) 서지사항

이승희가 심에 대해 담론한 글. 『대계집』 권29에 실려 있다. (『한국문집총간 속』 147)

2) 저자

이승희(李承熙: 1847~1916)로, 본관은 성산, 자는 계도(啓道), 호는 대계(大溪)·한계(韓溪)·강재(剛齋)이다. 한주(寒洲) 이진상(李震相: 1818~1886)의 아들이다.

3) 내용

이 글은 이승희가 가상의 인물과 문답(問答)하는 형식으로 선친 이진상의 심즉리설에 대해 다양한 맥락에서 설명하는 내용이다. 먼저 "심이 과연 리라면, 기존의 '심합리기설(心合理氣說)'이나 '심즉기설(心卽理說)'은 모두 잘못인가?"라는 물음에 대해, 이승희는 "모두 옳다"고 답하고, 이는 맥락에 따라 모두 성립할 수 있는 주장이라고 설명했다. 이어서 '심은 곧 리'라는 것에 대한 설명을 요구하자, 이승희는 "리는 형체(形體)도 없고 방소(方所)도 없으나, 사실 만화(萬化)를 주재한다. 천지에 있어서는 원형이정(元亨利貞)은 '성'이요, 생장수장(生長成藏)은 '정'인데, 원(元)으로 낳고 형(亨)으로 기르며 이(利)로 완성하고 정(貞)으로 감추는 것은 '심'이다. 천지의 심은 리일 뿐이다."라고 설명하고, 인간의 심도 마찬가지라고 설명했다. "심이 리라면, 심에 간사함과 올바름이 함께 존재하는 까닭은 무엇인가?"라는 질문에, 이승희는 "착하고 올바른 것은 인간의 본심이며, 악하고 간사한 것은 인간의 객심(客心)"이라고 설명했다. 또 "중인(衆人)의 심도 곧 리라고 말할 수 있는가?"라는 질문에 대해서, 이승희는 "중인은 물욕에 빠지고 기질에 구애되어 그 본심을 보전하지 못하나, 그 본심은 성인(聖人)과 다르지 않다"고 설명했다. 또한 "심즉리설은 본래 양명(陽明) 왕수인(王守仁: 1472~1528)에게서 시작된 것으로서, 퇴계 이황(李滉: 1501~1570) 선생이 변척한 내용인데, 어떻게 생각하는가?"라는 질문에, 이승희는 "왕수인은 양지(良知)를 천리(天理)로 간주하여 '양지는 하나이다. 그 묘용(妙用)으로 말하면 신(神)이라 하고, 그 유행(流行)으로 말하면 기(氣)라

하며, 그 응취(凝聚)로 말하면 정(精)이라 한다'고 하였으니, 이것은 정신(精神)의 기(氣)를 천리(天理)로 간주한 것이다. 따라서 그가 말하는 리는 리라 할 수 없다."고 주장하고, 이와 달리 선친의 심즉리설은 '인의예지의 리가 주재의 본체가 되는 것'을 가리킨다고 설명했다. "심즉기설의 내력"을 묻는 질문에, 이승희는 주희(朱熹: 1130~1200)가 "심은 기의 정상(精爽)"이라 했는데, '심즉기'라는 입언 자체는 정암(整庵) 나흠순(羅欽順: 1465~1547)으로부터 시작되었다고 설명했다. "퇴계의 심합리기설이면 충분한데, 다시 심즉리설을 제창한 까닭"을 묻는 질문에 대해, 이승희는 "이것은 참으로 부득이한 일이었다. 세도(世道)가 어두워지고 학술이 분열함으로써, 심즉리론자들은 마침내 기로 대본(大本)과 주재(主宰)를 삼고 천리를 '쓸모없는 시위(尸位)'로 귀착시켰으며, 심합리기론을 주장하는 자들은 또 리와 기가 머리를 나란히 하는 것으로 간주하여 주재자와 자구(資具)의 구별을 완전히 잃게 되었다. 이처럼 옛날 성현들이 입언한 본의(本意)에 어둡게 되었으니, 그리하여 오늘날 다시 심즉리설을 제창하지 않을 수 없었다."고 설명했다.

4-5-28「心對」(『大溪集』 卷29)

或有問於余曰: “子之先君子有言曰‘心卽理’, 心果理也, 則古人之曰‘心兼理氣’、曰‘心卽氣’者, 皆非歟?”

余應之曰: “皆是也。”

客啞然笑曰: “天下之理無兩是, 安有三者皆是者乎?”

曰: “所指而言者有異也。”

客曰: “心一也, 而所指之異, 又何也?”

曰: “然。世固有名同而指異者。天一也, 而有以理言者, 有以氣言者, 合以言之, 則兼理氣矣; 神一也, 而有以理言者, 有以氣言者, 合而言之, 則亦兼理氣矣。心亦猶是也。”

曰: “心之爲理, 可得聞歟?”

曰: “理者, 無形體、無方所, 而實主宰乎萬化。在天地, 則元亨利貞者, 其性也; 生長成藏者, 其情也; 以元生、以亨長、以利成、以貞藏者, 其心也。天地之心, 理而已, 人得天地之心以爲心。仁義禮智, 其性也; 愛恭宜別, 其情也; 以仁愛、以禮恭、以義宜、以智別者, 其心也。夫以者, 其主宰也, 天地得此理爲心, 主宰乎萬化; 人得此理爲心, 主宰乎萬事, 其爲理一也。由此觀之, 心果非理耶?”

曰: “然則理者, 純善而無惡者也。此心之有邪正, 何也?”

曰: “是又別有說焉。凡言善惡, 善者其本, 而惡其反者也。凡言邪正, 正者其眞, 而邪其妄者也。以此言之, 善且正者, 本心也、眞心也; 惡且邪者, 客心也、妄心也。今以本與眞者而言心, 不亦可乎?”

曰: “邪惡之爲心, 固可謂之本無, 而如人心之生於形氣者, 亦可謂非心乎?”

曰: “是則上智之所不能無, 固不可謂非心。然是又別有說焉。道心、人心, 皆從發後而立名者也。其發之直原性命者, 固是此理之順發, 而其所謂生於形氣者, 亦只是此理之屬乎血氣者也。由此觀之, 性命之爲道, 形氣之爲人, 自是此心之路頭而其爲心者, 亦只是一箇主宰之理而已。”

曰: “然則古者聖賢無以心爲理者, 何也?”

曰: “是蓋有聖賢之說矣, 或未之察也。孟子曰‘心之所同然者, 理也、義也’, 又曰: ‘仁人心也’, 程子曰‘心也、性也、天也, 一理也’, 又曰‘心生道也’, 邵子曰‘心爲太極’, 朱子曰‘心者天理在人之全體’, 又曰‘心者天理之主宰也’, 是其言心果非卽理之謂乎?”

曰: “然則程子言聖人心卽理、理卽心, 衆人之心, 亦可曰卽理乎”

曰: “孟子不云乎? 堯、舜與我同者, 聖人之爲聖人, 惟全其本心, 非有加於天賦之始者也。但衆人汩於欲、拘於氣, 不能全其本心, 故心與理不能合一, 到聖人地位, 心始復于其理矣。然則其本心, 豈有聖凡之異哉?”

曰: “退陶有言曰‘心之未發, 惟理而已’, 已發亦可曰惟理乎?”

曰: “已發則氣已用事, 不可下惟字。然以氣未用事而曰‘惟理’, 則心之爲理, 其不較然乎? 未發者心之體也, 已發者心之用也。體用本非二物, 則未發而爲理者, 獨於已發而不爲理乎?”

曰: “吾儒之爲心學, 將以明此心治此心, 祛其惡有其善也。今曰聖凡同一理, 未發已發同一理, 則理本純善, 何自而有惡, 何從而下工夫乎?”

曰: “心之始, 固無不善, 而其氣質之稟, 則有萬不齊, 不能無昏蔽拘塞之患。此心之理, 亦有時而騰倒, 不能保其純善。於是乎不可不加澄治之功, 其爲功亦不過曰祛其昏蔽拘塞者, 而存其本然之善而已。夫以心爲理者, 亦有數說焉。從此理之爲主宰者言, 則善且正者, 固得其主宰之實, 而邪而惡者, 亦只是主宰之自失處, 正程子所謂‘善惡皆天理’者也。從此理之本體而言, 則善且正者, 乃眞心, 而邪且惡者, 非眞心。以眞者言, 則心卽理也。其非眞者, 安得幷謂之心乎? 正程子所謂‘心本善’者也, 而朱子所謂‘心不是這一塊’者也。從此理之體用言, 則性之本然者, 固理也, 而其謂氣質之性, 亦是此理之因氣質而異者也; 情之純善者, 固理也, 而其謂氣發之情, 亦只是此理之因形氣而發者也, 此正程子所謂‘體用一源’者也。合而觀之, 心之爲理, 槪可見矣。”

曰: “然則心卽理三字, 歷千古而始發於陽明王氏之說, 而陽明之學, 實犯禪旨, 爲諸老先生之所斥, 何也?”

曰: “有是哉! 世人之爲疑也。天下之言, 有似同而實異者。上帝之說, 昉於『詩』、『書』, 而佛氏取之, 以爲太淸之尊號, 名同而實異也; 無極之說, 肇於老氏, 而周子取之, 以證太極之無形, 語同而指異也。夫陽明以良知爲天理, 而其言曰‘良知一也, 而以其妙用而謂之神, 以其流行而謂之氣, 以其凝聚而謂之精’。是以精神之氣, 爲天理也。其所謂理者, 豈理耶? 今以仁義禮智爲理, 以此理爲主宰之本體爲心者, 其與陽明所謂

‘心卽理’, 不啻燕、越, 何可同也? 李子之辨陽明說也, 只言其不知民彝、物則、眞至之理, 何嘗辨及於以心爲理之說乎?”

曰: “子之言心卽理, 似矣。然如是說也, 性亦理也, 情亦理也, 心亦理也, 何理之多頭也?”

曰: “此所謂理一而分殊者也。程子曰‘心一也, 有指體而言者, 有指用而言者’, 體卽性, 用卽情也, 而其主宰者心也。且天下之理有萬, 其指何獨三者爲然? 蔡九峯曰‘曰德、曰仁、曰誠、曰敬, 言雖殊, 而理則一, 無非所以明此心之妙’者, 正謂此也。”

曰: “如子之言, 則心理而已。所謂心卽氣之爲是, 復何也?”

曰: “天以是理命於人, 又必有是氣焉, 木者元之氣也, 火者亨之氣也, 金者利之氣也, 水者貞之氣也, 土者其沖氣也。其在人也, 木臟曰肝, 肝藏魂; 火臟曰心, 心藏神; 金臟曰肺, 肺藏魄; 水臟曰腎, 腎藏精; 土臟曰脾, 脾之藏主中氣. 魂以應用, 神以靈應, 魄以辨別, 精以記藏, 脾以通思, 魂魄精神交, 而心體成焉, 是亦所謂心也。由此觀之, 心不可謂氣乎?”

曰: “然則是亦能主一身而宰萬化乎?”

曰: “未也。然理者, 氣之主也; 精神魂魄, 又氣之主也。其靜也, 肝之氣涵仁而溫然, 心之氣涵禮而燦然, 肺之氣涵義而栗然, 腎之氣涵智而炯然, 所以盛具此理, 俾爲一身之主者, 此也; 其動也, 仁發而肝之氣從焉, 禮發而心之氣從焉, 義發而肺之氣從焉, 智發而腎之氣從焉, 所以乘載此理, 俾爲萬化之宰焉者, 此也。是則雖不能爲主宰之眞體, 而其爲本體之資具, 而配其主宰之事者, 亦不可相無者也。”

曰: “然則氣之有善無惡, 亦一與理相似否?”

曰: “氣物也, 何能自有善惡? 獨其本然之眞, 湛一虛明, 有能助發此理之眞體, 使之能遂其善。其或紛綸騰倒, 橫決逆撞者, 又能拘昏此理, 使之失其主宰, 而入於邪惡焉。”

曰: “此與古人所謂氣質之性、形氣之心、氣發之情, 同歟?”

曰: “此猶是就氣中指出理者, 而若夫心卽氣之說, 卽指其精氣之凝結流行者, 不可以相比也。”

曰: “然則心卽氣之說, 亦有古據否?”

曰: “上古無是說也。猶醫家之補心, 修養家之鍊心, 佛家之觀心, 蓋以精神爲心也。儒家則至晦庵夫子有‘心者氣之精爽’一語, 有似乎以心爲氣中之精英。若夫心卽氣之立言, 則自羅整庵始, 而我東儒賢, 亦多承述焉。”

曰: “然則理氣之說, 皆有所本, 而抑於其中有長短可指歟?”

曰: “噫! 是則非愚見所逮也。抑有一說焉。天下之物, 有主宰焉、有資具焉。主宰者, 常爲之本; 資具者, 常爲其末。苟求本末之歸, 無乃主理者爲長歟?”

曰: “是則似然矣。旣有本矣, 又不可無末; 旣有主矣, 又不可無資。獨不可合而統之否?”

曰: “嗚呼! 此吾退陶所謂兼理氣者也。人生得天地之理以爲性, 又得天地之氣以爲體, 眞精妙合, 萬化由焉。仁義禮智之理, 旣得其主宰之妙, 而精神魂魄之氣, 亦得爲主宰之資具, 是旣有以兼理氣矣。至若李子所以建圖立言, 以垂世訓者, 蓋以性旣有本然、氣質, 情又有理發、氣發, 心爲統體, 自可謂兼理氣也。其使人精察於二者之間, 而以爲修治之道者, 實得乎大舜人心、道心之旨者焉。”

曰: “然則兼理氣足矣, 何復分言之爲?”

曰: “天下之物, 有分有合。不合而統之, 則無以見會一之妙; 不分而別之, 則無以見各究之極。家有夫婦, 統之則曰兼夫婦, 而又或指夫指婦, 各當其位; 國有君臣, 統之則曰兼君臣, 而又或指君指臣, 各迪其宜。今夫醫家治心, 不曰心卽氣, 則何以察寒熱之用哉?”

曰: “是則然矣。今之必謂心卽理者, 又何也?”

曰: “噫! 誠不得已也。世道不明, 學術分裂, 其爲卽氣之論者, 乃以氣爲大本爲主宰, 而天理歸於無用之尸位; 其爲兼理氣之說者, 又或齊頭幷轡, 全失主、資之別, 或昧夫古賢立言之本意, 此卽理之說所以必發於今日也。昔召保說驕吝之性, 夫子言相近之性, 至孟子只發明性善之旨, 又言本心、良心、仁義禮智之心之聖凡所同然者。使人知此心之本善, 而有以惕然回思, 求所以全而養之者, 聖賢之隨時立言, 蓋有未必印一板者。今之言卽理者, 亦欲使人知主宰、本體之妙, 亶在於理, 庶幾有以知所用力也。”

4-5-29

「서선군심즉리설후書先君心卽理說後」(『大溪集』6 續集 卷6)

해제

1) 서지사항

이승희가 심즉리설에 대한 소감을 기록한 글. 『대계집』 속집 권6에 실려 있다. (『한국문집총간 속』 147)

2) 저자

이승희(李承熙: 1847~1916)로, 본관은 성산, 자는 계도(啓道), 호는 대계(大溪)·한계(韓溪)·강재(剛齋)이다. 한주(寒洲) 이진상(李震相: 1818~1886)의 아들이다.

3) 내용

이 글은 이승희가 1890년 1월 선친 이진상의 심즉리설(心卽理說)의 본지(本旨)에 대해 해설하는 내용이다. 이진상은 심즉리설을 제창하면서 자신의 주장을 '화씨지벽(和氏之璧)'에 비유한 바 있는데, 이 비유가 오히려 여러 오해(誤解)를 야기하자, 이승희가 이에 대해 해명한 것이다. 이승희에 의하면, "옥과 돌의 비유는 '리가 기 가운데 있음'을 설명하기 위한 것"으로서, "그 내부를 탐구하여 리를 위주로 하는 사람들은 변화(卞和)가 박(璞)을 '옥'이라 한 것과 같고, 외면만 보고서 기라고 여기는 사람들은 초나라 조정에서 박(璞)을 '돌'이라 한 것과 같으며, 내부와 외면을 종합하여 리와 기를 함께 말하는 사람들은 '옥돌'이라 함과 같다."는 것이다. 이승희는 또 양명(亮明) 왕수인(王守仁: 1472~1528)의 심즉리설에 대해서는 이는 '돌을 옥으로 오인한 것'처럼 '기를 리로 오인한 것'이라고 설명했다. 또한 '심을 다스리고 기를 제어하는 방법'에 대한 비유는 '기를 제어하여 리를 밝힘'을 설명한 것일 뿐인데, 이것을 "참으로 돌을 깨어 완전히 없애고 옥을 꺼내는 것"으로 이해한다면, 즉 '기를 없애버리고 리만 남겨두는 것'으로 이해한다면, 이는 커다란 오해일 뿐이라고 설명했다.

4-5-29「書先君心卽理說後」(『大溪集』 續集 卷6)

古之以物喩理氣者, 多矣。如珠水、油火之類, 最號親切。然細究其妙, 則皆不得恰相似矣, 何也? 理與氣, 分之則二物, 而合之則一物也。蓋以無形之物, 而在有形之物之中, 可見者, 只一物也。惟以意窮之, 然後可二之也。今只以有形之物而强喩之, 畢竟二者二、一者一而已, 安得見其二而一者乎? 今此玉石之諭, 盖所以形容此理之在氣中也。探其中而主此理者, 如卞和之以璞爲玉; 循其外而指彼氣者, 如楚廷之以璞爲石。其又合內外而統言理氣者, 如曰此玉石也。至如陽明輩之認氣爲理, 而曰心卽理者, 則如認石爲玉者之以璞爲玉, 其言雖是, 而其中實非也。此其語脉文法, 曲盡纖備, 而從古心說之同異分合, 皆可得以見之, 嗚乎嫰矣! 至如治心制氣之喩, 只因此而言其所主之在玉, 而本心之不可雜以形氣之私而已。或者執此, 以爲理在氣中, 眞如石中之玉, 自爲一物, 而人之制氣而明理, 眞如斲石出玉之期於無石, 則乃大誤矣。此前輩所謂理氣無的諭者也。嗚乎! 先君當日, 面命口授, 若是丁寧, 而尙或未盡得其微意也。今復緖言寢晦, 或得其主見, 而反傷於深辨; 或昧其本意, 而浪致其疑端, 小子深有懼焉。略書前日之所面承而得於心者, 置之左方, 庶幾因此見先君之本意也。庚寅正月, 不肖孤承熙, 泣血敬書。

4-5-29 「서선군심즉리설후書先君心卽理說後」(『大溪集』6 續集 卷6)

선역

옛날에 사물로 리(理)와 기(氣)를 비유한 것은 많다. 구슬과 물, 기름과 불과 같은 유형이 가장 친절하다고 말한다. 그러나 그 오묘함을 세밀하게 궁구하면 모두 서로 유사할 수 없으니 무엇 때문인가? 리와 기는 나누면 두 사물이고, 합하면 하나의 사물이다. 대개 형체가 없는 물건을 형체가 있는 물건 가운데 둘 적에 볼 수 있는 것은 단지 하나의 사물일 뿐이다. 오직 의미로 궁구한 뒤에 두 개로 여길 수 있다. 오늘날에는 단지 형체가 있는 물건만으로 억지로 비유하여 마침내 두 개면 두 개이고 하나면 하나로 여길 따름이니, 어떻게 그 두 개이면서 하나임을 볼 수 있겠는가?

이제 이 옥과 돌의 비유는 대개 이 리가 기 가운데 있는 것을 형용한 것이다. 그 중심을 탐색하여 이 리를 주장하는 것은 변화(卞和)[8]가 옥돌을 '옥'이라고 여긴 것과 같고, 그 밖을 좇아 저 기를 가리키는 것은 초나라 조정에서 옥돌을 '돌'로 여긴 것과 같다. 그 또 안과 밖을 합하여 리와 기를 통틀어 말하는 자는 '이것은 옥석'이라고 말하는 것과 같다. 양명(陽明, 王守仁: 1472~1528)이 기를 리로 여기면서 '심즉리(心卽理)'라고 말한 것은, 마치 돌을 옥으로 여기는 사람이 옥돌을 옥으로 여긴 것과 같으니, 그 말은 비록 옳으나 그 핵심은 진실로 틀린 것이다. 이는 그 어맥(語脉)과 문법(文法)이 곡진하고 섬세하여, 예로부터 심설(心說)의 동이(同異)와 분합(分合)을 모두 볼 수 있으니, 오호라, 아름답구나! 마음을 다스리고 기를 제재하는 비유의 경우는 단지 이것으로 인하여 그 주장하는 것이 옥에 있고 본심이 형기의 사사로움과 섞일 수 없음을 말할 따름이다. 어떤 사람은 이것을 고집하여 생각하기를, 리가 기 가운데 있는 것을 참으로 돌 속의 옥이 본래 하나의 사물이 되는 것처럼 여기고 사람이 기를 제재하여 리를 밝히는 것을 참으로 돌을 깎아 옥을 만들기를 돌이 없는 데까지 기약한다면 바로 크게 오류일 것이라고 한다. 이것은 이전 선배들의 이른바 리와 기에 적확한 비유가 없다는 것이다.

오호라! 선군(先君, 李震相: 1818~1886)께서 당시에 얼굴을 맞대고 말해 주는 것이 이와 같이 간절하였지만, 오히려 간혹 그 은미한 뜻을 다할 수 없었다. 이제 다시 (心卽理의) 실마리가 되는 말[緖言]이 점점 어두워져서, 간혹 그 주장하는 견해를 얻었어도 도리어 깊은 변론으로 상심되기도 하였고, 간혹 그 본의를 어둡게 하여 함부로 그 의심되는 단서를 제공하기도 하였으니, 나는 깊이 두려워하는 바이

---

8) 중국 春秋 시대 楚나라 사람. 변화가 玉璧을 얻어서 초나라 厲王에게 바치니 초나라 여왕이 속인다고 그 왼쪽 다리를 끊었고, 武王 때 다시 바치니 무왕도 속인다고 하여 그 오른쪽 다리를 끊었는데, 文王이 즉위하자 변화가 세 번째 아뢰면서 옥벽을 끌어 안고 울므로, 玉人을 시켜 이를 쪼았더니, 과연 寶玉을 얻었다고 한다.

다. 예전에 면전에서 가르침을 받아 마음에서 터득한 것을 대략 써서 위쪽에 놓아두었으니, 이것을 바탕으로 거의 선군의 본의를 볼 수 있을 것이다. 경인년(庚寅年, 1890년) 정월, 불초한 자식 승희(承熙)는 눈물을 흘리며 삼가 기록한다.

古之以物喩理氣者, 多矣。如珠水、油火之類, 最號親切。然細究其妙, 則皆不得恰相似矣, 何也? 理與氣, 分之則二物, 而合之則一物也。蓋以無形之物, 而在有形之物之中, 可見者, 只一物也。惟以意窮之, 然後可二之也。今只以有形之物而强喩之, 畢竟二者二、一者一而已, 安得見其二而一者乎? 今此玉石之諭, 盖所以形容此理之在氣中也。探其中而主此理者, 如卞和之以璞爲玉; 循其外而指彼氣者, 如楚廷之以璞爲石。其又合內外而統言理氣者, 如曰此玉石也。至如陽明輩之認氣爲理, 而曰心卽理者, 則如認石爲玉者之以璞爲玉, 其言雖是, 而其中實非也。此其語脉文法, 曲盡纖備, 而從古心說之同異分合, 皆可得以見之, 嗚乎嫩矣! 至如治心制氣之喩, 只因此而言其所主之在玉, 而本心之不可雜以形氣之私而已。或者執此, 以爲理在氣中, 眞如石中之玉, 自爲一物, 而人之制氣而明理, 眞如斲石出玉之期於無石, 則乃大誤矣。此前輩所謂理氣無的論者也。嗚乎! 先君當日, 面命口授, 若是丁寧, 而尙或未盡得其微意也。今復緖言寢晦, 或得其主見, 而反傷於深辨; 或昧其本意, 而浪致其疑端, 小子深有懼焉。略書前日之所面承而得於心者, 置之左方, 庶幾因此見先君之本意也。庚寅正月, 不肖孤承熙, 泣血敬書。

6.

晦堂 張錫英(1851~1926)
心說論爭 資料

4-6-1

「답송순좌答宋舜佐」【壬寅】(『晦堂集』 卷9)

해제

1) 서지사항

장석영이 송준필에게 보낸 서한. 『회당집』 권9에 실려 있다.

2) 저자

장석영(張錫英, 1851~1926)으로, 자는 순화(舜華), 호는 회당(晦堂)이다.

3) 내용

이 글은 공산(恭山) 송준필(宋浚弼, 1869~1943)이 공윤(公允) 이석균(李鉐均, 1855~1927)과 토론한 내용을 문의한 서한에 답한 것이다. 장석영은 송준필의 논의 중 타당하지 않은 부분으로서 심(心)의 '허령(虛靈)'을 기(氣)에 귀속시킨 점을 들었다. 장석영은 먼저 리기설은 일률적으로 단언해서는 안 된다고 전제하였다. 그리고 리(理)는 기와 합한 이후에 그 영명함을 볼 수 있고, 보이는 영명함은 단지 기이지만, 그것이 영명하다고 말할 수 있는 근거는 리가 영명해서이지 기가 영명해서가 아니라고 하였다. 다른 한편으로 리기 상수(相須)의 주된 것을 가지고 심즉리(心卽理)를 말하는 것은 괜찮지만 상수(相須)의 묘한 작용을 논하지 않고 마음이 모두 리라고 말해서는 안 된다고 하였다. 장석영은 리가 기에 섞이지 않아 지선(至善)한 것을 가리켜 본성(本性)이라고 하고 그 리가 기를 떠나지 않아 편전(偏全)이 있는 것을 기질성(氣質性)이라고 하며, 리와 기가 합하여 영묘불측(靈妙不測)한 것을 심이라고 한다고 규정하였다. 그는 심즉리(心卽理)라고 말할 때는 그 주재를 지적한 것이고 심즉기(心卽氣)라고 말할 때는 그 작용을 지적한 것이며, 그 주재와 작용을 통틀어 지적할 때는 반드시 리기를 겸하여 말한다고 하였다.

4-6-1「答宋舜佐」【壬寅】(『晦堂集』 卷9)

公允往復, 荷此投示, 益知不外之甚也。英每獲盛論, 竊自喜其明剴切當, 非口耳之學所可窺其彷彿者也。又與鄙懷往往有不謀而相契者, 所以妄有所自恃而不恐也。大抵理氣之說, 頭緖不一, 顧不可以一槪爲斷。參錯而折衷之, 說得各有攸當, 則謂之心卽理也得, 謂之心卽氣也得, 謂之兼理氣也得。今人一有所聞, 則苦向這裏覓道理, 便落在一邊出身不得, 而不肯向他人規模裏活絡而參覈之。甚者揚眉瞬目傲然自處, 而指斥其不從己說者, 如洪水猛獸之爲害。噫! 此風肆行甚可懼也。英瞢無知識, 且看世間火色如此, 而妄嘗自謂只干自己分上求得是處, 不欲向人作理氣說, 庶有所濟於此事也。今蒙盛諭甚勤, 敢不自盡其摸象之說而思所以求正哉? 公允天資甚美, 識解精明, 想不至於自立己見, 去蓋他人。今其全文, 不可得見, 則無以論其得失。但以來諭而論之, 來諭說得四亭八當無復可論。而但以虛靈字每每管歸氣邊, 於理雖加所以字而不欲輒許, 以靈底物事至於心之本體帶氣兼看, 此固世學之所同, 而但恐足下高明未之或察於此也。蓋心之本體, 非氣不立, 而氣, 其田地也; 理, 其本體也。理固至靈而合氣而後, 可見其靈。就其已然之迹而觀之, 靈者只是氣也。然以言乎其靈之者, 則理靈而氣不靈也。 凡言理氣就其相須之中, 而指其所主者而言之, 則所主者乃理也。世之謂心卽理者, 言其所主之理, 則可也, 若不論其相須之妙, 而凡言心者皆謂之理, 則此何異於陸氏之醉酒罵人、王氏之滿街聖人皆是理也哉? 英嘗有一說, 論心性之別曰: "心之舍曰血肉, 氣聚於血肉, 而理具於氣, 統而謂之心也。理在氣中, 自有不雜不離之妙, 指其理之不雜氣而至善者, 曰本性也; 指其理之不離氣而有偏全者, 曰氣質性也; 指其理與氣合, 靈妙不測【理雖靈妙, 而非氣則不見其靈妙; 氣不能自靈妙, 而合理而後靈妙。】者, 曰心也。其未發也, 氣無爲而理爲主, 此本體也; 其發也, 理無形而氣有迹, 此情也。就其未發而指其本體, 曰性太極也; 通未發已發而指其主宰者, 曰心太極也。謂心卽理者, 指其主宰也; 謂心卽氣者, 指其作用也。必須統指其主宰及作用者, 曰兼理氣, 然後可以絶滲漏而無惹絆, 攧撲而不破矣。" 別紙重違盛意, 竝以瞽說謾錄寄去。如不當理, 何害乎十反而歸正耶?

4-6-2

「답손순좌별지答宋舜佐別紙」(『晦堂集』 卷9)

해제

1) 서지사항

장석영이 송준필에게 보낸 서한. 『회당집』 권9에 실려 있다.

2) 저자

장석영(張錫英, 1851~1926)으로, 자는 순화(舜華), 호는 회당(晦堂)이다.

3) 내용

이 글은 장석영이 마음의 본체는 리기(理氣)를 겸한 것이라는 공산(恭山) 송준필(宋浚弼, 1869~1943)의 견해를 비판한 것이다. 장석영에 의하면 송준필은 '명덕(明德)'은 '심 상의 도리가 광명통철(光明洞徹)한 것'으로서 '리기를 합한 가운데 리를 주로 한 것'을 말하므로 리기를 겸한 것이라고 하였다. 장석영은 도리는 곧 리이며, 주된 것을 따라 말하면 리기를 겸했다고 할 수 없다고 반박했다. 또한 주자가 명덕의 영역을 명확히 규정하지는 않았지만, 명덕은 자기의 덕에 본래 흠결이 없는 곳을 통언(統言)한다고 했으므로, 사물이 있으면 법칙이 있듯이 마음의 덕, 성(性)의 덕이 따로 있는 것이라고 하였다. 이전의 편지에서 마음의 허령(虛靈)한 근거가 리의 허령함에 있다고 주장한 것에 대해 송준필이 성이나 리가 허령하다는 말은 본 적이 없다고 의문을 제기하자, 『주자대전』과 『통서』의 용례를 들어 이를 증명하였다.

4-6-2 「答宋舜佐別紙」(『晦堂集』 卷9)

心之本體, 謂之兼氣, 則本然之性, 其將兼氣而看之耶? 世之謂心卽氣者, 亦猶曰"心包性, 其本體理也", 此則栗谷以下相傳之訣也。今以高明之主理而亦爲本體兼氣之說, 此則恐可以更商也。以明德謂合理氣, 於古亦有據否? 足下亦曰"心上道理, 光明洞澈處"云, 則道理非理耶? 指道理爲兼理氣可乎? 足下又曰"合理氣中主理"云, 則恐只當以所主者爲主, 又何滾說作兼氣看耶? 蓋明德朱子未嘗斷之以曰心曰性, 則今難以心性字, 泥做題目, 果如來諭。愚謂得於天之謂德, 在心, 有心之德; 在性, 有性之德; 在四肢百體, 莫不各有所得之德。德猶則也, 猶言"有物則必有則"也。愚嘗說得如此, 而及見『大全』「答何叔京」書, "明德統言在己之德, 本無瑕垢處"云云。愚於此自謂"愚說不至甚妄", 不審高明以爲如何。

盛說曰"直曰'性虛靈, 理虛靈', 未之曾見"云云, 竊謂理與氣合, 自然虛靈。然朱子曰: "最靈者, 純粹至善之性", 此以性爲靈也。又論『通書』"匪靈不瑩"曰: "此言理也。" 又曰: "太極之至靈", 此以理爲靈也。今高明恐偶失照管, 而有此未曾見之論耶? 愚謂朱子"神靈非所以言性"等說, 指理之非氣則不能見其靈也; "最靈之性"等說, 指理之本自至靈者也。看得如此, 而後可有段落, 未知如何。

4-6-3

「답손순좌答宋舜佐」【乙卯】(『晦堂集』 卷9)

해제

1) 서지사항

장석영이 송준필에게 보낸 서한. 『회당집』 권9에 실려 있다.

2) 저자

장석영(張錫英, 1851~1926)으로, 자는 순화(舜華), 호는 회당(晦堂)이다.

3) 내용

이 글은 장석영이 공산(恭山) 송준필(宋浚弼, 1869~1943)에게 정재(定齋) 유치명(柳致明: 1777~1861)의 '성불가분개'(性不可分開)설을 지지하는 입장을 표명한 것이다. 장석영은 성(性)은 비록 본연지성(本然之性)과 기질지성(氣質之性)이라는 두 개의 이름이 있지만 애초에 함께 성립되는 개념이 아니라고 하였다. 정(情)은 비록 성에서 발했다 하더라도 분기되는 것이 달라 사단(四端)과 칠정(七情)으로 나눌 수밖에 없지만 성은 그렇지 않다는 것이다. 그는 정은 성에서 발하여 사단과 칠정으로 나눠지만, 리가 기를 탄다는 것은 동일하며, 성은 본래 하나의 성이지만 기질의 치우침이 미발시(未發時)에도 존재하는 것이라고 하였다.

4-6-3 「答宋舜佐」【乙卯】(『晦堂集』 卷9)

『定齋集』“性不可分開”之說, 說得甚精, 更無可疑。蓋性雖二名, 而本然、氣質, 初非齊頭而偕立也。情雖性發, 而一東一西, 路岐自別, 四七所以不得無分開也。若李先生“情之四七, 猶性有本然、氣質”云者, 只以其異其名者, 以此而證彼也, 曷嘗曰: “四端發於本然性, 七情發於氣質性”哉? 愚嘗曰: “情雖理發, 而理乘氣則一也; 性固一性, 而氣質之偏則未發時亦在其中矣。” 未知盛見以爲如何。幸更敎之。

4-6-4

「답송순좌答宋舜佐」(『晦堂集』 卷9)

해제

1) 서지사항

장석영이 송준필에게 보낸 서한. 『회당집』 권9에 실려 있다.

2) 저자

장석영(張錫英, 1851~1926)으로, 자는 순화(舜華), 호는 회당(晦堂)이다.

3) 내용

이 글은 심성론에서 '리승(理乘)'의 개념을 논한 것이다. 장석영은 정(情)이 성(性)에서 나와서 사단(四端)과 칠정(七情)으로 나뉘지만 리(理)가 기(氣)를 타는 것은 같다고 보는데, 공산(恭山) 송준필(宋浚弼, 1869~1943)이 이를 '기발(氣發)'로 오해했다고 보고 논박하였다. 그는 자신이 말하는 리승이 사단과 칠정을 나누어 말했을 때 칠정도 리를 주로 한다고 말한 것은 아니라고 하였다. 사단의 리승, 칠정의 리승은 그 주된 바가 리와 기로 각각 다르지만 그 귀결처를 생각해보면, 사람이 말을 타고 뜻대로 가거나 말이 사람을 싣고 멋대로 가거나 결국 말을 탄 것은 사람인 것과 같이 결국 리가 타고 있다는 것이다. 장석영은 송준필이 퇴계(退溪) 이황(李滉, 1501~1570)과 대산(大山) 이상정(李象靖, 1711~1781)의 설에도 중절(中節)한 것을 기발(氣發)로 여기는 경우가 있다고 논증한 부분도 그렇지 않다고 반박하였다. 장석영에 의하면 이황은 고봉(高峯) 기대승(奇大升, 1527~1572)에게 보낸 후기 편지에서 기대승의 '달도(達道)는 기발(氣發)이 아니다'라는 설을 긍정하고 자신의 설이 잘못되었음을 시인하였다. 또 이상정도 이황이 정복심(程復心)의 『심통성정도(心統性情圖)』의 「중도(中圖)」를 논할 때 '중절(中節)의 정(情)'을 언급한 부분에 대해 이천유(李天牖)나 이희도(李希道)에게 답한 편지에서 '달도가 어찌 형기(形氣)에서 생기겠는가'라고 말하며 「중도(中圖)」의 취지를 상세히 설명하였다. 장석영은 정을 선일변(善一邊)과 그렇지 않은 부분으로 나누어 말할 때 칠정이 주리(主理)나 리발이라고 말할 수 없지만, 혼륜하게 말할 때는 칠정 속에 자연히 리발(理發)이 있게 되는 것이라고 하였다.

4-6-4 「答宋舜佐」(『晦堂集』 卷9)

示及“情雖兩路, 而理乘氣則一也”云云。鄙說初非謂分開言時, 七情亦主理也。蓋四端所主者理, 而氣亦隨之; 七情所主者氣, 而理亦乘之。四端之理乘, 如人之乘馬之東之西, 惟人所適, 而馬但從之; 七情之理乘, 如馬之載人, 或順或橫, 惟馬是適, 而人但乘之。蓋其所主則異, 而考其歸, 則乘馬者是人也。退陶所謂“理乘”, 非此意耶? 但來諭引退陶、大山說, 有以中節者爲氣發, 恐當更商。退陶雖有是說, 後書, 特許高峯“達道非氣發”之論, 而自謂“鄙說未安”。及作「中圖」, 指理言“中節之情”, 大山答李天牖、李希道書, 言“達道何曾生於形氣?”, 而詳言「中圖」之旨。蓋混淪言時七情自有理發, 而陶、湖之定論, 可知也。幸更入思。朋友之以妻鄕稱, 謂東俗之陋。自敵以下, 書面稱字可也。鄙人則於稍尊, 亦用此例, 蓋字所以表其德, 雖所尊, 而亦無不可。

4-6-5

「답송순좌答宋舜佐」(『晦堂集』 卷9)

해제

1) 서지사항

장석영이 송준필에게 보낸 서한. 『회당집』 권9에 실려 있다.

2) 저자

장석영(張錫英, 1851~1926)으로, 자는 순화(舜華), 호는 회당(晦堂)이다.

3) 내용

공산(恭山) 송준필(宋浚弼, 1869~1943)과 나눈 이전의 논의에서 칠정(七情)의 혼륜(混淪)과 분개(分開)에 관한 미진한 부분을 재차 설명한 것이다. 송준필은 장석영이 말한 '칠정의 리승(理乘)'이나 '달도(達道)는 기발(氣發)이 아니다'라는 논리를 수긍한다고 하였으나, 장석영은 여전히 여기에 '기발(氣發)'에 대한 오해가 있고 특히 칠정을 혼륜하여 말할 때와 나누어 말할 때의 차이에 대해서는 서로 의견이 맞지 않는 점이 있다고 생각하였다. 장석영에 의하면 송준필은 사단(四端)의 리발은 그 자체로 중절(中節)하고, 칠정은 단지 기발이지만 기(氣)가 리(理)를 따른 것은 중절이라고 명명할 수 있다고 보았다. 그러나 장석영은 리발이 중절하다고 규정했다면, 기발 또한 중절하다는 말은 성립할 수 없다고 하였다. 그렇게 되면 두 개의 중절이 있게 된다는 것이다. 또 달도는 기발이 아니라는 점을 인정한다면 중절에 기발이 있다는 것은 상호 모순된다고 보았다. 그는 송준필의 의견이 타당하려면 '달도는 기발이 아니다'와 '천하의 달도가 어찌 형기에서 생기겠는가' 등의 명제를 타파해야한다고 하였다. 그리고 나머지 음식남녀(飮食男女) 상의 정(情)은 사람이면 누구나 없을 수 없는 상정(常情)으로서 악정(惡情)이라고 말할 수 없고, 중절의 정이라고 할 수도 없으며, 이것이 퇴계 이황(李滉)이 말한 선(善)이 될 수도 있고 악(惡)이 될 수도 있는 것이라고 설명하였다.

4-6-5 「答宋舜佐」(『晦堂集』 卷9)

示意謹領至意。“七情之理乘”、“達道之非氣發”, 例蒙印可, 可幸相契。雖然, 吾輩講學不必以印可爲貴, 亦可貴其不相契, 而終有講明地也。今來諭達道之說, 旣與相契, 而其下混淪、分開之論, 鄙見終所聽瑩, 無乃向所謂“相契”者, 其實或有未契耶? 蓋達道之爲達道, 以在中之理發皆中節。然則中節只是理發一途, 而大山所謂“非氣發”, 此之謂也。今詳盛意, 四端之理發, 自是中節, 七情只是氣發, 而氣之順理者, 亦可名中節, 然自與四端中節不可賺說云也。苟如是矣, 旣名中節, 則中節亦有兩般乎? 旣名理發, 則氣發亦可曰中節乎? 達道則曰非氣發, 而中節則謂有氣發, 無乃自矛盾者耶? 苟欲求通於盛說, 則其將打破了“達道非氣發”及“天下達道何嘗有生於形氣”等說話, 然後可也。幸更商焉。蓋七情自有粹然義理之發, 此何異於四端哉? 此是中節也, 此是達道也。其餘則只是飮食男女上, 人所不可無之常情, 不可曰惡情, 亦不可曰中節之情, 乃退陶所謂“可善可惡”者也。看得如此, 可合於朱、退之旨, 而不然, 恐亦節節生梗, 不審高明以爲如何。大山論辨, 愚姑未考其年條, 而所嘗確信者, 只是天牖、希道等諸書而已。來諭如此當更考, 而俟後往復也。

4-6-6

「답조중근긍섭答曺仲謹兢燮」【○丁巳】(『晦堂集』 卷10)

해제

1) 서지사항

장석영이 조긍섭에게 보낸 편지글. 『회당집(晦堂集)』 권10에 실려 있다. (한국문집총간 327)

2) 저자

장석영(張錫英: 1851~1929)으로, 자는 순화(舜華), 호는 회당(晦堂)이다.

3) 내용

이 편지글은 한주학파의 장석영이 조긍섭(曺兢燮, 1873~1933)에게 답한 편지글이다. 주요 내용은 설선(薛瑄, 1392~1464)의 학문은 좋지만, 결국 육왕학(陸王學)의 빌미가 되었다고 말했다. 그리고 장석영은 조긍섭에게 학문을 하는 것이 도리를 밝히려고 하는 것이지 다투기 위해 하는 것이 아니므로 좀 더 겸허하게 학문을 넓히기를 당부하였다.

4-6-6 「答曹仲謹兢燮」【○丁巳】(『晦堂集』 卷10)

示諭縷縷, 博雅之見, 想皆中理, 非愚陋之可議也。第惟明、淸間學術, 只是文淸一帶人看得好自餘, 多是陸、王爲崇也。蓋將天下許多氣, 都做理者, 固不是把理作肉團眞人, 而將天下許多事, 只管歸氣, 亦未必是。來諭所云, 顧甚愚不省指誰爲淸人之醇儒也, 浦上主理之論, 亦未詳其何者, 爲不可據安。而來諭旣不指的, 鄙見本自芒昧, 今亦不能奉以爲對也。然英於足下, 還曾有名理說一上論辨否, 遽疑其作鬧端而情難通而道難明, 是無乃賢知之過歟! 吾輩爲學, 只要明得盡道理, 不須作廝崖狀, 又不可占據高位俯視一世也。足下大受也, 苟受得十分才器, 而充得九分虧了一分, 殆非天之降才之意也。今爲足下計, 當謙虛自牧, 以來天下之善, 以定天下之疑, 以成天下之大業也。人物渺然, 幸足下勉之。

4-6-7

「성사심제변性師心弟辨」(『晦堂集』 卷22)

해제

1) 서지사항

장석영(張錫英, 1851~1926)이 전우(田愚: 1841~1922)의 성사심제설(性師心弟說)을 비판한 논변. 『회당집(晦堂集)』 권22에 실려 있다.

2) 저자

장석영

3) 내용

이 글은 장석영이 전우의 성사심제설을 심합이기설(心合理氣說)의 입장에서 비판한 논변이다. 그는 여기서 "리기는 구분할 수 있어도 심성은 상대적으로 볼 수 없다."고 주장하고 전우의 성사심제설은 "심성을 상대적인 것으로 파악해서 천군(天君)인 심(心)을 낮추어서 심의 존귀함을 격하시켰다."고 비판하였다.

4-6-7「性師心弟辨」(『晦堂集』 卷22)

道術之分裂尙矣。吾東理學自分黨以來, 或相參差然兩下普說, 或可以活看以通之, 其不可通者, 亦各守己見, 俟百世而質之也。比聞湖西有性師之學, 而一方宗師之弟子有請益輒書, 性師心弟四箇字以與之, 吾未知其人學術之高下, 而又未知其所指之如何也。然要之是性理、心氣之說也。夫性, 理也, 心, 兼理氣也。心之本體, 理也; 所作用者, 氣也。或指其本體而曰理, 或指其作用而曰氣, 或統而謂之兼理氣, 所指者各不同也。若乃以理管歸性, 以氣單言心, 則心只是理外之一物也。心無體, 以性爲體, 性也、心也, 一理也。而指其純粹至善而爲一心之本體者, 曰性; 指其神妙不測而爲一身之主宰者, 曰心。主宰者, 理也, 不是性外別有箇主宰之理, 而所指而言, 亦不同也。是故理氣可以分開說, 心性不可對待言也。夫理氣以師弟言, 則理爲師而氣爲弟; 父子言, 則理爲父而氣爲子; 君臣言, 則理爲君而氣爲臣。今曰"性師而心弟", 則亦可曰性爲父而心爲子, 性爲君而心爲臣乎? 心者, 天君也。天君之尊而反謂之臣, 則其將以父而反行子職, 以師而反爲弟子乎? 此則不待智者可以立見, 而爲此說者, 抑別有得於千聖賢所不道之說歟? 年前有所謂『寒洲集』辨文者, 自湖西來, 其言皆將心做氣成就得打破一理字, 乃此人之作也。噫! 夫自氣說盛行, 種下生種, 陵夷, 至於近世, 聖賢理學, 殆將晦黜其宗旨矣。寒洲子明千聖主理之旨, 抑世學騰氣之弊, 排陽明而尊紫陽, 俟後聖於無窮, 考其歸則只是將一理字, 做得此心之主宰, 而凡爲理氣說之同異得失, 無所逃其折衷, 其爲有功於理學大矣。不知者還將心理之說, 不問其語同而旨異, 乃以斥陽明之律斥之。於斥陽明者, 小兒珠雹固不足道, 乃若性師翁自處之高, 而反不盡人意, 自是己說, 遽驅人以異端之科耶? 此不消對辨, 直到後世, 公議可定, 但不經之說, 將或至於駸駸而易天下, 斯則可歎也。

7.

弘窩 李斗勳(1856~1918)
心說論爭 資料

4-7-1

「상한주선생上寒洲先生」(『弘窩文集』 卷3)

해제

1) 서지사항

「상한주선생」은 홍와(弘窩) 이두훈이 스승 이진상(李震相, 1818~1886)에게 보낸 서한. 『홍와문집(弘窩文集)』 권3에 실려 있다.

2) 저자

이두훈(李斗勳, 1856~1918)으로, 본관은 성산(星山), 자는 대형(大衡), 호는 홍와(弘窩)이다. 주문팔현(洲門八賢)의 한 사람으로 고령(高靈) 관동(館洞)에 거주하였다.

3) 내용

이 글은 이두훈이 스승 이진상에게 보낸 서한이다. 이두훈은 심은 주재이고 주재는 리이니 심즉리라는 스승의 논지를 수용하고 있다. 순화(舜華) 장석영(張錫英)이 "리는 무위이고 발하는 것은 기이다"는 것에 의거하여 이황(李滉)의 호발론(互發論)을 의심하고 이이(李珥)의 기발론(氣發論)을 인정하는 경향을 가진 것에 대하여. 이두훈은 스승의 "발할 것은 리이고 발하는 것은 기이다"는 논지로 변론하면서 기를 주로 하지 않고 리를 주로 하는 것이 주재성에 있음을 강조하였다.

4-7-1 「上寒洲先生」(『弘窩文集』 卷3)

頃於州邸, 因洛七還。伏聞道體愆損, 不任貢慮, 未審趁復天和, 聯棣康福。斗勳每謂今日不學而有來日, 今年不學而有來年, 悠悠十數年, 居然虛過而到今。光陰莫追, 歎悔無反, 尙能及此。膂力之方, 强極辛苦, 倍惕厲, 以補塡前闕, 資需後用, 而親力耗, 穴擾日煩。至於讀書一事, 專然束閣時, 或看過數編, 而一息之間, 心頭千緖, 縱欲强把捉不得。且於夜間閒定, 或思索舊聞, 而終亦見奪於閒思邪念。達夜不成寐而已。重以居處, 見聞不出乎利慾攪擾之間, 而善相勸惡相規者, 絶無有其人, 則面壁求明, 孰有甚於小子者哉? 憂歎無已。因念人之一身, 心不存則無所主, 故煩亂燥鬱, 至此之甚。心之一字, 果是主宰底物, 而主宰者, 是理也。心卽理之妙, 果在此歟? 日前得張舜華書, 以爲理無發而發者皆氣也。故深惑於退陶互發之論, 而以栗谷"發之者氣"一說, 謂移易不得。小子妄卞曰: "朱子曰: '所主以發者, 理也; 所資以發者, 氣也。' 此豈非'發者理也而發之者氣也'之義耶? 栗谷說亦或可以此義通看, 而所未安者, 失理先氣後之序矣。" 又以理發氣隨者謂主理, 氣發理乘者謂主氣。小子亦言其主氣二字之誤, 蓋地頭則雖有氣發, 就中主宰者, 亦常是理也, 豈可以氣發地頭而曰主氣乎? 往復大略如此。伏乞幸指示其差誤處, 使佗日對舜華時, 更爲發明商確之地, 千萬伏望。鍾山講錄, 自此屢督本所諸賢, 而以收券之未畢, 姑不登冊云耳。

4-7-2

「답김진옥答金振玉」(『弘窩文集』 卷6)

해제

1) 서지사항

「답김진옥」은 홍와(弘窩) 이두훈이 진옥(振玉) 김성하(金聲夏)에게 보낸 서한. 『홍와문집(弘窩文集)』 권6에 실려 있다.

2) 저자

이두훈(李斗勳, 1856~1918)으로, 본관은 성산(星山), 자는 대형(大衡), 호는 홍와(弘窩)이다. 주문팔현(洲門八賢)의 한 사람으로 고령(高靈) 관동(館洞)에 거주하였다.

3) 내용

이글은 이두훈이 김성하에게 보낸 서한이다. 주희(朱熹)의 "심자기지정상(心者氣之精爽: 심은 기의 정상이다)"에 의거한 주기설은 병통이 있음을 피력하면서, "정상(精爽)"은 리임을 주장하였다. 또 주희의 "심은 성에 비교하면 조금 자취가 있다[心比性微有迹]"에 대해, 성은 발현이 없고 심은 발현이 있기 때문에 "미유적"이라고 하였으니 주기설은 합당하지 않음을 주장하였다. 더욱이 곽종석(郭鍾錫)이 "심의 본체는 리이고 발현하여 기가 된다"는 것은 어의가 맞지 않음을 지적하며 심위태극(心爲太極)을 언급하며 『역학계몽(易學啟蒙)』을 고찰할 것을 권고하였다.

4-7-2「答金振玉」(『弘窩文集』 卷6)

示諭云云, 細審一統, 概槩想其人所受有自, 而主見已立。且其才氣之通敏, 援引之博洽, 有非從事口耳, 汩汩無定向者之所敢頡頏。然來教之意, 有不敢孤妄擧其一二言之。蓋其縷縷數百言, 吾輩雖欲若口爭辨, 彼則自有其辭, 何可一言而破之乎? 一朝而動得乎? 殆兄書所謂卞莊子之竊笑於旁而已。但其書曰: "主氣之說, 不能無病, 而比於主理之說, 則八頭的實之義, 不可同年而語"云云, 斗未知自古何聖何賢以主理爲有病而主氣爲八頭的實耶? 若以"心者, 氣之精爽"一句爲主氣之證, 則是不待吾說而病自著。朱子果以心爲氣而以氣爲精來, 則何不曰"心者, 精爽之氣", 而乃曰"氣之精爽"耶? 曰"氣之精爽", 則精爽底是理也。非理而氣何能自精爽乎? 今乃以"精爽"當氣, 而對純一之理, 則吾恐其汲汲於尊氣而反涉看氣之不明矣。且"心比性, 微有迹", 只以心性之地頭稍異。性無發而心有發, 故曰"微有迹", 何可以是爲心主氣之證乎? 願兄試以此數條問之, 第觀其答辭也。郭丈答錄"心之本體, 理也, 發而爲氣"云云, 語意似不貫通, 未知其上下指意如何而答何人何問者也。"天道元數變數"一段, 恐其從"心爲太極"地頭說, 詳考『易學啓蒙』如何?

8.

晦峯 河謙鎭(1870~1946)
心說論爭 資料

4-8-1~5

「심위자모설心爲字母說」1 · 2 · 3 · 4 · 5(『東儒學案』 1-15)

해제

1) 서지사항

회봉 하겸진이 지은 『동유학안(東儒學案)』에 실려 있으며, 총 5개의 논설로 구성되었다.

2) 저자

하겸진(河謙鎭, 1870~1946)으로, 자는 숙형(叔亨), 호는 회봉(晦峯) · 외재(畏齋), 본관은 진양(晉陽)이다. 경상남도 진주시 수곡면 사곡리(士谷里)에서 살았으며, 면우(俛宇) 곽종석(郭鍾錫, 1846~1919)의 문인이다.

3) 내용

본 논설의 제목인 심위자모설(心爲字母說)는 이진상의 심시자모(心是字母)로 부터 곽종석의 심위자모(心爲字母)로 전개되어 하겸진에 이르러 완성되었다. 하겸진은 심(心)이 어미글자(母字)가 되어 성(性)과 정(情)의 양상으로 나타남을 분석하였다. 성은 심의 체(體)가 되고, 정은 심의 용(用)이 되어, 심이 두 가지이면서 하나가 된다고 하였다.

그는 심이 자모가 됨을 설명하기 위해 다음과 같은 비유를 한다. 나무가 심이라 한다면, 뿌리는 성이고 가지는 정이라 할 수 있다. 이 때문에 심은 성정을 합한 이름이 된다. 또한 성과 정이 심의 두 측면이라 주장한 하겸진의 본의는 '심즉리(心卽理)'의 긍정에 있다. 다시 말해 심이 글자의 어미가 된다면, 심을 리라고 말하거나, 기라고 말하거나, 리기를 겸했다고 말하더라도 괜찮지만 혹 심이 글자의 어미가 되지 않는다면, 리나 기 혹은 리기에 대해 말하는 것에서 많은 모순이 생길 수 밖에 없다고 본다. 이처럼 심이 자모가 된다면 그동안 심의 논쟁들에서 성과 정의 분리와 대별성 등이 의미가 없게 된다. 즉 성과 정이 다른 것이 아닌 셈이다. 그의 논설은 '심즉리'를 심위자모를 통해 설명한 것으로 볼 수 있으며, 당시 전우의 성사심제(性師心弟)를 비판하기 위한 심성론의 토대로 작용하였다.

4-8-1 「心爲字母說」1(『東儒學案』 1-3)

理學莫要於心, 亦莫難明於心, 心無的訓論者, 各守一見, 互相背斥, 終不能會通爲一。儒門壞裂, 實由於此, 可勝歎哉? 夫衆言紛亂, 則惡乎定? 定于朱子? 朱子之言, 隨人所問, 應之不一, 亦或有初晩之異, 記錄之不能無誤者, 是將何者可以爲折衷耶? 余讀『語類』, 得一說焉。曰: "心爲字母, 性情字皆從心。"【其本文曰: "心包得那性情, {性}[1]是體、情是用。心字只一箇字母, 故性情字皆從心。" 又曰: "人多說性, 方說心看來, 當先說心。古人制字, 亦先制得心字。性與情皆從心, 蓋性卽心之理, 情卽心之用。今先說一個心, 教人識得箇性情底總腦。"】有見乎此, 則彼甲乙之紛紜, 自可以辨其得失矣。蓋古人制字極有深義, 字必有母。性情字皆從心, 心字性情字之母也。是以性爲心之體, 情爲心之用, 一體一用。分而言之, 則有二名; 而總而言之, 則皆心也。心譬則水也,【水爲字母, 源流字皆從水。】性譬則源也,【性無不善, 源無不淸。】情避則源發而爲流也。【情有善惡, 流有淸濁。朱子曰: "心如水, 性如水之靜, 情如水之動。"】惟木亦然,【木爲字母, 根幹字皆從木。】性猶根,【『孟子』曰: "仁、義、禮、智, 根於心。"】情猶根發而爲榦也。【朱子曰: "性是根, 情是那芽子。"】水非別爲一物, 源流之總名也;【波、瀾、湍、泡、江、河、溪、澗等字之從水者, 亦皆是水。】木非別爲一物, 根榦之總名也;【枝、幹、榮、葉、梗、柟、楓、松等字之從木者, 亦皆是木。】心非別爲一物, 性情之總名也。【思、慮、志、意等字之從心者, 亦皆是心。且如車爲字母, 輪、轅、轂、輻之從車者, 皆車也; 目爲字母, 睚、眥、瞳、睛字之從目者, 皆目也; 口爲字母, 唇、舌、喉、吭字之從口者, 皆口也; 手爲字母, 掌、指字, 皆從手; 足爲字母, 跟、蹠字, 皆從足。以此推之, 莫不皆然。】今有以心對性, 而曰"性理心氣", 曰"性尊心卑"。是似以水對源, 而曰"源淸而水濁"也; 以木對根, 而曰"根貴而木賤"也。是惡能爲知字義者乎? 性之對則情也, 體用之謂也。【源與流爲對, 根與幹爲對。】心無對。【朱子說。】

---

1) {性}: 『朱子語類』에 의거하여 '性'을 보충하였다.

4-8-2「心爲字母說」2(『東儒學案』3-6)

心無對。心非別爲一物, 性情皆是心, 是以無對也。性情之外別有一心焉, 則惡睹其爲字母也?【朱子曰: "若先說性, 却似性外別有一箇心。"】字母故無對, 無對故爲性情之總名。此非吾言, 朱子之說也, 非朱子之所創言也。其義則本於橫渠張子。張子曰: "心統性情。"【朱子曰: "性情皆出於心, 故心能統之。" 又曰: "橫渠此說, 大有功。"】何謂統性情? 統之爲言兼也。朱子曰: "統猶兼也。" 蔡西山亦云: "心者性情之總名。" 心主於身, 而性爲其體, 情爲其用。是乃所以兼包, 而爲字母者然也。【朱子曰: "心統性情, 只就渾淪一物之中, 指其未發、已發而爲言爾, 非性是一箇地頭、心是一箇地頭、情又一箇地頭。"】豈惟張子之言爲然? 程子之言亦有之。程子曰: "心一也。有指體而言者, 寂然不動, 是也; 有指用而言者, 感而遂通天下之故, 是也。"【朱子曰: "寂然者感之體, 感通者寂之用, 人心之妙, 其動靜如此。"】其體之寂然者, 性也; 其用之感通者, 情也。其性其情雖有寂然感通之異, 而其爲心則一也。【朱子曰: "據性上說, 寂然不動處是心, 亦得。據情上說, 感而遂通處是心, 亦得。"】豈惟程子之言爲然? 孟子之言亦有之。孟子曰: "仁人心也。" 又曰: "雖存乎人者, 豈無仁義之心?" 其論四端則曰: "人皆有惻隱之心、羞惡之心、恭敬之心、是非之心。" 仁義, 性也, 而亦謂之心; 惻隱、羞惡、恭敬、是非, 情也, 而亦謂之心。【朱子曰: "人只有仁義禮智四種心, 千頭萬緖, 只是此四種心發出來。" 慶源輔氏曰: "仁義, 性也。惻隱至是非, 性之動而爲情也。" 皆謂之心, 心統性情者也。】性也、情也皆謂之心, 則性情之外, 安有所謂別爲心者? 是其義, 豈不尤爲彰明較著者乎? 豈惟孟子之言爲然? 子思之言亦有之。子思曰: "喜怒哀樂之未發謂之中, 發而皆中節謂之和, 中也者, 天下之大本也; 和也者, 天下之達道也。" 蓋喜怒哀樂, 情也, 其未發, 則性也。未發、已發, 何從得? 以言心之動靜也, 靜則其體寂然而大本立, 動則其用感通而達道行, 體用一源, 動靜無間, 至哉! ○ 又按: 一蠹先生答寒暄先生之問曰: "心無乎不在, 亦無有處。" 其曰"無乎不在", 則性情、志意、思慮, 皆是心可知; 其曰"亦無有處", 則性情、志意、思慮之外, 非別有心可知; 退陶先生作「心統性情中下二圖」, 只列仁義禮智之爲性, 四端七情之爲性發, 未嘗於性情之外別立心之名目, 則心爲字母之義, 此亦可以指掌矣。朱子之說, 蓋有所受而亦有所傳, 學者宜細究之。

4-8-3「心爲字母說」3(『東儒學案』6-10)

朱子字母之說, 考之字義而不差, 參之張、程、思、孟之訓而無謬, 辭約義盡, 雖聖人復起, 不與易矣。自余之得斯言也, 群疑釋而喜氣生, 脫然如大寐之醒也, 怡然如手足之舞且蹈也。夫知心之爲字母, 則豈惟性情字然? 其它亦可以反隅。如字書中凡字之從心者, 總而言之, 皆是心也。心之所之曰志, 心之所發曰意, 中心爲忠, 如心爲恕已, 皆有古人正訓無容說焉。至如懽忻、憙悅、憂愁、悱惻、愧怍、忸怩、思惟、念慕、怵惕、恐懼、忿怒、憎惡之類, 其名目不一, 條緖甚多, 而是皆爲心之事, 則無異也。何以故, 以其字之從心也? 蓋古人先制一心字爲之母焉。旣又旋旋排撰許多字, 以該其體用本末, 無一之或遺, 其義精矣。體用本末, 旣如是, 故其體之未發者爲性, 性卽理, 故無有不善。其用之已發者爲情, 情有從性, 命出者有緣形氣發者, 故有善有不善。【懽忻、憙悅、憂愁、悱惻、愧怍、忸怩、思惟、念慕、怵惕、恐懼、忿怒、憎惡之類, 皆其已發而情之屬也。不能無善, 亦不能無不善。】以未發之性與已發之從性命緣形氣者, 而合言之, 則心可曰合理氣。以未發之性與已發之從性命者, 而剔言之, 則心可曰理; 以已發之緣形氣者, 而偏言之, 則心可曰氣。合言之則眞妄、邪正備焉。孔子所云"操舍存亡", 是也。剔言之, 則孟子之曰"本心", 程子之曰"心本善", 是也。偏言之則「大禹謨」所言人心, 是也。【朱子曰: "人心生於形氣之私。"】是皆各有所主, 故言之不同, 而不相病也。凡言心而曰理、曰氣者, 乃其所以指性爲理, 指情志意慮之類, 而或以理言、或以氣言而已矣。蓋性與情、志、意、慮之類外, 無所謂心也。是故言心之善惡, 乃其所以指性爲善, 指情志意 慮之類, 或以善言、或以惡言而已。言心之體用, 乃其所以指未發之性爲體, 指已發之情、志、意、慮之類爲用而已。舍性與情、志、意、慮之類, 則無有可以善惡言者, 亦無有可以體用言者。今之人則不然, 謂性情之外別有心焉, 何其惑也? 心是何物, 豈有非性非情而自占一位自爲一物者乎? 旣以心別爲一物, 則曰"合理氣"、曰"理"、曰"氣"者, 俱不能無失, 而主氣其尤也。主氣者, 欲以心與性分屬於理氣而爲的對也, 心外無性, 性者心之體也, 理與氣將焉。分屬心可以對乎性, 則亦可以對夫情者乎?【朱子曰: "舊看五峯只將心對性, 一箇情字無下落。" 又曰: "性情, 非與心相對而爲二物。"】又有謂虛靈知覺是心, 此似近之, 然謂此心虛靈知覺則可矣; 而謂虛靈知覺卽是心則不可。夫虛靈, 何嘗有物只狀此心者也？如狀天地曰“方圓”，而方圓非天地也；狀日星曰“明耀”，而明耀非日星也；狀心曰“虛靈”，而虛靈非心也。知覺亦然，如知寒暖，識痛痒，知此理，覺此事，是名爲知覺。蓋統性情，爲心自能，有知覺，知覺亦何嘗有物哉？【此義，極精深思，可通。】今乃不察乎此，而指虛靈知覺爲心之名，是何說哉？【張子曰：“合性與知覺有心之名。”朱子論此，以爲：“橫渠此語，不能無病。便似性外有一箇覺知。”詳朱子之意，是謂心外無性，不可專以知覺爲非性之所有也。蓋心者，包動靜、兼體用，自其靜而爲體，則性也，自其動而爲用，則情意思慮也。方其靜也，未有所知覺之事，而但有飛知覺者而已矣。能知覺者，其理無朕，故知覺不可以言性也。及其動也，神發知矣。是則所謂所知覺者也。所知覺者，其事有跡，故知覺獨可以情意思慮言也。然而不有靜而具能知覺者，則亦何自而有動，而爲所知覺者乎？】此乃不知心爲字母之義之過也。或曰：“心爲字母誠然，然則心與性情若是其無別乎？”朱子曰：“妙性情之德者心也。”此言何爲也？”曰：“善哉！問也！性情之外，更別無心。然性則體而已矣，情則用而已矣。合體用之謂心，其斯以爲別乎？性之不能爲感，猶情之不能爲寂。寂而感、感而寂，神明不測之謂心，其斯以爲妙乎？噫！非知道者，其孰能知之？【朱子「元亨利貞說」曰：“仁、義、禮、智，性也；惻隱、羞惡、辭讓、是非，情也；以仁愛、以義惡、以禮讓、以智知者，心也。以字當與妙字通看。】

4-8-4 「心爲字母說」4(『東儒學案』 10-12)

心有知覺, 知覺不是心, 是說也, 古無此, 我自發之驟聞可駭。然吾嘗反覆深思, 而得其義焉。今而愈益自信不可改也。夫目能視, 耳能聽, 手能持, 足能行, 心則能知覺, 如有人問者曰: "視、聽是耳、目乎?" 吾將應之曰: "不然。耳、目固其所視、聽也, 視、聽不可謂之耳、目也。" "持、行是手、足乎?" 吾將應之曰: "不然。手、足固其所持、行也, 持、行不可謂之手、足也。" "知覺是心乎?" 吾將應之曰: "不然。心者固其所知覺也, 知覺不可謂之心也。"【視字從目, 聽字從耳, 持字從手, 疑若可以視爲目, 以聽爲耳, 以持爲手。然曰視, 曰聽, 曰持, 乃耳、目、手之能爲者而已矣。是以不可指以爲耳、目、手之名。】何以知視、聽、持、行、知覺之非耳、目、手、足與心也? 耳、目、手、足與心, 皆是有物, 有物斯可以名焉。若視、聽、持、行、知覺卽此物之能爲而已矣。無物可物, 無名可名, 是以曰心有知覺, 知覺不是心也。譬如雷以鼓、雨以潤, 鼓、潤不可謂之雷、雨也。水必寒、火必熱, 寒、熱不可謂之水、火也。陰之凝、陽之暢, 凝、暢不可謂之陰、陽也。知覺之不名爲心, 亦有是焉。今之言者曰: "心有知覺, 非心則無所謂知覺也。曷爲知覺不是心?" 曰: "以心有知覺, 而謂知覺是心, 則假如心有存亡, 存亡亦可曰心乎? 心有動靜, 動靜亦可曰心乎? 心兼理氣, 理氣亦可曰心乎? 此理分別, 正在毫釐之間, 而世儒皆不之察焉。" 顧其一生所爭辨, 乃在於心之理氣, 旣又一轉, 而一虛靈知覺屬之於理氣, 其爲說雖多端, 而反於心之名義, 均不得條暢, 豈不惜哉?【朱子曰: "心者, 天理在人之全體。" 此以心爲理者之所本也。朱子曰: "心者氣之精爽。" 此以心爲氣者之所由也。北溪陳氏、退陶李先生皆曰: "心者, 理氣之合。" 此以心爲合理氣者之所取而爲說也。余旣以合言、剔言、偏言者, 明其所指不同各有攸當。至於以虛靈知覺爲理氣, 則是於朱子之說, 亦不無可取, 以爲證有, 而朱子之意, 乃謂理氣合而爲心, 自然有虛靈知覺之妙, 非以爲虛靈知覺可屬之理、屬之氣也。】以虛靈知覺爲理氣, 則又奚不以存亡動靜爲理氣也? 存亡動靜, 亦可以屬於理氣, 則兼理氣之理氣又將安屬嗟乎? 吾儒理氣之論, 何其支離而多滯也? 凡此皆不知心爲字母之義之過也。知心之爲字母, 則性情志意、虛靈知覺之義, 其亦可以次第了然矣, 奚疑焉奚疑焉?

4-8-5「心爲字母說」5(『東儒學案』 13-15)

或難於余曰: "心與性不能無別, 故朱子曰: '性則心之所具之理。'【邵子曰: "心者性之郛郭。" 意亦如此。】藉如性情皆是心, 則心何以具心? 心之不可以具心, 猶口不可以齕口, 目不可以視目也。" 應之曰: "具之爲言, 非以此而具彼也。心爲字母, 故能具乎性。豈惟具性而已? 曰情、曰志、曰意、曰念, 凡從心者, 皆心之所具也。是故仁、義、禮、智四德者, 性之所具也, 而四德之外, 非別有性也。萬物、萬象之理者, 太極之所具也, 而萬物、萬象之理之外, 無所謂太極也。性具四德, 而四德卽是性; 太極具萬理, 而萬理卽是太極。通於此, 則心具乎性而性外無心之義, 便躍如矣。【朱子曰: "聖賢相傳, 只是理會一箇心。心只是一箇性。" 又曰: "但論心性字, 似分別{得}[2]太重{了}[3], 有直以爲二物而各在一處之病。】是以先儒之言, 有曰'心包性情'者矣; 有曰'心該性情'者矣, 包也、該也、具也, 同一語勢也。"【郛郭之意, 亦如此。】或又曰: "心屬、火臟, 其爲形圓外而竅中, 是安得專以性情當之?" 曰: "圓外竅中者, 所謂血肉心也。朱子曰: '此非心, 乃神明出入升降之舍。' 蓋醫家之用菖蒲茯苓, 補之者, 此也。吾儒不以此言心。" 又有難者曰: "朱子之言, 有曰: '心者氣之精爽。' 又曰: '精爽是魂魄。' 用此觀之, 魂魄是心, 豈性情之謂乎?" 曰: "精氣爲物, 魂是氣之神, 魄是精之神。故心之能思慮能記憶, 皆神之所爲也。是以謂'魂魄者, 心之精、氣之神也', 則可; 謂'魂魄是心', 則不可。如人死, 則眼光落地者, 魄也, 魂魄是心, 則眼光亦謂之心, 可乎?" 或曰: "如子所言論心而曰理、曰氣皆非乎?" 曰: "心學之難明久矣。其難明有二端, 一曰先入爲病, 二曰字義不明。先入爲主, 故雖知吾見之未爲是、人見之未爲非, 而不肯屈己從人。字義不明, 故雖知性之爲心之體、情之爲心之用, 而乃以性情爲非心不去。此二端, 其如心學, 何哉, 其如心學, 何哉? 是故知心之爲字母, 則言心而曰理、曰氣、曰兼理氣, 皆各爲一義, 而不相病焉。不知心之爲字母, 則曰理、曰氣、曰兼理氣, 均不能無失, 而主氣其尤也。噫! 余之爲此說也, 病今之學者不究字義, 惟務爭辨, 紛紛乎其未已也。不得已爲此, 然安知吾言之滋又

---

2) {得}:『朱子語類』에 의거하여 '得'을 보충하였다.

3) {了}:『朱子語類』에 의거하여 '了'을 보충하였다.

不起爭端乎? 尤而效之, 其過愈甚焉。且使余言而當也, 只是說而已矣。心之爲物, 主宰乎一身, 尊之爲天君, 貴之爲大體, 參天地, 贊化育, 不爲是矣。然而毫忽之頃, 罔念極念, 而聖狂別焉。故君子所以精一存省, 慥慥乎日夕, 而不要其放失, 宜無所不用其力焉。是豈徒言之而得哉?『孟子』曰: '學問之道, 無他, 求其放心而已。' 求之如何? 其惟曰敬乎!"

4-8-6~7

「성사심제변性師心弟辨」上 · 下(『東儒學案』 15-21)

해제

1) 서지사항

회봉 하겸진이 전우 성사심제를 비판한 논설. 저본은 『동유학안(東儒學案)』附에 실린 상편과 하편이다.

2) 저자

하겸진(河謙鎭, 1870~1946)으로, 자는 숙형(叔亨), 호는 회봉(晦峯)·외재(畏齋), 본관은 진양(晉陽)이다. 경상남도 진주시 수곡면 사곡리(士谷里)에서 살았으며, 면우(俛宇) 곽종석(郭鍾錫, 1846~1919)의 문인이다.

3) 내용

하겸진은 일제강점기와 광복을 겪으며 조선 성리학의 마지막 모습을 견지한 학자였다. 그는 이진상의 학맥을 이은 곽종석의 제자로, 한주학파의 심성론을 계승한 학자로 꼽힌다. 그는 1917년 성사심제변 두 편을 논설하였고, 그 내용은 전우의 성사심제설(性師心弟說)을 비판한 것이다. 글의 시작은 '성사심제'가 어떻게 등장하였는지에 대한 논의이다. 그는 '성은 스승이고 심은 제자'라는 학설이 오희상으로부터 시작되어 전우가 이를 받아들였다고 주장하였다. 이어서 성과 심이 어떠한 위치를 점유하였는지에 대한 논의가 진행된다. 다시 말해 주재하는 것과 주재되는 것, 묘합하는 것과 묘합되는 것 그리고 통솔하는 것과 통솔되는 것 등으로 심과 성의 위치를 분석하였다. 그는 전자를 심으로 후자를 성으로 논의한다. 이를 통해 간재는 주재하는 주체인 심을 낮은 자리의 제자가 되는 모순을 범했다고 주장한다. 또한 주자의 말을 근거로 심의 주재를 설명하면서 간재의 성의 주재의 잘못된 점을 지적하였다.

이렇듯 그의 논설은 한주학파 특히 곽종석의 관점에서 전우의 성리설을 비판한 것으로 앞서 발표된 장석영의 「성사심제변」 보다 완성된 논변으로 평가받고 있다. 하지만 전우의 심의 주재를 기질의 심만을 근거로 비판한 점에서는 오해의 측면이 있으며, 그 결과 논변의 치밀성이 다소 떨어진다.

4-8-6 「性師心弟辨上」(『東儒學案』 15-17)

“性師心弟”, 其原出於老洲。老洲以性爲心之主宰, 艮齋因而祖用之, 有是說也。使性眞能爲主宰乎, 則尊性卑心, 曰師、曰弟子, 何不可之有? 雖然, 主宰之權, 在心而不在性, 何以故? 心也者, 天理之主宰也。【朱子說。】性不知檢其心也。【張子說。】艮齋號篤信朱子, 請引朱子之說以明之。夫論理, 貴於自解。徒藉重於古人, 欲以取勝, 世儒之末習也。此吾所大惡也。而然猶爲此者, 其亦不得已也。朱子曰: “心妙性情之德, 所以立大本而行達道也。” 又曰: “心者性情之主也。” 又論張子“心統性情”之義曰: “性情皆出於心, 故心能統之。{統}[4], 如統兵之統, 言有以主之也。” 是數者, 皆的指心之能主宰乎性, 而非以性爲主宰, 明矣。妙之、主之、統之者, 爲卑爲弟子; 爲其所妙、爲其所主、爲其所統者, 爲尊爲師, 有是理乎? 朱子又曰: “橫渠有‘心小性大’之說, 心性則一, 豈有小大?” 小大且不可, 況尊卑乎哉? 心者, 天君也, 其尊無比, 百體之所從令也。聞艮齋以爲百體從心、心從性, 猶百官萬民聽於君, 君聽於天, 此說雖若近之。然朱子曰: “心字似帝字。” 夫形體曰天, 主宰曰帝, 旣名爲帝, 如之何其聽命於天? 天君之尊, 而復有其尊焉, 則一身之上爲尊者, 不其多乎? 歷觀前古聖賢, 無有曰“尊卑師弟”者, 而獨六祖惠能之言曰: “心是地, 性是王, 王居地上。” 此尊卑之義也。又王者出令, 而爲主宰者也。艮齋自不知其言之暗合於彼, 而反斥洲、蘗、蘆爲異端, 豈不惑哉?

4) {統} : 『朱子語類』에 의거하여 ‘統’을 보충하였다.

4-8-7 「性師心弟辨下」(『東儒學案』 17-21)

艮齋之門人, 有復於余曰: “心性之不爲師弟, 旣聞命矣。先儒所論心性者, 非一而類多。心以爲氣, 以性爲理, 如朱子曰“‘心者, 氣之精爽’”, 程子曰“‘性卽理’”, 是也。且『語類』有云: “‘心比性微有跡。” 此皆指心之與性不能無分別。子獨合而一之謂: “‘性之精微曲折, 發見於日用之間者, 皆心也。’” 何其爲說之糊塗甚哉? 若然則理氣亦非二物者乎? 又謂: “‘性情、志意、念慕、思慮, 皆是。’” 抑亦有說乎?” 曰“理氣決是二物”, 其勢雖不能相離, 而其實則有不可以相雜也。今若以{心}[5]對性, 一屬之氣, 一屬之理, 則非惟反失惟心無對之義, 是其心與性, 苗脈各殊, 地頭頓別, 性不可以爲心之體, 心之未發不可以爲性矣。心無體以性爲體, 故指心之未發者爲性。程、朱二先生之說, 不啻明白。如曰: “氣無體以理爲體, 氣之未動者爲理”, 則吾子其亦信之否乎? 氣之精爽固然。朱子亦不曰“心者, 天理在人之全體”乎? 心何以或謂之氣, 而或謂之理也? 原其本體則理也, 論其敷施運用則氣也。豈獨心爲然哉? 性雖卽理, 而氣質亦性也。通乎此, 則可知心之不屬於氣, 而比性有跡之云, 亦可以反三隅矣。心性非判然爲二物矣, 觀『孟子』知之矣。孟子言“性善”, 始見於「滕文公」, 而詳於「告子」之篇, 其它則無有是也, 而朱子斷然以爲“七篇之中無非此理”。今以是說推之, 如曰“仁, 人心”也, 曰“仁義之心”也,【仁義是性, 而亦謂之心。】曰“惻隱之心”也,【惻隱是情, 而亦謂之心。】曰“人皆有不忍人之心”也, “至於心豈無所同然也”, 曰“人皆有是心”也, 曰“從其大體爲大人”也, 曰“體有貴賤, 有小大”也, 曰“不失其赤子之心”也, 曰“不學而能者, 其良能也, 不慮而知者, 其良知也”, 及與告子辨, 則曰“乃若其情, 則可以爲善”也, 曰“若夫爲不善, 非才之罪也”, 是皆就心與情與才之善者言之, 而詳其語意, 乃所以發明性善也。使心性其原有理氣之分, 而其位有尊卑之差, 則孟子何不直截分開以示之, 顧爲此混同而已耶? 雖然, 性者其未發之爲體而已矣, 心者總未發已發、性情體用也, 是又不能無分別者也。知其合, 乃見其分; 因其異, 又識其同, 斯其爲庶幾乎性情、志意、念慕、思慮之爲心。吾有「心爲字母說」一篇, 徐當爲吾子誦之。

---

5) {心}: 문맥을 살펴 ‘心’을 보충하였다。

余爲此二辨, 語多傷直, 觀者或病之。然不直則道不見, 直亦何害? 但吾言如未合於人, 而自信已篤, 則妄也, 是誠可懼耳。蓋心性之非判然二物, 吾有所受, 不可改也。然而人心有覺, 道體無爲, 故謂心有知覺則可, 而謂性有知覺則不可, 惡在其爲非二物也? 愚嘗反復深思, 而說矣。蓋心者包動靜、兼體用、該本末。自其靜而爲體爲本, 則性也。自其動而爲用爲末, 則情與志意、念慕、思慮, 皆是也。方其靜也, 未有所知覺之事, 而但有能知覺者而已矣。能知覺者, 其理無朕, 故知覺不可以言性也。及其動也, 神發知矣, 而有計度推測之事, 是則所知覺者也。所知覺者, 其事有跡, 故知覺獨可以言心也。然而不有靜而具能知覺者, 則亦何自而有動, 而爲所知覺者乎? 體用一原, 顯微無間。噫! 非知道者, 孰能識其微妙哉? 或曰: "儒者論心, 有以氣言者, 有以理言者, 亦有合理氣言者, 其得失可得聞歟?" 曰: "是出於知理者之口, 則三者皆是也; 出於世儒迷昧之見, 則三者皆非也。何以知其然耶? 心之本體理也, 其發用則或自理而直遂者有之, 或因氣而橫出者有之。如有指其橫出者, 曰'心氣也', 則是也; 而謂本體與直遂者非心, 則非也。指本體與直遂者曰'心理也', 則是也; 而謂'橫出者非心', 則非也。總本體發用直遂橫出者, 曰'心合理氣', 則是也; 而謂'未發之中, 有淑慝種子, 而大本不一', 則非也。君子擧其體, 不遺其用; 主其理, 不舍其氣。"

9.

重齋 金榥(1896~1978)

心說論爭 資料

4-9-1

「전간재서쇄변田艮齋書瑣辨」【壬戌】(『重齋集』 卷40 雜著)

해제

1) 서지사항

김황이 1922년에 지은 논설. 『중재집(重齋集)』 권40에 실려 있다.

2) 저자

김황(金榥, 1896~1978)으로 일명은 우림(佑林), 자는 이회(而晦), 호는 중재(重齋)이다. 경상남도 의령군 궁류면 어촌리에서 태어났다. 면우(俛宇) 곽종석(郭鍾錫, 1846~1919)의 문인이다.

3) 내용

이 글은 곽종석(郭鍾錫, 1846~1919)의 문인인 김황이 지은 것으로 대부분 전우(田愚, 1841~1922)가 문인들에게 보낸 서간에서 발췌하여 조목별로 변론하였다. 발췌한 서간은 「답권인현(答權仁鉉)」 외 13편이며, 서간 뒤에는 「화도만록(華島漫錄)」등의 잡저(雜著)에서 뽑아 논변하였다.

「답권치후(答權稚昫)」에 대한 쇄변에서 김황은, 심(心)과 성(性)이 본래 하나의 리(理)로서 성이 심을 벗어나 홀로 존재하는 것이 아니라고 하였다. 심의 본체는 지극히 바르고 지극히 합당하여 선(善)하지 않은 것이 없으니, 성인이 말하는 법도[矩]나 인은 성인이 성인이 되는 이유로서 이 심의 본체를 잃지 않음으로 말미암았을 뿐이라고 하였다. 다만 마음이 작용하기 위해서는 반드시 기를 동반하여야 하는데, 이때 종종 기가 멋대로 행해져 리를 따르지 않는 경우가 있으므로 때로 법도를 넘어서게 되고 때로 인을 어길 수 있는 것이라고 하였다. 그래서 성인과 중인(衆人)의 구분은 심의 본체를 보존했는지의 여부에 달려있다고 역설했다. 구체적으로 『대학』의 '지어지선(止於至善)'은 바로 '명명덕(明明德)'의 공부결과이니 명덕밖에 별도로 지선의 리가 있는 것이 아니라고 강조했다. 이는 명덕이 심기(心氣)이고 지선(至善)이 성리(性理)라고 하여 성사심제(性師心弟)를 강조한 전우와 확연히 구분되는 주장이다.

「답이교명(答李敎明)」에 대한 쇄변에서 김황은, 전우는 심이 리를 갖추고 있다고 믿지 않고, 단지 심이 리를 어길까 두려워했기 때문에, 배우는 자에게 심을 다스려 리를 따를 것을 독려하고 심을 리로 여겨서는 안 된다고 하였다. 이에 김황은 전우의 이 말은 본심이 리임을 알지 못한 것이라고 일침을 가하며 이렇다면 사람은 누구나 요순이 될 수 있다는 것을 말할 수 없을 것이라고 하였다. 또 심이 기에 의뢰함을 모른다면 성찰하고 교정하는 공부를 베풀 곳이 없다고 하였다. 성인이 심이 리를 갖추고 있음을 진실로 믿은 적은 없으나, 심이 리가 아니라고 말한 적도 없다고 하였다. 김황은, 전우의 말은 심이 본래 리가 아니라고 하니 이는 혼탁한 물을 보고 애초에 근원이 청정하지 않다고 의심하는 것과 같다고 하며, 어찌 이런 자와 본연의 심을 의론할 수 있겠느냐고 반문하였다.

「답황찬규(答黃讚奎)」에 대한 쇄변에서 김황은, 전우는 "육상산과 왕양명이 말하는 심즉리는 심과 성을 하나의 물건으로 본 것이다. 이와 같으면 심은 있고 성은 없는 것이니, 왕도와 패도가 혼용되고 정의와 이익이 뒤섞여 패도만 있고 왕도가 없게 되고 이익만 있고 정의는 없게 되는 것이다. 영남학파는 육왕의 논리와 같은 것"이라고 하였다. 이에 대해 김황은, 심과 성이 본래 하나의 이치인데 지극히 고요하여 함이 없는 것을 성이라고 하고 주재하여 신묘히 작용하는 것을 심이라고 한다는 말로 심과 성을 설명하였다. 심은 체가 없어 성으로 체를 삼으니 심은 성과 분리해서 말할 수 없다는 것이다. 전우가 말한 '왕도와 패도의 분변'과 '정의와 이익의 차이'는 판연히 상반되는 말이어서 서로 합치될 수 없는 말로 비유를 든 것이라고 하였다. 김황은 전우의 말대로라면 맹자는 심을 축출하고 성만 알았을 것이며, 심을 놓아버리고 성만을 길렀다는 말이 된다고 하며 전우의 설에 혹독하게 반론하였다. 또 김황은 곽종석(郭鍾錫, 1846~1919)의 말을 빌려 육상산의 말은 정신과 혼백이 기를 따르는 것을 위주로 말하여 도리어 대본(大本)인 성을 버린 꼴이며 왕양명의 이른바 천리라는 것은 형기신(形氣神)의 지각만을 말하여 그 골자가 오직 기의 조리에 있으니 백번 리를 말해도 단지 주기론에서 벗어나지 못한다고 하며 전우의 말에 반박하였다.

전우의 「성존심비적거(性尊心卑的據)」에 대해, 김황은 심과 성을 리로 말하면 성이 높고 심도 높다고 했다. 맹자가 말한 성선과 정자가 말한 '심본선(心本善)'을 그 예로 들었다. 또 기로 말하면 심은 낮고 성도 낮다고 했다. 장자(張子)가 말한 '기질지성(氣質之性)'과 『예기(禮記)』에서 말한 '잘못되고 편벽된 마음[非辟之心]'을 그 예로 들었다. 김황은 심과 성은 사실대로 말하면 서로 상대될 수 없는 이론임을 강조한다. 전우가 말하는 심과 성은 그렇지 않아 매양 '순수지선(純粹至善)한 성(性)'으로 '방벽사망(放辟邪妄)한 심(心)'을 상대하여 말하니 바로 맹자가 말한 대로 근본은 헤아리지 않고 그 끝만을 가지런히 한다는 방식이라는 것이다. 그러므로 성이 비록 높다고 하나 본연의 심을 논하는 데는 잘못이라는 말로 전우를 비평하였다.

4-9-1「田艮齋書瑣辨」【壬戌】(『重齋集』卷40 雜著)

子弟見父兄之憂, 其第一念旣動而欲爲善, 此是仁之端也。自注: 先有仁性而後有仁心, 故朱子有母子之喩。【「答權仁鉉」】

自性發而直遂曰情, 自心發而有計較曰意。念之動而欲爲善, 此正心之發而爲意處, 與孟子所謂惻隱之心者, 不同。今謂仁之端則是情意醜錯而可乎? 先有仁性而後有仁心。詳田氏意, 似以仁性爲仁, 而仁心當仁之端。如此則性固未發, 而心爲已發乎? 母子之喩, 尤不合引證。朱子言心爲字母, 古人制字, 亦必先制心字, 性與情, 皆從心。觀此則性不可先心, 豈不大煞分明乎?

第二念稍懈, 便是不能充。如此則其心於父兄, 一似氷水寒鐵, 是自絶其本。自注: 自絶是心自絶也。其本是心之本也。此處便見本心本天之分。【上仝。】

朱子曰: "人有不仁, 心無不仁; 心有不仁, 心之本體無不仁。" 人之不仁, 非心之罪也; 心之不仁, 非其本體然也。今人之有不仁, 直可謂之失其本心, 不必說心絶其本。【詳見下條。】

堯、舜不止於心之, 而必性之; 孔、顔不止於心, 而必曰矩與仁也; 曾傳旣曰"明明德", 而又必曰"止於至善"; 『中庸』首言性道, 而不及心靈。〈「序文」亦不以靈覺爲本, 又必曰原於性命。〉[1] 孟子不徒言心, 而其究竟則曰"心之所同然者, 理也義也"。程子之言聖學, 不曰本心而曰本天; 朱子之言聖德, 不曰心者而曰性者。千古群聖之心, 其所主本與所師法者, 無不以性爲言矣。【(上仝)[答權稚晌][2]】

性是渾然無爲, 而心却有主宰能然之妙。聖人渾然成德無爲而若無能然, 故必曰性之而不著曰心之也。其實, 性非心, 亦無緣那做得聖。纔著性之字, 便見有心普萬物底意。且心、性固一理, 性非外心而獨有者也。心之本體, 至正至當, 無不善。所謂矩也, 所謂仁也, 聖人之所以爲聖人, 由不失此本體之心而已。特以心之爲

---

1) 〈 〉: 自注라고 명기하지 않았으나, 간재집에 의거하여 自注인 경우 〈 〉로 구분하였다.

2) (上仝)[答權稚晌] : 저본에 '上仝'으로 되어 있으나,『간재집』의거하여 [答權稚晌]로 수정하였다.

用, 必待氣而行, 故往往有氣橫而不率理者, 則矩有時踰, 而仁有時違也。此聖、衆之分, 惟在夫本心之存不存如何爾。『大學』之"止於至善", 即言"明明德"之功, 要必盡得恰好, 而無少不明, 非明德之外又別有所謂至善之理也。【田氏意以爲明德是心氣, 而至善是性理, 故如此說, 此辨在後。】『中庸』曰性、曰道、曰中、曰和、曰知、曰仁、曰勇、曰誠、曰德, 無非明此心體用之全, 而所謂心者, 即『中庸』道統之傳所由來也。數車無車, 自應不別提心字, 今反謂不及, 豈知『中庸』者哉? 「序」中, 言心之虛靈知覺, 即自人心、道心發處推究, 非謂心之本體, 亦必原於性命而始有也。若孟子言心, 皆直言性情至理, 不復揀別。如曰"仁, 人心", 及曰"惻隱之心", 仁也可見矣。至言所同然者, 理義則更見此心之實體。所以不局於形氣之偏者, 尤覺明白較著。田氏之以爲不徒言心, 而必引此語以爲究竟者, 不知何喩而然也。聖人之本天, 言在心養性以事天, 盡心知性以知天, 要皆一循天理, 而不比釋氏之猖狂妄行。不知此心之所得於天者是如何, 而吾之所以用此心者, 果能不失本體之天否也?【其言本天、本心, 以天對心, 便見其所謂心者, 非天理之本然。】若必謂此心之外, 別有所本, 則是即朱子所謂"重爲吾道累"者,【朱子曰: "今之爲道者, 反謂此心之外, 別有大本, 此說流行, 反爲異學所攻, 重爲吾道累矣。"】而豈聖人之學乎? "性者"云者, 謂所受乎天者, 萬理具足。順是而有無所遺失, 即體而言, 固宜如是, 不容復以不言心者而論之也。

愚常言聖人, 不恃心之具理, 只怕心之違理, 故學者當治心以循理, 勿認心以爲理也。【「答李敎明」】

不知本心之爲理, 則人皆可以爲堯舜者, 無其道矣; 不知心之資氣, 則省察矯揉之功, 無所施矣。心之具理, 聖人固未嘗恃, 然心之非理, 聖人亦未嘗言。田氏此說, 若從學者求放心遏人欲處言之, 固若無害。若因此以爲心本不具理, 心本非理, 則是猶見水之攪濁, 而遂疑眞源之未嘗淸淨也, 惡可與論夫本然之心哉?

朱子曰: "人之所以爲學, 心與理而已。" 陸氏曰: "心即理也。" "即"與"與"之間, 儒與釋之分也。【上仝。】

朱子此說, 本爲『大學』"格物致知"而發。心者在我之心, 而理者在物之理也, 以其有內外之分, 故特下與字, 非故以心對理而謂之氣也。猶程子在物爲理, 處物爲義, 豈嘗聞以義對理而謂之氣者乎? 心即理, 非陸氏之所獨言也。朱子亦曰: "心之所以爲主宰者, 即此理也。" 此亦豈非心即理之說乎? 若其或儒或釋之分, 則在乎所指而言之有不同耳。今槪以以心爲理而罪之, 則恐未足以定陸氏之律, 而適使儒者而眩於趨舍也。

陸、王曰"心即理", 是心、性一物之說也。如此, 有心而無性, 如混王伯、雜義利者之有伯無王, 有利無義。嶺派如陸、王之論云云。【「答黃讚奎」】

心也性也, 固一理也。以其至靜而無爲者, 謂之性; 以其主宰而妙用者, 謂之心。心無體, 以性爲體, 則心不可離性而言明矣。田氏之意, 以爲心、性之分, 眞若王、伯之辨, 義、利之間, 判然相反而不可以相合也耶。如是則孟子只當言黜其心而知其性, 放其心以養其性足矣。豈有盡其利以正其義, 存其伯以行夫王者耶? 不寧惟是, 自舜、禹授受十有六言以下, 心學之爲聖賢雅言, 萬世淵源者, 皆是混伯雜利之語, 而『心經』一部, 殆無別於管、商之遺談矣。不知田氏以爲然乎? 陸、王學術之忒, 非在於以心爲理也, 在乎不識本心之體, 而只以精神收拾【陸】陰聚陽行【王】者當之。則其所謂心者, 非仁義禮智之本心, 而所謂理者。只是氣之條理而已。然則其爲禪之實, 正與今之言心即氣者, 拋却主宰之體, 而專向作用上去者, 同一條貫矣。

寒洲、俛宇兩先生, 生心學幾晦, 氣說濟塞之際, 見世之言心者, 只知有作用之氣, 而不知有本體之理, 只懲陸、王之有心即理之名, 而不知從上聖賢言心者, 莫不以理而爲主也。於是始直指本體之主一身該萬化, 爲性爲情之實, 而曰"心即理"。蓋其所受, 即孟子所同然之心, 程子性天一也之心, 朱子所以主宰之心, 而其言曰: "心者, 氣之宰也; 氣者, 心之機也。有帥卒之分焉, 有本末之分焉, 則心之不可主氣言明矣。" 又曰: "認作用而爲主宰, 則運水搬柴, 即心、即理, 佛氏之說是也; 認主宰而爲作用, 則明德良知, 即心、即氣, 世儒之學是也。" 又曰: "陸氏言心, 只主乎精神魂魄之從氣者, 而反遺却大本之性, 胡叫亂撞, 以肆其麤厲之氣, 則禪學主氣之實, 正諱不得也。" 又曰: "陽明之所謂天理者, 乃精氣神之所會, 故其言心, 但言形氣神之知覺。其骨子惟在氣之條理, 則雖說百理字, 亦只是主氣之學。" 又曰: "心之爲心, 其質則血肉也, 其氣則精神也, 其理則性情之主也。血肉之心, 醫氏主之, 而補瀉以治疾; 精神之心, 禪家重之, 而修鍊以成幻。吾儒則以理爲心, 道爲體而義爲用, 然後本體立而彼爲之資具者。自在所養矣。" 此其所以發明聖賢之宗旨, 而辨斥二家似是之非者, 可謂明且精矣。今以其指名之有同於三字, 而便謂嶺派如陸、王之論, 然則無極太極, 周子如老、莊之論, 而生之謂性, 程子爲告子之說乎? 韓文公之言曰: "聞其名則是, 較其行則非, 問之名則非, 較其行而是。" 請田氏之於此, 深察而自反也。

郭氏棄退陶云云。【上仝。】

郭先生一生受用節度, 只在乎祖雲憲陶四箇字, 不知何爲而言棄退陶也。將以李子之言心則曰"合理氣", 而郭先生言心即理故云耶? 夫言心之統體, 則固合理氣。郭先生亦何嘗不言? 言心之本體, 則李子亦嘗曰惟理而已矣。蓋言各有當未嘗異也。先生嘗有言曰: "退陶曰'心合理氣', 嶺學宗之, 不知退陶之以本心爲理也。" 今不察立言之本旨, 不問義理之所歸, 而直以合理氣三字, 爲李子言心之欛柄, 見人稍有發明乎微旨者, 則便驅之以違棄前賢之科, 亦見其惑也。抑田氏此言, 亦未必爲李子地也。直不過以其假威之私, 而售其攻瑕之術耳。然自李栗谷指李子爲失於性理, 而貶抑在羅、徐二家之下, 湖中學者, 莫不師信栗谷, 而不難於詆斥李子。惟一脉之相傳於吾嶺者, 斷斷知李子之當學, 而推以配之朱子, 而不以爲夸也。田氏之爲是言也, 其將授嶺以附湖, 而圖以益孤乎李子之傳耶? 是未可知也。

愚之以明德屬氣分, 煞有曲折。昔見柳持平, 問: "華門以明德爲性信然否?" 曰: "非然也。但謂明德是本心, 而本心以爲理。" 愚曰: 上句吾亦云然, 下句可疑。本心是有覺有爲, 而亦謂之理, 則理亦有爲, 而異於朱子矣。明德本心, 不得不屬之氣分, 此瞽說之所由起也。【「答李光逑」】

有問"明德便是仁義禮智之性否", 朱子曰: "便是。此明德之以本體言者也。" 又有問"明德是心中之理否", 朱子曰: "便是。心中許多道理, 光明鑑照, 毫髮不差, 此明德之兼體用言者也。" 雲峯胡氏曰: "『章句』釋明德, 虛靈不昧是心, 具衆理是性, 應萬事是情, 是明德也心也性也情也, 渾是一理也。故朱子曰: '天之賦於人物者謂之命。人與物受之者謂之性。主於一身者謂之心。有得於天而光明正大者謂之明德。'" 又曰: "自天之所命謂之明命, 我這裏得之於己謂之明德, 只是一箇道理。" 玉溪盧氏亦曰: "天地之中, 太極是已。天之命我, 此也; 我之明德, 此也; 謂之至善。亦此也。"【此可與上第三條中言曾傳明德至善之分, 自參看。】自朱子始釋明德,下及諸儒論說，莫不班班以明德爲理，而今乃貶降而屬之氣分者，獨非異於朱子者乎？【朱子說，散見於『語類』諸書者甚多，今不能盡提。】本心之有覺有爲，即此理至神之用也。所謂無爲者，以此理之渾然者，都無安排造作之迹耳。若此理元無可覺可爲之妙，而有覺有爲者，專爲氣分而已，則所謂理者，只是冥然塊然底死物而已。安得爲氣之主乎？朱子曰："太極便會動靜。" 又曰："陽明陰晦，非人心太極之至靈，孰能明之？太極之至靈，非有覺乎？會動會靜，非有爲乎？" 今既不識此心主宰之妙，而又因明德之爲本心，而並以明德屬之氣分，蓋其一轉，而以以性爲體者心謂之氣，再轉而以便是性者明德謂之氣，然則所謂性者，獨能保其爲理而不爲氣乎？噫其殆而。

然氣有粗有精，精爽精英，虛靈神識，朱子皆謂之氣。吾之云云，即此意也，非形氣之謂也，自注：蘆沙答人書，以陰陽爲天地之心，又謂明德道心，皆是心上說，直指爲理未安，鄙說亦是如此。【上仝。】

以明德爲氣，終不淸快，故又說是精氣，殊不知氣之精爽，與所謂精氣者，語勢自別，亦不可混也。朱子曰："氣之精英者，是神，水火金木土，非神。所以爲水火金木土者。是神，在人則仁義禮智信。是也。" 夫所以爲水火金木土，與在人之仁義禮智信，朱子之說精英者，分明如此，而曰皆謂之氣，不幾誣乎？朱子曰："虛靈自是心之本體。" 虛即張子所謂合虛與氣之虛，而靈 即朱子所謂太極之至靈，純粹至善之性者也。是以黃勉齋於朱門爲嫡，而其言曰此心之理，炯然不昧，此之謂虛靈知覺。雖以陳北溪之侵過氣界，【退陶云。】而猶曰"理與氣合"。所以虛靈，乃於此，一切塗抹而不之管耶？神識 固容有以氣言者，而至言妙萬物【神】專一心【知】者，則朱子決不以氣爲言矣。蘆沙之於心理，或不能無騎牆說者，然此語濶看之亦無害。以一陰一陽之謂之道也，又嘗曰"修養家鍊氣之學"，則嘗聞之矣："明氣之學"，未之聞也。則其不以明德爲氣者。不其較然矣乎？

所說，理或有使氣之時，氣或有自行之時，二疑。以愚觀之，朱子曰："理所當然 若使之也。" 此理使氣之說，而曰若則非有作爲可知也。栗翁云："陰靜陽動，其機自爾，而其所以陰靜陽動者，理也。" 此氣自行之說，而曰所以然者理，則非無本原可知也。【上同。】

理譬則主也，氣譬則僕也。主而命僕，常也。僕之自行，舛也，如天命天與天體物。

帝謂帝臨神妙萬物，心命物，前籍所載，無不以理之使氣者爲常言，至其或不及，梗閡不順理處，乃說氣行。

如蹶者趨者，氣也。只爲理無形而氣有形，故理之使氣，微而不可見。然理不離氣，氣之所到，理亦到。“昊天曰明，及爾出王。昊天曰旦，及爾遊衍。” 何嘗有一物之不體？且道天之不能諄諄以命之，而孟子以爲天與之者，豈故爲迷茫不可測之語哉？以其實有是理赫明臨在，不容遷就他說也。栗谷所謂其機自爾。非有使之者。已不可謂識理之主宰者，旋又慮其言之過，而更著所以然者理，則語仍歸重在理上，猶之可也。今却以氣自行之說當之，正所謂愈遠而愈失其眞者，此類非耶？【詳田氏意，以理使氣，從本原上說，而以氣自行，從形迹上說。蓋濶看似亦無害，然只以兩或有機下立說，便有常舛之分，此不可不精覈也。】

心之本體，固無聖、凡之殊。但其用則不能無純、妄之別。昔陳明仲自謂其心與孔、孟無異，則晦翁謂其言之過而不自知也。今吾輩學人，須將聖賢之言，反求諸心，驗其所在所發，果能不悖於理，然後孔、孟之心，始可得而識矣。【「答黃鳳立」】

此條所言，最爲近之，但須審覈心之本體，所以無聖、凡之殊者，是何也？【孟子曰“聖人與我同類者”，謂理也義也，吾欲以此繼之。】純、妄之別，固當於用處見之。然體純則用亦純，其妄者客用也。吾心之所存所發，不悖於理，亦以其不失此本體之全耳，非有加於本心分外者。

尤翁「答朴景初」書云: “所謂性惡者。是於發時隨氣，或剛或柔，而發之不中，非於未發之前，與善性相對而立也。” 是與湖中先輩，未發前氣質性有善惡之說，不同云云。【「答徐柄甲」】

愚之所聞，亦如此。蓋曰人之可以爲堯、舜者，以其有此性也。若未發而已自汩亂，則衆人自有一性矣。更何能有存養擴充，以冀夫堯、舜之同歸哉？且以氣質之性言之，節性者，節其驕淫之性也，忍其食色之性也，驕淫食色，非發後而何。

心與理一則聖矣，未前，心之戾於理者，十常八九是之謂過，苟自知而立改之,此心還復合理。一時合理，則是一時聖人。事事如是，則全體是聖人。【「答朴昌玉」】

此條平看亦無害。然吾請問之，心之與理一者，是本來然否？是心本非理，而聖人能一之耶? 心本非理, 則其一之者僞也。必將戕賊心矯拂心, 做聖人歟。昔有論心不違仁, 問: "莫是心與理合而爲一否?" 朱子曰: "不是合。心自是仁。" 觀此則其所謂合理者, 猶不能無與理爲二之嫌, 可知。但曰"還復"則其初之未嘗非理者, 自不可隱也。一時合理, 則一時聖人。驟語似宜如此, 然程子曰: "日月至焉, 與久而不息者, 所見規模, 雖略相似, 其意味氣象逈別。" 此須深潛而得之, 恐未可快說與人。

虛心學道四字, 試自體{究}[3]於性理太極, 亦可下虛字否? 於心靈知覺。亦可下學字否? 只此足以見一種議論之舛矣。且道是性之具於心者, 學是心之効夫道者, 此亦見得性師心弟之妙, 而彼泄泄沓沓之說, 自不能立矣。【「答李柄迪」】

曾見古書, 有云學性、學理、學太極者否? 學之爲言, 効也。後覺者, 必効先學之所爲, 此學之正訓也。道是人物當行之路, 而前人已有成法, 可學也。虛心之心, 所指自別, 蓋謂虛其驕矜之心, 而所謂心者, 即血氣之心也。今乃捋取以作心學性之證案, 何哉? 且以性言之, 所謂節性忍性者, 是將待誰而爲之學耶? 張子言: "大其心則能體天下之物。" 又云: "心大則百物皆通。" 又云: "正心之始, 當以己心爲嚴師。" 此言, 皆何謂也?

朱子曰: "性者, 心之理。" 愚曰: "心者。性之氣。" 朱子曰: "尊我德性, 希聖學兮。" 愚曰: "心自尊者。歸異蹊矣。" 奉請諸公, 日夜務檢束此心, 以欽承仁義也! 心且檢束, 況於氣乎!【「與湖西諸君」】

此見田氏自任之重, 以爲可媲於朱子之傳者, 使人慄然, 不可正視。雖然, 獨未知朱子之言性者, 將可曰氣之理乎? 朱子曰: "心者。性情之主。" 與今所謂性之氣者, 同乎? 氣而爲性主, 以爲然乎? 朱子分明說"心者, 天理在人之全體", 而田氏以爲"性之氣, 不可謂不異也。" 朱子曰"惟心無對, 命物而不命於物者也", 其尊爲如何矣, 而田氏以爲"異蹊則亦末之難矣, 尊我德性者, 心也", 抑德性之外, 更有所謂心者乎?【朱子曰: "性外無心。"】欽承仁義者, 心也, 抑檢束此心者, 誰也? 其曰"心且檢束。況於氣乎", 則是心與氣, 却有分別, 何也? 此宜更商而下一轉語也。

---

3) {究}: 『간재집』에 의거하여 '究'를 보충하였다.

上帝以天道, 命敎于人心, 是之爲德性; 本心用敬功, 奉承乎天命, 是之謂道學。自注: 道是性, 學是心。【「答禹敎彦」】

且依此說, 今有先生以課業授弟子, 弟子將呼課業曰先生則可乎? 蓋田氏 知性之無爲以爲心師, 求其說而不得, 故驀然說出上帝以爲命敎之主。然田氏他日, 固嘗以上帝爲氣矣。【曾見以帝能運極, 非極運帝。足人能弘道, 非道弘人, 謂人是心氣, 而道是性理。】則其所謂以天道者, 將非如『春秋』之例, 以弱假强而能左右之之以者耶。

郭書張辨云云。【「答李鐘翼」】

頃年, 余在郭先生門, 見張晦堂丈。以所作「性師心弟辨」者寄至。其中有擧田氏所作詩, "大闢異端洲薛盧。海東千載性師翁"之句者。先生即答書云: "此詩句, 若非的見, 知爲他作, 不宜徑擧而爲言。因謂孟子之自任, 而猶曰距楊、墨放淫辭, 以承三聖者。雖以陸象山之大拍胡叫, 有曰仰手攀南極, 飜身倚北辰, 擧頭天外望, 無我這般人, 亦自處以當世之第一座而已。何嘗有掃千載而自謂一人者? 伊人不應至是"云云。【其書不能記得。其大義如此。】吾所親見者如此而已。已而有三陟人李明在寄書崔友益翰,【時崔亦在郭先生門下】詰問此詩, 初無所自出。俛翁緣何聽聞而貽書張斯文, 使之作辨也。時同座者, 莫不恠駭, 以爲言語之訛傳, 有如是者矣。及見此書, 又適一笑。【昌寧成純永爲余言: "嘗有同鄕一友人, 初遊田氏門, 見田氏座側, 書一句詩而紙外糊之, 乘間窺之, 見得上面海東千載四字云。審然則其無乃田氏之初偶妄發而卒竟諱之耶? 何其屑屑多分疏? 如此書云云耶。"】

華西臨終, 有遺囑, 故其傳鉢弟子, 改定心說, 使世間識者, 無疑於其師說之誤也。【上仝。】

華西臨終遺囑之說, 極是無謂。自柳省齋之爲心說, 始變易前聞, 稍以自附於湖、雒諸儒, 以爲安身之圖, 故同門諸人莫不譁然。如金重庵者, 已不啻與之南北, 而崔尙書、洪思伯, 皆有書辨。且柳氏心說末, 自恨其不復質於先師矣, 今復謂華西實云爾。竊恐華西之誣, 無時而可雪矣。

蘆沙雖以機自爾携貳於栗翁, 而其心屬氣之見, 何可謂之異端乎? 嘗謂鄭氏, 蘆門高弟, 棄其師說, 乃以心即理, 附合於嶺論, 而得褒賞於寒洲, 不知此於華門之柳氏得失何如也。【上仝。】

蘆沙心說，固有不能了當者，然只於論機自爾一條，可知其見得理爲何物事矣。豈同於田氏之見，而幸其不爲田氏之異端乎？鄭艾山之平言心即理，即其所受於師訓，而反求乎本心之所安者，何嘗有見歐於嶺議，而邀賞於寒洲之意乎？然此等華、艾門人，自當辨之。吾不敢多言。

郭、張所誤聞鄙詩，乃復公誦於世，豈欲報師怨，而借力於兩門，以益其橫擊之勢而然歟？未可知也。【上仝。】

甚哉！其陋乎言之至此。寧欲無辨，然竊獨怪夫蘆、蘗、洲三君子，屹然鼎峙於氣說擾攘之際。俱能以理學名家，則其不容於今世之君子宜矣。田氏之曾爲『蘆沙集』辨。至斥之以認氣爲理，而同之於告子、陽明之流。今忽極口分疏，以爲與朱子以來諸先生之敎，無毫髮異，至於華西，則又追誣臨終之囑，推獎背師之徒，以存顧惜之意，此其用心。亦已苦矣。而獨於寒洲，則敢攘臂以詬之，赤身以當怨而不之辭，何哉？吁！可恠也已。

曾見『寒洲集』有云："性不可獨當太極，惟心乃可獨當太極。" 然則心當爲師，性當爲弟子而可乎？其推尊心字，已到極處。『語類』譏陸氏學而不論性，不知所學何事。彼此相背，不啻朔南之判矣，猶且以朱子是三字，建立標幟，不知世人 皆信之否乎。【上仝。】

學而不論性，固陸氏之失也。寧復謂學而論心，是朱子之所譏乎？且寒洲亦何嘗是不論性之學者？性猶太極，固朱子語也。心爲太極，獨非朱子之所特書於『啓蒙』之編者乎。且猶字，是擬議之辭，而爲字，則直指其實心之當太極，豈爲無所稽者耶？性是心之靜，而獨當太極，則太極偏於靜矣。朱子所云，只以心之理而言故也。洲說之謂不可獨當者，亦見其有發於朱子之餘意，而非故以相瘉也。心之爲師，已有張子說，雖言之，固無不可。但師弟之分，寒洲初無是意，而乃以己意逆之，硬做立言之倒而罪之。竊恐其舞文之酷，不但爲本草之誤注而已也。

心如門扇，道如臼門。扇植在臼內，可以開闔。心出{于道}[4]外，如何運用？此近日乃有其心自認爲道者，所見如此，則所發無非此心，而亦皆自以爲道矣，是庸有別於異

4) {于道}: 『간재집』에 의거하여 '于道'를 보충하였다.

說矣乎? 自注: 釋氏認心爲性、爲道, 故以心之自然發見者, 皆謂之道矣。【「答鄭道鉉」】

門扇必植於臼而後, 能開闔, 則節制在臼, 而不在門扇矣。如是, 則心不能主宰, 而反待道以爲節制也。且道是心中所具之理, 而今謂心在道內, 則無或爲倒說乎? 心之爲道爲性, 非近日之異說也, 亦非釋、陸之所誤也。『論語集註』曰: “心卽體, 體卽道。” 程子曰: “心卽性, 性卽理。” 東萊呂氏亦曰: “心之與道, 豈有彼此之可待乎? 心外有道, 非道也; 道外有心, 非心也。” 此言皆何謂也? 蓋以理言, 則心也、性也、道也一也。但性是所以然之理, 而道 是當然之理, 而心是能然之理, 此其名義之所由分也。

「性尊心卑的據」云云。【已下雜著】

心、性, 以理言, 則性尊而心亦尊。如孟子言性善而程子言心本善是也; 以氣言, 則心卑而性亦卑, 如張子言氣質之性而『禮記』言非辟之心是也。二者要須稱停說去, 自相下不得。田氏之言心性則不然, 每以純粹至善之性, 作對乎放辟邪妄之心, 正如孟子所謂不揣其本而齊其末者, 則性雖得其尊, 而非所以論心之本然者, 此一失也。性者, 心之理, 心外非有性也; 心者, 性之主, 性外非有心也。二者雖有地頭之異, 而二之則亦不是。田氏則必欲歧分而類辨之甚, 以王伯、義利之相反而不相入者喩之, 則心、性各爲一物, 勒成尊卑之名, 而其實則非所以爲尊卑者, 此二失也。朱子之論心、性、情曰: “元亨利貞, 性也; 生長收藏, 情也。以元生, 以亨長, 以利收, 以貞藏者, 心也。仁、義、禮、智。性也。惻隱、羞惡、辭讓、是非。情也。以仁愛, 以義惡, 以禮讓, 以智知者, 心也。” 以者, 主宰之謂也。在天曰宰, 在人曰天君, 萬化之本而性情之主也。田氏則必以心之有覺爲氣之造作, 而性之無爲爲理之眞體。理爲無用之長物, 而神妙知周, 一切以氣而抑之, 則名雖尊理, 而無可尊之實, 主宰之權, 盡管歸於氣矣。此三失也。朱子曰: “心固是主宰底, 所謂主宰者, 卽此理也。” 又曰: “神妙萬物, 此言形而上之理也。主宰神妙之爲理而不爲氣, 可尊而不可卑, 有如此者矣。” 朱子又曰: “有這知覺, 方運用得這道理。運用字有病, 只下得妙字。” 運用之與妙, 其別嫌有如此者矣。田氏乃以主宰妙用、運用作用, 混同作形氣邊語, 其昧於理氣上下之分, 而不覺自異於朱子者, 亦可知矣。至若此篇所擧, 奉天時畏天命, 拳拳『中庸』尊德性, 求餘師, 欽承仁義等諸說, 皆不過言君子學問之道, 而本不爲心性分疏者。乃捋取而節推之, 務以授合於己說, 似此議論, 眞所謂六經皆我註脚底法門, 固不必枚擧而歷辨。至於心統性情, 心爲性情之主宰二語, 又最是不可卑心之明證。於是求其說, 而不得, 則又引天子統攝天地等語, 以明統非尊於所統之意, 亦可謂跲於所窮矣。夫天子固非尊於天地者, 而其曰"統攝天地"者, 極其尊而言之也。以是謂統反卑於所統者, 則豈名言之所宜然乎? 且其引程子曰"學者必求師, 師者, 理義也", 此則言學者就有道而正焉。如韓子言"道之所存, 師所存也", 皆以其可師之人而言之耳, 本不當於師性之意。朱子曰"人物之生, 莫不得其所以生者以爲一身之主", 此則言心爲一身之主, 如言天地生物之心, 人得之以爲心也。『箚疑』以所以生者爲仁義禮智之性。已不無地頭之少差, 而今又以身之主, 幻作心之主, 謂心得性以爲主, 不亦異乎?

氣質雖得於受生之初, 而所謂氣質之性, 則始見於應物之時矣。雖曰性, 而非原初稟得理, (方有)[有萬][5]不同也。然則何以曰雜理與氣而命之曰氣質之性也? 竊嘗反己以驗之, 凡應事接物之時, 客氣橫騖, 則上面所載之理, 被它拘牽而不能自遂, 則其發見之理, 始有偏惡與過不及之可言者。【自注: 偏惡過不及是氣 如此, 則理亦如此。然所偏惡過不及, 非理也, 乃氣也。】故曰"雜理與氣而命之曰氣質之性也"。今言天性柔緩, 天性剛急, 但言發見之氣質然爾, 非禀受得理, 實有柔緩强急也。所謂柔緩强急, 既生後未發前所無, 而謂之天性者。以其與性俱生也, 故曰當初禀受氣質之性也。【自注: 楊愼、紀均輩, 詬詈朱子, 靡極不至。前輩謂之性生, 性生如言天性也。】然其意非謂當初稟受得(性)[理],[6] 亦有不齊也。使所謂理者, 果有異稟, 則異稟之後, 雖萬番單指, 竟是不齊之物, 安得先有異理而後有同理之理乎? 吾故曰"萬人物萬氣質無一同者。萬氣質萬性理無一異者", 此可俟賢而無疑之言也。

其曰"應事接物之時, 客氣橫騖, 則上面所載之理, 被它拘牽而不能自遂, 則其發見之理, 始有偏惡與過不及之可言者"則得矣, 而其曰"當初稟受氣質之性", 則得非再數廊柱耶? 夫氣質之性之名, 始發於張子, 曰: "形而後有氣質之性, 善反之則天地之性存焉。故氣質之性, 君子有不性者焉。" 曰"形而後", 則是見於行事之

5) (方有)[有萬] : 저본에 '方有'로 되어 있으나,『간재집』에 의거하여 '有萬'으로 수정하였다.
6) (性)[理] : 저본에 '性'으로 되어 있으나,『간재집』에 의거하여 '理'로 수정하였다.

後也; 曰“善反之”, 則知其初固亦天地之性也; 曰“不性焉” 則以其非稟受之本然也。蓋凡人生, 生下來, 元有氣質之美惡, 以爲性之資。但未發之時, 氣未用事, 性自依舊, 如泉底之雖有泥沙, 而方其靜而止也。則水仍保其明爭, 到得風波攪亂, 水爲泥沙所渾。如此, 方名爲氣質之性耳。其濁之者, 固泥沙, 而所濁者, 則却不可謂非水也。然若謂這濁水, 自出泉而已然, 則豈水之性也哉? 柔緩强急, 亦在乎既發之後, 氣質用事而言耳, 而其亦謂之天性者, 以氣質之與性俱生, 而其所以用事者, 亦性之所爲也。何則? 氣非理, 亦做出惡不得也。雖然, 此皆是一切方言之成習者, 非所以爲正訓於氣質之性者也。“氣質無一同, 性理無一異”, 此二句, 若以性道雖同, 而氣稟或異者, 言之。固有恁地說時, 若以知覺運動, 人與物若不異也。仁義禮智, 豈物之所得而全哉者? 言之立論, 須有別, 蓋必同而知異, 異而知同, 乃爲得之。其曰“萬無一異同”者, 語頭似太重, 恐未必見信於來世, 如今日之所自信也。

有問於世儒曰: “太極爲陰陽之主, 道爲器主, 理爲氣主, 此三句其異指否?” 對曰: “無異指也。” 於是擧性爲心宰而問曰: “此與前三句, 何如?” 曰: “心是理之有覺{有爲}[7]者, 性雖曰理而畢竟無覺無爲者, 如何得爲有覺有爲者之主乎?” 問者曰: “向所謂太極道理, 豈有覺有爲乎? 此與孔、朱以人心道體, 分有覺無爲之正訓, 判然別矣”云云。

說無爲亦有別。曰理無爲者, 是對氣無迹而言也, 所謂無爲者, 特無其爲之之迹耳。若爲之之妙, 則固未嘗無也, 此其所以能爲氣之主也。曰性無爲者, 是對心有覺而言也, 所謂無爲者, 單指其實體之渾然至靜, 不侵過能爲之妙者言之, 故必得心以爲主宰之妙也。此不可不子細看破, 若不究其本, 不核其實, 一切號於衆曰無爲者, 爲有爲之主云爾, 則是舜之命官咨牧, 猶未純於君人之道, 而漢獻之徒擁虛位, 乃爲天下之眞主矣。且朱子分明說心者, 性情之主宰, 而今却飜說性爲心宰, 則其所自以爲獨見者, 不但世儒之所瞠然, 抑亦出於朱子之所不意也。使朱子而作於今日者, 亦安知不與爲今日之世儒乎? 郭先生嘗論此曰: “以心爲氣, 則氣爲主宰, 終不淸快, 故却又說性爲主宰。而心之爲氣者。得專其部分, 其設心發慮, 若是乎苟且藕難, 流遁恍惚, 而作抵死不肯放舍之圖, 明矣。可謂識破腸肚矣。

7) {有爲} : 『간재집』에 의거하여 '有爲'를 보충하였다.

或問: "心有死生乎?" 五峯胡氏曰: "無死生。" 朱子以此爲幾乎釋氏之說矣。所謂心者, 隨形氣而有始終, 何必爲此說, 以駭學者之聽乎? 按近世, 認心爲理爲太極, 然而欲依朱子所駁胡氏之說, 則將曰"理有死生, 太極有死生矣"。前太極死, 則後太極生矣, 爲「剝」、「復」之陽乎。抑將爲輪回之氣乎? 今請學者只要用戒愼恐懼、憂勤惕厲之功, 不令此心, 有一息之死而不違乎太極之體。此爲緊要功夫, 絶大事業, 宜守而勿失, 未可効諸家空言無益之習也。

心之爲心, 本以在人而得名, 亡是人則說心亦不得, 此所謂隨形氣而有始終也。然其直謂釋氏之說, 而曰幾乎。不曰何可爲此說, 而曰何必; 不曰以誤學者, 而曰以駭學者之聽, 豈不以其猶有別於形氣論迴之說耶? 『中庸』曰: "誠者, 物之終始。"『章句』曰: "所得之理旣盡, 則是物亦盡而無有矣。" 是理與物爲終始之說也。蓋無死生無終始者, 此理全體之一也; 有死生有終始者。此理萬殊之分也。直看是一樣, 橫看又是一樣, 自不相妨也。且田氏嘗曰: "道無成壞而心有死生。"【「答鞠廷煥」書。以此爲形上下之分。】 若有詰之者曰"道無成壞, 而却不免待人而有顯晦者, 何也?" 不知田氏將何以答之?【詳此條下文所言, 一息之死, 却似以心之放存爲有死生。夫旣以心爲氣, 則不可將旣死之氣, 復爲方生之氣。是則凡人一生之間, 已不知有幾千萬個心矣, 烏乎可哉?】

性師心弟四字, 是僕所創。然六經累數千言, 無非發明此理, 可一以貫之, 中夜以思, 不覺樂意自生, 而有手舞足蹈之神矣。彼不曾自體者, 疑性是無言之理, 如何能爲心之師, 陋哉言乎! 孔子人師也, 其道且有不待言而顯者。故嘗欲無言, 而顏氏便能默識。聖人之蘊, 亦不言而化, 而敎萬世無窮矣。今性之發見於日用之間者, 精微曲折, 無非至善, 以若心之神明靈覺者, 何待逐一指點, 而後 知其爲可師而學之耶? 自注: 近世有其心自處以聖師, 而指性爲兆民, 此將敎性, 去惡而後無惡, 爲善而後始善, 其倒置已甚矣。彼疑性無言而不足爲師者, 其病源却與此同。

孔子之欲無言者, 以其有無行不與之實也; 顏子之不言而化者, 以其有終日不違之實也。若元無其實而徒以無言爲師, 則小子何述, 而無以敎萬世矣。異哉! 田氏之求師也。纔見有爲, 遂以爲眞有; 纔說無爲。便以爲眞無, 有者抑之, 無者主之, 有無之陋, 紛紛然多辨矣。老子曰: "無名。天地之始; 有名。萬物之母。" 充田氏之論, 其不爲是者, 幾何矣? 吾恐是說之行, 將使天下學者, 相率而歸於淸靜寂寞之宗也。【田氏常言理無妙用，而其言性發見於日用之間者，精微曲折，無非至善。却見其不能無爲之之妙。豈其亦嫌於無爲之不能爲歸，從而爲之辭耶？】心爲聖師，而性爲兆民，愚陋未知其爲誰氏說。然以心統性情，性不知檢其心者言之，亦容有如此說時，必以心可敎性乎。詰之，則恐出於抉摘之甚而酷吏之訊也。

吾儒以心與理爲一，乃欲心之運動作用與理爲一也。釋氏以心與理爲二者，恐理爲心障，必欲判而離之也。【自題「正學異端」。】

吾儒以心爲理。故不期於與理一而自一。【本體如此。故用工亦如此。】釋氏以心爲氣，故必判理以二於心。【本領如此。故事爲亦如此。】然則彼所謂唯我獨尊者，與理爲二，而非吾儒之所謂心也明矣。今或不以吾儒之所謂心者爲心，而反譏心理爲佛禪之見，不知於「正學異端」之辨爲何如也。

道術之不可一久矣。頃因山西李友，得見田臺艮齋氏答知舊門人書及雜著總章一册，其中言心性理氣之分者，可謂成癖矣，而最其旨歸，不過性尊心卑與夫打破心理之說而已。反復數回，竊不勝瞠然郤顧，因以謏見。對置條辨于逐段之下，使田氏見之，固知其不滿一笑。然區區爲此。亦何嘗有校彼我角勝負之意？況天下之義理無窮，我之猶未必信，而敢以求信於人乎。聊書以藏之，以俟進後看如何耳。嘗聞心爲性情志意思慮之總名，故性情志意思慮皆從心，而性情志意思慮之外，無所謂心者也。如車爲輪轅輻轊軸轄之總名，故輪轅輻轊軸轄皆從車，而除了輪轅輻轊軸轄，更不見所謂車者也。推而至於水之源流、木之根枝，莫不皆然。由此觀之，不惟不可以性而卑心，亦不必以心而求對於性也。並録之後，以與知道者財焉。玄狗春仲日，漫稿。

4-9-2

「독이만구조변한주통서차의讀李晩求條辨寒洲通書箚義」【癸酉】(『重齋集』 卷42 雜著)

해제

1) 서지사항

김황이 지은 논설. 『중재집(重齋集)』 권42에 실려 있다.

2) 저자

김황(金榥, 1896~1978)으로 일명은 우림(佑林), 자는 이회(而晦), 호는 중재(重齋)이다. 경상남도 의령군 궁류면 어촌리에서 태어났다. 면우(俛宇) 곽종석(郭鍾錫, 1846~1919)의 문인이다.

3) 내용

김황이 이중기의 글을 읽고 쓴 후기 논설이다. 이중기는 이진상이 지은 「통서차의(通書箚義)」에 대해 조목조목 반박하는 논변을 지었는데, 김황은 이중기의 문리가 정밀하고, 그의 생각이 김황 자신의 견해와 일치하는 곳도 있음을 먼저 서술한다. 동시에 이중기의 비판이 온당하지 못한 사례도 몇 가지 지적하고 있다. 대체적인 요지는 이진상이 태극이 리(理)라는 점을 부정하지 않았고, 충분히 리(理)를 중심으로 『통서(通書)』를 설명했는데, 이중기가 때로는 심(心)만을 거론하며 비판한다는 것이다.

4-9-2 「讀李晚求條辨寒洲通書箚義」【癸酉】(『重齋集』 卷42 雜著)

謹按: 洲上之爲「通書箚義」, 屢更修改, 此集所擧, 無怪其可議也。晚求所見於文理, 儘精當。槐昔年嘗受是書於茶田門。所聞大槪與此無異同, 至於「聖蘊章」末一節之欲移置於「務實章」之下, 鄙見亦嘗作如此, 深喜相契之不偶然也。 但「理性命章」之靈, 「箚義」之以理言, 恐無可疑。而晚求却擧本注之只以心言者, 以駁之, 不知何謂。本注不曰“人心, 太極之至靈乎”, 則雖心言而太極之爲理, 不可誣也。若必以“以理妙理”、“以理明理”, 爲不達於語, 則古人言“智者心之神明, 所以妙衆理而宰萬物”, 亦將不以智爲理而可乎? 且心之明彰微, 猶神之妙動靜也。晚求於「動靜章」之神, 旣明其以理言矣, 而獨於此, 斬下一理字, 豈不異哉?

4-9-3

「한주심즉리설전간재조변변寒州心卽理說田艮齋條辨辨」【戊子】(『重齋集』 卷44 雜著)

해제

1) 서지사항

김황이 1948년에 지은 논설. 『중재집(重齋集)』 권44에 실려 있다.

2) 저자

김황(金榥, 1896~1978)으로 일명은 우림(佑林), 자는 이회(而晦), 호는 중재(重齋)이다. 경상남도 의령군 궁류면 어촌리에서 태어났다. 면우(俛宇) 곽종석(郭鍾錫, 1846~1919)의 문인이다.

3) 내용

이 글은 이진상의 「심즉리설(心卽理說)」을 전우(田愚, 1841~1922)가 「이씨심즉리설조변(李氏心卽理說條辨)」을 지어 변론한 것을 김황이 다시 변론한 것으로 총 26개 조목으로 되어있다. 제1항을 보면, 이진상이 그의 「심즉리설」에서 "심즉기설은 실제로 근세 유현에게서 나왔다.[心卽氣之說, 實出於近世儒賢.]"라고 하여 심즉기설이 근원이 미약하다고 하였는데, 이에 대하여 전우는 심즉기설이 이미 정주이래의 정맥이라고 변론하였었다. 본편에서 김황은 전우의 주장이 옳지 않음을 조변하였다. 전우는 "심(心)은 곡식의 씨앗과 같고, 생장(生長)하게 하는 성(性)이 인(仁)이다."라고 한 정자(程子)의 말과 "심은 성(性)의 성곽이다."라고 한 소자(邵子)의 설을 주자(朱子)는 모두 깊이 취하였다고 하여 근원이 미약하다고 한 이진상의 말에 반론하였다. 김황은 심(心)은 곡식의 씨앗과 같다는 것은 통체적으로 말한 것이고, 생장(生長)하게 하는 성(性)이 인(仁)이라는 것은 양기가 발동하는 정(情)을 언급하였으니 심이 성정(性情)을 통솔하는 것임을 알 수 있다고 하였다. 그런데 전우는 '생리(生理)'를 전적으로 성에 귀결하니 심은 다만 껍데기일 뿐으로 결코 정자의 뜻이 아니라고 논박하였다.

이진상이 "심(心)을 기(氣)로 여기는 것은 옥공이 옥돌을 돌이라고 말하는 것과 같다"라고 한 것에 대하여(제2항) 전우는 가령 근세의 유현들이 기질(氣質)과 정신(精神)을 가리켜 심이라고 하였다면 마땅히 돌을 옥이라고 해야 할 것이라고 변론하였는데, 김황은 기(氣)를 기준으로 말하면 진실로 정조(精粗)의 구분이 있고, 리와 상대하여 말하면 똑같이 기일 뿐이니, 비유하자면 돌이 옥을 포함하고 있는 것과 같아 비록 추세(麤細)의 차이가 있더라도 또한 똑같이 돌로 귀결될 뿐이라고 하였다.

이진상이 "『맹자』 7편에는 심(心)자가 많이 쓰였는데 그 중 한마디도 기(氣)를 가리킨 것은 없다. 맹자는 기가 심을 보존하지 못함을 걱정하고 기가 도리어 그 마음을 움직일 것을 근심하였다."라고 한 것에 대하여 전우는 맹자가 논한 '인의의 심'은 가장 중점적으로 리의 관점을 말한 것이나, 심이 인의에 근본한 것을 가리켜 말하였으므로 심을 인의로만 본 것이 아니라고 하였는데, 김황은 맹자 안에 과연 심을 기라고 한 것이 있느냐고 반문하며 이른바 인의지심(仁義之心)이라는 것이 인의지기(仁義之氣)와 같으냐고 하였다. 이에 대하여 정자의 말을 원용하여 소주(小注)로 설명하기를 "사람은 반드시 인의의 심이 있은 뒤에 인의의 기가 순수하게 밖에 도달하여 나타나는 것이다."라고 하여 심이 본(本)이고 기가 말(末)임을 진력으로 주장하였다.

이진상이 "도심(道心)이라고 하는 것은 심이 리(理)를 따르는 것이다."라고 한 것에 대하여 전우는 심이 리를 따른다고 했으니, 심은 리가 아님이 분명하다고 하였다. 만일 리라면 어떻게 리를 따른다고 말할 수 있겠느냐고 하였다. 또 '심이 곧 리'라면 '도심'을 '도리'라고 해야 하고 심이 리를 따르는 것을 리가 리를 따르는 것이라고 해야 하니 모두 말이 되지 않는다고 하였다. 심이 과연 리라면, 심을 따르는 것이 이미 리를 따른 것이다. 그런데도 다시 법도를 넘지 않는 것이 있다면 이는 리 밖에 다시 리가 있는 것이니, 머리 위에 또 머리가 있을 수 있느냐고 논박하였는데, 김황은 만일 심이 기라면 인심을 인기(人氣)라하고 도심을 도기(道氣)라하며 양심(良心)을 양기(良氣)라 하고 본심(本心)을 본기(本氣)라 해야 하느냐고 반문하며, 심은 나의 지각에 달려있어서 리를 따르기도 하고 기를 따르기도 한다고 주장하였다. 김황은 심과 성이 본래 하나의 이치인데 지극히 고요하여 함이 없는 것을 성이라고 하고 주재하여 신묘히 작용하는 것을 심이라고 한다는 것으로 심과 성을 설명하였다. 심은 체가 없어 성으로 체를 삼으니 심은 성과 분리해서 말할 수 없다는 것이다. 전우는 육상산과 왕양명이 말하는 심즉리는 심과 성을 하나로 본 것인데 영남학파는 육왕의 논리와 같은 것이라고 논박하였다.

김황이 보는 심은 어디까지나 도심과 인심의 구별이 뚜렷하여 기질의 변화를 통해서 도심이 인심을 주재하기를 바란다. 김황에 의하면 심시기설은 육왕학을 경계한 것과는 모순되게 육왕학과 마찬가지로 사사로운 욕망의 현상을 인간의 보편적이고도 본질적인 심으로 간주할 위험이 있다고 보았다. 같은 논리로 전우는 심즉리에 대해 불가의 설과 같다고 비난하였다. 이에 대해 김황은 『주자대전』의 「답장흠부(答張欽夫)」를 원용하여, 석씨가 비록 오직 한 마음을 밝힌다고 말했지만 사실은 마음의 본체를 몰랐고, 비록 마음이 모든 일을 일으킨다고 말했지만 사실은 마음 밖에 따로 법이 있는 것이 아니기 때문에 천하의 큰 근본을 세우지 못했으며 안과 밖의 도를 갖추지 못했다고 하였다. 김황의 심즉리설에 대한 믿음은 자득(自得)과 전우 등 다른 학자들의 비판에 대응하는 과정에서 더 깊어졌다.

김황은 사회가 극변하여 유학이 도외시되는 현대 속에서도 유교가 지향하는 인간을 완성하는 것이 현대를 지탱할 수 있는 근간이라고 생각하고 실천했다. 우리나라의 경우 퇴계와 율곡이래로 인간의 마음을 바라보는 관점과 도덕적 성취방법에 대한 인식의 차이로 다양한 양상의 심설론이 제기되었으나, 이는 오히려 서로의 단점을 보완해 줄 수 있는 풍토를 마련했다는 긍정적 가치가 있다. 일제강점기와 해방, 그리고 한국전쟁까지 다 겪은 격변기에 살았던 김황은 성리학의 근원을 캐어 자신을 지탱해 온 학문의 관점에서 세상을 이해하고 활동하였다. 한주학파의 마지막 거장으로서 주리학인 영남의 한주학문을 공경하여 지켰고, 주기학인 기호의 심학을 잘못된 학설이라고 평가하였다.

심즉리설과 심시기설은 정주학에서 나온 심법 중의 하나들이다. 심시기설이 그 원조인 율곡의 주장에 따라 마음의 리(理)를 급하게 거론하기보다는 변화기질의 과정을 중시하는 이론이고, 심즉리설이 본심의 확인을 중시하는 퇴계학의 발전된 이론임은 분명하지만 어느 것이 더 적극적인 실천성을 가진다고 대비하기에는 첨예한 대립이 없을 수 없다.(참조: 김낙진, 「중재 김황의 심즉리설 옹호와 활동」, 한국학논집, 2018) 그럼에도 불구하고 전우의 문인들이 스승인 전우의 길을 따라 유교적 도의(道義)의 교육과 계승을 위해 평생의 노력을 기울인 반면, 한주학파나 화서학파의 문인들은 위정척사실천의 앞줄에 서있다. 위정척사론에 대한 평가는 시대에 역행하는 보수적인 사상으로 혹평되기도 하지만, 당시 상황을 염두에 둘 때 외세에 무너져가는 국가를 지켜내고자 하는 절실한 의식이었다. 이는 의병과 독립운동의 실천으로 이어져 구국의 중심이 되었으니, 유학을 이론의 틀 속에만 가둘 수 없는 큰 의미가 있다.

4-9-3 「寒州心卽理說田艮齋條辨辨」【戊子】(『重齋集』 卷44 雜著)

“心卽氣之說, 實出於近世儒賢。”

○ 辨曰: 程子曰: “心如穀種, 生之性是仁。” 邵子曰: “心者, 性之郛郭。”【朱子於此二說, 皆深取之。】 上蔡曰: “釋氏所謂性, 乃吾儒所謂心。”【朱子以此爲剖析精微。】 朱子曰: “釋氏摩擦得此心極精細, 便認做性, 殊不知此正聖人之所謂心。”【戊午以後。僩錄。】 又曰: “神是氣之至妙處。”【辛亥以後。賀孫錄。○ 以後二字, 竝包先生末年, 而李氏「答李肅明」書, 却只云辛亥錄。李氏集中, 此等處極多, 殆近於舞文弄法之術, 可怪也。】 勉齋曰: “神有知覺, 能運用。”【以知覺運用爲性爲理, 異學之說。吾儒不然也。】 孔子曰: “操則存, 舍則亡, 出入無時, 莫知其鄕者, 惟心之謂。”【心是氣分上物事, 故有是言。】 朱子曰: “存者, 此心之存也; 亡者, 此心之亡也, 非操舍存亡之外, 別有心體也。”【心果是理而理亦可以操舍存亡論乎?】 程子曰: “心, 要在腔子裏。”【朱子論此, 有“馳騖飛揚, 以徇物欲於外”之語, 此果可以理看者乎?】 又曰: “只外面有些罅隙, 便走了。” 【所謂理者, 亦如此慧黠否?】 孟子曰: “理義之悅我心, 猶芻豢之悅我口。”【口與芻豢 非一物, 則心與理義, 獨無辨乎?】 朱子曰: “知覺, 正是氣之虛靈處。【「答林德久」書, 以下段『中庸』「序」云云觀之, 明是晩年定論也。】 靈處, 只是心, 不是性。性, 只是理。”【陳溪庚戌、己未所聞, 而李氏「答月川儒生」, 却歸之中年。其自爲說則乃曰“心之靈, 非性而何?”, 極可怪也。】 又曰: “其體則謂之易, 在人則言心也。體則亦是形而下者。”【易, 在人則心。李氏嘗謂“易是實理”, 而愚有所論, 今別出。】 又曰: “只有性是一定, 情與心與才, 便合着氣了。” 凡聖賢之論心, 如此者極多, 而李氏乃謂出於近世儒賢之說, 【近世儒賢, 暗指栗、尤以下諸賢。】 其意, 未可知也。如非盡塗天下後世之耳目, 使之一切無所見無所聞, 則其說, 恐難行也。

吾東儒賢之論, 固多認心爲氣分事者, 如栗、尤諸公, 蓋有所不免焉, 而至其表揭心卽氣三字, 以爲成話, 則自南塘韓氏始, 本說所謂近世儒賢者, 實指南塘以下言之, 初不及於栗、尤諸公也。田氏, 乃推上而歷擧之, 以明近世以前聖賢, 亦皆爲心卽氣之說, 其設心, 良已苦矣。大抵平說心, 則固合理與氣而成者也, 故從上聖賢言, 心或有從理言處, 亦或有從氣言時, 惟當各隨其地頭看, 不可以相病而廢一也。然而理者心之主也, 氣者心之資也, 從其主而言者, 爲直指, 從其資而言者, 爲偏指, 此最不可不審辨也。今田氏所擧諸說, 或取其偏指之偶合於己者, 或錯解本意, 驅率以從於己。蓋其胸中, 先有心卽氣三字爲主本, 則無怪乎其見氣而不見理也。乃以自家所見之如是, 而逆斷天下後世之皆然, 遂謂非盡塗耳目, 其說難行, 何其言之快也? 所擧諸說, 別爲條辨于下。

"心如穀種。"

穀種, 是統體說; 生之性是仁, 及陽氣發處之情, 卽其中所具之實, 此可見心之統性情也。若如田氏意則其中生理, 全歸之性, 而心只爲稃殼而已, 豈有無生理而爲穀種者乎? 程子之意必不其然。

"心者, 性之郛郭。"

郛郭之喩, 只取其具是理者言之。如云性者, 道之形體, 亦以其流行而見成者言之。若必執此, 以爲眞是有形之物, 匡圍之地盤, 則未免太拘而反失邵子之本意矣。且朱子嘗言邵子此語, 未免太麤。須知心是身之主宰, 而性是心之道理, 乃無病耳。今謂朱子之所深取, 殆近矯誣。

"上蔡曰"云云。"朱子曰"云云。

釋氏以作用爲性, 而其摩擦之精細處, 有似乎此心主宰之妙。而性則元屬至靜無爲, 又容着這個不得, 故兩先生云爾, 初非所以論理氣之分也。

"神, 是氣之至妙處。"

朱子言神, 如云理之發用, 如云理之乘氣而出入者, 亦多有之, 而乃獨引氣之妙處一句, 將以證成心卽氣之說故如此。然論心只可論心, 攙入神字亦不明白。今且就其所引而言之, 亦不免有些差郤了。考之『語類』, 問"神是氣之至妙處。"【云云。】"亦只是形而下者曰神, 又心之至妙處。滾在氣裡說, 又只是氣, 然神又是氣之精妙處, 到得氣, 又是麤了。"【云云。】看此本文, 則氣之至妙處, 乃問者之言, 而先生之答以爲又是心之至妙處, 則以其非氣之所可了當故也。若滾在氣裡說, 則又只可謂之氣, 然亦當爲氣之精妙, 而非比他氣之麤了。蓋神是理氣交際之妙, 故本當爲心之妙, 而亦可爲氣之妙也。於此尤可以見心之與氣異處, 而不足爲心卽氣之證案明矣, 小注以後二字之辨, 亦不爲無理, 然使洲上而棄却此說, 則或可以此疑之。旣不棄却, 則二字有無, 何所輕重而訶斥之如是刻也? 況論說之異, 非專關繫年條, 而記錄之誤, 時有所不免者乎!

"神有知覺能運用。"

『語類』直卿云: “看來神字, 本不專說氣也, 可就理上說, 先生只就形而下者說。”【云云。】 看此則勉齋之不直以神爲氣, 亦可知也。先生之只就形下者, 說以其光彩發出, 多在氣處故也。【本文云。】 其曰“只就”者, 猶其偏言之云爾。知覺固不可屬性, 然其爲智之用心之德,【朱子語。】 則安得不謂之理? 朱子曰: “有這知覺, 方運用得這道理。” 運用字有病, 只下得妙字。運用固非理上字, 而因之以下妙字, 其義又別, 是又安可一切以異學之說歸之?

“操則存舍則亡”云云。“朱子曰”云云。

孟子本言良心、仁義之心, 而引此孔子之言, 則其所謂心, 亦卽主此理而言之。此理之乘氣出入者, 操之在此, 舍之失去, 則所存、所亡, 皆是此理也。故朱子謂“非操舍存亡之外, 別有心之本體之爲理”。雖田氏, 亦固已許之矣, 今反据此以爲心氣之證, 何也? 朱子又以說者謂氣有存亡, 而欲致養於氣爲誤, 則是其以理言者, 尤豈不較著矣乎?

“心要在腔子裡, 只外面有些罅隙, 便走了。”

此亦存亡之說也。要之, 其所存在者, 理也, 而其馳騖飛揚以徇物欲於外者, 乃理之爲氣所動也。爲氣所動而不可謂之非理, 猶水爲泥沙所攪濁, 而不可謂非水也。明道論性說, 意亦如此, 其曰“便走了”, 亦出入莫知之一般語, 而但較深密耳, 不得以慧黠二字妄加之。

“理義之悅我心。”

口與芻豢, 俱是形氣物事, 故有彼此之別, 而不得合之爲一。理義之與心, 雖有自彼自我之分, 而同是理也, 故在物之理, 卽與處物之義爲一, 而我心亦與之同然。此不可以一面之譬喩而詰其本旨也。故呂藍田謂: “我心所同然, 卽天理、天德。” 孟子言: “同然者, 恐人有私意蔽之, 苟無私意, 我心卽天心。” 新安陳氏謂: “衆人與聖人, 同此至善之性, 所以同此理義之心, 其意已自明。”【於此一說, 尤可見心性之非二本矣。】

“知覺, 正是氣之虛靈處。”

知覺, 有專言理處, 亦有偏言氣處。如孟子生之謂性章『集注』“知覺運動之蠢然”者, 此知覺卽以氣言者也。林德久所問者, 正以此段。故朱先生 答之如此。虛靈亦然。下段『中庸』「序」云云, 考『大全』本文, 無之, 田氏不知何見。

“靈處, 只是心, 不是性。”

如『通書解』所謂“陽明陰晦”，非人心太極之至靈，孰能明之者？此卽心之爲靈，而性則只是渾然具有之理，故不可以靈言也。此可以爲心性之別，而非理氣上下之分也。至於『圖說解』，則乃曰“最靈純粹，至善之性也”，合言則心之體卽性故也。据此則雖謂心之靈，非性而何？何至可怪之極也？

“其體則謂之易。”

程子以“上天之載，無聲無臭”發端　而其下具列易道神及在人之性道敎，此皆主理說順下來，無可疑者。易之包道與神，猶心之統性與情。故朱子　又排列而分貼之如此。其曰“體是形而下者”，以其可見者言之，固無不可通。而及至後日，則乃謂體字與實字相似，是該體用而言。若作形氣說，只說得一邊;【卽此形而下之論。】惟說作該體用，乃爲全備。方統得下面，“其理則謂之道，其用則謂之神”兩句，此意甚明，豈非定論乎？然則洲上之謂易是實理，亦未爲無所稽也。

“只有性是一定，情與心與才，合着氣了。”

心固合理氣之物，自無可疑。如必欲求其備，性亦有時而着氣言之。如云氣質之性是也。由是言之，言固未可以一定求也，況以爲心氣之證乎！

“以心爲氣，玉工之謂之石也。”

○ 辨曰: 使近世儒賢，指氣質精神爲心，則當曰以石爲玉也。今指虛靈神明，涵理而體道者，爲不可直謂之理，奈何不下而屬於氣分，則所謂氣者，非麤惡尨雜之物，乃是氣之一原，與理無間底。然則惡可不分精粗而概謂之石乎？但石，一而已，氣則有幾多般樣。觀『語類』賀孫錄，論心、神、魂魄，皆以爲氣而辨別得有精有粗處可見，此又不可不知也。

就氣而言，固有精粗之分; 而對理言，則等是氣耳。猶石之包玉，雖或有麤細之差，而亦同歸於石而已。玉石者，理氣之大分也。非理則是氣，非玉則是石。本意如是，幾多般樣，姑休別論。若其所謂“氣之一原與理無間”者，當是極本窮原之論，而以吾所聞，則極本窮原，要亦是一理。虛靈神明，雖或可從氣言，而其所以虛靈神明者，則不可謂之非理也。惡可以氣之精者，了當得虛靈神明，而不復原其所以然之實乎？且其發端曰使指氣質精神爲心，則當曰以石爲玉也; 循其語勢，固亦以心爲玉矣。是心之爲理，田氏亦能言之，豈天理難誣，自不覺其脫口而偶合耶？

"道心者, 心之從理者。"

○ 辨曰: 曰"心之從理", 則心之非理, 明矣。若理則何可言從理? 且心卽是理, 則道心謂之道理, 心之從理謂之理之從理, 皆不詞矣。

心是在我之知覺, 其從理從氣者, 從事物之來感而言之, 猶程子言在物、處物之分。日用間似此處許多, 初不可以理之從理爲疑也。且本說此句上面, 有"人心者, 心之從氣者"一句, 此蓋兩平說下, 而看取其爲主者耳。今若曰心之從氣, 則心之非氣, 明矣, 若氣則何可言從氣? 不知田氏將復以爲如何。又若曰心卽是氣, 則人心謂之人氣, 道心謂之道氣, 良心謂之良氣, 本心謂之本氣, 心法謂之氣法, 心學謂之氣學。若是者, 田氏其皆肯許之否乎?

"孔子之'從心所欲不踰矩', 心卽理也。【體卽道, 用卽義。】苟其氣也, 安能從之而不踰矩乎?"

○ 辨曰: 心果是理也, 從心, 已是循理, 而再有不踰矩, 則理外, 復有理, 頭上, 又有頭乎? 吾聖人門中, 無此議論, 無此法門。大抵心雖神妙活化, 然畢竟是氣分上物事。故雖(顏)[孔][8]子, 也不敢便道從心, 須是操存得此心極精細, 然後方敢言從心。然又心指矩爲歸宿處, 故呂氏曰"說個不踰矩, 可知聖人心中, 刻刻有個天則在"。【聖人之心未嘗自聖, 心學家之心往往自聖。】不是卽心是道。【此四字是佛、禪、陸、王論心語, 李氏亦只是此見。】此本天、本心之別也。李氏于此等界分, 不甚明晰, 往往將心與理, 儱侗說做一物。如朱子之所譏何也? 所引體卽道用卽義, 亦謂其所存所發, 與理無間云爾, 非謂聖人分上, 更無心矩、能所之分也。

心之體固是理, 而其動也, 或爲氣所汩, 則於是乎有踰於矩者。矩者, 乃此理之節度也。從其理之動而自不踰乎節度, 動靜惟一而莫非至理, 這間如何討得一氣字來? 聖人則全心德, 故能如此; 未至於聖者, 亦要學得至此, 此其所以以存心爲貴也。心中之有天, 則聖人與我一也, 故存此心而可至於聖, 非存心之外, 更別求其天則也。所謂自聖者, 若以矜悻自高, 躐等陵節者而言, 則吾儒心學, 不宜有此法門, 斥之, 是也。若推原其初而謂心之所同然, 聖人與我同類, 則恐未可一以自聖二字詬之。如此則詬有所歸矣, 奈何? 且田氏, 每以佛、禪、陸、王, 好詬辱人, 而

8) (顏)[孔]: 저본에 '顔'으로 되어있으나, 『간재집』에 의거하여 '孔'으로 교감하였다.

本天、本心之別，最其所執之欛柄，然此亦須細講而辨其語意之曲折。所謂天者，非卽理乎，“心者，天理在人之全體”。【朱子語。】自理言則心與天，一也，如心爲萬化之本。雖云本心，卽是本天，雖聖人，亦豈有異道哉？然則其以本心爲異端者，當指以心爲氣者言之，如釋氏之以靈魂爲心是也。何田氏之於此，不自反究而壹以加諸人爲急乎？體卽道、用卽義，與心卽理，語法初無差異，而一則遷就之，一則排擊之，殊不可曉也，豈亦視其人而爲輕重故耶？竊謂從理言，則矩理也而不踰亦理也，“所”理也而“能”亦理也。謂心卽是道亦得，謂道卽在心亦得，然此豈可與不知者道哉？

“『孟子』七篇，許多心字，竝未有一言指作氣，憂氣之不能存心，患氣之反動其心。”
○ 辨曰：孟子仁義之心，最是主理說者，然指心之本於仁義者言，非直把心爲仁義也。【陳北溪論仁義之心云：“仁義卽性之實理，而心則包具者也。”】於此一義合，則無所不合矣。如不信，更以『禮記』、程書仁義之氣證之，是亦氣可爲理之據耶？夜氣之不能存心，血氣之反動其心，此等氣字，與心卽氣，煞有精粗之辨。李氏於此，每不能別白之，無乃未察歟？
『孟子』中，言心果有一言指作氣者乎。所謂仁義之心者，其果與仁義之氣，同乎？【『禮記』以嚴凝溫厚爲義氣、仁氣，程子謂“人必有仁義之心，然後仁義之氣粹然達於外”，則心爲其本而氣其末也。】仁義之心，不可謂非心之本體，而仁義之氣，亦可曰氣之本體乎？夫語，有正言有借言，各隨其指，不可亂也。於此一義合，則儘無所不合矣。請看者平心細思之，不待多作辭說而足也。氣之反動其心，如田氏語意，當謂是粗底氣之動精底氣；夜氣之存心，當謂是粗底氣之存得精底氣，若是其可乎不可乎？然且蹶趨之氣，固可謂粗氣，夜氣之湛然虛明，而亦謂之粗氣可乎？何田氏之未察乎此而能別白歟？

“程子心性一理”
○ 辨曰：心性一理，猶言君臣一體，父子一體，宜於一中，看得有二也。大凡心性，也有分說時，也有合說時。合說時，非獨心性一理，如道器形理，皆未嘗有二物也；分說時，心仁有穀種生性之喩，心性有如椀盛水之譬。【『語類』「大學或問」僩錄。李氏嘗有所論，而失其本指。愚有辨說，別見。】聖人、釋氏，有本天、本心之別；人心、道體，有覺、無爲之辨，是惡可偏執一說而盡廢其餘哉？

程子本言: "心也、天也, 一理也。" 自理而言謂之天,【此理字, 却是公共底。】自稟受而言謂之性, 自存諸人而言謂之心, 若是其平鋪放著, 而心性天之同一理者, 更不容遷就矣。本說約之如此, 只以證心之爲理故也。乃田氏不究其本文所從來, 而只見他現成一句, 別討個一句一句, 來作對話, 亦見其甚可閔笑也。理與氣決是二物, 雖合說, 安得而一之? 若心與性, 則明明道着一理矣, 何復以氣字干其間而必欲決之爲二物乎? 穀種之具生理, 椀之盛水, 是心之統體說, 而生理與水, 乃其挑出爲性底說, 卽心之本體也。【穀種, 辨見上, 椀水喩, 考之『語類』, 固似如田氏說。然此只是偏指處。且其上文, 發端以心性, 雖是一理云云, 可見其元自理字分說。】從本體而謂心是理, 吾見其與性合一, 未見其偏執而廢餘也。若本天本心、有覺無爲之分, 本不專貼於心性之分, 而田氏每据以爲自家之嚆矢者, 亦惑也,【本天、本心, 辨見上; 有覺、無爲, 張子以心性當之。自是一說, 未必是『論語正義』也, 余嘗爲田氏書辨中, 已說此義。】今姑休辨。又按: 『語類』, 有問"心者, 天理在人之全體; 性者, 天理之全體", 曰: "分說時, 且恁地; 合作一處說, 須有別。"【止】觀此, 則分說者, 乃各言心性, 而合說者, 卽共對言心性, 今田氏所言分說、合說與此相反, 豈其照欠耶?

"程子: '心卽性也, 性卽理也。'"

○ 辨曰: 心卽性, 言其二者之無間也; 性卽理, 指其一物而無二也。大抵程子言心卽性, 有兩處。一則論心無限量而有是語云: "天下無性外之物, 若云有限量, 除是性外有物始得。" 一則論盡心、知性而曰: "知之至則心卽性。"【旣曰知之至, 則心卽性; 則知未至, 則不可曰心卽性也。『語類』泳錄, 問: "此心不在道理上窮究, 則心自心理自理。今日明日, 積累旣多, 自然貫通, 則心卽理, 理卽心。" 先生曰: "是如此。" 此當與程子語參究。】是皆非將性訓心, 曷可孤行此句, 以亂穀種生性之分, 心理會一之指乎?【程子曰: "理與心一, 而人不能會之爲一。" 若性與理, 何待言與之爲一? 又何可言會之爲一乎?】昔某子學禪, 而稱以聞於伊川曰: "心卽性, 性卽天, 天卽性, 性卽心。" 朱子謂: "此語無倫理。" 此見『大全』七十卷末矣。

"心卽性也"、"性卽理也"兩句, 同一語勢, 似無差別, 而乃於上句則謂二之無間, 下句則謂一而無二。又改卽作是, 以異其句法, 此豈因文順解之法耶? 程子論心無限量, 而謂天下無性外之物, 則以心性合一莫此明也。心性, 元自合一, 故知之至, 則見其心卽性。若元非合一, 則知之之至, 益見其心之非性而已。心理會一之指, 亦是如此。由其心與理一也, 故學者必期乎"心卽理"、"理卽心", 而會之爲一。

若元非一物, 則亦何自而會之爲一乎? 卽之一字, 乃是就其名而卽指其實, 初非作訓詁例也。其曰"非將性訓心"者, 是矣。不惟不可將性訓心, 雖性卽理, 豈可以理訓性乎? 孤行之云, 尤不必言。某子學禪云云, 不知何故而引於此, 豈欲藉是以攻心卽性之論耶。雖然, 心卽性三字, 明是程子語, 不可攻也。朱子之謂語無倫理, 當指其全說之太陽渾全, 或流於鶻突耳, 此當細思之。且田氏旣於上面, 正引此語, 以爲程子一論之證, 而乃反隱病之如此, 殊不可曉也。【其曰"某子學禪", 亦見口業之不平。某子不知何人。其說雖或其近於禪者, 而朱子旣云意其爲吾黨之士, 則不可一切以學禪者斷之。田氏惟欲以是攻寒洲, 故加之如此, 其心術所在可見。又按: 『大全』本文, "語無倫理"下繼之曰: "天地, 乃本有之物, 非心所能生也。" 蓋以心性合說於天, 故辨之如此, 初非以心卽性三字而病之也。】

"心之盛性"

○ 辨曰: 此說太拘滯也。程、邵"穀種"、"郛郭"語見上。朱子論心、性之別曰: "如以椀盛水, 然謂椀便是水則不可。" 此正爲李氏下頂門一針也。又論明德而曰"性是理, 心是盛貯該載底", 此類極多。豈可曰性則吾儒之性, 而心則醫家之心乎?【『語類』論心統性情云: "心是神明之舍, 爲一身之主宰。" 此亦以舍字, 故指爲醫家之心乎?】

嘗聞之, 論心有三層, 理、氣、質也。醫家之心, 心之形質也, 則其中似更有精神作用屬氣底一層心, 其所以來田氏之辨也。然旣挑出理爲心主, 則氣與質, 同爲形下之物, 故合而言之。以爲盛性之舍也, 正不必太拘滯也。朱子論心, 一則曰"這非菖蒲茯苓之所可補", 一則曰"非心也, 乃心之神明升降之舍"。於此分看, 則以氣言心, 可知爲醫家之心, 而非吾儒之所謂心也明矣。至於心之偏指氣處, 固亦不勝其多, 然必据此以爲心之本相則惑矣。朱子嘗謂心如寶珠, 氣如水, 氣淸, 則寶珠在水裡瑩澈光明, 心之本相, 蓋如此。此可爲田氏下頂門一針也。以形質言, 則心臟爲五臟百體之主; 以理言, 則心之神明統性情而令百體, 所謂一身之主宰者, 亦可以隨處活看。

"心爲太極。"

○ 辨曰: 道爲太極, 心爲太極, 俱是『啓蒙』所載, 而何爲單拈一句? 豈方論心卽理故歟? 抑以性不足爲太極而然歟?【李氏嘗曰: "『語類』'性猶太極', 借諭之辭, 非的指之辭。" 又曰: "性不可獨當太極。" 此說極怪駭。朱子甲寅冬, 「答陳器之」書云: "性是太極渾然之體。" 丁未、癸丑, 「答張洽」

“太極莫是性”之問, 曰: “然。” 仍有“動中太極, 靜中太極”語。辛亥以後, 葉賀孫所聞, 曰: “太極是性, 陰陽是心。” 丙辰以後, 董銖所聞, 曰: “性是太極之全體。” 此類何嘗是“借諭而非的指”乎? 李集中似此處極多, 不暇悉辨。】夫道爲太極, 直指道之當體而言; 心爲太極, 並擧心之所涵而言, 恐未足爲心理之的據也。【如言形色天性, 孔子太極, 豈當執言迷指乎?】又其所引“一動一靜、未發已發之理”兩句, 是朱子「答吳晦叔」書, 論“『易』有太極”語, 初非爲心當屬理而發。今此云云, 有若朱子以此兩句, 當心爲太極者然, 吾未知李氏之心果是太極而有此紛紜牽引, 苟且稱貸, 以爲立己見, 眩人眼之術耶? 昔象山提唱先立其大, 陽明假借良知而並非孟子本指, 則呂晩邨譏之以指鹿爲馬。使其見李氏此說, 未知又以爲如何也。○附「答吳晦叔」書曰: “夫易, 變易也。兼一動一靜、已發未發而言之也。【按: 以上專言易字。】太極者, 性情之妙也, 乃一動一靜、未發已發之理也。【按: 以上專言太極。】故曰‘易有太極’, 言卽其動靜闔闢,【言易字。】而皆有是理也。【言太極。】若以易字專指已發爲言, 是又以心爲已發之說也。此固未當, 程先生言之明矣。”【細讀此書, 先生之意, 以易爲心, 以太極爲性情之理, 何嘗並“太極爲心”如李氏之說乎? 今錄之, 使觀者知彼見理旣錯, 而又驅之牽合, 幾於手分現化之術也。】

“道爲太極而心爲太極。”

心也道也, 一理也。此篇, 乃爲心理而言, 故不必泛及於道耳。田氏以此訾之, 旣屬無謂, 而其曰“性不足爲太極”云則是以道而卽爲性也。夫道之與性, 固是一理, 而道是當行之理, 性是本體之理, 名目固自別也。田氏每見名言之屬理者, 輒皆以性字了當之, 其荒鹵如此。又復因此而惹出無限葛藤, 如小注所引性猶太極云云, 顧何當於此說之辨耶? 理爲太極, 孰有異說? 而然且曰竝擧, 則終是以氣爲主之說也。以氣爲主, 而謂之太極, 亦自知不快, 乃引“形色天性”、“孔子太極”等語, 以明不可執言而迷指, 多見其遁也。邵子曰: “先天之學, 心法也, 萬化萬事, 生於心。”【朱子曰: “中間白處, 便是太極。”】又詩曰: “天向一中分造化, 人從心上起經綸。” 此皆心爲太極之說也。如此而猶不可謂的據乎? 朱子之言人心太極者, 非一, 是又安可以遷就說耶? 「答吳書」, 詳其文勢, 可見晦叔之意。以易爲專指已發, 故先生辨之如此, 而因及於心不可專指已發之義也。蓋太極 兼性情之妙, 則心爲太極, 安可專屬已發也? 本意自是如此, 田氏却以易與太極, 分層節, 而又因以爲心性差等之證, 所謂手分現化, 指鹿爲馬者, 不知竟當屬誰? 又朱子明言太極者性情之妙, 則寒洲之謂性不可獨當太極者, 以其遺乎情故也, 此豈無所受而極可怪駭乎?

"性猶太極, 性是太極。"

性猶太極, 以其渾然全體而言; 心猶陰陽, 以其有動靜之分而言也。謂之猶則借喩之意, 已見若其的指, 則曰心爲太極, "爲"與"猶"下字不其明白乎? 又曰心之理是太極, 心之動靜是陰陽, 此則又兩下普說矣。至於「答陳」書, 謂"性是太極渾然之體", 亦以其渾然爲體, 涵具萬理而言, 所主又自有在也。大抵心之理, 卽性之理, 兩言太極, 皆無不可而尤可見心性之非二。若以心性爲理氣之分, 則大錯矣。

"心固是主宰底, 而所謂主宰者, 卽此理也。"

○ 辨曰: 此『語類』夔孫錄也。原文底下有"意"字, "意"下有"然"字。"此"字作"是"字, 而今皆竄易, 使本指變幻而讀者眩瞀, 何也? 此非惟驅率前言, 以從己意, 又是傷其形體而不恤者也。愚嘗有讀夔孫錄一篇, 今附見於此, 請看者有所訂正焉。○ 問: "天地之心,【專言心, 則以元亨利貞言, 亦無不可。今與理字對說, 不可復謂之理。先生所謂'天地之心', 不可道是不靈。所謂'其體則謂之易', 是天地之心者是也。】天地之理,【統而言之, 太極是也; 分而言之, 元亨利貞是也。】理是道理, 心是主宰底意否?"【如此則看得理字, (爲)[沒][9]主宰底。卻將主宰, 專歸之心, 恐成語疵。】曰: "心固是主宰底意。【此微許之辭也。如心理家之見, 宜以爲心卽 是主宰之理, 如此則多少簡徑。而乃曰固是, 又曰底意, 何也? 是宜洗心思之。】然所謂主宰者, 卽是理也,【言若論極本之主宰, 所謂理者, 乃可以當之。蓋天地之心, 卽下文所謂似帝字{者}[10]。這箇心以二五之氣, 化生人物, 固是主宰底意。然此心之所以爲主宰者, 以其本於太極之理, 而爲之用。故必著然字, 以轉卻上句語脈。乃以主宰卽是理者, 斷之也。卽是理理字, 是問者對心之理, 非後儒和心之理, 宜精以察之。】不是心外別有箇理, 理外別有箇心。"【上文{旣}[11]以心與理分言, 而又恐問者太析開看, 故復以此告之。○ 嘗見世儒誤讀此語, 直將心理兩字, 糊塗合作一物看, 竊以爲乖卻本指也。如『論語集註』言: "道外無身, 身外無道。"『大全』「答呂子約」書言: "非身外別有一物, 而謂之理。" 「雜學辨」言: "道外無物, 物外無道。" 『語類』賀孫錄云: "不是於形器之外, 別有所謂理者。" 豈皆道、形無辨之謂乎? 特言其不離耳。蓋聖賢之言活, 讀者最要

---

9) (爲)[沒]: 저본에 '爲'로 되어 있으나, 『간재집』에 의거하여 '沒'로 수정하였다.

10) {者}: 『간재집』에 의거하여 '字'뒤에 '者'를 보충하였다.

11) {旣}: 『간재집』에 의거하여 '文'뒤에 '旣'를 보충하였다.

得活法。】問: “此‘心’字, 與‘帝’字相似否?”【何不問此心字直是太極否? 亦宜愼思之。】曰: “‘人’字似‘天’字, ‘心’字似‘帝’字。”【天帝與人心相似, 人心有覺, 道體無爲, 則天帝有知, 太極無爲也。或疑: “朱子謂帝是理爲主, 則帝非理歟?” 曰: “理爲主三字, 便有斟酌。若是性與太極, 何待言理爲主乎?” ○ 竊謂似此分解, 庶幾得先生本指。前此諸家, 往往硬將此錄, 說從自己意見上去。有如先生所譏販私鹽擔私貨者, 討得官員一封書, 方敢過場, 務偸免稅錢者矣。】

『語類』之文, 固人人所共見, 而一二字之有無變改, 自是引用詳略, 偶自如此, 其意則固是一般, 非故爲竄易也。惟田氏於此, 別生意見而先求疵釁, 故昡瞀而駭怪之耳。以愚看之, 此條問者, 見前訓中, 有言天地之心者, 亦有言天地之理者。故以二者比擬而求其分別云。理是道理, 心是主宰底意否, 蓋疑心有主宰底意, 不比理字之只指道理也。【如此則主宰字, 此理, 差似有迹。】故先生答之曰“心固是主宰底” 意則疑若與所謂道理字差別。然而所謂主宰者, 卽是理也, 則其實, 非有二物也。故其下, 卽繼言不是心外別有理, 理外別有心。【此是終結上意, 非是拽轉之辭。】問者: “因復謂心字, 旣從理之主宰言, 則所謂天地之心者, 卽似在天之帝否?” 先生答云: “人字似天字, 心字似帝字。蓋以心本在人之名, 人是形體, 心是主宰。亦如以形體謂天, 而以主宰謂帝也。”【程子語。】如此看, 正自直截明白, 而乃曲用私智, 別起層節, 說之愈煩而於理愈晦, 乃復自謂獨得先生本指, 而不容他人一言。動輒以世儒詬之, 儼然形諸筆牘, 欲以頭戴前賢, 而嚇喝來者, 恐先生所謂討得官員封書者, 儘好自家題目, 不知自公眼觀之, 當復以爲如何也。

“養心說”云云。

○ 辨曰: 『朱子大全』、『語類』, 無所謂養心說, 而今曰云云, 可異也。但『孟子』牛山章小註, 載朱子說云: “其存其亡, 皆以心言之。” 說者謂氣有存亡, 而欲致養於氣, 誤矣。李說似出於此, 而變作「養心說」, 豈傳寫有誤歟? 然據此以爲心卽理三字千聖相傳之的訣, 則恐未然也。『孟子集註』云: “良心卽仁義之心。” 『大全』「答蘇晉叟」書, 正論此句云: “心之仁義是性。” 可見仁義之心非性, 而心之仁義乃是性也。【朱子論‘成仁’云: “以遂其良心之所安。” 良心非理, 而所安乃理也。如直把良心爲理, 決與朱子異矣。】當時說者, 因心氣無分而誤; 今日李氏, 因心理無分而誤, 蓋胥失之矣。大抵心字, 但可謂之與理無閒, 不可直擡起作道體。【觀『集註』“此心常存, 無適而非仁義”兩句, 心與仁義到底是有辨。先儒縱有以理言良心處, 此則當離合看。】但可謂之比性較粗, 不可拽下來做夜氣。【心是操則存, 舍則亡, 而有得失者也; 氣乃攪便濁, 靜便淸, 而無功夫者也。】二者, 不容無辨。

以其說養心之義, 故謂之養心說歟! 『大全』、『語類』之所無者, 『孟子』小註, 何從而采輯之也?, 先生之於『孟子』, 有『集義』、『精義』、『或問』諸書, 豈非別有所見者歟? 竊啓未敢懸斷, 其謂心之存亡, 不可認爲氣有存亡, 則心之非氣, 明矣。良心卽仁義之心, 則豈復有以仁義之心爲氣者哉? 此理甚明, 不容安排, 心性之辨, 何至攙說乃爾? 言心, 只可言心; 言性, 只可言性, 乃田氏, 旣不欲以理字許與心, 故纔見理字, 便急急搜來性字作主, 亦見其惑之甚也。末端"大抵"以下, 尤覺閔笑。如其說則心不可上屬理, 又不可下屬之氣。非理非氣, 將獨占地位, 不知心者果何物也?

"退陶先生論心。"

○ 辨曰: "統性情, 合理氣"兩句, 宜子細理會。竊詳退翁立文之意, 統似是統合之義, 恐非上統下尊統卑如近儒之見也。今以聖賢言行考之, 曰"以禮制心", 曰"心不踰矩", 曰"得善服膺", 曰"尊德性", 曰"聖人本天", 曰"欽承仁義", 曰"心原性命"之類, 無非性爲心主, 心承性體之意也。若單據統百萬軍之論, 以爲心上性下之斷案, 則『語類』大雅錄, 歷言天命、性情, 而曰心統前後而爲言。此將爲以人心而壓制天命, 纇視帝則, 【「尊德性銘」曰: "惟義與仁, 惟帝之則。"】豈非悖慢之甚乎? 故卓錄以統爲兼也。如必以心統性情爲心上於性情, 則亦將據人管天地,【詳見「人能弘道章」。『語類』植錄。】以爲人尊於天地乎? 一字不明, 其害至此, 可不愼諸? "合理氣"氣字, 恐是指虛靈精英者言, 未可直以麤濁渣滓當之。此以合性與知覺有心之名, 推之可見, 如曰"退翁畔棄張子, 而自立宗旨", 吾不信也。下文"心之未發, 氣不用事", 此氣字始以氣質言。至於惟理而已, 安得有惡之云? 只是明性善之理而已, 曷嘗有心卽理之意來? 李氏乃以爲己說之的證, 吾不知世之儒者, 果皆有聽受而無疑難否也。

"統"有統合底意, 朱子云"統猶兼也", 蔡西山云"心者, 性情之統名者是也"; 有統率底意, 朱子云"統是主宰, 如統百萬軍", 又云"統攝性情, 管攝性情者是也"。二者, 皆可相通, 自其兼動靜而言, 則謂之統合; 自其主宰之妙而言, 則謂之統率。雖云統率, 初未嘗以此爲上下尊卑之等也。所謂近儒者, 誰爲此言, 而田氏若是其排擊之急也? 雖然, 如田氏之說, 則性上而心下, 性尊而心卑, 是統之者反爲下爲卑, 而所統者反爲上爲尊, 揆諸事理, 亦豈安乎? 然而性尊心卑, 正是田氏之一生佩符, 不可奪也, 則亦(且)[自][12]任而已。所擧諸說鄙, 曾有所略辨, 今不必具陳。 合理氣之氣, 固不可以麤濁査滓當之, 然必以合性與知覺爲合理氣之所本, 則張子之意, 似未必如是, 而退陶之言, 恐亦未必述此。況謂之畔棄者, 誰也?【竊意張子之言, 似以知覺, 做情字看, 與所謂統性情者, 一般語, 初非論理氣之分者。】心之未發則其本體也。故曰"此乃的指心體之論", 所以言心卽理者, 亦主乎此而已。性善之理, 亦豈外心而獨立哉?

"象山"

○ 辨曰: 朱子「答陸氏」書, 譏其認得昭昭靈靈能作用底, 便謂太極, 此是他認心爲理之一大公案也。陸氏又嘗見詹某下樓心澄瑩, 曰: "此理已顯, 是又其眞相之不能掩處。" 蓋旣指靈昭澄瑩以爲理, 而不察氣稟之偏, 不究性命之理, 故卒至於率意妄行而便謂至理矣。李氏謂: "彼所謂心者氣, 而所謂理者非眞理。" 此正刺著他痛處。但自家亦常指靈覺神識以爲理, 不肯認此性爲太極而尊之, 是其所見, 果與陸氏判然不同否? 請世之君子下一轉語看!

朱子曰: "儒、釋之異, 正以吾儒以心與理爲一, 而釋氏以心與理爲二耳。" 所惡於象山者, 爲其認氣以理, 非斥其以理爲心也。若斥其以理言心, 則如朱子所云"虛靈自是心之本體"、"知覺是智之用"、"神是理之發用"、"知妙衆理", 此等言又將與陸氏竝案耶。性非爲太極, 乃太極之靜者, 而卽心之本體也, 孰曾有卑之者? 豈若田氏之奉作標揭, 如禪家之會誦觀音, 然後爲尊耶?

"陽明"

○ 辨曰: 『傳習錄』曰: "心之本體, 卽天理也。【此(自)[句],[13] 以性當之是矣。但恐王氏不如此道, 非獨王氏爲然, 李氏亦不肯點頭也。】天理之昭明靈覺, 所謂良知也。" 此是王氏錯見之源也。吾見『李集』諸說, 與此不同者幾希, 而今於王氏, 據其近上一等說話,【卽上所擧一段, 是也。】乃執其陰陽凝聚, 而斥爲猥雜, 使王氏復起, 必笑之曰"爾何爲用吾之精而攻吾之粗也"。○ 愚有一說云: 使陸、王以氣之虛靈知覺爲心, 而能時時刻刻視上面性字爲本源, 不敢不奉而守之, 則理學單傳, 不過如此。朱、李二先生, 何苦闢之如彼之嚴? 只

12) (且)[自]: 저본에 '且'로 되어 있으나, 문맥을 살펴 '自'로 수정하였다.

13) (自)[句]: 저본에 '自'로 되어 있으나, 『간재집』에 의거하여 '句'로 수정하였다.

爲其心自認爲理, 而不復以性爲歸宿, 所以流於口(讀)[談][14]心理而身陷氣學也。【朱子論"公心歸宿", 見『語類』「中庸第九章」, 大雅錄。楊慈湖論"心是聖, 不必更求歸宿", 見『宋元學案』。】

凡看論說, 有語似而旨違者, 有名異而實同者。如陽明之以良知爲天理者, 初非不善語, 而至論理之實, 則乃以流凝陰陽等當之, 如此則其謂"心卽理"者, 卽是"心卽氣"之異名而同實者也。田氏乃復病其不以氣爲心, 而爲二先生之所闢, 豈其卑心之甚, 猶恐理名之或冒受耶? 吾意王氏之在乎今日, 當以田氏爲菩提無樹之盧行者也, 無難矣。性爲心之本體, 孰不言之? 而必以本體爲歸宿, 則恐做語病; 旣云歸宿, 公心之爲歸宿, 亦足爲据, 何必以性而不以心也? 伊可怪也。

"李先生辨之"云云。

○ 辨曰: 退溪先生所謂"民彝物則眞至之理, 卽吾心本具之理", 此理字, 非指性體言, 而另將心字爲理, 如近世心理家之見乎。只此一處, 無異論, 他餘皆將釋冰矣。

"民彝物則之理, 吾心本具之理", 渾是一個, 謂之性亦得, 謂之情亦得, 謂之統性情之心亦得。田氏, 必苦苦以一性字, 括束之, 何哉? 豈尊性之專, 而猶恐被他分占耶?

"眞能以仁義禮智"云云。

○ 辨曰: 仁義禮智忠敬孝慈之實, 是性之實理, 而爲心之所本, 非卽是心也。今若糊塗說, 謂之心, 謂之理, 則是心性無分也。退翁於此, 必有辨析之敎, 不應遽首肯之矣。

聞仁義禮智根於心矣, 未聞心本於仁義禮智也。忠敬孝慈, 正是心字境界, 而必引以爲性之實理。此自心性一理而言, 則其言亦自無害, 但恐田氏本意, 不如是爾。似聞田氏以敬爲學者事而屬之心氣, 今却以敬爲性理, 豈其急於攻人而初未有定見耶?

"『傳習錄』"云云。

○ 辨曰: 王氏認心爲理, 故嘗言仁人心也。心體本弘毅, 不弘{不}[15]毅者, 私欲蔽之耳。【陸三漁曰: "仁是理, 弘毅是所以體此理, 豈全無別?"】又言: "心無私欲, 卽是天理。" 此是他

---

14) (讀)[談]: 저본에 '讀'으로 되어 있으나, 『간재집』에 의거하여 '談'으로 수정하였다.

15) {不}: 저본에는 누락되어 있으나, 『간재집』에 의거하여 '毅'앞에 '不'을 보충하였다.

錯見眞贓處, 而李氏特把無欲是理之云, 以爲心卽理三字不可判舍之證, 此是二家合掌之一大公案也。若乃吾儒議論, 則不但曰勝私欲, 而必著復於禮, 然後乃曰事皆天理。不但曰心無私, 而又必曰有其德; 不但曰心無私, 而又必曰事當理, 此乃爲本天之學, 與彼之做無本菩薩者判然別矣。【朱子曰: "佛、老不可謂之有私欲。只是他元無這禮, 空蕩蕩地, 是見得這理, 元不是當克己了, 無歸著處。" 今王、李認無私爲理, 安有歸著處?】 此是心性源頭學問主腦, 而有此乖舛, 自餘儱侗合說牽引湊著處雖多, 只緣本領不是, 一齊潰裂也。○徐孟寶以至公之心爲大本, 此與王、李之見正相符, 【天理外, 無大本; 大本外, 無天理。】 而朱子不許曰: "這箇如何當得大本?"【見『語類』「中庸第九章」。大雅錄。】 今試問, 李氏這箇如何當不得大本? 幸而應之曰"果當不得", 卽須自疑舊見, 而改讀『大全』、『語類』, 如晦翁之序「中和舊說」可矣。如曰"心之無私, 如何不是天理, 如何不是大本", 請自認與朱子異, 如王氏之告羅整庵亦可矣。

陽明謂"忠孝的理, 只在此心, 心無私欲, 卽是天理", 其語本自無病, 而田氏自謂捉得眞贓, 竝以連累乎洲上, 殊可怪也。今請不避合掌之嫌, 試以公理代爲卞明之。其曰"忠孝的理, 只在此心", 則心之天理, 固自在也, 特爲私欲所蔽而不能全有耳。若無私欲, 則這心自然發見而壹是天理, 此與克己以復禮、無私欲而有其德、當理而無私心者, 果有以判別乎? 豈禮與德則可謂天理而忠孝則不得爲天理耶? 豈其攻之太急而不復見其上面一句耶? 雖使不見上句, 初非大病, 何者? 理、欲不兩立, 此消則彼長, 彼消則此長。此心元是天理, 私欲盡時, 固純然一天理也。此其與當理而無私心者, 亦有異乎? 必以不言實事, 病其語欠曲折可也。直看做無本菩薩, 則雖陽明, 亦不首服之矣, 況可以是而加諸洲上哉! 乃其合言王、李, 而操弄戲慢, 無所不至, 是不過惡少口氣, 於論理, 何有哉? 【如下段試問以下諄諄教詔, 極是可笑。雖然, 此在寒洲在時而時言之如此, 則雖是不恭, 亦自成語。乃於墓木已拱之後, 作此要語, 直是詬奪而已。】 大本一段, 無端引證, 尤見其鹵莽也。蓋惡有以心爲理, 故轉輾此類, 以爲天理外, 無大本; 大本外, 無天理。然亦太支蔓矣。論辨之體, 不當如此。請誦朱子一言, 曰: "釋氏雖自謂惟明一心, 實不識心體, 雖云心生萬法, 而實心外有法, 故無以立天下之大本。若聖門所謂心, 則天叙、天秩、天命、天討, 惻隱、羞惡、辭讓、是非, 莫不該備而無心外之法。故孟子曰: '盡其心者知其性也, 知其性則知天矣。' 天人性命, 豈有二哉? 今之爲此道者, 反謂此心之外, 別有大本, 此說流行, 反爲異學所攻, 重爲吾道累矣。" 吾願爲田氏者, 但當熟講此語, 則今所試問者, 自可解決, 而其所執本天本心之題目, 亦可以知所歸趣矣。

"心爲一身之主宰。"

○ 辨曰: "心爲一身之主宰", 須要細勘。使所謂心者, 雖一霎時叛性而自用, 則四肢百體, 將群起而爭雄矣, 如何做得主? 必也用敬尊性, 乃可以管攝一身矣。【雖後聖復起, 應賜印可矣。】如以主宰之名, 卽指心爲理, 則鬼神、浩氣, 朱子嘗以主宰言,【見『語類』「鬼神門」揚錄。「孟子門」夔孫錄。】是亦一切喚做理歟? 夫心與鬼神與浩氣之爲主宰, 或以欽承仁義, 或以靠著實理, 或以配義與道, 而爲之用爾, 何敢屈天理而使之聽命於己耶? 且主宰之屬氣, {又}[16]何嘗以形氣當之? 而李氏乃曰天理聽命於形氣, 豈非大家麤率乎? 蓋旣誤認氣之靈覺爲理, 故纔見人說氣字, 便指爲麤跡, 此正與朱子所譏老、佛卻不說著氣,【此見吾儒不諱氣字。】以爲外此然後爲道者, 同一證候也。

如田說則心之爲主宰者, 只是性之幇助, 而主宰之上, 又別有眞主宰矣。蓋使此言而出於後儒, 則直當排擊無餘地, 而以其經先賢口語。故姑且不敢。而實則陰中暗傷, 必將盡奪其權而後已, 其心可知矣。氣與形氣之分, 不必生憂。心旣非理, 則形而下者, 皆是形氣, 何麤率之爲病也? 使謂天理聽命於靈底氣, 則於田氏意, 猶可謂無害乎?【鬼神、浩氣、主宰之語, 不當引此於此, 不足多辨。】

"心無體, 以性爲體。"

○ 辨曰: 李氏徒知心之無體, 以性爲體, 而謂心是氣, 則有認性爲氣之嫌而已。不知器亦無體而以道爲體, 陰陽亦無體而以太極爲體, 形色亦無體而以天性爲體矣。今使李氏論此, 則將避太極、性、道爲氣之嫌, 而把陰陽、形、器之屬, 一切謂之理歟。

器以道爲體, 陰陽以太極爲體, 形色以天性爲體, 此皆古有其語否? 然而田氏嘗論程子其體則謂易之語, 而極言體之爲形下矣。今乃言之如此, 豈隨處操縱, 惟以口給而禦人歟。

"心是性情之統名。"

○ 辨曰: 心者性情之統名, 本蔡西山語, 而朱子無所可否, 李氏卻謂"先生首肯之"。【見與人書。】吾懼夫流俗謏儒者, 亦有矯詔之習也, 其下云云, 亦近杞人之憂。蓋朱子旣深

16) {又}: 『간재집』에 의거하여 '何'앞에 '又'를 보충하였다.

取穀種郛郭之說, 又自有椀水之諭、屬火之說。又以其體則謂之易爲心, 而目之爲形而下者, 是皆以心爲氣之論也。 未聞大本達道亦皆歸於氣而淪於空寂也。 李氏謂: “以心爲氣則理爲死物。” 此亦誤矣。昔上蔡雜佛而以仁爲活物, 則朱子不取而曰: “說得有病痛。” 其「答陸氏」書, 亦以認得靈昭作用底爲太極者, 歸之禪學。今李氏之見, 與謝、陸無别, 此難以自附於朱門矣。【夜氣章。『語類』云: “心不是死物, 須把做活物看, 不爾則是釋氏坐禪。” 又曰: “心是箇走作底物。” 今若以理爲走作底活物, 則其謗理亦已甚矣。】

『語類』: “季通云: ‘心統性情, 不若心者性情之統名。’” 蓋此一語, 先生 擧似門人, 而見諸門人之記錄, 則其見取可知, 豈可以僞無所可否, 而謗之以矯認之習也? 許多論譬, 各有所指, 儞有一證, 我亦不患無一證, 姑且休置。請試思之, 心之爲性情之統名者, 果是以氣言也, 則其所統之性情, 獨保其不爲氣耶? 性爲大本, 情爲達道者, 安得不爲氣分事? 此非勒加以歸之, 其勢則然也。理爲死物, 田氏果謂其然乎? 其所擧仁爲活物之病, 心不是死物之喩, 不論指意何在, 要以證成心爲活物, 而理是死物, 以見心理之非一樣而已。然則理之無爲者, 眞如死屍木石之不知耶? 以此說理, 其亦末如之何矣。

“從古聖賢, 莫不主義理以言心。”

○ 辨曰: 只此便見此心非直是理也。如道也、太極也、性也三者, 直是理。何待主理而言乎? 李氏幾於握燈索照矣。

理與氣, 元不相離。凡其單言理者, 皆從爲主而言之握燈索照之喩, 盍各反觀焉?

“以心爲氣之說。”

○ 辨曰: 以心屬氣, 而心不敢自用, 必以性理爲頭腦, 則不知此外又有聖賢心法乎? 必也爲心者, 自認爲至尊之理, 而不復歸宿於性天, 然後聖賢心法, 一一成實, 而世道日升於明且治歟。

以心爲氣之說行, 則天理聽命於形氣,【一】 認性爲氣,【二】 大本、達道皆歸於氣,【三】 若是而聖賢心法, 不爲落空乎? 此以上文收殺而自可見之, 心爲萬里之總會。以心爲氣, 則學何以有頭腦? 萬化萬事, 皆從心起。以心爲氣, 則世敎安得不昏亂乎? 此皆明有其理, 不待多辨。而田氏却自做說話, 不復考檢事體文理, 則亦且奈何? 昔晉之清談, 何與於五胡之亂? 而識者推原亂本, 謂由清談以招之。今之世大抵所尚者, 氣機爾。心迷於功利, 而不復知有義理。使識者觀之, 恐王夷甫之責, 必有所歸矣。

"近世, 以十六言傳心, 爲梅賾僞撰者, 此其兆也。"

○ 辨曰: 虞廷授受, 所重在中, 不重心字。夫心而非道, 則靈覺而已, 聖人何嘗以是爲道而傳之哉? 此當曰傳道, 不必曰傳心, 傳心固有前言可據。若論其極, 則當以道字爲準的也。【王氏蘋學佛, 嘗告宋帝曰: "堯、舜、禹、湯、文、武之道, 相傳若合符節, 非傳聖人之道, 傳其心也; 非傳聖人之心, 傳己之心也。己之心無異聖人之心, 萬善皆備, 故欲傳堯、舜以來之道, 擴充是心焉耳。"】 呂氏謂: "聖人之學, 性天之學也。" 自古無學心之說。凡言心學, 皆爲邪說所惑亂, "不踰矩"矩者, 何也? 性也、天也、至善也。心於性天合一, 方爲至善, 方是聖學, 可知心上面更有在。【此一句, 近世心學家所大諱也。】 故謂聖學都在心上用工夫則可, 謂聖學爲心學則不可。【如李說, 則謂聖學爲心學, 有何不可?】 吾謂呂氏雖晚出, 而其於吾儒本性、異學本心之辨, 往往透髓, 不可忽也。

謂授受所重在中則得矣, 抑不知中非可傳之物, 可傳者心法也。 蔡氏『書集傳』「序」, 極言相傳之心法, 而其曰"二帝三王之道, 本於心"則更無可說矣。呂晚村固是明季名儒, 其所著呻吟, 語多有格言可觀, 然至其必以心學爲邪說, 則不知所謂傳授心法萬世心學等語, 將如何區處? 且其曰: "性天之學者, 果有何來歷?" 學心二字與心學, 語亦差異, 旣惡心學而特明其爲性學, 是性爲心外之理也。若是者, 只可以說田氏之目, 恐未必爲得道之言也。王蘋氏則無譏焉。【觀其言, 喜夸大而無實下手處, 謂之學佛, 殆亦近之。】

"眞心之純乎天理者。"

○ 辨曰: 只此一語, 便見心卽理之錯矣。蓋心原非天理, 故云"純乎天理"爾。若性與太極, 只可曰"純是天理", 不可曰"純乎天理"。下文"聖人之心渾然天理", 可以三隅反矣。

"以純"、"乎純", 是辨其語脉之差, 亦可謂善於抉摘, 然奈本意之下然何?

"心卽理三字, 未可以遽言之。"

○ 辨曰: 李氏集中, 論"心卽理"者, 無慮累數千言, 豈皆指聖人之心耶? 然則衆人之心, 卻是氣耶? 吾意心果是理也, 衆人亦是此心, 聖人亦是此心, 安(看)[有][17]兩樣心,

"可以遽言"、"未可以遽言"之分乎? 若乃"性卽理", 固未嘗有"到聖人"、"未到聖人"之異, 又未嘗有"可遽言"、"未可遽言"之分也。只此亦足以見"心卽理"三字, 未得爲後聖不易之論也。

心本理也而爲氣所蔽, 故其理未易見, 如性情明德, 莫不皆然。所以特揭卽理者, 固推極本原之論也。然而此道之難明也, 久矣。所以有未可遽言之歎也。"噫! 夫子之文章, 可得而聞, 而其言性與天道, 則不可得而聞。" "參乎! 吾道一以貫之, 而曾子之告門人, 則曰忠恕而已矣。" 謝上蔡對伊川曰: "天下, 何思何慮?" 伊川曰: "是則是有此理, 賢却發得太早在。" 是皆未可遽言之旨也。況理之在氣中者, 原自微妙而難見, 而主氣之說, 方且塗生民之耳目, 溺天下於汙濁, 於是而倡心卽理之說, 人孰信之哉? 其心良已戚矣。

"論心莫善於心卽理, 而亦莫難明於心卽理。"

○ 辨曰: 愚則曰"論心莫危於心卽理,【聞者, 易以自恣。】而治心莫難於心卽理"。【聖者, 方不踰矩。】"危"、"難"兩字, 皆從戒惧來。反此者無所畏憚矣。

如田氏意, 何不曰論心莫不善於心卽理, 而莫不明於心卽理? 如是已自簡當了, 而其曰危曰難云者, 猶不忍遽作舍寘, 殊可幸也。"愚則", 竊謂, 言其危則不惟心卽理, 雖性卽理, 不可恃也;【性爲氣汩。】言其難則不惟心卽理, 雖性卽理, 未可以易言也。【性焉之聖?】惟願今與後之學者, 共持此戒惧二字, 一念畏憚, 唯恐失此本心之理, 而重得罪於性善之指則幾矣。此理, 公理也, 豈有在心、在性之分? 況復有爲李、爲田之間哉! 區區於此, 實有厚望焉。

---

17) (看)[有]: 저본에 '看'으로 되어 있으나, 『간재집』에 의거하여 '有'로 수정하였다.

4-9-4

「서조심재독심즉리설후書曺深齋讀心卽理說後」【戊子】(『重齋集』 卷44 雜著)

해제

1) 서지사항

김황이 지은 논설. 『중재집(重齋集)』 권44에 실려 있다.

2) 저자

김황(金榥, 1896~1978)으로 일명은 우림(佑林), 자는 이회(而晦), 호는 중재(重齋)이다. 경상남도 의령군 궁류면 어촌리에서 태어났다. 면우(俛宇) 곽종석(郭鍾錫, 1846~1919)의 문인이다.

3) 내용

이 글은 심재(深齋) 조긍섭(曺兢燮, 1873~1933)이 한주(寒洲) 이진상(李震相, 1818~1886)의 「심즉리설(心卽理說)」을 읽고 보완한 글에 대해, 중재(重齋) 김황이 자신의 견해를 더하여 이진상의 본의를 더 분명하게 밝히고자 한 논설이다. 김황은 글머리에서 이진상의 「심즉리설」이 세상에 나온 뒤로 학자들이 모두 시끄럽게 공격하여 대부분 이진상의 주장을 막으려는 것으로 자임(自任)하였는데, 조긍섭은 안으로 학문을 온축하고 밖으로 경솔하게 드러내지 않았으니 그는 학문의 세계를 일찍 깨달은 자라고 말문을 열었다. 그래도 조긍섭의 논리에 득실이 없을 수 없으니 대략이나마 바로잡지 않을 수 없다고 이글을 쓰게 된 소회를 피력했다. 이진상이 "심(心)의 본체는 기(氣)에 구속되지 않는다[心之本體不囿於氣]"고 한 것에 대해 조긍섭은 "반드시 심(心)의 온전한 본체를 통론적으로 찾는다면, 곡절[情意]을 없게 하는 문제가 있다[必尋個統論全體, 以病其無曲折]"고 하여 심합리기(心合理氣)를 중시하였고, 이진상이 "심을 논하는 자는 리를 주로 하고, 기를 주로 하지 않는다[論心者主理, 不主氣]"라고 한 데 대해 조긍섭은 "선유들이 천지의 조화를 논하면서 오히려 '태극을 주로 한 말'과 '음양을 주로 한 말'이 있으니, 만약 심의 체용(體用)을 논하는 자리라면, 주리(主理)와 주기(主氣)로 나누는 것이 무슨 해가 되겠는가."라고 하여 '심즉리'는 편협하고 '심합리기'가 온전함을 설명하였다. 이에 대해 김황은, 조긍섭이 애초에 이진상과 의견이 다른 것은 아니나, 조긍섭의 의론대로라면 모순을 면할 수 없다고 하였다. 즉 조긍섭이 "대개 리(理)의 신묘함은 어느 쪽으로 말하더라도 모두 합당하니, '나누어도 합치는 것에 해가 되지 않고[分而不害其爲合]', '둘로 해도 하나로 하는 것에 해가 되지 않아야[二而不害其爲一]' 두루 온전하게 된다."라고 한데 대해, 김황은 이 말은 얼핏 보면 두루 온전한듯하나 귀결점을 궁구해 보면 '나누어도'와 '둘로 해도'라는 말이 가리키는 것은 무엇인지를 모르겠다고 하며 다음과 같이 말하였다. "리기(理氣)로 말하면 리기는 두 가지 물건이니 끝내 합하여 하나로 될 수 없는 것이다. 그런데 리의 신묘함을 설명하고 그 아래에서는 리기를 상대적으로 설명하였으니 그 자체로 모순이 아닌가." 김황은 조긍섭의 심에 대한 논리전개에서 심(心)이 일신을 주재하는 것임을 조긍섭도 알았다고 확언하여, 이진상의 심즉리설을 수호했다.

조긍섭은 일찍이 면우(俛宇) 곽종석(郭鍾錫, 1846~1919), 만구(晩求) 이종기(李種杞, 1837~1902) 등 영남의 석학들을 두루 배알하고, 태극(太極), 성리(性理) 등의 가르침을 받아 학문의 기초를 확립한 인물이다. 김황은 사회가 극변하여 유학이 도외시되는 현대 속에서도 유교가 지향하는 인간을 완성하는 것이 현대를 지탱할 수 있는 근간이라고 생각하고 실천했다. 일제강점기와 해방, 그리고 한국전쟁까지 포함한 격변기를 살았던 김황은 성리학의 근원을 캐어 자신을 지탱해 온 학문의 관점에서 세상을 이해하고 활동하였다. 한주학파의 마지막 거장으로서 주리학인 영남의 한주학문을 공경하여 지켰음을 이 글을 통해서도 알 수 있다.

4-9-4「書曺深齋讀心卽理說後」【戊子】(『重齋集』 卷44 雜著)

自「心卽理說」之出也, 世之儒者, 莫不該其創聞而譁然攻之。緣隙奮筆, 自任辭闢者, 不可勝數, 而若深齋之爲此, 乃在其內而不出之年, 亦可謂早達矣。其論之, 或有得失, 固不足一一苛覈, 而至其乖謬之大, 不經師匠, 有如何? 邵公所憂觀聽隨創者, 不得不略爲隱括, 亦世道之餘事也。後之學者, 儻有以裁之。

凡言理氣, 有不相離處, 有不相雜處。從不相離處言, 則固未有去氣而獨存其理者; 從不相雜處言, 則理之爲主, 非氣之所得與也。此其大端也, 所以謂心卽理者, 本主不相雜而言之, 使執其不相離而詰之, 豈患無說? 而柰非其立言之指何? 至於譬喩之語, 每据其一面而取, 足明吾意, 未有面面恰當者。況以理氣, 喩之事物, 元自不倫, 卽使譬之的切, 据他面而攻之, 固已不勝其窮矣。雖先儒所言如膏火、人馬之類, 亦莫不然, 惟在以意逆志, 乃爲得之。

如今玉石之喩, 只言理之合氣。如玉在石中, 所主者旣有在, 則其所合者, 不言之, 不爲少也。旣當挑出其爲主者, 則其所合者, 或從而資之, 或抑而制之, 或決而去之, 皆無不可, 如是取喩足矣。必曰玉之鑿出, 其石在所當去, 理之挑出, 其氣豈可盡去乎, 則是所謂不諒人言之意, 而据一面以攻一面者也, 何足與辨哉? 雖然, 此猶爲深齋言之耳。若乃本說, 則其椎琢克治一款, 已在刪棄無存, 而深齋之所節節排擊者, 惟在於此。雖使所擊者, 或有的中, 質之已亡, 將安所施乎? 駟不及舌在此, 雖云可惜, 刻舟求釼在彼, 無亦太勞乎? 人心化爲道心, 氣之精爽是神, 二段亦是如此。雖其不無所本, 而旣已剗去, 則攻者、卞者, 並可休矣。【如此處甚多。】

至於醫家之所謂心, 朱子亦嘗云: "此非心也。" 其與非吾所謂心者, 似無異同, 而乃執非心二字, 而盛氣呵斥, 至加以離物求則之罪案, 此何說也? 其於孔子之"從心所欲不踰矩", 則解之以氣之中節; 孟子之言良心、本心、仁義之心, 則難之以未嘗謂心卽是良心、卽是本心、卽是仁義; 程子之言心卽性, 則比之以形色、天性、器亦道、道亦器; 朱子之揭心爲太極, 則貶抑之以爲非論其至者; 退陶「中圖」之單指理, 則反駁之以合理氣者自在, 是皆心知其不必然, 而務爲強辯, 以生乖激耳。不然, 則粗通文理者, 皆可辨之矣。若夫象山、陽明之認氣爲理, 折諸朱、李, 宜無異辭, 而乃一則矯飾以反詰, 一則代之爲鳴寃, 斯已惑矣。而象山一節, 尤爲無理, 至以精底氣爲心之妙理, 則又是餘姚、泰和之合做一體, 其悖也, 亦不待言矣。

至謂“心之本體不囿於氣”, 則必尋個統論全體, 以病其無曲折; “論心者主理, 不主氣”, 則必證以主太極、主陰陽, 以伸主氣之何害? 只此二語, 雖深齋, 初豈有異見哉, 而何苦苦乃爾? 殊不可曉也已。其曰: “此理之妙, 橫竪皆當, 分而不害其爲合, 二而不害其爲一。” 此語乍觀之, 似乎周全而究其指歸, 所謂“分之、二之”者, 所指云何? 若以理氣而言, 則理氣決是二物, 終不可以合而一之也。且以此理之妙發語, 而其下乃以理氣作對說, 不亦自矛於盾乎? 如此精細去處, 宜非麤心之所易及也。其於心即氣之說, 曲意調護, 而稍嫌其不備。

夫“心爲一身之主宰”, 深齋亦知言之矣, 則以主宰而管歸諸氣, 其爲非常醜差, 可立判也。程子曰: “論性不論氣, 不備; 論氣不論性, 不明。” 今使從中而言者, 以心即理爲不備, 而心即氣爲不明, 猶之可也。乃反於即氣, 則諉之不備, 而於即理, 則峻文深詆, 不但不明之比, 豈非失輕重之平者哉? 至其自爲說則曰“性是形而上, 心是形而下”, 此二句, 其體要也。前後神脈, 皆從此起會, 則是其所見, 直亦心即氣而已, 何名爲合理氣哉? 田艮齋之“性尊心卑”, 眞是合一之符, 而何以辨爲? 總而言之, 深齋之爲此文也, 目無正見, 而心懷悍愎; 辭說狼藉, 而氣像簸動。識者觀之, 自可見其非出於謀道之公心也。

當是時, 我俛宇先生, 蓋嘗有書以提警之矣。曰: “先師晩歲, 蓋嘗更修是說, 視初本多所删節, 盛辨乃初本耳。第念洲上之於座右, 自是隣鄕先輩, 使其在世, 有疑書質, 雖極意競爭, 有何不可? 若其已作千古, 而我又是藐然後生, 纔見其不合己處, 便奮筆而痛闢之, 辭氣之間, 顯有陵厲之意焉, 則竊恐有欠於遜弟温恭之德矣。請勿以辨說立名, 只改作設疑文字, 以往復於其門人子弟, 則體順而過寡矣。且當歷究前聖賢言心處, 教得一一分明, 體驗親切, 俟年高德成, 然後另作一篇文字, 爲未晩也。” 細讀此書, 先生長者之惓惓愛諭, 苦心微意, 宛然可想, 而惜乎, 深齋之終不喩也! 因並附著之, 以爲世之輕薄自用, 急於立言者戒焉。

4-9-5

「변전간재답학자서辨田艮齋答學者書」【戊子】(『重齋集』 卷44 雜著)

해제

1) 서지사항

김황이 1948년 지은 논설. 『중재집(重齋集)』 권40에 실려 있다.

2) 저자

김황(金榥, 1896~1978)으로 일명은 우림(佑林), 자는 이회(而晦), 호는 중재(重齋)이다. 경상남도 의령군 궁류면 어촌리에서 태어났다. 면우(俛宇) 곽종석(郭鍾錫, 1846~1919)의 문인이다.

3) 내용

이 글은 전우(田愚, 1841~1922)가 그의 문인에게 답한 편지에 대하여 김황이 변론한 것이다. 일찍이 전우는 『후산집(后山集)』안에 수록된 글 중 "창주(滄洲) 정우달이 전우를 비웃었다[滄洲笑田子明]"는 한 단락을 취하여 「답전기진겸시정형규(答田璣鎭兼示鄭衡圭)」에서 자신의 심론이 틀리지 않았음을 역설하였다. 즉 "주자가 그 체(體)를 일러 역이라 하는 것이 사람에게 있어서는 마음이라고 하였는데 '체'라고 말하였으니 이는 심(心)이 형이하자라는 말이며, 그 원리를 일러 도라 하는 것이 사람에 있어서는 성(性)이라고 하였으니 이는 성이 형이상자라는 것"이라는 말을 예시하여 전우 자신이 심(心)이 형이하자라고 한 것이 실제로 여기에 근거하였음을 강조하였다. 따라서 이를 연구해 보면 창주(滄洲, 정우달)가 오히려 전우를 비웃지 않고 허유(許愈, 后山)를 비웃을 것이라고 비난하였다. 이에 대하여 김황은 주자를 배우고자 하면서 이황에서 답을 구하지 않으니 사다리를 버리고 누각에 올라가려는 것과 무엇이 다르겠느냐고 힐난하며 전우가 창주의 비웃음을 사기에 충분하다고 반박하였다. 이는 이진상의 심즉리설을 계승하는 김황이 심을 형이하자로 주장하는 전우의 심론을 배척한 것이다.

4-9-5「辨田艮齋答學者書」【戊子】(『重齋集』卷44 雜著)

所示許集, 滄洲笑田子明一段, 知是寒洲高足, 其言無足異也。第記朱先生, 言“其體則謂之易, 在人則心也, 言體則亦是形而下者; 其理則謂之道, 在人則性也, 此乃爲形而上者”也。此是先生五十歲以後說話。【程正思己亥以後所聞。】鄙所謂心是形而下者, 實出於此。葉味道問十年前先生說: “神亦只是形而下者?” 先生曰: “神是心之至妙處, 滾在氣裡說, 又只是氣。然神又是氣之精妙處, 到得氣又是粗了。”【細味此數句, 直是見得先生婆心。將軟飯爛嚼, 與小兒契, 不勝感德之至。不知讀者曾思到此否? 不可忽不可忽!】所謂十年前, 是先生五十以後而至六十二歲以後, 尙不改前見。【葉氏辛亥以後所聞。】鄙所謂心是形而下者, 實出於此。黃直卿問: “神本不專說氣也, 可就理上說。”【使所謂神者, 原果是理, 則直卿方欲將神字做形而上, 而其爲言何故恁地太寬緩了? 讀者宜細察焉。】先生只就形而下者說。【只之一字, 是言直卿所疑。】曰, 某所以就形而下說, 畢竟就氣處, 多發出光彩便是神。此又是徐居父庚戌以後所聞, 而可與心字 兩相對看, 吾恐滄洲不笑田子明而却笑許退而也。

按: 『后山集』中有云“金重庵之徒, 與田子明往復, 謂心理之說, 栗、尤亦嘗爲之, 此何異合矛於盾?” 又言“欲學朱子, 而不求諸退陶, 何異去梯而欲登樓? 此足以發滄洲之笑也。”【見「答金致受」書。】本語所指, 不過如此, 而艮齋輒以身當之, 抗辯至此, 已不免啞者之訴情。豈其略得於傳聞, 而不核其實, 亦其自懷齷齪, 常恐被人之以此議己故耶。殊覺可笑。乃期所自據守者, 不過以其體則易, 證心之爲形而下。又以神亦只是形而下一語, 推及於心之與神, 無別而已, 今請就此而試一辨之。夫以其體則易, 做形體之體看。朱先生固已自言其未備矣,【見『語類』人傑録。】則其曰“形而下者”, 雖使有之, 不過是因其已然之著, 而識其所以然之妙而已。如「繫辭」所謂“一陰一陽之謂道”, 而程「序」謂“易者, 陰陽之道”, 陰陽氣也, 而其道則不可不謂之理也。又如朱先生嘗以費隱分形而上下, 費與隱, 一道也, 而其曰費是形而下, 從其可見者言之耳。非故以費爲氣也。況程子本以“上天之載, 無聲無臭”發語而其下分言, 其體則謂之易, 其理則謂之道, 其用則謂之神, 是其體其理其用, 壹是上天之載之分目, 初豈外理而言者哉? 以是而謂易是氣, 心是氣, 豈程、朱之本意乎？至於神之爲說，葉氏問“既謂神是氣之至妙處”，而欲籍先生十年前所論形而下者爲證，此答則曰“神是心之至妙處”，以“心”易“氣”，固與初說不同矣。旋復曰“滾在氣裡說，又只是氣”者，蓋神是理氣交接處，故旣不可便屬氣，而亦不可卸氣說也。雖或有以氣言時，亦當特就其精妙處言之，不比凡說氣之一向粗了去而已。如此下語，儘有曲折，所謂軟飯爛嚼者，正是如此。今乃瞎摸此言，硬做神屬氣之的案，無其太傷麤易乎？以是而自謂見得先生婆心，誰不笑之？若夫勉齋之論，元以形氣神理，恰做四層看。故謂神不當專屬氣，亦可就理上說，而疑先生之只就形而下說。【以上皆當屬直卿問辭。】其意固有在，而先生之答謂畢竟就氣處，多發出光彩便是神，所以自解偏就形下說之意。然其曰畢竟曰便是云者，語意極有斟停，而神之體段，自是頓放在何處？亦可想見矣。且心之與神，名目自別，使神而果是氣，初不當以此而並坐心，況其未必是乎？最可恠者，艮齋自以分別朱語，初、晩爲工，而其所臚列者，往往於先生已棄已改，或仍存而“非其至者”與或“記錄之未免差誤者”，牢執以爲定論，要以伸己見而不容人言。如此艱迂，還不如言言皆是之論之猶爲快活而省得事也。使其以此反究，正恐不待人笑而自笑也。

又按：后山「答李大衡」書，有云“晦庵子所笑五字，儻無病。晦庵子朝夕儼臨，勸諭我董督我，何嘗效他英雄豪士輩嘲笑人爲哉？尊嚴之地，似恐作此口氣不得。”【止此。】此當爲正論，以此推之，則其謂滄洲之笑，亦恐出於一時脫口而發，非后山之本意也。而田氏從以反詑之，事涉玩弄，亦已甚矣。學者宜細思而毖之也。

한주학 비판 영남의 학자
心說論爭 資料

1.

四未軒 張福樞(1815~1900) 心說論爭 資料

4-10-1

「답이여뢰答李汝雷」(『四未軒集』 卷2)

해제

1) 서지사항

장복추가 이진상에게 답한 편지글. 『사미헌집(四未軒集)』전편 권2에 실려 있다. (한국문집총간 316)

2) 저자

장복추(張福樞: 1815~1900)로 자는 경하(景遐), 호는 사미헌(四未軒)이다.

3) 내용

이 글은 장복추가 이진상(李震相, 1818~1886)에게 답한 편지글이다. 전반부에는 학문하는 자세에 대하여 논의하였고, 별지에서 성리설과 관련된 이진상의 질문에 대해 답변하였다. 이진상이 장복추에게 질문한 것은 5가지로 적자심(赤子心), 주일무적(主一無適), 인심유위 도심유미(人心惟危, 道心惟微), 인능홍도(人能弘道), 예양(豫讓)이다. 이 가운데 진(晉)나라 시대 사람인 예양의 행적에 대해 물은 내용을 답한 것이다. 장복추는 적자심에 대해 미발(未發)과 이발(已發)을 겸하여 보는 것이 마땅하다고 하였다. 주일무적에 대해서는 마음은 다른 곳에 달아남이 없게 하는 것을 중요하게 여기고, 일을 함에는 한 곳에 집중하는 것을 중요하게 여기는데, 만약 마음을 오로지 하여 일에 대응하게 되면, 하는 일이 어긋나거나 착오가 일어나지 않게 된다고 말하였다. 인심과 도심에 대해서는 이진상이 도심의 미묘함이 인심의 위태로움 때문에 그런 것이라 생각하는 것이 잘못이라고 하면서, 인심은 기(氣)에서 발하는데, 기는 본래 위태하기 때문에 그것이 발할 때도 또한 위태한 것인데 반해, 도심은 이(理)에서 발하는데, 이(理)는 본래 미묘하기 때문에 그것이 발할 때도 또한 미묘한 것이라고 설명하였다. '인능홍도'에 대해서는 『논어』의 본지를 본다면 리기와 관련된 것보다는 수양과 관련된 것으로 보아야 한다고 하였다.

4-10-1「答李汝雷」(『四未軒集』卷2)

索居戀想, 如飢如渴, 忽奉寵翰, 欣審定履珍毖。曾於『心經』富有新得, 箚記成書, 猶有終非已有之歎, 無乃身不體之。故耶? 以執事高明, 何不知行竝進而有是罔殆之患也? 況如福者, 才鈍思竭, 徒能讀是書耳, 烏可望有補於黥刖之餘耶? 惟幸親知如執事者, 時惠德音, 痛加鐫誨。滿幅纚纚, 無非對證之良劑, 而抑有一二合商量處。大抵爲學, 貴乎眞知實踐, 成己而後成物, 則不行之空言, 有何益於身心哉? 世之學者, 志非不遠也, 才非不高也。而苟或好名太過, 爲人太甚, 得一新知, 有一善行, 傲然自大, 猶恐人之不知也。飛揚躁擾之氣, 不能按伏, 入耳出口之弊, 日漸滋長。所談者天人性命之際, 而操存踐履之實則蔑如; 所誦者聖賢道義之文, 而正心修身之道則闕焉。其如是者, 恐不免上蔡鸚鵡之譏矣。『魯論』不云乎? "言之不出, 恥躬之不逮", 又曰: "非言之艱而行之艱"。吾輩一未得喫緊體察, 徒坐說仁義, 若一朝言不顧行, 行不顧言, 則其於欺世盜名何哉? 來敎中, "師德之賊"者, 不覺鋒穎太露。彼石奮雖是黃老之流, 其所不言躬行, 亦足爲處淆世之一端, 而不害爲造吾道之一助, 則烏可以人而廢言哉? 吾所謂"不言", 非當言而不言也, 欲其先行而後從也; 吾所謂"躬行", 非胡庸而馮樂也, 欲其踐實而達德也, 則語雖同, 而意絶不同, 兄何不察而有此過當之敎也? 其曰: "有一長可取"云云, 福所不屑, 如有異道之人, 生竝一世, 斷當排其道、恕其人, 使之回心向道, 無絶自新之路, 是乃吾儒之不輕絶人而盡己之心者也。至其不可正而後, 痛絶之, 亦不爲晩耳。只信情愛之至, 妄率至此, 儻不一笑而鄙斥之否? 向日奉復諸條, 旣荷容納。又被牖迷之益, 得以濯舊來新, 受賜大矣。其從其違, 具如別紙呈似。蓋欲言而不能發明其意思, 臨書而不能模寫其言語, 只緣平日見得無端的明白故也。愧歎柰何?

〈別紙〉

赤子心。

當兼未發已發看如何?

主一無適。

心貴乎無適, 事貴乎主一, 而若專心應事, 則事不舛錯。故『敬齋箴』第五章, 言"心之正, 達於事", 而以無適先之, 第六章, 言"事之主一, 本於心", 而以主一繼焉, 其序次緩急, 不得不如此。然"主一無適", 交相爲用, 本無先後之可言, 不敢臆斷。

人心惟危, 道心惟微。

心一也, 而有人心道心之二名, 各因其所發而名之, 非謂彼此相因而或危、或微也。蓋人心發於氣, 而氣本危殆, 故其發也亦危; 道心發於理, 而理本微妙, 故其發也亦微。若曰"道心之微, 由於人心之危", 則人心之危, 由於甚麽耶?

人能弘道。

『魯論』本旨, 恐非指理氣論, 只是從修爲上說, 則示喩中"人心有知覺而能運用, 故可以擴充是道而弘大之也, 道體之無爲, 安得以弘人哉", 此說得之。

豫讓。

讓之事, 吾不知其可也。旣已許身於范氏, 而智氏從以滅之, 則智氏於讓, 爲不共戴天之讎也。烏可以一時衆人之遇, 忍心害義, 忘主事讎哉? 此則宜不免再嫁之譏。兄嘗以卿家爲恕讓之欛柄。然趙氏亦卿家, 而讓以愧天下後世爲人臣懷二心者, 不事趙氏, 甘心作漆身呑炭之人, 而罔念前後義理之相反。大抵不事趙氏是, 則又事智氏非矣, 旣事智氏是, 則不事趙氏亦非矣, 何以譬讓於管仲?仲之所事, 弟也, 與其弟爭其兄之國, 只是私於所事。故弟死事兄, 容有可恕者, 而當時猶有子路之疑問, 況於讓乎? 讓本節俠士也, 任情循私, 只知爲知己者死, 則其不可與管仲同日而語明矣。

4-10-2

「답정약중答鄭若中」(『四未軒集』 卷3)

해제

1) 서지사항

장복추가 정지선에게 보낸 글. 『사미헌집』 권3에 실려 있다. (『한국문집총간』 316)

2) 저자

장복추(張福樞: 1815~1900)로, 본관은 인동, 자는 경하(景遐), 호는 사미헌(四未軒)이다. 여헌(旅軒) 장현광(張顯光: 1554~1637)의 8대손이다.

3) 내용

이 글은 장복추가 정지선(鄭趾善: 1839~1897, 자는 若中, 호는 兢齋)에게 답변한 편지로서, 인심도심론에 관해 논하는 내용이다. 일찍이 율곡(栗谷) 이이(李珥: 1536~1584)는 "인심과 도심은 서로 시작과 끝이 될 수 있다"는 이른바 '인심도심상위종시설(人心道心相爲終始說)'을 주장했는데, 정지선이 이에 대해 장복추에게 질의한 것이다. 이에 대해 장복추는 『주자어류』의 "도심이 위주가 되면 인심 또한 변화하여 도심이 된다[道心爲主, 則人心亦化而爲道心]"는 말을 소개한 다음, '화이위(化而爲: 변하여 된다)'로 보면 "인심이 도심의 명령을 따르는 것은 바로 '도심에 부합되는 것'으로서, 곧바로 '도심이라고 말할 수 없음'이 분명하다"고 설명했다. 장복추는 "인심과 도심은 소종래가 다르다"고 강조하고, "만약 인심의 선한 것을 도심이라 한다면, 인심은 악한 것일 뿐이게 되는바, 그렇다면 왜 '상지(上智)도 인심이 없을 수 없다'고 말했겠는가?"라고 반문하였다.

4-10-2 張福樞,「答鄭若中」(『四未軒集』 卷3)

來諭有曰“人心、道心, 相爲始終”, 此非所望於高明也。高明果以『語類』所謂“道心爲主, 則人心亦化而爲道心”云云, 爲人道心相爲始終耶? 觀於“化而爲”三字, 可知人心之聽命於道心者, 乃是合於道心, 而不可直謂之道心也明矣。又曰“原於性命, 而不能直遂, 爲形氣所掩則不得不謂之人心; 生於形氣, 而爲道心所制, 一一中節, 則不得不謂之道心”, 似帶得病氣。蓋人心、道心, 發出之界境有異, 則道心之差, 謂之人心可乎? 人心之善, 謂之道心可乎? 若以人心之善者, 謂之道心, 則人心只是惡一邊, 何以曰“上智不能無”耶? 大抵吾輩看文字, 未能深思體驗, 輕易說去, 有未免毫差千謬, 誠各自惕念處也。

4-10-3

「답윤인재答尹仁載【宅逵】」(『四未軒集』 卷3)

해제

1) 서지사항

장복추가 윤택규에게 보낸 글. 『사미헌집』 권3에 실려 있다. (『한국문집총간』 316)

2) 저자

장복추(張福樞: 1815~1900)로, 본관은 인동, 자는 경하(景遐), 호는 사미헌(四未軒)이다. 여헌(旅軒) 장현광(張顯光: 1554~1637)의 8대손이다.

3) 내용

이 글은 장복추가 윤택규(尹宅逵: 1845~1928, 자는 仁哉, 호는 雪峰)에게 답변한 편지로서, 『심경(心經)』의 몇몇 구절들에 대해 논하는 내용이다. 장복추는 편지의 앞부분에서 "『심경』은 옛 사람들이 신명(神明)에 비유하고 또 사서(四書)와 대등하게 여긴 책으로, 진실로 학문의 지남(指南)이 된다"고 설파한 다음, 윤택규의 질문에 답변하였다. 첫째 조목은 "찰부이자지간(察夫二者之間)"에 대한 설명으로서, 장복추는 "이 마음의 본연의 권도(權度)로, 그것이 형기(形氣)에서 발하는지, 아니면 성명(性命)에서 발하는지를 세밀하게 살피는 것"이라고 설명하고, 이는 선불교에서 말하는 '이심관심(以心觀心)'과는 다른 것이라고 주장했다. 둘째 조목은 허령지각(虛靈知覺)에 대한 설명으로서, 장복추는 "허령은 아직 발현하지 않은 지각이며, 지각은 이미 움직인 허령"이라고 설명했다. 따라서 "하나로 합쳐 '허령지각'이라고 말하면 모두 체용(體用)을 겸하는 것이고, 허령과 지각으로 나누어 대대(待對)해서 말하면 서로 체와 용이 된다"는 것이다. 다섯째 조목은 적·감(寂感)과 리의 관계를 논한 것으로서, 각헌(覺軒) 채모(蔡模: 1188~1246)의 "고요할 때엔 리의 체(體)가 보존되고, 감응할 때엔 리의 용(用)이 운행된다"는 말과 "허령지각은 기에 갇힐 수 없다"는 말에 대해, 장복추는 "심(心)이라는 글자는 리를 떠날 수도 없고 기를 떠날 수도 없으니, 리와 기가 묘합(妙合)한 것이다. 그러므로 선배들이 혹은 리를 가리며 말하기도 하고, 혹은 기를 가리켜 말하기도 한 것"이라고 설명했다. 이 편지에서는 그 밖에도 계신(戒愼)과 신독(愼獨)의 '신(愼)', 천선개과(遷善改過), 함양 공부 등에 대해 논의하였다.

4-10-3 張福樞, 「答尹仁載」【宅逵】(『四未軒集』 卷3)

『心經』, 古人諭之以神明, 等之以『四子』, 誠爲學之指南也。果能循環熟復, 心與理相涵, 見處益精, 行處益慣, 使知行竝進否? 漏器盛水之歎, 風霜震剝之餘, 勢固然矣。然今日讀, 明日讀, 讀之不已, 安知無淪肌浹髓, 有欲忘不得之效耶? 謬詢略貢愚見, 其有害理, 幸回示而砭藥也。

〈別紙〉

『心經』「首章」註"察夫二者之間", 所謂"察"者, 非二者之外, 別有一心以察之也, 果以何者察之歟? 此等處或有差毫釐, 則易流於以心觀心之病。

以此心本然之權度, 審察其發於形氣乎、發於性命乎, 豈其以心觀心哉?

先儒云"虛者, 心之寂; 靈者, 心之感", 則疑虛是體、靈是用, 而又曰"虛靈, 心之體; 知覺, 心之用", 何也?

虛靈是未發底知覺, 知覺是已動底虛靈。故單言虛靈知覺, 皆兼體用。惟待對說, 則相爲體用, 前輩亦有言之者。

「上帝臨汝章」"愚謂"二字, 『講錄』曰"愚字, 當爲西山自稱", 而但他處皆引本註, 不應於此, 獨入自註爲可疑。

篇內"愚謂"條二, 而「牛山章」已引朱子本註, 則此亦朱子註, 而非西山自註, 可見矣。

「視爾友君子章」附註"周之卿士", 『講錄』曰"總指風雅中所稱周卿士而言", 尤菴曰"指武公", 未知何所的從?

退陶曰"因論「抑」詩, 兼指諸作者而稱美之", 蓋武公亦在其中, 然似不可單指武公。

「坤」之六二章, 小註覺軒蔡氏曰“寂而理之體無不存, 感而理之用無不行”云云, 又曰“虛靈知覺, 不能不囿於氣”云云。

心字離了理不得, 離了氣不得, 妙合理氣, 故先輩或有指理而言, 或有指氣而言。

「天命之謂性章」, 戒愼是未發工夫, 愼獨是已發工夫。然則戒愼之愼字, 愼獨之愼字, 有異否?

兩愼字只是一敬字。

「遷善改過章」, 附註勉齋黃氏云云, 懲窒是正心事, 遷改是修身事否?

退陶先生以爲懲窒似正心, 遷改似修身, 然亦可通言。故「損」之「象」, 程、朱以修身言; 「益」之「象」, 以正心言, 恐不必苦苦分屬也。

楊、羅、李靜坐求中之說, 『講錄』曰“三先生性本沈靜, 以不求求之故, 無病而有得”, 尤菴曰“按: 『語類』, 羅先生終恐做病”, 又曰“延平這箇, 亦有些病”云云。此二說, 皆援引朱子, 而一曰無病, 一曰有病。

靜而涵, 動之所本。故略略提省, 體認未發前氣像, 雖若已發, 纔體認過, 便卽放下, 依然在未發界中。常常如此用工, 到得熟後, 不待着意體認, 而自然知覺不昧, 是爲無病而有得。苟非沈靜篤實如延平, 則終恐有病, 易流於異學, 爲後學之切戒也。

4-10-4

「답윤충여答尹忠汝」【胄夏】(『四未軒集』 卷3)

해제

1) 서지사항

장복추가 윤주하에게 답한 편지. 『사미헌집』 권3에 실려 있다. (『한국문집총간』 316)

2) 저자

장복추(張福樞: 1815~1900)로, 본관은 인동, 자는 경하(景遐), 호는 사미헌(四未軒)이다. 여헌(旅軒) 장현광(張顯光: 1554~1637)의 8대손이다.

3) 내용

이 글은 장복추가 윤주하(尹胄夏: 1846~1906, 자는 忠女, 호는 膠宇)에게 답한 편지로서, 예학과 경학 및 성리설을 논하는 내용이다. 첫째, 둘째, 셋째 조목은 예학에 대한 답변이다. 넷째 조목은 「태극도설」의 "무극이태극(無極而太極)"의 '이(而)'에 대한 설명으로, 장복추는 '이(而)'는 앞뒤를 연결하는 접속사라고 설명했다. 여섯째 조목은 '동정(動靜)'에 대한 논의로, 장복추는 "동정의 묘맥(苗脈)을 탐구하면, 기는 반드시 리를 말미암아 동정하는 것이지만, 동정이 드러나는 것을 논하면, 동정은 형이하(形而下)이나 리는 형이하라고 말할 수 없다"고 설명했다. 아홉째 조목은 명덕(明德)과 기의 관계에 대한 논의로서, 윤주하의 "허령은 심의 본체인데, 기를 함께 말할 수 있는가?"라는 질문에 대해, 장복추는 『주자어류』의 "기 가운데 저절로 영(靈)한 물건이 있다"는 말을 소개하면서 진순(陳淳: 1159~1223)이 명덕을 '리와 기의 묘합'으로 설명한 것은 천고(千古)의 정론(定論)이라고 설파했다. 열셋째 조목은 도심의 주재(主宰)에 대한 설명으로서, 장복추는 "인심이 도심에게 일일이 모두 명령을 들어 사특한 것에 빠지지 않는 것"이 바로 '도심의 주재'라고 설명하였다. 마지막 조목은 호락논쟁(湖洛論爭)에 대한 설명이다. 장복추는 외암(巍巖) 이간(李柬: 1677~1727)이 '심(心)을 본연지심과 기질지심으로 나누고, 성(性)을 본연지성과 기질지성으로 나눈 것'에 대해서는 "이심이성(二心二性)의 병폐를 면할 수 없다"고 비판하고, 남당(南塘) 한원진(韓元震: 1682~1751)의 '성삼층설(性三層說)'에 대해서는 "남당이 말하는 이체(異體)와 만수(萬殊)가 이미 일원(一原) 가운데 포함되어 있으니, 이처럼 나누어 말할 필요가 없다"고 비판하였다.

4-10-4 張福樞, 「答尹忠汝」【胄夏】(『四未軒集』 卷3)

承審棣床學履連衛。葛塾飮禮, 嘉圍講討, 誠斯文不易得之盛擧, 不任艶仰。福六十年所戒, 只在"毋自欺"三字上, 到今恩命荐降, 欺罔之罪, 有所難逃, 中夜以思, 身不貼席。非不欲更理幾卷殘書, 以補黥刖之餘, 而不但桑楡之光, 理無遠照, 家憂世故, 又從以妨奪, 其亦命之窮矣。幸高明視以爲戒, 及時懋敏如何? 謬詢舊茫新昧, 草草供答, 如不中理, 毋惜駁正焉。

〈別紙〉

宗家立后後當改題, 而尙今遷稽, 是甚未安。因節祀改題, 而題主前後, 似當有告, 製示伏望。

告文恐當曰: "小孫生晩, 今當承祀。乃於明日某甲, 式遵典禮, 合薦精禋。改題顯祖考某官府君爲顯高祖考某官府君, 顯祖妣某封某氏爲顯高祖妣某封某氏。【以下諸位, 皆當依此書之。】世代推遷, 不勝感慕。謹以酒果, 先告事由, 謹告。" 此則因大山先生祝式, 而略隨時宜, 或可用之耶?

朱子曰"凡正體在乎上者, 謂之下正, 猶爲庶也", 十反九覆, 未得其旨。

正體, 謂祖之適也; 下正, 謂禰之適也。己雖爲禰之適, 而於祖猶未免爲庶。

本生喪中, 所后禫服, 李陶菴云"私親與所后服, 不可雜錯, 當待所后服盡後, 方可服私親服", 此說可疑。

本生喪中, 過所后祥, 而祥後之服, 則爲微凶而向吉矣。方身在麄縗之中, 服此向吉之服, 於人子心, 安乎? 陶菴說不可曉。

"無極而太極", 這"而"字, 作然字看? 作者字看? 作語助看? "太極動而生陽, 靜而生陰", 作三層看如何? 以動靜爲太極之用、陰陽之本, 若何?

“無極而太極”, “而”字乃承接之意。若作然字、者字看, 則恐非周子本義也。太極、動靜、陰陽三層之說, 與夫動靜爲太極用之說, 又非朱子解義也。

朱子曰: “以陰陽而言, 則義體而仁用也; 以存心制事而言, 則仁體而義用也。” 旣曰人極, 而不取存心制事之意, 而取陰陽之義, 何也?

此「圖說」本爲發明『易』義, 則可不取陰陽之義而言之乎?

朱子曰: “若理無動靜, 氣何自而有動靜?” 是動靜歸重於理矣。又曰: “太極, 理也, 理不可以動靜言也。” 又勉齋曰“太極, 不是會動靜底物; 動靜, 陰陽也”, 是動靜歸重於氣矣。『易』言“有萬物, 然後有男女”, 「太極圖」先言成男、成女, 方始言萬物, 何也?

原其動靜之苗脈, 則氣必由理爲動靜, 故朱子說如此。論其動靜之著見, 則動靜是形而下者, 而理不可以形下言, 故朱子後說及勉齋說, 亦如此也。『易』之言男女於萬物之後, 以形化言; 「太極圖」之言男女於萬物之先, 以氣化言也。

“行夏之時, 乘殷之輅, 服周之冕, 樂則韶舞”, 伊川何取以爲顔子嘗聞『春秋』之義也? 『朱子語類』, 雖有解釋, 而莫之領略。

夏時、殷輅、周冕、韶舞卽一王之正法, 『春秋』卽一王之大用, 則是非顔子所嘗聞之準的耶?

意當聽命於心, 則必也心得其正, 然後意可誠焉, 而此言先誠其意, 則莫是倒用工夫歟?

心無形影, 若不於發處用工, 則將何處下手乎?

『章句』釋明德, 元不說氣, 而陳北溪云“理與氣合, 所以虛靈”, 虛靈是心之本體, 而兼說氣, 何也?

『章句』釋明德, 若以爲元不說氣, 則『語類』何以曰“氣中自有箇靈底物事”? 北溪所云合理氣, 此爲千古定案, 孰敢以虛靈者, 理也非氣也, 歧貳之哉?

未發時似有格物工夫, 程子曰“靜中須有物始得”, 旣有物, 則其有格之之工可知。雖在靜中, 常常照顧吾心敬歟、非歟。此便是格物, 不如是存養, 不得。

靜中有物, 是未發時存養工夫, 而非格物明矣。高明試思! 格物時, 此心動乎? 不動乎? 旣動則不可屬之未發, 而未發時, 豈有格物工夫哉?

“誠於中, 形於外”, 朱子亦有從眞情說處, 以誠於爲善看, 似亦可通惡底, 眞實無妄則似不成說。

誠中形外, 善惡固無間矣。朱子以惡之誠中形外, 有從眞情說處者, 非眞實無妄之謂, 而乃是實情之謂。此誠字, 與『中庸』誠字不同, 只作實字看如何?

四有乃氣之發, 而特言於正心條; 五辟乃理之發, 而特言於修身條, 何也?

四有乃心之所發, 五辟乃身之所接, 故各因其所發、所接, 而分屬如此, 非以理氣論也。

人心如船, 道心如柁, 此從人心發處言耶? 若統擧人道心比, 則人心爲主宰, 道心爲資具, 可乎?

行船之主宰是柁, 而使船不入於狂濤險灘之中, 則人心之於道心, 一一聽命, 而不陷於邪妄者, 果非道心之爲主宰乎?

戒懼乎不睹聞, 似是『大學』之定、靜、安地頭, 愼獨之加謹, 似是慮、得地頭。

定、靜、安、慮、得, 功效之相因也; 戒懼、謹獨, 工夫之相須也。其工夫、功效之地頭有異, 則恐不當強爲牽合, 未知如何?

仁義禮智之得於心者, 皆德也。其言達德, 惟智、仁、勇而已耶? 智仁自是五性中名目, 而勇字之根由苗脈, 可得詳聞乎?

非三德, 無以行五達道, 故特言智、仁、勇, 而勇字從用從力, 是用力果敢底意, 屬乎氣也。大山曰“配道義爲義理, 勇不配道義爲血氣勇”, 就性上求勇字則過矣。

“誠字一篇之樞紐”云云。

戶之樞、衣之紐, 皆居中而挈四外者。此書言誠, 乃在中散萬事處, 以明一貫萬事之妙。自此推而上之, 以至於天命之性, 是誠之原也; 推而下之, 以至於上天之載, 是誠之妙也。蓋居中而統上下, 故曰“樞紐”, 王氏所謂“下半部誠爲張本”, 豈其然哉?

“苟不至德, 至道不凝”, 德者, 得是道之謂也, 則至道在於至德之中, 有何凝之可言? 『章句』謂“其人”者似是, 而朱子又曰“道非德不凝”, 何也?

道是公共底說, 以人體之後方可爲德, 故道必聚成於至德之人。朱子所謂“道非德不凝”者, 不須致疑。

“質諸鬼神而無疑”, 『章句』云“鬼神者, 造化之迹”, 不以“二氣之良能”言之者, 亦有義歟?

此鬼神, 蓋指天地也, 故只言造化之迹, 而不言良能。

誠與敬之分, 可得聞歟?

一者, 誠也; 主一, 敬也。敬生於誠之始立, 誠成於敬之所積, 此豈非一而二、二而一者耶?

人心所繫着之事果善, 則夜夢見之, 莫無害否? 程子曰“雖是善事, 心是動。凡事有兆朕入夢, 夢却無害, 捨此皆是妄動”, 然則夫子夢周公, 非是繫着之善心耶?

凡夢有所繫着, 如呂東萊所謂“考之夢寐, 以卜其志之定與未定, 須於此等處, 常常體察, 惟此最可驗學力”, 是也。有所感應, 如朱子所謂“某平生每夢見故舊親戚, 次日若不接其書信及見之, 則必有人說及”, 是也。然則夫子之夢周公, 實有感應之道, 豈繫着而然耶?

巍菴說心性之分, 可得聞歟? 南塘說性有三層, 未得其詳。

巍、南兩說, 愚亦未得其詳。蓋本然之心具了本然之性, 而謂之純善。氣質之心具了氣質之性, 而不能無惡, 至曰氣純於本然, 此則巍菴分心性之說也。一原之性,屬之太極, 而謂之人物皆同; 異體之性, 屬之五常, 而謂之人與人同、物與物同; 萬殊之性, 屬之氣質, 而謂之人人不同、物物不同, 此則南塘三層性之說也。然巍菴說則不免二心二性之病, 南塘說則所謂"異體、萬殊", 已包於一原之中, 不必分言如此。

4-10-5

「답여현재答呂顯哉」【赫奎】(『四未軒集』 卷4)

해제

1) 서지사항

장복추가 여혁규에게 답한 글. 『사미헌집』 권4에 실려 있다. (『한국문집총간』 316)

2) 저자

장복추(張福樞: 1815~1900)로, 본관은 인동, 자는 경하(景遐), 호는 사미헌(四未軒)이다. 여헌(旅軒) 장현광(張顯光: 1554~1637)의 8대손이다.

3) 내용

이 글은 장복추가 여혁규(呂赫奎: 1854~?, 자는 顯哉, 호는 秋根)에게 답한 편지이다. 여혁규가 30년 동안 과거 시험에 허비한 삶을 후회하며 가르침을 청하자, 장복추는 "타산의 돌로 그대의 옥을 구할 것이 있겠습니까?"라고 겸양하면서, '심합리기설(心合理氣說)'의 입장에서 여혁규의 '심즉리설(心卽理說)'을 비판하는 논설을 전개했다. 요컨대 "성(性)은 곧 리인데, 이 리가 타고 있는 기와 결합하여 허령지각(虛靈知覺)의 묘(妙)가 된다"는 것이요, 따라서 심과 성은 '하나이면서 둘, 둘이면서 하나'의 관계이며, 또한 "심은 성에 비하면 약간 자취가 있다"는 것이다. 그런데 "만약 '심즉리'라 한다면, 심과 성의 구별이 없게 되고, 심이라는 이름을 얻은 것도 성(性)이라는 한 글자의 군더더기에 불과하게 된다"는 것이다.

4-10-5 張福樞, 「答呂顯哉」【赫奎】(『四未軒集』 卷4)

來諭"以三十年時日, 謾費科臼, 至有追悔莫及之歎"。能因是心而慥慥不已焉, 不患不造其極。周親有如伯茂、南收兩兄, 當爲之資益, 更何必遠求他山之攻哉? 心卽理之辨, 盛見極精。性卽理也, 此理所乘之氣, 合而有虛靈知覺之妙。故心之所以爲心, 因此而得名, 則心與性, 所謂"一而二、二而一", 而"心比性, 微有迹"者也。若曰心卽理, 則心性固無別, 而心之得名, 不過爲一"性"字之贅說也。

4-10-6

「답배학삼答裵學三」【在煥】(『四未軒集』 卷5)

해제

1) 서지사항

장복추가 배재환에게 답한 글. 『사미헌집』 권5에 실려 있다. (『한국문집총간』 316)

2) 저자

장복추(張福樞: 1815~1900)로, 본관은 인동, 자는 경하(景遐), 호는 사미헌(四未軒)이다. 여헌(旅軒) 장현광(張顯光: 1554~1637)의 8대손이다.

3) 내용

이 글은 장복추가 배재환(裵在煥: 1869~1907, 자는 學三, 호는 惺齋)에게 보낸 편지이다. 장복추는 두 가지 내용을 별지로 보내면서, 자신의 견해가 꼭 이치에 맞다고 할 수 없으니 체험한 뒤 옳고 그름을 알 수 있을 것이라고 했다. 먼저 배재환의 "심(心)은 하나일 뿐이다. 미발시에는 허령불매(虛靈不昧)할 뿐인데, 발할 즈음에 비로소 인심(人心)과 도심(道心)이 구분되는 것이다. 그런데 '인심과 도심이 마음 가운데 섞여 있다'고 말하는 것은 무슨 말인가? 인심과 도심이 '함께 발한다[交發]'는 말인가?"라는 질문에 대해, 장복추는 "심은 리와 기가 결합된 것이다. 그러므로 방촌에는 진실로 혹원(或原)과 혹생(或生)의 이치가 있는 것이니, 이것이 이른바 '섞여있다[雜]'는 말이다. 어찌 '함께 발한다[交發]'는 말이겠는가?"라고 답변했다. 다음으로 배재환의 "하늘에 있으면 명(命)이 되고, 사람에 있으면 성(性)이 되며, 일에 있으면 도(道)가 되니, 성(性)이 대본(大本)이 되고 도(道)가 대용(大用)이 된다"는 주장에 대해, 장복추는 '올바른 설명'이라고 긍정했다.

4-10-6 張福樞,「答裵學三」【在煥】(『四未軒集』 卷5)

謬詢『中庸』諸條, 有得而有失。然以愚見曰得、曰失, 未必中理, 則斷當體驗自家事爲, 然後可益知其得失矣。益加勉旃如何?

〈別紙〉

心則一而已。其未發也, 只是虛靈不昧; 因其已發, 方有人心、道心之分, 而曰"二者雜於方寸之間", 何也? 抑以交發之際而言歟?

心合理氣, 故方寸之間, 固有或原、或生之理, 是所謂"雜"也, 豈以交發而爲言哉?

在天爲命, 在人爲性, 在事爲道, 性爲大本, 道爲大用。而以首節『章句』"人物各循其性"云云看, 則性似在內, 道似在外; 以二節『章句』"道者日用事物"云云看, 則又有先後之不同也。蓋理一而已, 具於心則曰性, 見於事則曰道。性之所具卽道之當然, 道之當然卽性中分派條理。然則未嘗有內外先後之可言, 而但自性而言。故先性後道, 體立用行也; 自道而言, 故先道後性, 用不離體也。

盛見是。

4-10-7

「답이견가答李見可」(『四未軒集』 卷5)

해제

1) 서지사항

장복추가 이정기에게 답한 글. 『사미헌집』 권5에 실려 있다. (『한국문집총간』 316)

2) 저자

장복추(張福樞: 1815~1900)로, 본관은 인동, 자는 경하(景遐), 호는 사미헌(四未軒)이다. 여헌(旅軒) 장현광(張顯光: 1554~1637)의 8대손이다.

3) 내용

이 글은 장복추가 이정기(李貞基: 1872~1945, 자는 見可, 호는 濟西)에게 보낸 편지이다. 정자(程子)의 '심본선설(心本善說)'에 대해, 장복추는 '정자의 본의'는 "마음이 발하는 것에 선과 불선이 있지만, 그것은 다만 '정(情)'일 뿐 '심(心)'이라고 말할 수 없다"는 것이라고 설명했다. 그리고 주자(朱子)의 "이미 발한 것도 심이 아니라고 말할 수 없다. 다만 불선함이 있는 것은 심의 본체가 아니다."라는 말을 원용한 다음, "심의 본체는 곧 성이니, 성에는 불선함이 없다. 발현하여 정이 되면 비로소 선과 불선이 있게 된다"고 설명했다.

4-10-7 「答李見可」(『四未軒集』 卷5)

“心本善”之說, 程子本意, 以心之所發, 有善不善, 只可謂情, 不可謂心。而朱子以爲“旣發, 不可謂之非心。但有不善, 則非心之本體”。蓋心之本體卽性, 性無有不善, 而發而爲情, 始有善不善。

2.

舫山 許薰(1836~1907) 心說論爭 資料

4-11-1

「답장순화별지答張舜華別紙」【癸巳】(『舫山集』 卷7)

해제

1) 서지사항

허훈이 장석영에 답한 편지. 『방산집』 권7에 실려 있다. (『한국문집총간』 327)

2) 저자

허훈(許薰: 1836~1907)으로, 본관은 김해, 자는 순가(舜歌), 호는 방산(舫山)이다.

3) 내용

이 글은 허훈이 1893년 장석영(張錫英: 1851~1926, 자는 舜華, 호는 晦堂)에게 답한 편지의 별지(別紙)로서, 네 조목에 걸쳐 성리설을 논하는 내용이다. 첫째 조목은 칠정을 '리발(理發)'로 규정하는 것에 대한 비판이다. 허훈은 "사단과 칠정은 주리와 주기로 분개하지 않을 수 없다"고 설명한 다음, 장석영의 칠정리발설에 대해서 "리를 천명함이 지나쳐서, 기의 영역을 침탈하여 억지로 리의 영역에 배치하였으니, 주자와 퇴계의 학설에 어긋난다. 이는 '사단과 칠정이 모두 기발'이라는 주장과 마찬가지로 병폐가 있는 것이다."라고 비판했다. 셋째 조목은 척발(剔撥)과 분개(分開)를 구분하는 내용으로, 허훈은 '선과 악이 섞인 것에 나아가 선한 쪽만 말하는 것'은 '척발'에 해당하고, '리발과 기발을 구분하여 양쪽으로 대립시켜 말하는 것'은 '분개'에 해당한다고 설명했다. 넷째 조목은 '칠정리발설'이 자사(子思) 이후 서로 전한 종지(宗旨)라는 주장에 대한 비판이다. 허훈은 "『중용』에서 말하는 희로애락은 리발과 비슷해 보이지만 사실은 그렇지 않다"고 주장하고, "만약 희로애락이 곧 리발이라면, 자사는 반드시 '희로애락이 발한 것이 천하의 달도(達道)이다'라고 말씀하여, '발하여 절도에 맞는다[發而中節]'는 구절을 생략했을 것"이라고 반론했다. 허훈은 또한 주자의 "안에 있는 리가 밖으로 발현된다"는 말로 보아도 '칠정은 리발이 아님을 알 수 있다'고 주장하고, 이황(李滉)과 기대승(奇大升: 1527~1572) 및 이상정(李象靖: 1711~1781)의 논설 등을 추가적인 논거로 제시했다. 허훈은 특히 "무릇 분개설을 주로 삼으면, 사단에 대해서는 확충시키는 공부가 있게 되고, 칠정에 대해서는 절제하여 요약하는 공부가 있게 되니, 이는 진실로 학문에서 가장 긴요한 내용이다. 그런데 혼륜설을 주로 삼아 '칠정리발설'을 주장하면, 마침내 '기를 리로 오인하는 함정'에 빠져서 몸과 마음을 다스리는 데 도움이 되지 않고 도리어 학술의 누(累)가 될 뿐이니, 생각하지 않을 수 있겠는가?"라고 하여, 실천적인 맥락에서도 칠정리발설은 결코 수용할 수 없는 내용이라고 비판하였다.

4-11-1 「答張舜華別紙」[癸巳])(『舫山集』 卷7)

七情理發云云。

蓋四端、七情, 雖是一源, 而及其發也, 有主理、主氣之殊, 此分開說之不得無者也。來諭云"七情亦理發", 以此爲大關棙。長皇眩耀闡理之功, 雖若凌過前人, 其實則闡理之過, 侵奪氣之界分, 強屬理之疆畔, 背朱、退之說, 而與四七, 皆氣發之語, 爲蔽一也。夫惡離喜合, 學者之通患也; 好新厭常, 亦學者之大病也。來諭以情、端而渾爲一, 則似涉於喜合; 捨分開而別爲說, 則似涉於厭常, 不意高明作如此見解也。高明以渾淪, 爲薰之祟, 而高明之祟, 實在於渾淪。幸虛心平氣, 更加思惟焉。

未發之爲渾淪, 渾淪之爲未發, 語意所爭, 不啻相遠。

鄙說所謂未發之爲渾淪, 專主未發而言; 盛諭所謂渾淪之爲未發, 通發、未發而言。始覺當初錯看盛諭, 而『語類』曰: "未發之中, 是渾淪底; 發而中節, 是渾淪底散開。" 看散開二字, 則及其已發, 仍指爲渾淪, 恐不無名言之失耳。

就渾淪處而剔發說, 則曰分開說。

蓋「中圖」之就善惡幾, 而言善一邊者, 乃剔撥說也。此只言善一邊而更無其對者也。分開說者, 「下圖」之分理發、氣發而劈做兩片, 對待爲言者也。然則剔撥、分開, 豈不有異耶?

七情理發, 卽子思以後, 相傳之宗旨。

『中庸』所謂喜怒哀樂, 似乎理發, 而其實不然。蓋喜怒哀樂, 易有不中節之患, 故當其未發時, 此心湛然無所偏倚, 此謂之中。卻緣此心湛然無所偏倚, 喜怒哀樂之發, 以之中節。中節者, 合於理之謂也。合於理則無不善, 故爲天下之達道, 此誠天理之極也。然不可以此之故, 并與喜怒哀樂而謂之理也。若喜怒哀樂卽是理發, 則子思必曰喜怒哀樂之發, 是天下之達道, 而無"發而中節"一句也。朱子所謂"在中之理, 發見於外"者, 尤可驗七情之非理發, 高明以七情爲在中之理耶? 蓋朱子之意, 如曰在中之理, 因喜怒哀樂而發見於外也。然則子思之言、朱子之釋, 不可謂七情理發之證也。程子所謂"其中動而七情出焉"者, 此性發爲情之語也。今以性卽理、性發爲情之故, 而凡七情之發, 皆認爲理, 則是豈成說乎? 程子有曰: "情旣熾而益蕩。" 又曰: "約其情, 使合於中。" 盛諭所謂程子之言, 理發七情, 未爲的確。退陶於高峯所言, 謂以"通透脫灑"者, 因高峯「後說」與「總論」, 而果有此語, 然非爲其七情之理發也。高峯之初頭往復, 已有此說, 退陶未嘗稱許。至「後說」, 始以四端、七情分屬於理發、氣發, 而亦有七情中節之發, 與四端無異之語。然其主意, 則在分開說上, 末段曰: "四端、七情, 理氣之辨, 不能斷置分明, 故其說倚於一偏。" 又曰: "大者旣同, 則其小者無竢於強詰, 而終歸於必同。" 「總論」曰: "四端是理之發, 孟子之意, 正欲使人擴而充之。七情兼理氣之發, 而理之所發, 或不能以宰乎氣; 氣之所流, 亦反有以蔽乎理, 則學者於七情之發, 可不省察而克治之乎?" 其結辭曰: "四端、七情之說, 各是發明一義, 恐不可滾合爲一。" 此高峯之歸款於師門, 而先生喜其大體之合, 不復致詰於其餘, 以"通透脫灑"之語, 終許高峯者也。然則愚所謂餘論剩語, 非愚之說也。高峯所謂"大者旣同", 果不指四端、七情之分開處乎? 其小者, 果不指七情之兼理氣乎? 可知其大者之爲主本、小者之爲餘剩也。高明就高峯兩說, 捨其大者, 只將其置不復論者, 謂退陶許以通透脫灑, 勒成一案。若爾則通透者, 高峯也; 脫灑者, 高峯也。退陶之前後萬餘言, 皆支離無用之空言, 而終豎幡於高峯一語矣。高明之心, 獨無未安乎? 切不可若是驅率之甚也。且高峯則曰七情兼理氣, 而高明直以七情屬之理, 其所占據, 尤有過焉, 未知其穩當也。大山"雖曰七情亦理發", 而又曰"七情之發而中節, 爲發於理, 則所謂氣之發者, 卽發不中節而流於惡一邊耳。若與四端初不異, 則朱子何必以理發、氣發, 對擧而互言之耶?" 此乃大山定論也。大抵主分開, 則於四端, 有推而廣之之工; 於七情, 有節而約之之工, 此固爲學之第一緊要。主渾淪而謂七情爲理發, 則卒墮認氣爲理之科, 無益於身心, 而反爲學術之累, 可不念哉? 所以朱子有"四端理之發, 七情氣之發"之語, 而勉齋所謂"或氣動而理隨, 或理動而氣挾", 亦親承師門音旨, 爲此言者也。退陶「下圖」, 推演朱子之意, 合轍勉齋之語, 闡發昭晰, 顚撲不破, 洵斯道相傳之訣。而高明所論, 樂渾全而厭分析, 所引子思以下諸條，亦多牽強傅會底意。更取退陶重答高峯兩說，虛心平氣，益加究賾，則方見得眞箇宗旨矣。薰雖無似，豈欲故爲執拗，專務求勝而爲此哉？願高明，更諒會焉。

4-11-2

「답장순화答張舜華」(『舫山集』 卷7)

해제

1) 서지사항

허훈이 장석영에 답한 편지. 『방산집』 권7에 실려 있다. (『한국문집총간』 327)

2) 저자

허훈(許薰: 1836~1907)으로, 본관은 김해, 자는 순가(舜歌), 호는 방산(舫山)이다.

3) 내용

이 글은 허훈이 장석영(張錫英: 1851~1926, 자는 舜華, 호는 晦堂)에게 답한 편지로서, 장석영의 칠정리발설(七情理發說)을 비판하는 내용이다. 장석영은 '칠정 가운데 중절(中節)한 것은 사단과 다름이 없다', 「성학십도(聖學十圖)」 '심통성정도(心統性情圖)'의 중도(中圖)에서는 '선일변(善一邊)만 언급하였다'는 것 등을 들어 칠정도 리발에 속한다고 주장했는데, 허훈이 이에 대해 반론한 것이다. 장석영의 '칠정 가운데 중절(中節)한 것은 사단과 다름이 없다'는 주장에 대해, 허훈은 "칠정 가운데 중절(中節)한 것은 사단과 다름이 없다는 것은 나도 그렇게 생각한다. 그런데 '칠정이 중절한 것은 그 선(善)이 사단과 다르지 않다'는 것은 나의 말이고, '칠정이 중절한 것은 그 발함[發]이 사단과 다르지 않다'는 것은 그대의 주장이다. 이것은 바로 '같은 가운데 다른 점'이다. 선·악으로 리·기를 구분하는 것은 잘못인데, 그대는 혹시 선·악으로 리·기를 구분하는 것이 아닌가?"라고 반론하였다. 또 장석영이 「성학십도」의 '중도'를 자신의 논거로 내세운 것에 대해, 허훈은 "이 중도(中圖)는 곧 척발설(剔撥說)로서, 사단과 칠정을 구분하지 않고 다만 선·악의 기미에 나아가 선일변(善一邊)을 발라낸 것이다. 하도(下圖)에 이르러서 비로소 리발과 기발을 분개했으니, 지금 중도를 근거로 삼아 칠정리발설을 주장한다면 이는 퇴계(退溪)의 본지(本旨)를 잃는 것이다."라고 비판했다. 허훈은 이 편지의 끝 부분에서 "혼륜을 주장하여 칠정을 리발로 여기게 하고, 칠정을 리발이라고 믿고서 칠정이 하는 대로 방임한다면, 퇴계가 말씀한 '마음이 아직 발하지 않았을 때엔 존양(存養)하고, 이미 발하였을 때엔 성찰(省察)한다'는 공부를 어디에서 베풀 것인가?"라고 반문하면서, 실천적 맥락에서 이 문제를 심사숙고하기를 당부하였다.

4-11-2 「答張舜華」(『舫山集』 卷7)

四七說, 滚滚來諭, 通融綜赅, 高明之爲賜甚厚。然迷滯之見, 終未去疑。妄復提說, 而多言害道, 還切愧懍。蓋『中庸』所謂達道, 無論是理是氣, 凡喜怒哀樂之發, 隨處得當, 無有不善, 方可爲天下所共由之路矣。若限此四情於一理圈, 而情之從氣上發者, 雖中節, 謂與此有異, 則其爲達道, 豈不太狹耶? 四情果是在中之理之直發者, 則不待存養之工, 無一不中節, 而子思必以戒愼等語, 先揭此節之上者, 誠以四情之發, 有中節不中節, 故於其未發, 卻下得靜時工夫。夫然後使大本立而達道行也。是以孔氏疏云"情慾未發, 是人物初本, 故曰大本; 情慾雖發, 而能和合道理, 可通達流行, 故曰達道。" 以情慾而謂之理可乎? 謂之氣可乎? 『中庸或問』曰: "靜而不知所以存之, 則天理昧而大本有所不立; 動而不知所以節之, 則人欲肆而達道有所不行。" 節人欲者, 是理之發乎? 氣之發乎? 至若七情之包四端, 固渾淪說所本, 而朱子曰: "哀懼是那個發? 只是惻隱發。但七情不可分配四端, 七情自於四端, 橫貫過了。" 所謂橫貫者, 如『詩傳』「六義圖」, 『三經』是風雅頌, 而賦比興爲裏面橫貫過底之義, 則橫貫非直遂也。所以退陶雖於「天命圖」中, 以四端置在七情中, 以明七情之包四端, 而亦未嘗一一分配。其後「與奇明彦」書, 亦謂"向者圖中, 聊試分書, 非以爲定分配合, 如四端之與仁義禮智也。" 觀乎此, 則不可以七情包四端之故, 而七情之發便爲理發也。七情中節之與四端無異者, 愚亦以爲然。而七情中節, 則其善也與四端無異, 愚之所言也; 七情中節, 則其發也與四端無異, 高明之所執也。此乃同中而有異者也。蓋不可以善惡作理氣看, 而高明無或以善惡分理氣, 其言如此歟? 來諭所謂"朱子七情之論, 只指「禮運」七情", 見於何書? 愚未之見, 孤陋可歎, 須示其出處如何。退陶以明快正當, 許高峯。正爲其改初見, 而歸分開之說, 高明則將此爲七情理發之案, 看文字所見不同, 果若是耶? 退陶「答金而精」書云"四七之辨, 明彦亦疑其說之誤, 力加排擯。近寄書來, 自言子細參究, 始知其非誤。因著「總論」、「後說」二篇來, 其言粹然一出於正, 不以先入爲主。" 高明不究其本意, 但決摘明快正當粹然出正等字, 以爲證成盛說之資, 而不念其駸駸然入於驅率之域, 此愚之未敢解也。聖賢之喜怒哀樂及各有所從來之語, 退陶答明彦書曰"果似有未安, 三復致思, 反隅以求敎", 而其後往復, 更不及此, 非退陶未之致思也。思之而無害於義, 故置不復言者也。退陶說「中圖」之義, 而并擧子思所謂中節之情, 孟子所謂四端之情, 此若可以爲七情理發之驗, 而亦有未然者。蓋此「中圖」, 卽剔撥說也, 無分四七, 只就其善惡幾, 剔出善一邊; 至「下圖」, 始分理氣之發, 則今以「中圖」, 諉以七情之理發, 恐失退陶之旨。大山書有曰: "四端七情, 推其向上根源, 豈無所從來乎? 旣有所從來, 則其發而中節, 不可便認以純理。" 退陶所謂"各有所從來"者, 眞個是未安, 則大山豈其追拾已棄之論而不知止焉耶? 大山「答李天牖」、「李希道」書, 果主渾淪說, 而此其有由然矣。自李文成以後, 四七便成黨論。爲彼論者, 主渾淪而攻分開, 於是南嶽先生起, 而盡一生之力, 略渾淪而詳分開, 以救其弊。如天牖、希道諸公, 分開太過, 不能無偏。此大山所以以渾淪之說, 矯其偏處, 初非以渾淪說, 爲主本宗旨而云然也。故「讀高峯四七後說」, 明言其七情中節, 與四端不同。蓋高峯「後說」, 高峯之斷案文字也; 「讀高峯後說」, 大山之斷案文字也。若夫今時則異論旁行, 不勝其紛然。政宜如高明者, 痛斥之不暇, 而反以渾淪七情, 張皇費辭。竊恐如是不已, 退陶辛勤立言之旨, 自吾黨壞了, 而新學後生, 無以尋溯其影響也。此愚所以深憂永歎, 而終不能無望於高明者也。來諭指喜怒哀樂未發而爲大本。夫喜怒哀樂未發之時, 一理渾然在中, 此心無所偏倚者, 是乃大本。大本旣立, 則喜怒哀樂之發, 得以中節云者, 有何不可, 而必以未發之四情, 做了大本耶? 未發之時, 無喜怒哀樂之可名, 而勒定大本於無形狀沒把捉之地, 大本固如是乎? 蓋大本立而理爲之主, 故喜怒哀樂之發, 皆合於理而無所乖戾者, 是乃達道也。旣爲達道, 則是亦理而已矣, 豈其中節之後, 氣猶得以用事耶? 來諭所謂"至使大本, 有若寄寓於達道之上"者, 未知其何謂也。以鄙見則大本是在中之理, 而爲達道之主; 以盛說則未發之喜怒哀樂爲大本, 而大本如此。已是原頭錯了, 何可爲達道之主? 於是乎大本, 眞不免寄寓於達道矣。惟高明更商。來諭"知飢覺寒, 不可曰不中節", 此亦未然。知飢覺寒, 謂之知覺則可, 而何可曰中節也? 知飢而食, 當食之食; 覺寒而衣, 當衣之衣, 是其中節也。此亦中節則與高明所謂四情理發之中節, 其爲善無以異也。若但以四情之不關形氣者, 謂之達道, 而許多關形氣者, 雖中節, 而曰此非吾之所謂道也, 則非其道者, 誰肯顧惜而加勉, 視爲當爲底事? 然則達道甚孤, 而天下之患, 未必不由此而生矣, 可不懼哉? 大抵高明非不說分開, 而歸重則在渾淪, 見人主分開, 則將『中庸』四情來, 使人關其口而莫敢語。拈出退陶書中之語, 多與本旨, 大相逕庭。夫主渾淪而使七情爲理發, 信其爲理而任其所爲, 則退陶所言未發而存養, 已發而省察, 將於何著工也? 高明幸熟思之。瞽說如其未當, 復施駁敎, 區區所拱而竢焉。

4-11-3

「답이무형答李茂亨」【戊戌】(『舫山集』 卷8)

해제

1) 서지사항

허훈이 이중직에 답한 편지. 『방산집』 권8에 실려 있다. (『한국문집총간』 327)

2) 저자

허훈(許薰: 1836~1907)으로, 본관은 김해, 자는 순가(舜歌), 호는 방산(舫山)이다.

3) 내용

이 글은 허훈이 이중직(李中稙: ?~1916, 자는 茂亨, 호는 痴軒)에게 답한 편지이다. 편지의 앞부분에서는 안부를 묻고, 별지(別紙)에서 열 조목으로 성리설을 논했다. 첫째 조목은 퇴계(退溪) 이황(李滉: 1501~1570)의 「심통성정도(心統性情圖)」 중도(中圖)에 대한 논의로서, 이중직의 "중도는 혼륜설(渾淪說)로서, 심의 본래 모습을 밝힌 것"이라는 주장에 대해, 허훈은 "중도는 척발설(剔撥說)로서, 혼륜설이라고 보는 것 자체가 본지(本旨)를 잃은 것"이라고 비판했다. 둘째, 셋째, 넷째 조목은 하도(下圖)에 대한 논의로서, 요점은 '칠정을 리발로 규정할 수 없다'는 것이다. 다섯째 조목은 '심의 본체'에 대한 논의로서, 이중직이 '심의 본체'를 '리·기의 순수한 것'으로 여긴 것에 대해, 허훈은 "리와 기를 합하고 성과 정을 통섭하는 것은 「중도」로부터 이미 그러한 것이니, 이것은 심의 본체를 가리키는 것이 아니겠는가?"라고 하면서, "반드시 심즉리설을 주장한 뒤에 심의 본체를 꿰뚫어 볼 수 있다고 한다면, 다시 말하고 싶지 않다"고 하였다. 여섯째 조목은 지각(知覺)에 대한 논의로서, 이중직이 '지각'을 '리와 기의 결합'으로 설명하는 것을 반대하고 지각을 '심의 묘리(妙理)'로 설명한 것에 대해, 허훈은 주희(朱熹)의 "리와 기가 합쳐져서 문득 지각할 수 있다"는 말과 "지각되는 것은 심의 리요, 지각하는 것은 기의 령(靈)이다"라는 말 및 이황(李滉)의 "이른바 '기의 정상(精爽)'은 리와 기를 포함하는 가운데 나아가 지각운용의 묘(妙)를 지칭하여 말한 것이다."라는 말을 인용하여 반론하였다. 일곱째 조목에서는 주리(主理)의 종지(宗旨)에 대해 논했다. 여덟째 조목은 심즉리설에 대한 논의로서, 허훈은 한주(寒洲) 이진상(李震相: 1818~1886)의 심즉리설(心卽理說)은 상산(象山) 육구연(陸九淵: 1139~1193) · 양명(陽明) 왕수인(王守仁: 1472~1527)의 심즉리설과 차이가 없다고 비판했다. 아홉 번째 조목은 '심유태극(心猶太極)'과 '성위태극(性爲太極)에 대한 논의로서, 허훈은 심합리기설을 전제로 "심유태극(心猶太極)은 그 리를 지칭하여 말한 것이요, 심유음양(心猶陰陽)은 그 기를 지칭하여 말한 것이다"라고 설명했다. 열 번째 조목은 이황의 "심이 아직 발현하지 않았을 때엔 기가 아직 용사하지 않았으니, 오직 리일 뿐이다"라는 말에 대한 논의로서, 허훈은 "이 말을 가지고 심즉리의 논거로 삼는다면 큰 착오이다"라고 주장했다.

4-11-3 「答李茂亨」【戊戌】(『舫山集』 卷8)

戀仰方深, 拜承惠函。審慰春闈, 靜體衛旺。薰斅伏荒隅, 無聊送日, 良可鬱鬱。令族子翼書, 薰不欲嘵嘵與卞, 而此是學問大關頭, 所以略綽分疏, 仰塵崇覽。近日斯文上, 事變層生, 而爲吾道之患, 無過於此, 想當有以諒之矣。龍山不在, 爲彼說者, 無復顧忌, 云亡之痛, 尤不能已耳。

〈別紙〉

「中圖」是混淪說, 而言心之本相。

「中圖」是剔發說, 而謂以混淪說, 則已差了本旨。又以「中圖」謂心之本相, 則亦似未妥。此圖剔發出善一邊爲言, 而『中庸』中節之情, 孟子四端之情, 皆指其發處也。本相云者, 自是未發時名目, 則如此下語, 未知其稱停也。況本相卽佛語, 而相是形質也。言心之本體, 而反涉於有形之心, 與觀心之說, 無以異焉, 不亦謬哉?

「下圖」是分開說, 而言理發氣發。然觀氣隨理乘字, 則是亦理爲主。

此是雙關對說, 無所偏主, 而巧看乘隨二字, 爲七情皆理發之證耶? 愚不敢曉。

以「下圖」爲宗旨云云。【此條子翼, 亦謂以鄙說而斥之者。】

老先生「圖說」末段, 有曰"性發爲情之際, 乃一心之幾微, 萬化之樞要, 善惡之所由分也。學者, 誠能一於持敬, 不昧理欲, 而尤致謹於此。未發而存養之功深, 已發而省察之習熟, 眞積力久而不已焉, 則所謂精一執中之聖學、存體應用之心法, 皆可不待於外而得之於此矣。" 此指「中圖」耶? 「下圖」耶? 爲學宗旨, 當求之於此矣。

「下圖」以衆人心發於本然之性云云。

雖上知, 不能無人心; 下愚, 不能無道心, 則以「下圖」專指爲衆人心所發, 刱聞也。然則此圖, 無關於君子分上耶?

人有言心之本體, 理氣之粹然。【止】余不復言。

合理氣、統性情, 自「中圖」而已然矣, 此不指心體耶? 必也爲心卽理之說, 然後方是洞見心體云爾, 則愚亦欲不復與言。

理與氣合, 便能知覺, 恐非定論。【止】知覺爲心之妙理。

朱子曰: "理與氣合, 便能知覺。" 又曰: "所覺者, 心之理也; 能覺者, 氣之靈也。" 老先生「答金而精」書有曰: "'心者, 理氣之合', 先儒已言之, 所謂氣之精爽, 就兼包中, 指出知覺運用之妙。" 今所云云, 相反甚矣, 何以至於此耶?

云理云氣, 卽是宗旨, 何必曰主理爲宗旨乎?【此條, 亦謂鄙說。】

此亦未能盡乎人言之意也。知其發於理而擴而充之, 知其發於氣而節而約之, 則主理抑氣, 固在乎其中, 而此分開說之爲爲學的訣也。所謂"心卽理", 是認性爲心者也, 烏可曰識心乎? 不識心而強求其宗旨者, 妄矣。

"心卽理"三字, 非如象山之全言體, 陽明之反說氣。以心之體用, 全謂之理而已云云。

以心之體用, 全謂之理而已, 則此乃合陸、王兩說而一之者也。惡見其有異也? 發得陸、王未盡發之義, 不覺愕然。

若以性爲太極, 則太極淪於至靜, 而朱子所謂尖邪之太極。若以心爲陰陽, 則陰陽反爲主宰。

太極, 理也; 性, 卽理也。朱子所以有性猶太極之語, 而心猶太極, 本邵子說也。朱子亦取之。然所指不同, 蓋心之具衆理, 有若太極之統萬化而云爾也。彼謂以性爲太極, 則太極淪於靜而爲尖邪之太極。然則性是尖邪之一物耶? 夫心是合理氣者, 而先儒言心不一, 言理處言理, 言氣處言氣。其曰心猶太極者, 指其理而言之者也; 其曰陰陽心也者, 指其氣而言之者也。存此去彼, 務欲證成己說, 顧不爲大病耶?

心之未發, 氣未用事, 惟理而已。

心雖合理氣, 而氣未用事, 則惟理而已。固其所也, 若以此爲心卽理之案則大鑿矣。

4-11-4

「심설心說」(『舫山集』 卷11)

해제

1) 서지사항

허훈이 심에 대해 논한 글. 『방산집』 권11에 실려 있다. (『한국문집총간』 327)

2) 저자

허훈(許薰: 1836~1907)으로, 본관은 김해, 자는 순가(舜歌), 호는 방산(舫山)이다.

3) 내용

이 글은 허훈이 심에 대해 논한 것으로서, 이진상(李震相)과 곽종석(郭鍾錫)의 심즉리설을 비판하는 내용이다. 허훈에 의하면, 심은 한 몸의 주재인데 허령불매(虛靈不昧)하여 적·감(寂感)을 갖추고 동·정을 관통하므로 '성과 정을 통섭하고, 리와 기를 겸한다'는 것이다. 그는 "이른바 허령은 심의 본체가 아닌가? 리와 기가 합하지 않으면 허령할 수 없다. 이른바 성과 정은 심의 동·정이 아닌가? 리와 기가 행하지 않으면 동정할 수 없다"고 하면서, 심에 대한 여러 관점을 제시한다. 특히 리는 심의 주재자가 되고 기는 리의 자구(資具)가 되기에, 둘이 있으면 함께 있어 선후가 없다는 것이다. 허훈은 이러한 관점에서 "근래에 등장한 심즉리설은 그 가리키는 뜻이 양명(陽明) 왕수인(王守仁: 1472~1527)의 주장과는 달라서, 리를 위주로 하고 기를 배척하고 있으니, 우리의 학문에 공이 있을 듯하나, 사실은 그렇지 못하다."고 하여, 이진상과 곽종석의 심즉리설에 대해 비판의 포문을 열었다. 요컨대 그들의 심즉리설은 "기를 억제하고 리를 높이는 것이 지나쳐서, 기의 영역을 침탈하여 오로지 리의 영역이 소속시키는 것이니, 이는 리를 높이려다가 도리어 리를 낮추고, 기를 낮추려다가 도리어 기를 높이는 꼴"이라는 것이다. 허훈은 '심즉리설(心卽理說)'을 비판하고 '심주리설(心主理說)'을 주장하면서, 그 차이를 비유적으로 설명하여 "심주리설은 곧 국가는 군주가 주가 되고 가정은 남편이 주가 된다는 것이요, 심즉리설은 국가를 군주라 부르고 가정을 남편이라 부르는 것이다. 국가를 군주라 부르면 신하도 그 가운데 섞여들어가니, 군주와 신하가 도리어 구분이 없게 된다. 가정을 남편이라 부르면 아내도 그 가운데 끼어들어가니, 남편과 아내가 도리어 구별이 없게 된다. 군주와 신하가 구분되지 않으면 어떻게 국가가 될 수 있겠으며, 남편과 아내가 구별되지 않으면 어떻게 가정이 될 수 있겠는가?"라고 하였다. 요컨대 심즉리설은 끝내 기를 리로 오인하게 되어, 왕수인과 같은 병폐를 초래하게 된다는 것이다.

4-11-4 「心說」(『舫山集』 卷11)

夫心者, 一身之主宰也。虛靈不昧, 具寂感而貫動靜, 所以有統性情兼理氣之稱。所謂虛靈, 非此心之本體耶? 非理與氣合, 無以虛靈。所謂性情, 非此心之動靜耶? 非理與氣行, 無以動靜。是以古人言心不一, 有指理而言者, 朱子曰"心猶太極", 是也; 有指氣而言者, 朱子曰"心者氣之精爽", 是也; 有指性情而言者, 朱子曰"心者主乎性、行乎情", 是也; 有合理氣而言者, 朱子曰"理與氣合, 便能知覺", 是也。若於此, 看不分明, 信其指理而不知有氣, 信其指氣而不知有理, 則難免偏枯不活之病矣。蓋人稟天地之理與氣以生, 故理與氣之萃于方寸之間者, 是謂之心, 而理爲心之所主, 氣爲理之所資, 有則俱有, 無先後之可言也。王陽明創爲心卽理之說, 卒墮禪坑。退陶李子辭而闢之, 無容更議。近世又有心卽理之說, 其指意與陽明不同, 主理斥氣, 若可有功於斯學。然此有不然者, 爲其說者, 以心之兼理氣, 謂之統體; 以心卽理, 謂之本體。然則本體當在統體之前, 是時只有理而已。及其統體之時, 忽有贅疣之氣, 驀然現出, 爲心之所統耶? 況抑氣主理之過, 侵奪氣之界分, 全屬理之田地, 尊理而理還卑, 卑氣而氣還尊。譬若行間之走卒, 雜據元帥之壇, 漠南之荒域, 認作華夏之土, 名稱混矣, 部位紊矣。末流滋大, 如浪益皷, 如燄益熾, 則將不至於懷山而焦陸乎? 說者又曰"理之使氣, 猶君臣焉; 氣之配理, 猶夫婦焉。君臣合而爲國, 夫婦合而爲家, 卽心兼理氣之說也。然而國以君爲主, 家以夫爲主, 自是常經通義之不可易也", 以爲心卽理之證, 其言猶有所未盡也。心之具理, 果如國之君家之夫, 而國不可喚以君, 家不可喚以夫, 則心何可喚以理耶? 蓋"心卽理"之云, 與"心主乎理", 有異焉。心主理者, 卽國以君爲主, 家以夫爲主者也; 心卽理者, 卽喚國以君, 喚家以夫者也。喚國以君, 而臣亦混入於其中, 則君臣反無分矣; 喚家以夫, 而婦亦攙入於其中, 則夫婦反無別矣。君臣無分, 何以爲國乎? 夫婦無別, 何以爲家乎? 然則心卽理之說, 終歸於認氣爲理, 而其流弊則與陽明之見, 不甚相遠, 可勝歎哉? 鵝林·鄭生, 往郭鳴遠寓庄, 謄來鳴遠心理之說以示余, 故遂作此篇。

4-11-4 「심설心說」(『舫山集』 卷11)

선역

무릇 마음은 한 몸의 주재이다. 허령불매(虛靈不昧: 텅 비고 신령스러워 어둡지 않음)는 적연부동(寂然不動)과 감이수통(感而遂通)을 갖추고, 움직임과 고요함을 관통하니, 본성과 감정을 통합하고 리(理)와 기(氣)를 겸한다는 명칭이 있게 되었다. 이른바 허령(虛靈)은 이 마음의 본체가 아니겠는가? 리와 기가 합한 것이 아니면 허령할 수 없다. 이른바 본성과 감정은 이 마음의 움직임과 고요함이 아니겠는가? 리와 기가 유행하는 것이 아니면 움직이고 고요할 수 없다. 그리하여 옛 사람이 마음을 말한 것이 한결같지 않았던 것이다. 리를 가리켜 말한 것이 있으니, 주자(朱子, 朱熹: 1130~1200)가 "마음은 태극과 같다"고 한 것이 이것이다. 기를 가리켜 말한 것이 있으니, 주자가 "마음은 기의 깨끗하고 맑은 것[精爽]이다"라고 한 것이 이것이다. 본성과 감정을 가리켜 말한 것이 있으니, 주자가 "마음은 본성을 주재하여 감정으로 실행하는 것이다"라고 한 것이 이것이다. 리와 기를 합하여 말한 것이 있으니, 주자가 "리와 기가 결합함에, 문득 지각할 수 있다"고 한 것이 이것이다. 만약 여기서 분명하게 보지 못하여, 그 리를 가리킨 것만 믿고서 기가 있는 것을 알지 못하거나, 그 기를 가리킨 것만 믿고서 리가 있는 것을 알지 못한다면, 반신불수(半身不遂: 偏枯)로 활동하지 못하는 병을 면하기 어려울 것이다.

대개 사람은 천지의 리와 기를 품부받아 태어난다. 그러므로 리와 기가 방촌(方寸)의 사이에 모이는 것을 마음이라고 한다. 리는 마음이 주재로 삼는 바가 되고, 기는 리가 자구(資具)로 삼는 바가 되니, 있으면 함께 있어 선후를 말할 수 없다. 왕양명(王陽明, 王守仁: 1472~1528)이 심즉리설(心卽理說)을 창안했는데, 마침내 선학(禪學)의 구덩이로 떨어졌으니, 퇴도(退陶) 이자(李子, 李滉: 1501~1570)께서 말씀하여 물리쳐서 다시 의논할 수 없게 하였다.[1] 근세에 또 심즉리설이 있는데, 그 가리키는 뜻은 양명과 같지 않으니, 리를 주장하고 기를 배척한 것은 가히 우리 학문에 공이 있는 듯하다. 그러나 여기에는 그렇지 않은 점이 있다. 그러한 학설을 주장하는 자는, '마음이 리와 기를 겸한 것'을 통체(統體)라고 하고, '마음이 곧 리'라는 것을 본체(本體)라고 한다. 그렇다면 본체가 마땅히 통체의 앞에 있어야 하는데, 이때에는 단지 리만 있을 따름이니, 그 통체의 때에 이르러서 홀연히 군더더기 같은 기가 별안간 나타나서 마음이 통합하는 바가 되는 것인가?

하물며 기를 억누르고 리를 주장하는 것이 과도하여, 기의 분계(分界)를 침탈하여 오로지 리의 터전[田地]에 소속시키니, 리를 높이다가 리가 도리어 낮아지고, 기를 낮추다가 기가 도리어 높아졌다.

---

1) 이는 이황이 지은 「傳習錄論辨」(『退溪文集』 卷41)을 가리킨다.

비유하면 마치 행군하는 가운데 한 병사가 장군의 전권을 뒤섞어 차지하여 막남(漠南: 고비사막)의 거친 지역을 화하(華夏)의 땅으로 여기면 명칭이 혼잡되고 부대의 자리가 난잡하게 되는 것과 같을 것이다. 말류(末流)가 점점 커져서, 출렁이는 파도를 더욱 고동치게 하듯이 하고, 타오는 불꽃을 더욱 부채질하듯이 하면, 장차 산을 에워싸 육지를 불태우는 데까지 이르지 않겠는가?

그러한 학설을 주장하는 자가 또 "리가 기를 부리는 것은 임금과 신하의 관계와 같고, 기가 리와 짝하는 것은 남편과 부인의 관계와 같다. 임금과 신하가 합하여 나라를 다스리고, 남편과 부인이 합하여 가정을 다스리는 것이 바로 마음이 리와 기를 겸한다는 설이다. 그렇지만 국가는 임금을 위주로 하고, 가정은 남편을 위주로 하니, 원래 떳떳한 법도와 두루 통하는 도의[常經通義]를 바꿀 수 없는 것이다." 라고 말한다. 그러나 이것을 심즉리의 증거로 삼는 것은 그 말이 오히려 미진한 바가 있다. 마음이 리를 갖춘 것이 과연 국가에는 임금이 있고 가정에는 남편이 있는 것과 같아서, 국가를 임금으로 부를 수가 없고 가정은 남편으로 부를 수가 없다면, 마음을 어떻게 리로 부를 수가 있겠는가?

대개 "심즉리"라는 말은 '마음은 리를 주로 한다'[2]는 말과 다름이 있다. '마음은 리를 주로 한다'는 것은 바로 국가가 임금을 위주로 하고 가정이 남편을 위주로 하는 것이나, '심즉리'는 국가를 임금으로 부르고 가정을 남편으로 부르는 것이다. 국가를 임금으로 불러도 신하 또한 그 가운데 섞여 들어가면 임금과 신하는 도리어 구분이 없을 것이고, 가정을 남편으로 불러도 부인 또한 그 가운데 섞어 넣는다면 남편과 부인은 도리어 구별이 없을 것이다. 임금과 신하가 구분이 없으면 어떻게 나라를 다스릴 수 있겠는가? 남편과 부인이 구별이 없으면 어떻게 가정을 다스릴 수 있겠는가? 그렇다면 심즉리설은 마침내 기를 리로 인식하는 데로 돌아가서, 그 폐해가 생기는 것이 양명의 견해와 그다지 서로 멀지는 않을 것이니, 매우 한탄할 일이다. 아림(鵝林: 경상도 경주)의 정생(鄭生)이 곽명원(郭鳴遠, 郭鍾錫: 1846~1919)이 우거하던 전장(田庄)에 갔다가 '마음이 리이다'는 학설을 등사해서 가지고 와 나에게 보여 주었기 때문에, 마침내 이 편을 지었다.

夫心者, 一身之主宰也。虛靈不昧, 具寂感而貫動靜, 所以有統性情兼理氣之稱。所謂虛靈, 非此心之本體耶? 非理與氣合, 無以虛靈。所謂性情, 非此心之動靜耶? 非理與氣行, 無以動靜。是以古人言心不一, 有指理而言者, 朱子曰"心猶太極", 是也; 有指氣而言者, 朱子曰"心者氣之精爽", 是也; 有指性情而言者, 朱子曰"心者主乎性、行乎情", 是也; 有合理氣而言者, 朱子曰"理與氣合, 便能知覺", 是也。若於此, 看不分明, 信其指理而不知有氣, 信其指氣而不知有理, 則難免偏枯不活之病矣。蓋人稟天地之理與氣以生, 故理與氣之萃于方寸之間者, 是謂之心, 而理爲心之所主, 氣爲理之所資, 有則俱有, 無先後之可言也。王陽明創爲心卽理之說, 卒墮禪坑。退陶李子辭而闢之, 無容更議。近世又有心卽理

2) 원문은 "心主乎理"인데, 이는 앞서 언급한 "心者主乎性"을 원용하여 말한 듯하다.

之說, 其指意與陽明不同, 主理斥氣, 若可有功於斯學。然此有不然者, 爲其說者, 以心之兼理氣, 謂之統體; 以心卽理, 謂之本體。然則本體當在統體之前, 是時只有理而已。及其統體之時, 忽有贅疣之氣, 驀然現出, 爲心之所統耶? 況抑氣主理之過, 侵奪氣之界分, 全屬理之田地, 尊理而理還卑, 卑氣而氣還尊。譬若行間之走卒, 雜據元帥之壇, 漠南之荒域, 認作華夏之土, 名稱混矣, 部位紊矣。末流滋大, 如浪益皷, 如燄益煽, 則將不至於懷山而焦陸乎? 說者又曰"理之使氣, 猶君臣焉; 氣之配理, 猶夫婦焉。君臣合而爲國, 夫婦合而爲家, 卽心兼理氣之說也。然而國以君爲主, 家以夫爲主, 自是常經通義之不可易也", 以爲心卽理之證, 其言猶有所未盡也。心之具理, 果如國之君家之夫, 而國不可喚以君, 家不可喚以夫, 則心何可喚以理耶? 蓋"心卽理"之云, 與"心主乎理", 有異焉。心主理者, 卽國以君爲主, 家以夫爲主者也; 心卽理者, 卽喚國以君, 喚家以夫者也。喚國以君, 而臣亦混入於其中, 則君臣反無分矣; 喚家以夫, 而婦亦攙入於其中, 則夫婦反無別矣。君臣無分, 何以爲國乎? 夫婦無別, 何以爲家乎? 然則心卽理之說, 終歸於認氣爲理, 而其流弊則與陽明之見, 不甚相遠, 可勝歎哉? 鵝林·鄭生, 往郭鳴遠寓庄, 謄來鳴遠心理之說以示余, 故遂作此篇。

3.

晩求 李種杞(1837~1902)
心說論爭 資料

4-12-1

「답서도사答徐都事」【贊奎 ○ 丙申】(『晩求集』 卷3)

해제

1) 서지사항

이종기(李種杞)가 서찬규(徐贊奎: 1825~1905)에게 답한 편지. 도사(都事)는 서찬규의 직함(職銜)이다.『만구집(晩求集)』권3에 실려 있다. (한국문집총간 331)

2) 저자

이종기(李種杞, 1837~1902)로, 자는 기여(器汝). 호는 만구(晩求)·다원거사(茶園居士)이다.

3) 내용

이 편지는 이종기가 서찬규(徐贊奎)가 질의한 심즉리(心卽理)설에 대해, 심을 리와 기의 합으로 보되 리로 주재를 삼아야 한다는 취지로 설명한 것이다. 이종기는 심을 리로 말할 수도 있고 기로 말할 수도 있음을 인정하였다. 그래서 "옛 사람들이 심을 말한 것은 리로 말한 것이 있고 기로 말한 것이 있으니, 진실로 공정히 듣고 자세히 살펴보면 그 말에 각각 일리가 있다."라고 말한다. 그리고는 심을 "깊이 말하면 리이고, 얕게 말하면 기이며, 총괄하여 말하면 리와 기를 겸한다."고 하였다.

4-12-1 「答徐都事」【賛奎 ○ 丙申】(『晩求集』 卷3)

誨諭心說, 敢不敬聞? 蓋心者, 合理氣者。故古人之言心, 有以理言者, 有以氣言者, 苟公聽而拜觀, 則其言各其是。故嘗爲之說曰: "心深言之, 則理也; 淺言之, 則氣也; 總而言之, 則曰兼理氣也。" 然凡兼理氣處, 必理爲之主, 故於心理之說有取焉, 以爲有本且深而勝於氣說之淺云爾, 初非死守理字、力排氣字也。今來敎旣曰"兄心超道", 則譏鄙說之主理, 而又曰"弟心墮器", 則爲盛見之在氣也。然亦自見其主理、主氣之都不安。故又繼之曰"道亦器, 器亦道", 則浸淫乎兼理氣矣。分之則各主而不公; 合之則爛漫而同歸, 敢不先咷後笑而會其有極乎? 時事陸沈, 來後更有甚, 人於此處講此事, 臨書愴惘。

4-12-2

「답서도사答徐都事」【贊奎 ○ 丁亥】(『晩求續集』 卷2)

해제

1) 서지사항

이종기가 1887년에 서찬규(徐贊奎)에게 답한 편지. 도사(都事)는 서찬규의 직함(職銜)이다. 『만구속집(晩求續集)』권2에 실려 있다. (한국문집총간 331)

2) 저자

이종기(李種杞, 1837~1902)로, 자는 기여(器汝). 호는 만구(晩求)·다원거사(茶園居士)이다.

3) 내용

이 편지는 이종기가 서찬규의 심즉리(心卽理)뿐만 아니라 율곡의 심시기(心是氣)도 옳지 않으며, 심은 리와 기의 합으로 보아야 한다는 자신의 견해를 밝힌 것이다. 심을 리로 해석하는 것도 나름 타당한 측면이 있고 심을 기로 해석하는 것도 나름 타당한 측면이 있다. 때문에 정자는 심을 리(理)로 보았고 율곡은 심을 기로 보았다고 설명했다. 그런데 리는 기를 통솔할 수 있으나 기는 리를 통솔할 수 없기 때문에, 리로 심을 말하는 자는 대원(大原)을 잃지 않으나 기로 심을 말하는 자는 방탕한 데로 흘러가게 될까 걱정된다. 그러므로 심은 리와 기의 합으로 보아야 한다. 따라서 선유들의 여러 설에 근거해 볼 때, 심이 '리와 기를 합한다(合理氣)'는 세 글자는 바꿀 수 없는 정론이라는 것이다.

4-12-2 「答徐都事」【贊奎 ○ 丁亥】(『晩求續集』 卷2)

客臘候凾, 出於稠擾中, 草率殊甚, 方以自訟, 乃蒙還賜手墨, 慰藉過厚。兼及於名理語, 若將與之上下揚扢者, 然悚感交摯, 罔知所對。心卽理之說, 杞亦非敢主張是, 而若夫氣字之可悶, 吾丈何自而有是論乎? 大抵心者, 合理氣者也。先儒之論, 攧撲不破, 而至若各擧其一偏, 則謂之理固可, 謂之氣亦可也。故程子則以爲心卽性, 而栗谷則以爲心是氣也。然理能帥氣, 而氣不能帥理。故以理言心者, 不失其大原, 而以氣言心者, 或慮其流蕩, 是則雖昔賢之言, 容有得失之可議, 而吾丈所謂可悶者, 此也。今若從先儒之定論, 爲心說之大全, 則'合理氣'三字, 不可易也。如欲救氣字之偏, 而究明本之旨, 則所謂心卽理者, 疑亦未可深排也。蓋合理氣云者, 如曰天地生物也; 曰心卽理者, 如曰萬物本乎天也, 二說固幷行而不悖矣。虛心而好問, 濯舊見而來新意, 有以見執事之洪量, 而若乃淺陋之無實得而口談天理, 執迷見而妄評前言, 實有如來敎所慮者, 深庸悚惕。然謂之有意於軒輊其間, 則恐非其情也。如蒙不鄙而重敎之, 左提右挈, 相期於大公至正之科, 則又幸之幸也。

4-12-3

「답서도사答徐都事」(『晩求續集』 卷2)

해제

1) 서지사항

이종기가 서찬규(徐贊奎)에게 답한 편지. 도사(都事)는 서찬규의 직함이다. 『만구속집(晩求續集)』 권2에 실려 있다. (한국문집총간 331)

2) 저자

이종기(李種杞, 1837~1902)로, 자는 기여(器汝). 호는 만구(晩求)·다원거사(茶園居士)이다.

3) 내용

이 편지는 이종기가 서찬규의 질의에 근거하여 심을 리와 기의 합으로 보아야 한다는 자신의 견해를 밝힌 것이다. 이종기는 "심은 리와 기가 합한 것이고, 성은 합한 곳에 나아가 그 리를 가리킨 것일 뿐이다."라고 주장한다. 이어서 이종기는 "심을 기에 비하면 자연히 또한 신령하다."는 주장에 근거하여 '허령지각(虛靈知覺)'을 기로 보아서는 안 됨을 논증하였다. 또한 정자의 '불비(不備)와 불명(不明)'의 말로써 "율곡의 '심즉기'는 분명하지 않으니(不明), 이는 이진상의 '심즉리'가 갖추어지지 않는 것만(不備) 못하다."고 지적하였다. 요컨대 율곡의 심시기(心是氣)가 이진상의 심즉리(心卽理)보다 더 옳지 않다는 것이다. 이종기는 거듭 심을 리와 기의 합으로 볼 것을 강조하였다. "대개 심은 진실로 기이나 심의 근본은 리이다. 그러므로 반드시 리와 기를 겸하여 말하였으니, 이렇게 보아야 두루 편만하고 빠짐이 없게 된다."는 것이다.

4-12-3「答徐都事」(『晩求續集』 卷2)

大凡心者, 理氣之合, 而性則就合處而指其理爾。血肉之心, 專是氣, 而古人言心, 多從虛靈知覺上說, 血肉之心, 所不論爾。虛靈知覺、神明等, 果專是氣, 則先儒何以謂“理與氣合, 自然虛靈,” 又何以謂“心比氣, 自然又靈”耶? 栗谷爲心是氣之論, 雖非後學所敢議, 而質之以先儒之說, 終有未合。且旣曰合理氣, 則其尊卑、先後之義, 不容相抗, 故合處必以理爲主。朱子曰: “氣以成形, 而理亦賦焉。” 先輩多以是爲氣先理後之論, 然獨不思下得亦字甚緊急乎? 天下無氣先理後底物事, 氣成形之上, 當看一天字已以理言。故『大學或問』曰: “其所以爲陰陽五行者, 又必有是理而後有是氣, 及其生物, 則又必因是氣之聚, 而後有是形。” 然則栗翁所謂“天地之化, 皆氣化而理乘”者, 亦甚有來歷, 非驀地討得理來乘在於氣化之後也。嘗見華西『雅言』中有曰“器者, 理之成形者也。” 老非有見於道, 不能立言至此。盛諭謂“氣與心, 一也, 理之寓於氣, 而爲氣之主; 性之具於心, 而爲心之主”者, 是矣。而其下又曰“氣以成形, 理自具焉”, 隱然有氣先理後底意。雖曰爲氣主、爲心主, 殆亦强尊之而已, 安有先者爲僕而後者爲主乎? 又曰: “靈妙, 心之靈也。” 又曰: “性之無形、無爲, 而使之然。” 夫靈妙不測, 非氣之所得專, 則所以使之然者, 又何物也? 『大易』言“陰陽不測之謂神。” 朱子解之曰: “其所以然者, 則未嘗倚於陰陽。” 『通書』曰: “神妙萬物。” 朱子解之曰: “神卽理也, 皆未嘗離理而言也。” 盛諭又曰: “心非卽氣, 氣之精爽、湛一處是心。” 夫精爽、湛一者, 氣之體也; 靈神、知覺者, 理之乘氣者也。吾丈於其體者, 則曰非卽氣; 於其理乘者, 則曰皆是氣, 精粗易位, 予奪失宜, 不幾於葉公之好龍乎? 曰心非卽氣, 則若小變於栗翁之說; 而曰精爽非卽氣, 則又不察於朱子“心者, 氣之精爽”之說, 殆亦矯枉而過直也。蓋心固是氣, 而心之本則理。故必兼理氣言之, 乃爲周徧無滲漏。惟其兼理氣也, 故古人亦有以理言者, 亦有以氣言者。然以程子所謂不備與不明者推之, 則曰心卽氣之不明, 反不若心卽理之不備。故嘗爲之說曰, 心深言之則理也, 淺言之則氣也。總而言之, 則曰兼理氣也。狂妄僭率, 幸不以爲罪而更敎之。

4-12-4

「답우도정答禹都正」【成圭 ○己亥】(『晩求集』 卷3)

해제

1) 서지사항

이종기(李種杞: 1837~1902)가 우성규(禹成圭: 1830~1905)에게 답한 편지. 도정(都正)은 우성규의 직함이다.『만구집(晩求集)』권3에 실려 있다. (한국문집총간 331)

2) 저자

이종기(李種杞, 1837~1902)로, 자는 기여(器汝). 호는 만구(晩求)·다원거사(茶園居士)이다.

3) 내용

이 편지는 이종기가 우성규에게 명덕을 곧장 리로 해석해서는 안 된다는 것을 설명한 것이다. 이종기는 『대학장구』의 "허령불매(虛靈不昧)하고 온갖 이치를 갖추고서 만사에 응하는 것이다"라는 해석에 근거하여, 명덕을 심·성·정의 총체적 명칭으로 설명한다. 여기에서 '허령불매'는 심에, '온갖 이치를 갖춤(具衆理)'은 성에, '만사에 응함(應萬事)'은 정에 분속시킨다. 따라서 명덕은 심·성·정의 총체적 명칭이므로 명덕을 곧장 심이나 성·정에 분속시키는 것은 옳지 않다는 것이다.

4-12-4 「答禹都正」【成圭 ○ 己亥】(『晩求集』 卷3)

明德, 爲心、性、情之總名, 其釋曰: "虛靈不昧, 以具衆理, 而應萬事。" 這三句, 固可以分屬於心、性、情。然或者遂謂"明德便是心, 便是性、情", 則不可。朱子曰: "有得於天, 而光明正大者, 謂之明德。" 其與說心、性、情者, 精采頓異。蓋方寸之內, 有許多名目意思, 苟欲旁通, 則無不可。而若其名目、意思, 移步換形, 則當各隨其立言之地頭而涵泳之, 可也。如何?

4-12-5

「답곽명원答郭鳴遠」【庚子】(『晚求集』 卷4)

해제

1) 서지사항

이종기(李種杞: 1837~1902)가 1900년에 곽종석(郭鍾錫: 1846~1919)에게 답한 편지. 명원(鳴遠)은 곽종석의 자(字)이다. 『만구집(晚求集)』권4에 실려 있다. (한국문집총간 331)

2) 저자

이종기(李種杞, 1837~1902)로, 자는 기여(器汝). 호는 만구(晚求)·다원거사(茶園居士)이다.

3) 내용

이 편지는 이종기가 곽종석에게 '심을 곧장 리(心卽理)'로 해석해서는 안 되며, 심을 리와 기의 합으로 보아야 한다는 것을 설명한 것이다. 여기서는 이종기의 심에 대한 해석이 분명히 드러나 있다. 이종기는 심을 리와 기의 합으로 볼 것을 주장하였다. 이종기는 그 논거로 주자의 '심은 기의 정상'이라는 구절을 인용하였다. 즉 '심은 기의 정상(氣之精爽)'이라는 구절에서, 뒷부분의 '지정상(之精爽)' 세 글자가 리의 뜻을 포함하기 때문에 앞부분의 '기'와 연결시킬 경우 심은 리와 기가 합친 것이 된다는 것이다. 이러한 관점에서 이종기는 곽종석의 '심즉리'는 기에 대한 해석이 없으므로 옳지 않다고 비판하였다. 또 이이의 '심시기(心是氣)' 역시 주리(主理)의 뜻이 없으므로 옳지 않다고 비판하였다. 이어서 이종기는 곽종석의 '심즉리'와 율곡의 '심시기'의 이론이 보기에는 서로 상반되는 것 같으나, 그 병폐는 동일하다고 지적하였다.

4-12-5 「答郭鳴遠」【庚子】(『晚求集』 卷4)

前月自永嘉還, 得二封函, 乃前年十月、十二月出書也。其一道寒暄、抒情素, 其一語及去就之靡定、名理之異同, 所以惓惓於下交者, 益深且切。其中'氣衰、志疲'一句, 最感動得人, 吾輩不見, 已四五年。異日相對, 必非舊時樣子, 况犬馬齒更加數者乎? 巖居若寄, 野處亦客, 均之有遲暮無成之歎。然苟能安土、敦仁, 則無入而不自得, 不能不胥勉也。杞前月赴金溪, 今又哭覺山, 二老相繼云亡, 一身便似奔命, 慟苦殆未可堪也。其體則謂之易, 來喩謂"合理氣者," 得矣。物之合理氣處, 必以理爲主, 來喩所謂"揭其主理之實"者, 亦是矣。然獨不思揭其一主字時, 便見不專是理乎? 蓋其所主者理, 而所言者合理氣爾。既曰合理氣, 則其言之不得舍氣明甚, 如雜金於鐵, 便不得喚做金矣。夫易在人, 則心是也。心固合理氣, 而主於理, 然不可舍氣而言心。故朱子謂"心者, 氣之精爽"則可, 而'之精爽'三字, 可見合理之意。栗谷謂"心是氣", 則非主理之旨也。朱子謂"心固是主宰底, 所謂主宰者, 卽此理"則可, 而主宰卽理, 可見合氣而主宰之意。寒洲謂"心卽理", 則非合氣之謂也。義理, 天下之公也, 雖驅率和附於一時, 而百世之下, 公論不泯。故以文成之竪幟一世, 承受遍於國中, 而近世先輩, 乃有起自彼中, 而操戈入室者。橫渠之言曰: "其不善者, 共改之。" 竊恐文成復起, 亦必囅然而笑耳。今心卽理之說, 與文成相反, 而其爲病則一, 使有能改之者, 不知洲丈竟以爲何如爾。諸公守其說而不變, 其尊師信道之意, 可尙。然抑有一說焉, 昔胡文定改正二程書有誤處, 其門人張敬夫、劉共父諸人, 以爲嘗經文定之手者, 不可輒改。朱夫子蓋深病之, 其與劉書, 有曰"伯逢主張家學", 固宜如是。以老兄之聰明博識, 欽夫之造詣精深, 而不曉此, 此可怪耳。杞亦嘗右心卽理之說, 蓋取其主理之是, 而近方覺得'主之'與'卽', 相似而實不同, 乃毫釐千里之差耳。老兄於理氣之辨, 出入貫穿, 洞觀千古, 豈有遂非黨同, 自歸於立彼我、較勝負乎? 直以義理當如是耳。如杞者, 學不逮而見未到, 其於義理, 只從平易明白處覷得, 故多臆揣而少援据, 舍獨見而從公衆, 以是而議尊兄, 眞可謂不知量也。前書所以置不復論, 而辱吾兄眷厚, 必欲誘之盡言。故不敢自閟, 而試一暴焉。

4-12-6

「답곽명원答郭鳴遠」【辛丑】(『晩求集』 卷4)

해제

1) 서지사항

이종기(李種杞: 1837~1902)가 1901년에 곽종석(郭鍾錫: 1846~1919)에게 답한 편지. 명원(鳴遠)은 곽종석의 자(字)이다. 『만구집(晩求集)』권4에 실려 있다. (한국문집총간 331)

2) 저자

이종기(李種杞, 1837~1902)로, 자는 기여(器汝). 호는 만구(晩求)·다원거사(茶園居士)이다.

3) 내용

이 편지는 이종기가 곽종석에게 '심을 곧장 리(心卽理)'로 해석해서는 안 되는 이유와, 그 이론이 잘못되었음을 알았으면 즉시 고치는 것이 바로 대현(大賢)의 자세라고 설명한 것이다. 여기에서 이종기는 곽종석과 이진상의 '심즉리'가 잘못되었음을 지적하였다. 곽종석의 스승인 이진상은 공자의 '마음이 원하는 것을 따르더라도 법도를 넘지 않는다(從心所欲不踰矩)'는 구절을 '심즉리'의 논거로 제시한 바 있다. 공자가 말한 심은 리의 의미에서 어긋나지 않으니, 심이 곧 리라는 것이다. 그러나 이종기는 심을 곧장 리로써 해석하는 것에 동의하지 않는다. 이종기는 성인의 '종심소욕불유구'는 곧 "맑고 밝은 기가 리를 따라서 발한 것"일 뿐이라고 설명했다. 이종기는 자신도 주리설이 옳다는 입장에서 심을 리로 간주한 적이 있었는데, 지금은 그 잘못을 깨닫고 고쳤다고 술회하면서, 자신의 이론이 잘못되었음을 알면 바로 고치는 자세가 바로 대현(大賢)의 마음가짐이라고 강조했다.

4-12-5「答郭鳴遠」【庚子】(『晩求集』 卷4)

前月自永嘉還, 得二封函, 乃前年十月、十二月出書也。其一道寒暄、抒情素, 其一語及去就之靡定、名理之異同, 所以惓惓於下交者, 益深且切。其中'氣衰、志疲'一句, 最感動得人, 吾輩不見, 已四五年。異日相對, 必非舊時樣子, 況犬馬齒更加數者乎? 巖居若寄, 野處亦客, 均之有遲暮無成之歎。然苟能安土、敦仁, 則無入而不自得, 不能不胥勉也。杞前月赴金溪, 今又哭覺山, 二老相繼云亡, 一身便似奔命, 慟苦殆未可堪也。其體則謂之易, 來喩謂"合理氣者," 得矣。物之合理氣處, 必以理爲主, 來喩所謂"揭其主理之實"者, 亦是矣。然獨不思揭其一主字時, 便見不專是理乎? 蓋其所主者理, 而所言者合理氣爾。旣曰合理氣, 則其言之不得舍氣明甚, 如雜金於鐵, 便不得喚做金矣。夫易在人, 則心是也。心固合理氣, 而主於理, 然不可舍氣而言心。故朱子謂"心者, 氣之精爽"則可, 而'之精爽'三字, 可見合理之意。栗谷謂"心是氣", 則非主理之旨也。朱子謂"心固是主宰底, 所謂主宰者, 卽此理"則可, 而主宰卽理, 可見合氣而主宰之意。寒洲謂"心卽理", 則非合氣之謂也。義理, 天下之公也, 雖驅率和附於一時, 而百世之下, 公論不泯。故以文成之豎幟一世, 承受遍於國中, 而近世先輩, 乃有起自彼中, 而操戈入室者。橫渠之言曰: "其不善者, 共改之。" 竊恐文成復起, 亦必囅然而笑耳。今心卽理之說, 與文成相反, 而其爲病則一, 使有能改之者, 不知洲丈竟以爲何如爾。諸公守其說而不變, 其尊師信道之意, 可尙。然抑有一說焉, 昔胡文定改正二程書有誤處, 其門人張敬夫、劉共父諸人, 以爲嘗經文定之手者, 不可輒改。朱夫子蓋深病之, 其與劉書, 有曰"伯逢主張家學", 固宜如是。以老兄之聰明博識, 欽夫之造詣精深, 而不曉此, 此可怪耳。杞亦嘗右心卽理之說, 蓋取其主理之是, 而近方覺得'主之'與'卽', 相似而實不同, 乃毫釐千里之差耳。老兄於理氣之辨, 出入貫穿, 洞觀千古, 豈有遂非黨同, 自歸於立彼我、較勝負乎? 直以義理當如是耳。如杞者, 學不逮而見未到, 其於義理, 只從平易明白處覷得, 故多臆揣而少援据, 舍獨見而從公衆, 以是而議尊兄, 眞可謂不知量也。前書所以置不復論, 而辱吾兄眷厚, 必欲誘之盡言。故不敢自閟, 而試一暴焉。

4-12-7

「답곽명원答郭鳴遠」(『晩求集』 卷4)

해제

1) 서지사항

이종기(李種杞: 1837~1902)가 곽종석(郭鍾錫: 1846~1919)에게 답한 편지. 명원(鳴遠)은 곽종석의 자(字)이다. 『만구집(晩求集)』권4에 실려 있다. (한국문집총간 331)

2) 저자

이종기(李種杞, 1837~1902)로, 자는 기여(器汝). 호는 만구(晩求)·다원거사(茶園居士)이다.

3) 내용

이 편지는 이종기가 곽종석에게 성인의 경우도 '심을 리와 기가 합한 것'으로 보아야 한다는 것을 논증한 것이다. 여기에서 이종기는 성인의 마음 역시 리와 기가 합한 것으로 보아야 한다고 설명하였다. 성인의 경우는 기가 담일(澹一)하여 리를 따라서 발현하는바, 그러므로 이종기 자신도 성인의 경우에는 '심즉리'라고 말할 수 있다고 했었으나, 이는 경솔한 설명이었다고 스스로 비판하고, 철회하였다. 요컨대 심은 어디까지나 리와 기의 결합이라는 것이다. 또한 심이 리와 기의 합이라는 것은 발현한 이후에만 해당하는 말이 아니고 본체에도 관계된다고 설명한다. 이어서 장재(張載)의 "담일한 것은 기의 근본이다."라거나 주자의 "리와 기가 합하여 저절로 허령함이 있다."는 이론을 그 논거로 제시한다. 이러한 이유에서 이종기는 심을 리와 기의 합으로 보아야 하는 것은 진실로 선유들의 설이라고 누차 강조한다.

4-12-7「答郭鳴遠」(『晩求集』 卷4)

聖人之心, 亦合理氣, 而以其澹一之氣, 順理而發。故鄙書所謂“在聖人分上, 言心卽理, 亦可”者, 以此。然其言亦太率, 方以自咎, 來敎不斥其率, 而反藉以爲心卽理之證左, 失言之悔, 無以自明。至若鄙人所謂“心之本體, 合理氣”者, 亦無古人見成說話, 只是臆度而云爾。今承反詰, 不知所對。然心之合理氣者, 固先儒之說也。敢問, 此說只爲發後言, 而不干於本體耶? 張子曰: “澹一, 氣之本。” 朱子以虛靈言心, 而說者以爲理與氣合自有虛靈, 未知此皆但指用而不指體乎? 退陶心統下圖, 未發圈中, 備書理氣、虛靈等目, 此言皆何謂也? 迷滯之見, 終未能自解, 幸有以覆敎之也。浦上事, 累敎至此, 敢不奉承? 然到今操縱闔闢, 在彼而不在此, 況彼方視我以睽之上九, 行言狼藉, 實未知所以爲計也。

4-12-8

「답윤충여심설차의答尹忠汝心說箚疑」【胄夏】(『晩求集』 卷4)

해제

1) 서지사항

이종기가 윤주하(尹胄夏: 1846~1906)의 심설 가운데 여러 의심나는 곳에 답한 편지. 충여(忠汝)는 윤주하의 자(字)이다. 『만구집(晩求集)』권4에 실려 있다. (한국문집총간 331)

2) 저자

이종기(李種杞, 1837~1902)로, 자는 기여(器汝). 호는 만구(晩求)·다원거사(茶園居士)이다.

3) 내용

이 편지는 이종기가 윤주하의 심을 곧장 리로 보아야 한다는 주장에 대해, 심을 리와 기의 결합으로 볼 것을 설명한 것이다. 윤주하가 심을 리로 해석하는 것과 달리, 이종기는 심의 본연의 체는 리라고 말할 수 있지만, 심 자체는 리와 기의 합이라고 주장하였다. 이종기는 심의 미발(未發)과 심의 이발(已發) 역시 리와 기의 합으로 해석하였다. 즉 미발은 심의 체(體)이니 '미발에는 리가 기 가운데 갖추어져 있고', 이발은 심의 용(用)이니 '이발에는 리가 기를 타고 유행한다.'는 것이다. 윤주하가 '기의 정상(精爽)'을 곧장 리로 해석한 것에 대해, 이종기는 '기의 정상'을 리와 기의 결합으로 규정했다. 또한 신(神)의 경우도, 윤주하는 '신'을 곧장 리로 규정하나, 이종기는 신에 대해서도 리와 기의 결합으로 설명했다.

4-12-8 「答尹忠汝心說箚疑」【胄夏】(『晩求集』 卷4)

鄙說以兼理氣爲心之本體, 然終覺未安。今承來敎, 而謹改之曰“心之體段”, 此則似無病。蓋本體云者, 本然之體也; 體段云者, 成物之體也。心之本然之體, 理而已矣, 若夫心之爲物, 則固兼理氣也, 未知如何。

鄙說相須爲體, 相待爲用者, 以心之未發、已發而言之也。今且未論其他, 未發而理具氣中, 非相須爲體乎? 已發而理乘氣行, 非相待爲用乎? 來敎却橫走太極陰陽上說, 恐欠諦當。

來敎論鄙說‘氣之精爽, 與理妙合’之非曰: “非理, 則氣何自而精爽乎?” 又曰: “氣不合於理, 而自能精爽, 則任他爲大本、達道, 何害乎?” 高明果以精爽看作理字乎? 如鄙說者, 無足道。周子曰: “無極之眞、二五之精, 妙合而凝。” 朱子曰: “不當以氣之精者爲性, 性之粗者爲氣。” 此言皆何謂哉? 氣自有精爽底, 自有麤濁底。方其精也, 不干理事, 但其精者, 順於理, 故其與理合也, 爲神明, 爲虛靈, 爲知覺, 其體用始無間爾。五行之神, 固以理言, 然從氣言, 則亦氣也。二五之精, 五行之秀, 與氣之精爽云者, 自是一串語, 而來敎必以精爽爲理、精秀爲氣, 似無端倪。至若神字, 最有意義。朱子嘗以妙用之神, 爲言其理, 而其「答杜仁仲」書曰: “但謂神卽是理, 却恐未然。” 又曰: “五行之神, 是理之發用, 而乘氣以出入者。故『易』曰‘神也者, 妙萬物而爲言者也。’ 却將神字全作氣看, 則又誤矣。” 其曰“理之發用, 乘氣出入”, 則其主乎理, 可知矣。又謂“神字, 不可全作氣看”, 又謂“不可謂神卽是理”, 此皆來敎所譏半上落下者, 更願熟玩而自得之。苟有得焉, 卽鄙說所謂心兼理氣, 而又謂心卽理者, 在其中矣。

朱子曰: “心有不善, 心之本體無不善。” 蓋未發之時, 氣不用事, 故但有本然之善而已。已發而氣或掩理, 故有不善耳。若論心之爲物, 則固兼理氣, 而其發也, 理以宰氣, 則氣亦理, 而純於善爾。來敎言體之純理, 則可矣, 而似未察於心之本兼理氣也; 言用之兼理氣, 則亦可矣, 而似未察於理宰而氣亦善爾。鄙說似異而實同, 來論似同而實異, 願更思之。其理之運‘運’字, 果似未穩, 謹當依來敎作‘用’字。未發之時, 心性爲一, 誠如來敎。然性自是理也, 心自兼理氣也。

4-12-9

「답최여경答崔汝敬」(『晩求集』 卷5)

해제

1) 서지사항

이종기가 명덕(明德)과 태극(太極)의 동정(動靜)문제에 대해 최동익(崔東翼)에게 답한 편지. 여경(汝敬)은 최동익의 자(字)이다.『만구집(晩求集)』권5에 실려 있다. (한국문집총간 331)

2) 저자

이종기(李種杞, 1837~1902)로, 자는 기여(器汝). 호는 만구(晩求)·다원거사(茶園居士)이다.

3) 내용

이 편지는 이종기가 최동익의 명덕을 리로 보아야 한다는 주장에 대해, 명덕을 리와 기의 합으로 볼 것을 설명한 것이다. 이종기는 명덕이란 다만 "리와 기를 겸하는 가운데 리가 주가 된다"는 뜻이라고 설명하였다. 이종기는 이것을 부모가 자식을 낳는 것에 비유하여 설명하였다. 즉 부모가 합하여 자식을 낳으니 자식이 부모의 소생이라고 하는 것은 당연하지만, 또한 아버지의 소생이라고 말할 수 있는데, 이것은 높은 이에게 통섭되기 때문이다. 마찬가지로 리와 기가 합하여 명덕이 되지만 리가 주가 되어야 한다는 것이다. 또한 이종기는 태극의 동정과 관련하여, 리의 동정을 인정하였다. 물론 동정하는 것은 기이지만, 동정하게 시키는 것은 태극이므로, 이는 사실 리의 동정이라고 말할 수 있다는 것이다.

4-12-9 「答崔汝敬」(『晚求集』 卷5)

來喩明德、太極, 駁鄙說未瑩處, 精覈痛辨, 豁豁無餘, 似此衰耗鈍滯者, 何敢措一辭於其間乎? 蓋理氣合而爲明德, 鄙人向斥兼理氣爲體 之說者, 固失之。而但其所謂明德理也, 而乘在氣上, 故曰兼理氣云者, 乃是兼理氣中, 主理之旨也。比如父母合而生子, 則謂子爲父母之所生者, 固也, 而亦有謂父之所生者, 統於尊也。然則鄙說所謂"乘在氣上"云者, 初非不忍恝氣字也, 乃其實相然爾。周子分明說"太極動而生陽, 靜而生陰。" 今日言理之妙用處, 强名之曰動靜, 話頭甚生。理自有動靜, 豈强名之謂哉? 若曰"氣之動靜, 實此理之動靜, 故就氣上而明理"云, 則語似無病矣。蓋動靜固是氣, 故曰"動靜者, 所乘之幾也。" 此盛辨所本, 然獨不思使之動靜者, 元有一太極乎? 大率理氣之際, 最難說, 不可執一而廢一。如鄙人固有觝滯之病, 而雖穎敏如賢者, 恐未易以立談而定之也, 要在玩味入心, 徐徐以究其義理之所極。如何如何?

4-12-10

「답이성원答李性源」【志煥 ○ 辛丑】(『晩求集』 卷7)

해제

1) 서지사항

이종기가 1901년에 심설의 여러 문제에 대해 이지환(李志煥)에게 답한 편지. 성원(性源)은 이지환의 자(字)이다. 만구집(晩求集)』권7에 실려 있다. (한국문집총간 331)

2) 저자

이종기(李種杞, 1837~1902)로, 자는 기여(器汝). 호는 만구(晩求)·다원거사(茶園居士)이다.

3) 내용

이 편지는 이종기가 이지환에게 심과 성의 개념 차이를 설명한 것이다. 이종기는 먼저 심과 성을 하나로 볼 수도 있고 둘로 볼 수도 있음을 밝힌다. "하늘에 있어서는 리라 하고 사람에 있어서는 성이라 하니 성은 곧 리이다. 심은 이 리를 갖추어 처음부터 선하지 않음이 없으므로 합하여 말하면 심과 성은 하나이다." 그러나 체용(體用)과 동정(動靜)의 측면에서 말하면 심과 성은 둘이 되니 '움직이는 것은 심이고, 움직이게 하는 것은 성이다.' 이처럼 심과 성은 하나로 볼 수도 있고 둘로 볼 수도 있지만, 이종기는 심과 성을 둘로 구분할 것을 강조하였다. 또한 이지환의 지각을 기로 해석해야 한다는 주장에 대해, 이종기는 지각도 리와 기의 합으로 해석하였다. 즉 지각의 경우도 "다만 리만으로는 지각할 수 없으며, 기가 모여서 형체를 이루어, 리와 기가 합쳐지면 곧 지각할 수 있다"는 것이다.

4-12-10「答李性源」【志煥 ○ 辛丑】(『晚求集』 卷7)

所論心性諸條, 極爲該博, 而頗得精密, 大槩得之, 甚善。在天曰理, 在人曰性, 性卽理也。心具此理, 而初無不善, 故合而言之, 則心與性一也。性具於心, 情出於性, 而心爲主宰也。該體用、能動靜, 故分而言之, 則心與性二也。然性情非與心相對而爲體用也, 實相須而爲動靜也。來喩所引"動處是心, 動底是性", 明白的確, 更無他義。其未感於物也, 寂然不動, 心之全體無不存, 方接於物也, 感而遂通, 心之大用無不行。所以心固是合理氣, 而但未發之前, 氣未用事耳。氣之精爽云, 單指知覺運用之妙, 誠如來喩矣。但緣此而知覺專謂之氣, 便不是。知覺亦先有是理, 而理未能知覺, 氣聚成形, 理與氣合, 便能知覺者也。來喩亦不能無疑於此, 更詳之如何?

4-12-11

「사칠개기발리승지변四七皆氣發理乘之辨」(『晩求集』 卷8)

해제

1) 서지사항

이종기가 지은 논설. 만구집(晩求集)』권8에 실려 있다. (한국문집총간 331)

2) 저자

이종기(李種杞, 1837~1902)로, 자는 기여(器汝). 호는 만구(晩求)·다원거사(茶園居士)이다.

3) 내용

이 논설은 이종기가 그의 심에 대한 해석을 사단칠정론과 연결시켜 설명한 것이다. 여기에서 이종기는 주자의 "심은 기의 정상이다.(心者, 氣之精爽)"라는 구절에 근거하여 심이 리와 기의 결합이라고 주장한다. 율곡의 주장처럼 심이 기라면 '심은 기이다'라고 하였을 것인데, 주자가 '지정상(之精爽)'이라는 세 글자를 이은 것으로 볼 때, 심은 분명히 기만이 아닌 '리와 기의 결합'이라는 것이다. 또한 이종기는 율곡이 '리가 무위(無爲)하다'는데 근거하여 리의 작용성을 부정하는 것을 비판한다. 즉 리는 비록 무위하나 조금이라도 기와 합쳐지면 곧 발용할 수 있는데, 이는 촛불이 기름을 얻으면 곧 많은 불꽃이 생기는 것과 같다고 설명한다. 마찬가지로 리가 비록 무위하지만, 기와 합쳐지면 바로 많은 작용성을 갖기 때문에, 무위하다고만 해서는 안 된다는 것이다. 율곡은 '리가 무위하다'는 것에 근거하여 리에 작용이 있음을 알지 못하고 기발(氣發)만을 말하는데, 이 때문에 사단과 칠정도 모두 기발로 해석했다는 것이다. 그 근본적인 원인을 추론해보면 '기의 정상'이라는 한 구절을 잘못본 데 근원한다고 지적하였다. 이처럼 이종기는 심을 '리와 기의 결합'으로 보면서도, 그 가운데 주가 되는 것은 리라고 강조했다. 이종기는 이러한 관점에서 율곡의 심시기(心是氣)와 이진상의 심즉리(心卽理)를 동시에 비판했다.

4-12-11 「四七皆氣發理乘之辨」(『晩求集』 卷8)

朱子曰: “四端, 是理之發; 七情, 是氣之發。” 說者疑其互有發用。退陶足之曰: “四端, 理發而氣隨之; 七情, 氣發而理乘之。” 語意始精密渾圓, 其所以發明朱子之意者, 無餘蘊矣。蓋四、七皆發於性, 性卽理也。七情亦發於理, 而謂之氣發者, 何耶? 以其外感於形氣, 故就其所主與所重, 而曰氣發耳。然理與氣, 必相須爲用, 故於四曰氣隨, 而於七曰理乘也。雖相須而理常爲主, 故於氣曰隨, 而於理曰乘也。理旣爲主, 而四、七皆發於理之義, 則終不可誣。故其「答奇高峯」書, 反覆言七情非無理, 又欲改其發各有苗脈之語。及其爲「心統性情圖」也, 於中圖特發明之, 就本然性言, 而明四、七之皆發於理; 下圖則就氣質性言, 而明四、七之或理、或氣。然謂七情亦發於性, 則與中圖無異也。蓋可論者, 在於氣發一語, 而栗谷反深詆理發之說曰“四端、七情, 皆氣發而理乘之。” 其意以爲理無爲而氣有爲, 故情皆氣發云爾。然栗谷亦自謂“四、七皆出於本然”, 則出於本然者, 非理發而何? 如樹木出於根, 則謂根之發可也; 穀種出於種子, 則謂種子之發可也。其言之自相矛盾如此, 何哉? 蓋嘗深惟, 而得其受病之原矣。朱子曰: “妙性情之德者, 心也。” 栗谷以心爲氣, 故於心之妙處, 皆作氣看, 宜其以情爲氣發也。蓋其爲說, 本於朱子“心者, 氣之精爽”一語。夫精爽者, 氣之精英者也, 氣之精英爲神。【此一句, 朱子語。】 神者, 理之妙用, 而乘氣以出入者也。朱子曰: “但謂神卽是理, 却恐未然。” 又曰: “却將神字, 全作氣看, 則又誤耳。” 以是而言, 則氣之精爽, 不可全作氣看, 亦不可全作理看, 已明矣。朱子若以心爲氣, 則當直曰心者氣, 而必繼以‘之精爽’三字, 則心之爲物, 其合理氣亦可見矣。然心必由氣而成, 故言心必先言氣, 而理必乘氣而發, 故言心之發用, 必主於理。蓋理雖無爲, 而纔合於氣, 便能發用, 如燭火得脂膏, 便有許多光燄。故朱子曰: “道理固自有用。” 又曰: “有理而後有氣。雖是一時都有, 畢竟是以理爲主。” 今栗谷徒守‘理無爲’之一語, 而不知其自有用, 但見心之先言氣, 而不察其主於理。遂以四端、七情爲皆氣發, 而所謂理乘者, 特隨之而已, 於是乎氣爲大本, 而理爲死物, 理不帥氣, 而氣反運理。原其初, 則特出於錯看氣之精爽一句, 而其流之差, 有如是者, 可勝歎哉! 栗谷曰: “發之者氣也, 所以發者理也。非氣則不能發, 非理則無所發。” 這四句平心看下, 亦自無病。夫發之者雖氣, 而所以發者理, 則理固爲主也。雖非氣不能發, 而非理無所發, 則理自有用也。故朱子曰: "所覺者, 心之理也; 能覺者, 氣之靈也。" 又曰: "知覺, 不全是氣。" 又曰: "動處是心,【此心字, 從氣說。】動底是性。" 以是而觀, 則四句固不可易也。今栗谷之意, 則不然, 以爲情皆氣發。故四箇發字, 皆從氣上說。其曰"所以發者", 氣所以發也; 其曰"無所發者", 氣無所發也。兩箇理字, 只爲備例對擧之物, 而無主宰發用之妙。蓋其下語雖同, 而其意則逈異矣。近世寒洲李公言"發者理也, 發之者氣也", 意却平穩。蓋先言"發者理", 則理之自有用可見矣; 繼言"發之者氣", 則理之乘氣而發可知矣。此其爲主理之旨也。

4-12-12

「답윤충여答尹忠汝」【胄夏】(『晩求續集』 卷3)

해제

1) 서지사항

이종기가 윤주하(尹胄夏: 1846~1908)에게 답한 편지. 충여(忠汝)는 윤주하의 자(字)이다. 『만구속집(晩求續集)』 권3에 실려 있다. (한국문집총간 331)

2) 저자

이종기(李種杞, 1837~1902)로, 자는 기여(器汝). 호는 만구(晩求)·다원거사(茶園居士)이다.

3) 내용

이 편지는 이종기가 윤주하와 심설에 대해 주로 받은 의견 가운데 일치하지 않는 부분을 밝힌 것이다. 먼저 이종기는 『주자어류(朱子語類)』에 근거하여 세 가지 방면에서 윤주하와 의견이 일치하지 않음을 지적한다. 그 중에서 '기의 정상(精爽)'이라는 조목과 같은 것은 이전에 몇 차례 가르침을 받고 스스로 깨달음이 있어서 더 이상 논의할 것이 없고, 다만 논의할 것은 '리와 기를 겸하지만 리를 주로 한다'는 한 조목이라고 지적하였다. 이종기에 따르면, "심은 비록 리와 기가 합한 것이지만, 미발의 때에는 기가 용사(用事)하지 않으므로 본연의 체는 오직 리일 뿐이다. 리와 기가 진실로 묘합(妙合)하나, 리가 주자 되는 것이다." 이는 바로 윤주하의 심즉리(心卽理)라는 주장에 대한 비판인 것이다.

4-12-12 「答尹忠汝」【胄夏】(『晩求續集』 卷3)

別後經暑潦, 今又秋意闌珊, 勞懷可知。伏惟經床起居珍謐, 杞以鳴遠在山房, 往來相尋, 煞有講劘之益。此事正自難得, 恨不與老兄同之耳。近因看『語類』謾成三辨呈去, 必未中窾, 幸加批正。其中氣之精爽一條, 前所承誨, 而自覺者, 已無可論, 而所爭者, 特專以爲理與兼氣而主理爾。其間不能以髮, 而猶不若爛漫同歸之爲美也。幸平心一想, 以惠正論, 亦終始之賜也。

〈別紙〉

理與氣合而爲虛靈, 然理爲主, 故曰形而上也。鄙註中八字,【虛明、澹一、靈通、知覺】聊以形容合理氣之體段, 初非對註理氣也。退陶虛靈不可分註理氣者, 正與鄙見合。

近世心卽氣之說, 於大本上錯看了, 流弊不少。然猶有是非、從違, 不至如王氏之認氣爲理, 全無所擇。來敎恐覈得過甚。

鄙說後論中, 理與氣合而爲體, 誠似欠瑩。蓋心雖合理氣底物, 而未發之時, 氣不用事, 本然之體, 惟理而已, 當改之云, 理與氣固已妙合, 而理爲之主矣。此意似近之, 未知如何。

4-12-13

「답최순부答崔純夫」【正愚 ○庚寅】(『晚求續集』 卷3)

해제

1) 서지사항

이종기가 1890년에 최정우(崔正愚: 1862~1920)에게 답한 편지. 순부(純夫)는 최정우의 자(字)이다. 『만구속집(晚求續集)』 권3에 실려 있다. (한국문집총간 331)

2) 저자

이종기(李種杞, 1837~1902)로, 자는 기여(器汝). 호는 만구(晚求)·다원거사(茶園居士)이다.

3) 내용

이 편지는 이종기가 최정우와 심설에 대해 주로 받은 의견 가운데 일치하지 않는 부분을 밝힌 것이다. 이종기에 따르면, 주자가 심을 말한 것이 많은데 혹 기를 주로 하여 말하기도 하고, 혹 리를 주로 하여 말하기도 하며, 혹 리와 기를 겸하여 말하기도 하였다. 종합해서 보면, 기를 주로 하여 말한 것이 비교적 적고, 리를 주로 하여 말한 것이 비교적 많으며, 리와 기를 겸하여 말한 것이 가장 많다. 따라서 오늘날 심을 말하는 자들은 기로 말해도 옳고, 리로 말해도 옳으며, 리와 기를 겸하여 말해도 옳다. 그러나 기의 설은 얕고 거칠며, 리의 설은 깊고 정미하며, 리와 기를 겸한 설은 완비되어 한쪽으로 떨어지지 않는다. 이렇게 볼 때, 심은 기라고 해서도 안 되고, 심은 리라고 해서도 안 되니, 심은 리와 기를 겸한 것임을 알 수 있다고 주장하였다. 이러한 맥락에서 이종기는 심이 리와 기의 합이고, 그 심이 주재하는 신묘한 작용이 바로 리라고 강조했다.

4-12-13「答崔純夫」【正愚 ○庚寅】(『晩求續集』卷3)

辱書示及杞抵人書, 自云讀『通書』, 而悟心理之說, 適未記得。然旣承俯詰, 不敢不傾倒以對。蓋悟之爲言, 因此而悟彼之謂也。『通書』雖無分明說心是理, 然其語氣而歸之理者, 與語理而推諸氣者, 不勝其多。如曰: "一陰一陽之謂道。" 曰: "靜無而動有。" 曰: "水陰根陽, 火陽根陰。" 曰: "二本則一, 一實萬分。" 此等語, 與圖說所謂"太極動靜"及"陰陽一太極"者脗合。虛心玩讀, 眞使人不知手之舞、足之蹈。杞因此而乃悟心者理氣之合, 而其主宰生生之妙則理而已。考亭之言心多矣, 或主氣說, 或主理說, 或兼理氣說。聚而觀之, 則主氣者較少, 主理者較多, 而兼理氣之說最多。然知道者觀之, 其最少者, 亦可打倂作主理看, 何也? 理帥而氣卒, 理爲主而氣爲質, 故凡物之兼氣處, 皆以理言者, 明其統也。夫聖賢之言, 容有淺深、精粗之不同。今日言心者, 以理言亦得, 以兼理氣言亦得, 雖以氣言亦得。然氣之說, 淺而粗; 理之說, 深而精; 兼理氣之說, 完備而不墮於一偏耳。覸左右之意, 不應以心爲氣, 而訝心理之說, 則可知其兼理氣也, 想亦有所師受矣。昔大山先生以『中庸章句』"天以陰陽五行"之天字, 當兼理氣者, 或以問柳東巖曰: "天卽理也, 何以云兼理氣?" 東巖答曰: "是各有所主而言。" 又曰: "不相礙。" 今吾友見詰之語, 與此正同, 而其各有主而不相礙, 則恐未之思爾。俯詢七情渾淪、分開之辨, 妄意亦當與論心說相貫。蓋七情對四端而言, 則屬之氣者, 猶心對性而言, 則可屬之氣也。【『語類』曰: "太極, 便是性; 動靜、陰陽, 是心。" 退陶曰: "四端, 理發而氣隨之; 七情, 氣發而理乘之。"】專言, 則包四端、兼理氣, 而必以理爲主, 亦如心專言, 則該性情、兼理氣, 而必以理言也。【「好學論」曰: "其中動而七情出焉。" 『中庸章句』曰: "喜怒哀樂, 情也; 其未發, 則性也。"】然則渾淪言時, 正好主理, 不待乎分開也, 如何?

4-12-14

「기지정상변氣之精爽辨」【附朱子說諸條】(『晩求續集』 卷7)

해제

1) 서지사항

이종기가 지은 논설. 『만구속집(晩求續集)』권7에 실려 있다. (한국문집총간 331)

2) 저자

이종기(李種杞, 1837~1902)로, 자는 기여(器汝). 호는 만구(晩求)・다원거사(茶園居士)이다.

3) 내용

이 글은 이종기가 주자의 '심은 기의 정상(精爽)이다.'라는 구절에 대한 자신의 견해를 밝힌 것이다. 처음에 이종기는 이진상이나 곽종석 등이 '기의 정상'을 리로 해석하는 것에 대해 속으로 의심하다가, 『주자어류』에서 말한 성리의 여러 조목을 상고한 뒤에 '기의 정상'이 리가 아니라는 것을 알게 되었다는 것이다. 이러한 이유에서 이 논설의 뒷부분에는 자신의 이론적 근거가 되는 『주자어류』에 나오는 심설의 여러 조목을 첨부하고 있다. '심은 기의 정상'이라는 구절과 관련하여, 이진상・곽종석 등 심즉리(心卽理)를 주장하는 학자들은 '기의 정상'을 리로 해석하고, 반면 율곡처럼 심시기(心是氣)를 주장하는 학자들은 '기의 정상'을 기로 해석하였다. 이종기는 이들의 주장이 모두 잘못되었음을 지적하고, '기의 정상'을 리와 기의 합으로 해석하였다. 즉 "곧바로 '기의 정상'을 리라고 여기면 이것은 앞의 '기'라는 한 글자를 버리는 것이 되고, 곧바로 기라고 여긴다면 이것은 뒤의 '지정상(之精爽)'이라는 세 글자를 살피지 않는 것이 된다."는 것이다. 따라서 '기의 정상'은 '리와 기의 결합'으로 보아야 한다는 것이다. 따라서 심은 리와 기가 합쳐진 것이다. 오직 리와 기가 합쳐진 것이기 때문에 옛사람들이 심을 말할 때에 리로 말한 경우도 있고, 기로 말한 경우도 있으니, 한 측면만을 말하는 것은 옳지 않다는 것이다. 심은 리와 기의 결합인데, 주가 되는 것은 리이다. 왜냐하면 '심의 주재'라는 '신묘한 작용'은 리의 역할이기 때문이다.

4-12-14「氣之精爽辨」【附朱子說諸條】(『晩求續集』 卷7)

往尹忠汝爲余說"心者, 氣之精爽"一句, 云"非理, 則氣何自以精爽乎?" 又謂"這精爽, 與'木之神仁, 金之神義'之神字相似。" 蓋以爲理也。頃見李寒洲丈, 亦有是說, 而鳴遠又主之甚力, 余始而疑, 中而從之, 然每與諸友論理, 輒覺有礙。故往來紬繹, 蓋未嘗一日忘于心也。及攷朱書、『語類』說性理諸條, 而後得之, 乃知氣之精爽云者, 不專是理也。但以諸公方以爲心卽理之說, 而這一句爲氣說者之所宗主。故必欲破其窩窟, 然此則尤有所不然者。夫心合理氣者也。惟其合理氣也, 故古人之言心, 有從理而說合於氣者, 有從氣而說合於理者, 亦有以理言者, 亦有以氣言者, 未可以一槩論也。就其合而言也, 理常爲主, 而氣則隨之。故指其主宰、妙用處, 而亦可以理言之, 如曰靈、曰神、曰知、曰覺之屬, 是也。然其謂之理也, 與單指理言者, 微不同, 何者? 彼專以理言, 而此則兼氣言之也。且如漢儒言"木之神仁、金之神義", 世人多執之, 以爲神卽理也。然是乃所謂微不同, 而亦可以理言者也。朱子曰: "氣之精英爲神, 金木水火土非神, 所以爲金木水火土是神。其在人則爲理, 仁義禮智信是也。" 五行之神, 與五性之理, 固是一箇理。然五行就流行發育處說, 故言兼氣之理; 人則就稟受成性處說, 故言單指之理, 言固各有當也。若乃性之發用處, 則亦可以神言。周子所謂"神發知矣"者是也。神發而性感, 則亦猶木神仁、金神義之說也。神字似心字, 理字似性字, 今直以神爲理, 則亦將直以心爲性乎? 神妙是理, 而乘氣而發, 則與無爲之理, 固不同矣。心具是性, 而合氣而言, 則與未發之性, 亦有間矣。神之妙用, 卽是理也; 心之主宰, 卽是性也, 所謂"一而二、二而一"者也。氣之精爽, 卽神也, 忠汝之論得之。但直以爲理, 則是遺了上面一氣字也; 直以爲氣, 則是不察下面之精爽三字也。

「答楊子順」書曰: "魂氣之說近之。但便謂魂爲知, 則又未可。大抵氣中自有箇精靈底物, 卽所謂魂耳。"

○「答劉叔文」書曰: "細詳來諭, 依舊辨別性、氣二字不出"【止】"雖其方在氣中, 然氣自氣, 性自性, 亦不相夾雜。至其偏體於物, 無處不在, 則又不論氣之精粗, 而莫不有是理焉。不當以氣之精者爲性, 性之粗者爲氣也"【止】"如云精而又精, 不可名狀, 所以不得已而强名之曰太極, 又曰氣愈精而理存焉, 皆是指氣爲性之誤"

所覺者, 心之理也; 能覺者, 氣之靈也。

氣之精英者爲神, 金木水火土非神, 所以爲金木水火土者是神。在人則爲理, 所以爲仁義禮智信者是也。

問: "靈處, 是心是性?" 曰: "靈處只是心, 不是性。性只是理。"

問: "心之動, 性之動?" 曰: "動處是心, 動底是性。"

性猶太極也, 心猶陰陽也, 太極只在陰陽中, 非能離陰陽也。然至論, 太極自是太極, 陰陽自是陰陽, 所謂一而二、二而一也。

問: "人心形而上下如何?" 曰: "如肺肝五臟之心, 卻是實有一物。若今學者操存、舍亡之心, 則自是神明不測。故五臟之心受病, 則可用藥補之, 這箇心則非菖蒲、茯苓所可補也。" 問: "如此則心之理, 乃是形而上否?" 曰: "心比性則微有跡, 比氣則自然又靈。"

問: "鬼神便是此氣否?" 曰: "又是這氣裏面神靈相似。"

○ 致道謂"心爲太極", 林正卿謂"心具太極", 致道擧以爲問。先生曰: "這般處極細難說。看來心有動靜, 其體則謂之易, 其理則謂之道, 其用則謂之神。" 直卿曰: "體不是體用之體, 恰似說體質之體, 猶云其質則謂之易。"【按: 其體則謂之易, 卽心是氣之說也; 其理則謂之道, 卽心卽理之說也; 其用則謂之神, 卽心兼理氣之說也。曰神則理爲之主。】

問: "知覺是心之靈固如此, 抑氣爲之耶?" 曰: "不專是氣, 是先有知覺之理。理未知覺, 氣聚成形, 理與氣合, 便能知覺。譬如這燭火, 是因得這脂膏, 便有許多光燄。"

問: “心之發處是氣否?” 曰: “也只是知覺。”【『語類』五三板, 淳錄。】

所知覺者, 是理, 理不離知覺, 知覺不離理。【同上, 節錄。】

問: “心是知覺, 性是理, 心與理, 如何得貫通爲一?” 曰: “本來貫通, 理無心則無著處。”【同上。】

問: “天地之心, 天地之理, 理是道理, 心是主宰底意否?” 曰: “心固是主宰底意。然所謂主宰者, 卽是理也, 不是心外別有箇理, 理外別有箇心。” 又問: “此心字與帝字相似否?” 曰: “人字似天字, 心字似帝字。”【『語類』一三板, 夔孫、義剛錄。】

問: “精氣爲物, 精氣凝時, 此理便附在氣上否?” 曰: “天道流行, 發育萬物, 有理而後有氣。雖是一時都有, 畢竟以理爲主。”【『語類』三四板, 明作錄。】

4.

恭山 宋浚弼(1869~1943) 心說論爭 資料

4-13-1

「답장회당答張晦堂」【癸卯】(『恭山文集』 卷4)

해제

1) 서지사항

송준필이 장석영에게 보낸 서한. 『공산선생문집(恭山先生文集)』 권4에 수록되어 있다.

2) 저자

송준필(宋浚弼: 1869~1943)로 자는 순좌(舜佐), 호는 공산(恭山)이다.

3) 내용

이 글은 송준필이 1903년(계묘)에 회당(晦堂) 장석영(張錫英, 1851~1926)에게 보낸 서한이다. 송준필은 먼저 허령(虛靈)이 심의 본체인지에 대해 질문하고, 장석영이 『태극해(太極解)』와 『통서(通書)』를 인용하여 심(心)을 설명한 부분에 대해 재차 질문하였다.

4-13-1 「答張晦堂」【癸卯】(『恭山文集』 卷4)

竊詳來敎, 用意平正, 立語周全, 無一切偏主之意, 不勝歎仰。但心本體一段, 尙有未盡釋然者, 請更陳以聽可否焉。朱子旣曰"心無體, 以性爲體", 則心體固當以理言。然又曰"虛靈, 自是心之本體", 則本體兼氣看, 亦何不可之有哉? 愚嘗以爲此兩箇體字, 有所指之不同。蓋虛靈二字, 本非理虛而氣靈, 亦非理(虛)[1]靈氣(虛)[2]靈, 必理與氣合, 自然有虛靈之妙, 故朱、退兩先生, 以燭得脂膏、鑑得水銀譬之也。卽此, 虛靈便是心之本體, 非虛靈上別討出一箇本體, 則本體合理氣, 自無可疑, 而本體云者, 猶言本來見成體段也。然就其合而析言之, 則理爲主而氣爲資, 其爲主之理卽性也, 故謂性爲心之本體。今來敎, 泥看心無體以性爲體之說, 和虛靈自是本體, 並看作理, 恐非錯看, 分看無非道理之活法。又曰"主虛靈而言, 則雖可曰合理氣, 以虛靈而謂心本體, 則只是理"。竊觀先儒所言虛靈, 皆從心體上說, 何嘗有舍心而泛說虛靈處耶? 來敎所引『太極解』、『通書』註等處, 或有指理爲靈。然『極解』曰"其心爲最靈而不失其性之全", 『通』註曰"人心, 太極之靈", 亦非單指理爲靈也。蓋理之靈, 非氣不能靈, 故其曰"虛靈則已是帶氣底言"。此其性無爲, 心能運用之別, 豈不較然矣乎? 來敎屢百言, 祗見其怡然渙然, 而惟此一款, 猶有信不及處, 豈舐滯之見, 自陷於支離穿鑿而不自知耶? 伏乞, 明賜反復, 終開愚迷。

---

1) (虛): 문맥을 살펴 衍文으로 수정하였다.

2) (虛): 문맥을 살펴 衍文으로 수정하였다.

4-13-2

「여장회당與張晦堂」【甲寅】(『恭山文集』 卷4)

해제

1) 서지사항

송준필이 장석영에게 보낸 서한. 『공산선생문집(恭山先生文集)』 권4에 수록되어 있다.

2) 저자

송준필(宋浚弼: 1869~1943)로 자는 순좌(舜佐), 호는 공산(恭山)이다.

3) 내용

이 글은 송준필이 1914년(갑인)에 회당(晦堂) 장석영(張錫英, 1851~1926)에게 보낸 서한이다. 성(性)의 본연지성(本然之性)에 대해 척발(剔撥), 겸지(兼指) 등 두 가지 구분에 대해 언급하였다. 그리고 퇴계(退溪) 이황(李滉: 1501~1570)과 정재(定齋) 류치명(柳致明: 1777~1861) 등 영남의 여러 선배 유학자들의 주장을 계승하며 사단(四端)은 본연지성(本然之性)에서 발하고, 칠정(七情)은 기질지성(氣質之性)에서 발함을 역설하였다.

4-13-2 「與張晦堂」【甲寅】(『恭山文集』 卷4)

可以分開曰性之本然、氣質雖有異名, 而自是一性, 故性之分言, 則曰剔撥、曰兼指, 如水在器中, 或單言其水, 或兼指其器, 而水之與器, 不容其雙立而對峙也。情之爲用, 雖源於性, 而因其所感之不一而所發不同, 故情之分合則曰渾淪、曰分開, 如同一水, 而或行於東, 或行於西。【定齋說止此。】 蓋自李文成打破分開嶺中先輩, 主分開甚力, 至以爲四端發於本然之性, 七情發於氣質之性。此說, 蓋亦祖述李先生情之有四端七情, 猶性之有本然氣質之語。然李先生之意, 蓋證此以明四七分開之義, 非實以爲一發於此性, 一發於彼性, 自首至尾, 劈作兩片也。弼嘗於先輩說抱疑(火+耳)(火+耳), 今以得定齋說, 粗信愚見之不大謬也, 不審長者當以爲如何?

4-13-3

「답곽면우答郭俛宇」【癸卯】(『恭山文集』 卷3)

해제

1) 서지사항

송준필이 곽종석에게 답한 편지. 『공산문집』 권3에 실려 있다. (『공산선생문집』, 대구: 공산선생문집간행위원회, 1974년)

2) 저자

송준필(宋浚弼: 1869~1943)로, 본관은 야성(冶城), 자는 순좌(舜佐), 호는 공산(恭山)이다.

3) 내용

이 글은 송준필이 1903년 곽종석(郭鍾錫: 1846~1919, 자는 鳴遠, 호는 俛宇)에게 사단칠정설에 대한 견해를 밝힌 편지이다. 송준필은 “칠정은 혼륜(渾淪)하여 말하면 사단이 그 가운데 포함되니 진실로 리와 기를 겸한다고 말할 수 있다. 만약 사단과 대립시켜 말한다면, 리는 마땅히 사단에 점유되는 바가 되므로, 칠정은 기발(氣發)에 불과할 것이다. 비록 그 절도에 맞아 선한 것이라도 또한 형기가 우연히 그 바른 곳을 얻었을 뿐이니, 리발(理發)이라 할 수 없다”는 견해를 먼저 밝히고, 이러한 관점에서 고봉(高峯) 기대승(奇大升: 1527~1572)의 사단칠정설을 비판하였다. 특히 곽종석의 “사단과 칠정은 각각 소종래(所從來)가 있다는 학설은 비록 발하는 곳에 나아가 말한 것이지만, 그 소종래를 궁구하면 쉽게 성(性)에 미치게 된다.”는 주장에 대해, 송준필은 “맹자의 성선설(性善說)은 그 단서의 발현에 연유하여 인의예지가 그 안에 들어 있음을 알 수 있다는 것이다. 지금 사단과 칠정이 발할 때 이미 주리(主理)와 주기(主氣)의 구별이 있다면, 그 발하는 것을 인하여 위로 미루어나가 보면 또한 어찌 소종래가 없겠는가? 만약 ‘성(性)은 단지 리일 뿐인데, 그 발할 때에 미쳐서 비로소 기가 있게 된다’고 한다면, 리는 안에서 나오니 사단은 진실로 성의 발현이라 할 수 있지만, 기는 밖으로부터 녹아 들어오는 것이니 칠정이 어떻게 성의 발현이라고 할 수 있겠는가?”라고 하면서 비판하였다. 송준필은 “리가 기 가운데 타재(墮在)함으로써 성(性)이라는 이름이 생긴 것이므로, 성은 기와 구분해서 말할 수도 있고 기와 결합시켜 말할 수도 있다.”고 보았다.

즉 정자의 “성을 논하면서 기를 논하지 않으면 갖추지 못하고, 기를 논하면서 성을 논하지 않으면 분명하지 않다[論性不論氣不備, 論氣不論性不明]”는 말과 장재(張載)의 “태허와 기를 합하여 성의 이름이 있다[合虛與氣有性之名]”는 말은 평범하게 성을 말한 것인데, 그 가운데 나아가 리를 발라내서 기와 섞지 않고 말하면 ‘본연지성’이라 한다는 것이다. 따라서 “성의 본연지성과 기질지성은 각각 한 쪽을 점령하고 있는 것이 아니므로, 정의 리발과 기발도 고삐를 나란히 하여 함께 나오는 것이 아니다”라는 것이다. 다만 그 안에 주리와 주기의 구분이 있으므로, 혼륜(渾淪)해서 말해도 ‘두 이름’이 있는 것에 방해가 되지 않고, 분개(分開)하여 보아도 ‘하나의 근본’임은 변함이 없다는 것이다.

4-13-3 宋浚弼,「答郭俛宇」【癸卯】(『恭山文集』 卷3)

伏蒙手敎, 駁訂謬疑, 開示定本, 欲其從事于平易之地。君子德愛之意, 不一而足。但愚滯之見, 不能無一二信未及處。請試言而取正焉。夫七情渾淪言, 則包四端在其中, 固可謂之兼理氣。若與四端對說, 則理一邊, 當爲四端所占, 而七情不過是氣之發。雖其中節而善者, 亦只是形氣之偶然得正處, 不可便謂之理發也。今高峰二說, 方論對四端之七情, 而一則曰七情兼理氣有善惡, 則其所發不專是氣; 二則曰其發而中節者, 乃天命之性本然之體, 則豈可謂是氣之發而異於四端耶? 夫以七情之有所乘之理, 而謂之兼理氣, 則四端獨無所資之氣而謂理發乎? 方其分別說時, 七情之理, 猶四端之氣, 恐不可差殊看也。且以發而中節者, 爲無異於四端, 則必發不中節而流於惡, 然後乃謂之七情, 退陶何以曰"七者之情, 亦無有不善"也? 此皆高峰之說, 不能解後人之惑。來誨所謂"將橫準竪, 段落不明"者, 亦皆指此而言耶? 然來誨以爲"各有所從來之說, 雖就發處而言, 而究其所從來, 則易涉於性上"云云, 恐有不然者。孟子之言性善, 因其端緖之發見, 知其仁義禮智之在中。今四、七之發, 旣有主理、主氣之別, 則因其發而推以上之, 亦豈無所從來乎? 若謂性只是理, 及其發處, 始有箇氣, 則理自內出, 四端固可謂之性發; 氣有外鑠, 七情何以謂之性發也? 朱子不應曰理之發氣之發【之字, 當詳之。】; 退陶不必曰推其向上根源實有理氣之分; 大山不可曰就性有本然氣質之異, 見其所發有所主所從之分也。盖理墮在氣中, 而有性之名, 性亦可以分合言之也。故平說性字, 則程子所謂"論性不論氣不備, 論氣不論性不明", 張子所謂"合虛與氣有性之名"者, 是也。而就其中剔出理不雜氣, 而謂之本然之性, 則所謂氣質之性, 卽昏明强弱之不齊者耳。雖然, 性之本然氣質, 非各占一邊; 情之理發氣發, 非并轡偕出。但於其中, 見其有主理、主氣之分。故渾淪言, 而不害其有二名; 分開看, 而一本者又自若, 更何以各有所從來, 慮其易涉於性上耶? 來誨"戊辰之爲「圖說」也, 更不見這意思"。以愚觀之, 亦未見其必然。盖先生之爲「下圖」也, 對置本然、氣質於未發圈內, 而中著一性字, 所謂"性本一, 而因在氣中有二名者也"。其下排列四端七情, 而上著發爲二字, 則其各有所從來之意, 益昭昭矣。來誨盖以此圖爲果似未安之證, 而弼則以爲其非終以未安, 觀於此可知矣。此係義理深處, 雖非初學之呶呶, 而有疑思問古人, 亦已許之, 不計煩瀆。畧又貢愚, 其悖理處, 痛加剖辨, 終賜至論幸甚幸。

4-13-4

「여곽면우與郭俛宇」【甲辰】(『恭山文集』 卷3)

해제

1) 서지사항

송준필이 곽종석에게 답한 편지. 『공산문집』 권3에 실려 있다. (『공산선생문집』, 대구: 공산선생문집간행위원회, 1974년)

2) 저자

송준필(宋浚弼: 1869~1943)로, 본관은 야성(冶城), 자는 순좌(舜佐), 호는 공산(恭山)이다.

3) 내용

이 글은 송준필이 1904년 곽종석(郭鍾錫: 1846~1919, 자는 鳴遠, 호는 俛宇)에게 재차 사단칠정설에 대한 견해를 밝힌 편지이다. 곽종석의 지론은 "사단과 칠정이 모두 리발(理發)인데, 다만 혹은 의리(義理)를 따르고 혹은 형기(形氣)를 따르기 때문에 리발과 기발로 구분된다"는 것으로서, 곽종석은 이러한 입장에서 송준필의 사단칠정설을 비판했다. 이에 대해 송준필은 "사람에게는 하나의 심이 있을 뿐인데, 심의 동정(動靜)에 따라 성(性)과 정(情)의 이름이 성립되니, 성과 정은 일찍이 기를 떠나 홀로 존립하고 홀로 유행할 수 없다. 그러나 심이 아직 발하지 않았을 때엔 기가 토대가 되고 리가 주재가 되며, 기가 아직 용사(用事)하지 않아 리가 오직 맑게 주인이 되니, 이것을 대본(大本)이라 한다. 어찌 형기를 아울러 만사의 근본이라고 하겠는가? 그 사물에 느껴 움직일 때엔 리와 기가 함께 용사한다. 예컨대 어린아이가 우물에 빠지는 것을 보거나 종묘(宗廟)를 지나게 될 때엔 주인이 되는 리가 발함에 기가 문득 따르는 것이요, 성색(聲色)과 취미(臭味)의 일에 감촉하면 바탕이 되는 기가 발함에 리가 문득 그것을 타는 것이다."라고 반론하였다. 송준필은 또한 사단과 칠정을 논할 때엔 혼륜(渾淪)과 분개(分開) 두 측면을 모두 유의해야 한다고 주장하면서, 곽종석의 '사단과 칠정이 모두 리발'이라는 주장은 '혼륜에 치우쳐 분개의 측면을 외면한 것'이라고 비판하였다.

4-13-4 宋浚弼, 「與郭俛宇」【甲辰】(『恭山文集』 卷3)

四七之說, 前後辨誨, 非不剴當, 而柢滯之見, 猶不能釋然無疑。盖來敎雖頭緖多段, 其立言歸宿, 則以爲四七皆理發, 而但以其或從義理、或從形氣, 謂之理發、氣發。其駁訂鄙說, 則曰“何苦而必欲推而上之, 以雙峙於至靜無爲之地, 然後爲快也?” 前恐有分開未盡之恨, 而後不無不盡人言之歎, 雖欲不更稟, 得乎? 夫人有一心, 而心之動靜, 性情之名立焉。性情未嘗離氣而孤立獨行, 然方其未發也, 氣爲田地, 而理爲主宰, 氣未用事, 而理惟湛然爲主者, 曰大本也。何嘗并其形氣而謂之萬事之本哉? 及其感物而動, 則理氣俱用事。如孺子宗廟之事感, 則所主之理發焉, 而氣輒隨之; 如聲色臭味之事感, 則所資之氣發焉, 而理便乘之。其一主一客之勢, 雖欲雜之, 而不可得。然二情之發, 非齊頭偕動, 又非各出一邊。只是隨感而應, 互相資乘, 而於其中, 但有主理、主氣之分耳。盖渾淪、分開, 各是一義。渾淪言, 則不但性上無此理彼氣之別, 言七情而四端之理, 固渾然於其中矣; 分開言, 則不但於發處有主理、主氣之名, 推其所從來, 而性亦有本然、氣質之異。此所謂“合而爲一, 而不害其未嘗雜; 分而爲二, 而不害其本不離”者也。來敎所謂“四七皆理發”, 恐非分開之義, 故質其所疑, 而明其所不然。其畧渾淪, 而詳分開, 勢不得不然。見諭“以必欲雙峙於至靜之地”, 亦豈鄙說之本意哉? 鄙說固不足言, 而尋常看先儒文字, 亦未見必如來敎。幸更究竟指諭, 以破愚惑。

4-13-5

「답안덕무答安德武」【壬戌】(『恭山續集』 卷2)

해제

1) 서지사항

송준필이 안주호에게 보낸 글. 『공산속집』 권2에 실려 있다. (『공산선생문집』, 대구: 공산선생문집 간행위원회, 1974년)

2) 저자

송준필(宋浚弼: 1869~1943)로, 본관은 야성(冶城), 자는 순좌(舜佐), 호는 공산(恭山)이다.

3) 내용

이 글은 송준필이 1922년 안주호(安周鎬: 자는 德武)에게 보낸 편지로서, 안주호가 지은 『중용의의(中庸疑義)』의 몇몇 구절들에 대해 비판적 의견을 제시하는 내용이다. 그 대표적인 것들을 소개하면, 『중용의의』의 "'백성들에게 그 중용을 쓴다[用其中於民]'면 어찌 오교(五教, 五倫)의 바깥으로 벗어남이 있겠는가?"라는 내용은 '범범하여 소홀한 실수'를 범했고, "단지 기의 고요하고 감응함[寂感]이 심이 되는 것만 알고, 고요하지 않고 감응하지 않는 본체가 있음을 알지 못한다. 고요하지 않고 감응하지 않는 본체는 중(中)일 따름이요, 중은 리(理)일 따름이다"라는 내용은 '신기(新奇)를 추구하는 실수'를 범했으며, 비은(費隱)을 논하면서 "음으로 나뉘고 양으로 나뉘어 만물을 생성함이 헤아릴 수 없다"고 한 내용은 '본의에 어긋나는' 내용이요, 귀신을 논하면서 "귀신의 덕을 이끌어 이 심의 덕을 형용한 것이다"라는 내용은 '군더더기 말'이라는 것이다. 송준필은 특히 안주호의 심론(心論)에 대해 "심을 주기(主氣)로 규정할 수 없다고 하여 '심즉리(心卽理)'라고 주장한다면, 심과 성이 구별이 없게 되고, 또한 심을 믿고 제멋대로 구는 폐단이 생길 수 있다"고 경계하였다.

4-13-5 宋浚弼,「答安德武」【壬戌】(『恭山續集』 卷2)

『中庸疑義』, 盖多獨得之見, 而不襲於先儒之舊, 深所歎仰。然而區區淺見, 猶不能釋然無疑。盖聖賢言語, 四平放下, 未嘗執此而遺彼。然所就而言之不同, 則又自有先後賓主之分耳。故就此講論, 淺者不可鑿之使深, 單者不可推之使複, 而只依本文白直曉會, 方爲不失其正意也。高明之論則不然。擧起一頭, 賺連全體。交互叢雜, 或不免揷入外來文義。今不暇逐條辨說, 只據其大者言之。有曰"用其中於民, 豈有出於五教之外哉?", 則恐失之泛忽也。【上旣言修道之教, 都不出於五教, 此又以執端用中爲五教之事。蓋天下萬事, 固不出於五教之外。然古人論理, 不如此籠罩。幸更思之。】有曰"只知氣之寂感者爲心, 而不知有不寂不感之體。不寂不感之體, 中而已; 中者, 理而已", 則恐失之新奇也。【理氣合而爲心, 而其靜也, 寂然不動, 故謂之寂; 其動也, 感而遂通, 故謂之感。寂感者, 是此心動靜之名也。今以寂感者爲氣, 而不寂不感者爲理。然則寂感之上, 別有不寂不感者, 自爲一體耶? 抑理不能寂感, 而氣獨爲之寂感耶? 未詳所諭。】論費隱, 則所謂"分陰分陽, 生物不測"者, 恐非本意也。【子思之引鳶魚, 在天擧一物, 在地擧一物, 以明此理流行之妙, 際天蟠地, 極其費也, 而其體則隱而不可見耳。何嘗意思到分陰分陽, 有如太極圈所云生物不測, 有如二十六章所云哉?】論鬼神, 則所謂"引鬼神之德, 而形容此心之德"者, 恐又剩語也。【舍是心, 而非有所謂道。愚亦不敢謂之不然。然子思所以極贊鬼神之德, 盖言鬼神之德, 所以如此者, 乃誠也。於此可以見道之至費而至隱云爾。是其本意主道而言, 豈可遽以爲形容此心之德哉?】至其言心義, 則有曰"所謂主宰者, 非一而何? 所以神明者, 非一而何? 一卽理也。" 向固疑高明論心, 近於主氣。今乃謂之理, 則有以愧淺之知盛意也。然以心不可以主氣, 謂之卽理, 則心與性無別, 而有恃心自用之患矣, 其可乎? 自家全無見解, 何足以反駁高論? 而苟相唯諾, 切非朋友之義, 乃敢節取疏釋, 信手寫去。觝滞之甚, 必多妄發。又或盛意本不如此, 而謬爲之索瘢耳。幸賜覆教。

4-13-6

「답이집중答李執中」【基允○戊辰】(『恭山續集』 卷3)

해제

1) 서지사항

송준필이 이기윤에게 보낸 글. 『공산문집』 권3에 실려 있다. (『공산선생문집』, 대구: 공산선생문집 간행위원회, 1974년)

2) 저자

송준필(宋浚弼: 1869~1943)로, 본관은 야성(冶城), 자는 순좌(舜佐), 호는 공산(恭山)이다.

3) 내용

이 글은 송준필이 1928년 이기윤(李基允: 1891~1971, 자는 執中, 호는 克菴)에게 보낸 편지이다. 이기윤은 한주학파인 회당(晦堂) 장석영(張錫英: 1851~1926)의 문인이다. 송준필은 이기윤의 심성론과 사단칠정론이 대산(大山) 이상정(李象靖: 1711~1781)의 논지에 부합하지 않음을 지적하고, "이미 이상정에 부합하지 않으면 주희(朱熹: 1130~1200)와 이황(李滉: 1501~1570)의 뜻에 부합한다고도 보장할 수 없다"고 지적하였다. 이기윤의 "리는 기의 주인이니, 다만 그 주인만 말해도 충분하다. 하필 기를 함께 말하여, 리와 서로 대립시키는 것인가?"라는 주장에 대해, 송준필은 "그렇다면 주렴계도 '무극이태극(無極而太極)'만 말해도 되었을 것인데, 어찌 다시 '음양오행'을 말하여, '무극의 진(眞)과 음양오행의 정(精)이 묘합하여 만물을 낳는다'고 하셨겠는가? 오심(吾心)의 작용은 곧 천지(天地)의 조화(造化)이다. 천지는 진(眞)과 정(精)이 묘합하여 만물을 낳는데, 오심은 홀로 리와 기가 결합하지 않고 만사를 산출할 수 있다는 것인가?"라고 반론하였다. 또한 이기윤이 "심의 본체는 선한데, 기가 본래 악이 있다면 어찌 감히 심의 본체에서 기를 말하겠는가?"라고 한 것에 대해, 송준필은 주희의 "기 또한 본래 불선이 없다[氣亦本無不善]"는 말을 원용하여 반론하였다. 더욱이 이황이 '리와 기를 겸하여 심을 말한 것'은 체(體)와 용(用)의 관점에 의한 리기상수(理氣相須)의 오묘함이기 때문이라 하고, 그 근거로 도(道)와 음양(陰陽), 또는 도(道)와 기(器)의 관계가 '서로 섞이지 않음[不相雜]'과 '서로 분리되지 않음[不相離]'에 있음을 천명하고 있다.

다음으로 별지의 내용을 보면, 첫째 조목은 리와 기를 합한 측면에서 심의 본체와 주재를 언급한 내용이고, 셋째 조목은 "하늘의 일은 소리도 없고 냄새도 없다. 그 체(體)를 역(易)이라고 한다"는 말에서 '체'는 형질(形質)의 '체'로 보아야 한다는 내용이다. 넷째 조목은 심즉리설(心卽理說)에 대한 비판으로서, 송준필은 심합리기설을 견지하면서 "만약 심즉리라 한다면, 성인(聖人)의 문하에서 사람을 교육할 때에 '유정유일(惟精惟一)', '극기복례(克己復禮)', '구방심(求放心)', '정심(正心)'의 공부는 모두 쓸모가 없게 된다."고 비판했다. 마지막 조목에서는 "「심통성정도(心統性情圖)」에서 사단과 칠정을 종합하여 리로 귀일시켰으니, 애초에 '각각 소종래(所從來)가 있다'는 뜻이 없다"는 주장에 대하여, "「심통성정도」의 하도(下圖)에서 '성(性)에는 본연과 기질의 명칭이 있어서, 발하여 사단과 칠정이 된다'고 하였으니, '각각 소종래가 있다'는 뜻이 분명하게 드러났다"고 반론한 다음, "혼륜(渾淪)하게 말해도 분개(分開)가 있음을 방해하지 않고, 각각 소종래가 있어도 대본(大本)이 하나임은 변함이 없다"고 설명했다.

4-13-6 宋浚弼, 「答李執中」【基允○戊辰】(『恭山續集』 卷3)

承書且久, 未有以修覆, 大槪坐無便人。然亦以爲義理之辨, 眇忽易差, 祇可默地潛究, 自守己見而已。是以欲展而還縮者屢矣。近更思之, 退陶承程、朱之傳, 大山承退陶之傳, 相繼發明, 益大以弘, 靡復有餘蘊。而來諭心性四七之論, 往往不合於大山之旨。旣失大山之旨, 則所謂得朱、退之旨者, 恐未能保其必是也。區區自見得如此, 而不以相告, 亦非切偲之義也。復不免罄陳瞽說, 以幸明者之栽之也。竊詳來諭之意, 盖曰理者氣之主也。只言其主足矣, 何必並言氣, 以與理相對哉? 若然, 則周子只可說“無極而太極”, 何用更說陰陽五行, 而以爲“無極之眞、二五之精, 妙合而生萬物”也哉? 吾心之用, 卽天地之化也。天地可眞精合而生萬物, 而吾心獨不可理氣合而出萬事乎? 盖曰“心之本體善, 氣自有惡, 何敢言氣於心之本體哉?” 如此則朱子所謂“氣亦本無不善”者, 只指天地之氣而言, 而不可言於人所受正通之氣乎? 退陶所謂“旣謂之心, 已是兼理氣”者, 但指用而言, 而不及於體耶? 理氣相須之妙, 恐賢者未之察也。道, 形而上者也; 陰陽, 形而下者也, 而孔子曰“一陰一陽之謂道”, 言一陰而一陽者, 卽道也。鬼神, 氣也; 誠, 理也, 而子思曰“微之顯, 誠之不可掩”, 言鬼神之所以微之顯, 乃誠也。至於程子所謂“器亦道, 道亦器”, 朱子所謂“天命與氣質, 亦相衮同”, 退陶所謂“理與氣, 不分而言, 則混爲一物, 不知其不相雜; 不合而言, 則判爲二物, 而不知其不相離”, 大山所謂“理之與氣, 本相須以爲動, 相待以爲靜”, 豈皆不知理爲氣主也哉? 心之所以爲心者, 以其有虛靈之體, 而理爲虛靈之主, 氣爲虛靈之資, 此之謂心合理氣也。若以虛靈不分主、資, 皆謂之理, 則心卽理而已, 何以復謂之心合理氣也? 來諭謂“全體、當體, 可兼氣言, 而本體、眞體, 不可帶氣言”。旣以虛靈爲理, 而屬之本體、眞體, 則所謂全體、當體者, 虛靈外別有兼理氣之材料耶? 抑以虛靈爲理, 血肉爲氣, 虛靈與血肉, 合而爲體耶? 如此則一心之中, 四體區分, 恐不成義理。必曰合理氣而言, 則虛靈爲本體; 單指理而言, 則性爲本體; 兼體用、始終、眞妄、邪正而言, 則爲全體, 然後名義俱盡, 絶滲漏無病敗矣。主宰兼理氣, 無先儒說可據。然朱子曰“心者一身之主宰。” 性何不爲主宰? 而主宰之名, 必歸於心, 何也? 勉齋、北溪, 皆以爲虛靈知覺, 便是心之所以主宰底, 其意固可見矣。然理氣合處, 理常爲之主。故主宰之名,當在理, 而主宰之功, 又因氣而見也。君固國之主, 而禮樂刑政, 必待臣而行; 夫固家之主, 而螽斯育慶, 奉祀具官, 必待婦而成。若但有主之發號施令, 而無在下之奉行, 則直一(無爲眞人)[無位眞人][3]而已。做國不成, 做家不成, 何主宰之爲貴粃? 吾所謂主理, 必於二者, 叅驗並觀, 以施精一之工, 使道心爲一身之主, 而人心聽命焉, 非必如來諭而後爲主理也。於乎! 狃於氣, 而認理爲死物者, 是逐流而忘源也; 悅於理, 而認氣爲外料者, 又守尺而忘寸也。盖其失雖有彼此之殊, 其倚於一偏, 而非道體之全則一也, 如何如何?

〈別紙〉

未知朱、退書中, 有一言半句之合理氣, 言本體、主宰者耶?

程、張子論氣質之性, 而性義始大備焉; 朱子以虛靈知覺論心, 而心義始大明焉; 退陶以氣隨理乘言情, 而情義始大闡焉, 是皆發前人之所未發也。大山本體合理氣之說, 實繼四大賢之功, 豈可以後出而少之耶? 朱、退書中, 其意亦屢見。

朱子以耳目之視聽, 所以視聽者, 言心之本體, 所以二字, 可知其專言理矣。

朱子盖曰"耳目之視聽, 有形象, 故不能相通。心之虛靈, 未嘗有物, 所以能管攝耳目也。" 其意如孟子所謂"耳目之官, 不思而蔽於物; 心之官則思, 思則得之"之謂也。不可但以所以字, 謂之單言理也

"上天之載, 無聲無臭"云云, 其體則謂之易, 體是形質之體歟? 體用之體歟?

明道曰: "上天之載, 無聲無臭, 其體則謂之易, 其理則謂之道, 其用則謂之神。" 是就天地造化而言也。朱子曰: "其體謂之易, 在人則心也; 其理謂之道, 在人則性也; 其用謂之神, 在人則情也。" 是移就人身上說也。今詳其義, 則上天之載, 無聲無臭, 指太極而言; 易, 指動靜陰陽而言。太極只在陰陽之中, 常以陰陽爲體質, 故曰其體則謂之易也。恐非體用之體。

理卽是心, 心卽是理。

心者, 合理氣、一精粗、該上下、貫始終之物事。故理也、義也, 與聖人同然者, 此

---

3) (無爲眞人)[無位眞人]: 저본에 '無爲眞人'으로 되어 있으나, 문맥을 살펴 '無位眞人'으로 수정하였다.

心也; 眞妄、邪正, 不待陷溺, 而元自不同者, 亦此心也。今曰吾儒論心, 只論其本心而已, 則學者, 亦可以從心所欲, 而心卽理, 理卽是心耶? 如此則聖門敎人, 精一、克復、求放心、正心之工, 皆無所用, 而必如釋氏之本心, 然後爲可也。

「心統性情圖」, 合四七而一之于理, 初無各有所從來底意思。

「下圖」圈內, 性有本然、氣質之名, 而發爲四端、七情, 則各有所從來之意, 章章明矣。今反以爲初無各有所從來底意思, 無乃明者之未察耶? 然只是一性一情, 而所就而言之, 不同耳。渾淪言, 而不害有分開, 各有所從來, 而大本之一, 固自若也。

4-13-7

「답김이회答金而晦」[榥○戊辰](『恭山續集』 卷4)

해제

1) 서지사항

송준필이 김황에게 보낸 글. 『공산문집』 권4에 실려 있다. (『공산선생문집』, 대구: 공산선생문집간행위원회, 1974년).

2) 저자

송준필(宋浚弼: 1869~1943)로, 본관은 야성(冶城), 자는 순좌(舜佐), 호는 공산(恭山)이다.

3) 내용

이 글은 송준필이 1928년 김황(金榥: 1896~1978, 자는 而晦, 호는 克菴)에게 보낸 편지이다. 김황은 한주학파인 면우(俛宇) 곽종석(郭鍾錫: 1846~1919)의 문인이다. 송준필은 편지의 앞 부분에서 자신의 기본 관점을 "천하에는 리 없는 기도 없고, 기 없는 리도 없으니, 리와 기는 진실로 서로 분리될 수 없는 것이다. 그러나 리는 형이상의 도(道)요, 기는 형이하의 기(器)로서, 둘은 또한 일찍이 서로 섞이지 않는다. 그러므로 주자는 '리와 기는 사물에 있어서 혼륜(渾淪)하여, 각각 한 곳에 있는 것으로 분개(分開)할 수 없다. 그러나 리와 기가 각각 하나의 사물이 됨을 방해하지 않는다'고 말씀한 것이다. 사람에게 있어서는, 성(性)은 리이고, 형(形)은 기이며, 형기와 합쳐져서 허령지각이 되어 한 몸을 주재하게 되니, 이것이 심(心)이다."라고 설명하고, 이에 입각하여 구체적인 논점들에 대해 논했다. 송준필은 특히 심합리기설의 입장에서 허령지각에 대해서도 '리와 기의 결합'으로 설명하면서, 그 논거로 주희(朱熹), 면재(勉齋) 황간(黃幹: 1152~1221), 북계(北溪) 진순(陳淳: 1159~1223), 퇴계(退溪) 이황(李滉: 1501~1570), 대산(大山) 이상정(李象靖: 1711~1781) 등의 주장을 제시하였다. 그리고 심즉리설에 대해서는 "이제 하나의 심을 모두 리에 귀속시키면, 이른바 허령(虛靈), 지각(知覺), 본체(本體), 주재(主宰) 등이 모두 기와 관계없는 것이 된다."고 비판하고, 그리하여 결국 자신도 모르는 사이에 '기를 리로 여기는 폐단'을 초래하게 된다고 경계했다.

다음으로 별지 내용을 보면, 첫째 조목에서는 김황이 '주재자는 리'라는 입장에서 심즉리설(心卽理

說)을 주장한 것에 대해, 송준필은 "심은 리와 기가 서로 기다려 '체(體)'가 되고 하나의 '허령지각'을 이루는 것이다. 그러므로 성(性)은 곧 '리'라고 말할 수 있으나, 심은 곧 '리'라고 말할 수 없다"고 주장하였다. 둘째 조목은 '심의 허령'에 대한 논의로서, 송준필은 허령 역시 '리와 기가 결합된 것'이라고 설명하면서 "만약 그대의 주장처럼 '심은 다만 성(性)이요, 성 또한 허령한 것'이라 한다면, 심 또한 무위(無爲)일 뿐이니,어찌 능히 체와 용을 포괄하여 주재할 수 있겠는가?"라고 반론하였다. 넷째 조목에서는 김황이 '리는 주재자, 기는 자구(資具)'라고 전제하면서 "다만 그 주재자를 말하면 반드시 그 자구를 함께 말하지 않아도 자구는 그 가운데 있는 것"이라고 주장한 것에 대해, 송준필은 "예컨대 태극과 음양으로 말하면, 다만 태극만 말해도 음양은 그 가운데 항상 존재하는 것인가? 태극은 스스로 태극이요, 음양은 스스로 음양이니, 아마도 하나를 거론하고 하나를 폐기할 수는 없을 것"이라고 비판하였다.

4-13-7 宋浚弼, 「答金而晦」【梘○戊辰】(『恭山續集』 卷4)

有精神而醇者, 最難得。非昔人攸歎乎? 幸僅有於絶無之中, 則雖無世分之可籍, 莫不懽欣愛慕, 願一與之交以自益也。況有婺源之舊者耶? 迺者, 蒙賜遠臨, 得遂旣覯之, 顧第以歸旆僊僊。未獲從容奉討, 此心忡悵, 反有甚於前日思見之切也。自不意足下亦有所眷戀於老弊返, 且有書意奇周摯副, 以名理諄諄要與之上下。其論盛意, 則雖甚感服而顧裒淺, 未足以承當玆爲愧懼耳。示諭寒洲心說云云。謂弼爲深疑, 則藐玆晩學無所識知, 固不敢輕疑於先輩已定之論也。謂諸儒所共譁, 然則又不可謂諸儒之見, 一出於好惡之偏也。然則將何以爲說世? 請姑就盛說, 而粗陳鄙見之所不能無惑者, 以聽進退之命, 可乎? 盖天下未有無理之氣, 亦未有無氣之理。理與氣, 固相循不離。然理也者, 形而上之道也; 氣也者, 形而下之器也。二者, 又未嘗相雜, 朱子所謂"理與氣, 在物上渾淪, 不可分開, 各在一處。然不害二物之各爲一物", 是也。其在人, 則性卽理, 形卽氣, 而形氣之合, 則爲虛靈知覺, 以主於一身, 所謂心也。心之爲物, 雖不過方寸大, 然其德則具衆理而應萬事, 其量則通千古而包四海。方其寂然不動也, 一性渾然, 而無所偏倚; 及其感而遂通也, 七情迭用, 而各有攸當。是乃此心之全體大用, 而孔子所謂"操則存, 舍則亡, 出入無時, 莫知其鄕", 亦不可不謂之此心體用之妙也。心自是合理氣物事, 故聖賢論心, 有以理言處, 如來諭所引程子心則性也, 朱子主宰卽此理也。如此等語, 固不勝其多; 而亦有以氣言心處, 如朱子所謂"心猶陰陽", 所謂"心者氣之精爽", 亦非一二。然此皆據其一邊而言, 至論全心之名義, 則必以虛靈知覺合理氣者言之。故朱子曰: "虛靈自是必之本體。" 又曰: "知覺不專是氣, 是先有知覺之理。理未知覺, 氣聚成形, 理與氣合, 便能知覺。" 勉齊曰: "說虛靈知覺便是理, 固不可; 說虛靈知覺, 與理是兩項, 亦不可。須當說虛靈知覺上, 見得許多道理。" 北溪曰: "理與氣合, 方成箇心。有箇虛靈知覺, 便是身之所以爲主宰處。" 退陶曰: 火得脂膏而有許多光燄, 故能燭破幽闇; 鑑得水銀, 而有如許精明, 故能照見硏媸。理氣合而爲心, 有如許虛靈不測, 故事物纔來, 便能知覺。" 大山曰: "心指虛靈知覺者而言, 固合理氣物事, 非專指氣而言也。" 盖人只是一箇心, 而有合理氣說處, 有分理氣說處。必須叅驗並觀, 而就同中而知其有異, 就異中而見其有同, 然後方施精一之工，使義理爲一身之主，而形氣聽命焉，則聖賢主理之旨，其在是矣。今以一心字，全歸於理，則所謂虛靈者、知覺者、本體者、主宰者，皆非氣之所能與焉，猶曰“心之合理氣，孰敢曰不然”者，果指何而言也？特以心之宅舍是血肉，故謂之合理氣耶？竊恐如此，則駸駸然入於認氣爲理之弊，而所謂主理者，莽蕩無下手處矣。如何如何？來諭縷縷百言，頭緒多端，殆未易領畧。謹取原本中分作幾段，各以鄙說疏註於其下，以爲求敎之地，幸有以反復之也。

〈別紙〉

知所主之爲理，則指其主而曰心卽理，何必深疑乎？【止】以性卽理爲有力於學者者，以所明之在乎本體故耳。至於心，何獨異此？

性固是墮在氣質之名。然謂之性，則是就氣質之中，不雜氣單指理而言者也。心是理與氣相待而爲體，成一箇虛靈知覺者也。故性可曰“卽理”，而心不可以“卽理”言也。來諭必以心性一理，而不容差殊觀。然則先儒之言性，必曰無爲，曰無情意造作；而言心，則曰虛靈不昧，曰神明不測，曰酬酢萬變，何也？觀於此，其單指理、兼理氣之妙，自可知矣。

盛意必以爲心之與性異，正以其虛靈，而虛靈，終非所以言理。【止】此理之冲漠無眹者，虛之謂也；神妙不測者，靈之謂也。無間於動靜，故心之該體用而主宰之者正合此。稱性則只是未發之體，渾然無爲而已，故不合以虛靈專稱之。

愚嘗以爲虛靈兼理氣，今曰非所以言理，恐非鄙意也。盖單說虛字靈字，固有以理言處。如張子所謂“由太虛有天之名”，周子所謂“厥彰厥微，非靈不瑩”之類，是也。然至合虛靈言心處，皆兼理氣爲說。如上所引朱訓及黃、陳、陶、湖諸說，盖可見也。來諭以朱子所謂“最靈、純粹至善之性”爲“性靈”之證，此固然矣。然朱子盖以人所稟受大綱，分配於上文，曰“得其秀而最靈，是所謂太極也。形生神發，則陰陽之謂也。五性感動，則五行之性也”云爾。至「圖說解」直云“人之所稟，獨得其秀，故其心爲最靈，而有以不失其性之全”，觀此則靈固以心言，非直指爲性也。若如來諭心只是性，以性亦虛靈，則心亦無爲而已，何以能該體用而主宰之乎？性之靈，何不能無間於動靜而尙爲之無爲乎？

北溪"理虛氣靈"之說, 退陶"理與氣合, 自然有虛靈知覺之妙"之云, 最爲盛諭之援据。然北溪說, 姑不敢深論; 退陶所云, 亦爲此理之資氣而致其妙云爾。

理虛氣靈, 本盧玉溪說, 而今以爲北溪說, 亦有可据處否? 所諭北溪說, 姑不敢深論, 可見盛意之取舍精審。然北溪, 朱門高弟。退陶先生許其窮理最深, 其說亦豈可以輕忽哉? 大抵先輩文字, 各有地頭, 當隨其本文, 而白直理會, 深言處深看之, 淺言處淺看之, 方不失其正義。今先著一箇主見, 隨意取舍。至於大賢之言, 所不敢低仰者, 遷就爲說, 以從己意, 豈小病哉?

如人乘馬而出入, 火得膏而光明。然出入則可謂之人, 而不必言馬; 光明底是火, 而不是膏明矣。

盛意盖以爲理爲主而氣爲資, 但言其主則不須幷言資, 而資在其中, 然亦不可如此說。如言太極陰陽, 但言太極, 則陰陽常在其中乎? 太極自太極, 陰陽自陰陽, 恐不可擧一而廢一也。

4-13-8

「답김이회答金而晦【乙巳】」(『恭山續集』 卷4)

해제

1) 서지사항

송준필이 김황에게 보낸 글. 『공산문집』 권4에 실려 있다. (『공산선생문집』, 대구: 공산선생문집간행위원회, 1974년).

2) 저자

송준필(宋浚弼: 1869~1943)로, 본관은 야성(冶城), 자는 순좌(舜佐), 호는 공산(恭山)이다.

3) 내용

이 글은 송준필이 1929년 김황(金榥: 1896~1978, 자는 而晦, 호는 克菴)에게 보낸 편지이다. 김황은 한주학파인 면우(俛宇) 곽종석(郭鍾錫: 1846~1919)의 문인이다. 김황이 심즉리설을 추종하는 입장에서 "허령은 곧 리"라고 주장한 것에 대해, 송준필은 심합리기설의 입장에서 "리의 진(眞)과 기의 정(精)이 묘합하여 하나의 허령지각을 이루니, 이것이 곧 심이다. 그런데 그 묘합한 것에 나아가 분석하여 말하면, 리는 그 주재자요, 기는 그 자구(資具)이다."라고 반론하였다. 송준필의 리주기자론(理主氣資論)은 리기불상리(理氣不相離)에 입각한 것인바, "대개 리와 기는 형이상(形而上)과 형이하(形而下)의 구별이 있더라도, 반드시 서로 의지하여 도(道)가 된다"는 것이 그의 기본 입장이었다. 송준필은 자신의 주장을 뒷받침하는 논거로 이천(伊川) 정이(程頤: 1033~1107)의 "체와 용이 한 근원이요, 드러남과 은미함에는 틈이 없다[體用一原 顯微無間]"는 말과 이에 대해 주희(朱熹)가 "리로부터 보면, 리는 '체'가 되고 현상[象]은 '용'이 되는데, 리 가운데에 현상이 들어 있으니, 이는 근원이 하나인 것이다. 현상으로부터 보면, 현상은 드러남이 되고 리는 은미함이 되는데, 현상 가운데에 리가 들어 있으니 이는 틈이 없는 것이다"라고 해석한 것을 제시하였다. 끝으로 너무 지나치게 도리에 얽매여 천착하기보다는 선유(先儒)들의 의논을 음미하고 실천하며, 삼가 지켜서 잃지 않아, 허물이 없도록 하라고 당부하였다.

4-13-8 宋浚弼,「答金而晦」【乙巳】(『恭山續集』 卷4)

前此往復賢史, 以爲大體既合, 而不同者, 特其小小曲折耳。 愚亦不敢不謂之然也。然區區爲說, 只靠前人塗轍, 不免於已陳之芻狗。盛說實皆隱之於心, 而有自得之妙, 則其虛實之相去遠矣。以此相難, 不相乳入, 直恐小小之差而終成大體之睽耳。請復一陳蕘說, 以幸明者之或有擇焉。朱子曰"虛靈自是心之本體", 虛靈卽本體, 非本體之外, 別有虛靈也。今以本體之不可雜氣, 謂虛靈卽理, 則來諭所謂心合理氣, 當於何處見之也? 謂虛靈之體只是理, 而虛靈之用, 方是合氣耶? 抑虛靈之體用, 俱是理而虛靈之外, 別有合氣之氣耶? 且以虛靈爲理, 則知覺亦可謂之不雜乎氣耶? 虛靈雖只是理, 而知覺不可不謂之合氣耶? 此愚所以不能無惑於盛諭也。若愚見, 則以爲理之眞、氣之精, 妙合而成一箇虛靈知覺, 卽所謂心也。而卽其妙合而析言之, 則理其主也, 氣其資也。故指其所主而言, 則曰心則性也, 曰未發之大本也, 曰心爲太極也, 曰心者天理在人之全體也; 指其所資而言, 則曰心者性之郛郭也, 曰心猶陰陽也, 曰心者氣之精爽也。其言各有攸當, 而虛靈之兼理氣, 益無可疑矣。來諭云纔下主字, 便見氣在所該。如此, 則先儒只說上曰言足矣, 何必復爲下三言者, 以破其所該之常例也? 又何以太極陰陽、道器、性氣, 常對擧而互言之? 惟恐其擧一廢二, 致有不明、不備之患也, 皆未可知也。又謂弼說主宰、本體, 有二主、兩本之嫌, 不勝皇恐。然弼之意, 盖謂主宰之名當在理, 而主宰之功, 又因氣而見也。未嘗直謂之主宰兼理氣也。本體云云, 亦以虛靈之本體言之。若言性爲本體, 則是指虛靈之理也, 豈敢以爲兼理氣哉? 故曰性爲本體, 而不害於虛靈之兼理氣; 虛靈爲本體, 而大本之一, 固自若也。又謂抑亦將兼氣爲義理, 而道之爲體, 必得氣而乃全耶? 此亦不可如此說。盖理與氣, 雖有形上下之別, 而必相依以爲道。故孔子曰"一陰一陽之謂道", 明道曰"天運而不已, 日往而月來"云云, 皆與道爲體。伊川云"體用一原, 顯微無間", 而朱子釋之曰"自理而觀, 則理爲體, 象爲用, 而理中有象, 是一源也; 自象而觀, 則象爲顯, 理爲微, 而象中有理, 是無間也", 此皆舍氣而言道乎? 賢者常低看氣字, 以爲有亦可、無亦可, 故往往有此見解, 恐亦在所省察也。竊詳諭意, 不欲取正於聖賢之言, 而直從己心上, 認取得所安, 可見其近理用工, 而亦有不然者。朱子曰: "常患近世學者, 道理太多, 不能虛心退步、徐觀聖賢之言, 以求其意, 而直以己意彊置其中, 所以不免穿鑿破碎之弊, 使聖賢之言不得自在, 而常爲吾說之所使, 以至㧾持縛束而左右之, 甚或傷其形體而不恤也。” 吾輩晩學, 有何別識? 只可篤信先儒已成之論, 潛究實踐, 謹守而勿失, 庶幾爲寡過之道。若不能然, 而偏守己見, 以爲聖賢之旨只是如此, 則豈不是見譏於朱子者乎? 不計僭瀆披露至此, 儻不以下體而棄之否?

5.

心齋 曺兢燮(1873~1933) 心說論爭 資料

4-14-1

「독한주이씨심즉리설讀寒洲李氏心卽理說」(『巖棲集』 卷16)

해제

1) 서지사항

조긍섭이 지은 논설. 『암서집(巖棲集)』 권16에 실려 있다. (한국문집총간 350)

2) 저자

조긍섭(曺兢燮: 1873~1933)으로 자는 중근(仲謹), 호는 심재(深齋)이다.

3) 내용

이 글은 심재(深齋) 조긍섭(曺兢燮)이 20세(1892년)에 한주(寒洲) 이진상(李震相)의 「심즉리설(心卽理說)」을 읽고 자신의 견해를 밝힌 논설로 모두 17조목을 제시하였고 각 조목마다 의견을 수록하였다. 이진상은 세상 사람들이 심즉기(心卽氣)에 쏠리고 심즉리(心卽理)는 양명(陽明)의 무리들이 멋대로 떠든 학설이라고 오해 받고 있음을 설파한다. 이에 대한 비유로 형산(衡山)의 옥을 예로 들었다. 변화(卞和)만이 형산의 돌 안에 있는 옥의 존재를 알고 있을 뿐, 왕이 옥공을 불러 돌을 보이자 겉만 보고 돌이라 하고 원래 옥과 돌을 구별 못하는 사람에게 물어 보아도 진정한 옥의 존재를 알지 못한다. 그러므로 진짜 돌 안에 있는 옥은 망치와 정으로 쪼고, 사포와 숫돌로 갈아서 돌이 옥에 뒤섞여있지 않게 한다면, 진짜 옥은 드러날 것이다. 이진상은 "마음에 있는 기는 다스리고 확충해서 그 가린 것을 제거해서 그 본체의 밝음을 회복시켜 기와 뒤섞이지 않게 해서 천리(天理)를 순수하게 한다면, 참된 마음이 드러날 것이다."라고 주장한다. 이에 대해 조긍섭은 "심은 이와 기를 합한 것이지만 주가 되는 것은 이이다[心合理氣 , 而其主則在理]"라고 하며 보통사람의 지각운동(知覺運動)과 정신혼백(精神魂魄)은 기의 작용이고, 성인과 우인(愚人), 사람과 사물의 구분도 가지런하지 못한 기의 작용이므로 반드시 다스리는 방법을 강구할 것을 주장한다. 그리고 "마음은 이와 기가 합한 것(心合理氣)"이라 하고 기의 어긋남에서 발생한 선하지 않은 것은 당연히 이를 주로 해서 극복해[以理爲主而克之], 본연의 이를 얻을 수 있다[得理之本然]라 주장하였다. 이진상은 심이 기라는 설이 유행한다면 성현의 심법(心法)은 하나하나 텅 빈곳으로 떨어져 학문은 두뇌가 없어지고, 세교는 날로 어둡고 어지러운 곳으로 나갈 것이라고 주장하자, 조긍섭은 심즉기설을 주장하는 사람들이 심에 성(性)이 있는 사실과 성은 이라는 사실을 알고 있지만 작용하는 곳을 우회하여 말한 것이니 큰 무리가 없다고 주장한다. 정밀하게 따진다면 이진상의 비판이 옳지만 큰소리로 공격하며 엄격한 글로 비판하면 다른 부작용이 발생할 것을 걱정한다. 이와 같은 조긍섭의 설명은 이진상의 「심즉리설(心卽理說)」을 읽으며 핵심사상을 수호하기 위한 것이며, 이진상의 표현에 있어 오해와 공격을 받을 수 있는 부분에 대해 적극 해명을 한 것이다. 곧 문의(文義)를 갖추고 어법(語法)에 맞게 보충 설명함으로 이진상의 심즉리설을 적극 수호하고자 했다.

4-14-1 「讀寒洲李氏心卽理說」(『巖棲集』 卷16)

古今人論心, 莫善於心卽理, 而莫不善於心卽氣。夫心卽氣之說, 實出於近世儒賢之口, 而世學靡然從之。若所謂"心卽理", 乃陽明輩猖狂自恣者之說, 而爲吾學者莫不斥之爲亂道, 今乃一切反是, 何也? 噫! 玉, 天下至寶, 而世有認石而爲玉者。今夫荊山之玉, 蘊於石中, 惟卞和知其爲玉, 抱而獻諸王。王召玉工示之, 曰"石也", 此見其外之石而不知其中之玉也。在朝之人, 稍知玉石之別者, 亦皆以爲石, 而獨向之認石而爲玉者, 曰"此玉也", 此豈眞知玉者哉? 其與謂之石者, 無以異也。由是觀之, 儒賢之以心爲氣, 玉工之謂之石也, 而世學之靡然從之者, 卽在朝之人, 皆以爲石者也。禪家之以心爲理, 卽認石爲玉者也。其實則以心爲理, 與以心爲氣, 其爲見氣而不見理則一也, 何以知之? 今夫玉之爲石者, 椎鑿以琢之、沙礛以磨之, 使夫石不雜於玉, 則眞玉見矣。心之在氣者, 克治之、充擴之, 祛其所蔽而復其本明, 使之不雜乎氣, 而純乎天理, 則眞心見矣。

按: 陽明之以氣爲理, 猶之認石而爲玉者, 則爲吾學者, 當曰"心合理氣, 而其主則在理, 卽所謂'玉石'之以玉爲主也"。今卽夫氣之未去而槩稱卽理, 與彼之卽夫石之未破而謂之卽玉者, 何以異哉? 且凡人之知覺運動, 精神魂魄, 莫非氣之所爲, 而聖愚人物之分, 亦皆出於氣之不齊, 則果皆不善底物, 而必施其克治之方, 如夫玉之在石者哉? 就使念慮意欲之間, 或有不善, 此卽是氣之流而失其正者, 亦當曰"心合理氣, 而其不善者, 氣之邪也。當以理爲主而克之, 則有以反氣之正, 而得理之本然矣"。如此則文義備而語法圓矣。又何必改頭換面, 截首去尾, 以自托於立言之簡約, 而實不免乎尖斜側峻之病哉?

舜之戒禹曰: "人心惟危, 道心惟微, 惟精惟一, 允執厥中。" 夫心一而已矣, 而謂之人心者, 心之從氣者也; 謂之道心者, 心之從理者也。道心其本心, 人心乃客心耳。人心之易發而難制者, 卽石之在外而易見者也; 道心之易蔽而難明者, 卽玉之在中而未見者也。精而察之, 則琢石而磨去者也; 一以守之, 則得玉而奉持者也。九分玉而一分石, 猶未爲眞玉, 則九分理而一分氣, 亦豈爲眞心乎? 故爲心學者, 必欲一之於本心,而不得以客心雜之, 使人心亦化爲道心, 則本心之正, 在理而不在氣也, 明矣。

按: 朱子曰"單說人心固是好", 又曰"舜若以人心爲全不好, 則須說使人去之, 今止說危者, 不可據以爲安耳", 然則其不可以爲客心而去之, 如琢石而磨之者, 明矣。夫以形氣爲根塵而欲去之, 此正釋氏之說, 今欲排斥而不免反墮於其說之中, 則亦奚足道哉? 且使人心亦化爲道心, 則石亦可化而爲玉矣。此亦不待辨說, 而自知其說不去矣。朱子曰: "精明純粹之氣, 但能不隔乎理而助其發揮耳, 不可便認以爲道心也。" 據此則所謂化爲道心者, 亦恐未安。

孔子"從心所欲不踰矩", 心卽理故也。苟其氣也, 則氣安得從之而無危乎?

按: 朱子曰: "人莫不有是形, 故雖上智不能無人心。" 但以道心之爲主, 故曰"渾然天理", 曰"動與理順而已"。其氣之中節者, 則不可以理字侵過界分, 此所謂"道心惟微", 不可獨行於世者也。

『孟子』七篇中許多心字, 幷未有一言指作氣, 而憂氣之不能存心, 患氣之反動其心也。

按: 孟子言良心、本心、仁義之心, 而未甞謂心卽是良心、卽是本心、卽是仁義, 則其意可見矣。且牛山之木一章, 極論心之體用, 而曰"操則存, 舍則亡, 出入無時, 莫知其鄕"。若理則又豈有操舍出入之可言耶? 曰夜氣, 曰浩然之氣, 皆欲其養而淸之而已, 未聞其欲反而去之也。

故程叔子以心性同一理釋之, 而又曰"心則性也、性則理也"。

按: 性是心之所具, 故曰"心則性也。" 如孟子所謂"形色天性", 明道所謂"器亦道、道亦器"之類, 是也。若必分開而言, 則性是形而上者、心是形而下者。如程子所謂"心如穀種, 生之性是仁", 朱子所謂"性猶太極、心猶陰陽", 晦齋所謂"心猶天地之陰陽, 而太極之眞, 於是乎在"者, 皆是也。今以先儒所論混淪說者, 援引而彌縫之, 不患其無說也。然終不能周遍而停當, 則亦何足貴哉? 故竊甞謂"心卽理"之說, 偶可一言之耳。若必以此形容體段, 建立標榜, 則非所宜也。下面所引朱子數說, 亦是此類。

是兩聖一賢者, 豈不知心之不離於氣, 性之微別於心? 而猶且云然者, 亦主心體而爲言耳。

按: 旣曰"心之在氣, 必克治之, 然後眞心見焉", 則謂心之不離乎氣, 何也? 太極雖不離乎陰陽, 然未聞必盡去陰陽而後, 太極之眞體見也。且以聖賢所說, 爲只主心體而言, 則亦未安。孟子論性之善, 而猶就發用處言之。如言四端, 又云"乃若其情, 則可以爲善"者, 以本體無著莫處, 不若於用處看便省力耳。況論心而可遺其發用之情哉?

夫心者, 性情之統名, 性外無心, 心外無性。若心之以盛性言者, 心之舍也, 醫家之所謂"心", 非吾之所謂"心"也。但心之所異於性者, 以其兼情, 而情乃已發之性, 然性情只是一理, 則心之爲理者, 固自若也。

按: 醫家之所謂"心", 卽所謂有則之物, 以此爲非心之本然則可。若以爲非心, 則是離物求則, 與外君父而求忠孝、舍耳目而求聰明者, 何以異哉? 朱子曰: "仁義禮智, 性也; 愛敬宜別, 情也; 以仁愛、以禮敬、以義宜、以智別, 心也。" 然則所謂"心統性情"者, 亦豈漫無分別, 如心之兼情, 性情一理之云哉?

朱夫子見其然也, 故言心之本體, 則單言理, 而汎言心, 則亦或卽氣而言之。其曰"心者氣之精爽"者, 欲其於精爽處認明理也, 理何嘗漫爲一物? 理乃氣之精爽,【朱子以仁義禮智之理, 爲氣之精爽之神。】玉乃石之精英也。

按: 退陶曰: "所謂'氣之精爽', 先生就兼包中而指出知覺運用之妙。" 據此則不可以精爽做理看, 明矣。至於精爽之神之說, 則亦恐是從氣而言, 如所謂"太極乃陰陽本體"之說也, 其不可與"精爽"字滾同也, 亦明矣。【程子謂"以功用謂之鬼神, 以妙用謂之神", 朱子以鬼神爲氣、以神爲理, 與此亦同。】

然而心之本體, 終不囿於氣也。故"心爲太極"之語, 揭之於『啓蒙』之首, 而以一動一靜、未發已發之理當之。

按: 若論心之本體, 固是純理, 然先儒猶以爲"人生得天地之理, 又得天地之氣"。理與氣合, 所以虛靈, 則其體之不能無氣可知。然氣不用事, 則猶可曰本體卽理也。至於統論全體, 則凡情意之造作, 有萬不齊, 而此句之斷, 亦失之無曲折耳。心爲太極之說, 亦只以一身之主宰者言之, 如云心爲人之太極爾。若論其至, 則必如性猶太極、心猶陰陽之說, 方是攧撲不破。李先生每以爲四端是理發, 而猶以爲非無氣, 況統論心之用, 則又有七情之氣發者乎?

然而卞和以玉之在石者, 單謂之玉, 而見刖於楚。向使卞和告之曰“此乃玉石也”, 以椎破之, 揀其眞玉而獻之, 則豈至於刖也? 是以退陶李先生論心曰“統性情、兼理氣”, 而〈中圖〉單指理, 〈下圖〉兼指氣。夫所謂“兼理氣”, 卽此乃玉石之說, 而單指理者, 明其所用之在玉也; 兼指氣者, 示其所破之實石也。然而卞和之獻, 獻其玉也, 非兼獻其石也, 故論心者, 主理而不主氣。先生嘗曰: “心之未發, 氣不用事, 惟理而已, 安有惡乎?” 此乃的指心體之論, 吾所謂 “莫善於心卽理”者, 此也。

按: 〈中圖〉雖單指理, 而其所謂合理氣者, 固自在也。〈下圖〉雖兼指氣, 而其所謂氣者, 乃喜怒哀樂人之所不能無者, 其不可如椎破之石而去之者, 决矣。故先生之言曰“七情之發, 何嘗不善? 特發而不中節, 然後爲不善耳”。論心者, 主理不主氣, 此說固然。然先儒論天地造化, 猶有主太極、主陰陽之說。若論心之體用處, 亦何害其有主理主氣之分? 蓋此理之妙, 橫竪皆當, 分而不害其爲合, 二而不害其爲一, 方是周全。今乃以未發者, 欲兼說於統論時, 有此差錯耳。

若夫禪家之說, 認其氣爲理而謂心卽理。彼所謂“理”者, 卽吾所謂“氣”也。象山以陰陽爲道, 以精神爲心, 故朱子譏之曰: “象山之學, 只在不知有氣質之雜, 把許多麤惡底事, 都做心之妙理, 率意妄行, 便謂無非至理。” 又曰: “釋氏棄了道心, 却就人心之危者而作用之。” 然則象山之所謂“心”者, 氣而已, 而所謂“理”者, 非眞理也。

按: 此之排象山、釋氏之學, 至矣。請反問而爲說曰: “心卽理之說, 不知有氣質之雜, 把許多精底氣, 謂非心之妙理, 而率意去之, 守了道心, 却將人心之安者而幷除之, 其實與彼二說者, 相去何遠哉?

陽明之學, 源於象山, 而其言曰: “汝心却是卽能視聽言動底, 這箇便是天理。” 又曰: “吾心之良知, 卽所謂‘天理’, 致吾心良知於事事物物, 則皆得其理矣。” 又曰: “良知一也, 以其流行而謂之氣, 以其凝聚而謂之精。眞陰之精, 卽眞陽之氣之母; 眞陽之氣, 卽眞陰之精之父。陰根陽、陽根陰, 非有二也。” 又曰: “天心者理也, 天下有心外之事、有心外之理乎?” 夫心之所以爲貴者, 以其有仁義禮智, 而今只於視聽言動上認作天理, 則是以精氣之發用者, 謂理也。吾心之天理, 旣太極之全體, 而今以眞陰眞陽流行凝聚者當之, 則遺了太極, 而反以陰陽爲本體矣。故李先生卞之曰: "陽明不知民彝物則眞至之理, 卽吾本心之理。講學窮理, 所以明本心之體, 達本心之用, 顧乃欲事事物物攪了本心滾說。" 旣不知民彝物則眞至之理, 則是不以四德五常之理, 謂之心也。所謂"理"者, 果何理也? 卽向所謂 "陰陽精氣流行凝聚"之物而已, 此豈非心卽氣之謂乎? 然則其不以陰陽精氣流凝之物謂之心, 謂之理, 而眞能以仁義禮智、忠敬孝慈之實, 謂之心, 謂之理, 則退陶亦當首肯之矣。是以『傳習錄』至善條: "忠孝的理, 只在此心之無私欲", 卽是天理之說。則先生只辨其工夫功效之滾說而止, 則心卽理三字, 果可以出於彼而判舍之哉?

按: 以視聽言動爲精氣之發用, 固是也。知四者之不能無, 則知氣之不可去矣。李先生所以斥陽明者, 正以其不知物之有則。但知心之有理, 故不自知其流於釋氏, 而今乃病其不能益求其心之有理, 豈獨非李先生本意? 竊恐王氏復生, 未應默其口而厭其心也。故先儒謂"聖人本天, 釋氏本心", 而朱子亦曰: "不去隨事討論, 便聽他胡做話, 便信口說脚, 便信步行冥冥地去, 都不管他。" 又嘗深斥世之欲恃心, 而外天下之理者, 則可見矣。陽明但知忠孝之理在於心, 而不知忠孝之本, 根於君父。故闕却窮理一段, 而以致良知爲妙法, 此所以來工與效滾說之譏也。今乃若取其說而又不能明釋先生之語, 則亦何足以定是非而無疑晦也哉? 此事物道理心性工夫最要切處, 儒釋之分, 亦只於此處差了, 不可不明辨。

彼認石而爲玉者, 渠自誤而已。自卞和言之, 則反不愈於眞謂之石而助之刖者耶?

按: 彼眞謂之石者, 不見其玉也, 固無恠也。認石而爲玉者, 不惟自誤, 而其誤人之弊, 將有百倍於彼者, 乃反謂之愈, 何也? 又凡聖賢所論, 無如此氣象, 此恐是筆下欠斟酌耳。

彼謂"心卽氣"者之所以爲不善, 何也? 心爲一身之主宰, 而以主宰屬之氣, 則天理聽命於形氣, 而許多麤惡, 盤據於靈臺矣。心無體, 以性爲體, 而今謂之氣, 則認性以氣, 告子之見也, 人無以自異於禽獸矣。心是性情之統名, 而以心爲氣, 則大本達道, 皆歸於氣, 而理爲死物, 淪於空寂矣。從古聖賢, 莫不主義理以言心, 而以心爲氣之說行, 則聖賢心法, 一一落空, 學無頭腦, 世敎日就於昏亂矣。

按: 彼爲"心卽氣"之說者, 亦豈不知心之有性、性之爲理哉? 但就其作用處言之,宛轉說來, 似亦無病。然必欲原情案罪, 則謂之不備, 可也。今必以大底言語, 鑿而攻之, 則恐亦峻文深詆而矯枉過直矣。

吾所以寧見刖於楚, 而不得不以玉爲玉也。豈容懲於認石爲玉者之一以爲玉, 而汎言其兼玉石而已乎? 又何忍懼其刖而誣玉爲石也耶?

按: 不謂之兼玉石, 又不誣玉爲石, 則是所謂玉者, 與向之認石而爲玉者, 無以異矣。況心之兼理氣, 不但可比於兼玉石而已耶?

雖然心爲氣稟所拘, 而不若聖人之光明純粹, 則不可恃本心之同而不求所以明之也。玉爲頑礦所蔽, 而不能呈其溫潤縝栗之美, 則不可徒恃其所蘊而不求所以琢磨之也。固當於吾心兼理氣處, 擴其理而制其氣, 若槌石而取玉者然, 然後眞心之純乎天理者, 可得而見矣。苟不到聖人之心渾然天理【聖人之心, 乃天地之心而人之本心也。】處, 則心卽理三字, 固未可以遽言之也。

堯、舜者, 欲衆人之皆可勉, 而今此說, 則反病其聖人之未易到。然則其所謂理者, 自有藏形匿影之物, 以爲之主, 而使學聖人者, 別有所用功以求至乎彼也, 其氣象爲何如哉?

卞和之獻玉, 君子固譏之。如知其眞玉, 宜自力雕琢, 祛其石而全其玉, 然後十襲珍藏, 待時而沽, 可也。何必屑屑然衒玉之爲務, 而至於三獻而三見刖也哉? 石中之蘊, 固眞玉也, 氣中之理, 亦眞心也。而方其石之未祛, 雖謂之兼玉石, 可也; 方其氣之未撤, 雖謂之兼理氣, 可也。苟徒恃其中而不恤其外, 幷其氣稟之拘者而謂之理, 頑礦之蔽者而謂之玉, 人孰信之哉? 吾故曰"論心莫善於心卽理, 而亦莫難明於心卽理", 如姑未信, 但曰"兼理氣"。

按: 孟子之時, 論性者多不識性, 而惟孟子知其爲善, 故極其說而發明之, 未嘗以理之難明人之難信而遂已者, 以其自見之是也。故曰"予豈好辯哉? 予不得已也"。今以衒玉之爲耻, 而欲十襲珍藏, 待時而沽, 其爲詞信巧矣, 然亦可見其玉之非眞玉, 而自家亦未能洞然而明確然而信也。又何暇抽釘拔楔, 以救世濟俗爲己任乎?

4-14-1 「독한주이씨심즉리설讀寒洲李氏心卽理說」(『巖棲集』 卷16)

선역

고금의 사람들이 마음을 논한 것 중에, '심즉리(心卽理)'보다 더 좋은 것이 없고, '심즉기(心卽氣)'보다 더 나쁜 것이 없다. 무릇 '심즉기'의 학설은 진실로 근세 유현(儒賢)들의 입에서 나왔는데, 세상의 학자들이 한편으로 쏠리듯 따랐다. 이른바 '심즉리'와 같은 것은 바로 양명(陽明, 王守仁: 1472~1528)의 무리들처럼 미쳐 날뛰며 스스로 방자한[猖狂自恣] 자들의 학설이어서, 우리의 학문을 하는 사람들은 도(道)를 어지럽힌다고 배척하지 않음이 없었다. 그런데 이제 일체 이와 반대되는 학설을 주장하는 것은 무엇 때문이겠는가? 아! 옥(玉)은 천하의 지극한 보배이지만, 세상에는 돌을 옥으로 아는 사람들이 있다. 이제 저 형산(荊山)의 옥이 돌 속에 온축되어 있는데, 변화(卞和)만이 그것이 옥임을 알고, 안고서 왕[厲王]에게 바쳤다. 왕이 옥공(玉工)을 불러 그것을 보이니, 〈옥공이〉 "돌입니다"라고 하였다. 이것은 그 〈옥〉 바깥의 돌만 보고 그 〈돌〉 속의 옥이 있는 줄을 알지 못한 것이다. 조정에 있는 사람들 중에 약간 옥과 돌의 구별을 아는 사람도 모두 돌이라고 하였는데, 유독 예전에 돌을 옥으로 아는 사람만이 "이것은 옥입니다."라고 하였으니, 이것이 어떻게 참으로 옥을 아는 자이겠는가? 그 돌이라고 하는 자와 다를 것이 없다. 이로 말미암아 본다면, 유현들이 마음을 기(氣)로 여기는 것은 옥공이 그것을 돌이라고 말하는 것이고, 세상의 학자들이 한편으로 쏠리듯이 따르는 것은 바로 조정에 있는 사람들이 모두 그것을 돌이라고 여기는 것이다. 선가(禪家)에서 마음을 리(理)로 여기는 것은 바로 돌을 옥으로 아는 것이다. 그렇다면 사실 마음을 리로 여기는 것과 마음을 기로 여기는 것 모두 '그 기를 보고, 그 리를 보지 못함'에 있어서는 동일한 것이다. 어떻게 그것을 아는가? 이제 저 옥돌은 망치와 정으로 쪼아 다듬고, 사포와 숫돌로 갈아서 저 돌이 옥에 뒤섞이지 않도록 한다면, 진짜 옥이 나타날 것이다. 마음이 기 속에 내재하는 것도 극복하여 다스리고 채워 넓히며, 그 가려진 것을 제거하여 그 본래 밝음을 회복시켜, 기와 섞이지 않도록 하여 천리(天理)에 순수하게 하면, 참된 마음이 드러날 것이다.

> 살펴보건대, 양명이 기를 리로 여긴 것이 돌을 옥으로 아는 것과 같다면, 우리의 학문을 하는 사람들은 마땅히 "마음은 리와 기를 합한 것이지만, 그 주장은 리에 있으니, 이른바 '옥돌'에서 곧 옥을 위주로 여기는 것이다."라고 해야 할 것이다. 이제 저 기가 제거되지 않은 것에 나아가 대략 '곧 리'라고 일컫는 것은 저것이 돌이 깨뜨려지지 않은 것에 나아가 곧 옥이라고 하는 것과 무엇이 다르겠는가? 또 보통사람의 지각운동(知覺運動)과 정신혼백(精神魂魄)은 기가 작위하지 않음이 없는데, 성인(聖人)과 우인(愚人), 사람과 사물의 구분 또한 모두 기의 가지런하지 못한 데서 나온 것이라면, 과연 모두 선하지 않은 것이어서 반드시 그 극복하여 다스리는 방법을 시행

해야 할 것이니, 마치 옥이 돌에 있는 것과 같은 것인가? 가령 사려(思慮)와 의욕(意欲)의 사이에는 간혹 선하지 않음이 있기도 하는데, 이것은 기가 유행하는 것에 나아가 그 올바름을 잃은 것이니, 또한 마땅히 "마음은 리와 기를 합한 것이지만, 그 선하지 않은 것은 기의 사특한 것이다. 마땅히 리를 위주로 하여 극복한다면, 기의 올바름으로 돌이켜 리의 본연을 얻을 수 있다."라고 해야 할 것이다. 이와 같이 한다면, 문의(文義)는 갖추어지고 어법(語法)은 원만해질 것이다. 그런데 하필 속은 고치지 않고 겉만 다르게 하며[改頭換面], 요점을 빼어버리고 부차적인 것만 말하여[截首去尾], 간략하게 입언하는 것이라고 자부하면서도, 사실은 뾰족하고 비스듬하며 기울이고 높이는 병통을 면하지 못하는 것인가?

순임금이 우임금에게 경계시키며 말하기를 "인심(人心)은 위태하고 도심(道心)은 은미하니, 오직 정밀하게 살피고 오직 한결같이 지켜서, 진실로 그 중(中)을 잡으라."[1]라고 하였다. 저 마음은 하나일 따름이지만, 인심이란 마음이 기를 따르는 것이고, 도심이란 마음이 리를 따르는 것이다. 도심은 그 본심(本心)이고, 인심은 바로 객심(客心)일 뿐이다. 인심이 발현하기 쉽지만 제어하기 어려운 것은 바로 돌이 밖에 있어서 보기 쉬운 것이고, 도심이 가려지기 쉽지만 밝히기 어려운 것은 바로 옥이 돌 속에 있어서 나타나지 않은 것이다. 정밀하게 하여 살피는 것은 바로 돌을 쪼아 다듬고 갈아서 제거하는 것이고, 한결같이 하여 지키는 것은 바로 옥을 얻어서 받들어 간직하는 것이다. 아홉 푼이 옥이고 한 푼이 돌이라도 오히려 진짜 옥이 되지 못한다면, 아홉 푼이 리이고 한 푼이 기인 것 또한 어떻게 참된 마음이겠는가? 그러므로 심학(心學)을 하는 사람들은 반드시 한결같이 본심을 지켜서 객심이 섞이지 못하도록 하여, 인심으로 하여금 또한 도심으로 변화하도록 하는 것이다. 그렇다면 본심의 올바름은 리에 있고 기에 있지 않음이 명백하다.

살펴보건대, 주자(朱子, 朱熹: 1130~1200)는 "단지 인심을 말하면 진실로 좋은 것"이라고 하였고, 또 "순임금이 만약 인심을 전혀 좋지 않은 것이라고 여겼다면, 모름지기 사람들로 하여금 제거하도록 하였을 것이다. 지금 '위태롭다'고 말한 것에 그친 것은 그것에 의거해서 편안하게 여길 수 없다는 것이다."[2]라고 하였다. 그렇다면 그것을 객심이라고 하여, 마치 돌을 쪼아 다듬고 갈아내듯 제거할 수 없다는 것이 명백하다. 무릇 형기를 근기와 띠끌[根塵[3]]이라고 하여 제거하고자 한다면, 이것은 바로 석씨(釋氏)의 학설이니, 이제 배척하고자 하다가 도리어 그 학설 속으로 떨어짐을 면하지 못하는 것이다. 또한 어찌 말할 거리가 되겠는가? 또 인심으로 하여금 또 도심

1) 『書經』 卷2 「大禹謨」: 人心惟危, 道心惟微. 惟精惟一, 允執厥中.

2) 『朱子語類』 卷62 「中庸一 · 綱領」 〈大雅錄〉: 陸子静亦自說得是, 云舜若以人心爲全, 不好則須說不好, 使人去之, 今止說危者, 不可據以爲安耳, 言精者欲其精察而不爲所雜也, 此言亦自是. 참조.

3) 根塵: 이는 불교 용어로, 감각의 주체인 六根과 감각의 대상인 六塵을 아울러 이르는 말이다.

으로 변화되도록 한다면, 돌도 또한 변화시켜 옥으로 만들 수 있을 것이다. 이것 또한 변론할 말을 기다릴 필요 없이 스스로 그 말을 제거하지 못함을 알 것이다. 주자는 "깨끗하며 밝고 순수(純粹)한 기는 다만 리와 격절되지 않고 그 발휘되는 것을 도울 수 있을 뿐이니, 곧 그것을 도심으로 여길 수 없는 것이다."[4]라고 하였다. 이것에 의거한다면, 이른바 도심으로 변화된다는 것도 또한 온당하지 않은 듯하다.

공자(孔子)의 "마음이 하고자 하는 것을 따르더라도 법도에 벗어나지 않는다."는 것은 마음이 곧 리이기 때문이다. 진실로 그 기라면, 기가 어찌 좇아간들 위태로움이 없을 수 있겠는가?

살펴보건대, 주자는 말하기를 "사람은 누구나 이 형체를 지니고 있기 때문에 비록 상지(上智)라도 인심이 없을 수 없다."라고 하였다. 다만 도심을 위주로 하기 때문에 "혼연한 천리"라고 하였고, "움직일 적에는 리와 함께 따를 따름이다."라고 하였다. 그 기가 절도에 맞는 것[中節]은 리라는 글자로 경계를 침범할 수 없다. 이것이 이른바 "도심은 오직 은미하다"라는 것으로서, 세상에 홀로 행해질 수 없는 것이다.

『맹자』 7편 가운데 수많은 마음[心]이라는 글자는 결코 한마디도 기를 가리키는 것이 없다. 〈맹자는〉 기가 마음을 보존하지 못함을 걱정하고, 기가 도리어 그 마음을 움직일 것을 근심하였다.

살펴보건대, 맹자가 양심(良心), 본심(本心), 인의지심(仁義之心)을 말했지만, 일찍이 마음이 곧 양심이고 곧 본심이며 곧 인의라고 말한 적이 없었다. 그렇다면 그 의미를 알 수 있을 것이다. 그리고 우산지목장(牛山之木章)에서는 마음의 체용(體用)을 극론하면서 "잡아 두면 보존하고 놓으면 잃어서, 나가고 들어옴이 때가 없으며, 그 방향을 알 수 없다."라고 하였다. 만약 리라면 또 어떻게 잡아 두고 놓으며, 나가고 들어옴을 말할 수 있겠는가? 야기(夜氣)라고 하고 호연지기(浩然之氣)라고 하는 것은 모두 그 길러서 깨끗하게 만들라는 것일 따름이니, 그 돌이켜서 제거하고자 한다는 것을 듣지 못하였다.

그러므로 정숙자(程叔子, 程頤: 1033~1107)는 마음과 본성을 동일한 리라고 해석하면서도, 또 "마음은 본성이고, 본성은 리이다."라고 하였다.

살펴보건대, 본성은 마음에 구비된 것이기 때문에 "마음은 본성이다."라고 하였다. 예컨대 맹자의 "형색(形色)은 천성(天性)이다."라는 말씀과 명도(明道, 程顥)의 "기(器)도 도(道)이고, 도(道)도

4) 『晦庵集』 卷44 「答蔡季通」: 此舜戒禹之本意, 而序文述之, 固未嘗直以形氣之發盡爲不善, 而不容其有淸明純粹之時, 如來諭之所疑也. 但此所謂淸明純粹者, 旣屬乎形氣之偶然, 則亦但能不隔乎理而助其發揮耳, 不可便認以爲道心而欲据之以爲精一之地也. 참조.

기(器)이다."라는 말씀 등이 이것이다. 만약 반드시 구분하여[分開] 말한다면, 본성은 형이상(形而上)이고, 마음은 형이하(形而下)이다. 마치 정자(程子)의 "마음은 곡식의 씨앗과 같으니, 생장하려는 성향이 인(仁: 씨앗)이다"[5]라는 말씀, 주자의 "본성은 태극과 같고, 마음은 음양과 같다."라는 말씀, 회재(晦齋, 李彦迪: 1491~1553)의 "마음은 천지의 음양과 같아서 태극의 참다움[眞]이 여기에 내재한다."[6]라는 말씀 등이 모두 이것이다. 지금 선유들이 논의한 혼륜설(渾淪說)을 이끌어 미봉(彌縫)하면서도, 그 설명이 없는 것을 근심하지 않았다. 그러나 마침내 두루 적용하여 정당화시킬 수 없다면, 어떻게 귀하게 여길 수 있겠는가? 그러므로 내 생각에, "심즉리"라는 말은 우연히 한번 말할 수 있을 뿐이니, 만약 반드시 이것을 가지고 체단(體段)을 형용하고 표방(標榜)을 세운다면 마땅하지 못할 것이다. 아래쪽에서 인용한 주자의 몇 가지 설도 또한 이런 유형이다.

이 두 성인과 한 현인이 어떻게 마음이 기와 떨어지지 않고 본성이 마음과 조금 구별됨을 알지 못하였겠는가? 하지만 오히려 또 그렇게 말씀한 것은 또한 마음의 본체를 위주로 하여 말하였을 뿐이다.

살펴보건대, 이미 "마음이 기에 내재한 것은 반드시 극복하여 다스린 뒤에 참된 마음이 드러날 것이다."라고 말하였다면, 마음이 기와 떨어지지 않는다고 한 것은 무엇 때문인가? 태극은 비록 음양과 떨어지지 않으나, 반드시 음양을 모두 제거한 뒤에 태극의 진체(眞體)가 나타난다는 것을 들은 적이 없다. 또 성현이 말한 것이 단지 마음의 본체를 위주로 해서 말한 것이라면 또한 온당하지 않다. 맹자가 본성의 선함을 논하면서도 오히려 발용(發用)하는 곳에 나아가 말하였다. 예를 들어 맹자가 사단(四端)을 말하고 또 "그 감정으로 말하면 선할 수 있다."라고 한 것은 본체가 안착할 곳이 없기 때문에 작용하는 곳에서 보아야 힘을 덜어내는 것만 못하기 때문일 뿐이었다. 하물며 마음을 논하면서 그 발용하는 감정을 빠뜨릴 수 있겠는가?

무릇 마음이란 것은 본성과 감정을 통괄하는 이름이니, 본성을 벗어나 마음이 없고 마음을 벗어나 본성이 없다. 마음이 본성을 담는 것으로 말하는 것과 같은 것은 '마음의 집'이니, 의가(醫家)에서 말하는 마음이고, 우리가 말하는 마음이 아니다. 다만 마음이 본성과 다른 것은 그 감정을 겸하기 때문이지만, 감정은 바로 이미 발현한 본성이다. 그러나 본성과 감정이 단지 하나의 리일 뿐이라면 마음이 리가 되는 것은 진실로 자명하다.

살펴보건대, 의가에서 말하는 마음은 곧 이른바 "법칙이 있다"는 '사물'이니, 이것을 마음의 본연이 아니라고 하면 옳다. 만약 이것을 마음이 아니라고 한다면, 사물을 떠나서 법칙을 구하는 것이

---

5) 『二程遺書』 卷18 「劉元承手編」: 心譬如穀種, 生之性, 便是仁也.

6) 『晦齋集』 卷5 「答忘機堂第一書(戊寅)」: 試以心言之, 人受天地之中以生, 則其心猶天地之有陰陽也, 而太極之眞, 於是乎在也.

니, 임금과 아버지를 제외하고 충성과 효도를 구하고 눈과 귀를 버리고 듣고 보기를 구하는 것과 무엇이 다르겠는가? 주자는 "인의예지는 본성이며, 사랑하고 공경하고 마땅하게 하고 분별하는 것은 감정이며, 인으로 사랑하고 예로 공경하고 의로 마땅하게 하고 지혜로 분별하는 것은 마음이다."라고 하였다. 그렇다면 이른바 "마음이 본성과 감정을 통섭한다"는 것 또한 어찌 멋대로 분별하지도 않은 채 '심이 정을 겸한 것'이고, '성과 정이 하나의 리'라는 것처럼 말하는 것이겠는가?

주부자께서는 그러함을 알았기 때문에, 마음의 본체를 말하면 단지 리만 말하였고, 범범하게 마음을 말하면 또한 간혹 기에 나아가 말하였다. 그 "마음은 기의 깨끗하고 맑은 것[精爽]이다"라는 말씀은 '깨끗하고 맑은' 곳에서 리를 인식하여 밝히려고 한 것이지, 리를 어떻게 일찍이 멋대로 하나의 사물로 여긴 것이겠는가? 리는 바로 기의 깨끗하고 맑은 것이고,【주자는 인의예지의 리를 기의 깨끗하고 맑은 신묘함[神]이라고 하였다.】 옥은 바로 돌의 깨끗하고 맑은 것이다.

살펴보건대, 퇴도(退陶, 李滉: 1501~1570)는 "이른바 '기의 깨끗하고 맑은 것'이라는 것은 선생이 겸하고 포함한 것 가운데에 나아가 지각운용(知覺運用)의 오묘함을 가리킨 것이다."[7]라고 하였다. 이것에 의거한다면 '깨끗하고 맑은 것'을 리로 간주할 수 없음이 분명하다. '깨끗하고 맑은 신묘함'이라는 말에 이르면 또한 아마도 기를 좇아서 말하는 듯하니, "태극은 바로 음양의 본체이다."는 말과 같은 것으로서, 그 '깨끗하고 맑음[精爽]'이란 글자와 혼동할 수 없음도 또한 분명하다.【정자(程子)는 "공용(功用)으로 말하는 것을 귀신(鬼神)이라 하고, 묘용(妙用)으로 말하는 것을 신(神)이라고 한다."라고 하였으니, 주자가 귀신을 기라고 한 것과 신을 리라고 한 것이 이것과 또한 동일하다.】

그런데 마음의 본체는 마침내 기에 구속되지 않는다. 그러므로 "마음은 태극이다."라는 말을 『역학계몽(易學啓蒙)』의 첫머리에 내걸고, 일동일정(一動一靜)과 미발이발(未發已發)의 리로 해당시켰다.

살펴보건대, 만약 마음의 본체를 논한다면 진실로 순수한 리이나, 선유들은 오히려 "사람은 태어나면서 천지의 리를 얻고 또 천지의 기도 얻는다."라고 하였다. 리와 기가 합하여 허령(虛靈)한 것이라면, 그 본체에 기가 없을 수 없음을 알 수 있다. 그러나 기가 작용하지 않았다면 여전히 본체가 곧 리라고 할 수 있다. 전체를 통합해서 논하기에 이르면 모든 정의(情意)의 조작은 만 가지로 가지런하지 않으니, 이 구절의 단정(斷定) 또한 자세히 따지지 못한 잘못을 범한 것이다. "마음이 태극이 된다"는 설도 또한 단지 한 몸의 주재로 말하는 것이니, 마치 마음이 사람의 태극이 된다고 말하는 것과 같을 뿐이다. 만약 그 지극함을 논한다면, 반드시 "본성은 태극과

---

7) 『退溪文集』 卷29 「答金而精」(8): 心者理氣之合, 此非滉說, 先儒已言之. 所謂氣之精爽, 先生就兼包中而指出知覺運用之妙言, 故獨以爲氣之精爽耳. 참조.

같고 마음은 음양과 같다"는 말처럼 하여야 바야흐로 아무리 때려도 깨지지 않을 것이다. 이선생[이황]이 늘 사단은 리의 발현이라고 하면서도 여전히 기가 없는 것이 아니라고 하였는데, 하물며 마음의 작용을 통합하여 논하면 또한 기가 발한 것인 칠정이 있음에랴!

그렇지만 변화(卞和)가 옥이 돌 속에 있는 것을 단지 옥이라고 하였다가 초나라에서 발뒤꿈치가 잘리는 형벌을 당하였다. 가령 변화가 그것을 고하기를 "이것은 바로 옥돌입니다."라고 하고서 망치로 깨뜨려 그 진짜 옥을 가려내어 바쳤다면 어떻게 발뒤꿈치가 잘리는 지경에 이르렀겠는가? 그래서 퇴도 이황 선생은 마음을 논하기를 "본성과 감정을 통섭하고 리와 기를 겸하였다."라고 하면서 「심통성정중도(心統性情中圖)」에서는 단지 리만 가리키고, 「심통성정하도(心統性情下圖)」에서는 기를 겸하여 가리켰다. 무릇 이른바 "리와 기를 겸하였다"는 것은 이것이 바로 옥돌이라는 말에 나아간 것이지만, '단지 리만 가리킨 것'은 그 사용되는 것이 옥에 있음을 밝힌 것이고, '기를 겸하여 가리킨 것'은 그 깨뜨려진 실제 돌을 보인 것이다. 그렇지만 변화가 바친 것은 그 옥을 바친 것이지, 그 돌을 겸하여 바친 것이 아니기 때문에, 마음을 논하는 사람들은 리를 주로 하고 기를 주로 하지 않는 것이다. 선생은 일찍이 말씀하기를 "마음이 아직 발현하지 않고 기가 작용하지 않았을 적에는 오직 리일 뿐이니, 어디에 악이 있겠는가?"라고 하였다. 이것이 바로 마음의 본체를 분명하게 가리킨 논의이니, 나의 "심즉리보다 더 좋은 것이 없다"는 말이 이것이다.

살펴보건대, 「심통성정중도」는 비록 리만 가리켰더라도 그 이른바 리와 기를 합하였다는 것은 진실로 자명하다. 「심통성정하도」는 비록 기를 겸하여 가리켰더라도 그 이른바 기라는 것은 바로 희로애락이 사람에게 없을 수 없는 것이니, 마치 망치로 돌을 깨뜨려 제거하는 것처럼 할 수 없는 것이 분명하다. 그러므로 선생은 "칠정의 발현이 어떻게 선하지 아니한 적이 있었는가? 다만 발현하여 절도에 맞지 않은 뒤에 불선이 될 뿐이다."라고 말씀한 것이다. 마음을 논하는 사람은 리를 주로 하고 기를 주로 하지 않았으니, 이 말은 진실로 그러하다. 그러나 선유들이 천지의 조화를 논한 것에는 오히려 태극을 주로 한 경우도 있고, 음양을 주로 한 경우도 있다. 마음의 체용(體用)을 논할 경우에도 또한 그 주리(主理)와 주기(主氣)를 구분하는 것이 무슨 해로움이 있겠는가? 대개 이 리의 오묘함은 횡설(橫說)과 수설(竪說)이 모두 마땅하니, 나누어도 그 합하는 것에 해롭지 않고, 둘로 하여도 그 하나로 하는 것에 해롭지 않아야 바야흐로 두루 온전하게 된다. 지금 아직 발현하지 않은 것을 통합하여 논하는 곳에 겸하여 말하고자 하여, 이러한 착오가 생기는 것이다.

무릇 선가(禪家)의 설과 같은 것은 그 기를 리로 알아 심즉리라고 말하였으니, 저들이 말한 리는 바로 우리가 말한 기이다. 상산(象山, 陸九淵: 1139~1193)은 음양을 도로 여기고 정신을 마음으로 여겼기 때문에, 주자가 이를 비판하면서 말하기를 "상산의 학문은 단지 기질이 섞여 있음을 알지 못한 채 많이 거칠고 나쁜 것을 모두 마음의 묘리(妙理)로 간주하여, 마음대로 망령되게 행동하면서도 곧 지극한 리가 아닌 것이 없다고 하였다."라고 하였고, 또 "석씨는 도심을 버리고 도리어 인심의 위태로운 것을 취하여 작용시켰다."라고 하였다. 그렇다면 상산이 말한 마음은 기일 따름이고, 그가 말한 리는 참된 리가 아니다.

> 살펴보건대, 이것은 상산과 석씨의 학문을 배격한 것인데, 지극하다. 청컨대 반문하여 말하겠다. "심즉리의 설은 기질이 섞여 있음을 알지 못한 채 많은 깨끗한 기를 마음의 묘리가 아니라고 하여 마음대로 제거하고 도심을 지키고자 하여, 도리어 장차 인심의 온당한 것까지도 아울러 제거하려고 하니, 그 실제는 저 두 사람의 설과 서로 떨어진 거리가 얼마나 되겠는가?"

양명의 학문은 상산 육구연에서 근원하였는데, 그가 말하기를 "너의 마음이 도리어 보고 듣고 말하고 행할 수 있는 것이니, 이것이 바로 천리이다."라고 하였다. 또 말하기를 "내 마음의 양지(良知)가 곧 이른바 천리이니, 내 마음의 양지를 사사물물(事事物物)에서 이룩한다면 모두 그 리를 얻을 것이다."라고 하였다. 또 말하기를 "양지는 하나이나, 그 유행(流行)으로 '기(氣)'라고 하고, 그 응취(凝聚)으로 '정(精)'이라고 한다. 진음(眞陰)의 '정'이 곧 진양(眞陽)이 되는 '기'의 어머니이고, 진양의 '기'가 곧 진양이 되는 '정'의 아버지이다. 음은 양에 근본하고 양은 음에 근본하니 두 가지가 있는 것이 아니다."라고 하였다. 또 "천심(天心)이 리인데, 천하에 마음 밖에 일이 있고 마음 밖에 리가 있겠는가?"라고 하였다. 무릇 마음이 귀하게 되는 것은 그 인의예지가 있기 때문인데 지금 단지 보고 듣고 말하고 행동하는 측면에서 천리를 인식한다면, '정'과 '기'가 발용(發用)한 것을 리라고 하는 것이다. 내 마음의 천리가 곧 태극의 전체이니 지금 진음과 진양이 유행하고 응취한 것으로 해당시키면, 태극을 버리고 도리어 음양을 본체로 삼을 것이다. 그러므로 이황 선생은 "양명은 백성의 떳떳함과 사물의 법칙, 진실하고 지극한 리가 바로 내 본심의 리임을 알지 못하였다. 학문을 강마하고 리를 궁구하는 것은 본심의 체(體)를 밝히고, 본심의 용(用)을 통달하는 것이니, 이것이 도리어 사사물물을 본심에 혼합하려는 것이다."라고 하였다. 이미 백성의 떳떳함과 사물의 법칙, 진실하고 지극한 리를 알지 못하였다면, 사덕(四德)과 오상(五常)의 리를 마음이라고 하지 않았을 것이다. 이른바 리라는 것은 과연 어떠한 리인가? 곧 예전에 말한 "음양의 정과 기가 유행하거나 응취한다"는 것일 따름이니, 이것이 어찌 심즉기를 말하는 것이 아니겠는가? 그렇다면 그 "음양의 정과 기가 유행하거나 응취한다"는 것을 '마음'이요 '리'라고 말하지 않고, 진실로 "인의예지(仁義禮智)와 충경효자(忠敬孝慈)의 실질"을 '마음'이요 '리'라고 말했다면, 퇴도 선생께서도 또한 마땅히 그것을 수긍했을 것이다. 그래서 『전습록(傳習錄)』 지선(至善) 조목의 "충효의 리는 단지 이 마음에 사욕이 없는 것이 곧 천리"라는 말에 대해, 선생은 단지 공부와 공효를 혼합해서 말한 것이라고 논변하는 것으로 그쳤으니, 곧 '심즉리' 세 글자가 과연

저 양명에게서 나온 것이라 하여 잘라 버릴 수 있겠는가?

살펴보건대, 보고 듣고 말하고 행동하는 것을 '정'과 '기'의 발용으로 여기는 것은 진실로 옳다. 네 가지가 없을 수 없음을 안다면, 기를 제거할 수 없음도 알 것이다. 이황 선생이 양명을 배척한 까닭은 바로 그가 사물에 법칙이 있음을 알지 못하기 때문이었다. 양명은 다만 마음에 리가 있음만 알았기 때문에 스스로 석씨에게 빠진 것도 모르고, 지금 마음에 있는 리를 더욱 추구할 수 없게 된 것을 병통이라고 여겼으니, 이것이 어찌 이 선생의 본의가 아니었겠는가? 내 생각에, 아마도 양명이 다시 살아나더라도 응당 그 입을 다물고 그 마음까지 싫증내지도 않았을 것이다. 그러므로 선유들은 "성인은 하늘에 근본하고, 석씨는 마음에 근본한다."라고 하였고, 주자도 또한 "일마다 토론하지 않은 뒤에 남들이 어지럽게 말하는 것만 듣고, 곧 입에서 나오는 대로 말하고 발길 닿는 대로 어둠속을 걸어가는 것은 모두 그것과 관련이 없다."라고 하였다. 또 일찍이 세상에서 마음만 믿고자 하고 천하의 리를 도외시하는 사람들을 깊이 배척하였다는 것을 곧 알 수 있을 것이다. 양명은 다만 충효의 리가 마음에 있음만 알고 충효의 근본이 임금과 아버지에게 근본한 것을 알지 못하였다. 그러므로 리를 궁구한다는 한 단락을 빠뜨리고 양지(良知)를 이루는 것을 오묘한 방법으로 여겼으니, 이는 해야 할 공부와 공효를 혼합해서 말했다는 조롱을 받은 것이다. 이제 만약 그 말을 취하고 또 선생의 말을 명백하게 풀어낼 수 없다면, 또한 어찌 시비를 판정해서 의혹을 없앨 수 있겠는가? 이것이 사물의 도리와 심성의 공부에 가장 요긴한 곳이고, 유학과 불교의 구분도 또한 단지 이곳에서 차이나는 것도 분명하게 변론하지 않을 수 없다,

저 돌을 옥으로 아는 사람은 그 자신을 잘못되게 할 따름이다. 변화(卞和)로부터 말한다면, 도리어 참으로 돌이라고 하면서 발뒤꿈치가 잘리는 형벌을 돕는 사람보다 낫지 않겠는가?

살펴보건대, 저 참으로 돌이라고 하는 사람은 그 옥을 보지 못한 것이어서 진실로 괴이하게 여길 것이 없다. 돌을 옥으로 아는 사람은 자신을 잘못되게 할 뿐만 아니라 다른 사람을 잘못되게 하는 폐단이 저보다 백배가 더 있을 것이니 도리어 낫다고 한 것은 무엇 때문인가? 또 무릇 성현이 논한 것에서는 이와 같은 기상이 없었으니, 이것은 아마도 글을 쓸 적에 헤아리지 못했을 뿐일 것이다.

저들이 말하는 "심즉기"가 좋지 않다고 하는 것은 무엇 때문인가? 마음은 한 몸의 주재인데, 주재를 기에 소속시키면, 천리(天理)가 형기(形氣)에게서 명령을 듣게 되고 많은 추악한 것들이 영대(靈臺: 마음)에 근거하게 될 것이다. 마음은 체가 없어 본성으로 체를 삼는데, 이제 마음을 기라고 말하면, 본성을 기라고 여기는 것이니, 고자(告子)의 견해로서 사람이 자연히 금수와 다를 수 없게 된다. 마음은 본성과 감정을 통괄하는 명칭인데, 마음을 기라고 여기면, 대본(大本)과 달도(達道)가 모두 기로

귀착되어 리는 죽은 물건이 되어 공적(空寂)에 빠질 것이다. 예로부터 성현은 의리를 주로 하여 마음을 말하지 않은 것이 없는데, 마음을 기로 여기는 설이 유행하면서 성현의 심법(心法)이 하나하나 허공으로 떨어져서, 학문은 두뇌(頭腦)가 없어지고, 세상의 가르침은 날로 혼란에 빠지게 것이다.

살펴보건대, 저 '심즉기'의 설을 주장하는 사람들 또한 마음에 본성이 있음과 본성이 리가 됨을 왜 알지 못하였겠는가? 다만 그 작용하는 곳에 나아가 말할 적에 완곡하게 돌려서 말하면, 또한 병통이 없을 듯하다. 그러나 반드시 실정에 근거해서 죄를 결정하려 하면, 갖추어지지 않았다고 말하는 것이 옳다. 이제 반드시 대단한 언어로 소리 내어 공격한다면, 또한 준엄한 글로 심하게 헐뜯게 되어, 구부러진 것을 바로 잡으려다가 너무 곧게 할까 두렵다.

나는 차라리 초(楚)나라에서 발뒤꿈치가 잘리더라도 옥을 옥이라고 하지 않을 수 없으니, 어떻게 돌을 옥으로 알고 있는 사람이 한결같이 옥으로 여기는 것을 징계하고자 하면서 '옥과 돌을 겸한 것'이라고 범범하게 말하는 것을 용납할 수 있겠는가? 또한 어떻게 차마 발뒤꿈치가 잘리는 것을 두려워하여 옥을 돌이라고 속이겠는가?

살펴보건대, '옥과 돌을 겸한 것'이라고 말하지 않고, 또 옥을 돌이라고 속이지 않으면, 이 이른바 옥이라는 것은 예전에 돌을 옥으로 알고 있는 사람과 다를 것이 없다. 하물며 마음이 리와 기를 겸한 것은 다만 옥과 돌을 겸한 것에 견줄 수 있을 뿐만이 아님에랴!

비록 그렇지만, 마음이 기품에 구속되어 성인처럼 광명하고 순수하지 않다면, 본심이 같음을 믿고서 마음을 밝히고자 노력하지 않을 수 없다. 옥이 단단한 쇳돌에 가려져서 그 따뜻하고 부드럽고 곱고 견실한 아름다움을 드러낼 수 없다면, 그저 그것이 간직한 것만 믿고서 쪼아 다듬고 가는 것을 추구하지 않을 수 없다. 진실로 마땅히 내 마음이 리와 기를 겸한 곳에서 그 리를 넓히고 그 기를 제어하는 것을 마치 돌을 망치질하여 옥을 취하듯 한 다음에야, 참된 마음이 천리에 순수한 것을 볼 수 있을 것이다. 진실로 성인의 마음인 혼연한 천리【성인의 마음은 바로 천지의 마음이면서 사람의 본심이다.】에 이르지 못한다면, '심즉리' 세 글자는 진실로 성급하게 말할 수 없는 것이다.

살펴보건대, 끝 단락에서 논한 것은 잠시 이렇게 떨어뜨리고 잘라내는 말을 해서 에두르는 방법을 베푼 것이 또한 지극하다. 그러나 옛날에 성선(性善)을 논하면서 반드시 요임금과 순임금을 일컫는 것은 보통사람들에게도 모두 노력할 수 있도록 하고자 한 것이지만, 지금 이 말은 도리어 그 성인이 도달하기 쉽지 않다는 것이 병통이라 하겠다. 그렇다면 그 리라는 것은 저절로 모습을 감추고 그림자를 숨긴 것인데 그것을 주로 해서 성인을 배우도록 하는 것은 따로 공부하는 것이 있어서 저곳에 이르기를 구하는 것이니, 그 기상이 어떠하겠는가?

변화가 옥을 바친 것에 대해 군자는 진실로 꾸짖는다. 만약 그것이 진짜 옥임을 알았다면, 마땅히 자력으로 쪼아 다듬어 그 돌을 제거하고 그 옥을 온전하게 한 뒤에 열 겹으로 싸서 진귀하게 소장하면서 때를 기다려 파는 것이 옳았을 것이다. 어떻게 반드시 자잘하게 옥을 파는 것에 힘써서 세 번씩 바쳐서 세 번씩 발뒤꿈치가 잘리는 지경까지 이르렀는가? 돌 속에 감추진 내용물이 진실로 진짜 옥이니, 기 속의 리 또한 참된 마음이다. 그렇지만 바야흐로 그 돌을 제거하지 않았다면, 비록 '옥과 돌을 겸하였다'고 하여도 괜찮을 것이며, 바야흐로 그 기를 제거하지 않았다면, 비록 '리와 기를 겸하였다'고 하여도 괜찮을 것이다. 만약 그저 그 안에 있는 것만 믿고서 그 밖을 근심하지 않고서 그 기품에 구애된 것을 아울러서 리라고 하고, 단단한 쇳돌에 가린 것을 아울러 옥이라고 한다면, 사람들이 누가 믿겠는가? 나는 그러므로 "마음을 논할 적에 심즉리보다 더 좋은 것이 없고, 또한 심즉리보다 더 밝히기 어려운 것도 없다."고 하는 것이다. 만일 짐짓 믿지 못하겠다면, 다만 "리와 기를 겸한다"라고 하겠다.

살펴보건대, 맹자의 시대에 본성을 논한 사람들은 본성을 알지 못함이 많았었지만, 오직 맹자만 그 선함을 알았기 때문에 그 말을 다하여 드러내 밝힌 것이다. 일찍이 리는 밝히기 어렵고 사람은 믿게 하기 어렵다고 하여 드디어 그만둔 적이 없었던 것은 그 자신의 견해가 옳다고 여겼기 때문이다. 그러므로 "내가 어찌 변론하기를 좋아하겠는가? 나는 부득이해서이다."라고 한 것이다. 이제 옥을 파는 것을 부끄럽게 여겨 열 겹으로 싸서 진귀하게 소장하면서 때를 기다려 판다는 것은 그 말이 진실로 교묘하다. 그러나 또한 그 옥이 진짜 옥이 아니라는 것을 알 수 있으며, 자신 또한 환하게 밝히거나 확연하게 믿을 수 없었던 것이다. 그러니 또 어느 겨를에 못을 뽑고 쐐기를 뽑아내 세속을 구제하는 것으로 자기의 책임을 삼겠는가?

古今人論心, 莫善於心卽理, 而莫不善於心卽氣。夫心卽氣之說, 實出於近世儒賢之口, 而世學靡然從之。若所謂"心卽理", 乃陽明輩猖狂自恣者之說, 而爲吾學者莫不斥之爲亂道, 今乃一切反是, 何也? 噫! 玉, 天下至寶, 而世有認石而爲玉者。今夫荊山之玉, 蘊於石中, 惟卞和知其爲玉, 抱而獻諸王。王召玉工示之, 曰"石也", 此見其外之石而不知其中之玉也。在朝之人, 稍知玉石之別者, 亦皆以爲石, 而獨向之認石而爲玉者, 曰"此玉也", 此豈眞知玉者哉? 其與謂之石者, 無以異也。由是觀之, 儒賢之以心爲氣, 玉工之謂之石也, 而世學之靡然從之者, 卽在朝之人, 皆以爲石者也。禪家之以心爲理, 卽認石爲玉者也。其實則以心爲理, 與以心爲氣, 其爲見氣而不見理則一也, 何以知之? 今夫玉之爲石者, 椎鑿以琢之、沙礛以磨之, 使夫石不雜於玉, 則眞玉見矣。心之在氣者, 克治之、充擴之, 祛其所蔽而復其本明, 使之不雜乎氣, 而純乎天理, 則眞心見矣。

按: 陽明之以氣爲理, 猶之認石而爲玉者, 則爲吾學者, 當曰"心合理氣, 而其主則在理, 卽所謂'玉石'之以玉爲主也"。今卽夫氣之未去而槩稱卽理, 與彼之卽夫石之未破而謂之卽玉者, 何以異哉?

且凡人之知覺運動, 精神魂魄, 莫非氣之所爲, 而聖愚人物之分, 亦皆出於氣之不齊, 則果皆不善底物, 而必施其克治之方, 如夫玉之在石者哉? 就使念慮意欲之間, 或有不善, 此卽是氣之流而失其正者, 亦當曰"心合理氣, 而其不善者, 氣之邪也。當以理爲主而克之, 則有以反氣之正, 而得理之本然矣"。如此則文義備而語法圓矣。又何必改頭換面, 截首去尾, 以自托於立言之簡約, 而實不免乎尖斜側峻之病哉?

舜之戒禹曰: "人心惟危, 道心惟微, 惟精惟一, 允執厥中。" 夫心一而已矣, 而謂之人心者, 心之從氣者也; 謂之道心者, 心之從理者也。道心其本心, 人心乃客心耳。人心之易發而難制者, 卽石之在外而易見者也; 道心之易蔽而難明者, 卽玉之在中而未見者也。精而察之, 則琢石而磨去者也; 一以守之, 則得玉而奉持者也。九分玉而一分石, 猶未爲眞玉, 則九分理而一分氣, 亦豈爲眞心乎? 故爲心學者, 必欲一之於本心, 而不得以客心雜之, 使人心亦化爲道心, 則本心之正, 在理而不在氣也, 明矣。

按: 朱子曰"單說人心固是好", 又曰"舜若以人心爲全不好, 則須說使人去之, 今止說危者, 不可據以爲安耳", 然則其不可以爲客心而去之, 如琢石而磨之者, 明矣。夫以形氣爲根塵而欲去之, 此正釋氏之說, 今欲排斥而不免反墮於其說之中, 則亦奚足道哉? 且使人心亦化爲道心, 則石亦可化而爲玉矣。此亦不待辨說, 而自知其說不去矣。朱子曰: "精明純粹之氣, 但能不隔乎理而助其發揮耳, 不可便認以爲道心也。" 據此則所謂化爲道心者, 亦恐未安。

孔子"從心所欲不踰矩", 心卽理故也。苟其氣也, 則氣安得從之而無危乎?

按: 朱子曰: "人莫不有是形, 故雖上智不能無人心。" 但以道心之爲主, 故曰"渾然天理", 曰"動與理順而已"。其氣之中節者, 則不可以理字侵過界分, 此所謂"道心惟微", 不可獨行於世者也。

『孟子』七篇中許多心字, 幷未有一言指作氣, 而憂氣之不能存心, 患氣之反動其心也。

按: 孟子言良心、本心、仁義之心, 而未嘗謂心卽是良心、卽是本心、卽是仁義, 則其意可見矣。且牛山之木一章, 極論心之體用, 而曰"操則存, 舍則亡, 出入無時, 莫知其鄕"。若理則又豈有操舍出入之可言耶? 曰夜氣, 曰浩然之氣, 皆欲其養而淸之而已, 未聞其欲反而去之也。

故程叔子以心性同一理釋之, 而又曰"心則性也、性則理也"。

按: 性是心之所具, 故曰"心則性也。" 如孟子所謂"形色天性", 明道所謂"器亦道、道亦器"之類, 是也。若必分開而言, 則性是形而上者、心是形而下者。如程子所謂"心如穀種, 生之性是仁", 朱子所謂"性猶太極、心猶陰陽", 晦齋所謂"心猶天地之陰陽, 而太極之眞, 於是乎在"者, 皆是也。今以先儒所論混淪說者, 援引而彌縫之, 不患其無說也。然終不能周遍而停當, 則亦何足貴哉? 故竊嘗謂"心卽理"之說, 偶可一言之耳。若必以此形容體段, 建立標榜, 則非所宜也。下面所引朱子數說, 亦是此類。

是兩聖一賢者, 豈不知心之不離於氣, 性之微別於心? 而猶且云然者, 亦主心體而爲言耳。

按: 旣曰"心之在氣, 必克治之, 然後眞心見焉", 則謂心之不離乎氣, 何也? 太極雖不離乎陰陽, 然未聞必盡去陰陽而後, 太極之眞體見也。且以聖賢所說, 爲只主心體而言, 則亦未安。孟子論性之善, 而猶就發用處言之。如言四端, 又云"乃若其情, 則可以爲善"者, 以本體無著莫處, 不若於用處看便省力耳。況論心而可遺其發用之情哉?

夫心者, 性情之統名, 性外無心, 心外無性。若心之以盛性言者, 心之舍也, 醫家之所謂"心", 非吾之所謂"心"也。但心之所異於性者, 以其兼情, 而情乃已發之性, 然性情只是一理, 則心之爲理者, 固自若也。

按: 醫家之所謂"心", 卽所謂有則之物, 以此爲非心之本然則可。若以爲非心, 則是離物求則, 與外君父而求忠孝、舍耳目而求聰明者, 何以異哉? 朱子曰: "仁義禮智, 性也; 愛敬宜別, 情也; 以仁愛、以禮敬、以義宜、以智別, 心也。" 然則所謂"心統性情"者, 亦豈漫無分別, 如心之兼情, 性情一理之云哉?

朱夫子見其然也, 故言心之本體, 則單言理, 而汎言心, 則亦或卽氣而言之。其曰"心者氣之精爽"者, 欲其於精爽處認明理也, 理何嘗漫爲一物? 理乃氣之精爽,【朱子以仁義禮智之理, 爲氣之精爽之神。】玉乃石之精英也。

按: 退陶曰: "所謂'氣之精爽', 先生就兼包中而指出知覺運用之妙。" 據此則不可以精爽做理看, 明矣。至於精爽之神之說, 則亦恐是從氣而言, 如所謂"太極乃陰陽本體"之說也, 其不可與"精爽"字滾同也, 亦明矣。【程子謂"以功用謂之鬼神, 以妙用謂之神", 朱子以鬼神爲氣、以神爲理, 與此亦同。】

然而心之本體, 終不囿於氣也。故"心爲太極"之語, 揭之於『啓蒙』之首, 而以一動一靜、未發已發之理當之。

按: 若論心之本體, 固是純理, 然先儒猶以爲"人生得天地之理, 又得天地之氣"。理與氣合, 所以虛靈, 則其體之不能無氣可知。然氣不用事, 則猶可曰本體卽理也。至於統論全體, 則凡情意之造作, 有萬不齊, 而此句之斷, 亦失之無曲折耳。心爲太極之說, 亦只以一身之主宰者言之, 如云心爲人之太極爾。若論其至, 則必如性猶太極、心猶陰陽之說, 方是攧撲不破。李先生每以爲四端是理發, 而猶以爲非無氣, 況統論心之用, 則又有七情之氣發者乎?

然而卞和以玉之在石者, 單謂之玉, 而見刖於楚。向使卞和告之曰“此乃玉石也”, 以椎破之, 揀其眞玉而獻之, 則豈至於刖也? 是以退陶李先生論心曰“統性情、兼理氣”, 而〈中圖〉單指理, 〈下圖〉兼指氣。夫所謂“兼理氣”, 卽此乃玉石之說, 而單指理者, 明其所用之在玉也; 兼指氣者, 示其所破之實石也。然而卞和之獻, 獻其玉也, 非兼獻其石也, 故論心者, 主理而不主氣。先生嘗曰: “心之未發, 氣不用事, 惟理而已, 安有惡乎?” 此乃的指心體之論, 吾所謂 “莫善於心卽理”者, 此也。

按: 〈中圖〉雖單指理, 而其所謂合理氣者, 固自在也。〈下圖〉雖兼指氣, 而其所謂氣者, 乃喜怒哀樂人之所不能無者, 其不可如椎破之石而去之者, 決矣。故先生之言曰“七情之發, 何嘗不善? 特發而不中節, 然後爲不善耳”。論心者, 主理不主氣, 此說固然。然先儒論天地造化, 猶有主太極、主陰陽之說。若論心之體用處, 亦何害其有主理主氣之分? 蓋此理之妙, 橫竪皆當, 分而不害其爲合, 二而不害其爲一, 方是周全。今乃以未發者, 欲兼說於統論時, 有此差錯耳。

若夫禪家之說, 認其氣爲理而謂心卽理。彼所謂“理”者, 卽吾所謂“氣”也。象山以陰陽爲道, 以精神爲心, 故朱子譏之曰: “象山之學, 只在不知有氣質之雜, 把許多麤惡底事, 都做心之妙理, 率意妄行, 便謂無非至理。” 又曰: “釋氏棄了道心, 却就人心之危者而作用之。” 然則象山之所謂“心”者, 氣而已, 而所謂“理”者, 非眞理也。

按: 此之排象山、釋氏之學, 至矣。請反問而爲說曰: “心卽理之說, 不知有氣質之雜, 把許多精底氣, 謂非心之妙理, 而率意去之, 守了道心, 却將人心之安者而幷除之, 其實與彼二說者, 相去何遠哉?

陽明之學, 源於象山, 而其言曰: “汝心却是卽能視聽言動底, 這箇便是天理。” 又曰: “吾心之良知, 卽所謂‘天理’, 致吾心良知於事事物物, 則皆得其理矣。” 又曰: “良知一也, 以其流行而謂之氣, 以其凝聚而謂之精。眞陰之精, 卽眞陽之氣之母; 眞陽之氣, 卽眞陰之精之父。陰根陽、陽根陰, 非有二也。” 又曰: “天心者理也, 天下有心外之事、有心外之理乎?” 夫心之所以爲貴者, 以其有仁義禮智, 而今只於視聽言動上認作天理, 則是以精氣之發用者, 謂理也。吾心之天理, 旣太極之全體, 而今以眞陰眞陽流行凝聚者當之, 則遺了太極, 而反以陰陽爲本體矣。故李先生卞之曰: “陽明不知民彝物則眞至之理, 卽吾本心之理。講學窮理, 所以明本心之體, 達本心之用, 顧乃欲事事物物攬了本心滾說。” 旣不知民彝物則眞至之理, 則是不以四德五常之理, 謂之心也。所謂“理”者, 果何理也? 卽向所謂 “陰陽精氣流行凝聚”之物而已, 此豈非心卽氣之謂乎? 然則其不以陰陽精氣流凝之物謂之心, 謂之理, 而眞能以仁義禮智、忠敬孝慈之實, 謂之心, 謂之理, 則退陶亦當首肯之矣。是以『傳習錄』至善條: “忠孝的理, 只在此心之無私欲”, 卽是天理之說。則先生只辨其工夫功效之滾說而止, 則心卽理三字, 果可以出於彼而判舍之哉?

按: 以視聽言動爲精氣之發用, 固是也。知四者之不能無, 則知氣之不可去矣。李先生所以斥陽明者, 正以其不知物之有則。但知心之有理, 故不自知其流於釋氏, 而今乃病其不能益求其心之有理, 豈獨非李先生本意? 竊恐王氏復生, 未應默其口而厭其心也。故先儒謂"聖人本天, 釋氏本心", 而朱子亦曰: "不去隨事討論, 便聽他胡做話, 便信口說脚, 便信步行冥冥地去, 都不管他。" 又嘗深斥世之欲恃心, 而外天下之理者, 則可見矣。陽明但知忠孝之理在於心, 而不知忠孝之本, 根於君父。故闕却窮理一段, 而以致良知爲妙法, 此所以來工與效滾說之譏也。今乃若取其說而又不能明釋先生之語, 則亦何足以定是非而無疑晦也哉? 此事物道理心性工夫最要切處, 儒釋之分, 亦只於此處差了, 不可不明辨。

彼認石而爲玉者, 渠自誤而已。自卞和言之, 則反不愈於眞謂之石而助之刖者耶?

按: 彼眞謂之石者, 不見其玉也, 固無恠也。認石而爲玉者, 不惟自誤, 而其誤人之弊, 將有百倍於彼者, 乃反謂之愈, 何也? 又凡聖賢所論, 無如此氣象, 此恐是筆下欠斟酌耳。

彼謂"心卽氣"者之所以爲不善, 何也? 心爲一身之主宰, 而以主宰屬之氣, 則天理聽命於形氣, 而許多麤惡, 盤據於靈臺矣。心無體, 以性爲體, 而今謂之氣, 則認性以氣, 告子之見也, 人無以自異於禽獸矣。心是性情之統名, 而以心爲氣, 則大本達道, 皆歸於氣, 而理爲死物, 淪於空寂矣。從古聖賢, 莫不主義理以言心, 而以心爲氣之說行, 則聖賢心法, 一一落空, 學無頭腦, 世教日就於昏亂矣。

按: 彼爲"心卽氣"之說者, 亦豈不知心之有性、性之爲理哉? 但就其作用處言之, 宛轉說來, 似亦無病。然必欲原情案罪, 則謂之不備, 可也。今必以大底言語, 聲而攻之, 則恐亦峻文深詆而矯枉過直矣。

吾所以寧見刖於楚, 而不得不以玉爲玉也。豈容懲於認石爲玉者之一以爲玉, 而汎言其兼玉石而已乎? 又何忍懼其刖而誣玉爲石也耶?

按: 不謂之兼玉石, 又不誣玉爲石, 則是所謂玉者, 與向之認石而爲玉者, 無以異矣。況心之兼理氣, 不但可比於兼玉石而已耶?

雖然心爲氣稟所拘, 而不若聖人之光明純粹, 則不可恃本心之同而不求所以明之也。玉爲頑礦所蔽, 而不能呈其溫潤縝栗之美, 則不可徒恃其所蘊而不求所以琢磨之也。固當於吾心兼理氣處, 擴其理而制其氣, 若槌石而取玉者然, 然後眞心之純乎天理者, 可得而見矣。苟不到聖人之心渾然天理【聖人之心, 乃天地之心而人之本心也。】處, 則心卽理三字, 固未可以遽言之也。

堯、舜者, 欲衆人之皆可勉, 而今此說, 則反病其聖人之未易到。然則其所謂理者, 自有藏形匿影之物, 以爲之主, 而使學聖人者, 別有所用功以求至乎彼也, 其氣象爲何如哉?

卞和之獻玉, 君子固譏之。如知其眞玉, 宜自力雕琢, 袪其石而全其玉, 然後十襲珍藏, 待時而沽, 可也。何必屑屑然衒玉之爲務, 而至於三獻而三見刖也哉? 石中之蘊, 固眞玉也, 氣中之理, 亦眞心也。而方其石之未袪, 雖謂之兼玉石, 可也; 方其氣之未撤, 雖謂之兼理氣, 可也。苟徒恃其中而不恤其外, 幷其氣禀之拘者而謂之理, 頑礦之蔽者而謂之玉, 人孰信之哉? 吾故曰"論心莫善於心卽理, 而亦莫難明於心卽理", 如姑未信, 但曰"兼理氣"。

按: 孟子之時, 論性者多不識性, 而惟孟子知其爲善, 故極其說而發明之, 未嘗以理之難明人之難信而遂已者, 以其自見之是也。故曰"予豈好辯哉? 予不得已也"。今以衒玉之爲恥, 而欲十襲珍藏, 待時而沽, 其爲詞信巧矣, 然亦可見其玉之非眞玉, 而自家亦未能洞然而明確然而信也。又何暇抽釘拔楔, 以救世濟俗爲己任乎?

4-14-2

「성존심비변性尊心卑辨」【壬子】(『巖棲集』 卷17)

해제

1) 서지사항

조긍섭이 간재 전우의 성존심비설을 비판한 변론문. 『암서집(巖棲集)』 권17에 실려 있다. (한국문집총간 350)

2) 저자

조긍섭(曺兢燮, 1873~1933)으로, 자는 중근(仲謹), 호는 심재(深齋)이다,

3) 내용

이 글은 조긍섭이 전우의 성존심비설을 대화체의 형식으로 비판한 것이다. 서두에서 전우의 성존심비설을 소개하고, 질문자는 “성은 진실로 존귀하지만, 심 또한 어찌 낮출 수 있겠는지” 질문을 던졌다. 이에 대해 전우는 심즉리의 설을 물리치기 위함이라고 주장했다. 이에 대해서 조긍섭은 일관되게 “온 몸의 주재”이며 “뭇 이치를 묘용하는” 심(心)을 군주에 비유하며, 군주가 하늘보다는 낮을지언정 그 존귀함을 간과할 수 없다고 반론하고 있다. 또한 글의 말미에서는 심즉리설 뿐만 아니라, 당대의 심즉기설에 대해서도 비판하고 있다. 결론적으로 조긍섭은 “온몸은 심의 주재를 받고, 심은 리의 주재를 받으며, 백관과 만민은 군주에게서 명을 받고, 군주는 천(天)으로부터 명령을 받는다”고 생각하는 것이 올바른 이해라고 주장하였다.

4-14-2 曺兢燮, 「性尊心卑辨」【壬子】(『巖棲集』 卷17)

有誦艮齋田氏之言者曰: “性尊而心卑也, 性猶父也, 心猶子也。子之於父也, 尊而奉之, 不敢有其身, 然後謂之孝。心之於性也, 亦然。故古人曰‘尊德性’, 而其說曰‘欽斯承斯, 惟懼不克’, 斯者, 性也, 欽而承之者, 心也。故曰‘性尊而心卑也’。”
有難者曰 : “性固尊也, 然心亦惡得而卑也?”
田氏曰 : “吾惡夫心卽理之說也。夫天下, 莫尊於理。心是氣也 , 而亦謂之理, 則天下之人, 必將自尊其心, 猖狂妄行而無所顧忌, 是釋氏之學也, 故其言曰‘天上天下, 惟我獨尊’, 先儒亦曰‘聖人本天, 釋氏本心’。吾非故卑心也, 尊性故心不得不卑也。”
予曰 : “此言未爲無見也, 於學者, 非不有功也。 然其立言取譬之意, 則亦失於偏已矣。夫心比性, 微有迹, 對性, 則爲形而下矣。然惡得而比之子? 子之爲父也, 稱嚴君焉, 雖有妻妾婢僕, 不得有二君焉。心則百體之主, 而衆理之所妙也, 無已則比之君乎! 夫君, 上承乎天, 而統百官、理萬民者也。承乎天, 則順而在下矣, 然不可以尊天而卑君也, 百官萬民, 仰而稟令, 未嘗以屈於天而不伸其尊也。”
爲其說者則將曰 : “果君也, 古之賢君, 自稱曰‘寡德’, 曰‘小子’, 未嘗自尊也。古人之治心也, 曰‘小心’, 曰‘祗畏’, 未嘗自大也。夫君自卑也, 非人之卑君也, 心亦如是已矣。”
予則將應之曰 : “吾以正名焉爾。名不正, 則言不順; 言不順, 則其實易差。故君子之立言, 貴於平正, 惟平正故可以爲常。性之於心也, 猶心之於身也。無心則無身, 然不可謂心貴而身賤, 重其身, 乃所以貴其心也; 無性則無心, 然不可謂性尊而心卑, 嚴其心, 乃所以尊其性。且夫心之所以爲心者, 性而已矣; 猶夫君之所以爲君者, 天職而已矣。如之何其必欲二之也? 謂心卽理者, 吾固未知其何如也, 謂心卽氣者, 亦恐滯於末而遺其本矣。謂心是理而尊之者, 其弊流於猖狂自恣, 則謂心是氣而必卑之者, 不或流於葸荏足恭之爲乎? 雖然二者之說, 吾以爲‘原其情則一也’, 一者, 何也? 皆主理也。其情之一而其言不翅南北者, 何也? 不能正名, 而急於立言也。然則名如何而可正也? 曰: ‘百體主心, 心主理, 百官、萬民命於君, 君命於天。’”

4-14-2 「성존심비변性尊心卑辨」【壬子】(『巖棲集』 卷17)

선역

간재(艮齋) 전씨(田氏, 田愚: 1841~1922)의 말을 외우는 사람이 말하기를 "본성은 높고 마음은 낮다. 본성은 아버지와 같고, 마음은 자식과 같다. 자식이 아버지에 대하여 높이고 받들어 감히 그 몸을 마음대로 하지 않은 뒤에 효(孝)라고 한다. 마음이 본성에 대해서도 또한 그러하다. 그러므로 고인이 말하기를 '덕성을 높인다'[8]라고 하였는데, 그에 대한 설명에 '이것을 공경하고 이것을 받들어, 오직 잘 하지 못할까 두려워한다.'[9]라고 하였다. 여기서 이것이란 본성이고, 공경하고 받드는 것은 마음이다. 그러므로 '본성은 높고 마음은 낮다.'라고 말하는 것이다."라고 하였다.

이를 힐난하는 사람이 말하기를 "본성은 진실로 높은 것이나, 마음 또한 어떻게 낮출 수 있겠는가?"라고 하였다.

전우가 말하기를 "나는 심즉리(心卽理)의 설을 싫어한다. 무릇 천하에 리(理)보다 더 높은 것이 없다. 마음은 기(氣)인데, 또한 이것을 리라고 한다면, 천하의 사람들이 반드시 장차 스스로 그 마음을 높여서 미쳐 날뛰며 제멋대로 주장하여 돌아보고 꺼리는 것이 없게 될 것이다. 이것이 석씨(釋氏)의 학설이다. 그러므로 석씨의 말에 '천상천하에 오직 나만이 홀로 존귀하다.'라고 하였고, 선유(先儒)도 또한 말하기를 '성인은 하늘에 근본하고, 석씨는 마음에 근본한다.'[10]라고 하였다. 내가 고의로 마음을 낮추는 것이 아니다. 본성을 높이기 때문에 마음은 낮추지 않을 수 없는 것이다."라고 하였다.

내가 말하기를 "이 말은 견해가 없는 것도 아니요, 배우는 자에게 도움이 되지 않는 것도 아니다. 그러나 그 주장을 세우고 비유를 취한 뜻에 있어서는 또한 치우친 점이 있다. 무릇 마음은 본성과 비교하면 조금 흔적이 있으니,[11] 본성과 상대하면 형이하가 되는 것이다. 그러나 어떻게 자식에 비유할 수 있겠는가? 자식이 아버지를 위할 적에는 엄군(嚴君)이라고 일컬으니, 비록 처첩(妻妾)과 비복(婢僕)이 있더라도 두 임금이 있을 수는 없다. 마음은 온 몸의 주인이면서 여러 이치가 오묘하게 하는 바이니, 기어이 말하라고 한다면 임금에 비유할 수 있을 것이다! 무릇 임금은 위로 하늘을 받들고 백관을 통솔하며 만민을 다스리는 것이다. 하늘을 받들면 순조로워서 아래 있을 것이나, 그러나 하늘을 높인다고 해서 임금을 낮출 수가 없고, 백관과 만민이 우러러보면서 명령을 받으니, 하늘에 굽힌다

---

8) 『中庸』「第37章」: 尊德性而道問學. 참조.

9) 『晦庵集』 卷85 「尊德性齋銘」: 維皇上帝, 降此下民, 何以予之? 曰義與仁. 維義與仁, 維帝之則, 欽斯承斯, 猶懼弗克. 참조.

10) 『晦庵集』 卷30 「答張欽夫」: 前輩有言, 聖人本天, 釋氏本心, 蓋謂此也. 참조.

11) 『朱子語類』 卷5, 「性理二·性情心意等名義」〈謙錄〉: 心比性, 則微有迹. 참조.

고 하여 그 존엄함을 펴지 못한 적이 없다."라고 하였다.

그 말을 하는 사람은 장차 "과연 임금이라면, 옛날의 현명한 임금은 스스로 일컫기를 과덕(寡德)이라 하고 '소자(小子)'라고 하였지, 일찍이 스스로 높인 적이 없었다. 고인이 마음을 다스릴 적에는 '마음을 조심스럽게 한다'[12]고 하고, '공경하고 두려워한다'[13]고 하여, 스스로 크게 여긴 적이 없었다. 무릇 임금이 스스로 낮추는 것은 사람이 임금을 낮추는 것이 아니니, 마음 또한 이와 같을 따름이다."라고 주장할 것이다.

그렇다면 나도 장차 "나는 명분을 바르게 할 뿐이다. 명분이 바르지 않으면 말이 순조롭지 않고,[14] 말이 순조롭지 않으면 그 실상이 어긋나기 쉽다. 그러므로 군자가 주장을 세우는 것은 균평하고 바른 데서 귀하게 되는 것이니, 오직 균평하고 바르기 때문에 떳떳함이 될 수 있다. 본성과 마음의 관계는 마음과 몸의 관계와 같다. 마음이 없으면 몸이 없으나, 마음이 귀하고 몸은 천하다고 말할 수는 없으니, 그 몸을 중하게 여겨야 바로 그 마음을 귀하게 여기는 것이다. 본성이 없으면 마음이 없으나, 본성이 높고 마음은 낮다고 말할 수는 없으니, 그 마음을 엄격하게 하여야 바로 그 본성을 높이는 것이다. 또 무릇 마음이 마음인 까닭은 본성일 따름이니, 마치 저 임금이 임금인 까닭은 하늘의 직분일 따름인 것과 같은 것이다. 어떻게 반드시 이것을 둘로 하고자 하겠는가? 마음이 곧 리라고 말하는 것은 내가 진실로 그것이 어떤지 알지 못하겠고, 마음이 곧 기라고 말하는 것도 아마도 말단에 빠져서 그 근본을 잃어버릴 듯하다. 마음을 리라고 하여 높이는 것은 그 폐단이 미쳐 날뛰며 제멋대로 주장하는 데로 흘러 버린다면, 마음을 기라고 하여 반드시 낮추는 것은 혹 두려워하고 유약하며 지나치게 공손함이 되는 데로 흘러가지 않겠는가? 비록 그러하더라도 두 가지 설은 내가 그 실정을 궁구해 보면 하나라고 생각하니, 하나는 무엇이겠는가? 모두 리를 주장하는 것이다. 그 실정이 하나이더라도 그 말은 남북으로 갈라질 뿐만이 아니니, 무엇 때문인가? 명분을 바르게 하지 못하고, 주장을 세우는 것에 급급한 까닭이다. 그렇다면 명분을 어떻게 해야 바르게 할 수 있겠는가? 온 몸은 마음을 주로 삼고, 마음은 리를 주로 삼으며, 백관과 만민은 임금에게 명령을 받고, 임금은 하늘의 명령을 받는 것이다." 라고 응답할 것이다.

---

12)『詩經』卷12「小旻之什·小雅·小宛」: 惴惴小心, 如臨于谷. 참조.

13)『署經』卷7「周書·金縢」: 四方之民, 罔不祇畏. 참조.

14)『論語』卷13「子路」〈第3章〉: 者曰: 鄙哉由也. 君子於其所不知, 蓋闕如也. 名不正, 則言不順; 言不順, 則事不成. 참조.

有誦艮齋田氏之言者曰: "性尊而心卑也, 性猶父也, 心猶子也。子之於父也, 尊而奉之, 不敢有其身, 然後謂之孝。心之於性也, 亦然。故古人曰'尊德性', 而其說曰'欽斯承斯, 惟懼不克', 斯者, 性也, 欽而承之者, 心也。故曰'性尊而心卑也'。"

有難者曰 : "性固尊也, 然心亦惡得而卑也?"

田氏曰 : "吾惡夫心卽理之說也。夫天下, 莫尊於理。心是氣也 , 而亦謂之理, 則天下之人, 必將自尊其心, 猖狂妄行而無所顧忌, 是釋氏之學也, 故其言曰'天上天下, 惟我獨尊', 先儒亦曰'聖人本天, 釋氏本心'。吾非故卑心也, 尊性故心不得不卑也。"

予曰 : "此言未爲無見也, 於學者, 非不有功也。然其立言取譬之意, 則亦失於偏已矣。夫心比性, 微有迹, 對性, 則爲形而下矣。然惡得而比之子? 子之爲父也, 稱嚴君焉, 雖有妻妾婢僕, 不得有二君焉。心則百體之主, 而衆理之所妙也, 無已則比之君乎! 夫君, 上承乎天, 而統百官、理萬民者也。承乎天, 則順而在下矣, 然不可以尊天而卑君也, 百官萬民, 仰而稟令, 未嘗以屈於天而不伸其尊也。"

爲其說者則將曰 : "果君也, 古之賢君, 自稱曰'寡德', 曰'小子', 未嘗自尊也。古人之治心也, 曰'小心', 曰'祗畏', 未嘗自大也。夫君自卑也, 非人之卑君也, 心亦如是已矣。"

予則將應之曰 : "吾以正名焉爾。名不正, 則言不順; 言不順, 則其實易差。故君子之立言, 貴於平正, 惟平正故可以爲常。性之於心也, 猶心之於身也。無心則無身, 然不可謂心貴而身賤, 重其身, 乃所以貴其心也; 無性則無心, 然不可謂性尊而心卑, 嚴其心, 乃所以尊其性。且夫心之所以爲心者, 性而已矣; 猶夫君之所以爲君者, 天職而已矣。如之何其必欲二之也? 謂心卽理者, 吾固未知其何如也, 謂心卽氣者, 亦恐滯於末而遺其本矣。謂心是理而尊之者, 其弊流於猖狂自恣, 則謂心是氣而必卑之者, 不或流於葸葰足恭之爲乎? 雖然二者之說, 吾以爲'原其情則一也', 一者, 何也? 皆主理也。其情之一而其言不翅南北者, 何也? 不能正名, 而急於立言也。然則名如何而可正也? 曰: '百體主心, 心主理, 百官、萬民命於君, 君命於天。'"

4-14-3~5

「심문心問」上·中·下【丙辰】(『巖棲集』 卷17)

해제

1) 서지사항

조긍섭의 심론에 관한 글. 『암서집』 권17에 실려 있다(『한국문집총간』 350).

2) 저자

조긍섭(曺兢燮: 1873~1933)으로, 본관은 창녕, 자는 중근(仲謹), 호는 심재(心齋)이다.

3) 내용

이 글은 조긍섭이 1916년 성리학의 심론을 문답체로 설명한 것으로 상편, 중편, 하편로 이루어졌다. 상편에서는 '심이 리인가, 기인가'에 대해 수레[車]에 비유하여 설명했다. 심은 수레와 같고, 리는 수레에 싣는 짐과 같으며, 기는 수레를 만드는 재목과 같다는 것이다. 이러한 비유를 통해 조긍섭은 성(性)과 정(情), 그리고 지(志)·의(意)·사(思)·려(慮)·감(感)·념(念)·모(慕)·련(戀) 등 심과 연관된 여러 글자들을 설명하고, 이를 모두 심에 포함시켰다. 심과 수레의 비유를 통해, 조긍섭은 "심을 '기가 모인 것으로, 리를 갖추고 있다'고 말하면 옳지만, '심이 곧 기이고, 심이 곧 리이다'라고 하면 불가하다. 그렇지만 비록 불가하더라도 수레가 수레인 까닭은 재목과 짐일 뿐이고, 마음이 마음인 까닭은 기와 리일 뿐이다."라고 하였다.

중편에서는 혹자가 "심즉기설(心卽氣說)이 취할 것이 없다면, 심즉리설(心卽理說)이 더 나은 것인가?"라고 묻자, 조긍섭은 "어찌 그 설이 낫겠는가?"라고 하면서, "심즉리설은 고자(告子)의 '생지위성(生之謂性)'과 비슷하다."고 평했다. 그리고는 "공자는 '기질(氣質)의 성(性)'을 말씀했는데, '타고난 것'은 진실로 성이 아닌 것은 아니지만, 성의 본체와는 거리가 멀다. 맹자는 '인의(仁義)의 마음'을 말씀했는데, '리'는 진실로 심이 아닌 것은 아니지만, 심의 실상과는 거리가 있다. 고자는 성을 논하면서 너무 억제한 잘못이 있고, 지금 사람들은 심을 논하면서 너무 들어올린 잘못이 있다."고 평했다.

하편에서는 '심합리기설'을 옹호하는 주장을 전개했다. 조긍섭은 "지금 사람들이 동일하게 심을 논하면서, 기(氣)라고 여기는 사람도 있고, 리(理)라고 여기는 사람도 있다. 기라고 여기는 사람은 그 기를 본 것이고, 리라고 여기는 사람은 그 리를 본 것이다. 이것으로 보면, 리와 기 두 가지가 고루 있음을 알 수 있다."라고 하였다. 조긍섭은 이처럼 심합리기설을 주장하면서도, 심합리기설은 "오히려 리도 아니요 기도 아니라고 하면서, 곧바로 심이라고 말하는 것의 정확함만 못하다"고 주장하였다. 이는 비유컨대 죽(粥)은 '쌀과 물을 합친 것'이지만, "이것은 죽으로서, 쌀도 아니고 물도 아니다"라고 하는 것이 더 나은 것과 마찬가지라는 것이다.

4-14-3 「心問」上【丙辰】(『巖棲集』 卷17)

或曰: “心理氣之說, 其蘊猶有可得而言者乎?”

曰: “古人制字, 極有深義。今且以一事譬之, 心猶車也, 理猶任也, 氣猶材也。故車之貯任曰載, 其行任曰運, 其衆體則曰轅、軾、輗、軏、輪、輻、軸、轂, 皆車也。故字皆從車, 而其能貯能行之體則材也。夫任在首曰戴, 在背曰負, 材有屋材, 有舟材, 故字皆不從車。心之具理曰性, 其發理曰情, 其衆體則曰志、意、思、慮、感、念、慕、戀, 皆心也。故字皆從心, 而其能具能發之體則氣也。夫理在天曰命, 在事曰道, 氣有天地之氣, 有萬物之氣, 故字皆不從心。是故言車者曰‘是材之所成而貯任者’則可, 而曰‘車是材, 車是任’則不可也; 言心者曰‘是氣之所聚而具理者’則可, 而曰‘心卽氣, 心卽理’則不可也。然雖不可, 而車之所以爲車者, 材與任而已; 心之所以爲心者, 氣與理而已。見車而有以爲任者, 有以爲材者, 非無其說也, 然而終不若直以爲車者之是也; 論心而有以爲理者, 有以爲氣者, 非無其說也, 然而終不若直以爲心者之明也。”

或曰: “車而無載者, 猶是車也, 則舍性而單言者, 猶是心也。然則心是氣之說, 顧不近之歟?”

曰: “不載之車, 將焉取?”

4-14-4「心問」中(『巖棲集』 卷17)

或曰: “子以心是氣爲無取。然則心卽理之說, 固勝與?”

曰: “何爲其勝也? 心卽理之說, 其猶告子之‘生之謂性’乎! 孔子言氣質之性, 則生固未始非性也, 然而語性之本體則遠矣。孟子言仁義之心, 則理固未始非心也, 然而語心之實相則踈矣; 告子論性而失之抑, 今之人論心而失之抗, 其不中一也。然抑者不及也, 猶可進也, 抗而至於過, 則一往而不可反矣, 其爲失顧不大與? 夫告子之言, 未爲無所出也, 而孟子詰之而不能答, 非無以答也, 自知其不安也。使孟子而在, 必將語今之人曰: ‘理則堯與蹠與塗人一與?’ 則將曰‘然。’ 然則‘蹠之心猶堯之心, 堯之心猶塗人之心與?’ 則吾未知今之人將何以答之與?”

4-14-5 「心問」下(『巖棲集』 卷17)

或曰: “然則心將惡乎名而可?”

曰: “是理氣之合而得名者也。”

曰: “此先儒之說也, 而子從之與? 抑別有見與?”

曰: “奚獨先儒之云然? 但据乎今人之所論, 而亦可知也已。夫同一論心也, 而有以爲氣者, 有以爲理者。以爲氣者, 是見其氣也者; 以爲理者, 是見其理也者, 卽此而二者之均有可知。於此有物焉, 或以爲白, 或以爲黑。以爲白者, 是見其白也者; 以爲黑者, 是見其黑也者, 卽此而白黑之兩在可知。特見者自執其一而矜言之爾。雖然, 合理氣之說完矣, 而猶未若非理非氣而直謂之心之確也。蓋物有合數端而成者, 其名旣變, 則其故可無辨? 辨之不已, 則多言而濶畧於事。譬如說粥然, 或曰‘米也’, 或曰‘水也’, 是見其一而不知其二者也。曰‘是米與水之合也’, 盡矣, 而猶未得其名之實也。何不曰‘是粥也, 非米非水也’而遂啜焉, 徒紛紛然辨其故之爲?”

4-14-3「심문心問」상[丙辰](『巖棲集』 卷17)

선역

어떤 사람이 말하기를 "마음과 리(理)와 기(氣)의 학설에 대해 그 깊은 뜻을 오히려 말할 수 있겠는가?"라고 하였다. 임

내가 말하기를 "옛사람이 글자를 만든 것에는 지극히 깊은 뜻이 있었다. 이제 또 하나의 일로써 비유하면, 마음은 수레와 같고, 리(理)는 짐[任]과 같고 기(氣)는 재목과 같다. 그러므로 수레가 짐을 싣는 것을 싣는다[載]라고 하고, 그 짐을 움직이는 것을 옮긴다[運]라고 하며, 그 여러 물체는 끌채[轅], 앞턱 가로나무[軾], 큰 수레 끌채 끝 쐐기[輗], 작은 수레 끌채 끝 쐐기[軏], 바퀴[輪], 바퀴살[輻], 굴대[軸], 바퀴통[轂]이라고 하는데, 모두 수레이다. 그러므로 글자는 모두 거(車) 자를 따랐지만, 그 짐을 실을 수 있고 움직일 수 있는 물체는 재목이다. 무릇 짐이 머리에 있는 것을 인다[戴]라고 하고, 짐이 등에 있는 것을 진다[負]라고 하며, 재목에는 집 짓는 재목도 있고 배 만드는 재목도 있기 때문에 글자는 모두 거(車) 자를 따르지 않았다. 마음이 리를 갖춘 것을 본성이라 하고, 그 리를 발현한 것을 감정이라 하며, 그 여러 물체는 지(志), 의(意), 사(思), 려(慮), 감(感), 염(念), 모(慕), 연(戀)이라고 하는데, 모두 마음이다. 그러므로 글자는 모두 심(心) 자를 따랐지만, 그 갖출 수 있고 드러낼 수 있는 물체는 기이다. 무릇 리가 하늘에 있는 것을 명(命)이라 하고, 일에 있는 것을 도(道)라 하며, 기에는 천지의 기도 있고 만물의 기도 있기 때문에 글자는 모두 심(心) 자를 따르지 않았다. 이렇기 때문에 수레를 말하는 사람이 '이것은 재목이 이룬 것이고 짐을 싣는 것이다'라고 하면 옳지만, '수레는 재목이고, 수레는 짐이다'라고 하면 옳지 못하다. 마음을 말하는 사람이 '이것은 기가 모인 것이고 리를 갖춘 것이다'라고 하면 옳지만, '마음이 곧 기이고, 마음이 곧 리이다'라고 하면 옳지 못하다. 그러나 비록 옳지 못하더라도 수레가 수레가 되는 까닭은 재목과 짐을 싣는 것일 따름이고, 마음이 마음이 되는 까닭은 기와 리가 있을 따름이다. 수레를 보고 그것을 짐으로 여기는 사람이 있고 재목으로 여기는 사람도 있는 것은 그러한 설명이 없지 않으나, 마침내 곧바로 수레로 여기는 것이 옳은 것만 못하다. 마음을 논하여 리로 여기는 사람이 있고 기로 여기는 사람도 있는 것은 그러한 설명이 없지 않으나, 마침내 곧바로 마음으로 여기는 것이 분명한 것만 못하다."라고 하였다.

어떤 사람이 말하기를 "수레인데 짐 실음이 없는 것을 오히려 수레라 한다면, 본성을 버리고 단순하게 말하는 것을 오히려 마음이라 하는 것이다. 그렇다면 마음은 기라고 하는 학설이 도리어 이치상 가깝지 않겠는가?"라고 하였다.

내가 말하기를 "짐을 싣지 못하는 수레는 장차 무엇을 취할 것인가?"라고 하였다.

或曰: “心理氣之說, 其蘊猶有可得而言者乎?”

曰: “古人制字, 極有深義。今且以一事譬之, 心猶車也, 理猶任也, 氣猶材也。故車之貯任曰載, 其行任曰運, 其衆體則曰轅、軾、輗、軏、輪、輻、軸、轂, 皆車也。故字皆從車, 而其能貯能行之體則材也。夫任在首曰戴, 在背曰負, 材有屋材, 有舟材, 故字皆不從車。心之具理曰性, 其發理曰情, 其衆體則曰志、意、思、慮、感、念、慕、戀, 皆心也。故字皆從心, 而其能具能發之體則氣也。夫理在天曰命, 在事曰道, 氣有天地之氣, 有萬物之氣, 故字皆不從心。是故言車者曰‘是材之所成而貯任者’則可, 而曰‘車是材, 車是任’則不可也; 言心者曰‘是氣之所聚而具理者’則可, 而曰‘心卽氣, 心卽理’則不可也。然雖不可, 而車之所以爲車者, 材與任而已; 心之所以爲心者, 氣與理而已。見車而有以爲任者, 有以爲材者, 非無其說也, 然而終不若直以爲車者之是也; 論心而有以爲理者, 有以爲氣者, 非無其說也, 然而終不若直以爲心者之明也。”

或曰: “車而無載者, 猶是車也, 則舍性而單言者, 猶是心也。然則心是氣之說, 顧不近之歟?”

曰: “不載之車, 將焉取?”

4-14-4 「심문心問」 중(『巖棲集』 卷17)

선역

어떤 사람이 말하기를 "그대는 '마음은 기(氣)'라는 학설을 취할 것이 없다고 한다. 그렇다면 '마음은 리(理)'라는 학설이 진실로 더 나은 것인가?"라고 하였다.

내가 말하기를 "어떻게 그것을 낫다고 여기겠는가? '마음은 리'라는 학설은 그 고자(告子)의 '타고난 것이 본성'[15]이라는 학설과 같을 것이다. 공자가 기질지성(氣質之性)을 말하였으니,[16] '타고난 것'이 진실로 애초에 본성이 아님이 없지만, 본성의 본체를 말하면 차이가 많을 것이다. 맹자가 인의(仁義)의 마음을 말하였으니,[17] 리가 진실로 애초에 마음이 아님이 없지만, 마음의 실상을 말하면 소원할 것이다. 고자는 본성을 논하면서 억누르는 것으로 빠지고, 지금 사람들은 마음을 논하면서 들어올리는 것으로 빠지니, 그 중도에 어긋남은 마찬가지이다. 그러나 억누르는 것은 미치지 못하는 것이니 오히려 나아갈 수 있고, 들어 올려 지나친 데까지 이르면 한 번 가서 돌아올 수 없으니, 그 잘못됨이 도리어 크지 않겠는가? 무릇 고자의 말은 표출할 것이 없지는 않겠지만, 맹자가 힐난할 적에 고자가 대답하지 못하였으니, 대답할 수 없었던 것이 아니라 자기 자신이 그 온당하지 않음을 알았던 것이다. 가령 맹자가 살아 있다면, 반드시 장차 지금 사람들에게 묻기를, '리는 요(堯) 임금과 도척(盜蹠)과 길가는 보통 사람들이 동일한가?'라고 한다면, 장차 '그렇다'라고 대답할 것이다. 그렇다면 '도척의 마음이 요임금의 마음과 같고, 요임금의 마음이 길가는 보통 사람의 마음과 같은 것인가?'라고 묻는다면, 나는 지금 사람들이 장차 어떻게 대답할지 알지 못하겠다."라고 하였다.

或曰: "子以心是氣爲無取。然則心卽理之說, 固勝與?"

曰: "何爲其勝也? 心卽理之說, 其猶告子之'生之謂性'乎! 孔子言氣質之性, 則生固未始非性也, 然而語性之本體則遠矣。孟子言仁義之心, 則理固未始非心也, 然而語心之實相則疎矣; 告子論性而失之抑, 今之人論心而失之抗, 其不中一也。然抑者不及也, 猶可進也, 抗而至於過, 則一往而不可反矣, 其爲失顧不大與? 夫告子之言, 未爲無所出也, 而孟子詰之而不能答, 非無以答也, 自知其不安也。使孟子而在, 必將語今之人曰: '理則堯與蹠與塗人一與?' 則將曰'然。' 然則'蹠之心猶堯之心, 堯之心猶塗人之心與?' 則吾未知今之人將何以答之與?"

---

15) 『孟子』 卷11 「告子上」 〈第3章〉: 告子曰: "生之謂性."

16) 『論語』 卷17 「陽貨」 〈第2章〉: 子曰: "性相近也, 習相遠也." 참조.

17) 『孟子』 卷3 「公孫丑上」 〈第6章〉: 孟子曰: "人皆有不忍人之心. …惻隱之心, 仁之端也; 羞惡之心, 義之端也; 辭讓之心, 禮之端也; 是非之心, 智之端也. 人之有是四端也, 猶其有四體也.…" 참조.

4-14-5 「심문心問」 하(『巖棲集』 卷17)

선역

어떤 사람이 말하기를, "그렇다면 마음은 장차 무엇으로 명목을 지어야 옳은가?"라고 하였다.
나는 말하기를 "이것은 리(理)와 기(氣)가 합쳐져서 이름을 얻은 것이다."라고 하였다.
어떤 사람이 말하기를, "이것은 선유(先儒)의 설인데, 그대가 따른 것인가? 아니면 별도로 견해가 있는 것인가?"라고 하였다.
나는 말하기를, "어찌 유독 선유만 그렇게 말했을 뿐이겠는가? 다만 지금 사람들이 논하는 것을 근거하더라도 또한 알 수 있을 뿐이다. 무릇 동일하게 마음을 논하지만, 기라고 하는 사람이 있고, 리라고 하는 사람도 있다. 기라고 하는 사람은 그 기를 본 것이고, 리라고 하는 사람은 그 리를 본 것이니, 이러한 것에 나아가면 두 가지가 균등하게 있음을 알 수 있다. 가령 여기에 어떤 물건이 있을 적에 혹자는 희다고 하고 혹자는 검다고 한다. 희다고 하는 사람은 그 흰 것을 본 것이고, 검다고 하는 사람은 그 검은 것을 본 것이니, 이러한 것에 나아가면 희고 검은 것 두 가지가 있음을 알 수 있다. 다만 보는 사람이 스스로 그 하나만 고집하고서 뽐내며 말할 따름이다. 비록 그러하여 리와 기가 합쳐진 것이라는 학설이 온전한 것이나, 이는 오히려 리도 아니고 기도 아니며 곧바로 마음일 뿐이라고 말하는 것이 확실한 것만 못하다. 대개 사물에는 몇 가지 단서를 합하여 이루어진 것이 있으니, 그 이름이 이미 변하면 그 까닭을 변별함이 없을 수 있는가? 변별하기를 그만두지 않는다면 말이 많아져서, 해야 할 일에는 멀어지고 소략하게 된다. 비유하자면 죽[粥]을 말하는 것과 같으니, 죽을 두고 혹자는 '쌀'이라고 하고 혹자는 '물'이라고 말한다면, 이것은 그 하나만 보고 그 둘을 알지 못하는 것이다. 죽을 두고 말하기를 '이것은 쌀과 물이 합쳐진 것이다'라고 하는 것이 극진하지만, 오히려 그 이름의 실상을 얻지 못하는 것이다. 어찌 '이것은 죽이니, 쌀도 아니고 물도 아니다'라고 말하면서 마시지 않고, 그저 어지럽게 그 이유를 변별하는 일만 하고 있는가?"라고 하였다.

或曰: "然則心將惡乎名而可?"
曰: "是理氣之合而得名者也。"
曰: "此先儒之說也, 而子從之與? 抑別有見與?"
曰: "奚獨先儒之云然? 但据乎今人之所論, 而亦可知也已。夫同一論心也, 而有以爲氣者, 有以爲理者。以爲氣者, 是見其氣也者; 以爲理者, 是見其理也者, 卽此而二者之均有可知。於此有物焉, 或以爲白, 或以爲黑。以爲白者, 是見其白也者; 以爲黑者, 是見其黑也者, 卽此而白黑之兩在可知。特見者自執其一而矜言之爾。雖然, 合理氣之說完矣, 而猶未若非理非氣而直謂之心之確也。蓋物有合數端而成者, 其名旣變, 則其故可無辨? 辨之不已, 則多言而濶畧於事。譬如說粥然, 或曰‘米也’, 或曰‘水也’, 是見其一而不知其二者也。曰‘是米與水之合也’, 盡矣, 而猶未得其名之實也。何不曰‘是粥也, 非米非水也’而遂啜焉, 徒紛紛然辨其故之爲?”

4-14-6

「독창강김씨고본대학장구讀滄江金氏古本大學章句」(『巖棲集』 卷17)

해제

1) 서지사항

조긍섭이 김택영의 『고본대학장구』를 읽고 지은 글. 『암서집』 권17에 실려 있다(『한국문집총간』 350).

2) 저자

조긍섭(曺兢燮: 1873~1933)으로, 본관은 창녕, 자는 중근(仲謹), 호는 심재(心齋)이다.

3) 내용

이 글은 조긍섭이 창강(滄江) 김택영(金澤榮: 1850~1927)의 『고본대학장구(古本大學章句)』를 읽고 경1장에 대한 자신의 견해를 밝힌 것으로, 총 11개 조목이다. 첫째 조목은 김택영이 정자(程子)와 주자(朱子)가 『대학』 경1장의 편차(編次)를 바꾼 것을 비판한 것에 대해, 조긍섭이 다시 비판하는 내용이다. 고본(古本)에 의지하려는 사람들은 "고본에 반드시 착오가 있는 것은 아니다"라고 주장하지만, 조긍섭은 "고경(古經)에 착오가 있는 것은 진화(秦火) 때문만은 아니니다."라고 주장하면서, 『서경(書經)』과 『예기(禮記)』 등 고경에는 사실 적지 않은 착오가 있었음을 열거하였다. 그런 다음, 조긍섭은 "다른 편(篇)의 글들 사이에도 저토록 서로 착오가 많은데, 하물며 같은 편(篇) 안에 어찌 그 전도방실(顚倒放失)이 없다는 것을 보장하여 그것을 바로잡으려고 노력하지 않겠는가?"라고 하여, 김택영을 비판하고, 정자와 주자의 노력을 두둔하였다.

둘째 조목은 '명덕(明德)'에 대한 해석 문제로서, 김택영이 『주역』과 『서경』 등을 논거로 '명덕'을 "사람이 마땅히 실천해야 할 선도(善道)가 밝게 빛나는 것"이라고 해석한 것에 대해, 조긍섭은 "무릇 명덕과 지선(至善)은 비록 두 개의 사물이 아니지만, 그러나 이미 병립(竝立)하여 삼강령(三綱領)이 되는 것이라면, 그 뜻을 구별해야 마땅하다. 만약 명덕을 '사람이 마땅히 실천해야 할 선도(善道)'라고 규정한다면, 이른바 지선은 머리 위에 또 머리를 올리고, 지붕 위에 또 지붕을 올리는 격이 아니겠는가?"라고 반문하였다.

넷째 조목은 명덕(明德)을 심 또는 성으로 지칭하는 것에 대한 논의로서, 김택영이 명덕을 심이나 성으로 환원시켜 설명하는 것을 비판한 것에 대해, 조긍섭이 '매우 정밀한 논의'라고 수긍하는 내용이다. 조긍섭은 "심은 리와 기가 합한 것이나 그 실상은 리도 아니고 기도 아니며, 명덕은 심과 성이 합한 것이나 그 실상은 심도 아니고 성도 아니다. 이는 마치 거울이 유리와 수은이 합한 것이지만, 그 실상은 유리도 아니고 수은도 아닌 것과 같다. 그러므로 반드시 '명덕'의 뜻을 나타내고자 한다면 오직 '본심' 두 글자가 가장 가깝다. 대개 오로지 '심'을 말한 것이라 하면, 심에는 악(惡)이 있으니 명덕이 아니다. 오로지 '성'을 말한 것이라 하면, 성에는 '허령하여 어둡지 않은 것'이 없으니 명덕이 아니다. 반드시 '본심'으로 말하면, 이는 심이 성에 근본한 것이니, 맹자가 논한 사단지심(四端之心)과 같은 것이다."라고 하였다.

이하 여러 조목에서는 지선(至善), 격물(格物)의 물(物)과 격물 공부, 후(厚)와 박(薄)의 의미, 지본(知本)과 청송장(聽訟章)의 의미, 차위지지지야(此謂知之至也) 등에 대해 논하였다.

4-14-6 「讀滄江金氏古本大學章句」(『巖棲集』 卷17)

是書卽『戴氏禮記』所載之原本也。程子、朱子, 嫌其次序之不整, 變易以行之世者, 於今六七百年矣。然竊嘗妄謂: "古先之文, 旨趣深遠, 不如後世之整齊淺露。且生於後世, 使古人精神、心術之所寓者, 顚倒破缺而不能全, 於義豈盡所安哉?" 玆敢就原本解之, 以請敎於君子焉。

"古文旨趣深遠, 不如後世之整齊淺露", 此誠高見至論也。然亦有極精密處, 不厭其整齊; 極明白處, 或近於淺露, 不可以一類槪者。只如是書篇首, 以明明德、新民、止至善爲三綱領, 而傳文「康誥」以下, 引三"明"字, 釋明明德; 「盤銘」以下, 引三"新"字, 釋新民; 「玄鳥」以下, 引三"止"字, 釋止至善。此豈非整齊之過而近於淺露, 有似後世功令文字者乎? 且使古經元本, 本如朱子所定, 則今之讀者, 只當贊歎其整齊非後人所及, 而未必病其淺露也。然則今之欲依古本者, 不過以爲古經之文, 未必有錯誤, 而病改本之顚倒破缺而已。夫古經之有錯誤, 不獨秦火之後爲然。孔子曰: "吾自衛反魯然後, 雅、頌各得其所。" 然則前此之失, 其所可知。自秦以後, 世無完經, 其一字一句之脫誤顚錯, 姑毋論, 卽如『書』之「舜典」二十八字之闕失、「武成」、「梓材」、「洛誥」之錯易, 皆不止一行數簡。且以『禮記』一書言之, 如「樂記」、「表記」, 先儒所稱最近道者也。而「樂記」之所謂大輅者一簡, 明是他篇之錯入, 「表記」之"昔三代明王"以下數節, 全不類以上之文勢。至如「內則」中"凡養老"以下數章, 亦是「王制」之重出, 「喪服小記」、「大傳」二篇 , 乃有十行數十行之間相互換者。【兢嘗有「讀禮記疑」, 論此頗詳。】 此外諸篇之類此者, 要亦甚多, 特後之讀者, 未曾深味而精覈耳。夫以異篇之文, 且不勝其互錯如彼, 況於一篇之內, 安保其無顚倒放失, 而不求所以正之乎? 若徒以尊經畏古爲心, 而不度事理旨趣之如何, 惟欲强解以通之, 則此正朱子所謂"承誤踵訛, 心知非是, 而故爲穿鑿附會, 以求其誤之必通, 其侮聖言而誤後學也益甚"者, 是豈不可懼耶?

"明德"者, 與『易』所云"自昭明德"、『書』所云"明德惟馨"、『國語』所云"茂昭明德"同, 卽人所當爲之善道之赫然光明者也。

『易』、『書』、『國語』所稱之明德, 善道之光明者之爲明德,【善道與光字不典, 蓋道無不善, 而不可謂之光。】 朱子亦非不見不知, 而必解之如彼者, 恐亦有說。古人制字, 必有意謂。道是天地間公共之物, 非我之所獨有者; 德是道之得於己, 而不屬於公共之分者。故道字不從心, 而德字從心, 此一說也。“德者得也”四字, 出於古經。故朱子於爲政以德、據於德, 皆以“行道而有得於心”釋之, 而惟明德不可如此解, 故又以“所得於天”四字, 替換而襯貼之, 此又一說也。旣以德爲得, 則人之所得於天而非物之所能與者, 非心性而何?【道則可曰“出於天”, 而不可曰“得於天”, 禽獸草木, 亦有其道, 而不可曰“有其德”。】 於此不得不以“虛靈不昧、具衆理、應萬事者”爲言, 此又一說也。近世儒者, 亦有以明德爲人所當爲之理, 不專屬心, 如目之明、耳之聰、子之孝、臣之忠者。然不知此等道理, 都具於心而爲人之性, 從未有在心性之外者。然以彼則不能包心性, 而擧心性則許多名目包在其中, 此又一說也。朱子於明命, 解曰: “卽天之所以與我, 而我之所以爲德者。” 則德之爲天命之善, 朱子固亦言之矣。而於明德, 必主心爲言者, 蓋以至善之名, 又在於明德之外故也。夫明德、至善, 雖非二物, 然旣並立爲三綱, 則其義亦當有別。若以明德爲人所當爲之善道, 則所謂至善者, 又不幾於頭上安頭、屋下架屋乎? 而何至並列而鼎峙耶? 此又一說也。合是數說而觀之, 則可以見朱說之斟酌權度, 文理密察, 逈出於常情之外矣。於此有見, 則所謂“自昭明德”、“明德惟馨”、“茂昭明德”諸說, 自當迎刃而下, 無盤錯齟齬之患, 不必棄此而取彼也。而近世如梁啓超者, 乃以朱子之解, 爲本於佛典, 此亦聽瑩於“虛靈不昧”四字, 而不察於“具衆理、應萬事”之一截也, 其亦過矣。

夫是善道之光明, 本受之於天, 而爲氣禀、物欲所拘蔽, 則有時而昏, 故當有以修而明之也。

道是公物, 德是己有。故德有時而昏, 道無時而昏。氣禀、物欲, 能拘蔽乎德, 而不能拘蔽乎道, 古人或有以道之明不明爲言者。【如『中庸』第四章。】 然是乃以公共之道言之, 而無間於人、己。若以德爲公共之道, 而無間於人、己, 則『大學』之道, 只有“明明德”一事足矣, 何必與“新民”對立, 而爲治己、治人之分耶?

明德之義, 後人或指爲心, 或指爲性, 紛然相持, 不勝其繁。然則其將曰: “明明心、明性乎?” 又將曰: “明明心、明性於天下乎?” 天下之道, 何者不本於心性? 而聖人之言, 隨時各異, 或淺或深。今何可一切以心性字冒之, 使聖人簡易平正、全純完好之旨, 反受割裂破碎之厄乎?

此論甚精。近世學者, 論心者, 或以爲理, 或以爲氣; 論明德者, 或以爲心, 或以爲性。愚嘗妄爲之說曰: “心者, 理氣之合也, 而其實非理非氣; 明德, 心性之合也, 而其實非心非性, 猶鏡是玻瓈、水銀之合也, 而其實非玻瓈非水銀。故必欲狀明德之義, 惟本心二字, 最爲近之。蓋以其專言心, 則心有惡, 非明德也; 專言性, 則性無虛靈不昧者, 非明德也。必言本心, 則是心之本於性者, 如孟子所論四端之心, 是也。然謂之明本心, 終不若明明德者之圓活而賅備也。此見古人命物立言之妙。若以此而又謂心、性不可以言明德, 則是亦猶玻瓈、水銀不可以言鏡也, 亦未知其可也。”

止者, 所當止之地, 卽至善之所在也。知之則有定向矣。蓋人心之靈, 莫不有知, 故雖未至於至善, 亦有以辨別善惡之是非而至於定也。

旣曰“止者, 至善之所在”, 則知止者, 卽知至善之所在也。能知至善之所在者, 非格物致知之功已極其至者不能, 安得以人心之靈莫不有知而辨別是非之大故麤畧者, 當之也耶?

慮謂博學、審問、愼思、明辨, 以求至善之工夫也。

慮是求至善之工夫, 則今在知止之後, 是先知而後求也, 其可乎? 愚謂學、問、思、辨, 是知止以前之事。慮是臨事更加思量, 卽孔子所云“如之何如之何?”者, 如季文子“再斯可矣”之思, 是也。若學、問、思、辨之事, 則雖千百其功, 可也, 何遽以再爲可乎?

物者, 卽下文格物之物也。物事之本始, 卽下文誠意、正心、修身, 意、心、身爲物, 而誠、正、修爲事也。物事之末終, 卽下文齊家、治國、平天下, 家、國、天下爲物, 而齊、治、平爲事也云云。朱子以此一節爲三綱尾結之詞, 殊不可曉。下文格物之物字, 卽此之物字; 先治其國等之先字, 卽此之先字; 物格而后知至之后字, 卽此之後字; 修身爲本之本字, 卽此之本字。文理通爲一串, 昭昭歷歷, 則此一節, 安可不屬于下文而屬之于上文乎?

此說甚善, 能發朱子所未發之意。然必以此一節爲起下文, 而不結上文, 亦恐未當。蓋上二節, 如此建設, 不應無結而遂及他語也。若以爲結上起下之辭, 則其義始備。

大抵朱子不以此一節屬于下文。故其格物之義, 遠著之於汎汎蕩蕩天下之萬物, 而不著之於誠意以下切近之際, 遂使陽明王氏矯枉過直, 而橫入於除去事物之失焉, 今不得不更正。

朱子論格物工夫, 自念慮之微事爲之著爲先。其說詳具於『或問』, 何嘗遠著於汎汎之萬物, 而不著於切近之事乎? 陽明未嘗深究朱子之意, 而妄加駁論, 此豈足以病朱子哉? 愚有「格物說」一首論此, 頗正陽明之謬。

未有於身之當厚而反薄之、於天下國家之當薄而反厚之之理。厚、薄云者, 蓋甚言本末之輕重耳, 非眞謂身獨厚而天下、國、家可薄之也。

所厚、所薄, 朱子以家與國、天下言之。蓋以明德、新民對言, 則身爲本而家、國、天下爲末; 就新民而分言, 則家爲所厚而國、天下爲所薄。經文末段, 發此二義, 可謂"毫髮無遺, 首尾俱至。" 故傳者, 於「齊家章」末, 不曰"此謂齊家在修其身", 而曰"身不修, 不可以齊其家"; 於「治國章」首, 不曰"所謂治國, 在齊其家", 而曰"治國必先齊其家"者, 正是力明此義, 遙遙相應, 可見經、傳之文, 不厭其整齊。若以本末、厚薄, 皆主修身而言, 則其支離重複, 無當於文法, 而有遺於義理, 不亦甚乎?

言此以總結上文修身之意, 而以此謂二字, 重言歎美之曰: "人能修身而盡至善誠實之道, 則可謂知本矣, 可謂知之至也。" 卽所以極言格物致知之功也。

"此謂知本"四字, 與「聽訟章」末複出, 故程、朱皆以爲衍文。蓋此四字, 無甚精義。不應於經、傳中兩見之。又其下接以"此謂知之至也"六字, 文勢義理, 全不融洽, 故後儒【似是蔡虛齋。】以爲: "知本二字, 是物格之誤。"【此說極是。蓋知字與物字相近, 而本字與格字之偏旁相似, 正如新之爲親、怠之爲命。】則衍文之疑可袪, 而格致傳之有亡, 亦可以無多言之弊矣。今必曲解以强通之, 則固無不可通之理, 然其於經文、事理, 未知其何如也?

此下諸傳之首, 無格物致知一傳, 故朱子疑其缺亡而補之。然其實則曾子初不立傳, 以其格物之義, 已詳於經中, 而亦於所格諸物之傳中, 畧均見義, 如土之均寄於四時故耳。

"此謂知之至也"六字, 分明是「致知章」結語, 置之經文之末、諸傳之間, 皆無當處。若以補亡爲嫌, 必不得已而如王魯齋、方遜志、李晦齋諸賢, 以"知止有定"、"物有本末"、"聽訟猶人"等諸節, 爲格致之傳, 猶之可也, 安得以爲初不立傳耶? 若謂諸傳中畧均見義, 則夫意與心, 獨不可均於身、家、國、天下者? 而乃別立傳, 何耶? 「洪範」五皇極, 總統上下八疇, 而敷演其義, 最爲詳博, 曾謂『大學』一篇最初入手者, 而可畧而不傳之耶?

4-14-7

「성존심비적거변性尊心卑的據辨」【丁巳】(『巖棲集』 卷17)

해제

1) 서지사항

조긍섭이 간재 전우가 제시한 전거를 중심으로 성존심비설을 비판한 변론문. 『암서집(巖棲集)』 권17에 실려 있다.(한국문집총간 350)

2) 저자

조긍섭(曺兢燮, 1873~1933)으로, 자는 중근(仲謹), 호는 심재(深齋)이다,

3) 내용

이 글은 조긍섭이 성존심비설의 전거를 중심으로 비판한 것이다. 조긍섭의 기본적인 입장은 성이 존귀할 뿐만 아니라, 성의 인식과 실현에 필수적인 전제인 심 또한 귀하다는 것이다. 먼저 "하늘의 때를 받들고 천명을 두려워하고, 덕성을 높인다"는 전거에 대해서는 이것들이 성의 존귀함을 보여주기는 하지만, 심이 낮은 지위에 있음을 보여주는 근거가 아니라고 지적했다. 또한 공자와 맹자로부터 이어진 역대 유학자들이 성을 심이 주로 삼는 바로 여겼고, 심은 성이 타는 바로 여긴 것이 성존심비를 보여주는 전거라는 주장에 대해서는, 성은 심이 주로 삼는 바이지만 심은 주재할 수 있는 것이니 둘 다 중요하다고 주장했다. 또한 전우가 심즉리설을 우려하여 성존심비설을 제기한 것은 "구부러진 것을 바로잡으려다가 곧음을 지나치게 하는 병통"에 해당한다고 비판하고 있다. 또한 "예를 배움", "도를 배움", "인의를 배움"과 같은 부류의 말들이 명백하게 성사심제의 입장을 보여준다는 전우의 주장에 대해, 조긍섭은 양지양능이나 측은·수오·사양·시비의 사단은 배우지 않고도 선천적으로 할 수 있게 되는 것이니 성(性)이 심(心)의 스승이라는 관점에 부합하지 않는다고 비판하고 있다.

4-14-7 「性尊心卑的據辨」【丁巳】(『巖棲集』 卷17)

“奉天時, 畏天命, 尊德性, 云云”【止】“性尊而心卑, 不其明乎?”

按此等, 只以爲性尊之據則可矣, 何以爲心卑之據乎? 性尊二字, 自是好品題, 而著却心卑二字, 便覺意思不平, 氣象不佳。程子所謂“後人雖有好言語, 被氣象卑, 終不近道”者, 豈非此類之謂耶? 天命與性, 雖非二物, 然天命以在天者言, 性以在我者言, 今便以天命爲性, 亦恐未精。

孔子祖孫、孟、程、朱、宋諸聖賢, 無不以性爲心之所主, 以心爲性之所乘, 其爲尊卑、上下, 昭然別矣。

以性爲心之所主, 則心是能主者也。所主者固是尊也, 能主者獨可卑乎? 性與心對言之, 則固有道器、上下之分矣。然不當以其所乘之器而遂卑之。朱子釋瑚璉之器, 以爲器之貴重而華美者也。夫以盛宗廟之粢之器, 而猶貴重之, 況盛性之器乎?【尤庵所謂“道無形體, 該貯於心, 以爲一身之主, 而爲齊家、治國、平天下之本”者, 語多未瑩。蓋謂“性貯於心”則可, 而謂“道貯於心”, 則是心爲道之郛郭也; 謂“心貯是道, 以爲一身之主”則可, 而謂“道貯於心以爲主”, 則是道爲一身之主也, 皆不詞矣。其曰“爲齊家、治國、平天下之本”者, 若指道也, 則道可以謂之則, 而不可以謂之本。又道無所不在, 不但爲齊、治、平之本而已。若指心也, 則心爲家、國、天下之本, 而正心乃爲齊、治、平之本。 今直以心爲齊、治、平之本, 亦似逕庭。而田氏之必奉此語, 以繼諸聖賢之後者, 殊所未曉。】

況所謂“學禮”、“學道”、“學仁義”之類, 又定爲性師心弟者, 有目皆睹。

夫所謂師與弟子者, 以其覺覺其未覺, 以其無能效其能之名也。使爲心者, 初無仁、義、禮、道之本然, 而必學而後能之, 則其說是矣。然亦有所謂“不學不慮之良知良能”, 所謂“人皆有之之惻隱羞惡辭讓是非之心”, 未知此等亦必待學於性而後有者乎? 夫眞心驀發, 不待思議, 是性是心, 不容開析, 只管擴充, 不須商量。今必曰“以心師性而後得之”, 則煩挐散緩, 不成道理, 眞不免張無垢所謂“當惻隱時, 體其仁; 當羞惡時, 體其義”之病矣。若乃“納交、要譽”之心, 紛然交發, 則此當以性爲師, 而去其不當師者, 可也。於是有"學仁"、"學義"等說。然此是下一截事, 與本心之體不相干。朱子以道心爲無揀擇之心, 人心爲有揀擇之心, 又謂: "孟子論心, 在內者要推出去, 在外者要收入來。" 然則田氏所謂心弟者, 只是說得有揀擇、要收入之心。○ 或曰: "子必以良知之本心爲言, 不近於陽明之說歟?" 曰: "陽明之病, 在於但求諸心, 而不求諸物, 但知無揀擇者之當推致, 而不知有揀擇者之當講辨。故致良知三字, 遂爲吾儒家之大諱。然良知之當致, 則不可以此而誣之。" 田氏深懲於陽明及近世心卽理之說, 故不得已而爲此論, 其救世之心, 固亦至矣, 然終不免矯枉過直之病。又性師心弟四字, 語面差異, 未論義理如何, 决然是明、淸間淺儒口法, 不類洛、閩辭氣。

惟世間有不肯小心, 而內懷驕氣、外襲尊號者, 或欲與性齊等, 甚則貶性而下之, 小之, 偏之, 兩之。如此者, 其心只知有心, 而不知有性。

以性爲下, 未之聞也, 以性爲小, 亦有其說。朱子以存心、致知, 爲大小之別, 謂"盡心知性, 有輕重之分", 蓋性有許多條理, 而心則一虛靈知覺之體而已。以物譬之, 心如稱尺, 性如星寸。若曰"稱尺大, 而星寸小", 有何不可? 然合其小, 乃所以爲大, 則其實初無大小之可言也。若以爲心小性大, 則於古非無據, 而終非通論。謂心是理者, 是一而非兩也。必曰"性尊心卑"者, 乃不免兩之之失, 而其偏則均矣。"只知有心, 而不知有性"此句, 足以警異學之失。然世之學者, 患不知有心, 故亦不知有性。若能眞知有心, 則性亦不外乎是。觀朱子所謂"此心有正而無邪, 故存則正, 不存則邪, 人之一心, 萬理具備, 若能存得, 便是聖賢",【此語最近陽明, 却得下文救了。】薛子所謂"心淸, 則見天理, 心存, 則因器以識道"等語, 可見其實有是理, 未可執一而廢一也。

然則動、不動, 專靠著有覺之人心, 足矣, 尙何待於無爲之道體乎? 此可與吾儒本性之學, 同條而共貫也哉?

心有當靠者, 有不當靠者, 道心是當靠者, 人心是不當靠者。夫言心而曰"人心、道心", 言學而曰"惟精、惟一", 千古之心法、心學, 無以復加矣。今必欲以心對道而曰"心不可靠", 則是所謂心者, 只是人心而已, 爲說不亦偏乎? 爲彼說者, 必曰"道心是師性之心也", 竊未知道心是果與道爲一, 泯然無間之心乎? 是果自卑自小,聽命於道之心乎? 若曰是聽命於道之心, 則是道心聽命於道, 而人心又聽命於道心, 道心之師一, 而人心之師二也, 不亦已煩乎? "本性之學"四字, 於古亦未聞, 當因"本天"之說, 而微轉化之, 以立宗旨。然有若認爲古語, 而表出之, 是其爲心, 殆若未卑然。【聞田氏所居學者之室, 有海東千載性師翁之標榜。此與瞿曇氏"惟我獨尊"者, 同一意槪, 而乃力攻本心之學, 不近於履其實而辭其名者耶? 且其以奉天時之大人、尊德性之君子, 皆爲包心言, 以此例之, 翁亦當包心, 而其尊之若此, 則心之不卑, 又可知矣。】

張子曰: "心統性情。" 朱子曰: "心爲性情之主宰。" 此類但以人心有覺, 道體無爲而云爾, 非所以爲上下、尊卑之別也。或以是爲心尊性卑之說, 則謬矣。朱子嘗言: "天子統攝天地。" 又言: "人者, 天地之心, 沒這人時, 天地便無人管。" 此以天地無思慮、無句當, 聖賢盡人物、贊化育而言, 豈可以此爲人心尊於天地乎?

"心統性情", "心爲性情之主宰",【朱子又有"心者, 性情之主"一句, 今捨而不擧, 何耶?】二語若出於今人之口, 則竊恐田氏必且大言其謬矣。惟其爲先儒、大賢之言, 故不得不曲爲證解。然凡言有立言之言, 有推說之言。張、朱二言, 是立言之言也。故平常切當, 雖孤行此句, 更不可移易。至下所引朱子二說, 則是推說之言也。若以此而立言曰"天子統天地者也,【心統性情下, 本有"者也"二字。】人者, 天地之主云爾", 則亦可以爲平常切當, 不可移易之訓乎? 竊嘗譬之, "心統性情", 猶言君統民、社; "心者, 性情之主", 猶言君者神、人之主。夫君爲民、社而設, 故君必念念在民、社, 然後方盡君之道, 然不可以此而卑君於民、社也; 心因性而有, 故心必念念在性, 然後方盡心之道, 然不可以此而卑心於性也。夫以"畏天命"、"尊德性"諸說, 爲性尊心卑之的據, 則凡經傳中所謂"敬鬼"、"宗神"、"尊賢"、"尊士"、"畏民"、"禮下"等說, 亦可以爲神、人尊而君卑之的據乎? 蓋以位言, 則君固臨乎民、社, 而以實言, 則民、社重於君; 以量言, 則心固包乎性 , 而以理言, 則性妙於心, 並行兩全, 而不相侵奪, 可矣。必欲强而曰"尊", 曰"卑", 曰"齊"等者, 非無用之贅言, 則自私之偏見也。

4-14-7 「성존심비적거변性尊心卑的據辨」【丁巳】(『巖棲集』 卷17)

선역

천시(天時)를 받들고, 천명(天命)을 두려워하고, 덕성(德性)을 높인다. (…) 본성은 높고 마음 낮은 것이 그 명백하지 않는가?

살펴보건대, 이러한 말들은 단지 본성이 높다는 근거가 된다는 것으로 삼으면 옳으나, 어떻게 마음이 낮다는 근거로 삼겠는가? 본성이 높다는 "성존(性尊)" 두 글자는 본래 좋은 제목이지만, 마음이 낮다는 "심비(心卑)" 두 글자를 붙인 것은 뜻이 바르지 못하고 기상이 좋지 못함을 문득 느끼겠다. 정자(程子)가 이른바 "뒷사람에게 비록 좋은 말이 있어도 기상이 낮게 되면 마침내 도에 가깝지 않다."[18]는 것이 어찌 이러한 부류를 말함이 아니겠는가? 천명과 본성은 비록 두 가지가 아니지만, 천명은 하늘에 있는 것으로 말하고 '본성'은 나에게 있는 것으로 말한다. 이제 곧 천명을 본성이라고 말하는 것은 또한 정밀하지 못한 듯하다.

공자와 자사(子思)·맹자·정자·주자·송자(宋子) 등 여러 성현들이 "본성은 마음의 주인된 바이고, 마음은 본성의 타는 바이다."라고 하지 않음이 없었으니, 그 존비·상하가 분명하게 구별된다.

본성을 마음이 주인으로 삼는 것으로 여기면, 마음은 주인을 삼을 수 있는 것이다. '주인을 삼는 것[能主者]'은 진실로 높은 것인데, '주인으로 삼을 수 있는 것[所主者]'은 오직 낮출 수 있겠는가. 본성과 마음을 상대적으로 말하면 진실로 도(道)와 기(器), 상(上)과 하(下)의 구분이 있다. 그러나 타는 바의 기(器)를 드디어 낮다고 하는 것은 합당하지 않다. 주자가 호련(瑚璉[19])의 그릇을 풀이하기를, "그릇 중에 귀중하고 화려하고 아름다운 것이다."[20]라고 하였다. 무릇 종묘 제사의 서직(黍稷)을 담는 그릇을 오히려 귀중하게 여기는데, 하물며 본성을 담는 그릇이야 더할 나위가 있겠는가?【우암(尤庵, 宋時烈: 1607~1689)의 "도는 형체가 없지만 마음에 갖추어 담겨 있어, 한 몸의 주인이 되어 제가(齊家)·치국(治國)·평천하(平天下)의 근본이 된다."[21]는 말은 분명하지 못한 것이 많다. 대개 "본성은 마음

---

18) 『二程遺書』 卷15 「入關語錄(或云明道先生語)」: 如言'吾得正而斃', 且休理會文字, 只看他氣象極好, 被它所見處大. 後人雖有好言語, 被氣象卑, 終不類道. 참조.

19) 『論語』 卷5 「公冶長」 〈第3章〉: 子貢問曰: "賜也何如?" 子曰: "女器也." 曰: "何器也?" 曰: "瑚璉也."

20) 『論語集註』 卷5 「公冶長」 〈第3章〉: 夏曰瑚, 商曰璉, 周曰簠簋, 皆宗廟盛黍稷之器而飾以玉, 器之貴重而華美者也. 참조.

21) 『宋子大全』 卷138 「心經釋疑序」: 臣竊聞: 惟道無形, 該貯於心, 以爲一身之主, 而爲齊家·治國·平天下之本. 語其大則極於無外, 語其小則入於無內, 雖堯舜之欽明濬哲, 亦豈外是而能哉?

에 담겨 있다."라고 말한다면 옳지만, "도가 마음에 담겨 있다."고 말한다면 이것은 마음이 도의 외곽이 되는 것이다. "마음이 이 도를 담아서 한 몸의 주인이 된다."고 말한다면 옳지만, "도가 마음에 담겨서 주인이 된다."고 말한다면 이것은 도가 한 몸의 주인이 되니, 모두 말이 되지 않는다. 그 "제가·치국·평천하의 근본이 된다."고 말한 것이 만약 도를 가리킨다면, 도는 '법칙'이라고 말할 수 있지만 '근본'이라고 말할 수는 없다. 또 도는 존재하지 않는 곳이 없으니, 다만 가지런히 함[齊]·다스림[治]·평정함[平]의 근본이 될 뿐만이 아니다. 만약 마음을 가리킨다면, 마음은 가(家)·국(國)·천하(天下)의 근본이 되고, 마음을 바르게 하는 것이 바로 가지런히 함·다스림·평정함의 근본이 된다. 이제 곧바로 마음을 가지런히 함·다스림·평정함의 근본으로 삼는 것은 또한 크게 어긋난 듯하다. 전씨(田氏, 田愚: 1841~1922)가 반드시 이 말을 받들어 여러 성현들의 뒤를 계승한 것으로 여긴 것은 자못 이해하지 못할 일이다.】

하물며 이른바 '예를 배운다'·'도를 배운다'·'인의를 배운다'는 부류는 또 '본성은 스승이고 마음은 제자가 됨'을 확정하는 것이니, 눈 있는 사람은 모두 알 수 있는 것이다.

무릇 이른바 '스승과 제자'라는 것은 그 깨달은 사람으로 깨닫지 못한 사람을 깨닫게 하고, 능력 없는 사람으로 능력 있는 사람을 본받게 하는 것을 명명하는 것이다. 가령 마음이란 것은 애초 인(仁)·의(義)·예(禮)·도(道)의 본연이 없어서 반드시 배운 뒤에 작용할 수 있다면, 그 말이 옳다. 그러나 또한 이른바 '배우지 않고 생각하지 않아도 되는 양지(良知)와 양능(良能)'[22]과 '사람마다 모두 있다는 측은(惻隱)·수오(羞惡)·사양(辭讓)·시비(是非)의 마음'[23]이 있는데, 이와 같은 것들도 또한 반드시 본성에서 배우기를 기다린 뒤에 있는 것인가? 저 참된 마음이 갑자기 드러날 적에 생각과 의논을 기다리지 않는 것이 본성이고 마음이니, 이것은 분석할 것 없이 확충하기만 할 뿐 헤아릴 필요가 없는 것이다. 이제 반드시 마음이 본성을 스승으로 삼은 뒤에 얻는다고 한다면, 번잡하고 어지러우며 산만하고 늘어져서 도리를 이루지 못하니, 참으로 장무구(張無垢, 張九成: 1092~1159)가 말한 "측은의 때를 당하여 그 인(仁)을 체득하고, 수오의 때를 당하여 그 의(義)를 체득한다"[24]는 병통을 면하지 못할 것이다. 만약 교제를 맺고 명예를 바라는 마음[25]이 어지럽게 서로 드러났다면, 이것은 마땅히 본성을 스승으로 삼아야 하고, 그 스승으로 삼기에 합당하지 않은 것을 제거하는 것이 옳다. 여기서 인을 배우고 의를 배운다는 등의 말이 있게 되었다. 그러나 이것은 아래의 한 부분의 일이니, 본심의 체(體)와 서로 관여하지 않는다. 주자(朱

---

22) 『孟子』 卷13 「盡心上」〈第15章〉: 孟子曰: "人之所不學而能者, 其良能也; 所不慮而知者, 其良知也." 참조.

23) 『孟子』 卷11 「告子上」〈第15章〉: 孟子曰: "…惻隱之心, 人皆有之; 羞惡之心, 人皆有之; 恭敬之心, 人皆有之; 是非之心, 人皆有之. 惻隱之心, 仁也; 羞惡之心, 義也; 恭敬之心, 禮也; 是非之心, 智也.…" 참조.

24) 이 張九成의 말은 『晦庵集』에서 원용한 듯하다. 『晦庵集』 卷64 「答或人」〈當惻隱時體其仁〉 참조.

25) 『孟子』 卷11 「告子上」〈第15章〉: 孟子曰: "…所以謂人皆有不忍人之心者, 今人乍見孺子將入於井, 皆有怵惕惻隱之心. 非所以內交於孺子之父母也, 非所以要譽於鄉黨朋友也, 非惡其聲而然也." 참조.

子)는 도심(道心)을 가려서 선택함이 없는 마음으로 삼고 인심(人心)을 가려서 선택함이 있는 마음으로 삼았으며, 또 말하기를 "맹자가 마음을 논할 적에는 안에 있는 것은 미루어 나가게 하고 밖에 있는 것은 거두어서 들어오게 한다"[26]고 하였다. 그렇다면 전씨의 "마음이 제자이다"라는 말은 다만 가려서 선택함이 있고 거두어서 들어오게 하는 마음을 말한 것이다. ○ 어떤 사람이 말하기를 "그대가 반드시 양지의 본심으로써 말한 것은 양명(陽明, 王守仁: 1472~1528)의 설에 가깝지 않은가?"라고 하였다. 이에 답하기를 "양명의 병통은 다만 마음에서 구할 뿐 사물에서 구하지 않고, 다만 가려서 선택함이 없는 것을 마땅히 미루어 이루어야 할 것만 알고 가려서 선택함이 있는 것을 마땅히 강론하여 변별해야 할 것을 모르는 데 있다. 그러므로 양지를 이룬다는 '치양지(致良知)' 세 글자가 드디어 우리 유가에서 매우 꺼리는 것이 되었다. 그러나 양지를 마땅히 이루어야 한다는 것을 이것으로써 속일 수 없다."라고 하였다. 전씨가 양명 및 근세의 심즉리설(心卽理說)에 대해 깊이 징계하였기 때문에 부득이 이러한 의논을 하였으니, 세상을 구하고자 하는 마음이 실로 또한 지극하다. 그러나 마침내 구부러진 것을 바로 잡으려다가 너무 곧게 하는 병통을 면하지 못하였다. 또 본성은 스승이고 마음은 제자라는 '성사심제(性師心弟)' 네 글자는 말로 표현함이 자못 이상하니, 의리가 어떤지는 논의할 것도 없다. 이는 결단코 명나라와 청나라 사이의 천박한 선비의 구법(口法)으로서, 송나라 낙민(洛閩)의 말투[辭氣]와는 같지 않다.

오직 세간에 마음을 작게 보려고 하지 않고 안으로 교만한 기운을 품고 밖으로 높이는 구호를 무릅쓰는 자가 있어, 혹 본성과 대등하게 하고자 하고, 심지어 본성을 폄하하여 하찮게 여기고 작게 여기며 치우치게 하고 둘로 나누기까지 한다. 이와 같은 것은 그 마음이 단지 마음이 있음만 알지 본성이 있음을 모르는 것이다.

본성을 하찮게 여기는 것은 듣지 못하였고, 본성을 작게 여기는 것은 또한 그러한 말이 있다. 주자가 존심(存心)과 치지(致知)를 대(大)·소(小)로 구별하고, 진심(盡心)과 지성(知性)에는 경중의 구분이 있다고 하였다. 대개 본성에는 허다한 조리가 있으나, 마음은 하나의 허령지각(虛靈知覺)의 체(體)일 따름이다. 사물로써 비유하자면 마음은 저울이나 자[尺]와 같고, 본성은 눈금[星]이나 마디[寸]와 같다. 만약 저울과 자는 크고 문금과 마디는 작다고 말한다면, 무슨 불가함이 있겠는가? 그러나 그 작은 것을 합하여야 바로 큰 것이 되는 것이라면 그 실상은 애초 크고 작은 것을 말할 수 없는 것이다. 만약 마음은 작고 본성은 크다고 여기면, 옛날에 그 근거가 없는 것이 아니지만, 마침내 통론(通論)한 것이 아니다. '마음은 리(理)'라고 하는 것은 하나로 여기는 것이

26) 『朱子語類』 卷19 「論語一 · 語孟綱領」 〈祖道錄〉: 又曰: "'有是四端於我者, 知皆擴而充之' 孟子說得最好. 人之一心, 在外者又要收入來, 在內者又要推出去. 『孟子』一部書, 皆是此意." 참조.

요, 둘로 여기는 것이 아니다. 반드시 ‘본성은 높고 마음은 낮다’고 말하는 것은 곧 둘로 여기는 잘못을 면하지 못하니, 그 치우친 것이 마찬가지이다. “단지 마음이 있음만 알지 본성이 있음을 모르는 것[只知有心而不知有性]”이라는 이 구절은 이학(異學)의 잘못을 족히 경계시킬 수 있다. 그러나 세상의 학자들은 마음이 있는 줄 알지 못하였기 때문에 또한 본성이 있는 줄도 알지 못함을 근심하였다. 만약 참으로 마음이 있는 줄 안다면 본성도 또한 여기에서 벗어나지 않을 것이다. 주자의 “이 마음이 바름은 있고 사특함은 없는 까닭으로 마음이 보존되면 바르고 보존되지 않으면 사특하다. 사람의 한 마음에 만 가지 이치가 갖추어졌으니, 만약 이 마음을 보존할 수 있다면 문득 성현이다.”[27]【이 말은 양명과 가장 가까우나, 도리어 아래 글에서 잘못을 구하였다.】라는 말씀, 설자(薛子, 薛瑄: 1389~1468)의 “마음이 맑으면 천리를 보고, 마음이 보존되면 기(器)를 통하여 도(道)를 안다.”[28]라는 말씀 등을 살펴본다면, 그 실상에 이 리가 있음을 알 수 있으니, 하나를 고집하고 다른 하나를 버릴 수 없는 것이다.

그렇다면 움직임과 움직이지 않음은 전적으로 지각이 있는 인심에 의지함이 충분할 것인데, 왜 여전히 작위가 없는 도체(道體)에서 기다리는 것인가? 이것은 우리 유학에서 본성에 근본하는 학문과 더불어 조리가 같고 맥락이 공유될 수 있겠는가?

마음에는 마땅히 의지해야 할 것이 있고 마땅히 의지하지 않아야 할 것도 있으니, 도심은 마땅히 의지해야 할 것이고 인심은 마땅히 의지하지 않아야 할 것이다. 무릇 마음을 말할 적에는 “인심과 도심”이라 하고, 배움을 말할 적에는 “오직 정밀하게 하고 오직 한결같이 하여야 한다[惟精惟一]”라고 한 것은 천고의 심법(心法)과 심학(心學)이니, 다시 더할 것이 없게 되었다. 이제 반드시 마음을 도에 상대하고자 하여 마음을 의지할 수 없다고 한다면, 여기에서의 이른바 마음은 단지 인심일 따름이니, 말을 한 것이 또한 편벽되지 않은가? 저 말을 한 사람은 반드시 도심은 본성을 스승으로 삼는 마음이라고 해야 할 것이다. 내 생각에, 알지 못하겠지만, 도심이 과연 도와 하나가 되고 합쳐진 듯 틈이 없는 마음인가? 과연 스스로 낮추고 스스로 작게 하여 도에게 명령을 듣는 마음인가? 만약 도에 명령을 듣는 마음이라고 한다면, 이것은 도심이 도에 명령을 듣고 인심도 또 도에 명령을 듣는 것이고, 도심의 스승은 하나이고 인심의 스승은 둘이 되는 것이니, 또한 너무 번잡하지 않은가? 본성에 근본하는 학문인 “본성지학(本性之學)” 네 글자는 옛날에 또한 들어보지 못하였으니, 마땅히 ‘하늘에 근본한다’는 설에 따라 조금 전환하여 종지(宗旨)를 세워야 할 것이다. 그러나 만약 옛말로 알고 표출한 것이라면, 이는 그 마음이 자못 낮지 않은

---

27) 『晦庵集』 卷51 「答董叔重」: 適答之云: “此心有正而無邪, 故存則正, 不存則邪.‘ 不知渠看得復如何也? 『晦庵集』 卷54 「答項平父」: 大抵人之一心, 萬理具備, 若能存得, 便是聖賢, 更有何事?

28) 『讀書錄』 卷2: 水清則見毫毛, 心清則見天理. 『讀書錄』 卷4: 心存則因器以識道.

것 같다.【들으니, 전씨가 학문을 하는 방에 "해동천재성사옹(海東千載性師翁)"[29]이라는 표방이 있다고 한다. 이는 구담씨(瞿曇氏, 梵語 Gautama의 음역으로 釋迦牟尼)의 "유아독존(惟我獨尊)"이라는 것과 동일한 뜻인데, 바로 마음에 근본하는 학문을 힘써 공격하니, 그 실상을 이행하면서 그 이름을 사양하는 것에 가깝지 않은가? 또 천시(天時)를 받드는 대인과 덕성(德性)을 높이는 군자를 모두 마음을 포괄한 말이라고 하였으니, 이것으로 예증을 삼는다면, 옹(翁, 전우)도 또한 마땅히 마음을 포괄한 것으로 여겨 그 높이기를 이처럼 하였으니, 마음이 낮은 것이 아님을 또한 알 수 있다.】

장자(張子, 張載: 1020~1077)가 말하기를 "마음은 본성과 감정을 통괄한다."[30]고 하였고, 주자는 말하기를 "마음은 본성과 감정의 주재자가 된다."[31]라고 하였다. 이러한 부류의 말들은 다만 인심은 지각이 있고 도체는 작위가 없기 때문에 이렇게 말했을 뿐이니, 상하와 존비를 구별한 것이 아니다. 간혹 이것을 두고 마음은 높고 본성은 낮다는 것으로 여기면 잘못이다. 주자가 일찍이 말하기를 "천자는 천지를 통섭한다."[32]라고 하였고, 또 말하기를 "사람은 천지의 마음인데, 이 사람이 없을 때에는 천지도 곧 사람의 주관함이 없다."[33]라고 하였다. 이는 천지에는 사려(思慮)가 없고 주관함[句當]이 없는 것과 성현이 사람과 사물의 본성을 다 발휘하게 하여 화육(化育)을 돕는 것으로 말한 것이니, 어떻게 이것을 사람의 마음이 천지보다 높은 것으로 여길 수 있겠는가?

"마음은 본성과 감정을 통괄한다"와 "마음은 본성과 감정의 주재자가 된다"【주자에게 또 "마음은 본성과 감정의 주인이다"[34]는 한 구절이 있는데, 지금 버리고 거론하지 않았으니, 무엇 때문인가?】는 것, 이 두 가지 말이 만약 지금 사람들의 입에서 나왔다면, 내 생각으로는 아마도 전씨가 반드시 장차 그 잘못됨을 크게 말했을 것이다. 오직 그 선유와 대현의 말이었기 때문에 완곡하게 증명과 해석으로 하지 않을 수 없었다. 그러나 무릇 말에는 '주장하는 말[立言]'이 있고 '추론하는 말[推說]'이 있다. 장자와 주자의 두 가지 말은 곧 주장하는 말이다. 그러므로 균평하고 떳떳하며 절실하고 합당하니, 비록 이 구절만 고집하더라도 다시 바꿀 것이 없을 것이다. 아래에서 인용한 주자의

29) 『艮齋文集』 後編 卷7 「答李鍾翼(戊午)」 참조.

30) 『張子全書』 卷14 「性理拾遺」: 張子曰: "心統性情者也."

31) 이 말은 주희의 저작에는 보이지 않는다. 다음의 글을 원용한 듯하다. 『晦庵集』 卷74 「孟子綱領」: 曰: "謝氏心性之說, 如何?" 曰: "性, 本體也; 其用, 情也; 心則統性情該動静而爲之主宰也." 『性理大全書』 卷32 「性理四·心」: 心之能爲性情之主宰者, 以其虛靈知覺也.【참고】『성리대전』에 수록된 내용은 黃榦의 말이다. 『勉齋集』 卷13 「復楊志仁書」 참조.

32) 『朱子語類』 卷3 「鬼神」 〈義剛錄〉: 此身在天地間, 便是理與氣凝聚底. 天子統攝天地, 負荷天地間事, 與天地相關, 此心便與天地相通. 참조.

33) 『朱子語類』 卷45 「論語二十七·衛靈公·人能弘道章」 〈植錄〉: 又曰: "人者天地之心, 沒這人時, 天地便沒人管." 참조.

34) 『晦庵集』 卷67 「元亨利貞說」: 性者, 心之理也; 情者, 心之用也; 心者, 性情之主也. 참조.

두 가지 말에 이르러서는 곧 추론하는 말이다. 만약 이것으로 주장하여 말하기를 "천자는 천지를 통괄하는 사람이고,【'마음은 성과 정을 통괄한다[心統性情]'는 아래에 본래 '~하는 것이다[者也]'라는 두 글자가 있다.】 사람은 천지의 주인일 뿐이다."라고 한다면, 또한 균평하고 떳떳하며 절실하고 합당하여 바꿀 수 없다는 가르침으로 삼을 수 있겠는가? 내 생각으로 일찍이 비유한 적이 있으니, '마음은 본성과 감정을 통괄한다'는 것은 임금은 백성과 사직을 통괄한다고 말하는 것과 같고, '마음은 본성과 감정의 주인'이라는 것은 임금은 신(神)과 인간의 주인이라고 말하는 같다. 무릇 임금은 백성과 사직을 위하여 세웠기 때문에, 임금은 반드시 생각할 적마다 백성과 사직에 있은 뒤에야 바야흐로 임금의 도리를 다하는 것이다. 그러나 이것으로 임금을 백성과 사직보다 낮출 수 없다. 마음은 본성으로 인하여 있기 때문에 마음은 반드시 생각할 적마다 본성에 있은 뒤에야 바야흐로 마음의 도리를 다하는 것이다. 그러나 이것으로 마음을 본성보다 낮출 수는 없다. 무릇 '천명을 두려워한다'와 '덕성을 높인다'는 등의 말들로 '본성은 높고 마음은 낮다'는 분명한 근거로 삼는다면, 무릇 경전 가운데 이른바 "귀신을 공경한다", "신을 으뜸으로 삼는다", "어진이를 높인다", "선비를 높인다", "백성을 두려워한다", "아랫사람에게 예우한다"는 등의 말들도 또한 귀신과 인간은 높고 임금은 낮다는 분명한 근거가 될 수 있겠는가? 대개 지위로써 말하면 임금이 진실로 백성과 사직에 군림하지만, 실상으로 말하면 백성과 사직이 임금보다 중요하고, 양적으로 말하면 마음이 진실로 감성을 포괄하지만, 리로 말하면 본성이 마음보다 오묘하다. 따라서 아울러 병행하면서 둘 다 온전하게 하여 서로 침탈하지 않는 것이 옳다. 반드시 억지로 '높다', '낮다', '가지런하다'는 등의 말을 하고자 하는 것은 쓸데없는 군소리가 아니면 자신의 사사로운 편견인 것이다.

"奉天時, 畏天命, 尊德性, 云云"【止】"性尊而心卑, 不其明乎?"

按此等, 只以爲性尊之據則可矣, 何以爲心卑之據乎? 性尊二字, 自是好品題, 而著却心卑二字, 便覺意思不平, 氣象不佳。程子所謂"後人雖有好言語, 被氣象卑, 終不近道"者, 豈非此類之謂耶? 天命與性, 雖非二物, 然天命以在天者言, 性以在我者言, 今便以天命爲性, 亦恐未精。

孔子祖孫、孟、程、朱、宋諸聖賢, 無不以性爲心之所主, 以心爲性之所乘, 其爲尊卑、上下, 昭然別矣。

以性爲心之所主, 則心是能主者也。所主者固是尊也, 能主者獨可卑乎? 性與心對言之, 則固有道器、上下之分矣。然不當以其所乘之器而遂卑之。朱子釋瑚璉之器, 以爲器之貴重而華美者也。夫以盛宗廟之粢之器, 而猶貴重之, 況盛性之器乎?【尤庵所謂"道無形體, 該貯於心, 以爲一身之主, 而爲齊家、治國、平天下之本"者, 語多未瑩。蓋謂"性貯於心"則可, 而謂"道貯於心", 則是心爲道之郛郭也; 謂"心貯是道, 以爲一身之主"則可, 而謂"道貯於心以爲主", 則是道爲一身之主也, 皆不詞矣。其曰"爲齊家、治國、平天下之本”者，若指道也，則道可以謂之則，而不可以謂之本。又道無所不在，不但爲齊、治、平之本而已。若指心也，則心爲家、國、天下之本，而正心乃爲齊、治、平之本。今直以心爲齊、治、平之本，亦似逕庭。而田氏之必奉此語，以繼諸聖賢之後者，殊所未曉。】

況所謂“學禮”、“學道”、“學仁義”之類，又定爲性師心弟者，有目皆睹。

夫所謂師與弟子者，以其覺覺其未覺，以其無能效其能之名也。使爲心者，初無仁、義、禮、道之本然，而必學而後能之，則其說是矣。然亦有所謂“不學不慮之良知良能”，所謂“人皆有之之惻隱羞惡辭讓是非之心”，未知此等亦必待學於性而後有者乎？夫眞心藹發，不待思議，是性是心，不容開析，只管擴充，不須商量。今必曰“以心師性而後得之”，則煩拏散緩，不成道理，眞不免張無垢所謂“當惻隱時，體其仁；當羞惡時，體其義”之病矣。若乃“納交、要譽”之心，紛然交發，則此當以性爲師，而去其不當師者，可也。於是有“學仁”、“學義”等說。然此是下一截事，與本心之體不相干。朱子以道心爲無揀擇之心，人心爲有揀擇之心，又謂：“孟子論心，在內者要推出去，在外者要收入來。”然則田氏所謂心弟者，只是說得有揀擇、要收入之心。○或曰：“子必以良知之本心爲言，不近於陽明之說歟?”曰：“陽明之病，在於但求諸心，而不求諸物，但知無揀擇者之當推致，而不知有揀擇者之當講辨。故致良知三字，遂爲吾儒家之大諱。然良知之當致，則不可以此而誣之。”田氏深懲於陽明及近世心卽理之說，故不得已而爲此論，其救世之心，固亦至矣，然終不免矯枉過直之病。又性師心弟四字，語面差異，未論義理如何，決然是明、清間淺儒口法，不類洛、閩辭氣。

惟世間有不肯小心，而內懷驕氣、外襲尊號者，或欲與性齊等，甚則貶性而下之，小之，偏之，兩之。如此者，其心只知有心，而不知有性。

以性爲下，未之聞也，以性爲小，亦有其說。朱子以存心、致知，爲大小之別，謂“盡心知性，有輕重之分”，蓋性有許多條理，而心則一虛靈知覺之體而已。以物譬之，心如稱尺，性如星寸。若曰“稱尺大，而星寸小”，有何不可？然合其小，乃所以爲大，則其實初無大小之可言也。若以爲心小性大，則於古非無據，而終非通論。謂心是理者，是一而非兩也。必曰“性尊心卑”者，乃不免兩之之失，而其偏則均矣。“只知有心，而不知有性”此句，足以警異學之失。然世之學者，患不知有心，故亦不知有性。若能眞知有心，則性亦不外乎是。觀朱子所謂“此心有正而無邪，故存則正，不存則邪，人之一心，萬理具備，若能存得，便是聖賢”,【此語最近陽明，却得下文救了。】薛子所謂“心淸，則見天理，心存，則因器以識道”等語，可見其實有是理，未可執一而廢一也。

然則動、不動，專靠著有覺之人心，足矣，尙何待於無爲之道體乎？此可與吾儒本性之學，同條而共貫也哉?

心有當靠者, 有不當靠者, 道心是當靠者, 人心是不當靠者。夫言心而曰“人心、道心”, 言學而曰“惟精、惟一”, 千古之心法、心學, 無以復加矣。今必欲以心對道而曰“心不可靠”, 則是所謂心者, 只是人心而已, 爲說不亦偏乎? 爲彼說者, 必曰“道心是師性之心也”, 竊未知道心是果與道爲一, 泯然無間之心乎? 是果自卑自小, 聽命於道之心乎? 若曰是聽命於道之心, 則是道心聽命於道, 而人心又聽命於道心, 道心之師一, 而人心之師二也, 不亦已煩乎? “本性之學”四字, 於古亦未聞, 當因“本天”之說, 而微轉化之, 以立宗旨。然有若認爲古語, 而表出之, 是其爲心, 殆若未卑然。【聞田氏所居學者之室, 有海東千載性師翁之標榜。此與瞿曇氏“惟我獨尊”者, 同一意概, 而乃力攻本心之學, 不近於履其實而辭其名者耶? 且其以奉天時之大人、尊德性之君子, 皆爲包心言, 以此例之, 翁亦當包心, 而其尊之若此, 則心之不卑, 又可知矣。】

張子曰: “心統性情。” 朱子曰: “心爲性情之主宰。” 此類但以人心有覺, 道體無爲而云爾, 非所以爲上下、尊卑之別也。或以是爲心尊性卑之說, 則謬矣。朱子嘗言: “天子統攝天地。” 又言: “人者, 天地之心, 沒這人時, 天地便無人管。” 此以天地無思慮、無句當, 聖賢盡人物、贊化育而言, 豈可以此爲人心尊於天地乎?

“心統性情”, “心爲性情之主宰”,【朱子又有“心者, 性情之主”一句, 今捨而不擧, 何耶?】二語若出於今人之口, 則竊恐田氏必且大言其謬矣。惟其爲先儒、大賢之言, 故不得不曲爲證解。然凡言有立言之言, 有推說之言。張、朱二言, 是立言之言也。故平常切當, 雖孤行此句, 更不可移易。至下所引朱子二說, 則是推說之言也。若以此而立言曰“天子統天地者也,【心統性情下, 本有“者也”二字。】人者, 天地之主云爾”, 則亦可以爲平常切當, 不可移易之訓乎? 竊嘗譬之, “心統性情”, 猶言君統民、社; “心者, 性情之主”, 猶言君者神、人之主。夫君爲民、社而設, 故君必念念在民、社, 然後方盡君之道, 然不可以此而卑君於民、社也; 心因性而有, 故心必念念在性, 然後方盡心之道, 然不可以此而卑心於性也。夫以“畏天命”、“尊德性”諸說, 爲性尊心卑之的據, 則凡經傳中所謂“敬鬼”、“宗神”、“尊賢”、“尊士”、“畏民”、“禮下”等說, 亦可以爲神、人尊而君卑之的據乎? 蓋以位言, 則君固臨乎民、社, 而以實言, 則民、社重於君; 以量言, 則心固包乎性 , 而以理言, 則性妙於心, 並行兩全, 而不相侵奪, 可矣。必欲強而曰“尊”, 曰“卑”, 曰“齊”等者, 非無用之贅言, 則自私之偏見也。

4-14-8

「사단칠정설四端七情說」(『巖棲集』 卷17)

해제

1) 서지사항

조긍섭이 사단과 칠정에 관해 논한 글. 『암서집』 권17에 실려 있다(『한국문집총간』 350).

2) 저자

조긍섭(曺兢燮: 1873~1933)으로, 본관은 창녕, 자는 중근(仲謹), 호는 심재(心齋)이다.

3) 내용

이 글은 조긍섭이 사단과 칠정에 대해 자신의 견해를 밝힌 것이다. 조긍섭은 "사단은 리의 발현이고, 칠정은 기의 발현이다"라는 설은 주자(朱子)에서 시작되어, 중국에서는 면재(勉齋) 황간(黃榦: 1152~1221)이 따르고, 우리나라에서는 추만(秋巒) 정지운(鄭之雲: 1509~1561)이 이를 따른 뒤 퇴계(退溪) 이황(李滉)이 그 귀추를 드러내 밝혔지만, 이후 3백 년이 다하도록 대안(大案)이 결판나지 않아 논쟁이 줄곧 이루어졌다고 하였다. 이 논설에서 조긍섭은 퇴계학파의 주장을 '오설(吾說)'이라 하고, 율곡학파의 주장을 '피설(彼說)'이라 하면서, 양측을 주장을 함께 논의하였다. 조긍섭은 "오설을 주장하는 사람들도 어찌 일찍이 '혼륜(渾淪)하여 말하면 사단과 칠정이 하나이나, 오직 분개(分開)하여 말하므로 부득불 다른 것'이라고 말하지 않았던가? 이는 그 학설이 원만한 것이다. 그런데 피설을 주장하는 사람들 또한 '칠정은 전언(專言)한 것이며, 사단은 그 가운데 선한 것을 발라내서 말하는 것'이라고 말한다. 이 학설이 어찌 오설과 크게 다른 것이겠는가? 그런데도 오히려 다른 것은 마땅히 사단과 칠정을 대거(對擧)하지 않았기 때문이다."라고 하여, 오설과 피설의 핵심적 차이는 '혼륜과 분개'의 문제가 아니라, '사단과 칠정의 대거(對擧) 여부'라고 보았다. 그리고 조긍섭은 사단과 칠정을 대거해야만 하는 이유를 다음과 같이 설명한다. "'칠정은 개나 말[馬]도 지니는 것인가?'라고 질문하면, 저들은 반드시 '지닌다'고 답할 것이다. 그렇다면 '개나 말도 사단을 지니는가?'라고 질문하면, 저들은 반드시 '없다'고 답할 것이다. '그렇다면 리발(理發)과 기발(氣發)의 학설이 무엇이 의심스러운가?'라고 질문하면, 저들은 어떻게 대답해야 할지 모를 것이다.” 조긍섭은 이렇게 말한 다음, “인간이 금수(禽獸)와 다른 점은 금수에게 없는 것을 지니고 있기 때문이니, 사단이 바로 그것이다. 만약 사단이 ‘칠정 가운데 선한 것’일 뿐이라 한다면, 이는 인간이 인간이 되는 까닭은 ‘금수와 함께 지니는 것에 나아가 그 선한 것을 골라서 따르는 것’일 뿐이니, 어떻게 인간이 동물보다 귀하다는 것을 알 수 있겠는가?”라고 하여, 사단과 칠정을 ‘대거(對擧)’해야만 하는 이유를 역설하였다. 다시 말해 율곡학파의 ‘사단은 칠정 가운데 선한 것을 발라낸 것으로서, 칠정은 사단을 포함한다’고 설명하면 금수와 구별되는 인간의 존엄성을 설명하기 어렵다는 것이다.

4-14-8 曺兢燮,「四端七情說」(『巖棲集』卷17)

四端七情、理發氣發之說, 原於朱子, 而黃勉齋因之, 鄭秋巒因之而後, 退陶先生發明其指, 殆無餘蘊矣。當時門人之高弟者, 始則不達而諍之, 終乃悟而服焉。然其服也, 猶有未盡釋然者。旣而有儒賢者踵之, 揮斥先生之說, 無所顧忌, 而宗先生者, 則又從而逆攻之加厲焉。至儒賢之徒, 亦有以其師之說爲未安者。然竟三百年而大案猶未決, 學者猶未知所以適從。愚嘗尋思其故, 而內求諸己, 外察諸物, 然後知人之所以不肯深服者, 由吾說之未盡也。爲吾說者, 豈不嘗曰"渾淪言之, 則四、七一也。惟分開言之, 故不得不異"乎? 此其說圓矣。然爲彼說者, 固亦曰"七情專言也, 四端是剔其善者而言之也", 此其說何嘗與吾大異? 而猶且異之者, 謂不當對擧而言之耳。然而爲吾說者, 固專以混淪、分開者屈之。夫混淪、分開, 何嘗有定形哉? 宜彼之有說而不肯遽屈, 或屈矣而終不能釋然也。盍嘗問之曰"七情犬馬亦有之乎?" 彼必曰"有之", 則曰: "犬馬亦有四端乎?" 彼必曰"無矣", "然則理發、氣發之說, 何疑乎?" 彼亦不知其何以爲答也。斯義也, 人人之所不難知, 而朱子於犬、牛、人性之註, 言之旣明白矣。夫人之所以異於禽獸者, 以其有禽獸之所未有者, 卽四端是已。使四端而果爲七情之善者而已也, 是人之所以爲人, 不過就禽獸之所共有者而擇其善者而從之而已, 而何以知自貴於物也歟? 或曰: "然則「禮運」之論人情, 何以只曰七, 而『中庸』之論達道, 何以但擧喜怒哀樂?" 曰: "此正吾所欲言者。「禮運」不以人情對人義乎? 人情則七矣, 而人義之十則固四端之演名也。喜怒哀樂, 何能爲道? 必中節然後, 可以謂之道。猶視聽言動, 不可謂仁, 必以禮然後, 乃爲仁也。" 曰: "然則『中庸』何以不言四端?" 曰: "何爲其不言也? 未發之中, 是四端之本也; 發皆中節之節, 是四端之實也, 何爲其不言也?" 曰: "然則喜怒哀樂之中節, 終不可謂之四端耶?" 曰: "是同乎四端, 而不可直謂之四端, 猶人心之安者, 是合於道心, 而不可直謂之道心也。故朱子有七情橫貫四端之說, 愚嘗爲圖以明之矣。" "然則朱子何以謂四端爲情?" 曰: "凡發於性者, 皆情也。然其發也, 則有直遂橫拖之分, 此孟子所以謂'仁也、義也、禮也、智也, 欲其擴而充之也', 此程子所以謂'外物觸而動而出也'、謂'熾而蕩也, 欲其約而合於中也'。"

4-14-9

「상곽면우선생上郭俛宇先生」【庚子】〈別紙〉(『巖棲集』 卷7)

해제

1) 서지사항

조긍섭이 곽종석에게 올린 편지. 『암서집』 권7에 실려 있다(『한국문집총간』 350).

2) 저자

조긍섭(曺兢燮: 1873~1933)으로, 본관은 창녕, 자는 중근(仲謹), 호는 심재(心齋)이다.

3) 내용

이 글은 조긍섭이 1900년 곽종석(郭鍾錫: 1846~1919, 자는 鳴遠, 호는 俛宇)에게 보낸 편지로, 앞부분에서 안부를 묻고, 별지(別紙)에서 한주(寒洲) 이진상(李震相: 1818~1886)의 심즉리설(心卽理說)에 대해 논난(論難)한 것이다. 별지에서는 먼저 심을 '리와 기의 결합'이라고 한 것은 조긍섭 자신과 곽종석의 견해가 같지만, 리와 기의 개념적 의미는 서로 다름을 지적하였다. 즉 자신은 "기(氣)가 전지(田地)가 된 다음, 거기에 리가 부여되었다"는 뜻으로 말하는 반면, 곽종석은 "그 근본은 리요, 기는 다만 노복(奴僕)과 호위병 역할을 하기 위해 존재한다"는 뜻으로 말한다는 것이다. 그런데 조긍섭은 이러한 관점의 차이는 사실 사소한 것이라고 주장하고, 본질적인 것은 바로 '심즉리설'의 문제라고 주장했다. 조긍섭은 "옛날부터 학술의 오차는 불교와 양명학의 경우처럼 대부분 '심을 성으로 오인함[認心爲性]'으로부터 비롯되었다"고 지적하고, "만약 심을 성으로 오인하면, 기해(忮害)와 탐매(貪昧) 등 마음이 빚어내는 여러 악한 요소들도 성(性)으로 규정되는바, 그것이 옳겠는가?"라고 반문하였다. 그리고 심합리기설을 옹호하는 맥락에서 "심은 기의 허령으로서 기가 갖추어진 것이다. 그 주인은 물론 리이지만, 그 능히 지각하고 작용하는 것은 요컨대 기를 벗어나지 않는 것이다"라고 하여, 영남학파의 지론 '리주기자(理主氣資)'를 다시 확인하였다. 또한 심즉리설에 대해서는 "무릇 일반적으로 심을 곧 리라 하면, 사람들은 이 심에 불선(不善)이 있음을 알지 못하고, 장차 참된 것과 망령된 것이 뒤섞인 것을 '본심'으로 여기게 된다"고, 그리고 "천하의 모든 운동과 작용이 리로 간주된다"고 비판하고, "리는 형체가 없어서 반드시 기를 인해서 드러나

며, 리는 스스로 작용하지 못하여 반드시 기를 인하여 운행된다"고 주장했다. 결론적으로 조긍섭은 "심즉리라는 세 글자로 스스로 마음으로 삼고 생각해 보니, 리라고 말하면 기가 있고, 기라고 말하면 리가 있으며, 리와 기 합하였다고 말하면 또 함께 승상될까 혐의스럽다. 이에 심의 전체(全體)는 리와 기를 합한 것이지만, 본체(本體)는 리일 뿐이라고 하지 않을 수 없다"라고 하였다. 끝으로 조긍섭은 곽종석과 견해 차이가 있기는 하였지만, "그 대경(大經)과 대법(大法)이 이미 합치되어 간격이 없는 것은 모두 당신의 가르침을 묵묵히 이해한 결과"라고 하면서, 석연치 못한 것을 상세하게 바로잡아주기를 희망하였다.

4-14-9 「上郭俛宇先生【庚子】別紙」(『巖棲集』 卷7)

新正領去臘下覆書, 慰感無量。僻居少便, 未卽奉謝, 衮衮月已盡矣。下懷馳慕, 何食息可弛? 比日春暖, 伏惟道體起居萬福? 承以校勘之役, 几舃久住僧寺, 羣英切磋, 旣足以爲樂, 而泉聲嶽翠, 又助發淸興, 想像風致, 此身欲飛動也。兢奉親粗安。但賤軀偶嬰痁瘧, 入春來挾以寒疾, 屢經震蕩, 固知不能攝養以致此。然平日鹵莽之學, 已七失八忘, 奈何奈何? 前書所論, 別紙具禀可否, 恭俟後敎。頃收石洞·郭丈書, 云"嘗得門下書, 以不肖之膠執偏見爲憂, 又戒以勿相廝厓, 以起同室之鬪"。兢意却不慮此, 只欲因此不住往復, 或得濯舊來新, 是乃所謂棄敝蹻而獲珠玉。竊計門下之意, 亦應如此, 但見愛之甚而不覺其爲憂耳。然此等誠非急務, 縱使唇燋楮罄, 猶屬閑事, 不如從見在文義上體究, 續當別有所奉獻也。金溪丈席遽棄後生, 龍亡虎逝, 益不禁慨想也。風聞車馬將北上云, 得果成行, 能歷吊否? 每擬趍拜而心勢相左, 使門下之庭, 尙無鄙跡, 愧恨愧恨。

〈別紙〉

心理之說, 前書所陳, 不自信其不謬妄, 方跼蹐俟譴, 虛佇仰敎。而伏讀還墨, 縷縷數千言, 所以昭析肯綮, 脫畧繳繞者, 不啻若燭照數計。而又曰"不可遂已", 則兢之感, 固已首地而骨銘矣, 又安敢不罄其愚以卒承嘉惠哉? 門下之頗改前見, 兢所聞者妄也。然謂"所急之不在是而訥於酬問", 則竊恐有未然者。孟子之言性善也, 天下皆醉夢也, 猶且上說下敎, 以至興好辯之譏而不止也, 何嘗有所急不在是之云哉? 心合理氣, 門下旣自謂信無疑矣。然其所以合者, 愚則以爲氣爲田地而理實賦焉, 門下則曰"其本則理也, 而氣但爲僕役輿衛而設", 此爲少不同耳。心性界亂之云, 兢之說, 固失之太颺矣。然竊觀從古學術之差, 如釋氏、陽明之流, 多在於認心爲性。蓋視聽心也, 而聰明之則則性也, 知覺心也而仁義禮智之德則性也。若夫淫視雜聽胡亂知覺者, 謂之心則可, 而謂之性則不可。其合言於性, 則性固心之體。然謂心之所具之理則可, 而槩謂之心則不可。且如孟子論四端之心, 豈非極言性情之體用? 然而曰惻隱之心, 則明其與忮害之心相對爾; 曰羞惡之心, 則明其與貪昧之心相對爾。若以心爲性, 則忮害亦性也, 貪昧亦性也, 其可乎哉? 兢前書所謂釋氏亂之者爲此, 而紫陽夫子一生費盡心力, 苦苦斥佛斥禪者, 未嘗不認此爲第一義。【「玉山講義」中, 尤發明之。】至於聖人界之之說, 則兢亦豈敢以爲聖人舍性而求心, 亡心而養性? 但以爲異於釋氏所謂耳。所教程、朱諸說, 固兢之昭陵也。若論其截得分明者, 則穀種生性之譬、太極陰陽之譬、官人職事之譬, 此皆何謂者耶? 氣質之性, 非所以論性, 而朱子以爲尤密者, 以孟子之言性至矣, 而其不齊者故在, 則必待程、張之論而備矣。然所謂氣質之性者, 亦理而已, 非認理爲氣也。心則氣之虛靈而理具焉爾, 其主則固理也。而其能知能覺能作能用, 要無出氣也者。今以雜氣、合氣, 槩心性而一之, 而又曰"不言卽理, 則人不知此心之本善, 而將以其眞妄之相雜者爲本心矣", 兢亦將曰: "汎言卽理, 則人不知此心之有不善, 而將以眞妄之相雜者爲本心矣。" 信乎! 其是亦一無窮, 非亦一無窮也。唐、虞君臣之喩, 非敢謂尊卑之大分可無也, 喩不可以氣而賤薄之耳。理之爲君, 無時而不堯、舜, 則堯、舜之爲君, 獨不能無時而不理耶? 堯、舜之理焉而猶待禹、皐之佐, 則理之君焉而獨不須氣之助耶? 公私、善惡之分, 固然矣。然其私而惡者, 鯀也、共工也, 去之可也, 化而入則用之可也。其浩然而剛大者, 平朝之湛然者, 能助道義之所不及, 能存良心之梏亡者, 則亦足以箴戒論思於堯、舜矣。來敎又謂: "惟其認斯、高爲禹、皐, 假之以權柄, 自失其主宰乎, 則治少亂多, 無足恠矣。" 夫認詐爲忠, 不明之甚也; 自失其主宰, 不武之甚也, 理之堯、舜而乃至是歟?【理有知而氣無知, 此句恐未安。若專以呼吸運動者目氣, 則可如此說, 若夫精神靈覺, 乃所謂人之神明者, 安可待之以無知耶? 記頃時嘗讀門下所著「柳省齋心說辨」, 有曰"理之無爲, 無爲而無不爲; 氣之有爲, 有爲而無所爲"。兢竊喜其語圓而意雋, 今承此敎, 又爽然自失, 反疑其前說之拖帶此意。伏乞更入思議。】區區鄙意, 亦非不欲致隆於理, 亦非忿氣之受屈而推擡之, 使與理爲敵也。其致隆也, 求隆其尊正之實, 而不欲遙尊其名號也。其於氣也, 擇其可以屈者而屈之, 其可伸者則固將與之進也。幷按以歐美共主之法, 恐深文而失入矣。若然則專主理而必絀氣者, 不殆於無百官有司之大貉歟? 捕風喫木, 非用功於理之過。以今之主理之說, 試反而求用力之地, 則徒見其如此也。不然則兢豈病風喪心哉? 而乃謂從事於理而不能一席安矣乎? 豆稻之喩, 固知其種之必獲。然離土去糞, 無雨露以滋之, 懼不如坐而待餓也。門下之極言理也, 雖以曰知曰意之粗者, 一歸之於理之名。【亦見於「省齋心說辨」中, 今不記其全。】然則通天下凡運動而作用者皆理也。所云恍惚驚怪者、無位眞人者, 如尊見可以當之, 兢不敢以奉令承敎矣。格物只是窮理, 復禮只是復理, 而猶必曰物曰禮者, 欲其就著見有依據處用力耳。况理之無形而必因氣而著，理之不能自用而必因氣而行者乎？且夫聖仁之所以爲聖仁，以其不喪其眞心、本心、主宰心而已，安有以眞、本、主宰者而屬之一偏，又轉而謂棄本而喪眞者耶？然必著眞字、本字，乃分明耳。若徒謂不喪其心而爲仁與聖，則孟子何不曰“堯、舜，心者”耶？且天下之聖者少，而仁者寡，因聖、仁之然而許衆人之皆然，亦可謂待天下以君子長者之道矣。朱子論孔子之言心，而謂“此四句，眞妄邪正，無所不備”，而又曰“此正是直指心之體用，而言其周流變化、神明不測之妙也”。然則來教所謂理氣迭勝、眞妄相雜者，爲心之正面，亦無大不可也。立論之不必諱新，誠如所諭。然孟子之性善、程子之性卽理、周子之無極、邵子之心爲太極，皆指朱爲朱，指白爲白。故不待曲解廣援而意自明，若夫心卽理之稱則異是。試於靜中罷却許多閑引證，捨却許多閑意見，只以心卽理三字，自心自思，謂之理耶則有氣，謂之氣耶則有理，謂之理氣之合也，則又嫌於竝尊。於是而不得不曰全體則合理氣，而本體則理而已。如此註解，已多了幾字幾句耶？然則此說之作，新則新矣。以爲旨合而得千古之傳，則竊恐智者之議其後也。雖然，區區之見，所以有同異於門下者，其間實不能以髮。要之其大經大法，固已脗然而無間，此皆愚之所默識於尊敎，而高明之有擇於狂言者也。若其微細處、然疑處、不同無害處，乃門下所以駁愚見，而不肖之猶未釋然者也。由前之說，則固足爲此心之同然；由後之說，則不害於仁智之異，謂正須徐加商確，自有貫通之日。伏望詳賜開誨，使雲霧之眼，豁然而覩白日也。重惟素來狂拙，語多衝口，乖遜失敬。竝乞有以裁正之，幸甚。

4-14-10

「상곽면우선생별지上郭俛宇先生別紙」(『巖棲集』 卷7)

해제

1) 서지사항

조긍섭이 곽종석에게 올린 편지. 『암서집』 권7에 실려 있다(『한국문집총간』 350).

2) 저자

조긍섭(曺兢燮: 1873~1933)으로, 본관은 창녕, 자는 중근(仲謹), 호는 심재(心齋)이다.

3) 내용

이 글은 조긍섭이 곽종석(郭鍾錫: 1846~1919, 자는 鳴遠, 호는 俛宇)에게 올린 편지로, 앞부분은 가르침에 감사의 인사말을 하고, 별지(別紙)에서 28개의 조목으로 논변하였다. 둘째 조목은 심(心)과 성(性)의 관계에 대한 것이다. 곽종석이 조긍섭에게 '심과 성을 둘로 여겼다'고 비판한 것에 대해, 조긍섭은 "기(氣)가 바탕이 되고 리(理)가 실제로 여기에 부여되는 것을 바로 심이라고 한 것"이요, "바탕을 심으로 여기고, 거기에 붙어있는 다른 사물을 리라고 여긴 것"이 아니므로, 따라서 "심과 성을 둘로 여긴다"는 비판은 납득할 수 없다고 답변했다. 셋째 조목 역시 심(心)과 성(性)의 관계에 대한 것이다. 곽종석이 심과 성을 하나로 여긴 것에 대해, 조긍섭은 "성은 본래 적연하여 고요하다. 그런데 그 느끼어 드디어 통하는 것 또한 '성의 움직임'이라 한다면, 심과 다른 점이 얼마나 되겠는가?"라고 하여, 성은 미발시로 한정되어야 한다는 입장을 밝혔다. 다섯째 조목은 지각(知覺)에 대한 논의이다. 조긍섭은 곽종석이 언급한 편언(偏言)·전언(專言)·통언(統言)은 매우 기발하다고 평가하면서, 그러나 "리가 기와 결합해서 비로소 지각할 수 있다고 설명하는 것이 더욱 확실한 설명"이라고 주장했다. 아홉째 조목은 맹자가 언급한 심에 대한 내용이다. 조긍섭에 의하면, 맹자의 심은 선(善)을 오로지 주장한 곳이 많지만 기가 섞인 것도 있음을 언급하며, "심이 심이 되는 것이 본래 리와 기를 합한 것이다. 이른바 '사단의 심', '양심', '본심'이라는 것 또한 단지 '리가 주가 되고 기가 궤도에 순순히 따르는 것'이니, 오직 그 리가 주가 되기 때문에 기는 말할 필요가 없었을 뿐이다. 이것을 가지고 '기가 없다'고 할 수 없다"라고 하였다. 열두째 조목에서는 "성인이 심과 성에 대해 설명한 것은, 그 체(體)는 서로 포함하고 있으며, 그 용(用)은 서로 필요로 하여, 언제고 결합되어 있지 않은 때가 없다. 그 경계(境界)를 말하면 허(虛)와 실(實)의 차이가 있고, 능(能)과 소(所)의 구별이 있으니, 서로 혼동할 수 없는 것이다."라고 하여, 심과 성은 서로 결합되어 있으면서도 서로 구분되는 것이라고 설명했다. 열셋째 조목에서는 심과 성을 곡식 종자와 관인(官人)에 비유하여 "혼륜처(混淪處)에 나아가 말하면, 생성하는 성질[生性]이 곡식 종자의 리가 되고, 직사(職事)가 관인의 리가 되며, 성이 심의 리가 된다"고 설명하였다. 열넷째 조목에서는 "성은 태극과 같다"와 "심은 음양과 같다", 그리고 "심은 태극이 된다"는 것을 석언(析言)과 전언(專言)'의 관점에서 훈도한 것은 매우 좋다고 하였다. 열다섯째 조목에서는 곽종석의 "심은 기의 허령이라는 주장은 심합리기설의 종지(宗旨)와 어긋난다"는 주장에 대해, 조긍섭은 "심은 기의 허령으로서, 리가 갖추어진 것"이라는 입장을 더욱 소상하게 설명하면서, '심은 기의 허령'이라는 주장과 '심합리기설'은 서로 모순되는 것이 아니라고 해명했다. 열여섯째 조목에서는 심과 성의 분합(分合)을 논했다. 조긍섭은 "성이 기에 있는 것은 물이 그릇에 있는 것과 같다"는 비유, 또 "심이 리와 기를 합한 것임은 유리와 수은이 결합하여 거울이 되는 것과 같다"는 비유를 통해, 심이 고요할 때는 서로 용납하고 움직일 때는 서로 형상이 되어 진실로 서로 떨어진 적이 없음을 분명히 하였다. 스무번째는 지(智)와 지각(知覺)에 대한 논변이다. 곽종석이 허령지각을 '리'로 설명한 것에 대해, 조긍섭은 "금·목·수·화·토는 기의 질(質)과 같다. 거슬러 올라가면 또한 음양이 있는데, 음양의 령(靈)이 귀신(鬼神)이 된다. 주자 또한 지각을 기의 허령으로 설명했으니, 기에 허령지각이 있다는 것은 단연코 숨길 수 없다"고 반론하였다. 스물셋째 조목은 '성발위정(性發爲情)'의 해석에 관한 논변이다. 조긍섭은 곽종석이 기(氣)를 '어리석게 꿈틀대는 하찮은 존재'로 인식하기 때문에 지각(知覺)과 의사(意思)를 모두 '묘리(妙理)로서, 기와 관계없는 것'으로 규정한다고 비판하고, 그러나 "천명(天命)은 작위(作爲)가 없으며, 주자는 지각을 기의 관점에서 설명한 경우가 많다. 사람의 정의(情意)와 지각은 분명 사려와 계탁(計度)과 관련된 것인데, 이것을 모두 하나의 리(理) 자로 덮어버리려고 하니, 이것이 과연 리의 본색인가?"라고 반문하였다. 스물다섯째 조목은 진심(眞心)과 본심(本心)에 대한 내용이다. 조긍섭은 "종심소욕불유구(從心所欲不踰矩)"의 '심' 자는 '기(氣)'에 가까운바, "기는 안정되지 못한 것이기 때문에 그 '하고자 함'도 또한 '일정함이 없는 것'이니, 이른바 '인심은 오직 위태롭다'는 것이다"라고 풀이했다. 또한 '구(矩)'는 '도심(道心)과 성명(性命)의 바른 것'이라고 해석한 다음, "만약 이 '심'이 바로 '리'이고 '본심(本心)'이라면, 세상에 본심의 리를 따르면서 법도를 넘는 자는 없을 것이다. 어찌 공자뿐이겠는가? 그런데 공자는 어찌하여 70세까지의 공부를 기다렸던가?"라고 비판하였다.

4-14-10 「上郭俛宇先生別紙」(『巖棲集』 卷7)

春中下敎, 幾一朔而承坼, 向後時且易矣。竊計北駕已稅, 神明有相, 道體起居萬福? 區區不勝懸仰。兢侍旁粗遣, 惟是家憂俗事, 作壞人意, 如坐風浪, 未得休歇處, 伏切悶歎。前書別紙所供, 自知其無一得。而猶蒙不賜棄絶, 曲垂諄誨, 有加於提耳而面命之者, 區區奉誦, 至於墨渝。其積惑之未遽解者, 不免畧自條列, 復此煩瀆, 其至惠殆不可復。然自承大誨, 因再繹私藁, 其急伸己, 失照管處非一二數, 信如所示, 安知此紙所具, 或有甚者? 若門下靳於卒敎, 兢懼其終不自覺也。書中所敎, 愛之極而憂之周, 兢非木石, 寧不知感而爲戒? 但區區所嚮往於門下者, 矢之於的, 未足以喩其專, 雖使百莊子環而伺之, 徒勞心爾。至如此等問辨, 姑以質所疑而已。設有未遽歸欵處, 猶不失爲呂子約、奇明彦, 安敢以申得求自待耶? 但念輕疏淺薄, 拙於修辭, 前後上問, 動失和氣, 恐無以自解於人之譏怒。此則異日者, 當負荊造謝, 且冀親炙以融化耳。第有一小禀, 兢前者屢蒙敎札, 而荷奬飾過當。姑以今書言之, 如曰"高明卓絶"、曰"將以求敎"、曰"至精當極明白之旨誨", 此等言語, 在門下只爲信筆, 而或失可否之節, 於兢則雖甚惶汗, 而轉長驕傲之志, 重以人非物猜, 無有是處, 兢固不願得此也。且自牧以尊人, 亦有其實。兢嘗竊觀古聖賢文字, 曾未有吹人天上, 自處汙下之言。意直今之師生友朋者, 鮮能務其實, 故相與爲推借謙恭之言貌而已, 澆僞之風, 漸以成俗。門下卽豚肩不掩豆之不暇, 而又何事於獵較哉? 恃寵之甚, 狂妄至此, 乞幸財恕。兢前月初, 走金溪觀葬, 慨然之懷, 不但爲情私也。挽詩盛作, 已獲奉讀。兢亦有一篇, 謾錄以呈, 或賜評正, 幸甚幸甚。

〈別紙〉

竊謂學者, 當爲學者事【止】非愚則妄也。

按: 學者與聖人, 其所急之大分固如是。然亦豈截然而爲二哉? 補瀉之相濟, 修攘之相備, 各隨其宜而已。且孟子雖以明道救時爲任, 然亦何嘗奔走强聒以言餂人哉? 因其問者而答之, 擇其可與言者而語之也。兢之所願於門下者, 亦如是而已, 非欲其不請而往敎也。今蒙不鄙愚近, 開曉再三, 乃大得所圖, 而知前所疑者, 誠妄之甚也。

賢者旣以心性爲二【止】惡在其爲合理氣者哉?

按: 氣爲田地而理實賦焉, 卽所以爲心。蓋二者有則一時俱有, 非以田地爲心而理爲所寓之他物也。如此則不言性而性在其中, 心性爲二之敎, 竊有所未喩也。

心性固一物也【止】何從而有差?

按: 性固寂然而靜。然其感而遂通者, 亦性之動也, 則其與心有異者幾何? 所謂比性微有迹者, 以其有思慮、意象而云爾, 不但以兼動靜言也。心之知覺一而已矣, 而所具有理氣之別, 故所發有粹駁之異。自吾儒觀之, 則其理之粹者, 方爲性之本然; 釋氏則不選甚知覺, 都做性看。學術之差, 正坐此也。義理之本心爲性, 語句恐未安, 似當云本心之義理耳。未知如何。

目視耳聽【止】爲心可乎?

按: 視聽心也一句, 兢當初本意謂要視要聽者, 而拘於文句, 不覺少了字。今承駁誨, 愧感愧感。

朱子之於知覺【止】不其有異於朱子之意乎?

按: 偏、專、統言之別, 分得甚奇。然愚意以爲"理與氣合, 便能知覺"之云, 當是確實之具論。其「告子」集註之說, 是專指氣處。然其所謂仁義禮智之粹然者, 亦非外此知覺也, 亦就人之知覺, 而言其本然之善者爾。"知覺, 知之事"一段, 因論仁而發。蓋以當時多認知覺爲仁, 故就四德中謂愛是仁之發, 知覺乃智之事, 其源委自不同, 不可相雜云爾, 非正解知覺也。"知覺, 心之德"云者, 惟其以心爲理, 故知覺亦爲理。若從合理氣處看, 則知覺亦合理氣; 若偏言氣之虛靈, 則知覺亦是氣之虛靈,【朱子曰: "知覺又是那氣之虛處。" 又曰: "精神魂魄, 有知有覺者, 皆氣之所爲也。"】不必以其德字而便專做理也。所示朱子數說, 固亦以知覺屬之智。然以天下無性外之物, 而所以知覺者, 又是理之自然, 則何屬而不可? 然使當時學者, 以理氣心性四者, 而設問於朱子曰"理有知覺乎? 氣有知覺乎?", 則必不曰"理有知覺矣"; 曰"心能知覺乎? 性能知覺乎?", 則必不曰"性能知覺矣"。蓋義理之體, 無往不通, 而其實處不可易; 聖賢之言, 隨處不一, 而其歸趣各有主。今因其相通而混其不可易之實, 守其一說而不察其餘義之不同,【如「答潘謙之」書, 論心性之知之分別, 不啻分曉。】此不能使區區之不疑也。

且近世畿湖,【止】亦有是說也。

按: 以父子爲物, 則慈孝之心爲其則; 以心爲物, 則仁義禮智之性爲其則。言固各有當也。【『大學或問』, 以心之爲物發端, 而以仁義禮智之體用當其理。】

淫視雜聽【止】不可不謂之性也。

按: 如此說, 恐無了期。門下試將經傳及程、朱書中, 心字作性字、性字作心字, 互換看, 可通融而無礙否? 心性之各有善惡, 如此葛藤, 不患無說。然兢則以爲性尊者也, 當見其無不是處; 心親者也, 從其善而正其惡, 其可也。

所具之理 , 不可謂之心 , 則心只是血氣之器耳。

按: 兢說若曰"性是心之理, 而不可便謂之心耳", 下敎之以此呵詰, 亦恐過分。

孟子言心【止】均謂之性, 以此也。

按: 孟子言心, 固多專主善處。然恐不必謂未及於雜氣之心。蓋心之爲心, 本合理氣, 則所謂四端之心、良心、本心, 亦只是理爲主而氣順軌處。惟其理爲主, 故氣不須言耳, 不可以此而謂無氣也。故陳北溪以爲"惻隱者, 氣也; 所以惻隱, 理也", 而朱子不曾非之。退陶亦曰"理發而氣隨之"。若如門下之說, 則惻隱氣也之說, 其雜氣不已甚乎? 所謂氣隨之者, 亦隨理而欲害之者爾, 至於機緘之相因, 發揮之相助者, 則皆在所略也。愚嘗妄謂: 心之有氣, 當作三截看。其始則虛靈之精爽, 與理合而成體; 其發用則或有載理而行者, 或有自發而理爲之乘者; 其末弊則亦能掩理而自用, 滅理而自賊。今門下所指者, 只是最後一截。縱氣之卑賤, 不足省錄, 不或爲大公至平之累乎? 論心而言本然之良心, 與論性而稱堯、舜, 誠似無異。然於心則必加良字、本字於上, 於性則必注善字於下, 是必有其故矣。詳味來敎, 似謂心有善惡而必言本心, 如性有淑慝, 而必稱堯、舜。愚則以爲良心雖善亦心也。聖之與愚, 固有在亡、多寡之别, 性則理而已。堯、舜何嘗銖寸加? 桀、紂何嘗毫髮減哉? 來敎之必以性證心, 可謂得無上之妙法, 而足以杜難者之吻矣。然孟子論性之本意, 恐有未必然者。切乞少加思議。

朱先生之所苦心【止】爲第一義可乎?

按:「講義」只說性之不可作知覺心意看而已, 則畢竟性自是性, 知覺心意自是知覺心意。如此打開, 分明潔淨, 不須差排, 不用證援。來教乃轉就本體上說, 而以「講義」所謂知覺心意者, 只做思慮較計之物看。竊意朱子胷中明快灑落, 不當如此含胡迂曲, 說有餘憾也。且思慮較計, 是不善者也, 則朱子必不以知覺心意, 專歸之不善, 以爲善者也, 則思慮之本體, 獨不可做性看歟? 不寧惟是, 雖精神作用, 其所以然之本體, 則亦走性字不得。如是纏繞出沒, 幾時是脫灑境界耶?『語類』二錄, 使第一條, 而曰"有性則自有知覺, 又何合之有"云爾, 則來敎之引之是矣, 而今若此者, 愚不知何說也。其第二條, 則竊謂能知覺者心也, 所知覺者性也, 而謂之相合, 恰似初有二物云爾。然此亦推說到義之盡耳。若必以爲有病, 而謂性自能知覺, 則當曰由性有心之名, 然後爲至矣。且朱子平生說性, 不可以知覺言者, 非止一二, 不啻丁寧直截。而門下今日所據, 只此寂寥二條語, 亦不無商量者, 而指證時歲, 看做晩年定論, 要作自家註脚。切乞更取他說之不如此者, 做此二條樣理會, 或當更有意在。但恐慧眼高明, 觸處皆是佛耳。

其「答鄭子上」書,【止】無負朱夫子苦心否?

按: 此一段, 意味雋永, 敎誨切至, 敢不服膺? 然心之於理, 其體無一毫之不具, 其用不可一息而相離, 兢亦略知之矣。知而不改, 騰倒至此, 則正坐不察氣欲之病。然則兢之所懼者, 亦當在下一截耳。不審以爲如何?

聖人之於心性【止】一於合亂也。

按: 聖人之於心性, 其體則相涵, 其用則相須, 無時而不合也。其界之者, 則虛實之異、能所之別, 自不能相混耳, 釋氏則認知覺運用爲性, 認理爲心之障合, 固不可分, 亦無謂特亂之而已。

穀種之爲種,【止】比之氣而當了心也。

按: 前敎所引程、朱諸說, 皆是一心性之論, 故兢又將分開說者奉獻耳, 非故欲執此而廢彼也。且穀種、官人之喩, 兢固云截得分明, 而門下亦曰"就合處而界之", 是則只當從截處界處說, 其生理之在滅、職事之有無, 初不須論也。況此二譬, 只是將心性二字, 姑別其名象之自然, 見其有形上、形下之分而已, 恐未遽及於主理之實之意。若就混淪處言, 則生性爲穀種之理, 職事爲官人之理, 性爲心之理, 夫人而自知之矣。朱子曰"理會義理, 須先剖析得名義界分, 各有歸著。然後於中自有貫通處, 雖曰貫通而渾然之中所謂粲然者, 初未嘗亂也"。誠哉, 其言之也!

性猶太極【止】豈必以一槩而遮斷耶?

按: 性猶太極, 以性言; 心猶陰陽, 以心言。此語分明, 不待解說。而來敎都以一心字冒之, 而又以本體動靜强分之, 雖宛轉說來, 亦有其理。然此果本文之正意歟? 心之理是太極, 心之動靜是陰陽。其所謂理者, 乃所以動靜之妙, 太極之全體, 而今獨以寂然而靜者當之。門下亦旋悟其不通, 則又以爲太極非偏於靜者, 而忽生出心爲太極之證, 文勢翻瀾, 使讀者神不能定。然心爲太極, 自是別語, 今所論者, 心性之名義, 則只當就界分上說, 恐不可援作一處。未知如何。析言、專言之敎甚善。然觀其所謂"在心"與"隨其則"之云, 則其渾然之中, 粲然者固自在也。若心便是理, 則何必言在? 理便是則, 則何必言隨其則耶?

心是氣之虛靈【止】非合理氣之宗旨也。

按: 兢前說曰"心則氣之虛靈而理具焉爾", 今蒙駁示, 敢請自下注脚以求敎, 可乎? 人之百體, 無不氣以成質而理各具焉。然耳目肝肺之爲氣, 氣之粗者, 故其理也亦一偏而已。心之爲體, 徒氣不足以盡之, 故特言虛靈, 理則至神至妙, 虛靈又不足以言之, 故不及耳。蓋心雖主宰萬化, 而其實則亦人之一體。惟其得氣之虛靈, 故得理之全備爾, 不然則其所具之理, 與耳目肝肺等耳, 何足以主萬化? 若論理之虛靈, 則夫耳目肝肺之所具者, 莫不皆然, 奚獨心哉? 然則先言氣而後言理, 語勢當如此。下敎乃以"理爲寓公, 安能爲主?"非之。信斯言也, 朱子論性所謂"氣以成形而理亦賦焉"者, 亦可見疑以性爲寓公而不能爲形之主歟?【但形則徒能具理而無知覺, 心之氣則又能與理爲妙, 此爲不同耳。】知覺作用, 其所以然則理也, 而其能然而可見者氣而已。此恐非兢之私言也。虛靈二字, 或有從理言。然比神妙等, 則猶爲未盡其形容, 言氣則氣之精明處皆擧之矣。門下乃專以論理而氣無與焉。然則兢之論虛靈也, 於氣則極言之, 而於理則不待言; 門下之論虛靈也, 不惟遺諸氣, 而又非所以極言理, 此亦恐非主理之宗旨也。

前書旣明言心性之分合矣【止】人言之意耶?

按: 門下前書之意, 似謂心與性本皆理也, 而由其雜氣、合氣, 方有下面許多事。玆非所謂槩而一之者歟? 兢嘗竊譬之, 性之有氣, 猶水之在器也。水之淸則性之善也, 器有美惡而水之澄濁明暗, 有時而變, 則氣質之性也。水之生也, 固先於器, 至於在器而爲之澄明、爲之暗濁, 以至於爲泥滓之窒塞, 固亦水自水也, 非竝器而稱之水也。心之合理氣, 則猶琉璃、水銀之爲鏡也。二者合而後有鏡之名, 其靜而相涵, 動而相形, 固未嘗相離。其或水銀之有厚薄、疏密之不一, 則或姸媸失眞, 或暗黑不明, 以至於塵沒而奩破。然鏡之得名, 則固與生俱生, 不可得而易也。門下之言鏡也, 其視琉璃如水, 視水銀爲器, 則其槩心性而一之也, 固無恠也。【此以有形者比之而已。若卽鏡而言心, 則其琉璃、水銀, 皆心之質也; 光明而能照者, 心之氣也; 當姸而姸、當媸而媸者, 心之理也, 卽所謂性也。】至於下面數條, 亦有以心性比併難詰者。今伏請於此試加深思, 後不敢煩陳也。卽理、合氣兩段, 兢前書難得未是, 其見責固宜。今請更質所疑。其曰"不言卽理, 則人不知此心之本善, 而將以眞妄之相雜者爲本心矣", 夫妄固非本心矣, 眞者亦不得爲本心乎? 旣以眞者爲本心而屬之理, 則是獨妄者爲氣, 心之有氣, 豈獨一妄字而已乎? 且旣云心卽理, 則此句之末, 長一本字; 旣云本心, 則上句卽理之上, 亦當加本心二字, 乃分明耳。其曰"不言合氣, 則人不肯下省察矯揉之功, 而將以此心之發, 爲無非至理, 而率意妄行矣"。旣以妄者屬氣, 則所謂合氣者, 只是合得麤惡之物, 省察矯揉之功, 將以去此而已。玉石之喩, 不意復見於門下也。然則來敎所謂兩下說破, 不墮一邊者, 滋見其倚於一偏也。愚則以爲心之合理氣, 是元初時事。及其發也, 理爲主而氣聽命則爲眞心, 氣非不眞也, 惟其理爲主, 故亦可專言理。其或氣之自肆而能揜其理則爲妄心, 是則氣之流弊, 而非其本體然也。省察矯揉之功, 固所以施諸氣。然心之氣, 與性之氣微不同, 性之有氣, 直發而無計度者也。故必待省察矯揉之功, 而其能省察矯揉之者, 乃心也。【程子曰: "人之情, 易發而難制者, 惟怒爲甚, 當於怒時, 遽忘其怒而觀理之是非。" 蓋易發而難制者, 氣質之性也; 遽忘而觀理是非, 則心之知覺也。周子雖論剛柔善惡, 而其能易其惡而至其中者心也, 非性之能然也。蓋其統性情作主宰之妙如此, 非若門下所論心性之分, 只以寂然爲性, 貫動靜爲心, 而不察於能、所之別也。】心之有氣, 合理而能知覺, 載理而有出入者, 是也。炯然而不昧, 肅然而常存, 則固足以主一身宰萬變, 其或馳鶩飛揚, 任其騰倒, 則亦不過自警自操, 如臂之自屈伸, 手之自反覆耳, 非別用一心以察之, 別用一心以矯之也。然則此四字，施之於性則其道順而易，施之於心則其機迫而險，恐亦不可不察也。【此等鄙見，以門下高明，復引他說以駁之，竊想不患無辭。然區區自謂用意深處，正在於此。倘乞細賜留念。】

前書亦已言聖人之心【止】所具之虛主也。

按：兢前書亦已言尊卑之大分不可無也，何嘗言與理而相抗耶？但謂其不可以氣而賤薄之耳。若如下敎之意，則兢亦恐堯之自治水，舜之自讞獄，而禹與皐陶不過爲其徒御客將也。且兢之爲此譬，只是汎論理氣主資之分，而門下必以此駁論心之說，恐又轉而之他矣。

理之行，必乘乎氣，【止】請於此試加深思。

按：箴戒論思，在人則爲義理事，在氣則爲氣事。蓋助其道義、存其良心，便是箴戒論思，非謂諄諄懇懇，如人之所爲也。且堯、舜之聖焉，而禹、皐爲之左右而贊襄，則非所謂助者乎？太甲、成王之不能自立焉，而伊、周爲之援挈而扶護，則非所謂存者乎？氣之於理，亦若此而已。浩然之氣、平朝之氣，氣而非心，故亦未能自有知覺，若心之氣，則氣之精爽，舍此則無以爲心。雖不欲每每拖言，得耶？惟其精爽者便是心，故誠不須每每拖言耳。程、朱之不欲養氣，以其充體之氣，無下手處耳。若心之氣，則所謂存亡出入，莫知其鄉者，若能敬以持之，則聰明自出，義理昭著。是乃心之自養，而非有意於養氣也，夫何爲而不可哉？

氣濁而智之理，【止】推戴禹、皐、斯、高也。

按：理之揜於氣，十八九於天下，而聖之作狂，終古而未見，是誠何故哉？然則理之所以爲貴者，以其純粹至善也，以其無物不體也，以其歷萬古如一日也，非有許多聰明才魄如堯、舜可知矣。初未嘗有念，何罔之可言？若以其自失主宰，爲末流之差也，則吾未見其至善而悠久，又安在其無加損也？特其淸而能著，濁而能揜，健而能載，强而能勝者，皆氣之所爲而已。若其發其揜而使之著，制其强而使之聽命焉者心也，而理則無爲而爲不宰而宰耳。如此等語，非敢故欲推戴禹、皐，況斯、高乎？

以理則有智之名【止】眞得心學之妙矣。

按: 水火木金土, 猶是氣之質也。溯而上之, 又有所謂陰陽者, 陰陽之靈爲鬼神, 而朱子亦以知覺爲氣之虛靈處, 則氣之有虛靈知覺, 斷不可諱矣。此虛靈知覺, 雖資理以妙用, 然不可以其資理而謂氣都無知覺也。【且如此等義理, 兢固有資承於門下而知者, 然及其知之, 則亦可謂兢之知矣。若如今所示, 則縱使兢或有所知於他日, 恐門下謂其所資而奪之, 不待兢以有知也。】朱子亦嘗曰: "太極是性, 陰陽是心, 水火木金土是仁義禮智信。" 夫五行之質, 固不能自爲五性矣, 而朱子之言, 何以至此? 若如下敎, 則將亦以太極所資之妙, 而謂水火木金土無仁義禮智信可乎? 最靈之爲純粹至善之妙, 是從靈處所具者說。若問其所以能最靈也, 則顧不由於得氣之秀者乎? 不然則禽獸草木, 亦非無理與性者, 何爲而不能靈? 其靈者何爲而不能最乎? 況朱子亦嘗直說性也而曰: "以氣言之, 則知覺運動, 人與物若不異也; 以理言之, 則仁義禮智之禀, 豈物之所得而全哉?" 此則尤不啻分明矣。雖然, 人之所謂仁義禮智之禀, 亦豈外此知覺而別有一物哉? 以其得氣之正且通, 故知覺亦正且通, 而五者之體, 森然而畢具, 五者之用, 秩然而隨見爾。人之神明, 固不專於氣。然曰"氣志如神", 則氣固有神處, 曰"湛然虛明", 則氣固有明時, 乃門下獨以蠢然矻然者爲氣, 而以陰陽之凝動者爲精神, 則安得而見其有此也?【朱子論神字曰: "神是心之至妙處, 滾在氣裏說, 又只是氣。然神又是氣之精妙處, 到得氣, 又是麤了。" 大山先生以此爲定論, 則氣之爲神明, 亦非無據之說。來敎所指, 恐只是麤了之氣也。】佛氏之鍊精神、陸氏之養精神, 由其欲恃此而廢天下之理, 故不足爲心學。若吾儒之扶竪精神, 保惜精神, 以爲窮理之地, 則其諸異乎彼之爲之歟!

見諭以【止】以助其長耶?

按: 兢竊觀今之論主理者, 多只尊理之名, 而其所以稱理之實, 則有不足尊, 只屈氣之名而其所以用者, 莫不陰趁其實。故前書有所云云, 未嘗有"貶名隆實"之說也。【且如尋常一情之動一意之發, 不問其是理是氣, 只求其當然之則, 自然心定而氣順, 理不期尊而自尊矣。如今日之說, 則情意之動, 早自是理了, 不必更求當然之則, 只得標揭此理, 察氣之發用者而屈之, 殊不知所揭者非眞理, 所屈者非可屈之氣。是則於理爲尊名而貶實, 於氣爲屈名而隆實, 視兢之隆其眞正之實而理隨以自尊者, 爲何如也?】門下之謂屈非挫折剗除之意, 則兢之謂伸, 亦豈進據天君之云哉? 其所謂伸而進之者, 以其臣且爲僕也, 婦且爲妾也。欲牽復於故位, 使之與論於家國之大事而奉行之而已。 若其本之僕妾者與夫臣婦而叛亂者, 兢亦固曰擇其可以屈者而屈之也。如此者, 謂之尊理得否? 謂之屈氣得否? 謂之貶理而隆氣得否? 至於養氣以下一段, 所敎明白的確, 有警於不肖深矣, 謹當佩服而受用也。

賢者前書, 固在吾常目【止】一主字不已贅乎?

按: 兢常見主理之說, 始盛於今, 而今之論者, 又往往扛夯作弄, 恰似無了氣一段事相似。故前書妄有所論列, 而至於亡秦之譬、捕風喫木之云, 則語氣麤率, 有近於上人門罵人祖之風。 然亦只是意緖荒疏, 文字斷續而然, 非眞謂理之不可主, 主理而見其如此也。今承誨誨, 敢不痛省? 雖然, 兢之前所疑者, 誠謂今日之論, 多懸理於虛空, 挑理於事物之表, 以其絀氣之太過也。今讀來敎, 又見所謂理者多是知覺運用之物, 乃知前疑之未然, 而又疑其認理於昭靈, 滯理於情、象之間。然則是理也, 自主而有餘矣, 所敎氣之爲資一資字, 不果贅矣乎?

性卽理也, 而發而爲情,【止】終或有悟也。

按: 門下惟其認心性爲無別, 故視意爲情, 視志爲意, 而謂之皆理。惟其以蠢然矻然者爲氣, 故以知覺意思, 無非妙理而謂之無氣。許多名色, 只是一理之隨地頭異稱者, 敢問此豈非從理看, 故此心之發, 無出於理者歟? 若然則天人之用, 亦應不異陰陽之動靜、四時之生殺、鬼神之良能, 亦一時舍不得太極者, 亦當曰此皆一太極之隨地頭異稱者歟? 天命之無爲也, 而朱子亦多有從氣說處。人之情意知覺其思慮計度爲何如, 而都以一理字蓋而稱之, 此果理之本色耶? 兢則但聞意氣, 不聞意理; 但聞志氣, 不聞志理; 但聞情之有理氣之互發, 知覺之合理氣而方有, 不聞其理之自動自覺而氣但頑然蠢然而已也。 朱子所謂氣者, 乃獨指血氣之充體者, 是則人之榮衛也。若夫心之氣之精爽, 則乃所以藏往知來者, 亦可以形器之粗言之乎?【朱子亦嘗以志氣對血氣, 則氣之不可專以充體者言明矣。】竊觀門下之意, 凡於心性發處, 似欲一切以營爲謀度者, 歸之於理。如此則所謂氣者, 不過爲充體而活動者, 而日用之間, 都不容自效其智力。以此而謂之主理, 則所謂理者, 其不幾於恍惚驚怪, 而非平易白直之道乎? 豈非所謂無位眞人, 而失恭己無爲之體乎? 第竊伏念天下之理無窮, 天下之氣亦無窮, 原其初而言, 則皆有善而無惡, 妙合而不離，其相得豈特骨肉手臂哉？惟其理不能自用，而氣又有美惡之不一，則始或有陵轢而揜滅之者，於是乎理爲可愛而氣爲可賤。然所貴乎理者，以其爲至善之則，而非以其能造作營度也。所惡於氣者，以其有時而害理，而其良能之功用，則不可以此而沒之也。且使理而有情意能作爲，則不待氣之有矣。雖有氣而亦不受其制，不失其權柄，天下無時而可亂矣。今一懲於氣之自專，而竝取其資具器能而歸諸理，此猶惡權强之跋扈，而盡奪百官之爵祿，憤吳、楚之僭叛，而遂廢天下之封建，縱使快於一時，其如天下之事，終非一君之所可辦，何哉？夫拱手垂裳而百位稱其職者，君之道也；無聲與臭而萬用得其當者，理之道也。於此有君焉，坐都堂而發政令，入臺府而決刑憲，使宰相御史但奉行其文書條貫而已，則失其道矣。君而失君之道，則爲不君，理而失理之道，則可謂之理乎哉？竊想門下，學高而德盛，日用之間，但見天理之流行，而所謂氣者，泯然不見其迹，則疑其無才調、意知之能，而遂以爲血氣之充體者而已。此恐不惟於氣有未盡，而所以名理者，或不無離眞爽實者。且如陽明、花潭之學，先儒斥以認氣爲理。然使氣而止充體者而已，二子者亦非不高明博達，何至遽以是爲理哉？必將以其昭昭靈靈，化育於兩間，發見於日用者而名之也。門下之論，未必如此，且旣以主理者建立宗旨，則必以爲理也者，無物不在，無時不然，雖交互爲說，極其贊美，當無後弊。然兢之私憂過計，猶恐與天人自然之妙，或有不相似者，雖多方證援，委曲論辨，而覺與聖賢立言之本意，終未肯可。此固由兢以私意觀量小腹測識，區區芻蕘，又不足以槪大君子之心。然百世之後，當有作焉者，如或以所譏於二子者，奉疑於門下，將誰使之解說哉？且學問之道，貴於平實，立言救時，不尙奇偏。今與其力主畸零之理，以戰肆行之氣，不分彼己，不認子賊，而萬一往遺之禽，孰若理還他理，氣還他氣，依本分用力，亦足以爲聖賢也？大抵論理之法，自知道者看，則雖於名理之間，說得橫竪錯綜，時有同異，亦不害其爲知；不能然者，雖說得分明歷落，猶懼其相混，況遽以一物貫通之乎？然則今日之論，謂之心卽理亦可，謂之理有知覺亦可，謂之情意志慮都是理亦無不可，所可恐者，其理之非眞理耳。門下於此，所宜穆然而深思也。

『易』大傳,【止】隨遇發見故也。

按：鄙意若曰理無形狀，而必從氣而發見，故不可舍氣而求理，如太極之妙、性之體, 非因陰陽之動靜、與心之知覺, 則無捉摸處云爾, 非以氣喚做理而欲窮之復之也。『中庸』因鳶魚之飛躍而明費隱之理, 因鬼神之來格而發誠之理。今曰: "自氣而觀, 則著用皆氣, 而理不可見矣。" 然則彼皆非歟? 理雖冲漠, 而亦能隨遇發見, 所謂遇者, 非氣之感應歟? 且理之爲尊, 非必在於每每竪看也。雖曰因氣而見, 而其先後主資之分自在也, 則亦何害其爲尊耶?

眞心、本心一段,【止】此言當深味之也。

按: 門下之說, 多以心作性樣看, 故兢輒有孟子何不曰"堯、舜心者"之問。竊謂此意煞有曲折肯綮, 恐不當一向作笑會也。"從心所欲不踰矩", 愚謂此心字最近於氣, 惟其氣之未定者, 故其欲亦無常, 所謂人心惟危者也。其矩則道心、性命之正也。志學以後, 非不能不踰矩, 但操心而不敢從耳。及至此而曰從心, 則德盛仁熟, 雖任人心之自由, 而其危者無不安, 動皆合乎天理, 是乃所謂不勉而中爾。若此心字, 便是理、便是本心, 則世未有從本心之理而踰矩者, 何獨孔子? 孔子而奚待於七十哉? "仁, 人心"者, 以明仁之親切, 乃心之固有, 而不可須臾離者, 非謂心卽仁也。聖賢之言, 蓋有此般, 如『中庸』亦曰"仁者人也", 而朱子以人身釋之, 安可以此而便謂身爲仁耶? "心爲太極", 語在下方。"心者天理在人之全體", 此是混淪說。然其意則以爲天理在人, 如耳目鼻口, 皆得其一體, 而心獨具其全體云爾, 恐亦非以心爲理, 如性卽理之直指也。【理如水, 心如井, 今曰井者水在地中之名, 誰曰不然? 但以此而便爲井卽水則不可。雖曰不可, 而井之所以爲井, 則舍水不得。如此分合, 恐稍穩當。】心性雜氣有善惡之說, 上旣畧陳, 不須覼縷。且性無僞冒, 不必言眞, 則性無末弊, 亦不必言本矣。來敎之必以性證心, 愚竊不知其何說也。心本善, 聖之與愚, 固無不同。然孟子此說, 正從心之然處說。蓋口之嗜味、耳之聽聲、心之然義理, 易牙、師曠、聖人, 亦不異於人, 但先得其至耳, 豈可以此而謂口卽味耳卽聲而許衆人以易牙、師曠乎? 則人之與聖人可知矣。且同類之稱。非謂其眞不異也。如犬馬亦各以其類同, 然安可以此而遂許駑駘以騏驥, 等瘦狗於韓盧哉? 朱子曰: "人之所以爲學者, 以吾之心, 未若聖人之心故也。若吾之心, 卽與天地聖人之心無異矣, 則尙何學之有哉?" 然則欲爲學者, 當常求其與聖人異處, 浸漸經歷, 審熟詳明, 如朱子之言, 然後其同處, 固已倏然而在我矣。何必以其本之同者, 比倂贊歎, 以求濟其陷溺哉? "陛下堯、舜之主", 非不忠且厚矣, 終不如"無若丹朱傲"

之爲剴切而詳盡也。況萬不能一於舜者乎?

「答游」書曰,【止】「答何」書之旨也。

按: 此數書, 雖有詳畧之不同, 而其大致似不相遠。其「答石」書曰: “若謂以其舍之而亡, 致得如此走作, 則是孔子所以言心體者, 乃只說得心之病矣,” 「答游」書亦曰: “若如所論, 出入有時者, 爲心之正。然則孔子所謂出入無時者, 乃心之病矣, 不應却以惟心之謂與一句, 直指而總結之也。” 然則此兩書, 恐無異同。其「答何」書上一截, 旣云“心之體用、始終, 雖有眞妄、邪正之分, 其實莫非神明不測之妙”, 則固已許之矣, 其下一截云“雖皆神明不測之妙, 而其眞妄邪正, 又不可不分”。此則又恐爲心學者, 都認爲妙而作用之故云, 然觀於莫非二字、不可不三字可見矣。且愚之所謂正面者, 猶言全體之稱, 而來敎以對邪之正命之, 宜乎其未蒙契可也。

盛諭旣以“心爲太極”,【止】朱、白之相混耶?

按: 邵子此言, 本未必謂心爲理而發。蓋指「先天圖」中, 虛者爲太極, 而爲儀、象、卦、爻之根柢、標準, 心之居中而爲百體萬用之主宰者, 正如是云爾。至朱子有取於其說, 則亦從全體大綱說, 而非必正解其名義也。至論其實, 則以“心者性之郛郭”之說爲善, 而又曰“性猶太極, 心猶陰陽, 太極雖不離陰陽, 然至論太極自是太極, 陰陽自是陰陽。惟性與心亦然, 所謂一而二、二而一者也。” 嗚乎! 必若此言然後, 其分合之妙、名義之實, 可一慮而得。蓋二說各有所主, 而此論之爲正意明矣, 安可以此之分開而賺彼之混淪耶? 然則“心爲太極”至矣, 而兢猶恐今之以紫亂朱也。“心猶陰陽”之爲緊倚靠處, 則正猶白之謂白也。門下以爲何如?

賢者以心作作用之物,【止】 歸人言於不是也。

按: 兢固不以心專爲作用之物。然作用者, 顧誠非心歟? 心固是主宰者, 然若不能作用, 是溟涬昏默底一物事, 恐非心之謂也。仁人之心, 非無氣, 而曰“理卽心, 心卽理”, 衆人之心亦應同此, 而古未嘗云爾者, 何也? 豈古人之偏厚於仁人, 而剋薄於衆人乎? 兢恐於此不容不多注解也。天之爲天, 只是無爲之理而已, 人之有心, 果皆無爲者歟?

4-14-11

「답이여재答李汝材」【寅梓 ○ 乙丑】(『巖棲集』 卷10)

해제

1) 서지사항

조긍섭이 이인재에게 답한 편지. 『암서집』 권10에 실려 있다(『한국문집총간』 350).

2) 저자

조긍섭(曺兢燮: 1873~1933)으로, 본관은 창녕, 자는 중근(仲謹), 호는 심재(心齋)이다.

3) 내용

이 글은 조긍섭이 1925년 이인재(李寅梓: 1870~1929, 자는 汝材, 호는 省窩)에게 답한 편지로서, 성리학과 양명학 사이의 대립적 논점들에 대해 논하는 내용이다. 첫째, 이인재가 요천(堯泉) 김헌기(金憲基: 1774~1842)의 「박왕양명치양지설(駁王陽明致良知說)」에 대해 "리와 기의 원두(源頭)에 대해 밝게 분석하였다"라고 평하고, 또 "양지(良知)는 천리(天理)가 아니라고 한 말은 의심이 없을 수 없다"라고 평한 것에 대해, 이는 서로 모순되는 평가라고 비판하였다. 그리고 조긍섭은 "양지의 지(知)와 천리의 '리'는 하나의 존재인 듯하지만, 본래 능(能)과 소(所)의 구별이 있으니, '능'은 '기'이고 '소'는 '리'이다. '양지'란 '리를 따르는 기[循理之氣]'라는 말과 같다"라고 논변하였다. 둘째, "본연의 '지(知)'를 어떻게 자구(資具)인 기에 해당시킬 수 있는가?"에 대한 답변이다. 조긍섭은 "기를 자구로 삼는 것은 성(性)이요, 심이 아니다"라고 설명하고, 이를 거울에 비유하였다. "심은 거울과 같은데, 능히 비출 수 있는 것은 '기'요, 예쁜 사람은 예쁘게, 추한 사람은 추하게 비추는 것은 '성(性)'이요, '리'이다."라는 것이요, "이른바 양지(良知)는 밝은 거울과 같은 말이다. 밝은 거울은 예쁘거나 추한 것이 아니요, 밝은 거울이 비추는 대상이 예쁘거나 추한 것이다."라는 것이다. 셋째, 왕양명(王陽明)이 '양지(良知)를 천리로 여긴 것'에 대한 비판이다. 조긍섭은 "양지를 천리로 여기는 것은 '밝은 거울'을 아름답거나 추하다고 여기는 것으로서, 바로 '능(能)'을 '소(所)'로 여기는 것이기 때문에, 기를 리로 오인하는 것"이라 한다. 넷째, '묘(妙)'와 '주재(主宰)'에 대한 논의이다. 조긍섭은 주재에 대한 논의는 리로 말하는 경우, 기로 말하는 경우, 심으로 말하는 경우 등 세 맥락이 있다고 설명하고, 이 셋을 구분해 보아야 한다고 강조했다. 만약 묘(妙)가 바로 주재요, 주재는 리라 하여 "중리(衆理)를 묘하게 운용하는 것 또한 리이다"라고 한다면, 이는 '리가 리를 묘용하는 것[以理妙理]'이니, 어불성설이라는 것이다. 마지막으로 조긍섭은 "오늘의 논의에서 어긋난 지점은 오로지 '지각이 있는 것은 리, 지각이 없는 것은 기'라고 여겨서 허령(虛靈)·신명(神明)·주재(主宰)·지각(知覺) 등을 한결같이 '리'로 귀착시켰기 때문"이라고 지적하고, 이는 바로 고인(古人)이 말씀한 '인기위기(認氣爲理)'의 경계(警戒)를 범한 것이라고 설파하였다. 그리고 농암(農巖) 김창협(金昌協: 1651~1708)이 지(智)와 지각(知覺)을 별개로 구분한 것을 상기시키며, 이를 유의할 것을 촉구하였다.

4-14-11 「答李汝材」[寅梓 ○ 乙丑](『巖棲集』 卷10)

來喩謂“堯泉致良知說, 於理氣源頭, 洞徹昭晰”, 而又“以良知非天理一語, 爲不能無疑”。夫以是說縱橫數千言, 頭緖雖若繁多, 而其總要不過此一語爲之機栝。所謂理氣源頭者, 亦只於此爲之歸宿。今曰不能無疑, 則來諭所許以洞徹昭晰者, 不審何所指而云然耶? 理與氣、心與性, 先儒皆有一而二、二而一之說, 一而二、二而一者, 固此說之主旨也。知之與理, 雖似一物, 而自有能、所之別, 能者氣也, 所者理也。其曰良知, 猶言循理之氣云爾。且本然之善, 非獨理爲然, 氣之本然, 亦善而已矣, 所謂本然之知, 意亦如此。來諭曰: “本然之知, 豈可以所資之氣當之乎?” 夫所資之氣四字, 固今日論心者之大欛。然古來論心曰“氣之精爽, 人之神明”而已, 未有以氣爲所資者。以氣爲資者, 可以言性而非所以說心。心者如鏡, 然其能照者氣也, 當姸而姸, 當媸而媸者性也, 卽理也。今以氣謂心之所資, 則亦以能照者謂鏡之所資者而可乎? 所謂良知者, 猶言明鏡也。明鏡非姸媸也, 明鏡之所照爲姸媸。此人人之所了也, 而堯泉之意, 則如是而已, 何疑之有耶? 來諭又云: “陽明雖以良知爲天理, 而判吾性與物理而二之。二之則局, 局不可以謂理, 則其認氣爲理也明矣。” 夫以良知爲天理, 是以明鏡爲姸媸, 乃以能爲所者, 故謂之認氣爲理。至於“判吾性與物理而二之”之云, 乃近世故誣陽明之言, 非陽明之眞贓也。 陽明之所以非朱子格物之說者, 以吾心中自有物理, 不必求之於物云爾。何嘗判吾性與物理而二之? 若曰判而二之, 則如所謂“心在物爲理”、“性無彼此”、“理無彼此”等說, 皆何謂者耶? 從古以來, 所謂認氣爲理者, 謂其認昭昭靈靈者爲理耳, 豈局之之謂哉? 來諭又云: “知妙衆理, 而妙是主宰之意, 則主宰者卽此理, 非朱子之言乎?” 夫主宰之云, 有以理言者, 有以氣言者, 有以心言者, 不當見有以理言者而槩以謂之理。 若以妙是主宰, 主宰是理, 而謂妙衆理者亦理也, 則是乃以理妙理。以理妙理, 如以目視目, 以口齕口, 何說之可通哉? 然爲此說者, 以氣之無知, 不可以妙理。夫氣之蠢然者, 固無知矣, 心則其精也, 安得不有知而能妙天下之理乎? 譬如銅之黯然者, 固無光矣, 百錬而爲鑑, 則亦其精也, 安得不有光而能別天下之姸媸乎? 朱子所謂“心固是主宰底。然所謂主宰者, 卽是理也”者, 蓋因問者以天地之心天地之理, 分主宰道理而爲說, 故答之如此。蓋天地無心, 以理爲心, 故不必於理外求心求主宰也。然詳味其語意，則亦非直以理爲主宰也。蓋言心之所以爲主宰者，以其有道理也云爾。來諭乃以主宰者卽是理六字，截去首尾，改易字面，以證主宰爲理之語。愚恐此等理弱之證，不足以當彼滔滔之辨也。大抵今日議論差處，專在以有知者爲理、無知者爲氣，擧凡虛靈、神明、主宰、知覺等稱而一歸之於理。然不知以此爲理，正犯古人所謂認氣爲理之戒。若所謂氣者，無靈無知，只是蠢然者而已，則古之人亦未嘗不高明，何至認此而爲理耶？又知之與智，意味自別，智可以作理說，而知則氣分數爲多。金農巖嘗言之，其義甚精，非餘人所及。堯泉之以良知爲氣，豈曰無所本耶？然非獨堯泉之說爲然也。平湖陸氏，世所稱後朱子也。平生以斥王學自任，而其爲「學術辨」曰："明乎心性之辨，則知禪矣，知禪則知陽明矣。人之生也，氣聚成形，而氣之精爽，又聚而爲心，是心也神明不測，變化無方。要之亦氣也，其中所具之理則性也。是心也者，性之所寓而非卽性也；性也者，寓乎心而非卽心也。若夫禪者，則以知覺爲性，而以知覺之發動爲心，陽明言性無善惡，亦指知覺爲性也。故其言曰'良知卽天理'，又曰'無善無惡，乃所謂至善'。雖其縱橫變幻，不可究詰，而其大指亦可睹矣。" 嗚乎！王氏受病之源，專在於認心爲理，認良知爲天理。其蔽至於無所不至，故陸、金二子之所以攻之者，其言若合符節。蓋天下高明見道之士，固應不約而同歸如此也。然此事在今日，非口舌可爭，非揣度可得。惟權捨先入之見，而取古人明白可信之論，從容涵泳，密切體驗，自然見得其眞正不可易處。若但以肚裏胡文定爲主，便欲將此論量古今，判斷是非，入主而出奴之，則宜其終不免於方鑿圓枘之不相入也，如何如何？區區不談此事久矣，荷老兄提喩之意，似出於衷赤，敢復寫懷而索言之，如賜反覆，尤所望也。

4-14-12

「답이종가答李宗可」【乙巳】(『巖棲集』 卷11)

해제

1) 서지사항

조긍섭이 이철후에게 답한 편지. 『암서집』 권11에 실려 있다. (『한국문집총간』 350)

2) 저자

조긍섭(曺兢燮: 1873~1933)으로, 본관은 창녕, 자는 중근(仲謹), 호는 심재(心齋)이다.

3) 내용

이 글은 조긍섭이 1905년 이철후(李澈厚: 1874~1934, 자는 重可, 호는 無聞軒)에게 답한 편지로, '심은 리이기 때문에 허령하다'는 주장을 비판한 것이다. 조긍섭은 『통서(通書)』의 "신령하지 않으면 밝지 못하다[匪靈弗瑩]"는 구절을 주자가 "양은 밝고 음은 어두우니, 사람 마음과 태극(太極)의 지극한 신령스러움이 아니라면 누가 능히 밝히겠는가?"라고 풀이하였고, 또 "그 빼어난 것을 얻어 가장 신령하다"고 한 것을 "순수하고 지극히 선한 성(性)"이라고 여겼으며, 또 성선설(性善說)에 대해서는 "인의예지(仁義禮智)의 본성을 타고 난 것은 동물이 함께하는 것이 아니니, 그러므로 인간의 본성이 불선함이 없어서 만물의 영장이 되는 것이다"라고 풀이한 것을 거론한 다음, "나의 구구한 본의는 또한 리를 곧바로 허령한 것으로 간주하는 것이 아니요, '심이 허령한 까닭은 그 속에 리가 있음에서 연유한다'는 것"이라고 설명하였다. 조긍섭은 또한 "허령지각을 논하면서 기에 소속시킨 경우가 많았다"는 말을 상기시키면서, 따라서 허령을 논할 때 리와 기를 함께 유의해야 한쪽으로 치우치지 않을 것이라고 설명했다.

4-14-12 「答李宗可」【乙巳】(『巖棲集』 卷11)

所示鄙文, 旣歷淸覽, 宜若在所裁駁, 而蒙以重言謬奬之, 豈所望也? 心之以理而靈, 誠似侵過界分。然極究其所以靈, 則卒走理字不得。故朱子解『通書』"匪靈弗瑩", 以爲"陽明陰晦, 非人心太極之至靈, 孰能明之"; 又論"得其秀而最靈", 以爲"純粹至善之性"; 至於性善之說, 則又以爲"仁義禮智之稟, 非物之所得與, 所以人之性, 無不善, 而爲萬物之靈也", 此等皆可見矣。區區本意, 亦非直以理爲靈也, 謂"心之所以靈者, 由其有理爾"。【以字可見其意。】况其所謂"論虛靈知覺, 多屬之氣"云者, 亦足以交盡並擧, 而無偏倚之患耶? 心之本體, 乃是心中所具之理。故朱子論四端, 以爲"人之性情、心之體用", 又云"太極不在陰陽之外, 卽陰陽而指其本體。" 然則本體之云, 乃其所以然之妙, 恐不必泥語而求病也。來諭思索誠精, 而但覺失之太覈, 至以炯然目理、粹然目氣, 亦似互換, 此等幸更加思量以卒敎也。敝帚不足久塵案下, 望早回擲。『昭山藁』已寫得一册, 俟有的便寄去。

인명사전

범례

1. 이 인명사전은 『자료집명』에 나오는 한국 및 중국 등의 인명을 대상으로 한다.
2. 한국과 중국 등의 인명은 표제어에 현재의 해당 국적을 다음과 같은 약호로 표시한다.
   ex. 한국 → (韓), 중국 → (中), 몽골 → (蒙), 이탈리아 → (伊)
3. 한국 인명의 경우, 시대를 따로 구분하여 표기하지 않았다.
4. 중국 인명의 경우, 시대를 구분하고 파란색을 입혔다.
5. 중국 송나라의 경우 북송과 남송을 구분하였으나 생몰 연도나 출사 여부 등이 불분명하여 판정하기 어려운 경우 송대로 표시하였다.
7. 표제는 한자를 병기하되, 공식 본명과 생몰 연도를 기준으로 하였다.
8. 기본 소개는 한국의 경우 자, 호, 시호를 우선 기재하였고, 중국의 경우 시대, 분류, 자, 호, 시호 순으로 기재하였다. 저작은 문집을 위주로 대표적인 것들만 들었다.
9. 인물에 대한 소개는 특징적인 사실을 위주로 최대한 간략히 기술하는 것을 원칙으로 하였다.
10. 중국 인명의 경우 학자, 관리, 사상가, 정치가 등으로 분류하였으나, 본문에 인물에 대한 분명한 평가를 담고 있는 경우, 본문을 고려하여 설명을 부가하였다.
11. 본문의 표현이 같아도 다른 사람인 경우가 있으므로, 사전 내에 "☞" 표시를 넣고 본문에 사용된 다른 지칭들을 아울러 기재하였다.
13. 인명인 것은 분명하나 본명이나 생몰 연도 등이 불명확한 경우에도 최대한 다른 경우에 맞추어 기술하였다.
14. 전혀 확인할 수 없는 인명의 경우 "미상"으로만 기재하였다.
15. 지칭에 해당하는 사람이 여러 명 있는 경우, 본문의 내용과 각 인물의 생몰 연대 등을 참고하여 가장 확실하다고 판단되는 사람을 기재하였다.

성명	생몰년도	국적	자료집 표기
감절(甘節)	미상	中	節
검오(黔敖)	미상	中	黔敖
경방(京房)	BCE 77~37	中	京房
경모숙씨(敬模叔氏)	미상	韓	
계문자(季文子)	미상	中	季文子
계오형(啓五兄)	미상	韓	啓五兄
고요(皐陶)	미상	中	皐陶
공곤(共鯀)	미상	中	共鯀
곽종석(郭鍾錫)	1846~1919	韓	鳴遠, 郭鳴遠, 郭俛宇, 俛宇, 俛宇先生, 郭先生, 郭, 鍾錫, 鍾, 俛公, 郭丈, 茶田, 幼石, 郭張
곽휘승(郭徽承)	1872~1903	韓	聖緒
구양첨(歐陽詹)	755~800	中	歐陽詹
국정환(鞠廷煥)	미상	韓	鞠廷煥
권경희(權暻熙)	미상	韓	權稚昫
권명희(權命熙)	미상	韓	權公立, 權君
권인현(權仁鉉)	미상	韓	權仁鉉
기대승(奇大升)	1527~1572	中	高峯, 奇高峯, 明彦
기윤(紀昀)	1724~1805	韓	紀均
기정진(奇正鎭)	1798~1879	韓	蘆沙, 蘆沙翁, 蘆, 奇台, 洲蘗蘆, 蘆蘗洲
김굉필(金宏弼)	1454~1504	韓	寒暄, 寒暄先生, 寒蠹
김대진(金岱鎭)	1800~1871	韓	金丈泰叟
김봉래(金鳳來)	1839~?	韓	陽邑
김성하(金聲夏)	1863~1909	韓	金振玉
김원행(金元行)	1702~1772	韓	渼湖
김우옹(金宇顒)	1540~1603	韓	金文貞, 東岡先生
김이상(金履祥)	1232~1303	中	仁山
김인섭(金麟燮)	1827~1903	韓	金正言丈, 正言丈
김재식(金在植)	1873~1940	韓	仲衎, 金仲衎
김진호(金鎭祜)	1845~1908	韓	勿川, 祜, 致受, 金致受
김창협(金昌協)	1651~1708	韓	農巖, 農翁, 金農巖, 農巖先生, 退栗農
김창흡(金昌翕)	1653~1722	韓	三淵

성명	생몰년도	국적	자료집 표기
김평묵(金平默)	1819~1891	韓	重庵, 金重庵, 重庵金公
김황(金榥)	1896~1978	韓	金而晦, 而晦, 榥
김흥락(金興洛)	1827~1899	韓	西山
나양좌(羅良佐)	1638~1710	韓	明村
나종언(羅從彦)	1072~1135	中	羅, 羅先生, 楊羅李
나흠순(羅欽順)	1465~1547	中	羅整菴, 羅整庵, 羅氏, 整菴, 整菴羅氏, 王羅
나대경(羅大經)	1196~1252	中	鶴林
남건(南健)	미상	韓	聖行, 南聖行
남한조(南漢朝)	1744~1809	韓	損齋, 南損齋
누사덕(婁師德)	630~699	中	師德
노수호(盧秀五)	1838~1907	韓	允行
노형(盧兄)	미상	韓	盧兄
노효표(盧孝標)	1186~1257	中	玉溪, 玉溪盧氏, 盧玉溪
도청일(都淸一)	1838~1916	韓	都河應
동백우(童伯羽)	1144~?	中	伯羽
동수(董銖)	1152~1214	中	董銖, 銖
동중서(董仲舒)	BCE 179~104	中	董生
동탁(董卓)	139~192	中	卓, 羿操莽卓
두여회(杜如晦)	585~630	中	杜
두종주(竇從周)	1135~1196	中	從周
두지인(杜知仁)	미상	中	杜仁仲
만인걸(萬人傑)	미상	中	人傑, 萬正淳, 正淳
매색(梅賾)	미상	中	梅賾
맹견(孟堅)	미상~947	中	孟堅
목강(穆姜)	미상	中	穆姜
반고(班固)	32~92	中	班固
박상태(朴尙台)	1838~1900	韓	光遠
박상현(朴尙玄)	1629~1693	韓	景初, 朴景初
박종권(朴鍾權)	1861~1927	韓	致宗
박창옥(朴昌玉)	미상	韓	朴昌玉
박치복(朴致馥)	1824~1894	韓	醒丈

성명	생몰년도	국적	자료집 표기
박해령(朴海齡)	1857~1920	韓	朴丈, 朴子喬, 朴兄
반병(潘柄)	미상	中	潘謙之
반시거(潘時擧)	미상	中	時擧, 潘
반식(潘植)	미상	中	植
방각(方慤)	미상	中	方氏
방현령(房玄齡)	578~648	中	房
방효유(方孝孺)	1357~1402	中	方遜志
배재환(裵在煥)	1869~1907	韓	裵學三, 在煥
범씨(范氏)	미상	中	范氏
범조우(范祖禹)	1041~1098	中	淳夫, 范淳夫
범준(范浚)	1102~1150	中	范蘭溪, 蘭溪范氏
범중보(范仲黼)	미상	中	范文叔
범중엄(范仲淹)	989~1052	中	范文正
변장자(卞莊子)	미상	中	卞莊子
변화(卞和)	미상	中	卞和
보광(輔廣)	미상	中	慶源輔氏
사광(師曠)	미상	中	師曠
사량좌(謝良佐)	1050~1130	中	上蔡, 謝上蔡, 謝氏
사마광(司馬光)	1019~1086	中	司馬溫公, 司馬君實, 君實, 馬公
서경덕(徐敬德)	1489~1546	韓	花潭
서맹보(徐孟寶)	미상	中	徐孟寶
서병갑(徐柄甲)	미상	韓	徐柄甲
서소연(徐昭然)	미상	中	徐子融
서우(徐寓)	미상	中	徐居父
서찬규(徐贊奎)	1825~1905	韓	徐都事
석돈(石𡼏)	1128~1182	中	子重
석봉기(石鳳基)	1879~1951	韓	舜九, 石舜九
석분(石奮)	?~BCE 124	中	石奮
선규(善圭)	미상	韓	善圭
설선(薛瑄)	1389~1565	中	薛子, 文淸
섭식(葉湜)	1168~1226	中	建安葉氏

성명	생몰년도	국적	자료집 표기
섭채(葉采)	?~1266	中	葉平巖, 平巖
섭하손(葉賀孫)	1167~1237	中	賀孫, 葉味道, 葉, 葉氏
성순영(成純永)	1896~1970	韓	成純永
성재석(成載晳)	1860~1906	韓	聖與, 成聖與
성혼(成渾)	1535~1598	韓	牛溪, 成牛溪
소공(召公)	미상	中	召保
소병(蘇昞)	미상	中	蘇季明, 季明
소식(蘇軾)	1036~1101	中	東坡
소옹(邵雍)	1011~1077	中	康節, 邵子, 邵公, 邵朱, 程邵
소진(蘇秦)	?~BCE 284	中	蘇, 蘇張
소진(蘇溱)	미상	中	蘇晉叟
소하(蕭何)	BCE 257~BCE 193	中	蕭
송명흠(宋明欽)	1705~1768	韓	櫟泉
송시열(宋時烈)	1607~1689	韓	尤庵, 尤菴, 尤翁, 宋文正, 栗沙尤
송준길(宋浚吉)	1606~1672	韓	同春
송준필(宋浚弼)	1869~1943	韓	舜佐, 弼
수몽(壽夢)	BCE 620~BCE 561	中	壽夢
습개경(襲蓋卿)	미상	中	蓋卿
심조(沈潮)	1694~1756	韓	沈信甫
심한(沈僩)	미상	中	沈僩, 僩
안균(顔均)	미상	中	顔農山
양간(楊簡)	1141~1226	中	楊慈湖
양계초(梁啓超)	1873~1929	中	梁啓超
양공(襄公)		中	宋襄
양도부(楊道夫)	미상	中	道夫
양방(楊方)	?~1211	中	楊子直, 楊
양시(楊時)	1053~1135	中	龜山, 龜山楊氏, 楊, 楊羅李
양신(楊愼)	1488~1559	中	楊愼
양웅(楊雄)	BCE 53~18	中	子雲, 楊氏, 荀陽, 楊子雲
양이정(楊履正)	미상	中	楊子順
여대림(呂大臨)	1042~1090	中	子約, 呂子約, 呂與叔, 呂氏, 呂藍田, 藍田呂氏

성명	생몰년도	국적	자료집 표기
여대아(余大雅)	1138~1189	中	大雅
여영회(呂英會)	1833~?	韓	伯茂
여유량(呂留良)	1629~1683	中	呂晩邨
여조겸(呂祖謙)	1137~1181	中	東萊, 東萊呂氏, 呂東萊, 伯恭, 敬夫伯恭, 張呂
여진규(呂軫奎)	1843~?	韓	南收
여혁규(呂赫奎)	1854~?	韓	呂顯哉
역아(易牙)	미상	中	易牙
연숭(連崧)	미상	中	連嵩卿
예(羿)	미상	中	羿, 羿操莽卓
예양(豫讓)	미상	中	豫讓, 讓
오렵(吳獵)	1130~1213	中	吳德夫
오륙(吳陸)	미상	中	
오익(吳翌)	1129~1177	中	吳晦叔
오진(吳振)	미상	中	振
오징(吳澄)	1249~1333	中	吳澄, 吳幼淸, 臨川吳氏, 吳氏, 吳
오희상(吳熙常)	1763~1833	韓	老洲, 洲, 洲蘗蘆
왕망(王莽)	BCE 45~23	中	莽, 羿操莽卓
왕백(王柏)	1197~1274	中	王魯齋
왕빈(王蘋)	1082~1153	中	王氏蘋, 王蘋氏
왕수인(王守仁)	1472~1528	中	陽明, 陽明氏, 陽明王氏, 王陽明, 王餘姚, 王氏, 陸王, 王羅, 王李
왕연(王衍)	256~311	中	王夷甫
왕초재(王汪材)	미상	中	王太初
요덕명(廖德明)	미상	中	廖子晦, 德明
요로(饒魯)	1193~1264	中	饒氏
요황(遼晃)	미상	中	遼晃
우효설(禹孝卨)	1854~1935	韓	敎彦
웅화(熊禾)	1253~1312	中	勿軒熊氏
원정목(爰旌目)	미상	中	爰旌目
위박(衛朴)	1023~1077	中	衛朴
위염신(韋廉臣)	1829~1890	英	韋氏, 韋君

성명	생몰년도	국적	자료집 표기
위춘(魏椿)	미상	中	元壽
유경중(游敬仲)	미상	中	敬仲
유계자(劉季子)	?~BCE 544	中	劉康公
유공(劉珙)	1122~1178	中	劉共父
유구언(游九言)	1142~1206	中	游誠之
유불(劉黻)	미상	中	劉季章
유성룡(柳成龍)	1542~1607	韓	西厓, 柳先生
유숙문(劉叔文)	미상	中	劉叔文
유인(劉因)	1249~1293	中	劉靜修, 靜修
유장원(柳長源)	1724~1796	韓	東巖
유중교(柳重敎)	1832~1893	韓	省齋, 柳省齋, 柳持平, 柳氏
유지(劉砥)	1154~1199	中	砥
유청지(劉淸之)	1134~1190	中	劉子澄
유치명(柳致明)	1777~1861	韓	定齋
유하혜(柳下惠)	미상	中	柳下惠
유항(劉伉)	미상	中	劉彭城
유협(劉協)	181~234	中	漢獻
육가(陸賈)	?~BCE 170	中	陸生
육구령(陸九齡)	1132~1180	中	子壽, 陸子壽
육구연(陸九淵)	1139~1193	中	象山, 陸象山, 子靜, 陸子靜, 陸國正, 陸氏, 陸王
육롱기(陸隴其)	1630~1692	中	陸三漁
윤돈(尹焞)	1071~1142	中	和靖
윤봉구(尹鳳九)	1683~1767	韓	屛溪
윤주하(尹胄夏)	1846~1906	韓	忠汝, 膠公
윤창수(尹昌洙)	미상	韓	禹明
윤춘년(尹春年)	1514~1567	韓	尹彦久
윤택규(尹宅逵)	1845~1928	韓	仁載, 尹仁載
은선(殷羨)	미상	中	殷洪喬
이간(李柬)	1677~1727	韓	巍, 巍庵, 巍菴, 巍岩李公, 巍南
이과(李過)	미상	中	西溪李氏
이굉조(李閎祖)	미상	中	閎祖

성명	생몰년도	국적	자료집 표기
이교명(李敎明)	1852~?	韓	李敎明
이교우(李敎宇)	1881~1950	韓	致善
이구(李球)	?~1573	韓	蓮老
이기윤(李基允)	1891~1971	韓	李執中
이기항(李基恒)	1878~1969	韓	孟久
이덕후(李德厚)	1855~1927	韓	敬載
이동(李侗)	1093~1163	中	延平, 李, 楊羅李
이두훈(李斗勳)	1856~1918	韓	大衡, 斗勳, 斗
이루(離婁)	미상	中	離婁
이만여(李晩輿)	1861~1904	韓	希曾, 李希曾
이만인(李晩寅)	1834~1897	韓	李監役
이명재(李明在)	미상	韓	李明在
이방자(李方子)	미상	中	方子, 果齋
이병적(李柄迪)	미상	韓	李柄迪
이병헌(李炳憲)	1870~1940	韓	子明, 李子明
이사(李斯)	?~BCE 208	中	斯, 斯高
이상석(李相奭)	1835~1921	韓	李丈
이상원(李象遠)	1722~1802	韓	希道, 李希道
이상정(李象靖)	1711~1781	韓	大山, 大山先生, 大山翁, 大山李先生, 李先生, 湖
이석균(李錫均)	1855~1927	韓	公允
이승엽(李承燁)	1883~1952	韓	光述
이승희(李承熙)	1847~1916	韓	承熙, 承, 浦上, 啓道, 剛兄
이언적(李彦迪)	1491~1553	韓	晦齋, 晦齋先生, 李晦齋
이원조(李源祚)	1792~1871	韓	凝窩
이이(李珥)	1536~1584	韓	栗谷, 栗翁, 栗老, 栗, 石潭, 潭翁, 文成, 李文成, 李先生, 退栗, 栗尤, 栗沙尤
이익(李瀷)	1681~1763	韓	星湖, 星湖先生
이인훈(李仁熏)	1713~1747	韓	李天牖, 天牖
이재(李縡)	1680~1746	韓	陶庵, 李陶庵, 陶菴, 李陶菴, 陶翁, 巍陶
이정기(李貞基)	1872~1945	韓	見可, 李見可
이정모(李正模)	1846~1875	韓	聖養

성명	생몰년도	국적	자료집 표기
이종기(李種杞)	1837~1902		李器汝, 晩求, 晩求公, 杞
이종사(李宗思)	미상	中	李伯諫
이종익(李鐘翼)	미상	韓	李鐘翼
이준구(李浚久)	1862~1916	韓	李肅明
이지환(李志煥)	미상	韓	李性源
이진상(李震相)	1818~1886	韓	震相, 寒洲, 寒洲子, 寒洲李公, 李寒洲丈, 李丈, 李氏, 洲丈, 洲上, 寒, 洲蘗蘆, 蘆蘗洲, 王李, 程朱李
이항로(李恒老)	1792~1868	韓	華西, 華西先生, 李華西, 蘗, 洲蘗蘆, 華艾
이현일(李玄逸)	1627~1704	韓	南嶽先生
이혜주(李惠胄)	미상	韓	李杞園惠胄
이황(李滉)	1501~1570	韓	退溪, 退陶, 退翁, 退老, 退陶先生, 退陶李先生, 退陶李子, 退陶夫子, 陶山, 李子, 退, 溪, 陶, 雲陶, 朱李, 朱退, 退栗, 周程朱李, 黃陳陶
이회근(李晦根)	1843~1892	韓	天吉, 李天吉
임기손(林夔孫)	미상	中	夔孫
임성주(任聖周)	1711~1788	韓	鹿門
임자몽(林子蒙)	미상	中	子蒙
임지(林至)	미상	中	林德久, 林氏
임학몽(林學蒙)	미상	中	林正卿
장구성(張九成)	1092~1159	中	張無垢
장복추(張福樞)	1815~1900	韓	四未軒, 福, 金溪角山
장석영(張錫英)	1851~1926	韓	舜華, 張晦堂, 張晦堂丈, 張斯文, 英, 郭張
장식(張栻)	1133~1180	中	南軒, 南軒子, 南軒張氏, 張欽夫, 張敬夫, 欽夫, 敬夫伯恭, 張呂
장의(張儀)	?~BCE 309	中	張, 蘇張
장재(張載)	1020~1077	中	張子, 橫渠, 橫渠張子, 張程思孟, 周程張朱, 程張子, 張朱
장전(張戩)	1030~1076	中	張天祺
적림(翟霖)	미상	中	翟霖
전목지(錢木之)	미상	中	木之
전우(田愚)	1841~1922	韓	艮齋, 田艮齋, 田子明, 艮齋田氏, 田臺艮齋氏, 田氏, 田
전무택(田无擇)	미상	中	田子方

성명	생몰년도	국적	자료집 표기
정가학(鄭可學)	1152~1212	中	鄭子上
정경세(鄭經世)	1563~1633	韓	愚伏
정구(鄭球)	1543~1620	韓	文穆公, 剛爺
정단몽(程端蒙)	1143~1191	中	程正思, 端蒙, 程端蒙
정도현(鄭道鉉)	1895~1977	韓	鄭道鉉
정면규(鄭冕圭)	1850~1916	韓	周允
정민정(程敏政)	1445~1499	中	篁墩
정복심(程復心)	1257~1340	中	程林隱, 林隱, 程氏
정선균(鄭璿均)	미상	韓	鄭舜一
정순(程洵)	미상	中	程允夫
정약용(程若庸)	미상	中	徽庵程氏
정여창(鄭汝昌)	1450~1504	韓	一蠹先生, 寒蠹
정유일(鄭惟一)	1533~1576	韓	鄭子中
정이(程頤)	1033~1107	中	伊川, 程子, 程翁, 程先生, 子程子, 程叔子, 正叔, 程, 程張子, 程朱子, 程朱, 程邵, 孟程, 孟程朱, 程朱李, 周程張朱, 周程朱李, 張程思孟
정재규(鄭載圭)	1843~1911	韓	鄭艾山, 艾, 厚允, 華艾, 鄭生
정제용(鄭濟鎔)	1865~1907	韓	鄭亨櫓
정종로(鄭宗魯)	1738~1816	韓	立齋, 立齋鄭先生,
정지운(鄭之雲)	1509~1561	韓	鄭秋巒
정현(鄭玄)	127~200	中	鄭氏
정호(程顥)	1032~1085	中	明道, 明道子, 明道先生, 程子, 程翁, 程先生, 子程子, 程, 程張子, 程朱子, 程朱, 程邵, 孟程, 孟程朱, 程朱李, 周程張朱, 周程朱李, 張程思孟
조고(趙高)	?~BCE 207	中	高, 斯高
조광조(趙光祖)	1482~1519	韓	靜庵先生, 靜庵夫子
조긍섭(曺兢燮)	1873~1933	韓	仲謹, 深齋, 兢, 曺君
조목(趙穆)	1524~1606	韓	趙士敬
조병규(趙昺奎)	1846~1931	韓	應章
조사하(趙師夏)	미상	中	致道, 趙致道
조성기(趙聖期)	1638~1689	韓	拙修齋
조식(曺植)	1501~1572	韓	南冥先生

성명	생몰년도	국적	자료집 표기
조양자(趙襄子)	BCE ?~425	中	趙襄子
조원순(曺垣淳)	1850~1903	韓	衡七, 曺友衡七
조조(曹操)	154~220	中	阿瞞, 操, 羿操莽卓
조진(趙振)	1535~?	韓	趙起伯
조참(曹參)	?~BCE 189	中	曹
조호익(曺好益)	1545~1609	韓	芝山
종진(鍾震)	미상	中	震
주돈이(周敦頤)	1017~1073	中	周子, 濂翁, 周先生, 茂叔先生, 周夫子, 周程張朱, 周程朱李
주명작(周明作)	미상	中	明作
주모(周謨)	1141~1202	中	謨
주필대(周必大)	1126~1204	中	益公, 周益公
주희(朱熹)	1130~1200	中	朱子, 朱先生, 晦翁, 朱夫子, 朱文公, 晦庵, 晦庵夫子, 晦庵子, 紫陽, 考亭, 朱, 孟朱, 朱李, 雲陶, 朱退, 周程張朱, 程朱李, 朱蔡, 張朱, 程朱子, 程朱, 周程朱李, 孟程朱
주흥(周興)	?~691	中	周興
지요(智䍃)	BCE 506~453	中	智伯, 智氏
진덕수(眞德秀)	1178~1235	中	西山眞氏, 眞氏, 眞西山, 西山
진력(陳櫟)	1252~1335	中	陳氏
진문울(陳文蔚)	1423~1490	中	文蔚
진순(陳淳)	1159~1223	中	北溪, 北溪翁, 淳, 北溪陳氏, 陳北溪, 陳安卿, 陳溪, 黃陳陶
진시황(秦始皇)	BCE 259~210	中	呂政
진식(陳埴)	미상	中	陳器之, 陳氏, 潛室陳氏
진중자(陳仲子)	미상	中	於陵仲子
진헌장(陳獻章)	1428~1500	中	白沙
채모(蔡模)	1188~1246	中	覺軒蔡氏
채원정(蔡元定)	1135~1198	中	蔡西山, 季通, 朱蔡
채인묵(蔡寅默)	미상	韓	殷老
채청(蔡淸)	1453~1508	中	虛齋, 蔡虛齋
채침(蔡沈)	1167~1230	中	蔡九峯, 九峯蔡氏
초공(焦贛)	미상	中	焦氏

성명	생몰년도	국적	자료집 표기
최군(崔群)	772~832	中	崔淸河
최석(崔祏)	1714~?	韓	崔祏
최숙민(崔琡民)	1837~1905	韓	崔元則
최영록(崔永祿)	1793~1871	韓	海菴
최응룡(崔應龍)	1514~1580	韓	崔見叔
최익한(崔益翰)	1897~?	韓	崔友益翰, 崔
최익현(崔益鉉)	1833~1906	韓	崔尙書, 崔
최정기(崔正基)	1846~1905	韓	崔肅仲, 肅中
최정우(崔正愚)	1862~1920	韓	崔純夫
추연(鄒衍)	BCE 324~BCE 250	中	鄒衍
탕영(湯泳)	미상	中	泳
풍도(馮道)	882~954	中	馮
하겸진(河謙鎭)	1870~1946	韓	叔亨, 河叔亨, 河
하기(何基)	1188~1268	中	北山
하헌진(河憲鎭)	1859~1921	韓	孟汝
하호(何鎬)	1128~1175	中	叔京, 何叔京
한원진(韓元震)	1682~1751	韓	塘, 南塘, 南塘韓氏, 巍南, 巍塘
한유(韓愈)	768~824	中	昌黎, 韓昌黎, 韓子, 韓文公
항안세(項安世)	1153~1208	中	項平父
허겸(許謙)	1269~1337	中	白雲
허경양(許景陽)	미상	中	許景陽
허영(許永)	1881~1900	韓	貞叔, 許貞叔
허유(許愈)	1833~1904	韓	退而, 許退而, 許后山, 后山, 黎丈, 南黎, 黎翁, 許, 愈, 許郭
허전(許傳)	1797~1886	韓	滄洲
허형(許衡)	1209~1281	中	魯齋, 魯齋許氏
허훈(許薰)	1836~1907	韓	薰
혜능(惠能)	638~713	中	惠能
호광(胡廣)	91~172	中	胡
호굉(胡宏)	1106~1161	中	五峯, 胡五峯, 胡氏
호대시(胡大時)	미상	中	胡季隨

성명	생몰년도	국적	자료집 표기
호대원(胡大原)	미상	中	伯逢
호병문(胡炳文)	1250~1333	中	胡雲峯, 雲峯, 雲峯胡氏, 胡氏
호실(胡實)	1136~1173	中	胡廣仲
호안국(胡安國)	1074~1138	中	文定, 胡文定, 胡文定公, 胡
호일계(胡一桂)	1247~?	中	雙湖, 胡雙湖
홍재구(洪在龜)	1845~1898	韓	洪思伯
홍직필(洪直弼)	1776~1852	韓	梅山, 洪梅山
황간(黃榦)	1152~1221	中	黃勉齋, 勉齋, 勉齋黃氏, 直卿, 黃直卿, 黃先生, 黃陳陶
황경희(黃敬熙)	1747~1818	韓	子翼
황봉립(黃鳳立)	미상	韓	黃鳳立
황순(黃罃)	1150~1212	中	罃
황승경(黃升卿)	미상	中	升卿
황의강(黃義剛)	미상	中	義剛
황중원(黃仲元)	1231~1312	中	四如黃氏
황찬규(黃讚奎)	미상	韓	黃讚奎
황탁(黃卓)	미상	中	卓

감절(甘節, ?~?)(中)

중국 남송(南宋)의 학자. 자는 길보(吉父)·길보(吉甫)이다. 임천(臨川) 사람으로 주희(朱熹, 1130~1200)의 문인이다.

☞ 節

검오(黔敖, ?~?)(中)

중국 춘추 시대 제(齊) 나라의 사람. 제나라에 큰 흉년이 들어 굶어 죽는 사람이 속출하자, 길거리에서 밥을 지어 사람들에게 먹였다고 한다.

☞ 黔敖

경방(京房, BCE 77~37)(中)

중국 전한(前漢)의 학자. 양(梁) 나라 사람 초연수(焦延壽)에게서 역학(易學)을 배웠고, 재이사상(災異思想)에 밝았으며, 음률(音律)을 연구하여 현(絃)에 의한 음률측정기인 준(準)을 발명함으로써 60률을 산정하였다.

☞ 京房

경모숙씨(敬模叔氏, ?~?)(韓) ☞ 미상

계문자(季文子, ?~?)(中)

중국 춘추시대의 대부. 성은 계손(季孫), 이름은 행보(行父)이다.

☞ 季文子

계오형(啓五, ?~?)(韓)

미상

☞ 啓五

고요(皐陶, ?~?)(中)

중국 고대 순(舜) 임금의 신하. 법리(法理)에 밝아서 형벌을 제정하고 옥간(獄閒)을 만들었다고 한다.

☞ 皐陶

공곤(共鯀, ?~?)(中)

중국 고대 요(堯) 임금 때의 네 명의 악인(惡人)으로 순 임금이 즉위하여 유배를 보낸 사흉(四凶)을 가리킨다. 사흉은 차례로 공공(共工), 환도(驩兜), 삼묘(三苗), 곤(鯀)인데 이 중 처음과 끝을 들어 전체를 말한 표현이다.

☞ 共鯀

곽종석(郭鍾錫, 1846~1919)(韓)

조선 말기의 학자, 본관은 현풍(玄風), 자는 명원(鳴遠), 호는 면우(俛宇)이다. 아명은 석산(石山), 경술국치 후에는 도(鋾)라고도 하였다. 경상남도 산청군 단성면(丹城面) 출신으로, 이진상(李震相, 1818~1886)의 문인이다. 스승의 주리설(主理說)을 계승하여 발전시켰다. 거창군 가북(伽北)의 다전(茶田)에서 강학하다가, 1905년 을사늑약이 체결되자 조약의 폐기와 매국노의 처단을 요구하였다. 1910년 국권 침탈 후 은거하다가 1919년 3·1운동이 일어나자 전국 유림의 궐기를 호소하고, 김창숙(金昌淑, 1879~1962) 등과 파리장서 사건을 주도하였다. 1963년 건국훈장 독립장이 추서되었다. 저서로는 『면우집(俛宇集)』이 있다.

☞ 鳴遠, 郭鳴遠, 郭俛宇, 俛宇, 俛宇先生, 郭先生, 郭, 鍾錫, 鍾, 俛公, 郭丈, 茶田, 幼石, 郭張

곽휘승(郭徽承, 1872~1903)(韓)

조선 말기의 학자. 본관은 현풍(玄風), 자는 성서(聖緖), 호는 염와(廉窩)이다. 곽재겸(郭在謙, 1547~1615)의 후손으로, 대구 해안(解顔)에서 태어났다. 곽종석(郭鍾錫, 1846~1919)의 문인이다. 저서로는 『염와집(廉窩集)』이 있다. ☞ 聖緖

구양첨(歐陽詹, 755~800)(中)

중국 당(唐) 나라의 문신. 자는 행주(行周)이다. 천주(泉州) 진강(晉江) 사람으로, 한유(韓愈)·이강(李絳) 등과 더불어 육지(陸贄)의 방(榜)에 나란히 합격하여 용호방(龍虎榜)이라는 말이 유래하였다.

☞ 歐陽詹

국정환(鞠廷煥)(韓)

조선 말기의 학자. 전우(田愚, 1841~1922)와 교류하였다. ☞ 鞠廷煥

권경희(權暻熙)(韓)

조선 말기의 학자. 전우(田愚, 1841~1922)와 교류하였다. ☞ 權稚昫

권인현(權仁鉉)(韓)

조선 말기의 학자. 전우(田愚, 1841~1922)와 교류하였다. ☞ 權仁鉉

기대승(奇大升, 1527~1572)(韓)

조선 중기의 학자, 본관은 행주(幸州), 자는 명언(明彦), 호는 고봉(高峯) 또는 존재(存齋), 시호는 문헌(文憲)이다. 1558년 문과에 응시하기 위하여 서울로 가던 중 김인후(金麟厚, 1510~1560)·이항(李恒, 1499~1576) 등을 만나 태극설을 이야기 하고, 1559년 이황(李滉, 1501~1570)이 수정한 정지운(鄭之雲, 1509~1561)의 「천명도설(天命圖說)」을 보고 이견을 제시해, 1566년까지 사단과 칠정에 관해 서신 토론하였다. 저서로는 『고봉집(高峯集)』, 『논사록(論思錄)』이 있고 편서로 『주자문록(朱子文錄)』 등이 있다.

☞ 高峯, 奇高峯, 明彦

기윤(紀昀, 1724~1805)(中)

중국 청(淸) 나라의 학자, 자는 효람(曉嵐) · 춘범(春帆), 호는 석운(石雲), 시호 문달(文達)이다. 직예([直

隷] 헌현(獻縣) 사람으로, 1754년 진사에 급제하여 한림원 편수(編修)가 되었고, 1768년 한림원 시독학사(侍讀學士)가 되었다. 학풍은 형이상학적인 송학(宋學)을 배제하고, 실증적인 한학의 입장을 취하였다. 저서로는 『기문달공유집(紀文達公遺集)』, 『열미초당필기(閱薇草堂筆記)』 등이 있다. ☞ 紀均(昀)

기정진(奇正鎭, 1798~1879)(韓)

조선 말기의 학자. 본관은 행주(幸州), 자는 대중(大中), 호는 노사(蘆沙), 시호는 문간(文簡)이다. 전라도 순창에서 태어났으나, 아버지의 유언에 따라 장성 하남(河南)으로 이사하여 학문에 매진하였다. 46세에 「납량사의(納凉私議)」, 56세에 「이통설(理通說)」, 81세에 그가 평생동안 연구한 이기론을 정리한 「외필(猥筆)」을 저술하였다. 1862년 「임술의책(壬戌擬策)」에서 삼정(三政)의 폐단을 지적하고 이를 바로잡을 방책을 제시하려 하였고, 1866년에는 서양세력의 침략을 염려하여 「병인소(丙寅疏)」를 올렸다. 저서로는 『노사집(蘆沙集)』이 있다. ☞ 蘆沙, 蘆沙翁, 蘆, 奇台, 洲蘗蘆, 蘆蘗洲

김굉필(金宏弼, 1454~1504)(韓)

조선 중기의 학자. 본관은 서흥(瑞興), 자는 대유(大猷), 호는 사옹(蓑翁) 또는 한훤당(寒暄堂), 시호는 문경(文敬)이다. 김종직(金宗直, 1431~1492)에게서 배웠으며, 스스로 "소학동자(小學童子)"라고 하였다. 1494년 유일(遺逸)로 천거되어 출사하였다. 1498년 무오사화로 평안도 희천(熙川)에 유배되었으며, 조광조(趙光祖, 1482~1519)를 만나 학문을 전수하였다. 1504년 갑자사화 때 처형되었다. 1610년 문묘에 배향되었다. 저서로는 『한훤당집(寒暄堂集』)이 있다. ☞ 寒暄, 寒暄先生, 寒蠹

김대진(金岱鎭, 1800~1871)(韓)

조선 말기의 학자. 본관은 의성(義城), 자는 태수(泰叟), 호는 서계(西溪)·유산(酉山)·정와(訂窩)이다. 7세에 김홍규(金弘規)에게서 글을 배우기 시작하여 13세에 벌써 사서(四書)를 두루 읽었다. 1840년 생원시에 합격했으나 이후부터 과거를 단념하고 후진 양성에 힘썼다. 학행(學行)으로 천거되어 1866년 목릉참봉(穆陵參奉)에 제수되었으나 연로한 탓으로 사임하였다. 저서로는 『정와집(訂窩集)』이 있다. ☞ 金丈泰叟

김봉래(金鳳來, 1839~?)(韓)

조선 말기의 학자, 자는 순호(舜皥)이다. 이진상(李震相, 1818~1886)의 문인이다. ☞ 陽嵒

김성하(金聲夏, 1863~1909)(韓)

조선 말기의 학자. 자는 진옥(振玉), 호는 송강(松岡)이다. 곽종석(郭鍾錫, 1846~1919)의 문인이다. 저서로는 『송강집(松岡集)』이 있다. ☞ 金振玉

김원행(金元行, 1702~1772)(韓)

조선 후기의 학자. 본관은 안동(安東), 자는 백춘(伯春), 호는 미호(渼湖) 또는 운루(雲樓), 시호는 문경(文

敬)이다. 이재(李縡, 1680~1746)의 문인이다. 신임사화를 계기로 벼슬에 나서지 않고, 낙론(洛論)의 종장으로 활동하여, 많은 문인을 배출했다. 저서로는『미호집(渼湖集)』이 있다. ☞ 渼湖

김우옹(金宇顒, 1540~1603)(韓)
조선 중기의 학자. 본관은 의성(義城), 자는 숙부(肅夫), 호는 동강(東岡) · 직봉포의(直峰布衣)이다. 조식(曺植, 1501~1872)의 문인이다. 1573년 경연에서 요순우탕(堯舜禹湯)의 심법(心法)을 역설하며 유교적 정치 이념과 위정자의 정치 도의를 밝혔다. 저서로는『동강집(東岡集)』·『속자치통감강목(續資治通鑑綱目)』 등이 있고, 편서로『경연강의(經筵講義)』가 있다. ☞ 金文貞, 東岡先生

김이상(金履祥, 1232~1303)(中)
중국 송말원초(宋末元初)의 학자. 자는 길보(吉父), 호는 차농(次農), 시호는 문안(文安)이다. 원나라에 벼슬하지 않고 인산(仁山)에 은거하여 인산선생(仁山先生)이라 불렸으며, 하기(何基)와 왕백(王柏)에게 배우고 허겸(許謙)에게 전하여 금화사선생(金華四先生)으로 일컬어졌다. 문집으로『인산집(仁山集)』이 있다. ☞ 仁山

김인섭(金麟燮, 1827~1903)(韓)
조선 말기의 학자, 본관은 상산(商山), 자는 성부(聖夫), 호는 단계(端磎)이다. 1846년(헌종12) 문과에 급제하였다. 탐학한 관리들이 농민을 수탈함을 목격하고는 1861년(철종12) 지도자로 농민들을 인솔하여 민란을 일으켜 부정한 현감과 이서들을 축출하였다. 영남의 여러 학자들과 교류하고『성재집(性齋集)』을 교정하였다. 진양군 집현산(集賢山)에 대암정사(大嵒精舍)를 짓고 후학을 양성하였다. 1894년(고종 31)에는 사간원 헌납(司諫院獻納)에 임명되었으며 1902년에는 통정대부에 올랐다. 저서로는『단계문집(端磎文集)』이 있다 ☞ 金正言丈, 正言丈

김재식(金在植, 1873~1940)(韓)
한국 근현대의 학자. 본관은 상산(商山), 자는 중연(仲衍), 호는 수재(修齋)이다. 경상남도 산청군 신등면 법물(法勿)에 살았다. 김진호(金鎭祜, 1845~1908)의 문인이다. ☞ 仲衍, 金仲衍

김진호(金鎭祜, 1845~1908)(韓)
조선 말기의 학자. 본관은 상산(商山), 자는 치수(致受), 호는 약천(約泉)·물천(勿川)이다. 경상남도 산청군 신등면 법물(法勿)에 살았다. 박치복(朴致馥, 1824~1894)과 허전(許傳, 1797~1886)에게 배우다가 나중에 이진상(李震相, 1818~1886)에게도 수학하였다. 1889년『성재집(性齋集)』간행과『남명집(南冥集)』교정을 맡았으며, 1902년 용문정사(龍門精舍)를 지어 후학을 양성하였다. 저서로는『물천집(勿川集)』이 있다.
☞ 致受, 金致受, 勿川, 祜

김창협(金昌協, 1651~1708)(韓)

조선 후기의 학자. 본관은 안동(安東), 자는 중화(仲和), 호는 농암(農巖) 또는 삼주(三洲), 시호는 문간(文簡)이다. 김상헌(金尙憲, 1570~1652)의 증손이자 김수항(金壽恒, 1629~1689)의 아들이다. 1682년 출사하였고, 왕명으로 『주자대전차의(朱子大全箚疑)』를 교정하였다. 기사환국 이후 은거하였다. 낙론(洛論)의 선구적 위치에 있으며, 문장과 시에 모두 능했다. 저서로는 『농암집(農巖集)』이 있다.

☞ 農巖, 農翁, 金農巖, 農巖先生, 退栗農

김창흡(金昌翕, 1653~1722)(韓)

조선 후기의 학자. 본관은 안동(安東), 자는 자익(子益), 호는 삼연(三淵), 시호는 문강(文康)이다. 김상헌(金尙憲, 1570~1652)의 증손이자 김수항(金壽恒, 1629~1689)의 아들이며, 김창협(金昌協, 1651~1708)의 아우이다. 아버지의 명으로 진사가 되었을 뿐, 환로에 들지 않았으며 기사환국 이후 포천에 은거하였다. 도가와 불교 서적을 읽고 『사기』를 좋아했으며 시(詩)에 힘쓰다ㄱ, 주희(朱熹, 1130~1200)의 글을 읽고 깨달은 바가 있어 유학에 전념하였다. 저서로는 『삼연집(三淵集)』이 있다.

☞ 三淵

김평묵(金平默, 1819~1891)(韓)

조선 말기의 학자. 본관은 청풍(淸風), 자는 치장(稚章), 호는 중암(重庵), 시호는 문의(文懿)이다. 홍직필(洪直弼, 1776~1852)과 이항로(李恒老, 1792~1868)에게 수학하였다. 이항로의 학설을 따르면서, 동문 유중교(柳重敎, 1832~1893)와 명덕(明德)을 이(理)로 보느냐, 기(氣)로 보느냐를 두고 논쟁하였다. 1874년에 『화서아언(華西雅言)』을 편집, 간행하였고, 1881년 위정척사(衛正斥邪)를 주장하여 섬에 유배되었다. 저서로는 『중암집(重菴集)』, 『중암고(重菴稿)』 등이 있다.

☞ 重庵, 金重庵, 重庵金公

김황(金榥, 1896~1978)(韓)

한국 근현대의 학자. 본관은 의성(義城), 자는 이회(而晦), 호는 중재(重齋) 또는 우림(佑林)이다. 김우옹(金宇顒, 1540~1603)의 후손이다. 경상남도 의령군 어촌리 출신으로, 곽종석(郭鍾錫, 1846~11919)의 문인이다. 저서로는 『중재집(重齋集)』이 있다.

☞ 金而晦, 而晦, 榥

김흥락(金興洛, 1827~1899)(韓)

조선 말기의 학자, 본관은 의성(義城), 자는 계맹(繼孟), 호는 서산(西山), 본관은 의성(義城)이다. 김성일(金誠一, 1538~1593)의 11대 종손이다. 유치명(柳致明, 1777~1861)의 문인으로, 퇴계학(退溪學)을 계승하였다. 1867년 어사의 천거로 인릉 참봉(仁陵參奉)에 제수되고, 1882년 사헌부 지평에 제수되었으나 나가지 않고 후진양성에 힘썼다. 1889년 퇴계선생문집고증(退溪先生文集攷證)을 회교(會校)하였다. 1894년 승정원 우부승지에 특진되고, 영해 부사(寧海府使)에 제수되어 속히 부임하라는 명이 있었으나 병이 위중하여 사임하였다. 저서로는 『서산집(西山集)』이 있다.

☞ 西山

나양좌(羅良佐, 1638~1710)(韓)

조선 후기의 학자. 본관은 안정(安定), 자는 현도(顯道), 호는 명촌(明村)이다. 윤선거(尹宣擧, 1610~1669)의 문인이다. 과거에 뜻을 두지 않고 오직 학문과 수양에만 전념하였다. 스승이 누명을 쓰자 상소하였다가 유배되었다. 기사환국 때 자형 김수항(金壽恒, 1629~1689)과 매제 이사명(李師命, 1647~1689)이 극형을 당하자 혼자서 천리길을 달려가 상을 치르고 돌아왔다. 저서로는 『명촌잡록(明村雜錄)』이 있다. ☞ 明村

나종언(羅從彦, 1072~1135)(中)

중국 남송(南宋)의 학자. 자는 중소(仲素), 호는 예장(豫章), 시호는 문질(文質)이며, 검남(劍南) 사람이다. 정이(程頤, 1033~1107)와 양시(楊時, 1053~1135)를 사사하여 그 학문을 이동(李侗, 1093~1163)에게 전하였고 이동은 다시 주희(朱熹, 1130~1200)에게 전하여 정이로부터 주희에 이르는 학맥의 중요한 위치에 있다. 양시, 이동과 함께 '검남삼선생(劍南三先生)'으로 불렸다. 저서로는 『예장문집(豫章文集)』, 『준요록(遵堯錄)』 등이 있다. ☞ 羅, 羅先生, 楊羅李

나흠순(羅欽順, 1465~1547)(中)

중국 명(明) 나라의 학자. 자는 윤승(允升), 호는 정암(整菴), 시호는 문장(文莊)이다. 환관 유근과 대립하였으나 이부 상서(吏部尙書) 등의 벼슬을 지냈다. 처음에는 불학(佛學)에 독실했다가 뒤에는 주자학에 전념하였다. 당시 양명학에 맞서 주자학을 옹호하였으나 이기일원(理氣一元)의 입장에서 보주귀일(補朱歸一)을 주장하여 기(氣) 철학자로 분류된다. 저서로는 『곤지기(困知記)』, 『정암존고(整菴存稿)』 등이 있다. ☞ 羅整菴

나대경(羅大經, 1196~1252)(中)

중국 남송(南宋)의 학자. 자는 경륜(景綸)이다. 주희(朱熹, 1130~1200)의 문인이다. 벼슬은 용주법조연(容州法曹掾)을 지냈다. 저서로는 『학림옥로(鶴林玉露)』가 있다. ☞ 鶴林

남건(南健, ?~?)(韓)

조선 말기의 학자. 자는 성행(聖行)이다. ☞ 聖行, 南聖行

남한조(南漢朝, 1744~1809)(韓)

조선 후기의 학자. 본관은 의령(宜寧), 자는 종백(宗伯), 호는 손재(損齋)이다. 상주(尙州) 두릉(杜陵) 출신으로, 이상정(李象靖, 1711~1781)의 문인이다. 역학(易學)과 성리서(性理書)를 익히며 퇴계학을 계승하였다. 문경의 선유동(仙遊洞)에 옥하정(玉霞亭)을 지어놓고 후진 양성에 힘썼다. 여러 번 천거를 받았지만 끝내 벼슬에 나가지 않았다. 퇴계학을 정재(定齋) 유치명(柳致明, 1777~1861)에게 전수하였다. 저서로는 『손재문집(損齋文集)』이 있다. ☞ 損齋, 南損齋

누사덕(婁師德, 630~699)(中)

중국 당(唐) 나라의 대신. 자는 종인(宗仁), 시호는 정(貞)이다. 30년 동안 장상(將相)으로 있으며 변방의 일을 도맡아 보았다. 어진 덕을 지녀 칭송받았다. ☞ 師德

노수호(盧秀五, 1838~1907)(韓)

조선 말기의 학자. 본관은 광주(光州), 자는 윤행(允行), 호는 방려(芳旅)이다. 경상남도 창녕군 이방면 국동(菊洞)에 살았다. 장복추(張福樞, 1815~1900)의 문인으로 이종기(李種杞, 1837~1902) 등과 교류하였다. 1894년(고종 31)에 동학란이 일어나자 현풍·창녕 두 고을의 지방관들과 동학군을 방어하려다가 실패하고 거창으로 피난한 후 가야산으로 들어갔다. 이 해에 곽종석(郭鍾錫, 1846~1919)과 알게 되어 종신토록 교유하였다. 저서로는 『방려집(芳旅集)』이 있다. ☞ 允行

노형(盧兄, ?~?)(韓)

미상. ☞ 盧兄

노효표(盧孝標 또는 盧標, 1186~1257)(中)

중국 남송(南宋)의 학자. 자는 효손(孝孫) , 호는 옥계(玉溪)이다. 아버지 진민부마 노공(盧恭)을 위해 시묘 3년을 하였고, 벼슬이 한림박사에 이르렀다. "강술당(講述堂)"을 만들고 강학하여 "옥계선생"으로 불렸다. 저서로는 『옥계문집(玉溪文集)』, 『사서강의(四書講義)』, 『경사술요(經史述要)』, 『성리발몽(性理發蒙)』 등이 있다. ☞ 玉溪, 玉溪盧氏, 盧玉溪

도청일(都清一, 1838~1916)(韓)

조선 말기의 학자. 본관은 성주(星州), 자는 하응(河應), 호는 괴아(槐啞)이다. ☞ 都河應

동백우(童伯羽, 1144~?)(中)

중국 남송(南宋)의 학자. 자는 비경(飛卿) 또는 비경(蜚卿)이다. 건녕(建寧) 구녕(甌寧) 사람으로 주희(朱熹, 1130~1200)의 문인이다. 주희가 당호를 경의(敬義)로 붙여주어 사람들이 경의선생(敬義先生)이라 불렀다. 저서로는 『효경연의(孝經衍義)』, 『사서집성(四書集成)』, 『오경훈해(五經訓解)』, 『성리발미(性理發微)』 등이 있다. ☞ 伯羽

동수(董銖, 1152~1214)(中)

중국 남송(南宋)의 학자. 자는 숙중(叔重)이며, 호는 반간(槃澗)이다. 송나라 요주(饒州) 덕흥(德興) 사람으로, 처음에 정순(程洵, 1135~1196)에게 배우고, 뒤에 주희(朱熹, 1130~1200)에게 나아가 수학하였다. 왕과(王過)·정공(程珙)과 함께 덕흥학궁삼선생(德興學宮三先生)으로 일컬어졌다. 저서로는 『성리주해(性理注解)』와 『역서주(易書注)』가 있다. ☞ 董銖, 銖

동중서(董仲舒, BCE 179~BCE 104)(中)

중국 서한(西漢)의 학자·문신. 유교를 한나라의 국교로 삼도록 무제(武帝)를 설득하고, 춘추공양학(春秋公羊學)을 전공하고 대일통(大一統)의 논리와 삼강(三綱)의 윤리를 제시하였으며, 천인상감론(天人相感論)을 주창하여 고대 전제왕권과 유교 국교화의 길을 열었다. 저서로는 『춘추번로(春秋繁露)』가 있다.
☞ 董生

동탁(董卓, 139~192)(中)

중국 동한(東漢)의 역신(逆臣). 소제(少帝)를 폐하고 하태후(何太后)를 시해(弑害)하고 헌제(獻帝)를 세웠다. 몹시 음란하고 흉포하였으며, 뒤에 제위를 찬탈할 생각까지 품었다가 여포(呂布)에게 척살 당하였다.
☞ 卓

두여회(杜如晦, 585~630)(中)

중국 당(唐) 나라의 재상. 자는 극명(克明)이다. 문학관(文學館) 18학사의 한 사람으로, 방현령(房玄齡, 578~648)에게 그 재능을 인정받고, 그와 함께 '정관(貞觀)의 치(治)'를 구축한 명신이었다. 태종(太宗) 즉위 후 태자좌서자(太子左庶子)를 비롯하여 여러 요직을 맡았다. ☞ 杜

두종주(竇從周, 1135~1196)(中)

중국 남송(南宋)의 학자. 자는 문경(文卿)이다. 진강(鎭江) 단양(丹陽) 사람으로 50세가 넘어서 주희(朱熹, 1130~1200)에게 가서 배웠고, 돌아와서는 위기지학(爲己之學)에 전념하였다. ☞ 從周

두지인(杜知仁, ?~?)(中)

중국 남송(南宋)의 학자. 자는 인중(仁仲) , 호는 방산(方山)이다. 주희(朱熹, 1130~1200)의 문인이다. 어려서부터 과문에 특출했는데 특히 시에 힘썼다. 뒷날 육경을 공부하고 당시 학자들의 글을 살피다가 주희의 글을 보고 "길이 여기에 있다. 이치를 궁구하고 인(仁)을 구하는 것이, 내 머물 곳임을 알았다."라고 하였다. 논술이 많았으나 엮지 못하고 죽었다. ☞ 杜仁仲

만인걸(萬人傑, ?~?)(中)

중국 남송(南宋)의 학자. 자는 정순(正淳) 또는 정순(正純), 호는 지재(止齋)이다. 주희(朱熹, 1130~ 1200)의 문인이다. 처음에 육구령(陸九齡, 1139~1192)에게 배우다가 나중에 육구연(陸九淵, 1139~1193)의 제자가 되었고, 그 뒤에 남강(南康)에 가서 주희를 만난 뒤로 그의 제자가 되었다.
☞ 人傑, 萬正淳, 正淳

매색(梅賾, ?~?)(中)

중국 동진(東晉)의 학자. 자는 중진(仲眞)으로, 서평(西平) 사람이다. 벼슬은 예장 태수(豫章太守)를 지냈다. 인종(仁宗) 때 『고문상서(古文尙書)』의 「위공전(僞孔傳)」을 올렸다. 이는 염약거(閻若璩, 1636~1704)의 「고문상서소증(古文尙書疏證)」과 혜동(惠棟, 1697~1758)의 「고문상서고(古文尙書考)」에 의해 매색의 위작임이 밝혀져 있다. 저서로는 『매씨상서(梅氏尙書)』이 있다. ☞ 梅賾

맹견(孟堅, ?~947)(中)

중국 오대(五代) 때의 사람. 처음에 민(閩)에서 벼슬해 비장(裨將)이 되었는데, 용맹과 지략을 겸비했다. 945년 사문휘(査文徽)가 민을 정벌하자 항복하고, 사문휘가 군사를 맡기자 기병(奇兵)을 출격시켜 진격해 가는 곳마다 공을 세웠다. ☞ 孟堅

목강(穆姜, ?~?)(中)

중국 춘추 시대 노(魯) 나라 선공(宣公)의 부인. 목강이 동궁(東宮)에 유폐되었을 때에 사관이 얻은 점괘를 듣고는 「수괘(隨卦)」의 원·형·이·정(元亨利貞)에 대하여 자세한 설명을 더하였다. 공자는 이것을 인용하여 「건괘·문언전(文言傳)」에 그대로 실은 것이다. ☞ 穆姜

반고(班固, 32~92)(中)

중국 후한(後漢)의 문인·학자. 자는 맹견(孟堅)이다. 『한서(漢書)』를 저술하고 『백호통의(白虎通義)』를 편찬하였다. 화제(和帝) 때 두헌(竇憲)을 따라 흉노 정벌에 종군했다가 실패하여 옥사(獄死)하였다. ☞ 孟堅, 班固

박상태(朴尙台, 1838~1900)(韓)

조선 말기의 학자. 본관은 밀양(密陽), 자는 광원(光遠), 호는 학산(鶴山)이다. 경상남도 산청군 단계 출신으로, 허전(許傳, 1797~1886)의 문인이다. 만년에는 한주(寒洲) 이진상(李震相, 1818~1886)의 주리설(主理說)을 추종하였다. 저서로는 『학산집(鶴山集)』이 있다. ☞ 光遠

박상현(朴尙玄, 1629~1693)(韓)

조선 후기의 학자. 본관은 순천(順天), 자는 경초(景初), 호는 우헌(寓軒)이다. 전라도 광주(光州)의 진곡(眞谷)에서 학문에 진력하였다. 정이(程頤, 1033~1107)·주희(朱熹, 1130~1200)·이황(李滉, 1501~1570)·이이(李珥, 1536~1584)를 높이 받들었으나, 사단칠정설(四端七情說)만은 이황의 설을 버리고 이이의 설을 따랐으며, 예학은 김장생(金長生, 1548~1631)을 따랐다. 아들 박광일(朴光一, 1655~1723)을 송시열(宋時烈, 1607~1689)에게 보내 학문을 배우게 하였다. 저서로는 『우헌집(寓軒集)』이 있다. ☞ 景初, 朴景初

박종권(朴鍾權, 1861~1927)(韓)

조선 말기의 학자. 본관은 밀양(密陽), 자는 치종(致宗), 호는 회우(晦宇)이다. 곽종석(郭鍾錫, 1846~1919)과 윤주하(尹胄夏, 1837~1906)에게서 학문을 닦았다. 1919년 곽종석이 쓴 파리장서에 서명하였다. 이로 인

해 청원서에 서명한 유생들이 대거 검거되어 일제로부터 고초를 겪었다. ☞ 致宗

박창옥(朴昌玉, ?~?)(韓)
조선 말기의 학자. 전우(田愚, 1841~1922)와 교류하였다. ☞ 朴昌玉

박치복(朴致馥, 1824~1894)(韓)
조선 말기의 학자. 본관은 밀양(密陽), 자는 훈경(薰卿), 호는 만성(晩醒)이다. 경상남도 함안(咸安) 출신으로, 유치명(柳致明, 1777~1861)과 허전(許傳, 1797~1886)의 문하에서 학문을 닦았다. 황매산(黃梅山) 기슭에 백련재(百鍊齋)를 짓고 학문에 정진하며 제자 양성에 힘썼다. 저서로는『만성집(晩醒集)』이 있다.
☞ 醒丈

박해령(朴海齡, 1857~1920)(韓)
조선 말기의 계몽 운동가·관료. 1907년 2월 대구 광문사(大邱廣文社) 문회가 학교 설립을 통한 교육 운동을 적극적으로 추진해 나가기 위해 명칭을 대동광문회(大東廣文會)로 바꿀 때 회장으로 선출되었다. 계몽 운동을 전개하던 중 1908년 7월 칠곡 군수로 임명되었고, 한일병합 체결 뒤인 1910년 10월 조선 총독부에 의해 경상북도 상주 군수로 임명되었다. ☞ 朴子喬, 朴丈, 朴兄

반병(潘柄, ?~?)(중)
중국 남송(南宋)의 학자. 자는 겸지(謙之)이다. 주희(朱熹, 1130~1200)의 문인이다. 학문에 진력하니 세상에서는 과산선생(瓜山先生)이라고 칭한다. 저서로는『역해(易解)』,『상서해(尙書解)』가 있다.
☞ 潘謙之,

반시거(潘時擧, ?~?)(中)
중국 남송(南宋)의 학자. 자는 자선(子善)이다. 태주(台州) 임해(臨海) 사람으로, 주희(朱熹, 1130~ 1200)의 문인이다. 무위군교수(無爲軍敎授)를 지냈다. ☞ 時擧, 潘

반식(潘植, ?~?)(中)
중국 남송(南宋)의 학자. 자는 입지(立之)이다. 주희(朱熹, 1130~1200)의 문인이다. ☞ 植

방각(方慤, ?~?)(中)
중국 송(宋) 나라의 학자, 자는 성부(性夫)이다. 저서로는『예기집해(禮記集解)』가 있다. ☞ 方氏

방현령(方玄齡, 578~648)(中)
중국 당(唐) 나라의 재상. 자는 교(喬)이다. 제주(齊州) 임치(臨淄) 사람으로, 대대로 북조(北朝)를 섬겼다.

학식이 많아 수(隋) 나라 때 진사가 되었다. 이세민(李世民: 599~649)의 군대에 들어가 당나라 창업에 기여하고, 626년 이세민이 제2대 태종으로 즉위하자 중서령(中書令)이 되었고 이어 상서좌복야(尙書左僕射)를 지냈다. 정치에 밝고 항상 공평한 입장에 섰으므로 두여회(杜如晦, 585~630)와 함께 어진 재생으로 칭송받았다. ☞ 房

방효유(方孝孺, 1357~1402)(中)

중국 명나라의 학자. 자는 희직(希直)·희고(希古), 호는 손지(遜志)이다. 송렴(宋濂, 1310~1380)의 문인이다. 1402년 영락제가 황위를 찬탈했을 때, 즉위 조서 작성을 거부하여, 일족과 친우, 제자 등 847명과 함께 죽임을 당했다. 저서로는 『손지재집(遜志齋集)』, 『방정학문집(方正學文集)』이 있다.

☞ 方孝孺

배재환(裵在煥, 1869~1907)(韓)

조선 말기의 학자. 본관은 성주(星州), 자는 학삼(學三), 호는 성재(惺齋)이다. ☞ 裵學三, 在煥

범씨(范氏, ?~?)(中)

중국 전국시대 진나라의 사람. 예양(豫讓)이 처음 섬기다가 뒤에 지백(智伯)을 섬겼다. ☞ 范氏

범조우(范祖禹, 1041~1098)(中)

중국 북송(北宋)의 문신. 자는 순보(淳甫)·몽득(夢得), 시호는 정헌(正獻)이다. 젊어서 정호(程顥, 1032~1085)와 정이(程頤, 1033~1107)를 사사했다. 사마광(司馬光, 1019~1086) 밑에서 『자치통감(資治通鑑)』을 편수했고, 책이 완성되자 비서성정자(秘書省正字)에 임명되었다. 『중용(中庸)』을 중시하여 성(誠)과 성에 이르는 구체적인 방법인 충서(忠恕)를 강조했다. 또한 노장학(老莊學)은 충서의 도에 위배된다고 하여 배척했다. 저서로는 『논어설(論語說)』, 『당감(唐鑑)』, 『중용론(中庸論)』, 『범태사집(范太史集)』 등이 있다.
☞ 淳夫, 范淳夫

범준(范浚, 1102~1150)(中)

중국 남송(南宋)의 학자. 자는 무명(茂明)이고, 호는 향계(香溪)이다. 간신 진회(秦檜, 1090~1155)가 집권하고 있어 출사하지 않고 강학에 힘썼다. 「심잠(心箴)」이 유명하고, 존심양성(存心養性)과 신독(愼獨), 지치지회(知恥知悔)를 강조하였다. 저서로는 『향계집(香溪集)』이 있다. ☞ 蘭溪范氏

범중보(范仲黼, ?~?)(中)

중국 남송(南宋)의 학자. 자는 문숙(文叔)이다. 어려서 부친을 잃고 어머니 왕씨(王氏)에게 자랐으며, 장식(張栻, 1133~1180)에게 학문을 닦았다. 일찍이 우강간(虞剛簡, 1164~1227), 이심전(李心傳, 1167~1244), 위료옹(魏了翁, 1178~1237) 등과 함께 성도(成都)에서 강학하였는데, 범중보를 월주선생(月舟先生)이라

하였다. ☞ 范文叔

범중엄(范仲淹, 989~1052)(中)

중국 북송(北宋)의 정치가·학자. 자는 희문(希文), 시호는 문정(文正)이다. 문무에 뛰어난 군사전략가이자 정치가로서 한기와 함께 서하를 막는데 큰 공을 세웠고, 인종의 자문에 응하여 "경력신정(慶歷新政)"으로 불리는 열 가지 조항을 제시하였다. 저서로는 『범문정공문집(范文正公文集)』이 있다. ☞ 范文正

변장자(卞莊子, ?~?)(中)

중국 춘추시대 노(魯) 나라 변읍 대부(卞邑大夫). 이름은 엄(嚴)이다. 제(齊)나라가 노나라를 치고 싶었지만 변장자가 두려워 치지 못하였다. 공자가 온전한 인물[成人]이 될 수 있는 조건으로서 장무중(臧武仲)의 지혜[知]와 변장자의 용기[勇]와 염구(冉求)의 재예[藝]와 함께 맹공작의 청렴함[不欲]이 필요하다고 말하였다. ☞ 卞莊子

변화(卞和, ?~?)(中)

조선 춘추 시대 초(楚) 나라 사람. 진귀한 옥돌을 초왕(楚王)에게 바쳤다가 임금을 속인다는 누명을 쓰고 두 차례나 발이 잘렸으나, 나중에 왕에게 진가(眞價)를 인정받고서 천하제일의 보배인 화씨벽(和氏璧)을 만들게 되었다고 한다. ☞ 卞和

보광(輔廣, ?~?)(中)

중국 남송(南宋)의 학자. 자는 한경(漢卿), 호는 잠암(潛庵)이다. 여조겸(呂祖謙, 1137~1181)과 주희(朱熹, 1130~1200)의 문하에서 수학하였다. 1197년 위학(僞學) 금지령이 내렸을 때도 동요하지 않았고, 1220년 전후에 전이서원(傳貽書院)을 지어서 학생들을 가르쳤기 때문에 "전이선생(傳貽先生)"이라 일컬었다. ☞ 慶源輔氏, 廣

사광(師曠, ?~?)(中)

중국 춘추시대 진(晉) 나라의 악사. 태어나면서부터 앞을 보지 못하였으나 월등한 청력으로 악성(樂聲)을 분별하고 길흉(吉凶)도 잘 분간하였다. ☞ 師曠

사량좌(謝良佐, 1050~1103)(中)

중국 북송(北宋)의 학자. 자는 현도(顯道), 호는 상채(上蔡), 시호는 문숙(文肅)이다. 정호(程顥, 1032~1085)와 정이(程頤, 1033~1107)의 문인이다. 상채학파(上蔡學派)의 비조이나, 사상은 다분히 선불교의 내용을 포함하고 있어 주희(朱熹, 1130~1200)로부터 비판을 받기도 하였다. 어록으로 『상채어록(上蔡語錄)』이 있고, 저서로는 『논어해(論語解)』이 있다. ☞ 上蔡, 謝上蔡, 謝氏

사마광(司馬光, 1019~1086)(中)

중국 북송(北宋)의 정치가·학자. 자는 군실(君實), 호는 우부(迂夫) 또는 우수(迂叟), 시호는 문정공(文正公)이다. 온국공(溫國公)에 봉하여졌다. 왕안석의 신법에 반대하였다. 한나라 때의 학자 양웅(揚雄, BCE 53~CE 18)을 사숙하여 『태현경(太玄經)』과 『법언(法言)』을 주석하고, 『잠허(潛虛)』를 지었고, 『자치통감(資治通鑑)』을 편찬하였다. ☞ 司馬溫公, 司馬君實, 君實, 馬公

서경덕(徐敬德, 1489~1546)(韓)

조선 중기의 학자, 본관은 당성(唐城), 자는 가구(可久), 호는 복재(復齋), 화담(花潭), 시호 문강(文康)이다. 독자적인 기일원론(氣一元論)을 제창하고, 일기장존설(一氣長存說)을 주장하였다. 퇴계와 율곡으로부터 "기(氣)를 리(理)인 줄 안다"는 비판을 받았다. 저서로는 『화담집(花潭集)』이 있다. ☞ 花潭

서맹보(徐孟寶, ?~?)(中)

중국 남송(南宋)의 학자. ☞ 徐孟寶

서병갑(徐柄甲, ?~?)(中))

조선 말기의 학자. 전우(田愚, 1841~1922)와 교류하였다. ☞ 徐柄甲

서소연(徐昭然, ?~?)(中)

중국 남송(南宋)의 학자. 자는 자융(自融)이다. 연산(鉛山) 사람으로, 주희(朱熹, 1130~1200)의 문인이다. 주희는 지취(志趣)와 조수(操守)가 뛰어나다고 칭찬하였다. ☞ 徐子融

서우(徐寓, ?~?)(中)

중국 남송(南宋)의 학자. 자는 거보(居甫), 호는 반주(盤洲)이이다. 절강성(浙江省) 영가(永嘉) 사람으로, 1190년 임장(臨漳)으로 주희(朱熹, 1130~1200)를 찾아가 사사하였다. 주희는 학문에 힘쓰고 의지가 굳은 사람이라 칭찬하였다. ☞ 徐居父

서찬규(徐贊奎, 1825~1905)(韓)

조선 말기의 학자. 본관은 달성(達城), 자는 경양(景襄)는 임재(臨齋)이다. 조병덕(趙秉德, 1800~1870)·최익현(崔益鉉, 1833~1906)을 종유하면서 경전에 대한 질의와 한말의 사회·정치적 사변으로 인한 문제를 토론하기도 하였다. 저서로는 『임재집(臨齋集)』이 있다. ☞ 徐都事

석돈(石𡼏, 1128~1182)(中)

중국 남송(南宋)의 학자. 자는 자중(子重)이다. 주희(朱熹, 1130~1200)와 교유하였고, 『중용집해(中庸集解)』를 편찬하였다. ☞ 子重

석봉기(石鳳基, 1879~1951)(韓)

한국 근현대의 학자. 본관은 충주(忠州), 자는 순구(舜九), 호는 성암(省菴)이다. 이종기(李種杞, 1837~1902)와 이승희(李承熙, 1847~1916)의 문하에서 수학하였다. 경사(經史)에 박학하였으며 주경(主敬)의 중요성을 후학에게 가르쳤다. ☞ 舜九, 石舜九

석분(石奮, ?~BCE 124)(中)

중국 한(漢) 나라의 대부. 관직이 구경(九卿)에 이르렀으며, 그와 네 아들이 모두 현달(顯達)하여 받는 녹이 1만 석이나 되었으므로 만석군(萬石君)이라 일컬어졌다. ☞ 石奮

선규(善圭)

조선 말기의 학자. 성과 이름 등은 미상이나, 허유(許愈, 1389~1464)를 비롯한 여러 학자와 교류하였다. ☞ 善圭

설선(薛瑄, 1389~1464)(中)

중국 명(明) 나라의 학자. 자는 덕온(德溫), 호는 경헌(敬軒), 시호는 문청(文淸)이다. 산서(山西) 하진(河津) 사람이다. 성조(成祖) 때 진사(進士)로 발탁되어 한림학사(翰林學士)가 되었고, 영종(英宗) 때 예부우랑(禮部右郎)에 한림학사(翰林學士)를 겸하였다. 정주학(程朱學)을 근본으로 하여서 명나라 때 대표적 주자학자이다. 저서로는 『독서록(讀書錄)』, 『설문청집(薛文淸集)』 등이 있다. ☞ 薛子, 文淸

섭식(葉湜, 1168~1226)(中)

중국 남송(南宋)의 학자. 자는 자시(子是)이다. 건안(建安) 사람으로, 주희(朱熹, 1130~1200)의 문하에 출입한 듯하다. ☞ 建安葉氏

섭채(葉采, ?~1260)(中)

중국 남송(南宋)의 학자. 자는 중규(仲圭), 호는 평암(平巖)이다. 건양(建陽) 출신으로, 1241년에 진사시에 합격하여 경헌부 교수(景獻府敎授)·한림학사 겸 시강(翰林學士兼侍講) 등을 역임하였고, 정호(程顥, 1032~1085)와 주희(朱熹, 1130~1200)의 설을 모아 『근사록집해(近思錄集解)』를 지었다. ☞ 葉平巖, 平巖

섭하손(葉賀孫, 1167~1237)(中)

중국 남송(南宋)의 학자. 초명은 하손(賀孫), 자는 지도(知道), 시호는 문수(文修)이다. 온주(溫州) 사람으로 "계산(溪山) 선생"으로 불렸다. 아버지는 이학(李學)으로 저명한 섭괄(葉适)이고 주희(朱熹, 1130~1200)의 친구였다. 주희에게 학문을 닦고, 훗날 『주자어류』 편찬에 참여하였다. 저서로는 『사서설(四書說)』, 『대학강의(大學講義)』, 『역회통(易會通)』 등이 있다. ☞ 賀孫, 葉味道, 葉, 葉氏

성순영(成純永, 1896~1970)(韓)

한국 근현대의 학자. 본관은 창녕(昌寧), 자는 일여(一汝), 호는 후당(厚堂)·도산(壽山)이다. 경상남도 창녕군 고암면 원촌(元村)에서 태어나 이방면 백산(栢山)에서 자랐다. 조긍섭(曺兢燮, 1873~1933)에게 학문을 닦았다. 만년에 서울 장위동으로 이거하였다. 저서로는 『후당집(厚堂集)』이 있다.

☞ 成純永

성재석(成載晳, 1860~1906)(韓)

조선 말기의 학자. 자는 성여(聖與), 호는 지산(止山), 본관은 창녕(昌寧)이다. 정재규(鄭載圭, 1843~1911)의 문인이다. 창녕 성씨 집성촌인 지금의 경상남도 창녕군 대지면 석리 석동마을에 살았다. ,

成聖與

성혼(成渾, 1535~1598)(韓)

조선 중기의 학자. 본관은 창녕(昌寧), 자는 호원(浩源), 호는 우계(牛溪) 또는 묵암(默庵), 시호는 문간(文簡)이다. 성수침(成守琛, 1493~1564)의 아들로, 백인걸(白仁傑, 1479~1579)의 문하에서 배우다가, 뒷날 이황(李滉, 1501~1570)을 사숙하였다. 같은 고을의 이이(李珥, 1536~1584)와 교류하였다. 학문에 뜻을 두어 사마시의 초시에 합격하자 다시는 과거를 보지 않았다. 이이의 추천으로 공조 좌랑 등의 벼슬을 받았으나 나아가지 않다가 내섬시 첨정(內贍寺僉正)에 제수되었는데, 이때 특별히 경연에 출입하도록 명을 받았다. 벼슬이 이조 판서에 이르렀고 사후 문묘에 배향되고 파주의 파산서원(坡山書院) 등에 배향되었다. 저서로는 『우계집(牛溪集)』이 있다. ☞ 牛溪

소공(召公)

중국 고대 주(周) 나라 때 공후(公侯)로, 태보(太保) 벼슬을 지냈으므로 소보(召保)라고도 부른다.

召保

소병(蘇昞)

중국 북송(北宋)의 학자. 자는 계명(季明)이다. 빈주(邠州) 무공(武功) 사람으로, 처음에 장재(張載, 1020~1077)에게 수학하였다. 나중에 정호(程顥, 1032~1085)와 정이(程頤, 1033~1107) 두 형제에게 배워 학문을 완성하였다. ☞ 蘇季明, 季明

소식(蘇軾, 1036~1101)(中)

중국 북송(北宋)의 문신. 자는 자첨(子瞻) 또는 화중(和仲), 호는 동파(東坡), 시호는 문충(文忠)이다. 시서(詩書)에 모두 뛰어나 아버지 소순(蘇洵, 1009~1066), 동생 소철(蘇轍, 1039~1112)과 함께 '삼소(三蘇)'라고 불리며, 당송팔대가(唐宋八大家)로 한 명으로 일컬어진다. 구법당의 중심이었으며, 황정견(黃庭堅, 1045~1105)과 함께 소황(蘇黃)으로 불렸다. 저서로는 『동파전집(東坡全集)』이 있다. ☞ 蘇(蘇·黃輩)

소옹(邵雍, 1011~1077)(中)

중국 북송(北宋)의 학자. 자는 요부(堯夫) , 시호는 강절(康節)이다. 이지재(李之才, ?~1045)로부터 역학을 배우고, 정호(程顥, 1032~1085)와 정이(程頤, 1033~1107) 형제와 가까웠다. 『주역』의 수리(數理)를 좋아하여 태극(太極)을 우주의 본체로 보았는데 상수(象數)의 학문을 중시하며, 선천역학을 완성하여 주희(朱熹, 1130~1200)에게 영향을 주었다. 낙양(洛陽)에 거의 30년이나 살면서 거처하는 곳을 안락와(安樂窩)로 명명하고 스스로 안락선생(安樂先生)이라고 불렀다. 저서로는 『황극경세서(皇極經世書)』, 『이천격양집(伊川擊壤集)』 등이 있다. ☞ 康節, 邵子, 邵公, 邵朱, 程邵

소진(蘇秦, ?~BCE 284)(中)

중국 전국시대의 유세가(遊說家). 낙양인(洛陽人)으로, 종횡가(縱橫家)의 말을 익히고 『음부경(陰符經)』을 읽었다. 처음 진나라 혜왕(惠王)을 설득하기 위하여 열 차례나 글을 올렸으나 받아들여지지 않자 연(燕)·조(趙)·한(韓)·위(魏)·제(齊)·초(楚)를 돌아다니며 설득한 후 육국(六國)을 합종동맹(合從同盟)을 체결해서 진(秦) 나라에 대항하였다. 종약(從約)의 장(長)이 되어 6국의 재상이 되었다. ☞ 蘇, 蘇張

소진(蘇溱, ?~?)(中)

중국 남송(南宋)의 학자. 자는 진수(晉叟)이다. 주희(朱熹, 1130~1200)와 교류하였다. ☞ 蘇晉叟

소하(蕭何, BCE 257~BCE 193)(中)

중국 한(漢) 나라의 공신. 패현(沛縣) 사람으로, 유방(劉邦, BCE 247~BCE 195)이 천하를 평정하는 데 장량(張良, ?~BCE 186)·한신(韓信, ?~BCE 196)과 함께 큰 공을 세워 한나라의 삼걸(三傑)로 불린다. 초대 승상이 되어 법령과 제도를 만들었다. 시호는 문종후(文終侯)이다. ☞ 蕭

송명흠(宋明欽, 1705~1768)(韓)

조선 후기의 학자. 본관은 은진(恩津), 자는 회가(晦可), 호는 역천(櫟泉), 시호는 문원(文元)이다. 송준길(宋浚吉, 1606~1672)의 현손이며, 이재(李縡, 1680~1746)의 문인이다. 임성주(任聖周, 1711~1788)보다 6년 연상의 이종형이다. 1755년 노모의 간청으로 옥과 현감(玉果縣監)이 되었으나 모친상을 치른 뒤 사직하였다. 저서로는 『역천집(櫟泉集)』이 있다. ☞ 櫟泉

송시열(宋時烈, 1607~1689)(韓)

조선 후기의 학자. 본관은 은진(恩津), 자는 영보(英甫), 호는 우암(尤庵) 또는 화양동주(華陽洞主), 시호는 문정(文正)이다. 김장생(金長生, 1548~1631)의 문인으로 김장생 사후, 그의 아들 김집(金集, 1574~1656)을 스승으로 섬겼다. 1635년 봉림대군(鳳林大君: 孝宗)의 사부가 되고, 효종 즉위 후 북벌계획을 담당하였다. 1659년과 1674년의 자의대비(慈懿大妃) 복상(服喪) 문제에서 기년설(朞年說)과 대공설(大功說)을 주장하였고, 제자 윤증(尹拯, 1629~1714)과 대립하여 1683년 노소(老少) 분당이 이루어졌다. 1756년 문묘에 배향

되었다. 저서로는 『송자대전(宋子大全)』이 있다. ☞ 尤庵, 尤菴, 尤翁, 宋文正, 栗沙尤

송준길(宋浚吉, 1606~1672)(韓)
조선 후기의 학자. 본관은 은진(恩津), 자는 명보(明甫), 호는 동춘당(同春堂), 시호는 문정(文正)이다. 김장생(金長生, 1548~1631)의 문인으로, 송시열(宋時烈, 1607~1689)과 동종(同宗)으로 정치적 부침과 주장을 같이 하였다. 1756년 문묘에 배향되었다. 저서로는 『동춘당집(同春堂集)』이 있다. ☞ 同春

송준필(宋浚弼, 1869~1943)(韓)
조선 말기의 학자. 본관은 야성(冶城), 자는 순좌(舜佐), 호는 공산(恭山)이다. 송기선(宋祺善)의 아들로, 이진상(李震相, 1818~18863)과 장복추(張福樞, 1815~1900)의 문하에서 수학하였고, 뒤에 김흥락(金興洛, 1827~1899)의 문하에도 나아갔다. 1919년 유림의 독립청원운동인 파리장서사건(巴里長書事件)에서 곽종석(郭鍾錫, 1846~1919), 장석영(張錫英, 1851~1926) 등과 활동하였다. 퇴계학을 계승하여 정연하게 체계화하였다. 저서로는 『정학입문(正學入門)』, 『공산집(恭山集)』 등이 있다. ☞ 舜佐, 弼

수몽(壽夢, BCE 620~BCE 561)
중국 춘추시대 오(吳)나라의 임금. 성은 희(姬), 이름은 승(乘)이다. 수몽은 호이다. ☞ 壽夢

습개경(襲蓋卿, ?~?)(中)
중국 남송(南宋)의 학자. 자는 몽석(夢錫)이다. 형주(衡州) 상녕(常寧) 사람으로, 주희(朱熹, 1130~1200)의 문인이다. 주희의 『지주어록(池州語錄)』을 지었다. 1196년 경원학금(慶元學禁)이 일어났을 때, 고향으로 돌아가 후학을 양성하였다. 저서로는 『정성편(正性編)』, 『반성편(反誠編)』 등이 있다. ☞ 蓋卿

심조(沈潮, 1694~1756)(韓)
조선 후기의 학자. 본관은 청송(青松), 자는 신부(信夫), 호는 정좌와(靜坐窩)이다. 권상하(權尙夏, 1641~1721)의 문인으로, 『심경』·『근사록』·『대학』·『중용』 등을 탐독하였으며, 『주자대전(朱子大全)』을 연구하여 성리학에 밝았다. 『의례(儀禮)』·『가례(嘉禮)』와 우리나라 선유의 학설을 절충하여 「상례홀기(喪禮笏記)」를 만들어 치상절차(治喪節次)를 확정하였다. 저서로는 『정좌와집(靜坐窩集)』이 있다. ☞ 沈信甫

심한(沈僩, ?~?)(中)
중국 남송(南宋)의 학자. 자는 중장(仲莊) 또는 두중(杜仲)이다. 온주(溫州) 영가(永嘉) 사람으로, 주희(朱熹, 1130~1200)의 문인이다. 지리(地理)에 정통하였고, 무오년(1198) 이후에 주희에게 들은 것을 8백의 조목을 기록하였다. ☞ 沈僩

안균(顔均, ?~?)(中)
중국 명(明) 나라의 학자. 호는 산농(山農)이다. 왕수인(王守仁, 1472~1528)의 문인이다. ☞ 顔農山

양간(楊簡, 1141~1226)(中)

중국 남송(南宋)의 학자. 자는 경중(敬仲), 호는 자호(慈湖), 시호는 문원(文元)이다. 명주(明州) 자계(慈溪) 사람으로, 육구연(陸九淵, 1139~11193)의 문인이다. 스승의 심학을 발전시켜 자호선생(慈湖先生)이라 불리었다. 벼슬은 낙평 지현사(樂平知縣事), 국자 박사(國子博士), 보모각 학사(寶謨閣學士)를 지냈다. 저서로는 『자호유서(慈湖遺書)』, 『자호시전(慈湖詩傳)』, 『양씨역전(楊氏易傳)』, 『오고해(五誥解)』 등이 있다. ☞ 楊慈湖

양계초(梁啓超, 1873~1929)(中)

중국 청말민국초 정치가·사상가. 호는 임공(任公) 또는 음빙실주인(飮氷室主人)이다. 광동성(廣東省) 신회(新會) 사람으로, 1890년 강유위(康有爲, 1858~1927)에게 사사하여 육왕심학(陸王心學)과 서학(西學), 공양학(公羊學)을 익혔다. 1895년 변법자강(變法自疆) 운동에 주력하다가 1898년 무술정변 실패 후 일본으로 망명하였다. 1911년 신해혁명 후 중화민국에서 정당 활동을 하다가 1920년 유럽 여행 후 정계를 은퇴하였다. 『청대학술개론』, 『선진정치사상사』, 『중국역사연구법』 등의 저서를 남겼다. ☞ 梁啓超

양공(襄公, ?~BCE 637)(中)

중국 춘추시대 송(宋) 나라의 제20번째 제후. 재위는 BCE 650년에서 BCE 637년까지이고, 춘푸오패(春秋五霸)의 하나로 꼽히기도 한다. ☞ 宋襄

양도부(楊道夫, ?~?)(中)

중국 남송(南宋)의 학자. 자는 중사(仲思)이다. 건녕부(建寧府)의 사람으로, 주희(朱熹: 1130~1200)의 문인이다. ☞ 道夫

양방(楊方, ?~1211)(中)

중국 남송(南宋)의 학자. 자는 자직(子直), 호는 담헌(澹軒)이다. 회계(會稽) 사람으로, 주희(朱熹, 1130~1200)의 문인이다. 융흥(隆興) 원년에 진사가 되어 고량 태수(高凉太守)를 역임하였다. 경원당금(慶元黨禁)으로 인하여 파직되었으나 당금이 해제된 뒤 복권되어 직보모각(直寶謨閣)과 광서제형(廣西提刑)에 이르렀다. ☞ 楊子直, 楊

양시(楊時, 1053~1135)(中)

중국 북송(北宋)의 학자. 자는 중립(中立), 호는 구산(龜山)이다. 신종(神宗) 희녕(熙寧) 9년(1076) 진사가 되었지만, 관직에 나가지는 않았다. 10년 동안 칩거하였다. 정호(程顥, 1032~1085)와 정이(程頤, 1033~1107)의 도학(道學)을 전하여 낙학(洛學: 이정자의 학파)의 대종(大宗)이 되었다. 그 학계에서는 주희(朱熹, 1130~1200)·장식(張栻, 1133~1180)·여조겸(呂祖謙, 1137~1181) 등 뛰어난 학자가 많이 배출되었다. 저서로는 『구산집(龜山集)』, 『구산어록(龜山語錄)』, 『이정수언(二程粹言)』 등이 있다. ☞ 龜山, 龜山楊氏, 楊, 楊羅李

양신(楊愼, 1488~1559)(中)

중국 명(明) 나라의 학자. 자는 용수(用修), 호는 월계(月溪)·승암(升庵)이다. 사천성(泗川省) 신도(新都) 사람으로, 1511년 과거에 장원급제하여 한림원 수찬(翰林院修撰)으로 제수되었다. 경학(經學)과 시문이 탁월하였으며 박학하기로 이름이 높았다. 특히 운남성(雲南省)으로 유배되었는데, 그곳에 관계된 기록은 귀중한 자료로 전한다. 저서로는 『단연총록(丹鉛總錄)』, 『승암집(升菴集)』, 『전주고음(轉註古音)』 등이 있다.

☞ 楊愼

양웅(楊雄, BCE 53~ADE 18)(中)

중국 전한(前漢) 말기의 학자. 자는 자운(子雲)이다. 촉군(蜀郡) 성도(成都) 사람이다. 왕망(王莽BCE 45~ADE 23)의 신(新) 나라에 벼슬하여 대부(大夫)가 되었기에 후세에 지조가 없는 사람이라고 비난을 들었다. 사부(詞賦)를 잘하였으나, 만년에는 부(賦)는 짓지 않았고 경학(經學)에 뜻을 두었다. 『논어』의 체제를 모방하여 『법언(法言)』을 짓고, 『주역』에 견주어 『태현경(太玄經)』을 지었다. ☞ 子雲, 楊氏, 荀陽, 楊子雲

양이정(楊履正, ?~?)(中)

중국 남송(南宋)의 학자. 자는 자순(子順)이다. 순복건성(福建省) 천주(泉州) 사람으로, 주희(朱熹, 1130~1200)의 문인이다.

☞ 楊子順

여대림(呂大臨, 1042~1090)(中)

중국 북송(北宋)의 학자. 자는 여숙(與叔)이다. 섬서성(陝西省) 경조(京兆) 남전(藍田) 사람으로, 처음에 장재(張載, 1020~1077)에게 배웠고 나중에 정이(程頤, 1033~1107)에게 배웠는데, 사량좌(謝良佐, 1050~1130), 유조(游酢, 1053~1123), 양시(楊時, 1053~1135)와 함께 '정문사선생(程門四先生)'으로 일컬어진다. 태학박사(太学博士)를 지냈다. 세 형과 함께 향촌을 교화·선도하기 위해 『여씨향약(呂氏鄉約)』을 지었다. 저서로는 『역장구(易章句)』, 『맹자강의(孟子講義)』, 『대학중용해(大學中庸解)』, 『노자해(老子注)』, 『서명집해(西銘集解)』 등이 있었지만 대부분 없어졌고, 『옥계집(玉溪集)』이 있다.

☞ 子約, 呂子約, 呂與叔, 呂氏, 呂藍田, 藍田呂氏

여대아(余大雅, 1138~1189)(中)

중국 남송(南宋)의 학자. 자는 정숙(正叔)이다. 신주(信州) 상요(上饒) 사람으로, 주희(朱熹, 1130~1200)의 문인이다. 저서로 『주자어록(朱子語錄)』이 있으나 일실(佚失)되어 전하지 않는다. ☞ 大雅

여영회(呂英會, 1833~?)(韓)

조선 말기의 학자. 본관은 성산(星山), 자는 백무(伯茂), 호는 아천(啞泉)이다. 성주(星州) 벽진(碧珍)에 거주하였다.

☞ 伯茂

여유량(呂留良, 1629~1683)(中)

중국 명나라 말기와 청나라 초기의 학자. 자는 장생(莊生) 또는 용회(用晦), 호가 만촌(晩邨) 또는 만촌(晩村), 뒤에 하구노인(何求老人)이다. 철저한 주자학자(朱子學者)로, 오랑캐인 청나라를 싫어하여 삭발하고 승려가 되었으며 주희(朱熹, 1130~1200)의 명분론과 정치론을 따라 중화인(中華人)으로서의 긍지를 지키자는 논설을 많이 지었다. 죽은 뒤, 증정(曾靜)의 반역 도모에 연루되었다고 하여, 건륭제(乾隆帝) 때 무덤이 파헤쳐지고 일족들이 사형에 처해졌다. 저서로는 『여만촌문집(呂晩村文集)』가 있다. ☞ 呂晩邨

여조겸(呂祖謙, 1137~1181)(中)

중국 남송(南宋)의 학자. 자는 백공(伯恭)이다. 절강성(浙江省) 무주(婺州) 사람으로, 효종(孝宗)을 섬기고 태상박사(太常博士)·저작랑(著作郎)·국사원 편수관(國史院編修官) 등을 역임하였다. 주희(朱熹, 1130~1200)와 함께 북송(北宋) 도학자의 어록을 편집하여 『근사록(近思錄)』을 찬하였다. 주희·장식(張拭, 1133~1180)과 더불어 동남(東南)의 3현(三賢)이라 불리었다. 저서로는 『동래좌씨박의(東萊左氏博議)』, 『여씨가숙독지기(呂氏家塾讀持記)』 등이 있다. ☞ 東萊, 東萊呂氏, 呂東萊, 伯恭, 敬夫伯恭, 張呂

여진규(呂軫奎, 1843~?)(韓)

조선 말기의 학자. 본관은 성산(星山), 자는 남수(南叟), 호는 수촌(守村)이다. 성주(星州) 벽진(碧珍)에 거주하였다. ☞ 南收

여혁규(呂赫奎, 1854~?)(韓)

조선 말기의 학자. 본관은 성산(星山), 자는 현재(顯哉), 호는 추근(秋根)이다. 성주(星州) 벽진(碧珍)에 거주하였다. ☞ 呂顯哉

역아(易牙, ?~?)(中)

중국 춘추시대의 일류 요리사. ☞ 易牙

연숭(連崧, ?~?)(中)

중국 남송(南宋)의 학자. 주희(朱熹, 1130~1200)와 교류하였다. ☞ 連嵩卿

예양(豫讓, ?~?)(中)

중국 춘추전국시대 진(晉) 나라의 협객. 전국시대 지백(智伯)의 원수인 조양자(趙襄子)를 살해하려다가 발각되어 도리어 조양자에게 잡혀 죽임을 당하였다. ☞ 豫讓, 讓

예(羿, ?~?)(中)

중국 고대 전설상의 명궁(名弓). 하(夏) 나라 때 유궁씨(有窮氏)의 수령으로 태강(太康)을 축출하고 왕이 되었다가 한착(寒浞)에게 피살되었다는 설과 요(堯) 임금의 신하로 열 개의 태양 중에 아홉 개를 쏘아 떨어뜨리고 사나운 괴수를 퇴치하였다는 설이 있다. ☞ 羿, 羿操莽卓

오렵(吳獵, 1130~1213)(中)

중국 남송(南宋)의 학자. 자는 덕부(德夫) 또는 덕천(德天), 호는 외재(畏齋)이다. 장식(張栻, 1133~1180)의 문인으로서 호상학파(湖湘學派)의 중요인물이다. 오랫동안 지방재정을 담당하며 금나라에 대한 대비를 건의하였고, 1206년 금나라가 양양 등 요지를 공격했을 때 격퇴하여 경호선무사(京湖宣撫使)로 승진하였다. 저서로는 『외재집(畏齋集)』이 있다. ☞ 吳德夫

오륙(吳陸, ?~?)(中)

미상 ☞ 吳陸

오익(吳翌, 1129~1177)(中)

중국 남송(南宋)의 학자. 자는 회숙(晦叔)이다. 호굉(胡宏, 1102~1161)의 문인이다. 장식(張栻, 1133~1180)과 주희(朱熹, 1130~1200) 등과 교유하였다. 주희가 그의 행장(行狀)을 지었다. ☞ 吳晦叔

오진(吳振, ?~?)(中)

중국 남송(南宋)의 학자. 주희(朱熹, 1130~1200)의 문인이다. ☞ 振

오징(吳澄, 1249~1333)(中)

중국 원(元) 나라의 학자. 자는 유청(幼淸) 또는 백청(伯淸), 시호는 문정(文正)이다. 남송이 멸망하자 은거하여 초가집에 살았으므로, 초려선생(草廬先生)으로 불렸다. 원나라 세조 이후 여러 번 조정의 부름을 받고 출사하였다. 천문학(天文學)에 밝아 『찬언(纂言)』을 저술하였다. 원나라에 유학을 전파하고 발전시키는데 크게 기여하여, 허형(許衡, 1209~1281)과 함께 "남오북허(南吳北許)"라고 일컬어졌다. 임천군공(臨川郡公)에 봉해졌다. 저서로는 『오문정집(吳文正集)』이 있다. ☞ 吳澄, 吳幼淸, 臨川吳氏, 吳氏, 吳

오희상(吳熙常, 1763~1833)(韓)

조선 후기의 학자. 자는 사경(士敬), 호는 노주(老洲), 시호는 문원(文元)이다. 형 오윤상(吳允常, 1746~1783)에게 수학하였다. 1800년에 출사하였고, 1818년 징악산에 은거하였다. 1800년(정조 24) 천거로 세자익위사세마(世子翊衛司洗馬)에 제수되었다. 황해도 도사 등을 지낸 뒤, 1818년(순조 18) 경연관·지평 등에 임명되었으나, 광주(廣州)의 징악산(徵嶽山)에 은거하고 이후 찬선(贊善) 등 여러 관직에 제수되었으나 모두 사양하고 나아가지 않았다. 성리학에 조예가 깊어 이황(李滉, 1501~1570)과 이이(李珥, 1536~1584)의 학설을 절충하였다. 저서로는 『노주집(老洲集)』이 있다. ☞ 老洲, 洲, 洲蘗蘆

왕망(王莽, BCE 45~23)(中)

중국 전한(前漢) 말기 신(新) 나라의 건국자. 자는 거군(巨君)이다. 산동[山東] 출신으로, 한나라 애제(哀帝)를 폐하고 평제(平帝)를 독살한 뒤에 어린 아들 영(嬰)을 세워 섭정하며 가황제(假皇帝)라고 일컫다가 마침내 제위를 찬탈하고 스스로 천자가 되어 국호를 신이라 하였다. 정전법을 모방한 토지개혁을 단행하고, 농민들에게 저리 융자를 해주었으며, 노비 매매를 금지시켰으나, 모두 실패하여 농민호족 반란이 잇달았다. 후한(後漢)의 광무제(光武帝)에게 멸망되었다. ☞ 莽, 羿操莽卓

왕백(王柏, 1197~1274)(中)

중국 남송(南宋)의 학자. 자는 회지(會之), 호는 장소(長嘯)이다. 무주(婺州) 금화(金華) 사람으로, 주희(朱熹, 1130~1200)의 문인과 종유(從遊)하였다. 주희의 「경재잠(敬齋箴)」을 도식화하였다. ☞ 王魯齋

왕빈(王蘋, 1082~1153)(中)

중국 북송(北宋)의 학자. 자는 신백(信伯)이고, 호는 진택(震澤)이다. 복건성(福建省) 복청(福淸) 사람으로, 정이(程頤, 1033~1107)와 양시(楊時, 1053~1135)를 사사했으며, 벼슬은 비서성정자(秘書省正字)와 저작랑(著作郞) 등을 역임하였다. 정이의 이학(理學)을 계승하였지만, 심학(心學)의 관점에서 해석하여 심학의 발전에 중요한 단서를 제공하였다. 저서로는 『신백집(信伯集)』, 『논어집해(論語集解)』 등이 있다. ☞ 王氏蘋, 王蘋氏

왕수인(王守仁, 1472~1528)(中)

중국 명(明) 나라의 학자. 자는 백안(伯安), 호는 양명(陽明), 시호는 문성(文成)이다. 절강성(浙江省) 여요(餘姚) 출신으로 누량(婁諒, 1422~1491)에게서 수학하였다. 환관 유근에 맞서다 귀양간 용장에서 깨달음을 얻은 이후 주자학에서 벗어나 심즉리설(心卽理說)·지행합일설(知行合一說)·치량지설(致良知說) 등을 주장하여 양명학(陽明學)의 시조가 되었다. 주자학파(朱子學派)와 서로 다투었는데, 세상에서는 그의 학파를 요강학파(姚江學派)라고 불렀다. 저서로는 『왕문성공전서(王文成公全書)』가 있다.

☞ 陽明, 陽明氏, 陽明王氏, 王陽明, 王餘姚, 王氏, 陸王, 王羅, 王李

왕연(王衍, 256~311)(中)

중국 남북조(南北朝) 시대 진(晉) 나라의 문신. 혜제(惠帝) 때 승상을 지냈다. 노장(老莊)을 이야기하며 청담(淸淡)을 좋아하였다. 당시 문신 양광(欒廣, ?~304)과 함께 중망을 받았다. 후조(後趙)의 고조(高祖)인 석륵(石勒)에게 살해되었다. ☞ 王夷甫

왕초재(汪楚材, ?~?)(中)

중국 남송(南宋)의 문신·학자. 자는 태초(太初)·남노(南老)이다. 자촌(資村) 사람으로, 오경(吳儆, 1125~1183)과 주희(朱熹, 1130~1200)에게 배워 명성을 떨쳤다. 호남안무사(湖南按撫司) 등을 지냈다.

☞ 汪太初

요덕명(廖德明, ?~?)(中)

중국 남송(南宋)의 학자. 자는 자회(子晦), 호가 사계(槎溪)이다. 남검주(南劍州) 순창현(順昌縣) 사람으로 주희(朱熹, 1130~1200)의 문인이다. 어려서 불교의 학문을 배우다가 양시(楊時, 1053~1135)의 책을 읽고는 크게 깨닫고 주희에게 배웠다. 이정(二程)의 여러 책과 주희의 『가례(家禮)』를 출간하였다. 저서로는 『주자어류(朱子語類)』, 『춘추회요(春秋會要)』, 『사계집(槎溪集)』 등이 있다. ☞ 廖子晦, 德明

요로(饒魯, 1193~1264)(中)

중국 남송(南宋)의 학자. 자는 백여(伯輿)·중원(仲元) , 호는 쌍봉(雙峰)이다. 황간(黃幹, 1152~1221)과 이번(李燔, 1163~1232)에게서 배웠다. 경학(經學)과 치지역행(致知力行)에 전념하니, 스승 황간이 대단히 아꼈다. 붕래관(朋來館)과 석동서원(石洞書院) 등을 세워 후진을 양성하였다. 저서로는 『오경강의(五經講義)』, 『논맹기문(論孟紀聞)』, 『서명도(西銘圖)』, 『근사록주(近思錄註)』 등이 있다. ☞ 饒雙峯

요황(遼晃, ?~?)(中)

미상 ☞ 遼晃

우효설(禹孝卨, 1854~1935)(韓)

조선 말기의 학자. 본관은 단양(丹陽), 자는 교언(敎彦), 호는 녹봉(鹿峯)이다. 저서로는 『녹봉집(鹿峯集)』이 있다. ☞ 敎彦

웅화(熊禾, 1253~1312)(中)

중국 남송(南宋)의 학자. 자는 거비(去非)·위행(位幸), 호는 물헌(勿軒)·퇴재(退齋)이다. 복선성(福建省) 건양(建陽) 사람으로 주자학을 계승하였다. 송나라가 망한 뒤에는 무이산(武夷山)으로 들어가 홍원서원(洪源書院)을 세워 강학하며 학문에 종사하였다. 홍원서원은 명(明) 나라 때 중수하여 웅물헌선생서원(熊勿軒先生書院)으로 개칭하였다. ☞ 勿軒熊氏

원정목(爰旌目)

아주 옛날 흉년에 굶어죽은 사람의 이름. 『열자(列子)』「열부(說符)」에 "동방에 사람이 있으니, 이름이 원정목(爰旌目)이다. 장차 어디로 가는 길에 도로에서 굶어죽었다."라고 하였다. ☞ 爰旌目

위박(衛朴, 1023~1077)

중국 북송(北宋)의 학자. 회남(淮南)의 평민 출신으로, 역산(曆算)에 정통하여 능히 입으로도 고금(古今)의 일식과 월식을 계산하였다. 심괄(沈括, 1031~1095)과 함께 봉원력(奉元曆)을 만들었다. ☞ 衛朴

위염신(韋廉臣, 1829~1890)(英)

19세기 영국인으로, 본명은 Alexander Williamson이다. ☞ 韋氏, 韋君

위춘(魏椿)
중국 남송(南宋)의 학자. 자는 원수(元壽)이다. 복건성(福建省) 건양(建陽) 사람으로 주희(朱熹, 1130~1200)의 문인이다.

☞ 元壽

유경중(游敬仲)
중국 남송(南宋)의 학자. 자는 연숙(連叔)이다. 남검주(南劍) 사람으로, 주희(朱熹, 1130~1200)의 문인이다.

☞ 敬仲

유계자(劉季子, ?~BCE 544)(中)
중국 고대 주나라의 강공(康公). 왕계의 아들로 유강공(劉康公)이다. 채읍(采邑)이 유(劉)이었으므로 이렇게 부른다. 왕계자(王季子)라고도 부른다.

☞ 劉康公

유공(劉珙, 1122~1178)(中)
중국 남송(南宋)의 학자. 자는 공보(共父), 시호는 충숙(忠肅)이다. 복건성(福建省) 숭안(崇安) 사람으로 유자우(劉子羽, 1097~1144)의 아들이다. 주희(朱熹, 1130~1200)와는 절친한 사이였고 학문적으로나 정치적으로 견해가 일치하는 점이 많았다. 담주(潭州), 호남(湖南), 건강(建康), 강동(江東) 등의 안무사(按撫使)를 맡아 모두 치적이 있었다.

☞ 劉共父

유구언(游九言, 1142~1206)(中)
중국 남송(南宋)의 학자. 초명은 구사(九思), 자는 성지(誠之), 호는 묵재(默齋)이다. 복건성(福建省) 건양(建陽) 사람으로, 장식(張栻, 1133~1180)의 문인이다. 저서로는 『묵재유고(默齋遺稿)』가 있다.

☞ 游誠之

유불(劉黻, ?~?)(中)
중국 남송(南宋)의 문신·학자. 자는 백유(伯綉), 호는 악정(岳亭)이다. 호광(湖廣) 형양(衡陽) 사람으로, 주희(朱熹, 1130~1200)의 문인이다. 참지정사(參知政事)·이부상서(吏部尙書) 등을 지냈다. 저서로는 『역괘변(易卦變)』, 『동훈(童訓)』, 『양주주의(兩州奏議)』 등이 있다.

☞ 劉季章

유성룡(柳成龍, 1542~1607)(韓)
조선 중기의 학자·문신. 본관은 풍산(豊山), 자는 이현(而見), 호는 서애(西厓)이다. 경북 의성(義城) 출신으로, 이황(李滉, 1501~1570)의 문인이다. 김성일(金誠一, 1538~1593)과 동문수학하였으며 서로 친분이 두터웠다. 1564년(명종 19) 생원·진사가 되고, 다음 해 성균관에 들어가 수학한 다음, 1566년 별시 문과에 병과로 급제해 승문원권지부정자(承文院權知副正字)가 된 이후, 여러 벼슬을 역임하였다. 저서로는『서애집(西厓集)』,『징비록(懲毖錄)』 등이 있다. ☞ 西厓, 柳先生

유숙문(劉叔文, ?~?)(中)

중국 남송(南宋)의 학자. 자는 숙문(叔文), 이름은 미상이다. 주희(朱熹, 1130~1200)와 그 제자 양지(楊至)와 교류하였다. ☞ 劉叔文

유인(劉因, 1249~1293)(中)

중국 원(元) 나라의 학자. 자는 몽길(夢吉), 자는 호는 (靜修)이다. 일찍이 이학(理學)에 전념하였으나 시에도 뛰어났다. 세조 때 벼슬이 찬선대부(贊善大夫)에 이르렀으나 어머니의 병으로 사직하고 향리로 돌아왔다. 이후 여러 차례 벼슬을 제수하였으나 나가지 않고 은거하였다. 원나라 때 허형(許衡, 1209~1281), 오징(吳澄, 1249~1333)과 더불어 저명한 학자로 꼽힌다. 저서로는『정수집(靜修集)』,『사서집의정요(四書集義精要)』 등이 있다. ☞ 劉靜修, 靜修

유장원(柳長源, 1724~1796)(韓)

조선 후기의 학자. 본관은 전주(全州), 자는 숙원(叔遠), 호는 동암(東巖)이다. 백부 유승현(柳升鉉)에게 수학하고 뒤에 이상정(李象靖, 1711~1781)에게 나아가 학문을 닦았다. 1763년(영조 39) 사마시에 합격하였고, 저서로는『동암집(東巖集)』,『사서찬주증보(四書纂註增補)』 등이 있다. ☞ 東巖

유중교(柳重教, 1832~1893)(韓)

조선 말기의 학자. 본관은 고흥(高興), 자는 치정(穉程), 호는 성재(省齋)이다. 이항로(李恒老, 1792~1868)의 문인으로, 이항로의 사후에는 김평묵(金平默, 1819~1891)을 스승으로 섬겼다. 이항로 심설의 심즉리(心卽理)의 취지에 대해 조보(調補)함으로써 김평묵과 일대 논쟁을 일으켰으며, 이 논쟁은 끝내 결론을 보지 못하였다. 저서로는『성재문집(省齋文集)』이 있다. ☞ 省齋, 柳省齋, 柳持平, 柳氏

유지(劉砥, 1154~1199)(中)

중국 남송(南宋)의 학자. 자는 이지(履之)이다. 삼산(三山) 사람으로, 아우 유려(劉礪)와 함께 주희(朱熹, 1130~1200)에게 배웠다. 평생 벼슬에 나아가지 않고 학문에 진력하였다. ☞ 砥

유청지(劉淸之, 1134~1190)(中)

중국 남송(南宋)의 학자. 자는 자징(子澄)이고, 호는 정춘당(靜春堂)이다. 임강군(臨江軍) 사람으로, 형 유정지(劉定之)에게 배웠으나, 주희(朱熹, 1130~1200)를 만나고서 의리지학에 뜻을 두었다. 장식(張栻,

1133~1180), 여조겸(呂祖謙, 1137~1181)과도 교유하였다. 저서로는 『증자내외잡편(曾子內外雜篇)』, 『제의(祭儀)』, 『훈몽신서(訓蒙新書)』, 『묵장총록(墨莊總錄)』 등이 있다. ☞ 劉子澄

유치명(柳致明, 1777~1861)(韓)

조선 후기의 학자. 본관은 전주(全州), 자는 성백(誠伯), 호는 정재(定齋)이다. 남한조(南漢朝, 1744~1809)의 문인이다. 1805년(순조 5) 별시 문과에 급제, 홍문관 교리에 발탁되었다. 1835년(헌종 1) 우부승지, 1847년 대사헌, 1853년(철종4) 가선대부(嘉善大夫)에 오르고 한성 좌윤·병조 참판 등을 역임하였다. 저서로 『정재집(定齋集)』, 『가례집해(家禮集解)』, 『태극도해(太極圖解)』 등이 있다. ☞ 定齋

유하혜(柳下惠, ?~?)(中)

춘추시대 노(魯) 나라 현인. 본명은 전획(展獲), 자는 자금(子禽)이다. 유하는 식읍(食邑) 이름이고 혜(惠)는 시호이다. ☞ 柳下惠

유항(劉伉, ?~93)(中)

중국 후한(後漢) 제3대 황제 장제(章帝)의 장남. 황제가 되지 못하고 천승정왕(千乘貞王)으로 불렸다. 사후 그의 손자 유찬(劉纘)이 후한 제10대 황제인 질제(質帝)로 즉위하였다. ☞ 劉彭城

유협(劉協, 181~234)(中)

중국 동한(東漢)의 마지막 황제. 자는 백화(伯和)이다. 동탁에 의해 9세 때 진류왕에 봉해졌다. 뒤에 조조의 옹립을 받았지만, 220년 조조의 아들 조비에게 양위했다. ☞ 漢獻

육가(陸賈, ?~BCE 170)(中)

중국 전한(前漢)의 학자. 초(楚) 나라 사람으로, 변설에 뛰어났다. 유방(劉邦)을 좇아 천하를 통일하는 데 크게 공헌하였다. 혜제(惠帝) 때 여후(呂后)가 여씨들을 제후에 앉히려고 하자 병을 핑계로 사직했다. 사신으로 남월(南越)에 가서 남월왕 조타(趙佗)가 칭신(稱臣)하도록 하였고, 돌아와서 태중대부(太中大夫)에 임명되었다. 저서로는 『신어(新語)』가 있다. ☞ 陸生

육구령(陸九齡, 1132~1180)(中)

중국 남송(南宋)의 학자. 자는 자수(子壽), 호는 복재(復齋)이다. 강서성(江西省) 금계(金溪) 사람으로, 형 육구소(陸九韶, 1128~1205), 육구연(陸九淵, 1139~1193) 형제를 합하여 '강서(江西)의 삼육(三陸)'이라 칭한다. 이들은 마음을 우주 만물의 근본으로 삼는 '심즉리설(心卽理說)'을 주장하여 정주(程朱)의 이학(理學)에 반대하였다. 저서로는 『복재문집(復齋文集)』이 있다. ☞ 子壽, 陸子壽

육구연(陸九淵, 1139~1193)(中)

중국 남송(南宋)의 학자. 자는 자정(子靜), 호는 상산(象山) 또는 존재(存齋), 시호는 문안(文安)이다. 강서

성(江西省) 금계(金溪) 사람으로, 육구소(陸九韶, 1128~1205)과 육구령(陸九齡, 1132~1180) 두 형과 함께 '강서(江西)의 삼육(三陸)'이라 칭한다. 정강의 변에 분개해 국세 회복책을 건의했으나 받아들여지지 않자 상산에 은거하며 강학하였다. 명나라 때 왕수인(王守仁, 1472~1528)과 함께 육왕(陸王)으로 일컬어진다. 저서로는 『상산집(象山集)』이 있다. ☞ 象山, 陸象山, 子靜, 陸子靜, 陸國正, 陸氏, 陸王

육롱기(陸隴其, 1630~1692)(中)

중국 청(淸) 나라의 학자. 원명은 용기(龍其) , 족보에는 세표(世穮)라고 되어 있다. 자는 가서(稼書), 호는 당기(當湖) 또는 삼어당(三魚堂), 시호는 청헌(清獻)이다. 1670년 출사하여 순리(循吏)로 일컬어졌으며 청렴하였다. 육세의(陸世儀)와 병칭되어 "이륙(二陸)"으로 불렸으며, 청나라 때 제일의 주자학자로 일컬어졌다. 저서로는 『삼어당문집(三魚堂文集)』, 『곤면록(困勉錄)』, 『독서수필(讀書隨筆)』 등이 있다. ☞ 陸三漁

윤돈(尹焞, 1071~1142)(中)

중국 북송(北宋)의 학자. 자는 언명(彦明)·덕충(德充), 호는 화정(和靖)이다. 낙양(洛陽) 사람으로, 정이(程頤, 1033~1107)에게 수학하였다. 학문적으로 내성함양(內省涵養)을 중시하고 박람을 추구하지 않았으며 오로지 경(敬) 공부를 위주로 하였다. 정이의 학설을 전적으로 계승하여 선학(禪學)에 빠지지 않고 순정함을 지킨 것이 특징이라 할 수 있다. 저서로는 『화정집(和靖集)』, 『논어해(論語解)』, 『맹자해(孟子解)』, 『문인문답(門人問答)』 등이 있다. ☞ 和靖

윤봉구(尹鳳九, 1683~1767)(韓)

조선 후기의 학자. 본관은 파평(坡平), 자는 서응(瑞膺), 호는 병계(屛溪)·구암(久菴), 시호는 문헌(文獻)이다. 권상하(權尙夏, 1641~1721)의 문인이다. 1714년(숙종 40) 진사가 되고 유일(遺逸)로 천거되어 1725년(영조 1) 청도군수가 된 이후 여러 벼슬을 역임하였다. 성리학은 한원진(韓元震, 1682~1751)의 심성론(心性論)을 계승하여 호론으로 지칭되었다. 저서로는 『병계집(屛溪集)』이 있다. ☞ 屛溪

윤주하(尹胄夏, 1846~1906)(韓)

조선 말기의 학자. 본관은 파평(坡平), 자는 충여(忠汝), 호는 교우(膠宇)이다. 합천(陜川) 출신으로, 이진상(李震相, 1818~1886)의 문인이다. 거창(居昌) 남하(南下)에 거주하고 성현의 학문에 정진하면서 평생 처사로 지냈다. 곽종석(郭鍾錫, 1846~1919)과 교유하였으며, 허유(許愈, 1833~1904)와 함께 스승 이진상의 저서인 『이학종요(理學綜要)』를 교정하였다. 저서로는 『교우집(膠宇集)』이 있다. ☞ 忠汝, 膠公

윤창수(尹昌洙, ?~?)(韓)

조선 말기의 학자. 자는 우명(禹明), 호는 파산(坡山)이다. 곽종석(郭鍾錫, 1846~1919)과 교유하였다.
☞ 禹明

윤춘년(尹春年, 1514~1567)(韓)
조선 중기의 학자. 본관은 파평(坡平), 자는 언구(彦久), 호는 학음(學音) 또는 창주(滄洲)이다. 소윤과 대윤에 번갈아 붙어 출세하였으며, 청백리로 뽑히기도 하였다. ☞ 尹彦久

윤택규(尹宅逵, 1845~1928)(韓)
조선 말기의 학자. 본관은 (坡平), 자는 인재(仁哉)·인재(仁載), 호는 설봉(雪峰)이다. 윤병은(尹炳殷)의 아들로, 장복추(張福樞, 1815~1900)의 문인이다. 저서로는 『설봉문집(雪峰文集)』이 있다. ☞ 仁載, 尹仁載

은선(殷羨, ?~?)(中)
중국 동진(東晉)의 문신. 자는 홍교(洪喬)이다. 하남성(河南城) 장평(長平) 사람이다. 예장군(豫章郡)의 태수(太守)를 역임하였는데, 그가 떠날 때에 도성 사람들이 100여 통이나 되는 편지를 맡겼다. 석두성(石頭城)에 이르러서 그 편지를 모두 강물에 던지며 "가라앉을 것은 가라앉고 뜰 것은 떠라. 은홍교는 편지를 전달하는 우체부가 되지 않겠다."라고 한 데서 유래한 말로, 편지가 제대로 전달되지 않은 것을 비유한 말이다. ☞ 殷洪喬

이간(李柬, 1677~1727)(韓)
조선 후기의 학자. 본관은 예안(禮安), 자는 공거(公擧), 호는 외암(巍巖)·추월헌(秋月軒), 시호는 문정(文正)이다. 강문팔학사(江門八學士)의 한 사람으로, 사람과 사물의 본성이 같다는 동론(同論)을 주장하여 낙론(洛論)의 원조가 되었다. 1710년(숙종36) 순무사 이만성(李晩成, 1659~1722)에 의하여 장릉 참봉(莊陵參奉)으로 천거되었으나 취임하지 않았다. 저서로는 『외암유고(巍巖遺稿)』가 있다.
☞ 巍, 巍庵, 巍菴, 巍岩李公, 巍南

이과(李過, ?~?)(中)
중국 남송(南宋)의 학자. 자는 계변(季辨)이다. 흥화(興化) 사람으로, 20여 년 동안 역학(易學)을 연구하고 만년에 실명하고 깊은 사색을 통해 새로운 경지를 개척하였다. 저서로는 『서계역설(西溪易說)』이 있다.
☞ 西溪李氏

이굉조(李閎祖, ?~?)(中)
중국 남송(南宋)의 학자. 자는 수약(守約)이다. 소무(邵武) 사람으로, 주희(朱熹, 1130~1200)의 문인이다. 임계 주부(臨桂主簿)와 광서안무사(廣西安撫使) 등을 지냈다. ☞ 閎祖

이교명(李敎明)
조선 말기의 학자. 전우(田愚, 1841~1922)와 교류하였다. ☞ 答李敎明

이교우(李教宇, 1881~1950)(韓)

한국 근현대의 학자. 본관은 전의(全義), 자는 치선(致善), 호는 과재(果齋)이다. 정재규(鄭載圭, 1843~1911)의 문인이다. 경상도 산청군 신안면에 후산서당(後山書堂)을 마련하여 후학을 가르쳤다. 저서로는 『과재집(果齋集)』이 있다. ☞ 致善

이구(李球, ?~1573)(韓)

조선 중기의 학자. 본관은 전주(全州), 초명은 채중(寀重), 자는 숙옥(叔玉), 호는 연방(蓮坊)이다. 윤정(尹鼎, 1490~1536)에게 『주역』을 배운 다음, 서경덕(徐敬德, 1489~1546)에게 학문을 닦았다. ☞ 蓮老

이기윤(李基允, 1891~1971)(韓)

한국 근현대의 학자. 본관은 성산(星山), 호는 극암(克菴)이다. 성주(星州) 한개에 거주하였다. ☞ 李執中

이기항(李基恒, 1878~1969)(韓)

한국 근현대의 학자. 본관은 성산(星山), 자는 맹구(孟久), 호는 암서헌(岩棲軒)이다. 성주(星州) 한개에 거주하였다. ☞ 孟久

이덕후(李德厚, 1855~1927)(韓)

조선 말기의 학자. 본관은 벽진(碧珍), 자는 경재(敬載)·경재(景載), 호는 면와(勉窩)이다. 성주(星州) 초전(草田)에 거주하였다. ☞ 敬載

이동(李侗, 1093~1163)(中)

중국 남송(南宋)의 학자. 자는 원중(願中), 호는 연평(延平), 시호는 문정(文靖)이다. 검남(劍南) 사람이다. 나종언(羅從彥, 1072~1135)이 양시(楊時, 1053~1135)에게 낙학(洛學)을 전수받았다는 말을 듣고 나종언에게 학문을 닦아 양시와 나종언과 함께 '검남삼선생(劍南三先生)'으로 불렸다. 주희(朱熹, 1130~1200)는 일찍이 아버지 주송(朱松, 1097~1143)과 동문인 이동에게 학문을 익혔다. 정호(程顥, 1032~1085)와 정이(程頤, 1033~1107)의 학문이 주희에게 이어지는 교량적 역할을 하였다. 주희가 편찬한 『연평답문(延平答問)』과 『이연평집(李延平集)』이 있다. 주희에게 정좌(靜坐)를 지도하고, 감정이 생기기 이전의 마음 상태를 직접 깨닫도록 가르쳤다. ☞ 延平, 李, 楊羅李,

이두훈(李斗勳, 1856~1918)(韓)

조선 말기의 학자. 본관은 성산(星山), 자는 대형, 호는 홍와(弘窩)이다. 이진상(李震相, 1818~1886)의 문인이다. 주문팔현(洲門八賢)의 한 사람으로 고령(高靈) 관동(館洞)에 거주하였고, 만년에는 내산서당(乃山書堂)을 지어 교육에 힘썼다. 저서로는 『홍와문집(弘窩文集)』, 『동화세기(東華世紀)』 등이 있다.

☞ 大衡, 斗勳, 斗

이루(離婁)

중국 황제(黃帝) 때 또는 춘추전국시대 때 사람. 이루(離婁) 또는 이주(離珠)로도 쓴다. 시력이 백보 밖에서도 볼 수 있었다고 한다. 황제가 현주(玄珠)를 잃어버렸는데, 그에게 찾도록 하니 바로 찾았다고 한다.

☞ 離婁

이만여(李晩輿, 1861~1904)(韓)

조선 말기의 학자. 본관은 진성(眞城), 자는 희증(希曾), 호는 봉강(鳳岡)이다. 어려서 조부에게 글을 배우다가, 족형 이만인(李晩寅, 1834~1897)의 문하에서 학문을 닦았다. 저서로는 『봉강집(鳳岡集)』, 『용학요변(庸學要辨)』, 『오가산지(吾家山志)』 등이 있다.

☞ 希曾, 李希曾

이만인(李晩寅, 1834~1897)(韓)

조선 말기의 학자. 본관은 진성(眞城), 자는 군택(君宅), 호는 용산(龍山)이다. 영양(英陽) 주곡(注谷) 외가에서 태어나 예안 원촌(遠村)에 살았다. 어릴 때 외조부 조언유(趙彦儒, 1767~1847)에게 수학하였고, 뒤에 이휘재(李彙載, 1795~1875)에게 수학하여 퇴계학을 계승하였다. 1872년(고종 9) 과거를 단념하고 학문에 전념하였다. 1877년 선공감감역(繕工監監役)에 임명되었으나 부임하지 않았다. 1894년의 동학농민운동, 1895년의 을미사변(乙未事變)을 목도하는 과정에서 세가(世家)의 후손으로서 책임을 통감하고 두문불출하였다. 저서로는 『용산집(龍山集)』이 있다.

☞ 李監役

이명재(李明在, ?~?)(韓)

한국 근현대의 인물. 삼척 사람으로 최익한(崔益翰, 1897~?)과 교류한 듯하다.

☞ 李明在

이방자(李方子, ?~?)(中)

중국 남송(南宋)의 학자. 자는 공회(公晦)이다. 소무(邵武) 사람으로, 주희(朱熹, 1130~1200)의 문인이다. 가정(嘉靖) 갑술년에 진사가 되었으며, 진주 통판(辰州通判)을 지냈다. 저서로는 『전심정어(傳心靜語)』가 있다.

☞ 方子, 果齋

이병적(李柄迪, ?~?)(韓)

조선 말기의 학자. 전우(田愚, 1841~1922)와 교류하였다.

☞ 李柄迪

이병헌(李炳憲, 1870~1940)(韓)

한국 근현대의 학자. 본관은 합천(陜川), 자는 자명(子明), 호는 진암(眞菴)·백운산인(白雲山人)이다. 경상도 함양 출신으로 곽종석(郭鍾錫, 1846~1919)의 문인이다. 1903년 상경(上京)하여 시국의 변화에 접하면서 강유위(康有爲, 1858~1927)의 변법설(變法說)과 세계정세에 관한 서적을 읽고 개화사상으로 전환하였다. 유교개혁과 공자교(孔子敎) 운동을 유림들의 강경한 항의에 부딪혀 실패하고 말았다. 이에 따라 금문경학

(今文經學) 연구와 저술에 힘써 우리나라 금문경학의 독보적 인물이 되었다. 저서로는 『진암전서(眞菴典書)』가 있다. ☞ 子明, 李子明

이사(李斯, ?~BCE 208)(中)

중국 진(秦) 나라의 재상. 법가류 학문에 전념한 이후, 진나라 시황제를 도와 천하를 통일하고 군현(郡縣) 제도를 확정하였으며 분서갱유(焚書坑儒)를 단행시켰다. 시황제가 죽은 뒤 호해(胡亥)를 제2대 황제로 옹립하였다. ☞ 斯, 斯高

이상석(李相奭, 1835~1921)(韓)

조선 말기의 학자. 본관은 광주(廣州), 자는 제여(濟汝), 호는 농암(聾巖)이다. 내우외환에 처한 시기에 벼슬을 하지 아니하고 학문에 힘썼다. 마을 입구에 귀바위가 있는데, 듣고 싶은 것이 없다고 하여 호를 농암(聾巖)이라 하였다. 한일합방 후 호적령이 공포되자 입적을 거부하고 농암정사(聾巖精舍)에 별거하였다. 저서로는 『농암집(聾巖集)』이 있다. ☞ 李丈

이상원(李象遠, 1722~1802)(韓)

조선 후기의 학자. 본관은 재령(載寧), 자는 희도(希道), 호는 기와(畸窩)이다. 이상정(李象靖, 1711~1781)의 외삼촌 이지휘(李之煇)의 아들로 영해(寧海)에 거주하였다. 일찍부터 내외종 간인 이상정의 문하에서 학문을 닦았다. 저서로는 『기와집(畸窩集)』이 있다. ☞ 希道, 李希道

이상정(李象靖, 1711~1781)(韓)

조선 후기의 학자. 본관은 한산(韓山), 자는 경문(景文), 호는 대산(大山), 시호는 문경(文敬)이다. 이재(李栽, 1711~1781)의 외손이자 문인이다. 1735년(영조 11) 증광시 문과에 급제하여 몇 차례 벼슬하다가 그만두고 학문에 힘썼다. 향리에 고산정사(高山精舍)를 짓고 강학과 저술에 몰두하며, 외조부로부터 이황(李滉, 1501~1570), 이현일(李玄逸, 1627~1704)로 내려오는 퇴계학을 계승하여 동생인 이광정(李光靖, 1714~1789) 및 남한조(南漢朝, 1744~1809), 유치명(柳致明, 1777~1861) 등에게 물려주었다. 저서로는 『대산집(大山集)』을 비롯하여 『경재잠집설(敬齋箴集說)』, 『퇴도서절요(退陶書節要)』, 『주자어절요(朱子語節要)』, 『심경강록간보(心經講錄刊補)』 등이 있다. ☞ 大山, 大山先生, 大山翁, 大山李先生, 李先生, 湖

이석균(李鉐均, 1855~1927)(韓)

조선 말기의 학자. 본관은 연안(延安), 자는 공윤(公允), 호는 소암(小庵)·서주노민(西周老民)이다. 금릉(金陵) 구성(龜城)에 거주하며 영남의 여러 학파의 문인들과 교류하였다. 저서로는 『소암문집(小庵文集)』 등이 있다. ☞ 公允

이승엽(李承燁, 1883~1952)(韓)

한국 근현대 학자. 본관은 광산(光山), 자는 광술(光述), 호는 연암(淵菴)이다. 장성에 거주하며 기우만(奇

宇萬, 1846~1916)의 문하에서 학문을 닦았다. 항상 주희(朱熹, 1130~1200)와 송시열(宋時烈, 1607~1689) 두 선생을 경모(景慕)한 나머지 경양강사(景陽講舍)를 짓고 후학을 양성하며 학문에 전념하였다. 저서로는 『경양재유고(景陽齋遺稿)』가 있다. ☞ 光述

이승희(李承熙, 1847~1916)(韓)

조선 말기의 학자. 본관은 성산(星山), 자는 계도(啓道), 호는 대계(大溪)·강재(剛齋)·한계(韓溪)이다. 일명은 대하(大夏)이다. 아버지 이진상(李震相, 1818~1886)에게 수학하였다. 1905년에 을사늑약이 체결되자 을사오적을 참수하고 조약을 파기할 것을 요청하는 상소를 올려, 그해 12월 대구 경찰서에 투옥되었다가 이듬해 4월 석방되었다. 출옥한 뒤 국내에서 항일 운동을 전개하다가 1908년 블라디보스토크로 망명하여 유인석(柳麟錫, 1842~1915)·이상설(李相卨, 1870~1917) 등과 함께 독립운동을 전개하였다. 저서로는 『한계유고(韓溪遺稿)』·『대계집(大溪集)』 등이 있다. ☞ 承熙, 承, 浦上, 啓道, 剛兄

이언적(李彦迪, 1491~1553)(韓)

조선 중기의 학자. 본관은 여강(驪江), 초명은 이적(李迪), 자는 복고(復古), 호는 회재(晦齋)·자계옹(紫溪翁), 시호는 문원(文元)이다. 외숙 손중돈(孫仲暾, 1463~1529)에게 수업하였다. 과거에 급제한 뒤, 여러 관직을 역임하였다. 김안로(金安老, 1481~1537)의 등용을 반대하다가 쫓겨나 경주 자옥산(紫玉山)에 들어가 성리학을 연구하였다. 다시 등용되어 좌찬성에 이르렀다. 1547년(명종 2) 양재역(良才驛) 벽서사건에 무고하게 연루되어 강계(江界)로 유배되어 그곳에서 죽었다. 저서로는 『회재집(晦齋集)』, 『대학장구보유(大學章句補遺)』, 『구인록(求仁錄)』, 『중용구경연의(中庸九經衍義)』, 『봉선잡의(奉先雜儀)』 등이 있다.

☞ 晦齋, 晦齋先生, 李晦齋

이원조(李源祚, 1792~1871)(韓)

조선 말기의 학자. 본관은 성산(星山), 자는 주현(周賢), 호는 응와(凝窩), 시호는 정헌(定憲)이다. 1809년(순조 9)에 문과에 급제하여 여러 벼슬을 역임하다가 경주 부윤(慶州府尹)을 지냈으며, 이후 공조 판서를 지냈다. 저서로는 『응와문집(凝窩文集)』이 있다. ☞ 凝窩

이이(李珥, 1536~1584)(韓)

조선 중기의 학자. 본관은 덕수(德水), 자는 숙헌(叔獻), 호는 율곡(栗谷)·석담(石潭)·우재(愚齋), 시호는 문성(文成)이다. 1548년 진사시에 합격, 모친 3년상을 마친 후 1554년 금강산에 들어가 불교를 공부하였다. 하산 이후 「자경문(自警文)」을 짓고 학문에 매진하였다. 1564년 식년 문과에 장원하여 호조 좌랑에 초임되고, 병조 판서·우참찬(右參贊) 등을 역임하였다. 1569년 『동호문답(東湖問答)』, 1574년 『만언봉사(萬言封事)』, 1575년 『성학집요(聖學輯要)』 등을 올렸다. 해주 석담에 은병정사(隱屏精舍)를 세우고 후진을 양성하였다. 저서로는 『율곡전서(栗谷全書)』가 있다.

☞ 栗谷, 栗翁, 栗老, 栗, 石潭, 潭翁, 文成, 李文成, 李先生, 退栗, 栗尤, 栗沙尤

이익(李瀷, 1681~1763)(韓)

조선 후기의 학자. 본관은 여주(驪州), 자는 자신(自新), 호는 성호(星湖), 본관은 여주(驪州)이다. 이황(李滉, 1501~1570)을 사숙하여 유형원(柳馨遠, 1622~1673)의 학풍을 이어받아 실학의 대가가 되었으며, 특히 천문(天文)·지리(地理)·의학(醫學)·율산(律算)·경사(經史)에 업적을 남겼다. 관계(官界)에 나가지 않고 저술과 후진 양성에 전력하였다. 저서로는 『성호사설(星湖僿說)』·『성호집(星湖集)』, 『사칠신편(四七新編)』, 『곽우록(藿憂錄)』, 『이자수어(李子粹語)』 등이 있다. ☞ 星湖, 星湖先生

이인훈(李仁燻, 1713~1747)(韓)

조선 후기의 학자. 본관은 재령(載寧), 자는 천유(天牖), 호는 만와(晩窩)이다. 이재(李栽, 1657~1730)의 문인이다. 『홍범연의(洪範衍義)』 교정 작업에 참여하였다. 저서로는 『만와유고(晩窩遺稿)』가 있다.

☞ 天牖, 李天牖

이재(李縡, 1680~1746)(韓)

조선 후기의 학자. 본관은 중봉(中峰), 자는 희경(熙卿), 호는 도암(陶庵)·한천(寒泉), 시호는 문정(文正)이다. 어려서 중부(仲父) 이만성(李晩成)에게 수학하고 김창협(金昌協, 1651~1708)의 문인에서 학문을 닦았다. 과거에 급제한 뒤 여러 벼슬을 역임하였다. 노론(老論)의 중심인물로서 영조의 탕평책(蕩平策)을 강력히 반대하여 당시 정국 전개에 큰 영향을 끼쳤다. 호락논쟁(湖洛論爭)에서는 이간(李柬, 1677~1727)의 학설을 계승해 한원진(韓元震, 1682~1751) 등의 심성설(心性說)을 반박하는 낙론의 입장에 섰다. 1720년 신임사화 때 이만성이 해를 입자 벼슬을 버리고 인제(麟蹄)의 설악(雪岳)에 들어가 성리학을 닦는 데 힘썼다. 저서로는 『사례편람(四禮便覽)』, 『어류초절(語類抄節)』, 『도암집(陶菴集)』 등이 있다.

☞ 陶庵, 李陶庵, 陶菴, 李陶菴, 陶翁, 巍陶

이정기(李貞基, 1872~1945)(韓)

한국 근현대의 학자. 본관은 벽진(碧珍), 자는 견가(見可), 호는 제서(濟西)이다. 성주 초전(草田) 출신으로, 장복추(張福樞, 1815~1900)와 김흥락(金興洛, 1827~1899)의 문하에서 학문을 닦았다. 1905년 을사조약이 강제로 체결되자, 일본의 침략근성을 배척하는 「양이설(攘夷說)」을 저술하여 유림에게 경각심을 고취시켰다. 저서로는 『성리휘편(性理彙編)』, 『제서집(濟西集)』 등이 있다. ☞ 見可, 李見可

이정모(李正模, 1846~1875)(韓)

조선 말기의 학자. 본관은 고성(固城)자는 성양(聖養), 호는 자동(紫東)이다. 경남 의령군(宜寧郡) 석곡(石谷) 출신으로 이진상(李震相, 1818~1886)의 문하에서 학문을 닦았다. 자미산(紫微山) 아래 도당곡(陶唐谷)에 조그마한 집을 짓고 '자도재(紫陶齋)'라고 이름을 지어 학문에 진력하였다. 이진상의 제자가 가운데 뛰어나 주문팔학사(洲門八學士)로 불렸다. 저서로는 『자동집(紫東集)』이 있다. ☞ 聖養

이종기(李種杞, 1837~1902)(韓)

조선 말기의 학자. 본관은 전의(全義), 자는 기여(器汝), 호는 만구(晩求)·다원거사(茶園居士)이다. 고령 다산(茶山) 출신으로, 유치명(柳致明, 1777~1861)의 문하에서 수학하고, 이상정(李象靖, 1711~1781)의 학문을 사사하였다. 다산 상곡(上谷) 마을에 서락서당(書洛書堂)을 짓고 학문에 힘쓰면서 후학을 양성하였다. 저서로는 『만구집(晩求集)』이 있다. ☞ 李器汝, 晩求, 晩求公, 杞

이종사(李宗思, ?~?(中)

중국 남송(南宋)의 학자. 주희(朱熹, 1130~1200)의 문인이다. 건안(建安) 사람으로, 불학(佛學)에 심취했으나, 주희의 훈계를 받은 이후 깨우친 바 있어 정주학(程朱學)에 매진하여 『예범(禮範)』을 저술하였다. ☞ 李伯諫

이종익(李鐘翼, ?~?)(韓)

조선 말기의 학자. 전우(田愚, 1841~1922)와 교류하였다. ☞ 李鐘翼

이준구(李浚久, 1862~1916)(韓)

조선 말기의 학자. 본관은 여주(驪州), 자는 숙명(肅明), 호는 약초(藥樵)·과재(果齋)이다. 경주에 거주하였다. ☞ 李肅明

이지환(李志煥, ?~?)(韓)

조선 말기의 학자. 자는 성원(性源)이다. 이종기(李種杞, 1837~1902)와 교류하였다. ☞ 李性源

이진상(李震相, 1818~1886)(韓)

조선 말기의 학자. 본관은 성산(星山), 자는 여뢰(汝雷), 호는 한주(寒洲)이다. 숙부 이원조(李源祚, 1792~1872)에게 배운 뒤, 경사(經史)에 밝고 성력(星曆), 산수(算數), 의약(醫藥), 복서(卜筮)에 통달하였다. 주희(朱熹, 1130~1200)와 이황(李滉, 1501~1570)를 계승한다는 자세로 조운헌도재(祖雲憲陶齋)를 짓고 학문에 매진하여 심즉리설(心卽理說)을 제창하고 유치명(柳致明, 1777~1861)·김흥락(金興洛, 1827~1899) 등과 교유하였으나, 외면적으로 양명학의 심즉리설과 동일하였기에 당시 영호남의 학자들에게 비판을 받기도 하였다. 저서로는 『한주집(寒洲集)』이 있다. ☞ 震相, 寒洲, 寒洲子, 寒洲李公, 李寒洲丈, 李丈, 李氏, 洲丈, 洲上, 寒, 洲藥蘆, 蘆藥洲, 王李, 程朱李

이항로(李恒老, 1792~1868)(韓)

조선 말기의 학자. 본관은 벽진(碧珍), 초명은 광로(光老), 자는 이술(而述), 호는 화서(華西), 시호는 문경(文敬)이다. 17세 때 한성초시에 합격하였으나, 과거의 폐단이 지나쳐 다시는 과거에 응하지 않고, 향리에서 성리학 연구와 후학 양성에 힘썼다. 후학들에게 존왕양이(尊王攘夷)의 춘추대의(春秋大義)를 강조함으로써, 위정척사론의 사상적 기초를 제공하였다. 한말 위정척사론을 주도하였던 김평묵(金平默, 1819~1891), 유중교(柳重敎, 1832~1893), 최익현(崔益鉉, 1833~1906) 등이 그의 문인이다. 저서로는 『주자대전집차(朱子大全集箚)』, 『주자대전집차의집보(朱子大全集箚疑輯補)』, 『화서아언(華西雅言)』, 『화서문집(華西文集)』 등이 있다. ☞ 華西, 華西先生, 李華西, 蘗, 洲蘗蘆, 華艾

이현일(李玄逸, 1627~1704)(韓)

조선 후기의 학자. 본관은 재령(載寧), 자는 익승(翼升), 호는 갈암(葛庵), 시호는 문경(文敬)이다. 53세 때 학행으로 천거되어 지평(持平)에 발탁된 후 대사헌, 이조 판서 등의 직책을 역임하였다. 김성일(金誠一, 1538~1593)의 학문을 통하여 전해지는 이황(李滉, 1501~1570)의 이기호발설(理氣互發說)을 지지하고 이이(李珥, 1536~1584)의 학문을 비판하였다. 갑술옥사(甲戌獄事)로 서인의 탄핵을 받아 종성(鍾城)과 광양(光陽)의 유배되었다가 1704년(숙종 30)에 풀려났다. 저서로는 『갈암집((葛庵集)』이 있다. ☞ 南嶽先生

이혜주(李惠胄, ?~?)(韓)

조선 후기의 학자. 본관은 전주(傳注), 호는 기원(杞園)이다. 이덕주(李德胄, 1696~1751)의 동생이다. 李杞園惠胄

이황(李滉, 1501~1570)(韓)

조선 중기의 학자. 본관은 진보(眞寶), 자는 경호(景浩), 호는 퇴계(退溪)·도옹(陶翁)·도수(陶叟)·퇴도(退陶)·청량산인(淸凉山人), 시호는 문순(文純)이다. 1528년(중종 23)에 진사시에 합격하여 출사하였다. 1549년 풍기 군수 재임 중 주희(朱熹, 1130~1200)가 백록동서원(白鹿洞書院)을 부흥한 선례를 좇아서, 백운동서원에 사액하도록 하였는데 이것이 조선조 사액서원(賜額書院)의 시초가 된 소수서원(紹修書院)이다. 1551년 이후 도산서당(陶山書堂)을 짓고 저술과 강학에 힘썼으며 많은 후진을 양성하였다. 주자학을 연구하여 『주자서절요(朱子書節要)』를 편찬하고, 기대승(奇大升, 1527~1572)과 성리학 논쟁을 통해 이기호발설(理氣互發說)을 주장하고 「천명도설(天命圖說)」을 저술하기도 하였다. 1567년 선조 즉위로 잠시 경연을 맡고 『명종실록』 편찬에 참여하였으며, 1568년 『성학십도(聖學十圖)』와 「무진육조소(戊辰六條疏)」를 제진하였다. 저서로는 『퇴계집(退溪集)』이 있다. ☞ 退溪, 退陶, 退翁, 退老, 退陶先生, 退陶李先生, 退陶李子, 退陶夫子, 陶山, 李子, 退, 溪, 陶, 雲陶, 朱李, 朱退, 退栗, 周程朱李, 黃陳陶

이회근(李晦根, 1843~1892)(韓)

조선 말기의 학자. 본관은 성산(星山), 자는 천길(天吉)이다. 이승희(李承熙, 1847~1916)을 비롯한 학인들과 교류하였다. ☞ 天吉, 李天吉

임기손(林夔孫, ?~?)(中)

중국 남송(南宋)의 학자. 자는 자무(子武), 호는 몽곡(蒙谷)이다. 복주(福州) 길전(吉田) 사람으로 주희(朱

熹, 1130~1200)의 문인이다. ☞ 夔孫

임성주(任聖周, 1711~1788)(韓)

조선 후기의 학자. 본관은 풍천(豐川), 자는 중사(仲思), 호는 녹문(鹿門)이다. 임정주(任靖周, 1727~1796)의 형이고 이재(李縡, 1680~1746)의 문인이다. 1733년(영조9) 사마시에 합격하여 벼슬에 임하였으나, 곧 사직하고 1758년 공주의 녹문에 은거하여 학문에 전념하였다. 초년에는 스승의 학설을 신봉하여 인물성동론(人物性同論)을 주장하였으나, 중년에 이르러 기일분수설(氣一分殊說)을 통해 이기(理氣)를 기일원론적(氣一元論的)으로 체계화하고, 이를 통해 기존의 학설을 비판하고 호락(湖洛)의 양론을 종합하기도 하였다. 저서로는 『녹문집(鹿門集)』이 있다. ☞ 鹿門

임자몽(林子蒙, ?~?)(中)

중국 남송(南宋)의 학자. 형양(衡陽) 사람으로 주희(朱熹, 1130~1200)의 문인이다. ☞ 子蒙

임지(林至, ?~?)(中)

중국 남송(南宋)의 학자. 자는 덕구(德久)이다. 주희(朱熹, 1130~1200)의 문인이다. 출사하여 비서랑에 이르렀다. 저서로는 『역비전(易裨傳)』이 있다. ☞ 林德久, 林氏

임학몽(林學蒙, 1146~1226)(中)

중국 남송(南宋)의 학자. 자는 정경(正卿), 호는 매오(梅塢)이다. 삼산(三山) 사람으로, 주희(朱熹, 1130~1200)의 문인이다. 용문암(龍門庵)에서 강학하였다. 문집으로 『매오집(梅塢集)』이 있다.

☞ 林正卿

장구성(張九成, 1092~1159)(中)

중국 남송(南宋)의 학자. 자는 자소(子韶), 호는 무구거사(無垢居士)·횡포거사(橫浦居士), 시호는 문충(文忠)이다. 전당(錢塘) 출신으로 양시(楊時, 1053~1135)의 제자이다. 벼슬은 예부 시랑(禮部侍郎), 형부 시랑(刑部侍郎)을 지냈다. 경학(經學)에 전념하여 많은 훈해(訓解)를 남겼고, 선학(禪學)에도 조예가 깊어 당시 고승인 대혜(大慧) 종고(宗杲, 1089~1163)의 법을 이었는데 주희(朱熹, 1130~1200)는 이를 배척하였다. 저서로는 『횡포집(橫浦集)』, 『맹자전(孟子傳)』, 『심전록(心傳錄)』 등이 있다.

☞ 張無垢

장복추(張福樞, 1815~1900)(韓)

조선 말기의 학자. 본관은 인동(仁同), 자는 경하(景遐), 호는 사미헌(四未軒)·녹리산인(甪里山人)이다. 장현광(張顯光, 1554~1637)의 8대손으로 예천군에서 태어났다. 조부 장주(張儔, 1771~1849)에게 수학하였다. 천거로 여러 벼슬이 제수되었지만, 벼슬에 나아가지 않고 초야에 은거하며 성리학과 예학을 연구하였다. 만년 지금의 경북 칠곡군 기산면 녹산리에 녹리서당(甪里書堂)을 짓고 강학에 힘쓰니 세상에서 그를 녹리선생이라고 일컬었다. 저서로는 『사미헌집(四未軒集)』, 『가례보의(家禮補疑)』 등이 있다.

☞ 四未軒, 福, 金溪角山

장석영(張錫英, 1851~1926)(韓)

조선 말기의 학자. 본관은 인동(仁同), 일명은 석교(碩敎), 자는 순화(舜華), 호는 회당(晦堂)·추관(秋觀)이다. 경북 칠곡 출신으로, 이진상(李震相, 1818~1886)의 문인이다. 1905년 을사늑약이 체결되자 을사오적의 처형을 요청하는 「청참오적소(請斬五賊疏)」를 곽종석(郭鍾錫, 1846~1919)·이승희(李承熙, 1847~1916)과 함께 올렸다. 3·1운동이 일어나자 곽종석 등과 협의하여 파리평화회의에 제출할 독립청원서를 작성하였다. 저서로는 『회당집(晦堂集)』, 『요좌기행문(遼左紀行文)』 등이 있다.

☞ 舜華, 張晦堂, 張晦堂丈, 張斯文, 英, 郭張

장식(張栻, 1133~1180)(中)

중국 남송(南宋)의 학자. 자는 경부(敬夫) 또는 낙재(樂齋), 호는 남헌(南軒), 시호는 선(宣)이다. 한주(漢州) 면죽(綿竹) 사람으로, 승상이었던 위국공(魏國公) 장준(張浚)의 아들로서 호굉(胡宏, 1106~1161)으로부터 학문을 익혀 호상학파(湖湘學派)의 정통을 이었다. 주희(朱熹, 1130~1200)나 여조겸(呂祖謙, 1137~1181) 등과 서로 친밀하게 교류하였다. 당시 사람들은 이들을 동남삼현(東南三賢)이라고 불렀다. 저서로는 『역설(易說)』, 『논어해(論語解)』, 『맹자설(孟子說)』, 『남헌집(南軒集)』 등이 있다.

☞ 南軒, 南軒子, 南軒張氏, 張欽夫, 張敬夫, 欽夫, 敬夫伯恭, 張呂

장의(張儀, ?~BCE 309)(中)

중국 전국시대 위(魏) 나라의 종횡가. 소진(蘇秦, ?~BCE 284)과 함께 귀곡선생(鬼谷先生)에게 수학하였다. 동학 소진의 주선으로 진나라 혜문왕을 도와 재상이 되고, 연횡(連横)의 설로 육국(六國)을 설득하여 종약(縱約)을 깨뜨리고 다 같이 진나라를 중심으로 하는 동맹관계를 맺게 하였다. ☞ 張, 蘇張

장재(張載, 1020~1077)(中)

중국 북송(北宋)의 학자. 자는 자후(子厚), 호는 횡거(横渠), 시호는 명공(明公)이다. 벼슬이 지태상예원(知太常禮院)에 이르렀다. 초년에는 전략(戰略)을 좋아하고 불교·도교를 탐방하다가, 유교와 도교의 사상을 조화시켜 처음으로 우주를 기일원원(氣一元論)으로 설파하였다. 미현(郿縣) 횡거진(横渠鎭)에 살아 '횡거선생'으로 불렸고, 관중(關中)에서 강학하였으므로 그의 학문을 '관학(關學)'이라 부른다. 정호(程顥, 1032~1085)와 정이(程頤, 1033~1107) 형제와 강론한 이후 학문에 진력하여 『역(易)』으로 종(宗)을 『중용(中庸)』으로 적(的), 『예(禮)』로 체, 공맹(孔孟)으로 극(極)을 삼았다. 저서로는 『정몽(正蒙)』, 『이굴(理窟)』, 『역설(易說)』 등이 있다. ☞ 張子, 横渠, 横渠張子, 張程思孟, 周程張朱, 程張子, 張朱.

장전(張戩, 1030~1076)(中)

중국 북송(北宋)의 학자. 자는 천기(天祺)이다. 장재(張載, 1020~1077)의 아우로, 문향주부(閿鄉主簿)·금당지현(金堂知縣) 등을 지냈다. 형인 장재와 함께 이장(二張)으로 일컬어졌다. 장전이 좌천되어 공안(公安) 고을을 맡은지 얼마 안 있어 대나무와 죽순을 관장하는 사죽감(司竹監)의 감(監)으로 옮겼는데, 이때에 온 집안사람들에게 죽순을 먹지 못하게 했다 한다. ☞ 張天祺

적림(翟霖, ?~?)(中)

중국 북송(北宋)의 학자. 정이(程頤, 1033~1107)의 문인이다. 서쪽으로 귀양가는 스승을 전송할 적에 도중에 승방(僧房)에서 유숙하였는데, 불상(佛像)을 등지고 눕자 스승이 경신(敬身)의 예를 통해 등지지 않도록 하였다. ☞ 翟霖

전목지(錢木之, ?~?)(中)

중국 송나라 때 학자, 자는 자산(子山), 진릉(晉陵) 사람으로 주희(朱熹, 1130~1200)의 문인이다. ☞ 木之

전우(田愚, 1841~1922)(韓)

조선 말기의 학자. 본관은 담양(潭陽), 자는 자명(子明), 호는 구산(臼山)·간재(艮齋)·추담(秋潭)이다. 전주 출신으로, 임헌회(任憲晦, 1811~1876)의 문인이다. 고종의 부름을 받았으나 나아가지 않고, 성리학에 진력하여 노론(老論)의 학통을 이어 이이(李珥, 1536~1584)와 송시열(宋時烈, 1607~1689)의 사상을 신봉하고 특히 이이의 학설을 옹호하였다. 1908년 이후 전라도 서해의 섬을 옮겨 다니다 1912년 계화도(繼華島)에 은거하여 자정(自靖)으로 일관하며 후진을 양성하였다. 저서로 『간재집(艮齋集)』, 『간재사고(艮齋私稿)』, 『추담별집(秋潭別集)』 등이 있다.

☞ 艮齋, 田艮齋, 田子明, 艮齋田氏, 田臺艮齋氏, 田氏, 田

전무택(田无擇, ?~?)(中)

중국 전국시대의 사람. 자공(子貢)에게 공부했고, 위문후(魏文侯)의 스승이 되었다.

☞ 田子方

정가학(鄭可學, 1152~1212)(中)

중국 남송(南宋)의 학자. 자는 자상(子上), 호는 지재(持齋)이다. 복건성(福建省) 포전(蒲田) 사람으로, 주희(朱熹, 1130~1200)의 문인이다. 성질이 급하여 징분(懲忿) 공부를 하여 장주 지사(漳州知事)를 지냈다. 스승이 『대학집주(大學集註)』를 산정할 때 함께 하였다. 저서로는 『춘추박의(春秋博議)』, 『사설(師說)』, 『삼조북맹거요(三朝北盟擧要)』 등이 있다. ☞ 鄭子上

정경세(鄭經世, 1563~1633)(韓)

조선 중기의 학자. 본관은 진주(晉州), 자는 경임(景任), 호가 우복(愚伏)·하거(河渠)·승성자(乘成子)·석중도인(石衆道人)·송록(松麓)·일묵(一默), 시호는 문숙(文肅), 개시(改謚)는 문장(文莊)이다. 경북 상주 율리 출신으로, 유성룡(柳成龍, 1542~1607)의 문인이다. 24세 때 과거에 급제하여 여러 관직을 거쳤다. 주자학에 본원을 두고 이황(李滉, 1501~1570)의 학통을 이어받았다. 예론(禮論)에 밝아 김장생(金長生, 1548~1631)과 함께 예학파(禮學派)라 불렸다. 저서로는 『우복집(愚伏集)』, 『상례참고(喪禮參考)』, 『주문작해(朱文酌海)』 등이 있다. ☞ 愚伏

정구(鄭逑, 1543~1620)(韓)

조선 중기의 학자. 본관은 청주(淸州), 자는 도가(道可), 호는 한강(寒岡), 시호는 문목(文穆)이다. 성주 출신으로 이황(李滉, 1501~1570)과 조식(曺植, 1501~1572)을 찾아 뵙고 스승으로 삼고, 성운(成運, 1497~1579)을 찾아뵙기도 하였다. 21세 때 향시에 합격하였으나, 이후 과거를 단념하고 학문 연구에 전념하였는데 예학(禮學)에 조예가 깊었다. 1580년 창녕 현감으로 관직생활을 시작하여 강원도 관찰사(江原道觀察使), 공조 판서(工曹判書) 등을 역임하였다. 75세 때 팔거현(八莒縣) 사수리(泗水里)에 사양정사(泗陽精舍)를 짓고 자신의 호를 사양병수(泗陽病叟)라 부르며 말년을 보냈다. 저서로는 『오선생예설분류(五先生禮說分類)』, 『심경발휘(心經發揮)』, 『의안집방(醫眼集方)』, 『갱장록(羹墻錄)』, 『한강집(寒岡集)』 등이 있다.

☞ 文穆公, 剛爺

정단몽(程端蒙, 1143~1191)(中)

중국 남송(南宋)의 학자. 자는 정사(正思), 호는 몽재(蒙齋)이다. 심양(鄱陽) 사람으로, 주희(朱熹, 1130~1200)의 문인이다. 스승의 『사서장구집주(四書章句集注)』에 근거하여 명(命), 성(性), 심(心) 등 30개 범주의 성리학 개념을 정리한 『성리자훈(性理字訓)』을 저술하였다. ☞ 程正思, 端蒙, 程端蒙

정도현(鄭道鉉, 1895~1977)(韓)

한국 근현대의 학자. 본관은 하동(河東), 호는 여암(勵庵)이다. 정여창(鄭汝昌, 1450~1504)의 후손이다. 경남 함양 출신으로 24세 때 부친의 명으로 계화도(繼華道)에서 강학하던 전우(田愚, 1841~1922)를 찾아가 제자가 되었다. 저서로는 『여암집(勵庵集)』이 있다. ☞ 鄭道鉉

정면규(鄭冕圭, 1850~1916)(韓)

조선 말기의 학자. 본관은 초계(草溪), 자는 주윤(周允), 호는 농산(農山)이다. 경남 합천 출신으로, 정재규(鄭載圭, 1843~1911)에게 배우다가 기정진(奇正鎭, 1798~1879)에게 나아가 학문을 닦았다. 1905년 을사조약이 채결되자 의거(義擧)를 계획하였으나 외부의 방해로 뜻을 이루지 못하였다. 향리에 돌아와서 영호남의 학인들과 교유하였다. 저서로는 『농산집(農山集)』이 있다. ☞ 周允

정민정(程敏政, 1446~1499)(中)

중국 명(明) 나라의 학자. 자는 극근(克勤) , 호는 황돈(篁墩)·유난도인(留暖道人)이다. 휴녕(休寧) 사람으로, 일찍이 두각을 나타내어 예부시랑까지 올랐다. 주희(朱熹, 1130~1200)와 육구연(陸九淵, 1139~1193)의 학문을 비교해서 논하고, 진덕수(眞德秀, 1178~1235)의 『심경(心經)』에 여러 학자들의 설을 모아 탐구하기도 하였다. 관직에 있을 당시 과거 시험 제목을 팔았다는 죄목으로 옥에 갇히고 출옥 후 분을 삭이지 못하고 죽었다. 저서로는 『도일편(道一編)』, 『심경부주(心經附註)』, 『송유민록(宋遺民錄)』, 『영시집(咏詩集)』, 『명문형(明文衡)』, 『신안문헌지(新安文獻志)』, 『황돈집(篁墩集)』 등이 있다. ☞ 篁墩

정복심(程復心, 1257~1340)(中)

중국 원(元) 나라의 학자. 자는 자견(子見), 호는 임은(林隱)이다. 무원(婺源) 사람으로, 어려서부터 이학(理學) 공부에 전념하였다. 주희(朱熹, 1130~1200)의 제자인 보광(輔廣)과 황간(黃榦, 1152~1221)의 설을 모아 절충하고 문장을 나누어 그림을 그리고, 30년 동안 연구하여 『사서장도(四書章圖)』를 완성하였다. 또한 여러 책의 어록을 취하고 그 차이점을 변증하여 『사서찬석(四書纂釋)』을 지었다. ☞ 程林隱, 林隱, 程氏

정선균(鄭璿均, ?~?)(韓)

조선 말기의 학자. 자는 순일(舜一)이다. 허유(許愈, 1833~1904)와 교류하였다. ☞ 鄭舜一

정순(程洵, ?~?)(中)

중국 남송(南宋)의 학자. 자는 윤부(允夫), 호는 극재(克齋)·취림일민(翠林逸民)이다. 무안(婺源) 사람으로, 주희(朱熹, 1130~1200)의 처남이자 문인이다. 스승과 학문의 요점과 극기(克己)의 근본에 대해 토론하고 항상 스승의 학문을 선양하는 데 힘썼다. 저서로는 『존덕성재소집(尊德性齋小集)』, 『삼소기년(三蘇紀年)』, 『극재집(克齋集)』 등이 있다. ☞ 程允夫

정약용(程若庸, ?~?)(中)

중국 남송(南宋)의 학자. 자는 봉원(逢原), 호는 물재(勿齋) 또는 휘암(徽庵)이다. 요로(饒魯, 1193~1264)와 심귀요(沈貴瑤)에게 주희(朱熹, 1130~1200)의 학문을 배웠다. 1268년 진사가 된 이후, 안정서원(安定書院), 임여서원(臨汝書院), 무이서원(武夷書院) 등의 산장에 임명되어 강학에 힘쓰니 '휘암선생'으로 일컬어졌다. 문하에서 오징(吳澄, 1249~1333)이 나왔다. 동학인 정단몽(程端蒙, 1143~1191)이 편찬한 『성리자훈(性理字訓)』을 재편집하기도 하였다. 저서로는 『성리자훈강의(性理字訓講義)』, 『태극홍범도설(太極洪範圖說)』 등이 있다. ☞ 徽庵程氏

정여창(鄭汝昌, 1450~1504)(韓)

조선 중기의 학자. 본관은 하동(河東), 자는 백욱(伯勗), 호는 일두(一蠹), 시호는 문헌(文獻)이다. 김종직(金宗直, 1431~1492)의 문인으로 일찍이 지리산에 들어가 학문을 닦았다. 성종 연간에 진사시 및 문과에 급제하여 검열(檢閱)을 거쳐 시강원설서(侍講院說書), 안음 현감(安陰縣監) 등을 역임하였다. 무오사화 때 김종직의 일파로 몰려 종성(鍾城)에 유배되었고, 갑자사화(甲子士禍) 때 부관참시(剖棺斬屍)되었다.

중종 때 우의정에 추증되고, 광해군 때 문묘에 배향되었다. 저서로는 『일두유집(一蠹遺集)』이 있다.
☞ 一蠹先生, 寒蠹

정유일(鄭惟一, 1533~1576)(韓)

조선 중기의 학자. 본관은 동래(東萊), 자는 자중(子中), 호는 문봉(文峰)이다. 이황(李滉, 1501~1570)의 문인으로 1558년(명종 13) 문과에 급제한 여러 벼슬을 역임하였다. 1571년(선조 4) 사인으로 춘추관 편수관이 되어 『명종실록』 편찬에 참여하였다. 시부(詩賦)에 뛰어났고 성리학에서 퇴계학(退溪學)을 추종·발전시켰다. 저서로는 『문봉집(文峰集)』이 있다. ☞ 鄭子中

정이(程頤, 1033~1107)(中)

중국 북송(北宋)의 학자. 자는 정숙(正叔), 호는 이천(伊川), 시호는 정공(正公)이다. 낙양(洛陽) 이천(伊川) 사람으로, 형 정호(程顥, 1032~1085)와 함께 주돈이(周敦頤, 1017~1073)에게 배우고 도학의 기초를 놓아 북송 다섯 선생의 한 명으로 꼽힌다. 벼슬이 숭정전설서(崇政殿設書)에까지 이르렀다. 이천선생(伊川先生)이라고 불린다. 형과 함께 "이정(二程)"으로 일컬어지며 형의 '이기일원론(理氣一元論)'을 '이기이원론(理氣二元論)'으로 발전시켰고 이를 주희(朱熹, 1230~1200)에게 영향을 주어 정주학(程朱學)의 중핵을 이루었다. 저서로는 『易傳』, 『춘추전(春秋傳)』, 『어록(語錄)』, 『이정전서(二程全書)』 등이 있다.
☞ 伊川, 程子, 程翁, 程先生, 子程子, 程叔子, 正叔, 程, 程張子, 程朱子, 程朱, 程邵, 孟程, 孟程朱, 程朱李, 周程張朱, 周程朱李, 張程思孟

정재규(鄭載圭, 1843~1911)(韓)

조선 말기의 학자. 본관은 초계(草溪), 자는 영오(英五)·후윤(厚允), 호는 애산(艾山)·노백헌(老柏軒)이다. 경남 합천 출신으로, 전남 장성에서 강학하던 기정진(奇正鎭, 1798~1879)에게 나아가 학문을 닦았다. 국권이 상실하던 시기 김홍집(金弘集, 1842~1896) 등이 개화론을 주장하였는데 시기상조임을 밝히고 위정척사(衛正斥邪)를 주장하였다. 1905년 을사조약이 강제로 체결되자, 최익현(崔益鉉, 1833~1906) 등과 의병을 일으킬 것을 계획하였으나 성사되지 못하였다. 향리에 은거하여 성리학에 전심하며 저술과 후진 양성에 진력하였다. 저서로는 『노백헌집(老柏軒集)』이 있다. ☞ 鄭艾山, 艾, 厚允, 華艾, 鄭生

정제용(鄭濟鎔, 1865~1907)(韓)

조선 말기의 학자. 본관은 연일(延日), 자는 형로(亨櫓), 호는 계재(溪齋)이다. 경남 진주 백곡(柏谷) 출신으로, 허유(許愈, 1833~1904)와 곽종석(郭鍾錫, 1846~1919)에게 수학한 뒤, 경학 연구에 진력하였다. 산청군 단성면 남사 마을에 아들 정덕영(鄭德永, 1885~1956)이 아버지를 추모하기 위해 지은 사양정사(泗陽精舍)가 있다. 저서로는 『계재집(溪齋集)』, 『용학차의(庸學箚疑)』 등이 있다. ☞ 鄭亨櫓

정종로(鄭宗魯, 1738~1816)(韓)

조선 후기의 학자. 본관은 진주(晉州), 자는 사앙(士仰), 호는 입재(立齋)·무적옹(無適翁)이다. 정경세(鄭

經世, 1563~1633)의 6대손으로, 이상정(李象靖, 1711~1781)의 문하에서 학문을 닦았다. 유일(遺逸)로 천거되어 벼슬이 지평(持平)에 이르렀다. 하지만 곧바로 향리로 돌아와서 학문에 전념하였다. 퇴계학을 계승하면서도 주기론적(主氣論的) 성리학을 수용하여 절충시키는 학설을 내세웠다. 저서로는 『입재집(立齋集)』, 『소대명신언행록(昭大名臣言行錄)』 등이 있다. ☞ 立齋, 立齋鄭先生

정지운(鄭之雲, 1509~1561)(韓))

조선 중기의 학자. 본관은 경주(慶州), 자는 정이(靜而), 호는 추만(秋巒)이다. 김정국(金正國, 1485~1541)의 문하에서 수학하다가 김안국(金安國, 1478~1543)에게 나아가 성리학을 연구하였다. 「천명도(天命圖)」를 지어 천인성명(天人性命)의 이치를 구명하고자 하였다. 1553년(명종 8)에 이황(李滉, 1501~1570)의 의견을 따라 정정하여 다시 「천명신도(天命新圖)」를 만들었는데 이전에 지었던 것을 「천명구도(天命舊圖)」라 한다. 이황도 「천명도설」 <후서(後敍)>를 지고 약간 수정을 더하여 「천명신도(天命新圖)」를 만들었는데, 이것이 뒷날 사칠논쟁(四七論爭)의 발단이 되었다. 이황에게도 『역학계몽(易學啓蒙)』과 『심경(心經)』 등을 배우기도 하였다. 자료로는 『추만실기(秋巒實記)』가 있다. ☞ 鄭秋巒

정현(鄭玄, 127~200)(中)

중국 한(後漢)의 경학자. 자는 강성(康成)이다. 태학(太學)에 들어가 제오원선(第五元先)에게 『경씨역(京氏易)』·『춘추공양전(春秋公羊傳)』, 장공조(張恭祖)로부터 『고문상서(古文尙書)』·『주례(周禮)』·『좌전(左傳)』, 마융(馬融)에게서 고문경(古文經)을 배웠다. 벼슬은 대사농(大司農)을 지냈다. 44세 때 '당고(黨錮)의 화'로 인해 금고(禁錮) 14년에 처해지자, 경학(經學) 연구에 전념하여 주요 경전에 『논어(論語)』, 『효경(孝經)』, 『모시(毛詩)』, 『상서(尙書)』, 『주례(周禮)』, 『의례(儀禮)』, 『예기(禮記)』 등에 주해를 달았다. 경전 주석에 큰 업적을 남겨 '정학(鄭學)'으로 불렸다. ☞ 鄭氏

정호(程顥, 1032~1085)(中)

중국 북송(北宋)의 학자. 자는 백순(伯淳), 호는 명도(明道), 시호는 순공(純公)이다. 낙양(洛陽) 이천(伊川) 사람으로, 동생 정이(程頤, 1033~1107)와 함께 주돈이(周敦頤, 1017~1073)에게 배우고 도학의 기초를 놓아 북송 다섯 선생의 한 명으로 꼽힌다. 벼슬이 저작좌랑(著作佐郞)이 되었고, 주요 글 가운데 「정성서(定性書)」와 「식인편(識仁篇)」이 유명하다. 명도선생(明道先生)이라고 불린다. 동생과 함께 "이정(二程)"으로 일컬어진다. 유학을 '이기일원론(理氣一元論)'과 '성즉이설(性則理說)'으로 새롭게 해석하여 동생 정이를 거쳐 주희(朱熹, 1230~1200)에게 영향을 주어 정주학(程朱學)의 중핵을 이루었다. 저서로는 『이정전서(二程全書)』, 『이정수어(二程粹語)』 등이 있다.

☞ 明道, 明道子, 明道先生, 程子, 程翁, 程先生, 子程子, 程, 程張子, 程朱子, 程朱, 程邵, 孟程, 孟程朱, 程朱李, 周程張朱, 周程朱李, 張程思孟

조고(趙高, ?~BCE 207)(中)

중국 진(秦) 나라의 환관. 진시황(秦始皇)이 죽은 뒤 조서를 꾸며 호해(胡亥)를 제2대 황제(黃帝)로 즉

위시키고, 이사(李斯, ?~BCE 208)를 죽인 뒤 스스로 정승이 되어 횡포를 저질러 진나라의 멸망을 초래하였다. ☞ 高, 斯高

조광조(趙光祖, 1482~1519)(韓)

조선 중기의 학자. 본관은 한양(漢陽), 자는 효직(孝直), 호는 정암(靜庵), 시호는 문정(文正)이다. 김종직(金宗直, 1431~1492)의 학통을 이은 김굉필(金宏弼, 1454~1504)에게 수학하였다. 1515년 출사하여 신진사림의 영수로 도학정치를 실현하고자 『여씨향약(呂氏鄕約)』을 반포하고, 현량과(賢良科)를 실시하며, 소격서(昭格署)를 없애는 등 급진적 개혁을 도모하였다. 중종의 신임이 두터웠으나 훈구파 세력의 모함으로 기묘사화(己卯士禍)에 능주(綾州)로 유배되었다가 사사(賜死)되었다. 선조 초기에 신원(伸冤)되어 영의정에 추증되고 문묘(文廟)에 배향되었다. 저서로는 『정암집(靜庵集)』이 있다. ☞ 靜庵先生, 靜庵夫子

조긍섭(曺兢燮, 1873~1933)(韓)

조선 말기의 학자. 본관은 창녕(昌寧), 자는 중근(仲謹), 호는 심재(深齋)·암서(巖西)이다. 경남 창녕군 고암면 원촌리(圓村里) 출신으로, 김흥락(金興洛, 1827~1899)의 문인이다. 1914년 이후 달성군 가창면 정산(鼎山)으로 은거하여 15년 동안 학문에 몰두하였다. 1928년에 현풍의 쌍계(雙溪)로 이사하여 영남의 학인들과 교유하며, 이진상(李震相, 1818~1886)의 심즉리설(心卽理說)과 전우(田愚, 1841~1922)의 성존심비설(性尊心卑說)을 비판하였다. 저서로는 『심재집(深齋集)』, 『암서집(巖西集)』 등이 있다.

☞ 仲謹, 深齋, 兢, 曺君

조목(趙穆, 1524~1606)(韓)

조선 중기의 학자. 본관은 횡성(橫城), 자는 사경(士敬), 호는 월천(月川)·동고(東皐)이다. 이황(李滉, 1501~1570)의 문하에서 학문을 닦았는데, 팔고제(八高弟) 중 한 사람이다. 1552년(명종7) 생원시에 합격하였으나 대과(大科)를 포기하고, 이황을 가장 지근에서 모시며 학문과 인격 도야에 중점을 둔 위기지학(爲己之學)에 전념하였다. 1566년 공릉 참봉에 제수된 이래 여러 벼슬에 제수되었으나 봉화 현감 등 몇몇 관직을 잠시 맡았을 뿐 대부분 나아가지 않았다. 이황이 세상을 떠난 뒤 문집의 편간, 사원(祠院)의 건립 및 봉안 등에 힘썼으며 도산서원 상덕사(尙德祠)의 유일한 배향자가 되었다. 저서로는 『월천집(月川集)』이 있다. ☞ 趙士敬

조병규(趙昺奎, 1846~1931)(韓)

조선 말기의 학자. 본관은 함안(咸安), 자는 응장(應章), 호는 일산(一山)이다. 경남 함안(咸安) 출신으로 허전(許傳, 1797~1886)의 문인이다. 1876년(고종 13) 생원시에 합격하였으나 벼슬에 뜻을 두지 않고 학문에 전념하며 영남의 여러 학인들과 교유하였다. 허전의 『성재집(性齋集)』을 간행하고 조식(曺植, 1501~1572)의 『남명집(南冥集)』을 교정하는 일에 참여하였다. 저서로는 『일산집(一山集)』이 있다. ☞ 應章

조사하(趙師夏, ?~?)(中)

중국 남송(南宋)의 학자. 자는 치도(致道), 호는 원암(遠庵)이다. 황암(黃庵) 사람으로 송나라의 종실이다. 주희(朱熹, 1130~1200)의 문인이자 손서(孫壻)이기도 하다. 주희의 『자치통감강목(資治通鑑綱目)』와 예서(禮書) 편찬에 참여하였다. ☞ 致道, 趙致道

조성기(趙聖期, 1638~1689)(韓)

조선 후기의 학자. 본관은 임천(林川), 자는 성경(成卿), 호는 졸수재(拙修齋)이다. 병으로 과거 공부를 그만두고 학문에 전념하였다. 성리학을 깊이 연구하여 이이(李珥, 1536~1584)의 기발이승일도설(氣發理乘一途說)에 이황(李滉, 1501~1570)의 이기호발설(理氣互發說)을 절충하는 입장에서 본연명물(本然命物)·승기유행(乘氣流行)·혼융합일(渾融合一)·분개각주(分開各主) 등의 논지를 세웠다. 저서로는 『창선감의록(彰善感義錄)』, 『졸수재집((拙修齋)』 등이 있다. ☞ 拙修齋

조식(曺植, 1501~1572)(韓)

조선 중기의 학자. 본관은 창녕(昌寧), 자는 건중(健中), 호는 남명(南冥), 시호는 문정(文貞)이다. 어려서부터 학문에 힘쓰고 철저한 절제로 불의와 타협하지 않는 자세를 취하였다. 유일로 천거되었지만, 벼슬길에 나아가지 않았다. 1561년(명종 16)에 지리산 기슭 진주 덕천동으로 옮겨 산천재(山天齋)를 지어 죽을 때까지 그곳에 머물며 강학에 힘썼다. 경(敬)과 의(義)를 중시하는 학문을 지향하여 경상우도의 실천적 학풍을 이끌었다. 저서로는 『남명집(남명집)』, 『남명학기유편(南冥學記類編)』 등이 있다. ☞ 南冥先生

조양자(趙襄子, BCE ?~425)(中)

중국 전국시대 조(趙) 나라의 임금. 이름은 무휼(無恤)이다. 조간자(趙簡子)의 작은 아들인데, 조간자가 어질다고 하여 태자 백로(伯魯)를 폐하고 무휼을 태자로 삼아 임금이 되게 하였다. ☞ 趙襄子

조원순(曺垣淳, 1850~1903)(韓)

조선 말기의 학자. 본관은 창녕(昌寧)자는 형칠(衡七), 호는 복암(復庵)이다. 조식(曺植, 1501~1572)의 10세손이다. 경남 산청군 삼장면(三壯面) 대포리(大浦里) 출신으로, 허전(許傳, 1797~1886)에게 학행과 예법을 배웠으며 이진상(李震相, 1818~1886)에게 학문을 닦으면서 주리론의 입장에서 성리학을 전수하였다. 저서로는 『복암집(復庵集)』이 있다. ☞ 衡七, 曺友衡七

조조(曹操, 155~220)(中)

중국 동한(東漢)의 정치가. 자는 맹덕(孟德), 아명은 아만(阿瞞)·길리(吉利), 시호는 무황제(武皇帝), 묘호는 태조(太祖)이다. 둔전제(屯田制)를 실시하였으며 제도를 정비하고 수많은 인재를 등용하여 위(魏) 건국의 기반을 마련하였다. ☞ 阿瞞, 操, 羿操莽卓

조진(趙振, 1535~?)(韓)

조선 중기의 문신. 본관은 양주(楊州), 자는 기백(起伯), 호는 농은(聾隱)이다. 이황(李滉1501~1570)의 문인이다. 서울에서 살다가 훗날 도산(陶山)으로 가서 농운정사(隴雲精舍)에 머무르며 『심경(心經)』, 『근사록(近思錄)』 등에 대해 질의하였다. 1576년(선조 9) 생원이 되었고, 성천 부사(成川府使)를 역임하였다. 1608년 광해군이 즉위하자 잠저(潛邸) 시절에 세자를 보도한 공으로 총애를 받아 한산군(漢山君)에 봉해졌다. 판중추부사를 거쳐 80세에 기로소(耆老所)에 들어갔다. 편서로는 『상제례문답(喪祭禮問答)』이 있다.

☞ 趙起伯

조참(曹參, ?~BCE 189)(中)

중국 한(漢) 나라의 명신. 패군(沛郡) 사람으로, 소하(蕭何)와 함께 고조(高祖)를 도와 병사를 일으켜 건성후(建成侯)에 봉해지고, 천하가 이미 평정된 뒤에는 평양후(平陽侯)에 봉해졌다. 소하가 죽자 재상의 자리에 올라 소하의 정책을 그대로 시행하였다.

☞ 曹

조호익(曺好益, 1545~1609)(韓)

조선 중기의 학자. 본관은 창녕(昌寧), 자는 사우(士友), 호는 지산(芝山), 시호는 정간(貞簡)이었으나 다시 내린 시호는 문간(文簡)이다. 이황(李滉, 1501~1570)의 문하에서 수학하였다. 벼슬을 거절하여 평안도 강동현으로 유배되자, 그곳에서 후진을 양성하여 관서지방의 학풍을 진작하니 관서부자(關西夫子)라고 일컬어졌다. 임진왜란과 정유재란 때 의병을 모아 활약하였다. 저서로는 『지산집(芝山集)』, 『심경질의고증(心經質疑考證)』, 『가례고증(家禮考證)』, 『제서질의(諸書質疑)』, 『역상추설(易象推說)』, 『대학동자문답(大學童子問答)』 등이 있다.

☞ 芝山

종진(鍾震, ?~?)(中)

중국 남송(南宋)의 학자. 자는 춘백(春伯)이다. 담주(潭州) 사람으로, 주희(朱熹, 1130~1200)의 문인이다.

☞ 震

주돈이(周敦頤, 1017~1073)(中)

중국 북송(北宋)의 학자. 본명은 돈실(敦實), 자는 무숙(茂叔), 시호는 원공(元公)이다. 영도현(營道縣) 염계(濂溪) 출신으로, 국자박사(國子博士)와 우부랑중(虞部郎中) 등을 역임하였다. 55세에 벼슬에서 물러나 여산(廬山)의 염계에 염계서당을 짓고 강학에 힘쓰니 세칭 염계선생(濂溪先生)이라고 하고 주자(周子)로도 불렸다. 우주의 근원과 만물 생성의 원리를 그림과 함께 249자(字)로 설파한 「태극도설(太極圖說)」을 지어 송나라 성리학의 비조로 추대되었다. 복건성(福建省) 남안(南安)에서 관직 생활을 하던 중 대리시승(大理寺丞) 정향(程珦, 1006~1090)의 두 아들 정호(程顥, 1032~1085)와 정이(程頤, 1033~1107)를 가르쳤다. 소옹(邵雍, 1011~1077)·장재(張載, 1020~1077), 그리고 제자 정호·정이와 함께 북송오자(北宋五子)로 불린다. 저서로는 『통서(通書)』, 『주원공집(周元公集)』 등이 있다.

☞ 周子, 濂翁, 周先生, 茂叔先生, 周夫子, 周程張朱, 周程朱李

주명작(周明作, ?~?)(中)

중국 남송(南宋)의 학자. 자는 원흥(元興)이다. 건양(建陽) 사람으로, 주희(朱熹, 1130~1200)의 문인이다.
☞ 明作

주모(周謨, 1141~1202)(中)

중국 남송(南宋)의 학자. 자는 순필(舜弼)이다. 남강(南康) 사람으로, 주희(朱熹, 1130~1200)의 문인이다. 효우(孝友)가 깊었고, 상례(喪禮)를 치르는 데 고례(古禮)를 써 많은 사람들이 본받았다. ☞ 謨

주필대(周必大, 1126~1204)(中)

중국 남송(南宋)의 문신. 자는 자충(子充)·홍도(洪道), 호는 성재(省齋)이다. 평원노수(平園老叟)라고 자호하기도 했다. 여릉(盧陵) 사람으로, 1151년 진사시에 합격하여 벼슬이 좌승상(左丞相)에 이르렀다. 광종 때 익국공(益國公)에 봉해졌기에 '주익공(周益公)'으로 일컬어진다. ☞ 益公, 周益公

주희(朱熹, 1130~1200)(中)

중국 남송(南宋)의 대표적 학자. 자는 원회(元晦) , 또는 중회(仲晦), 호는 회암(晦庵)·회옹(晦翁)·운곡산인(雲谷山人)·창주병수(滄洲病叟)·둔옹(遯翁), 시호는 문공(文公)이다. 복건 성(福建省) 우계(尤溪)에서 출생하였다. 24세 때 연평(延平) 이동(李侗)에게 수학한 다음, 장식(張栻, 1133~1180)·여조겸(呂祖謙, 1137~1181)·육구연(陸九淵, 1139~1192) 등과 절차탁마하면서 학문을 발전 심화시켰다. 40세 이후로 중화신설(中和新說)로 대표되는 자기 철학을 수립하였다. 무이정사(武夷精舍)를 짓고 학문을 탐구하며 후학을 양성하면서 구휼사업에도 남달랐다. 북송오자(北宋五子)의 학문을 계승하면서도 역대 경전에 주석과 저술로 송대 신유학을 종합하였다. 주자(朱子)로 존칭되었다. 저서로는 『사서장구집주(四書章句集注)』, 『주역본의(周易本義)』, 『시집전(詩集傳)』, 『태극도설해(太極圖說解)』, 『통서해(通書解)』, 『근사록(近思錄)』, 『초사집주(楚辭集注)』, 『회암집(晦庵集)』 등이 있다. ☞ 朱子, 朱先生, 晦翁, 朱夫子, 朱文公, 晦庵, 晦庵夫子, 晦庵子, 紫陽, 考亭, 朱, 孟朱, 朱李, 雲陶, 朱退, 周程張朱, 程朱李, 朱蔡, 張朱, 程朱子, 程朱, 周程朱李, 孟程朱

주흥(周興, ?~691)(中)

중국 당(唐) 나라 때 문신. 옹주(雍州) 장안(長安) 사람으로 진사에 합격하였다. 율법에 정통하여 하음(河陰) 현령을 지내고 상서성 도사(尙書省都事)를 지낸 이후 벼슬에 나아가지 않았다. ☞ 周興

지요(智瑤, BCE 506~453)

중국 전국시대 사람. 이름은 요(瑤)이나 지양자(智襄子)라고도 부른다. 진나라 말기 조양자(趙襄子)를 공격하려 하였지만, 조(趙)·한(韓)·위(魏) 등의 연합 나라에게 멸망하였다. ☞ 智伯, 智氏

진덕수(眞德秀, 1178~1235)(中)

중국 남송(南宋)의 학자. 자는 경원(景元)·희원(希元)·경희(景希), 호는 서산(西山), 시호는 문충(文忠)이다. 복건성(福建省) 포성(浦城) 사람으로, 주희(朱熹, 1130~1200)의 문인 첨체인(詹體仁, 1143~1206)에게 수학하여 주자학을 계승, 발전시키는 데 힘썼다. 저서로 『대학연의(大學衍義)』, 『심경(心經)』, 『문장정종(文章正宗)』, 『서산집(西山集)』 등이 있다. ☞ 西山, 西山眞氏, 眞氏, 眞西山

진력(陳櫟, 1252~1335)(中)

중국 송(宋) 나라 말기 원나라 초기의 학자. 자는 수옹(壽翁)·정우(定宇), 호는 동부노인(東阜老人)·근유당(勤有堂)이다. 휴녕(休寧) 출신으로, 주희(朱熹, 1130~1200)를 조종으로 삼았고, 송나라가 망한 후 은거해서 책을 저술하였다. 저서로 『역략(易略)』, 『사서발명(四書發明)』, 『서전찬소(書傳纂疏)』, 『예기집의(禮記集義)』, 『근유당수록(勤有堂隨錄)』, 『역조통략(歷朝通略)』, 『정우집(定宇集)』 등이 있다. ☞ 陳氏

진문울(陳文蔚, 1154~1232)(中)

중국 남송(南宋)의 학자. 자는 재경(才卿), 호는 극재(克齋)이다. 강서성 상요(上饒) 사람으로, 주희(朱熹, 1130~1200)의 문인이다. 연산(鉛山)에 은거해 강학하였다. 저서로는 『상서해주(尙書解註)』, 『극재집(克齋集)』 등이 있다. ☞ 文蔚

진순(陳淳, 1159~1223)(中)

중국 남송(南宋)의 학자. 자는 안경(安卿), 호는 북계(北溪), 시호는 문안(文安)이다. 장주(漳州) 용계(龍溪) 사람으로, 주희(朱熹, 1130~1200)의 문인이다. 황간(黃榦)과 함께 주희의 고제로 일컬어진다. 평생 육구연(陸九淵, 1130~1200)의 심학(心學), 그리고 정치적 실제 효과를 중시하는 사공학(事功學)을 배척하고 주자학을 선양하는 데 힘썼다. 저서로는 『사서성리자의(四書性理字義)』, 『북계집(北溪集)』 등이 있다.
☞ 北溪, 北溪翁, 淳, 北溪陳氏, 陳北溪, 陳安卿, 陳溪, 黃陳陶

진시황(秦始皇, BCE 259~210)(中)

중국 진(秦) 나라의 제1대 황제. 이름은 정(政)이며, 장양왕(莊襄王)의 아들이다. 기원전 221년에 천하를 통일하고 존엄을 세우기 위해 자칭 시황제(始皇帝)로 군림하였다. 군현제(郡縣制)에 의한 중앙 집권을 확립하고, 분서갱유(焚書坑儒)를 일으켜 사상을 통제하는 한편 문자(文子)·도량형(度量衡)·화폐(貨幣)를 통일시켰다. 아방궁(阿房宮)과 만리장성을 축조하는 등 위세를 떨쳤다. ☞ 呂政

진식(陳埴, ?~?)(中)

중국 남송(南宋)의 학자. 자는 기지(器之), 호는 잠실(潛室)·목종(木鐘)이다. 절강성(浙江省) 영가(永嘉) 사람으로, 어려서 섭적(葉適)에게 배웠다. 뒤에 주희(朱熹, 1130~1200)의 문인이 되었다. 가정(嘉定) 연간에 진사가 되어 통직랑(通直郞)을 지냈다. 형 진증(陳增) 그리고 동생 진지선(陳止善)과 함께 모두 과거시

험에 합격하였기에 사람들이 그들이 거처한 곳을 삼계방(森桂坊)이라 하였다. 명도서원(明道書院)의 간관(幹官) 및 산장(山長)을 지냈다. 저서로는 『목종집(木鍾集)』이 있다.

☞ 陳器之, 陳氏, 潛室陳氏

진중자(陳仲子, ?~?)(中)

중국 춘추전국시대 제(齊) 나라의 은자. 이름은 자종(子終)으로 전중(田仲) 또는 오릉자(於陵子)라고도 부른다. 청렴결백하기로 유명하나, 맹자는 사람의 윤리를 저버렸다고 비난한 바 있다. ☞ 於陵仲子

진헌장(陳獻章, 1428~1500)(中)

중국 명(明) 나라의 학자. 자는 공보(公甫), 호는 석재(石齋)·석옹(石翁)이다. 진사로 한림검토(翰林檢討)를 역임하고 신회지현(新會知縣)으로 있을 때 선정을 베풀었다. 백사리(白沙里)에서 살았기 때문에 백사선생(白沙先生)이라고도 한다. 학문은 주자학과 대치되는 양명학을 지향하였고 정좌(靜坐)하여 마음을 깨끗이 함으로써 이치를 직관하였다. '살아 있는 맹자(孟子)'란 이름을 들었고 공자 사당에 배향되었다. 저서로는 『백사집(白沙集)』, 『백사시교해(白沙詩敎解)』 등이 있다.

☞ 白沙

채모(蔡模, 1188~1246)(中)

중국 남송(南宋)의 학자. 자는 중각(仲覺), 호는 각헌(覺軒)이다. 복건성(福建省) 건양(建陽) 사람으로, 채원정(蔡元定, 1135~1198)의 손자이자 채침(蔡沈, 1167~1230)의 아들이다. 벼슬하지 않고 학문에만 전념하여 건안서원(建安書院)의 원장을 지냈다. 저서로 『역전집해(易傳集解)』, 『대학연설(大學衍說)』, 『논맹집소(孟子集疏)』, 『하락탐색(河洛探賾)』 『속근사록(續近思錄)』, 『각헌공집(覺軒公集)』 등이 있다.

☞ 覺軒蔡氏

채원정(蔡元定, 1135~1198)(中)

중국 남송(南宋)의 학자. 자는 계통(季通), 호는 서산(西山)이다. 복건성(福建省) 건양(建陽) 사람으로, 부친 채발(蔡發)에게 정자(程子)의 학문을 배웠다. 뒤에 주희(朱熹, 1130~1200)에게 수학하여 이학(理學) 사상을 발전시켰고, 세 아들 채연(蔡淵), 채항(蔡沆), 채침(蔡沈)에게 가학으로 계승되었다. 저서로는 『율려신서(律呂新書)』, 『서산공집(西山公集)』 등이 있다. ☞ 蔡西山, 季通, 朱蔡

채인묵(蔡寅默, ?~?)(韓)

조선 말기의 학자. 자는 은로(殷老)이다. 한주학파와 노사학파의 문인들과 교류하였다. ☞ 殷老

채청(蔡淸, 1453~1508)(中)

중국 명(明) 나라의 학자. 자는 개부(介夫), 호는 허재(虛齋)이다. 복건성(福建省) 진강(晉江) 사람으로,

1470년 진사에 합격하여 잠시 관직생활을 한 이후, 향리로 돌아와 학문에 전념하였다. 일찍부터 역학에 뛰어났는데 처음에는 송나라의 이학(理學)을 계승하다가 후에 도학(道學)에 심취하였다. 저서로는 『역경몽인(易經蒙引)』, 『사서몽인(四書蒙引)』, 『허재집(虛齋集)』 등이 있다. ☞ 虛齋, 蔡虛齋

채침(蔡沈, 1167~1230)(中)

중국 남송(南宋)의 학자. 자는 중묵(仲默), 호는 구봉(九峯), 시호는 문정(文正)이다. 복건성(福建省) 건양(建陽) 사람으로, 채원정(蔡元定, 1135~1198)의 둘째 아들이다. 도주(道州)로 귀양 가는 부친을 수행하rh 귀양지에서 부자가 의리의 학문을 담론하였다. 백록동서원에서 주희(朱熹, 1130~1200)에게 배운 뒤, 평생 구봉에 은거하여 학문을 탐구하여 구봉선생이라 불렸다. 주희는 채침을 시켜 『서경』을 주해하도록 하였다. 저서로는 『서집전(書集傳)』, 『홍범황극(洪範皇極)』, 『채구봉서법(蔡九峰筮法)』 등이 있다. ☞ 蔡九峯

초공(焦贛, ?~?)(中)

중국 전한의 역술 이론가. 자는 연수(延壽)이다. 맹희(孟喜)에게 『역』을 배웠고, 경방(京房, BCE 77~BCE 37)에게 역학을 전수하였다. 저서로는 『초역림(焦氏易林)』, 『역림변점(易林變占)』 등이 있다. 『역림변점』은 실전되었다. ☞ 焦氏

최군(崔群, 772~832)(中)

중국 당나라의 학자. 자는 돈시(敦詩)이다. 패주(貝州) 무성(武城) 사람으로, 겨우 18세의 나이로 한유(韓愈, 768~824)와 벗이 되었다. 벼슬이 중서시랑에까지 이르렀으나, 황보박(皇甫鎛) 일파와 대립하여 그의 간사함을 자주 간언하였다가, 황보박이 재상이 되자 호남관찰사(湖南觀察使)로 내침을 당하였다. 나중에 이부상서(吏部尙書)에 올랐다. ☞ 崔淸河

최석(崔祏, 1714~?)(韓)

조선 후기의 학자. 자는 숙고(叔固)이다. 이재(李縡, 1680~1746)의 문인으로, 낙론(洛論)의 입장에서 호락논쟁에 깊이 관여한 인물 중 하나이다. 저서로는 『사백록(俟百錄)』이 있다. ☞ 崔祏

최숙민(崔琡民, 1837~1905)(韓)

조선 말기의 학자. 본관은 전주(全州), 자는 원칙(元則), 호는 계남(溪南)이다. 경남 하동군 옥종면 두양리 출신으로, 기정진(奇正鎭, 1798~1876)의 문하에서 수학하였다. 동문인 조성가(趙性家, 1824~1904), 정재규(鄭載圭, 1843~1911)와 함께 경상우도 삼가·단성·옥종 등지에 스승의 학문을 전파시킨 주요 인물 가운데 한 사람이다. 저서로는 『계남집(溪南集)』이 있다. ☞ 崔元則

최영록(崔永祿, 1793~1871)(韓)

조선 말기의 학자. 본관은 영천(永川), 자는 유천(幼天), 호는 해암(海菴)이다. 경상도 고령출신이다. 1814

년 큰 흉년이 들자 인척을 비롯하여 촌민에 이르기까지 고루 구휼하였다. 해안(海晏)으로 이사하여 해암(海菴)이란 현판을 걸고 좌도우서(左圖右書)로 즐거움으로 삼으며 학문에 진력하였다. 저서로는 『해암집(海菴集)』이 있다. ☞ 海菴

최응룡(崔應龍, 1514~1580)(韓)

조선 중기의 학자. 본관은 전주(全州), 자는 견숙(見叔), 호는 송정(松亭)이다. 박영(朴英, 1471~1540)과 이황(李滉, 1501~1570)에게 학문을 닦았다. 1546년(명종 1) 과거에 장원급제하여 사관(史官)이 된 이후 여러 큰 고을을 맡아 다스렸고, 세 번이나 방백(方伯)이 되어 치적을 남겼다. 관직에 있으면서도 학문을 잊지 않아 이황이 매우 가상하게 여겼다. 당시 사람들은 장상의 재주가 있다고 칭찬하였다. ☞ 崔見叔

최익한(崔益翰, 1897~?)(韓)

한국 근현대의 학자. 본관은 강릉(江陵), 호는 창해(滄海)이다. 13세 때 경상북도 봉화군에서 개최된 시회(詩會)에 참가하여 장원을 하였다. 1911년 당시 영남학파의 거두였던 곽종석(郭鍾錫, 1846~1919)의 문하에서 성리학을 탐구하다가, 1917년 스승으로 권유로 신학문을 배우며 민족의 현실과 세계사의 흐름을 접하였다. 이후 민족운동에 뛰어들어 활동하다가 조선공산당에 입당하면서 사회주의 운동을 펼쳐 나갔다. 북한으로 간 이후 최익한은 정치적 활동보다는 학문 활동에 주력하였는데, 1955년 『실학파와 정다산』을 집필하였다. ☞ 崔友益翰, 崔

최익현(崔益鉉, 1833~1906)(韓)

조선 말기의 학자. 본관은 경주(慶州), 자는 찬겸(贊謙), 호는 면암(勉菴)이다. 이항로(李恒老, 1792~1868)의 문인이다. 1855년(철종 6) 정시 문과에 급제하였다. 1868년과 1873년 흥선대원군(興宣大院君)을 비판하는 상소를 올려 대원군을 실각시키고 고종이 친정하도록 하였다. 일본과 통상 조약이 체결되려 하자 척사소(斥邪疏)를 올렸으며, 단발령에도 적극 반대하였다. 경기도 관찰사 등에 임명되었으나 나아가지 않고 향리에서 후학을 가르쳤다. 을사늑약이 체결되자, 1906년 74세의 고령으로 태인에서 「창의토적소(倡義討賊疏)」를 올리고 항일의병운동을 전개하다가, 체포되어 대마도(對馬島)에 유배 생활하던 중에 유소(遺疏)를 구술(口述)하고, 병으로 세상을 떠났다. 1962년 건국훈장 대한민국장이 추서되었다. 저서로는 『면암집(勉菴集)』이 있다. ☞ 崔勉庵, 勉庵, 勉台, 崔台

최정기(崔正基, 1846~1905)(韓)

조선 말기의 학자. 본관은 전주(全州), 자는 숙중(肅仲), 호는 가천(可川)이다. 경상남도 고성출신으로, 김흥락(金興洛, 1827~1899)의 문인이다. 이진상(李震相, 1818~1886)의 심즉리설(心卽理說)에 영향을 받아 스승과과 논변하기도 하였다. 저서로는 『가천집(可川集)』, 『고증성학총요(考證聖學摠要)』 등이 있다.
☞ 肅仲, 崔肅仲

최정우(崔正愚, 1862~1920)(韓)

조선 말기의 학자. 본관은 전주(全州), 자는 순부(純夫), 호는 건재(健齋)이다. 경상남도 고성출신으로, 허전(許傳, 1797~1886)과 김흥락(金興洛, 1827~1899)의 문인이다. 저서로는 『건재집(健齋集)』이 있다.
崔純夫

추연(鄒衍, BCE 324~BCE 250)(中)

중국 춘추전국시대 제(齊) 나라의 음양가(陰陽家). 제나라 임치(臨淄) 사람으로, 수(水)·화(火)·목(木)·금(金)·토(土) 등 다섯 가지의 덕성(德性)이 상생·상극(相生相剋)하면서 순환 반복한다는 음양오행설(陰陽五行說)을 제창하였고, 이를 통해서 왕조의 흥폐(興廢)의 원인을 설명하였다. 그의 학설은 한나라 때 참위학(讖緯學)의 기초가 되었다. 혜왕(惠王)을 충성을 다해 섬기자 왕의 측근들이 참소하였다. 왕이 감옥에 가두니, 추연이 하늘을 쳐다보고 통곡하니 한창 무더운 5월에 서리가 내렸다고 한다. 퉁소를 불어서 추운 날씨가 따뜻해지게 하였다. ☞ 鄒衍

탕영(湯泳, ?~?)(中)

중국 남송(南宋)의 학자. 자는 숙영(叔永)이다. 단양(丹陽) 사람으로 주희(朱熹, 1130~1200)의 문인이다. ☞ 泳

풍도(馮道, 882~954)(中)

중국 오대(五代)의 재상(宰相). 학문을 좋아하고 능히 문장을 잘 하였다. 일생 동안 후당(後唐), 후진(後晉), 거란(契丹), 후한(後漢), 후주(後周) 등 다섯 나라의 조정에서 재상을 역임하였다. 재상하며 여섯 명의 임금을 섬긴 것을 자랑하며 장락로(長樂老)라고 하였다. ☞ 馮

하겸진(河謙鎭, 1870~1946)(韓)

한국 근현대의 학자. 본관은 진양(晉陽), 자는 숙형(叔亨), 호는 회봉(晦峯)·외재(畏齋)·귀강자(龜岡子)·귀강(龜岡)이다. 경남 진주시 수곡면(水谷面) 사곡리(士谷里)에서 살았다. 허유(許愈, 1833~1904)와 곽종석(郭鍾錫, 1846~1919)의 문하에서 학문을 닦고, 향리에 귀강정사(龜岡精舍)를 짓고 평생 유학의 연구에 전념하였다. 저서로는 『회봉선생유서(晦峯先生遺書)』, 『주자어류절요(朱子語類節要)』, 『도문작해(陶文酌海)』, 『명사강목(明史綱目)』, 『동시화(東詩話)』, 『동유학안(東儒學案)』 등이 있다. ☞ 叔亨, 河叔亨, 河

하기(何基, 1188~1268)(中)

중국 남송(南宋)의 학자. 자는 자공(子恭)이다. 절강성(浙江省) 금화(金華) 사람으로, 일찍이 진진(陳震)에게 배웠고 뒤에 주희(朱熹, 1130~1200)의 문인 황간(黃榦, 1152~1221)에게 수학하며 주자학을 계승하였다. 원나라가 건국되자, 은거하여 학문에 전념하였다. 왕백(王柏, 1197~1274)·김이상(金履祥, 1232~1303)·허겸(許謙, 1269~1337) 등과 함께 '금화사선생(金華四先生)'으로 일컬어진다. 저서로는 『대전발휘(大傳發揮)』,

『중용발휘(中庸發揮)』, 『역계몽발휘(易啓蒙發揮)』 등이 있다. ☞ 北山

하헌진(河憲鎭, 1589~1921)(韓)

조선 말기의 학자. 본관은 진양(晉陽), 자는 맹여(孟汝), 호는 극재(克齋)이다. 어려서부터 행동에 법도가 있고 말과 글이 편하면서도 매력이 있어 원근의 선비들이 존경하였다. 그는 극기복례(克己復禮)를 삶의 좌표로 삼아 매사에 극진히 임하였으며, 김황(金榥, 1896~1978) 등과 함께 곽종석(郭鐘錫, 1846~1919)에게 출입하여 제자로 예(禮)를 묻고 배웠다. 저서로는 『극재집(克齋集)』이 있다. ☞ 孟汝

하호(何鎬, 1128~1175)(中)

중국 남송(南宋)의 학자. 자는 숙경(叔京), 호는 대계(臺溪)이다. 소무(邵武) 사람으로, 가학을 계승하고 주희(朱熹, 1130~1200)와 교유하였다. 정주(汀州) 상항(上杭)의 관리로 있을 적에 너그럽게 다스리고 명목 없는 세금을 없애고 번잡한 사무를 10일만에 처리하였다. 토지의 세금의 불공평을 제기하였으나 수용되지 않자 곧바로 사임하였다. 저서로는 『설(易說)』, 『논어설(論語說)』, 『태계집(臺溪集』) 등이 있다. ☞ 何叔京

한원진(韓元震, 1682~1751)(韓)

조선 후기의 학자. 본관은 청주(淸州), 자는 덕소(德昭), 호는 남당(南塘), 시호는 문순(文純)이다. 권상하(權尙夏, 1641~1721)의 문인으로 강문팔학사(江門八學士) 중 한사람이다. 1717년(숙종43) 학행으로 천거받아 영릉 참봉이 되었다. 1725년(영조1) 경연관(經筵官)으로 뽑혀 학문을 진강(進講)하였다. 동문인 이간(李柬, 1677~1727)과 심성론으로 논쟁할 때 성삼층설(性三層說), 미발심체유선악설(未發心體有善惡說), 인물성이론(人物性異論)을 주장함으로써 호락논변을 야기하였다. 저서로는 『경의기문록(經義記聞錄)』, 『주자언론동이고(朱子言論同異攷)』, 『역학계몽(易學啓蒙)』, 『남당집(南塘集)』 등이 있다. ☞ 元震, 塘, 南塘

한유(韓愈, 768~824)(中)

중국 당(唐) 나라의 문인. 자는 퇴지(退之), 호는 창려(昌黎), 시호는 문공(文公)이다. 3세에 고아가 되어 형에게 학문을 익혀 792년 출사하여 국자박사(國子博士)가 되었다가 이부시랑(吏部侍郎)까지 올랐다. 뒷날 창려백(昌黎伯)에 봉해졌다. 당송팔대가(唐宋八大家)의 한 사람으로, 육조(六朝) 이후의 변려문(駢儷文)을 반대하고 고문(古文) 운동을 벌여 산문체의 변혁을 일으켰다. 불교와 도교를 배척하고 유교를 높여 송대 성리학의 선구로 평가된다. 저서로는 『한창려집(韓昌黎集)』이 있다. ☞ 韓文公, 昌黎

항안세(項安世, 1153~1208)(中)

중국 남송(南宋)의 학자. 자는 평보(平父)·평보(平甫), 호는 평암(平庵)이다. 강릉(江陵) 사람으로 정이를 사숙하였다. 주희(朱熹, 1130~1200)와 학문적으로 교류하였다. 1175에 출사하여 여러 관직을 역임했으나, 영종이 즉위하자 주희를 유임할 것을 건의하다가 위당(僞黨)으로 몰려 탄핵을 받고 강릉으로 좌천되었다. 나중에 복직된 이후 직용도각(直龍圖閣)까지 이르렀다. 저서로는 『주역완사(周易玩辭)』, 『항씨가설(項氏

家說)』, 『평암회고(平庵悔稿)』 등이 있다. ☞ 項平父

허겸(許謙, 1269~1337)(中)

중국 원(元) 나라의 학자. 자는 익지(益之), 호는 백운산인(白雲山人)이다. 금화(金華) 사람으로, 김이상(金履祥, 1232~1303)의 문하에서 학문을 닦았다. 금릉강학(金陵講學)을 지내며 정주학을 전파하는 데 공헌하였다. 벼슬하지 않고 동양(東陽)의 팔화산(八華山)에서 40년 동안 기거하며 후학을 양성하였기에 동양허씨(東陽許氏)라고 부른다. 저서로는 『독서전총설(讀書傳叢說)』, 『시명물초(詩名物鈔)』, 『백운집(白雲集)』 등이 있다.

☞ 白雲

허경양(許景陽, ?~?)(中)

중국 남송(南宋)의 학자. 자는 자춘(子春)이다. 동안(同安) 사람으로, 주희(朱熹, 1130~1200)의 문인이다.

☞ 許景陽

허영(許永, 1881~1900)(韓)

조선 말기의 학자. 본관은 김해(金海), 자는 정숙(貞叔), 호는 도남(道南)이다. 장복추(張福樞, 1815~1900)의 문인이다. ☞ 貞叔, 許貞叔

허유(許愈, 1833~1904)(韓)

조선 말기의 학자. 본관은 김해(金海), 자는 퇴이(退而), 호는 후산(后山)·남여(南黎)이다. 경남 합천군 가회면(佳會面) 덕촌(德村) 출신으로, 이진상(李震相, 1818~1886)의 문인이다. 평생을 학문 연구에만 전심하였으며, 1903년 덕행(德行)으로 천거받아 참봉이 되었으나 나아가지 않았다. 심학(心學)과 주리(主理)의 설을 굳게 따름으로써 영남의 한주학파(寒洲學派)의 이론 확립에 기여하였다. 저서로는 『후산집(后山集)』이 있다. 장복추(張福樞, 1815~1900)의 문인이다. ☞ 退而, 許退而, 許后山, 后山, 黎丈, 南黎, 黎翁, 許, 愈, 許郭

허전(許傳, 1797~1886)(韓)

조선 말기의 학자. 본관 양천(陽川), 자는 이로(而老), 호는 성재(性齋)·성암(性庵)·냉천(冷泉)·불권당(不倦堂), 시호는 문헌(文憲)이다. 경기도 연천 사람으로 과거에 급제하여 우부승지를 거쳐 이조 판서까지 올랐다. 특히 이익(李瀷, 1681~1763)·안정복(安鼎福, 1712~1791)·황덕길(黃德吉, 1750~1827)을 이은 근기(近畿) 남인(南人) 학자로, 김해 도호부사로 부임하여 향음주례(鄕飮酒禮)를 행하고 향약(鄕約)을 강론하였다. 경남 지방의 많은 선비들을 가르쳐 영남 퇴계학파를 계승한 유치명(柳致明, 1777~1861)과 쌍벽을 이루었다. 저서로는 『종요록(宗堯錄)』, 『철명편(哲命編)』, 『사의(士儀)』, 『성재집(性齋集)』 등이 있다. ☞ 滄洲

허형(許衡, 1209~1281)(中)

중국 원(元) 나라의 학자. 자는 중평(仲平), 호는 노재(魯齋), 시호는 문정(文正)이다. 하내(河內) 사람으로,

두묵(竇默, 1196~1280)과 요추(姚樞, 1203~1280)에게 주자학을 배워 원나라 주자학의 기초를 닦아 유인(劉因)과 함께 원나라의 2대 학자(學者)로 일컬어진다. 세조 때 역법을 수정하여 『수시력(授時歷)』을 완성하고, 집현전 태학사(集賢殿太學士) 등을 지내며 평생 교육에 힘써, 위국공(魏國公)에 봉해졌다. 저서로는 『독역사언(讀易私言)』, 『노재심법(魯齋心法)』, 『허노재집(許魯齋集)』 등이 있다. ☞ 魯齋, 魯齋許氏

허훈(許薰, 1836~1907)(韓)

조선 말기의 학자. 본관은 김해(金海), 자는 순가(舜歌), 호는 방산(舫山)이다. 경북 구미시 임은동(林隱洞) 출신으로, 근기 남인학자 허전(許傳, 1797~1886)의 문인이다. 학문은 이이(李珥, 1536~1584)의 성리설이 이황(李滉, 1501~1570)의 견해와 다른 문제들을 비판하였고, 이황의 학문적 정통성을 재천명, 계승하였다. 저서로는 『방산집(舫山集)』이 있다. ☞ 薰

혜능(惠能, 638~713)(中)

중국 당(唐) 나라의 승려. 속성은 노(盧氏)이다. 황매산(黃梅山)에 가서 오조(五祖)인 홍인선사(弘忍禪師)에게서 의발을 전수하여 선종(禪宗)의 육조(六祖)가 되었다. 후에 소주(韶州) 조계산(曹溪山) 보림사(寶林寺)에 거하면서 견성성불(見性成佛)의 돈오(頓悟) 법문을 제창하여 남종(南宗)의 창시자가 되었다. 대감선사(大鑑禪師)를 추봉(追封)하였다. ☞ 惠能

호광(胡廣, 91~172)(中)

중국 후한(後漢)의 문신. 자는 백시(伯始)이다. 경학(經學)에 통달하고, 삼공(三公)의 지위에 있으면서 여섯 명의 황제를 보좌하며 모든 정무를 잘 처리하였다. 사람들은 '중용의 재상'으로 일컬어졌다. 왕씨(王氏)가 세력을 부려 나라를 빼앗았는데도 호광은 나라보다 제 몸만을 보전하니, 후세에 이를 '호광의 중용'이라 희롱하였다. ☞ 胡

호굉(胡宏, 1106~1161)(中)

중국 남송(南宋)의 학자. 자는 인중(仁仲), 호는 오봉(五峯)이다. 건녕(建寧) 숭안(崇安) 사람이다. 호안국(胡安國, 1074~1138)의 아들로서 가학을 계승하였다. 양시(楊時, 1053~1135)와 후중량(侯仲良, 1074~1138)에게 수학하였다. 금나라와의 화의를 배척한 이후로는 벼슬에 나아가지 않고 후학을 양성하였다. 호상학파(湖湘學派)의 개창자로, 주희(朱熹, 1130~1200)·장식(張栻, 1133~1180)·여조겸(呂祖謙, 1137~1181) 등에게 영향을 끼쳤다. 저서로는 『오봉집(五峯集)』이 있다. ☞ 胡五峯

호대시(胡大時, ?~?)(中)

중국 남송(南宋)의 학자. 자는 계수(季隨), 호는 반곡(盤谷)이다. 건녕(建寧) 숭안(崇安) 사람이다. 호굉(胡宏, 1106~1161)의 아들로서 가학을 계승하였다. 장식(張栻, 1133~1180)에게 학문을 닦은 문인이자 사위이다. 장식이 죽은 이후, 진부량(陳傅良, 1137~1203)에게 수학하고, 주희(朱熹, 1130~1200)와 교유하였다. 저서로는 『호남답문(湖南答問)』이 있다. ☞ 胡季隨

호대원(胡大原, ?~?)(中)

중국 남송(南宋)의 학자. 자는 백달(伯逢)이다. 호인(胡寅, 1098~1156)의 아들이며, 호굉(胡宏, 1106~1161)의 조카로, 호굉의 학설을 계승하였다. 주희(朱熹, 1130~1200), 장식(張栻, 1133~1180) 등과 교류하였다. 저서로는 『백봉문답(伯逢問答)』이 있다. ☞ 伯逢

호병문(胡炳文, 1250~1333)(中)

중국 원(元) 나라의 학자. 자는 중호(仲虎), 호는 운봉(雲峰)이다. 휘주(徽州) 무원(婺源) 사람이다. 가학을 돈독히 익히고 주자학에 잠심하였는데, 특히 『주역』에 뛰어났다. 벼슬하지 않고 주자학에 정통하여 강녕교유(江寧敎諭) 등을 지냈다. 신주(信州) 도일서원(道一書院)의 산장을 지내고, 난계주학정(蘭溪州學正)이 되었는데, 나가지 않았다. 저서로는 『사서통(四書通)』, 『주역본의통석(周易本義通釋)』, 『운봉집(雲峰集)』 등이 있다. ☞ 雲峯胡氏

호실(胡實, 1136~1173)(中)

중국 남송(南宋)의 학자. 자는 광중(廣仲)이다. 호원(胡瑗)의 아들이다. 종형인 호굉(胡宏, 1106~1161)에게 학문을 익혔다. 장사랑(將仕郎)에 임명되었지만 나아가지 않고 학문에 전념하였다. 주희(朱熹, 1130~1200), 장식(張栻, 1133~1180) 등과 논쟁하였는데, 억지로 영합하려 하지 않았다. ☞ 胡廣仲

호안국(胡安國, 1074~1138)(中)

중국 북송(北宋)의 학자. 자는 강후(康侯), 호는 청산(靑山)·무이(武夷), 시호는 문정(文定)이다. 복건성 숭안(崇安) 사람으로, 태학박사를 역임하고 호남학사(湖南學事)가 되어 후학을 양성하였다. 정이(程頤, 1033~1107)의 학문을 사숙하여 무이학파(武夷學派)를 창시하였으며, 사양좌(謝良佐, 1050~1103), 유작(游酢, 1053~1123), 양시(楊時, 1053~1135) 등과 교유하였다. 평생 경학(經學)에 독실했는데 특히 『춘추』를 20년 동안 전공하여 마침내 이로써 천자의 인정을 받았고 아울러 『춘추호씨전(春秋胡氏傳)』을 지었다. 저서로는 『자치통감거요보유(資治通鑑擧要補遺)』, 『상채어록(上蔡語錄)』 등이 있다. ☞ 胡文定, 胡子

호일계(胡一桂, 1247~?)(中)

중국 원(元) 나라의 학자. 자는 정방(庭芳)이다. 휘주(徽州) 무원(婺源) 사람으로, 호방평(胡方平)의 아들이다. 주희(朱熹, 1130~1200)의 학문을 종주로 하여 도학(道學)을 강학하였으며, 역학(易學)에 정통하였다. 세상에서는 쌍호(雙湖) 선생이라고 칭한다. 저서로는 『역본의부록찬소(易本義附錄纂疏)』, 『역학계몽익전(易學啓蒙翼傳)』 등이 있다. ☞ 雙湖, 胡雙湖

홍재구(洪在龜, 1845~1898)(韓)

조선 말기의 학자. 본관은 남양(南陽), 자는 사백(思伯), 호는 손지(遜志)이다. 이항로(李恒老, 1792~1868)의 문인이자 김평묵(金平默, 1819~1891)의 사위이다. 이항로의 사후 김평묵을 스승으로 섬겨 1876년 가평

군 귀곡(龜谷)으로 이주하였다. 1876년 개항 반대 상소를 올렸다. 1881년 척사운동 때 동생 홍재학(洪在鶴, 1848~1881)이 소수(疏首)로 올렸다가 순절하였는데 당시 「관동유소(關東儒疏)」를 실제 집필하는 등 화서학파에서 위정척사를 적극 전개하였다. ☞ 洪思伯

홍직필(洪直弼, 1776~1852)(韓)
조선 후기의 학자. 본관은 남양(南陽), 자는 백응(伯應)·백림(伯臨), 호는 매산(梅山), 시호는 문경(文敬)이다. 박윤원(朴胤源, 1734~1799)의 문인이다. 재학(才學)으로 천거되어 공조 참의, 성균관 좨주, 대사헌, 형조 판서 등을 지냈다. 성리학에서 정자(程子)의 심본설(心本說)을 극력 지지하고, 한원진(韓元震, 1682~1751)의 "심선악설(心善惡說)"과 임성주(任聖周, 1711~1788)의 "성선(性善)은 곧 기질(氣質)이다"는 것을 반대하였다. 저서로는 『매산집(梅山集)』이 있다. ☞ 梅山, 梅山先生

황간(黃榦, 1152~1221)(中)
중국 남송(南宋)의 학자. 자는 직경(直卿), 호는 면재(勉齋), 시호는 문숙(文肅)이다. 민현(閩縣) 장계(長溪) 출신으로, 주희(朱熹, 1130~1200)와 유청지(劉淸之, 1134~1190)에게 수학하였다. 주자는 그의 능력을 인정하여 학문을 전수하고 사위로 삼았다. 주희의 수제자로 스승의 뜻에 『의례경전통해속(儀禮經傳通解續)』을 편찬하였다. 저서로는 『경해(經解)』, 『중용총론(中庸總論)』, 『오경통의(五經通義)』, 『사서기문(四書記聞)』, 『면재문집(勉齋文集)』 등이 있다. ☞ 黃勉齋, 勉齋, 勉齋黃氏, 直卿, 黃直卿, 黃先生, 黃陳陶

황경희(黃敬熙, 1747~1818)(韓)
조선 후기의 학자. 본관은 장수(長水), 자는 자익(子翼), 호는 삼사당(三事堂)이다. 이상정(李象靖, 1711~1781)의 문인이자 처조카이다. ☞ 子翼

황봉립(黃鳳立, ?~?)(韓)
조선 말기의 학자. 안교익(安敎翼, 1824~1896)의 문인으로, 전우(田愚, 1841~1922)와 교류하였다. ☞ 黃鳳立

황순(黃畬, 1150~1212)(中)
중국 남송(南宋)의 학자. 자는 자경(子耕) , 호는 복재(復齋)이다. 주희(朱熹, 1130~1200)의 문인이다. 황정견(黃庭堅, 1045~1105)의 질손(姪孫)으로, 군기감승(軍器監丞)과 지원주(知袁州) 등을 지냈다. 저서로는 『복재집(復齋集)』이 있다. ☞ 畬

황승경(黃升卿, ?~?)(中)
중국 남송(南宋)의 학자. 주희(朱熹, 1130~1200)의 문인이다. ☞ 升卿

황의강(黃義剛, ?~?)(中)

중국 남송(南宋)의 학자. 자는 의연(毅然)이다. 임천(臨川) 사람으로, 주희(朱熹, 1130~1200)의 문인이다.

☞ 義剛

황중원(黃仲元, 1231~1312)(中)

중국 송(宋) 나라 말기 원(元) 나라 초기의 학자, 자는 선보(善甫)이다. 황적(黃績)의 아들로, 함순(咸淳) 연간에 과거에 급제하였다. 육수부(陸秀夫, 1238~1279)가 그를 추천하여 익왕부찬술관(益王府撰述官)에 제수되었고, 여러 번 벼슬이 제수되어 복건참의관(福建參議官)에 이르렀으나 모두 나가지 않았다. 나라가 망하니, 이름은 연(淵)으로, 자는 천수(天叟)로 고치고, 호는 운향췌옹(韻鄕贅翁)이라 하였다. 곤궁하게 살며 예전의 도(道)를 연구하여 오묘한 이치를 깊이 터득하였고, 82세에 죽었다. 저서로는 『사여강고(四如講稿)』, 『경사변의(經史辨疑)』 등이 있다.

☞ 四如黃氏

황찬규(黃瓚奎, ?~?)(韓)

조선 말기의 학자. 전우(田愚, 1841~1922)와 교류하였다.

☞ 黃瓚奎

황탁(黃卓, ?~?)(中)

중국 남송(南宋)의 학자. 자는 선지(先之)이다. 주희(朱熹, 1130~1200)의 문인이다.

☞ 卓

心說論爭 자료집 편찬 연구진

연구책임자 최영성_한국전통문화대 교수

전임연구원 김병애_한국전통문화대

김방울_한국전통문화대

이선경_한국전통문화대

유지웅_전북대

이난수_한국전통문화대

김윤경_성균관대

안유경_경북대

주용성_성균관대

공동연구원 김낙진_진주교대

이상익_부산교대

이형성_전남대

배제성_성균관대

김현우_한국효문화진흥원

이미림_안양대

이남옥_한국국학진흥원

정경훈_원광대

心說論爭 아카이브 구축 자료집 총서 04

조선후기 심설논쟁

한주학파 표점·해제·선역

초판 인쇄 2024년 4월 3일
초판 발행 2024년 4월 15일

엮 은 이 | 한국전통문화대학교 한국철학연구소
펴 낸 이 | 하운근
펴 낸 곳 | 學古房

주 소 | 경기도 고양시 덕양구 통일로 140 삼송테크노밸리 A동 B224
전 화 | (02)353-9908 편집부 (02)356-9903
팩 스 | (02)6959-8234
홈페이지 | www.hakgobang.co.kr
전자우편 | hakgobang@naver.com, hakgobang@chol.com
등록번호 | 제311-1994-000001호

ISBN 979-11-6995-488-4 94150
979-11-6586-089-9 (세트)

값: 100,000원

6. 晦堂 張錫英(1851~1926) 心說論爭 資料

7. 弘窩 李斗勳(1856~1918) 心說論爭 資料

8. 晦峯 河謙鎭(1870~1946) 心說論爭 資料

9. 重齋 金榥(1896~1978) 心說論爭 資料

한주학 비판 영남의 학자 心說論爭 資料

1. 四未軒 張福樞(1815~1900) 心說論爭 資料

2. 舫山 許薰(1836~1907) 心說論爭 資料

3. 晩求 李種杞(1837~1902) 心說論爭 資料

4. 恭山 宋浚弼(1869~1943) 心說論爭 資料

5. 心齋 曺兢燮(1873~1933) 心說論爭 資料